여러분의 합격을 응원하는
해커스공무원의 특별 혜택

FREE 공무원 헌법 특강

해커스공무원(gosi.Hackers.com) 접속 후 로그인 ▶ 상단의 [무료강좌] 클릭하여 이용

해커스공무원 온라인 단과강의 20% 할인쿠폰

C9AF943F9C73E4VP

해커스공무원(gosi.Hackers.com) 접속 후 로그인 ▶ 상단의 [나의 강의실] 클릭 ▶
좌측의 [쿠폰등록] 클릭 ▶ 위 쿠폰번호 입력 후 이용

* 등록 후 7일간 사용 가능(ID당 1회에 한해 등록 가능)

합격예측 온라인 모의고사 응시권 + 해설강의 수강권

A5D466D545BY4GE3

해커스공무원(gosi.Hackers.com) 접속 후 로그인 ▶ 상단의 [나의 강의실] 클릭 ▶
좌측의 [쿠폰등록] 클릭 ▶ 위 쿠폰번호 입력 후 이용

* ID당 1회에 한해 등록 가능

쿠폰 이용 관련 문의 **1588-4055**

단기 합격을 위한 해커스공무원 커리큘럼

입문
탄탄한 기본기와 핵심 개념 완성!
누구나 이해하기 쉬운 개념 설명과 풍부한 예시로 부담없이 쌩기초 다지기

TIP 베이스가 있다면 **기본 단계**부터!

기본+심화
필수 개념 학습으로 이론 완성!
반드시 알아야 할 기본 개념과 문제풀이 전략을 학습하고
심화 개념 학습으로 고득점을 위한 응용력 다지기

기출+예상 문제풀이
문제풀이로 집중 학습하고 실력 업그레이드!
기출문제의 유형과 출제 의도를 이해하고 최신 출제 경향을 반영한
예상문제를 풀어보며 본인의 취약영역을 파악 및 보완하기

동형모의고사
동형모의고사로 실전력 강화!
실제 시험과 같은 형태의 실전모의고사를 풀어보며 실전감각 극대화

마무리
시험 직전 실전 시뮬레이션!
각 과목별 시험에 출제되는 내용들을 최종 점검하며 실전 완성

PASS

단계별 교재 확인 및 수강신청은 여기서!
gosi.Hackers.com

* 커리큘럼 및 세부 일정은 상이할 수 있으며, 자세한 사항은 해커스공무원 사이트에서 확인하세요.

해커스공무원
박철한
헌법 기본서

해커스공무원

박철한

약력

한양대학교 법학과 졸업
현 | 해커스공무원 헌법 강의
현 | 해커스경찰 경찰헌법 강의
전 | 한양대 겸임교수(2010년)
전 | 한양대, 성균관대, 이화여대, 숙명여대, 조선대 등
　　다수 대학 특강
전 | 남부행정고시학원, 합격의 법학원, KG패스원

저서

해커스공무원 박철한 헌법 기본서
해커스경찰 박철한 경찰헌법 기본서
해커스경찰 박철한 경찰헌법 최신 5개년 판례집
해커스경찰 박철한 경찰헌법 핵심요약집
해커스경찰 박철한 경찰헌법 기출문제집
해커스경찰 박철한 경찰헌법 실전문제집
해커스경찰 박철한 경찰헌법 실전동형모의고사

공무원 시험 합격을 위한 필수 기본서!

공무원 공부, 어떻게 시작해야 할까?

많은 수험생 여러분들이 헌법 과목의 방대한 양에 막연한 두려움을 느끼곤 합니다. 하지만 우리에게 중요한 것은 오랜기간 축적되어온 전공으로서의 헌법이 아닌 '시험에 합격할 수 있는' 헌법일 것입니다.

이에 『해커스공무원 박철한 헌법 기본서』는 수험생 여러분들이 '시험에 나오는' 헌법만을 효율적으로 학습할 수 있도록 다음과 같은 특징을 가지고 있습니다.

첫째, 헌법의 체계를 이해함과 동시에 실전감각을 키울 수 있도록 짜임새 있게 구성하였습니다.
상세한 기본 이론을 토대로 학습에 도움이 되는 다양한 학습장치를 수록하여 헌법 전반에 대한 이해를 높일 수 있고 헌법의 주요 체계 및 핵심 내용을 한눈에 확인하여 방대한 헌법의 체계를 쉽고 빠르게 파악할 수 있습니다. 또한 공무원 헌법 기출문제를 철저히 분석하여 재출제 가능성이 높은 기출문제를 선별하여 단원별로 수록함으로써 스스로 실전감각을 키울 수 있습니다.

둘째, 최신 판례 및 개정 법령을 전면 반영하여 효과적인 학습이 가능하도록 구성하였습니다.
최신 판례 및 최근 개정된 법령을 교재 내 관련 이론과 기출문제에 전면 반영하였습니다. 이를 통해 수험생 여러분들은 이론과 문제를 학습하면서 개정된 법령과 가장 최신의 판례까지 효과적으로 함께 학습할 수 있습니다.

더불어, 공무원 시험 전문 사이트 해커스공무원(gosi.Hackers.com)에서 교재 학습 중 궁금한 점을 나누고 다양한 무료 학습 자료를 함께 이용하여 학습 효과를 극대화할 수 있습니다.

부디 『해커스공무원 박철한 헌법 기본서』와 함께 공무원 헌법 시험의 고득점을 달성하고 합격을 향해 한걸음 더 나아가시기를 바랍니다.

『해커스공무원 박철한 헌법 기본서』가 공무원 합격을 꿈꾸는 모든 수험생 여러분에게 훌륭한 길잡이가 되기를 바랍니다.

박철한, 해커스공무원시험연구소

제1편 헌법총론

제1장 헌법의 개념과 헌법학 10
제1절 헌법의 개념 12
제2절 헌법의 흐름 18
기출문제 25

제2장 대한민국헌법 총설 29
제1절 헌정사 30
제2절 국가의 구성요소 40
제3절 대한민국헌법의 기본원리 54
기출문제 85

제3장 헌법의 기본제도 94
제1절 정당제도 96
제2절 선거제도 113
제3절 공무원제도 135
제4절 지방자치제도 139
기출문제 159

제2편 기본권론

제1장 기본권 총론 168
제1절 기본권의 주체 171
제2절 기본권의 효력 175
제3절 기본권의 경합과 충돌 178
제4절 기본권의 제한과 한계 183
제5절 기본권의 침해와 구제 189
기출문제 197

제2장 인간의 존엄과 가치·행복추구권·평등권 201
제1절 인간의 존엄과 가치·행복추구권 202
제2절 평등권 216
기출문제 231

제3장 자유권적 기본권 234
제1절 인신에 관한 자유 236
제2절 사생활영역의 자유 266
제3절 정신생활영역의 자유 291
제4절 경제생활영역의 자유 332
기출문제 360

제4장 정치적 기본권(참정권) 377
기출문제 386

제5장 청구권적 기본권 388
제1절 청원권 391
제2절 재판청구권 396
제3절 국가배상청구권 406
제4절 형사보상청구권 412
제5절 범죄피해자구조청구권 417
기출문제 421

제6장 사회적 기본권 426
제1절 인간다운 생활을 할 권리 428
제2절 교육을 받을 권리 434
제3절 근로의 권리 443
제4절 근로3권 447
제5절 환경권 456
제6절 혼인·가족·모성·건강에 관한 권리 459
기출문제 468

제7장 국민의 기본적 의무 471
기출문제 477

제3편 통치구조론

제1장 통치구조의 구성원리 — 480

제2장 입법부 — 483
제1절 입법권 서론 — 484
제2절 국회의 조직 — 488
제3절 국회의 운영 — 499
제4절 국회의 권한 — 508
제5절 국회의원의 지위와 특권 — 537
기출문제 — 545

제3장 대통령과 정부 — 556
제1절 대통령 — 559
제2절 행정부 — 582
제3절 독립기관 — 591
기출문제 — 595

제4장 사법부 — 604
제1절 서론 — 607
제2절 법원의 조직·구성·운영 — 617
제3절 법원의 권한 — 623
기출문제 — 627

제4편 헌법재판론

제1장 총론 — 634
제1절 서론 — 637
제2절 헌법재판소의 구성과 조직 — 640
제3절 심판절차 — 642
기출문제 — 651

제2장 각론 — 652
제1절 위헌법률심판 — 653
제2절 헌법소원심판 — 670
제3절 권한쟁의심판 — 695
기출문제 — 705

이 책의 구성

『해커스공무원 박철한 헌법 기본서』는 수험생 여러분들이 헌법 과목을 효율적으로 정확하게 학습할 수 있도록 상세한 내용과 다양한 학습장치를 수록·구성하였습니다. 아래 내용을 참고하여 본인의 학습 과정에 맞게 체계적으로 학습 전략을 세워 효과적으로 학습하기 바랍니다.

 전체적인 흐름을 파악하고 학습방향 설정하기

이론의 내용을 한눈에 파악할 수 있는 목차 체계도

이론의 도입부마다 해당 이론의 전체적인 흐름을 파악할 수 있는 목차 체계도를 수록하였습니다. 본격적인 학습 전에 이를 활용한다면 스스로 학습 목표와 진도를 설정하는 등 주도적인 학습이 가능하며, 시험에서 빈출되는 중요성이 큰 내용들을 먼저 확인함으로써 학습의 우선순위를 설정할 수 있습니다.

 이론의 세부적인 내용을 정확하게 이해하기

최근 출제 경향 및 개정 법령, 최신 판례를 반영한 이론

1. 최근 출제 경향
철저한 기출분석으로 도출한 최신 출제 경향을 바탕으로 출제가 예상되는 내용을 선별하여 이론에 반영·수록하였습니다. 이를 통해 방대한 헌법 과목의 내용 중 시험에 나오는 내용만을 효과적으로 학습할 수 있습니다.

2. 개정 법령 및 최신 판례 수록
최근 개정된 법령과 최신 판례, 특히 이슈가 된 핵심 판례들을 수록하고 교재 내 관련 이론과 기출문제에 전면 반영하였습니다. 이를 통해 변경되는 내용들을 확실하게 짚고 넘어갈 수 있으며, 출제 가능성이 있는 부분들을 빠짐없이 학습할 수 있습니다.

③ 다양한 학습장치를 활용하여 이론 완성하기

한 단계 실력 향상을 위한 다양한 학습장치

1. 관련 판례
학습한 이론과 관련된 판례, 유사 판례 및 중요한 기출 판례와 최신 판례까지 모두 수록하여 기본서만으로도 충분하게 판례를 학습할 수 있습니다.

2. 정리
출제 가능성이 높은 주요 핵심 이론·조문·판례를 정리하여 수록하였습니다. 이를 통해 유사하거나 대비되는 이론·조문·판례들을 서로 비교하며 학습할 수 있습니다.

3. 비교 정리 / 주의 / 기출OX
더 알아두면 이해에 도움이 될 만한 내용을 '비교 정리', '주의' 등으로 수록하였으며, 본문 내용과 관련이 있는 주요 기출지문을 '기출OX'로 수록하였습니다. 모두 관련 이론 옆에 배치함으로써 바로 확인이 가능하며 본문의 내용과 연계하여 효과적으로 학습할 수 있습니다.

④ 마무리 학습을 통해서 실전 감각 높이기

실력 향상을 위한 기출문제 및 핵심을 짚어주는 해설

1. 기출문제
7급 국가직, 지방직, 국회직, 법원직 등 주요 기출문제 중 재출제 가능성이 높은 문제만을 엄선하여 교재 내 수록하였습니다. 이를 통해 문제에 대한 적응력을 기르며 학습한 이론을 다시 점검할 수 있습니다.

2. 핵심을 짚어주는 해설
교재에 수록된 모든 문제에 해설을 수록하였습니다. 각 문제에 대한 관련 이론·조문·판례 정리를 통해 문제풀이 과정에서 실력을 한층 향상시킬 수 있습니다.

해커스공무원 학원 · 인강
gosi.Hackers.com

제1편
헌법총론

제1장 헌법의 개념과 헌법학
제2장 대한민국헌법 총설
제3장 헌법의 기본제도

제1장 헌법의 개념과 헌법학

제1편 헌법총론

제1장
헌법의 개념과 헌법학

헌법의 개념과 분류

- 헌법의 분류
  - 존재형식
    - **성문**: 관습헌법 인정, 신행정수도
    - **불문**: 영국, 헌법개정 ×, 위헌심사 ×
  - 개정방법
    - **경성**: 법률보다 어렵게, 주로 성문헌법
    - **연성**: 법률과 같은 방식, 개념필수적 연성헌법
- 특징
  - 사실
  - 규범 — **최고규범성**: 헌법에 명시 규정 ×

제1절 헌법의 개념

제1항 헌법의 개념과 분류

1 헌법의 개념

형식적 의미의 헌법이란 헌법전이라는 형식으로 존재하는 헌법을 의미하며, 실질적 의미의 헌법이란 통치구조 및 기본권과 관련된 내용이 들어가 있는 규범을 의미한다.❶

2 헌법의 분류(전통적 분류방법)

1. 존재형식에 따른 분류

(1) 성문헌법
① 성문헌법은 통일된 성문의 헌법전을 두고 있는 경우를 말하며 일반적으로 경성헌법을 기본적인 특징으로 한다.
② 성문헌법체제에서의 관습헌법❷: 성문헌법국가라 하여 모든 사항을 다 헌법에 규정할 수는 없으므로 일정 요건이 충족된 경우에는 관습헌법이 인정될 수 있다.

> **관련 판례**
>
> **신행정수도의 건설을 위한 특별조치법 위헌확인 [위헌]**
> [1] 사법심사 대상인지 여부
> 　고도의 정치적 결단에 의하여 행해지는 국가작용이라고 할지라도 그것이 국민의 기본권 침해와 직접 관련되는 경우에는 당연히 헌법재판소의 심판대상이 될 수 있다.
> [2] 수도의 핵심개념
> 　국회와 행정을 통할하며 국가를 대표하는 대통령의 소재지가 있는 곳이다.
> [3] 관습헌법 성립요건
> 　① 기본적 헌법사항에 관하여 어떠한 관행 내지 관례가 존재하여야 한다.
> 　② 관행은 국민이 그 존재를 인식하고 사라지지 않을 관행이라고 인정할 만큼 충분한 기간 동안 반복 내지 계속되어야 한다(**반복·계속성**).
> 　③ 관행은 지속성을 가져야 하는 것으로서 그 중간에 반대되는 관행이 이루어져서는 안 된다(항상성).
> 　④ 관행은 여러 가지 해석이 가능할 정도로 모호한 것이 아닌 명확한 내용을 가진 것이어야 한다(명료성).
> 　⑤ 관행이 헌법 관습으로서 국민들의 승인 내지 확신 또는 폭넓은 컨센서스를 얻어 국민이 강제력을 가진다고 믿고 있어야 한다(**국민적 합의**).
> 　⑥ 관습헌법의 요건들은 성립요건일 뿐만 아니라 효력유지의 요건이다.
> [4] 관습헌법의 효력
> 　관습헌법도 성문헌법과 마찬가지로 주권자인 국민의 헌법적 결단의 의사의 표현이며 성문헌법과 동등한 효력을 가진다.

---

❶ 법에서 형식이란 외관을 중시하는 것이고, 실질이란 내용을 중시한다는 의미로 자주 쓰인다. 앞으로 지속적으로 등장할 절차(형식), 그리고 실질(내용)의 의미를 신경써야 한다.

❷ 관습법이란 성문법은 아니지만 일정한 관행이 반복되어, 그 지역의 사람들은 당연히 이를 받아들이게 됨으로써 그 지역에서는 거의 법처럼 통용되는 규율을 말한다. 예를 들어 학원법에는 강의실 배정이나 강사의 홈페이지 배치 등에 대해 규정하고 있지 않지만, 학원가에서 큰 강의실을 수강생이 많은 강사에게 배정하는 것은 거의 관습법처럼 되어 있다. 이처럼 관행이 반복되어 당연히 그러리라 생각하게 되는 것을 관습법이라고 한다.

비교 정리

구분	수도의 핵심요소
대통령, 국회	○
국무총리, 대법원	×

기출OX

01 헌법재판소 판례(수도이전 판례)상으로는 '관습헌법도 성문헌법과 동등한 효력을 가진다'는 판시가 있지만, 학설상 불문헌법은 보충적 효력을 가질 뿐이다. (○)
　　　　　　　　　　07. 국가직 7급

02 관습헌법도 헌법의 일부로서 성문헌법의 경우와 동일한 효력을 가지기 때문에 그 법규범은 헌법개정의 방법에 의하여만 개정될 수 있다. (○)　　08. 국회직 8급
→ 단, 성문헌법의 경우와는 달리 국민적 합의의 상실로도 효력을 상실할 수 있다는 것을 주의하여야 한다.

03 헌법재판소는 관습헌법이 그것을 지탱하고 있는 국민적 합의성을 상실함에 의하여 법적 효력을 상실할 수 있다고 판시하였다. (○)
　　　　　　　　　　10. 사시

[5] 관습헌법의 개정
관습헌법도 헌법의 일부로서 성문헌법의 경우와 동일한 효력을 가지기 때문에 그 법규범은 최소한 헌법 제130조에 의거한 헌법개정의 방법에 의하여만 개정될 수 있는 것이다. 다만 이 경우 관습헌법규범은 헌법전에 그에 상반하는 법규범을 첨가함에 의하여 폐지하게 되는 점에서, 헌법전으로부터 관계되는 헌법조항을 삭제함으로써 폐지되는 성문헌법규범과는 구분된다(헌재 2004.10.21, 2004헌마554).

비교 정리

관습헌법	방식
개폐	헌법개정만
자연적 소멸	요건상실

관련 판례

행정중심복합도시 건설❸ [각하]
이 사건 법률에 의하면 행정중심복합도시가 건설된다고 하더라도 국회와 대통령은 여전히 서울에 소재하게 된다. 이와 같이 이 사건 법률에도 불구하고 행정중심복합도시가 수도로서의 지위를 획득하지 않고 서울의 수도로서의 기능 역시 해체되지 아니하므로 이 사건 법률은 수도가 서울이라는 관습헌법에 위반되지 않으며 그 개정을 시도하는 것으로 볼 수 없다. 따라서 이 사건 법률에 의하여 관습헌법개정의 문제는 발생하지 아니하며 그 결과 국민들에게는 헌법개정에 관여할 국민투표권 자체가 발생할 여지가 없으므로 헌법 제130조 제2항이 규정한 청구인들의 국민투표권의 침해가능성은 인정되지 않는다(헌재 2005.11.24, 2005헌마579 등).
▶ 납세자의 권리는 헌법상 존재하지 않는다.

❸ 신행정수도를 충청도로 옮기는 것이 위헌이 되어 충청도민의 반발이 심하게 되자 입법부는 헌법재판소의 기속력을 존중하여 수도와 관련이 없는 국무총리와 각 부를 옮겨 행정중심복합도시를 만들게 되고 이는 수도 이전이 아니므로 결국 각하판결을 받게 된다.

기출OX

01 불문헌법은 헌법변천은 인정되나 위헌심사제도와 헌법의 개정이 인정되지 아니하며, 개념본질상 연성헌법이다. (○)

02 영국에 헌법이 없다는 것은 '통일헌법전이 없다'라는 것을 의미한다. (○)

03 국가구성 내지 창설적 기능은 형식적 의미의 헌법만을 전제로 한 기능이다. (×)　07. 국가직 7급

(2) 불문헌법
불문헌법은 통일된 성문헌법전이 존재하지 않는 경우를 의미하며 실질적 의미의 헌법 규정들에 특별히 우선적 효력이 인정되지 않는다. 왜냐하면 실질적 의미의 헌법은 헌법규정의 형식으로 존재하지 않고 정부조직법 등으로 규정되어 다른 법률과 동일하기 때문이다.

2. 개정방법에 따른 분류

헌법은 개정방법이 일반적인 법률의 개정방법에 비해 어려운가의 여부에 따라 분류된다. 통상의 방법보다 어려운 경우를 경성헌법이라 하고, 통상의 방법과 동일한 경우를 연성헌법이라 한다.

제2항 헌법의 특성

1 헌법의 사실적 특성

헌법은 공존을 위한 정치세력간의 사회 질서에 관한 합의를 의미한다. 즉, 대립하는 정치세력간의 승리의 결과로 또는 여러 정치세력간의 합의에 의한 결과로 나타나게 된다.

주의

최고규범성
조문 × / 당연히 인정

비교 정리

최고규범성	구분
관련 O	국가창설
	위헌법률심사
	경성헌법
약화	일반적 법률유보

2 헌법의 규범적 특성

우리나라는 헌법이 최고법임을 규정하고 있지 않으나, 헌법은 실정법 체계에서 최고법의 지위를 가진다.

제3항 합헌적 법률해석

헌법의 해석이란 헌법규범의 의미내용을 밝히는 것을 말한다.

1 의의

1. 합헌적 법률해석이란 어느 규범이 여러 가지로 해석될 수 있는 경우 합헌적으로 해석해야 한다는 것을 말한다.

2. 합헌적 법률해석은 법률의 해석지침을 말하는 것으로 헌법해석의 지침과는 구별된다. 다만 이 경우 법률해석이지만 헌법에 대한 해석을 통해 헌법에 합치하도록 해석하는 것이므로 이와 무관하다고 할 수 없다.

3. 합헌적 법률해석은 주로 경제적 규제영역에서 많이 볼 수 있다.❶ 08. 국가직 7급

4. 합헌적 법률해석은 법률이 다의적으로 해석될 때 가능한 것으로 일의적으로 해석될 때에는 합헌적 법률해석이 금지된다.

> ⊕ **PLUS** 규범통제와의 비교
>
> 합헌적 법률해석은 외형상 법률이 다소의 위헌성이 있다고 하더라도 되도록이면 합헌으로 해석해야 한다는 원칙을 말하고, 규범통제(위헌법률심사)는 법률이 헌법에 위배되는 것을 심사하는 것을 말한다.
> 즉, 합헌적 법률해석과 규범통제는 서로 상이한 것임을 주의하여야 한다. 08. 국가직 7급 헌법은 합헌적 법률해석에서는 법률해석의 기준이 되고 규범통제에서는 법률심사의 기준이 된다. 06. 국회직 8급
>
> **합헌적 법률해석과 규범통제의 비교**
>
> | 구분 | 합헌적 법률해석 | 규범통제(위헌법률심판) |
> |---|---|---|
> | 목적 | 법률 효력의 지속 | 헌법 규범력 유지 |
> | 헌법의 기능 | 해석규칙(법률해석기준) | 저촉규칙(법률심사기준) |
> | 헌법상 근거 | • 헌법의 최고규범성
• 명시규정 불필요 | • 헌법의 최고규범성
• 헌법 제111조(관장사항 - 위헌법률심판)❷ |
> | 적극 vs 소극 | 사법소극주의 | 사법적극주의 |
> | 관련 기본권 | 경제적 자유권 | 정신적 자유권 |

❶ 경제적인 영역을 생명·신체의 영역과 비교한다면 국민의 기본권을 덜 제약하는 것으로서 합헌적으로 해석될 여지가 많다.

기출OX

01 합헌적 법률해석은 독일연방헌법재판소 판례를 통하여 처음으로 행해졌다. (X) 08. 국가직 7급

02 헌법은 규범통제에서는 해석기준으로 기능하고 합헌적 법률해석에서는 심사기준으로 기능한다. (X) 06. 국회직 8급

❷ 헌법에 근거도 없이 국민의 대표인 국회가 만든 법률을 국민이 직접 선출하지 않는 사법부가 위헌이라 하는 것은 민주적 정당성에 문제가 있다. 따라서 국민이 만든 헌법에 근거가 필요하다. 한편 미국은 근거 없이 하기 때문에 헌법변천이라고 한다.

2 한계

1. 문의적 한계
합헌적 법률해석도 법조문의 자구가 간직하고 있는 말뜻을 넘어서까지 해당 조문을 합헌적으로 해석할 수는 없다.

2. 법목적적 한계
법률제정권자가 해당 법률로 추구하고 있는 명백한 입법목적을 정면으로 무시한 합헌적 법률해석은 허용할 수 없다. 이 경우 입법권 침해가 야기될 수 있다. 합헌적 법률해석은 입법자의 명백한 의지 및 입법목적과 완전히 다른 해석을 하여서는 아니 된다.❸ 08. 국가직 7급

3. 헌법수용적 한계
헌법규범의 내용을 지나치게 확대해석함으로써 헌법규범이 정상적으로 허용 또는 수용할 수 있는 한계를 넘어서는 안 된다. 즉, 법률의 합헌적 해석이 헌법의 합법률적 해석으로 주객이 전도되어서는 안 된다는 것이다. 06. 국회직 8급 다만, 법률에 대한 합헌적 해석으로 법률의 목적이나 내용이 본래의 취지보다 다소 제한되거나 보충되는 것은 가능하다(헌재 1997.1.16, 89헌마240). 06. 국회직 8급

> 🔍 **관련 판례** 합헌적 법률해석에 관한 판례
>
> **1 지방공무원 전출사건❹ [합헌]**
> 이 법률은 양 단체장의 동의로 소속공무원을 전입할 수 있다고 규정되어 있는바 이는 할 수 있다는 재량의 여지를 두고 있으므로 우리 헌법재판소는 이를 합헌적으로 해석하여 소속공무원의 동의까지 요하는 것으로 해석하고 합헌결정하였다(헌재 2002.11.28, 98헌바101).
>
> **2 조세감면규제법 부칙 제23조❺ [한정위헌]**
> 이 사건 부칙조항은 이 사건 전문개정법의 시행으로 인하여 실효되었다. 법률이 전부 개정된 경우에는 기존 법률을 폐지하고 새로운 법률을 제정하는 것과 마찬가지여서, 종전의 본칙은 물론 부칙 규정도, 그에 관한 경과규정을 두거나 이를 계속 적용한다는 등의 규정을 두지 않은 이상 위 전부개정법률의 시행으로 인하여 실효된다. 따라서 이 사건 부칙조항이 실효되지 않은 것으로 해석하는 것은 헌법에 위반된다(헌재 2012.5.31, 2009헌바123 등).
>
> **3 조세감면규제법 재판취소 사건 [인용]**
> 구 조세감면규제법 부칙이 실효되지 않은 것으로 해석하는 것은 헌법에 위반된다. 한정위헌결정에 대해서 법원은 기속력을 부인하여 기각하였다. 위헌결정의 기속력에 반하는 재심 청구를 기각한 판결은 재판청구권을 침해한다(헌재 2022.7.21, 2013헌마242).

---

❸ 노동법의 목적은 노동자의 보호이다. 만약 당사자가 시급 2천원으로 계약하더라도 최저시급으로 자동계약이 체결된다. 그러나 사법부가 이러한 입법목적을 무시하고 시급 2천원이 유효하다고 해석해버리면 입법부를 무시하고 오히려 입법을 하는 것이 되므로 이는 권력분립에 반할 수 있다.

📊 비교 정리

구분	허용 여부
다소 제한·보충	○
제한·박탈	×

❹ 예를 들어 양 단체장의 동의만으로 소속 공무원을 전입시키게 되면 서울에 있는 공무원 A는 원하지 않는데 광주로 가야만 하는 상황이 발생하고 이는 신분상 불이익을 가하지 말라는 헌법 제7조에 위반된다. 따라서 헌법에 맞게 해석하려면 '본인이 원하는 경우에만 전입시킬 수 있다'라고 해석해야 한다.

📝 기출OX

지방공무원법의 지방공무원의 전입에 관한 규정은 해당 지방공무원의 동의가 있을 것을 당연한 전제로 하여 그 공무원이 소속된 지방자치단체의 장의 동의를 얻어서만 그 공무원을 전입할 수 있음을 규정하고 있는 것으로 보아야 한다. (○) 17. 지방직 7급

❺ 조세감면규제법은 부칙이 사라져서 세금을 부과할 수 없게 되었다. 그럼에도 불구하고 세금을 부과하는 것은 해석의 한계를 벗어난 것이다.

📝 기출OX

01 법률이 전부 개정된 경우 부칙 규정에 관한 경과규정을 두지 않은 이상 전부개정법률의 시행으로 인하여 실효된다. (○)

02 조세에 관하여 입법의 공백이 있는 경우 이로 인하여 당사자가 공평에 반하는 이익을 얻을 가능성이 있고, 실효되긴 하였으나 그 동안 시행되어 온 법률조항이 있는 경우, 이를 근거로 과세하는 것은 법치주의에서 중대한 흠이 되는 입법의 공백을 방지하기 위한 적절한 해석으로 조세법률주의에 반하지 않는다. (×) 18. 국회직 8급

제1편 헌법총론

제1장 헌법의 개념과 헌법학

헌법의 흐름

개정

- **절차**
  - **제안**: 국회재적의원 과반수 또는 대통령
  - **공고**: 20일 이상, 필수
  - **의결**: 공고일 후 60일 이내, 국회재적 2/3 이상 찬성
  - **국민투표**: 의결 후 30일 이내, 선거권자 과반수 투표와 투표자 과반수 찬성으로 확정
  - **공포**: 확정 이후 즉시 공포

- **한계**
  - **긍정**: 기본적 동일성, 근본결단, 공감대적 가치
  - **부정**: 모두 동일한 효력, 새로운 환경 적응, 무효화시킬 기관이 없음

- **연혁**
  - **2차 개정**: 개정금지조항 규정
  - **제3공**: 대통령 발안권 ×
  - **7차 개정**: 헌법개정절차 이원화

저항권

- **개념**: 헌법질서가 위협받는 경우 국민이 기존 질서 유지를 위해 최후에 저항할 수 있는 권리

- **비교**
  - **저항권**: 기존 헌법질서 유지 - 주로 비폭력
  - **시민불복종**: 개별 법령 불복 - 완전 비폭력
  - **혁명**: 새로운 질서 수립 - 주로 폭력

- **판례**
  - **대법원**: 실정법에 없어 부정적
  - **헌법재판소**: 민주질서 위협시 필요, 긍정적, 다만 입법과정의 하자는 안 됨

- **요건**
  - **주체**: 국민
  - **객체**: 모든 공권력 담당자
  - **목적**: 기존 질서 유지
  - **방법**: 주로 비폭력적
  - **한계**: 보충성 필요, 성공 가능성 불필요

제2절 헌법의 흐름

제1항 헌법의 제정

1 의의

헌법의 제정이란 헌법이 없는 공백상태에서 새로운 법규범을 정립하는 것을 의미한다.

2 헌법제정권력

1. 의의

헌법제정권력이란 헌법을 창조하는 시원적인 힘을 의미한다.

2. 행사방법(헌법제정의 절차)

여러 가지 방식이 있으나 보통은 국회가 초안을 만들고 국민투표를 하는 방식으로 많이 진행되지만, 우리나라는 헌법 제정 시 국민투표를 거치지 아니하였다.

> **기출OX**
> 우리 국민은 1948년 7월 12일 헌법제정권력을 직접 행사하여 건국헌법을 제정하였다. (×) 13. 서울시 7급

제2항 헌법의 개정

1 의의

1. 개념

헌법개정이란 헌법에 규정된 절차에 따라(형식적 요건) 기존의 헌법과 동일성을 유지하면서(실질적 요건) 헌법전 중 개개의 조항을 의식적으로 수정 또는 삭제하거나 새로운 조항을 추가하여 형식이나 내용에 변경을 가하는 행위를 말한다.

2. 필요성

헌법은 현실권력관계를 규율하는 법이기 때문에 현실권력관계가 변화하게 되면 변화된 상황을 규율하기 위해서 헌법도 개정될 수밖에 없다. 즉, 헌법의 현실적응성과 실효성을 유지하기 위해 개정은 불가피한 것이다.

2 절차

1. 현행 헌법상 헌법개정절차

헌법 제128조 ① 헌법개정은 국회재적의원 과반수 또는 대통령의 발의로 제안된다.
② 대통령의 임기연장 또는 중임변경을 위한 헌법개정은 그 헌법개정 제안 당시의 대통령에 대하여는 효력이 없다.
제129조 제안된 헌법개정안은 대통령이 20일 이상의 기간 이를 공고하여야 한다.
제130조 ① 국회는 헌법개정안이 공고된 날로부터 60일 이내에 의결하여야 하며, 국회의 의결은 재적의원 3분의 2 이상의 찬성을 얻어야 한다.
② 헌법개정안은 국회가 의결한 후 30일 이내에 국민투표에 붙여 국회의원선거권자 과반수의 투표와 투표자 과반수의 찬성을 얻어야 한다.
③ 헌법개정안이 제2항의 찬성을 얻은 때에는 헌법개정은 확정되며, 대통령은 즉시 이를 공포하여야 한다.

정리 헌법개정절차

제안 → 공고❶ → 국회의결 → 국민투표 → 확정 → 공포 → 발효

헌법	제128조	제안	• 국회 재적의원 과반수 또는 대통령의 발의로 제안된다. • 필수적으로 국무회의의 심의를 거쳐야 한다(헌법 제89조 제3호). 04. 법원직
		효력한계	제70조의 개정은 제안 당시 대통령에게는 효력이 없다. 다만, 개정금지사안은 아니다.
	제129조	공고	대통령이 20일 이상의 기간 동안 공고한다. 공고절차는 국민의 합의를 도출하는 기간으로 생략해서는 안 된다.
	제130조	의결	공고일 이후 60일 이내, 국회 재적의원 3분의 2 이상의 찬성으로 의결된다.
		국민투표	의결 후 30일 이내, 선거권자 과반수 투표와 투표자 과반수 찬성을 얻어 확정된다.
		확정·공포	확정 이후 대통령은 즉시 공포한다. 공포에 앞서 국무총리와 국무위원이 부서한다.
	부칙 제1조	시행일 (단서)	• 1988.2.25.부터 효력이 발생한다(발효시기를 직접 명시). • 법률 제·개정, 대통령·국회의원선거 등 제반 준비는 시행일 이전에 가능하다.
국민투표법	제92조	무효소송	인적 요건: 투표인 10만인 이상 찬성 기간: 투표일 후 20일 이내 ⇨ 대법원 피고: 중앙선거관리위원회 위원장
	제97조	재투표	전부 혹은 일부무효판결(제93조) ⇨ 재투표 실시

기출OX

01 현행 헌법 제128조 이하의 헌법개정절차에 관한 규정에 어긋나는 방식으로 이루어진 헌법 개정은 위헌이며 무효이다. (O)
01·04. 국가직 7급, 04·08. 법원직

02 헌법개정은 국회재적의원 과반수 또는 대통령의 발의로 제안된다. (O) 01. 국가직 7급

03 헌법개정은 국회재적의원 3분의 1 이상 또는 대통령의 발의로 제안된다. (X) 01. 국가직 7급

❶ 공고는 일반적으로 세상에 널리 알린다는 의미이며, 공포는 법을 알리는 것을 의미한다. 큰 차이는 없다.

비교 정리

대통령	임시국회소집·헌법개정
정부	법률·예산안 제안, 정당해산

기출OX

01 국회는 헌법개정안이 공고된 날로부터 60일 이내에 의결하여야 한다. (O) 04. 법원직

02 국민투표의 효력에 관하여 이의가 있는 투표인은 투표인 10만인 이상의 찬성을 얻어 중앙선거관리위원회 위원장을 피고로 하여 투표일로부터 20일 이내에 대법원에 제소할 수 있다. (O) 11. 국가직 7급

📖 **주의**

1. 제2차 개정 때에는 국민이 직접 헌법개정을 제안할 수 있었다. 이를 국민발안이라 한다. 이는 제6차 개정까지 지속되다가 제7차부터 사라지게 되었다.
2. 유신헌법 때에는 대통령이 제안한 경우 국민투표로, 국회의원이 제안한 경우 통일주체국민회의에서 의결하였다.
3. 제6차·제9차 개헌은 국회의결과 국민투표를 모두 거친 헌법이었다.
4. 제2차 개정 때는 중요정책에 대한 국민투표가, 제5차 개정 때는 헌법개정에 대한 국민투표가 최초로 규정되었다.
5. 제2차 개정헌법 제98조 제6항은 제1조(민주공화국), 제2조(국민주권), 제7조의2(국민투표)의 규정은 개폐할 수 없다고 규정하였다.

📋 **비교 정리**

구분	필요 인원
개정(소송)	10만명
발안	50만명

2. 우리 역대 헌법사에 있어서의 헌법개정절차의 비교

역대 헌법	제안자			공고	의결 정족수	국민 투표	비고
	대통령	국회 재적	국민				
건국헌법	○	1/3	×	30일	2/3	×	국민투표 ×
제1차개헌	○	민의원 1/3 또는 참의원 2/3	×	30일	민의원 2/3, 참의원 2/3	×	공고절차를 위배
제2차 개헌·제2공화국 (제3차·제4차 개헌)	○	민의원 1/3 또는 참의원 1/3	민의원 선거인단 50만명	30일	민의원 2/3, 참의원 2/3	×	개정금지조항: 민주공화국, 국민주권, 국가안위 국민투표
제3공화국 (제5차·제6차 개헌)	×	1/3	국회의원 선거인단 50만명	30일	2/3	○	대통령에게 헌법개정발안권이 없었음
유신헌법 (제7차 개헌)	○	-	×	20일	대통령 제안 ○ / 국회의원이 제안하면 통일주체국민회의		• 헌법개정절차 이원화 • 공고기간이 20일로 단축
	-	과반수					
제5공화국·제6공화국 (제8차·제9차 개헌)	○	과반수	×	20일	2/3	○	개정효력한계규정 (헌법 제128조 제2항)

3 헌법개정의 한계

1. 절차상의 한계
헌법개정은 헌법이 정한 개정절차에 따라야 한다는 절차상의 한계를 지닌다. 앞에서 본 것과 같이 우리나라 헌법은 헌법 제128조 ~ 제130조에 근거하여 개정된다.

2. 내용상의 한계
(1) 실정법상의 한계
제1공화국의 제2차 개정헌법은 국민주권, 민주공화국, 국민투표규정은 개폐할 수 없다고 하였다.

(2) 헌법내재적 한계
근본결단, 공감대적 가치, 기본적 동일성의 경우 헌법개정의 대상이 아니라고 본다. 또한 정의개념이나 자연법상의 원리의 경우에도 개정대상이 될 수 없다.

3. 헌법조항에 대한 사법심사

헌법에 위반될 소지가 있는 개별 헌법조항에 대해서 헌법재판소는 이는 헌법재판소의 심판대상이 아니라고 보았다. 즉, 국민이 만든 헌법이니 이를 개정하는 것은 주권자인 국민만이 가능하다.

> **관련 판례**
>
> **헌법 제29조 제2항 등 위헌소원사건 [각하]**
>
> [1] 헌법 제111조 제1항 제1호·제5호 및 헌법재판소법 제41조 제1항, 제68조 제2항은 위헌심사의 대상이 되는 규범을 '법률'로 명시하고 있으며, 여기서 '법률'이라고 함은 국회의 의결을 거쳐 제정된 이른바 형식적 의미의 법률을 의미하므로 헌법의 개별규정 자체는 헌법소원에 의한 위헌심사의 대상이 아니다.
>
> [2] 헌법은 전문과 각 개별조항이 서로 밀접한 관련을 맺으면서 하나의 통일된 가치체계를 이루고 있는 것으로서, 헌법의 제 규정 가운데에는 헌법의 근본가치를 보다 추상적으로 선언한 것도 있고, 이를 보다 구체적으로 표현한 것도 있으므로 이념적·논리적으로는 헌법규범 상호간의 우열을 인정할 수 있는 것이 사실이다. 그러나 이 때 인정되는 헌법규범 상호간의 우열은 추상적 가치규범의 구체화에 따른 것으로서 헌법의 통일적 해석에 있어서는 유용할 것이지만, 그것이 헌법의 어느 특정 규정이 다른 규정의 효력을 전면적으로 부인할 수 있을 정도의 개별적 헌법규정 상호간에 효력상의 차등을 의미하는 것이라고는 볼 수 없다(헌재 1996.6.13, 94헌바20).

비교 정리

헌법규범 상호간

구분	차이
이념적·논리적 우열	○
효력상 우열	×

기출OX

헌법은 하나의 통일된 가치체계를 이루고 있기 때문에 헌법규범 상호간에는 이념적·논리적 가치의 우열과 효력상 우열은 인정되지 아니한다. (×)

08. 국회직 8급

제3항 헌법의 수호

1 의의

헌법수호는 헌법의 기본적 가치에 대한 침해를 방지하고 사후에 침해의 결과를 배제함으로써 헌법의 최고법규성과 실효성을 보장하는 것을 말한다. 헌법보장의 대상은 형식적 의미의 헌법에 한정되는 것이 아니라 실질적 의미의 헌법도 그 대상이 된다.❶ 04. 국가직 7급

2 저항권

1. 의의

저항권이란 헌법의 기본질서를 위협하거나 침해하려는 공권력에 대하여 주권자인 국민이 현 체제를 수호하기 위하여 최후의 경우에 저항할 수 있는 권리를 의미한다.❷

2. 우리 헌법상 저항권의 인정 여부

(1) 대법원의 판례

저항권이 존재한다 하더라도 저항권은 실정법에 근거를 두지 아니하고 자연법에만 근거하고 있는 한, 법관은 이를 재판규범으로 원용할 수 없다.

---

❶ 권력자가 권한을 남용하여 국민을 억압하고 독재를 한다든지, 소수의 군인이 권력 장악을 위해 쿠데타를 일으킨다든지, 기존 헌정질서에 침해가 존재할 경우 헌법 보호장치에 대한 고민이 바로 헌법의 수호이다.

❷ 저항권은 전체 헌법질서에 위협이 생겼을 때 주로 문제되는 것이며, 시민불복종은 개별법령이 바람직하지 못할 때 문제되는 것이다. 즉, 정부가 국민을 무시하는 등 전체적인 문제가 있을 경우에는 저항권을, 동성결혼 금지, 낙태와 같이 개별법령에 반대하는 경우라면 시민불복종을 생각하면 된다.

기출OX

대법원은 헌법 및 법률에 저항권에 관하여 아무런 규정을 두지 않았음을 근거로 하여 저항권의 재판규범성을 부정하였다. (O)   02. 사시

🔍 관련 판례

저항권의 인정 여부

현대 입헌 자유민주주의 국가의 헌법이론상 자연법에서 우러나온 자연권으로서의 소위 저항권이 헌법 기타 실정법에 규정되어 있든 없든간에 엄존하는 권리로 인정되어야 한다는 논지가 시인된다 하더라도 그 저항권이 실정법에 근거를 두지 못하고 오직 자연법에만 근거하고 있는 한 법관은 이를 재판규범으로 원용할 수 없다고 할 것인바, 헌법 및 법률에 저항권에 관하여 아무런 규정도 없는(소론 헌법전문 중 '4·19 의거 운운'은 저항권 규정으로 볼 수 없다) 우리나라의 현 단계에서는 더욱이 이 저항권이론을 재판의 준거규범으로 채용, 적용할 수 없다(대판 1980.5.20, 80도306).

(2) 헌법재판소의 판례

헌법재판소는 '저항권은 국가권력에 의하여 헌법의 기본원리에 대한 중대한 침해가 행하여지고, 그 침해가 헌법의 존재 자체를 부인하는 것으로서 다른 합법적인 구제수단으로서는 목적을 달성할 수 없을 때 국민이 자기의 권리와 자유를 지키기 위하여 실력으로 저항하는 권리'라고 하여 간접적으로 인정하고 있다. ❶

❶ 헌법재판소는 저항권을 민주주의에서 국민이 자기의 권리와 자유를 지키기 위한 권리로 보고 있어 이러한 표현을 보면 상당히 저항권에 대해 긍정적이라는 것을 알 수 있다.

🔍 관련 판례

입법과정의 하자와 저항권의 행사

저항권이 헌법이나 실정법에 규정이 있는지 여부를 가려볼 필요도 없이 제청법원이 주장하는 국회법 소정의 협의 없는 개의시간의 변경과 회의일시를 통지하지 아니한 입법과정의 하자는 저항권 행사의 대상이 되지 아니한다. 왜냐하면 저항권은 국가권력에 의하여 헌법의 기본원리에 대한 중대한 침해가 행하여지고 그 침해가 헌법의 존재 자체를 부인하는 것으로서 다른 합법적인 구제수단으로는 목적을 달성할 수 없을 때에 국민이 자기의 권리·자유를 지키기 위하여 실력으로 저항하는 권리이기 때문이다. 그리고 헌법의 수호자이고 인권의 보장자인 헌법재판소는 심판대상법률과 관련하여 국회 본회의에 참석하지 못한 국회의원 125명이 국회의장을 상대로 제기한 국회의원과 국회의장간의 권한쟁의 심판청구사건에서 국회의장의 법률안 가결선포행위는 청구인들(국회의원)의 법률안 심의·표결의 권한을 침해한 것이라는 취지의 결정을 한 바 있다(헌재 1997.9.25, 97헌가4).

3. 행사요건

(1) 주체

모든 국민이 주체가 된다. 여기에 단체와 정당 등도 포함된다. 다만, 외국인의 경우에는 찬반 논란이 있으며 국가는 그 주체가 될 수 없다.

(2) 객체

모든 공권력 담당자가 그 대상이며 헌법에 적대적인 사회세력에 대해서도 가능하다는 견해가 있다.

기출OX

국가기관이나 지방자치단체와 같은 공법인도 저항권의 주체가 될 수 있다. (×)   17. 서울시 7급

(3) 목적

기존의 헌정질서를 새롭게 바꾸는 것이 아니라 기존 헌법질서를 유지하는 보수적인 목적을 가져야 한다. 즉, 기존의 체제를 부정하고 새로운 체제를 지향하는 저항은 인정되지 않는다.

(4) 방법

원칙적으로 필요 최소한에 그쳐야 한다. 비례의 원칙에 따라 평화적 방법에 의하여야 하며 예외적인 경우에 폭력적 방법도 허용될 수 있다.

📖 정리 저항권, 시민불복종, 혁명의 비교

구분	저항권	시민불복종	혁명
요건	헌법질서의 위협	위헌법령, 위법명령	-
목적	기존 헌법질서 유지	민주적 법질서 유지	새로운 헌법질서 수립
주체		국민	
방법	(주로) 비폭력 + (예외적) 폭력	비폭력적	(주로) 폭력적
보충성	제약 ○	제약 ×	

3 방어적 민주주의

1. 의의

(1) 개념

방어적 민주주의는 과거 전체주의자들이 국민들의 다수가 원한다는 것을 핑계로 유태인들을 학살하는 등과 같은 민주주의의 적으로부터 민주주의를 방어해야 한다는 것을 의미한다. 즉, 민주적인 헌정질서의 적에 대하여 자신을 수호하기 위한 자기방어적 민주주의를 의미한다.❷

(2) 배경

독일의 특수한 역사적 상황과 관련하여 제기된 민주주의이며 전투적, 투쟁적 민주주의라고도 한다. 제2차 세계대전 이후에는 공산주의를 배격하는 자본주의 논리로 사용되기도 했으며 냉전체제가 붕괴된 오늘날에 유용한 이론이다. 01·02. 국가직 7급, 07. 국회직 8급 이러한 방어적 민주주의는 가치구속적 민주주의를 그 전제로 한다.

(3) 판례

우리 헌법재판소도 일인독재 내지 일당독재를 배제하고 다수의 의사에 의한 국민의 자치, 자유·평등의 기본원칙에 의한 법치주의적 통치질서를 의미한다고 말한다. 또한 구체적으로는 기본적 인권의 존중, 권력분립, 의회제도, 복수정당제도, 선거제도, 사유재산과 시장경제를 골간으로 한 경제질서 및 사법권의 독립 등을 의미한다고 천명한 바 있다(헌재 2001.9.27, 2000헌마238).

기출OX

헌법보장수단으로서의 저항권은 폭력적 수단을 사용해서는 안 된다. (×)
04. 국가직 7급

❷ 규정이 없으므로 소수자를 말살한다든지, 모든 재산을 몰수하더라도 다수가 원하면 할 수 있다든지 하는 것은 잘못된 것이라는 반성에서 비롯된 이론이다. 이렇게 되면 민주주의에서 반드시 지켜야 할 것들, 즉 국민주권, 법치주의 등 많은 이념들이 다수결에 의해서 모두 침해되고 민주주의가 형해화될 위험이 있다. 따라서 아무리 국민이 원한다고 해도 반드시 지켜져야 할 가치들은 다수결로 결정될 수 없다는 의미이다.

주의

최근에는 국민주권도 민주주의의 요소로 포함시킨 판시가 있다.

기출OX

우리 헌법상의 자유민주적 기본질서의 내용은 기본적 인권의 존중, 권력분립, 의회제도, 복수정당제도, 선거제도, 사유재산과 시장경제를 골간으로 한 경제질서 및 사법권의 독립 등을 의미한다. (○)
18. 법원직

기출OX

방어적 민주주의는 가치상대주의적 민주주의 정신에 입각한 이념들의 경쟁관계를 이론적 근거로 하고 있다. (✕)
07. 국회직 8급

→ 자유민주주의적 기본질서 등 일부 이념에 대해서는 경쟁이 아닌 고정을 근거로 하고 있다.

❶ 이는 국민이 원한다고 해도 다수결로 변경할 수 없는 것이 있다는 의미이다. 다만, 이런 몇 가지 이념에 대해서 가치구속적이라 해도 원칙적으로는 가치상대주의에 기반을 두고 있다. 즉, 방어적 민주주의가 절대 가치는 아닌 것이다.

❷ 진보당도 법리적인 이유 때문이 아니라 평화통일을 주장한 진보당의 대중적 인기가 너무 높아져 권력에 장애요소가 되어 해체된 것이다.

기출OX

01 제1공화국 헌법은 정당에 대해 아무런 규정을 두지 않음으로써 일반결사와 동일하게 취급하였다. 1958년 민주적 혁신정당인 진보당은 등록취소라는 행정처분에 의해서 강제해산되었다. 대법원의 판결에 의해서 강제해산된 것은 아니다. (○)
01. 국가직 7급

02 기본권 실효제도는 현재 우리 헌법에는 규정되어 있지 않다. (○)
07. 국회직 8급

❸ 민법 제924조에는 부모가 친권이 있음을 근거로 자녀를 학대하거나 해칠 경우 가정법원이 친권을 상실하거나 정지시키는 친권상실제도가 규정되어 있다. 이는 기본권 실효와 비슷하나 헌법에는 존재하지 않고 민법에 규정되어 있다.

2. 성격

방어적 민주주의는 다수결로 해결가능하다는 가치상대적 민주주의를 바탕으로 하지만, 자유민주주의적 기본질서 등 일부 이념에 대해서는 가치구속적이다.❶

3. 전개

(1) 위헌정당해산제도

① 독일
  ㉠ 사회주의 국가당: 나치의 후신이라는 평가를 받는다. 즉, 나치의 잔당들이 다시 만든 당이므로 위헌정당으로서 해산된 것은 당연하다.
  ㉡ 독일공산당: 법리적인 이유보다는 동구권 공산화라는 현실적인 이유로 해산되었다.
② 우리나라: 1958년 진보당사건이 있으며 평화통일을 주장한 것 때문에 해체되었다.❷ 특히 이 경우 사법부에 의해 해산된 것도 아니고 공보처장의 행정처분으로 해산되었다(최근 통합진보당의 경우는 정당제도 참조).

(2) 기본권 실효제도

> 독일헌법 제18조 의사발표의 자유, 특히 출판의 자유, 교수의 자유, 집회의 자유, 결사의 자유, 신서, 우편 및 전신·전화의 비밀, 재산권을 자유민주적 기본질서를 공격하기 위해 남용하는 자는 이 기본권들을 상실한다. 상실과 그 정도는 연방헌법판소에 의하여 선고된다.

독일에는 기본권 실효제도가 존재하나, 우리나라는 기본권 실효제도가 규정되어 있지 않다.❸

제1장 헌법의 개념과 헌법학

01

16. 경찰승진 변형

헌법의 최고규범성에 관한 설명으로 가장 적절하지 않은 것은?

① 헌법에 일반적 법률유보조항을 두는 것은 헌법의 최고규범성을 약화시킬 수 있다.
② 헌법의 최고규범성과 경성헌법성은 관련되어 있다.
③ 위헌법률심사제도는 헌법의 최고규범성을 관철하기 위한 제도이다.
④ 현행 헌법은 헌법의 최고법조항을 직접 명문으로 규정하고 있다.

정답 및 해설 난이도 ★☆☆

① [O] 일반적 법률유보란 국민의 기본권을 제한할 때는 법률에 근거가 있어야 하며 일정한 한계를 지켜야 한다는 것으로, 이는 인권보장과 관련되는 것으로서 최고규범성과는 큰 관련이 없다.
② [O] 개정을 어렵게 할수록 규범력이 강해지고 이는 최고규범성과 관련이 있다.
③ [O] 위헌법률심사제도는 헌법에 저촉되는 법률을 제거하여 헌법의 최고규범성을 유지하기 위한 제도이다.
④ [X] 현행 헌법에는 헌법의 최고규범성을 직접 명시한 규정은 없다. 즉, "헌법은 최고규범이다."라는 조문은 없다.

답 ④

02

13. 서울시 7급

다음 중 헌법의 의의와 특질에 관한 기술로 옳지 않은 것은? (다툼이 있을 경우 판례에 의함)

① 헌법은 그 조문 등이 갖는 구조적 특성으로 인하여 하위의 법규범에 비해 해석에 의한 보충의 필요성이 큰 편이다.
② 헌법규범 상호간에는 이념적·논리적으로 뿐만 아니라 효력상으로도 특정 규정이 다른 규정의 효력을 부인할 수 있는 정도의 가치의 우열을 인정할 수 있다.
③ 헌법재판소의 결정에 따르면 관습헌법도 성문헌법과 마찬가지로 주권자인 국민의 헌법적 결단의 의사의 표현이며 성문헌법과 동등한 효력을 가진다.
④ 헌법에 헌법 제37조 제2항과 같은 일반적 법률유보조항을 두는 것은 헌법의 최고 규범성을 약화시킬 수 있다.
⑤ 현대 민주국가의 헌법은 일반적으로 국가긴급권의 발동의 조건, 내용 그리고 그 한계 등에 관하여 상세히 규정함으로써, 그 오용과 남용의 소지를 줄이고 있다.

정답 및 해설

난이도 ★☆☆

① [○] 헌법은 쉽게 변경되지 못하고 추상적이어서 하위 규범에 의한 보충적 해석이 필요하다.
② [×] 이때 인정되는 헌법규범 상호간의 우열은 추상적 가치규범의 구체화에 따른 것으로서 헌법의 통일적 해석에 있어서는 유용할 것이지만, 그것이 헌법의 어느 특정 규정이 다른 규정의 효력을 전면적으로 부인할 수 있을 정도의 개별적 헌법규정 상호간에 효력상의 차등을 의미하는 것이라고는 볼 수 없다(헌재 1996.6.13, 94헌바20).
③ [○] 대법원과 달리 헌법재판소는 관습헌법의 대등적 효력을 긍정한다. 관습헌법도 성문헌법과 마찬가지로 주권자인 국민의 헌법적 결단의 의사의 표현이며 성문헌법과 동등한 효력을 가진다(신행정수도 판례 - 헌재 2004.10.21, 2004헌마554 등).
④ [○] 일반적 법률유보는 어떠한 기본권도 법률로 제한이 가능하다는 것인데, 헌법개별조문이 기본권을 보장하고 있는데 법률로 제한이 가능하다면 헌법이 보장하는 기본권의 효력이 약화될 수 있고, 따라서 최고규범성도 약화될 수 있다.
⑤ [○] 헌법 제76조 참조

답 ②

03

19. 소방간부 변형

합헌적 법률해석에 관한 설명으로 옳지 않은 것은? (다툼이 있는 경우 판례에 의함)

① 법률의 개념이 다의적이고 그 어의의 테두리 안에서 여러가지 해석이 가능할 때, 헌법을 최고 법규로 하는 통일적인 법질서의 형성을 위하여 헌법에 합치되는 해석을 하여야 한다.

② 법률에 대하여 위헌적인 결과가 될 해석을 배제하면서 합헌적이고 긍정적인 면을 살려야 한다는 것이 헌법의 일반법리이다.

③ 합헌적 법률해석은 법률 조항의 문구가 간직하고 있는 말의 뜻을 넘어서 말의 뜻이 완전히 다른 의미로 변질되지 아니하는 범위 내에서 이루어져야 한다.

④ 공공의 이익을 위한 경우에는 입법자의 명백한 의지와 입법의 목적을 헛되게 하는 내용으로 법률을 해석할 수 있다.

⑤ 합헌적 법률해석의 한계를 벗어난 해석은 그것이 바로 실질적 의미에서의 입법작용을 뜻하게 되어 결과적으로 입법권자의 입법권을 침해한다.

정답 및 해설

난이도 ★☆☆

① [○] 기본적으로 합헌적 법률해석은 다의적으로 해석될 경우에만 가능하다. 일의적으로 해석된다면 위헌이라고 판단해야 한다.

② [○] 어떤 법률의 개념이 다의적이고 그 어의의 테두리 안에서 여러 가지 해석이 가능할 때, 헌법을 최고법규로 하는 통일적인 법질서의 형성을 위하여 헌법에 합치되는 해석, 즉 합헌적인 해석을 택하여야 하며, 이에 의하여 위헌적인 결과가 될 해석은 배제하면서 합헌적이고 긍정적인 면은 살려야 한다는 것이 헌법의 일반법리이다(헌재 1990.4.2, 89헌가113).

③ [○] 합헌적 법률해석도 법조문의 자구가 간직하고 있는 말뜻을 넘어서까지 해당 조문을 합헌적으로 해석할 수는 없다는 것을 문의적 한계라고 한다.

④ [×] ⑤ [○] 법률제정권자가 해당 법률로 추구하고 있는 명백한 입법목적을 정면으로 무시한 합헌적 법률해석은 허용할 수 없다. 이 경우 입법권 침해가 야기될 수 있다. 합헌적 법률해석은 입법자의 명백한 의지 및 입법목적과 완전히 다른 해석을 하여서는 아니 된다(헌재 1989.7.14, 88헌가5 등). 따라서 오직 공공의 이익을 증진하는 경우라도 입법자의 명백한 의사에 반할 수는 없는 것이다.

답 ④

04

11. 지방직 7급

저항권에 대한 설명으로 옳지 않은 것은?

① 저항권은 헌법이나 법률에 규정된 일체의 법적 구제수단이 이미 유효한 수단이 될 수 없는 경우에 행사될 수 있다.
② 헌법전문의 "불의에 항거한 4·19 민주이념을 계승하고"라는 부분을 저항권의 근거규정으로 보는 견해가 있다.
③ 저항권은 사회·경제적 체제개혁이라는 적극적 목적을 위하여 행사될 수 없으며, 평화적인 방법으로만 행사되어야 한다.
④ 저항권이 행사되려면 불법적인 공권력 행사의 존재가 객관적으로 명백해야 한다.

정답 및 해설

난이도 ★★☆

① [○] 이를 보충성이라고 한다. 저항권은 합법적인 구제방법이 없거나, 있는 경우에도 실효적이지 못할 때 행사할 수 있다.
② [○] 3·1 운동과 4·19 민주이념에서 저항권을 긍정하는 견해가 있으나, 판례는 헌법전문에서는 기본권이 도출되지 않는다고 보고 있다 (헌재 2001.3.21, 99헌마139).
③ [×] 원칙적으로 필요 최소한에 그쳐야 한다. 비례의 원칙에 따라 평화적 방법에 의하여야 하고 예외적인 경우에만 폭력적 방법도 허용될 수 있다.
④ [○] 이러한 침해행위가 민주적 기본질서를 침해함이 객관적으로 명백하여야 한다. 개인의 자의적인 저항권 행사로 인해 사회적 혼란과 무질서를 가져올 우려가 있기 때문이다.

답 ③

제2장 대한민국헌법 총설

제1편 헌법총론

제1절 헌정사

1 건국헌법(1948년)

1. 제정과정
건국헌법은 헌법초안의 경우 정부형태가 의원내각제이며 양원제이었으나 이승만과 미군정의 반대로 정부형태를 대통령제로 하였다. 또한 국민투표로 확정하지 않고 국회에서 통과하여 국회의장이 서명, 공포한 후 시행되었다.❶

2. 내용
(1) 정부형태는 대통령제를 채택하였다.
(2) 대통령과 부통령의 임기는 4년, 1차 중임이며, 특히 대통령을 간선제로 하였다.❷
(3) 국회는 단원제이었다.
(4) 부통령과 국무총리가 동시에 존재했다(이러한 경우는 거의 없음).
(5) 경자유전의 원칙에 입각한 농지개혁과 근로자의 이익균점권 등 사회적 기본권을 규정하였다.❸
(6) 자원의 국유화 규정 등 통제경제를 원칙으로 하였다.
(7) 헌법위원회를 두었다.
(8) 일반적 법률유보에 의한 기본권제한을 규정하였다.

2 제1차 개헌(1952년)

1. 개정과정
국회의원 총선에 민족주의 계열이 대거 당선되면서 대통령의 재선이 어려워지자 대통령 직선제를 핵심으로 한 개헌안을 제출하였고, 이것이 부결되자 야당측 개헌안을 가미하여 발췌개헌안을 통과시켰다.

2. 내용
(1) 대통령 직선제를 채택하였다.
(2) 국회의 양원제❹는 헌법변천이라 할 수 있다.
(3) 국회의 국무원 불신임제가 규정되었다.

3. 평가
공고되지 아니한 개헌안을 의결하였고, 폭력적 수단을 동원하여 헌법을 개정하였다.

---

❶ 이러한 의미에서 헌법이 정치성을 띤다고 이야기할 수 있다.

❷ 당시 민족주의 세력은 반쪽짜리 선거에 참가할 수 없다고 하여 총선은 자유당의 승리로 귀결되었다. 따라서 국회에서 뽑는 간선제로 할 경우 100% 이승만이 당선될 수밖에 없었다.

기출OX
제헌헌법에는 근로자의 노동3권과 이익분배균점권 조항을 두었다. (○)
13. 국가직 7급

❸ 북한의 경우 이미 많은 사회개혁이 이루어졌으며 이는 국민들을 위한 개혁이 대부분이었다(무상몰수 무상분배 등). 따라서 남한의 경우에도 북한의 정책을 어느 정도 수용하지 않게 되면 내란이 일어날 수 있게 되므로 이러한 내용이 헌법에 규정된 것이다.

❹ 그러나 실제로 참의원을 두지 않았다.

3 제2차 개헌(1954년)

1. 개정과정
국회의원 총선거에서 여당이 다수의석을 차지하자 대통령의 3선을 추진하였다. 그러나 정족수에 미달이 되자 사사오입(四捨五入)의 수학적 원칙을 주장하여 가결을 선포하였다.❺

2. 내용
(1) 초대대통령에 한해서 중임 제한을 철폐하였다.
(2) 국민투표제를 최초로 도입하였다.
(3) 헌법개정의 한계 규정(민주공화국, 국민주권, 국민투표)을 두었다.
(4) 국무총리제를 폐지하였다.
(5) 특별법원의 헌법적 근거를 신설(군법회의)하였다.
(6) 경제체제를 자유시장경제체제로 전환하였다.

3. 평가
1954년 헌법은 국가안위와 관련된 중대 사항에 대한 국민투표제와 헌법개정에 대한 국민발안제를 도입하여 국민주권을 실질화한다는 명분을 내세웠으나, 실질은 초대대통령에 대한 3선 연임을 가능하도록 하기 위한 헌법이었다. 05. 입시

4 제3차 개헌(1960년)

1. 개정과정
4·19 혁명으로 인하여 자유당 정권이 몰락❻하고 민주당 정권이 들어섰으며, 정부형태도 의원내각제로 바뀌게 되었다.

2. 내용
(1) 정부형태는 의원내각제를 채택하였다.
(2) 대법원장 및 대법관을 선거인단에서 선출하였다.
(3) 헌법재판소를 신설하였다.
(4) 중앙선거관리위원회를 신설하였다.
(5) 정당조항을 신설하였다.
(6) 위헌정당제도 규정을 두었다.
(7) 직업공무원제도를 규정하였다.
(8) 선거연령을 헌법에서 직접 규정하였다.❼

3. 평가
최초의 여야간 합의 개헌이자, 합헌적 헌법개정절차에 따른 개헌이었다.

---

❺ 사사오입은 반올림을 의미하는데 당시 국회재적의원은 203명으로 헌법개정에 필요한 정족수는 135.3명이었다. 따라서 136명이 필요한데 수학적 원칙을 주장하며 135표를 반올림으로 통과시켰다.

기출OX

1954.11.27.에 있었던 자유당 정권하의 제2차 개헌인 소위 사사오입(四捨五入)개헌의 주요 내용으로 초대대통령에 한해 3선 제한 철폐, 주권의 제약 또는 영토변경의 경우 국민투표 실시, 헌법개정의 한계에 대한 명문규정 신설 등이 있다. (O) 04. 법원직

❻ 제1공화국의 몰락은 3·15 부정선거 때문이었다. 광범위한 부정선거로 대통령제의 가장 큰 단점인 독재와 부패가 만연하였기 때문이다.

기출OX

01 1960년의 제3차 개정헌법에서는 의원내각제 정부형태를 채택하였고 대통령 간선제를 규정하였다. (O) 04. 국가직 7급

02 1960년 제3차 개정헌법은 기본권의 본질적 내용 침해금지 조항을 신설하였으며, 선거권 연령을 법률로 위임하지 않고 헌법에서 직접 규정하였다. (O) 22. 경찰간부

❼ 제헌헌법, 제1차·제2차 개정헌법, 현행헌법은 법률에 위임하였다.

5 제4차 개헌(1960년)

1. 개정과정
3·15 부정선거의 주모자들을 소급하여 처벌할 헌법적 근거를 마련하기 위한 것이었다.❶

2. 내용
(1) 부정선거관련자처벌법을 제정하였다.
(2) 반민주행위자 공민권제한법을 제정하였다.
(3) 부정축재특별처리법 등 소급특별법을 제정하였다.

3. 평가
1960년의 제4차 개정헌법은 반민주행위자의 처벌을 위한 소급입법을 헌법적으로 정당화하기 위해 성립되었으며 권력구조에 대한 변경은 없었다. 07. 국회직 8급

6 제5차 개헌(1962년)

1. 개정과정
5·16 쿠데타를 통해서 국회와 지방의회를 해산하고 모든 정당과 사회단체의 활동을 정지시킨 후에 헌법을 개정하였다.

2. 내용
(1) 헌법전문을 개정하였다(5·16 쿠데타를 혁명으로 표현함).
(2) 정부형태는 다시 대통령제를 채택하였다.
(3) 국회는 단원제로 시행하였다.
(4) 정당정치제도가 강화되었다(무소속출마금지).
(5) 헌법개정시 필수적 국민투표제를 도입하였다.
(6) 경제과학심의회와 국가안전보장회를 신설하였다.
(7) 국민전체에 대한 봉사자 규정을 신설하였다.
(8) 일반법관은 대법원판사회의의 의결을 거쳐 대법원장이 임명하였다.
(9) 비상계엄하의 단심재판의 헌법적 근거를 신설하였다.

3. 평가
(1) 1962년 제3공화국 헌법에서는 사회정의의 실현과 균형 있는 국민경제의 발전을 위하여 경제에 대한 국가적 규제와 조정이 가능하도록 하였다. 07. 법원직
(2) 제5차 개헌은 헌법상의 개헌절차를 따르지 않고 국가비상조치법이 정한 국민투표에 의해 개정되었다는 점에서 법리상 문제가 있다(권영성).

---

❶ 우리 헌법의 제12조, 제13조 등을 볼 때 소급효는 금지된다. 따라서 지난 부정선거를 주도한 자들을 지금 처벌하는 것은 헌법에 위배하게 되므로 헌법을 개정해야만 가능하였다.

기출OX
제4차 개정헌법은 반민주행위자의 공민권제한을 위한 소급입법의 근거를 마련하였다. (O) 13. 국가직 7급

7 제6차 개헌(1969년)

1. 개정과정
박정희 대통령의 3선을 가능하게 하기 위하여 개헌을 하였다.

2. 내용
(1) 대통령의 연임을 3기까지 허용하였다.
(2) 대통령의 탄핵소추 의결정족수를 가중시켰다.
(3) 국회의원이 각료를 겸임할 수 있도록 하였다.

3. 평가
장기집권을 가능하게 하는 수단이었으며, 국회의사당이 아닌 곳에서 여당의원들만으로 기습적으로 이루어진 반민주적 개헌이었다(허영).

8 제7차 개헌(1972년)

1. 개정과정
박정희 대통령은 비상조치를 통해 국회를 해산하고 유신헌법으로 개정하였다.

2. 내용
(1) 대통령에게 막강한 권한을 부여하였다.
(2) 통일주체국민회의를 설치하여 이곳에서 국회의원 정수의 3분의 1을 선출하고 대통령을 간선으로 뽑도록 하였다.
(3) 국정감사권을 폐지하였다.
(4) 모든 법관을 대통령이 임명하고, 파직이 가능하게 하였다.
(5) 헌법개정절차를 이원화하였다.
(6) 조국통일이 이루어질 때까지 지방자치제도를 연기하였다.
(7) 정당국가적 경향이 약화되었다.
(8) 무소속 출마가 가능해졌다.

3. 평가
남북관계의 변화를 빌미로 기존 헌정을 비상적으로 중단시킨 채 탄생한 1972년 헌법은 권력분립의 원칙을 형해화하여 실질적으로 입헌주의적 헌법이라고 볼 수 없다. 05. 입시, 07. 국회직 8급

기출OX

01 대통령과 국회의원 정수의 3분의 1을 선출할 수 있는 주권기관으로 통일주체국민회의를 설치하고 그 의장인 대통령에게 사법심사의 대상에서 제외되는 긴급조치권을 부여한 제7차 개정헌법은 초입헌주의헌법으로 분류된다. (O)
07. 국회직 8급

02 남북관계의 변화를 빌미로 기존 헌정을 비상적으로 중단시킨 채 탄생한 1972년 헌법은 권력분립의 원칙을 형해화하여 실질적으로 입헌주의적 헌법이라고 볼 수 없다. (O)
05. 입시

9 제8차 개헌(1980년)

1. 개정과정
유신독재정권이 무너지고 12·12 군사쿠데타에 의해 전두환이 대통령이 되면서 헌법이 개정되었다.

2. 내용
(1) 대통령 임기는 7년 단임, 간선제였다. 긴급조치권을 폐지하고 비상조치권을 신설하였다.

(2) 국정조사권을 인정하였다.

(3) 정당의 운영자금의 국고보조조항을 신설하였다.

(4) 통일주체국민회의를 폐지하였다.

(5) 일반법관의 임명권을 대법원장에게 부여하였다.

(6) 사회적 시장경제질서를 지향하였다.

(7) 재외국민보호조항을 신설하였다.

(8) 4·19와 5·16이 삭제되었다.

(9) 헌법 제9조 전통문화의 계승과 발전 내용이 신설되었다.

3. 평가
1980년의 제5공화국 헌법은 독과점의 규제, 중소기업의 보호·육성, 소비자보호운동의 보장, 농지임대차의 허용 등을 새로이 규정함으로써 기존 경제질서에 대하여 폭넓은 수정을 가하였다. 07. 법원직

10 제9차 개헌(1987년)

1. 개정과정
6월 항쟁의 결과 대통령 직선제를 주요 내용으로 하는 헌법개정안이 국회에서 의결되어 국민투표로 확정되었으며, 여야간 합의로 개정하였다.

2. 내용
(1) 대통령 임기는 5년 단임, 직선제가 되었다.

(2) 국정감사권이 부활되었다.

(3) 헌법재판소를 설치하였다.

(4) 헌법전문에 대한민국 임시정부의 법통 계승 내용이 추가되었다.

(5) 모성보호, 대학의 자율성 내용이 신설되었다.

기출OX

1980년의 제8차 개정헌법에서는 인간의 존엄성 존중 조항을 신설하였고 일반법관의 임명권을 대통령에게 부여하였다. (×) 04. 국가직 7급

비교 정리

중립성	공화국
경찰	제2공화국
군인	제6공화국

3. 평가

평화적이고 민주적인 절차에 의하여 국민적 열망을 최대한으로 수용한 합의 개헌이다. 1987년의 헌법에서는 소득의 적정한 분배, 지역경제의 균형발전 등을 통한 경제의 민주화에 역점을 두었다. 07. 법원직

📑 정리 시대별 기본권 정리

제1공화국	• 자유권에 개별적 법률유보 규정 • 일반적 법률유보에 의한 기본권제한을 규정
제2공화국	• 자유권에 개별적 법률유보조항 삭제 • 기본권의 본질적 내용 침해금지조항 신설
제3공화국	• 인간의 존엄과 가치 • 직업의 자유 신설 • 근로자의 이익분배균점권 삭제 • 양심의 자유와 종교의 자유 분리
제4공화국	• 거의 모든 기본권에 개별적 법률유보 규정 • 구속적부심폐지, 자백의 증거능력제한규정 삭제 • 검열제·허가제 금지 삭제 • 이중배상금지 신설 • 국가안전보장을 위해 기본권 제한 가능
제5공화국	• 기본권의 자연권성 분명히 함 • 체포구속적부심 부활 • 신설 기본권: 연좌제금지, 적정임금, 무죄추정, 사생활의 자유, 행복추구권, 환경권, 소비자보호운동, 평생교육에 관한 권리
제6공화국	• 검열과 허가제 금지 부활 • 형사보상청구권을 형사피의자까지 확대(피고인은 제헌헌법부터) • 체포구속적부심 법률유보 삭제 • 군사시설에 관한 죄를 군사법원 관할에서 삭제

📝 정리 기본권 종류별 정리

언론·출판·집회·결사의 허가·검열 금지	• 제2공 때 규정 • 제4공·제5공 때 삭제 • 현행헌법에서 부활
직업의 자유	제3공 때 신설
인간다운 생활을 할 권리	제3공 때 신설
공무원의 근로3권 제한	제3공 때 신설
주거의 자유	• 제헌헌법 이래 거주·이전의 자유와 함께 규정 • 제3공 때 분리
가족제도	• 혼인의 순결: 제헌헌법부터 규정 • 양성의 평등에 기초한 혼인·가족제도의 보장: 제5공 헌법부터 규정
선거권	• 제2공 ~ 제5공: 헌법에서 20세로 규정 • 현행헌법: 삭제 후 법률로 규정
초등의무교육	• 제헌헌법 이래 규정 • 대학의 자율성: 현행헌법에서 규정
범죄피해자구조청구권	현행헌법에서 신설
임금	• 적정임금: 제5공 때 규정 • 최저임금: 제6공 때 규정
환경권	• 제5공 때 신설 • 쾌적한 주거생활: 현행헌법에서 규정
본질적 내용 침해 금지	• 제2공(제3차 헌법) 때 신설 • 제4공(제7차 헌법) 때 폐지 • 제5공(제8차 헌법) 때 부활
적부심	• 제헌헌법부터 규정 • 제4공(제7차 헌법) 때 폐지 • 제5공(제8차 헌법) 때 부활
형사보상	• 피고인: 제헌헌법부터 규정 • 피의자: 현행헌법에서 규정

정리 역대 헌법개정

구분	개정	특징	통치구조	기본권
공화국	건국헌법 (1948)	제헌국회에서 의원내각제를 중심으로 초안 작성. 그러나 대통령제 정부형태 (국민투표로 확정된 것 ×)	• 대통령 간선 • 부통령제 실시(간선) • 국무총리제 실시 • 국회 단원제 • 헌법위원회 제도	• 근로자의 이익분배 균점권 • 사회적 기본권 규정 존재
제1 공화국	제1차 개헌 (1952)	발췌개헌안 공고절차 및 토론 생략	• 대통령 직선 • 국회 양원제이었으나 단원제로 운영	-
	제2차 개헌 (1954)	사사오입개헌	• 3선 제한 철폐 • 국민투표제 최초로 도입 • 헌법개정의 한계에 관한 명문규정 신설 • 특별법원(군법회의)의 헌법적 근거 마련	-
제2 공화국	제3차 개헌 (1960)	• 4·19 혁명 • 헌정사상 처음으로 합헌적 개정절차	• 대통령 간선 • 의원내각제 • 헌법재판소 설치 • 중앙선거관리위원회 설치 • 정당조항 신설 • 직업공무원제 채택	• 본질적 내용침해 금지조항 신설 • 검열금지
	제4차 개헌 (1960)	부정선거자들 처벌 근거 마련	소급특별법 제정	-
제3 공화국	제5차 개헌 (1962)	• 5·16 쿠데타 • 제2공 헌법의 헌법개정 절차에 따른 것이 아님	• 전문 최초개정 • 정당정치제도 강화 • 헌법개정에 필수적 국민투표제도 도입	• 인간의 존엄과 가치를 최초로 명문화 • 직업선택의 자유와 인간다운 생활을 할 권리 신설 • 자백의 증거능력 제한 규정
	제6차 개헌 (1969)	3선 개헌	• 대통령 3기 연임 • 대통령 탄핵소추 발의와 의결 강화 • 국회의원이 각료 겸임 가능	-
제4 공화국	제7차 개헌 (1972)	유신개헌	• 대통령에게 막강 권한 부여(특히 긴급조치권) • 통일주체국민회의에서 대통령 간선 • 정당국가적 경향 완화(무소속출마 가능) • 헌법개정절차의 이원화	• 검열제 금지 삭제 • 체포구속적부심사제 폐지 • 이중배상금지규정 신설 **비교 정리** | 구분 | 폐지 | 부활 | |---|---|---| | 적부심 | 유신 | 제5공 | | 검열금지 | 유신 | 제6공 |
제5 공화국	제8차 개헌 (1980)	제5공 헌법은 형식상 제4공 절차에 따라 개정됨	• 대통령 7년 단임 간선 • 국정조사권 인정 • 국고보조조항 신설	• 행복추구권, 형사피고인의 무죄 추정, 연좌제 금지, 사생활의 비밀과 자유, 적정임금제, 환경권 신설 • 체포구속적부심사제 부활
제6 공화국	제9차 개헌 (1987)	-	• 대통령 5년 직선 • 헌법재판소 설치 • 국정감사 부활	적법절차조항, 재판절차 진술권, 범죄피해자 국가구조청구권, 최저임금제, 체포·구속시 고지제도

제1편 헌법총론

제2장 대한민국헌법 총설

국가의 구성요소

- **국적법 – 국민**
  - 취득
    - 선천적
      - **원칙**: 속인주의 - 부 또는 모
      - **예외**: 속지주의 - 부모를 모를 경우
    - 후천적
      - **일반**: 5년간 주소 요건, 품행단정
      - **간이**
        - 3년간 주소 요건, 한국과의 관련성
        - 혼인은 2년이 원칙
      - **특별**: 미성년자, 특별한 공로, 재능
  - 변동
    - **외국인**: 1년 내 포기, 재취득 가능
    - **한국인**: 20세 미만은 22세까지, 20세 이상은 2년 내, 군대문제는 3개월, 원정출산은 포기 못함
  - 상실
    - **자진**: 곧바로
    - **비자진**: 신고 후 유지 가능
    - 3년 내 권리양도
  - 판정
    - 법무부장관
  - 복수국적자
    - 서약제도 도입, 한국사람으로 대우

- **재외국민의 보호**
  - 재외국민 — 대한민국 국민으로 외국에 영주
  - 재외동포 — 대한민국의 국적을 보유하였던 자 또는 직계비속
  - 연혁 — 5공은 보호, 6공은 보호의무

제2절 국가의 구성요소

1 주권

주권이란 국가의사를 최종적으로 결정하는 원동력을 말한다.

2 국민

1. 의의

국민은 국적을 가진 자연인을 말하는 것으로, 여기서 국적이라 함은 국민으로서의 신분 또는 국민이 되는 자격을 말한다.

2. 우리나라의 국적법

우리나라는 국적법이라는 단행법을 제정하여 국민의 국적 취득과 변동, 상실 등을 규정하고 있다. 국적은 국가의 생성과 더불어 발생하고 국가의 소멸은 바로 국적의 상실 사유인 것이다. 국적은 성문의 법령을 통해서가 아니라 국가의 생성과 더불어 존재하는 것이므로, 헌법의 위임에 따라 국적법이 제정되나 그 내용은 국가의 구성요소인 국민의 범위를 구체화, 현실화하는 헌법사항을 규율하고 있는 것이다(헌재 2000.8.31, 97헌가12). 다만, 국외의 경우 거주국의 통치권에 복종한다.

> 기출OX
> 헌법 제2조 제1항은 대한민국 국적의 '취득'뿐만 아니라 국적의 유지, 상실을 둘러싼 전반적인 법률관계를 법률에 규정하도록 위임하고 있는 것으로 풀이할 수 있다. (O)   23. 법원행시

3. 국적의 취득 04. 법원직, 07. 국회직 8급

(1) 선천적 국적 취득

우리나라는 부모양계혈통주의에 기초한 속인주의를 원칙으로 하면서 예외적으로 속지주의를 채택하고 있다.

> 국적법 제2조 【출생에 의한 국적 취득】 ① 다음 각 호의 어느 하나에 해당하는 자는 출생과 동시에 대한민국 국적을 취득한다.
> 1. 출생 당시에 부 또는 모가 대한민국의 국민인 자
> 2. 출생하기 전에 부가 사망한 경우에는 그 사망 당시에 부가 대한민국의 국민이었던 자
> 3. 부모가 모두 분명하지 아니한 경우나 국적이 없는 경우에는 대한민국에서 출생한 자
> ② 대한민국에서 발견된 기아는 대한민국에서 출생한 것으로 추정한다.

> 기출OX
> 출생한 당시에 부 또는 모가 대한민국의 국민인 자는 출생과 동시에 대한민국의 국적을 취득한다. (O) 04. 법원직

① **부계혈통주의를 부모양계혈통주의로 개정**: 과거의 부계혈통주의, 즉 아버지의 국적을 따라가는 상황에서 이제는 아버지든 어머니든 부모 중 한 명이라도 대한민국 국민인 경우 출생한 자도 선천적으로 국적을 취득하게 되었다.
② **유복자인 경우**: 부가 사망할 당시 대한민국 국민이었다면 그 자도 대한민국 국적을 취득한다.
③ **출생지주의의 보충**: 무국적 방지를 위해 부모를 알 수 없을 경우 속지주의를 보충적으로 채택하고 있다.

④ 부가 외국인인 자녀의 성·본·입적: 신법 부칙 제8조에서는 민법 제781조 제1항을 개정하여 부가 외국인인 자에 대해서는 모의 성과 본을 따를 수 있도록 하고 아울러 모의 가에 입적하도록 하였다.

(2) 후천적 국적 취득

① 인지❶에 의한 국적 취득: 인지의 경우 부 또는 모는 인지 시점뿐만 아니라 자의 출생 당시에도 우리 국민이었어야 한다.

> 국적법 제3조【인지에 의한 국적 취득】① 대한민국의 국민이 아닌 자(이하 '외국인'이라 한다)로서 대한민국의 국민인 부 또는 모에 의하여 인지된 자가 다음 각 호의 요건을 모두 갖추면 법무부장관에게 신고함으로써 대한민국 국적을 취득할 수 있다.
> 1. 대한민국의 민법상 미성년일 것
> 2. 출생 당시에 부 또는 모가 대한민국의 국민이었을 것
> ② 제1항에 따라 신고한 자는 그 신고를 한 때에 대한민국 국적을 취득한다.
> ③ 제1항에 따른 신고 절차와 그 밖에 필요한 사항은 대통령령으로 정한다.

② 귀화❷에 의한 국적 취득

> 국적법 제4조【귀화에 의한 국적 취득】① 대한민국 국적을 취득한 사실이 없는 외국인은 법무부장관의 귀화허가를 받아 대한민국 국적을 취득할 수 있다.
> ② 법무부장관은 귀화허가 신청을 받으면 제5조부터 제7조까지의 귀화요건을 갖추었는지를 심사한 후 그 요건을 갖춘 사람에게만 귀화를 허가한다.
> ③ 제1항에 따라 귀화허가를 받은 사람은 법무부장관 앞에서 국민선서를 하고 귀화증서를 수여받은 때에 대한민국 국적을 취득한다. 다만, 법무부장관은 연령, 신체적·정신적 장애 등으로 국민선서의 의미를 이해할 수 없거나 이해한 것을 표현할 수 없다고 인정되는 사람에게는 국민선서를 면제할 수 있다.
>
> 제5조【일반귀화 요건】 외국인이 귀화허가를 받기 위해서는 제6조나 제7조에 해당하는 경우 외에는 다음 각 호의 요건을 갖추어야 한다.
> 1. 5년 이상 계속하여 대한민국에 주소가 있을 것
> 1의2. 대한민국에서 영주할 수 있는 체류자격을 가지고 있을 것
> 2. 대한민국의 민법상 성년일 것
> 3. 법령을 준수하는 등 법무부령으로 정하는 품행 단정의 요건을 갖출 것
> 4. 자신의 자산이나 기능에 의하거나 생계를 같이하는 가족에 의존하여 생계를 유지할 능력이 있을 것
> 5. 국어능력과 대한민국의 풍습에 대한 이해 등 대한민국 국민으로서의 기본 소양을 갖추고 있을 것
> 6. 귀화를 허가하는 것이 국가안전보장·질서유지 또는 공공복리를 해치지 아니한다고 법무부장관이 인정할 것

---

❶
인지란 혼인 외의 출생자에 대하여 생부 또는 생모가 자기의 자식이라고 인정함으로써 법률상의 친자관계를 발생시키는 행위이다.

기출OX

인지에 의하여 국적을 취득할 수 있는 자는 우리 민법에 의하여 미성년자이어야 한다. (○)   04. 법원직

❷
귀화는 우리나라 국민인 적이 없는 경우에 가능하다. 우리나라 국민이었던 사람은 국적회복절차를 거쳐야 한다.

기출OX

법무부장관은 귀화신청인이 귀화요건을 갖추었다 하더라도 귀화를 허가할 것인지 여부에 관하여 재량권을 가진다. (○)   19. 국가직 7급

주의

신고와 허가

신고	허가
인지	귀화
국적의 재취득	국적의 회복
국적보유선택	
모계출생특례	

기출OX

01 외국인이 귀화허가를 받기 위해서는 '품행이 단정할 것'의 요건을 갖추도록 한 구 국적법 조항은 그 해석이 불명확하여 수범자의 예측가능성을 해하고, 법 집행기관의 자의적인 집행을 초래할 정도로 불명확하다고 할 수 있으므로, 명확성원칙에 위배된다. (×)   22. 지방직 7급

02 외국인이 귀화허가를 받기 위해서는 '품행이 단정할 것'의 요건을 갖추도록 한 국적법 조항은 명확성원칙에 위배된다. (×)   18. 지방직 7급

❶
간이귀화의 경우에는 대한민국의 관련성이 요구된다. 특히 혼인은 원칙적으로 2년이 요건인데 외국에서 살다온 경우에는 1년이면 된다. 또한 사망이나 미성년인 자녀가 있는 경우에는 주소요건을 충족하지 못해도 강제추방 당하지 않는다.

기출OX

배우자가 대한민국의 국민인 외국인으로서 그 배우자와 혼인한 후 2년이 지나고 혼인한 상태로 대한민국에 1년 이상 계속하여 주소가 있는 자는 귀화허가를 받을 수 있다. (×) 13. 법원직

비교 정리

간이귀화	부 또는 모가 국민이었던 자
특별귀화	부 또는 모가 국민인 자

비교 정리

국적회복	귀화
과거 한국인	순수 외국인
배제 요건	취득 요건

제6조 【간이귀화 요건】 ① 다음 각 호의 어느 하나에 해당하는 외국인으로서 대한민국에 3년 이상 계속하여 주소가 있는 사람은 제5조 제1호 및 제1호의2의 요건을 갖추지 아니하여도 귀화허가를 받을 수 있다.
  1. 부 또는 모가 대한민국의 국민이었던 사람
  2. 대한민국에서 출생한 사람으로서 부 또는 모가 대한민국에서 출생한 사람
  3. 대한민국 국민의 양자로서 입양 당시 대한민국의 민법상 성년이었던 사람
② 배우자가 대한민국의 국민인 외국인으로서 다음 각 호의 어느 하나에 해당하는 사람은 제5조 제1호 및 제1호의2의 요건을 갖추지 아니하여도 귀화허가를 받을 수 있다.❶
  1. 그 배우자와 혼인한 상태로 대한민국에 2년 이상 계속하여 주소가 있는 사람
  2. 그 배우자와 혼인한 후 3년이 지나고 혼인한 상태로 대한민국에 1년 이상 계속하여 주소가 있는 사람
  3. 제1호나 제2호의 기간을 채우지 못하였으나, 그 배우자와 혼인한 상태로 대한민국에 주소를 두고 있던 중 그 배우자의 사망이나 실종 또는 그 밖에 자신에게 책임이 없는 사유로 정상적인 혼인 생활을 할 수 없었던 사람으로서 제1호나 제2호의 잔여기간을 채웠고 법무부장관이 상당하다고 인정하는 사람
  4. 제1호나 제2호의 요건을 충족하지 못하였으나, 그 배우자와의 혼인에 따라 출생한 미성년의 자를 양육하고 있거나 양육하여야 할 사람으로서 제1호나 제2호의 기간을 채웠고 법무부장관이 상당하다고 인정하는 사람

제7조 【특별귀화 요건】 ① 다음 각 호의 어느 하나에 해당하는 외국인으로서 대한민국에 주소가 있는 자는 제5조 제1호·제1호의2·제2호 또는 제4호의 요건을 갖추지 아니하여도 귀화허가를 받을 수 있다.
  1. 부 또는 모가 대한민국의 국민인 사람. 다만, 양자로서 대한민국의 민법상 성년이 된 후에 입양된 사람은 제외한다.
  2. 대한민국에 특별한 공로가 있는 사람
  3. 과학·경제·문화·체육 등 특정 분야에서 매우 우수한 능력을 보유한 사람으로서 대한민국의 국익에 기여할 것으로 인정되는 사람
② 제1항 제2호 및 제3호에 해당하는 사람을 정하는 기준 및 절차는 대통령령으로 정한다.

제8조 【수반 취득】 ① 외국인의 자로서 대한민국의 민법상 미성년인 사람은 부 또는 모가 귀화허가를 신청할 때 함께 국적 취득을 신청할 수 있다.
② 제1항에 따라 국적 취득을 신청한 사람은 부 또는 모가 대한민국 국적을 취득한 때에 함께 대한민국 국적을 취득한다.
③ 제1항에 따른 신청 절차와 그 밖에 필요한 사항은 대통령령으로 정한다.

제9조 【국적회복에 의한 국적 취득】 ① 대한민국의 국민이었던 외국인은 법무부장관의 국적회복허가를 받아 대한민국 국적을 취득할 수 있다.
② 법무부장관은 국적회복허가 신청을 받으면 심사한 후 다음 각 호의 어느 하나에 해당하는 사람에게는 국적회복을 허가하지 아니한다.

1. 국가나 사회에 위해를 끼친 사실이 있는 사람
2. 품행이 단정하지 못한 사람
3. 병역을 기피할 목적으로 대한민국 국적을 상실하였거나 이탈하였던 사람
4. 국가안전보장·질서유지 또는 공공복리를 위하여 법무부장관이 국적회복을 허가하는 것이 적당하지 아니하다고 인정하는 사람

③ 제1항에 따라 국적회복허가를 받은 사람은 법무부장관 앞에서 국민선서를 하고 국적회복증서를 수여받은 때에 대한민국 국적을 취득한다. 다만, 법무부장관은 연령, 신체적·정신적 장애 등으로 국민선서의 의미를 이해할 수 없거나 이해한 것을 표현할 수 없다고 인정되는 사람에게는 국민선서를 면제할 수 있다.

㉠ 일반귀화·간이귀화·특별귀화: 일반귀화는 외국인에게 거의 공통적으로 요구되는 귀화로서, 일정기간 이상의 거주기간 및 일정사유를 요건으로 한다. 간이귀화는 귀화국과 일반적인 관계 이상의 애착관계가 있을 때 인정되는 귀화로서 우리 국적법은 우리 국민과 혼인한 외국인에 대하여 간이귀화를 적용하고 있다. 특별귀화는 귀화에 필요한 여러 요건 전부를 면제하여 바로 귀화하게 해주는 것으로서 귀화국과 대상자 간에 대체로 특별한 충성관계를 필요로 한다.

관련 판례

품행이 단정할 것

'품행이 단정할 것'은 '귀화신청자를 대한민국의 새로운 구성원으로서 받아들이는 데 지장이 없을 만한 품성과 행실을 갖춘 것'을 의미하고, 구체적으로 이는 귀화신청자의 성별, 연령, 직업, 가족, 경력, 전과관계 등 여러 사정을 종합적으로 고려하여 판단될 것임을 예측할 수 있다. 따라서 심판대상조항은 명확성원칙에 위배되지 아니한다(헌재 2016.7.28, 2014헌바421).

㉡ 처의 단독귀화 가능: 구 국적법 제9조에서는 외국인의 처는 남편과 같이 하지 아니하면 귀화할 수 없었으나 처의 수반취득 제도와 아울러 처의 독자적 국적선택권을 침해하는 남녀차별적 조항에 해당한다고 하여 1997년 개정법에서 삭제하였다.

③ 입양에 의한 국적 취득: 성년인 외국인의 입양으로 국적을 취득하려면 간이귀화 대상으로서 3년 이상 국내에 거주하여야 하지만, 미성년인 외국인의 입양으로 국적을 취득하려면 특별귀화 대상에 해당하여 거주기간을 요하지 않는다.

④ 혼인에 의한 국적 취득: 우리 국민의 배우자가 된 외국인에 대하여 남녀 모두 법무부장관이 귀화허가를 받은 때에 우리 국적을 취득하는 것을 규정하고 있는데 혼인한 상태로 2년 이상(혼인한 후 3년이 경과한 자는 국내에 1년 이상) 거주하면 귀화가 가능하다.

또한 예외적으로 대한민국 국민과 결혼한 외국인이 배우자의 사망 또는 이혼 등으로 인해 국적법 제6조 제2항의 간이귀화 요건을 충족시킬 수 없는 경우에도 양육해야 할 아동의 보호 및 외국인 배우자의 인권보장의 차원에서 법무부장관이 인정하는 때에는 국적 취득을 허용하게 되었다. 이때 혼인에 의한 국적 취득에서의 '혼인'은 법률혼만을 의미한다.

비교 정리

국적법상 미성년

구분	시기
인지	미성년
특별귀화	미성년
수반취득	미성년
국적선택	22세

비교 정리

후천적 국적취득

인지	대한민국 민법에 의하여 미성년일 것 + 출생 당시에 부 또는 모가 대한민국 국민이었을 것
귀화	• 일반귀화: 5년 • 간이귀화: 3년 • 특별귀화: 거주요건 필요 없음
입양	• 미성년 입양: 특별귀화 대상 • 성년자 입양: 간이귀화 대상
혼인	• 요건: 간이귀화 대상 • 혼인상태로 2년 • 혼인한 후 3년 경과 + 1년
수반 취득	• 처의 수반 취득제도 삭제 • 미성년인 자의 수반 취득 인정
국적 회복	• 자격: 대한민국 국민이었던 외국인 • 절차: 법무부장관의 국적회복허가를 받아야 함

⑤ 수반 취득제도에 의한 국적 취득: 기존의 처의 수반 취득제도는 삭제되었고 미성년의 자녀의 경우에는 수반 취득의 명시적 의사표시를 한 때에 그 효과가 발생된다.

⑥ 국적회복과 귀화는 모두 외국인이 후천적으로 법무부장관의 허가라는 주권적 행정절차를 통하여 대한민국 국적을 취득하는 제도라는 점에서 동일하나, 귀화는 대한민국 국적을 취득한 사실이 없는 순수한 외국인이 법무부장관의 허가를 받아 대한민국 국적을 취득할 수 있도록 하는 절차인 데 비해(국적법 제4조 내지 제7조), 국적회복허가는 한때 대한민국 국민이었던 자를 대상으로 한다는 점, 귀화는 일정한 요건을 갖춘 사람에게만 허가할 수 있는 반면(국적법 제5조 내지 제7조), 국적회복허가는 일정한 사유에 해당하는 사람에 대해서만 국적회복을 허가하지 아니한다는 점(국적법 제9조 제2항)에서 차이가 있다(헌재 2020.2.27, 2017헌바434).

4. 복수국적의 금지

(1) 국적 취득자의 원국적 포기의무

> 국적법 제10조 【국적 취득자의 외국 국적 포기 의무】① 대한민국 국적을 취득한 외국인으로서 외국 국적을 가지고 있는 자는 대한민국 국적을 취득한 날부터 1년 내에 그 외국 국적을 포기하여야 한다.
> ② 제1항에도 불구하고 다음 각 호의 어느 하나에 해당하는 자는 대한민국 국적을 취득한 날부터 1년 내에 외국 국적을 포기하거나 법무부장관이 정하는 바에 따라 대한민국에서 외국 국적을 행사하지 아니하겠다는 뜻을 법무부장관에게 서약하여야 한다.
>
> 제11조 【국적의 재취득】① 제10조 제3항에 따라 대한민국 국적을 상실한 자가 그 후 1년 내에 그 외국 국적을 포기하면 법무부장관에게 신고함으로써 대한민국 국적을 재취득할 수 있다.
> ② 제1항에 따라 신고한 자는 그 신고를 한 때에 대한민국 국적을 취득한다.
>
> 제11조의2 【복수국적자의 법적 지위 등】① 출생이나 그 밖에 이 법에 따라 대한민국 국적과 외국 국적을 함께 가지게 된 사람으로서 대통령령으로 정하는 사람(복수국적자)는 대한민국의 법령 적용에서 대한민국 국민으로만 처우한다.

(2) 국적선택제도

> 국적법 제12조 【복수국적자의 국적선택의무】① 만 20세가 되기 전에 복수국적자가 된 자는 만 22세가 되기 전까지, 만 20세가 된 후에 복수국적자가 된 자는 그 때부터 2년 내에 제13조와 제14조에 따라 하나의 국적을 선택하여야 한다. 다만, 제10조 제2항에 따라 법무부장관에게 대한민국에서 외국 국적을 행사하지 아니하겠다는 뜻을 서약한 복수국적자는 제외한다.
> ② 제1항 본문에도 불구하고 병역법 제8조에 따라 병역준비역에 편입된 자는 편입된 때부터 3개월 이내에 하나의 국적을 선택하거나 제3항 각 호의 어느 하나에 해당하는 때부터 2년 이내에 하나의 국적을 선택하여야 한다. 다만, 제13조에 따라 대한민국 국적을 선택하려는 경우에는 제3항 각 호의 어느 하나에 해당하기 전에도 할 수 있다.

기출OX

대한민국 국적을 취득한 사실이 없는 외국인은 법무부장관의 귀화허가를 받아 대한민국 국적을 취득할 수 있는 반면, 대한민국의 국민이었던 외국인은 법무부장관의 국적회복허가를 받아 대한민국 국적을 취득할 수 있다. (O)
22. 국회직 9급

비교 정리

국적변경

외국인	원국적 포기: 1년 내 포기
국민	• 20세 전: 만 22세가 되기 전까지 국적선택 • 20세 후: 그때부터 2년 내에 국적선택

기출OX

01 국적 취득자의 외국 국적 포기의무 기간은 1년으로 변경되었다. (O)

02 외국 국적 포기의무를 이행하지 아니하여 대한민국 국적을 상실한 자가 1년 내에 그 외국 국적을 포기한 때는 법무부장관의 허가를 얻어 대한민국 국적을 재취득할 수 있다. (X)
07. 국회직 8급

03 출생에 의하여 이중국적자가 된 자는 만 20세가 되기 전까지 하나의 국적을 선택하여야 한다. (X)
04. 법원직

04 국적법은 이중국적자라 하더라도 대한민국 국민인 이상 병역의무를 이행하여야 한다는 것을 원칙으로 하지만, 이중국적자로서 구체적인 병역의무 발생(제1국민역 편입)시부터 3월 이내에 하나의 국적을 선택하도록 규정하고 있다. (O)
07. 국회직 8급

비교 정리

원정출산으로 인한 국적선택

구분	이행
외국국적 선택	병역문제 해결
한국국적 선택	외국국적 포기

기출OX

출생 당시에 모가 자녀에게 외국 국적을 취득하게 할 목적으로 외국에서 체류 중이었던 사실이 인정되는 자는 외국 국적을 포기한 경우에만 대한민국 국적을 선택한다는 뜻을 신고할 수 있다. (O)
22. 경찰간부

③ 직계존속이 외국에서 영주할 목적 없이 체류한 상태에서 출생한 자는 병역의무의 이행과 관련하여 다음 각 호의 어느 하나에 해당하는 경우에만 제14조에 따른 국적이탈신고를 할 수 있다.
1. 현역·상근예비역·보충역 또는 대체역으로 복무를 마치거나 마친 것으로 보게 되는 경우
2. 제2국민역에 편입된 경우
3. 병역면제처분을 받은 경우

국적법 제13조【대한민국 국적의 선택 절차】① 복수국적자로서 제12조 제1항 본문에 규정된 기간 내에 대한민국 국적을 선택하려는 자는 외국 국적을 포기하거나 법무부장관이 정하는 바에 따라 대한민국에서 외국 국적을 행사하지 아니하겠다는 뜻을 서약하고 법무부장관에게 대한민국 국적을 선택한다는 뜻을 신고할 수 있다.

제14조【대한민국 국적의 이탈 요건 및 절차】① 복수국적자로서 외국 국적을 선택하려는 자는 외국에 주소가 있는 경우에만 주소지 관할 재외공관의 장을 거쳐 법무부장관에게 대한민국 국적을 이탈한다는 뜻을 신고할 수 있다. 다만, 제12조 제2항 본문 또는 같은 조 제3항에 해당하는 자는 그 기간 이내에 또는 해당 사유가 발생한 때부터만 신고할 수 있다.

제14조의3【복수국적자에 대한 국적선택명령】① 법무부장관은 복수국적자로서 제12조 제1항 또는 제2항에서 정한 기간 내에 국적을 선택하지 아니한 자에게 1년 내에 하나의 국적을 선택할 것을 명하여야 한다.
④ 제1항 또는 제2항에 따라 국적선택의 명령을 받고도 이를 따르지 아니한 자는 그 기간이 지난 때에 대한민국 국적을 상실한다.

관련 판례 복수국적 관련 판례

1 병역준비역에 편입된 복수국적자 국적이탈 제한 [헌법불합치]
외국에서만 주로 체류·거주하면서 대한민국과는 별다른 접점이 없는 사람도 있을 수 있는데, 심판대상 법률 조항은 전혀 예외를 인정하지 않고 위 시기가 경과하면 병역의무에서 벗어나는 경우에만 국적이탈이 가능하도록 규정하고 있는바, 이 결정에서 헌법재판소는 그러한 일률적인 제한에 위헌성이 있다(헌재 2020.9.24, 2016헌마889).

2 병역준비역에 대하여 27세 초과하지 않는 범위에서 단기 국외여행을 허가 [합헌]
예외적인 경우가 아니라면 27세까지만 징집연기가 가능하다. 징집연기가 가능한 범위에서 국외여행의 자유를 최대한 보장하기 위함이다. 따라서 청구인의 거주·이전의 자유를 침해하지 않는다(헌재 2023.2.23, 2019헌마1157).

3 외국에 영주할 목적 없이 체류한 직계존속으로부터 태어난 자의 국적이탈 제한 [합헌]
병역기피 목적의 국적이탈에 대하여 사후적 제재를 가하거나 생활근거에 따라 국적이탈을 제한하는 방법으로는 국적이탈을 통해 병역의무 그 자체를 어떻게든 면탈하려는 행동을 충분히 차단할 수 있다고 단정하기 어렵다. 대한민국이 국가 공동체로서 존립하기 위해 공평한 병역분담에 대한 국민적 신뢰를 보호하여 국방역량이 훼손되지 않도록 하려는 것이므로 매우 중요한 국익이다(헌재 2023.2.27, 2019헌바462).

4 외국에 주소가 있는 경우에만 국적이탈 가능 [합헌]

외국에 생활근거 없이 주로 국내에서 생활하며 대한민국과 유대관계를 형성한 자가 단지 법률상 외국 국적을 지니고 있다는 사정을 빌미로 기회주의적 국적을 이탈하려는 행위를 제한하기 위한 것으로 헌법에 위반되지 아니한다(헌재 2023.2.23, 2020헌바603).

5. 국적의 상실

국적법 제15조 【외국 국적 취득에 따른 국적 상실】 ① 대한민국의 국민으로서 자진하여 외국 국적을 취득한 자는 그 외국 국적을 취득한 때에 대한민국 국적을 상실한다.
② 대한민국의 국민으로서 다음 각 호의 어느 하나에 해당하는 자는 그 외국 국적을 취득한 때부터 6개월 내에 법무부장관에게 대한민국 국적을 보유할 의사가 있다는 뜻을 신고하지 아니하면 그 외국 국적을 취득한 때로 소급하여 대한민국 국적을 상실한 것으로 본다.
1. 외국인과의 혼인으로 그 배우자의 국적을 취득하게 된 자
2. 외국인에게 입양되어 그 양부 또는 양모의 국적을 취득하게 된 자
3. 외국인인 부 또는 모에게 인지되어 그 부 또는 모의 국적을 취득하게 된 자
4. 외국 국적을 취득하여 대한민국 국적을 상실하게 된 자의 배우자나 미성년의 자로서 그 외국의 법률에 따라 함께 그 외국 국적을 취득하게 된 자
③ 외국 국적을 취득함으로써 대한민국 국적을 상실하게 된 자에 대하여 그 외국 국적의 취득일을 알 수 없으면 그가 사용하는 외국 여권의 최초 발급일에 그 외국 국적을 취득한 것으로 추정한다.
④ 제2항에 따른 신고 절차와 그 밖에 필요한 사항은 대통령령으로 정한다.

국적법 제18조 【국적상실자의 권리 변동】 ① 대한민국 국적을 상실한 자는 국적을 상실한 때부터 대한민국의 국민만이 누릴 수 있는 권리를 누릴 수 없다.
② 제1항에 해당하는 권리 중 대한민국의 국민이었을 때 취득한 것으로서 양도할 수 있는 것은 그 권리와 관련된 법령에서 따로 정한 바가 없으면 3년 내에 대한민국의 국민에게 양도하여야 한다.

비교 정리
국적상실

자진	곧바로
비자진	국적보유신고를 통해 계속 국적 보유
양도	3년 내 권리 양도

관련 판례 국적의 상실에 관한 판례

1 부계혈통주의 [각하 / 헌법불합치]

부계혈통주의 원칙을 채택한 구법조항은 출생한 당시의 자녀의 국적을 부의 국적에만 맞추고 모의 국적은 단지 보충적인 의미만을 부여하는 차별을 하고 있다. 이렇게 한국인 부와 외국인 모 사이의 자녀와 한국인 모와 외국인 부 사이의 자녀를 차별취급하는 것은, 모가 한국인인 자녀와 그 모에게 불리한 영향을 끼치므로 헌법 제11조 제1항의 남녀평등원칙에 어긋난다(헌재 2000.8.31, 97헌가12).

2 영주권의 취득과 국적상실 여부

대한민국 국민이 일본국에서 영주권을 취득하였다 하여 우리 국적을 상실하지 아니하며, 영주권을 가진 재일교포를 준외국인으로 보아 외국인토지법을 준용하여야 하는 것도 아니다(대판 1981.10.13, 80다2435).

3 이혼으로 인한 국적상실 여부

일본인 여자가 한국인 남자와의 혼인으로 인하여 한국의 국적을 취득하는 동시에 일본의 국적을 상실한 뒤 한국인 남자와 이혼하였다 하여 한국 국적을 상실하고 일본 국적을 다시 취득하는 것은 아니고 동녀가 일본국에 복적할 때까지는 여전히 한국의 국적을 그대로 유지한다(대결 1976.4.23, 73마1051).

4 호적과의 관계

호적에의 등재나 삭제는 국적득상의 효과를 창설하는 작용을 하는 것이 아니고 국적법에 의하여 형성된 국적득상에 관한 사항을 절차적으로 정리하는 행위에 지나지 않는 것이므로 호적에 한 국적상실의 등재만으로 대한민국 국적이 상실되는 것은 아니다(대판 2003.5.30, 2002두9797).

📝 기출OX

대한민국 남자와 결혼하여 국적을 취득한 여자는 이혼하였다고 하여 한국 국적을 상실하는 것은 아니다. (O)

19. 서울시 7급

📋 비교 정리

구분	상실 여부
영주권	×
시민권	○
이혼	×
호적	×

6. 국적의 판정

국적법 제20조【국적 판정】① 법무부장관은 대한민국 국적의 취득이나 보유 여부가 분명하지 아니한 자에 대하여 이를 심사한 후 판정할 수 있다.

제21조【허가 등의 취소】① 법무부장관은 거짓이나 그 밖의 부정한 방법으로 귀화허가나 국적회복허가 또는 국적보유판정을 받은 자에 대하여 그 허가 또는 판정을 취소할 수 있다.

📝 기출OX

법무부장관은 거짓이나 그 밖의 부정한 방법으로 귀화허가를 받은 자에 대하여 그 허가를 취소할 수 있으며, 법무부장관의 취소권 행사기간은 귀화허가를 한 날로부터 6개월 이내이다. (×)

19. 국가직 7급

7. 모계출생자에 대한 특례

부칙 제7조【부모양계혈통주의 채택에 따른 모계출생자에 대한 국적취득의 특례】① 1978년 6월 14일부터 1998년 6월 13일까지의 사이에 대한민국의 국민을 모로 하여 출생한 자로서 다음 각호의 1에 해당하는 자는 2004년 12월 31일까지 대통령령이 정하는 바에 의하여 법무부장관에게 신고❶함으로써 대한민국의 국적을 취득할 수 있다.
1. 모가 현재 대한민국의 국민인 자
2. 모가 사망한 때에는 그 사망 당시에 모가 대한민국의 국민이었던 자

❶
자동취득이 아니라 신고에 의한 특례를 규정한 이유는 중국과의 국적분쟁이 생기는 것을 최대한 방지하기 위함이다.

3 재외국민의 보호

헌법 제2조 ② 국가는 법률이 정하는 바에 의하여 재외국민을 보호할 의무를 진다.

헌법조항	국가는 법률이 정하는 바에 의하여 재외국민을 보호할 의무를 진다(현행 헌법). 재외국민은 국가의 보호를 받는다(1980년 헌법).
의미	재외국민(대한민국 국민으로서 외국의 영주권을 취득하거나 영주할 목적으로 외국에 거주하고 있는 자)
	외국국적동포(대한민국의 국적을 보유하였던 자 또는 그 직계비속)
내용	조약 기타 일반적으로 승인된 국제법규 및 해당 거류국의 법령에 따른 국가의 외교적 보호, 정치적 배려에 의한 국가의 각종지원

기출OX

헌법재판소는 1948년 정부수립 이전이주동포를 재외동포의 출입국과 법적 지위에 관한 법률의 적용대상에서 제외하는 것은 헌법 제11조의 평등원칙에 위배된다고 판시하였다. (O)

19. 서울시 7급

주의

재외국민의 경우 대통령, 비례대표국회의원, 국민투표권은 보유하나, 지역구 국회의원 선거권은 인정되지 않는다. 국내거주 재외국민에게 주민참정권을 인정하지 않는 경우 헌법에 위반된다(헌재 2007.6.28, 2004헌마643).

기출OX

01 법률이 정하는 일정한 재외국민에게는 대통령선거권, 국회의원선거권, 지방의원 및 단체의 장 선거권, 국민투표권, 주민투표권을 부여하고 있다. (O) 19. 서울시 7급

02 주민등록법상 재외국민으로 등록·관리되고 있는 영유아를 보육료·양육수당의 지원대상에서 제외한 규정은 국가의 재정능력에 비추어 보았을 때 국내에 거주하면서 재외국민 영유아를 양육하는 부모를 차별하고 있더라도 평등권을 침해하지는 않는다. (X)

18. 국가직 7급

❶ 부속도서란 주된 지역에 딸려 있는 크고 작은 섬을 말한다.

기출OX

01 헌법은 영해에 관하여 명시적으로 규정하고 있지 않다. (O)
04. 국회직 8급

02 대한민국의 접속수역은 영해기선으로부터 24해리까지 이르는 수역에서 대한민국의 영해를 제외한 수역이고 접속수역에서 관계 당국은 일정한 법규에 위반하는 행위를 방지하거나 제재할 수 있다. (O)
05. 입시

관련 판례

1 정부수립 이전의 국외이주자를 재외동포법의 수혜 대상에서 배제 [헌법불합치]

정부수립 이전에 국외로 이주한 구소련거주동포와 중국거주동포를 재외동포의 출입국과 법적 지위에 관한 법률의 수혜 대상에서 배제한 것은 인간의 존엄과 가치 및 행복추구권을 침해하는 것은 아니지만, 평등의 원칙에 위배된다(헌재 2001.11.29, 99헌마494).

2 재외선거인의 국민투표권 제한 사건 [헌법불합치]

[1] 주민등록과 국내거소신고를 기준으로 지역구국회의원선거권을 인정하는 것은 해당 국민의 지역적 관련성을 확인하는 합리적인 방법이다. 따라서 선거권조항과 재외선거인 등록신청조항이 재외선거인의 임기만료지역구국회의원선거권을 인정하지 않은 것이 나머지 청구인들의 선거권을 침해하거나 보통선거원칙에 위배된다고 볼 수 없다.

[2] 국민의 본질적 지위에서 도출되는 국민투표권을 추상적 위험 내지 선거기술상의 사유로 배제하는 것은 헌법이 부여한 참정권을 사실상 박탈한 것과 다름없다. 따라서 국민투표법조항은 재외선거인인 나머지 청구인들의 국민투표권을 침해한다(헌재 2014.7.26, 2009헌마256).

3 재외국민 영유아 보육료·양육수당 지원 배제 [위헌]

대한민국 국적을 가지고 있는 영유아 중에서도 재외국민인 영유아를 보육료·양육수당 지원대상에서 제외하는 보건복지부지침이 국내에 거주하면서 재외국민 영유아를 양육하는 부모인 청구인들의 평등권을 침해하므로 헌법에 위반된다(헌재 2018.1.25, 2015헌마1047).

4 국제협력요원의 국가유공자법 적용배제 [각하]

국제협력요원이 복무 중 사망한 경우 국가유공자법에 의한 보상을 하지 않는다고 하여 국가가 헌법 제2조 제2항에 규정한 재외국민을 보호할 의무를 행하지 않은 경우라고는 볼 수 없다(헌재 2010.7.29, 2009헌가13).

4 영역

헌법 제3조 대한민국의 영토는 한반도와 그 부속도서로 한다.

영토	한반도와 그 부속도서❶
영해	• 한반도와 그 부속도서에 접속한 12해리까지 • 대한해협은 3해리까지
	접속수역(영해기선으로부터 24해리까지 이르는 수역에서 영해를 제외한 수역)
	배타적 경제수역(영해기선 그 외측 200해리에 이르는 수역에서 영해를 제외한 수역)
영공	지배가능한 범위까지 05. 입시

관련 판례

간도협약❷ 무효

중국에 대해 간도협약이 무효임을 주장하여야 하는 어떠한 법적인 의무가 있다고도 볼 수 없다. 이 사건 심판청구는 헌법소원이 허용될 수 없는 공권력의 불행사를 대상으로 한 것이므로 부적법하다(헌재 2009.9.22, 2009헌마516).

❷ 일제가 불법적으로 간도지방의 영유권을 중국에 할양한 협약이다.

1. 북한의 헌법상 지위

(1) 헌법 제3조의 영토규정은 북한을 반국가단체로 보는 논거이고, 헌법 제4조의 평화통일의무 규정은 북한을 민족적 공동체로 보는 논거이다. 06. 국회직 8급

(2) 헌법재판소는 북한은 조국의 평화적 통일을 위한 대화와 협력의 동반자임과 동시에 대남적화노선을 고수하면서 우리 자유민주주의 체제의 전복을 획책하고 있는 반국가단체라는 이중적 성격도 함께 갖고 있다고 판시하였다(헌재 1997.1.16, 92헌바6 등).❸ 04. 국회직 8급, 05. 입시

(3) 대법원의 경우에는 북한의 국가성을 부정하고 북한을 반국가단체로 보고 있다.

❸ 영토조항에 따르면 우리 헌법은 한반도 전역에 미치므로 북한은 국가가 될 수 없다. 그러나 통일조항에 따르면 통일은 우리나라와 대등한 지위의 국가를 상정하므로 북한도 국가가 된다. 이는 모순되는 것처럼 보이지만 헌법재판소의 견해처럼 북한의 지위가 이중적이기 때문이므로 헌법규정이 잘못되었다고 할 수는 없다.

2. 국가보안법의 위헌 여부

관련 판례

1 국가보안법의 위헌 여부

북한이 남·북한의 유엔동시가입, 소위 남북합의서의 채택·발효 및 남북교류협력에 관한 법률 등의 시행 후에도 적화통일의 목표를 버리지 않고 각종 도발을 자행하고 있으며 남·북한의 정치, 군사적 대결이나 긴장관계가 조금도 해소되고 있지 않음이 현실인 이상, 국가의 존립·안전과 국민의 생존 및 자유를 수호하기 위하여 신·구 국가보안법의 해석·적용상 북한을 반국가단체로 보고 이에 동조하는 반국가활동을 규제하는 것 자체가 헌법이 규정하는 국제평화주의나 평화통일의 원칙에 위반된다고 할 수 없다(헌재 1997.1.16, 92헌바6 등). 04. 국회직 8급, 05. 입시

2 국가보안법과 남북교류협력에 관한 법률의 관계

헌법 제4조가 천명하는 자유민주적 기본질서에 입각한 평화적 통일정책을 수립하고 이를 추진하는 한편 국가의 안전을 위태롭게 하는 반국가활동을 규제하기 위한 법적 장치로서, 전자를 위하여는 남북교류협력에 관한 법률 등의 시행으로써 이에 대처하고 후자를 위하여는 국가보안법의 시행으로써 이에 대처하고 있는 것이다. 이와 같이 국가보안법과 남북교류협력에 관한 법률은 상호 그 입법목적과 규제대상을 달리하고 있으며 따라서 … 그 구성요건을 달리하고 있는 것이므로 청구인의 행위에 관하여는 남북교류협력에 관한 법률은 적용될 여지가 없다고 할 것이다(헌재 1993.7.29, 92헌바48). 04. 국회직 8급

기출OX

헌법재판소는 국가보안법과 남북교류협력에 관한 법률의 관계는 상호 구성요건이 중복되는 일반법과 특별법의 관계에 있는 것으로 보고 있다. (×)
06. 국회직 8급

3. 북한주민의 법적 지위

대법원 판례에 의하면 헌법의 영토조항에 비추어 북한 국적의 주민이 대한민국의 국적을 취득·유지하는 데 아무런 문제가 없다.

기출OX

대법원은 북한주민의 한국 국적을 인정하고 있다. (○) 06. 국회직 8급

> **관련 판례**
>
> **1 국적에 관한 임시조례의 승계**
> 조선인을 부친으로 하여 출생한 자는 남조선 과도정부 법률 제11호 국적에 관한 임시조례 규정에 따라 조선 국적을 취득하였다가 제헌헌법의 공포와 동시에 대한민국 국적을 취득하였다 할 것이다(대판 1996.11.12, 96누1221). 04·06·07. 국회직 8급, 05. 입시
>
> **2 마약거래범죄자인 북한이탈주민을 보호대상자로 결정하지 않을 수 있는 규정 [합헌]**
> 북한이탈주민에 대하여도 인간다운 생활을 위한 객관적인 최소한의 보장은 이루어지고 있다. 따라서 심판대상조항이 마약거래범죄자인 북한이탈주민의 인간다운 생활을 할 권리를 침해한다고 볼 수 없다(헌재 2014.3.27, 2012헌바192).
>
> **3 신고를 하지 않은 외국환 거래 금지 [합헌]**
> 개별 법률의 적용 내지 준용에 있어서는 남북한의 특수관계적 성격을 고려하여 북한지역을 외국에 준하는 지역으로, 북한주민 등을 외국인에 준하는 지위에 있는 자로 규정할 수 있다고 할 것이다(헌재 2005.6.30, 2003헌바114).
>
> **4 탈북의료인의 한의사자격 부여**
> 북한의 의과대학이 헌법 제3조의 영토조항에도 불구하고 국내 대학으로 인정될 수 없고 탈북의료인의 국내 면허 취득에 관하여는 명확한 입법이 없는 상태이다. 따라서 입법자에게 국내 의료면허를 부여할 입법의무가 발생한다고 볼 수는 없다(헌재 2006.11.30, 2006헌마679).

4. UN가입

UN에 가입하였다고 하여 우리나라가 북한을 국가로 승인한 것은 아니다. 이는 UN이라는 국제단체가 북한을 국가로 승인한 것에 불과하다. 즉, 가맹국 상호간의 국가승인으로 보지는 않는다.

5. 남북기본합의서

> **관련 판례**
>
> **남북기본합의서**
> 남북합의서는 남북관계를 나라와 나라 사이 관계가 아닌 통일을 지향하는 과정에서 잠정적으로 형성된 특수관계로 규정하고 있다. 또한 남북합의서는 법적 구속력이 없는 공동성명, 신사협정에 불과하다. 따라서 남북합의서로 북한의 반국가단체성이나 국가보안법의 필요성이 소멸되는 것은 아니다(헌재 1997.1.16, 92헌바6 등).

국가보안법과 관련하여 문제되는 논점

남북기본합의서	조약이 아니라 신사협정에 불과하다.
유엔동시가입	남북 상호간 국가승인의 문제에 해당하지 않는다.
국가보안법의 위헌성	주관적 요건을 추가하여 헌법재판소는 합헌 결정을 하였다.
북한주민의 법적 지위	대한민국 국민으로 인정하였다.
물자교역	민족 내부의 거래로 보았다(남북교류협력에 관한 법률 제12조).

기출OX

북한이 남·북한의 유엔동시가입, 소위 남북합의서의 채택·발효 및 남북교류협력에 관한 법률 등의 시행 후에도 적화통일의 목표를 버리지 않고 각종 도발을 자행하고 있으며 남·북한의 정치·군사적 대결이나 긴장관계가 조금도 해소되고 있지 않음이 현실인 이상 북한을 반국가단체로 보고 이에 동조하는 반국가활동을 규제하는 것 자체가 헌법이 규정하는 국제평화주의나 평화통일의 원칙에 위반된다고 할 수 없다. (O) 05. 입시

제1편 헌법총론

제2장 대한민국헌법 총설

대한민국헌법의 기본원리

- **헌법 전문**
  - 의미 — 대한민국의 지도이념과 지도원리 규정
  - 내용 — 재판규범성은 인정되나 기본권이 도출되지는 않음, 국가의 의무 도출

- **국민주권의 원리**
  - 주권의 탄생배경 — 군주의 권한 강화
  - 의미
    - **대내**: 최고권력
    - **대외**: 독립성

- **민주주의의 원리**
  - 동일성 민주주의 — 치자와 피치자가 동일, 이상론일 뿐
  - 다수결의 원리
    - **전제**: 구성원의 평등, 동일성, 상호존중
    - **제외**: 전문적 지식, 소수의 근본적 문제

제3절 대한민국헌법의 기본원리

헌법의 기본원리는 헌법의 이념적 기초이자 헌법의 지도원리이다. 이는 단지 선언적인 것이 아닌 구속적인 것이며 모든 법령의 해석기준이 된다. 또한 이러한 기본원리에서 기본권을 도출할 수는 없으나 재판규범성은 인정된다고 한다. 우리 헌법의 기본원리 내지 기본질서로는 국민주권주의, 자유민주주의, 평화통일주의, 사회적 시장경제주의 등이 제시되고 있다. 07. 법원직

제1항 대한민국헌법의 전문

1 헌법 전문의 의의

1. 의의

헌법 전문에는 헌법의 제정과 개정에 관한 역사적 서술 외에 대한민국의 지도이념과 지도원리도 규정되어 있다. 07. 법원직 헌법 전문은 모든 국가의 헌법이 이를 가지고 있는 것은 아니며 또 필수적 요소라고 볼 수도 없다.

2. 내용

> 헌법 전문
> 유구한 역사와 전통에 빛나는 우리 대한국민은 3·1운동으로 건립된 대한민국임시정부의 법통과 불의에 항거한 4·19 민주이념을 계승하고, 조국의 민주개혁과 평화적 통일의 사명에 입각하여 정의·인도와 동포애로써 민족의 단결을 공고히 하고, 모든 사회적 폐습과 불의를 타파하며, 자율과 조화를 바탕으로 자유민주적 기본질서를 더욱 확고히 하여 정치·경제·사회·문화의 모든 영역에 있어서 각인의 기회를 균등히 하고, 능력을 최고도로 발휘하게 하며, 자유와 권리에 따르는 책임과 의무를 완수하게 하여, 안으로는 국민생활의 균등한 향상을 기하고 밖으로는 항구적인 세계평화와 인류공영에 이바지함으로써 우리들과 우리들의 자손의 안전과 자유와 행복을 영원히 확보할 것을 다짐하면서 1948년 7월 12일에 제정되고 8차에 걸쳐 개정된 헌법을 이제 국회의 의결을 거쳐 국민투표에 의하여 개정한다.

헌법 전문에 규정이 없는 것		현행 헌법에서 신설된 것
• 헌법개정의 곤란성	• 자유민주적 기본질서에 입각한 평화적 통일정책	• 대한민국임시정부의 법통
• 권력분립	• 5·16 군사 정변	• 4·19 민주이념의 계승 (제5차·제7차·제9차)
• 침략전쟁의 부인	• 전통문화 계승	• 조국의 민주개혁의 사명
• 대한민국의 국가형태	• 법치주의	• 자율과 조화를 바탕으로 국회의 의결을 거침
• 헌법개정일자	• 복수정당제도	
• 인간의 존엄과 가치		

기출OX

01 헌법 전문에 기재된 3·1정신은 우리나라 헌법의 연혁적·이념적 기초로서 헌법이나 법률해석에서의 해석기준으로 작용한다고 할 수 있다는 것이 헌법재판소의 태도이다(헌재 2001.3.21, 99헌마139 등). (O) 07. 법원직

02 헌법재판소는 현행 헌법의 전문은 정치·경제·사회·문화의 모든 영역에 있어서 각인의 기회를 균등히 한다고 규정하여 평등원칙이 국가권력행사의 한계를 형성함을 분명히 한 것으로 판단하였다. (O) 05. 입시

03 현행 헌법의 전문은 3·1운동으로 건립된 대한민국임시정부의 법통을 계승한다고 명시하고 있다. (O) 05. 입시

04 현행 헌법은 전문에서 헌법의 개정권자를 명문으로 밝히고 있다. (O) 05. 입시

주의
1. 대한국민(대한민국 ×)
2. 4·19 민주이념(5·16 혁명이념 ×)
3. 평화적 통일(평화적 통일정책 ×)
4. 자유민주적 기본질서(자유민주적 시장경제질서 ×)
5. 1948년 7월 12일에 제정(공포 ×)
6. 8차(9차 ×)

2 헌법 전문 연혁

헌법 전문	• 3·1운동 - 제헌헌법 • 임시정부 - 제9차 개헌 • 평화적 통일 - 제7차 개헌 • 자유민주적 기본질서 - 제7차 개헌
제4조	• 평화통일 - 제7차 개헌 • 자유민주적 기본질서에 입각한 - 제9차 개헌
제7조	• 전체국민에 대한 봉사자 - 제5차 개헌 • 신분보장 - 제3차 개헌
제10조	• 인간의 존엄과 가치 - 제5차 개헌 • 행복추구권 - 제8차 개헌
제12조	적법절차 - 제9차 개헌
제24조	• 선거권 제2공 헌법에서 제5공 헌법까지는 헌법에서 20세로 규정 • 현행헌법에서 삭제하고 법률로 규정
제31조	평생 교육 - 제8차 개헌

3 헌법 전문의 규범적 효력

1. 인정 여부

규범적 효력을 갖는다는 것은 ① 헌법이 최고규범이라는 점과 법령해석의 기준이 된다는 것을 의미한다. ② 결국 규범력을 가진다는 것은 실제 재판을 통해서 효력을 가져야 하는데 우리 헌법재판소도 헌법 전문의 재판규범성을 인정하고 있다. ③ 따라서 단순한 공포문이나 선언문이 아닌 형식상 헌법의 일부를 구성하며, 구체적 소송에 적용될 수 있다. 05. 입시, 07. 법원직

🔨 관련 판례

1 헌법 전문의 규범력

우리 헌법의 전문과 본문에 담겨 있는 최고이념은 국민주권주의와 자유민주주의에 입각한 입헌민주헌법의 본질적 기본원리에 기초하고 있다. 이는 모든 법령해석의 기준이 되고, 입법형성권 행사의 한계와 정책결정의 방향을 제시한다(헌재 1989.9.8, 88헌가6).

2 정당연설회 등에서의 무소속후보자의 차별❶

구 국회의원선거법 제55조의3이 정당추천후보자에게 무소속후보자보다 더 많은 연설회를 가질 수 있도록 하고 연설회의 개최시기 등에 있어서 우월적 지위를 준 것은 결국 무소속후보자와 정당추천후보자에게 선거연설을 허용하는 기회 등의 등가성을 비교하여 볼 때 선거의 당락에 영향을 줄 수 있을 정도의 심히 불평등한 것이라고 못 볼 바 아니어서 이는 헌법 전문, 헌법 제11조 제1항의 법 앞의 평등, 제25조의 공무담임권, 제41조 제1항의 평등선거의 원칙, 제116조 제1항의 선거운동 기회균등의 보장원칙에 반하는 것이라 아니할 수 없다(헌재 1992.3.13, 92헌마37 등).

📋 비교 정리

구분	인정 여부
규범력	○
기본권도출	×
국가의 의무도출	○

📝 기출OX

헌법 전문은 규범적 효력으로서 구체적 소송에 적용될 수 있는 재판규범성을 가진다. (○) 07. 법원직

❶
주문에서 '정치·경제·사회·문화의 모든 영역에 있어서 각인의 기회를 균등히 하고'를 보면 무소속후보자에게 기회를 주어야 하는데 그렇지 못하므로 이는 헌법에 위반된다. 즉, 전문에 반하는 것으로서 헌법에 위배된다.

2. 기본권을 도출할 수 있는지 여부

헌법재판소는 한일어업협정사건에서 이는 법률해석의 기준이 될 수는 있지만 국민의 개별적 기본권을 도출해낼 수 없다고 판시하였다.

> **관련 판례**
>
> **한일어업협정사건**
> 청구인들이 침해받았다고 주장하는 기본권 가운데 '헌법 전문에 기재된 3·1정신'은 우리나라 헌법의 연혁적·이념적 기초로써 헌법이나 법률해석에서의 해석기준으로 작용한다고 할 수 있지만, 그에 기하여 곧바로 국민의 개별적 기본권성을 도출해낼 수는 없다고 할 것이다(헌재 2001.3.21, 99헌마139 등).

3. 국가의 의무 도출

국민의 권리와 의무는 도출되지 않으나 국가의 의무는 도출된다.

> **관련 판례**
>
> **1 독립유공자 유족에 대한 예우**
> 헌법전문에서 독립유공자와 그 유족에 대하여는 응분의 예우를 하여야 할 헌법적 의무를 지닌다. 다만, 국가보훈처장이 서훈추천 신청자에 대한 서훈추천을 하여 주어야 할 헌법적 작위의무가 있다고 할 수는 없으므로, 서훈추천을 거부한 것에 대하여 행정권력의 부작위에 대한 헌법소원으로서 다툴 수 없다(헌재 2005.6.30, 2004헌마859).
>
> **2 원폭피해자들의 보호**
> 우리 헌법은 전문에서 "3·1운동으로 건립된 대한민국임시정부의 법통"의 계승을 천명하고 있는바, 비록 우리 헌법이 제정되기 전의 일이라 할지라도 국가가 국민의 안전과 생명을 보호하여야 할 가장 기본적인 의무를 수행하지 못한 일제강점기에 징병과 징용으로 일제에 의해 강제이주 당하여 전쟁수행의 도구로 활용되다가 원폭피해를 당한 상태에서 장기간 방치됨으로써 심각하게 훼손된 청구인들의 인간으로서의 존엄과 가치를 회복시켜야 할 의무는 대한민국임시정부의 법통을 계승한 지금의 정부가 국민에 대하여 부담하는 가장 근본적인 보호의무에 속한다고 할 것이다(헌재 2011.8.30, 2008헌마648).

기출OX

정당제도의 헌법적 기능을 고려하면 무소속 후보자와 정당소속 후보자간의 합리적이고 상대적인 차별은 가능하나 정당후보자에게 별도로 정당연설회를 할 수 있도록 하는 것은 위헌이다. (O)

14. 국가직 7급

기출OX

01 '3·1운동으로 건립된 대한민국임시정부의 법통을 계승'한다는 것은 대한민국이 일제에 항거한 독립운동가의 공헌과 희생을 바탕으로 이룩된 것임을 선언한 것으로, 국가는 자주독립을 위하여 공헌한 독립유공자와 그 유족에 대해 응분의 예우를 해야 할 헌법적 의무를 지닌다. (O) 17. 국가직 7급

02 일제강점기는 우리 헌법이 제정되기 전이므로 이 시기에 징병과 징용으로 일제에 의해 강제이주 당하여 원폭피해를 당한 상태에서 장기간 방치됨으로써 심각하게 훼손된 피해자들의 인간으로서의 존엄과 가치를 회복시켜야 할 의무가 지금의 정부에 있는 것은 아니다. (X)

제2항 국민주권주의의 원리

1 의의

국민주권주의란 국가의사를 결정함에 있어서 최고의 원동력은 국민에게 있다는 원리를 말한다. 즉, 모든 국가권력의 정당성의 근거가 국민에게 있다는 의미이다.

2 주권이론

초기의 주권은 왕권을 견제하기 위한 국민주권이 아니라 대내적으로는 봉건 제후에게, 대외적으로는 교황에게 맞서기 위한 것으로 군주를 위한 것이었다. 그러나 시민혁명기를 거쳐 국민들의 인권의식이 고양되면서 중간에 그 타협점으로 의회주권론이 대두되기도 하였으나, 오늘날은 국민주권론으로 정리가 되고 있다.

> **기출OX**
> 주권론은 국민에게 절대적 권위, 곧 대외적으로는 독립을, 대내적으로는 최고의 권력을 부여하려는 목적에서 주장된 것이다. (×)

3 실질적 국민주권의 구현

우리 헌법상 실질적 국민주권은 합리적 선거제도의 구현, 직접민주제도의 도입, 기본권 보장, 정당제도, 지방자치제도, 직업공무원제도의 도입 등으로 구현되고 있다.

> **관련 판례**
>
> **국회구성권**
> 국회구성권이란 유권자가 설정한 국회의석분포에 국회의원들을 기속시키고자 하는 것이며, 이는 오늘날 대의제도의 본질에 반하는 것으로 헌법상 기본권으로 인정될 여지가 없다(헌재 1998.10.29, 96헌마186).

제3항 민주주의의 원리

1 민주주의의 개념

민주주의란 궁극적으로 국가의 최고 결정이 국민적 합의에 의해야 한다는 통치원리를 말하는 것이다.

2 민주주의원리의 내용

1. 다원적 의사형성(가치상대주의)

민주주의가 제대로 구현되기 위해서는 어떤 생각이든 자유롭게 참여하여 그들의 의사가 국정에 반영될 수 있어야 한다. 즉, 서로가 서로를 인정하는 가치상대주의가 기초되어야 한다.❶

❶ 가치상대주의라는 것은 무엇이 옳고 무엇이 그른지가 절대적으로 정해진 것이 아니어야 한다는 것이다. 즉, 세상은 변해가고 사람들 또한 다양하므로 그들이 어떤 선택이든 할 수 있어야 함을 의미한다. 또한 자본주의는 옳고 사회주의는 무조건 잘못되었다는 식은 곤란할 것이다. 한때 다원주의는 분열을 의미하고 대립과 투쟁을 가져온다고 보기도 하였으나, 이런 갈등은 사회의 일반적인 현상이며 이 갈등과 충돌을 어떻게 조정할 것인가가 오늘날 중요한 문제가 되고 있다.

2. 다수결원리

민주주의는 다양한 의견들이 서로 조화를 이루어 나가는 것인바 이러한 다양성의 조화를 이루기 위한 원리가 바로 다수결이다. 다수결은 상호간에 대화와 토론의 과정을 통해서 합의절차를 도출해 내는 원리이다.

제4항 법치국가의 원리

1 의의

법치국가란 국가권력의 구조 원리 중 하나로서, 과거 군주가 다스리는 시대가 아니라 국가의 모든 국정운영이 법에 근거해야 한다는 원리를 말한다. 이는 곧 법치주의가 권력에 대한 불신에 기초한 이념이며, 인치가 아니라 법치의 원리임을 의미한다. 05. 입시

2 현행법상 구현

1. 법치행정의 원리

(1) 법률의 법규창조력

법률의 법규창조력이란 국가작용 중 법규, 즉 국민의 권리의무를 규율하는 기준이 되는 법규범을 정립하는 입법은 모두 국회가 제정하는 형식적 의미의 법률에 의하여야 한다는 원칙을 말한다.

(2) 법률우위의 원칙

법률은 행정에 우월한 것이며 행정은 법률에 위반하여서는 안 된다는 원칙이다. 법률우위의 원칙은 소극적으로 법률에 위반하는 행정작용의 금지를 의미하는 것으로 법치주의의 소극적 측면이라고 할 수 있다.

(3) 의회유보의 원칙

오늘날 법률유보원칙은 단순히 행정작용이 법률에 근거를 두기만 하면 충분한 것이 아니라, 국가공동체와 그 구성원에게 기본적이고도 중요한 의미를 갖는 영역, 특히 국민의 기본권 실현에 관련된 영역에 있어서는 행정에 맡길 것이 아니라 국민의 대표자인 입법자 스스로 그 본질적 사항에 대하여 결정하여야 한다는 요구까지 내포하는 것으로 이해하여야 한다(헌재 1999.5.27, 98헌바70 ; 헌재 1999.5.27, 98헌바70).

> **기출OX**
> 민주적 정당성은 법치국가원리와 관계가 멀다. (O) 13. 서울시 7급

관련 판례 법률유보의 원칙에 관한 판례

1 텔레비전방송 수신료 [헌법불합치]
공사가 수신료를 부과·징수하는 것은 국민의 재산권에 대한 제한을 가하는 행정작용임에 분명하고, 그 중 수신료의 금액은 수신료 납부의무자의 범위, 수신료의 징수절차와 함께 수신료 부과·징수에 있어서 본질적인 요소이다. 그런데 이 법 제36조 제1항은 국회의 결정 내지 관여를 배제한 채 공사로 하여금 수신료의 금액을 결정하도록 맡기고 있다(헌재 1999.5.27, 98헌바70).

2 텔레비전방송 수신료 [합헌]
현행 방송법이 위 98헌바70 결정에서 판시한 수신료 부과·징수의 본질적인 요소들을 모두 규율하고 있는지 살펴보면 첫째, 위 헌법불합치 결정의 취지에 따라 수신료의 금액은 한국방송공사의 이사회에서 심의·의결한 후 방송위원회를 거쳐 국회의 승인을 얻도록 규정하고 있으며, 둘째, 수신료 납부의무자의 범위를 텔레비전방송을 수신하기 위하여 수상기를 소지한 자로 규정하고 셋째, 징수절차에 관하여 가산금 상한 및 추징금의 금액, 수신료의 체납시 국세체납처분의 예에 의하여 징수할 수 있음을 규정하고 있다. 따라서 수신료의 부과·징수에 관한 본질적인 요소들은 방송법에 모두 규정되어 있다고 할 것이다. 따라서 이 사건 법률조항들은 법률유보의 원칙에 위반되지 아니한다(헌재 2008.2.28, 2006헌바70).

3 한국방송공사 수신료 분리징수 사건 [기각]
① 청구인은 공영방송 법인, 즉 KBS의 기본권 주체성을 인정
② 제한되는 기본권: 방송운영의 자유
③ 법률유보원칙: 심판대상조항은 수신료의 구체적인 고지방법에 관한 규정인바, 이는 수신료의 부과·징수에 관한 본질적인 요소로서 법률에 직접 규정할 사항이 아니므로 이를 법률에서 직접 정하지 않았다고 하여 의회유보원칙에 위반된다고 볼 수 없다.
④ 입법재량의 한계 일탈 여부: 심판대상조항은 수신료의 통합징수를 금지할 뿐이고, 수신료의 금액이나 납부의무, 미납이나 연체 시 추징금이나 가산금의 금액을 변경하는 것은 아니므로, 규범적으로 청구인의 수신료 징수 범위에 어떠한 영향을 끼친다고 볼 수 없다(헌재 2024.5.30, 2023헌마820).

4 청원경찰법 제5조 제3항 위헌소원 [합헌]
국가 행정주체와 관련되고 기본권의 보호가 문제되는 것이 아니어서 여기에 법률유보의 원칙이 적용될 여지가 없으므로, 그 징계에 관한 사항을 법률에 정하지 않았다고 하여 법률유보의 원칙에 위반된다 할 수 없다(헌재 2010.2.25, 2008헌바160).

5 도시 및 주거환경정비법 제2조 제11호 나목 등 위헌소원❶ [위헌]
도시환경정비사업의 시행인자인 토지 등 소유자가 사업시행인가를 신청하기 전에 얻어야 하는 토지 등 소유자의 동의요건을 토지 등 소유자가 자치적으로 정하여 운영하는 규약에 정하도록 한 구 '도시 및 주거환경정비법' 제28조 제5항 본문의 '사업시행자' 중 제8조 제3항에 따라 도시환경정비사업을 토지 등 소유자가 시행하는 경우 '정관 등이 정하는 바에 따라' 부분은 법률유보원칙에 위반된다는 결정을 선고하였다(헌재 2012.4.24, 2010헌바1).

6 병의 복무기간이 본질적인 사안인지 여부
병의 복무기간은 국방의무의 본질적 내용에 관한 것이어서 이는 반드시 법률로 정하여야 할 입법사항에 속한다고 풀이할 것인바 육군본부 방위병 소집복무해제규정(육군규정 104-1) 제23조가 병역법 제25조 제3항이 규정하지 아니한 구속 등의 사유를 복무기간에 산입하지 않도록 규정한 것은 병역법에 위반하여 무효라고 할 것이다(대판 1985.2.28, 85초13).

기출OX
텔레비전방송 수신료를 형식적 의미의 법률로 정하지 아니하고 한국방송공사의 이사회 및 공보처장관의 승인을 통해 결정하도록 규정한 것은 법률유보원칙에 위배된다. (○) 01. 행시

주의
다만, 수신료의 구체적인 고지방법은 본질이 아님

❶
대법원은 '정관 등이 정하는 바에 따라' 부분은 법률유보에 반하지 않는다고 보았다(대판 2007.10.12, 2006두14476).

7 국가유공자단체의 대의원 정수

각 국가유공자 단체의 대의원의 선출에 관한 사항은 각 단체의 구성과 운영에 관한 것으로서, 국민의 권리와 의무의 형성에 관한 사항이나 국가의 통치조직과 작용에 관한 기본적이고 본질적인 사항이라고 볼 수 없으므로, 법률유보 내지 의회유보의 원칙이 지켜져야 할 영역이라고 할 수 없다(헌재 2006.3.30, 2005헌바31).

8 입주자대표회의의 구성원

주택법 제43조 제3항은 입주자가 입주자대표회의를 구성할 수 있다고 규정하고 있어 이미 본질적인 부분이 입법되어 있으므로 입주자대표회의의 구성원인 동별 대표자가 될 수 있는 자격이 반드시 법률로 규율하여야 하는 사항이라고 볼 수 없다(헌재 2016.7.28, 2014헌바158).

9 사법시험 과락제도

사법시험의 제2차시험의 합격결정에 관하여 과락제도를 정하는 구 사법시험령의 규정은 새로운 법률사항을 정한 것이라고 보기 어려우므로 법률유보의 원칙에 위반되지 않는다(대판 2007.1.11, 2004두10432).

(4) 체계정당성의 원리

일반적으로 일정한 공권력 작용이 체계정당성에 위반한다고 해서 곧 위헌이 되는 것은 아니다. 즉, 합리적인 이유가 존재할 경우에는 합헌이 될 수도 있다(헌재 2004.11.25, 2002헌바66). ❶

2. 법치국가의 입법적 실현

(1) 소급입법금지원칙

① **소급입법의 헌법적 한계**: 소급입법은 장래를 규율하는 것이 아니라 과거를 규율하는 것으로 과거의 경우는 우리가 어떻게 할 수 있는 것이 아니기 때문에 신뢰에 큰 위협이 된다. 따라서 국민의 신뢰를 위반할 여지가 있기 때문에 그 적용에 신중을 기해야 하며, 국민의 신뢰침해보다 더 큰 공익이 존재할 경우에는 예외적으로 인정될 수 있을 것이다.

② **소급입법의 종류**

> **관련 판례**
>
> 일반적으로 과거의 사실관계 또는 법률관계를 규율하기 위한 소급입법의 태양을 이미 과거에 완성된 사실·법률관계를 규율의 대상으로 하는 '진정소급입법'과 이미 과거에 시작하였으나 아직 완성되지 아니하고 진행과정에 있는 사실·법률관계를 규율의 대상으로 하는 '부진정소급입법'으로 구분한다. 전자는 헌법적으로 허용되지 않는 것이 원칙이며, 특별한 사정이 있는 경우에만 예외적으로 허용될 수 있는 반면, 후자는 원칙적으로 허용되지만 소급효를 요구하는 공익상의 사유와 신뢰보호의 요청 사이의 교량과정에서 신뢰보호의 관점이 입법자의 형성권에 제한을 가하게 된다(헌재 2002.11.28, 2002헌바45).

기출OX

01 법률유보원칙은 법률에 의한 규율을 의미하므로 위임입법에 의한 기본권 제한은 헌법상 인정되지 않는다. (×) 08. 국회직 8급

02 헌법이 인정하고 있는 위임입법의 형식은 예시적인 것으로 보아야 할 것이고, 그것은 법률이 행정규칙에 위임하더라도 그 행정규칙은 위임된 사항만을 규율할 수 있으므로, 국회입법의 원칙과 상치되지도 않는다. (○) 12. 국가직 7급

❶ 조문은 논리적으로 앞뒤가 모순되면 안 된다. 다만, 예외적으로 현실이 그러하면 어쩔 수가 없다. 예를 들어 북한을 볼 때 한편으로는 적대야욕을 보이면서 한편으로는 같은 민족으로 생각한다. 이를 위해 남북교류협력에 관한 법률과 국가보안법이 상존한다. 어찌보면 모순되어 보이지만 현재 상황이 모순적이므로 이를 규율하기 위해서는 어쩔 수 없는 것이다.

비교 정리

소급입법

구분	진정	부진정
시작	과거	과거
현재	완성	진행
선택	×	○
원칙	위헌	합헌
기준	-	비교형량

③ 진정소급입법의 허용 여부
  ㉠ 원칙: 기존의 법에 의하여 형성되어 이미 굳어진 개인의 법적 지위를 사후입법을 통하여 박탈하는 것 등을 내용으로 하는 진정소급입법은 개인의 신뢰보호와 법적 안정성을 내용으로 하는 법치국가원리에 의하여 특단의 사정이 없는 한 헌법적으로 허용되지 아니하는 것이 원칙이다.
  ㉡ 예외: 진정소급입법이 허용되는 예외적인 경우로는 ⓐ 일반적으로 국민이 소급입법을 예상할 수 있었거나 ⓑ 법적 상태가 불확실하고 혼란스러웠거나 하여 보호할 만한 신뢰의 이익이 적은 경우와 ⓒ 소급입법에 의한 당사자의 손실이 없거나 아주 경미한 경우, ⓓ 그리고 신뢰보호의 요청에 우선하는 심히 중대한 공익상의 사유가 소급입법을 정당화하는 경우 등을 들 수 있다(헌재 1998.9.30, 97헌바38).

관련 판례

1 5·18 특별법 사건 [합헌]

[1] 형벌불소급의 원칙 위배 여부❷

우리 헌법이 규정한 **형벌불소급의 원칙은 형사소추가 '언제부터 어떠한 조건하에서' 가능한가의 문제에 관한 것이고, '얼마동안' 가능한가의 문제에 관한 것은 아니다.** 행위의 가벌성은 행위에 대한 소추가능성의 전제조건이지만 소추가능성은 가벌성의 조건이 아니므로 공소시효의 정지규정을 과거에 이미 행한 범죄에 대하여 적용하도록 하는 법률이라 하더라도 그 사유만으로 헌법 제12조 제1항 및 제13조 제1항에 규정한 죄형법정주의의 파생원칙인 형벌불소급의 원칙에 언제나 위배되는 것으로 단정할 수는 없다.

[2] 소급입법금지의 원칙 위배 여부

법원의 판단에 따라 특별법 시행 당시 공소시효가 이미 완성되었다면, 특별법은 이미 과거에 완성된 사실 또는 법률관계를 규율대상으로 하여 사후에 그 전과 다른 법적 효과를 생기게 하는(진정소급효) 법률이라 할 것이다. 그런데 이 사건 헌정질서파괴범의 공소시효의 완성으로 인한 법적 지위에 대한 신뢰를 보호하여야 할 필요는 매우 미약한 반면, 이 사건 법률조항을 정당화하는 공익적 필요는 매우 중대하다. 그렇다면 이 법률조항이 공소시효의 완성이라는 헌법상의 기본권이 아닌 단순한 법률적 이익에 대한 위와 같은 미약한 신뢰보호의 필요성에 현저히 우선하는 중대한 공익을 추구하고 있으므로 헌법적으로 정당화된다고 할 것이다(헌재 1996.2.16, 96헌가2 등).

2 친일반민족행위자 재산의 국가귀속에 관한 특별법 제2조 [합헌]

입증책임의 분배에는 입법재량이 인정되고, 오래 전에 취득된 친일재산을 국가 측이 일일이 입증하는 것은 곤란한 반면 재산의 취득자 측은 취득 내역을 잘 알고 있을 개연성이 높으므로, 친일재산 추정 규정이 입법재량을 일탈하여 재판청구권을 침해한다거나 적법절차원칙에 반한다고 볼 수 없고, **진정소급입법이라 할지라도 예외적으로 소급입법을 정당화할 수 있는 경우에는 이를 허용할 수 있는바**, 친일재산에 내포된 민족배반적 성격과 우리 헌법 전문의 내용에 비추어 친일재산의 소급적 박탈은 충분히 예상될 수 있었다고 보이고, 재산귀속의 대상을 사안이 중대하고 범위가 명백한 네 가지 유형으로 한정하고 있으며, 친일반민족행위자 측은 그 재산이 친일행위의 대가가 아니라는 점을 입증하여 얼마든지 국가귀속을 막을 수 있으므로, 친일재산의 국가귀속 규정이 헌법 제13조 제2항에 위반된다거나 재산권을 침해한다고 볼 수도 없다는 것이다(헌재 2011.3.31, 2008헌바141).

기출OX

01 부진정소급입법은 원칙적으로 허용되지만 소급효를 요구하는 공익상의 사유와 신뢰보호의 요청 사이의 교량과정에서 신뢰보호의 관점이 입법자의 형성권에 제한을 가하게 된다. (○) 12. 국가직 7급

02 진정소급입법도 특정의 법적 상황에 대한 신뢰가 객관적으로 정당화될 수 없는 경우에는 예외적으로 허용될 수 있다. (○) 08. 국회직 8급

❷
비록 개별사건법률일지라도 헌정사의 올바른 정립이라는 합리적 이유가 있으므로 합헌이다. 형벌불소급의 원칙은 얼마 동안 가능한가의 문제가 아니라 가벌성의 문제이다. 형벌불소급인지 여부에 관해서 판단불가설, 형성조항설, 확인조항설의 대립이 존재한다. 부진정소급효라고 보았을 경우에는 전원 합헌이나, 진정소급효의 경우에는 법정의견은 합헌이지만 다수의견은 위헌이었다.

기출OX

형벌불소급의 원칙은 행위의 가벌성에 관한 것이 아니고, 형사소추가 얼마 동안 가능한가의 문제에 관한 것이다. (×) 18. 서울시 7급

3 재조선 일본인 재산의 처리 및 귀속에 관한 미군정청 법령 [합헌]

[1] 심판대상조항은 1945.9.25, 1945.12.6. 각 공포되었음에도 1945.8.9.을 기준으로 하여 일본인 소유의 재산에 대한 거래를 전부 무효로 하고, 그 재산을 전부 1945.9.25.로 소급하여 미군정청의 소유가 되도록 정하고 있어서, 소급입법금지 원칙에 위반되는지 여부가 문제된다(진정소급입법).

[2] 일본인들이 불법적인 한일병합조약을 통하여 조선 내에서 축적한 재산을 1945. 8.9. 상태 그대로 일괄 동결시키고 그 산일과 훼손을 방지하여 향후 수립될 대한민국에 이양한다는 공익은, 한반도 내의 사유재산을 자유롭게 처분하고 일본 본토로 철수하고자 하였던 일본인이나, 일본의 패망 직후 일본인으로부터 재산을 매수한 한국인들에 대한 신뢰보호의 요청보다 훨씬 더 중대하다. 따라서 심판대상조항은 소급입법금지원칙에 대한 예외로서 헌법 제13조 제2항에 위반되지 아니한다.

4 전액 지급된 공무원의 퇴직연금의 일부 환수 [위헌]

헌법불합치결정으로 구법 조항이 실효되어 이미 전액 지급된 공무원 퇴직연금의 일부를 다시 환수할 수 있도록 규정한 부칙 조항은 진정소급입법으로서 국회가 개선입법을 하지 않은 것에 기인함에도 불구하고, 법집행의 책임을 퇴직공무원들에게 전가하는 것으로 소급입법금지원칙에 위반된다(헌재 2013.8.29, 2011헌바391).

5 개정된 법 시행 후 최초로 환급세액을 징수하는 분부터 적용 [위헌]

법인세를 부당환급받은 법인은 소급입법을 통하여 이자상당액을 포함한 조세채무를 부담할 것이라고 예상할 수 없었고, 환급세액과 이자상당액을 법인세로서 납부하지 않을 것이라는 신뢰는 보호할 필요가 있다. 나아가 개정 전 법인세법 아래에서도 환급세액을 부당이득 반환청구를 통하여 환수할 수 있었으므로, 신뢰보호의 요청에 우선하여 진정소급입법을 하여야 할 매우 중대한 공익상 이유가 있다고 볼 수도 없다(헌재 2014.7.24, 2012헌바105).

④ 부진정소급입법의 위헌성 심사기준: 우리 재판소는 신뢰보호원칙의 판단은 신뢰보호의 필요성과 개정 법률로 달성하려는 공익을 비교형량하여 종합적으로 판단하여야 한다고 하였는바, 이러한 판시는 부진정소급입법의 경우에도 당연히 적용되어야 할 것이다(헌재 1995.10.26, 94헌바12).

(2) 신뢰보호원칙

① 법적 안정성: 법적 안정성은 객관적 요소로서 법질서의 신뢰성·항구성·법적 투명성과 법적 평화를 의미하고, 이와 내적인 상호연관관계에 있는 법적 안정성의 주관적 측면은 한번 제정된 법규범은 원칙적으로 존속력을 갖고 자신의 행위기준으로 작용하리라는 개인의 신뢰보호원칙이다(헌재 1996.2.16, 96헌가2등).

② 개인의 신뢰이익에 대한 보호가치: 개인의 신뢰이익에 대한 보호가치는 법령에 따른 개인의 행위가 국가에 의하여 일정 방향으로 유인된 신뢰의 행사인지, 아니면 단지 법률이 부여한 기회를 활용한 것으로서 원칙적으로 사적 위험부담의 범위에 속하는 것인지 여부에 따라 달라진다. 만일 법률에 따른 개인의 행위가 단지 법률이 반사적으로 부여하는 기회의 활용을 넘어서 국가에 의하여 일정 방향으로 유인된 것이라면 특별히 보호가치가 있는 신뢰이익이 인정될 수 있고, 원칙적으로 개인의 신뢰보호가 국가의 법률개정이익에 우선된다고 볼 여지가 있다(헌재 2002.11.28, 2002헌바45).

기출OX

법적 안정성의 객관적 요소로서 신뢰보호원칙은 한번 제정된 법규범은 원칙적으로 존속력을 갖고 자신의 행위기준으로 작용하리라는 헌법상 원칙이다. (×)   21. 경찰승진

비교 정리

비교형량	신뢰
국가가 유도	높음
개인의 기회활용	낮음

③ **위헌인 법률에 대한 신뢰**: 위헌인 법률의 경우도 그것이 위헌선언으로 폐지될 때까지는 신뢰의 이익이 있다. 다만 합헌적인 법률만큼의 신뢰를 가지지는 못한다(헌재 2006.3.30, 2005헌마598).
④ **법률의 존속에 대한 개인의 신뢰의 정도**: 일반적으로 법률은 현실상황의 변화나 입법정책의 변경 등으로 언제라도 개정될 수 있는 것이기 때문에, 원칙적으로 법률의 개정은 예측할 수 있다고 보아야 한다(헌재 2002.11.28, 2002헌바45).
⑤ **신뢰보호의 구체적 실현수단**: 일반적으로 신뢰보호의 구체적 실현수단으로 사용되는 경과규정에는 ⑤ 기존 법률이 적용되던 사람들에게 신법 대신 구법을 적용하도록 하는 방식과 ⑥ 적응보조규정을 두는 방식(몇 년간 유예규정을 둠) 또는 ⑥ 보상규정을 두는 방식 등이 있다(헌재 2002.11.28, 2002헌바45).

> **기출OX**
> 입법자는 구법질서가 더 이상 그 법률관계에 적절하지 못하며 합목적이지도 아니함에도 불구하고 그 수혜자군을 위하여 이를 계속 유지하여 줄 의무는 없다. (O) 08. 국회직 8급

관련 판례 헌법상 보호되는 신뢰에 관한 판례

1 5·31 교육개혁방안 [기각]
[1] 법률이나 그 하위법규뿐만 아니라 국가관리의 입시제도와 같이 국·공립대학의 입시전형을 구속하여 국민의 권리에 직접 영향을 미치는 제도운영지침의 개폐에도 신뢰보호원칙은 적용된다.
[2] 5·31 교육개혁방안은 대통령의 자문기관인 교육개혁위원회가 그동안 연구·검토한 바를 대통령에게 보고한 자문기관의 의견으로서, 그것이 과연 정부에 의하여 그대로 수용될 것인지, 아니면 폐기될 것인지 또는 변경 수용될 것인지가 유동적인 상태에 있던 성질의 것이다. 그렇다면 과연 그것이 헌법이 보호할 가치가 있는 신뢰라고 할 수 있을지는 의문이다(헌재 1997.7.16, 97헌마38).

2 운전학원미등록자의 운전교습금지 [합헌]
청구인들이 비록 세무당국에 사업자등록을 하고 운전교습업에 종사하였다고 하더라도, 사업자등록은 과세행정상의 편의를 위하여 납세자의 인적사항 등을 공부에 등재하는 행위에 불과하므로 운전교습업의 계속에 대하여 국가가 신뢰를 부여하였다고 보기도 어렵다. 따라서 신뢰보호의 전제가 되는 선행하는 법적 상태에 대한 신뢰 자체를 인정할 수 없는 이 사건에 있어 신뢰보호원칙에 위배하여 청구인들의 재산권과 직업의 자유를 침해하였다는 청구인들의 주장 역시, 더 나아가 살필 필요도 없이 이유 없다(헌재 2003.9.25, 2001헌마447).

3 병적에서 제적된 의무사관후보생의 징집면제 [합헌]
청구인의 징집면제연령에 관한 기대 또는 신뢰는 단지 법률이 부여한 기회를 활용한 것으로서 원칙적으로 사적 위험부담의 범위에 속하는 것이다. 헌법상의 신뢰보호의 원칙에 위배된다고 볼 수 없다(헌재 2002.11.28, 2002헌바45).

4 공유수면매립지 양도소득세 등의 감면제도 축소 [합헌]
비과세나 감면제도와 같은 조세우대조치는 조세공평에 배치되므로 그에 대한 기대나 신뢰가 절대적으로 보호되어야 할 가치가 있다고 할 수는 없고 오히려 경제현상의 변화에 따라 신축적인 개정이 요구되는 조세법 분야에 있어서 위와 같은 조세우대조치는 잠정적인 것으로서 장래의 개정이 쉽사리 예측 가능하다고 할 것이며, 또한 공유수면매립지의 양도로 인한 소득에 대한 특별부과세 감면규정은 앞서 본 바와 같이 수년에 걸쳐 개정을 거듭하면서 점차 폐지되는 방향으로 나아가는 것은 신뢰보호의 원칙에 위배된다고 할 수 없다(헌재 1995.3.23, 93헌바18 등).

> **기출OX**
> 공유수면매립지를 양도함에 있어 양도소득세 또는 특별부과세를 전액 감면하던 것을 50% 감면으로 법률을 개정한 경우는 신뢰보호의 원칙에 위배된다고 할 수 없다. (O) 08. 국회직 8급

5 저작인접권 회복 [합헌]

저작인접권이 소멸된 음원을 무상으로 이용하여 음반을 제작·판매하는 방식으로 영업을 해오던 사업자가 소멸한 저작인접권을 회복시키는 입법으로 인하여 이를 할 수 없게 되었더라도, 2년의 유예기간을 두어 음반 제작·판매업자로서의 이익을 보호하는 것은 신뢰보호원칙에 위반되지 아니한다(헌재 2013.11.28, 2012헌마770).
16. 국가직 7급

🔍 관련 판례 개인의 신뢰이익에 대한 보호가치에 관한 판례

1 세무사자격 자동취득제도 폐지 [헌법불합치]

청구인들의 입장에서는 이러한 제도가 단시일 내에 폐지 또는 변경되리라고 예상할 만한 별다른 사정도 없었다. 또한 청구인들이 급여나 대우 등의 면에서 보다 유리한 직장이나 부서를 마다하고 국세관서에서 5급 이상 공무원으로 장기간 종사하기로 결정한 데에는 이러한 세무사자격 부여에 대한 강한 기대 내지 신뢰가 중요한 바탕이 되었을 것임은 결코 부인할 수 없다. 그러나 국세 관련 경력공무원에 대하여 세무사자격을 부여해 온 조치는 그간 오랫동안 존속해 오던 제도로서 청구인들의 신뢰이익을 침해하면서까지 시급하게 폐지하여야 할 긴절하고도 급박한 사정이 없거니와 … 신뢰이익을 과도하게 침해한 것으로서 헌법에 위반된다(헌재 2001.9.27, 2000헌마152). 08. 국회직 8급

2 건설폐재류 재생처리업을 신고제에서 허가제로 전환 [기각]

법률은 현실상황의 변화나 입법정책의 변경 등으로 언제라도 개정될 수 있는 것이고 이는 일반적으로 예측할 수 있다고 보아야 하므로, 특별한 사정이 없는 한 구법상의 재생처리신고업자들은 스스로의 위험부담으로 법률이 부여한 기회를 활용한 경우에 지나지 않는다고 할 것이다. 그렇다면 앞에서 본 바와 같이 구법상의 재생처리신고업자가 보호받아야 할 신뢰이익은 법률개정의 이익에 절대적으로 우선하는 것은 아니고, 적당한 유예기간을 규정하는 경과규정에 의하여 보호될 수 있는 것이라고 보아야 할 것이다(헌재 2000.7.20, 99헌마452).

3 공무원채용시험 시행계획 [취소]

지방고등고시 제1차 시험에 합격하여 제2차 시험에 응시할 수 있는 자격을 확보하였음에도 불구하고 제2차 시험을 10월에 실시하였던 예년과 달리 시험일정을 12월로 정함으로써 응시상한연령을 초과하게 된 경우 이러한 공무원채용시험 계획공고는 신뢰보호원칙에 위배된다(헌재 2000.1.27, 99헌마123).

4 국회사무처 직원 등의 신분보장 박탈 [위헌]

'이 법 시행 당시의 국회사무처와 국회도서관은 이 법에 의한 사무처 및 도서관으로 보며, 그 소속 공무원은 **이 법에 의한 후임자가 임명될 때까지 그 직을 가진다**'는 국가보위입법회의법 부칙 제4항은 국가보위입법회의법이 제정되기 이전부터 국회사무처와 국회도서관에 근무하여 왔던 공무원들의 신뢰이익을 침해하여 신뢰보호의 원칙에 위배된다(헌재 1989.12.18, 89헌마32 등).

5 산재보험법상 최고보상제도의 소급적용 [위헌]

청구인들의 구법에 대한 신뢰이익은 그 보호가치가 중대하고 그 침해의 정도가 극심하며 신뢰침해의 방법이 과중한 것인 반면, 피재근로자들 간의 소득격차를 완화하고 새로운 산재보상사업을 실시하기 위한 자금을 마련한다는 공익상의 필요성은 청구인들에 대한 신뢰보호의 요청에 우선할 정도로 충분히 크다고 보기 어렵다(헌재 2009.5.28, 2005헌바20 등).

📌 주의

법 시행 전에 장해사유가 발생하여 장해보상연금을 수령하고 있던 수급권자에게 최고보상제도를 소급적용하는 것은 헌법에 위반된다. 다만, 이후 8년간 유예기간을 주고 최고보상제도를 적용하며 간병급여 등 다른 혜택을 주는 경우는 헌법에 위반되지 않는다(2012헌바382 등).

📝 기출OX

01 실제 평균임금이 노동부장관이 고시하는 한도금액 이상일 경우 그 한도금액을 실제임금으로 의제하는 최고보상제도가 시행되기 전에 이미 재해를 입고 산재보상수급권이 확정적으로 발생한 경우에도 적용하는 산업재해보상보험법 부칙조항은 신뢰보호원칙에 위반된다. (O)
22. 경찰간부

02 위법건축물에 대하여 이행강제금을 부과하도록 하면서 이행강제금제도 도입 전의 위법건축물에 대하여도 적용의 예외를 두지 아니한 건축법(2008.3.21, 법률 제8974호) 부칙 규정은 신뢰보호의 원칙에 위반된다. (X)
22. 지방직 7급

6 퇴직한 공무원의 지방의회의원에 취임 [헌법불합치]
지방의회의원으로서 받게 되는 보수가 연금에 미치지 못하는 경우에도 연금 전액의 지급을 정지하는 것이 재산권을 과도하게 제한하여 헌법에 위반된다(헌재 2022.1. 27, 2019헌바161).

7 이행강제금제도 도입 전의 위법건축물에 대한 부과 [기각]
위법건축물에 대하여 종전처럼 과태료만이 부과될 것이라고 기대한 신뢰는 제도상의 공백에 따른 반사적인 이익에 불과하여 그 보호가치가 그리 크지 않은데다가, 이미 이행강제금 도입으로 인한 국민의 혼란이나 부담도 많이 줄어든 상태인 반면, 이행강제금제도 도입 전의 위법건축물이라 하더라도 이행강제금을 부과함으로써 위법상태를 치유하여 건축물의 안전, 기능, 미관을 증진하여야 한다는 공익적 필요는 중대하다 할 것이다. 따라서 이 사건 부칙조항은 신뢰보호원칙에 위배된다고 볼 수 없다(헌재 2015.10.21, 2013헌바248).

8 민간임대주택에 관한 특별법 [기각]
헌법재판소는 민간임대주택의 영역에서 기존의 법적 규율 상태가 앞으로도 동일한 형태로 존속할 것이라는 임대사업자의 기대 또는 신뢰의 보호가치는, 임대주택제도의 개편 필요성, 주택시장 안정화 및 임대주택에 거주하는 임차인의 장기적이고 안정적인 주거 환경 보장이라는 공익보다 크다고 보기 어렵다는 이유를 들어 신뢰보호원칙에 위배되지 않는다(헌재 2024.2.28, 2020헌마1482).
▶ 기존 여러 가지 세제혜택 등을 집값상승 등 투기 등 억제 등을 이유로 변경

관련 판례 신뢰보호의 구체적 실현수단에 관한 판례

1 6인승 밴형화물자동차의 정원 및 화물제한 [한정위헌]
정원제한조항이 제정되기 전 화물자동차 운송사업을 등록한 6인승 밴형화물자동차 운송사업자들은 화물의 중량이나 부피에 대하여 특별한 제한이 없었기 때문에 동 운송사업에 종사하게 된 것이다. 심판대상조항들은 청구인들의 법적 신뢰를 심각하게 예상치 못한 방법으로 제약하고 있다. 심판대상조항들은 정원제한조항 제정 전에 등록한 동 6인승 밴형화물자동차 운송사업자들의 법적 신뢰를 과도하게 침해하므로, 이들에 대하여 적용되는 한, 신뢰보호의 원칙에 위반된다(헌재 2004. 12.16, 2003헌마226).

2 화물자동차 운수사업법 [기각]
비록 이 사건 화물자동차를 향후에 교체할 것이 예정되어 있다 하더라도 교체 후의 새로운 차량까지도 위 신뢰의 대상에 포함된다거나 교체 후에도 헌법상 보호할 만한 신뢰가 남아 있다고 보기 어렵다(헌재 2011.10.25, 2010헌마482).

3 교육공무원의 정년단축 [기각]
교육공무원의 정년을 65세에서 62세로 단축하는 내용으로 개정된 교육공무원법 제47조 제1항은 젊고 활기찬 교육 분위기를 조성하여 교육력을 강화하며, 인건비 절감으로 교육여건을 개선한다는 데 있고, 이는 궁극적으로 공교육의 내실을 기하고 국민의 교육을 받을 권리를 실질적으로 보장한다는 의미를 지닌 것이고 … 일정기간의 유예기간을 두고 있으므로 신뢰보호원칙에 위배되지 않는다(헌재 2000.12.14, 99헌마112 등).

4 중소기업에 대한 특별세액 감면규정의 배제 [합헌]
'세액누락사실이 발각되어 세무조사를 받게 되더라도 과세관청의 경정결정이 있기 전까지 수정신고를 하게 되면 자발적으로 수정신고한 경우와 마찬가지로 중소기업 특별세액 감면혜택을 박탈당하지 않을 것'이라는 기대 내지 신뢰는 신축적·잠정적인 조세우대조치에 대한 것으로서 단순한 기대에 불과하고, 당초 일부 세액을 누락하여 신고하였던 이상 언제든지 경정결정이 내려질 수 있는 상태였으므로 종전 법에 의하더라도 세액감면혜택의 존속 여부가 확실하였다고 볼 수 없어 그 신뢰의 보호가치가 적다(헌재 2008.5.29, 2006헌바99).

5 무기징역의 가석방 석방요건
기존 10년 이상에서 20년 이상 형 집행경과로 강화한 개정 형법은 사회를 방위하기 위한 것으로 신뢰보호원칙에 위배되지 않는다(헌재 2013.8.29, 2011헌마408).

6 선불식 할부거래의 경우 보상보험계약 체결
선불식 할부거래업자에게 개정 법률이 시행되기 전에 체결된 선불식 할부계약에 대하여도 소비자피해보상보험계약 등을 체결할 의무를 부과한 할부거래에 관한 법률 조항은 소급입법금지원칙에 위반되지 아니한다(헌재 2017.7.27, 2015헌바240).

7 미성년자 등에 대한 성폭력범죄 공소시효 특례조항 [합헌]
전부개정 법률 시행 당시 아직 공소시효가 완성되지 아니한 성폭력범죄에 대하여 전부개정된 공소시효 특례를 적용하도록 부진정소급효를 규정한 심판대상조항이 13세 미만의 사람에 대한 강제추행 등이 갖는 범죄의 중대성, 미성년자에 대한 성폭력 범죄의 특수성 등을 고려하였을 때 신뢰보호원칙에 위반되지 않는다(헌재 2021.6.24, 2018헌바457).

(3) 명확성의 원칙

① 근거: 법치국가원리의 한 표현인 명확성의 원칙은 기본적으로 모든 기본권 제한 입법에 대하여 요구된다. 규범의 의미내용으로부터 무엇이 금지되는 행위이고 무엇이 허용되는 행위인지를 수범자가 알 수 없다면 법적 안정성과 예측가능성이 확보될 수 없게 될 것이고, 또한 법집행 당국에 의한 자의적 집행을 가능하게 할 것이기 때문이다(헌재 2005.6.30, 2005헌가1).

② 요구되는 정도: 명확성의 원칙은 모든 법률에 있어서 동일한 정도로 요구되는 것은 아니고 개개의 법률이나 법조항의 성격에 따라 요구되는 정도에 차이가 있을 수 있다(헌재 2005.6.30, 2005헌가1).

◆ 명확성원칙의 적용 차이

엄격적용	형벌, 조세
완화적용	변화다양, 전문, 예시, 시혜

③ 판단기준
　㉠ 모든 법규범의 문언을 순수하게 기술적 개념만으로 구성하는 것은 입법기술적으로 불가능하고 또 바람직하지도 않기 때문에 어느 정도 가치개념을 포함한 일반적, 규범적 개념을 사용하지 않을 수 없다.

ⓒ 법관의 보충적인 가치판단을 통한 법문의 해석으로 그 의미내용을 확인해낼 수 있다면 명확성의 원칙에 반한다고 할 수 없을 것이다(헌재 2004. 2.26, 2003헌바4). 이러한 의미에서 명확성의 원칙은 최대한이 아니라 최소한의 의미이다.

정리 명확성원칙의 혼동되는 것

위헌	합헌
일반적인 도덕	당연퇴직 공무원 판례에서의 도덕
중요한 회의	징계에서의 중요한 절차
불온통신	불온서적
언론·출판에서의 미풍양속	보통의 미풍양속
언론·출판에서의 공익	보통의 공익
선거운동에서 언론인	김영란법 언론인

기출OX

공중도덕상 유해한 업무에 취업시킬 목적으로 근로자를 파견한 사람을 형사처벌하도록 한 파견근로자보호 등에 관한 법률 조항 중 공중도덕 부분은 명확성원칙에 위배되지 않는다. (×)
17. 서울시 7급

관련 판례 명확성의 원칙

사안	위헌여부	내용
직업안정법 제46조 공중도덕상 유해 (2004헌바29)	위헌	공중도덕은 기술적 개념이 아니라 가치개념을 포함한 규범적 개념으로서 구체적인 행위의 지침으로 사용될 경우 개인에 따라서 그리고 시간과 장소, 구체적 사정에 따라서 그 위반 여부가 크게 달라질 수밖에 없다.
감사보고서에 기재해야 할 사안 (2002헌가20 등)	위헌	주식회사의 외부감사에 관한 법률이나 상법 등 관련 법률들은 감사보고서에 기재하여야 할 사항이 어떠한 내용과 범위의 것을 의미하는지에 관하여는 별도로 아무런 규정을 두고 있지 않다.
미성년자보호법상 잔인성 (99헌가8)	위헌	음란성은 법관의 보충적인 해석을 통하여 그 규범내용이 확정될 수 있지만, 잔인성에 대하여는 아직 판례상 개념규정이 확립되지 않은 상태이다.
정부관리기업체 (93헌바50)	위헌	정부, 관리, 기업체라는 세 가지 개념요소 중 관리라는 용어는 적어도 구성요건의 개념으로서는 그 의미가 지나치게 추상적이고 광범위하다.
학교보건법상 미풍양속 (2004헌바92)	합헌	미풍양속을 해하는 행위 및 시설 중에서도 학교의 보건·위생과 학습환경에 나쁜 영향을 주는 행위 및 시설을 의미한다고 해석할 수 있다.
징계의 중요한 절차 (2006헌가9)	합헌	중요한 절차에 관한 사항이란 기본적으로 징계의 효력에 영향을 미칠 수 있는 절차로 그 의미를 제한하여 확정할 수가 있을 것이다.
인권옹호에 관한 검사의 명령 (2006헌바69)	합헌	범죄수사과정에서 초래될 각종 인권 침해의 모습은 언제 어떻게 변화된 새로운 양상으로 나타날지 모르기 때문에 인권옹호에 관한 검사의 명령유형을 구체적으로 한정하는 것은 입법기술상 불가능하거나 현저히 곤란하다.
청소년이용 음란물 (2001헌가27)	합헌	건전한 상식과 통상적인 법감정을 가지고 있는 사람이라면 이 사건 청소년이용 음란물에는 실제 인물인 청소년이 등장하여야 한다고 보아야 함이 명백하다.
감사보고서에 허위의 기재 (2002헌가20)	합헌	자기의 인식판단이 감사보고서에 기재된 내용과 불일치하는 것임을 알고서도 일부러 내용이 진실이 아닌 기재를 하는 것을 말하는 것으로 볼 수 있다.

지정시간, 지정장소 (97헌바3)	합헌	근무장소, 지정장소, 지정시간 등도 구체적인 상황의 고려하에 법령, 규칙, 사회의 통념에 따라 그 해당 여부를 판단할 수 있다 할 것이다.
당연퇴직공무원 특별채용 배제사유로 도덕성을 심히 훼손 (2003헌바4)	합헌	이 사건 법률조항은 시혜적인 규정이고, 법관의 보충적인 가치판단을 통하여 법문의 의미내용을 확인할 수 있는 규정으로 보인다.
마약거래범죄자의 미보호 (2012헌바192)	합헌	마약거래범죄자인 북한이탈주민을 보호대상자로 결정하지 않을 수 있도록 한 것은 합헌이다.
소비자를 현혹할 우려 (2013헌바28)	합헌	'소비자를 현혹할 우려가 있는 내용의 광고'란 의료소비자를 혼란스럽게 하고 합리적인 선택을 방해할 것으로 걱정되는 광고를 의미하는 것으로 해석할 수 있다.
가상의 아동·청소년 음란물 (2013헌가17·24)	합헌	'아동·청소년으로 인식될 수 있는 사람이나 표현물이 등장하여 그 밖의 성적 행위를 하는 내용을 표현하는 것'에 관한 부분은 명확성원칙에 위배되지 않는다.
국가모독죄 (2013헌가20)	위헌	의미내용이 불명확할 뿐만 아니라, 적용범위가 지나치게 광범위하다.
상관모욕죄 (2013헌바111)	합헌	상관에 대한 사회적 평가를 저하시킬 수 있는 경멸적 표현을 의미한다.
명예훼손죄 (2013헌바105)	합헌	비방할 목적이라는 초과주관적 구성요건을 추가로 요구하여 규제범위를 최소화하고 있으며, 민사상 손해배상으로 구제받을 수도 있다.
도로 외의 곳에서도 음주운전 금지 (2015헌가11)	합헌	'도로 외의 곳'이란 도로 외의 모든 곳 가운데 자동차 등을 그 본래의 사용방법에 따라 사용할 수 있는 공간으로 해석할 수 있다.
출퇴근을 주된 목적으로 카풀 (2018헌바100)	합헌	출퇴근 카풀의 기준을 충분히 예측할 수 있다.
문신시술 (2003헌바71)	합헌	의사 아닌 자가 영리목적의 업으로 문신시술하는 것을 의료행위로 보아 금지하는 것은 명확성에 위반되지 않는다.
고속도로 등에서 갓길 통행 금지 (헌재 2021.8.30, 2020헌바100)	합헌	비상상황에서 적절한 대처를 하기 위해 다양한 상황을 포섭할 수 있는 부득이한 사정을 사용한다.
못된 장난 (2021헌마426)	기각	'못된 장난'은 일반적으로 상대방의 수인한도를 넘어 괴롭고 귀찮게 하는 고약한 행동을 의미한다.

관련 판례 명확성의 원칙에 관한 판례

1 국립묘지의 영예성 [합헌]

'영예성'은 국가나 사회를 위하여 희생·공헌한 점뿐만 아니라, 그러한 희생·공헌의 점들이 그 전후에 이루어진 국가나 사회에 대한 범죄 또는 비행들로 인하여 훼손되지 아니하여야 한다는 것을 의미한다고 할 것인바, 그렇다면 '영예성의 훼손'은 국립묘지의 존엄 및 경건함을 해할 우려가 있는 반국가적·반사회적인 범죄 등을 저지른 경우에 해당하여야 한다고 충분히 예측할 수 있고, 그 심의를 담당하는 안장대상 심의위원회는 다양한 분야에서 전문적인 지식을 가진 20명 이내의 위원들의 3분의 2 이상 찬성으로 의결하고 있어, 아무런 기준 없이 자의적으로 법적용을 할 수 있을 정도로 안장대상 심의위원회에 지나치게 광범위한 재량권을 부여하고 있다고 볼 수 없다(헌재 2011.10.25, 2010헌바272).

2 중요한 회의 [위헌]

이 사건 법률조항의 '중요한 회의'라는 문언만으로는 조합의 어떤 회의체 기관이 하는 '회의'를 대상으로 하는지를 알 수 없고, '중요한'이라는 용어가 그 자체만으로 독자적인 판정기준이 된다고 할 수 없어 '중요한' 회의인지 여부가 회의의 안건에 따라 정해지는지, 실제 의결된 내용에 따라 정해지는지 여부조차 예측할 수 없다(헌재 2011.10.25, 2010헌가29).

3 변호사로서의 품위 [합헌]

징계사유를 규정한 구 변호사법 제91조 제2항 제3호의 '변호사로서의 품위'란 그 용어의 사전적 의미, 위 조항의 입법취지, 법원의 법률해석 등을 종합하여 보면 '기본적 인권의 옹호와 사회정의실현을 사명으로 하는 법률 전문직인 변호사로서그 직책을 수행해나가기에 손색이 없는 인품'이라 할 수 있다(헌재 2012.11.29, 2010헌바454).

4 건전한 통신윤리 [합헌]

'건전한 통신윤리'라는 개념이 다소 추상적이기는 하나 우리 사회가 요구하는 최소한의 질서 또는 도덕률을 의미한다고 볼 수 있고, 정보통신영역의 광범위성과 빠른 변화속도 등을 감안할 때 함축적 표현이 불가피한 면도 있으므로, 명확성 원칙, 나아가 포괄위임입법금지원칙이나 과잉금지원칙에도 위배되지 않는다는 것이다(헌재 2012.2.23, 2011헌가13).

5 가려야 할 곳을 내놓아 [위헌]

'여러 사람의 눈에 뜨이는 곳에서 공공연하게 알몸을 지나치게 내놓거나 가려야 할 곳을 내놓아 다른 사람에게 부끄러운 느낌이나 불쾌감을 준 사람'을 처벌하는 경범죄 처벌법 조항은 그 의미를 알기 어렵고 그 의미를 확정하기도 곤란하므로 명확성원칙에 위배된다(헌재 2016.11.24, 2016헌가3).

6 다량, 토사, 현저히 오염 [위헌]

이 사건 벌칙규정이나 관련 법령 어디에도 '토사'의 의미나 '다량'의 정도, '현저히 오염'되었다고 판단할 만한 기준에 대하여 아무런 규정도 하지 않고 있으므로, 일반 국민으로서는 자신의 행위가 처벌대상인지 여부를 예측하기 어렵고, 감독 행정관청이나 법관의 자의적인 법해석과 집행을 초래할 우려가 매우 크므로 이사건 벌칙규정은 죄형법정주의의 명확성원칙에 위배된다(헌재 2013.7.25, 2011헌가26).

7 근무조건과 직접 관련되지 아니하는 사항 [합헌]

근무조건과 '직접' 관련되어 교섭대상이 되는 사항은 공무원이 공무를 제공하는 조건이 되는 사항 그 자체를 의미하는 것이므로, 이 사건 규정에서 말하는 공무원 노조의 비교섭대상은 정책결정에 관한 사항과 기관의 관리·운영에 관한 사항 중 그 자체가 공무를 제공하는 조건이 되는 사항을 제외한 사항이 될 것이다(헌재 2013.6.27, 2012헌바169).

8 토지의 형질변경 [합헌]

구 개발제한구역의 지정 및 관리에 관한 특별조치법 조항 중 허가를 받지 아니한 '토지의 형질변경' 부분은 개발제한구역 지정 당시의 토지의 형상을 사실상 변형시키고 또 그 원상회복을 어렵게 하는 행위를 의미하는 것이므로, 명확성원칙에 위배되지 않는다(헌재 2011.3.31, 2010헌바86).

9 법률사건과 알선 [합헌]

이 사건 법률조항이 규정하는 '법률사건'이란 '법률상의 권리·의무의 발생·변경·소멸에 관한 다툼 또는 의문에 관한 사건'을 의미하고, '알선'이란 법률사건의 당사자와 그 사건에 관하여 대리 등의 법률사무를 취급하는 상대방(변호사 포함) 사이에서 양자 간에 법률사건이나 법률사무에 관한 위임계약 등의 체결을 중개하거나 그 편의를 도모하는 행위를 말하는바, 이 사건 법률조항에 의하여 금지되고, 처벌되는 행위의 의미가 문언상 불분명하다고 할 수 없으므로 이 사건 법률조항은 죄형법정주의 명확성원칙에 위배되지 않는다(헌재 2013.2.28, 2012헌바62).

> **기출OX**
>
> 법률사건의 수임에 관하여 알선의 대가로 금품을 제공하거나 이를 약속한 변호사를 형사처벌하는 구 변호사법 조항 중 '법률사건'과 '알선'은 처벌법규의 구성요건으로 그 의미가 불분명하기에 명확성원칙에 위배된다. (×)
>
> 15. 국가직 7급

10 회복하기 어려운 손해 [합헌]

집행정지 요건으로 규정한 '회복하기 어려운 손해'는 대법원 판례에 의하여 '특별한 사정이 없는 한 금전으로 보상할 수 없는 손해로서 이는 금전보상이 불능인 경우 내지는 금전보상으로는 사회관념상 행정처분을 받은 당사자가 참고 견딜 수 없거나 또는 참고 견디기가 현저히 곤란한 경우의 유형, 무형의 손해'를 의미하는 것으로 해석할 수 있어 명확성에 반하지 않는다(헌재 2018.1.25, 2016헌바208).

11 수납한도액 초과 시정 명령 [합헌]

어린이집이 시·도지사가 정한 수납한도액을 초과하여 보호자로부터 필요경비를 수납한 경우, 해당 시·도지사는 영유아보육법에 근거하여 시정 또는 변경 명령을 발할 수 있는데, 이 시정 또는 변경 명령 조항의 내용으로 환불명령을 명시적으로 규정하지 않았다고 하여 명확성원칙에 위배된다고 볼 수 없다(헌재 2017.12.28, 2016헌바249).

12 전투근무수당에 관한 구 군인보수법 [합헌]

전시·사변 등 국가비상사태에 있어서 전투에 종사하는 자에 대하여는 각령이 정하는 바에 의하여 전투근무수당을 지급하도록 한 구 군인보수법 제17조는 명확성원칙 및 평등원칙에 위반되지 않는다(헌재 2023.8.31, 2020헌바594).

▶ 국가비상사태다 보니 베트남 참전 등이 빠지게 되었다. 그러나 이 경우 특수근무수당을 지급하니 평등에 반하지 않는다.

13 선박 감항성 결함의 미신고행위에 대한 형사처벌 [합헌]

'감항성'의 의미에 관한 선박안전법의 정의규정 및 '선박의 감항성 유지 및 안전운항에 필요한 사항을 규정'하고자 하는 선박안전법의 목적, 선박이 건조되어 운항하는 동안 받아야 하는 각종 검사에 관한 선박안전법 조항의 내용 등을 종합하면 '선박의 감항성의 결함'의 의미가 무엇인지 명확하게 해석할 수 있고, 막대한 인명피해를 초래할 위험성이 큰 선박 사고를 예방하여야 할 필요성 등에 비추어 보면 '선박의 감항성의 결함'을 발견하고도 이를 신고하지 아니한 행위를 형사처벌하는 것이 부당하다고 볼 수도 없다(헌재 2024.5.30, 2020헌바234).

14 테러단체 가입을 타인에게 권유 또는 선동하는 자를 처벌하는 '국민보호와 공공안전을 위한 테러방지법' 조항 [합헌]

가입선동조항과 관련하여, ① 관련 조항의 체계적 해석과 대법원 판례 등을 종합하면 명확히 해석되므로 죄형법정주의의 명확성원칙에 위반되지 않고, ② 그 조항의 내용이 명확성의 원칙을 침해하지 않고 처벌의 정도도 과중하지 아니하여 결국 과잉금지원칙에 위반되지 않는다(헌재 2025.1.23, 2019헌바317).

관련 판례 법치주의 위반 여부에 관한 판례

1 외국치과, 의과대학 졸업자에 대한 예비시험 [합헌]

예비시험 조항은 외국에서 수학한 보건의료 인력의 질적 수준을 담보하려는 것을 주된 입법목적으로 하는 것이므로 그 정당성을 인정할 수 있다. … 청구인들에게 기존의 면허시험 요건에 추가하여 예비시험을 보게 하는 것은 이미 존재하는 여러 가지 면허제도상의 법적 규제에 추가하여 새로운 규제를 하나 더 부가하는 것에 그치고, 이러한 규제가 지나치게 가혹한 것이라고 하기 어려운 반면, 이러한 제도를 통한 공익적 목적은 위에서 본 바와 같이 그 정당성이 인정된다. 따라서 경과규정은 신뢰보호의 원칙에 위배한 것이라 보기 어렵다(헌재 2003.4.24, 2002헌마611).

2 사법시험 1차시험에서의 법학과목 이수제도 [합헌]

법학과목 이수제도에 의한 응시자격 제한은 법학교육과 연계시켜 법조인을 선발함으로써 대학교육을 정상화함과 아울러 국가인력자원의 효율적 배분을 도모하고자 하는 공익이 그 제한으로 침해받은 이익의 가치와 신뢰의 손상된 정도에 비추어 보다 우월하다고 할 것이고, 응시자격 구비를 위한 상당한 대상조치가 마련되어 있으며, 법학과목 이수제도의 시행까지 5년의 유예기간을 둔 점을 종합해 볼 때, 법학과목 이수관련 법령이 신뢰보호원칙에 위반된다고 보기 어렵다(헌재 2007.4.26, 2003헌마947 등).

3 합성수지 재질의 도시락 용기 사용금지 [합헌]

합성수지 도시락 용기의 사용금지는 우선적으로 합성수지 폐기물량을 원천적으로 감소하게 하는 직접적인 효과가 있고 그 결과 합성수지의 매립·소각에 따른 환경문제도 줄게 하는 환경개선과 국민건강 증진 효과를 가져올 수 있어 그 공익적 가치가 매우 크다(헌재 2007.2.22, 2003헌마428 등).

4 '퇴직 당시의 보수월액'에서 '평균보수월액'으로 변경 [합헌]

군인연금재정의 악화를 개선하여 연금제도의 유지·존속을 도모하려는 데에 목적이 있고, 그와 같은 입법목적의 공익적 가치는 매우 크다고 하지 않을 수 없다. 따라서 위 법률조항이 신뢰보호의 원칙에 위배되는 것이라고 보기는 어렵다(헌재 2003.9.25, 2001헌마194).

기출OX

예비군대원 본인의 부재시 예비군훈련 소집통지서를 수령한 같은 세대 내의 가족 중 성년자가 정당한 사유없이 소집통지서를 본인에게 전달하지 아니한 경우 형사처벌을 하는 예비군법 조항은 책임과 형벌 사이의 비례원칙에 위배되지 않는다. (×)   23. 경찰승진

❶ 상해의 경우 1년 이상, 사망의 경우 3년 이상의 징역에 처하게 되어 있다.

5 가족 중 성년자가 예비군훈련 소집통지서를 예비군대원 본인에게 전달 [위헌]
[1] 본인 부재 시 가족이 본인에게 전달해야 하는데 이는 행정절차적 협력 의무이다.
[2] 이 법은 단순히 협력의 범위를 넘어 형사처벌까지 부과하고 있는데 이는 지나치다고 아니할 수 없다. 즉, 과태료등으로도 가능하다(헌재 2022.5.26, 2019헌가12).

6 성폭력범죄의 처벌 등에 관한 특례법상 주거침입강제추행·준강제추행죄 [위헌]
과거 징역 5년 이상인 경우에는 합헌이었으나, 징역 7년 이상으로 한 현 조항에 대해서 위헌으로 판단하였다. 이는 작량감경의 사유가 있는 경우에도 집행유예를 선고할 수 없어 책임과 형벌 간의 비례원칙에 위반된다. 다만, 야간주거침입절도미수범의 준강제추행죄의 경우 7년 이상의 징역으로 정한 경우에는 죄질과 불법성이 중대하여 합헌으로 보았다(헌재 2023.2.23, 2021헌가9).

7 어린이 보호구역에서 교통사고로 상해나 사망에 이르게 한 경우를 가중처벌 [기각]❶
어린이의 통행이 빈번한 초등학교 인근 등 제한된 구역을 중심으로 어린이 보호구역을 설치하고 엄격한 주의의무를 부과하여 위반자를 엄하게 처벌하는 것은 어린이에 대한 교통사고 예방과 보호를 위해 불가피한 조치이다(헌재 2023.2.23, 2020헌마460).

8 군형법 추행 사건
[1] 명확성의 원칙에 위배되지 않는다.
[2] 동성 군인 사이의 합의에 의한 성적 행위라 하더라도 그러한 행위가 근무장소나 임무수행 중에 이루어진다면, 이는 국가의 안전보장 및 국토방위의 신성한 의무를 지는 국군의 전투력 보존에 심각한 위해를 초래할 위험성이 있으므로, 이를 처벌한다고 하여도 과도한 제한이라고 할 수 없다(헌재 2023.10.26, 2017헌가16).

제5항 사회국가의 원리

1 의의

사회국가원리란 과거와 같이 국민 개개인의 기본적인 삶을 국민 개인에게 맡겨두지 않고 그 기본적인 조건을 국가가 조성하는 것을 의무로 인정하는 헌법원리이다. 복지국가원리와의 관계에 있어서는 견해가 대립되나, 일반적 견해는 유사한 개념으로 본다. 사회적 기본권은 입법과정이나 정책결정과정에서 사회적 기본권에 규정된 국가목표의 무조건적인 최우선적 배려가 아니라 단지 적절한 고려를 요청하는 것이다(헌재 2002.12.18, 2002헌마52).

기출OX

사회국가란 사회정의의 이념을 헌법에 수용한 국가로 경제·사회·문화의 모든 영역에서 사회현상에 관여하고 간섭하고 분배하고 조정하는 국가를 말하지만 국가에게 국민 각자가 실제로 자유를 행사할 수 있는 그 실질적 조건을 마련해 줄 의무까지 부여하는 것은 아니다. (×)   22. 국가직 7급

🔍 관련 판례 사회국가의 의미

사회국가란 한마디로, 사회정의의 이념을 헌법에 수용한 국가, 사회현상에 대하여 방관적인 국가가 아니라 경제·사회·문화의 모든 영역에서 정의로운 사회질서의 형성을 위하여 사회현상에 관여하고 간섭하고 분배하고 조정하는 국가이며, 궁극적으로는 국민 각자가 실제로 자유를 행사할 수 있는 그 실질적 조건을 마련해 줄 의무가 있는 국가이다(헌재 2002.12.18, 2002헌마52).

2 입법례

유형	사회적 기본권	사회국가 조항	입법례
1유형	×	○	독일 본(Bonn)기본법
2유형	○	×	바이마르, 우리나라
3유형	○	○	이탈리아
4유형	×	×	미국(적법절차를 통한 실현)

제6항 현행 헌법상의 경제적 기본질서

1 경제조항의 의미

> 헌법 제119조 ① 대한민국의 경제질서는 개인과 기업의 경제상의 자유와 창의를 존중함을 기본으로 한다.
> ② 국가는 균형 있는 국민경제의 성장 및 안정과 적정한 소득의 분배를 유지하고, 시장의 지배와 경제력의 남용을 방지하며, 경제주체 간의 조화를 통한 경제의 민주화를 위하여 경제에 관한 규제와 조정을 할 수 있다.

1. 사회적 시장경제질서로서의 성격

헌법재판소는 우리 헌법상의 경제질서는 사유재산제를 바탕으로 하고 자유경쟁을 존중하는 자유시장경제질서를 기본으로 하면서도 이에 수반되는 갖가지 모순들을 제거하고 사회복지, 사회정의를 실현하기 위하여, 즉 경제의 민주화를 위하여 예외적으로 국가적 규제와 조정을 용인하는 사회적 시장경제질서로서의 성격을 띠고 있다고 판시한 바 있다. 02. 국가직 7급 제헌헌법은 통제경제를 기본으로 하였으며, 제2차 개헌시 통제경제에서 자유시장경제로 전환하였다. 05. 입시

2. 경제조항의 의미

헌법 제119조 제1항은 자유의 근거이며, 제2항은 규제·제한을 정당화하는 근거이다.

📝 기출OX

우리나라는 독일의 본(Bonn)기본법과 같이 사회국가 조항을 명시하고 있다. (×)

📝 기출OX

01 경제민주화의 이념은 경제영역에서 국가행위의 한계를 설정하고 개인의 기본권을 보호하는 헌법규범이지, 개인의 경제적 자유에 대한 제한을 정당화하는 근거규범은 아니다. (×) 13. 국가직 7급

02 헌법 제119조는 헌법상 경제질서에 관한 일반조항으로서 국가의 경제정책에 대한 하나의 지침이자 구체적 기본권 도출의 근거로 기능하며 독자적인 위헌심사의 기준이 된다. (×) 22. 경찰간부

03 헌법 제119조는 국가목표로서 개인의 기본권을 제한하는 국가행위를 정당화하는 헌법 규범이다. (○) 14. 국가직 7급

04 헌법 제119조 제1항이 규정하고 있는 '경제적 자유와 창의'는 직업의 자유, 재산권의 보장, 근로3권과 같은 경제에 관한 기본권 및 비례의 원칙과 같은 법치국가원리에 의하여 비로소 헌법적으로 구체화된다. (○) 22. 국회직 5급

05 헌법 제119조는 헌법상 경제질서에 관한 일반조항으로서 국가의 경제정책에 대한 하나의 지침이자 구체적 기본권 도출의 근거로 기능하며 독자적인 위헌심사의 기준이 된다. (×) 22. 국회직 9급, 22. 경찰간부, 21. 국회직 5급

06 헌법 제119조 이하의 경제에 관한 장은 국가가 경제정책을 통하여 달성하여야 할 '공익'을 구체화하고, 동시에 헌법 제37조 제2항의 기본권 제한을 위한 법률유보에서의 '공공복리'를 구체화하고 있다. (○) 22. 국회직 8급

07 경제적 기본권을 제한하는 법률의 합헌성 여부를 심사하는 경우, 그 법률을 정당화하는 공익은 헌법에 명시적으로 규정된 목표에만 제한된다. (×) 22. 지방직 7급

🔖 관련 판례 헌법상 경제조항의 의미

1 헌법 제119조는 다양한 기본권과 원리로 구체화된다.

헌법은 제119조에서 개인의 경제적 자유를 보장하면서 사회정의를 실현하기 위한 경제질서를 선언하고 있다. 이 규정은 헌법상 경제질서에 관한 일반조항으로서 국가의 경제정책에 대한 하나의 헌법적 지침이고, 동 조항이 언급하는 '경제적 자유와 창의'는 직업의 자유, 재산권의 보장, 근로3권과 같은 경제에 관한 기본권 및 비례의 원칙과 같은 법치국가원리에 의하여 비로소 헌법적으로 구체화된다(헌재 2002.10.31, 99헌바76 등).

2 헌법 제119조는 하나의 지침일 뿐 독자적 위헌심사기준은 될 수 없다.

헌법 제119조는 헌법상 경제질서에 관한 일반조항으로서 국가의 경제정책에 대한 하나의 헌법적 지침일 뿐 그 자체가 기본권의 성질을 가진다거나 독자적인 위헌심사의 기준이 된다고 할 수 없으므로, 청구인들의 이러한 주장에 대하여는 더 나아가 살펴보지 않는다(헌재 2017.7.27, 2015헌바278 등).

3 공익과 공공복리를 구체화

우리 헌법은 헌법 제119조 이하의 경제에 관한 장에서 "균형 있는 국민경제의 성장과 안정, 적정한 소득의 분배, 시장의 지배와 경제력남용의 방지, 경제주체간의 조화를 통한 경제의 민주화, 균형있는 지역경제의 육성, 중소기업의 보호육성, 소비자보호 등"의 경제영역에서의 국가목표를 명시적으로 언급함으로써 국가가 경제정책을 통하여 달성하여야 할 '공익'을 구체화하고, 동시에 헌법 제37조 제2항의 기본권제한을 위한 법률유보에서의 '공공복리'를 구체화하고 있다(헌재 1996.12.26, 96헌가18).

4 기본권 제한을 정당화하는 공익은 예시에 불과

경제적 기본권의 제한을 정당화하는 공익이 헌법에 명시적으로 규정된 목표에만 제한되는 것은 아니고, 헌법은 단지 국가가 실현하려고 의도하는 전형적인 경제목표를 예시적으로 구체화하고 있을 뿐이므로 기본권의 침해를 정당화할 수 있는 모든 공익을 아울러 고려하여 법률의 합헌성 여부를 심사하여야 한다(헌재 1996.12.26, 96헌가18).

2 구체적인 헌법조항 03·07. 국가직 7급, 05. 입시, 07. 국회직 8급, 08. 법원직

제120조	• 광물 기타 중요한 지하자원·수산자원·수력과 경제상 이용할 수 있는 자연력은 법률이 정하는 바에 의하여 일정한 기간 그 채취·개발 또는 이용을 특허할 수 있다(제1항). • 국토와 자원은 국가의 보호를 받으며, 국가는 그 균형 있는 개발과 이용을 위하여 필요한 계획을 수립한다(제2항).
제121조	• 국가는 농지에 관하여 경자유전의 원칙이 달성될 수 있도록 노력하여야 하며, 농지의 소작제도는 금지된다(제1항). • 농업생산성의 제고와 농지의 합리적인 이용을 위하거나 불가피한 사정으로 발생하는 농지의 임대차와 위탁경영은 법률이 정하는 바에 의하여 인정된다(제2항).
제122조	국가는 국민 모두의 생산 및 생활의 기반이 되는 국토의 효율적이고 균형 있는 이용·개발과 보전을 위하여 법률이 정하는 바에 의하여 그에 관한 필요한 제한과 의무를 과할 수 있다.

📑 비교 정리

경자유전

구분	금지
소작	절대적 금지
임대차, 위탁경영	상대적 금지

제123조	• 국가는 농업 및 어업을 보호·육성하기 위하여 농·어촌종합개발과 그 지원 등 필요한 계획을 수립·시행하여야 한다(제1항). • 국가는 지역 간의 균형 있는 발전을 위하여 지역경제를 육성할 의무를 진다(제2항). • 국가는 중소기업을 보호·육성하여야 한다(제3항). • 국가는 농수산물의 수급균형과 유통구조의 개선에 노력하여 가격안정을 도모함으로써 농·어민의 이익을 보호한다(제4항). • 국가는 농·어민과 중소기업의 자조조직을 육성하여야 하며, 그 자율적 활동과 발전을 보장한다(제5항).
제124조	국가는 건전한 소비행위를 계도하고 생산품의 품질향상을 촉구하기 위한 소비자보호운동을 법률이 정하는 바에 의하여 보장한다.
제125조	국가는 대외무역을 육성하며, 이를 규제·조정할 수 있다.
제126조	국방상 또는 국민경제상 긴절한 필요로 인하여 법률이 정하는 경우를 제외하고는 사영기업을 국유 또는 공유로 이전하거나 그 경영을 통제 또는 관리할 수 없다.
제127조	• 국가는 과학기술의 혁신과 정보 및 인력의 개발을 통하여 국민경제의 발전에 노력하여야 한다(제1항). • 국가는 국가표준제도를 확립한다(제2항). • 대통령은 제1항의 목적을 달성하기 위하여 필요한 자문기구를 둘 수 있다(제3항).
조문에 없는 내용	• 한국은행 독립성 • 독과점의 규제와 조정 • 사회국가원리 • 토지생산성재고 • 환경보호운동보장 • 소비자의 권리 • 국토의 효율적이고 지속 가능한 개발과 보전

관련 판례 헌법상 경제질서의 위반 여부에 관한 판례

1 자동차의 무과실책임 [합헌]

자동차사고의 경우에는 일반불법행위와는 달리 가해자의 책임문제보다는 피해자에게 어떤 방식으로 공평·타당한 보상을 할 것인가가 법률적으로 중요한 과제이다. … 위험책임의 원리에 기하여 무과실책임을 지운 것만으로 헌법 제119조 제1항의 자유시장경제질서에 위반된다고 할 수 없다(헌재 1998.5.28, 96헌가4 등).

2 소득분배와 누진세 [기각]

헌법 제119조 제2항은 국가가 경제영역에서 실현하여야 할 목표의 하나로서 '적정한 소득의 분배'를 들고 있지만, 이로부터 반드시 소득에 대하여 누진세율에 따른 종합과세를 시행하여야 할 구체적인 헌법적 의무가 조세입법자에게 부과되는 것이라고 할 수 없다(헌재 1999.11.25, 98헌마55).

기출OX

01 농지에 대해서는 경자유전의 원칙이 달성되어야 하므로 농지의 임대차와 위탁경영이 금지된다. (×)
12. 지방직 7급

02 본조에 규정된 것은 '소비자보호운동'으로서, '소비자권리'는 헌법상으로 명시되어 있지 않으나, 헌법 제10조와 제124조를 헌법상 근거로 들 수 있다. (○) 07. 국회직 8급

03 소비자보호운동에 관한 현행 헌법의 규정은 소비자보호운동의 구체적 권리성에 관한 근거가 되는 것은 아니다. (○) 02. 국가직 7급

04 사유재산제도를 보장하지만 사영기업을 국유 또는 공유로 이전하는 것을 절대적으로 금지하고 있지 않은 것이 현행 헌법의 태도이다. (○) 05. 입시, 07. 국가직 7급

05 헌법 제127조 제3항은 국가과학기술회의의 설치근거이다. (○)
03. 국가직 7급

06 국가표준제도는 근대국가형성의 기본목적인 국가의 통일성과 동질성을 확보하고 국민경제의 효율성을 촉진하기 위하여 반영된 것이다. (○) 05. 입시

기출OX

특수한 불법행위책임에 관하여 위험책임의 원리를 수용하는 것은 입법정책에 관한 사항으로서 입법자의 재량에 속한다고 할 것이므로 자동차손해배상보장법 조항이 운행자의 재산권을 본질적으로 제한하거나 평등의 원칙에 위반되지 아니하는 이상 위험책임의 원리에 기하여 무과실책임을 지운 것만으로 헌법 제119조 제1항의 자유시장 경제질서에 위반된다고 할 수 없다. (○) 22. 국가직 7급

3 국제그룹의 해체 [위헌확인]

헌법 제119조 제1항은 대한민국의 경제질서는 개인과 기업의 경제상의 자유와 창의를 존중함을 기본으로 한다고 하여 시장경제의 원리에 입각한 경제체제임을 천명하였는바, … 어디까지나 채권자 내지 담보권자인 은행과 채무자인 사영기업 간의 채권채무관계이므로 당사자들이 그 책임과 권한하에 알아서 자율적으로 처리할 일이며, 은행의 자율적 처리과정에서 공권력의 의견 제시는 별론으로 하고, 법치국가적 절차에 따르지 않는 공권력의 발동은 기업의 경제상의 자유와 창의의 존중을 기본으로 하는 헌법 제119조 제1항의 규정과는 합치될 수 없는 것이다(헌재 1993.7.29, 89헌마31).

4 국산영화 의무상영제 [기각]

헌법 제119조 제2항의 규정이 대한민국의 경제질서가 개인과 기업의 창의를 존중함을 기본으로 하도록 하고 있으나, 그것이 자유방임적 시장경제질서를 의미하는 것은 아니다. 따라서 입법자가 외국영화에 의한 국내 영화시장의 독점이 초래되는 것을 방지하고 균형 있는 영화산업의 발전을 위하여 국산영화 의무상영제를 둔 것이므로, 이를 들어 헌법상 경제질서에 반한다고는 볼 수 없다(헌재 1995.7.21, 94헌마125).

5 부동산중개업 법정수수료 [기각]

부동산 수수료를 중개인과 중개의뢰인 사이의 계약에 맡기게 될 경우에는 부동산 시장에의 접근이 가진 자에 의하여 독점되는 등 부동산거래질서가 왜곡될 우려가 있다는 판단에서 이를 방지하고 공정한 부동산거래질서를 확립하기 위하여 법정수수료제도를 두고 있는 것이므로 이를 들어 우리 헌법의 경제질서에 반한다고는 볼 수 없다(헌재 2002.6.27, 2000헌마642 등).

6 이자제한법 폐지법률의 위헌 여부 [합헌]

입법자가 사인간의 약정이자를 제한함으로써 경제적 약자를 보호하려는 직접적인 방법을 선택할 것인지, 아니면 이를 완화하거나 폐지함으로써 자금시장의 왜곡을 바로잡아 경제를 회복시키고 자유와 창의에 기한 경제발전을 꾀하는 한편 경제적 약자의 보호문제는 민법상의 일반원칙에 맡길 것인가는 입법자의 위와 같은 재량에 속하는 것이라 할 것이고, … 입법재량권을 남용하였거나 입법형성권의 한계를 일탈하여 명백히 불공정 또는 불합리하게 자의적으로 행사한 것이라고 볼 만한 자료를 찾을 수 없다. 결국 이 사건 개정법률과 폐지법률은 헌법에 위반된다고 할 수 없다(헌재 2001.1.18, 2000헌바7).

7 금융소득의 분리과세 [기각]

소득에 단순비례하여 과세할 것인지 아니면 누진적으로 과세할 것인지는 입법자의 정책적 결정에 맡겨져 있다. … 입법자는 **IMF라는 절박한 경제위기를 극복**하여야 한다는 국민경제적 관점에서 금융소득에 대한 분리과세를 시행하기로 정책적 결단을 내린 것이고 … 이 사건 법률조항은 '적정한 소득의 분배'만이 아니라 '균형 있는 국민경제의 성장과 안정'이라는, 경우에 따라 상충할 수 있는 법익을 함께 고려하여 당시의 경제상황에 적절하게 대처하기 위하여 내린 입법적 결정의 산물로서, 그 결정이 현저히 불합리하다거나 자의적이라고 할 수 없으므로 이를 들고 헌법상의 경제질서에 위반되는 것이라고 볼 수 없다(헌재 1999.11.25, 98헌마55).

기출OX

01 변호사, 세무사 등의 보수는 자율화하면서 공인중개업자에게는 법정수수료제도를 두는 것은 평등권을 침해하지 않는다. (O)
04. 법원직

02 이자제한법 폐지법률은 경제적 약자에 대한 국가의 보호를 방기함으로써 복지국가를 지향하는 우리 헌법질서에 위배된다고 판례는 보았다. (X)

03 금융소득에 대한 분리과세를 하면서 세율을 인상하고 소득 계층에 관계없이 동일한 세율을 적용하는 것은 적정한 소득분배라는 헌법상의 원칙에 위배된다. (X) 04. 입시

04 신문판매업자가 거래 상대방에게 제공할 수 있는 무가지와 경품의 범위를 유료신문 대금의 20% 이하로 제한하고 있는 신문업에 있어서의 불공정거래행위 및 시장지배적 지위남용행위의 유형 및 기준 제3조 제1항 등은 헌법 제119조 제1항을 포함한 우리 헌법의 경제질서 조항에 위반되지 아니한다. (O)

8 신문 무가지 제한 [합헌]

경제적으로 우월적 지위를 가진 신문발행업자를 배경으로 한 신문판매업자가 무가지와 경품 등 살포를 통하여 경쟁상대 신문의 구독자들을 탈취하고자 하는 신문업계의 과당경쟁상황을 완화시키고 신문판매, 구독시장의 경쟁질서를 정상화하여 민주사회에서 신속, 정확한 정보제공과 올바른 여론형성을 주도하여야 하는 신문의 공적 기능을 유지하고자 하는 데 있는바 이는 과잉금지의 원칙에 위배되지 않는다(헌재 2002.7.18, 2001헌마605).

9 10%의 경제상 이익제공 [각하]

이 사건 심판대상 규칙은 도서정가제하에서 간행물을 판매하는 자로 하여금 판매가의 10% 이하의 범위 내에서 경제상의 이익을 제공하도록 허용하는 것이고, 도서정가제가 시행됨으로써 간행물 판매업자가 얻을 수 있는 영업상 이익은 그 자신의 경제적 활동의 결과이고 법률상의 권리로서 보장되는 이익이 아니므로, 그러한 이익이 보장되지 아니한다고 하여 재산권이나 직업의 자유와 같은 기본권에 대한 침해의 문제가 발생한다고 볼 수도 없다(헌재 2011.4.28, 2010헌마602).

10 유사수신행위❶의 규제 [합헌]

이 사건 법률조항은 사기적·투기적·사행적 금융거래를 규제함으로써 선량한 거래자를 보호하고 건전한 금융질서를 확립하려는 데에 그 입법취지가 있다고 할 수 있다. 경제주체 간의 부조화를 방지하고 금융시장의 공정성을 확보하기 위하여 마련된 이 사건 법률조항은 그 정당성이 헌법 제119조 제2항에 의하여 뒷받침될 수 있으며, 따라서 우리 헌법의 경제질서에 반하는 것이라 할 수 없다(헌재 2003.2.27, 2002헌바4).

11 자경업자에 한해 양도소득세 면제

8년 이상 직접 토지를 경작한 자에 한해 양도소득세를 면제하는 조세특례법은 외지인의 농지투기를 방지하기 위한 것으로 헌법에 위반되지 않는다(헌재 2003.11.27, 2003헌바2).

12 우선매각대상자를 도시 개발사업의 시행자로 한정 [합헌]

도시개발구역에 있는 국가나 지방자치단체 소유의 재산으로서 도시개발사업에 필요한 재산에 대한 우선 매각 대상자를 도시 개발사업의 시행자로 한정하고 국공유지의 점유자에게 우선 매수 자격을 부여하지 않는 도시개발법 관련 규정은 사적 자치의 원칙을 기초로 한 자본주의 시장경제질서를 규정한 헌법 제119조 제1항에 위반되지 않는다(헌재 2009.11.26, 2008헌마711).

13 농지의 위탁경영 원칙적 금지 [기각]

농지소유자로서는 곡류의 경작·판매를 대신할 사람을 구하여 농지경영을 전담하게 하는 것이 농지를 보다 효율적으로 사용·수익하는 방안이 될 수 있다. 그러나 농지에 대한 위탁경영을 널리 허용할 경우 농지가 투기 수단으로 전락할 수 있고, 식량 생산의 기반으로서 농지의 공익적 기능이 저해될 가능성을 배제하기 어렵다(헌재 2020.5.27, 2018헌마362).

---

❶ 유사수신행위란 다른 법령에 따른 인허가나 등록을 하지 않고 불특정 다수인으로부터 원금 이상의 금액을 지급할 것을 약정하고 자금을 조달하는 것을 업으로 하는 행위이다.

14 자조조직의 육성의무

헌법 제123조 제5항은 국가에게 "농·어민의 자조조직을 육성할 의무"와 "자조조직의 자율적 활동과 발전을 보장할 의무"를 아울러 규정하고 있는데, 이러한 국가의 의무는 자조조직이 제대로 활동하고 기능하는 시기에는 그 조직의 자율성을 침해하지 않도록 하는 후자의 소극적 의무를 다하면 된다고 할 수 있지만, 그 조직이 제대로 기능하지 못하고 향후의 전망도 불확실한 경우라면 단순히 그 조직의 자율성을 보장하는 것에 그쳐서는 아니 되고, 적극적으로 이를 육성하여야 할 전자의 의무까지도 수행하여야 한다(헌재 2000.6.1, 99헌마553).

15 창고면적의 최소기준

의약품 도매상 허가를 받기 위해 필요한 창고면적의 최소기준을 규정하고 있는 약사법 조항들은 국가의 중소기업 보호·육성의무를 위반한 것이 아니다(헌재 2014.4.24, 2012헌마811).

16 대형마트 영업규제

대형마트 등과 중소유통업자들의 경쟁을 형식적 자유시장 논리에 따라 방임한다면 유통시장에서의 공정한 경쟁질서가 깨어지고, 다양한 경제주체 간의 견제와 균형을 통한 시장기능의 정상적 작동이 저해되며, 중소상인들이 생존 위협을 받는 등 경제영역에서의 사회정의가 훼손될 수 있으므로, 국가는 헌법 제119조 제2항에 따라 이에 대한 규제와 조정을 할 수 있다(헌재 2018.6.28, 2016헌바77 등).

제7항 문화국가의 원리

문화국가란 국가로부터 문화활동의 자유가 보장되고 국가에 의하여 문화활동이 보호·지원·조종되어야 하는 국가를 말한다. 다만, 국가는 문화의 가치와 방향 설정을 하여서는 안 되며, 최대한 중립적이어야 한다.

> **관련 판례** 문화에 관한 판례
>
> ### 1 문화향유권
> 헌법은 문화국가를 실현하기 위하여 보장되어야 할 정신적 기본권으로 양심과 사상의 자유, 종교의 자유, 언론·출판의 자유, 학문과 예술의 자유 등을 규정하고 있는바, 개별성·고유성·다양성으로 표현되는 문화는 사회의 자율영역을 바탕으로 한다고 할 것이고, 이들 기본권은 견해와 사상의 다양성을 그 본질로 하는 문화국가원리의 불가결의 조건이라고 할 것이다(헌재 2004.5.27, 2003헌가1 등).
>
> ### 2 문화정책
> 오늘날에 와서는 국가가 어떤 문화현상에 대하여도 이를 선호하거나, 우대하는 경향을 보이지 않는 불편부당의 원칙이 가장 바람직한 정책으로 평가받고 있다. 오늘날 문화국가에서의 문화정책은 그 초점이 문화 그 자체에 있는 것이 아니라 문화가 생겨날 수 있는 문화풍토를 조성하는 데 두어야 한다(헌재 2004.5.27, 2003헌가1).

기출OX

01 헌법 제9조의 규정취지와 민족문화유산의 본질에 비추어 볼 때, 국가가 민족문화유산을 보호하고자 하는 경우 이에 관한 헌법적 보호법익은 '민족문화유산의 존속' 그 자체를 보장하는 것에 그치지 않고, 민족문화유산의 훼손 등에 관한 가치보상이 있는지 여부도 이러한 헌법적 보호법익과 직접적인 관련이 있다. (×) 17. 국가직 7급

02 헌법 전문(前文)과 헌법 제9조에서 말하는 '전통', '전통문화'란 역사성과 시대성을 띤 개념으로 이해하여야 하므로, 과거의 어느 일정 시점에서 역사적으로 존재하였다는 사실만으로도 헌법의 보호를 받는 전통이 되는 것이다. (×) 17. 국가직 7급

3 학교환경위생정화구역 안에서 노래연습장 시설금지 [기각]

이 사건 시행령 조항은, 청소년 학생의 보호라는 공익상의 필요에 의하여 학교환경위생정화구역 안에서의 노래연습장의 시설·영업을 금지하고서 이미 설치된 노래연습장시설을 폐쇄 또는 이전하도록 하면서 경제적 손실을 최소화할 수 있도록 1998.12.31.까지 약 5년간의 유예기간을 주는 한편 1994.8.31.까지 교육감 등의 인정을 받아 계속 영업을 할 수 있도록 경과조치를 하여, 청구인들의 법적 안정성과 신뢰보호를 위하여 상당한 배려를 하고 있으므로, 법적 안정성과 신뢰보호의 원칙에 어긋난다고 할 수 없다(헌재 1999.7.22, 98헌마480).

설치금지	극장	여관	당구장	노래연습장	PC방
유치원	헌법불합치	합헌	위헌	-	합헌
초중고	헌법불합치	합헌	합헌	합헌	합헌
대학교	위헌	합헌	위헌	-	합헌

> **주의**
> 학교환경위생정화구역 안에서 당구장 시설의 예외적 허용의 경우는 절대금지구역이 아닌 상대금지구역으로 판례는 각하라고 판시하였다(2004헌마732).

4 사업시행자의 문화재발굴비용부담 [합헌]

구 문화재보호법 제55조 제7항 제2문 및 제3문 중 각 '제55조 제1항 제2호와 제91조 제1항 및 제8항은 건설공사 과정에서 매장문화재의 발굴로 인하여 문화재 훼손 위험을 야기한 사업시행자에게 원칙적으로 발굴경비를 부담시키고 대통령령으로 정하는 일정 규모 이상의 사업시행자 등에 대해서만 지표조사의무가 부과되고 그 비용을 부담하게 하는 것으로써, 각종 개발행위로 인한 무분별한 문화재 발굴로부터 매장문화재를 보호하는 것이어서 입법목적의 정당성, 방법의 적절성이 인정된다(헌재 2011.7.28, 2009헌바244).

5 전통사찰 경내지의 공용수용 [헌법불합치]

[1] 헌법적 보호법익

전통사찰보존법의 입법목적은 '민족문화의 유산으로서 역사적 의의를 가진 전통사찰을 보존함으로써 민족문화의 향상에 이바지하게 하는 것'으로서, '국가는 전통문화의 계승·발전과 민족문화의 창달에 노력하여야 한다'라고 규정한 헌법 제9조에 근거하여 제정된 것이다. 관할 행정관청의 전통사찰 지정은 국가의 '보존공물(保存公物)'을 지정하는 것으로서, <u>헌법적 보호법익은 '민족문화유산의 존속'</u>이다.

[2] 평등원칙에 위반되는 것인지 여부(적극)

<u>경내지 등의 소유권 변동으로 인한 전통사찰의 훼손이 불가피한 것인지 여부와 이러한 보존 및 훼손에 관한 판단·결정이 헌법 등에 근거하여 정당한 권한을 행사할 수 있는 관할 국가기관에 의하여 이루어지는 것인지 여부 등이 가장 본질적인 문제이고, 전통사찰을 훼손할 수 있는 경내지 등에 대한 소유권 변동을 시도한 주체가 사인(私人)인지 아니면 건설부장관과 같은 제3자적 국가기관인지 여부, 또는 그 형식이 양도(혹은 강제집행)인지 아니면 공용수용인지 여부는 본질적인 문제가 될 수 없다</u>(헌재 2003.1.30, 2001헌바64).

▶ 재산권을 침해하지는 않는다.

> **기출OX**
> 전통사찰 경내지 수용과 관련하여 국가의 공용수용에 관해서 아무런 법적 규제를 두고 있지 아니한 것은 위헌적인 조치라고 판례는 판단하였다. (O)

6 관습화된 문화요소

이미 문화적 가치로 성숙한 종교적인 의식·행사·유형물에 대한 국가 등의 지원은 일정 범위 내에서 전통문화의 계승·발전이라는 문화국가원리에 부합하며 정교분리원칙에 위배되지 않는다(대판 2009.5.28, 2008두16933).

제8항 현행 헌법상의 국제질서

1 국제평화주의

1. 현행 헌법상의 국제질서
헌법 전문은 '항구적인 세계평화와 인류공영에 이바지함으로써 …'라고 하여 국제평화주의에 대하여 명시적으로 선언하고 있다. 또한 헌법 제5조 제1항은 '대한민국은 국제평화의 유지에 노력하고 침략적 전쟁을 부인한다'라고 규정하여 침략전쟁을 부인하고 있다. 그러나 여기서 금지하는 것은 침략전쟁을 의미하는 것으로 자위전쟁까지 금지하고 있는 것은 아니다. 특히 국군의 해외파병이나 외국군대가 국내에 주둔하는 것은 집단적 자위권에 근거한 것이다.

2. 외국인의 법적 지위의 보장
(1) 외국인의 의의

외국인이라 함은 대한민국의 국적이 없는 자를 말하며 이는 외국 국적 보유자뿐만 아니라 무국적자도 포함한다.

(2) 상호주의의 원칙

헌법 제6조 제2항에 따르면 외국인의 법적 지위는 국제법과 조약이 정하는 바에 의한다고 규정되어 있어서 우리 국민과 동일하게 보장해주는 것이 아니라 상호주의를 원칙으로 하고 있다.

2 국제법 존중주의

1. 조약
(1) 개념

조약이라 함은 명칭을 불문하고 국제법률관계를 설정하기 위하여 체결한 국제법주체 상호간의 문서에 의한 합의를 말한다(헌재 2008.3.27, 2006헌라4). 다만, 예외적으로 구두합의도 조약의 성격을 가질 수 있다(헌재 2019.12.27, 2016헌마253).

> **관련 판례**
>
> **일본군 위안부 문제 합의 발표 [각하]**
> [1] 국제법적으로, 조약은 국제법 주체들이 일정한 법률효과를 발생시키기 위하여 체결한 국제법의 규율을 받는 국제적 합의를 말하며 서면에 의한 경우가 대부분이지만 예외적으로 구두합의도 조약의 성격을 가질 수 있다.
> [2] 조약과 비구속적 합의를 구분함에 있어서는 합의의 명칭, 합의가 서면으로 이루어졌는지 여부, 국내법상 요구되는 절차를 거쳤는지 여부와 같은 형식적 측면 외에도 합의의 과정과 내용·표현에 비추어 법적 구속력을 부여하려는 당사자의 의도가 인정되는지 여부, 법적 효과를 부여할 수 있는 구체적인 권리·의무를 창설하는지 여부 등 실체적 측면을 종합적으로 고려하여야 한다. 비구속적 합의의 경우, 그로 인하여 국민의 법적 지위가 영향을 받지 않는다고 할 것이므로, 이를 대상으로 한 헌법소원 심판청구는 허용되지 않는다(헌재 2019.12.27, 2016헌마253).

기출OX

한미동맹 동반자관계를 위한 전략대화 출범에 관한 공동성명은 구체적인 법적 권리·의무를 창설하는 내용을 포함하고 있지 아니하므로, 조약에 해당된다고 볼 수 없다. (O) 15. 서울시 7급

(2) 국내법적 효력을 갖기 위한 요건

① **조약의 체결 및 비준**: 일단 조약을 체결한 후에는 비준 절차를 밟아야 한다. 비준이란 국가원수가 전권대표가 서명한 조약이 국제법상 유효함을 확인하는 행위를 말한다.

② **국회의 동의**

> 헌법 제60조 ① 국회는 상호원조 또는 안전보장에 관한 조약, 중요한 국제조직에 관한 조약, 우호통상항해조약, 주권의 제약에 관한 조약, 강화조약, 국가나 국민에게 중대한 재정적 부담을 지우는 조약 또는 입법사항에 관한 조약의 체결·비준에 대한 동의권을 가진다.
> ② 국회는 선전포고, 국군의 외국에의 파견 또는 외국군대의 대한민국 영역 안에서의 주류에 대한 동의권을 가진다.

㉠ **의미**: 조약에서 국회의 동의를 요하게 하는 가장 큰 이유는 바로 대통령의 자의적인 권력행사를 방지하여 국민의 의사에 합치하기 위함이다.

㉡ **동의를 요하는 조약과 동의를 요하지 않는 조약**

동의를 요하는 조약	동의를 요하지 않는 조약
• 헌법 제60조 제1항에 열거된 조약 • 우호통상항해조약 • SOFA협정	• 어업조약 • 단순 행정협정 • 비자협정 • 무역조약

㉢ **시기**: 대통령이 비준하기 전이어야 한다.

(3) 효력

> 헌법 제6조 ① 헌법에 의하여 체결·공포된 조약과 일반적으로 승인된 국제법규는 국내법과 같은 효력을 가진다.

구분	국회동의 ○	국회동의 ×
효력	법률	명령·규칙
심사기관	헌법재판소	일반 법원

2. 일반적으로 승인된 국제법규

(1) 의의

헌법 제6조 제1항에 의하면 일반적으로 승인된 국제법규는 국내법과 같은 효력을 가지는데, 일반적으로 승인된 국제법규에는 세계 대부분의 국가가 인정하는 국제관습법과 일반적으로 국제사회에서 인정된 조약이 포함된다. 따라서 일반적으로 승인된 국제관습법은 국내법원의 재판규범이 되며, 우리나라가 이를 인정했는지는 기준이 되지 않는다. 07. 국회직 8급

기출OX

대한민국과 일본국간의 어업에 관한 협정은 헌법 제6조 제1항에 의하여 국내법과 같은 효력을 가진다. (○)
08. 국가직 7급

기출OX

01 일반적으로 승인된 국제법규는 조약이 아니기 때문에 원칙적으로 국내법과 같은 효력을 가질 수 없다. (×) 11. 법원직

02 헌법 제6조 제1항의 국제법 존중주의에 따라 조약과 일반적으로 승인된 국제법규는 국내법에 우선한다. (×) 16. 국가직 7급

(2) 종류

국제관습법	국제조약	해당하지 않는 경우
• 전쟁법 일반원칙 • 조약준수원칙 • 민족자결원칙 • 대사·공사 법적 지위에 관한 제원칙	• UN헌장 • 1928 부전조약(전쟁포기협약) • 국제인권규약 • 제네바협정 • Genocide금지협정 • ILO조약[제87호, 제98호, 제29호(비준 ○)]	• UN인권선언(단순선언적 의미) • 국제인권 B규약(가입시 유보)❶ • ILO조약[제105호(비준 ×)]

❶ 국제연합의 인권규약은 가입시 유보조항을 제외하고는 구속력을 가지고 있다. 우리나라는 A규약에는 유보 없이, B규약에는 국내법과 저촉되는 4개항을 유보하고 가입하였다. 현재는 제22조, 즉 누구든지 노조의 설립과 참여를 자유로이 할 수 있다는 조항만 공무원의 노조설립을 제한하고 있는 헌법 제33조 때문에 유보하고 있다. ILO조약은 최근에 비준하여 2022년도부터 효력을 발생한다.

3 사법심사 가능성

1. 학설의 대립

조약도 헌법에 근거하여 법적 효력을 가지는 것이고 양자와의 관계에 있어서도 헌법우위설을 따르기 때문에 대다수가 사법심사를 긍정하고 있다.

> **관련 판례**
>
> **조약에 대한 위헌심사**
>
> 헌법재판소법 제68조 제2항은 심판대상을 '법률'로 규정하고 있으나, 여기서의 '법률'에는 '조약'이 포함된다고 볼 것이다. 헌법재판소는 국내법과 같은 효력을 가지는 조약이 헌법재판소의 위헌법률심판대상이 된다고 전제하여 그에 관한 본안판단을 한 바 있다(헌재 1999.4.29, 97헌가14). 한편 이 사건 조항은 재판권 면제에 관한 것이므로 성질상 국내에 바로 적용될 수 있는 법규범으로서 위헌법률심판의 대상이 된다고 할 것이다(헌재 2001.9.27, 2000헌바20).

2. 위헌심사 기관

국회의 동의를 얻게 되면 국내법률과 동일한 효력을 가지므로 헌법재판소가 심판을 담당하나, 국회의 동의를 요하지 않는 경우라면 명령과 같은 효력을 가지기 때문에 대법원이 최종심사권을 가진다.

> **관련 판례** 국제평화주의에 관한 판례
>
> **1 한일어업협정**❷ [기각]
>
> [1] 한일어업협정
>
> 대한민국과 일본국간의 어업에 관한 협정은 우리나라 정부가 일본 정부와의 사이에서 어업에 관해 체결·공포한 조약(조약 제1477호)으로서 헌법 제6조 제1항에 의하여 국내법과 같은 효력을 가지므로, 그 체결행위는 고권적 행위로서 '공권력의 행사'에 해당한다.
>
> [2] 이 사건 협정에서의 이른바 중간수역에 대해서도 동일하다고 할 것이므로 독도가 중간수역에 속해 있다 할지라도 독도의 영유권 문제나 영해 문제와는 직접적인 관련을 가지지 아니한 것임은 명백하다 할 것이다. 따라서 영토권을 침해하는 것은 아니다(헌재 2001.3.21, 99헌마139 등).

❷
1. 영토조항만을 근거로 헌법소원 청구는 허용되지 않는다.
2. 영토권은 국민의 개별적 기본권으로 인정하기 어렵다.

기출OX

헌법상 영토에 관한 권리를 영토권이라 구성하여 헌법소원의 대상인 기본권으로 간주하는 것은 가능하다. (○)
12. 지방직 7급

2 마라케쉬협정 사건

마라케쉬협정도 적법하게 체결되어 공포된 조약이므로 국내법과 같은 효력을 갖는 것이어서 그로 인하여 새로운 범죄를 구성하거나 범죄자에 대한 처벌이 가중된다고 하더라도 이것은 국내법에 의하여 형사처벌을 가중한 것과 같은 효력을 갖게 되는 것이다. 따라서 마라케쉬협정에 의하여 관세법 위반자의 처벌이 가중된다 하더라도 이를 들어 법률에 의하지 아니한 형사처벌이라거나 행위시의 법률에 의하지 아니한 형사처벌이라고 할 수 없다(헌재 1998.11.26, 97헌바65). 07. 국회직 8급

3 결사의 자유위원회의 권고

국제노동기구 산하 '결사의 자유위원회'의 권고는 국내법과 같은 효력이 있거나 일반적으로 승인된 국제법규라고 볼 수 없다(헌재 2005.10.27, 2003헌바50).

4 외교관계에 관한 비엔나협약에 의한 재산권 침해 [각하]

협약규정의 적용을 받는 외국대사관과 어떠한 법률행위를 할 것인지의 여부는 전적으로 국민의 자유의사에 맡겨져 있다고 할 것이므로 협약규정의 적용에 의하여 어떠한 손해가 발생하였다고 하여 그것이 국가의 공권력 행사로 말미암은 것이라고 볼 수 없다. 나아가 외국 대사관이 사전에 승소판결에 기한 강제집행을 거부할 의사를 명시적으로 표시하였으므로 손해가 집달관의 강제집행 거부를 직접적인 원인으로 하여 발생한 것이라고 볼 수 없으므로 손실보상의 대상이 되지 아니하고, 또한 국가가 보상입법을 하지 아니하였다거나 집달관이 협약의 관계 규정을 내세워 강제집행을 거부하였다고 하여 이로써 불법행위가 되는 것은 아니다(대판 1997.4.25, 96다16940).

5 사립학교 교원의 노동운동금지 [합헌]

첫째, **국제연합의 '인권에 관한 세계선언'은 선언적인 의미를 가지고 있을 뿐** 법적 구속력을 가진 것은 아니고, 둘째, A규약은 제4조에서 '… 국가가 이 규약에 따라 부여하는 권리를 향유함에 있어서, 그러한 권리의 본질과 양립할 수 있는 한도 내에서, 또한 오직 민주사회에서의 공공복리 증진의 목적으로 반드시 법률에 의하여 정하여지는 제한에 의해서만, 그러한 권리를 제한할 수 있음을 인정한다'하여 일반적 법률유보조항을 두고 있고, 셋째, B규약 제22조 제1항의 '모든 사람은 자기의 이익을 보호하기 위하여 노동조합을 결성하고 이에 가입하는 권리를 포함하여 다른 사람과의 결사의 자유에 대한 권리를 갖는다.'는 규정은 가입 당시 유보하였고, 넷째, 국제연합교육과학문화기구(UNESCO)와 국제노동기구(ILO)가 채택한 '교원의 지위에 관한 권고'는 우리나라가 아직 국제노동기구의 정식 회원국이 아니기 때문에 직접적으로 국내법적 효력을 갖는 것은 아니다. 그렇다면 … 헌법 제11조 제1항 및 국제법 존중의 원칙을 규정한 헌법 제6조 제1항에 위반되지 아니한다(헌재 1991.7.22, 89헌가106).

6 집단적 노무제공 거부행위

강제노동의 폐지에 관한 국제노동기구(ILO)의 제105호 조약은 우리나라가 비준한 바가 없고, 헌법 제6조 제1항에서 말하는 일반적으로 승인된 국제법규로서 헌법적 효력을 가지는 것이라고 볼 만한 근거도 없다(헌재 1998.7.16, 97헌바23). 08. 국가직 7급

7 부정수표발행에 대한 형사처벌과 국제연합인권규약 제11조[3] [합헌]

그 보호법익은 수표거래의 공정성이며 결코 '계약상 의무의 이행불능만을 이유로 구금'되는 것이 아니므로 국제법 존중주의에 입각한다 하더라도 국제연합인권규약 제11조의 명문에 정면으로 배치되는 것이 아니다(헌재 2001.4.26, 99헌가13).

기출OX

01 조약에 의하여 처벌을 가중하는 것은 불가능하다는 것이 헌법재판소의 견해이다. (×) 07. 국회직 8급

02 마라케쉬협정은 적법하게 체결·공포된 조약이므로 이 협정에 의하여 관세법위반자의 처벌이 가중되어도 위헌은 아니다. (○)
16. 국가직 7급

기출OX

외교관계에 관한 비엔나협약에 근거한 민사면책특권 때문에 채무자인 외국대사관에 대하여 강제집행을 할 수 없게 되더라도, 이 경우 채권자인 국민의 손실을 보상하는 법률을 제정해야 할 입법의무가 발생하는 것은 아니다. (○)
11. 법원직

[3] 부정수표발행은 부도가 날 것을 알면서 발행한 것으로 이는 사기의 문제이지 단순히 민사의무를 불이행한 것으로 볼 수 없다.

8 양심적 병역거부는 일반적으로 승인된 국제법규가 아니다.

양심적 병역거부권을 명문으로 인정한 국제인권조약은 아직까지 존재하지 않으며, 유럽 등의 일부국가에서 양심적 병역거부권이 보장된다고 하더라도 전 세계적으로 양심적 병역거부권의 보장에 관한 국제관습법이 형성되었다고 할 수 없으므로, 양심적 병역거부가 일반적으로 승인된 국제법규로서 우리나라에 수용될 수는 없다(헌재 2011.8.30, 2008헌가22 등).

9 동맹 동반자 관계를 위한 전략대화 출범에 관한 공동성명 [각하]

대통령이 외교통상부장관에게 위임하여 미합중국 국무장관과 발표한 '동맹 동반자 관계를 위한 전략대화 출범에 관한 공동성명'은 양국의 외교관계 당국자 간의 동맹국에 대한 양해 내지 존중의 정치적 선언의 의미를 가지는 데 불과하다. 따라서 기본권이 침해되는 문제가 발생한다고 볼 수 없다(헌재 2006.5.16, 2006헌마500).

제2장 대한민국헌법 총설

01
18. 국가직 7급

헌정사에 대한 설명으로 옳지 않은 것은?

① 1954년 헌법은 대한민국의 주권의 제약 또는 영토의 변경을 가져올 국가안위에 관한 중대사항은 국회의 가결을 거친 후에 국민투표에 부하여 민의원의원선거권자 3분의 2 이상의 투표와 유효투표 3분의 2 이상의 찬성을 얻어야 한다고 규정하였다.
② 1962년 헌법은 인간의 존엄과 가치를 명시하고, 행복추구권을 기본권으로 신설하였다.
③ 1972년 헌법은 대통령이 제안한 헌법개정안은 국민투표로 확정되며, 국회의원이 제안한 헌법개정안은 국회의 의결을 거쳐 통일주체국민회의의 의결로 확정된다고 규정함으로써 헌법개정절차를 이원화하였다.
④ 1987년 헌법은 체포·구속시 이유고지 및 가족통지제도를 추가하였고, 범죄피해자구조청구권을 기본권으로 새로 규정하였다.

정답 및 해설

난이도 ★★☆

① [○] 이는 제2차 개정헌법 제7조의2의 내용이다.
② [×] 인간의 존엄성은 제5차 개헌(1962년)에서, 행복추구권은 1980년 제8차 개헌에서 신설되었다.
③ [○] 이는 제7차 개정헌법 제124조 제2항의 내용이다. 제7차 개정헌법의 특징은 헌법개정절차가 이원화되어 있었다는 것이다.
④ [○] 현행 헌법에는 체포·구속시 이유고지 및 가족통지제도를 추가하였고, 범죄피해자구조청구권을 기본권으로 새로 규정하였다.

답 ②

02

05. 국회직 8급

국적에 관한 다음 설명 중 옳지 않은 것은?

① 헌법은 국적에 관한 사항은 법률로 정하도록 규정하고 있다.
② 우리나라는 국적의 취득원인으로 속인주의를 기본원칙으로 채택하고 있다.
③ 우리나라 영토에서 발견된 부모를 알 수 없는 기아는 무국적자이다.
④ 우리나라의 국적법은 단일국적주의를 기본으로 하고 있다.
⑤ 국적은 일단 포기하더라도 재취득을 할 수 있다.

정답 및 해설　　　　　　　　　　　　　　　　　　　　　　　　　　　　　　　　　　　　　　　난이도 ★★☆

① [O] 헌법 제2조 제1항은 국민이 되는 요건을 법률로 정한다.
② [O] 우리나라는 속인주의를 기본원칙으로 채택하고 있다(국적법 제2조 제1항).
③ [X] 우리나라 영토에서 발견된 기아는 대한민국에서 출생한 것으로 추정하며(국적법 제2조 제2항), 부모를 알 수 없는 경우에는 국적법 제2조 제1항 제3호에 의하여 출생과 동시에 대한민국 국적을 취득한 것으로 된다.
④ [O] 우리나라의 국적법은 단일국적주의를 기본으로 하고 있다.
⑤ [O] 국적법 제11조 제1항에 의하여, 제10조 제3항에 따라 대한민국 국적을 상실한 자가 그 후 1년 내에 그 외국 국적을 포기하면 법무부장관에게 신고함으로써 대한민국 국적을 재취득할 수 있다.

답 ③

03
07. 국가직 7급

연방국가에 대한 설명으로 옳은 것은?

① 연방헌법은 주(州)들 간 조약규범으로서 잠정적 성격을 가진다.
② 주(州)도 주권을 갖는다고 보는 것이 우리나라의 통설이다.
③ 국가인 이상 연방국가의 통치권은 단일불가분의 성격을 가진다.
④ 연방은 주(州)의 국제법 위반의 책임까지 부담한다.

정답 및 해설　　　　　　　　　　　　　　　　　　　　　　　　　　　　　　　　　　　난이도 ★☆☆

① [×] 연방국가는 연방헌법에 근거한 영속적 결합체이다. 반면 국가연합은 조약에 근거한 잠정적 결합체이다.
② [×] 연방국가의 주가 주권을 갖는지 여부에 관하여 연방만이 가진다는 견해와 각 주도 가진다는 견해가 대립한다.
③ [×] 통치권은 입법권, 사법권, 행정권 등으로 분할가능하다.
④ [○] 연방국가의 각 주는 국가연합의 개별국가와 달리 국제법적인 주체는 될 수 없으며, 연방은 주의 국제법 위반에 대하여 책임을 진다.

답 ④

04
15. 서울시 7급

다음 중 현행 헌법전문에 규정된 내용이 아닌 것은?

① 국민생활의 균등한 향상
② 민족문화의 창달
③ 세계평화와 인류공영
④ 조국의 민주개혁

정답 및 해설   난이도 ★★☆

② [X] 전통문화의 계승·발전에 관한 규정은 헌법 제9조(국가는 전통문화의 계승·발전과 민족문화의 창달에 노력하여야 한다)에 규정되어 있다.
①, ③, ④ [O] 헌법전문에서 규정하고 있다.

답 ②

05

08. 국가직

법치국가원리에 관한 설명 중 옳지 않은 것은? (다툼이 있는 경우 판례에 의함)

① 신뢰보호의 원칙은 법률이나 그 하위법규의 개폐에만 적용될 뿐, 국가관리의 입시제도와 같은 제도운영지침의 개폐에는 적용되지 않는다.
② 자기책임의 원리는 민사법이나 형사법에 국한된 원리라기보다는 근대법의 기본이념으로서 법치주의에 당연히 내재하는 원리이다.
③ 특정규범이 개별사건법률에 해당한다고 해서 곧바로 위헌이 되는 것은 아니다.
④ 형벌법규의 내용은 일반인에게 명확한 고지가 이루어져야 하는 것이나, 수범자가 자신만의 판단에 의해서가 아니라 법률전문가의 조언이나 전문서적 등을 참고하여 당해 법규에 맞게 자신의 행동방향을 잡을 수 있다면 그 법규는 명확성의 원칙에 위반되지 않는다.

정답 및 해설

난이도 ★★☆

① [X] 신뢰보호의 원칙은 법률이나 그 하위법규뿐만 아니라 국가관리의 입시제도와 같이 국공립대학의 입시전형을 구속하여 국민의 권리에 직접 영향을 미치는 제도운영지침의 개폐에도 적용되는 것이다(헌재 1997.7.16, 97헌마38).
③ [O] 개별사건법률은 원칙적으로 평등원칙에 위배되는 자의적 규정이라는 강한 의심을 불러일으키는 것이지만, 개별법률금지의 원칙이 법률제정에 있어서 입법자가 평등원칙을 준수할 것을 요구하는 것이기 때문에 특정규범이 개별사건법률에 해당한다 하여 곧바로 위헌을 뜻하는 것은 아니며, 이러한 차별적 규율이 합리적인 이유로 정당화될 수 있는 경우에는 합헌적일 수 있다(헌재 1996.2.16, 96헌가2 ; 5·18 특별법 사건).

답 ①

06

14. 국가직 7급

법치주의에 대한 설명으로 옳지 않은 것은? (다툼이 있는 경우 판례에 의함)

① 부진정소급입법의 경우, 일반적으로 과거에 시작된 구성요건사항에 대한 신뢰는 더 보호될 가치가 있는 것이므로, 신뢰보호의 원칙에 대한 심사는 장래 입법의 경우보다 일반적으로 더 강화되어야 한다.

② 개인의 신뢰이익에 대한 보호가치는 법령에 따른 개인의 행위가 국가에 의하여 일정방향으로 유인된 신뢰의 행사인지, 아니면 단지 법률이 부여한 기회를 활용한 것으로서 원칙적으로 사적 위험부담의 범위에 속하는 것인지 여부에 따라 달라지는 것은 아니다.

③ 법령불소급의 원칙은 법령의 효력발생 전에 완성된 요건사실에 대하여 당해 법령을 적용할 수 없다는 의미일 뿐, 계속 중인 사실이나 그 이후에 발생한 요건 사실에 대한 법령적용까지를 제한하는 것은 아니다.

④ 신뢰보호원칙에 위반되는 법률은 위헌이지만, 체계정당성에 위반되는 법률이라는 이유 때문에 바로 위헌이라고 할 수는 없다.

정답 및 해설   난이도 ★☆☆

① [○] 헌재 2001.2.22, 98헌바19
② [×] 개인의 신뢰이익에 대한 보호가치는 법령에 따른 개인의 행위가 국가에 의하여 일정 방향으로 유인된 신뢰의 행사인지, 아니면 단지 법률이 부여한 기회를 활용한 것으로서 원칙적으로 사적 위험부담의 범위에 속하는 것인지 여부에 따라 달라진다(헌재 2002.11.28, 2002헌바45).
③ [○] 즉, 진정소급입법이 원칙적으로 금지되는 것이지 계속 중인 사실이나 이후 발생한 경우에는 시행되고 있는 법을 적용하는 데 제약이 없다.
④ [○] 일반적으로 일정한 공권력 작용이 체계정당성에 위반한다고 해서 곧 위헌이 되는 것은 아니다. 즉, 합리적인 이유가 존재할 경우에는 합헌이 될 수도 있다(헌재 2004.11.25, 2002헌바66).

답 ②

07
19. 소방간부

헌법상 경제질서에 관한 설명으로 옳지 않은 것은? (다툼이 있는 경우 판례에 의함)

① 국가는 경제주체간의 조화를 통한 경제의 민주화를 위하여 경제에 관한 규제와 조정을 할 수 있다.
② 독과점 규제의 목적은 궁극적으로 경쟁의 회복에 있으므로 독과점 규제의 목적을 실현하는 수단 또한 자유롭고 공정한 경쟁을 가능하게 하는 방법이어야 한다.
③ 광물 기타 중요한 지하자원·수산자원·수력과 경제상 이용할 수 있는 자연력은 법률이 정하는 바에 의하여 일정한 기간 그 채취·개발 또는 이용을 특허할 수 있다.
④ 어떠한 경우에도 사영기업을 국유 또는 공유로 이전하거나 그 경영을 통제 또는 관리할 수 없다.
⑤ 농업생산성의 제고와 농지의 합리적인 이용을 위하거나 불가피한 사정으로 발생하는 농지의 임대차와 위탁경영은 법률이 정하는 바에 의하여 인정된다.

정답 및 해설
난이도 ★★☆

① [○] 국가는 균형 있는 국민경제의 성장 및 안정과 적정한 소득의 분배를 유지하고, 시장의 지배와 경제력의 남용을 방지하며, 경제주체간의 조화를 통한 경제의 민주화를 위하여 경제에 관한 규제와 조정을 할 수 있다(헌법 제119조 제2항).
② [○] 헌법 제119조 제2항은 독과점규제라는 경제정책적 목표를 개인의 경제적 자유를 제한할 수 있는 정당한 공익의 하나로 명문화하고 있다. 독과점규제의 목적이 경쟁의 회복에 있다면 이 목적을 실현하는 수단 또한 자유롭고 공정한 경쟁을 가능하게 하는 방법이어야 한다(헌재 1996.12.26, 96헌가18).
③ [○] 광물 기타 중요한 지하자원·수산자원·수력과 경제상 이용할 수 있는 자연력은 법률이 정하는 바에 의하여 일정한 기간 그 채취·개발 또는 이용을 특허할 수 있다(헌법 제120조 제1항).
④ [×] 국방상 또는 국민경제상 긴절한 필요로 인하여 법률이 정하는 경우를 제외하고는, 사영기업을 국유 또는 공유로 이전하거나 그 경영을 통제 또는 관리할 수 없다(헌법 제126조). 어떠한 경우에도 통제 또는 관리할 수 없는 것은 아니다.
⑤ [○] 농업생산성의 제고와 농지의 합리적인 이용을 위하거나 불가피한 사정으로 발생하는 농지의 임대차와 위탁경영은 법률이 정하는 바에 의하여 인정된다(헌법 제121조 제2항).

답 ④

08

17. 국가직 7급

조약과 일반적으로 승인된 국제법규에 대한 설명으로 옳은 것은? (다툼이 있는 경우 판례에 의함)

① 남북 사이의 화해와 불가침 및 교류협력에 관한 합의서는 일종의 조약으로서 국회의 동의를 얻어야 하는 것이다.
② 통상조약의 체결 절차 및 이행과정에서 남한과 북한간의 거래는 남북교류협력에 관한 법률 제12조에 따라 국가간의 거래가 아닌 민족내부의 거래로 본다.
③ 조약은 '국가·국제기구 등 국제법 주체 사이에 권리의무관계를 창출하기 위하여 서면 또는 구두 형식으로 체결되고 국제법에 의하여 규율되는 합의'라고 할 수 있다.
④ 조약은 국회의 동의를 얻어 체결·비준되었더라도 형식적 의미의 법률이 아닌 이상 헌법재판소의 위헌법률심판대상이 될 수 없다.

정답 및 해설   난이도 ★☆☆

① [×] 남북합의서는 남북관계를 나라와 나라 사이 관계가 아닌 통일을 지향하는 과정에서 잠정적으로 형성된 특수관계로 규정하고 있다 (헌재 1997.1.16, 92헌바6 등).
② [○] 남북교류협력에 관한 법률 제12조
③ [×] 조약이라 함은 명칭을 불문하고 국제법률관계를 설정하기 위하여 체결한 국제법 주체 상호간의 문서에 의한 합의를 말한다. 즉, 구두의 형식은 옳지 않은 지문이다(헌재 2008.3.27, 2006헌라4).
④ [×] 헌법재판소법 제68조 제2항은 심판대상을 '법률'로 규정하고 있으나, 여기서의 '법률'에는 '조약'이 포함된다고 볼 것이다(헌재 2001. 9.27, 2000헌바20).

답 ②

09

19. 국가직 7급

신뢰보호의 원칙과 소급입법에 대한 설명으로 옳지 않은 것은? (다툼이 있는 경우 판례에 의함)

① 법률의 제정이나 개정시 구법질서에 대한 당사자의 신뢰가 합리적이고도 정당하며 법률의 제정이나 개정으로 야기되는 당사자의 손해가 극심하여 새로운 입법으로 달성하고자 하는 공익적 목적이 그러한 당사자의 신뢰의 파괴를 정당화할 수 없다면, 그러한 새로운 입법은 허용될 수 없다.

② 부진정소급입법은 특단의 사정이 없는 한 헌법적으로 허용되지 않는 것이 원칙이나, 예외적으로 신뢰보호의 요청에 우선하는 심히 중대한 공익상의 사유가 소급입법을 정당화하는 경우에 허용될 수 있다.

③ 신법이 피적용자에게 유리한 경우에는 시혜적인 소급입법이 가능하지만, 그러한 소급입법을 할 것인가의 여부는 그 일차적인 판단이 입법기관에 맡겨져 있으므로 입법자는 시혜적 소급입법을 할 것인가 여부를 결정할 수 있고, 그 결정이 합리적 재량의 범위를 벗어나 현저하게 불합리하고 불공정한 것이 아닌 한 헌법에 위반된다고 할 수는 없다.

④ 헌법 제38조는 "모든 국민은 법률이 정하는 바에 의하여 납세의무를 진다."라고 규정하는 한편, 헌법 제59조는 "조세의 종목과 세율은 법률로 정한다."라고 규정하여 조세법률주의를 선언하고 있는데, 이는 납세의무가 존재하지 않았던 과거에 소급하여 과세하는 입법을 금지하는 원칙을 포함하는 것이다.

정답 및 해설　　　　　　　　　　　　　　　　　　　　　　　　　　　　　　　　난이도 ★☆☆

① [O] 헌재 2011.3.31, 2008헌바141
② [X] 진정소급입법이 허용되는 예외적인 경우로는 ㉠ 일반적으로 국민이 소급입법을 예상할 수 있었거나 ㉡ 법적 상태가 불확실하고 혼란스러웠거나 하여 보호할 만한 신뢰의 이익이 적은 경우와 ㉢ 소급입법에 의한 당사자의 손실이 없거나 아주 경미한 경우, ㉣ 그리고 신뢰보호의 요청에 우선하는 심히 중대한 공익상의 사유가 소급입법을 정당화하는 경우 등을 들 수 있다(헌재 1998.9.30, 97헌바38).
③ [O] 시혜적 소급입법도 가능하나 입법자의 의무는 아니고, 입법재량에 속하는 문제이다.
④ [O] 헌재 2008.11.13, 2006헌바112

답 ②

제3장 헌법의 기본제도

제1편 헌법총론

제3장 헌법의 기본제도

정당제도

- **정당제도**
  - **수용**: 적대시 ⇨ 무관심 ⇨ 승인 ⇨ 헌법수용
  - **지위**: 법인격 없는 사단, 중개적 기관, 사법심사 긍정, 기본권 주체
  - **설립**
    - 허가제 ×, 신고제
    - 5 이상의 시·도당, 1천명 이상의 당원발기인, 지구당 폐지, 당원협의회
    - 중앙당이 중앙선관위에 등록, 선관위는 형식적 심사만 가능
  - **활동**
    - 당헌·강령 공개, 전체모임이 최고의결기관, 당내 경선이 필수는 아님
    - 의원 제명시 대리투표 안 됨, 의원 1/2 이상 찬성
  - **해산**
    - **실질**
      - **정당**: 하부조직 ○, 방계조직 ×
      - **당원**: 당지시 또는 당명일 때
      - **목적과 활동**: 자유민주주의
    - **절차**
      - **제소**: 정부
      - **결정**: 헌법재판소(창설)
      - **집행**: 선거관리위원회(확인)

구분	등록취소	강제해산
사유	형식적 요건을 구비하지 못한 때, 정당이 국민의사 형성에 참여하고 있지 아니한 때	정당의 목적과 활동이 민주적 기본질서에 위배된 때
대체정당 설립	설립 가능	설립 불가
잔여재산 원칙	원칙은 당헌에 따라	국고 귀속
소속 의원	무소속으로 자격유지	학설 대립(판례는 상실)
법원 제소	제소 가능	제소 불허

정치자금

- **당비** — 대납금지
- **후원금**
  - 중앙당
  - **의회**: 국회(○), 지방의회(×)
  - **행정부**: 현역(×), 후보자(○)
  - 대통령후보자(○), 당대표경선후보자(○)
- **기탁금** — 선관위에 기탁, 지정기탁금제도 폐지
- **국고보조금**

50%에서 균등 배분	동일 정당의 소속 의원으로 교섭단체를 구성한 정당	
5%씩 지급	교섭단체를 구성하지 못하는 5석 이상의 정당	
2%씩 지급	국회의원선거에 참여했는데, 의석이 없거나 5석 미만인 경우	국회의원총선거에서 2/100 이상을 득표한 정당
		국회의원총선거에서 2/100 이상을 득표하지 못한 경우 의석을 가지고 지방자치단체선거에서 0.5% 이상을 득표한 정당
	국회의원선거에 참여하지 아니한 경우	지방자치단체선거에서 2/100 이상을 득표한 정당
잔여분	잔여분 중 50%는 의석수 비율에 따라, 50%는 득표율에 따라 배분	

비교 정리

최소보장	폭넓은 입법재량
본질	헌법규정
폐지	헌법개정으로만

본질은 헌법사안으로 입법으로 폐지할 수 없다. 다만, 헌법개정 금지사안은 아니므로 헌법으로 폐지할 수 있다.

비교 정리
제도적 보장

재판규범	○
기본권 도출	×
소권 발생	×

기출OX

기본권이 입법권·집행권·사법권을 구속하는 법규범인데 반하여, 제도적 보장은 프로그램적 규정으로서 재판규범으로서의 기능을 하지 못한다. (×)
19. 법원직

→ 제도적 보장은 소권이 나오지는 않지만 재판규범으로 작용한다.

비교 정리

헌법조문	의미
제8조 제2항	제한 규정
제119조	자유 + 제한 규정

❶ 결국 정치는 돈과 조직이다. 따라서 정당제도는 조직에 관련된 정당법과 돈과 관련된 정치자금법으로 구성되어 있다.

❷ 정당과 다른 단체와의 차이는 정당의 특징이 정권획득이 그 목적이라는 것이다.

기출OX

정당은 정치목적을 갖는 공법상의 결사이다. (×)   01. 국가직 7급

→ 원내교섭단체가 국가기관이다.

⊕ PLUS 제도적 보장의 의의

1. 제도적 보장
① 개념: 제도적 보장이란 국가존립의 기반이 되는 일정한 법적·정치적·경제적·사회적·문화적 제도를 헌법적 수준에서 보장함으로써 당해 제도의 본질을 유지하는 것이다.
② 의미: 제도적 보장은 객관적 제도를 헌법에 규정하여 당해 제도의 본질을 유지함으로써, 헌법 제정권자가 특히 중요하다고 생각하는 국가제도를 헌법에 규정하여 미래의 법발전, 법형성의 방침과 범주를 미리 규율하려는 데 그 취지가 있다.

2. 기본권 보장과의 관계
칼 슈미트(C. Schmitt)에 따르면 자유는 제도가 아니라는 전제 아래 전국가적이며 최대한 보장되고 침해된 경우 소권이 발생하지만, 제도적 보장은 국가 내적으로 보장되며 최소한으로 보장되고 또한 침해시 소권이 발생하지 않으며 입법자의 형성 재량도 상당히 넓다.

제1절 정당제도

1 서설

헌법 제8조 ① 정당의 설립은 자유이며, 복수정당제는 보장된다.
② 정당은 그 목적·조직과 활동이 민주적이어야 하며, 국민의 정치적 의사형성에 참여하는 데 필요한 조직을 가져야 한다.
③ 정당은 법률이 정하는 바에 의하여 국가의 보호를 받으며, 국가는 법률이 정하는 바에 의하여 정당운영에 필요한 자금을 보조할 수 있다.❶
④ 정당의 목적이나 활동이 민주적 기본질서에 위배될 때에는 정부는 헌법재판소에 그 해산을 제소할 수 있고, 정당은 헌법재판소의 심판에 의하여 해산된다.

1. 의의

(1) 정당이라 함은 국민의 이익을 위하여 책임 있는 정치적 주장이나 정책을 추진하고 공직선거의 후보자를 추천 또는 지지함으로써 국민의 정치적 의사형성에 참여함을 목적으로 하는 국민의 자발적 조직을 말한다. 즉, 정당은 공법상의 결사가 아닌 사법상의 결사인 것이다.❷ 01. 국가직 7급

(2) 라이프홀쯔(G. Leibholz)는 19세기의 대의적·의회적 민주주의가 20세기에 와서 정당국가적·국민투표적 민주주의로 변화되었다고 주장하였다. 따라서 그는 정당을 헌법기관으로 보았으며, 현대정치는 정당정치라고 하였다. 04. 법원직

2. 헌법에의 수용 ❸

우리나라의 경우 제2공화국 헌법에서 정당이 수용되었으며, 제3공화국에서는 정당국가적 경향이 가장 강해서 무소속으로는 국회의원이나 대통령 출마를 금지하였다. 제5공화국에서는 국고보조금 조항을 신설하였다.

3. 정당의 지위

(1) 법적 형태

법인격 없는 사단이라는 것이 일반적인 견해이다. 헌법재판소도 정당의 재산 귀속관계에 대한 사건에서 정당을 법인격 없는 사단으로 판시한 바 있다(헌재 1993.7.29, 92헌마262).

> **관련 판례**
>
> **정당의 법적 성격**
>
> 정당의 법적 지위는 적어도 그 소유재산의 귀속관계에 있어서는 법인격 없는 사단으로 보아야 하고, 중앙당과 지구당과의 복합적 구조에 비추어 정당의 지구당은 단순한 중앙당의 하부조직이 아니라 어느 정도의 독자성을 가진 단체로서 역시 법인격 없는 사단에 해당한다고 보아야 할 것이다(헌재 1993.7.29, 92헌마262). 07. 법원직

(2) 기본권 주체성

정당은 권리능력 없는 사단이므로 기본권 주체성이 인정될 수 있다. 따라서 우리 헌법재판소는 정당의 기본권 주체성과 헌법소원청구능력을 인정한 바 있다(헌재 1991.3.11, 91헌마21). 07. 법원직 그러나 권한쟁의심판을 청구할 능력은 인정되지 않는다.

2 정당의 설립

1. 실질적 요건

정당은 중앙당과 시·도당으로 구성되며(정당법 제3조), 5 이상의 시·도당을 가져야 하고 시·도당은 1천인 이상의 당원을 가져야 한다(정당법 제17조, 제18조). 창당준비위원회는 중앙당의 경우에는 200인 이상의, 시·도당의 경우에는 100인 이상의 발기인으로 구성한다(정당법 제6조).

> **관련 판례**
>
> **5 이상의 시·도당을 요구 [합헌]**
>
> 정당에게 5 이상의 시·도당을 요구한 정당법 제25조의 규정은 특정 지역에 지역적 연고를 두고 설립·활동하려는 이른바 '지역정당'을 배제하려는 취지로 볼 수 있고, 각 시·도당에게 1천인 이상의 당원을 요구한 제27조의 규정은 아직 당원을 충분히 확보하지 못하여 일정 규모 이상 국민의 지지를 받지 못하거나 이익을 대변하지 못한다고 판단되는 '군소정당'을 배제하려는 취지로 볼 수 있다. 우선 우리 헌법의 대의민주적 기본질서가 제기능을 수행하기 위해서는 의회 내의 안정된 다수세력의 확보를 필요로 한다는 점에서, 군소정당의 배제는 그 목적의 정당성이 인정될 수 있다(헌재 2006.3.30, 2004헌마246). 08. 법원직

❸
과거에는 정당을 파당 짓는 것이라 하여 정당에 대한 권력자들의 의견이 상당히 부정적이었다. 그러나 오늘날에는 정당이 있으면 의견이 합치되고 일관성이 있어 오히려 조율하기가 수월하여 적극적으로 수용되고 있다.

기출OX

01 정당은 적어도 그 소유재산의 귀속관계에 있어서는 법인격 없는 사단으로 보아야 한다. (O)
07. 법원직

02 정당도 기본권의 주체가 되는 경우가 있다. (O) 12. 법원직

03 정당의 창당준비위원회는 중앙당의 경우에는 200명 이상의, 시·도당의 경우에는 100명 이상의 발기인으로 구성한다. (O)
19. 국가직 7급

04 "정당은 그 목적·조직과 활동이 민주적이어야 하며, 국민의 정치적 의사형성에 참여하는 데 필요한 조직을 가져야 한다."는 규정은, 정당의 자유에 대한 한계로 작용하는 한도에서 정당의 자유의 구체적인 내용을 제시한다고는 할 수 있으나, 정당의 자유의 헌법적 근거를 제공하는 근거규범은 아니다. (O) 13. 국가직 7급

05 입법자는 정당설립의 자유를 최대한 보장하는 방향으로 입법하여야 하고, 헌법재판소는 정당설립의 자유를 제한하는 법률의 합헌성을 심사할 때에 헌법 제37조 제2항에 따라 엄격한 비례심사를 하여야 한다. (O) 13. 국가직 7급

06 정당의 조직 중 기존의 지구당과 당 연락소를 강제적으로 폐지하고 이후 지구당을 설립하거나 당 연락소를 설치하는 것을 금지하는 규정은, 정당조직의 자유 및 정당활동의 자유를 제한하는 것으로서 정당의 자유의 본질적 내용을 침해한다. (X) 13. 국가직 7급

정당법 제3조가 2004.3.12. 개정됨으로써 지구당이 폐지되었으나, 정당법 제37조 제3항에 당원협의회를 둘 수 있다고 되어 있어 비판이 있다. 06. 사시 정당에 둘 수 있는 유급사무직원은 중앙당에는 100인을 초과할 수 없다(정당법 제30조). 07. 국회직 8급

> **관련 판례** 지구당 폐지에 관한 판례
>
> **1 지구당 및 당 연락소 폐지 [기각]**
> 우리나라 정당정치의 현실을 볼 때, **고비용 저효율의 병폐는 지구당이라는 정당조직에 너무나 뿌리 깊게 고착화되어** 양자를 분리할 수 없을 정도의 구조적인 문제로 되어버렸기 때문에 지구당을 폐지하지 않고 위와 같은 보다 완화된 방법만을 채용하여서는 이러한 문제점을 해결할 수 없다는 것이 이 사건 법률조항을 입법할 당시의 우리나라 정당 정치 현실에 대한 입법자의 진단이고, 이러한 진단은 그 타당성을 인정할 수 있다. … 그렇다면, 이 사건 법률조항들은 비례원칙에 반하지 아니하고 달리 헌법에 위반되는 사유를 발견할 수 없다(헌재 2004.12.16, 2004헌마456).
>
> **2 당원협의회 사무소설치금지 [합헌]**
> 과거 지구당의 고비용 저효율의 정당구조를 개선하기 위해 사무소를 설치할 수 없도록 하는 것이므로 이는 정당활동의 자유를 침해하지 아니한다(헌재 2016.3.31, 2013헌가22).

비교 정리

구분	현재
지구당	폐지
당원협의회	존치

비교 정리

정당의 당원

구분	가능 여부
국무총리	O
국무위원	O
사립중학교 교사	X
사립대학 교수	O
외국인	X
지방법원 판사	X

> **⊕ PLUS** 정당의 당원
>
> 정당법 제22조【발기인 및 당원의 자격】① 16세 이상의 국민은 공무원 그 밖에 그 신분을 이유로 정당가입이나 정치활동을 금지하는 다른 법령의 규정에 불구하고 누구든지 정당의 발기인 및 당원이 될 수 있다. 다만, 다음 각 호의 어느 하나에 해당하는 자는 그러하지 아니하다.
> 1. 국가공무원법 제2조(공무원의 구분) 또는 지방공무원법 제2조(공무원의 구분)에 규정된 공무원. 다만, 대통령, 국무총리, 국무위원, 국회의원, 지방의회의원, 선거에 의하여 취임하는 지방자치단체의 장, 국회 부의장의 수석비서관·비서관·비서·행정보조요원, 국회 상임위원회·예산결산특별위원회·윤리특별위원회 위원장의 행정보조요원, 국회의원의 보좌관·비서관·비서, 국회 교섭단체대표의원의 행정비서관, 국회 교섭단체의 정책연구위원·행정보조요원과 고등교육법 제14조(교직원의 구분) 제1항·제2항에 따른 교원은 제외한다.
> 2. 고등교육법 제14조 제1항·제2항에 따른 교원을 제외한 사립학교의 교원
> 3. 법령의 규정에 의하여 공무원의 신분을 가진 자
> 4. 공직선거법 제18조 제1항에 따른 선거권이 없는 사람
> ② 대한민국 국민이 아닌 자는 당원이 될 수 없다.
>
> ① 국회의원 선거권이 있는 자는 원칙적으로 누구든지 당원이 될 수 있다. 외국인은 정당의 당원이 될 수 없으며, 일정한 공무원과 교원도 당원이 될 수 없다.
> ② 정당의 입당은 당원명부에 등재된 때 효력이 발생하며, 탈당은 탈당신고서가 소속 시·도당 또는 중앙당에 접수된 때 발생한다(정당법 제23조, 제25조).

관련 판례 정치활동 금지에 관한 판례

1 교원의 정치활동 금지 [합헌]

초·중등학교 교원에 대해서는 정당가입과 선거운동의 자유를 금지하면서 대학교원에게는 이를 허용한다 하더라도, 이는 양자간 직무의 본질이나 내용 그리고 근무태양이 다른 점을 고려할 때 합리적인 차별이라고 할 것이므로, 헌법상의 평등권을 침해한 것이라고 할 수 없다(헌재 2004.3.25, 2001헌마710). 08. 법원직

2 선거관리위원회(이하 '선관위'라 한다) 공무원의 정치활동 금지 [합헌]

선관위 공무원에게 요청되는 엄격한 정치적 중립성에 비추어 볼 때 선관위 공무원이 특정한 정치적 성향을 표방하는 단체에 가입·활동한다는 사실 자체만으로 그 정치적 중립성과 직무의 공정성, 객관성이 의심될 수 있으므로 이 사건 규정들은 선관위 공무원의 정치적 표현의 자유 등을 침해한다고 할 수 없다(헌재 2012.3.29, 2010헌마97).

3 교원의 정당 및 정치단체 결성·가입 [합헌, 위헌]

[1] 초·중등학교의 교육공무원이 정치단체의 결성에 관여하거나 이에 가입하는 행위를 금지한 것은 표현의 자유 및 결사의 자유를 침해한다. 이는 **그 밖의 정치단체라는 불명확한 개념을 사용하고 있고,** 이는 표현의 내용에 근거한 규제이므로 엄격한 기준의 명확성의 원칙에 부합하여야 한다. 모든 사회적 활동은 정치와 관련이 되는데 정치단체와 비정치단체를 구별할 기준을 도출해 낼 수도 없다.

[2] 정당법조항 및 국가공무원법조항 중 **'정당'에 관한 부분은 국가공무원이 정당의 발기인 및 당원이 되는 것을 금지하는 것이 헌법에 위반되지 않는다**(헌재 2020.4.23, 2018헌마551).

4 사회복무요원의 정치적 행위 금지 [위헌]

이 사건 법률조항은 '정치적 목적을 지닌 행위'의 의미를 개별화·유형화 하지 않으며, 앞서 보았듯 '그 밖의 정치단체'의 의미가 불명확하므로 이를 예시로 규정하여도 '정치적 목적을 지닌 행위'의 불명확성은 해소되지 않는다(헌재 2021.11.25, 2019헌마534).

5 국가공무원법상 정치적 주장 [기각]

국가공무원 복무규정 조항이 금지하는 정치적 주장을 표시 또는 상징하는 행위에서의 '정치적 주장'이란 정당 활동이나 선거와 직접적으로 관련되거나 특정 정당과의 밀접한 연계성을 인정할 수 있는 경우 등 정치적 중립성을 훼손할 가능성이 높은 주장에 한정된다고 해석되므로, 명확성원칙에 위배되지 아니한다(헌재 2012.5.31, 2009헌마705).

2. 절차적 요건

(1) 중앙당의 등록

정당은 중앙당이 중앙선거관리위원회에 등록함으로써 성립한다(정당법 제4조). 04. 국회직 8급 정당설립은 정당설립의 자유를 보장하기 위해서 등록제를 채택하고 있다. 01. 국가직 7급 따라서 정당설립시 허가제는 금지된다.

(2) 선거관리위원회의 심사

선거관리위원회의 심사는 형식적인 심사인바, 요건을 구비하면 등록시켜야 한다.❶

비교 정리

정치와 명확성의 원칙

구분	위반 여부
정치활동	합헌
정치단체	위헌
정치적 목적을 지닌 행위	위헌
정치적 주장	합헌

기출OX

헌법은 복수정당제도를 보장하고 있기 때문에 정당설립의 편의를 위하여 신고제가 채택되고 있다. (×)
01. 국가직 7급

비교 정리

구분	심사
선거관리위원회	형식
헌법재판소	실질

❶ 만약 군주제를 지향하는 정당이 등록을 신청하여도 요건만 구비되면 등록시켜야 한다.

3 정당의 활동

1. 정당활동의 보장

정당은 헌법과 법률에 의하여 그 활동이 보장된다. 정당법 제37조 제2항에서는 "자당의 정책이나 정치적 현안에 대한 입장을 홍보하거나 당원을 모집하기 위한 활동은 통상적인 정당활동에 해당한다."고 명시하고 있다.

2. 정책연구소

국가로부터 국고보조금을 배분받는 정당은 반드시 정책연구소를 설치·운영하여야 한다. 정당은 경상보조금의 100분의 30 이상을 정책연구소에 사용하여야 하고, 정책연구소는 연간 활동실적을 중앙선거관리위원회에 보고하고, 당해 정당의 인터넷 홈페이지에 게시하는 등의 방법으로 공개하여야 한다.

3. 당내민주주의

기본적으로 당수 1인에 의해서 정당 내부의 의사결정이 이루어져서는 안 되고 다수의 의원, 당원들에 의하여 의사결정이 이루어져야 한다. 따라서 의원총회나 전체모임이 최고의결기관이 되어야 한다. 이를 위해서는 재정의 민주화와 후보결정과정에서의 민주화도 필수적이다. 다만, 당내경선제도는 전략공천이 필요한 경우도 있기 때문에 필수적 제도는 아니다.❶

> 정당법 제28조【강령 등의 공개 및 당헌의 기재사항】① 정당은 그 강령(또는 기본정책)과 당헌을 공개하여야 한다.
> 제29조【정당의 기구】① 정당은 민주적인 내부질서를 유지하기 위하여 당원의 총의를 반영할 수 있는 대의기관 및 집행기관과 소속 국회의원이 있는 경우에는 의원총회를 가져야 한다.
> 제32조【서면결의의 금지】① 대의기관의 결의와 소속 국회의원의 제명에 관한 결의는 서면이나 대리인에 의하여 의결할 수 없다.
> 제33조【정당소속 국회의원의 제명】정당이 그 소속 국회의원을 제명하기 위해서는 당헌이 정하는 절차를 거치는 외에 그 소속 국회의원 전원의 2분의 1 이상의 찬성이 있어야 한다.
> 공직선거법 제57조의2【당내경선의 실시】② 정당이 당내경선[당내경선(여성이나 장애인 등에 대하여 당헌·당규에 따라 가산점 등을 부여하여 실시하는 경우를 포함한다)의 후보자로 등재된 자(이하 "경선후보자"라 한다)를 대상으로 정당의 당헌·당규 또는 경선후보자간의 서면합의에 따라 실시한 당내경선을 대체하는 여론조사를 포함한다]을 실시하는 경우 경선후보자로서 당해 정당의 후보자로 선출되지 아니한 자는 당해 선거의 같은 선거구에서는 후보자로 등록될 수 없다. 다만, 후보자로 선출된 자가 사퇴·사망·피선거권 상실 또는 당적의 이탈·변경 등으로 그 자격을 상실한 때에는 그러하지 아니하다.

---

❶ 과거 재보궐선거를 생각해볼 때 A선거구에 전 여당 대표가 출마했는데 야당 쪽은 인지도가 없는 당협위원장 정도로는 백전백패가 될 수밖에 없다. 따라서 이러한 전략적 필요에 따라 당내경선이 아닌 전략공천이 필요하다. 결국 야당은 현재 당대표를 출마시켜 전통적 여당색이 강했던 A선거구에서 승리하였다.

📖 주의

정당의 내부경선에 참여할 권리는 헌법이 보장하는 공무담임권의 내용에 포함되지 아니한다(2013헌마814).

🔄 비교 정리

당내경선

내용	기관	
관리	선관위	
비용	원칙	국가
	투표 및 개표참관인의 수당	정당
이의제기	정당	

당내 민주주의	의사형성과정이 민주화되어야 함	
구체적 요소	당헌·강령의 공개	
	법적 지위의 보장	
	제도적 장치 마련	전체모임이나 대의원대회가 최고의결기관이 되어야 함
	선거후보자 추천과정의 민주화	당내경선제도 - 필수적 제도 아님
	재정의 민주화	-

4 위헌정당해산 01. 국가직 7급

> 헌법 제8조 ④ 정당의 목적이나 활동이 민주적 기본질서에 위배될 때에는 정부는 헌법재판소에 그 해산을 제소할 수 있고, 정당은 헌법재판소의 심판에 의하여 해산된다.

1. 정당해산의 의의

헌법 제8조 제4항의 의의는 ① 일반결사에 대한 정당의 특권, ② 국가와 민주적 기본질서를 긍정하여야 하는 정당의 의무, ③ 헌법의 예방적 수호라는 헌법보장의 의미, ④ 반민주적 정당에 대하여 정당원 처벌(형법, 국가보안법)의 목적이 아닌 정당 자체의 처벌에 있다.

2. 정당해산의 역사적 배경

민주적 기본질서를 부정하는 정당을 해산하는 제도는 1949년 서독의 Bonn기본법에서 유래하였는데, 정당해산제도는 민주주의를 일정한 가치와 결부시켜 이해하려는 가치관적 헌법에서만 가능하기 때문이다(바이마르헌법은 정당해산을 알지 못하였음). 위헌정당해산제도는 민주주의 자체를 부정하는 민주주의의 적에 대하여는 이를 관용할 수 없다는 취지로서 방어적 민주주의를 의미하기도 한다.

3. 정당해산의 요건

(1) 실질적 요건

① 정당: 해산의 대상이 되는 정당은 등록을 필한 기성정당(시·도당, 전문위원회, 청년부, 정당훈련원, 출판부와 같은 정당의 하부조직도 포함)에 한하며, 정당의 방계조직·위장조직·대체정당 등은 일반결사로 이해되어 행정처분으로 해산가능하다. 여기서 창당준비위원회(미등록인 설립 중의 정당)는 기성정당으로 본다(다수설).

기출OX

01 위헌정당해산의 정당은 원칙적으로 등록을 필한 기성정당을 의미한다. (O) 05. 행시

02 정당의 활동이란 정당 기관의 행위나 주요 정당관계자, 당원 등의 행위로서 그 정당에게 귀속시킬 수 있는 활동 일반을 의미하는데, 정당 소속의 국회의원 등은 비록 정당과 밀접한 관련성을 가지지만 헌법상으로는 정당의 대표자가 아닌 국민 전체의 대표자이므로 그들의 행위를 곧바로 정당의 활동으로 귀속시킬 수는 없다. (O) 22. 국가직 7급

② **목적과 활동**: 정당의 목적은 당의 강령, 당헌, 기관지를 통하여 알 수 있고, 정당의 활동은 정당명의의 당수나 당원의 활동 또는 연설 등이 포함된다. 비민주적 성향은 정강정책에 명시적으로 나타나야 하며 단순한 잠재적 경향만으로는 부족하고(민주적 기본질서의 침해 또는 제거의 구체적 위험이 요구된다), 당원의 행동으로 해산되기 위해서는 그 행동이 당의 명령이나 당수의 지시에 의한 것이어야 한다. 정당의 기본방침에 반하여 일부 당원의 탈선 정도로는 해산사유가 될 수 없다.

③ **민주적 기본질서**: 우리 헌법 제8조 제4항에서 말하는 민주적 기본질서에 대하여 학설은 대립한다. 즉, 자유민주주의로 한정해야만 정당해산사유가 조금이라도 줄어든다는 견해와 자유민주주의를 부정하면 안 되겠지만 사회민주주의를 긍정해야만 부익부빈익빈을 주장하는 극단적인 정당은 막을 수 있지 않겠는가 하는 견해도 존재한다. 다만, 다수설과 판례는 자유민주적 기본질서를 의미한다고 한다.

> **관련 판례**
>
> **자유민주적 기본질서의 의미**
>
> 자유민주적 기본질서에 위해를 준다 함은 모든 폭력적 지배와 자의적 지배, 즉 반국가단체의 일인독재 내지 일당독재를 배제하고 다수의 의사에 의한 국민의 자치, 자유평등의 기본원칙에 의한 법치주의적 통치질서의 유지를 어렵게 만드는 것이고, 이를 보다 구체적으로 말하면 기본적 인권의 존중, 권력분립, 의회제도, 복수정당제도, 선거제도, 사유재산과 시장경제를 골간으로 한 경제질서 및 사법권의 독립 등 우리의 내부체제를 파괴, 변혁시키려는 것으로 풀이할 수 있을 것이다(헌재 1990.4.2, 89헌가113).

(2) 절차적 요건

① **강제해산의 제소**: 정당해산의 실질적 요건이 성립되면 정부는 국무회의의 심의를 거쳐 헌법재판소에 그 해산을 제소할 수 있다(헌법 제8조 제4항). 어떤 정당의 위헌성이 인정될 경우 정부는 반드시 제소를 해야 하는 것은 아니라는 재량설이 다수설이다.

② **헌법재판소의 해산결정**: 정당해산의 결정에는 9인의 재판관 중 6인 이상의 찬성이 있어야 한다(헌법 제113조 제1항). 정당해산심판에는 헌법재판소법에 특별한 규정이 있는 경우를 제외하고는 민사소송에 관한 법령을 준용한다(헌법재판소법 제40조). 위헌정당이 아니라는 결정이 내려진 경우 동일 정당에 대해 동일 사유로 다시 제소할 수 없다(헌법재판소법 제39조 - 일사부재리의 원칙). 이 경우 헌법재판소의 해산결정에는 창설적 효력이 있다.

③ **해산결정의 집행**: 헌법재판소가 해산결정을 한 때에는 결정서를 피청구인(정당 대표자)과 국회·정부·중앙선거관리위원회에 송달하여야 한다(헌법재판소법 제58조 제2항). 통지를 받은 중앙선거관리위원회는 그 정당의 등록을 말소하고 그 뜻을 지체 없이 공고하여야 한다(정당법 제47조). 해산결정의 선고를 받은 정당은 선고와 동시에 불법결사가 된다.

비교 정리

정부	제소
헌법재판소	심판(창설)
선거관리위원회	집행(확인)

기출OX

01 정당의 목적이나 활동이 민주적 기본질서에 위배될 때에 정부나 국회는 헌법재판소에 그 해산을 제소할 수 있다. (×) 07. 법원직

02 우리 헌법에는 정당의 해산에 대한 제소권자로 대통령이라고 되어 있다. (×) 04. 법행

03 중앙선거관리위원회의 집행은 정당해산에 있어 창설적 효력을 가진다. (×) 02. 사시

4. 정당해산의 효과

(1) 창설적 효력
헌법재판소의 해산심판이 있으면 그때부터 정당의 모든 특권은 상실된다.

(2) 대체정당설립금지 및 명칭사용금지
대체정당의 설립도 금지되며, 동일한 정당의 명칭 사용도 금지된다(중앙선거관리위원회에 의하여 등록이 취소된 정당의 명칭은 사용할 수 있다).

(3) 정당재산의 국고 귀속
해산된 정당의 재산은 국고에 귀속된다. 중앙선거관리위원회에 의하여 등록이 취소된 정당의 재산은 당헌의 규정에 따라 처분하고 그 잔여재산이 있으면 국고에 귀속되나, 헌법재판소에 의하여 강제해산된 경우에는 전 재산이 국고에 귀속(몰수)된다.

(4) 소속 의원 자격 상실 여부
소속 의원의 자격도 상실되는지에 관하여 견해가 대립되었으나, 최근 판례는 국회의원의 경우 상실된다고 판시하였다.

관련 판례

통합진보당 해산 청구 사건 [인용]

[1] 청구의 적법성
국무총리가 주재한 국무회의에서 이 사건 정당해산심판 청구서 제출안이 의결되었다고 하여 그 의결이 위법하다고 볼 수 없다.

[2] 정당해산심판의 사유
① 정당의 목적이나 활동 중 어느 하나라도 민주적 기본질서에 위배되어야 한다.
② 민주적 기본질서를 부정하지 않는 한 정당은 다양한 스펙트럼의 이념적 지향을 자유롭게 추구할 수 있다. 민주적 기본질서 위배란 민주적 기본질서에 대한 단순한 위반이나 저촉을 의미하는 것이 아니라 정당의 목적이나 활동이 민주적 기본질서에 대한 실질적 해악을 끼칠 수 있는 구체적 위험성을 초래하는 경우를 가리킨다.
③ 강제적 정당해산은 핵심적인 정치적 기본권인 정당 활동의 자유에 대한 근본적 제한이므로 헌법 제37조 제2항이 규정하고 있는 비례의 원칙을 준수해야만 한다.
④ 피청구인에 대한 해산결정은 민주적 기본질서에 가해지는 위험성을 실효적으로 제거하기 위한 부득이한 해법으로서 헌법 제8조 제4항에 따라 정당화되므로 비례의 원칙에 어긋나지 않는다.

[3] 피청구인 소속 국회의원의 의원직 상실 여부 [상실]
엄격한 요건 아래 위헌정당으로 판단하여 정당 해산을 명하는 것은 헌법을 수호한다는 방어적 민주주의 관점에서 비롯된 것이므로, 이러한 비상상황에서는 국회의원의 국민 대표성은 부득이 희생될 수밖에 없다. 헌법재판소의 해산결정으로 해산되는 정당 소속 국회의원의 의원직 상실은 위헌정당해산 제도의 본질로부터 인정되는 기본적 효력이다(헌재 2014.12.19, 2013헌다1).

기출OX

01 헌법재판소는 정당해산결정의 본질적 효과로서 그 정당 소속 국회의원들의 의원직이 상실된다고 결정하였다. (○) 19. 법원직

02 정당해산심판의 사유로서 헌법 제8조 제4항의 민주적 기본질서는 최대한 엄격하고 협소한 의미로 이해해야 하고, 따라서 현행 헌법이 채택하고 있는 민주주의의 구체적인 모습과 동일하게 보아야 한다. (×) 19. 서울시 7급

비교 정리

구분	민주주의
헌법이 추구	넓은 개념
정당해산	좁은 개념

비교 정리

구분	조문 ×	
	의원	상실여부
판례	비례	상실
	지역구	상실
	지방의원	언급 ×
선거관리위원회	비례	상실
지방의원	지역구	유지

5 정당의 소멸 04·07. 국회직 8급, 05. 입시, 07. 법원직

1. 정당의 등록취소(정당법 제44조, 제41조, 정치자금법 제30조)

> 정당법 제44조【등록의 취소】① 정당이 다음 각 호의 어느 하나에 해당하는 때에는 당해 선거관리위원회는 그 등록을 취소한다.
> 1. 제17조(법정시·도당수) 및 제18조(시·도당의 법정당원수)의 요건을 구비하지 못하게 된 때. 다만, 요건의 흠결이 공직선거의 선거일 전 3월 이내에 생긴 때에는 선거일 후 3월까지, 그 외의 경우에는 요건흠결시부터 3월까지 그 취소를 유예한다.
> 2. 최근 4년간 임기만료에 의한 국회의원선거 또는 임기만료에 의한 지방자치단체의 장 선거나 시·도의회의원선거에 참여하지 아니한 때
> 3. 임기만료에 의한 국회의원선거에 참여하여 의석을 얻지 못하고 유효투표총수의 100분의 2 이상을 득표하지 못한 때
> ② 제1항의 규정에 의하여 등록을 취소한 때에는 당해 선거관리위원회는 지체없이 그 뜻을 공고하여야 한다.
>
> 제41조【유사명칭 등의 사용금지】① 이 법에 의하여 등록된 정당이 아니면 그 명칭에 정당임을 표시하는 문자를 사용하지 못한다.
> ② 헌법재판소의 결정에 의하여 해산된 정당의 명칭과 같은 명칭은 정당의 명칭으로 다시 사용하지 못한다.
> ③ 창당준비위원회 및 정당의 명칭(약칭을 포함한다)은 이미 신고된 창당준비위원회 및 등록된 정당이 사용 중인 명칭과 뚜렷이 구별되어야 한다.
> ④ 제44조(등록의 취소) 제1항의 규정에 의하여 등록취소된 정당의 명칭과 같은 명칭은 등록취소된 날부터 최초로 실시하는 임기만료에 의한 국회의원선거의 선거일까지 정당의 명칭으로 사용할 수 없다.

관련 판례

정당등록취소 및 등록취소된 정당의 명칭사용금지 [위헌]

일정기간 동안 공직선거에 참여할 기회를 수회 부여하고 그 결과에 따라 등록취소 여부를 결정하는 등 덜 기본권 제한적인 방법을 상정할 수 있고, 정당법에서 법정의 등록요건을 갖추지 못하게 된 정당이나 일정 기간 국회의원선거 등에 참여하지 아니한 정당의 등록을 취소하도록 하는 등 입법목적을 실현할 수 있는 다른 법적 장치도 마련되어 있으므로, 정당등록취소조항은 침해의 최소성 요건을 갖추지 못하였다(헌재 2014.1.28, 2012헌마431).

2. 정당의 자진해산(정당법 제45조, 제48조)

> 정당법 제45조【자진해산】① 정당은 그 대의기관의 결의로써 해산할 수 있다.
> ② 제1항의 규정에 의하여 정당이 해산한 때에는 그 대표자는 지체 없이 그 뜻을 관할 선거관리위원회에 신고하여야 한다.
> 제48조【해산된 경우 등의 잔여재산 처분】① 정당이 제44조(등록의 취소) 제1항의 규정에 의하여 등록이 취소되거나 제45조(자진해산)의 규정에 의하여 자진해산한 때에는 그 잔여재산은 당헌이 정하는 바에 따라 처분한다.
> ② 제1항의 규정에 의하여 처분되지 아니한 정당의 잔여재산 및 헌법재판소의 해산결정에 의하여 해산된 정당의 잔여재산은 국고에 귀속한다.

3. 등록취소와 강제해산 비교

구분	등록취소	강제해산
사유	형식적 요건을 구비하지 못한 때, 정당이 국민의사 형성에 참여하고 있지 아니한 때	정당의 목적과 활동이 민주적 기본질서에 위배된 때
대체정당 설립	가능	불가
잔여재산 원칙	원칙은 당헌에 따라	국고귀속
소속 의원	무소속으로 자격유지	학설 대립(판례는 상실)
법원 제소	제소 가능	제소 불허

6 정당과 정치자금

1. 정치자금

(1) 종류

정치자금이라 함은 당비, 후원금, 기탁금, 보조금과 정당의 당헌·당규 등에서 정한 부대수입 그 밖에 정치활동을 위하여 제공되는 금전이나 유가증권 그 밖의 물건과 정치활동에 소요되는 비용을 말한다(정치자금법 제3조 제1호). 따라서 정당의 당내 경선에 관한 선거운동을 위하여 후보자에게 제공된 금품도 정치자금에 해당한다. 08. 법원직 정치자금은 정치활동을 위하여 소요되는 경비로만 지출하여야 하며, 사적 경비로 지출하거나 부정한 용도로 지출하여서는 안 된다. 05. 입시

> **관련 판례**
>
> **정치자금법상 회계보고된 자료의 열람기간을 3개월로 [위헌]**
> 정치자금의 투명성 강화 및 부정부패 근절에 대한 국민적 요구가 커지고 선거관리위원회가 데이터 생성·저장·유통 기술 발전을 이용해 업무부담을 줄일 수 있다는 점 등을 고려해 위 선례를 변경하고 이 사건 열람기간제한 조항에 대하여 위헌 결정을 하였다. 이번 결정으로 국민들의 정치자금 자료에 대한 접근권이 보다 강하게 보장될 것으로 예상되고, 궁극적으로는 정치자금의 투명성을 강화하고 부정부패를 근절하는 데 일조할 것으로 기대된다(헌재 2021.5.27, 2018헌마1168).

기출OX

01 정당설립의 자유가 인정되는 이상 자진해산도 당연히 인정된다. (O)
07. 국회직 8급

02 정당은 그 대의기관의 결의로써 해산할 수 있으며, 정당이 해산한 때에는 그 대표자는 지체 없이 그 뜻을 국회에 신고하여야 한다. (X)
19. 국가직 7급

기출OX

01 헌법재판소의 해산결정에 의하여 해산된 정당의 잔여재산은 당헌이 정하는 바에 따르고, 당헌에 규정이 없으면 국고에 귀속된다. (X)
07. 국회직 8급

02 정당이 헌법재판소의 결정으로 해산된 때에는 그 정당의 대표 및 간부는 해산된 정당의 강령 또는 기본정책과 유사한 것으로 정당을 창당하지 못한다. (O) 00. 행시

기출OX

01 정치자금법상 기탁금이라 함은 정치자금을 정당에 기부하고자 하는 개인이나 단체가 정치자금법의 규정에 의하여 선거관리위원회에 기탁하는 금전이나 유가증권 그 밖의 물건을 말한다. (X) 18. 법원직
→ 단체는 정치자금을 기부할 수 없다.

02 외국인은 정치자금을 기부할 수 없지만 국내·외의 법인 또는 단체는 정치자금을 기부할 수 있다. (X) 05. 입시

03 단체의 경우는 정치자금의 기탁을 금지하고 있다. (O)

(2) 기부금지

외국인, 국내외 법인 또는 단체는 정치자금을 기부할 수 없다. 누구든지 국내외 법인 또는 단체와 관련된 자금으로 정치자금을 기부할 수 없다(정치자금법 제31조).❶

> **🔎 관련 판례**
>
> **정치자금 무상대여금지 [합헌]**
> 정치인에게 직접 정치자금을 무상대여하는 것을 허용할 경우, 후원금에 대한 각종 법적 규제를 우회·잠탈할 여지가 크고, 결국 정치자금의 적정 제공을 보장하고 대의민주주의가 제대로 기능하도록 하려는 목적에서 마련된 정치자금법의 취지가 몰각될 가능성이 높으므로, 재판관 전원의 일치된 의견으로 심판대상조항에 대한 합헌 결정을 한 것이다(헌재 2017.8.31, 2016헌바45).

❶ 기부를 금지하는 이유는 기부라는 명목으로 뇌물을 제공할 수 있기 때문이다. 따라서 정치자금법에 규정된 정치자금만 법상 요건에 따라 제공할 수 있다.

2. 당비

> **정치자금법 제4조【당비】** ① 정당은 소속 당원으로부터 당비를 받을 수 있다.
> ② 정당의 회계책임자는 타인의 명의나 가명으로 납부된 당비는 국고에 귀속시켜야 한다.
> ③ 제2항의 규정에 의하여 국고에 귀속되는 당비는 관할 선거관리위원회가 이를 납부받아 국가에 납입하되, 납부기한까지 납부하지 아니한 때에는 관할 세무서장에게 위탁하여 관할 세무서장이 국세체납처분의 예에 따라 이를 징수한다.
> ④ 제3항의 규정에 의한 국고귀속절차 그 밖에 필요한 사항은 중앙선거관리위원회 규칙으로 정한다.
>
> **제5조【당비영수증】** ① 정당의 회계책임자는 당비를 납부받은 때에는 당비를 납부받은 날부터 30일까지 당비영수증을 당원에게 교부하고 그 원부를 보관하여야 한다. 다만, 당비를 납부한 당원이 그 당비영수증의 수령을 원하지 아니하는 경우에는 교부하지 아니하고 발행하여 원부와 함께 보관할 수 있다.

📝 기출OX

정당의 당원은 같은 정당의 타인의 당비를 부담할 수 없으며, 타인의 당비를 부담한 자와 타인으로 하여금 자신의 당비를 부담하게 한 자는 당비를 낸 것이 확인된 날부터 1년간 당해 정당의 당원자격이 정지된다. (O) 18. 법원직

당비라 함은 명목 여하에 불구하고 정당의 당헌, 당규 등에 의하여 정당의 당원이 부담하는 금전이나 유가증권 그 밖의 물건을 말한다. 타인의 명의나 가명으로 납부된 당비는 국고에 귀속시켜야 한다.

3. 후원금

(1) 후원회의 설립

> **정치자금법 제3조【정의】** 이 법에서 사용하는 용어의 정의는 다음과 같다.
> 4. '후원금'이라 함은 이 법의 규정에 의하여 후원회에 기부하는 금전이나 유가증권 그 밖의 물건을 말한다.
> 7. '후원회'라 함은 이 법의 규정에 의하여 정치자금의 기부를 목적으로 설립·운영되는 단체로서 관할 선거관리위원회에 등록된 단체를 말한다.

제6조 【후원회 지정권자】 다음 각 호에 해당하는 자(이하 '후원회 지정권자'라 한다)는 각각 하나의 후원회를 지정하여 둘 수 있다.
1. 중앙당(중앙당창당준비위원회를 포함한다)
2. 국회의원(국회의원선거의 당선인을 포함한다)
2의2. 지방의회의원(지방의회의원선거의 당선인을 포함한다)
2의3. 대통령선거의 후보자 및 예비후보자(이하 '대통령후보자 등'이라 한다)
3. 정당의 대통령선거 후보자 선출을 위한 당내경선 후보자(이하 '대통령선거경선 후보자'라 한다)
4. 지역선거구(이하 '지역구'라 한다)국회의원선거의 후보자 및 예비후보자(이하 '국회의원후보자 등'이라 한다). 다만, 후원회를 둔 국회의원의 경우에는 그러하지 아니하다.
5. 중앙당의 대표자 선출을 위한 당내경선 후보자(이하 '당대표경선 후보자'라 한다)
6. 지역구지방의회의원선거의 후보자 및 예비후보자
7. 지방자치단체의 장선거의 후보자 및 예비후보자

관련 판례 후원회에 관한 판례

1 정당에 대한 후원을 금지한 정치자금법 [헌법불합치]

정당제 민주주의하에서 정당에 대한 재정적 후원이 전면적으로 금지됨으로써 정당이 스스로 재정을 충당하고자 하는 정당활동의 자유와 국민의 정치적 표현의 자유가 제한되는 불이익은 더욱 크다(헌재 2015.12.23, 2013헌바168).

2 정치자금법상 후원회지정권자 [헌법불합치]

광역자치단체장선거의 예비후보자에 관한 부분은 청구인들 평등권을 침해하여 헌법에 위반되지만, 자치구의회의원선거의 예비후보자에 관한 부분에 대하여는 헌법에 위반되지 않는다고 판시하였다(헌재 2019.12.27, 2018헌마301).

3 지방의회의원의 후원회지정 금지 [헌법불합치]

후원회가 정치에 대한 참여와 신뢰를 높이고 정치자금의 투명성 제고와 경제력을 갖추지 못한 사람의 정치입문에 기여하는 효과가 있다는 점 등을 고려하고, 지방의회의원의 역할 증대와 원활한 의정활동을 지원하기 위해서는 지방의회의원들에게도 후원회를 허용하여 정치자금을 합법적으로 확보할 수 있는 방안을 마련해 줄 필요가 있다. 따라서 국회의원과 달리 지방의회의원을 후원회지정권자에서 제외하고 있는 것은 불합리한 차별로서 청구인들의 평등권을 침해한다(헌재 2022.11.24, 2019헌마528).

비교 정리

후원회 지정권자

기관		인정여부
국회	현역	○
	후보자	○
	예비후보자	○
지방	현역	○
	후보자	○
	예비후보자	○

기출OX

정당 후원회를 금지함으로써 정당에 대한 재정적 후원을 전면적으로 금지하는 것은 국민의 정치적 표현의 자유를 침해한다. (○) 18. 법원직

기출OX

후원회를 설치·운영할 수 있는 자를 국회의원으로 한정하고 지방의회의원을 제외한 것은 지방의회의원의 평등권을 침해한다. (○) 23. 소방간부

기출OX

누구든지 하나 또는 둘 이상의 후원회의 회원이 될 수 있다. (○) 05. 입시
→ 다만, 누구든지 하나 또는 둘 이상의 정당의 당원이 될 수는 없다.

(2) 후원회 기부금 마련의 근거

> 정치자금법 제8조【후원회의 회원】① 누구든지 자유의사로 하나 또는 둘 이상의 후원회의 회원이 될 수 있다. 다만, 제31조(기부의 제한) 제1항의 규정에 의하여 기부를 할 수 없는 자와 정당법 제22조(발기인 및 당원의 자격)의 규정에 의하여 정당의 당원이 될 수 없는 자는 그러하지 아니하다.

후원회는 등록을 한 후에 회원으로부터 후원금을 받거나 회원이 아닌 자로부터 금품을 모집하여 이를 당해 후원회지정권자에게 기부할 수 있다. 05. 입시

(3) 후원회 모금방법

> 정치자금법 제14조【후원금 모금방법】① 후원회는 우편·통신(전화, 인터넷전자결제시스템 등을 말한다)에 의한 모금, 중앙선거관리위원회가 제작한 정치자금 영수증(이하 '정치자금 영수증'이라 한다)과의 교환에 의한 모금 또는 신용카드·예금계좌 등에 의한 모금 그 밖에 이 법과 정당법 및 공직선거법에 위반되지 아니하는 방법으로 후원금을 모금할 수 있다. 다만, 집회에 의한 방법으로는 후원금을 모금할 수 없다.

🏃 관련 판례

대통령선거경선 후보자의 후원금 전액 국고귀속 [위헌]

대통령선거경선 후보자가 후보자가 될 의사를 갖고 당내경선 후보자로 등록을 하고 선거운동을 한 경우라고 한다면, 비록 경선에 참여하지 아니하고 포기하였다고 하여도 대의민주주의의 실현에 중요한 의미를 가지는 정치과정이라는 점을 부인할 수 없다. 그렇다면 이와 같이 당내경선에 참여하였는지 여부를 기준으로 하여 대통령선거경선 후보자를 차별하는 것은 합리적인 이유가 있는 차별이라고 보기 어려울 뿐 아니라 오히려 후원회 제도 및 대통령선거경선 후보자 제도를 두고 있는 취지에 배치되는 불합리한 차별취급이라고 할 것이다(헌재 2009.12.29, 2007헌마1412).

4. 기탁금

(1) 선거관리위원회에 기탁

당원이 될 수 없는 공무원과 사립학교 교원을 포함한 개인이 직접 선거관리위원회에 기명으로 기탁해야 하며, 정당에 직접 기탁할 수 없다(정치자금법 제22조). 이때 누구든지 타인의 명의나 가명 또는 그 성명 등 인적 사항을 밝히지 아니하고 기탁금을 기탁할 수 없다. 이 경우 기탁자의 성명 등 인적 사항을 공개하지 아니할 것을 조건으로 기탁할 수 있다(정치자금법 제22조 제3항).

(2) 기탁금의 분배

과거에는 기탁자가 정당이나 분배율을 지정하여 기탁하는 지정기탁제가 있었으나,❶ 최근 개정법에 의하면 기탁금은 국고보조금 배분율에 따라 배분한다고 규정되어 있다(정치자금법 제23조).

❶ 즉, 100억을 기탁하면서 A당에 50억, B당에 20억, C당에 30억 이렇게 지정할 수 있었으나 현재는 폐지되었다.

5. 국고보조금

(1) 헌법상 규정
헌법 제8조 제3항은 국고보조를 임의적 규정으로 두고 있으나, 정치자금법에서는 이를 필요적으로 규정하고 있다.

(2) 종류
① **선거보조금**: 대통령선거, 임기만료에 의한 국회의원선거 또는 동시지방선거가 실시되는 연도에는 각 선거마다 선거권자총수에 보조금 계상단가를 곱한 금액을 예산에 계상하여야 한다(정치자금법 제25조 제2항).

② **경상보조금**: 국가는 정당에 대한 보조금으로 최근 실시한 임기만료에 의한 국회의원선거의 선거권자총수에 보조금 계상단가를 곱한 금액을 매년 예산에 계상하여야 한다(정치자금법 제25조 제1항).

③ **여성추천보조금**

국회의원선거	비례대표	50/100 이상을 반드시 여성으로 추천	후보자명부의 순위의 매 홀수에 여성을 추천
	지역구	30/100 이상을 여성으로 추천하도록 노력	보조금 지급
지방의회의원선거	비례대표	50/100 이상을 반드시 여성으로 추천	후보자명부의 순위의 매 홀수에 여성을 추천
	지역구	30/100 이상을 여성으로 추천하도록 노력	보조금 지급

(3) 배분방법

50%에서 균등 배분	동일 정당의 소속의원으로 교섭단체를 구성한 정당
5%씩 지급	교섭단체를 구성하지 못하는 5석 이상의 정당❷
2%씩 지급	국회의원선거에 참여했는데, 의석이 없거나 5석 미만인 경우 — 국회의원총선거에서 2/100 이상을 득표한 정당 / 국회의원총선거에서 2/100 이상을 득표하지 못한 경우 의석을 가지고 지방자치단체 선거에서 0.5% 이상을 득표한 정당
	국회의원선거에 참여하지 아니한 경우 — 지방자치단체 선거에서 2/100 이상을 득표한 정당
잔여분	잔여분 중 50%는 의석수 비율에 따라, 50%는 득표율에 따라 배분

예를 들어 100억의 국고보조금이 있다면 50억은 A당과 B당에 25억씩 배분하며, 5억은 C당(13석), 2억(3석)은 D당에 배분한다. 나머지 43억 중 21억 5천만원은 의석수 비율로, 나머지 21억 5천만원은 득표율에 따라 배분한다.

기출OX

보조금 계상의 기준이 되는 선거는 최근 실시한 임기만료에 의한 대통령 선거이다. (×) 17. 국회직 8급

→ 국회의원선거의 선거권자총수에 보조금 계상단가를 곱한 금액이다(정치자금법 제25조 제1항).

기출OX

정당에 보조금을 배분함에 있어 교섭단체의 구성 여부에 따라 차등을 두는 '정치자금에 관한 법률' 제18조 제1항 내지 제3항은 평등원칙에 위반되지 아니한다. (○) 08. 법원직

❷ 5% 이상이 아니라 5석 이상이라는 점을 주의해야 한다. 5석 미만이면서 5%인 경우에는 2%만 지급한다.

비교 정리

공직선거법상 비율

구분	획득
비례대표의석 배분	3/100 이상
보조금 배분	2/100 이상

기출 OX

입법자는 정당에 대한 국고보조금의 배분기준을 정함에 있어 입법정책적인 재량권을 가지므로, 그 내용이 현재의 각 정당들 사이의 경쟁 상태를 현저하게 변경시킬 정도가 아니라면 합리성을 인정할 수 있다. (O)   10. 사시

관련 판례

국고보조금 배분비율 [기각]

또한 이 사건 법률조항에 의한 현행의 보조금 배분비율과 의석수비율 또는 득표수비율(비례대표전국선거구 및 지역구에서 당해 정당이 득표한 득표수 비율의 평균)을 비교하면 현행의 보조금 배분비율은 의석수비율보다는 오히려 소수 정당에 유리하고, 득표수비율과는 큰 차이가 나지 않아 결과적으로 교섭단체 구성 여부에 따른 차이가 크게 나타나지 않고 있다. 위와 같은 사정들을 종합해 볼 때, 교섭단체의 구성 여부에 따라 보조금의 배분규모에 차이가 있더라도 그러한 차등정도는 각 정당 간의 경쟁 상태를 현저하게 변경시킬 정도로 합리성을 결여한 차별이라고 보기 어렵다. … 헌법에 위반되지 아니한다(헌재 2006.7.27, 2004헌마655).

(4) 감액

정치자금법 제28조 【보조금의 용도 제한】 ② 경상보조금을 지급받은 정당은 그 경상보조금 총액의 100분의 30 이상은 정책연구소[정당법 제38조(정책연구소의 설치·운영)에 의한 정책연구소를 말한다. 이하 같다]에, 100분의 10 이상은 시·도당에 배분·지급하여야 하며, 100분의 10 이상은 여성정치발전을 위하여, 100분의 5 이상은 청년정치발전을 위하여 사용하여야 한다. 이 경우 여성정치발전을 위한 경상보조금의 구체적인 사용 용도는 다음 각 호와 같다.
1. 여성정책 관련 정책개발비
2. 여성 공직선거 후보자 지원 선거관계경비
3. 여성정치인 발굴 및 교육 관련 경비
4. 양성평등의식 제고 등을 위한 당원 교육 관련 경비
5. 여성 국회의원·지방의회의원 정치활동 지원 관련 경비
6. 그 밖에 여성정치발전에 필요한 활동비, 인건비 등의 경비로서 중앙선거관리위원회규칙으로 정하는 경비

제1편 헌법총론

제3장 헌법의 기본제도

선거제도

- **기본원칙**
  - **보통선거**
    - **선거권**: 형식주의, 재외국민 제외(위헌), 외국인은 지방선거만 가능, 1년 이상 수형자(×), 연령 18세
    - **피선거권**
      - 대통령 40세, 나머지 18세, 공무원은 90일 전 사퇴가 원칙
      - 기탁금은 과도하지 않으면 합헌
      - 같은 관할: 120일, 다른 관할: 90일
  - **평등선거**
    - **선거구 획정**
      - 가장 중요(인구비례), 1 : 2 구속력 ○, 선거구 전체가 불가분
      - 지방의회 1 : 3
      - 인접하지 않은 선거구를 하나로 하는 것은 원칙적으로 위헌
  - **직접선거**
    - 1인 1표제: 민주주의 위반, 고정명부제 봉쇄조항 자체는 위헌 ×
  - **비밀선거**
    - 출구조사 50m 밖, 여론조사는 선거일 6일 전부터 공표 금지
  - **자유선거**
    - 헌법규정 ×, 과태료 금지

공직선거법
- 의원정수 — 300인
- 선거일 — 수요일로 변경
- 선거기간 — 대통령(23일), 나머지(14일)
- 선거운동
  - **주체**: 외국인, 미성년자, 공무원은 안 됨
  - **내용**: 호별방문 규제, 인쇄물 규제, 의정활동보고 금지, 전화나 문자는 가능

선거쟁송

구분	선거소청		선거소송		당선소송	
	광역	기초	지방선거	대선·총선	지방선거	대선·총선
소청인	선거인, 정당, 후보자		선거인, 정당, 후보자		정당, 후보자	
피소청인	당해 선거관리위원회		당해 선거관리위원회	중앙 선거관리위원회	당선인, 선거관리위원회 (국회의장·법무부 장관·고등검사장)	
기간	선거 ~ 14일 이내		소청결정 ~ 10일	30일 이내	소청결정 ~ 10일	당선결정 ~ 30일
소청기관	중앙 선거관리위원회	시·도 선거관리위원회	고등법원		지방선거 (광역단체장·비례의원 제외)	
			대법원		대선·총선, 광역단체장, 광역비례의원	

제2절 선거제도 ❶

> **정리** 선거제도 관련 규정
>
> | 헌법 규정사항 | 공직선거법 규정사항 |
> |---|---|
> | • 보통·평등·직접·비밀
• 국회의원수는 200인 이상
• 국회의원 임기는 4년
• 대통령 선거시 최고 득표자가 2명일 때 국회에서 선출
• 대통령 선거후보자가 1인일 경우 선거권자 총수 1/3 이상 득표
• 대통령 피선거권자 40세 이상
• 대통령 임기만료선거기간 70 ~ 40일
• 대통령 보궐재선거기간 60일 이내
• 대통령 임기 5년 중임제한 | • 국회의원 정수(300명)
• 대통령 피선거권자 5년 이상 국내 거주요건
• 국회의원, 지방자치단체장, 지방의회의원 피선거권자 18세 이상
• 국회의원, 지방자치단체장, 지방의회의원 보궐선거·재선거 기간
• 선거권자 연령 18세
• 선거일 |

❶ 선거는 선거의 기본원칙을 먼저 배우고, 외국의 제도와 비교해 본 후, 우리나라 공직선거법의 내용을 배우는 순서로 전개된다.

1 선거제도의 기본원칙

1. 개념

선거는 국민의 합의를 바탕으로 하여 민주주의를 구현하기 위해 국가기관을 선임하는 행위이다. 이러한 선거는 유권자들이 국민들의 대표자를 선출하는 합성행위이며, 그 법적 성질은 특정 공무수행기능을 위임하는 행위가 아니라, 국민의 대표자를 단순히 지명하는 행위로서 국가기관을 창설하는 행위이다. 06. 국회직 8급

2. 보통선거의 원칙

(1) 의의

모든 국민은 누구나 선거권과 피선거권을 가진다는 원칙을 말한다.❷ 같은 국민임에도 누구는 가지고 누구는 가지지 못하는 것을 제한선거라 한다.

(2) 선거권

> 헌법 제24조 모든 국민은 법률이 정하는 바에 의하여 선거권을 가진다.
> 제41조 ① 국회는 국민의 보통·평등·직접·비밀선거에 의하여 선출된 국회의원으로 구성한다.
> 제67조 ① 대통령은 국민의 보통·평등·직접·비밀선거에 의하여 선출한다.

① 형식주의: 선거권은 선거권이 있는 자로서 선거인명부에 올라있는 자만이 가진다. 이와 같이 우리 법규정은 형식주의를 채택하고 있다.

비교 정리

선거	핵심 내용
보통	누구나
평등	1표

❷ 여성과 흑인이 선거권을 가진 역사는 100년 정도밖에 되지 않는다. 근대 입헌주의 시대에는 자본가들만 선거권을 가지고 노동자·농민들은 선거권을 가지지 못하였다.

기출OX

대의기관의 선출주체가 곧 대의기관의 의사결정에 대한 승인주체가 되는 것은 당연한 논리적 귀결이므로, 국민투표권자의 범위는 대통령선거권자·국회의원선거권자와 일치되어야 한다. (O)
16. 경찰승진 변형

비교 정리

재외국민 참정권

구분	인정여부
대통령·비례대표 국회의원	O
지역구 국회의원	X
지방참정권	X
국민투표	O

기출OX

01 주민등록법상 주민등록을 할 수 없는 재외국민의 선거권 행사를 전면적으로 부정하고 있는 것은 재외국민의 선거권과 평등권을 침해하고 보통선거원칙에 위배된다. (O) 07. 국가직 7급

02 재외선거인에게 선거를 실시할 때마다 재외선거인 등록신청을 하도록 한 재외선거인 등록신청조항은 재외선거인의 선거권을 침해한다. (X) 18. 법원직

03 출입국관리법상의 영주 체류자격 취득일 후 3년이 경과한 19세 이상의 외국인에게는 국회의원 선거권이 인정된다. (X) 06. 국회직 8급

04 지방의회의원선거에서 선거권을 갖는 외국인은 누구라도 해당 선거에서 선거운동을 할 수 없다. (X) 14. 국가직 7급

05 10개월의 징역형을 선고받고 그 집행이 종료되지 아니한 사람은 선거권이 없다. (X) 22. 지방직 7급

비교 정리

보통선거

선거권	보유자	
형식주의	선거인명부	
국적	외국인은 지방만	
수형자	집행유예 1년 미만	허용
	1년 이상	불허
연령	만 18세	
피선거권	**보유자**	
연령	40/18	
거주	60일 이상	
공무원	90일 전 사퇴	
기탁금	개별법	

관련 판례 재외국민에 관한 판례

1 재외국민의 선거권 제한 [헌법불합치]
선거권의 제한은 그 제한을 불가피하게 요청하는 개별적, 구체적 사유가 존재함이 명백할 경우에만 정당화될 수 있으며, 막연하고 추상적 위험이라든지 국가의 노력에 의해 극복될 수 있는 기술상의 어려움이나 장애 등의 사유로는 그 제한이 정당화될 수 없다. … 주민등록이 되어 있는지 여부에 따라 선거인명부에 오를 자격을 결정하여 그에 따라 선거권 행사 여부가 결정되도록 함으로써, 주민등록법상 주민등록을 할 수 없는 재외국민의 선거권 행사를 전면적으로 부정하고 있는 법 제37조 제1항은 그에 대한 정당한 목적을 찾기 어려우므로 헌법 제37조 제2항에 위반하여 재외국민의 선거권과 평등권을 침해하고 보통선거원칙에 위배된다(헌재 2007. 6.28, 2004헌마644).

2 재외선거인 등록신청조항 [합헌]
재외선거인 등록신청조항이 재외선거권자로 하여금 선거를 실시할 때마다 재외선거인 등록신청을 하도록 규정한 것이 재외선거인의 선거권을 침해한다고 볼 수 없다(헌재 2014.7.24, 2009헌마256).

② **국적에 의한 제한**: 선거권은 대한민국 국적자만이 향유한다(공직선거법 제15조). 따라서 원칙적으로 외국인은 선거권을 향유할 수 없다. 이에 따라 외국인의 경우에 지방참정권도 가질 수 없는지에 관하여 논란이 있었으나 현재 개정 공직선거법에서는 18세 이상의 외국인으로서 영주의 체류자격 취득일 후 3년이 경과하고 당해 지방자치단체의 외국인등록대장에 등재된 자에 한해 지방선거에서의 선거권을 긍정하고 있다. 06. 국회직 8급, 07. 국가직 7급

③ **신분에 의한 제한**

> 공직선거법 제18조【선거권이 없는 자】① 선거일 현재 다음 각 호의 어느 하나에 해당하는 사람은 선거권이 없다.
> 1. 금치산선고를 받은 자
> 2. 1년 이상의 징역 또는 금고의 형의 선고를 받고 그 집행이 종료되지 아니하거나 그 집행을 받지 아니하기로 확정되지 아니한 사람. 다만, 그 형의 집행유예를 선고받고 유예기간 중에 있는 사람은 제외한다.

관련 판례

집행유예자 수형자 선거권제한 [위헌(집행유예), 헌법불합치(수형자)]
범죄자에게 형벌의 내용으로 선거권을 제한하는 경우에도 선거권 제한 여부 및 적용 범위의 타당성에 관하여 보통선거원칙에 입각한 선거권 보장과 그 제한의 관점에서 헌법 제37조 제2항에 따라 엄격한 비례심사를 해야 한다. 그런데 심판대상조항은 집행유예자와 수형자에 대하여 전면적·획일적으로 선거권을 제한하고 있다. 심판대상조항의 입법목적에 비추어 보더라도, 구체적인 범죄의 종류나 내용 및 불법성의 정도 등과 관계없이 이와 같이 일률적으로 선거권을 제한하여야 할 필요성이 있다고 보기는 어렵다. 범죄자의 선거권을 제한할 필요가 있다 하더라도 그가 저지른 범죄의 경중을 전혀 고려하지 않고 수형자와 집행유예자 모두의 선거권을 제한하는 것은 침해의 최소성 원칙에 어긋난다(헌재 2014.1.28, 2012헌마409).

④ 연령에 의한 제한: 개정 공직선거법에서는 선거권 연령을 선거일 현재 18세 이상으로 하향조정하였다.

관련 판례

선거권 연령 [합헌]

헌법 제24조는 "모든 국민은 '법률이 정하는 바'에 의하여 선거권을 가진다."라고 규정함으로써, 선거권 연령을 어떻게 정할 것인지는 입법자에게 위임하고 있다. 입법자는 우리의 현실상 19세 미만의 미성년자의 경우, 아직 정치적·사회적 시각을 형성하는 과정에 있거나, 일상생활에 있어서도 현실적으로 부모나 교사 등 보호자에게 의존할 수밖에 없는 상황이므로 독자적인 정치적 판단을 할 수 있을 정도로 정신적·신체적 자율성을 충분히 갖추었다고 보기 어렵다고 보고, 선거권 연령을 19세 이상으로 정한 것이다(헌재 2013.7.25, 2012헌마174).

(3) 피선거권❶

① 연령에 의한 제한: 대통령의 경우 선거일 현재 40세 이상의 국민이어야 하며, 국회의원, 지방의회의원, 지방자치단체의 장의 피선거권은 선거일 현재 18세 이상인 국민이어야 한다.
② 거주요건에 의한 제한: 지방자치단체장의 경우 선거일 현재 90일 이상의 거주요건에 관하여 지방자치행정의 민주성과 능률성을 도모함과 아울러 우리나라 지방자치제도의 정착을 위한 규정으로 보아 합헌결정하였다(헌재 1996.6.26, 96헌마200).
③ 공무원의 경우 입후보 제한❷
  ㉠ 사퇴시한

구분	사안
선거일 전 90일	원칙
선거일 전 30일	비례대표의원선거의 경우
	보궐선거의 경우
후보자등록신청전	비례대표의원이 보궐선거 입후보
그 직을 가지고 입후보	• 국회의원이 대통령이나 국회의원선거출마 • 지자체장이 당해 지자체장 선거에 출마

  ㉡ 출마에 입후보제한

구분	대통령선거	국회의원선거	지방자치단체장 선거
국회의원	그 직을 가지고 입후보	• 그 직을 가지고 입후보 • 비례대표 국회의원이 보궐선거에 입후보시 후보자등록신청전	선거일 전 30일
지방자치단체장	선거일 전 90일까지 사퇴	• 같은 관할 구역: 선거일 전 120일까지 사퇴 • 다른 관할 구역: 선거일 전 90일까지 사퇴	• 당해 지방: 그 직을 가지고 입후보 • 다른 지방: 선거일 전 90일까지 사퇴

❶ 선거에 출마하는 것을 피선거권이라 한다. 즉, 국회의원 또는 대통령선거에 나오는 것이다.

기출OX

현행법상 대통령피선자격은 국내거주요건의 제약을 받는다. (O)

❷ 공무원의 경우는 곧바로 출마할 수 없다. 자신의 직권을 남용하여 선거를 부당하게 이용할 수 있기 때문이다. 따라서 일정기간 전에는 선거에 나올 수 없으며, 최소한 90일 전에는 그 직을 그만두어야 한다는 것이 기본 취지이다.

(4) 기탁금❶ (공직선거법 제56조, 제57조)

> **공직선거법 제56조【기탁금】** ① 후보자등록을 신청하는 자는 등록신청시에 후보자 1명마다 다음 각 호의 기탁금을 중앙선거관리위원회규칙으로 정하는 바에 따라 관할 선거구선거관리위원회에 납부하여야 한다. 이 경우 예비후보자가 해당 선거의 같은 선거구에 후보자등록을 신청하는 때에는 제60조의2 제2항에 따라 납부한 기탁금을 제외한 나머지 금액을 납부하여야 한다.
> 1. 대통령선거는 3억원
> 2. 지역구국회의원선거는 1천500만원
> 2의2. 비례대표국회의원선거는 500만원
> 3. 시·도의회의원선거는 300만원
> 4. 시·도지사선거는 5천만원
> 5. 자치구·시·군의 장 선거는 1천만원
> 6. 자치구·시·군의원선거는 200만원
>
> **제60조의2【예비후보자등록】** ② 제1항에 따라 예비후보자등록을 신청하는 사람은 다음 각 호의 서류를 제출하여야 하며, 제56조 제1항 각 호에 따른 해당 선거 기탁금의 100분의 20에 해당하는 금액을 중앙선거관리위원회규칙으로 정하는 바에 따라 관할 선거구선거관리위원회에 기탁금으로 납부하여야 한다.

① 기탁금 자체의 위헌 여부: 후보자 난립 방지를 위해 합헌결정을 하였다.
② 기탁금 과다 여부: 국회의원 2천만원에 대해서는 위헌결정, 시·도의회의원 기탁금 7백만원에 대해서는 위헌결정을 하였다.
③ 국고귀속 여부: 귀속기준을 20%로 하는 것은 위헌으로 판시하였다.

🔥 관련 판례

1 대통령선거 기탁금 5억원 사건 [헌법불합치]

이 사건 조항이 설정한 5억원의 기탁금은 대통령선거에서 후보자 난립을 방지하기 위한 입법목적의 달성수단으로서는 개인에게 현저하게 과다한 부담을 초래하며, 이는 고액 재산의 다과에 의하여 공무담임권 행사기회를 비합리적으로 차별하므로, 입법자에게 허용된 재량의 범위를 넘어선 것이다. … 후보자 난립을 방지하면서도 후보자에게 과도한 금전적 부담을 주지 않기 위해서는, 기탁금 액수를 합헌적 범위 내로 조정하는 것과 함께 무소속후보자의 추천요건을 강화하는 방안이 고려될 수 있는바, 이러한 권한은 입법자에게 있다고 할 것이다(헌재 2008.11.27, 2007헌마1024).

2 비례대표국회의원선거 기탁금 [헌법불합치]

정당에 대한 선거로서의 성격을 가지는 비례대표국회의원선거는 인물에 대한 선거로서의 성격을 가지는 지역구국회의원선거와 근본적으로 그 성격이 다르고, 비례대표 기탁금조항은 공직선거법상 허용된 선거운동을 통하여 선거의 혼탁이나 과열을 초래할 여지가 지역구국회의원선거보다 훨씬 적다고 볼 수 있음에도 지역구국회의원선거에서의 기탁금과 동일한 고액의 기탁금을 설정하고 있다. 이는 후보자 추천의 진지성과 선거관리의 효율성 확보 등의 입법목적을 달성하기 위해 필요한 최소한의 액수보다 지나치게 과다한 액수라 하지 않을 수 없다(헌재 2016.12.29, 2015헌마1160).

---

❶ 기탁금을 부과하는 이유는 후보자 난립을 방지하기 위함이다.

기출OX

01 헌법은 기본적으로 선거공영제를 채택하고 있지만 기탁금제도 자체가 헌법에 위반되는 것은 아니다. (O) 　13. 서울시 7급

02 헌법재판소결정에 의하면 대통령선거에서 선거비용의 상당부분을 후보자에게 부담시키고 있음에도 불구하고 후보자에게 5억원의 기탁금을 납부하도록 하는 것은 헌법에 합치하지 않는다. (O) 　13. 서울시 7급

03 선거법상 요구되는 기탁금이 지나치게 고액이면, 실질적으로 선거가 재력을 요건으로 하게 되는 결과를 초래하므로 보통선거의 원칙에 반한다. (O) 　06. 국회직 8급

04 비례대표국회의원에 입후보하기 위하여 기탁금으로 1,500만 원을 납부하도록 한 규정은 그 액수가 고액이라 거대정당에게 일방적으로 유리하고, 다양해진 국민의 목소리를 제대로 대표하지 못하여 사표를 양산하는 다수대표제의 단점을 보완하기 위하여 도입된 비례대표제의 취지에도 반하는 것이다. (O) 　18. 국가직 7급

3 예비후보자 기탁금 [합헌]

예비후보자의 기탁금은 본선거 기탁금의 일부를 미리 납부하는 것에 불과하고 기탁금액수가 과다하다고 할 수 없다(헌재 2015.7.30, 2012헌마402).

4 예비후보자 기탁금 반환조항 [헌법불합치]

지역구국회의원 예비후보자의 기탁금 반환 사유를 예비후보자의 사망, 당내경선 탈락으로 한정하고 있는 공직선거법 규정은 헌법에 합치하지 아니한다(헌재 2018. 1.25, 2016헌마541).

▶ 컷오프가 제외된 것이 문제이다.

📖 비교 정리

구분	기탁금	주문
국회의원	2천만원	위헌
	1천500만원	합헌
비례대표 국회의원	1천500만원	위헌

📖 정리 공직선거법 제57조의 내용

구분	요건
기탁금의 반환	• 후보자의 당선 • 후보자의 사망 • 일정 수준 이상의 득표 • 유효투표총수의 15% 이상 득표: 전액 반환 • 유효투표총수의 10% 이상 ~ 15% 미만: 50% 반환 • 비례대표의 경우는 후보자 중 당선인이 있을 때
기탁금의 국고귀속	• 후보자의 사퇴 • 후보자의 등록무효 • 일정 수준의 득표미달 • 비례대표의 경우 후보자 중 당선인이 없을 때

📖 비교 정리

반환기준

유효투표	주문
1/3 이상	위헌
20% 이상	위헌
15% 이상	합헌

📝 기출OX

선거범죄로 당선이 무효로 된 자에게 이미 반환받은 기탁금과 보전받은 선거비용을 다시 반환하도록 한 구 공직선거법 조항은 공무담임권을 제한하지 않는다. (O) 18. 경찰승진

(5) 보통선거에 위배되는 경우

지나친 기탁금의 요구, 무소속후보자에게 후보등록을 위한 추천자를 지나치게 많이 요구하는 경우, 선거권자 또는 피선거권자의 연령을 지나치게 높게 정하는 경우는 보통선거의 원칙에 위배된다. 04. 법원직, 06. 국회직 8급

3. 평등선거의 원칙❷

(1) 개념

평등선거란 누구나 선거권을 갖는다는 의미에 한정되지 않고 누구나 그 가치까지도 평등하게 가져야 한다는 의미이다. 즉, 1인 1표와 더불어 선거구 획정의 문제도 바로 평등선거와 관련이 있다.

(2) 선거구획정

① 의의: 오늘날에는 모든 국민들이 1표씩을 가지기 때문에 투표의 결과가치 내지 성과가치의 평등이 중시되고 있다. 따라서 이를 실현하기 위한 선거구 획정이 중요하다.

❷ 오늘날에는 2표를 가지는 사람은 없다. 따라서 몇 표를 가지느냐가 중요한 것이 아니라 선거구의 획정이 중요하다. 선거구란 국회의원이 한 명 나오는 영역을 말하며, 보통은 행정구역 단위로 많이 획정한다. 즉, A시에서 국회의원 1명, B시에서 국회의원 1명과 같이 선거구가 획정된다. 다만, 10만명 중에서 국회의원 1명이 나오고 1만명 지역에서 국회의원 1명이 나오면 10만명이 있는 선거구민들은 억울할 것이다. 예를 들어 C도에서는 국회의원 3명이 나오고 D도는 100명이 나온다면 누가 수긍할 수 있겠는가? 따라서 제대로 된 선거구 획정이 중요하다.

공직선거법 제25조 【국회의원지역구의 획정】 ① 국회의원지역구는 시·도의 관할구역 안에서 인구·행정구역·지리적 여건·교통·생활문화권 등을 고려하여 다음 각 호의 기준에 따라 획정한다.
1. 국회의원지역구 획정의 기준이 되는 인구는 선거일 전 15개월이 속하는 달의 말일 현재 주민등록법 제7조 제1항에 따른 주민등록표에 따라 조사한 인구로 한다.
2. 하나의 자치구·시·군의 일부를 분할하여 다른 국회의원지역구에 속하게 할 수 없다. 다만, 인구범위(인구비례 2 : 1의 범위를 말한다. 이하 이 조에서 같다)에 미달하는 자치구·시·군으로서 인접한 하나 이상의 자치구·시·군의 관할구역 전부를 합하는 방법으로는 그 인구범위를 충족하는 하나의 국회의원지역구를 구성할 수 없는 경우에는 그 인접한 자치구·시·군의 일부를 분할하여 구성할 수 있다.
② 국회의원지역구의 획정에 있어서는 제1항 제2호의 인구범위를 벗어나지 아니하는 범위에서 농산어촌의 지역대표성이 반영될 수 있도록 노력하여야 한다.

비교 정리

구분	인구편차
국회	1 : 2
지방	1 : 3

관련 판례 선거구간 인구편차에 관한 판례

1 국회의원의 경우 1 : 2 [헌법불합치]

[1] 국회를 구성함에 있어 국회의원의 지역대표성이 고려되어야 한다고 할지라도 이것이 국민주권주의의 출발점인 투표가치의 평등보다 우선시될 수는 없다. 특히 현재는 지방자치제도가 정착되어 지역대표성을 이유로 헌법상 원칙인 투표가치의 평등을 현저히 완화할 필요성 또한 예전에 비해 크지 않다.

[2] 인구편차의 허용기준을 엄격하게 하는 것이 외국의 판례와 입법추세임을 고려할 때, 우리도 인구편차의 허용기준을 엄격하게 하는 일을 더 이상 미룰 수 없다.

[3] 현재의 시점에서 헌법이 허용하는 인구편차의 기준을 인구편차 상하 33⅓%를 넘어서지 않는 것으로 봄이 타당하다. 따라서 심판대상 선거구구역표 중 인구편차 상하 33⅓%의 기준을 넘어서는 선거구에 관한 부분은 위 선거구가 속한 지역에 주민등록을 마친 청구인들의 선거권 및 평등권을 침해한다.

[4] 선거구구역표는 전체가 불가분의 일체를 이루는 것으로서 어느 한 부분에 위헌적인 요소가 있다면, 선거구구역표 전체가 위헌의 하자를 갖는 것이다.

기출OX

자치구·시·군의회의원선거구획정에서 헌법상 허용되는 인구편차의 기준을 상하 50%(인구비례 3 : 1)에서 상하 33⅓%의 기준으로 변경하였다. (×)
19. 국가직 7급

[5] 다만, 단순 위헌 결정을 할 경우 법적 공백이 발생할 우려가 큰 점 등을 고려하여 헌법불합치결정을 하기로 한다(헌재 2014.10.30, 2012헌마192).

2 지방의회 의원의 경우 1 : 3 [기각]

[1] 자치구·시·군의원은 주로 지역적 사안을 다루는 지방의회의 특성상 지역대표성도 겸하고 있고, 우리나라는 도시와 농어촌간의 인구격차가 크고 각 분야에 있어서의 개발불균형이 현저하므로, 자치구·시·군의원 선거구 획정에 있어서는 행정구역, 지역대표성 등 2차적 요소도 인구비례의 원칙 못지않게 함께 고려해야 할 필요성이 크다.

[2] 인구편차 상하 33⅓%(인구비례 2 : 1)의 기준을 적용할 경우 자치구·시·군의원의 지역대표성과 각 분야에 있어서의 지역간 불균형 등 2차적 요소를 충분히 고려하기 어려운 반면, 인구편차 상하 50%(인구비례 3 : 1)를 기준으로 하는 방안은 2차적 요소를 보다 폭넓게 고려할 수 있다.

인구편차 상하 60%의 기준에서 곧바로 인구편차 상하 33⅓%의 기준을 채택하는 경우 선거구를 조정하는 과정에서 예기치 못한 어려움에 봉착할 가능성이 크므로, 현재의 시점에서 자치구·시·군의원 선거구 획정과 관련하여 헌법이 허용하는 인구편차의 기준을 인구편차 상하 50%(인구비례 3 : 1)로 변경하는 것이 타당하다(헌재 2018.6.28, 2014헌마166).

② **자의적인 선거구 획정의 금지**: 평등선거원칙은 차별적인 선거구 획정, 즉 게리맨더링에 대한 부정을 의미하기도 한다. 헌법재판소는 충북 보은 - 옥천 - 영동의 선거구와 관련된 사건에서 인접지역이 아닌 지역을 1개의 선거구로 구성하는 경우 특별한 사정이 없는 한 입법재량의 범위를 일탈한 자의적인 선거구 획정이어서 헌법에 반한다고 판시한 바 있고(헌재 1995.12.27, 95헌마224 등), 인접하지 않은 인천 계양구 계양 1동과 강화군을 하나의 선거구로 구성한 것에 대해서는 특별한 사정이 있다고 하여 합헌으로 판시한 바 있다(헌재 1998.11.26, 96헌마54).

4. 직접선거의 원칙

선거인 스스로가 직접 대의기관을 선출하는 것을 뜻한다.❶ 비례대표제에서 의원의 선출뿐만 아니라 의석확보도 선거권자의 투표에 의해 직접 결정되는 것도 직접선거의 원칙과 관련이 있다.

> 공직선거법 제146조 【선거방법】 ① 선거는 기표방법에 의한 투표로 한다.
> ② 투표는 직접 또는 우편으로 하되, 1인 1표로 한다. 다만, 국회의원선거, 시·도의원선거 및 자치구·시·군의원선거에 있어서는 지역구의원선거 및 비례대표의원선거마다 1인 1표로 한다.

🔎 관련 판례

비례대표 1인 1표제❷

직접선거의 원칙은 선거결과가 선거권자의 투표에 의하여 직접 결정될 것을 요구하는 원칙이다. 국회의원선거와 관련하여 보면, 국회의원의 선출이나 정당의 의석획득이 중간선거인이나 정당 등에 의하여 이루어지지 않고 선거권자의 의사에 따라 직접 이루어져야 함을 의미한다. 현행 제도는 정당명부에 대한 투표가 따로 없으므로 유권자들에게 비례대표의원에 대한 직접적인 결정권이 전혀 없는 것이나 마찬가지이다.
정당명부에 대한 직접적인 투표가 인정되지 않기 때문에 비례대표의원의 선출에 있어서는 유권자의 투표행위가 아니라 정당의 명부작성행위가 최종적·결정적 의의를 지니게 된다. 따라서 현행 비례대표의석배분방식은 선거권자들의 투표행위로써 정당의 의석배분, 즉 비례대표국회의원의 선출을 직접, 결정적으로 좌우할 수 없으므로 직접선거의 원칙에 위배된다고 할 것이다. 또한 무소속후보자를 지지하는 유권자의 경우 정당투표를 인정하지 않아 평등선거의 원칙에도 위배된다(헌재 2001.7.29, 2000헌마91 등).

---

❶ 간접선거는 직접선거의 반대되는 개념으로 선거인과 피선거인 사이에 누군가가 있는 것을 의미한다. 예를 들어 미국의 경우 국민이 직접 대통령을 뽑는 것이 아니라 중간에 선거인단을 뽑고 그 사람들이 다시 대통령을 뽑는 간접선거 방식이다.

❷
1. 판례가 위헌이 된 것은 1인 1표제 방식 때문이지 고정명부나 저지조항 때문이 아니다. 정당투표가 없다면 어떠한 명부든 위헌이고, 저지조항이 어디에 설정되든 위헌이다.
2. 국회의원선거, 시·도의원선거 및 자치구·시·군의원선거에 있어서는 지역구의원선거 및 비례대표의원선거마다 1인 1표로 한다(공직선거법 제146조 제2항).

📝 기출OX

1인 1표제를 채택하여 유권자에게 별도의 정당투표를 인정하지 않고 지역구국회의원 총선거에서 얻은 득표비율에 따라 비례대표의석을 배분하는 방식은 평등선거의 원칙에 반한다고 볼 수 없다. (×)   08. 법원직

5. 비밀선거의 원칙

(1) 의의
공개투표에 대응하는 개념으로 선거인의 투표가 타인에게 알려지지 않도록 하는 선거원칙을 말한다.

(2) 출구조사
현재 선거의 결과를 예상하기 위하여 선거일에 투표소로부터 50m 밖에서 투표의 비밀이 침해되지 않는 방법으로 선거인을 상대로 질문하는 것이 허용된다(공직선거법 제167조).

(3) 여론조사
선거에 있어서 정당이나 후보자에 대한 지지도를 조사하는 것을 말하며 선거일 6일 전부터 투표마감시각까지는 그 결과를 공표할 수 없다(공직선거법 제108조).

6. 자유선거의 원칙

(1) 의의
강제선거에 대응되는 것으로 선거인이 외부의 강제나 간섭 없이 자유롭게 자신의 선거권을 행사할 수 있도록 하는 원칙을 말한다. 비록 우리 헌법이 자유선거의 원칙에 관하여 명문의 규정을 두고 있지는 않지만, 일반적으로 헌법에 내재하는 당연한 선거원칙으로 해석하고 있으며, 헌법재판소 역시 이를 인정하고 있다(헌재 1994.7.29, 93헌가4 등). 04. 법원직

(2) 내용
자유선거는 선거의 내용은 물론이고 선거의 가부까지도 선거인의 자유로운 결정으로 한다. 따라서 기권하는 자에 대하여 과태료나 벌금의 부과 등도 허용되지 않지만 유도하는 것은 가능하다.❶

❶ 실제로 과거 젊은 층의 투표독려를 위해서 고궁에 방문했을 때 할인권을 주었으나, 과연 이러한 방법으로 젊은이들의 참여를 독려할 수 있을까에 대해서 논란이 있었다.

2 우리나라의 선거제도

> 헌법 제41조 ① 국회는 국민의 보통·평등·직접·비밀선거에 의하여 선출된 국회의원으로 구성한다.
> ② 국회의원의 수는 법률로 정하되, 200인 이상으로 한다.
> ③ 국회의원의 선거구와 비례대표제 기타 선거에 관한 사항은 법률로 정한다.

비교 정리
공직선거법의 적용

구분	적용
대통령	○
국회의원	○
지방선거	○
정당선거	×

1. 기본내용

(1) 선거구와 의원정수 ❷

> 공직선거법 제21조【국회의 의원정수】① 국회의 의원정수는 지역구국회의원 254명과 비례대표국회의원 46명을 합하여 300명으로 한다.
> ② 하나의 국회의원지역선거구(이하 '국회의원지역구'라 한다)에서 선출할 국회의원의 정수는 1인으로 한다.

(2) 법정 선거일

> 공직선거법 제34조【선거일】① 임기만료에 의한 선거의 선거일은 다음 각 호와 같다.
> 1. 대통령선거는 그 임기만료일 전 70일 이후 첫 번째 수요일
> 2. 국회의원선거는 그 임기만료일 전 50일 이후 첫 번째 수요일
> 3. 지방의회의원 및 지방자치단체의 장의 선거는 그 임기만료일 전 30일 이후 첫 번째 수요일
> ② 제1항의 규정에 의한 선거일이 국민생활과 밀접한 관련이 있는 민속절 또는 공휴일인 때와 선거일 전일이나 그 다음날이 공휴일인 때에는 그 다음 주의 수요일로 한다.

(3) 선거기간

> 공직선거법 제33조【선거기간】① 선거별 선거기간은 다음 각 호와 같다.
> 1. 대통령선거는 23일
> 2. 국회의원선거와 지방자치단체의 의회의원 및 장의 선거는 14일
> 3. 삭제
> ② 삭제
> ③ "선거기간"이란 다음 각 호의 기간을 말한다.
> 1. 대통령선거: 후보자등록마감일의 다음 날부터 선거일까지
> 2. 국회의원선거와 지방자치단체의 의회의원 및 장의 선거: 후보자등록마감일 후 6일부터 선거일까지 ❸
>
> 제148조【사전투표소의 설치】① 구·시·군선거관리위원회는 선거일 전 5일부터 2일 동안 관할구역의 읍·면·동마다 1개소씩 사전투표소를 설치·운영하여야 한다.

🔥 관련 판례

국회의원선거의 선거기간 [기각]

이 사건 공직선거법 규정상 선거기간이 14일로 단축되어 선거운동기간이 종전에 비해 3일 단축되었으나, 선거일 전 120일부터 예비후보자로 등록할 수 있는 예비후보자 및 후보자등록기간 중의 후보자에 대한 공직선거법 제60조의3에 의한 선거운동의 허용, 후보자 및 후보자가 되려는 자의 인터넷을 통한 선거운동의 허용 등 선거운동기간의 제한을 받지 않는 선거운동방법이 다양화된 점을 고려한다면, 위 기간이 유권자인 선거구민으로서 각 후보자의 인물, 정견, 신념 등을 파악하기에 부족한 기간이라고 단정할 수 없다. 그렇다면 … 선거운동의 자유를 형해화할 정도로 과도하게 제한하는 것으로 볼 수 없다 할 것이므로 헌법에 위반되지 않는다(헌재 2005.2.3, 2004헌마216).

---

❷ 현재 서울시국회의원은 48명이며(구는 25개구), 서울시의회의원은 106명이다.

기출OX

중앙선거관리위원회가 홈페이지 사이트에 제19대 국회의원 선거 투표일을 공고한 것은 선출직 공직자의 지위 발생이라는 청구인들의 권리·의무에 영향을 미치거나 청구인의 법적 지위의 변동에 관련된 것이어서 헌법재판소법 제68조 제1항의 소정의 공권력 행사에 해당한다. (×)   21. 소방간부

❸ 기타 선거도 후보자등록마감일 다음 날부터였으나 재외국민선거기간과 국회의원후보자등록마감일이 겹치게 되면서 법이 개정되었다.

(4) 후보자 추천

> 공직선거법 제47조【정당의 후보자추천】③ 정당이 비례대표국회의원선거 및 비례대표지방의회의원선거에 후보자를 추천하는 때에는 그 후보자 중 100분의 50 이상을 여성으로 추천하되, 그 후보자명부의 순위의 매 홀수에는 여성을 추천하여야 한다.
> ④ 정당이 임기만료에 따른 지역구국회의원선거 및 지역구지방의회의원선거에 후보자를 추천하는 때에는 각각 전국지역구총수의 100분의 30 이상을 여성으로 추천하도록 노력하여야 한다.
> ⑤ 정당이 임기만료에 따른 지역구지방의회의원선거에 후보자를 추천하는 때에는 지역구시·도의원선거 또는 지역구자치구·시·군의원선거 중 어느 하나의 선거에 국회의원지역구(군지역을 제외하며, 자치구의 일부지역이 다른 자치구 또는 군지역과 합하여 하나의 국회의원지역구로 된 경우에는 그 자치구의 일부지역도 제외한다)마다 1명 이상을 여성으로 추천하여야 한다.
> 제50조【후보자추천의 취소와 변경의 금지】① 정당은 후보자등록후에는 등록된 후보자에 대한 추천을 취소 또는 변경할 수 없으며, 비례대표국회의원후보자명부(비례대표지방의회의원후보자명부를 포함한다. 이하 이 항에서 같다)에 후보자를 추가하거나 그 순위를 변경할 수 없다.
> ② 선거권자는 후보자에 대한 추천을 취소 또는 변경할 수 없다.

(5) 후보자 등록

> 공직선거법 제60조의2【예비후보자등록】① 예비후보자❶가 되려는 사람(비례대표국회의원선거 및 비례대표지방의회의원선거는 제외한다)은 다음 각 호에서 정하는 날(그날 후에 실시사유가 확정된 보궐선거 등에 있어서는 그 선거의 실시사유가 확정된 때)부터 관할 선거구선거관리위원회에 예비후보자등록을 서면으로 신청하여야 한다.
> 1. 대통령선거
>   선거일 전 240일
> 2. 지역구국회의원선거 및 시·도지사선거
>   선거일 전 120일
> 제49조【후보자등록 등】① 후보자의 등록은 대통령선거에서는 선거일 전 24일, 국회의원선거와 지방자치단체의 의회의원 및 장의 선거에서는 선거일 전 20일(이하 "후보자등록신청개시일"이라 한다)부터 2일간(이하 "후보자등록기간"이라 한다) 관할 선거구선거관리위원회에 서면으로 신청하여야 한다.

❶
예비후보자로 등록하는 이유는 선거기간이 길지 않기 때문에 예비후보자가 되어 먼저 자신을 알릴 수 있고, 공직선거법에 의하여 한정적이지만 선거운동을 할 수 있다는 장점 때문이다. 이 때 현수막 설치, 이메일발송, 어깨띠, 전화, 문자, 명함 등과 관련한 선거운동을 할 수 있다(공직선거법 제60조의3). 다만, 배우자의 경우에는 일부(명함 등)의 선거운동만 할 수 있다.

2. 선거운동

(1) 정의

> 공직선거법 제58조【정의 등】① 이 법에서 "선거운동"이라 함은 당선되거나 되게 하거나 되지 못하게 하기 위한 행위를 말한다. 다만, 다음 각 호의 어느 하나에 해당하는 행위는 선거운동으로 보지 아니한다.
> 1. 선거에 관한 단순한 의견개진 및 의사표시
> 2. 입후보와 선거운동을 위한 준비행위
> 3. 정당의 후보자 추천에 관한 단순한 지지·반대의 의견개진 및 의사표시
> 4. 통상적인 정당활동
> 5. 삭제
> 6. 설날·추석 등 명절 및 석가탄신일·기독탄신일 등에 하는 의례적인 인사말을 문자메시지로 전송하는 행위

(2) 주체

> **⊕ PLUS 주체**
>
> 공직선거법 제58조【정의 등】② 누구든지 자유롭게 선거운동을 할 수 있다. 그러나 이 법 또는 다른 법률의 규정에 의하여 금지 또는 제한되는 경우에는 그러하지 아니하다.
> 제60조【선거운동을 할 수 없는 자】① 다음 각 호의 어느 하나에 해당하는 사람은 선거운동을 할 수 없다. 다만, 제1호에 해당하는 사람이 예비후보자·후보자의 배우자인 경우와 제4호부터 제8호까지의 규정에 해당하는 사람이 예비후보자·후보자의 배우자이거나 후보자의 직계존비속인 경우에는 그러하지 아니하다.
> 1. 대한민국 국민이 아닌 자. 다만, 제15조 제2항 제3호에 따른 외국인이 해당 선거에서 선거운동을 하는 경우에는 그러하지 아니하다.
> 2. 미성년자(18세 미만의 자를 말한다. 이하 같다)
> 3. 제18조(선거권이 없는 자) 제1항의 규정에 의하여 선거권이 없는 자
> 4. 국가공무원법 제2조(공무원의 구분)에 규정된 국가공무원과 지방공무원법 제2조(공무원의 구분)에 규정된 지방공무원 ❷
> 제84조【무소속후보자의 정당표방제한】무소속후보자는 특정 정당으로부터의 지지 또는 추천받음을 표방할 수 없다. 다만, 다음 각 호의 어느 하나에 해당하는 행위는 그러하지 아니하다.
> 1. 정당의 당원경력을 표시하는 행위
> 2. 해당 선거구에 후보자를 추천하지 아니한 정당이 무소속후보자를 지지하거나 지원하는 경우 그 사실을 표방하는 행위
> 제87조【단체의 선거운동금지】① 다음 각 호의 어느 하나에 해당하는 기관·단체(그 대표자와 임직원 또는 구성원을 포함한다)는 그 기관·단체의 명의 또는 그 대표의 명의로 선거운동을 할 수 없다.

🔁 비교 정리

선거운동의 주체

구분	배우자	직계존비속
외국인	○	×
미성년자	×	×
공무원	○	○

외국인의 경우 지방선거는 가능하다.

📋 기출OX

미성년자(18세 미만의 자를 말한다)라고 하더라도 예비후보자·후보자의 직계비속인 경우에는 선거운동을 할 수 있다. (×) 11. 법원직

❷
이 경우 공무원이라 해도 단서 규정에 따라 남편이 후보자로 나온다면 그 부인이 선거운동에 참여할 수 있다.

> **관련 판례**
>
> **기초의원선거의 후보자 정당표방금지 [위헌]**
> 후보자가 정당의 지지·추천을 받았는지 여부를 유권자들이 알았다고 하여 이것이 곧 지방분권 및 지방의 자율성 저해를 가져올 것이라고 보기에는 그 인과관계가 지나치게 막연하다. 기초의회의원선거뿐만 아니라 광역의회의원선거, 광역자치단체장선거 및 기초자치단체장선거에서도 함께 통용될 수 있다. 그러므로 위 조항은 아무런 합리적 이유 없이 유독 기초의회의원 후보자만을 다른 지방선거의 후보자에 비해 불리하게 차별하고 있으므로 평등원칙에 위배된다(헌재 2003.1.30, 2001헌가4).

> 제93조 【탈법방법에 의한 문서·도화의 배부·게시 등 금지】 ① 누구든지 선거일 전 180일(보궐선거 등에 있어서는 그 선거의 실시사유가 확정된 때)부터 선거일까지 선거에 영향을 미치게 하기 위하여 이 법의 규정에 의하지 아니하고는 정당(창당준비위원회와 정당의 정강·정책을 포함한다. 이하 이 조에서 같다) 또는 후보자(후보자가 되고자 하는 자를 포함한다. 이하 이 조에서 같다)를 지지·추천하거나 반대하는 내용이 포함되어 있거나 정당의 명칭 또는 후보자의 성명을 나타내는 광고, 인사장, 벽보, 사진, 문서·도화, 인쇄물이나 녹음·녹화테이프 그 밖에 이와 유사한 것을 배부·첩부·살포·상영 또는 게시할 수 없다.

❶ 선거운동 금지는 엄격한 심사기준에 의한다.

기출OX

언론인의 선거운동을 금지하고, 이를 위반한 경우 처벌하도록 규정한 공직선거법 관련 조항 부분은 선거운동의 자유를 침해한다. (O) 19. 법원직

> **관련 판례**
>
> **1 언론인의 선거운동 규제❶ [위헌]**
> 언론인의 선거 개입을 금지하여 선거의 공정성·형평성을 확보하고자 한다면, 일정 범위의 언론인을 대상으로 언론매체를 통한 활동의 측면에서 발생 가능한 문제점을 규제하는 것으로써 충분히 그 목적을 달성할 수 있다. 그런데 심판대상조항들은 해당 언론인의 범위가 지나치게 광범위하고, 이미 법에서 그러한 측면에서 발생할 수 있는 폐해를 시정하기 위한 조항들을 충분히 규정하고 있어 침해의 최소성 원칙에 위반된다(헌재 2016.6.30, 2013헌가1).
>
> **2 선거운동기간 중 인터넷게시판 실명확인 [위헌]**
> "인터넷언론사"가 명확성원칙에 반하지는 않는다고 하더라도 그 범위가 광범위하다는 점까지 고려하면 심판대상조항으로 인하여 발생할 수 있는 기본권 제한의 정도는 결코 작다고 볼 수 없다. 실명확인제가 표방하고 있는 선거의 공정성이라는 목적은 인터넷 이용자의 표현의 자유나 개인정보자기결정권을 제약하지 않는 다른 수단(삭제요청 등)에 의해서도 충분히 달성할 수 있다(헌재 2021.1.28, 2018헌마456).

① 호별방문 등의 제한: 선거운동은 이 법이 금지하는 경우 이외의 방법으로 가능하나 호별방문·서명운동·음식물 제공·기부행위·비방은 금지된다.
합동연설회 및 정당·후보자 등에 의한 연설회는 폐지하고 관혼상제 의식이 거행되는 장소나 다수인이 왕래하는 공개된 장소에서 지지를 호소할 수 있다.
② 인쇄물 발행에 대한 규제: 대통령선거에서는 전단형 소형인쇄물과 책자형 소형인쇄물 발행이 가능하며, 국회의원·지방자치단체장선거에서는 책자형 소형인쇄물만 발행이 가능하다.

③ 누구든지 선거운동을 위하여 선거구민에 대하여 서명이나 날인을 받을 수 없다(공직선거법 제107조).

3. 선거비용
선거비용의 제한은 항목별 제한방식이 아니라 총액제한 방식이다(공직선거법 제121조).❷

4. 선거에 관한 쟁송
(1) 당선인 결정
① 유효투표총수의 다수득표: 투표일이나 득표율에 상관없이 다수득표자가 당선인이 된다.
② 후보자가 1인 또는 최고득표자가 2인 이상일 경우

구분	후보자 1인	최고득표자가 2인 이상
대통령	선거권자총수의 1/3 이상 득표	국회에서 다수득표자
국회의원	무투표 당선	연장자
지방의원	무투표 당선	연장자
지방자치단체장	무투표 당선	연장자

(2) 선거소청
지방선거의 경우 선거의 효력이나 당선의 효력에 이의가 있는 경우 선거관리위원회에 소청을 할 수 있다(공직선거법 제219조).❸

(3) 선거소송

> 공직선거법 제222조 【선거소송】 ① 대통령선거 및 국회의원선거에 있어서 선거의 효력에 관하여 이의가 있는 선거인·정당(후보자를 추천한 정당에 한한다) 또는 후보자는 선거일부터 30일 이내에 당해 선거구선거관리위원회위원장을 피고로 하여 대법원에 소를 제기할 수 있다.
> ② 지방의회의원 및 지방자치단체의 장의 선거에 있어서 선거의 효력에 관한 제220조의 결정에 불복이 있는 소청인(당선인을 포함한다)은 해당 소청에 대하여 기각 또는 각하 결정이 있는 경우(제220조 제1항의 기간 내에 결정하지 아니한 때를 포함한다)에는 해당 선거구선거관리위원회 위원장을, 인용결정이 있는 경우에는 그 인용결정을 한 선거관리위원회 위원장을 피고로 하여 그 결정서를 받은 날(제220조 제1항의 기간 내에 결정하지 아니한 때에는 그 기간이 종료된 날)부터 10일 이내에 비례대표시·도의원선거 및 시·도지사선거에 있어서는 대법원에, 지역구시·도의원선거, 자치구·시·군의원선거 및 자치구·시·군의 장 선거에 있어서는 그 선거구를 관할하는 고등법원에 소를 제기할 수 있다.

❷
즉 인쇄비 ××원, 포스터비 ××원 등으로 선거비용을 항목별로 제한하는 것이 아니라 대통령 선거에 출마하면 다 합쳐서 2억원 미만 등으로 총액을 제한하는 방식이다. 예를 들어 대통령선거는 '인구수 × 950원'으로 하고 있다.

기출OX

01 선거 관련 법률에서 저조한 투표율에 불구하고 유효투표의 다수만 얻으면 당선인으로 될 수 있도록 규정하였다고 하더라도 선거의 대표성의 본질을 침해하고 국민주권주의에 위반한다고 볼 수 없다. (○)   08. 법원직

02 대통령선거에서 최고득표자가 2인이어서 국회가 당선인을 결정한 경우 국회의장은 이를 중앙선거관리위원회에 통고하고 중앙선거관리위원장이 그 당선을 공고한다. (×)
→ 국회의장이 공고한다.

❸
선거소청은 행정법의 행정심판과 비슷한 것으로 소송은 시간이 오래 걸리므로 선거관리위원회에 신속한 해결을 구하는 제도이다. 주의할 것은 지방선거에만 존재하며, 국회의원선거나 대통령선거에는 존재하지 않는다.

(4) 당선소송

> 공직선거법 제223조 【당선소송】 ① 대통령선거 및 국회의원선거에 있어서 당선의 효력에 이의가 있는 정당(후보자를 추천한 정당에 한한다) 또는 후보자는 당선인결정일부터 30일 이내에 제52조 제1항·제3항 또는 제192조 제1항부터 제3항까지의 사유에 해당함을 이유로 하는 때에는 당선인을, 제187조(대통령당선인의 결정·공고·통지) 제1항·제2항, 제188조(지역구국회의원당선인의 결정·공고·통지) 제1항 내지 제4항, 제189조(비례대표국회의원의석의 배분과 당선인의 결정·공고·통지) 또는 제194조(당선인의 재결정과 비례대표국회의원의석 및 비례대표지방의회의원의석의 재배분) 제4항의 규정에 의한 결정의 위법을 이유로 하는 때에는 대통령선거에 있어서는 그 당선인을 결정한 중앙선거관리위원회위원장 또는 국회의장을, 국회의원선거에 있어서는 당해 선거구선거관리위원회위원장을 각각 피고로 하여 대법원에 소를 제기할 수 있다.
> ② 지방의회의원 및 지방자치단체의 장의 선거에 있어서 당선의 효력에 관한 제220조의 결정에 불복이 있는 소청인 또는 당선인인 피소청인(제219조 제2항 후단에 따라 선거구선거관리위원회 위원장이 피소청인인 경우에는 당선인을 포함한다)은 해당 소청에 대하여 기각 또는 각하 결정이 있는 경우(제220조 제1항의 기간 내에 결정하지 아니한 때를 포함한다)에는 당선인(제219조 제2항 후단을 이유로 하는 때에는 관할선거구선거관리위원회 위원장을 말한다)을, 인용결정이 있는 경우에는 그 인용결정을 한 선거관리위원회 위원장을 피고로 하여 그 결정서를 받은 날(제220조 제1항의 기간 내에 결정하지 아니한 때에는 그 기간이 종료된 날)부터 10일 이내에 비례대표시·도의원선거 및 시·도지사선거에 있어서는 대법원에, 지역구시·도의원선거, 자치구·시·군의원선거 및 자치구·시·군의 장 선거에 있어서는 그 선거구를 관할하는 고등법원에 소를 제기할 수 있다.

기출OX

당선소송이나 선거소송은 대통령, 국회의원, 시·도지사 및 비례대표시·도의원의 경우에는 대법원이, 지역구시·도의원과 자치구·시·군의원 및 자치구·시·군의 장의 경우에는 관할 고등법원이 담당한다. (○) 08. 국회직 8급

❶ 본인의 자격 등이 문제되면 당선인, 혼자 나오면 선거관리위원회, 동수여서 국회에서 선출한 경우 국회의장, 본인을 상대로 소를 제기해야 하는데 본인이 사망한 경우 법무부장관, 국회의원이 사망한 경우는 고등검사장이다.

정리 선거에 관한 쟁송 비교

구분	선거소청		선거소송		당선소송	
	광역	기초	지방선거	대선·총선	지방선거	대선·총선
소청인	선거인, 정당, 후보자		선거인, 정당, 후보자		정당, 후보자	
피소청인	당해 선거관리위원회		당해 선거관리위원회		당선인, 선거관리위원회 (국회의장·법무부장관·고등검사장)❶	
기간	선거 ~ 14일 이내		소청결정 ~10일	30일 이내	소청결정 ~10일	당선결정 ~30일
소청기관	중앙선거관리위원회	시·도 선거관리위원회	고등법원	지방선거(광역단체장·비례의원 제외)		
			대법원	대선·총선, 광역단체장, 광역비례의원		

정리 선거제도 비교

구분	대통령	국회의원	지방자치단체장		지방의회	
			광역	기초	광역	기초
선거권	18세 이상		18세 이상, 주민등록(선거인명부 작성기준일 현재)			
피선거권	40세 이상, 5년 이상 국내거주	18세 이상	18세 이상, 60일 이상 주민등록(선거일 현재)			
선거일	임기만료 전 70일 이후 첫 번째 수요일	임기만료 전 50일 이후 첫 번째 수요일	임기만료 전 30일 이후 첫 번째 수요일			
선거기간	23일	14일	14일			
최고 득표자 2인	국회 재적의원 과반수, 출석의원 다수표	연장자	연장자			
후보자 1인	선거권자 총수 1/3	무투표 당선	무투표 당선		무투표 당선	
기탁금	3억원	1천5백만원	5천만원	1천만원	3백만원	2백만원

관련 판례 선거에 관한 판례

1 지방자치단체장의 거주 요건에 의한 피선거권제한 [기각]

거주·이전의 자유가 국민에게 그가 선택할 직업 내지 그가 취임할 공직을 그가 선택하는 임의의 장소에서 자유롭게 행사할 수 있는 권리까지 보장하는 것은 아니다. 물론 직업에 관한 규정이나 공직취임의 자격에 관한 제한규정이 그 직업 또는 공직을 선택하거나 행사하려는 자의 거주·이전을 간접적으로 어렵게 하거나 불가능하게 하거나 원하지 않는 지역으로 이주할 것을 강요하게 될 수는 있다. 그러나 그와 같은 조치가 특정한 직업 내지 공직의 선택 또는 행사에 있어서의 필요와 관련되어 있는 것인 한, 그러한 조치에 의하여 헌법 제15조의 직업의 자유 내지 헌법 제25조의 공무담임권이 제한될 수는 있어도 헌법 제14조의 거주·이전의 자유가 제한되었다고 볼 수 없다(헌재 1996.6.26, 96헌마200).

2 대통령선거 방송토론회의 후보자초청대상에서의 차별 [기각]

토론위원회가 제시한 이 사건 초청 후보자 선정기준은 최소한의 당선가능성과 주요 정당의 추천이라는 점에 기초하여 대담·토론기능의 활성화를 위해서는 적당한 소수의 후보자만을 초청하여야 한다는 요청과 선거운동에서의 기회의 균등보장이라는 서로 대립하는 이익을 적절히 비교형량한 합리적인 것으로서, '같은 것은 같게, 다른 것은 다르게' 취급하는 것이라 할 것이므로 도저히 자의적인 차별이라고 할 수는 없다(헌재 1998.8.27, 97헌마372 등).

3 단체의 낙선운동 [기각]

우선 첫째로 제3자 편의 낙선운동이 실제로 선택하는 운동의 방법이나 형식은 후보자 편의 낙선운동이 취하는 운동의 방법, 형식과 다를 것이 없고 둘째로 제3자 편의 낙선운동의 효과는 경쟁하는 다른 후보자의 당선에 크건 작건 영향을 미치게 되고 경우에 따라서는 **제3자 편의 낙선운동이 그 명분 때문에 후보자 편의 낙선운동보다도 훨씬 더 큰 영향을 미칠 수도 있다.** 이러한 점들을 생각할 때에, 제3자 편의 낙선운동은 후보자 측이 자기의 당선을 위하여 경쟁 후보자에 대하여 벌이는 낙선운동과 조금도 다를 것이 없다(헌재 2001.8.30, 2000헌마121 등).

4 국민건강보험공단의 상근직원의 선거운동 금지 [기각]

국민건강보험공단의 구성원들이 각종 선거에서 특정 후보자를 위한 선거활동을 할 수 있도록 허용할 경우 국민 전체가 아닌 특정 집단의 이익만을 도모하는 방향으로 업무를 수행하거나 관련 업무의 집행에 대하여 부당한 영향력을 가할 우려가 있다. 특히 건강보험 가입자와 그 피부양자에 대한 막대한 정보를 유출하여 전국적 규모의 방대한 조직과 함께 선거에 이용할 가능성이 크다 할 것이다. … 이 사건 법률조항은 헌법에 위반되지 아니한다(헌재 2004.4.29, 2002헌마467).

5 공무원의 선거운동 기획참여금지 [한정위헌]

선거의 공정성을 확보하기 위하여 선거에 대한 부당한 영향력의 행사 기타 선거결과에 영향을 미치는 행위를 금지하여 선거에서의 공무원의 중립의무를 실현하고자 한다면, 공무원이 '그 지위를 이용하여' 하는 선거운동의 기획행위를 막는 것으로 충분하며, 그 지위를 이용함이 없이 하는 선거운동의 그러한 준비행위를 허용한다고 해서 그것이 선거에 영향을 미친다고는 보이지 않는다. 이러한 점에서 이 사건 법률조항은 수단의 적정성과 피해의 최소성 원칙에 반한다고 할 것이다. … **이 사건 법률조항은 공무원의 지위를 이용하지 아니한 행위에까지 적용되는 한 기본권을 침해하여 헌법에 위반된다**(헌재 2008.5.29, 2006헌마1096).

▶ 사안에서 공무담임권과 표현의 자유가 경합하였으나 판례는 정치적 표현의 자유 중심으로 판단하였다.

6 배우자의 선거범죄로 인한 당선무효 [기각]

배우자와 후보자는 선거에 임하여 분리하기 어려운 운명공동체라고 보아 배우자의 행위를 곧 후보자의 행위로 의제함으로써 선거부정방지를 도모하고자 한 입법적 결정의 전제와 목표 및 선택이 현저히 잘못되었거나 부당하다고 보기 어려운 이상 … 이 사건 법률조항이 필요 이상으로 지나치게 가혹한 연대책임을 부과함으로써 후보자의 공무담임권을 침해하기에 이른 것으로 볼 수 없다(헌재 2005.12.22, 2005헌마19).

7 공직선거법상 공소시효 [합헌]

지역농협의 조합장 선거와 관련하여 금전제공행위를 금지하고 이를 형사처벌하는 농업협동조합법 제50조 제1항 및 제172조 제1항 제2호, 선거 관련 범죄의 공소시효를 해당 선거일 후 6개월로 규정하고 있는 농업협동조합법 제172조 제4항이 헌법에 위반되지 않는다는 결정을 선고하였다(헌재 2012.2.23, 2011헌바154).

8 탈법방법에 의한 문서, 도화 등의 선거운동 금지 [합헌]

공선법 제93조 제1항이 탈법방법에 의한 문서·도화 등의 배부·게시 등의 행위를 하는 것을 금지하고 있는바, 이는 선거의 공정한 집행 및 비용이 적게 드는 선거운동의 보장, 이를 통한 기회균등의 보장이라는 공익을 도모하기 위한 것이라고 할 수 있다. … 과잉금지의 원칙에 반하지 아니하며 선거운동의 자유 내지 언론의 자유의 본질적인 내용을 침해한다고 할 수 없다(헌재 2001.8.30, 99헌바92 등).

9 기부의 권유·요구에 대한 과태료 50배 부과 [헌법불합치]

이 사건 심판대상조항은 그 의무위반행위에 대하여 부과되는 과태료의 기준 및 액수가 책임원칙에 부합되지 않게 **획일적일 뿐만 아니라 지나치게 과중**하여 입법목적을 달성함에 필요한 정도를 일탈함으로써 과잉금지원칙에 위반된다(헌재 2009.3.26, 2007헌가22).

🔔 주의
국민건강보험공단의 상근직원 선거운동 금지는 기각되었으나, 이후 허용되는 것으로 법이 개정되었다.

📋 비교 정리

구분	주문
운동금지	합헌
기획참여금지	위헌

모든 선거의 기획참여를 금지하여 위헌이 된다. 즉, 사안의 경우 자신의 선거이었기에 기획참여가 가능해야 한다는 의미이다.

📝 기출OX

01 공무원이 선거운동의 기획행위를 하는 모든 경우를 금지하는 것은 공무원의 정치적 중립성에서 나오는 공익이 정치적 표현의 자유보다 크기 때문에 헌법에 위반되지 아니한다. (×) 14. 국가직 9급

02 지역농협 임원 선거는 국민주권 내지 대의민주주의 원리와 관계가 있는 단체의 조직구성에 관한 것으로 공익을 위하여 상대적으로 폭넓은 규제가 불가능하다. (×)

10 온라인에서 선거운동의 자유 [한정위헌]

이 사건 법률조항 중 '기타 이와 유사한 것'에 '정보통신망을 이용하여 인터넷 홈페이지 또는 그 게시판·대화방 등에 글이나 동영상 등 정보(UCC)를 게시하거나 전자우편을 전송하는 방법'이 포함되는 것으로 해석하여 이를 금지하고 처벌하는 것은 과잉금지원칙에 위배하여 청구인들의 선거운동의 자유 내지 정치적 표현의 자유를 침해한다(헌재 2011.12.29, 2007헌마1001 등).

11 부재자 투표시간 [헌법불합치]

일과시간에 학업이나 직장업무를 하여야 하는 부재자투표자는 **투표개시시간을 일과시간 이내인 오전 10시부터로 정하고 있는** 이 사건 투표시간조항으로 인하여 일과시간 이전에 투표소에 가서 투표할 수 없게 되어 사실상 선거권을 행사할 수 없게 되는 중대한 제한을 받는다. 그렇다면 이 사건 투표시간조항 중 투표개시시간 부분은 수단의 적정성, 법익균형성을 갖추지 못하므로 과잉금지원칙에 위배하여 청구인의 선거권과 평등권을 침해하는 것이다(헌재 2012.2.23, 2010헌마601).

12 공무원의 지위이용 선거운동 처벌 [합헌]

지방의회의원이 어느 공공기관·사회단체 등의 기관·단체·시설에 예산을 지원하겠다는 의사표시가 선거운동에 이용할 목적의 일환이었는지, 아니면 의정활동 등 직무상의 통상적인 권한 행사였는지 등은 개별 사안에서 법관의 법률조항에 대한 보충적 해석·적용을 통해 가려질 수 있다. 따라서 선거운동에 이용할 목적으로 기관·단체·시설에 금전·물품 등 재산상의 이익을 제공하거나 그 제공의 의사를 표시하거나 그 제공을 약속한 자를 처벌하는 공직선거법은 헌법에 위반되지 아니한다(헌재 2020.3.26, 2018헌바3).

13 기초의원정당표방 금지 [위헌]

[1] 기초의회의원선거 후보자로 하여금 특정 정당으로부터의 지지 또는 추천받음을 표방할 수 없도록 한 공직선거및선거부정방지법 제84조 중 "자치구·시·군의회의원선거의 후보자" 부분이 정치적 표현의 자유를 침해한다.

[2] 다른 지방선거 후보자와는 달리 기초의회의원선거의 후보자에 대해서만 정당표방을 금지한 것이 평등원칙에 위배된다(헌재 2003.1.30, 2001헌가4).

14 미혼의 예비후보자의 불리함 [위헌]

이 사건 1호 법률조항에 의하여 배우자 없는 예비후보자가 불리한 상황에서 선거운동을 하는데, 이 사건 3호 법률조항은 배우자가 그와 함께 다니는 사람 중에서 지정한 1명까지 보태어 명함을 교부하고 지지를 호소할 수 있도록 함으로써 배우자 유무에 따른 차별효과를 지나치게 커지게 한다(헌재 2013.11.28, 2012헌가10).

15 한국철도공사 상근직원 선거운동 금지 [위헌]

선거운동이 금지되는 다수의 기관 중, 한국철도공사의 상근직원에 대하여 선거운동을 금지하고 이를 위반한 경우 처벌하는 심판대상조항이 선거운동의 자유를 지나치게 제한하여 헌법에 위반된다(헌재 2018.2.22, 2015헌바124).

▶ 심사기준은 엄격한 심사기준 적용이다.

주의
지방의회의원의 경우 공직선거법상 정치적 중립성을 요구하는 공무원에 해당하지 않는다. 다만 그 지위를 이용한 선거운동이 금지되는 대상에서 제외되지는 않는다.

기출OX
기초의원선거에서 정당의 후보자추천을 금지하는 것은 지방자치제도 본래의 기능의 실현을 위해서 필요한 것이다. (×) 08. 사시

비교 정리

구분	주문
배우자	합헌
배우자가 지정하는 1인	위헌

현재는 배우자가 없는 후보자도 1인을 지정하여 선거운동을 할 수 있게 개정되었다.

기출OX
01 예비후보자의 배우자가 함께 다니는 사람 중에서 지정한 자도 선거운동을 위하여 명함교부 및 지지호소를 할 수 있도록 한 공직선거법 관련 조항 중 '배우자' 관련 부분이 배우자가 없는 예비후보자의 평등권을 침해하는 것은 아니다. (×) 14. 국가직 7급

02 한국철도공사의 상근직원은 상근임원과 달리 그 직을 유지한 채 공직선거에 입후보하여 자신을 위한 선거운동을 할 수 있음에도, 상근직원이 타인을 위한 선거운동을 할 수 없도록 전면적으로 금지하는 공직선거법 규정은 상근직원의 선거운동의 자유를 침해한다. (○) 18. 국가직 7급

16 공무원의 투표권유 운동 및 기부금품모집 금지 [합헌]
공무원의 정치적 중립성에 정면으로 반하는 행위를 금지함으로써 선거의 공정성과 형평성을 확보하기 위한 것으로 표현의 자유 침해가 아니다(헌재 2012.7.26, 2009헌바298).

17 점자형 선거공보 [합헌]
시행되는 여러 선거방송을 통하여 선거에 관한 정보를 충분히 얻을 수 있다. 따라서 점자형 선거공보의 작성을 임의사항으로 규정하여도 이는 선거권을 침해하지 않는다(헌재 2014.5.29, 2012헌마913).

18 비례대표국회의원 후보자의 경우 공개장소에서의 연설·대담금지 [합헌]
비례대표국회의원후보자의 경우 이를 금지하여도 제한되는 이익 내지 정당활동의 자유가 결코 크다고 볼 수 없다(헌재 2013.10.24, 2012헌마311).

19 후보자기호 결정방법 [합헌]
후보자기호 결정에 관한 현행의 정당·의석우선제도는 다수의석을 가진 정당후보자에게 유리하고 소수의석을 가진 정당이나 의석이 없는 정당후보자 및 무소속후보자에게는 상대적으로 불리하여 차별이 있다고 할 것이나, 정당후보자에게 무소속후보자보다 우선순위의 기호를 부여하는 것은 정당제도의 존재 의의에 비추어 그 목적이 정당할 뿐만 아니라, 당적유무, 의석순, 정당명 또는 후보자성명의 "가, 나, 다"순 등 합리적 기준에 의하고 있으므로 평등권을 침해한다고 할 수 없다(헌재 1996.3.28, 96헌마9).

20 수화방송 [합헌]
선거방송에서 수화방송 등을 의무사항으로 규정하지 아니한 것은 방송사업자 등의 시설장비나 기술수준 등에서 비롯되는 불가피한 사유로 적시에 실시할 수 없을 수도 있기 때문이다(헌재 2009.5.28, 2006헌마285).

21 농협조합장 선거 [위헌]
농협이사 선거에서 전화컴퓨터통신을 이용한 지지 호소의 선거운동방법까지 금지하는 방안은 과도한 제한이다(헌재 2016.11.24, 2015헌바62).

22 직선제 조합장 선거의 선거운동 방법 [합헌]
직선제 조합장 선거의 경우 선거운동기간을 후보자등록마감일의 다음 날부터 선거일 전일까지로 한정하면서 예비후보자 제도를 두지 아니한 구 '공공단체등 위탁선거에 관한 법률' 제24조 제2항 및 법정된 선거운동방법만을 허용하면서 합동연설회 또는 공개토론회의 개최나 언론기관 및 단체가 주최하는 대담·토론회를 허용하지 아니하는 구 '공공단체등 위탁선거에 관한 법률' 제24조 제3항 제1호가 헌법에 위반되지 아니한다(헌재 2017.7.27, 2016헌바372).
▶ 표현의 자유와 결사의 자유와 관련되며, 선거권은 관련이 없다.

23 인쇄물 살포를 금지하는 공직선거법 조항 [헌법불합치]
선거일 전 180일부터 선거일까지 장기간 동안 선거에 영향을 미치게 하기 위한 인쇄물의 살포행위를 금지·처벌하는 심판대상조항은 당초의 입법취지에서 벗어나 선거와 관련한 국민의 자유로운 목소리를 상시적으로 억압하는 결과를 초래할 수 있다(헌재 2023.3.23, 2023헌가4).

기출OX

01 지역농협 이사 선거의 경우 전화·컴퓨터통신을 이용한 지지 호소의 선거운동방법을 금지하고, 이를 위반한 자를 처벌하는 것은 해당 선거 후보자의 결사의 자유와 표현의 자유를 침해한다. (○)
17. 국가직 7급

02 지역농협은 사법인에서 볼 수 없는 공법인적 특성을 많이 갖고 있으므로 지역농협의 조합장선거에서 조합장을 선출하거나 조합장으로 선출될 권리, 조합장선거에서 선거운동을 하는 것도 헌법에 의해 보호되는 선거권의 범위이다. (×)
22. 경찰간부

24 화환 설치를 금지하는 공직선거법 [헌법불합치]

목적 달성에 필요한 범위를 넘어 장기간(선거일 전 180일부터) 동안 선거에 영향을 미치게 하기 위한 화환의 설치를 금지하는 것으로, 과잉금지원칙에 위반되어 정치적 표현의 자유를 침해한다(헌재 2023.6.29, 2023헌가12).

25 후보자 비방죄의 처벌 [위헌]

당선되게 하거나 되지 못하게 할 목적으로 공연히 사실을 적시하여 '후보자가 되고자 하는 자'를 비방한 자를 처벌하는 공직 선거법 조항의 해당 부분은, 후보자가 되고자 하는 자에 대한 사실적시 비방행위를 일반인에 대한 사실 적시 명예훼손행위보다 더 중하게 처벌하는 것으로, 스스로 공론의 장에 뛰어든 사람의 명예를 일반인의 명예보다 더 두텁게 보호하는 결과가 초래되어, 의견의 표현행위로서 비방한 자의 정치적 표현의 자유를 침해한다(헌재 2024.6.27, 2023헌바78).

▶ 충분히 사실 적시 명예훼손죄로 처벌이 가능하다.

26 말로 하는 선거운동을 처벌 [위헌]

선거운동기간 전에 개별적으로 대면하여 말로 하는 선거운동에 관한 부분, 이 사건 처벌조항 중 '그 밖의 방법'에 관한 부분 가운데 개별적으로 대면하여 말로 하는 선거운동을 한 자에 관한 부분은 과잉금지원칙에 반하여 선거운동 등 정치적 표현의 자유를 침해한다(헌재 2022.2.24, 2018헌바146).

27 재외투표기간 개시일 이후 귀국한 재외선거인의 투표 절차 미비 [인용]

심판대상조항이 재외투표기간 개시일에 임박하여 또는 재외투표기간 중에 재외선거사무 중지결정이 있었고 그에 대한 재개결정이 없었던 예외적인 상황에서 재외투표기간 개시일 이후에 귀국한 재외선거인등이 국내에서 선거일에 투표할 수 있도록 하는 절차를 마련하지 아니한 것은 과잉금지원칙을 위반하여 청구인의 선거권을 침해한다(헌재 2022.1.27, 2020헌마895).

주의

사법인적 성격을 지니는 농협·축협의 조합장 선거에서 조합장을 선출하거나 선거운동을 하는 것은 헌법에 의하여 보호되는 선거권의 범위에 포함되지 않는다(2011헌바154). 이는 결사의 자유의 보호범위에 속한다.

기출OX

새마을금고의 임원선거와 관련하여 법률에서 정하고 있는 방법 외의 방법으로 선거운동을 할 수 없도록 하고 이를 위반한 경우 형사처벌 하도록 정하고 있는 새마을금고법 규정은 표현의 자유를 침해하지 않는다. (O)

19. 서울시 7급

제1편 헌법총론

제3장 헌법의 기본제도

공무원제도

지방자치제도

지방자치제도의 구성

국회의원과 비교

구분	지방의회의원	국회의원
성격	행정기관	입법기관
면책·불체포특권	×	○
세비수령권	○	○
보좌관(공무원)	×	○
의원 징계	행정처분 ⇨ 법원제소 ○	헌법상 통치행위 ⇨ 법원제소 ×

국회와의 비교

구분	지방의회	국회
최초 임시회	• 임기개시일부터 25일 이내 • 지방의회 사무처장, 국장, 과장	• 임기개시 후 7일 내에 집회 • 국회 사무총장
임시회 소집요구	재적의원 1/3 이상	재적의원 1/4 이상
의사정족수	재적의원 1/3 이상	재적의원 1/5 이상
의결정족수	재적의원 과반수 출석과 출석의원 과반수 찬성	재적의원 과반수 출석과 출석의원 과반수 찬성
회의 비공개 발의	의원 3인 이상	의원 10인 이상
회기일수 제한	지방의회 조례로 정함	정기회는 100일을, 임시회는 30일을 초과할 수 없음
연회기일수 제한	지방의회 조례로 정함	없음
의장불신임	○	×
의장직무 대행	최다선	최다선
자격심사	재적의원 1/4 이상	30인 이상
위원회에서 폐기된 의안 본회의에 부의	재적의원 1/3 이상	30인 이상

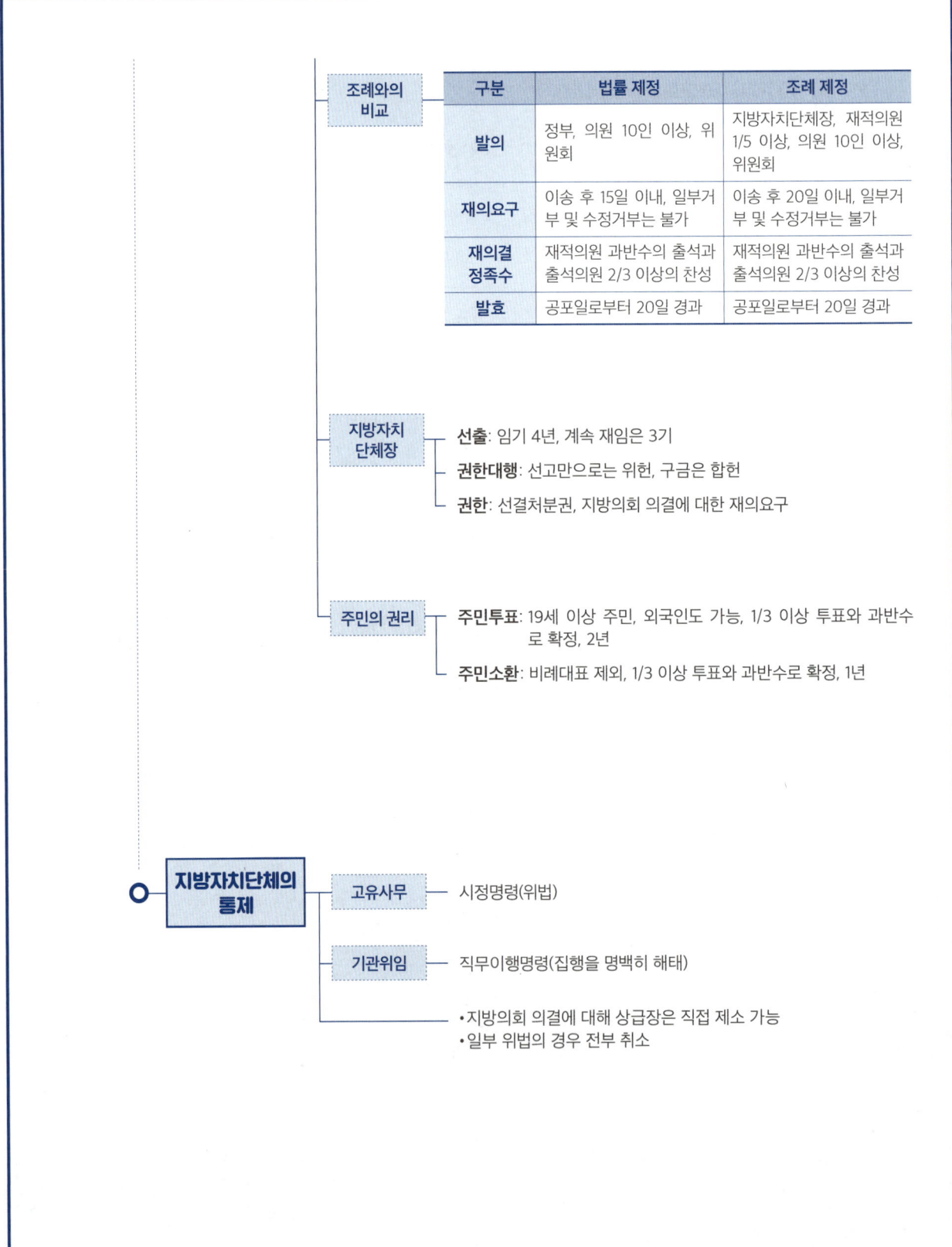

제3절 공무원제도

1 의의

공무원이란 직접 또는 간접적으로 국가나 공공단체와 공법상의 근무관계를 맺고 공공적 업무를 담당하는 자를 말한다.

2 우리나라의 공무원제도

1. 국민전체의 봉사자

> 헌법 제7조 ① 공무원은 국민전체에 대한 봉사자이며, 국민에 대하여 책임을 진다.

경력직과 특수경력직 등 모든 공무원이 이에 해당한다. 공무원은 국민전체에 대한 봉사자이며, 이 경우 선거직 공무원은 물론이고 법령에 의하여 공권력의 행사를 수탁받은 공무수탁사인도 포함된다. 따라서 국민에 대한 봉사가 아닌 정권에 대한 봉사자라거나 자신만을 위해 권력을 남용할 경우에는 파면당하거나 해임당할 수 있으며 법적 책임을 추궁당할 수도 있다.

2. 직업공무원제도

> 헌법 제7조 ② 공무원의 신분과 정치적 중립성은 법률이 정하는 바에 의하여 보장된다.

(1) 의의

신분이 보장되고 정치적 중립성을 갖는 직업공무원으로 하여금 일관성 있는 공무수행을 유지하게 함으로써 안정적이고 능률적인 정책집행을 보장하려는 공직구조제도를 말한다. 헌법 제7조는 직업공무원제도가 국민주권원리에 바탕을 둔 민주적이고 법치주의적인 공직제도임을 밝힌 것이다. 08. 법원직

(2) 범위

> **🔍 관련 판례**
>
> **직업공무원제도가 적용되는 공무원**
>
> 우리나라는 직업공무원제도를 채택하고 있는데, 이는 공무원이 집권세력의 논공행상의 제물이 되는 엽관제도(獵官制度)를 지양하고 정권교체에 따른 국가작용의 중단과 혼란을 예방하고 일관성 있는 공무수행의 독자성을 유지하기 위하여 헌법과 법률에 의하여 공무원의 신분이 보장되는 공직구조에 관한 제도이다. 여기서 말하는 공무원은 국가 또는 공공단체와 근로관계를 맺고 이른바 공법상 특별권력관계 내지 특별행정법관계 아래 공무를 담당하는 것을 직업으로 하는 **협의의 공무원을 말하며 정치적 공무원이라든가 임시적 공무원은 포함되지 않는 것이다**(헌재 1989.12.18, 89헌마32 등).
> 08. 법원직

📋 기출OX

01 국민전체에 대한 봉사자에서의 공무원은 전체 공무원을 의미하나, 직업공무원제도에서의 공무원은 보통 경력직 공무원만을 의미한다. (○) 02. 행시, 05. 사시

02 선거에서 대통령의 중립의무는 헌법 제7조 제2항이 보장하는 직업공무원제도로부터 나오는 헌법적 요청이다. (×) 23. 순경 1차

03 직업공무원제도는 헌법이 보장하는 제도적 보장 중의 하나로서 입법자는 직업공무원제도에 관하여 '최대한 보장'의 원칙하에서 입법형성의 자유를 가진다. (×) 16. 국가직 7급

04 직업공무원제에서 말하는 공무원은 국가 또는 공공단체와 근로관계를 맺고 이른바 공법상 특별권력관계 내지 특별행정법관계 아래 공무를 담당하는 것을 직업으로 하는 협의의 공무원을 의미하고, 정치적 공무원이나 임시적 공무원은 포함되지 않는다. (○) 16. 국가직 7급

05 헌법 제7조 제2항은 공무원이 정당한 이유 없이 해임되지 아니하도록 신분을 보장하여 국민 전체에 대한 봉사자로서 성실히 근무할 수 있도록 하기 위한 것임과 동시에, 공무원의 신분은 무제한 보장되나 공무의 특성을 고려하여 헌법이 정한 신분보장의 원칙 아래 법률로 그 내용을 정할 수 있도록 한 것으로 봄이 헌법재판소의 입장이다. (×) 18. 서울시 7급

(3) 내용

직업공무원제도의 핵심은 바로 국민전체의 봉사자로서 역할을 수행하기 위하여 본인의 책임이 없다면, 조직의 개편 등 불가피한 사정이 없는 한 신분상 불이익한 처분을 받지 아니하는 것을 말한다.

3. 사실상 공무원의 문제

사실상 공무원이란 임용에 하자가 있음에도 불구하고 그 하자가 발견되어 퇴직할 때까지 사실상 그 공무원의 지위를 보유한 이를 말한다. 이러한 사실상 공무원의 경우 보호문제가 논의되지만 현재 학설이나 판례에서는 대부분 이들을 보호해주지 않는다. 즉, 이들의 근무경력을 불인정하는 경우(헌재 2004.4.29, 2003헌바64 참조)도 합헌이며, 특별채용대상에서 제외하는 것, 심지어는 퇴직금을 주지 않은 것에 대해서도 큰 문제를 삼지 않았다(헌재 2012.8.23, 2010헌바425).

> **관련 판례**
>
> **사실상 근무기간의 경력 배제 [합헌]**
> 임용결격·당연퇴직공무원의 사실상 근무기간은 법적 효과가 인정되지 않으므로, 특례법에 의하여 이들을 특별채용한다고 하더라도 그들의 사실상 근무기간은 원칙적으로 유효한 경력으로 인정받을 수 없다. 임용결격자가 임용결격사유가 해소된 후에도 계속 근무하여 왔다 하여 그 때부터 종전 임용행위가 유효로 되어 적법한 공무원의 신분을 회복하는 것은 아니므로, 임용결격사유가 해소된 이후의 사실상 근무경력을 경력과 호봉 산정에서 원칙적으로 배제한 것을 자의적이거나 비합리적이라 보기는 어렵다(헌재 2004.4.29, 2003헌바64).

📖 비교 정리

사실상 공무원

구분	효력
내부 법적	무효
외부 사실상	유효

3 공무원의 정치적 중립

1. 의의

공무원은 국민전체의 봉사자이기 때문에 업무수행에 있어서 정치적 편향성을 띠어서는 안 된다. 이는 엽관제 등으로 인하여 특정인을 위한 봉사자로 행동하게 되는 폐해를 방지하기 위함이다.

2. 내용

공무원의 임용과 인사에 관하여 정치적인 영향력이 미쳐서는 안 되고 신분보장을 법적으로 제도화하여야 한다. 또한 정치적 또는 정실적 요소를 배제하고 자격이나 능력을 기준으로 공무원을 임용하고 승진, 전보하는 실적주의를 원칙으로 해야 한다.

3. 현재 공무원의 정치활동의 제한

헌법은 제33조에서 공무원인 근로자는 법률이 정하는 자에 한하여 단결권·단체교섭권 및 단체행동권을 가진다고 규정하고 있으며, 공무원의 정치활동 제한에 대해서는 국가공무원법 제65조가 정당 기타 정치단체의 가입과 선거운동을 금지하도록 규정하고 있다. 08. 법원직

관련 판례 공무원의 정치활동 제한에 관한 판례

1 동장의 신분보장 [합헌]
직업공무원제도는 헌법이 보장하는 제도적 보장 중의 하나임이 분명하므로 입법자는 직업공무원제도에 관하여 '최소한 보장'의 원칙의 한계 안에서 폭넓은 입법형성의 자유를 가진다. … 따라서 입법자가 동장의 임용의 방법이나 직무의 특성 등을 고려하여 이 사건 법률조항에서 **동장의 공직상의 신분을 지방공무원법상 신분보장의 적용을 받지 아니하는 별정직 공무원의 범주에 넣었다 하여 바로 그 법률조항 부분을 위헌이라고 할 수는 없다**(헌재 1997.4.24, 95헌바48).

2 임용결격공무원의 특별채용대상에서 제외 [합헌]
공무원은 국민에 대한 봉사자로서 **고도의 도덕성이 요구되고 이와 같은 도덕성에 반하는 범죄에 대하여는 사회적 비난이 높아** 그와 같은 범죄로 인한 임용결격사유를 가진 자로 하여금 공무를 수행하게 하는 것은 공직에 대한 국민의 신뢰를 손상시켜 원활한 공무수행을 어렵게 한다. 따라서 이 사건 법률조항이 입법자의 재량을 일탈하여 자의적으로 공무담임권을 침해한 것이라고 볼 수는 없다(헌재 2004.2.26, 2003헌바4).

3 당연퇴직공무원의 근무경력 불인정 [합헌]
특례법 제7조(특별채용)는 특별채용의 기회를 부여하는 것으로 기본적으로 **수익적 규정에 해당하므로, 심사기준은 합리적 근거 유무에 관한 자의금지 심사**라고 할 것이다. 특례법의 주안점은 **당연퇴직사유의 경중에 따라 비난가능성이 낮은 사실상 공무원들을 선별적으로 구제하거나 더 두텁게 보호하고자 하는데 있는 것이 아니라** 당연퇴직사유의 경중을 떠나 그 사유가 있음에도 불구하고 이를 간과하고 사실상 공무원으로 계속 근무하도록 방치한 행정부에 대한 비난과 이에 따라 당연퇴직되었음을 알지 못한 채 그 이후로도 계속 근무한 공무원들의 근로의 대가나 지위에 대한 장기간의 신뢰를 일부나마 보호하기 위한 반성적 고려에 있는 것이다. 그러므로 이 사건 조항이 비합리적이거나 자의적이어서 청구인의 평등권을 침해한 것이라고 할 수 없다(헌재 2004.6.24, 2003헌바111).

4 국회사무처 소속 공무원의 면직 [위헌]
조직의 운영 및 개편상 불가피한 경우(국가공무원법 제70조 제1항 제3호) 외에는 임명권자의 자의적 판단에 의하여 직업공무원에게 면직 등 불리한 인사조치를 함부로 할 수 없고 이에 어긋나는 것일 때에는 직업공무원제도의 본질적 내용을 침해하는 것이 된다. … 조직의 변경과 관련이 없음은 물론 소속 공무원의 귀책사유의 유무라던가 다른 공무원과의 관계에서 형평성이나 합리적 근거 등을 제시하지 아니한 채 임명권자의 후임자 임명이라는 처분에 의하여 그 직을 상실하는 것으로 규정하였으니, 이는 결국 임기만료되거나 정년시까지는 그 신분이 보장된다는 직업공무원제도의 본질적 내용을 침해하는 것으로서 헌법에서 보장하고 있는 공무원의 신분보장규정에 정면으로 위반된다고 아니할 수 없는 것이다(헌재 1989.12.18, 89헌마32).

5 교육공무원의 정년단축 [기각]
임용 당시 공무원법상의 정년까지 근무할 수 있다는 기대와 신뢰는 절대적인 권리로서 보호되어야만 하는 것은 아니고 행정조직, 직제의 변경 또는 예산의 감소 등 강한 공익상의 정당한 근거에 의해 좌우될 수 있는 상대적이고 가변적인 것이라 할 것이므로 입법자에게는 **제반사정을 고려하여 합리적인 범위 내에서 정년을 조정할 입법형성권이 인정된다.** … 초·중등교원의 정년을 62세로 하향조정한 것이 입법형성권의 한계를 벗어난 것이라 할 수 없을 뿐만 아니라, 기존 교원들의 신뢰이익을 지나치게 침해한 것이라고도 보기 어렵다. 그렇다면 이 사건 법률조항은 헌법 제37조 제2항 또는 신뢰보호원칙에 위반하거나, 공무원의 신분보장 정신에 위반하여 공무담임권을 침해하는 것이라 할 수 없다(헌재 2000.12.14, 99헌마112 등).

기출OX

동장을 별정직 공무원으로 규정하여 신분보장을 하지 않은 지방공무원법은 헌법에 위반되지 아니한다. (O)

기출OX

국민이 공무원으로 임용된 경우에 있어서 그가 정년까지 근무할 수 있는 권리는 헌법의 공무원 신분보장규정에 의하여 보호되는 기득권으로서 그 침해 내지 제한은 신뢰보호의 원칙에 위배되지 않는 범위 내에서만 가능하다 할 것이다. (O) 16. 경찰승진

6 국가안전기획부직원의 계급정년 [합헌]

공무원법상의 정년규정까지 근무할 수 있다는 기대 내지 신뢰를 합리적 이유 없이 박탈하는 것은 헌법상의 공무원 신분보장 규정에 위배된다 할 것이다. 그런데 **공무원이 임용 당시의 공무원법상의 정년규정까지 근무할 수 있다는 기대와 신뢰는 행정조직, 직제의 변경 또는 예산의 감소 등 강한 공익상의 정당한 근거에 의하여 좌우될 수 있는 상대적이고 가변적인 것**에 지나지 않는다고 할 것이므로 정년규정을 변경하는 입법은 구법질서에 대하여 기대했던 당사자의 신뢰보호 내지 신분관계의 안정이라는 이익을 지나치게 침해하지 않는 한 공익목적 달성을 위하여 필요한 범위 내에서 입법권자의 입법형성의 재량을 인정하여야 할 것이다. 이 사건 계급정년 규정은 정당한 공익목적을 달성하기 위한 것으로 입법자의 입법형성재량 범위 내에서 입법된 것이라고 할 것이므로 이를 공무원 신분관계의 안정을 침해하는 입법이라고 할 수 없다(헌재 1994.4.28, 91헌바15).

7 지방공무원의 직권면직 [합헌]

행정의 효율성 및 생산성 제고 차원에서는 행정수요가 소멸하거나 조직의 비대화로 효율성이 저하되는 경우 직제를 폐지하거나 인원을 축소하는 것은 불가피한 선택에 해당할 것이다. 그렇다면 이 사건 규정이 직업공무원제도를 위반하고 있다고는 볼 수 없다(헌재 2004.11.25, 2002헌바8).

8 경찰임용결격사유 [합헌]

공무원의 임용결격사유에 대한 규정은 공무원의 직무를 수행하기에 부적격한 자를 그 직무로부터 사전에 배제함으로써 공무원직에 대한 국민의 신뢰를 유지하고 직무의 정상적인 운영을 확보하기 위한 것이다. 특히 경찰공무원은 국민의 생명·신체와 재산에 대한 보호, 범죄의 예방과 수사를 주된 임무로 하는바, 그러한 경찰공무원 직무의 성격상 고도의 직업적 윤리성이 요청된다. 그런데 해임은 파면과 더불어 중징계 중 하나로서 그 행위에 대한 비난가능성이 크며, 징계절차를 거쳐 해임처분을 받은 이상 당해 직무의 수행이 부적절하다고 판단된 것으로 볼 수 있다. 따라서 위와 같은 경찰공무원직의 특수성과 중요성을 고려할 때 이 사건 법률조항은 과잉금지원칙에 위배되어 공무담임권에 대한 과도한 제한이라고 할 수 없다(헌재 2010.9.30, 2009헌바122).

9 금융기관의 임직원의 배임수재

금융기관의 임직원에게는 공무원에 버금가는 정도의 청렴성과 업무의 불가매수성이 요구되고, 이들이 직무와 관련하여 금품수수 등의 수재행위를 하였을 경우에는 별도의 배임행위가 있는지를 불문하고 형사제재를 가함으로써 금융업무와 관련된 각종 비리와 부정의 소지를 없애고, 금융기능의 투명성·공정성을 확보할 필요가 있으므로 특정경제범죄 가중처벌 등에 관한 법률 제5조 제1항에서 금융기관의 임직원의 직무와 관련한 수재행위에 대하여 일반 사인과는 달리 공무원의 수뢰죄와 동일하게 처벌한다고 하더라도 거기에는 합리적인 근거가 있다(헌재 1999.5.27, 98헌바26).

10 지방자치단체장을 위한 퇴직급여제도

지방자치단체장은 특정 정당을 정치적 기반으로 하여 선거에 입후보할 수 있고 선거에 의하여 선출되는 공무원이라는 점에서 헌법 제7조 제2항에 따라 신분보장이 필요하고 정치적 중립성이 요구되는 공무원에 해당한다고 보기 어려우므로 헌법 제7조의 해석상 지방자치단체장을 위한 퇴직급여제도를 마련하여야 할 입법적 의무가 도출된다고 볼 수 없고, 그 외에 헌법 제34조나 공무담임권 보장에 관한 헌법 제25조로부터 위와 같은 입법의무가 도출되지 않는다(헌재 2014.6.26, 2012헌마459).

제4절 지방자치제도

1 지방자치

> 헌법 제117조 ① 지방자치단체는 주민의 복리에 관한 사무를 처리하고 재산을 관리하며, 법령의 범위 안에서 자치에 관한 규정을 제정할 수 있다.
> ② 지방자치단체의 종류는 법률로 정한다.
> 제118조 ① 지방자치단체에 의회를 둔다.
> ② 지방의회의 조직·권한·의원선거와 지방자치단체의 장의 선임방법 기타 지방자치단체의 조직과 운영에 관한 사항은 법률로 정한다. 04. 국가직, 07. 국회직 8급, 08. 법원직

1. 의의
(1) 개념

일정한 지역을 기초로 하는 단체나 일정한 지역의 주민이 그 지방적 사무를 자신의 책임하에 자신이 선출한 기관인 지방자치단체의 장과 지방의회를 통하여 처리하는 대의제 또는 대표제 지방자치를 말한다. 07. 국회직 8급

(2) 지방자치단체의 폐치·분합

> 지방자치법 제5조【지방자치단체의 명칭과 구역】① 지방자치단체의 명칭과 구역은 종전과 같이 하고, 명칭과 구역을 바꾸거나 지방자치단체를 폐지하거나 설치하거나 나누거나 합칠 때에는 법률로 정한다.

(3) 지방자치단체의 해상경계선

과거에는 국립지리원이 발간한 국가기본도상의 해상경계선을 불문법상 경계로 본 적도 있으나 최근에는 불문법상 해상경계선은 존재하지 않고 종합적으로 판단한다고 판시하였다.

관련 판례
지방자치단체의 해상경계선

공유수면에 대한 명시적인 법령상의 규정이나 불문법상 해상경계선이 존재하지 않는다면, 주민·구역·자치권을 구성요소로 하는 지방자치단체의 본질에 비추어 지방자치단체의 관할구역에 경계가 없는 부분이 있다는 것은 상정할 수 없으므로, 헌법재판소가 권한쟁의심판을 통하여 형평의 원칙에 따라 합리적이고 공평하게 해상경계선을 획정하여야 한다(헌재 2021.2.25, 2015헌라7).

기출OX

01 헌법상의 자치권의 범위는 법령에 의하여 형성되고 제한된다. (○)
13. 법원직

02 헌법 제117조 제1항의 "지방자치단체는 법령의 범위 안에서 자치에 관한 규정을 제정할 수 있다."는 규정 중의 '법령'에는 법규명령으로서 기능하는 행정규칙이 포함된다. (○) 18. 5급 승진

비교 정리

구분	형식
명칭·구역변경·폐치분합	법률
관할구역 경계변경·한자변경	대통령령
읍·면·동 폐치분합	조례

폐치분합이란 지방자치단체의 신설 또는 폐지에 따르는 구역의 변경을 말한다.

2. 연혁

제1공화국	제헌헌법 제96조, 제97조	지방의회 구성(1952)
제2공화국	지방자치제 ○	자치단체장 선출
제3공화국	임시조치법	지방자치법 효력정지: 지방의회 해산
제4공화국	헌법 부칙	지방의회: 통일시까지 유예
제5공화국	헌법 부칙	• 지방의회: 재정자립도 감안, 순차적 실시 • 시기: 법률로 규정
제6공화국	지방자치법 개정	지방의회 구성(1992)
	지방자치제 ○	자치단체장 선출(1995, 문민정부)

2 지방자치단체의 사무 ❶

구분	고유사무	단체위임사무	기관위임사무
근거	• 헌법 제117조 제1항 • 지방자치법 제13조 제1항	지방자치법 제13조 제1항 (법령에 의해 위임)	지방자치법 제115조 (국가위임사무집행권)
개념	단체권한 고유사무	법령위임사무	국가·상급기관 위임사무
국가감독	사후 합법성 ❷	사후 합법성·합목적성	사전·사후 합목적성
경비부담	자치단체	국가	위임기관
국정감사	× ❸	○	○
조례제정	○ ❹	○	×
구체적인 내용	• 지방자치단체 구역·조직·행정 • 주민복지증진 • 농림·수산·상공업 등 산업진흥 • 지역개발·자연환경보전·생활환경시설 • 교육·체육·문화·예술진흥 • 지역민방위·소방 • 국제교류·협력	• 징세 • 보건 • 농촌지도 • 생활보호	• 병사 • 선거 • 경찰 • 지적 • 호적(판례: 고유사무)

❶ 지방자치단체의 사무 중 고유사무란 원래 지방자치단체의 일을 말하며, 기관위임사무란 국가의 일을 지방자치단체장에게 위임한 것을 말한다.

❷ 합법성이란 법에 어긋난 일에 대해서만 심사하는 것이고, 합목적성이란 타당한가에 대해서 심사하는 것이다.

❸ 고유사무는 지방의회가 있으므로 굳이 국회에서 감사할 필요가 없다.

❹ 기관위임사무는 조례제정을 할 수 없지만 예외적으로 법에서 조례 입법을 위임하였을 때에는 가능하다.

비교 정리

선거	사무
국가, 국민투표	기관위임
지방선거	자치사무

3 지방자치단체의 기관

지방자치단체의 기관으로는 의결기관으로서 지방의회가 있고, 일반집행기관으로서 지방자치단체의 장이 있다. 07. 국회직 8급

1. 지방의회

(1) 구성

지방의회는 지방의회의원들로 구성되는데 지방의회의원들은 주민들의 보통·평등·직접·비밀·자유선거에 의해 선출된다. 과거에는 무보수·명예직이었으나 현재는 직무활동에 대한 월정수당이 지급된다.

구분	지방의회의원	국회의원
면책·불체포특권	×	○
세비수령권	○	○
보좌관(공무원)	×	○
의원 징계	행정처분 ⇨ 법원제소 ○	헌법상 통치행위 ⇨ 법원제소 ×

(2) 운영

> 지방자치법 제57조【의장·부의장의 선거】① 지방의회는 지방의회의원 중에서 시·도의 경우 의장 1명과 부의장 2명을, 시·군 및 자치구의 경우 의장과 부의장 각 1명을 무기명투표로 선출하여야 한다.
>
> 제62조【의장·부의장의 불신임 의결】① 지방의회의 의장이나 부의장이 법령을 위반하거나 정당한 사유 없이 직무를 수행하지 아니하면 지방의회는 불신임을 의결할 수 있다.
> ② 제1항의 불신임 의결은 재적의원 4분의 1 이상의 발의와 재적의원 과반수의 찬성으로 한다.
>
> 제72조【의사정족수】① 지방의회는 재적의원 3분의 1 이상의 출석으로 개의(開議)한다.
>
> 제73조【의결정족수】① 회의는 이 법에 특별히 규정된 경우 외에는 재적의원 과반수의 출석과 출석의원 과반수의 찬성으로 의결한다.
>
> 제103조【사무직원의 정원과 임면 등】② 지방의회의 의장은 지방의회 사무직원을 지휘·감독하고 법령과 조례·의회규칙으로 정하는 바에 따라 그 임면·교육·훈련·복무·징계 등에 관한 사항을 처리한다.

> 📚 **관련 판례**
>
> **지방의회 직원 임용권을 장에게 부여 [합헌]**
> 지방의회 사무직원의 임용권이 지방자치단체의 장에게 있다고 하더라도 그것이 곧바로 지방의회와 집행기관 사이에 상호견제와 균형의 원리를 침해할 우려로 확대된다거나 또는 지방자치제도의 본질적 내용을 침해한다고 볼 수는 없다(헌재 2014.1.28, 2012헌바216).

(3) 권한
① **의결권**: 지방자치법 기타 특별법에 의결사항으로 규정되어 있는 사항에 한하여 의결권을 가진다.
② **행정사무 감사·조사권**: 원칙적으로 자치사무와 단체위임사무에 대하여 행정조사·감사를 할 수 있다.

(4) 조례제정권
① **법적 근거**: 헌법 제117조 제1항은 지방자치단체의 자치입법권을 인정하고 있는데, 자치입법으로는 지방의회가 정하는 조례와 지방자치단체의 장이 정하는 규칙이 있다. 이 경우 주의할 것은 국민의 기본권을 억압하는 경우에는 법적 근거가 반드시 필요하나, 국민에게 이익이 되는 경우에는 반드시 법적 근거를 요하지는 않는다.

> 📚 **관련 판례**
>
> **1 청주시 행정정보공개조례(안) 재의결 취소 등 청구**
> 그 내용이 주민의 권리의 제한 또는 의무의 부과에 관한 사항이거나 벌칙에 관한 사항이 아닌 한 법률의 위임이 없더라도 조례를 제정할 수 있다 할 것인데, 이 사건 정보공개조례안은 **행정에 대한 주민의 알 권리의 실현을 그 근본내용**으로 하면서도 이로 인한 개인의 권익침해 가능성을 배제하고 있으므로 … 그 제정에 있어서 반드시 **법률의 개별적 위임이 따로 필요한 것은 아니라 할 것이다**(대판 1992.6.23, 92추17).
>
> **2 차고지 조례**
> 차고지확보제도 조례안이 자동차·건설기계의 보유자에게 차고지확보의무를 부과하는 한편 자동차관리법에 의한 자동차등록 및 건설기계관리법에 의한 건설기계등록·변경신고를 하려는 자동차·건설기계의 보유자에게 차고지확보 입증서류의 제출의무를 부과하는 것을 그 내용으로 하고 있다면, 이는 주민의 권리를 제한하고 의무를 부과하는 것임이 분명하므로 지방자치법 제15조 단서의 규정에 따라 그에 관한 법률의 위임이 있어야만 적법하다(대판 1997.4.25, 96추251).

기출OX

01 지방의회는 재적의원 3분의 1 이상의 출석으로 개의한다. (O)
01. 사시, 02. 입시

02 지방의회의 의원이 다른 의원의 자격에 대하여 이의가 있는 때는 재적의원 4분의 1 이상의 연서로 자격심사를 청구할 수 있다. (O)
02. 입시

기출OX

자치입법권은 헌법에 규정되어 있으나 헌법 제117조 제1항이 자치사무와 단체위임사무를 처리할 권한을 지방자치단체에게 직접 부여하고 있는 것은 아니다. (O)
08. 법원직

② 법률과 조례 비교
  ㉠ 제정절차의 비교

구분	법률제정	조례제정
발의	정부, 의원 10인 이상, 위원회	지방자치단체장, 재적의원 1/5 이상, 의원 10인 이상, 위원회
재의요구	• 기간: 이송 후 15일 이내 • 일부거부 및 수정거부는 불가	• 기간: 이송 후 20일 이내 • 일부거부 및 수정거부는 불가
재의결 정족수	재적의원 과반수의 출석과 출석의원 3분의 2 이상의 찬성	재적의원 과반수의 출석과 출석의원 3분의 2 이상의 찬성
발효	공포일로부터 20일 경과	공포일로부터 20일 경과

  ㉡ 법률과 조례의 관계❶

법률선점 이론	조례가 법률과 동일한 목적을 가진 경우 법률의 규제기준 이상의 엄격한 기준을 두어 규제하는 것은 법률에 이를 허용한다는 규정이 없는 이상 허용될 수 없다는 견해이다.
수정법률 선점이론	최대한 규제입법의 경우, 즉 법률이 전국적으로 일률적 기준을 두어 평등한 규제를 실시하고자 하는 경우 엄격한 기준을 두어 규제하는 것은 허용될 수 없으나, 최소규제입법의 경우에는 지방자치단체가 그 영역의 특수한 사정을 고려할 필요가 인정될 경우 더욱 엄격하게 규제하는 것이 허용된다.

관련 판례

정선군 세 자녀 이상 세대 양육비 등 지원에 관한 조례안

지방자치단체는 법령에 위반되지 아니하는 범위 내에서 그 사무에 관하여 조례를 제정할 수 있는 것이고, 조례가 규율하는 특정 사항에 관하여 그것을 규율하는 국가의 법령이 이미 존재하는 경우에도 조례가 법령과 별도의 목적에 기하여 규율함을 의도하는 것으로서 그 적용에 의하여 법령의 규정이 의도하는 목적과 효과를 전혀 저해하는 바가 없는 때, 또는 양자가 동일한 목적에서 출발한 것이라고 할지라도 국가의 법령이 반드시 그 규정에 의하여 전국에 걸쳐 일률적으로 동일한 내용을 규율하려는 취지가 아니고 각 지방자치단체가 그 지방의 실정에 맞게 별도로 규율하는 것을 용인하는 취지라고 해석되는 때에는 그 조례가 국가의 법령에 위반되는 것은 아니다. … 저출산·고령화사회기본법의 목적과 입법취지 및 지방자치단체로 하여금 지역실정에 부합하는 저출산·고령화정책을 수립·시행하도록 한 점 등 그 규정 내용에 비추어 볼 때, 이 사건 조례안은 저출산·고령화사회기본법에 위배된다고 할 수 없다(대판 2006. 10.12, 2006추38).

③ 대상사무: 원칙적으로 자치사무와 단체위임사무가 가능하다. 따라서 기관위임사무는 국가의 사무이기 때문에 법령에서 특별히 규정하고 있는 경우를 제외하고는 그 대상사무에서 제외된다. 또한 조례는 민주적 정당성을 지닌 지방의회가 만든 것이므로 포괄위임이 허용된다. 다만, 이 경우에도 형벌법규 등 기본적 구성요건은 법에 규정되어 있어야 한다.

기출OX

지방자치단체의 장은 조례안의 일부에 대하여 또는 조례안을 수정하여 재의를 요구할 수 없다. (O)

❶ 법률선점이론은 법률이 조례보다 상위개념이기 때문에 조례가 법률과 동일하게 되면 필요 없는 것이 되고, 법률에 위배되면 상위법령에 위배되어 제거하므로 어떻게든 조례가 들어올 수 없다는 이론이다. 다만, 수정법률선점이론은 그 법의 취지를 생각해보자는 내용이다. 즉, 정선군 세 자녀 양육비 지원 판례처럼 법과 다른 내용을 가지더라도 법령의 취지가 더 많은 지원을 해야 하는데 국가 재정 때문에 그렇게 하기 힘든 상황이라면 당연히 더 많은 지원을 해도 된다는 의미이다.

기출OX

조례가 규율하는 특정 사항에 관하여 그것을 규율하는 국가의 법령이 이미 존재하는 경우에도 조례가 법령과 별도의 목적에 기하여 규율함을 의도하는 것으로서 그 적용에 의하여 법령의 규정이 의도하는 목적과 효과를 전혀 저해하는 바가 없는 때에는 그 조례가 국가의 법령에 위반되는 것은 아니다. (O)

12. 지방직 7급

비교 정리

조례

법령	
일반적	법령에 위반되지 않으면 됨
의무부과	법률의 위임이 있어야 함
포괄위임	허용 여부
일반적	O
위임조례, 형벌	×

관련 판례 조례제정에 관한 판례

1 포괄위임의 허용
조례의 제정권자인 지방의회는 선거를 통해서 그 지역적인 민주적 정당성을 지니고 있는 주민의 대표기관이고 헌법이 지방자치단체에 포괄적인 자치권을 보장하고 있는 취지로 볼 때, 조례에 대한 법률의 위임은 법규명령에 대한 법률의 위임과 같이 반드시 구체적으로 범위를 정하여 할 필요가 없으며 포괄적인 것으로 족하다(헌재 1995.4.20, 92헌마264 등). 04. 국가직 7급, 06·07. 국회직 8급

2 조례제정의 범위
지방자치법은 지방의회와 지방자치단체의 장에게 독자적 권한을 부여하고 상호견제와 균형을 이루도록 하고 있으므로, 법률에 특별한 규정이 없는 한 조례로써 견제의 범위를 넘어서 고유권한을 침해하는 규정을 할 수 없고, 일방의 고유권한을 타방이 행사하게 하는 내용의 조례는 지방자치법에 위배된다.
그러므로 지방의회가 집행기관의 인사권에 관하여 소극적, 사후적으로 개입하는 것은 그것이 견제의 범위 안에 드는 경우에는 허용되나, 집행기관의 인사권을 독자적으로 행사하거나 동등한 지위에서 합의하여 행사할 수 없고, 사전에 적극적으로 개입하는 것도 원칙적으로 허용되지 아니한다(대판 1996.5.14, 96추15).

3 기관위임사무에 관한 조례제정
기관위임사무와 같이 지방자치단체의 장이 국가기관의 지위에서 수행하는 사무일 뿐 지방자치단체 자체의 사무라고 할 수 없는 것은 원칙적으로 자치조례의 제정범위에 속하지 않는다. … **기관위임사무에 있어서도 그에 관한 개별법령에서 일정한 사항을 조례로 정하도록 위임하고 있는 경우에는 지방자치단체의 자치조례 제정권과 무관하게 이른바 위임조례를 정할 수 있다**고 하겠으나 이때에도 그 내용은 개별법령이 위임하고 있는 사항에 관한 것으로서 개별법령의 취지에 부합하는 것이라야만 하고, 그 범위를 벗어난 경우에는 위임조례로서의 효력도 인정할 수 없다(대판 1999.9.17, 99추30).

④ 조례위반: 1천만원 이하의 과태료를 조례로 정할 수 있다(형벌 ×).

관련 판례
지방의회 재의결 일부의 위법
의결의 일부에 대한 효력배제는 결과적으로 전체적인 의결의 내용을 변경하는 것에 다름 아니어서 의결기관인 지방의회의 고유권한을 침해하는 것이 될 뿐 아니라, 그 **일부만의 효력배제는 자칫 전체적인 의결내용을 지방의회의 당초의 의도와는 다른 내용으로 변질시킬 우려**가 있으며, 또 재의요구가 있는 때에는 재의요구에서 지적한 이의사항이 의결의 일부에 관한 것이라고 하여도 의결 전체가 실효되고 재의결만이 의결로서 효력을 발생하는 것이어서 의결의 일부에 대한 재의요구나 수정재의 요구가 허용되지 않는 점에 비추어 보아도 재의결의 내용 전부가 아니라 그 일부만이 위법한 경우에도 대법원은 **의결 전부의 효력을 부인할 수밖에 없다**(대판 1992.7.28, 92추31).

기출OX
지방자치단체가 주민에게 의무를 부과하는 조례를 제정하는 경우 법률의 포괄적 위임으로 족하다는 것이 헌법재판소의 입장이다. (○) 04. 국가직 7급

기출OX
조례에 대한 법률의 위임은 기관위임사무를 대상으로 하는 경우에도 반드시 구체적으로 범위를 정하여 할 필요가 없으며 포괄적인 것으로 족하다. (×) 19. 법원직
→ 기관위임사무의 경우에는 위임조례를 정할 수 있으나 이때에는 개별 법령의 취지에 부합하는 내용만 규정할 수 있으며, 그 취지를 벗어난 경우 무효가 된다(대판 1999.9.17, 99추30).

기출OX
01 대법원의 심리 결과 조례안의 일부 조항이 법령에 위반되어 위법한 경우 그 조례안에 대한 지방의회의 재의결 전부의 효력이 부인된다(대판 2001.11.27, 2001추57). (○) 06. 국회직 8급
02 조례안의 일부가 법령에 위반되어 위법한 경우에는 그 조례안에 대한 재의결 전부 효력이 부인된다. (○) 13. 법원직

2. 지방자치단체의 장

(1) 선출

> 헌법 제118조 ① 지방자치단체에 의회를 둔다.
> ② 지방의회의 조직·권한·의원선거와 지방자치단체의 장의 선임방법 기타 지방자치단체의 조직과 운영에 관한 사항은 법률로 정한다.

헌법은 제118조 제2항에서 '지방의회의 조직·권한·의원선거와 지방자치단체의 장의 선임방법 기타 지방자치단체의 조직과 운영에 관한 사항은 법률로 정한다'고 할 뿐이어서 지방자체단체의 장을 지방의회에서 선출하도록 하는 법률을 제정한다고 하여도 헌법에 위반되는 것은 아니다. 04. 국가직 7급

🔖 관련 판례

1 지방자치단체장 선거
지방자치단체의 장 선거권 역시 다른 선거권과 마찬가지로 헌법 제24조에 의해 보호되는 기본권으로 인정하여야 한다(헌재 2016.10.27, 2014헌마797).

2 지방자치단체장의 재임 [기각]
지방치단체장은 지방자치단체의 공무원 및 지역 지지세력을 이용하거나 인사권을 비롯한 많은 권한을 통해 다른 후보자에 비해 선거에서 절대적인 우위를 확보할 수 있어 장기집권의 가능성이 높고, **장기집권 과정에서 형성된 사조직이나 파벌 등이 엽관제적 인사로 연결되어 공무원들의 사기 저하, 부정부패와 낭비적인 지방행정 등이 이루어질 소지가 높아** 결국 지역발전의 걸림돌이 될 수 있다. 이에 반해 현행 지방자치법하에서 자치단체장에 대한 강력한 견제수단은 미흡하다(헌재 2006.2.23, 2005헌마403).

3 통합창원시장❶ [각하]
계속 재임을 3기로 제한함에 있어 폐지되는 지방자치단체장으로 재임한 것까지 포함시킬지 여부는 입법재량에 달려 있다(헌재 2010.6.24, 2010헌마167).

(2) 권한

① **일반적 권한**: 지방자치단체의 장은 지방자치단체의 사무를 통할, 관리, 집행하며, 규칙을 제정하고 소속 직원의 임용 및 감독권을 가진다. 또한 하부 자치단체장에 대해서 직무이행명령을 내릴 수 있다.

② **지방의회의결에 대한 재의요구 및 제소권** 05. 입시, 08. 법원직

> 지방자치법 제120조【지방의회의 의결에 대한 재의요구와 제소】① 지방자치단체의 장은 지방의회의 의결이 월권이거나 법령에 위반되거나 공익을 현저히 해친다고 인정되면 그 의결사항을 이송받은 날부터 20일 이내에 이유를 붙여 재의를 요구할 수 있다.❷
> ② 제1항의 요구에 대하여 재의한 결과 재적의원 과반수의 출석과 출석의원 3분의 2 이상의 찬성으로 전과 같은 의결을 하면 그 의결사항은 확정된다.

📝 기출OX

헌법 제118조 제2항에서 지방자치단체의 장의 '선임방법'에 관한 사항은 법률로 정한다고 규정하고 있으므로 지방자치단체의 장 선거권은 다른 공직선거권과 달리 헌법상 보장되는 기본권으로 볼 수 없다. (×)
22. 국가직 7급

❶ 기존 지방자치단체장으로 재임한 기간을 포함하여 3기에 한한다는 명시적 규정을 두어야 한다(입법부작위)는 주장에 그러한 규정은 찾아볼 수 없다고 보았다.

📝 기출OX

지방자치단체의 장의 임기는 4년으로 하고 그 계속 재임은 3기에 한한다. (○)
01. 법행

❷ 대통령은 법률안에 대해서만 재의를 요구할 수 있으나, 지방자치단체장은 조례안뿐만 아니라 의결 전체에 대해서 재의를 요구할 수 있다.

📝 기출OX

지방자치단체의 장은 지방의회에서 재의결된 사항이 법령에 위반된다고 인정되는 경우 대법원에 소를 제기할 수 있다. (○)
09. 사시

③ 지방자치단체의 장은 제2항에 따라 재의결된 사항이 법령에 위반된다고 인정되면 대법원에 소(訴)를 제기할 수 있다. 이 경우에는 제192조 제4항을 준용한다.

제121조 【예산상 집행 불가능한 의결의 재의요구】 ① 지방자치단체의 장은 지방의회의 의결이 예산상 집행할 수 없는 경비를 포함하고 있다고 인정되면 그 의결사항을 이송받은 날부터 20일 이내에 이유를 붙여 재의를 요구할 수 있다.
② 지방의회가 다음 각 호의 어느 하나에 해당하는 경비를 줄이는 의결을 할 때에도 제1항과 같다.
1. 법령에 따라 지방자치단체에서 의무적으로 부담하여야 할 경비
2. 비상재해로 인한 시설의 응급 복구를 위하여 필요한 경비
③ 제1항과 제2항의 경우에는 제120조 제2항을 준용한다.

제192조 【지방의회 의결의 재의와 제소】 ④ 지방자치단체의 장은 제3항에 따라 재의결된 사항이 법령에 위반된다고 판단되면 재의결된 날부터 20일 이내에 대법원에 소를 제기할 수 있다. 이 경우 필요하다고 인정되면 그 의결의 집행을 정지하게 하는 집행정지결정을 신청할 수 있다.

(3) 권한대행

지방자치법 제124조 【지방자치단체의 장의 권한대행 등】 ① 지방자치단체의 장이 다음 각 호의 어느 하나에 해당되면 부지사·부시장·부군수·부구청장(이하 이 조에서 '부단체장'이라 한다)이 그 권한을 대행한다.
1. 궐위된 경우
2. 공소 제기된 후 구금상태에 있는 경우
3. 의료법에 따른 의료기관에 60일 이상 계속하여 입원한 경우

관련 판례

1 선고로 인한 권한대행 [헌법불합치]

이 사건 법률조항은 '금고 이상의 형이 선고되었다'는 사실 자체에 주민의 신뢰가 훼손되고 자치단체장으로서 직무의 전념성이 해쳐질 것이라는 부정적 의미를 부여한 후, 그러한 판결이 선고되었다는 사실만을 유일한 요건으로 하여, 형이 확정될 때까지의 불확정한 기간 동안 자치단체장으로서의 직무를 정지시키는 불이익을 가하고 있으며, 그와 같이 불이익을 가함에 있어 필요최소한에 그치도록 엄격한 요건을 설정하지도 않았으므로, 위 무죄추정의 원칙에 위배된다(헌재 2010.9.2, 2010헌마418).

2 구금으로 인한 지방자치단체장의 권한대행 [기각]

자치단체장이 '공소제기된 후 구금상태'에 있다는 것은 자치단체장직을 수행할 사람의 신병이 일반사회로부터 격리되어 구치소나 교도소에 수감되어 있는 '사실적·물리적 부재상태'를 의미한다. 따라서 자치단체행정의 시의적절하고 원활한 운영과 주민의 복리에 초래될 수 있는 위험을 미연에 방지하기 위하여는, '공소제기된 후 구금상태에 있는' 자치단체장을 해당 직무에서 배제시키는 방법 외에는 달리 의미 있는 대안을 찾을 수 없다 할 것이다. 따라서 이는 공무담임권을 제한함에 있어 과잉금지원칙에 위배되지 않는다(헌재 2011.4.28, 2010헌마474).

비교 정리

지방자치단체장의 권한대행

구분	원활한 직무수행	권한대행
구금	×	○
선고	○	×

기출OX

01 다만, 선고로 인한 경우라도 위임한 선출의 정당성이 무너지거나 공무담임권 위임의 본지를 배반하는 직무상 범죄를 저지른 경우에는 권한대행은 합헌이다. (○)
11. 지방직 7급

02 지방자치단체의 장이 공소제기된 후 구금상태에 있는 경우 부단체장이 그 권한을 대행하도록 하는 것은 무죄추정원칙에 위배된다. (×)
12. 지방직 7급

3. 주민의 권리

> 지방자치법 제16조【주민의 자격】지방자치단체의 구역에 주소를 가진 자는 그 지방자치단체의 주민이 된다.
>
> 제17조【주민의 권리】① 주민은 법령으로 정하는 바에 따라 주민생활에 영향을 미치는 지방자치단체의 정책의 결정 및 집행 과정에 참여할 권리를 가진다.
> ② 주민은 법령으로 정하는 바에 따라 소속 지방자치단체의 재산과 공공시설을 이용할 권리와 그 지방자치단체로부터 균등하게 행정의 혜택을 받을 권리를 가진다.
> ③ 주민은 법령으로 정하는 바에 따라 그 지방자치단체에서 실시하는 지방의회의원과 지방자치단체의 장의 선거(이하 "지방선거"라 한다)에 참여할 권리를 가진다.

주민투표권, 조례제정·개폐청구권, 주민감사청구권은 지방자치법에 근거하여 법률상 보장되는 권리이며, 지방자치제도의 본질적인 내용을 이루는 것은 아니다. 07. 국회직 8급

🔨 관련 판례

지방자치의 본질적 보장 [합헌]

우리의 지방자치법이 비록 주민에게 주민투표권(제14조)과 조례의 제정 및 개폐청구권(제15조) 및 감사청구권(제16조)를 부여함으로써 주민이 지방자치사무에 직접 참여할 수 있는 길을 열어 놓고 있다 하더라도 이러한 제도는 어디까지나 입법자의 결단에 의하여 채택된 것일 뿐, 헌법이 이러한 제도의 도입을 보장하고 있는 것은 아니다. 그러므로 지방자치법 제13조의2가 주민투표의 법률적 근거를 마련하면서, 주민투표에 관련된 구체적 절차와 사항에 관하여는 따로 법률로 정하도록 하였다고 하더라도 주민투표에 관련된 구체적인 절차와 사항에 대하여 입법하여야 할 헌법상 의무가 국회에게 발생하였다고 할 수는 없다(헌재 2001.6.28, 2000헌마735). 04. 국가직 7급

(1) 선거권·피선거권과 공공시설 이용권

(2) 주민투표권

> 주민투표법 제14조【주민투표의 투표일】① 주민투표의 투표일은 제13조 제2항에 따른 주민투표발의일부터 23일 이후 첫 번째 수요일로 한다.

① 주민투표권자

> 주민투표법 제5조【주민투표권】① 18세 이상의 주민 중 제6조 제1항에 따른 투표인명부 작성기준일 현재 다음 각 호의 어느 하나에 해당하는 사람에게는 주민투표권이 있다. 다만, 공직선거법 제18조에 따라 선거권이 없는 사람에게는 주민투표권이 없다.
> 1. 그 지방자치단체의 관할 구역에 주민등록이 되어 있는 사람
> 2. 출입국관리 관계 법령에 따라 대한민국에 계속 거주할 수 있는 자격(체류자격변경허가 또는 체류기간연장허가를 통하여 계속 거주할 수 있는 경우를 포함한다)을 갖춘 외국인으로서 지방자치단체의 조례로 정한 사람
> ② 주민투표권자의 연령은 투표일 현재를 기준으로 산정한다.

> **기출 OX**
>
> 주민투표의 결과는 지방자치단체의 장을 구속할 수 없다. (×)

② 주민투표의 대상 및 실시

주민투표법 제7조【주민투표의 대상】① 주민에게 과도한 부담을 주거나 중대한 영향을 미치는 지방자치단체의 주요결정사항은 주민투표에 부칠 수 있다.
② 제1항에도 불구하고 다음 각 호의 어느 하나에 해당하는 사항은 주민투표에 부칠 수 없다.
1. 법령에 위반되거나 재판중인 사항
2. 국가 또는 다른 지방자치단체의 권한 또는 사무에 속하는 사항
3. 지방자치단체가 수행하는 다음 각 목의 어느 하나에 해당하는 사무의 처리에 관한 사항
　가. 예산 편성·의결 및 집행
　나. 회계·계약 및 재산관리
3의2. 지방세·사용료·수수료·분담금 등 각종 공과금의 부과 또는 감면에 관한 사항
4. 행정기구의 설치·변경에 관한 사항과 공무원의 인사·정원 등 신분과 보수에 관한 사항
5. 다른 법률에 의하여 주민대표가 직접 의사결정주체로서 참여할 수 있는 공공시설의 설치에 관한 사항. 다만, 제9조 제5항의 규정에 의하여 지방의회가 주민투표의 실시를 청구하는 경우에는 그러하지 아니하다.
6. 동일한 사항(그 사항과 취지가 동일한 경우를 포함한다)에 대하여 주민투표가 실시된 후 2년이 경과되지 아니한 사항

제8조【국가정책에 관한 주민투표】① 중앙행정기관의 장은 지방자치단체를 폐지하거나 설치하거나 나누거나 합치는 경우 또는 지방자치단체의 구역을 변경하거나 주요시설을 설치하는 등 국가정책의 수립에 관하여 주민의 의견을 듣기 위하여 필요하다고 인정하는 때에는 주민투표의 실시구역을 정하여 관계 지방자치단체의 장에게 주민투표의 실시를 요구할 수 있다. 이 경우 중앙행정기관의 장은 미리 행정안전부장관과 협의하여야 한다.
② 지방자치단체의 장은 제1항의 규정에 의하여 주민투표의 실시를 요구받은 때에는 지체 없이 이를 공표하여야 하며, 공표일부터 30일 이내에 그 지방의회의 의견을 들어야 한다.
③ 제2항의 규정에 의하여 지방의회의 의견을 들은 지방자치단체의 장은 그 결과를 관계 중앙행정기관의 장에게 통지하여야 한다.
④ 제1항의 규정에 의한 주민투표에 관하여는 제7조, 제16조, 제24조 제1항·제5항·제6항, 제25조 및 제26조의 규정을 적용하지 아니한다.

제9조【주민투표의 실시요건】① 지방자치단체의 장은 다음 각 호의 어느 하나에 해당하는 경우에는 주민투표를 실시할 수 있다. 이 경우 제1호 또는 제2호에 해당하는 경우에는 주민투표를 실시하여야 한다.
1. 주민이 제2항에 따라 주민투표의 실시를 청구하는 경우
2. 지방의회가 제5항에 따라 주민투표의 실시를 청구하는 경우
3. 지방자치단체의 장이 주민의 의견을 듣기 위하여 필요하다고 판단하는 경우

② 18세 이상 주민 중 제5조 제1항 각 호의 어느 하나에 해당하는 사람(같은 항 각 호 외의 부분 단서에 따라 주민투표권이 없는 자는 제외한다. 이하 '주민투표청구권자'라 한다)는 주민투표청구권자 총수의 20분의 1 이상 5분의 1 이하의 범위에서 지방자치단체의 조례로 정하는 수 이상의 서명으로 그 지방자치단체의 장에게 주민투표의 실시를 청구할 수 있다.
1. 삭제
2. 삭제
③ 주민투표청구권자 총수는 전년도 12월 31일 현재의 주민등록표 및 외국인등록표에 따라 산정한다.
④ 지방자치단체의 장은 매년 1월 10일까지 제3항의 규정에 의하여 산정한 주민투표청구권자 총수를 공표하여야 한다.
⑤ 지방의회는 재적의원 과반수의 출석과 출석의원 3분의 2 이상의 찬성으로 그 지방자치단체의 장에게 주민투표의 실시를 청구할 수 있다.
⑥ 지방자치단체의 장은 직권에 의하여 주민투표를 실시하고자 하는 때에는 그 지방의회 재적의원 과반수의 출석과 출석의원 과반수의 동의를 얻어야 한다.

제13조【주민투표의 발의】① 지방자치단체의 장은 다음 각 호의 어느 하나에 해당하는 경우에는 지체 없이 그 요지를 공표하고 관할선거관리위원회에 통지하여야 한다.
1. 제8조 제3항의 규정에 의하여 관계 중앙행정기관의 장에게 주민투표를 발의하겠다고 통지한 경우
2. 제9조 제2항 또는 제5항의 규정에 의한 주민투표청구가 적법하다고 인정되는 경우
3. 제9조 제6항의 규정에 의한 동의를 얻은 경우
② 지방자치단체의 장은 제1항에 따라 공표한 날부터 7일 이내(제3항에 따라 주민투표의 발의가 금지되는 기간은 산입하지 아니한다)에 투표일과 주민투표안을 공고함으로써 주민투표를 발의한다. 다만, 지방자치단체의 장 또는 지방의회가 주민투표청구의 목적을 수용하는 결정을 한 때에는 주민투표를 발의하지 아니한다.
③ 지방자치단체의 관할구역의 전부 또는 일부에 대하여 공직선거법의 규정에 의한 선거가 실시되는 때에는 그 선거의 선거일 전 60일부터 선거일까지의 기간 동안에는 주민투표를 발의할 수 없다.

③ 주민투표결과의 확정과 효력에 대한 이의

주민투표법 제24조【주민투표결과의 확정】① 주민투표에 부쳐진 사항은 주민투표권자 총수의 4분의 1 이상의 투표와 유효투표수 과반수의 득표로 확정된다. 다만, 다음 각 호의 어느 하나에 해당하는 경우에는 찬성과 반대 양자를 모두 수용하지 아니하거나, 양자택일의 대상이 되는 사항 모두를 선택하지 아니하기로 확정된 것으로 본다.
1. 전체 투표수가 주민투표권자 총수의 4분의 1에 미달되는 경우
2. 주민투표에 부쳐진 사항에 관한 유효득표수가 동수인 경우

② 삭제
⑤ 지방자치단체의 장 및 지방의회는 주민투표결과 확정된 내용대로 행정·재정상의 필요한 조치를 하여야 한다.
⑥ 지방자치단체의 장 및 지방의회는 주민투표결과 확정된 사항에 대하여 2년 이내에는 이를 변경하거나 새로운 결정을 할 수 없다.❶ 다만, 제1항 단서의 규정에 의하여 찬성과 반대 양자를 모두 수용하지 아니하거나 양자택일의 대상이 되는 사항 모두를 선택하지 아니하기로 확정된 때에는 그러하지 아니하다.

제25조【주민투표소송 등】① 주민투표의 효력에 관하여 이의가 있는 주민투표권자는 주민투표권자 총수의 100분의 1 이상의 서명으로 제24조 제3항에 따라 주민투표결과가 공표된 날부터 14일 이내에 관할선거관리위원회 위원장을 피소청인으로 하여 시·군·구의 경우에는 시·도선거관리위원회에, 시·도의 경우에는 중앙선거관리위원회에 소청할 수 있다.
② 소청인은 제1항에 따른 소청에 대한 결정에 불복하려는 경우 관할선거관리위원회위원장을 피고로 하여 그 결정서를 받은 날(결정서를 받지 못한 때에는 결정기간이 종료된 날을 말한다)부터 10일 이내에 시·도의 경우에는 대법원에, 시·군·구의 경우에는 관할 고등법원에 소를 제기할 수 있다.
③ 주민투표에 관한 소청 및 소송의 절차에 관하여는 이 법에 규정된 사항을 제외하고는 공직선거법 제219조부터 제229조까지의 규정 중 지방자치단체의 장 및 의원에 관한 규정을 준용한다.

(3) 조례제정·개폐청구권

지방자치법 제19조【조례의 제정과 개정·폐지 청구】① 주민은 지방자치단체의 조례를 제정하거나 개정하거나 폐지할 것을 청구할 수 있다.
② 조례의 제정·개정 또는 폐지 청구의 청구권자·청구대상·청구요건 및 절차 등에 관한 사항은 따로 법률로 정한다.

주민조례발안에 관한 법률 제2조【주민조례청구권자】18세 이상의 주민으로서 다음 각 호의 어느 하나에 해당하는 사람(공직선거법 제18조에 따른 선거권이 없는 사람은 제외한다. 이하 '청구권자'라 한다)은 해당 지방자치단체의 의회(이하 '지방의회'라 한다)에 조례를 제정하거나 개정 또는 폐지할 것을 청구(이하 '주민조례청구'라 한다)할 수 있다.
1. 해당 지방자치단체의 관할 구역에 주민등록이 되어 있는 사람
2. 출입국관리법 제10조에 따른 영주(永住)할 수 있는 체류자격 취득일 후 3년이 지난 외국인으로서 같은 법 제34조에 따라 해당 지방자치단체의 외국인등록대장에 올라 있는 사람

제4조【주민조례청구 제외 대상】다음 각 호의 사항은 주민조례청구 대상에서 제외한다.
1. 법령을 위반하는 사항
2. 지방세·사용료·수수료·부담금을 부과·징수 또는 감면하는 사항
3. 행정기구를 설치하거나 변경하는 사항
4. 공공시설의 설치를 반대하는 사항

---

❶ 주민투표에 부쳐진 사항은 주민투표권자 총수의 3분의 1 이상의 투표와 유효투표수 과반수의 득표로 확정되며, 지방자치단체의 장 및 지방의회는 주민투표결과 확정된 사항에 대하여 2년 이내에는 이를 변경하거나 새로운 결정을 할 수 없다.

기출OX
지방자치법상 주민의 조례제정·개폐청구권 및 감사청구권은 헌법상 보장된 지방자치제도의 본질적 내용을 이룬다. (×) 07. 국회직 8급

제5조【주민조례청구 요건】① 청구권자가 주민조례청구를 하려는 경우에는 다음 각 호의 구분에 따른 기준 이내에서 해당 지방자치단체의 조례로 정하는 청구권자 수 이상이 연대 서명하여야 한다.
1. 특별시 및 인구 800만 이상의 광역시·도: 청구권자 총수의 200분의 1
2. 인구 800만 미만의 광역시·도, 특별자치시, 특별자치도 및 인구 100만 이상의 시: 청구권자 총수의 150분의 1
3. 인구 50만 이상 100만 미만의 시·군 및 자치구: 청구권자 총수의 100분의 1
4. 인구 10만 이상 50만 미만의 시·군 및 자치구: 청구권자 총수의 70분의 1
5. 인구 5만 이상 10만 미만의 시·군 및 자치구: 청구권자 총수의 50분의 1
6. 인구 5만 미만의 시·군 및 자치구: 청구권자 총수의 20분의 1

제12조【청구의 수리 및 각하】지방의회의 의장은 지방자치법 제76조 제1항에도 불구하고 이 조 제1항에 따라 주민조례청구를 수리한 날부터 30일 이내에 지방의회의 의장 명의로 주민청구조례안을 발의하여야 한다.

제13조【주민청구조례안의 심사 절차】① 지방의회는 제12조 제1항에 따라 주민청구조례안이 수리된 날부터 1년 이내에 주민청구조례안을 의결하여야 한다. 다만, 필요한 경우에는 본회의 의결로 1년 이내의 범위에서 한 차례만 그 기간을 연장할 수 있다.
② 지방의회는 심사 안건으로 부쳐진 주민청구조례안을 의결하기 전에 대표자를 회의에 참석시켜 그 청구의 취지(대표자와의 질의·답변을 포함한다)를 들을 수 있다.
③ 지방자치법 제79조 단서에도 불구하고 주민청구조례안은 제12조 제1항에 따라 주민청구조례안을 수리한 당시의 지방의회의원의 임기가 끝나더라도 다음 지방의회의원의 임기까지는 의결되지 못한 것 때문에 폐기되지 아니한다.

(4) 주민감사청구권

지방자치법 제21조【주민의 감사 청구】① 지방자치단체의 18세 이상의 주민으로서 다음 각 호의 어느 하나에 해당하는 사람은 시·도는 300명, 제198조에 따른 인구 50만 이상 대도시는 200명, 그 밖의 시·군 및 자치구는 150명 이내에서 그 지방자치단체의 조례로 정하는 수 이상의 18세 이상의 주민이 연대 서명하여 그 지방자치단체와 그 장의 권한에 속하는 사무의 처리가 법령에 위반되거나 공익을 현저히 해친다고 인정되면 시·도의 경우에는 주무부장관에게, 시·군 및 자치구의 경우에는 시·도지사에게 감사를 청구할 수 있다.

(5) 주민소송권

> 지방자치법 제22조 【주민소송】 ⑤ 제2항 각 호의 소송이 진행 중이면 다른 주민은 같은 사항에 대하여 별도의 소송을 제기할 수 없다.
> ⑥ 소송의 계속(繫屬) 중에 소송을 제기한 주민이 사망하거나 제16조에 따른 주민의 자격을 잃으면 소송절차는 중단된다. 소송대리인이 있는 경우에도 또한 같다.
> ⑭ 제2항에 따른 소송에서 당사자는 법원의 허가를 받지 아니하고는 소의 취하, 소송의 화해 또는 청구의 포기를 할 수 없다.

(6) 주민소환권

> 지방자치법 제25조 【주민소환】 ① 주민은 그 지방자치단체의 장 및 지방의회의원(비례대표 지방의회의원은 제외한다)을 소환할 권리를 가진다.
> ② 주민소환의 투표 청구권자·청구요건·절차 및 효력 등에 관한 사항은 따로 법률로 정한다.
>
> 주민소환에 관한 법률 제3조 【주민소환투표권】 ① 제4조 제1항의 규정에 의한 주민소환투표인명부 작성기준일 현재 다음 각 호의 어느 하나에 해당하는 자는 주민소환투표권이 있다.
> 1. 19세 이상의 주민으로서 당해 지방자치단체 관할 구역에 주민등록이 되어 있는 자(공직선거법 제18조의 규정에 의하여 선거권이 없는 자를 제외한다)
> 2. 19세 이상의 외국인으로서 출입국관리법 제10조의 규정에 따른 영주의 체류자격 취득일 후 3년이 경과한 자 중 같은 법 제34조의 규정에 따라 당해 지방자치단체 관할 구역의 외국인등록대장에 등재된 자
> ② 주민소환투표권자의 연령은 주민소환투표일 현재를 기준으로 계산한다.
>
> 제8조 【주민소환투표의 청구제한기간】 제7조 제1항 내지 제3항의 규정에 불구하고, 다음 각 호의 어느 하나에 해당하는 때에는 주민소환투표의 실시를 청구할 수 없다.
> 1. 선출직 지방공직자의 임기개시일부터 1년이 경과하지 아니한 때
> 2. 선출직 지방공직자의 임기만료일부터 1년 미만일 때
> 3. 해당 선출직 지방공직자에 대한 주민소환투표를 실시한 날부터 1년 이내인 때
>
> 제14조 【소명기회의 보장】 ① 관할 선거관리위원회는 제7조 제1항 내지 제3항의 규정에 의한 주민소환투표청구가 적법하다고 인정하는 때에는 지체 없이 주민소환투표대상자에게 서면으로 소명할 것을 요청하여야 한다.
> ② 제1항의 규정에 의하여 소명요청을 받은 주민소환투표대상자는 그 요청을 받은 날부터 20일 이내에 500자 이내의 소명요지와 소명서(필요한 자료를 기재한 소명자료를 포함한다)를 관할 선거관리위원회에 제출하여야 한다. 이 경우 소명서 또는 소명요지를 제출하지 아니한 때에는 소명이 없는 것으로 본다.
> ③ 제12조 제2항의 규정에 의하여 주민소환투표일과 주민소환투표안을 공고하는 때에는 제2항의 규정에 의한 소명요지를 함께 공고하여야 한다.

기출OX

19세 이상의 외국인으로서 출입국관리법 제10조의 규정에 따른 영주의 체류자격 취득일 후 3년이 경과한 자 중 출입국관리법 제34조의 규정에 따라 당해 지방자치단체 관할 구역의 외국인등록대장에 등재된 자도 주민소환투표권이 있다. (○)　　09. 사시

제21조 【권한행사의 정지 및 권한대행】 ① 주민소환투표대상자는 관할 선거관리위원회가 제12조 제2항의 규정에 의하여 주민소환투표안을 공고한 때부터 제22조 제3항의 규정에 의하여 주민소환투표결과를 공표할 때까지 그 권한행사가 정지된다.

제22조 【주민소환투표결과의 확정】 ① 주민소환은 제3조의 규정에 의한 주민소환투표권자(이하 '주민소환투표권자'라 한다) 총수의 3분의 1 이상의 투표와 유효투표 총수 과반수의 찬성으로 확정된다.
② 전체 주민소환투표자의 수가 주민소환투표권자 총수의 3분의 1에 미달하는 때에는 개표를 하지 아니한다.

제23조 【주민소환투표의 효력】 ① 제22조 제1항의 규정에 의하여 주민소환이 확정된 때에는 주민소환투표대상자는 그 결과가 공표된 시점부터 그 직을 상실한다.
② 제1항의 규정에 의하여 그 직을 상실한 자는 그로 인하여 실시하는 이 법 또는 공직선거법에 의한 해당 보궐선거에 후보자로 등록할 수 없다.

제24조 【주민소환투표소송 등】 ① 주민소환투표의 효력에 관하여 이의가 있는 해당 주민소환투표대상자 또는 주민소환투표권자(주민소환투표권자 총수의 100분의 1 이상의 서명을 받아야 한다)는 제22조 제3항의 규정에 의하여 주민소환투표결과가 공표된 날부터 14일 이내에 관할 선거관리위원회 위원장을 피소청인으로 하여 지역구시·도의원, 지역구자치구·시·군의원 또는 시장·군수·자치구의 구청장을 대상으로 한 주민소환투표에 있어서는 특별시·광역시·도선거관리위원회에, 시·도지사를 대상으로 한 주민소환투표에 있어서는 중앙선거관리위원회에 소청할 수 있다.
② 제1항의 규정에 따른 소청에 대한 결정에 관하여 불복이 있는 소청인은 관할 선거관리위원회 위원장을 피고로 하여 그 결정서를 받은 날(결정서를 받지 못한 때에는 공직선거법 제220조 제1항의 규정에 의한 결정기간이 종료된 날을 말한다)부터 10일 이내에 지역구시·도의원, 지역구자치구·시·군의원 또는 시장·군수·자치구의 구청장을 대상으로 한 주민소환투표에 있어서는 그 선거구를 관할하는 고등법원에, 시·도지사를 대상으로 한 주민소환투표에 있어서는 대법원에 소를 제기할 수 있다.

관련 판례

주민소환법 제7조 제1항 등 헌법소원 [기각]

[1] 소환사유는 구체적으로 적시하기 쉽지 않으며, 발의요건이 갖추어질 때만 가능하다. 따라서 남용될 소지가 적다.
[2] 일반 선거와 달리 지방선거의 투표율이 저조하다는 것을 감안할 때 투표권자 총수의 3분의 1 이상의 투표는 너무 낮다고 볼 수 없다(헌재 2009.3.26, 2007헌마843).

주민투표와 주민소환 비교

구분			주민투표	주민소환	
청구권자			18세 이상의 주민 + 18세 이상의 외국인	19세 이상의 주민 + 19세 이상의 외국인	
대상	적극적 대상		주민에게 과도한 부담을 주거나 중대한 영향을 미치는 지방자치단체의 주요 결정사항	지방자치단체장 + 지방의회의원(비례대표 제외) + 교육감(1년 기준)	
	소극적 대상		• 법령에 위반되거나 재판중인 사항 • 국가 또는 다른 지방자치단체의 권한 또는 사무에 속하는 사항 • 지방자치단체의 예산·회계·계약 및 재산관리에 관한 사항과 지방세·사용료·수수료·분담금 등 각종 공과금의 부과 또는 감면에 관한 사항 • 행정기구의 설치·변경에 관한 사항과 공무원의 인사·정원 등 신분과 보수에 관한 사항 • 다른 법률에 의하여 주민대표가 직접 의사결정주체로서 참여할 수 있는 공공시설의 설치에 관한 사항. 다만, 제9조 제5항의 규정에 의하여 지방의회가 주민투표의 실시를 청구하는 경우에는 그러하지 아니하다. • 동일한 사항(그 사항과 취지가 동일한 경우를 포함한다)에 대하여 주민투표가 실시된 후 2년이 경과되지 아니한 사항		
실시 요건	지방자치단체장의 직권		지방의회 재적의원 과반수 출석과 출석의원 과반수의 동의	특별시장·광역시장· 도지사	당해 지방자치단체의 주민소환투표청구권자 총수의 100분의 10 이상
	지방의회의 청구		지방의회 재적의원 과반수 출석과 출석의원 3분의 2 이상의 찬성	시장·군수·자치구의 구청장	당해 지방자치단체의 주민소환투표청구권자 총수의 100분의 15 이상
	주민의 청구		주민투표청구권자 총수의 20분의 1 이상 5분의 1 이하의 범위 안에서 지방자치단체의 조례로 정하는 수 이상의 서명	지역선거구 시·도의회 의원 및 지역선거구자치구· 시·군의회의원	당해 지방의회의원의 선거구 안의 주민소환 투표청구권자 총수의 100분의 20 이상
	중앙행정기관의 장의 요구		중앙행정기관장의 투표요구가 있더라도 지방자치단체장이 무조건 따라야 하는 것이 아니라 발의 여부에 재량이 있음		
절차			발의 → 실시(지방자치단체장이 결정) → 확정(주민투표권자총수의 4분의 1 이상 투표와 유효투표수 과반수 득표)	발의 → 실시(관할 선거관리위원회가 결정) → 확정(주민투표권자 총수의 3분의 1 이상 투표와 유효투표수 과반수 득표)	
효력			2년 내 변경 ×. 즉, 구속력 존재(중앙행정기관은 구속 ×)	권한대행 + 공표시점부터 직을 상실	

4 지방자치단체와 국가의 관계

1. 의의
지방자치는 국가와는 별개의 법인격을 가지는 지방자치단체를 설립하여 지방행정을 자율적으로 수행하는 것이지만, 지방자치 그 자체도 국법에 의하여 인정되는 것이므로, 자치행정의 원활하고 효율적인 수행과 국가 전체 행정의 통일성을 확보할 필요성의 견지에서 일정한 한도 내에서 국가가 지방자치단체의 자치행정에 대하여 관여하는 것이 인정된다.

2. 입법적 관여
지방자치단체의 조직과 운영에 관한 사항은 법률로 정하게 되어 있어 그에 따라 지방자치법이 지방자치단체의 조직에 관한 기본적 사항을 규정하고 있다. 자치단체의 구체적 운영에 관하여는 지방세법, 지방재정법, 지방공무원법 등에서 이를 규정하고 있다.

3. 행정적 관여
자치사무에 대한 국가의 관여는 합법성 통제에 한정되나 단체위임사무나 기관위임사무에 대한 국가의 관여의 경우에는 합법성 통제뿐만 아니라 합목적성 통제도 허용된다.

(1) 명령·처분의 시정명령 및 취소·정지(지방자치법 제188조)
주무부장관 또는 시·도지사는 지방자치단체의 장의 명령·처분이 위법하거나(자치사무), 위법·부당한(단체위임사무) 경우에는 그 시정을 명하고, 기간 내에 시정하지 않을 때에는 이를 취소·정지할 수 있다.

(2) 직무이행명령(지방자치법 제189조)
주무부장관 또는 시·도지사는 지방자치단체의 장이 위임사무(기관위임사무)의 관리·집행을 명백히 해태하고 있다고 인정되는 때에는 그 이행할 사항을 명령할 수 있고, 이행하지 않을 때에는 당해 지방자치단체의 비용으로 대집행하거나 행정·재정상 필요한 조치를 할 수 있다.

(3) 재의요구명령·제소지시(지방자치법 제192조)
주무부장관 또는 시·도지사는 지방의회의 의결이 위법·부당한 경우 지방자치단체의 장에게 재의를 요구하도록 명령하고, 재의결된 사항이 다시 법령에 위반되는 것으로 판단될 때에는 대법원에의 제소를 지시하거나 직접 제소할 수 있다.

4. 사법적 관여
지방의회와 지방자치단체의 장 사이의 소송의 경우 법령에 위반하는 지방의회의 재의결에 대하여 지방자치단체의 장은 직접 또는 주무부장관 또는 시·도지사의 지시에 따라 대법원에 제소할 수 있다. 지방자치단체의 장이 재의요구를 하지 아니하는 경우에도 법령 위반의 조례안에 대해서는 주무부장관 또는 시·도지사는 대법원에 직접 제소할 수 있다. 지방자치단체의 장과 국가기관 사이의 소송의 경우 지방자치단체의 장이 주무부장관 또는 시·도지사의 시정명령, 취소·정지, 직무이행명령에 이의가 있는 때에는 대법원에 제소할 수 있다.

비교 정리

행정적 통제

취소·정지	직무이행
자치사무	기관위임
위법	집행 해태
직접 취소	대집행

기출OX

01 헌법상 제도적으로 보장된 자치권 가운데에는 자치사무의 수행에 있어 다른 행정주체(특히 중앙행정기관)로부터 합법성에 관하여 명령·지시를 받지 않는 권한도 포함된다고 볼 수 있다. (X) 13. 법원직

02 주무부장관이 지방자치단체사무에 관한 시·도지사의 명령이나 처분에 대하여 시정명령을 할 수 있는 것은 그 명령이나 처분이 위법한 경우에 한한다. (X) 13. 서울시

비교 정리

구분	사유
재의요구	법령위반·공익저해
제소	법령위반
회계검사	법령위반

기출OX

행정안전부장관이나 시·도지사는 지방자치단체의 자치사무에 관하여 보고를 받거나 서류·장부 또는 회계를 감사할 수 있다. 이 경우 감사는 법령위반사항에 대하여만 실시한다. (O)

지방자치법 제192조【지방의회 의결의 재의와 제소】 ① 지방의회의 의결이 법령에 위반되거나 공익을 현저히 해친다고 판단되면 시·도에 대해서는 주무부장관이, 시·군 및 자치구에 대해서는 시·도지사가 해당 지방자치단체의 장에게 재의를 요구하게 할 수 있고, 재의 요구 지시를 받은 지방자치단체의 장은 의결사항을 이송받은 날부터 20일 이내에 지방의회에 이유를 붙여 재의를 요구하여야 한다.
② 시·군 및 자치구의회의 의결이 법령에 위반된다고 판단됨에도 불구하고 시·도지사가 제1항에 따라 재의를 요구하게 하지 아니한 경우 주무부장관이 직접 시장·군수 및 자치구의 구청장에게 재의를 요구하게 할 수 있고, 재의 요구 지시를 받은 시장·군수 및 자치구의 구청장은 의결사항을 이송받은 날부터 20일 이내에 지방의회에 이유를 붙여 재의를 요구하여야 한다.
③ 제1항 또는 제2항의 요구에 대하여 재의한 결과 재적의원 과반수의 출석과 출석의원 3분의 2 이상의 찬성으로 전과 같은 의결을 하면 그 의결사항은 확정된다.
④ 지방자치단체의 장은 제3항에 따라 재의결된 사항이 법령에 위반된다고 판단되면 재의결된 날부터 20일 이내에 대법원에 소를 제기할 수 있다. 이 경우 필요하다고 인정되면 그 의결의 집행을 정지하게 하는 집행정지결정을 신청할 수 있다.
⑤ 주무부장관이나 시·도지사는 재의결된 사항이 법령에 위반된다고 판단됨에도 불구하고 해당 지방자치단체의 장이 소를 제기하지 아니하면 시·도에 대해서는 주무부장관이, 시·군 및 자치구에 대해서는 시·도지사(제2항에 따라 주무부장관이 직접 재의 요구 지시를 한 경우에는 주무부장관을 말한다. 이하 이 조에서 같다)가 그 지방자치단체의 장에게 제소를 지시하거나 직접 제소 및 집행정지결정을 신청할 수 있다.
⑥ 제5항에 따른 제소의 지시는 제4항의 기간이 지난 날부터 7일 이내에 하고, 해당 지방자치단체의 장은 제소 지시를 받은 날부터 7일 이내에 제소하여야 한다.
⑦ 주무부장관이나 시·도지사는 제6항의 기간이 지난 날부터 7일 이내에 제5항에 따른 직접 제소 및 집행정지결정을 신청할 수 있다.
⑧ 제1항 또는 제2항에 따라 지방의회의 의결이 법령에 위반된다고 판단되어 주무부장관이나 시·도지사로부터 재의 요구 지시를 받은 해당 지방자치단체의 장이 재의를 요구하지 아니하는 경우(법령에 위반되는 지방의회의 의결사항이 조례안인 경우로서 재의 요구 지시를 받기 전에 그 조례안을 공포한 경우를 포함한다)에는 주무부장관이나 시·도지사는 제1항 또는 제2항에 따른 기간이 지난 날부터 7일 이내에 대법원에 직접 제소 및 집행정지 결정을 신청할 수 있다.
⑨ 제1항 또는 제2항에 따른 지방의회의 의결이나 제3항에 따라 재의결된 사항이 둘 이상의 부처와 관련되거나 주무부장관이 불분명하면 행정안전부장관이 재의 요구 또는 제소를 지시하거나 직접 제소 및 집행정지 결정을 신청할 수 있다.

관련 판례

1 지방자치단체의 폐치·병합과 주민의 기본권 침해 [기각]

자치제도의 보장은 지방자치단체에 의한 자치행정을 일반적으로 보장한다는 것뿐이고 특정 자치단체의 존속을 보장한다는 것은 아니며 지방자치단체의 폐치·분합에 있어 지방자치권의 존중은 위에서 본 법정절차의 준수로 족한 것이다. 그러므로 군 및 도의회의 결의에 반하여 법률로 군을 폐지하고 타시에 병합하여 시를 설치한다 하여 주민들의 자치권을 침해하는 결과가 된다거나 헌법 제8장에서 보장하는 지방자치제도의 본질을 침해하는 것이라고 할 수 없다(헌재 1995.3.23, 94헌마175).

2 지방자치단체의 영토고권 [각하]

지방자치제도의 보장은 지방자치단체에 의한 자치행정을 일반적으로 보장한다는 것 뿐이고, 마치 국가가 영토고권을 가지는 것과 마찬가지로 지방자치단체에게 자신의 관할 구역 내에 속하는 영토·영해·영공을 자유로이 관리하고 관할 구역 내의 사람과 물건을 독점적·배타적으로 지배할 수 있는 권리가 부여되어 있다고 할 수는 없다. 청구인이 주장하는 **지방자치단체의 영토고권은 우리나라 헌법과 법률상 인정되지 아니한다.** 따라서 이 사건 결정이 청구인의 영토고권을 침해한다는 주장은 가지고 있지도 않은 권한을 침해받았다는 것에 불과하여 … 부적법한 청구이다(헌재 2006.3.30, 2003헌라2).

3 공유수면에 대한 자치권한

지방자치법 제4조 제1항에 규정된 지방자치단체의 구역은 주민·자치권과 함께 자치단체의 구성요소이며, 자치권이 미치는 관할 구역의 범위에는 육지는 물론 바다도 포함되므로, 공유수면에 대한 지방자치단체의 자치권한이 존재한다(헌재 2015.7.30, 2010헌라2).

4 지방자치단체의 자치사무에 대한 감사원의 감사 [기각]

위임사무나 자치사무의 구별 없이 합법성 감사뿐만 아니라 합목적성 감사도 포함한 이 사건 감사는 감사원법에 근거한 것으로서, 법률상 권한 없이 이루어진 것으로 보이지는 않는다. … 헌법이 감사원을 독립된 외부감사기관으로 정하고 있는 취지, 국가기능의 총체적 극대화를 위하여 중앙정부와 지방자치단체는 서로 행정기능과 행정책임을 분담하면서 중앙행정의 효율성과 지방행정의 자주성을 조화시켜 국민과 주민의 복리증진이라는 공동목표를 추구하는 협력관계에 있다는 점에 비추어 보면, 감사원에 의한 지방자치단체의 자치사무에 대한 감사를 합법성 감사에 한정하고 있지 아니한 이 사건 관련 규정은 그 목적의 정당성과 합리성을 인정할 수 있다. … 지방자치단체의 인사권이나 자치행정의 자기책임적 판단이 말살될 정도로 지방자치권의 본질이 훼손되었다고 보기는 어렵다(헌재 2008.5.29, 2005헌라3).

5 중앙행정기관의 지방자치단체 자치사무 감사 [권한침해]

[1] 중앙행정기관이 구 지방자치법 제158조 단서 규정상의 감사에 착수하기 위해서는 자치사무에 관하여 특정한 법령위반행위가 확인되었거나 위법행위가 있었으리라는 합리적 의심이 가능한 경우이어야 하고, 또한 그 감사대상을 특정해야 한다. 따라서 전반기 또는 후반기 감사와 같은 포괄적·사전적 일반감사나 위법사항을 특정하지 않고 개시하는 감사 또는 법령위반사항을 적발하기 위한 감사는 모두 허용될 수 없다.

기출OX

헌법이 지방자치제도를 보장한다는 의미는 자치행정을 일반적으로 보장한다는 의미일 뿐 특정 자치단체의 존속을 보장한다는 의미는 아니다. (O)

12. 지방직 7급

기출OX

지방자치단체의 구역은 주민·자치권과 함께 자치단체의 구성요소이며 자치권이 미치는 관할구역의 범위에는 육지는 물론 바다도 포함되므로 공유수면에 대해서도 지방자치단체의 자치권한이 존재한다고 보아야 한다. (O)

22. 국가직 7급

기출OX

감사원의 감사는 지방자치단체의 위임사무나 자치사무의 구별 없이 합법성 감사뿐만 아니라 합목적성 감사도 포함한다. (O)

12. 지방직 7급

기출OX

중앙행정기관의 자치사무에 관한 감사범위는 위법성 감사에 한정되며, 이를 넘어선 포괄적인 감사는 지방자치권의 본질을 침해하는 것이다. (O)

11. 국가직 7급

[2] 안전행정부장관 등이 감사실시를 통보한 사무는 서울특별시의 거의 모든 자치사무를 감사대상으로 하고 있어 사실상 피감사대상이 특정되지 아니하였고 안전행정부장관 등은 합동감사 실시계획을 통보하면서 구체적으로 어떠한 자치사무가 어떠한 법령에 위반되는지 여부를 밝히지 아니하였는바, 그렇다면 안전행정부장관 등의 합동감사는 구 지방자치법 제158조 단서 규정상의 감사개시요건을 전혀 충족하지 못하였다 할 것이므로 헌법 및 지방자치법에 의하여 부여된 서울특별시의 지방자치권을 침해한 것이다(헌재 2009.5.28, 2006헌라6).

6 주민투표권의 성격 [각하]

지방자치법 제13조의2와 이에 근거한 주민투표법이 정하는 **주민투표권은** 그 성질상 선거권, 공무담임권, 국민투표권과는 다른 것이어서 이를 **법률이 보장하는 참정권이라고 할 수 있을지언정 헌법이 보장하는 참정권이라고 할 수는 없다.** 따라서 이 사건 선정공고조항으로 인하여 청구인의 주민투표권이 박탈되는 상황에 이르렀다고 하더라도 이러한 주민투표권은 기본권으로서 참정권의 범위에 포함되지 않는다고 할 것이므로 이 사건 선정공고조항으로 인한 기본권 침해성을 인정하기 어렵다. … 따라서 이 사건 심판청구는 부적법하다(헌재 2001.6.28, 2000헌마735).

제3장 헌법의 기본제도

01

12. 법원직 9급

정당에 관한 설명 중 가장 옳지 않은 것은? (다툼이 있는 경우 헌법재판소 판례에 의함)

① 정당은 일반결사와 달리 오직 중앙선거관리위원회의 제소에 따른 헌법재판소의 심판에 의해서만 해산된다.
② 헌법은 국가가 법률이 정하는 바에 의하여 정당운영에 필요한 자금을 보조할 수 있다고 규정하고 있다.
③ 정당도 기본권의 주체가 되는 경우가 있다.
④ 정당설립에 관한 허가제는 위헌이다.

정답 및 해설

난이도 ★☆☆

① [×] 정당의 목적이나 활동이 민주적 기본질서에 위배될 때에는 정부는 헌법재판소에 그 해산을 제소할 수 있고, 정당은 헌법재판소의 심판에 의하여 해산된다(헌법 제8조 제4항). 중앙선거관리위원회가 아닌 정부이다.
② [○] 정당은 법률이 정하는 바에 의하여 국가의 보호를 받으며, 국가는 법률이 정하는 바에 의하여 정당운영에 필요한 자금을 보조할 수 있다(헌법 제8조 제3항).
③ [○] 정당이 선거에 있어서 기회균등의 보장을 받을 수 있는 헌법적 권리는 정당활동의 기회균등의 보장과 헌법상 참정권보장에 내포되어 있다고 할 것이다(헌재 1991.3.11, 91헌마21).
④ [○] 정당은 중앙당이 중앙선거관리위원회에 등록함으로써 성립한다(정당법 제4조). 정당법에서는 정당설립의 자유를 보장하기 위해서 등록제를 채택하고 있다. 따라서 정당설립 허가제는 금지된다.

답 ①

02

14. 국가직 7급

선거권 및 선거원칙에 대한 설명으로 옳은 것은? (다툼이 있는 경우 판례에 의함)

① 범죄자가 저지른 범죄의 경중을 전혀 고려하지 않고 수형자와 집행유예자 모두의 선거권을 제한하더라도 헌법에 위반되는 것은 아니다.
② 평등선거원칙이라 함은 모든 선거인이 1표씩을 가지는 투표의 수적 평등을 의미하지, 모든 선거인의 투표가치를 평등한 것이 되게 하는 투표의 결과가치 내지 성과가치의 평등까지 요구하는 것은 아니다.
③ 비례대표제를 채택하는 경우 직접선거의 원칙은 의원의 선출뿐만 아니라 정당의 비례적인 의석확보도 선거권자의 투표에 의하여 직접 결정될 것을 요구한다.
④ 자유선거원칙은 선거의 전 과정에 요구되는 선거권자의 의사형성의 자유와 의사실현의 자유를 말하는바, 구체적으로는 투표의 자유, 입후보의 자유만을 의미할 뿐이지 선거운동의 자유까지 의미하는 것은 아니다.

정답 및 해설

난이도 ★★☆

① [✕] 범죄자의 선거권을 제한할 필요가 있다 하더라도 그가 저지른 범죄의 경중을 전혀 고려하지 않고 수형자와 집행유예자 모두의 선거권을 제한하는 것은 침해의 최소성 원칙에 어긋난다(헌재 2014.1.28, 2012헌마409).
② [✕] 오늘날에는 모든 국민들이 1표씩을 가지기 때문에 투표의 결과가치 내지 성과가치의 평등이 중시되고 있다. 따라서 이를 실현하기 위한 선거구 획정이 중요하다(헌재 2001.10.25, 2000헌마92).
③ [〇] 선거인 스스로가 직접 대의기관을 선출하는 것을 뜻한다. 비례대표제의 경우에는 의원의 선출뿐만 아니라 의석확보도 선거권자의 투표에서 직접 결정될 것을 포함하는 원칙이다(헌재 2001.7.19, 2000헌마91 등).
④ [✕] 자유선거의 원칙은 입후보의 자유뿐만 아니라 선거운동의 자유까지 의미한다.

답 ③

03

10. 법원직

선거제도에 관한 설명으로 옳지 않은 것은? (다툼이 있는 경우 헌법재판소 결정례 및 대법원 판례에 의함)

① 평등선거는 사회적 신분, 재산, 교양 등에 의한 차별 없이 일정 연령에 달한 모든 자에게 원칙적으로 선거권을 인정하여야 한다는 원칙이다.

② 직접선거는 의원의 선거가 일반 유권자에 의하여 직접 행하여지는 경우를 말하는 것으로, 일반 유권자가 특정 수의 중간선거인을 선정하고 이 중간선거인이 대표자를 선거하는 간접선거와 반대되는 개념이다.

③ 1인 1표제하의 비례대표 의석배분방식에 대해서는 헌법에 위반된다는 헌법재판소의 결정이 있다.

④ 투표용지에 표시되는 기호의 게재순위를 후보자등록마감일 현재 국회에서 다수의석을 가지고 있는 정당의 추천을 받은 후보자, 그렇지 않은 정당 추천 후보자, 무소속 후보자순으로 하는 것은 소수의석 정당이나 무소속 후보자 등을 차별하는 것이나, 헌법상의 정당제도 보호취지를 고려할 때 평등권 등 기본권을 침해하지 않는다.

정답 및 해설

난이도 ★★☆

① [×] 보통선거는 모든 국민은 누구나 선거권과 피선거권을 가진다는 원칙을 말한다. 평등선거는 누구나 선거권을 갖는다는 의미에 한정되지 않고 누구나 그 가치까지도 평등해야 한다는 의미를 가지며 선거구 획정의 문제도 바로 평등선거와 관련이 있다. 따라서 지문은 보통선거에 관한 설명이다.

③ [○] 현행 제도는 정당명부에 대한 투표가 따로 없으므로 유권자들에게 비례대표의원에 대한 직접적인 결정권이 전혀 없는 것이나 마찬가지이다. 정당명부에 대한 직접적인 투표가 인정되지 않기 때문에 비례대표의원의 선출에 있어서는 유권자의 투표행위가 아니라 정당의 명부작성행위가 최종적·결정적 의의를 지니게 된다. 따라서 현행 비례대표 의석배분방식은 선거권자들의 투표행위로써 정당의 의석배분, 즉 비례대표국회의원의 선출을 직접, 결정적으로 좌우할 수 없으므로 직접선거의 원칙에 위배된다고 할 것이다(헌재 2001.7.10, 2000헌마91).

④ [○] 헌재 2004.2.26, 2003헌마601

답 ①

04

16. 국가직 7급

직업공무원제도에 대한 헌법재판소 결정으로 옳지 않은 것은?

① 직업공무원제도란 정권교체에 따른 국가작용의 중단과 혼란을 예방하고 일관성 있는 공무수행의 독자성을 유지하기 위하여 헌법과 법률에 의하여 공무원의 신분이 보장되는 공직구조에 관한 제도이다.
② 직업공무원제에서 말하는 공무원은 국가 또는 공공단체와 근로 관계를 맺고 이른바 공법상 특별권력관계 내지 특별행정법관계 아래 공무를 담당하는 것을 직업으로 하는 협의의 공무원을 의미하고 정치적 공무원이나 임시적 공무원은 포함되지 않는다.
③ 직업공무원제도는 헌법이 보장하는 제도적 보장 중의 하나로서 입법자는 직업공무원제도에 관하여 '최대한 보장'의 원칙하에서 입법형성의 자유를 가진다.
④ 직업공무원제도는 공무원으로 하여금 특정 정당이나 특정 상급자를 위하여 충성하는 것이 아니라 국민전체의 봉사자로서 법에 따라 그 소임을 다할 수 있게 함으로써 국가기능의 측면에서 정치적 안정의 유지에 기여하는 제도이다.

정답 및 해설 난이도 ★☆☆

① [○] 헌재 1997.4.24, 95헌바48
② [○] 헌재 1989.12.18, 89헌마32
③ [✕] 직업공무원제도는 헌법이 보장하는 제도적 보장 중의 하나임이 분명하므로 입법자는 직업공무원제도에 관하여 '최소한 보장'의 원칙의 한계 안에서 폭넓은 입법형성의 자유를 가진다(헌재 1997.4.24, 95헌바48).
④ [○] 헌재 1997.4.24, 95헌바48

답 ③

05

06. 국회직 8급

조례에 관한 설명 중 판례의 입장과 다른 것은?

① 지방자치단체는 개별법령에서 일정한 사항을 조례로 정하도록 위임하고 있는 경우에는 기관위임사무에 있어서도 조례를 제정할 수 있다.
② 조례에 대한 법률의 위임은 구체적으로 범위를 정하여야 할 필요가 없으며 포괄적인 것으로 족하다.
③ 조례가 규율하는 특정 사항에 관하여 그것을 규율하는 국가의 법령이 이미 존재하는 경우라도 반드시 조례가 국가의 법령에 위반되는 것은 아니다.
④ 대법원의 심리 결과 조례안의 일부가 법령에 위반되어 위법한 경우 그 조례안에 대한 지방의회의 재의결 전부의 효력이 부인되는 것은 아니다.
⑤ 지방세법에서 지방자치단체가 과세면제조례를 제정할 때 미리 감독관청의 허가를 받도록 정한 것은 자치입법권의 침해가 아니다.

정답 및 해설 난이도 ★★☆

① [O] 기관위임사무에 있어서도 그에 관한 개별법령에서 일정한 사항을 조례로 정하고 있는 경우에는 위임받은 사항에 관하여 개별법령의 취지에 부합하는 범위 내에서 이른바 위임조례를 정할 수 있다(대판 1999.9.17, 99추30).
② [O] 조례는 주민이 직접 선출한 지방의회의원들이 제정한 것으로 포괄위임이 허용된다.
③ [O] 이는 수정법률선점이론에 관한 내용이다. 즉, 과거에는 법이 존재한 경우 조례가 그 영역에 들어오면 무조건 위법이라 보았으나, 최근에는 법규의 취지나 목적을 잘 살펴 지방자치단체가 그 영역의 특수한 사정을 고려할 필요가 인정될 경우에 법률의 규제보다 엄격하게 규제하는 것은 허용된다(대판 2006.10.12, 2006추38 ; 정선군 세 자녀 이상 양육비지원조례).
④ [X] 의결의 일부에 대한 효력배제는 의결기관인 지방의회의 고유권한을 침해하는 것이 될 뿐 아니라, 전체적인 의결내용을 지방의회의 의도와 다른 내용으로 변질시킬 우려도 있고, 재의요구가 있는 때에는 일부에 관한 것이라고 하여도 의결 전체가 실효되고 재의결만이 의결로서 효력을 발생하는 것이어서 의결의 일부에 대한 재의요구나 수정재의요구가 허용되지 않는 점(지방자치법 제19조 제3항)에 비추어 보면, 의결의 내용 일부만이 위법한 경우에도 대법원은 의결 전부의 효력을 부인할 수밖에 없다고 할 것이다(대판 1992.7.28, 92추31; 대판 2000.11.10, 2000추36 등).
⑤ [O] 헌재 1998.4.30, 96헌바62

답 ④

06

09. 국가직 7급

지방자치제도에 관한 헌법재판소의 결정으로 옳지 않은 것은?

① 지방자치제도의 보장은 지방자치단체에 의한 자치행정을 일반적으로 보장한다는 것뿐이고 특정 지방자치단체의 존속을 보장한다는 것은 아니다.
② 조례는 지방자치단체가 그 자치입법권에 근거하여 자주적으로 지방의회의 의결을 거쳐 제정한 법규이기 때문에 조례 자체로 인하여 직접 그리고 현재 자기의 기본권을 침해받은 자는 그 권리구제의 수단으로서 조례에 대한 헌법소원을 제기할 수 있다.
③ 지방자치단체 주민으로서의 자치권 또는 주민권은 헌법에 의하여 직접 보장된 주관적 공권이어서 그 침해만을 이유로 헌법소원심판을 청구할 수 있다.
④ 지방자치법에서 규정한 주민투표권은 그 성질상 선거권, 공무담임권, 국민투표권과 전혀 다른 것이어서 이를 법률이 보장하는 참정권이라고 할 수 있을지언정 헌법이 보장하는 참정권이라고 할 수는 없다.

정답 및 해설

난이도 ★☆☆

① [○] 헌법 제117조 제2항은 지방자치단체의 종류를 법률로 정하도록 규정하고 있을 뿐 지방자치단체의 종류 및 구조를 명시하고 있지 않으므로 이에 관한 사항은 기본적으로 입법자에게 위임된 것으로 볼 수 있다. 헌법상 지방자치제도보장의 핵심영역 내지 본질적 부분이 특정 지방자치단체의 존속을 보장하는 것이 아니며 지방자치단체에 의한 자치행정을 일반적으로 보장하는 것이므로, 현행법에 따른 지방자치단체의 중층구조 또는 지방자치단체로서 특별시·광역시 및 도와 함께 시·군 및 구를 계속하여 존속하도록 할지 여부는 결국 입법자의 입법형성권의 범위에 들어가는 것으로 보아야 한다(헌재 2006.4.27, 2005헌마1190).
② [○] 조례는 지방자치단체가 그 자치입법권에 근거하여 자주적으로 지방의회의 의결을 거쳐 제정한 법규이기 때문에 조례 자체로 인하여 직접 그리고 현재 자기의 기본권을 침해받은 자는 그 권리구제의 수단으로서 조례에 대한 헌법소원을 제기할 수 있다(헌재 1995.4.20, 92헌마264).
③ [×] 지방자치단체 주민으로서의 자치권 또는 주민권은 "헌법에 의하여 직접 보장된 개인의 주관적 공권"이 아니어서, 그 침해만을 이유로 하여 국가사무인 고속철도의 역의 명칭 결정의 취소를 구하는 헌법소원심판을 청구할 수 없다(헌재 2006.3.30, 2003헌마837).
④ [○] 이러한 제도는 어디까지나 입법자의 결단에 의하여 채택된 것일 뿐, 헌법이 이러한 제도의 도입을 보장하고 있는 것은 아니다. 그러므로 지방자치법 제13조의2가 주민투표의 법률적 근거를 마련하면서, 주민투표에 관련된 구체적 절차와 사항에 관하여는 따로 법률로 정하도록 하였다고 하더라도 주민투표에 관련된 구체적인 절차와 사항에 대하여 입법하여야 할 헌법상 의무가 국회에 발생하였다고 할 수는 없다(헌재 2001.6.28, 2000헌마735).

답 ③

gosi.Hackers.com

해커스공무원 학원·인강
gosi.Hackers.com

제2편 기본권론

제1장 기본권 총론
제2장 인간의 존엄과 가치·행복추구권·평등권
제3장 자유권적 기본권
제4장 정치적 기본권(참정권)
제5장 청구권적 기본권
제6장 사회적 기본권
제7장 국민의 기본적 의무

제1장 기본권 총론

제2편 기본권론

제1장
기본권 총론

- **기본권의 주체**
  - 국민 — 당연 인정, 태아는 생명권, 사자는 명예권, 착상전 수정란 - 부정
  - 외국인 — 입국의 자유 ×, 근로의 권리 ○
  - 법인 — 거주 이전 ○, 사생활 ×, 양심 ×, 인격권 ○
  - 공법인 — 세무대 · 서울대 · KBS 인정
  - 공무원 — 이중적 지위 - 국가기관 ×, 국민의 지위 ○

- **기본권의 효력**
  - 대국가적
    - 권력작용 ○
    - **국고작용**: 논란 있으나 헌법소송 대상 ×
  - 대사인적 — **한국**: 헌법규정 없음, 간접적용설

제1절 기본권의 주체

1 자연인

1. 국민

대한민국 국민은 당연히 기본권의 주체가 된다.

(1) 태아

태아의 경우 생명권을 비롯해서 일정한 경우 기본권 주체가 될 수 있다는 것이 판례의 태도이다(헌재 2008.7.31, 2004헌바81). 헌법재판소는 착상 이전 배아에 대해서는 기본권 주체성을 부정하였다(헌재 2010.5.27, 2005헌마346).

13. 국가직 7급

> **관련 판례**
>
> **착상 이전 배아의 기본권 주체성**
> 초기배아는 수정이 된 배아라는 점에서 형성중인 생명의 첫걸음을 떼었다고 볼 여지가 있기는 하나 아직 모체에 착상되거나 원시선이 나타나지 않은 이상 현재의 자연과학적 인식 수준에서 독립된 인간과 배아 간의 개체적 연속성을 확정하기 어렵다고 봄이 일반적이라는 점, 배아의 경우 현재의 과학기술 수준에서 모태 속에서 수용될 때 비로소 독립적인 인간으로의 성장가능성을 기대할수 있다는 점, 수정 후 착상 전의 배아가 인간으로 인식된다거나 그와 같이 취급하여야 할 필요성이 있다는 사회적 승인이 존재한다고 보기 어려운 점 등을 종합적으로 고려할 때, 기본권 주체성을 인정하기 어렵다(헌재 2010.5.27, 2005헌마346).

(2) 사자(死者)

사자의 경우 명예권 등 인간의 존엄과 관련해서 예외적으로 기본권 주체가 될 수 있다.

> **관련 판례**
>
> **사자의 기본권**
> 사자의 경우에도 인격적 가치에 대한 중대한 왜곡으로부터 보호되어야 하고, 사자에 대한 사회적 명예와 평가의 훼손은 사자와의 관계를 통하여 스스로의 인격상을 형성하고 명예를 지켜온 그들의 후손의 인격권, 즉 유족의 명예 또는 유족의 사자에 대한 경애추모의 정을 침해한다(헌재 2010.10.28, 2007헌가23).

(3) 미성년자

미성년자의 경우도 당연히 기본권의 주체가 되지만 아직 판단능력이 미성숙하기 때문에 단지 그 행사능력에 여러 가지 제한이 따를 뿐이다. 또한 그 행사능력의 제한도 미성년자의 인격형성에 도움이 되는 방향으로 제한되어야 정당화될 수 있을 것이다.

기출OX

초기배아는 수정이 된 배아라는 점에서 형성 중인 생명의 첫걸음을 떼었다고 볼 여지가 있으나, 이에 대한 국가의 보호필요성이 있음은 별론으로 하고, 그 기본권 주체성이 인정되기는 어렵다. (O)

11. 국가직 7급

비교 정리

초기배아	인정 여부
기본권 주체	×
보호의무	O

기출OX

미성년자의 인격권은 성인과 마찬가지로 헌법 제10조에 의하여 보호된다. (O)

19. 법원직

비교 정리

외국인의 직업과 관련된 기본권

기본권	인정 여부
직업의 자유	헌법 ×, 법률 O
직장선택	제한적 향유 O

2. 외국인

외국인의 경우는 명문규정은 두고 있지 않으나 성질이 허용되는 경우에는 당연히 인정된다고 볼 수 있다. 05. 입시 특히 자유권적 기본권과 같이 인간에게 인정되는 경우는 대부분 인정되나 사회적 기본권과 같이 국가가 일정한 급부를 주는 경우는 상당부분 제한된다.

인정[1]	부정
• 인간의 존엄과 가치 • 신체의 자유 • 재산권(인정되지만 많은 부분 제한) • 출국의 자유(입국의 자유는 부정) • 근로의 권리(통설은 부정) • 양심의 자유 • 노동3권(부정하는 견해도 많음) • 종교의 자유 등	• 망명권 • 입국의 자유(출국의 자유는 긍정) • 선거권 등 정치적 기본권(지방참정권은 인정) • 인간다운 생활을 할 권리 • 자격제도와 관련

> **관련 판례** 정치활동 금지 관련 판례
>
> **1 망명권 부정**
>
> 정치적 박해를 받는 자는 비호청구권을 향유한다. 독일과 달리 이러한 헌법의 명문규정이 없는 우리로서는 헌법해석만으로 외국인의 망명권이나 비호권을 기본권으로 인정하기란 어렵다고 할 것이다(대판 1984.5.22, 84도39).
>
> **2 긴급보호 [위헌]**
>
> [1] 불법체류외국인도 신체의 자유, 주거의 자유, 변호인의 조력을 받을 권리, 재판청구권 등은 성질상 인간의 권리로 외국인에게도 기본권 주체성이 인정된다.
>
> [2] 보호기간의 상한이 존재하지 아니한 것이 과잉금지원칙에 위배되며 보호의 개시나 연장 단계에서 공정하고 중립적인 기관에 의한 통제절차가 없고, 행정상 인신구속을 함에 있어 의견제출의 기회도 전혀 보장하고 있지 아니한 것이 적법절차원칙에 위배되어 피보호자의 신체의 자유를 침해한다(헌재 2023.3.23, 2020헌가1).

3. 국가기관(이중적 지위)

예컨대 대통령은 국민 모두에 대한 봉사자로서 공익실현의 의무가 있는 헌법기관으로서의 지위와 소속 정당을 위하여 정당 활동을 할 수 있는 사인(私人)으로서의 법적 지위도 가지므로 후자의 경우 제한적으로나마 기본권의 주체가 될 수 있다. 08. 국가직 7급

구분	사안
개인	정당의 당원, 주민소환, 선거기획참여금지
국가기관	경찰과 검사의 다툼, 주민의 복리증진

---

[1]
1. 입국의 자유를 인정하면 범죄인이 우리나라에 오는 것을 막을 수 없다. 그러나 입국되었다면 출국은 가능하다.
2. 근로의 권리와 근로3권의 경우 학설은 사회적 기본권으로 부정하는 견해가 많으나 판례는 긍정하고 있다.

비교 정리

기본권	인정 여부
망명권	×
정치범	○
정치적 피난민	×

비교 정리

이중적 지위

구분	기본권주체
지방자치단체장	예외적 긍정
지방자치단체	전면 부정

🔍 관련 판례

국회의원의 권한 [각하]

청구인이 국회법 제48조 제3항 본문에 의하여 침해 당하였다고 주장하는 기본권은 청구인이 국회 상임위원회에 소속하여 활동할 권리, 청구인이 무소속 국회의원으로서 교섭단체소속 국회의원과 동등하게 대우받을 권리라는 것으로서 이는 입법권을 행사하는 국가기관인 국회를 구성하는 국회의원의 지위에서 향유할 수 있는 권한일 수는 있을지언정 헌법이 일반국민에게 보장하고 있는 기본권이라고 할 수는 없다(헌재 2000.8.31, 2000헌마156).

2 법인

1. 일반적

(1) 성질상 허용되는 경우

법인의 경우에 명문규정은 두고 있지 않으나 성질이 허용되는 경우에 당연히 인정된다.

인정	부정❷
• 거주·이전의 자유(본사이전 가능) • 종교적 집회·결사의 자유(개별노조가 모여 민주노총을 만드는 경우) • 인격권 • 언론·출판의 자유(조선일보도 법인임) • 재산권(재산보유 가능)	• 인간의 존엄과 가치 • 양심의 자유 • 신앙의 자유 • 주거의 자유, 사생활의 자유(다수설은 인간만이 누릴 수 있는 기본권이라 판단) • 생명·신체

🔍 관련 판례

1 정당의 선거에 있어서의 기회균등권

정당추천의 후보자가 선거에서 차등대우를 받는 것은 바로 정당이 선거에서 차등대우를 받는 것과 같은 결과가 되는 것이다. 이와 같이 정당이 선거에 있어서 기회균등의 보장을 받을 수 있는 헌법적 권리는 정당 활동의 기회균등의 보장과 헌법상 참정권 보장에 내포되어 있다고 할 것이다(헌재 1991.3.11, 91헌마21).

2 등록이 취소된 정당의 기본권 주체성

정당설립의 자유는 그 성질상 등록된 정당에게만 인정되는 기본권이 아니라 청구인과 같이 등록정당은 아니지만 권리능력 없는 사단의 실체를 가지고 있는 정당에게도 인정되는 기본권이라 할 수 있다(헌재 2006.3.30, 2004헌마246).

📋 기출 OX

01 신앙의 자유, 양심의 자유와 같이 자연인의 정신적 특성에서 유래하는 기본권의 경우에는 법인의 기본권은 부인된다. (○)
01. 국가직 7급

02 법인은 인격의 자유로운 발현을 위하여 보호받아야 할 인격권을 가진다(헌재 1991.4.1, 89헌마160). (○)
01. 국가직 7급

03 개인이 자연인으로서 향유하게 되는 기본권은 그 성질상 당연히 법인에게 적용될 수 없다. 따라서 인간의 존엄과 가치에서 유래하는 인격권은 그 성질상 법인에게는 적용될 수 없다. (×)
13. 국가직 7급

❷
대부분 법인은 생물체가 아니라 무생물이기 때문에 부정되는 것이다.

📊 비교 정리

법인의 기본권	인정 여부
인간의 존엄과 가치	×
인격권	○

인격권은 인간의 존엄과 가치 안에 있는 기본권이라 비판받고 있다.

비교 정리
부분기관의 기본권 주체성

구분	주체성
부분기관	×
독립법인	○

기출OX

01 국가, 지방자치단체나 그 기관 또는 국가조직의 일부나 공법인은 원칙적으로 기본권의 수범자이자 동시에 기본권의 주체가 되는 이중적 지위에 있다. (×) 19. 법원직

02 공법인은 공권력의 행사주체로서 기본권을 실현하고 보호해야 할 권한과 책임을 지고 있으므로 원칙적으로 기본권 주체성을 인정할 수 없다. (○) 03. 국가직 7급

주의
최근 강원대학교도 헌법소원 청구인 능력을 인정하였다.

❶
공법인인 국가기관에 기본권을 인정해 준다는 것은 국민 입장에서는 바람직하지 않다. 국가기관에 기본권을 인정해 주면 결국 국민에게 의무를 부여하는 꼴이 되기 때문이다. 다만, KBS에 기본권을 준다면 이는 그 권리를 주로 국가에 대해 행사하게 되고 KBS가 언론의 자유를 가진다면 국민에게 바람직한 것이 되므로 예외적으로 인정되는 것이다.

(2) 부분기관
한국 영화인 협회 감독위원회나, 인천전문대학 기성회 이사회는 인천전문대학 기성회로부터 독립된 별개의 단체가 아니므로, 그 이름으로 헌법소원심판을 청구할 수 있는 헌법소원심판 청구능력이 있다고 할 수 없어 인천전문대학 기성회 이사회의 헌법소원심판청구는 부적법하다(헌재 2010.7.29, 2009헌마149). 반면 대한예수교장로회 신학연구원은 단순 내부기구가 아니라 별개의 비법인 재단에 해당하여 기본권 주체성을 긍정한 바 있다(헌재 2000.3.30, 99헌바14). 또한 한국신문편집인협회도 사단으로 실체를 가지고 있어 기본권 주체성이 긍정된다(헌재 1995.7.21, 92헌마177).

2. 공법인
(1) 원칙적 부인
공법인은 공권력의 행사주체로서 기본권을 실현하고 보호해야 할 권한과 책임을 지고 있으므로 원칙적으로 기본권의 적용대상인 수범자이지, 기본권을 주장하는 주체로서의 기본권의 보유자는 아니다. 따라서 국가나 지방자치단체는 기본권 주체가 될 수 없다. 03. 국가직 7급

(2) 예외적 승인
예외적으로 기본권에 의하여 보호되는 생활영역에 속해 있으며, 자연인의 개인적 기본권을 실현하는 데 기여하고 있을 뿐 아니라 조직법상 국가로부터 독립되어 고유한 업무영역을 가지고 있는 경우에는 기본권 주체성이 인정된다고 할 것이다. 01. 국가직 7급

(3) 판례
우리 헌법재판소는 서울대입시요강 사건과 세무대학폐지 사건에서 이 양자는 공법인임에도 불구하고 예외적으로 기본권 주체성을 인정한 바 있고, 최근 KBS의 경우에도 그 주체성을 인정하는 것이 일반적이다.❶ 나아가 공법상의 영조물인 서울대학교가 그 조직에 있어 독립성을 가지며 기본권에 의하여 보호되는 영역에서 주로 활동할 경우 그 구성원의 기본권의 신장에 기여하므로 당해 기본권의 주체로 인정될 수 있다고 하였다(헌재 1992.10.1, 92헌마68 등).
01. 국가직 7급, 05. 입시

🔨 관련 판례

1 서울대입시요강 사건

교육의 자주성이나 대학의 자율성은 헌법 제22조 제1항·제2항이 보장하고 있는 학문의 자유의 확실한 보장수단으로 꼭 필요한 것으로서 이는 대학에게 부여된 헌법상의 기본권이다. 따라서 **국립대학인 서울대학교는 다른 국가기관 내지 행정기관과는 달리 공권력의 행사자의 지위와 함께 기본권의 주체라는 점**도 중요하게 다루어져야 한다(헌재 1992.10.1, 92헌마68 등).

2 국회노동위원회 고발 사건

국가나 국가기관 또는 국가조직의 일부나 공법인은 기본권의 '수범자(Adressat)'이지 기본권의 주체로서 그 '소지자(Trager)'가 아니고 오히려 국민의 기본권을 보호 내지 실현해야 할 '책임'과 '의무'를 지니고 있는 지위에 있을 뿐이다. 그런데 청구인은 국회의 노동위원회로 그 일부조직인 상임위원회 가운데 하나에 해당하는 것으로 국가기관인 국회의 일부조직이므로 기본권의 주체가 될 수 없고 따라서 헌법소원을 제기할 수 있는 적격이 없다고 할 것이다. 그렇다면 청구인의 이 사건 헌법소원심판청구는 부적법하므로 이를 각하하기로 한다(헌재 1994.12.29, 93헌마120). 01. 국가직 7급

제2절 기본권의 효력

1 개념

기본권의 효력이라 함은 기본권의 의미와 내용대로 실현될 수 있는 힘(기본권의 기속력)을 말한다. 기본권의 효력에 대한 논의에서 중요한 점은 ① 기본권의 국가권력 구속 여부(기본권의 수직적 효력), ② 기본권이 국가권력을 구속하는 경우에 국가권력의 범위는 어떻게 되는가, ③ 기본권의 대사인적 효력이 인정되는가(기본권의 수평적 효력)하는 점이다.

2 기본권의 대국가적 효력

1. 기본권은 모든 국가권력을 구속한다. 독일의 본(Bonn)기본법 제1조 제3항과 같은 명문규정(기본권은 직접 적용되는 권리로서 입법, 집행 및 사법을 구속한다)이 없는 우리 헌법의 경우에도 기본권은 당연히 입법, 사법, 행정과 같은 모든 국가권력을 구속하며, 헌법개정권력도 구속한다(통설).

2. 입법권은 기본권 보장에 반하는 입법을 제정할 수 없고, 사법권도 기본권에 반하는 판결을 내릴 수 없다. 집행권도 기본권에 반하는 행정처분(권력적 행위)을 행할 수 없으며, 헌법개정권력도 기본권을 존중하는 방향으로만 행사되어야 한다.

3 기본권의 대사인적 효력

1. 인정의 필요성과 이념적 기초

국민의 기본권은 국가권력에 대한 방어권으로서 인정된 것이므로 사인간의 관계에는 효력이 미치지 못하는 것으로 본 것이 과거의 지배적인 견해였으나, 생활양상의 변화에 따른 여러 형태의 사회적 압력단체, 사인으로부터의 기본권에 대한 위협·침해현상에 대처하기 위한 현실적 요청이 커져 기본권의 대사인적 효력을 인정할 필요성이 대두되었다.

2. 우리 헌법에 있어서 기본권의 대사인적 효력

우리 헌법은 기본권의 대사인적 효력에 대해서 명시적으로 규정한 조항은 현재 존재하지 않는다.❶ 그러나 통설과 판례는 기본권은 사인에게도 적용될 수 있다고 보고 있다. 다만 공법인 헌법이 사법관계에 직접 적용되면 공법과 사법을 구분하는 법률체계에 문제가 될 수 있어서 사법관계에는 헌법을 직접 적용하여 문제를 해결하지 말고 사법의 조항을 통해서 해결하는 것이 바람직하다고 보고 있다.

> **관련 판례**
>
> **기본권의 대사인적 효력❷**
> 헌법상의 기본권은 제1차적으로 개인의 자유로운 영역을 공권력의 침해로부터 보호하기 위한 방어적 권리이지만 다른 한편으로 헌법의 기본적인 결단인 객관적인 가치질서를 구체화한 것으로서, 사법(私法)을 포함한 모든 법 영역에 그 영향을 미치는 것이므로 사인간의 사적인 법률관계도 헌법상의 기본권 규정에 적합하게 규율되어야 한다. 다만 기본권 규정은 그 성질상 사법관계에 직접 적용될 수 있는 예외적인 것을 제외하고는 사법상의 일반원칙을 규정한 민법 제2조, 제103조, 제750조, 제751조 등의 내용을 형성하고 그 해석 기준이 되어 간접적으로 사법관계에 효력을 미치게 된다. 종교의 자유라는 기본권의 침해와 관련한 불법행위의 성립 여부도 위와 같은 일반규정을 통하여 사법상으로 보호되는 종교에 관한 인격적 법익침해 등의 형태로 구체화되어 논하여져야 한다(대판 2010.4.22, 2008다38288).

(1) 직접 적용되는 경우

> 헌법 제21조 ④ 언론·출판은 타인의 명예나 권리 또는 공중도덕이나 사회윤리를 침해하여서는 아니 된다. 언론·출판이 타인의 명예나 권리를 침해한 때에는 피해자는 이에 대한 피해의 배상을 청구할 수 있다.
>
> 제33조 ① 근로자는 근로조건의 향상을 위하여 자주적인 단결권·단체교섭권 및 단체행동권을 가진다.

(2) 간접 적용되는 경우

직접 적용되는 기본권 이외에 성질상 사법관계에도 적용될 수 있는 기본권, 예를 들면 평등권, 사생활의 비밀·양심·신앙·표현의 자유 등 대부분의 헌법상 권리는 사법상 일반조항(민법 제2조, 제103조)을 통하여 간접적으로 적용된다.

---

❶ 판례와 같이 헌법상 종교의 자유를 침해한 사안에서 판례는 이 경우 사인과 사인간의 관계이니 이는 민법 제750조의 불법행위에 해당하여 손해배상을 인정하였다. 즉 헌법상 권리를 침해한 경우 보통은 헌법 제20조 종교의 자유 침해로 손해배상을 명하는 것이 아니라 사인과 사인간의 관계이니 이는 민법상 불법행위로 문제를 해결한다. 이를 통해서 종교의 자유를 보장해야 한다는 헌법정신을 실현하는 것이다. 즉 대부분의 사안에서 헌법은 직접 적용되지 않고 사인과 사인간의 사이에서는 이렇게 민법을 통해서 실현되는 것이 일반적이다. 즉, 직접 헌법이 적용되는 것이 아니라 민법을 통해 간접적으로 실현되는 것이다. 다만 몇 몇 조항은 직접 적용되기도 하고 몇몇 조항은 사인간에는 적용이 불가능한 경우도 있다.

❷ 고등학교의 경우 강제배정이 되는 상황에서 학생들이 원하지 않는 종교과목 수업을 실시하면서 참가거부가 사실상 불가능한 분위기를 조성하는 것은 신앙을 가지지 않거나 학교와 다른 신앙을 가진 학생들의 기본권을 침해한 것으로 불법행위에 의한 손해배상 책임을 진다.

(3) 대사인적 효력이 부정되는 경우

① 기본권 규정의 성질상 사인 상호간의 관계에는 전혀 영향을 미칠 수 없는 사항들이 있는데, 대개가 이른바 '사법절차적 권리'에 속하는 것(죄형법정주의, 이중처벌금지원칙, 사전영장주의, 연좌제 금지, 자백의 증거능력 제한, 무죄추정원칙 등)들이다.❸

② 인신권 중에서도 명백히 사법절차에서의 국가에 대한 권리라고 볼 수 있는 것, 예컨대 고문을 받지 아니할 권리 및 불리한 진술거부권(헌법 제12조 제2항), 영장제시요구권(헌법 제12조 제3항)을 들 수 있다. 또한 소급입법에 의한 참정권 제한과 재산권 박탈금지(헌법 제13조 제2항), 청원권(헌법 제26조), 국가배상청구권(헌법 제29조), 범죄피해자의 구조청구권(헌법 제30조)과 형사피해자의 공판진술권(헌법 제27조 제5항) 등을 들 수 있다.

📖 정리 사인간에 적용되는 기본권(학설상)❹

사인간 적용 ○	사인간 적용 ×
• 근로3권 • 언론·출판의 타인명예침해금지 • 인간의 존엄과 가치 • 행복추구권 • 연소자 근로의 특별보호 • 여성차별금지 • 환경권	<신체의 자유> • 죄형법정주의, 사전영장주의 • 이중처벌금지, 연좌제금지 • 무죄추정원칙 • 불리한 진술거부권 • 변호사의 도움받을 권리 • 공정한 재판받을 권리 등 <청구권> • 청원권, 국가배상청구권 등 <제도> • 직업공무원제도 • 지방자치제도, 정당제도

▶ 사인 간의 기본권의 직접 적용에 대해 근로3권과 언론·출판의 경우는 대부분의 학자들이 긍정하나, 나머지는 부정하는 견해가 다수이다.

---

❸
- 신체의 자유 조항들은 대부분 개인과 개인 사이에서는 적용되는게 불가능하다. 친구랑 밥먹으러 가고 싶은데 친구가 안 가려 한다고 검사의 청구에 의한 영장을 발부받지는 않을 것이며, 국가배상은 누가 뭐라 해도 국가가 잘못했을 때 개인이 청구하는 것이니 개인과 개인 사이를 규율하는 규정이 아니다. 죄형법정주의 같은 경우에도 국가가 개인에게 형벌을 부과할 때 구성요건이 법률에 있어야 하는 것이다. 연인끼리 사귀는데 서면으로 지켜야 할 것들 적으면서 사귀는 것도 아니니 이는 개인 간의 관계에는 적용될 수 없다.
- 헌법조문 중에 형사법과 관련된 조문들은 사실 사인끼리는 적용되기가 어렵다. 즉, 영장주의 같은 경우 친구가 같이 밥 먹으러 가자고 하는데 안 가면 부탁하는 것이지 사인끼리 영장을 집행하지는 않기 때문이다.

❹
사인 간의 기본권의 직접 적용에 대해 근로3권과 언론·출판의 경우는 대부분의 학자들이 긍정하나, 나머지는 부정하는 견해가 다수이다.

📘 주의

대부분의 조문들은 헌법 제20조 종교의 자유(모든 국민은 종교의 자유를 가진다)처럼 사인에게 명을 하는 식의 조문은 아니다. 판례에서 본 것처럼 이렇게 종교의 자유가 보장이 되는데 학교가 종교를 강제했다면 그 해결은 헌법 제20조에 근거한 손해배상이 아니라 사인과 사인 간의 관계이니 민법으로 해결한다. 즉, 민법 제750조의 불법행위에 의한 손해배상으로 문제가 해결된다. 그러나 헌법 제21조 언론의 자유 같은 경우에는 언론사는 당연히 사인이고 타인의 명예에서 타인도 사인이니 이 조문은 누가 봐도 사인과 사인 간의 관계를 헌법이 직접 규정하고 있다. 그리고 문제가 생기면 민법 필요 없이 손해배상까지 청구할 수 있다고 헌법에 규정되어 있으니 헌법으로 모든 것이 해결된다.

제3절 기본권의 경합과 충돌

1 의의

헌법에 규정된 기본권은 서로 통일적으로 행동하는 것이 아니라 상호간에 모순과 마찰관계를 야기하는 경우가 있는데, 마찰과 모순으로부터 야기되는 문제를 기본권의 갈등이라고 한다. 기본권의 갈등에는 기본권의 경합과 기본권의 충돌이 있다.

구분	기본권의 경합(경쟁)	기본권의 충돌(상충)
주체	단수	복수
기본권	복수	단수 또는 복수
발생	단일 공권력 ⇨ 단일 주체의 여러 기본권 제약	복수의 기본권 주체 ⇨ 국가에 대해 기본권 주장
진정	경찰의 집회 해산 ⇨ '집회의 자유', '의사표현의 자유' 제약	임산부의 출산결정권 ⇔ 태아의 생명권
해결방법	최강효력설 / 최약효력설	이익형량 / 규범조화

> ⊕ **PLUS** 부진정·유사 갈등
>
> 기본권의 경합이나 충돌은 기본권의 보호영역 안에서 일어난다. 따라서 겉으로 보기에는 기본권의 경합처럼 보이나 실제로는 그 보호영역을 벗어난 경우 이를 부진정·유사 갈등이라 한다.❶
>
> ### 관련 판례 부진정 경합에 관한 판례
>
> **1 집필문의 외부반출 불허**
>
> 청구인은 수용자가 작성한 집필문의 외부반출을 불허하고 이를 영치할 수 있도록 한 심판대상조항에 의해 표현의 자유 또는 예술창작의 자유가 제한된다고 주장하나, 심판대상 조항은 집필문을 창작하거나 표현하는 것을 금지하거나 이에 대한 허가를 요구하는 조항이 아니라 이미 표현된 집필문을 외부의 특정한 상대방에게 발송할 수 있는지 여부에 대해 규율하는 것이므로, 제한되는 기본권은 헌법 제18조에서 정하고 있는 통신의 자유로 봄이 상당하다(헌재 2016.6.30, 2015헌마924).
>
> **2 일반음식점에서 시설 전체를 금연구역으로**
>
> 청구인의 직업수행의 자유를 제한하지만 내부 시설과 장비 등을 철거하거나 변경하도록 강제하는 것은 아니므로 재산권이 제한되어 침해되는 것은 아니다 (헌재 2016.6.30, 2015헌마813).

기출OX

01 기본권의 경합관계는 기본권의 대국가적 효력의 문제인데 반하여, 충돌관계는 일반적으로 기본권의 대사인적 효력의 영역에서 발생하는 문제이다. (○) 05. 사시

02 기본권의 경합은 기본권의 대국가적 효력에서, 기본권의 충돌은 기본권의 대사인적 효력에서 논의되는 기본권의 효력과 관련한 문제이며, 기본권의 해석이나 제한의 문제와는 관련이 없다. (×) 01. 사시

❶ 양심적 병역거부는 한쪽은 양심을 주장하지만 다른 한쪽은 국가안보를 보호하자는 것으로 이는 기본권이 아니어서 진정한 충돌이라 볼 수 없다. 또한 연극무대에서 사람을 살인하면서 예술의 자유를 주장하는 것은 예술의 자유로 보호받을 수 없으며, 타인의 생명을 침해한 것으로 처벌을 받는다.

정리 부진정·유사 갈등의 예

판례	관련 기본권
이라크 전쟁 반대 집회(기출)	집회의 자유 ○, 노동3권 ×
출퇴근 중 업무상 재해 (헌재 2016.9.29, 2014헌바254)	평등권 ○, 공정한 재판 ×
정신질환자 입원 (헌재 2016.9.29, 2014헌가9)	신체의 자유 ○, 자기결정권, 통신의 자유 ×
DNA정보 수집 (헌재 2016.3.31, 2014헌마457)	신체의 자유 ○, 사생활의 비밀 ×
변호사시험 응시기회 5회 제한 (헌재 2016.9.29, 2016헌마47)	직업선택의 자유 ○, 평등권 ×
성폭력치료프로그램 이수 (헌재 2016.12.29, 2016헌바153)	일반적 행동자유 ○, 신체의 자유 ×
성범죄자 신상정보 등록 (헌재 2011.6.30, 2009헌마59)	자기결정권 ○, 인간다운 생활 ×, 거주·이전의 자유 ×
집필문의 외부반출 불허 (헌재 2016.6.30, 2015헌마924)	통신의 자유 ○, 예술창작 ×, 표현의 자유 ×

기출OX
이라크 전쟁을 반대하는 노동조합의 집회개최에서 노동자의 노동3권과 집회의 자유는 진정한 기본권의 경합관계에 있지 않다. (○) 08. 국회직 8급

2 기본권의 경합

1. 의의
기본권의 경합이란 동일한 기본권주체가 자기에게 관련된 복수의 기본권을 국가에 대하여 주장하는 경우를 말한다. 08. 국회직 8급

2. 기본권경합의 해결방법

(1) 법조경합

① 경합하는 기본권 가운데 해당 입법·제도가 특별히 보호하고자 하는 기본권을 우선 고려한다. 따라서 공직을 직업으로 선택하는 경우에 있어서 직업선택의 자유는 공직 취임권을 통해서 그 기본권의 보호를 받는다고 할 수 있다. 08. 국회직 8급

② 경합하는 기본권이 서로 특별·보충관계에 있는 경우 특별 기본권이 우선 적용된다. 따라서 개별 기본권과 행복추구권이 경합될 때에는 사안에 대하여 직접 적용할 기본권 규정이 없는 경우에 한하여 보충적으로 행복추구권을 적용해야 한다. 08. 국회직 8급

관련 판례
행복추구권과 개별 기본권의 경합
행복추구권은 다른 기본권에 대한 보충적 기본권으로서의 성격을 지니므로, 공무담임권이라는 우선적으로 적용되는 기본권이 존재하여 그 침해 여부를 판단하는 이상, 행복추구권 침해 여부를 독자적으로 판단할 필요가 없다(헌재 2000.12.14, 99헌마112 등).

비교 정리
법조경합

일반	특별
행복	개별기본권
직업	공무담임권
사생활	통신의 자유
사생활	개인정보자기결정권
결사의 자유	정당의 자유, 단결권

기출OX
공무담임권과 같이 우선적으로 적용되는 개별 기본권이 존재하여 그 침해 여부를 판단하여도 그 다음에는 포괄적인 기본권인 행복추구권 침해 여부를 판단할 필요가 있다는 것이 일관된 헌법재판소의 입장이다. (×) 08. 국회직 8급

(2) 제한정도가 다른 경우

헌법재판소는 음란·저속한 간행물 출판시 출판사의 등록취소제에 대한 사건에서 사안과 직접적 관련이 있는 기본권을 우선 적용하고 있다.

> **관련 판례** 기본권의 경합에 관한 판례
>
> **출판사 등록취소**
> 당해 법률조항은 언론·출판의 자유, 직업선택의 자유 및 재산권을 경합적으로 제약하고 있는데, 이처럼 하나의 규제로 인해 여러 기본권이 동시에 제약을 받는 기본권 경합의 경우에는 기본권침해를 주장하는 제청신청인과 제청법원의 의도 및 기본권을 제한하는 입법자의 객관적 동기 등을 참작하여 **사안과 가장 밀접한 관계에 있고 또 침해의 정도가 큰 주된 기본권을 중심으로 해서 그 제한의 한계를 따져 보아야 할 것이다.** 이 사건에서는 제청신청인과 제청법원이 언론·출판의 자유의 침해를 주장하고 있고, 입법의 일차적 의도도 출판내용을 규율하고자 하는 데 있으며, 규제수단도 언론·출판의 자유를 더 제약하는 것으로 보이므로 언론·출판의 자유를 중심으로 해서 이 사건 법률조항이 그 헌법적 한계를 지키고 있는지를 판단하기로 한다(헌재 1998.4.30, 95헌가16). 08. 국회직 8급

> **기출OX**
> 음란물을 출판한 출판사의 등록을 취소하는 것이 출판사의 언론·출판의 자유, 직업선택의 자유, 재산권을 침해하는지 여부와 관련하여 우리 헌법재판소는 직업선택의 자유를 중심으로 위헌 여부를 판단하였다. (×)

(3) 제한정도가 같은 경우

이 경우 관련된 기본권을 모두 적용할 수밖에 없다.

3 기본권의 충돌

1. 의의

(1) 기본권의 충돌이라 함은 '복수의 기본권 주체가 서로 충돌하는 권익을 실현하기 위하여 국가에 대해 각기 대립되는 기본권의 적용을 주장하는 경우'를 말한다. 신문기자가 유명 연예인의 사생활을 보도하여 언론·출판의 자유와 명예·사생활이 충돌하는 것을 그 예로 들 수 있다.

(2) 실제 사인 상호간에 이해관계가 충돌하는 경우라도 기본권 주체는 상대방의 기본권 주체를 상대하지 않고 직접 국가권력을 상대로 기본권의 구제수단을 청구하므로 궁극적으로 기본권 충돌관계는 기본권의 대국가적 효력의 문제로 평가된다.❶ 그러므로 기본권의 충돌문제는 대립되는 두 기본권 주체와 국가권력의 3각관계의 문제라고도 말할 수 있을 것이다. 복수의 기본권 주체가 서로 충돌하는 것은 국가에 대하여 기본권의 효력을 주장하는 경우를 말한다. 06. 국회직 8급

> **기출OX**
> 헌법재판소는 양심적 병역거부가 종교의 교리나 종교적 신념에 따라 행해진 것이라도, 양심의 자유를 기준으로 그 합헌성 여부를 심사하였다. (○)
> 08. 국회직 8급

> ❶ 이와 같은 예의 경우 결국은 법원에 손해배상을 청구하거나 명예훼손으로 구속시켜달라고 국가에게 청구하기 때문이다.

2. 기본권의 충돌과 유사충돌

기본권의 적용을 주장하는 자의 행위가 당해 기본권 규정의 보호범위를 벗어난 것인 때에는 진정한 의미에서의 기본권 충돌의 문제가 아니라 기본권의 유사충돌에 해당한다.

3. 기본권충돌의 해결방법

(1) 이익형량
① 개념: 이익형량이란 구체적인 사례마다 다자간에 더 높은 서열의 이익을 찾아내는 방법이다.
② 전제: 기본권의 충돌시 이익형량이 가능하기 위해서는 기본권 상호간에 일정한 위계질서가 있다는 가설이 전제되어야 한다.
③ 기준
  ㉠ 상위 기본권 우선의 원칙: 인간의 존엄성, 생명권과 같은 기본권질서의 가치적 핵이라 할 수 있는 상위 기본권에 우선적 효력을 부여한다.
  ㉡ 인격적 가치 우선의 원칙: 인격적 가치와 재산적 가치를 보호하기 위한 기본권이 충돌하는 경우에는 인격적 가치를 우선한다.
  ㉢ 자유우선의 원칙: 자유와 평등을 실현하기 위한 기본권이 충돌하는 경우 자유 실현을 위한 기본권을 우선한다.
④ 비판: ㉠ 기본권 효력의 우열을 가리기 위한 합리적 기준이 없다는 점, ㉡ 법익이 작은 기본권은 전혀 보호를 받지 못한다는 점 등의 문제점이 있다.

(2) 규범조화적 해석
① 개념: 규범조화적 해석은 헌법의 통일성을 유지하기 위하여 충돌하는 기본권 모두가 최대한으로 그 기능과 효력을 나타낼 수 있는 조화의 방법을 모색하려는 입장이다.
② 구체적 방법
  ㉠ 과잉금지의 방법(공평한 제한의 원칙): 충돌하는 기본권 모두에게 일정한 제약을 가함으로써 두 기본권 모두의 효력을 양립시키되, 두 기본권에 대한 제약은 필요한 최소한에 그치도록 하는 방법이다.
  ㉡ 대안식 해결방법: 충돌하는 기본권을 다치지 않는 일종의 대안을 찾아내서 기본권의 충돌관계를 해결하려는 방법이다.❷
  ㉢ 최후수단의 억제방법: 대안식 해결방법에 의해서도 상충하는 기본권을 조화시킬 수 없는 경우에 대한 해결책으로서, 유리한 위치에 있는 기본권의 보호를 위해서 가능하고 필요한 수단일지라도 그 모든 수단을 최후의 선까지 동원하는 것만은 삼가려는 방법이다.❸

(3) 결어
기본권충돌의 해결방법 중 반드시 어떤 방법이 옳고 어떤 방법이 그르다고 해석할 수는 없다. 사안에 따라서 이익형량과 규범조화를 병행해서 해결하는 것이 바람직할 것이다.

📖 비교 정리

이익형량으로 해결

우월	낮음
혐연권	흡연권
적극적 단결권	소극적 단결권
수학권	수업권

📖 비교 정리

규범조화로 해결

사건명	충돌하는 기본권
사죄광고	알 권리와 사생활
전교조 명단	알 권리와 사생활
채권자취소권	재산권과 재산권
친양자 입양	친양자와 친생부모의 기본권

❷ 예를 들어 아들의 생명을 구하는 길은 수혈뿐인데도 종교적인 양심 때문에 아들에 대한 수혈을 동의할 수 없는 부모에게 구태여 그 동의를 강요하는 것보다는, 예컨대 후견법원이나 친족회의 동의를 얻어내는 방법이 그것이다.

❸ 이는 모든 질병과 싸워서 이기는 최상의 치료법은 하나님께 열심히 기도하는 것이라는 종교상의 확신 때문에 위독한 배우자의 입원치료를 강력히 권유하지 못하고 결국 배우자를 사망케 한 형사피고인에게, 가장 강력한 사회적인 응징수단인 형법상의 형벌을 가하는 것은 종교의 자유와 방사효과(파급효과)를 제대로 인식하지 못한 위헌적인 처사라고 판시한 독일 연방헌법재판소의 판결에 바탕을 두고 있다.

기출OX

01 알 권리와 사생활의 비밀이 충돌한 경우 둘 다 자유권으로 특정 기본권이 우선한다고 볼 수는 없다. (○) 11. 지방직 7급

02 헌법재판소에 의하면, 흡연자의 흡연권과 비흡연자의 혐연권은 각기 독자성을 갖는 기본권이므로 양자는 대등하게 인정된다. (×) 06. 국회직 8급

03 흡연권과 혐연권이 충돌한 경우 흡연권은 사생활의 자유를 실질적 핵으로 하는 기본권이고, 혐연권은 사생활의 자유뿐만 아니라 생명권에까지 연결되므로 혐연권이 상위의 기본권으로 보호되어야 한다. (○) 11. 국가직 7급

비교 정리

구분	근거
혐연권	건강·생명
흡연권	행복추구·사생활

기출OX

민법상 채권자 취소권이 헌법에 부합하는 이유는 채권자의 재산권과 채무자의 일반적 행동자유권 중에서 이익형량의 원칙에 비추어 채권자의 재산권이 상위의 기본권이기 때문이다. (×) 22. 경찰간부

관련 판례 기본권 충돌에 관한 판례

1 정정보도청구 사건

두 기본권이 서로 충돌하는 경우에는 헌법의 통일성을 유지하기 위하여 상충하는 기본권 모두가 최대한으로 그 기능과 효력을 나타낼 수 있도록 하는 조화로운 방법이 모색되어야 할 것이고, 결국은 이 법에 규정한 정정보도청구제도가 과잉금지의 원칙에 따라 그 목적이 정당한 것인가 그러한 목적을 달성하기 위하여 마련된 수단 또한 **언론의 자유를 제한하는 정도가 인격권과의 사이에 적정한 비례를 유지하는 것인가**의 여부가 문제된다 할 것이다. … **현행 정정보도청구권제도는 언론의 자유와 비록 서로 충돌되는 면이 없지 아니하나 전체적으로는 상충되는 기본권 사이에 합리적인 조화를 이루고 있는 것으로 판단된다**(헌재 1991.9.16, 89헌마165).

2 금연구역과 흡연구역의 구분지정

흡연자들이 자유롭게 흡연할 권리를 흡연권이라고 한다면, 이러한 **흡연권은 인간의 존엄과 행복추구권을 규정한 헌법 제10조와 사생활의 자유를 규정한 헌법 제17조에 의하여 뒷받침**된다. 흡연자들의 흡연권이 인정되듯이, 비흡연자들에게도 흡연을 하지 아니할 권리 내지 흡연으로부터 자유로울 권리가 인정된다. 혐연권은 흡연권과 마찬가지로 헌법 제17조, 헌법 제10조에서 그 헌법적 근거를 찾을 수 있다. 나아가 흡연이 흡연자는 물론 간접흡연에 노출되는 비흡연자들의 건강과 생명도 위협한다는 면에서 **혐연권은 헌법이 보장하는 건강권과 생명권에 기하여서도 인정된다**. … 흡연권은 위와 같이 사생활의 자유를 실질적 핵으로 하는 것이고 혐연권은 사생활의 자유뿐만 아니라 생명권에까지 연결되는 것이므로 **혐연권이 흡연권보다 상위의 기본권**이라 할 수 있다. 이처럼 상하의 위계질서가 있는 기본권끼리 충돌하는 경우에는 상위 기본권 우선의 원칙에 따라 하위 기본권이 제한될 수 있으므로, 결국 흡연권은 혐연권을 침해하지 않는 한에서 인정되어야 한다(헌재 2004.8.26, 2003헌마457). 06. 국회직 8급, 07. 법원직

3 전교조명단공개 [기각]

이 사건 시행령조항은 교원의 교원단체 및 노동조합 가입 정보에 관해 그 "가입 현황(인원 수)"만을 공시정보로 규정할 뿐 개별 교원의 가입명단은 공시정보로 규정하고 있지 않는바, 교원의 교원단체 및 노동조합 가입에 관한 정보는 '개인정보 보호법'상의 민감정보로서 특별히 보호되어야 할 성질의 것이고, 인터넷 게시판에 공개되는 '공시'의 특성상 그로 말미암아 발생할 교원의 개인정보 자기결정권에 대한 중대한 침해의 가능성을 고려할 때, **이 사건 시행령조항은 학부모 등 국민의 알 권리와 교원의 개인정보 자기결정권이라는 두 기본권을 합리적으로 조화시킨 것이라 할 수 있으므로, 알 권리를 침해하지 않는다**(헌재 2011.12.29, 2010헌마293).

4 채권자 취소권 [합헌]

채권자와 채무자 및 수익자의 기본권들이 충돌하는 경우에 기본권의 서열이나 법익의 형량을 통하여 어느 한 쪽의 기본권을 우선시키고 다른 쪽의 기본권을 후퇴시킬 수는 없다고 할 것이다. 입증책임규범은 사실의 존부불명의 경우에 법관으로 하여금 재판을 할 수 있게 하는 보조수단으로서 구체적으로 누구에게 입증책임을 분배할 것인가는 입법자가 입증책임 분배의 기본원칙에 따라 정할 수 있는 입법형성의 영역이라고 보아야 할 것이고, 입법자가 이 사건 법률조항에서 수익자의 악의를 채권자취소권의 장애사유로 정한 것은 채무자보다는 직접적인 거래당사자인 수익자가 스스로의 선의를 입증하는 것이 훨씬 용이한 위치에 있다는 점을 고려한 것으로서 그 합리성을 인정할 수 있다(헌재 2007.10.25. 2005헌바96).

▶ 채권자의 재산권과 채무자 및 수익자의 일반적 행동의 자유, 그리고 채권자의 재산권과 수익자의 재산권이 동일한 장에서 충돌하는 문제가 발생하게 되는 것이다.

제4절 기본권의 제한과 한계

1 서설 - 헌법규정

헌법에 규정된 기본권이라 하여 아무런 제한 없이 절대적으로 보장될 수는 없으며, 헌법적 가치질서나 국가의 존립을 위해서 필요한 경우 기본권을 제한할 수 있음을 헌법 스스로 예고하고 있다. 하지만 기본권의 제한문제를 다루기 위해서는 논리적으로 무엇이 기본권 규정에 의해서 보호되는지가 먼저 규명되어야 한다.

2 일반적 법률유보조항에 의한 기본권 제한

1. 헌법 제37조 제2항의 의의

우리 헌법은 제37조 제2항에서 기본권 제한의 일반원칙을 천명하고 있다. 즉, "국민의 모든 자유와 권리는 국가안전보장·질서유지 또는 공공복리를 위하여 필요한 경우에 한하여 법률로써 제한할 수 있으며, 제한하는 경우에도 자유와 권리의 본질적인 내용을 침해할 수 없다."라고 하고 있다.

2. 기본권 제한의 목적

(1) 국가안전보장

유신헌법에서 최초로 규정된 국가안전보장이라 함은 국가의 독립과 영토의 보전, 헌법과 법률의 규범력과 헌법기관의 유지 등 국가적 안전의 확보를 말한다. 국가안전보장을 위하여 기본권을 제한하는 법률로는 형법(내란죄·외환죄), 국가보안법(국가기밀누설죄), 군사기밀보호법 등이 있다.

(2) 질서유지

헌법 제37조 제2항의 질서라 함은 자유민주적 기본질서를 포함하는 헌법적 질서는 물론이고 그 밖의 사회적·경찰법적 안녕질서를 말한다. 질서유지를 위하여 기본권을 제한하는 법률로는 형법, 집회 및 시위에 관한 법률, 도로교통법, 경범죄 처벌법, 경찰관 직무집행법 등이 있다.

(3) 공공복리

공공복리란 일반적으로 사회구성원 전체를 위한 공공적 이익, 즉 국민공동의 이익을 의미한다. 국가안전보장과 질서유지가 소극적 개념이라면, 공공복리는 적극적 개념이다. 국민공동의 공공복리개념은 자유권에 대해서는 제한의 사유가 되지만 사회적 기본권에 대해서는 실천목표가 된다. 공공복리를 위한 기본권제한 법률로는 국토이용관리법, 도시계획법, 도로법, 토지수용법 등이 있다.

기출OX

헌법 제37조 제2항은 기본권 제한에 있어 일반적 법률유보를 규정한 조항이다. (O) 08. 법원직

비교 정리

구분	사유	
기본권제한	안전보장, 질서유지, 공공복리	
언론·출판	타인의 명예, 공중도덕, 사회윤리	
국가긴급권	국가안전보장, 공공의 안녕질서	
심리비공개	안전보장, 안녕질서, 선량한 풍속	
재산권	행사	공공복리
	수용	공공필요

3. 기본권 제한의 형식(형식상의 한계)

(1) 헌법 제37조 제2항의 법률의 의의

헌법 제37조 제2항에 의하면 기본권은 원칙적으로 법률로써만 이를 제한할 수 있다고 할 것이지만, 헌법 제75조에 의하여 법률의 위임이 있고 그 위임이 구체적으로 범위를 정하여 하는 것이라면 명령·규칙에 의한 기본권의 제한도 가능하다(헌재 2003.11.27, 2002헌마193). 긴급명령·긴급재정경제명령인 경우에는 예외적으로 기본권을 제한할 수 있다. 조약과 일반적으로 승인된 국제법규는 법률에 의한 기본권 제한에 준한다.

(2) 법률의 일반성·명확성·구체성·소급효 금지

기본권을 제한하는 법률은 정당한 절차에 따라 성립되고 일반성과 명확성의 요건을 구비하여야 한다.

> **관련 판례**
>
> **1 교사임용시험에 있어서 가산점 [위헌확인]**
> 이 사건 가산점 항목에 관하여는 법률에서 명시적으로 규정하고 있지 않다. 교육공무원법 제11조 제2항에서는 단지 "… 공개전형의 실시에 관하여 필요한 사항은 대통령령으로 정한다"라고만 할 뿐, 이 사건 가산점 항목에 관하여는 아무런 명시적 언급도 하고 있지 않다. … 이 사건 가산점 항목은 결국 아무런 법률적 근거가 없다고 보아야 한다(헌재 2004.3.25, 2001헌마882).
>
> **2 문화방송에 대한 방송위원회의 경고 [취소]**
> 이 사건 경고의 경우 법률(구 방송법 제100조 제1항)에서 명시적으로 규정된 제재보다 더 가벼운 것을 하위 규칙에서 규정한 경우이므로, 그러한 제재가 행정법에서 요구되는 법률유보원칙에 어긋났다고 단정하기 어려운 측면이 있다. 그러나 만일 그것이 기본권 제한적 효과를 지니게 된다면, 이는 행정법적 법률유보원칙의 위배 여부에도 불구하고 헌법 제37조 제2항에 따라 엄격한 법률적 근거를 지녀야 한다. … 그렇다면 이 사건 규칙 제11조 제2항에 근거한 이 사건 경고는 결국 기본권 제한에서 요구되는 법률유보원칙에 위배된 것이므로 더 나아가 살펴볼 필요 없이 청구인 문화방송의 방송의 자유를 침해하는 것이다(헌재 2007.11.29, 2004헌마290).
>
> **3 집회신고서의 반려 [위헌]**
> 위 집회신고와 관련하여 관할 경찰서장이 할 수 있는 법률상 조치는, … 시간과 장소가 중복된 집회신고가 먼저 접수되었다는 이유로 뒤에 접수된 집회신고에 대하여 금지를 통고할 수 있을 뿐이다(제8조 제2항). 그런데 관할 경찰관서장인 피청구인은 청구인들의 옥외집회신고서를 접수한 이후에 위 옥외집회가 삼성생명인사지원실이 신고한 옥외집회와 시간과 장소에서 경합된다는 이유에서 아무런 법률상 근거도 없이 청구인들 및 삼성생명인사지원실의 옥외집회신고서를 모두 반려하였다. … 결국 이 사건 반려행위는 법률의 근거 없이 청구인들의 집회의 자유를 침해한 것으로서 헌법상 법률유보원칙에 위반된다고 할 것이다(헌재 2008.5.29, 2007헌마712).
>
> **4 조직규범은 근거가 될 수 없음**
> 금융기관의 임원이 문책경고를 받은 경우에는 법령에서 정한 바에 따라 일정기간 동안 임원선임의 자격제한을 받으므로 문책경고는 적어도 그 제한의 본질적 사항에 관한 법률에 근거가 있어야 하는데, 금융감독원의 직무범위를 규정한 조직규범은 법률유보원칙에서 말하는 법률의 근거가 될 수는 없다(대판 2005.2.17, 2003두14765).

기출OX

01 기본권 제한은 국회가 제정한 법률에 의하여야 하지만 조약과 국제법규에 의한 기본권 제한도 가능하다. (○) 06. 국회직 8급

02 헌법 제37조 제2항은 기본권 제한에 관한 일반적 법률유보 조항이고 법률유보의 원칙은 '법률에 의한 규율'을 요청하고 있으므로, 기본권 제한에는 법률의 근거가 필요하고 반드시 법률의 형식으로 하여야 한다. (×) 23. 순경 2차

03 법률유보의 원칙은 단순히 행정작용이 법률에 근거를 두기만 하면 충분한 것이 아니라, 국가공동체와 그 구성원에게 기본적이고도 중요한 의미를 갖는 영역, 특히 국민의 기본권 실현과 관련된 영역에 있어서는 국민의 대표자인 입법자가 그 본질적 사항에 대해서 스스로 결정하여야 한다는 요구까지 내포하고 있다. (×) 15. 경찰승진

기출OX

중등학교 임용시험에서 동일지역 사범대학을 졸업한 교원경력이 없는 자에게 가산점을 부여하는 법률은 공무담임권이나 평등권을 침해한다고 보기 어렵다(헌재 2007.12.27, 2005헌가11). (○) 13. 법원직 9급

5 최루액 혼합살수행위 위헌확인 [인용]
이 사건 혼합살수행위로 인한 청구인들의 기본권 침해 상황은 이미 종료되었으나, 관련 법규에 따르면 각종 집회나 시위 현장에서 혼합살수행위가 반복될 가능성이 있고, 혼합살수행위는 사람의 생명이나 신체에 위험을 초래할 수 있는 중대한 법익침해가 예견되는 공권력 행사로서, 그동안 헌법재판소가 혼합살수행위가 헌법에 합치하는지 여부에 대한 해명을 한 바 없으므로, 심판의 이익이 인정된다. '경찰관직무집행법'이나 이 사건 대통령령 등 법령의 구체적 위임 없이 혼합살수방법을 규정하고 있는 이 사건 지침은 **법률유보원칙에 위배**되고, 이 사건 지침만을 근거로 한 이 사건 혼합살수행위는 청구인들의 신체의 자유와 집회의 자유를 침해한 공권력 행사로 헌법에 위반된다(헌재 2018.5.31, 2015헌마476).

4. 기본권 제한의 방법과 정도

(1) 과잉금지의 원칙(방법상의 한계)

① 의의: 과잉금지의 원칙이란 국가가 국민의 기본권을 제한함에 있어서 준수하여야 할 기본원칙 내지 입법 활동의 한계를 명시한 것으로서, 목적의 정당성, 방법의 적정성, 피해의 최소성, 법익의 균형성 등을 의미하며 그 어느 하나에라도 저촉이 되면 위헌이 된다는 헌법상의 원칙을 말한다.

② 내용
  ㉠ 목적정당성의 원칙: 헌법재판소는 혼인빙자간음죄사건에서 결혼과 성에 관한 국민의 법의식에 많은 변화가 생기나 여성의 착오에 의한 혼전 성관계를 형사법률이 적극적으로 보호해야 할 필요성은 이미 미미해졌고, 성인이 어떤 종류의 성행위와 사랑을 하건, 그것은 원칙적으로 개인의 자유 영역에 속한다고 보아 위헌으로 판시하였다.

> **📋 정리** 목적의 정당성이 부정된 사례
> 1. 동성동본 금혼
> 2. 혼인한 여성등록의무자의 등록대상 재산
> 3. 재외국민선거권 제한
> 4. 기초의원선거에서 정당표방 금지
> 5. 유신헌법에서 일체의 논의를 금지한 긴급조치
> 6. 혼인빙자간음죄
> 7. 피의자 촬영 허용
> 8. 후방에 착석
> 9. 교수노조 불허
> 10. 문화계 블랙리스트

  ㉡ 수단적합성의 원칙: 국민의 기본권을 제한하는 입법을 하는 경우에 법률에 규정된 기본권제한의 방법은 입법목적을 달성하기 위한 방법으로서 효과적이고 적절한 것이어야 한다는 원칙을 말한다. 헌법재판소는 제대군인 가산점사건에서 제대군인의 사회적응을 돕기 위해 가산점이라는 수단을 사용한 것은 잘못된 것이라 판단하였다(헌재 1999.12.23, 98헌마363). 또한 반드시 가장 합리적이고 효율적인 수단을 선택하여야 하는 것은 아니라고 할지라도 적어도 현저하게 불합리하고 불공정한 수단의 선택은 피해야 할 것이라고 판시하였다(헌재 1996.4.25, 92헌바47).

기출OX

과잉금지의 원칙은 국가작용의 한계를 명시하는 것인데 목적의 정당성, 방법의 적정성, 피해의 최소성, 법익의 균형성[보호하려는 공익이 침해되는 사익보다 더 커야 한다는 것으로서 그래야만 수인(受人)의 기대가능성이 있다는 것]을 의미하는 것으로서 그 어느 하나에라도 저촉되면 위헌이 된다는 헌법상의 원칙이다. (○)

03. 국가직 7급, 08. 법원직

기출OX

국가작용에 있어서 취해지는 어떠한 조치나 선택된 수단은 그것이 달성하려는 사안의 목적에 적합하여야 함은 물론이고, 그 조치나 수단이 목적달성을 위하여 유일무이한 것이어야 한다. (×)

16. 경찰승진

> **정리** 수단의 적합성이 부정된 사례
> 1. 제대군인 가산점
> 2. 검찰총장, 경찰청장 정당가입 금지
> 3. 축협의 복수조합설립 금지
> 4. 세무사 자격 보유 변호사의 세무대리 금지
> 5. 노동조합 운영비 원조 부당노동행위 금지조항
> 6. 국가모독죄
> 7. 직사살수
> 8. 건설업과 관련 없는 죄를 임원이 저질렀을 때, 건설업 등록말소
> 9. 직무상 관련 없는 범죄의 경우 퇴직급여 제한
> 10. 자도소주구입명령
> 11. 정당 후원회의 금지
> 12. 변호사시험 성적 미공개
> 13. 사죄광고
> 14. 법위반 사실 공표명령
> 15. 전문과목 표시한 경우 그 과목만 진료
> 16. 사립학교 교원의 필요적 직위해제
> 17. 초벌측량 비영리법인만 대행가능
> 18. 판결선고전 구금일수의 일부 산입
> 19. 소송계속 사실 소명사실 제출
> 20. 경비업자 겸영금지
> 21. 태아의 성별고지 금지
> 22. 신병훈련소 종교행사 강제
> 23. 선거에서 실명제

ⓒ 피해최소성의 원칙: 입법자가 그 목적을 달성하기 위하여 비슷한 효과를 가지는 여러 가지 적합한 수단들 중에서, 기본권을 가장 적게 제한하는 수단을 선택하여야 한다는 원칙을 의미한다.❶ 예를 들어 ⓐ 기본권행사의 방법을 제한함으로써 입법목적을 달성할 수 있음에도 불구하고 기본권행사의 여부를 제한할 경우, ⓑ 임의적 규정으로 입법목적을 달성할 수 있음에도 불구하고 필요적 규정을 둔 경우, ⓒ 의무를 부과하지 않고도 그 목적을 달성할 수 있음에도 불구하고 의무를 부과한 경우 최소침해성의 원칙에 반한다.

ⓓ 법익균형성의 원칙: 어떠한 행위를 규제함으로써 초래되는 사적 불이익과 그 행위를 방치함으로써 초래되는 공적 불이익을 비교하여, 규제함으로써 확보되는 공익이 보다 크거나 적어도 양자간에 균형이 유지되어야 한다는 원칙을 말한다.

❶ 즉, 입법권자가 선택한 기본권의 제한 조치가 입법목적 달성을 위하여 적합한 것일지라도 보다 완화된 수단이나 방법을 모색함으로써, 그 제한을 필요 최소한의 것이 되게 하여야 한다는 원칙을 말한다.

(2) 본질적 내용침해금지의 원칙(내용상의 한계)

① 헌법 제37조 제2항이 말하는 기본권의 본질내용 보장의 의미: 우리 헌법은 제37조 제2항에서 자유와 권리의 본질적 내용은 침해할 수 없다고 규정하고 있다. 본질적 내용의 침해금지는 독일기본법 제19조 제2항에서 처음으로 규정되고, 우리나라는 제2공화국 헌법에서 수용되어 유신헌법을 제외하고 현재에 이르고 있다.

② 본질적 내용보장의 의미

  ⊙ 학설의 대립

   ⓐ 절대설: 모든 기본권은 절대로 침해할 수 없는 핵심영역이 있으며 침해할 수 없는 한계가 있다는 견해이다. 이에 대하여 동어반복이라는 비판이 있다.

   ⓑ 상대설: 기본권의 본질내용이란 구체적인 경우 상호 경합하는 이익과 가치의 형량을 통해 확정되며 그 개념은 그때그때의 필요에 따라 보다 넓게 또는 보다 좁게 이해할 수 있다는 견해이다. 이에 대해 무의미한 조문이 될 수 있다는 비판이 있다.

  ⓒ 헌법재판소의 입장: 헌법재판소는 사형제도에서는 상대설을 취하였지만 토지거래허가제에서는 절대설을 취하기도 하여 일관된 입장을 보이지 못하고 있다.

📜 관련 판례

1 사형제도 [합헌]

[1] 우리 헌법이 명문으로 사형제도를 인정하고 있는지 여부

헌법 제110조 제4항은 비상계엄하의 군사재판은 군인·군무원의 범죄 등의 경우에 한하여 단심으로 할 수 있되, 사형을 선고한 경우에는 그러하지 아니하다고 규정하고 있다. 이는 법률에 의하여 사형이 형벌로서 규정되고, 그 형벌조항의 적용으로 사형이 선고될 수 있음을 전제로 한 것으로서, 우리 헌법은 적어도 문언의 해석상 사형제도를 간접적으로나마 인정하고 있다고 할 것이다.

[2] 생명권이 헌법 제37조 제2항에 의한 일반적 법률유보의 대상이 되는지 여부

우리 헌법은 절대적 기본권을 명문으로 인정하고 있지 아니하며, 헌법 제37조 제2항에서는 국민의 모든 자유와 권리는 국가안전보장·질서유지 또는 공공복리를 위하여 필요한 경우에 한하여 법률로써 제한할 수 있도록 규정하고 있는 바, 어느 개인의 생명권에 대한 보호가 곧바로 다른 개인의 생명권에 대한 제한이 될 수밖에 없거나, 특정한 인간에 대한 생명권의 제한이 일반국민의 생명보호나 이에 준하는 매우 중대한 공익을 지키기 위하여 불가피한 경우에는 생명에 대한 법적 평가가 예외적으로 허용될 수 있다고 할 것이므로, 생명권 역시 헌법 제37조 제2항에 의한 일반적 법률유보의 대상이 될 수밖에 없다. 또한 생명권에 대한 제한은 곧 생명권의 완전한 박탈을 의미한다는 점을 고려하면, 생명권 제한이 정당화될 수 있는 경우에는 생명권의 박탈이 초래된다 하더라도 곧바로 기본권의 본질적인 내용을 침해하는 것이라 볼 수 없다(헌재 2010.2.25, 2008헌가23).

📋 기출OX

본질적 내용금지와 관련 우리 헌법재판소는 사형제도에서 상대설을 취하고 있다. (O)

📋 기출OX

헌법 제37조 제2항은 국민의 모든 자유와 권리에 대한 제한을 규정하고 있어, 생명권 역시 헌법 제37조 제2항에 의한 일반적 법률유보의 대상이 될 수 있다. (O)

> **기출OX**
>
> 재산권의 본질적 내용을 침해하는 경우란 그 침해로 사유재산권이 유명무실해지고 사유재산제도가 형해화되어 헌법이 재산권을 보장하는 궁극적인 목적을 달성할 수 없게 되는 데 이르는 경우를 들 수 있다. (○) 11. 법원직

❶ 재산권에서는 본질적인 내용을 침해하는 경우는 재산권이 형해화(아무것도 남아있는 것이 없는 상태)되는 경우를 말하는데 이는 사유재산제도의 전면적 부정, 무상몰수, 소급입법에 의한 박탈 등 그 내용을 서술하고 있다. 즉, '더 많은 사람들의 이익을 위해서 개인이 얼마나 손해보느냐?' 비교형량으로 문제를 해결한 것이 아니라 '이런 것들이 본질을 침해한 것이다'라고 그 본질을 서술하였으니 절대설로 평가받고 있다.

> **기출OX**
>
> 개인의 성적 자기결정권은 타인의 권리·공중도덕·사회윤리·공공복리 등의 존중에 의한 내재적 한계를 갖는다. (○) 06. 국회직 8급

❷ 권리를 가지고 있다고 해서 자기 맘대로 행사할 수는 없는 것이다. 제한하는 법률이 없더라도 당연히 상식적인 한계가 존재하는데, 이를 내재적 한계라고 한다.

❸ 예컨대 표현의 자유의 제한에 관해서는 ㉠ 사전억제의 금지, ㉡ 제한의 사유와 제한의 정도에 관한 명확성, ㉢ 명백하고 현존하는 위험성, ㉣ 합리성 등과 같은 엄격한 요건이 충족될 필요가 있지만, 경제적 기본권을 제한하는 경우에는 합리적 사유가 있으면 충분하다는 이론이다.

❹ 경제적 기본권을 규제하는 법은 합헌이 추정되므로 입법통제강도가 약하게 된다.

2 토지거래허가제 [합헌]❶

재산권의 본질적인 내용을 침해하는 경우라고 하는 것은 그 침해로 사유재산권이 유명무실해지고 사유재산제도가 형해화되어 헌법이 재산권을 보장하는 궁극적인 목적을 달성할 수 없게 되는 지경에 이르는 경우라고 할 것이다. **사유재산제도의 전면적인 부정, 재산권의 무상몰수, 소급입법에 의한 재산권 박탈 등이 본질적인 침해가 된다**는 데 대하여서는 이론의 여지가 없다. … **토지거래허가제는 사유재산제도의 부정이라 보기는 어렵고 다만 그 제한의 한 형태**라고 봐야 할 것이므로 재산권의 본질적인 침해라고는 할 수 없는 것이다(헌재 1989.12.22, 88헌가13).

3 퇴직금 전액 우선변제 [헌법불합치]

이 사건 법률 조항은 퇴직금채권자에게 저당권자에 우선하여 그 퇴직금의 액수에 관하여 아무런 제한 없는 우선변제수령권을 인정하고 있으므로, 그로 말미암아 그 저당권의 **유일한 채권확보 내지 회수 수단에 결정적 장애를 줌으로써 담보물권제도의 근간을 흔들고 있다.** … 그 질권이나 저당권의 본질적 내용을 이루는 우선변제수령권이 형해화하게 되므로 이 사건 법률 조항 중 '퇴직금' 부분은 질권이나 저당권의 본질적 내용을 침해할 소지가 생기게 되는 것이다(헌재 1997.8.21, 94헌바19 등).

(3) 내재적 한계이론❷

헌법재판소는 간통죄사건에서 개인의 성적 자기결정권도 국가적·사회적·공공복리 등의 존중에 의한 내재적 한계가 있는 것이며, 따라서 절대적으로 보장되는 것은 아닐 뿐만 아니라 헌법 제37조 제2항이 명시하고 있듯이 "질서유지, 공공복리 등 공동체 목적을 위하여 그 제한이 불가피한 경우에는 성적 자기결정권의 본질적 내용을 침해하지 않는 한도에서 법률로써 제한할 수 있는 것이다."라고 하여 내재적 한계를 인정하고 있다.

5. 기본권 제한의 기준

(1) 이중기준의 원칙

이중기준의 원칙은 기본권 중에서 정신적 자유권과 경제적 기본권을 구분하여, 전자의 가치가 후자의 가치보다 우월한 것이므로 양자에 대한 제한방법과 제한기준도 달리 해야 한다는 이론이다.❸

구분	경제적 기본권을 제한하는 법률	정신적 기본권을 제한하는 법률
합헌성	추정❹	추정배제(위헌성이 추정)
위헌심사기준	완화된 심사 (합헌적 법률해석의 관점)	엄격한 심사 (규범통제의 관점)

(2) 사회적 연관성 이론

독일 헌법재판소는 개인의 핵심적 자유영역에서 자유권이 갖는 의미가 크면 클수록 자유권에 대한 보호는 더욱 강화되지만, 개인의 활동이 사회적 연관관계에 위치함으로써 타인의 자유 영역과 접촉하고 충돌할수록 입법자는 개인의 자유를 보다 더 제한할 수 있다고 한다. 이를 사회적 연관성 이론이라 한다. 우리 헌법재판소도 미국의 이중기준이론이 아니라, 사회적 연관성의 관점을 기준으로 삼아 판단하고 있다.

관련 판례

1 재산권의 제한

재산권에 대한 제한의 허용 정도는 재산권행사의 대상이 되는 객체가 기본권의 주체인 국민 개개인에 대하여 가지는 의미와 다른 한편으로는 그것이 사회 전반에 대하여 가지는 의미가 어떠한가에 달려 있다. 즉, 재산권행사의 대상이 되는 객체가 지닌 사회적인 연관성과 사회적 기능이 크면 클수록 입법자에 의한 보다 광범위한 제한이 정당화된다(헌재 1998.12.24, 89헌마214 등).

2 물건과 동물

일반적인 물건에 대한 재산권 행사에 비하여 동물에 대한 재산권 행사는 사회적 연관성과 사회적 기능이 매우 크다 할 것이므로 이를 제한하는 경우 입법재량의 범위를 폭넓게 인정함이 타당하다. 그러므로 이 사건 법률조항이 과잉금지원칙을 위반하여 재산권을 침해하는지 여부를 살펴보되 심사기준을 완화하여 적용함이 상당하다(헌재 2013.10.24, 2012헌바431).

3 일반적 토지와 농지

농지는 그 사회성과 공공성이 일반적인 토지보다 더 강하다고 할 수 있으므로, 농지 재산권을 제한하는 입법에 대한 헌법심사의 강도는 다른 토지 재산권을 제한하는 입법에 대한 것보다 낮다고 봄이 상당하다(헌재 2010.2.25, 2010헌바39 등).

기출OX

토지재산권의 제한입법에 있어서는 다른 재산권의 제한입법에 있어서보다 입법자에게 광범위한 입법형성권이 인정되고 있다. (O) 12. 지방직 7급

(3) 기타의 경우의 기본권 제한

이 밖에도 수형자, 국·공립학교의 학생, 전염병환자 등에 대하여도 행형법·교육법·전염병예방법 등에서 이들의 기본권을 제한하고 있다.

제5절 기본권의 침해와 구제

1 기본권보호의무

1. 개념

기본권보호의무란 기본권에 의하여 보호되는 기본권 법익을 사인인 제3자의 위법적 제약으로부터 보호하여야 할 국가의 의무를 말한다.

2. 근거

> 헌법 제10조 모든 국민은 인간으로서의 존엄과 가치를 가지며, 행복을 추구할 권리를 가진다. 국가는 개인이 가지는 불가침의 기본적 인권을 확인하고 이를 보장할 의무를 진다.

기출OX

기본권을 국가공권력의 침해에 대한 주관적 방어권으로서뿐만 아니라 객관적인 원칙규범으로도 보아야 한다는 주장은 기본권의 대사인적 효력을 인정하는 주장과는 관련되지만, 기본권으로부터 국가의 보호의무를 도출하는 주장과는 관계가 없다. (×) 10. 사시

3. 요건

그 보호대상은 생명, 신체의 건강뿐만 아니라 재산권, 신체의 자유 등 자유권적 기본권이 문제될 수 있다. 위험원은 사인이며 그의 행위는 위법하고 위해를 야기하여야 한다.

4. 내용

(1) 수범자

1차적으로 보호의무의 수범자는 입법기관이며, 2차적으로는 행정기관과 사법기관이 된다.

(2) 심사기준

일반적인 과잉금지원칙이 아닌 과소보호금지의 원칙이 그 심사기준이 된다.

> **관련 판례**
>
> **기본권보호의무 위반여부에 대한 심사기준**
>
> 국가가 국민의 생명·신체의 안전에 대한 보호의무를 다하지 않았는지 여부를 헌법재판소가 심사할 때에는 국가가 이를 보호하기 위하여 적어도 적절하고 효율적인 최소한의 보호조치를 취하였는가 하는 이른바 '과소보호금지원칙'의 위반 여부를 기준으로 삼아, 국민의 생명·신체의 안전을 보호하기 위한 조치가 필요한 상황인데도 ① 국가가 아무런 보호조치를 취하지 않았든지 ② 아니면 취한 조치가 법익을 보호하기에 전적으로 부적합하거나 매우 불충분한 것임이 명백한 경우에 한하여 국가의 보호의무 위반을 확인하여야 하는 것이다(헌재 2009.2.26, 2005헌마764).

> **관련 판례** 기본권보호의무에 관한 판례
>
> **1 교통사고처리 특례법 제4조 [위헌]**
>
> [1] 재판절차 진술권의 침해 여부(교통사고 피해자가 업무상 과실 또는 중대한 과실로 인하여 '중상해'를 입은 경우)
> 이 사건 법률조항에 의하여 중상해를 입은 피해자의 재판절차진술권의 행사가 근본적으로 봉쇄된 것은 교통사고의 신속한 처리 또는 전과자의 양산 방지라는 공익을 위하여 위 피해자의 사익이 현저히 경시된 것이므로 법익의 균형성을 위반하고 있다. 따라서 이 사건 법률조항은 과잉금지원칙에 위반하여 업무상 과실 또는 중대한 과실에 의한 교통사고로 중상해를 입은 피해자의 재판절차진술권을 침해한 것이라 할 것이다.
>
> [2] 기본권보호의무 위배 여부
> 형벌은 국가가 취할 수 있는 유효적절한 수많은 수단 중의 하나일 뿐이지, 결코 형벌까지 동원해야만 보호법익을 유효적절하게 보호할 수 있다는 의미의 최종적인 유일한 수단이 될 수는 없다 할 것이다. 따라서 이 사건 법률조항은 국가의 기본권보호의무의 위반 여부에 관한 심사기준인 과소보호금지의 원칙에 위반한 것이라고 볼 수 없다(헌재 2009.2.26, 2005헌마764).
>
> **2 미국산 쇠고기수입의 위생조건에 관한 고시 [기각]**
>
> 이 사건 고시상의 보호조치가 완벽한 것은 아니라 할지라도, 앞서 본 기준과 내용에 비추어 쇠고기 소비자인 국민의 생명·신체의 안전을 보호하기에 전적으로 부적합하거나 매우 부족하여 그 보호의무를 명백히 위반한 것이라고 단정하기는 어렵다 할 것이다(헌재 2008.12.26, 2008헌마419).

기출OX

중과실로 인한 경우는 중상, 경상을 불문하고 재판절차 진술권과 평등권에 위배된다고 최근 판례는 판시하고 있다. (×)

기출OX

01 미국산 쇠고기수입의 위생조건에 관한 고시가 국민의 생명·신체의 안전을 보호하기에 전적으로 부적합하거나 매우 부족하여 그 보호의무를 명백히 위반한 것이라고 단정하기는 어렵다. (○)

13. 서울시 7급

02 정당은 권리능력 없는 사단으로서 기본권 주체성이 인정되므로 미국산 쇠고기 수입위생조건에 관한 고시와 관련하여 생명·신체의 안전에 관한 기본권 침해를 이유로 헌법소원을 청구할 수 있다. (×)

14. 국가직 7급

3 태아의 생명보호의무❶ [기각]

태아도 헌법상 생명권의 주체가 되며, 국가는 헌법 제10조에 따라 태아의 생명을 보호할 의무가 있다. 다만, 국가의 기본권보호의무로부터 태아의 출생 전에, 또한 태아가 살아서 출생할 것인가와는 무관하게, 태아를 위하여 민법상 일반적 권리능력까지도 인정하여야 한다는 헌법적 요청이 도출되지는 않는다(헌재 2008.7.31, 2004헌바81).

4 한국보건산업진흥원의 고용승계 배제 [합헌]

한국식품위생연구원과 한국보건의료관리연구원을 통폐합하여 한국보건산업진흥원을 설립하면서, 재산승계는 법률로 규정하고 있으면서도 고용승계는 법률로 규정하지 아니한 것은 사용자에 의한 해고로부터 근로자를 보호할 국가의 의무에 위배되지 않는다(헌재 2002.11.28, 2001헌바50).

5 담배제조 및 판매 [합헌]

담배사업법은 담배성분의 표시나 경고문구의 표시, 담배광고의 제한 등 여러 규제들을 통하여 직접흡연으로부터 국민의 생명·신체의 안전을 보호하려고 노력하고 있다(헌재 2015.4.30, 2012헌마38).

6 민주화운동 관련자 명예회복 및 보상심의 위원회 [위헌]

보상금 등 지급결정에 동의한 때 재판상 화해의 성립을 간주하는 것은 재판청구권을 침해하지 않으나, 민주화보상법상 보상금에는 정신적 손해에 대한 배상이 포함되어 있지 않은 것은 **국가의 기본권보호의무를 규정한 헌법 취지에 반하는 것이다**(헌재 2018.8.30, 2014헌바180).
▶ 국가배상청구권 침해 ○, 명확성의 원칙 침해 ×, 재판청구권 침해 ×

7 원전건설의 승인권한을 산업통상자원부장관에게 부여 [합헌]

원전건설을 내용으로 하는 전원개발사업 실시계획에 대한 승인권한을 다른 전원개발과 마찬가지로 산업통상자원부장관에게 부여하고 있다 하더라도, 국가가 국민의 생명·신체의 안전을 보호하기 위하여 필요한 최소한의 보호조치를 취하지 아니한 것이라고 보기는 어렵다(헌재 2016.10.27, 2015헌바358).

8 확성장치 사용에 따른 소음 규제기준 부재 [위헌]

선거운동의 자유를 감안하여 선거운동을 위한 확성장치를 허용할 공익적 필요성이 인정된다고 하더라도 정온한 생활환경이 보장되어야 할 주거지역에서 출근 또는 등교 이전 및 퇴근 또는 하교 이후 시간대에 확성장치의 최고출력 내지 소음을 제한하는 등 사용시간과 사용지역에 따른 수인한도 내에서 확성장치의 최고출력 내지 소음 규제기준에 관한 규정을 두지 아니한 것은, 국민이 건강하고 쾌적하게 생활할 수 있도록 노력하여야 할 국가의 기본권 보호의무를 과소하게 이행한 것으로서, 청구인의 건강하고 쾌적한 환경에서 생활할 권리의 침해를 가져온다(헌재 2019.12.27, 2018헌마730).

9 당내경선 시 운동방법의 제한 [합헌]

건전한 상식과 통상적 법감정을 가진 사람이라면 경선후보자는 경선운동방법 제한조항에서 정한 방법에 의해서만 경선운동을 할 수 있고, 거기에 열거되지 않은 확성장치를 사용하여 지지호소 행위를 할 수 없다는 점을 명확히 알 수 있다고 할 것이다(헌재 2019.4.11, 2016헌바458).
▶ 명확성의 원칙과 표현의 자유를 침해하지 않는다.

---

❶ 태아는 민법상 모든 권리의 주체가 되지는 못하며, 일부만 인정되지만 이는 사산으로 인한 복잡한 법률관계의 혼돈을 방지하기 위한 것으로 기본권 보호의무에 위반되지 않는다.

기출OX

민주화운동 관련자 명예회복 및 보상심의 위원회'의 보상금 등 지급결정에 동의한 때 재판상 화해의 성립을 간주함으로써 법관에 의하여 법률에 의한 재판을 받을 권리를 제한하는 법규정은 재판청구권을 침해하지 않는다. (○)
19. 서울시 7급

기출OX

공직선거법이 주거지역에서의 최고출력 내지 소음을 제한하는 등 대상지역에 따른 수인한도 내에서 공직선거운동에 사용되는 확성장치의 최고출력 내지 소음 규제기준을 두고 있지 않았다고 하여 국가의 기본권 보호의무를 과소하게 이행한 것은 아니다. (×)
21. 소방간부

10 대통령의 특정한 행위 의무 부존재

피청구인은 행정부의 수반으로서 국가가 국민의 생명과 신체의 안전 보호의무를 충실하게 이행할 수 있도록 권한을 행사하고 직책을 수행하여야 하는 의무를 부담한다. 하지만 국민의 생명이 위협받는 재난상황이 발생하였다고 하여 피청구인이 직접 구조 활동에 참여하여야 하는 등 구체적이고 특정한 행위의무까지 바로 발생한다고 보기는 어렵다(헌재 2017.3.10, 2016헌나1).

11 기후위기 대응을 위한 국가 온실가스 감축목표 [헌법불합치]

중장기적인 온실가스 감축목표와 감축경로를 계획하는 것은 매우 높은 수준의 사회적 합의가 필요하므로, 2031년 이후의 기간에 대해서도 그 대강의 내용은 '법률'에 직접 규정되어야 한다(법률유보위반). 탄소중립기본법 제8조 제1항에서는 2030년까지의 감축목표 비율만 정하고 2031부터 2049년까지 19년간의 감축목표에 관해서는 어떤 형태의 정량적인 기준도 제시하지 않았는바, 같은 조 제4항의 온실가스 감축목표 재설정 주기나 범위 등 관련 법령의 체계를 살펴보더라도 2050년 탄소중립의 목표 시점에 이르기까지 점진적이고 지속적인 감축을 실효적으로 담보할 수 있는 장치가 없으므로, 이는 미래에 과중한 부담을 이전하는 방식으로 감축목표를 규율한 것으로, 기후위기라는 위험상황에 상응하는 보호조치로서 필요한 최소한의 성격을 갖추지 못하였다고 할 것이다(헌재 2024.8.29, 2020헌마389).

12 학교의 마사토 운동장에 대한 유해중금속 등 유해물질의 유지·관리 기준 부재 [기각]

[1] 국가는 국민의 건강하고 쾌적한 환경에서 생활할 권리를 보호할 의무를 진다.
[2] 대부분의 지방자치단체에서는 학교 운동장의 유해물질 관리를 위한 조례가 제정 및 시행되어 학교장이나 교육감에게 학교 운동장의 유해물질 관리를 의무화하고 있는 점 등을 고려하여 청구인의 환경권이 침해되지 않는다고 판단하였다(헌재 2024.4.25, 2020헌마107).

▶ 보호의무에 관한 사안으로 과잉금지가 아닌 과소보호의무 위반이 그 심사기준이라는 점을 주의해야 한다.

13 동물장묘업 등록의 지역적 제한사유 미비 [기각]

동물장묘업 등록에 관하여 다른 지역적 제한사유를 규정하지 않았다는 사정만으로 청구인들의 환경권을 보호하기 위한 입법자의 의무를 과소하게 이행하였다고 평가할 수는 없다(헌재 2020.3.26, 2017헌마1281).

2 국가인권위원회법

1. 개념 및 적용범위

(1) 인권의 개념

> 국가인권위원회법 제2조 【정의】
> 1. "인권"이란 대한민국헌법 및 법률에서 보장하거나 대한민국이 가입·비준한 국제인권조약 및 국제관습법에서 인정하는 인간으로서의 존엄과 가치 및 자유와 권리를 말한다.

기출OX

국가인권위원회법에서 보호하고자 하는 인권은 국제인권조약 및 국제관습법에서 인정하는 자유와 권리도 포함한다. (O) 05. 사시

비교 정리

구분	소속
국가인권위원회	무소속
감사원	대통령
국민권익위원회	국무총리

3. "평등권 침해의 차별행위"란 합리적인 이유 없이 성별, 종교, 장애, 나이, 사회적 신분, 출신 지역(출생지, 등록기준지, 성년이 되기 전의 주된 거주지 등을 말한다), 출신 국가, 출신 민족, 용모 등 신체 조건, 기혼·미혼·별거·이혼·사별·재혼·사실혼 등 혼인 여부, 임신 또는 출산, 가족 형태 또는 가족 상황, 인종, 피부색, 사상 또는 정치적 의견, 형의 효력이 실효된 전과(前科), 성적(性的) 지향, 학력, 병력(病歷) 등을 이유로 한 다음 각 목의 어느 하나에 해당하는 행위를 말한다. 다만, 현존하는 차별을 없애기 위하여 특정한 사람(특정한 사람들의 집단을 포함한다. 이하 이 조에서 같다)을 잠정적으로 우대하는 행위와 이를 내용으로 하는 법령의 제정·개정 및 정책의 수립·집행은 평등권 침해의 차별행위(이하 "차별행위"라 한다)로 보지 아니한다.
라. 성희롱행위

(2) 인적 적용범위

국가인권위원회법 제4조 【적용범위】 이 법은 대한민국 국민과 대한민국의 영역에 있는 외국인에 대하여 적용한다.

2. 국가인권위원회

(1) 구성과 조직

국가인권위원회법 제3조 【국가인권위원회의 설립과 독립성】 ① 이 법에서 정하는 인권의 보호와 향상을 위한 업무를 수행하기 위하여 국가인권위원회(이하 "위원회"라 한다)를 둔다.
② 위원회는 그 권한에 속하는 업무를 독립하여 수행한다.

제5조 【위원회의 구성】 ① 위원회는 위원장 1명과 상임위원 3명을 포함한 11명의 인권위원(이하 "위원"이라 한다)으로 구성한다.
② 위원은 다음 각 호의 사람을 대통령이 임명한다.
1. 국회가 선출하는 4명(상임위원 2명을 포함한다)
2. 대통령이 지명하는 4명(상임위원 1명을 포함한다)
3. 대법원장이 지명하는 3명
⑤ 위원장은 위원 중에서 대통령이 임명한다. 이 경우 위원장은 국회의 인사청문을 거쳐야 한다.
⑥ 위원장과 상임위원은 정무직공무원으로 임명한다.
⑦ 위원은 특정 성(性)이 10분의 6을 초과하지 아니하도록 하여야 한다.
⑧ 임기가 끝난 위원은 후임자가 임명될 때까지 그 직무를 수행한다.

제7조 【위원장 및 위원의 임기】 ① 위원장 및 위원의 임기는 3년으로 하고, 한 번만 연임할 수 있다.
② 위원이 결원된 때에는 대통령은 결원된 날부터 30일 이내에 후임자를 임명하여야 한다.
③ 결원이 된 위원의 후임으로 임명된 위원의 임기는 새로이 개시된다.

> 제8조【위원의 신분보장】위원은 금고 이상의 형의 선고에 의하지 아니하고는 본인의 의사에 반하여 면직되지 아니한다. 다만, 위원이 장기간의 심신쇠약으로 직무를 수행하기가 극히 곤란하게 되거나 불가능하게 된 경우에는 전체 위원 3분의 2 이상의 찬성에 의한 의결로 퇴직하게 할 수 있다.

(2) 운영

> 국가인권위원회법 제13조【회의 의사 및 의결정족수】① 위원회의 회의는 위원장이 주재하며, 이 법에 특별한 규정이 없으면 재적위원 과반수의 찬성으로 의결한다.
> ② 상임위원회 및 소위원회의 회의는 구성위원 3명 이상의 출석과 3명 이상의 찬성으로 의결한다.
> 제14조【의사의 공개】위원회의 의사는 공개한다. 다만, 위원회, 상임위원회 또는 소위원회가 필요하다고 인정하면 공개하지 아니할 수 있다.

(3) 직무와 권한

① 위원회는 인권의 보호와 향상을 위하여 필요하다고 인정하는 경우 관계기관 등에 대하여 정책과 관행의 개선 또는 시정을 권고하거나 의견을 표명할 수 있다(국가인권위원회법 제25조).
② 위원회는 인권의 보호와 향상에 중대한 영향을 미치는 재판이 계속 중인 경우 또는 위원회가 조사 또는 처리한 내용에 관하여 재판이 계속 중인 경우, 법원 또는 헌법재판소의 요청이 있거나 필요하다고 인정하는 때에는 법원의 담당재판부 또는 헌법재판소에 법률상의 사항에 관하여 의견을 제출할 수 있다(국가인권위원회법 제28조).

(4) 조사대상과 방법

> 국가인권위원회법 제30조【위원회의 조사대상】① 다음 각 호의 어느 하나에 해당하는 경우에 인권침해나 차별행위를 당한 사람(이하 "피해자"라 한다) 또는 그 사실을 알고 있는 사람이나 단체는 위원회에 그 내용을 진정할 수 있다.
> 1. 국가기관, 지방자치단체, 초·중등교육법 제2조, 고등교육법 제2조와 그 밖의 다른 법률에 따라 설치된 각급 학교, 공직자윤리법 제3조의2 제1항에 따른 공직유관단체 또는 구금·보호시설의 업무 수행(국회의 입법 및 법원·헌법재판소의 재판은 제외한다)과 관련하여 대한민국헌법 제10조부터 제22조까지의 규정에서 보장된 인권을 침해당하거나 차별행위를 당한 경우
> 2. 법인, 단체 또는 사인(私人)으로부터 차별행위를 당한 경우
> ③ 위원회는 제1항의 진정이 없는 경우에도 인권침해나 차별행위가 있다고 믿을 만한 상당한 근거가 있고 그 내용이 중대하다고 인정할 때에는 직권으로 조사할 수 있다.
> 제36조【조사의 방법】④ 제1항과 제2항에 따른 피진정인에 대한 출석 요구는 인권침해행위나 차별행위를 한 행위당사자의 진술서만으로는 사안을 판단하기 어렵고, 제30조 제1항에 따른 인권침해행위나 차별행위가 있었다고 볼 만한 상당한 이유가 있는 경우에만 할 수 있다.

① 진정에 의한 조사: 국가기관, 지방자치단체 또는 구금·보호시설의 업무수행(국회의 입법 및 법원·헌법재판소의 재판을 제외한다)과 관련하여 헌법 제10조 내지 제22조에 보장된 인권을 침해당하거나 차별행위를 당한 경우 또는 법인, 단체 또는 사인에 의하여 차별행위를 당한 경우, 인권침해나 차별행위를 당한 사람 또는 그 사실을 알고 있는 사람이나 단체는 위원회에 그 내용을 진정할 수 있다(국가인권위원회법 제30조 제1항).
② 직권에 의한 조사: 위원회는 진정이 없는 경우에도 인권침해나 차별행위가 있다고 믿을 만한 상당한 근거가 있고 그 내용이 중대하다고 인정할 때에는 이를 직권으로 조사할 수 있다(국가인권위원회법 제30조 제3항).
③ 조사의 방법: 국가인권위원회의 조사는 서면조사가 원칙이다. 즉, 피진정인에 대한 출석조사는 진술서만으로 사안을 판단하기 어렵고, 인권침해행위와 차별행위가 있었다고 볼 만한 상당한 이유가 있는 경우에 한하여 인정되는 것으로 서면조사를 원칙으로 한다.

(5) 조사결과에 대한 처리

① 수사기관에 수사개시 의뢰요청

> 국가인권위원회법 제34조 【수사기관과 위원회의 협조】 ① 진정의 원인이 된 사실이 범죄행위에 해당한다고 믿을 만한 상당한 이유가 있고 그 혐의자의 도주 또는 증거 인멸 등을 방지하거나 증거 확보를 위하여 필요하다고 인정할 경우에 위원회는 검찰총장 또는 관할 수사기관의 장에게 수사의 개시와 필요한 조치를 의뢰할 수 있다.

② 합의의 권고

> 국가인권위원회법 제40조 【합의의 권고】 위원회는 조사 중이거나 조사가 끝난 진정에 대하여 사건의 공정한 해결을 위하여 필요한 구제 조치를 당사자에게 제시하고 합의를 권고할 수 있다.

③ 고발 및 징계권고

> 국가인권위원회법 제45조 【고발 및 징계권고】 ① 위원회는 진정을 조사한 결과 진정의 내용이 범죄행위에 해당하고 이에 대하여 형사 처벌이 필요하다고 인정하면 검찰총장에게 그 내용을 고발할 수 있다. 다만, 피고발인이 군인이나 군무원인 경우에는 소속 군 참모총장 또는 국방부장관에게 고발할 수 있다.
> ② 위원회가 진정을 조사한 결과 인권침해 및 차별행위가 있다고 인정하면 피진정인 또는 인권침해에 책임이 있는 사람을 징계할 것을 소속 기관 등의 장에게 권고할 수 있다.

기출OX

01 국가인권위원회에는 피해자 아닌 자도 진정할 수 있다. (○)
03·07. 사시, 06. 행시·외시

02 국가인권위원회에는 진정이 없는 경우에는 직권으로 조사할 수는 없다. (×) 06. 사시

> **기출 OX**
>
> 국가인권위원회는 피해자의 권리 구제를 위해 필요하다고 인정하면 피해자를 위하여 피해자의 명시한 의사에 관계없이 대한법률구조공단 또는 그 밖의 기관에 법률구조를 요청할 수 있다. (×) 17. 국가직 7급

④ 법률구조 요청

> **국가인권위원회법 제47조 【피해자를 위한 법률구조 요청】** ① 위원회는 진정에 관한 위원회의 조사, 증거의 확보 또는 피해자의 권리 구제를 위하여 필요하다고 인정하면 피해자를 위하여 대한법률구조공단 또는 그 밖의 기관에 법률구조를 요청할 수 있다.
> ② 제1항에 따른 법률구조 요청은 피해자의 명시한 의사에 반하여 할 수 없다.

⑤ 처리결과의 공개

> **국가인권위원회법 제49조 【조사와 조정 등의 비공개】** 위원회의 진정에 대한 조사·조정 및 심의는 비공개로 한다. 다만, 위원회의 의결이 있을 때에는 공개할 수 있다.
>
> **제50조 【처리 결과 등의 공개】** 위원회는 이 장에 따른 진정의 조사 및 조정의 내용과 처리 결과, 관계기관 등에 대한 권고와 관계기관 등이 한 조치 등을 공표할 수 있다. 다만, 다른 법률에 따라 공표가 제한되거나 사생활의 비밀이 침해될 우려가 있는 경우에는 그러하지 아니하다.

> **기출 OX**
>
> 행정심판이나 행정소송 등의 사전구제절차를 거치지 아니하고 청구한 국가인권위원회의 진정에 대한 각하 또는 기각결정의 취소를 구하는 헌법소원심판청구가 보충성 요건을 충족하지 않는다고 하였다가 보충성 요건을 충족한다고 하였다. (×) 19. 국가직 7급

> 🔖 **관련 판례**
>
> **인권위원회의 결정 [각하]**
> 국가인권위원회는 법률상의 독립된 국가기관이고, 피해자인 진정인에게는 국가인권위원회법이 정하고 있는 구제조치를 신청할 법률상 신청권이 있는데 국가인권위원회가 진정을 각하 및 기각결정을 할 경우 피해자인 진정인으로서는 자신의 인격권 등을 침해하는 인권침해 또는 차별행위 등이 시정되고 그에 따른 구제조치를 받을 권리를 박탈당하게 되므로, 진정에 대한 국가인권위원회의 각하 및 기각결정은 피해자인 진정인의 권리행사에 중대한 지장을 초래하는 것으로서 항고소송의 대상이 되는 행정처분에 해당하므로, 그에 대한 다툼은 우선 행정심판이나 행정소송에 의하여야 할 것이다. 따라서 이 사건 심판청구는 행정심판이나 행정소송 등의 사전 구제절차를 모두 거친 후 청구된 것이 아니므로 보충성 요건을 충족하지 못하였다(헌재 2015.3.26, 2013헌마214).

제1장 기본권 총론

01
15. 서울시 7급

기본권의 주체와 관련한 설명으로 옳지 않은 것은? (다툼이 있는 경우 판례에 의함)

① 외국인근로자들은 적법하게 고용허가를 받아 적법하게 우리나라에 입국하여 우리나라에서 일정한 생활관계를 형성·유지하고 있더라도 직장 선택의 자유에 대한 기본권 주체성을 인정할 수 없다.
② 인간의 존엄과 가치 및 행복추구권 등과 같이 단순히 국민의 권리가 아닌 인간의 권리로 볼 수 있는 기본권에 대해서는 외국인도 기본권 주체가 될 수 있다.
③ 공법상 법인에 대하여 기본권 주체성을 인정할 경우 기본권의 반전을 초래할 우려가 있기 때문에 공법인은 원칙적으로 기본권 주체성이 부인된다.
④ 초기배아는 수정이 된 배아라는 점에서 형성 중인 생명의 첫걸음을 떼었다고 볼 여지가 있기는 하나 기본권의 주체라고 보기는 어렵다.

정답 및 해설

난이도 ★☆☆

① [X] 국가 정책에 따라 정부의 허가를 받은 외국인은 정부가 허가한 범위 내에서 소득활동을 할 수 있는 것이므로, 외국인이 국내에서 누리는 직업의 자유는 법률에 따른 정부의 허가에 의해 비로소 발생하는 권리이다(헌재 2014.8.28, 2013헌마359).
② [O] 헌법재판소는, '국민' 또는 국민과 유사한 지위에 있는 '외국인'을 헌법재판소법 제68조 제1항의 헌법소원을 청구할 수 있는 기본권 주체로 인정하면서 인간의 존엄과 가치 및 행복추구권 등과 같이 단순히 '국민의 권리'가 아닌 '인간의 권리'로 볼 수 있는 기본권에 대해서는 외국인도 기본권 주체가 될 수 있다고 하였다(헌재 2014.8.28, 2013헌마359).
③ [O] 공법인은 공권력의 행사주체로서 기본권을 실현하고 보호해야 할 권한과 책임을 지고 있으므로 원칙적으로 기본권의 적용대상인 수범자이지, 기본권을 주장하는 주체로서의 기본권의 보유자는 아니다. 따라서 원칙적으로 기본권 주체성이 인정되지는 않는다. 03. 국가직 7급
④ [O] 헌재 2010.5.27, 2005헌마346

답 ①

02

08. 국회직

기본권 경합에 관한 설명으로 옳지 않은 것은? (다툼이 있는 경우에는 판례에 따름)

① 공직을 직업으로 선택하는 경우에 있어서 직업선택의 자유는 공직취임권을 통해서 그 기본권의 보호를 받게 된다고 할 수 있다.
② 이라크전쟁을 반대하는 노동조합의 집회개최에서 노동자의 노동3권과 집회의 자유는 진정한 기본권의 경합관계에 있지 않다.
③ 공무담임권과 같이 우선적으로 적용되는 개별 기본권이 존재하여 그 침해 여부를 판단하여도 그 다음에는 포괄적인 기본권인 행복추구권 침해 여부를 판단할 필요가 있다는 것이 일관된 헌법재판소의 입장이다.
④ 헌법재판소는 식품에 숙취해소 작용이 있음에도 불구하고 이러한 표시를 금지하는 것은 숙취해소용 식품의 제조·판매에 관한 영업의 자유 및 광고표현의 자유를 침해하는 것이며, '숙취해소용 천연차 및 그 제조방법'에 관하여 특허권도 침해하였다고 결정하였다.
⑤ 헌법재판소는 양심적 병역거부가 종교의 교리나 종교적 신념에 따라 행해진 것이라도, 양심의 자유를 기준으로 그 합헌성 여부를 심사하였다.

정답 및 해설

난이도 ★☆☆

① [○] 공무원직에 관한한 공무담임권은 직업의 자유에 우선하여 적용되는 특별법적 규정이다.
② [○] 기본권 경합이란 하나의 기본권 주체가 국가에 대하여 하나의 동일한 사건에서 둘 또는 그 이상의 기본권을 동시에 주장하는 경우를 말한다. 노동3권과 집회의 자유는 진정한 기본권 경합관계에 있지 않은 유사경합이다.
③ [×] 헌법재판소는 "행복추구권은 다른 기본권에 대한 보충적 기본권으로서의 성격을 지니므로, 공무담임권이라는 우선적으로 적용되는 기본권이 존재하여 그 침해 여부를 판단하는 이상, 행복추구권 침해 여부를 독자적으로 판단할 필요가 없다."라고 판시하였다(헌재 2000.12.14, 99헌마112).
④ [○] 헌재 2000.3.30, 99헌마143
⑤ [○] 헌재 2004.8.26, 2002헌가1

답 ③

03

07. 법원직 9급 변형

기본권의 제한에 관한 다음의 설명 중 옳지 않은 것은? (통설과 헌법재판소 판례에 의함)

① 헌법 제37조 제2항은 기본권 제한에 있어 일반적 법률유보를 규정한 조항이다.
② 간통죄의 처벌이 성적 자기결정권을 침해하여 헌법에 위반된다.
③ 헌법 제37조 제2항에서 말하는 법률은 국회가 제정한 형식적 의미의 법률을 의미한다.
④ 특별권력관계에 있어서 기본권의 제한은 법률의 근거를 요하지 아니한다.

정답 및 해설

난이도 ★☆☆

① [○] 일반적 법률유보란 모든 기본권을 법률로 제한할 수 있다는 것으로, 헌법 제37조 제2항이 이에 해당한다.

> **헌법 제37조** ② 국민의 모든 자유와 권리는 국가안전보장, 질서유지 또는 공공복리를 위하여 필요한 경우에 한하여 법률로써 제한할 수 있으며, 제한하는 경우에도 자유와 권리의 본질적인 내용을 침해할 수 없다.

② [○] 혼인제도 및 부부간 정조의무 보호라는 공익이 더 이상 심판대상조항을 통하여 달성될 것으로 보기 어려운 반면, 심판대상조항은 국민의 성적 자기결정권 등의 기본권을 지나치게 제한하고 있으므로 법익 균형성도 상실하였다. 결국 심판대상조항은 과잉금지원칙에 위배하여 국민의 성적 자기결정권 및 사생활의 비밀과 자유를 침해하는 것으로서 헌법에 위반된다(헌재 2015.2.26, 2009헌바17).

③ [○] 법률은 국회가 만든 형식적 의미의 법률을 의미한다.

④ [×] 특별권력관계에서 기본권 제한에 법적 근거가 필요 없다는 것은 과거의 견해일 뿐이며 오늘날은 기본권 제한에는 기본적으로 법적인 근거가 모두 필요하다(헌재 1989.10.27, 89헌마56).

답 ④

04

05. 국회직 8급

국가인권위원회의 권한에 관한 다음 설명 중 옳은 것은?

① 국가인권위원회법의 적용범위는 대한민국 국적을 가진 자에 한한다.
② 국가인권위원회는 그 독립성을 보장하기 위하여 대통령 직속 국가기관으로 설치되어 있다.
③ 국가기관·지방자치단체 등에 의한 인권침해행위만이 조사대상이 되고, 사인에 의한 평등권 침해의 차별행위는 조사대상에 포함되지 아니한다.
④ 국가인권위원회법에서 말하는 '인권'이라 함은 헌법 및 법률에서 보장하거나 대한민국이 가입·비준한 국제인권조약 및 국제관습법에서 인정하는 인간으로서의 존엄과 가치 및 자유와 권리를 말한다.
⑤ 국가인권위원회의 조사대상에서 법원·헌법재판소의 재판을 제외하므로 동 위원회가 조사 또는 처리한 내용에 관하여 재판이 계속 중인 경우에는 법원의 담당재판부 또는 헌법재판소에 사실상 및 법률상의 사항에 관하여 의견을 제출할 수 없다.

정답 및 해설　　　　　　　　　　　　　　　　　　　　　　　　　　　　　　　　난이도 ★★☆

① [✕] 국가인권위원회법 제4조는 국가인권위원회법의 적용범위를 대한민국 국민과 대한민국 영역 안에 있는 외국인으로 규정하고 있다.
② [✕] 국가인권위원회는 어디에도 소속되지 않는 독립기관이다.
③ [✕] 국가나 공공단체에 의해 침해된 인권뿐만 아니라 단체나 사인에 의한 평등권 침해의 차별행위를 당한 경우에도 진정할 수 있다(국가인권위원회법 제30조).
⑤ [✕] 국가인권위원회는 재판이 계속 중인 경우 법원 또는 헌법재판소의 요청이 있거나 필요하다고 인정하는 경우 의견을 제출할 수 있다(국가인권위원회법 제28조).

답 ④

제2장 인간의 존엄과 가치·행복추구권·평등권

제2편 기본권론

제2장 인간의 존엄과 가치·행복추구권·평등권

- **인간의 존엄과 가치·행복추구권**
  - 인간의 존엄과 가치 — 포괄적 기본권 + 근본이념
  - 행복추구권 — 포괄적 기본권, 보충적 기본권
  - 파생된 기본권
    - 일반적 행동자유권
    - 일반적 인격권
    - **자기결정권**: 인격과 무관한 모든 생활영역

- **평등권**
  - 의미 — 권리 + 방법론적 기초
  - 내용 — 법내용상 평등, 불법 앞의 평등은 부정됨
  - 차별금지 사유 — **예시**: 성별, 종교, 사회적 신분
  - 심사기준
    - **미국**: 흑백차별이 더 심함
    - **한국**
      - **원칙**: 자의금지
      - **예외**: 비례의 원칙
        - 중대한 기본권 제한
        - 헌법이 금지하는 차별
  - 잠정적 우대조치
    - **특징**: 집단·잠정적·결과의 평등
    - **심사기준**
      - 강자를 차별 ⇨ 자의금지
      - 약자를 차별 ⇨ 비례심사

제1절 인간의 존엄과 가치·행복추구권

1 인간의 존엄과 가치

> 헌법 제10조【인간의 존엄성과 기본인권보장】 모든 국민은 인간으로서의 존엄과 가치를 가지며, 행복을 추구할 권리를 가진다. 국가는 개인이 가지는 불가침의 기본적 인권을 확인하고 이를 보장할 의무를 진다.

1. 입법례
우리나라에서는 인간의 존엄·가치조항은 제5차 헌법개정 때 처음 도입되었고, 행복추구권은 제8차 헌법개정 때 도입되었다.

2. 법적 성격

(1) 기본권성
인간의 존엄과 가치 및 행복추구권을 모든 기본권 보장의 종국적 목적(기본이념)으로 봄과 동시에 전자는 일반적 인격권이, 후자는 일반적 행동자유권·개성의 자유로운 발현권 등이 포함되어 있다.

🔍 관련 판례

1 계구❶사용행위 [위헌확인]
청구인은 1년이 넘는 기간 동안 이중금속수갑과 가죽수갑을 착용하여 두 팔이 몸에 고정된 상태에서 생활하였고 이와 같은 상태에서 식사, 용변, 취침을 함으로써 일상생활을 정상적으로 수행할 수 없었다. 따라서 이 사건 계구사용행위는 기본권 제한의 한계를 넘어 **필요 이상으로 장기간 과도하게 신체거동을 제한한바** 이는 인간의 존엄성을 침해한 것으로 보아야 한다(헌재 2003.12.18, 2001헌마163).

2 구치소 내 과밀수용 [인용]
교정시설의 1인당 수용면적❷이 수형자의 인간으로서 기본욕구에 따른 생활조차 어렵게 할 만큼 지나치게 협소하다면 이는 그 자체로 국가형벌권 행사의 한계를 넘어 수형자의 인간의 존엄과 가치를 침해하는 것이다(헌재 2016.12.29, 2013헌마142).

3 최소한의 조명유지 [기각]
법무부훈령인 법무시설 기준규칙은 수용동의 조도 기준을 취침 전 200룩스 이상, 취침 후 60룩스 이하로 규정하고 있는데, 수용자의 도주나 자해 등을 막기 위해서 취침시간에도 최소한의 조명을 유지하는 것은 수용자의 인간의 존엄과 가치를 침해하지 아니한다(헌재 2018.8.30, 2017헌마440).

(2) 근본규범성
우리 헌법이 지향하는 최고의 실천원리이자 구성원리이므로, 모든 국가작용의 목적·판단기준·정당성의 근거가 되며, 모든 법해석의 기준이 되고, 기본권 제한 및 헌법개정의 한계가 된다.

기출OX
인격권은 헌법 제10조의 인간의 존엄과 가치로부터 유래한다. (O)
22. 소방간부

❶ 계구는 수갑이나 포승 따위처럼 죄인의 몸을 얽매는 기구를 말한다.

비교 정리
계구사용

구분	주문
필요	합헌
불요, 과잉	위헌

❷ 1인당 평균사용가능면적은 1㎡ 남짓으로 누워 칼잠을 자야할 정도이다.

기출OX
01 교정시설의 1인당 수용면적이 수형자의 인간으로서의 기본 욕구에 따른 생활조차 어렵게 할 만큼 지나치게 협소하더라도 교정시설의 형편상 불가피한 것이라면 인간의 존엄과 가치를 침해하는 것이 아니다. (X)
17. 지방직 7급

02 법무부훈령인 법무시설 기준규칙은 수용동의 조도 기준을 취침 전 200룩스 이상, 취침 후 60룩스 이하로 규정하고 있는데, 수용자의 도주나 자해 등을 막기 위해서 취침시간에도 최소한의 조명을 유지하는 것은 수용자의 숙면방해로 인하여 인간의 존엄과 가치를 침해한다. (X)
19. 지방직 7급

3. 주체

주체는 꼭 우리 국민만이 아니라 모든 인간이 그 주체가 된다.❸

2 행복추구권

1. 의의

행복추구권은 소극적으로는 고통과 불쾌감이 없는 상태를 추구할 권리, 적극적으로는 안락하고 만족스러운 삶을 추구하는 권리이다(헌재 1997.7.16, 95헌가6).

> **🔨 관련 판례**
>
> **1 국가유공자에 대한 보상금 지급 [합헌]**
> 헌법 제10조의 행복추구권은 국민이 행복을 추구하기 위하여 필요한 급부를 국가에게 적극적으로 요구할 수 있는 것을 내용으로 하는 것이 아니라, 국민이 행복을 추구하기 위한 활동을 국가권력의 간섭 없이 자유롭게 할 수 있다는 **포괄적인 의미의 자유권**으로서의 성격을 가지므로 국민에 대한 일정한 보상금의 수급기준을 정하고 있는 이 사건 규정이 **행복추구권을 침해한다고 할 수 없다**(헌재 1995.7.21, 93헌가14).
>
> **2 행복추구권도 공동체의 이익과 관련됨**
> 헌법이 보장하는 행복추구권이 공동체의 이익과 무관하게 무제한의 경제적 이익의 도모를 보장하는 것이라고는 볼 수 없다(헌재 1995.7.21, 94헌마125).

2. 법적 성격

헌법재판소는 사안에 대하여 직접 적용할 기본권 규정이 없는 경우에 보충적으로 적용해야 한다는 보충적 보장설을 취한다(헌재 2002.8.29, 2000헌가5).❹

3 파생되는 기본권

1. 일반적 행동자유권

국민이 행복을 추구하기 위하여 적극적으로 자유롭게 행동할 수 있는 것과 소극적으로 행동하지 않을 자유를 포함한다.

2. 일반적 인격권

개인의 일반적 인격권은 인간의 존엄성에서 유래되는 것으로 헌법 제10조에서 근거를 찾는 것이 타당하다. 헌법재판소도 "정간법 제16조 제3항의 정정보도청구권은 일반적 인격권에 바탕을 둔 것으로, 이는 헌법 제10조에서 나온다."라고 판시한 바 있다(헌재 1991.9.16, 89헌마165).

---

❸ 다만, 법인은 인간의 존엄의 주체가 되지 못한다. 의문인 것은 인간의 존엄의 주체가 되지 못하는데 법인은 인격권의 주체가 된다.

❹ 행복추구권과 평등권이 경합하는 경우에도 평등권 침해여부만을 심사한다(2014헌마977).

기출OX

01 행복추구권과 개별기본권이 경합하면 행복추구권은 보충적 기본권의 지위를 갖는다. (O)
11. 국가직 7급

02 휴식권은 헌법상 명문의 규정은 없으나 포괄적인 기본권인 행복추구권의 한 내용으로 볼 수 있다. (O)
05. 법행

03 일반적 행동자유권의 보호영역에는 개인의 생활방식과 취미에 관한 사항도 포함되며, 여기에는 위험한 스포츠를 즐길 권리와 같은 위험한 생활방식으로 살아갈 권리도 포함된다. (O)
15. 서울시 7급

04 방송사업자가 방송심의규정을 위반한 경우 시청자에 대한 사과를 명할 수 있도록 한 방송법 규정은, 방송사업자의 의사에 반한 사과행위를 강제함으로써 양심의 자유를 침해한 것으로 헌법에 위반된다. (X)
19. 서울시 7급

→ 사안에서 문제된 방송사업자는 주식회사 문화방송으로 법인이다. 법인의 경우 과거에도 사과방송은 인격권을 침해할 수 있으나, 양심의 자유를 침해할 수는 없다. 법인은 양심의 자유의 주체가 되지 않기 때문이다.

❶ 외부에서 어떻게 생각하느냐가 중요하지 본인 스스로 어떻게 생각하는가는 문제가 되지 않는다. 예를 들어 외부에서는 잘했다고 생각하는데 본인은 2등한 것이 너무 창피하다고 해서 '그 사람이 2등했다'고 보도한 것은 명예훼손이 되지 않는다.

기출OX

성명은 개인의 정체성과 개별성을 나타내는 인격의 상징으로서 개인이 사회 속에서 자신의 생활영역을 형성하고 발현하는 기초가 되는 것이라 할 것이므로 자유로운 성의 사용 역시 헌법상 인격권으로부터 보호된다고 할 수 있다. (O)
18. 법원직

관련 판례

1 사죄광고 강제

사죄광고는 그 구체적 내용이 국가기관에 의하여 결정되는 것임에도 불구하고 마치 본인의 자발적 의사형성인 것 같이 되는 것이며 … 따라서 사죄광고 과정에서는 자연인이든 법인이든 인격의 자유로운 발현을 위해 보호받아야 할 인격권이 무시되고 **국가에 의한 인격의 외형적 변형이 초래**되어 인격형성에 분열이 필연적으로 수반되게 된다. 이러한 의미에서 사죄광고제도는 헌법에서 보장된 인격의 존엄과 가치 및 그를 바탕으로 하는 인격권에 큰 위해도 된다고 볼 것이다(헌재 1991.4.1, 89헌마160).

2 사과방송 강제

이 사건 심판대상조항은 방송사업자의 의사에 반한 사과행위를 강제함으로써 방송사업자의 인격권을 제한하며, 이러한 제한이 그 목적과 방법 등에 있어서 헌법 제37조 제2항에 의한 헌법적 한계를 벗어난 것이다(헌재 2012.8.23, 2009헌가27).

3 학교폭력 가해학생에 대한 서면사과 조치 [합헌]

[1] 헌법재판소는 사죄광고나 사과문 게재를 명하는 조항에 대하여 양심의 자유와 인격권 침해를 인정하여 왔으나, 이 사건에서는 가해학생의 선도와 피해학생의 피해회복 및 정상적인 교육관계회복을 위한 특별한 교육적 조치로 보아 피해학생에 대한 서면사과 조치가 가해학생의 양심의 자유와 인격권을 침해하지 않는다고 판단하였다.

[2] 의무화 규정은 학교폭력의 축소·은폐를 방지하고 피해학생의 보호 및 가해학생의 선도 교육을 위하여, 학부모들의 자치위원회 참여를 확대 보장하고 자치위원회의 회의소집과 가해학생에 대한 조치 요청, 학교의 장의 가해학생에 대한 조치를 모두 의무화한 것으로 가해학생의 인격권을 침해하지 않는다(헌재 2023.2.23, 2019헌바93).

(1) 명예권

명예는 사람이나 그 인격에 대한 '사회적 평가', 즉 객관적·외부적 가치평가를 말하는 것이지 단순히 주관적·내면적인 명예감정은 포함하지 않는다고 보아야 한다(헌재 2005.10.27, 2002헌마425).❶

(2) 성명권

① 성명은 개인의 정체성과 개별성을 나타내는 인격의 상징으로서 개인이 사회 속에서 자신의 생활영역을 형성하고 발현하는 기초가 되는 것이라 할 것이므로 자유로운 성의 사용 역시 헌법상 인격권으로부터 보호된다(헌재 2005.12.22, 2003헌가5 등).

관련 판례

개명과 인격권

개명으로 인하여 사회적 폐단이나 부작용이 발생할 수 있다는 점을 지나치게 강조하여 개명을 엄격하게 제한할 경우 헌법상의 개인의 인격권과 행복추구권을 침해하는 결과를 초래할 우려가 있다(대결 2005.11.16, 2005스26).

② 성별정정의 경우 대법원은 사회통념상 남성으로 평가될 수 있는 성전환자에 해당함이 명백하므로 호적정정 및 개명을 허가할 여지가 충분히 있다고 보아 원칙적으로는 이를 허용한다(대결 2006.6.22, 2004스42). 최근에는 자녀가 있는 경우에도 성전환이 허용된다고 보았다.

(3) 초상권

초상권의 경우 우리 헌법 제10조 제1문에 의하여 헌법적으로 보장되는 권리이다(대판 2006.10.13, 2004다16280). 따라서 당사자의 동의 없이 초상사진을 언론매체에 게재하는 것은 인격권에 대한 침해이다.

관련 판례

1 초상권 침해

공개된 장소에서 이루어졌다거나 민사소송의 증거를 수집할 목적으로 이루어졌다는 사유만으로 정당화되지 않는다. 일상생활을 본인 동의 없이 촬영한 행위는 초상권 및 사생활의 비밀과 자유를 침해하는 불법행위에 해당한다(대판 2006.10.13, 2004다16280).

2 태아의 성별 고지 금지 [헌법불합치]

성별을 이유로 한 낙태를 방지함으로써 성비의 불균형을 해소하고 태아의 생명을 보호하기 위해 입법된 것으로 목적의 정당성이 인정된다. 그러나 남아선호사상이 확연히 쇠퇴하고 있고, 심판대상조항이 사문화되었음에도 불구하고 출생성비가 자연성비의 정상범위 내이므로, 심판대상조항은 더 이상 태아의 성별을 이유로 한 낙태를 방지하기 위한 목적을 달성하는 데에 적합하고 실효성 있는 수단이라고 보기 어렵고, 입법수단으로서도 현저하게 불합리하고 불공정하다. 태아의 생명 보호를 위해 국가가 개입하여 규제해야 할 단계는 성별고지가 아니라 낙태행위인데, 심판대상조항은 낙태로 나아갈 의도가 없는 부모까지 규제하여 기본권을 제한하는 과도한 입법으로 침해의 최소성에 반하고, 법익의 균형성도 상실하였다. 따라서 심판대상조항은 과잉금지원칙을 위반하여 부모가 태아의 성별 정보에 대한 접근을 방해받지 않을 권리를 침해한다(헌재 2024.2.28, 2022헌마356 등).

3 피의자 조사과정 촬영허용행위 [위헌확인]

청구인은 기자들에게 청구인이 경찰서 내에서 수갑을 차고 얼굴을 드러낸 상태에서 조사받는 모습을 촬영할 수 있도록 허용한 것인바, 신원공개가 허용되는 예외사유가 없는 청구인에 대한 이러한 수사 장면의 공개 및 촬영은 이를 정당화할 만한 어떠한 공익 목적도 인정하기 어려우므로 촬영허용행위는 목적의 정당성 자체가 인정되지 아니한다. 피청구인이 언론사 기자들의 취재 요청에 응하여 청구인이 경찰서 내에서 양손에 수갑을 찬 채 조사받는 모습을 촬영할 수 있도록 허용한 행위는 청구인의 인격권을 침해하여 위헌임을 확인한다(헌재 2014.3.27, 2012헌마652).

3. 자기결정권

(1) 개념

자기결정권이란 국가의 간섭 없이 자신의 책임하에서 어떠한 결정을 행사할 수 있는 권리를 말한다.

기출OX

헌법 제10조로부터 도출되는 일반적 인격권에는 각 개인이 그 삶을 사적으로 형성할 수 있는 자율영역에 대한 보장이 포함되어 있음을 감안할 때, 장래 가족의 구성원이 될 태아의 성별 정보에 대한 접근을 국가로부터 방해받지 않을 부모의 권리는 이와 같은 일반적 인격권에 의하여 보호된다. (O)
12. 국가직 7급

비교 정리

관련 기본권	인정 여부
알 권리	×
행복추구권	×
접근권	○
직업수행의 자유	○

기출OX

사법경찰관이 보도자료 배포 직후 기자들의 취재 요청에 응하여 피의자가 경찰서 조사실에서 양손에 수갑을 찬 채 조사받는 모습을 촬영할 수 있도록 허용한 행위는 잠재적인 피해자의 발생을 방지하고 범죄를 예방할 필요성이 있다는 점에서 피의자의 인격권을 침해하지 않는다. (×) 17. 서울시 7급

(2) 근거
판례는 인격권과 결부되는 자기결정권을 헌법 제10조의 인간의 존엄과 가치와 행복추구권으로 보고 있다(헌재 1990.9.10, 89헌마82).

(3) 주체
인간인 경우 모두 해당한다. 법인의 경우도 법인의 생활영역에서는 자기결정권의 주체가 될 수 있다고 본다.

> **관련 판례**
>
> **1 혼인빙자간음죄와 성적 자기결정권 [위헌]**
> 남성이 해악적 문제를 수반하지 않는 방법으로 여성을 유혹하는 성적 행위에 대해서 국가가 개입하는 것은 억제되어야 한다. … 남성의 여성에 대한 유혹의 방법은 남성의 내밀한 성적 자기결정권의 영역에 속하는 것이고 또한 애정행위는 그 속성상 과장이 수반되게 마련이다. 이 사건 법률조항은 남녀평등의 사회를 지향하고 실현해야 할 국가의 헌법적 의무에 반하는 것이자, **여성을 보호한다는 미명 아래 사실상 국가 스스로가 여성의 성적 자기결정권을 부인하는 행위이다**(헌재 2009.11.26, 2008헌바58).
>
> **2 의료보험 요양기관 강제지정 [합헌]**
> 의료법에 의해 개설된 모든 의료기관을 의료보험대상기관으로 강제지정하는 것은 의료소비자인 국민이 의료행위의 질·범위·보수 등을 자유롭게 결정할 수 있는 자유를 제한하는 것이다. … 이러한 제한은 의료보험의 기능확보라는 중대한 공익의 실현을 위하여 행해지는 것으로서, 의료소비자인 국민의 선택권을 과도하게 침해하는 것이라고 볼 수 없다(헌재 2002.10.31, 99헌바76 등).
>
> **3 성매매 처벌법 [합헌]**
> [1] 개인의 성행위 그 자체는 사생활의 내밀영역에 속하고 개인의 성적 자기결정권의 보호대상에 속한다고 할지라도, 그것이 외부에 표출되어 사회의 건전한 성풍속을 해칠 때에는 마땅히 법률의 규제를 받아야 한다.
> [2] 불특정인을 상대로 한 성매매와 특정인을 상대로 한 성매매는, 건전한 성풍속 및 성도덕에 미치는 영향, 제3자의 착취 문제 등에 있어 다르다고 할 것이므로, 불특정인에 대한 성매매만을 금지대상으로 규정하고 있는 것이 평등권을 침해한다고 볼 수도 없다(헌재 2016.3.31, 2013헌가2).

(4) 보호영역
자기결정권이 인격적 이익만 보호한다는 인격적 이익설과 인격과 무관한 모든 생활영역에서 자기결정권을 보호한다는 일반적 자유설이 대립하나 헌법재판소는 일반적 자유설의 입장을 취하고 있다.
① **자기운명결정권**: 헌법재판소는 간통죄 사건에서 성행위 여부 및 그 상대방을 결정할 수 있다고 판시한 바 있으며, 동성동본금혼사건에서는 혼인의 자유에 대해서도 판시한 바 있다.
② **생활영역결정권**: 친생부인의 소 사건에서는 출생한 날 1년 이내로 제소기간을 제한한 것은 자기생활영역의 자율형성권 침해라고 헌법재판소는 판시하였다.

기출 OX

혼인을 빙자하여 부녀를 간음한 남자를 처벌하는 형법 조항은 사생활의 비밀과 자유를 제한하는 것이라고 할 수 있지만, 혼인을 빙자하여 부녀를 간음한 남자의 성적자기결정권을 제한하는 것은 아니다. (×) 19. 국가직 7급

비교 정리

성매매 처벌

대상	처벌
특정인	×
불특정인	○

4. 평화적 생존권의 기본권성 인정 여부

> **관련 판례**
>
> **2007년 전시증원연습 등 위헌확인**
>
> 평화적 생존권이란 이름으로 주장하고 있는 평화란 헌법의 이념 내지 목적으로서 추상적인 개념에 지나지 아니하고, 평화적 생존권은 이를 헌법에 열거되지 아니한 기본권으로서 특별히 새롭게 인정할 필요성이 있다거나 그 권리내용이 비교적 명확하여 구체적 권리로서의 실질에 부합한다고 보기 어려워 <u>헌법상 보장된 기본권이라고 할 수 없다</u>(헌재 2009.5.28, 2007헌마369).

기출OX

대통령이 한미연합 군사훈련의 일종인 2007년 전시증원연습을 하기로 한 결정은 고도의 정치적 결단이 필요한 통치행위로서 사법심사가 자제되어야 한다. (×)   16. 경찰승진

→ 사안에서 판례는 통치행위에 해당하지 않는다고 보았다(2007헌마369).

4 효력

인간의 존엄과 가치, 행복추구권은 사법의 일반원칙을 통하여 사인간에도 적용되어 이를 침해하면 불법행위가 된다.

5 제한과 한계

좁은 의미의 인간의 존엄과 가치, 행복추구권도 헌법 제37조 제2항의 일반적 법률유보에 의해 국가안전보장·질서유지 또는 공공복리를 위하여 제한될 수 있으나, 본질적 부분은 침해할 수 없다. 07. 법원직

> **관련 판례**
>
> **1 구 기부금품모집규제법 [위헌]**
>
> <u>기부금품의 모집행위도 행복추구권에서 파생하는 일반적인 행동자유권에 의하여 기본권으로 보장</u>되기 때문에, 법의 허가가 기본권의 본질과 부합하려면, 그 허가절차는 기본권에 의하여 보장된 자유를 행사할 권리 그 자체를 제거해서는 아니 되고 허가절차에 규정된 법률요건을 충족시킨 경우에는 기본권의 주체에게 기본권행사의 형식적 제한을 다시 해제할 것을 요구할 수 있는 법적 권리를 부여하여야 한다. 그런데 법은 <u>구체적인 허가요건을 규정하지 아니하고, 허가 여부를 오로지 행정청의 자유로운 재량행사</u>에 맡기고 있다. 그러므로 법 제3조는 기부금품을 모집하고자 하는 국민에게 허가를 청구할 법적 권리를 부여하지 아니함으로써 국민의 기본권(행복추구권)을 침해하는 위헌적인 규정이다(헌재 1998.5.28, 96헌가5).
>
> **2 신 기부금품모집규제법 [합헌]**
>
> 한편 <u>구 기부금모집금지법과는 달리 '금지'가 아닌 '과잉모집 규제와 적정사용'에 목적을 두고 지속적인 기부금품 모집허가를 규정하고 있는 점</u>, 기부금품 모집을 허가해야 할 사업의 범위를 넓게 규정하면서 일반조항을 통하여 대부분의 공익사업에 대한 기부금품 모집이 가능하도록 하고 있는 점, 기부금품의 모집이 무분별하게 이루어지지 않을 것으로 기대되거나 적정한 사용이 담보될 수 있을 것으로 보이는 일정한 경우에는 모집행위에 허가를 요하지 아니하는 점 등을 고려할 때 기본권의 최소침해성 원칙이나 법익균형성 원칙에 반한다고 보기도 어렵다. 따라서 이 사건 허가조항은 헌법 제37조 제2항의 과잉금지원칙에 위반하여 기부금품을 모집할 일반적 행동의 자유를 침해하지 않는다(헌재 2010.2.25, 2008헌바83).

기출OX

국가의 간섭을 받지 않고 자유로이 기부금품 모집행위를 할 수 있는 기회의 보장은 재산권의 보호범위에 포함되지 않고, 행복추구권에서 파생되는 일반적 행동의 자유에 의하여 보호된다. (○)   11. 법원직

비교 정리

기본권	관련성	헌법재판소
재산권	간접	×
결사의 자유	간접	×
행복추구권	직접	○

3 농업협동조합 조합장의 재임 중 기부행위를 처벌

기부행위처벌조항은 조합원의 자유로운 의사결정에 의하여 행하여져야 할 조합장 선거에서 부정한 경제적 이익의 제공을 통하여 조합원의 자유의사를 왜곡시키는 선거운동을 범죄로 처벌함으로써 조합장 선거의 공정성을 보장하기 위한 규정이므로 그 입법 목적의 정당성이 인정되고, 조합장 선거의 공정성이라는 목적을 달성하기 위하여 조합장 재임 중 기부행위를 전면 금지하고 이를 위반하는 경우 형사처벌하는 것은 이러한 입법목적을 달성하기 위한 적절한 수단이 된다(헌재 2018.2.22, 2016헌바370).

▶ 평등권 ○, 일반적 행동자유권 ○, 재산권 ×, 직업의 자유 ×, 단체활동의 자유 ×

4 토지거래허가제 [합헌]

재산권의 본질적인 내용을 침해하는 경우라고 하는 것은 그 침해로 사유재산권이 유명무실해지고 사유재산제도가 형해화되어 헌법이 재산권을 보장하는 궁극적인 목적을 달성할 수 없게 되는 지경에 이르는 경우라고 할 것이다. **사유재산제도의 전면적인 부정, 재산권의 무상몰수, 소급입법에 의한 재산권박탈 등이 본질적인 침해가 된다**는 데 대하여서는 이론의 여지가 없다. … **토지거래허가제는 사유재산제도의 부정이라 보기는 어렵고 다만 그 제한의 한 형태**라고 봐야 할 것이므로 재산권의 본질적인 침해라고는 할 수 없는 것이다(헌재 1989.12.22, 88헌가13).

5 미결수용자의 재소자용 의류착용❶ [기각, 인용]

[1] **구치소 등 수용시설 안에서는** 재소자용 의류를 입더라도 일반인의 눈에 띄지 않고, 수사 또는 재판에서 변해(辯解)·방어권을 행사하는 데 지장을 주는 것도 아닌 반면에, 미결수용자에게 사복을 입도록 하면 의복의 수선이나 세탁 및 계절에 따라 의복을 바꾸는 과정에서 증거인멸 또는 도주를 기도하거나 흉기, 담배, 약품 등 소지금지품이 반입될 염려 등이 있으므로 미결수용자에게 시설 안에서 재소자용 의류를 입게 하는 것은 구금 목적의 달성, 시설의 규율과 안전유지를 위한 **필요최소한의 제한으로서 정당성·합리성을 갖춘 재량의 범위 내의 조치이다.**

[2] **수사 및 재판단계에서** 유죄가 확정되지 아니한 미결수용자에게 재소자용 의류를 입게 하는 것은 미결수용자로 하여금 모욕감이나 수치심을 느끼게 하고, 심리적인 위축으로 방어권을 제대로 행사할 수 없게 하여 실체적 진실의 발견을 저해할 우려가 있으므로, 도주 방지 등 어떠한 이유를 내세우더라도 그 제한은 정당화될 수 없어 헌법 제37조 제2항의 기본권 제한에서의 비례원칙에 위반되는 것으로서, 무죄추정의 원칙에 반하고 인간으로서의 존엄과 가치에서 유래하는 **인격권과 행복추구권, 공정한 재판을 받을 권리를 침해하는 것이다**(헌재 1999.5.27, 97헌마137 등).

6 미결수용자의 변호사 아닌 자와의 서신검열 [기각]

증거의 인멸이나 **도망을 예방하고 교도소 내의 질서를 유지**하여 미결구금제도를 실효성 있게 운영하고 일반사회의 불안을 방지하기 위한 미결수용자의 서신에 대한 검열은 그 필요성이 인정된다고 할 것이다. … 서신검열로 인하여 미결수용자의 통신의 비밀이 일부 제한되는 것은 질서유지 또는 공공복리라는 정당한 목적을 위하여 불가피할 뿐만 아니라 유효적절한 방법에 의한 최소한의 제한으로서 **헌법에 위반된다고 할 수는 없다** 할 것이다(헌재 1995.7.21, 92헌마144).

---

❶
1. 미결수용자란 범죄판결이 나지 않은 상태로 구금되어 있는 피의자 또는 피고인을 의미한다.
2. 다만, 최근에 민사법정의 경우에는 재소자용 의류 착용이 헌법에 위반되지 않는다고 판시하였다(헌재 2015.12.23, 2013헌마712).

비교 정리

재소자용 의류착용

구분		주문
안		합헌
밖(재판)	민사	합헌
	형사	위헌

기출OX

민사재판의 당사자로 출석하는 수형자에 대하여 사복착용을 허용하지 않는 규정은 인격권과 행복추구권을 침해하였다. (×)   18. 법원직

7 간통죄의 형사처벌과 성적 자기결정권 [위헌]

혼인제도 및 부부간 정조의무 보호라는 공익이 더 이상 심판대상조항을 통하여 달성될 것으로 보기 어려운 반면, 심판대상조항은 국민의 성적 자기결정권 등의 기본권을 지나치게 제한하고 있으므로 법익 균형성도 상실하였다. 결국 심판대상조항은 과잉금지원칙에 위배하여 국민의 성적 자기결정권 및 사생활의 비밀과 자유를 침해하는 것으로서 헌법에 위반된다(헌재 2015.2.26, 2009헌바17).

8 자동차운전전문학원의 운영정지 [위헌]

이 사건 조항이 운전전문학원의 귀책사유를 불문하고 수료생이 일으킨 교통사고를 자동적으로 운전전문학원의 법적 책임으로 연관시키고 있는 것은 운전전문학원이 주체적으로 행해야 하는 **자기책임의 범위를 벗어난 것이며** … 비례의 원칙에 어긋나 운전전문학원 운영자의 직업의 자유를 침해한다(헌재 2005.7.21, 2004헌가30).

9 면세담배의 유통 [위헌]

담배제조자는 면세담배를 공급받은 자가 이를 용도 외로 사용하는지 여부에 관하여 이를 관리하거나 감독할 수 있는 법적 권리나 의무가 없음에도 불구하고, 공급받은 면세담배를 용도 외로 처분한 데에 대한 책임이 누구에게 있는지에 대한 고려 없이 징세절차의 편의만을 위해 무조건 원래의 납세의무자였던 제조자에게 담배소비세와 가산세를 부과하는 것은 **자신의 통제권 내지 결정권이 미치지 않는 데 대하여까지 책임을 지게 하는 것으로서 자기책임의 원리에 부합한다고 보기 어렵다**(헌재 2004.6.24, 2002헌가27).

10 화재보험 강제가입 [한정위헌]

이른바 계약자유의 원칙이란 계약을 체결할 것인가의 여부, 체결한다면 어떠한 내용의, 어떠한 상대방과의 관계에서, 어떠한 방식으로 계약을 체결하느냐 하는 것도 당사자 자신이 자기의사로 결정하는 자유뿐만 아니라, 원치 않으면 계약을 체결하지 않을 자유를 말하여, 이는 헌법상의 행복추구권 속에 함축된 일반적 행동자유권으로부터 파생되는 것이라 할 것이다. … **4층 이상의 건물에 대해 획일적인 보험가입강제를 하는 것**은 개인의 경제상의 자유와 창의의 존중을 기본으로 하는 **경제질서와 과잉금지의 원칙에 합치되지 아니하여 헌법에 위반**된다(헌재 1991.6.3, 89헌마204).

11 18세 미만자 당구장 출입금지 [위헌]

당구장 출입자의 자숙이나 시설, 환경의 정화로 당구의 실내 스포츠로서의 이미지 개선은 가능한 것으로 사료되며 당구 자체에 청소년이 금기시해야 할 요소가 있는 것으로는 보여지지 않기 때문에 **당구를 통하여 자신의 소질과 취미를 살리고자 하는 소년에 대하여** 당구를 금하는 것은 헌법상 보장된 행복추구권의 한 내용인 **일반적인 행동자유권의 침해**가 될 수 있을 것이다(헌재 1993.5.13, 92헌마80).

12 마약류 수용자에 대한 소변채취 [기각]

청구인이 그 주장과 같이 법률상 근거 없이 의무도 없는 소변채취를 강요당하였다면 헌법 제10조의 인간의 존엄과 가치 및 행복추구권에 의하여 보장되는 **일반적인 행동의 자유권[하기 싫은 일(소변을 받아 제출하는 일)을 하지 않을 자유, 자기 신체상태나 정보에 대하여 외부에 알리지 않을 자유]**과 헌법 제12조에 의하여 보장되는 신체의 자유의 침해 여부가 문제가 된다고 할 것이다. … 행형법 제17조의2(신체검사 등) 제1항이 이 사건 소변채취의 법률상의 근거가 된다. 정기적으로 소변채취를 통하여 마약반응검사를 실시하는 것은 **교정시설 내의 안전과 질서유지 및 교정목적에 기여**하는 측면이 높다는 점에서 … 이 사건 소변채취는 과잉금지의 원칙에 위반되지 아니한다(헌재 2006.7.27, 2005헌마277).

📚 비교 정리

화재보험 가입 관련 비교

유동인구	가입
많음	필수
적음	임의

기출OX

체육시설의 설치·이용에 관한 법률 및 동 시행령에서 당구장영업에 18세 미만자 출입금지표시 규정을 두어 영업의 대상 범위에 제한을 가하는 것은 평등의 원칙에 대한 예외사유로서 합리성이 있다. (×) 04. 법원직

> **기출 OX**
>
> 구치소에서의 항문 내 검사는 인격권을 침해하는바 위헌이 되었다. (×)
>
> 07. 사시

13 마약류 수용자에 대한 항문검사 [기각]

청구인이 수인하여야 할 모욕감이나 수치심에 비하여 반입금지품을 차단함으로써 얻을 수 있는 수용자들의 생명과 신체의 안전, 구치소 내의 질서유지 등의 공익이 보다 크므로(법익균형성), 과잉금지의 원칙에 위배되었다고 할 수 없다(헌재 2006.6.29, 2004헌마826).

14 전자영상장비를 사용한 항문검사 [기각]

이 사건 신체검사로 인하여 수용자가 느끼는 모욕감이나 수치심이 결코 작다고 할 수는 없지만, 흉기 기타 위험물이나 금지물품을 교정시설 내로 반입하는 것을 차단함으로써 수용자 및 교정시설 종사자들의 생명·신체의 안전과 교정시설 내의 질서를 유지한다는 공적인 이익이 훨씬 크다 할 것이므로, 법익의 균형성 요건 또한 충족된다. 이 사건 신체검사는 필요한 최소한도를 벗어나 과잉금지원칙에 위배되어 청구인의 인격권 내지 신체의 자유를 침해한다고 볼 수 없다(헌재 2011. 5.26, 2010헌마775).

15 차폐시설이 불충분한 유치장 내 화장실 이용의 강제 [위헌]

유치기간 동안 위와 같은 구조의 화장실을 사용하도록 강제한 피청구인의 행위는 인간으로서의 기본적 품위를 유지할 수 없도록 하는 것으로서, 수인하기 어려운 정도라고 보여지므로 전체적으로 볼 때 **비인도적·굴욕적**일 뿐만 아니라 동시에 비록 건강을 침해할 정도는 아니라고 할지라도 헌법 제10조의 인간의 존엄과 가치로부터 유래하는 인격권을 침해하는 정도에 이르렀다고 판단된다(헌재 2001. 7.19, 2000헌마546).

16 경찰서유치장에서 신체과잉수색 [위헌확인]

청구인들의 옷을 전부 벗긴 상태에서 청구인들에 대하여 실시한 이 사건 신체수색은 그 수단과 방법에 있어서 필요 최소한의 범위를 명백하게 벗어난 조치로서 이로 말미암아 **청구인들에게 심한 모욕감과 수치심만을 안겨주었다고 인정하기에 충분**하다. … 이 사건 신체수색은 그 수단과 방법에 있어서 필요한 최소한도의 범위를 벗어나 헌법 제10조 및 제12조에 의하여 보장되는 청구인들의 인격권 및 신체의 자유를 침해한 것이어서 마땅히 취소되어야 할 것이다(헌재 2002.7.18, 2000헌마327).

17 운동화착용금지 [기각]

민사법정에 출석하는 수형자에게 운동화착용을 불허하고 고무신을 신게 한 이 사건 운동화착용불허행위는 시설 바깥으로의 외출이라는 기회를 이용한 **도주를 예방하기 위한 것**으로서 그 목적이 정당하고, 위와 같은 목적을 달성하기 위한 적합한 수단이라 할 것이다. 또한 신발의 종류를 제한하는 것에 불과하여 법익침해의 최소성과 균형성도 갖추었다 할 것이므로, 이 사건 운동화착용불허행위가 기본권 제한에 있어서의 과잉금지원칙에 반하여 청구인의 인격권과 행복추구권을 침해하였다고 볼 수 없다(헌재 2011.2.24, 2009헌마209).

> **기출 OX**
>
> 민사법정에 출석하는 수형자에게 운동화착용을 불허하고 고무신을 신게 하였더라도 신발의 종류를 제한한 것에 불과하여 법익침해의 최소성 및 균형성을 충족한다. (○)
>
> 12. 법원직

18 가정의례에 관한 법률에 의한 허례허식행위의 금지 [위헌]

결혼식 등의 당사자가 자신을 축하하러 온 하객들에게 주류와 음식물을 접대하는 행위는 인류의 오래된 보편적인 사회생활의 한 모습으로서 개인의 일반적인 행동의 자유영역에 속하는 행위이므로 이는 헌법 제37조 제1항에 의하여 경시되지 아니하는 기본권이며 헌법 제10조가 정하고 있는 행복추구권에 포함되는 일반적 행동자유권으로서 보호되어야 할 기본권이다. … 혼인 등의 하객들에게 주류 및 음식물의 접대를 원칙적으로 금지하고, **가정의례의 참뜻에 비추어 합리적인 범위 안에서는 죄형법정주의의 명확성원칙을 위배하여 청구인의 일반적 행동자유권을 침해하였다**(헌재 1998.10.15, 98헌마168).

19 고속도로 등에서의 이륜차 통행금지 [기각]

이 사건 법률조항에 의하여 이륜차를 이용하여 고속도로 등을 통행할 수 있는 자유를 제한당하고 있다. 이는 행복추구권에서 우러나오는 일반적 행동의 자유를 제한하는 것이다. 그러나 이 사건 법률조항이 청구인들의 **거주·이전의 자유를 제한한다고 보기는 어렵다**. … 고속도로 등에 이륜차의 통행을 허용할 경우에는 고속으로 주행하는 이륜차의 사고위험성이 더욱 증가되고 그로 인하여 일반자동차의 고속 주행과 안전까지 저해할 우려가 있다. … 과도하게 제한한다고 볼 수 없다(헌재 2007.1.17, 2005헌마1111 등).

▶ 직업의 자유 제한 ×, 거주·이전의 자유 제한 ×

20 무면허의료행위의 금지 [기각]

이 사건 법률조항은 '의료행위'를 개인의 경제적 소득활동의 기반이자 자아실현의 근거로 삼으려는 청구인의 기본권, 즉 직업선택의 자유를 제한하거나, 또는 청구인이 의료행위를 지속적인 소득활동이 아니라 취미, 일시적 활동 또는 무상의 봉사활동으로 삼는 경우에는 헌법 제10조의 행복추구권에서 파생하는 일반적 행동의 자유를 제한하는 규정이다. 이 사건 법률조항이 **의료인이 아닌 자의 의료행위를 전면적으로 금지한 것은 매우 중대한 헌법적 법익인 국민의 생명권과 건강권을 보호하고 국민의 보건에 관한 국가의 보호의무(헌법 제36조 제3항)를 이행하기 위하여 적합한 조치**로서, … 헌법에 위반되지 않는다(헌재 2002.12.18, 2001헌마370).

21 인천국제공항고속도로 사용료 징수 [합헌]

이 도로 이용은 **청구인들 자신의 자유로운 판단에 의한 것이고 강제된 것이 아니라고 할 것이며**, 심판대상조항에 의하여 청구인들의 일반적인 행동의 자유가 제한되었다고 볼 수는 없다. 가사 이 도로의 사용료 징수가 청구인들의 일반적 행동자유권에 대한 제한에 해당한다고 하더라도 심판대상조항은 사회간접시설의 확충에 필요한 국가예산의 부족해결 및 이를 위한 민간자본의 유치라는 공공복리를 달성하기 위한 입법이므로 헌법에 위반되지 아니한다(헌재 2005.12.22, 2004헌바64).

22 친일반민족행위 [합헌]

친일반민족행위의 진상을 규명하여 정의로운 사회가 실현될 수 있도록 공동체의 윤리를 정립하고자 하는 공익의 중대성은 막대한 반면, 이 사건 법률조항으로 인해 제한되는 조사대상자 등의 인격권은 친일반민족행위에 관한 조사보고서와 사료가 공개됨으로 인한 것에 불과하므로, 법익 균형성의 원칙에도 반하지 않는다(헌재 2010.10.28, 2007헌가23).

기출OX

'가정의례의 참뜻에 비추어 합리적인 범위 내'라는 소극적 범죄구성요건은 죄형법정주의의 명확성 원칙을 위배하지 아니하였다. (×) 18. 법원직

기출OX

이륜자동차를 운전하여 고속도로 또는 자동차 전용도로를 통행한 자를 처벌하는 것은 퀵서비스 배달업자들의 직업수행의 자유를 제한하는 것이지만, 사고의 위험성과 사고결과의 중대성이 비추어 이를 기본권 침해라고 볼 수 없다. (×) 18. 경찰승진

→ 직업이 아닌 일반적 행동자유를 제한한다.

❶ 접근매체는 대포통장 같은 것을 의미한다.

기출OX

01 서울광장으로 출입하고 통행하는 행위를 제지하는 것은 거주·이전의 자유를 제한한다. (×)
16. 국가직 7급

02 경찰청장이 경찰버스들로 서울특별시 서울광장을 둘러싸 통행을 제지한 경우에 경찰 임무의 하나로서 '기타 공공의 안녕과 질서유지'를 규정한 경찰관직무집행법의 규정은 일반적 수권조항으로서 경찰권 발동의 법적 근거가 될 수 있으므로, 통행을 제지한 행위가 법률유보원칙에 위배되는 것은 아니다. (×)
19. 법원직
→ 법적 근거가 없다.

23 주취운전 3회 [합헌]
주취 중 운전금지규정을 3회 위반한 경우 운전면허를 필요적으로 취소하도록 규정한 것은 과잉금지의 원칙에 반하여 직업의 자유 내지 일반적 행동의 자유를 침해하지 아니한다(헌재 2006.5.25, 2005헌바91).

24 접근매체❶양도금지 [합헌]
실제 이러한 자들로부터 **접근매체를 양도받은 자들이 이른바 보이스피싱 등의 금융사기범죄를 저질러** 그 피해자들이 양산되고 있는데, 이에 대하여 과태료와 같은 행정벌을 과하는 것만으로는 접근매체양도의 규제 효과를 기대하기 어렵다. 또 이 사건 처벌규정은 위와 같은 위반자들에 대하여 1년 "이하의" 징역 또는 1천만원 "이하의" 벌금에 처할 것을 규정하고 있으나, 이 사건 처벌규정 위반자들의 위반행위에 비추어 볼 때 이러한 법정형이 그 죄질과 책임에 비하여 지나치게 높게 설정된 것으로 형벌체계상의 균형을 현저히 잃고 있다고 보기도 어렵다(헌재 2011.7.28, 2010헌바115).

25 서울광장통행저지 [인용]
[1] 거주·이전의 자유는 거주지나 체류지라고 볼 만한 정도로 생활과 밀접한 연관을 갖는 장소를 선택하고 변경하는 행위를 보호하는 기본권인바, 이 사건에서 서울광장이 청구인들의 생활형성의 중심지인 거주지나 체류지에 해당한다고 할 수 없고, 서울광장에 출입하고 통행하는 행위가 그 장소를 중심으로 생활을 형성해 나가는 행위에 속한다고 볼 수도 없으므로 **청구인들의 거주·이전의 자유가 제한되었다고 할 수 없다**.
[2] 대규모의 불법·폭력 집회나 시위를 막아 시민들의 생명·신체와 재산을 보호한다는 공익은 중요한 것이지만, 당시의 상황에 비추어 볼 때 이러한 공익의 존재 여부나 그 실현 효과는 다소 가상적이고 추상적인 것이라고 볼 여지도 있고, 비교적 덜 제한적인 수단에 의하여도 상당 부분 달성될 수 있었던 것으로 보여 일반 시민들이 입은 실질적이고 현존하는 불이익에 비하여 결코 크다고 단정하기 어려우므로 법익의 균형성 요건도 충족하였다고 할 수 없다. 따라서 이 사건 **통행제지행위는 과잉금지원칙을 위반하여 청구인들의 일반적 행동자유권을 침해한 것이다**(헌재 2011.6.30, 2009헌마406).

26 번호통합 [기각]
이용자의 편익을 증대시키고, 예비 번호자원을 확보하며, 95%가 010번호를 이용하고 있는 점 등을 고려할 때 행복추구권을 침해하지 않는다(헌재 2013.7.25, 2011헌마63).

27 임대차존속기간을 20년으로 제한 [위헌]
제정된 지 50년이 지난 이 사건 법률조항은 현저히 변화된 현재의 사회경제적 현상을 제대로 반영하지 못하고 있다(헌재 2013.12.26, 2011헌바234).

28 수갑을 찬 채 촬영을 허용하는 행위 [인용]
피청구인이 언론사 기자들의 취재 요청에 응하여 청구인이 경찰서 내에서 양손에 수갑을 찬 채 조사받는 모습을 촬영할 수 있도록 허용한 행위는 청구인의 인격권을 침해한다(헌재 2014.3.27, 2012헌마652).

29 건설업 등록말소 [위헌]

건설업과 관련 없는 죄로 임원이 형을 선고받은 경우까지도 법인이 건설업을 영위할 수 없도록 하는 것은 부실시공을 방지하고자 하는 입법목적을 달성하기 위한 적합한 수단이 될 수 없으므로, 심판대상 조항은 **수단의 적합성이 인정되지 않는다**(헌재 2014.4.24, 2013헌바25).

30 금융감독원 4급 이상 직원 퇴직 후 취업제한 조항 [기각]

금융기관의 업무 및 재산상황에 대한 검사 및 감독과 그에 따른 제재를 주된 업무로 하는 금융감독원의 특성을 고려할 때, 금융기관에 대한 실질적 영향력 행사 및 금융기관과의 유착으로 인한 각종 부정부패를 사전에 방지하기 위한 것으로 청구인들의 사생활의 비밀과 자유, 직업선택의 자유 및 평등권을 침해하지 않는다는 이유로 기각 결정하였다(헌재 2014.6.26, 2012헌마331).

기출OX

금융감독원의 4급 이상 직원에 대하여 공직자윤리법상 재산등록의무를 부과하는 것은 금융감독원의 4급 이상 직원의 사생활의 비밀의 자유를 침해하지 않는다. (O)   17. 서울시 7급

31 재범의 위험성 사건❷ [위헌]

구 사회보호법 제5조 제1항은 전과나 감호처분을 선고받은 사실 등 법정의 요건에 해당되면 **재범의 위험성 유무에도 불구하고 반드시 그에 정한 보호감호를 선고하여야 할 의무를 법관에게 부과**하고 있으니 헌법 제12조 제1항 후문, 제37조 제2항 및 제27조 제1항에 위반된다(헌재 1989.7.14, 88헌가5).

❷ 보호감호를 부과할 때 재범의 위험성이 없는 경우에도 처벌하는 것에 대하여 위헌이라고 판시하였다.

32 노동조합 및 노동관계조정법상 양벌규정 [위헌, 합헌]

[1] 부당노동행위를 한 때에는 그 법인에 대하여도 벌금형을 과하도록 한 '노동조합 및 노동관계조정법' 제94조 중 법인의 대리인·사용인 기타의 종업원이 그 법인의 업무에 관하여 제90조 가운데 '제81조 제1호, 제2호 단서 후단, 제5호를 위반한 경우'에 관한 부분은 헌법에 위반된다.

[2] 법인의 대표자가 그 법인의 업무에 관하여 '노동조합 및 노동관계조정법' 제81조 제1호를 위반하여 부당노동행위를 한 때에는 그 법인에 대하여도 벌금형을 과하도록 한 '노동조합 및 노동관계조정법' 제94조 중 법인의 대표자가 그 법인의 업무에 관하여 제90조 가운데 '제81조 제1호를 위반한 경우'에 관한 부분은 헌법에 위반되지 아니한다(헌재 2020.4.23, 2019헌가25).

33 세월호피해지원법 [위헌]

[1] 세월호피해지원법에 따라 배상금 등을 지급받고도 또 다시 소송으로 다툴 수 있도록 한다면, 신속한 피해구제와 분쟁의 조기종결 등 세월호피해지원법의 입법목적은 달성할 수 없게 된다. 따라서 **재판청구권을 침해하지는 않는다**.

[2] 세월호피해지원법은 배상금 등의 지급 이후 효과나 의무에 관한 일반규정을 두거나 이에 관하여 범위를 정하여 하위 법규에 위임한 바가 없다. 이의제기 금지조항은 기본권 제한의 **법률유보원칙에 위반**하여 법률의 근거 없이 대통령령으로 청구인들에게 세월호 참사와 관련된 일체의 이의 제기 금지 의무를 부담시킴으로써 **일반적 행동의 자유를 침해한 것이다**(헌재 2017.6.29, 2015헌마654).

34 이름을 지을 자유 [기각]

자녀의 이름에 사용할 수 있는 한자의 범위를 통상 사용되는 한자로 제한하는 것은 부모의 자녀 이름을 지을 자유를 침해하지 않는다(헌재 2016.7.28, 2015헌마964).

기출OX

부모가 자녀의 이름을 지어주는 것은 자녀의 양육과 가족생활을 위하여 필수적인 것이고, 가족생활의 핵심적 요소라 할 수 있으므로, '부모가 자녀의 이름을 지을 자유'는 혼인과 가족생활을 보장하는 헌법 제36조 제1항과 행복추구권을 보장하는 헌법 제10조에 의하여 보호받는다. (O)   19. 국가직 7급

35 공문서 한자사용금지 [각하]
공문서를 한글로 작성하면 학력이나 한자 독해력 등에 관계없이 모든 국민이 공문서의 내용을 쉽게 이해할 수 있기 위함으로 청구인들의 행복추구권을 침해하지 않는다(헌재 2016.11.24, 2012헌마854).

36 형의 집행을 유예하면서 사회봉사 명령 [합헌]
사회에 유용한 봉사활동을 통하여 사회와 통합하여 재범방지 및 사회복귀를 용이하게 하려는 것으로 과잉금지에 위배되지 아니한다(헌재 2012.3.29, 2010헌바100).

37 교도소 내 점호❶ [기각, 각하]
인원점검을 위해 번호를 외치도록 한 것은 행복추구권의 침해가 아니며, 안녕하십니까라고 수형자들에게 인사하도록 한 행위는 헌법소원의 대상이 되지 않는다(헌재 2012.7.26, 2011헌마332).

38 학교폭력징계에 대한 재심 [기각]
가해학생에 대한 조치 중 전학과 퇴학 이외의 조치들에 대해 재심을 불허하는 것은 갈등상황을 신속히 종결하여 학교생활에 복귀할 수 있도록 하기 위한 것으로 헌법에 위반되지 않는다(헌재 2013.10.24, 2012헌마832).

39 협의 이혼시 법원 출석 [기각]
협의 이혼시 부부가 함께 법원에 직접 출석하여 협의이혼의사확인신청서를 제출하도록 강제하는 것은 당사자의 자유롭고 진지한 의사에 기하도록 하기 위함으로 일반적 행동자유권을 침해하지 아니한다(헌재 2016.6.30, 2015헌마894).

40 도로 외의 곳에서 음주운전❷ [합헌]
도로 외의 곳이란 자동차 등을 그 본래의 사용방법에 따라 사용할 수 있는 공간으로 명확성의 원칙에 위반되지 않는다(헌재 2016.2.25, 2015헌가11).

41 변호사 징계결정정보 인터넷 공개 [합헌]
변호사에 대한 징계결정정보를 인터넷 홈페이지에 공개하도록 한 변호사법 조항과 징계결정정보의 공개범위와 시행방법을 정한 변호사법 시행령 조항은 청구인의 인격권을 침해하지 않는다(헌재 2018.7.26, 2016헌마1029).

42 출국 수속 과정에서 추가 보안검색 [합헌]
이미 출국 수속 과정에서 일반적인 보안검색을 마친 승객을 상대로, 촉수검색(patdown)과 같은 추가적인 보안 검색 실시를 예정하고 있는 국가항공보안계획은 과잉금지원칙에 위반되지 않아 청구인의 인격권을 침해하지 않는다(헌재 2018.2.22, 2016헌마780).

43 밀수범의 경우 관세예비의 경우 정범에 준하여 처벌 [위헌]
예비행위의 위험성은 구체적인 사건에 따라 다름에도 심판대상조항에 의하면 위험성이 미약한 예비행위까지도 본죄에 준하여 처벌하도록 하고 있어 행위자의 책임을 넘어서는 형벌이 부과되는 결과가 발생한다(헌재 2019.2.28, 2016헌가13).

---

❶ 번호를 차례대로 외치게 하는 상황은 하고 싶지 않아도 해야 하는 상황이므로 이는 본안판단의 대상이 되지만, '안녕하십니까'는 하지 않아도 누가 하지 않았는지 알 수 없는 상황이므로 공권력으로 보기 힘들다.

❷ 아파트 단지 내에서 음주운전을 금지하는 것은 일반적 행동자유권을 침해하지 않는다.

기출OX

이미 출국 수속 과정에서 일반적인 보안검색을 마친 승객을 상대로 촉수검색(patdown)과 같은 추가적인 보안검색 실시를 예정하고 있는 국가항공보안계획은 달성하고자 하는 공익에 비해 추가 보안검색으로 인해 대상자가 느낄 모욕감이나 수치심의 정도가 크다고 할 수 있으므로 과잉금지원칙에 위반되어 해당 승객의 인격권을 침해한다. (X)   22. 국가직 7급

44 본인의 의사와 무관한 시신제공 [위헌]

시신 자체의 제공과는 구별되는 장기나 인체조직에 있어서는 본인이 명시적으로 반대하는 경우 이식·채취될 수 없도록 규정하고 있음에도 불구하고, 이 사건 법률조항은 본인이 해부용 시체로 제공되는 것에 대해 반대하는 의사표시를 명시적으로 표시할 수 있는 절차도 마련하지 않고 본인의 의사와는 무관하게 해부용 시체로 제공될 수 있도록 규정하고 있다는 점에서 침해의 최소성 원칙을 충족했다고 보기 어렵고 … 청구인의 시체 처분에 대한 자기결정권을 침해한다(헌재 2015.11.26, 2012헌마940).

45 전동킥보드 최고속도 제한 [기각]

전동킥보드의 최고속도는 25km/h를 넘지 않아야 한다고 규정한 구 안전확인대상생활용품의 안전기준 부속서 32 제2부 5.3.2.는 소비자의 자기결정권 및 일반적 행동자유권을 침해하지 않는다(헌재 2020.2.27, 2017헌마1339).

▶ 소비자의 자기결정권 ○, 일반적 행동자유권 ○, 신체의 자유 ×, 평등권 ×

46 육군 장교의 민간법원 약식명령 확정사실 자진신고의무 [합헌]

청구인들이 자진신고의무를 부담하는 것은, 수사 및 재판 단계에서 의도적으로 신분을 밝히지 않은 행위에서 비롯된 것으로서 이미 예상가능한 불이익인 반면, 인사상 불균형을 방지함으로써 군 조직의 내부 기강 및 질서를 유지하고자 하는 공익은 매우 중대하다(헌재 2021.8.31, 2020헌마12).

47 사망사고에 대한 의료분쟁 조정절차 자동개시 [기각]

헌법재판소는 사망 등의 결과가 발생한 경우에 조정절차를 자동으로 개시하는 것은 환자의 입장에서는 피해를 신속·공정하게 구제받을 수 있도록 하고, 보건의료인의 입장에서도 분쟁을 원만하게 해결할 수 있는 절차를 마련하였다는 점에서 그 의의가 있다고 판단하였다(헌재 2021.5.27, 2019헌마321).

48 주방용오물분쇄기 판매·사용금지 [기각]

음식물 찌꺼기 등이 하수도로 바로 배출되더라도 이를 적절히 처리할 수 있는 하수도 시설을 갖추는 등 주방용오물분쇄기의 판매와 사용을 허용할 수 있는 사회적 기반시설이 갖추어져 있다고 보기 어렵기 때문에 이는 청구인들의 일반적 행동자유권, 직업의 자유를 침해하지 않는다(헌재 2018.6.28, 2016헌마1151).

49 응급진료 방해 행위의 금지 및 처벌 [합헌]

누구든지 응급의료종사자의 응급환자에 대한 진료를 폭행, 협박, 위계, 위력, 그 밖의 방법으로 방해하는 행위를 금지하는 하는 것과 이를 위반한 경우 형사처벌 하는 규정은 헌법에 위반되지 않는다(헌재 2019.6.28, 2018헌바128).

50 유사군복 판매목적 소지 금지 [합헌]

군인 아닌 자가 유사군복을 입고 군인임을 사칭하여 군인에 대한 국민의 신뢰를 실추시키는 행동을 하는 등 군에 대한 신뢰 저하 문제로 이어져 향후 발생할 국가안전보장상의 부작용을 상정해볼 때, 단지 유사군복의 착용을 금지하는 것으로는 입법목적을 달성하기에 부족하고, 유사군복을 판매 목적으로 소지하는 것까지 금지하여 유사군복이 유통되지 않도록 하는 사전적 규제조치가 불가피하다(헌재 2019.4.11, 2018헌가14).

기출OX

01 주방용오물분쇄기의 사용을 금지하는 환경부고시는 공공수역의 수질오염을 방지함으로써 달성되는 공익이 인정되나, 분쇄기를 이용하여 음식물 찌꺼기 등을 처리할 수 없으므로 행복추구권으로부터 도출되는 일반적 행동자유권을 침해한다. (×) 22. 경찰간부

02 응급의료에 관한 법률 조항 중 '누구든지 응급의료종사자의 응급환자에 대한 진료를 폭행, 협박, 위계, 위력, 그 밖의 방법으로 방해하여서는 아니 된다.'는 부분 가운데 '그 밖의 방법' 부분은 죄형법정주의의 명확성원칙에 위반되지 않는다. (○) 22. 입법고시

51 누구든지 금융회사등에 종사하는 자에게 거래정보등의 제공을 요구하는 것을 금지하고, 위반 시 형사처벌 [위헌]

금융거래의 비밀보장이 중요한 공익이라는 점은 인정할 수 있으나, 심판대상조항이 정보제공요구를 하게 된 사유나 행위의 태양, 요구한 거래정보의 내용을 고려하지 아니하고 일률적으로 일반 국민들이 거래정보의 제공을 요구하는 것을 금지하고 그 위반 시 형사처벌을 하는 것은 그 공익에 비하여 지나치게 일반 국민의 일반적 행동자유권을 제한하는 것으로 법익의 균형성을 갖추지 못하였다. 따라서 일반적 행동자유권을 침해하므로 헌법에 위반된다(헌재 2022.2.24, 2020헌가5).
▶ 알권리는 심판대상 조항에 의해 제한되는 기본권에 해당하지 않는다.

52 비어업인 잠수용 스쿠버 장비를 이용 수산자원 포획금지 [합헌]

이 사건 규칙 조항은 수산자원을 유지·보존하고 어업인들의 재산을 보호함으로써, 단기적으로는 어업인의 생계를 보장하고 장기적으로는 수산업의 생산성을 향상시키고자 하는 것으로 일반적 행동자유를 침해하지 아니한다(헌재 2016.10.27, 2013헌마450).
▶ 평등권은 따로 판단하지 않는다.

53 지역아동센터 이용아동 구성 제한 [기각]

돌봄에 취약한 환경에 놓인 아동들에게 지역아동센터가 제공하는 돌봄서비스를 우선적으로 제공할 정당성과 필요성이 인정된다고 하면서, 지역아동센터 운영자의 직업수행의 자유 및 지역아동센터 이용아동의 인격권을 침해한다고 볼 수 없다고 하였다(헌재 2022.1.27, 2019헌마583).

제2절 평등권

> 헌법 제11조【국민의 평등, 특수계급제도의 부인, 영전❶의 효력】① 모든 국민은 법 앞에 평등하다. 누구든지 성별·종교 또는 사회적 신분에 의하여 정치적·경제적·사회적·문화적 생활의 모든 영역에 있어서 차별을 받지 아니한다.
> ② 사회적 특수계급의 제도는 인정되지 아니하며, 어떠한 형태로도 이를 창설할 수 없다.
> ③ 훈장 등의 영전은 이를 받은 자에게만 효력이 있고, 어떠한 특권도 이에 따르지 아니한다.

❶ 영전이란 국가에 뚜렷한 공적을 세운 사람에게 그 공적을 치하하기 위하여 인정한 특수한 법적 지위를 말한다.

1 의의

1. 헌법구조

(1) 평등의 기본원리 선언

헌법전문, 헌법 제11조, 헌법 제119조 제2항

(2) 개별평등권

교육의 기회균등(헌법 제31조 제1항), 여성근로자의 차별금지(헌법 제32조 제4항), 가족생활의 평등(헌법 제36조 제1항), 선거에 있어서의 평등(헌법 제41조), 지역간의 균형발전(헌법 제123조 제2항)

2. 개념

(1) 의의

국가에 의해 합리적 이유 없이 불평등한 대우를 하지 말 것과, 평등한 대우를 요구할 수 있는 권리로 국민의 기본권보장에 관한 최고원리임과 동시에 기본권실현의 방법론적 기초이며 국민의 기본권 중의 기본권인 것이다(헌재 1989.1.25, 88헌가7). 06. 국회직 8급

(2) 연혁

버지니아 권리장전에 최초로 규정(인간은 태어날 때부터 평등하다)하였다.

2 주체

헌법 제11조 제1항은 모든 국민이라고 규정하고 있으나 평등권은 외국인에게도 인정되며, 법인이나 법인격 없는 단체에 대해서도 적용된다. 외국인에게 평등권 주체성을 인정해 주는 경우에도 모든 외국인을 언제나 국민과 동일하게 대우해주어야 한다는 논리는 성립되지 아니하므로 외국인은 국제법상 상호주의원칙에 따라 일정한 제한을 받는다. 또한 외국인은 국민의 권리인 참정권이나 재산권에 있어서도 내국인에 비해 광범위한 제한을 받는다.

3 헌법 제11조 제1항의 내용

1. 법 앞의 평등

(1) 법의 의미

여기서의 법은 모든 법규범을 의미하는 개념으로서 국회에서 제정된 형식적 의미의 법률뿐만 아니라 불문법, 명령, 규칙 등 모든 법을 의미하며 초실정법으로서의 자연법도 포함한다.

(2) 법 앞에의 의미

법 앞의 평등이란 법 내용의 평등을 의미한다고 본다. 법의 적용이 아무리 평등하더라도 법의 내용이 불평등한 것이라면 그 결과가 불평등한 것이 되기 때문에 법 앞의 평등이라는 것은 입법까지도 구속한다고 본다.

(3) 평등의 의미

법 앞의 평등의 의미는 어떠한 경우에도 차별은 금지된다는 절대적 평등설과, 모든 사람을 평등하게 취급하되 정당한 이유가 있는 경우에는 합리적 차별이 가능하다는 상대적 평등설로 나누어진다. 이때 합리적 근거가 있는 차별은 가능한 한 '상대적 평등설'로 이해하여야 한다(통설·판례).

❶ 이 판례는 상향식 평등에 관한 판례이다. 즉, 소방공무원도 보훈혜택을 주어야 하지만 국가가 돈이 없어서 더 위험한 경찰공무원에게 먼저 혜택을 주고, 재정적인 여유가 생기면 소방공무원까지 단계적으로 확대하겠다는 것으로 이는 잘못된 것이 아니라는 것이다. 기계적으로 평등의 원칙을 적용하여 둘다 혜택을 주지 않는 것은 오히려 바람직하지 못하므로 더 위험한 경찰공무원에게 혜택을 먼저 주겠다는 의미이다.

❷ 예를 들어 남성에게만 병역의무를 부과하는 것은 합리적 근거가 있는 차별로서 허용되며, 여성에게만 생리휴가를 주거나 특별한 근로보호를 하는 것도 합리적인 이유가 있는 차별로서 헌법상 허용된다고 본다.

❸ 경향기업이란 경향성을 띄고 있는 기업을 말하는데, 예를 들어 찬송가를 제작하는 기업에서 불교신자로 개종한 경우에는 해고가 정당할 수 있다는 의미이다.

❹ 오늘날은 양반과 천민과 같은 선천적 신분은 존재하지 않는다.

관련 판례

소방공무원과 경찰공무원의 보훈혜택의 차별❶ [합헌]

소방공무원은 화재의 예방·경계·진압과 구조·구급활동을, 경찰공무원은 치안유지와 교통단속 등을 주된 업무로 한다는 점에서 서로 다르다. 나아가 이와 같이 업무의 내용이 다름으로 인해 업무수행 중에 노출되는 **위험상황의 성격과 정도에 있어서도 경찰공무원과 소방공무원이 서로 동일하다고 볼 수 없다**. 그리고 그동안 국가는 소방공무원이 국가유공자로 예우를 받게 되는 대상자의 범위 등을 국가의 재정능력, 전체적인 사회보장의 수준과 국가에 대한 공헌과 희생의 정도 등을 감안하여 **합리적인 범위 내에서 단계적으로 확대**해 왔다. … 합리적인 이유 없는 차별에 해당한다고 볼 수 없다(헌재 2005.9.29, 2004헌바53).

2. 차별금지사유

헌법 제11조 제1항은 '누구든지 성별·종교 또는 사회적 신분에 의하여 … 차별을 받지 아니 한다'고 규정하고 있다. 차별금지사유로 헌법에 규정된 성별, 종교, 사회적 신분은 예시적인 규정으로 보아야 하며 그 이외의 학력, 출신, 인종, 연령의 경우에도 합리적인 이유 없이 차별해서는 안 될 것이다.

(1) 성별

성별에 의한 차별의 금지는 남녀평등을 의미하므로 남녀의 성에 관한 가치판단에 의한 차별은 금지된다. 따라서 남녀간의 고용·임금·근로조건에 있어서의 차별은 금지된다. 그러나 남녀의 사실상의 차이에 의한 차별이나 합리적 근거가 있는 차별은 허용된다.❷

(2) 종교

종교에 의한 차별도 금지되며, 종교 이외의 양심·사상에 의한 차별도 있어서는 안 된다. 종교에 의한 차별은 특히 사기업의 근로관계 등에서 문제되는데, 다만 경향기업의 경우는 종교적인 이유로 해고할 수 있다.❸

(3) 사회적 신분

오늘날 사회적 신분의 개념은 선천적 신분❹을 포함하여 후천적으로 사회에서 장기간 점하고 있는 지위로서 일정한 사회적 평가가 수반되는 것을 의미하며(전과자, 공무원, 학생, 노동자, 실업자 등), 이로 인한 차별 역시 금지된다.

관련 판례

누범가중 [합헌]

누범을 가중처벌하는 것은 전범에 대한 형벌의 경고적 기능을 무시하고 다시 범죄를 저질렀다는 점에서 비난가능성이 많고, 누범이 증가하고 있다는 현실에서 사회방위, 범죄의 특별예방 및 일반예방이라는 형벌목적에 비추어 보아, 형법 제35조가 누범에 대하여 형을 가중한다고 해서 그것이 인간(人間)의 존엄성(尊嚴性) 존중이라는 헌법의 이념에 반하는 것도 아니며, 누범을 가중하여 처벌하는 것은 사회방위, 범죄의 특별예방 및 일반예방, 더 나아가 사회의 질서유지의 목적을 달성하기 위한 하나의 수단이기도 하는 것이므로 이는 합리적 근거 있는 차별이어서 헌법상의 평등(平等)의 원칙(原則)에 위배되지 아니한다(헌재 1995.2.23, 93헌바43).

3. 차별금지의 영역

정치·경제·사회·문화 등 모든 영역에서의 합리적인 이유 없는 차별은 금지된다.

4 평등권 침해 여부에 대한 위헌심사 기준 ❺

1. 비교집단의 존재

두 개의 집단이 본질적으로 동일한가의 판단은 일반적으로 당해 법률조항의 의미와 목적에 달려 있다(헌재 2003.1.30, 2001헌가4).

> **관련 판례** 비교집단에 관한 판례
>
> **1 의료급여수급자와 건강보험가입자**
> 의료급여수급자와 건강보험가입자는 본질적으로 동일한 비교집단이라 보기 어렵고 의료급여 수급자를 대상으로 선택병의원제 및 비급여 항목 등을 달리 규정하고 있는 것을 두고, 본질적으로 동일한 것을 다르게 취급하고 있다고 볼 수는 없다(헌재 2009.11.26, 2007헌마734).
>
> **2 공무원연금과 산재보험** 18. 변호사
> 공무원연금제도와 산재보험제도는 사회보장 형태로서 사회보험이라는 점에 공통점이 있을 뿐, 보험가입자, 보험관계의 성립 및 소멸, 재정조성 주체 등에서 큰 차이가 있어, 공무원연금법상의 유족급여수급권자와 산재보험법상의 유족급여수급권자가 본질적으로 동일한 비교집단이라고 보기 어렵다(헌재 2014.5.29, 2012헌마555).

2. 자의금지의 원칙

일반적으로 자의금지원칙에 관한 심사요건은 ① 본질적으로 동일한 것을 다르게 취급하고 있는지와 관련된 차별취급의 존재 여부와, ② 이러한 차별취급이 존재한다면 이를 자의적인 것으로 볼 수 있는지 여부라고 할 수 있다.

3. 비례의 원칙

합리적인 이유의 존부뿐만 아니라 차별의 정도에 적정한 균형관계, 즉 법익의 균형성이 이루어져 있는가를 심사한다. 비례의 원칙에 따른 심사, 즉 엄격한 심사척도를 적용하여야 한다(헌재 2001.2.22, 2000헌마25).

> **정리** 자의금지의 원칙과 비례의 원칙 정리
>
> | 자의금지의 원칙 | 일반적(수익적·시혜적인 경우 포함)이고 합리적 근거가 존재하는 경우 합헌 |
> |---|---|
> | 비례의 원칙 | • 헌법 스스로 평등을 구체화한 경우
• 기본권에 대한 중대한 제한을 초래하는 경우 |

4. 강자를 차별한 경우

사회적 약자를 차별한 경우가 아니라 강자를 차별한 경우 우리나라는 완화된 심사기준인 자의금지를 채택하고 있다.

---

❺
1. 우리나라
판례는 평등권 심사기준으로 자의금지를 원칙으로 한다. 이 경우 어떤 대상을 다르게 취급할 때 합리적인 이유를 따지게 되는데 국회가 입법을 할 때 대부분 나름의 이유가 있기 때문에 자의금지를 원칙으로 하면 주로 합헌의 판결이 나오게 된다. 따라서 일부 심사기준을 엄격하게 적용할 필요가 있는 경우에는 비례의 원칙을 적용하는데, 비례의 원칙은 과잉금지원칙의 다른 표현이라 볼 수 있다. 다만, 이 원칙을 적용하면 헌법재판소가 법률을 심사할 때 그 기준을 엄격하게 적용하여 위헌이라 판시하는 경우가 많아지게 된다.

2. 미국

구분	목적	관련성	입증	영역
합리성	정당	합리	국민	경제
중간	중요	실질	정부	성별, 연령
엄격	필수 불가결	필수	정부	인종

미국은 남녀차별보다는 인종차별의 문제가 훨씬 심각한 나라이다.

> **기출OX**
>
> 평등원칙 위반의 특수성은 대상 법률이 정하는 '법률효과' 자체가 위헌이 아니라 그 법률효과가 수범자의 한 집단에만 귀속되어 '다른 집단과 사이에 차별'이 발생한다는 점에 있기 때문에, 평등원칙의 위반을 인정하기 위해서는 우선 법적용과 관련하여 상호 배타적인 '두 개의 비교집단'을 일정한 기준에 따라서 구분할 수 있어야 한다. (O)
>
> 22. 국가직 7급

관련 판례

병역법 제3조 제1항 등 위헌확인 [기각]
집단으로서의 남자는 집단으로서의 여자에 비하여 보다 전투에 적합한 신체적 능력을 갖추고 있으며, 개개인의 신체적 능력에 기초한 **전투적합성을 객관화하여 비교하는 검사체계를 갖추는 것이 현실적으로 어려운 점**, 신체적 능력이 뛰어난 여자의 경우에도 월경이나 임신, 출산 등으로 인한 신체적 특성상 병력자원으로 투입하기에 부담이 큰 점 등에 비추어 남자만을 징병검사의 대상이 되는 병역의무자로 정한 것이 **현저히 자의적인 차별취급이라 보기 어렵다**(헌재 2010.11.25, 2006헌마328).

5. 엄격한 심사척도를 적용한 예

엄격비례	• 지방자치 교육위원 경력자 1/2 이상 • 국가유공자의 가족 가산점 • 복수/부전공 자격소지자 10% 가산점 • 교육공무원 대전지역 졸업자 2% 가산점 • 제대군인 가산점 • 자산소득 합산과세 • 종합부동산세에서 세대별 합산과세 • 부계혈통 • 자립형 사립고등학교 불합격자 대책 미비 • 혼인한 여성등록의무자의 등록대상 재산 • 교통사고처리 특례법 • 기사등급 이상의 자격증에만 가산점 부여(기능사 ×)
자의금지	• 남자만 병역의무 • 연합뉴스를 국가기간 뉴스통신사로 지정 • 준법서약제 • 누범가중처벌 • 지방자치단체장 임기 3기 제한 • 상업광고의 규제 • 상공회의소 제한 • 입법자가 정한 자격 • 3명 이하의 경우 가산점 × • 국공립 사범대 임용시험에서의 가산점

관련 판례

1 제대군인에 대한 가산점부여 [위헌]
가산점제도는 헌법 제32조 제4항이 특별히 남녀평등을 요구하고 있는 '근로' 내지 '고용'의 영역에서 남성과 여성을 달리 취급하는 제도이고, 또한 헌법 제25조에 의하여 보장된 공무담임권이라는 기본권의 행사에 중대한 제약을 초래하는 것이기 때문에 **엄격한 심사척도가 적용**된다. … 차별취급을 통하여 달성하려는 입법목적의 비중에 비하여 차별로 인한 불평등의 효과가 극심하므로 가산점제도는 헌법 제11조에 위배된다(헌재 1999.12.23, 98헌마363).

기출OX

공적인 역할을 수행하는 결사 또는 그 구성원들이 기본권 침해를 주장하는 경우, 순수한 사적인 임의결사의 기본권이 제한되는 경우의 심사에 비해서는 완화된 기준을 적용할 수 있다. (○)
18. 비상계획관

비교 정리

구분	심사기준
정당의 자유 규제	엄격비례
선거운동 규제	엄격비례
선거연령	완화심사
범죄의 설정과 법정형	완화심사
자격제도	완화심사

비교 정리

주제	주문
제대군인	위헌
국가유공자	합헌
가족 10%	헌법불합치
가족 - 동점자 우대	합헌

2 국가유공자 등에 대한 가산점부여 [합헌]

국가유공자와 그 유족 등에게 가산점의 혜택을 부여하는 것은 그 이외의 자들에게는 공무담임권 또는 직업선택의 자유에 대한 중대한 침해를 의미하게 되므로, 비례의 원칙에 따른 심사를 하여야 할 경우의 하나로 들고 있는 차별적 취급으로 인하여 관련 기본권에 대한 중대한 제한을 초래하게 되는 경우에 해당하여 **원칙적으로 비례심사**를 하여야 할 것이나, 구체적인 비례심사의 과정에서는 **헌법 제32조 제6항은 기회에 있어서 국가유공자 등을 우대할 것을 명령하고 있는 점을 고려하여 보다 완화된 기준을 적용**하여야 할 것이다(헌재 2001.2.22, 2000헌마25).

3 국가유공자 및 그 가족 등에 대한 가산점부여❶ [헌법불합치]

[1] 오늘날 가산점의 대상이 되는 국가유공자와 그 가족의 수가 과거에 비하여 비약적으로 증가하고 있는 현실과, 취업보호대상자에서 가족이 차지하는 비율, 공무원시험의 경쟁이 갈수록 치열해지는 상황을 고려할 때, 헌법 제32조 제6항은 엄격하게 해석할 필요가 있다. 이러한 관점에서 **위 조항의 대상자는 조문의 문리해석대로 '국가유공자', '상이군경', 그리고 '전몰군경의 유가족'이라고 봄이 상당하다. 따라서 '국가유공자의 가족'의 경우 그러한 가산점의 부여는 헌법이 직접 요청하고 있는 것이 아니라** 입법정책으로서 채택된 것이라 볼 것이다.

[2] 이 사건 조항의 차별로 인한 불평등 효과는 입법목적과 그 달성수단 간의 비례성을 현저히 초과하므로 일반 공직시험 응시자들의 평등권을 침해한다.

[3] **이 사건 조항의 위헌성은 국가유공자 등과 그 가족에 대한 가산점제도 자체가 입법정책상 전혀 허용될 수 없다는 것이 아니고,** 그 차별의 효과가 지나치다는 것에 기인한다. 이 사건 조항의 위헌성의 제거는 입법부가 행하여야 할 것이므로 이 사건 조항에 대하여는 **헌법불합치결정**을 하기로 한다. 한편 입법자가 이 사건 조항을 개정할 때까지 가산점 수혜대상자가 겪을 법적 혼란을 방지할 필요가 있으므로, 그때까지 이 사건 조항의 **잠정적용**을 명한다(헌재 2006.2.23, 2004헌마675).

4 동점자인 경우 국가유공자 가족우선 [합헌]

그들의 공훈이나 특별한 희생에 대한 보상의무에 따른 것으로, 동점자처리에서의 상대적 불이익이라는 사익보다 크다(헌재 2006.6.29, 2005헌마44). 08. 법원직

5 선발예정인원의 30% 초과 금지❷ [합헌]

일반 응시자에게 최소한의 기회를 부여하기 위한 것으로 합리성을 결여한 자의적 차별이라고 보기 어렵다(헌재 2016.9.29, 2014헌마541).

---

❶ 이후 개정되어 유공자 본인은 10%의 가산점이, 그 가족은 5%의 가산점이 부여된다.

기출OX

01 국가유공자의 가족 등에 대한 가산점 제도의 평등위반 여부에 대한 심사기준은 엄격한 심사척도가 적용되어야 한다. (O)
02. 국가직 7급

02 국가유공자의 가족에 대한 가산점 제도는 헌법적 명령이어서 완화된 심사가 적용되어 합헌으로 보아야 한다. (X)
07. 국회직 8급

❷ 3명 미만인 경우 가산점을 주지 않는 것은 합헌이다.

---

5 평등권의 구현형태

1. 사회적 특수계급제도의 부인

사회적 특수계급이란 노예제도·귀족제도와 같은 봉건적 제도를 말하며, 이러한 제도는 어떠한 형태로도 이를 창설할 수 없다. 그러나 영전에 따른 보훈제도나 전직 대통령에 대한 예우는 특수계급제도의 금지에 위반되지 않는다고 본다.

2. 영전 일대의 원칙

헌법 제11조 제3항은 '훈장 등의 영전은 이를 받은 자에게만 효력이 있고, 어떠한 특권도 이에 따르지 아니 한다'고 규정하고 있다. 다만, 훈장에 수반되는 연금이나 유족에 대한 보훈까지 금하는 것은 아니고, 또한 헌법재판소는 서훈의 등급에 따라 부가 연금을 차등 지급하는 것은 헌법에 위배되지 않는다고 판시하였다(헌재 1997.6.26, 94헌마52). 다만, 공무원이 외국정부로부터 영전을 받을 경우에는 대통령의 허가를 얻어야 한다.

6 효력

평등권은 입법·집행·사법 등 모든 국가권력을 직접 구속하는 대국가적 효력을 가지며, 사인간에도 사법상의 일반원칙을 통해 간접적으로 적용됨으로써 대사인적 효력을 갖는다.

7 헌법규정에 의한 평등권의 제한

정당의 특권, 대통령의 형사상 특권, 국회의원의 불체포특권 및 면책특권, 공무원의 근로3권 제한, 군인·군무원의 이중배상금지, 군사법원에 의한 재판청구권의 제한, 국가유공자의 우선 취업 기회보장, 현역군인의 문관임용 제한 등은 합리적 근거가 있는 차별로서 헌법에 명문으로 규정하고 있다.

관련 판례 평등권에 관한 판례

1 존속상해치사죄의 가중처벌 [합헌]

비속의 직계존속❶에 대한 존경과 사랑은 **봉건적 가족제도의 유산이라기보다는 우리 사회윤리의 본질적 구성부분을 이루고 있는 가치질서**로서, 존속상해치사의 범행은 위와 같은 보편적 사회질서나 도덕원리, 나아가 인류에도 반하는 행위로 인식되어 그 패륜성에 대하여는 **통상의 상해치사죄에 비하여 고도의 사회적 비난**을 받아야 할 이유가 충분하다. … 위 법정형에 대하여는 1회의 법률상 감경 또는 작량감경에 의하더라도 집행유예의 선고가 가능한 점 등에 비추어 볼 때, 이 사건 법률조항에 의한 가중처벌의 정도는 지나치게 가혹하여 형벌체계상의 균형을 상실한 것도 아니다. … 이 사건 법률조항은 **법에 의한 도덕의 강제가 아니라 패륜으로 인한 책임의 가중을 근거로 형을 가중하는 데 지나지 않는 것이다.** … 그렇다면 이 사건 법률조항은 헌법상 평등의 원칙에 반한다고 할 수 없다(헌재 2002. 3.28, 2000헌바53). 07·08. 법원직

2 혈우병 지원 기준을 나이로 차별 [위헌]

수혜자 한정의 기준으로 정한 환자의 출생 시기는 그 부모가 언제 혼인하여 임신, 출산을 하였는지와 같은 **우연한 사정에 기인하는 결과의 차이일 뿐**, 이러한 차이로 인해 A형 혈우병 환자들에 대한 치료제인 유전자재조합제제의 요양급여 필요성이 달라진다고 할 수는 없으므로, A형 혈우병 환자들의 출생 시기에 따라 이들에 대한 유전자재조합제제의 요양급여 허용 여부를 달리 취급하는 것은 합리적인 이유가 있는 차별이라고 할 수 없다. 따라서 이 사건 고시 조항은 청구인들의 평등권을 침해하는 것이다(헌재 2012.6.27, 2010헌마716).

---

❶ 직계존속이란 조상으로부터 직계로 내려와 자기에 이르는 사이의 혈족을 말한다. 보통 아버지가 이에 해당하며, 비속은 아들 이하의 항렬에 속하는 친족으로 아들을 생각하면 된다.

기출OX

01 존비속관계에 의한 가중처벌을 규정한 형법 제259조 제2항은 그 차별적 취급에 합리적 근거가 있어 평등원칙에 반하지 않는다. (○)
07. 법원직

02 국·공립학교 채용시험의 동점자처리에서 국가유공자 등 및 그 유족가족에게 우선권을 주도록 하고 있는 국가유공자 등 예우 및 지원에 관한 법률의 해당 조항에 의하여 일반응시자들은 국·공립학교 채용시험의 동점자처리에서 불이익을 당하며, 이는 일반 응시자들의 공무담임권을 침해한다. (×)
13. 법원직

3 우체국보험금에 대한 압류금지 [헌법불합치]

국가가 운영하는 우체국보험에 가입한다는 사정만으로, 일반 보험회사의 인보험에 가입한 경우와는 달리 그 전액에 대하여 무조건 압류를 금지하여 우체국보험 가입자를 보호함으로써 우체국보험 가입자의 채권자를 일반 인보험 가입자의 채권자에 비하여 불합리하게 차별취급하는 것이므로 평등원칙에 위반된다(헌재 2008.5.29, 2006헌바5).

4 후보자 기호에 대한 차별 [합헌]

의석을 가진 정당후보자, 의석 없는 정당후보자, 무소속후보자 간에 후보자 기호결정에 관하여 상대적으로 차별을 두고 있다 하더라도, 이는 정당제도의 존재의의에 비추어 그 목적이 정당할 뿐만 아니라 당적유무, 의석순, 정당명 또는 후보자성명의 가, 나, 다 순 등 합리적 기준에 의하고 있으므로 위헌이라 할 수 없다(헌재 1997.10.30, 96헌마94). 04. 국가직 7급

5 중등교사 임용시험에서 복수·부전공자 우대 [합헌]

이 사건 복수·부전공 가산점 규정은 필기시험에만 의존해서는 교원선발에 있어서 능력주의를 관철하는 데 한계가 있음에 따라 이러한 한계를 극복하고 필기시험으로 검정되지 않는 교원의 능력을 고려한다는 정책적 판단하에, 제7차 교육과정의 선택과목 확대에 따른 다양한 교과 영역의 교사에 대한 필요 증대에 대응하기 위한 것으로서 그 합리성을 인정할 수 있고, 가산점 비율도 다른 가산점 비율과 비교하여 형성의 범위를 일탈하였다고 보기 어려우며, 이 사건 복수·가산점 규정의 혜택을 받지 못하는 응시자들에 대한 차별의 효과가 크지 않다(헌재 2006.6.29, 2005헌가13).

6 연합뉴스의 국가기간 뉴스통신사 지정 [기각]

이로 인하여 다른 뉴스통신사의 경우 연합뉴스사와의 경쟁이 제한된다. 그러나 위 조항은 연합뉴스사를 선언적으로 국가기간 뉴스통신사로 지정할 뿐 어떠한 혜택이 자동적으로 부여되는 것은 아니고, 정부가 연합뉴스사와 뉴스정보 계약을 체결하거나 공익사업을 위임하는 경우에 비로소 재정지원 등 혜택을 부여하는 법적 근거를 마련하는 데 불과하고, 혜택의 부여도 시행일로부터 "6년간"만 효력을 가지므로 경쟁제한이 영구적인 것도 아니다. 따라서 기본권제한의 효과는 경미한 데 반하여, 국가기간 뉴스통신사로서 연합뉴스사의 인적·물적 기반 강화와 국제뉴스 정보시장에서의 경쟁력의 향상이라는 공익실현의 효과는 매우 크다고 할 것으로 심판대상조항은 과잉금지원칙에 위배된다고 할 수 없다(헌재 2005.6.30, 2003헌마841).

> **기출OX**
> 연합뉴스사를 국가기간 뉴스통신사로 지정하고 이에 대하여 재정지원 등 여러 가지 혜택을 부여하는 것은 평등원칙에 위배되지 않는다. (○)
> 07. 국회직 8급, 08. 법원직

7 공익근무요원의 제2국민역편입 [기각]

이 사건은 제2국민역편입의 대상 및 범위에 관한 것으로 현역병이나 공익근무요원에 대한 제2국민역편입처분은 병역의무와 관련된 일종의 시혜적인 조치라고 할 것이고, 헌법재판소는 시혜적인 법률의 경우 넓은 입법형성의 자유를 인정하고 있다. 또한 헌법재판소는 징집대상자의 선정에 관하여도 광범위한 입법형성권을 인정하고 있다(헌재 2007.2.22, 2005헌마548).

8 국·공립사범대학 출신자를 교사 우선 채용❷ [위헌]

국·공립사범대학 등 출신자를 교육공무원인 국·공립학교 교사로 우선하여 채용하도록 규정한 교육공무원법 제11조 제1항은 사립사범대학 졸업자와 일반대학의 교직과정 이수자가 교육공무원으로 채용될 수 있는 기회를 제한 또는 박탈하게 되어 결국 교육공무원이 되고자 하는 자를 그 출신학교의 설립주체나 학과에 따라 차별하는 결과가 되는바, 이러한 차별은 이를 정당화할 합리적인 근거가 없으므로 헌법상 평등의 원칙에 어긋난다(헌재 1990.10.8, 89헌마89). 04. 국회직 8급, 04·08. 법원직

❷ 이후 특례법으로 이미 졸업한 자들만 우대하고 재학생을 우대하지 않은 것은 헌법에 위반되지 않는다고 보았다(2004헌마313).

9 약사의 법인 설립 금지 [위헌]
변호사, 공인회계사 등 여타 전문직과 의약품제조업자 등 약사법의 규율을 받는 다른 직종들에 대하여는 법인을 구성하여 업무를 수행할 수 있도록 하면서, 약사에게만 합리적 이유 없이 이를 금지하는 것은 헌법상의 평등권을 침해하는 것이다(헌재 2002.9.19, 2000헌바84). 04. 법원직

10 안경사가 아닌 자의 안경업소 개설 등 금지 [합헌]
안경의 잘못된 조제로 인한 분쟁 발생 시 법인과 고용된 안경사 간의 책임 소재가 불분명해지는 문제도 발생할 수 있고, 법인 안경업소가 무면허자를 고용하는 등의 행위를 사전에 차단하기 어렵다. 사후적 단속·구제로는 국민보건상 부작용을 미연에 방지할 수 없다(헌재 2021.6.24, 2017헌가31).

11 지방교육위원선거에서 교육경력자의 우대 [기각]
청구인과 같은 비경력자가 교육위원선거에서 다수득표를 하고도 낙선하게 되지만 이는 교육의 전문성이라는 측면에서 합헌이다(헌재 2003.3.27, 2002헌마573).

12 경찰공무원의 퇴직사유 [합헌]
국민의 생명·신체 및 재산의 보호와 범죄의 예방·진압 및 수사 등 공공의 안녕과 질서유지를 그 임무로 하여 국민의 신체·재산·가택에 실력으로 강제를 가할 수 있는 경찰작용을 담당하는 경찰공무원에게는 **일반공무원보다 더 높은 윤리성과 성실성 등이 요구**된다고 할 것이어서 경찰공무원법에서 국가공무원법상보다 다소 넓은 임용결격 및 당연퇴직의 사유를 설정하였다 하더라도 그와 같은 차별은 합리적이고 정당한 것이므로 이 사건 규정이 헌법상 보장된 평등권을 침해하였다고 할 수 없다(헌재 1998.4.30, 96헌마7). 04. 법원직

13 조세범에 대한 가중처벌 [합헌]
포탈세액이 2억원 이상 5억원 미만인 자 또는 5억원 이상인 자에 대해 특히 가중처벌하고 있다 하더라도 조세범 처벌법 규정이 너무 가벼워 범죄예방의 실효를 거두지 못하고 있는 현실에 대한 반성적 고려에서 이를 입법하게 된 배경 등을 종합적으로 고려할 때 평등의 원칙에 위배된다고 할 수 없다(헌재 1998.5.28, 97헌바68).

14 태평양전쟁 전후 국외 강제동원희생자 등 지원에 관한 법률 제2조 [기각]
대한민국임시정부의 법통 계승을 천명하기는 하였으나 대한민국이 사실상 조선인을 보호해 줄 조국이 없던 상황하에서 발생한 피해에 대해서 경제적 지원을 해야 하는지 여부, 나아가 지원을 한다면 그 범위와 수준은 어떻게 설정할 것인지 등의 문제는 기본적으로 국가의 재정부담 능력이나 전체적인 사회보장 수준 등에 따라 결정하여야 할 광범위한 입법형성의 영역에 속하는 것이다. 무엇보다 이 사건 법률조항이 국가의 재정부담능력 등을 고려하여 일반적으로 볼 때 강제동원으로 인한 정신적 고통이 더욱 크다고 볼 수 있는 '국외' 강제동원자 집단을 우선적으로 처우하는 것이 객관적으로 정의와 형평에 반한다거나 자의적인 차별이라고 보기는 어렵다(헌재 2011.2.24, 2009헌마94).

15 국제협력단의 국가유공자제외 [합헌]
입법자가 국가유공자를 어떠한 범위에서 결정하고 예우 및 지원을 할 것인가를 정함에 있어, 국가 강제력의 정도가 클수록 보상의 필요성과 정도는 강하다고 할 것인바, 국제협력요원은 자신들의 의사에 기하여 봉사활동을 통한 병역의무 이행을 선택한 점에서 행정관서요원과 다르며, 이러한 차이에 근거하여 국제협력요원을 행정관서요원과 달리 취급하는 것이 자의적이라고 할 수는 없다(헌재 2010.7.29, 2009헌가13).

기출OX

태평양전쟁 전후 강제동원된 자 중 '국외'로 강제동원된 자에 대해서만 의료지원금을 지급하도록 한 법률규정은, 국가가 국내 강제동원자들을 위하여 아무런 보호조치를 취하지 아니하였기 때문에, 이는 국민에 대한 국가의 기본권보호 의무에 위배된다. (×)

17. 지방직 7급

16 친고죄의 취소가능시기는 제1심 판결선고 전까지❶ [합헌]

친고죄의 고소 취소를 인정할 것인지의 문제 및 이를 인정한다고 하더라도 형사소송절차 중 어느 시점까지 이를 허용할 것인지의 문제는 국가형벌권과 국가소추주의에 대한 국민 일반의 가치관과 법감정, 범죄피해자의 이익보호 등을 **종합적으로 고려하여 정할 수 있는 입법정책의 문제**이다. 또한 경찰·검찰의 수사단계에서부터 제1심 판결선고 전까지의 기간이 고소인과 피고소인 상호간에 숙고된 합의를 이루어낼 수 없을 만큼 부당하게 짧은 기간이라고 하기 어렵고, 현행 형사소송법상 제1심과 제2심이 모두 사실심이기는 하나 제2심은 제1심에 대한 항소심인 이상 두 심급이 근본적으로 동일하다고 볼 수는 없다. 따라서 이 사건 법률조항이 항소심 단계에서 고소 취소된 사람을 자의적으로 차별하는 것이라고 할 수는 없다(헌재 2011.2.24, 2008헌바40).

> ❶ 반의사불벌죄의 경우도 마찬가지로 제1심 판결선고 전까지만 취하가 가능하다.

17 제주감귤보호를 위한 조치로 과태료부과 [합헌]

감귤은 제주지역 경제에서 차지하는 비중이 매우 높은 농작물로서 감귤산업의 안정은 지역경제의 안정과 직결되는 특성을 감안하여, 지역경제와 감귤산업을 보호·육성하기 위하여 특별히 마련된 이 사건 법률조항은 합리적인 이유가 있다고 할 것이고, 다른 지역의 감귤 생산·유통업자들에 비해 자의적으로 차별하여 평등원칙에 위배된다고 할 수 없다(헌재 2011.10.25, 2010헌바126).

18 계약보증금을 민사법과 달리 취급 [위헌]

이 사건 법률조항은 위약금약정의 성격을 가지는 매각의 법정조건으로서 민사집행법상 매수신청보증금과 본질적으로 동일한 성격을 가지는 국세징수법상 계약보증금을 절차상 달리 취급함으로써, 국세징수법상 공매절차에서의 체납자 및 담보권자를 민사집행법상 경매절차에서의 집행채무자 및 담보권자에 비하여 그 재산적 이익의 영역에서 합리적 이유 없이 자의적으로 차별하고 있으므로 헌법상 평등원칙에 위반된다(헌재 2009.4.30, 2007헌가8).

19 고엽제 2세 차별취급 [합헌]

고엽제 2세로서 척추이분증에 걸린 사람들 중 고엽제후유증환자의 자녀만 '고엽제후유의증 등 환자지원 및 단체설립에 관한 법률' 제2조 제4호 중 제5조 제3항 제1호 부분에 의하여 지원을 하는 것이 평등원칙 등에 위배되지 아니하므로, 헌법에 위반되지 아니한다는 결정을 선고하였다(헌재 2014.4.24, 2011헌바228).

20 지방세 경력공무원의 경우 시험 차별 [합헌]

세무사자격시험을 살펴보더라도, 제1차시험 과목 중 세무행정과 직접 관련된 과목인 세법학개론은 모두 국세에 관한 세목으로서, **지방세에 관련된 분야는 없으며**, 제2차시험 과목 역시 대부분은 국세에 관한 것이라는 점을 고려하면, 세무사자격시험의 시험과목과 담당업무의 연관성 등에 있어서도 분명한 차이가 있다. 따라서 국세에 관한 행정사무에 종사한 자와 지방세에 관한 행정사무에 종사한 자를 달리 취급하여 세무사자격시험의 일부 시험 면제대상 요건을 달리 정한 것이 세무사자격제도에 관한 입법형성권을 벗어난 자의적인 입법이라고 할 수 없다(헌재 2007.5.31, 2006헌마646).

21 경력공무원에 대한 행정사 자격시험 일부 면제 [합헌]

경력공무원에 대하여 행정사 자격시험 중 일부를 면제하는 것은 상당 기간 행정의 실무 경험을 갖춘 공무원의 경우 행정에 관련된 전문 지식이나 능력을 이미 갖춘 것으로 볼 수 있기 때문이다(헌재 2016.2.25, 2014헌마434).

기출OX

공무원의 초임호봉 획정에 인정되는 경력과 관련하여, 현역병 및 사회복무요원과 달리 산업기능요원의 경력을 제외하도록 한 것은 헌법에 위반된다. (×) 17. 지방직 7급

주의

다만, 생활수준을 고려한 경우 또는 후순위자와 협의 또는 배려가 있는 경우에는 합헌이다.

❶ 이와 다르게 9급에서는 가산점을 주고 있다. 어떠한 자격증에 가산점을 줄 것인지, 어떠한 직렬에서 가산점을 줄 것인지는 입법재량으로 보아야 한다.

❷ 국가 등의 경우는 수익성보다는 공공성을 목표로 하기 때문에 도시기반시설을 체계적으로 확보·관리하기 위함이다.

주의

행복추구권은 포괄적인 의미의 자유권으로, 휴일보장은 행복추구권에서 보호되지 않는다.

22 산업기능요원 복무기간을 공무원 경력에 미산입 [합헌]

사회복무요원은 현역병에 준하는 관리·감독과 보수를 지급받기 때문에 산업기능요원과 달리 취급하는 것은 합리적 근거가 있다(헌재 2016.6.30, 2014헌마192).
▶ 군인의 경우 산입하지 않으면 위헌이다.

23 독립유공자의 손자녀 중 1명만 보상 [위헌]

보상금 수급권자의 범위를 경제적으로 어려운 자에 한정하는 방법도 가능함에도 불구하고 나이가 많은 손자녀를 우선하도록 규정한 것은 평등원칙에 위반된다(헌재 2013.10.24, 2011헌마724).

24 기능사자격증과 달리 기사자격증에만 가산점 부여❶ [합헌]

산업기사 이상의 자격은 시험응시자격에 제한이 있고, 해당 종목에 관한 기술기초이론지식 또는 숙련기능을 바탕으로 복합적인 기능업무를 수행할 수 있는 능력 이상을 평가하고, 시험이 더 까다로운 등 기능사와는 차이점이 있다. 또한 7급 공무원 업무의 전문성을 감안한 공익적 판단에 의해 9급과 다르게 취급한 것도 헌법에 위반되지 않는다(헌재 2003.9.25, 2003헌마30).
▶ 기능사와 달리 기사에게만 가산점 주는 것은 합헌이며, 비례의 원칙에 따라 심사한다.

25 직업상담사 자격증 보유자에게 가산점 부여 [합헌]

자격증 소지를 시험의 응시자격으로 한 것이 아니라 각 과목 만점의 최대 5% 이내에서 가산점을 부여하는 점, 자격증 소지자도 다른 수험생들과 마찬가지로 합격의 최저 기준인 각 과목 만점의 40% 이상을 취득하여야 한다는 점, 그 가산점 비율은 3% 또는 5%로서 다른 직렬과 자격증 가산점 비율에 비하여 과도한 수준이라고 볼 수 없다는 점을 종합하면 이 조항이 피해최소성 원칙에 위배된다고 볼 수 없고, 법익의 균형성도 갖추었다(헌재 2018.8.30, 2018헌마46).

26 공공시설을 사업주체에게 무상 양도❷ [합헌]

사업주체가 국가인 경우 종래의 공공시설이 국가 등에게 무상으로 귀속되는 데 반해 국가가 아닌 경우 무상 여부를 행정청이 재량으로 결정하는 것은 합리적인 이유가 있다(헌재 2015.3.26, 2014헌바156).

27 국외강제동원자 지원법상 위로금 [합헌]

[1] 위로금은 재산권으로 보장되지 않는 시혜적 급부이다.
[2] 대한민국 국적을 가지지 아니한 사람을 지급대상에서 제외한 것은 평등원칙에 위반되지 않는다(헌재 2015.12.23, 2011헌바139).

28 국내 강제동원자를 차별 [합헌]

일반적으로 강제동원으로 인한 정신적 고통이 더욱 크다고 볼 수 있는 국외 강제동원자 집단을 우선적으로 처우하는 것이 자의적인 차별로 볼 수 없다(헌재 2011.2.24, 2009헌마94).

29 소년심판절차에서 검사의 상소권 부정 [합헌]

소년심판은 후견적 입장에서 법원에 의해 직권으로 진행되므로 검사의 관여가 반드시 필요한 것이 아니어서 당사자가 아닌 검사를 상소에서 배제한 것이다(헌재 2012.7.26, 2011헌마232).

30 근로자의 날을 공휴일에서 제외 [합헌]
공무원과 일반근로자는 그 직무 성격의 차이로 인하여 근로조건을 정함에 있어서 그 방식이나 내용에 차이가 있다. 따라서 이는 평등권을 침해한다고 볼 수 없다(헌재 2015.5.28, 2013헌마343).

31 국군포로를 유공자에서 제외 [합헌]
국군포로법을 제정하여 국군포로가 겪은 희생에 상응한 지원을 마련하고 있어 유공자에서 제외하는 것을 현저히 불합리하다 볼 수 없다(헌재 2014.6.26, 2012헌마757).

32 도서 대출 및 열람실 불허 [합헌]
대학구성원이 아닌 자에게 대학도서관에서의 도서 대출 또는 열람실 이용을 제한한 서울교육대학교의 회신은 교육받을 권리를 침해하지 않는다(헌재 2016.11.24, 2014헌마977).

33 보훈보상대상자의 부모에 유족보상금 지급시 1인에 한정 [위헌]
국가의 재정부담능력의 한계를 이유로 하여 부모 1명에 한정하여 보상금을 지급하도록 하면서 어떠한 예외도 두지 않은 것에는 합리적 이유가 있다고 보기 어렵다(헌재 2018.6.28, 2016헌가14).

34 출·퇴근 중 재해는 업무상 재해로 인정하지 않은 것 [위헌]
사업장 규모나 재정여건의 부족 또는 사업주의 일방적 의사나 개인 사정 등으로 출퇴근용 차량을 제공받지 못하거나 그에 준하는 교통수단을 지원받지 못하는 비혜택근로자는 비록 산재보험에 가입되어 있다 하더라도 출퇴근 재해에 대하여 보상을 받을 수 없는데, 이러한 차별을 정당화할 수 있는 합리적 근거를 찾을 수 없다(헌재 2016.9.29, 2014헌바254).

35 카메라등이용촬영죄 조항 및 성폭력 치료프로그램 이수명령 [합헌]
'성적 욕망 또는 수치심을 유발할 수 있는 신체'에 성기, 엉덩이, 여성의 가슴 등이 포함된다는 것을 어렵지 않게 알 수 있다. '성적 욕망 또는 수치심을 유발할 수 있는 타인의 신체'에 해당하는지 여부는 촬영된 신체 부위 외에 당해 피해자의 옷차림, 촬영 경위, 촬영 장소, 촬영 거리, 촬영 방식 등을 종합적으로 고려하여 판단하여야 한다. 이는 건전한 상식과 통상적인 법감정을 가진 일반인이라면 이 사건 처벌조항의 문언을 통하여 충분히 파악할 수 있는 내용이다(헌재 2016.12.29, 2016헌바153).
▶ 성폭력 치료프로그램 이수명령이 신체의 자유를 제한한다고 볼 수는 없다.

36 집행유예를 받은 소년범을 차별
구 소년법 규정이 소년으로 범한 죄에 의하여 형의 선고를 받은 자가 그 집행을 종료하거나 면제받은 때와 달리 집행유예를 선고받은 소년범에 대한 자격완화 특례규정을 두지 아니하여 자격제한을 함에 있어 군인사법 등 해당 법률의 적용을 받도록 한 것은 불합리한 차별이라 할 것이므로 평등원칙에 위반된다(헌재 2018.1.25, 2017헌가7).

37 택시운송사업에 한정하여 운송비용전가 금지 [합헌]
버스운송사업에 있어서는 운송비용 전가 문제를 규제할 필요성이 없으므로 택시운송사업에 한하여 택시운송사업의 발전에 관한 법률에 운송비용전가의 금지조항을 둔 것은 규율의 필요성에 따른 합리적인 차별이어서 평등원칙에 위반되지 아니한다(헌재 2018.6.28, 2016헌마1153).

기출OX

근로자의 날을 법정유급휴일로 할 것인지에 있어서 공무원과 일반근로자를 다르게 취급할 이유가 없으므로 근로자의 날을 공무원의 법정유급휴일로 정하지 않은 것은 공무원과 일반근로자를 자의적으로 차별하는 것에 해당하여 평등권을 침해한다. (×)
22. 5급 공채

기출OX

'카메라나 그 밖에 이와 유사한 기능을 갖춘 기계장치를 이용하여 성적 욕망 또는 수치심을 유발할 수 있는 다른 사람의 신체를 그 의사에 반하여 촬영한 자'를 형사처벌하는 법률규정은, 행위자의 일반적 행동자유권을 제한하지만 과잉금지원칙에 위배되지는 않는다. (○)
17. 국가직 7급

38 군의 장의 선거의 예비후보자등록 신청기간 60일 제한 [기각]

지방자치선거가 조기에 과열되어 향후 선거 과정이 혼탁해지는 것을 방지하고 예비후보자들 간의 경제력 차이에 따른 불균형을 막아 궁극적으로는 공정한 선거를 보장하기 위한 것이다. 자치구·시는 상대적으로 도시화가 되어 있고 인구가 많은 데 비해 군은 주로 농촌 지역에 위치하고 있고 대도시의 인구집중 현상으로 인하여 인구가 적다. 또한, 자치구·시의 평균 선거인수에 비하여 군의 평균 선거인수가 적다. 따라서 평등권을 침해하지 않는다(헌재 2020.11.26, 2018헌마260).

39 민간전문가에게 뇌물죄 적용 [합헌]

📖 **주의**
제주도 역량평가위원회의 경우 뇌물죄 적용은 위헌이다.

관광진흥개발기금 관리·운용업무에 종사토록 하기 위해 문화체육관광부장관이 채용한 민간전문가에 대해 형법상 뇌물죄의 적용에 있어서 공무원으로 의제하는 관광진흥개발기금법 조항은 평등원칙에 위배되지 않는다(헌재 2014.7.24, 2012헌바188).

40 혼인한 여성 등록의무자의 등록대상재산 [위헌]

[1] 개정 전 공직자윤리법 조항에 따라 재산등록을 마친 혼인한 여성 등록의무자의 경우에만 본인이 아닌 배우자의 직계존비속의 재산을 등록하도록 정하고 있는 것이 위헌임을 선언하였다.

[2] 절차상 편의의 도모, 행정비용의 최소화 등의 이유만으로 성별에 의한 차별금지, 혼인과 가족생활에서의 양성의 평등을 천명하고 있는 헌법에 반하는 제도를 정당화할 수는 없다(헌재 2021.9.30, 2019헌가3).

▶ 엄격한 심사척도를 적용하여 비례성원칙에 따른 심사를 하여야 한다.

41 2회 이상 음주운전시 가중처벌 사건 [위헌]

[1] 술에 취한 상태에서 운전한 사람'을 의미함을 충분히 알 수 있으므로, 심판대상조항은 죄형법정주의의 명확성원칙에 위반된다고 할 수 없다.

[2] 가중요건이 되는 과거 음주운전 금지규정 위반행위와 처벌대상이 되는 재범 음주운전 금지규정 위반행위 사이에 아무런 시간적 제한이 없고, 과거 위반행위가 형의 선고나 유죄의 확정판결을 받은 전과일 것을 요구하지도 않는다. 일률적으로 가중처벌하도록 하고 있으므로 형벌 본래의 기능에 필요한 정도를 현저히 일탈하는 과도한 법정형을 정한 것이다(헌재 2021.11.25, 2019헌바446).

42 2회 이상 음주운전시 필요적 면허취소 [합헌]

반복된 음주운전을 용인하는 문화를 교정하고자 운전면허 필요적 취소의 요건을 완화하였다. 음주운전자를 대상으로 한 교육·치료, 차량의 몰수·폐기, 음주시 시동방지장치 강제 부착 등 다른 행정제재가 고려될 수 있으나, 입법자는 이러한 대안만으로 반복적인 음주운전이 방지되기 어렵다. 따라서 필요적 면허취소는 과잉금지에 위반되지 않는다(헌재 2023.6.29, 2020헌바182등).

43 국가를 상대로 한 당사자소송에서의 가집행선고 제한 [위헌]

가집행의 선고는 불필요한 상소권의 남용을 억제하고 신속한 권리실행을 하게 함으로써 국민의 재산권과 신속한 재판을 받을 권리를 보장하기 위한 제도이다. 보상금증액 청구라는 동일한 성격인 공법상 금전지급 청구소송임에도 피고가 누구인지에 따라 가집행선고를 할 수 있는지 여부가 달라진다면 상대방 소송당사자인 원고로 하여금 불합리한 차별을 받도록 하는 결과가 된다. 따라서 평등의 원칙에 반한다(헌재 2022.2.24, 2020헌가12).

44 노인성 질병의 경우 일률적으로 활동지원급여 신청자격 제한 [위헌]

장애인활동법상의 활동지원급여와 노인장기요양보험법상의 장기요양급여는 서로 취지를 달리하며, 급여의 내용에도 큰 차이가 있는데, 최근 수급액 편차까지 급격히 커진 상황이다. 그런데 심판대상조항에 의하여 65세 미만의 장애인 중 일정한 노인성 질병이 있는 사람은 장기요양인정을 신청할 수 있을 뿐, 일률적으로 활동지원급여 신청자격이 제한되었다. 이 결정은 심판대상의 이러한 신청자격 제한에 합리적 이유가 없어 평등원칙에 위반된다(헌재 2020.12.23, 2017헌가22).

45 여자대학 약학대학 입학정원 배정 [기각]

[1] 평등권은 직업선택의 자유 침해와 판단이 중복된다. 따라서 직업선택의 자유를 중심으로 판단한다.

[2] 약학대학 재적학생 중 여학생 비율이 평균 약 50%를 점하고 있고, 편입학 시 중요요소가 대학마다 다르고, 다른 약학대학에 충분한 기회와 가능성이 부여되어 있다. 따라서 헌법에 위반되지 않는다(헌재 2020.7.16, 2018헌마566).

46 준강도죄 처벌 [합헌]

절도범행의 실행중 또는 실행 직후에 발각되었을 때 폭행·협박의 범행을 유발할 수도 있는 특별한 위험상황을 배제할 수 없고 그와 같은 상황이 일어난다면 그 행위의 죄질이 강도와 등가로 평가할 수 있기 때문이다(헌재 2023.5.25. 2022헌바264).

47 난민인정자 긴급재난지원금 지급대상 제외 [인용]

코로나19로 인하여 경제적 타격을 입었다는 점에 있어서는 영주권자, 결혼이민자, 난민인정자간에 차이가 있을 수 없으므로 그 회복을 위한 지원금 수급 대상이 될 자격에 있어서 역시 이들 사이에 차이가 발생한다고 볼 수 없다. 따라서 이는 합리적 이유 없는 차별로서 난민인정자인 청구인의 평등권을 침해함을 선언한 것이다(헌재 2024.3.28, 2020헌마1079).

48 사망시기가 1945년 이전인가 이후인가에 따른 차별 [기각]

[1] 1945년 이전에 사망한 경우 희생의 정도가 크다. 따라서 시기에 따른 차별은 합헌이다.

[2] 손자녀 1명으로 한정하나 보상금을 지급받지 못하는 손자녀들에 대한 생활보호 대책과 손자녀 간의 형평을 도모할 합리적인 방안도 마련되어 있다(헌재 2022.1.27, 2020헌마594).

▶ 복수의 손자녀에게 지급하지 않는다 해서 그 자체로 위헌은 아니다. 생활수준을 고려하거나 대책 마련시 합헌일 수도 있다.

49 코로나19 격리자의 가구원이 행정기관 근로자인 경우 생활지원비 지원 제외 [기각]

[1] 관련 기본권 - 평등권 ○, 행복추구권 ×, 연좌제 ×, 인간다운 생활은 따로 판단 안 함

[2] 질병관리청장이 생활지원비 지원의 취지, 국가 및 지방자치단체의 재정부담 능력, 감염병 확산 상황 등 제반 사정을 고려하여 지원 대상의 범위 등 설정에 관한 광범위한 입법재량을 가진다는 전제하에, 행정기관 근로자가 속한 가구는 가구원이 격리하더라도 생계곤란을 겪을 위험이 현저히 낮다는 점 등을 고려하여 해당 가구의 격리자를 지원제외 대상으로 정한 것은 합리적 이유가 인정된다(헌재 2024.8. 29 2021헌마450).

기출OX

65세 미만의 일정한 노인성 질병이 있는 사람의 장애인 활동지원급여 신청자격을 제한하는 장애인활동 지원에 관한 법률 제5조 제2호 본문 중 '노인장기요양보험법 제2호 제1호에 따른 노인 등' 가운데 '65세 미만의 자로서 치매, 뇌혈관성질환 등 대통령령으로 정하는 노인성 질병을 가진 자'에 관한 부분은 합리적 이유가 있다고 할 것이므로 평등원칙에 위반되지 않는다. (×)

22. 순경공채

50 동성동반자에 대한 건강보험 피부양자 불인정 [인용]

甲이 동성인 乙과 교제하다가 서로를 동반자로 삼아 함께 생활하기로 합의하고 동거하던 중 결혼식을 올린 뒤 국민건강보험공단에 건강보험 직장가입자인 乙의 사실혼 배우자로 피부양자 자격취득 신고를 하여 피부양자 자격을 취득한 것으로 등록되었는데, 이 사실이 언론에 보도되자 국민건강보험공단이 甲을 피부양자로 등록한 것이 '착오 처리'였다며 甲의 피부양자 자격을 소급하여 상실시키고 지역가입자로 甲의 자격을 변경한 후 그동안의 지역가입자로서의 건강보험료 등을 납입할 것을 고지한 사안에서, 위 처분이 행정절차법 제21조 제1항과 헌법상 평등원칙을 위반하여 위법하다(대판 2024.7.18. 2023두36800).

▶ 건강보험은 사실혼 관계에 있는 경우 피부양자로 인정한다.

51 전기판매사업자에게 약관의 명시·교부의무를 면제 [합헌]

전기판매사업자에게 일반적인 약관 거래와 동일하게 약관의 명시·교부의무를 부과하게 되면, 상당한 비용이 수반될 것이 예상되고, 신속하고 효율적인 업무 처리가 저해될 우려가 있다. 나아가 전기사용자는 전기판매사업자인 한국전력공사의 사업소와 인터넷 홈페이지를 통해 공급약관을 확인할 수 있다. 따라서 심판대상조항이 일반 사업자와 달리 전기판매사업자에 대하여 약관의 명시·교부의무를 면제하더라도, 그러한 차별을 정당화할 합리적인 이유가 존재한다고 볼 수 있으므로, 심판대상조항은 평등원칙에 위반되지 않는다(헌재 2024.4.25. 2022헌바65)

01
12. 법원직 9급

인격권 등과 관련된 헌법재판소의 판례와 일치하지 않는 것은?

① 교정시설에 수용할 때마다 알몸 상태의 수용자를 전자영상 검사기로 수용자의 항문 부위를 관찰하는 신체검사는 과잉금지원칙에 위배되어 인격권을 침해한다.
② 민사법정에 출석하는 수형자에게 운동화 착용을 불허하고 고무신을 신게 하였더라도 신발의 종류를 제한한 것에 불과하여 법익침해의 최소성 및 균형성을 충족한다.
③ 일제강점하 반민족행위 진상규명에 관한 특별법 제2조 제9호에서 조선총독부 중추원 참의활동을 친일반민족행위의 하나로 규정한 것은 과잉금지원칙에 위배되지 않는다.
④ 미결수용자에게 시설 밖에서 재소자용 의류를 입게 하는 것은 무죄추정원칙에 반하고 인격권과 행복추구권, 공정한 재판을 받을 권리를 침해하는 것이다.

정답 및 해설
난이도 ★★☆

① [×] 교정시설에 수용자를 수용할 때마다 알몸 상태의 수용자를 전자영상 검사기로 수용자의 항문 부위를 관찰하는 신체검사는 교정시설의 안전과 질서유지를 위하여 필요한 최소한도의 검사로서 과잉금지의 원칙에 위배되지 않는다(헌재 2011.5.26, 2010헌마775).
② [○] 민사법정에 출석하는 수형자에게 운동화 착용을 불허하고 고무신을 신게 한 이 사건 운동화 착용 불허행위는 시설 바깥으로의 외출이라는 기회를 이용한 도주를 예방하기 위한 것으로서 그 목적이 정당하고, 위와 같은 목적을 달성하기 위한 적합한 수단이라 할 것이다. 또한 신발의 종류를 제한하는 것에 불과하여 법익침해의 최소성과 균형성도 갖추었다 할 것이므로, 이 사건 운동화 착용 불허행위가 기본권 제한에 있어서의 과잉금지원칙에 반하여 청구인의 인격권과 행복추구권을 침해하였다고 볼 수 없다(헌재 2011.2.24, 2009헌마209).
③ [○] 친일반민족행위의 진상을 규명하여 정의로운 사회가 실현될 수 있도록 공동체의 윤리를 정립하고자 하는 공익의 중대성은 막대한 반면, 이 사건 법률조항으로 인해 제한되는 조사대상자 등의 인격권은 친일반민족행위에 관한 조사보고서와 사료가 공개됨으로 인한 것에 불과하므로, 법익 균형성의 원칙에도 반하지 않는다(헌재 2010.10.28, 2007헌가23).
④ [○] 수사 및 재판단계에서 유죄가 확정되지 아니한 미결수용자에게 재소자용 의류를 입게 하는 것은 미결수용자로 하여금 모욕감이나 수치심을 느끼게 하고, 심리적인 위축으로 방어권을 제대로 행사할 수 없게 하여 실체적 진실의 발견을 저해할 우려가 있으므로, 도주방지 등 어떠한 이유를 내세우더라도 그 제한은 정당화될 수 없어 헌법 제37조 제2항의 기본권 제한에서의 비례원칙에 위반되는 것으로서, 무죄추정의 원칙에 반하고 인간으로서의 존엄과 가치에서 유래하는 인격권과 행복추구권, 공정한 재판을 받을 권리를 침해하는 것이다(헌재 1999.5.27, 97헌마137 등).

답 ①

02

15. 서울시 7급

평등권 및 평등원칙에 관한 설명 중 옳지 않은 것은? (다툼이 있는 경우 판례에 의함)

① 평등의 원칙은 국가에 대하여 합리적 이유 없이 불평등한 대우를 하지 말 것과 평등한 대우를 할 것을 요구할 수 있는 근거가 된다.
② 헌법상 차별금지사유의 하나인 사회적 신분은 사회에서 장기간 점하는 지위로서 일정한 사회적 평가를 수반하는 것을 의미한다.
③ 대한민국 국민인 남자에 한하여 병역의무를 부과한 것이 평등권을 침해하는지 여부는 완화된 심사기준에 의하여 심사해야 한다.
④ 국가유공자와 그 가족에 대한 가산점제도에 있어서 국가유공자 가족의 경우는 평등권 침해 여부에 관하여 보다 완화된 기준을 적용한 비례심사가 필요하다.

정답 및 해설

난이도 ★★☆

② [○] 헌재 1995.2.23, 93헌바43
③ [○] 임신, 출산 등으로 인한 신체적 특성상 병력자원으로 투입하기에 부담이 큰 점 등에 비추어 남자만을 징병검사의 대상이 되는 병역의무자로 정한 것이 현저히 자의적인 차별취급이라 보기 어렵다(헌재 2010.11.25, 2006헌마328).
④ [X] 그 가족의 경우는 위에서 본 바와 같이 헌법 제32조 제6항이 가산점제도의 근거라고 볼 수 없으므로 그러한 완화된 심사는 부적절한 것이다(헌재 2006.2.23, 2004헌마675).

답 ④

03

10. 국가직 7급

평등권에 대한 헌법재판소 판례의 내용으로 옳지 않은 것은?

① 다른 전문직 종사자들과는 달리 법무사에 대해서만 사무원 수를 제한하는 것은 위헌이다.
② 국가를 상대로 하는 재산권 청구의 경우에는 가집행선고를 할 수 없도록 한 것은 위헌이다.
③ 교도소에 수용된 때에는 국민건강보험급여를 정지하도록 한 것은 위헌이 아니다.
④ 초·중등학교의 교원의 정당가입을 금지한 것은 위헌이 아니다.

정답 및 해설

난이도 ★☆☆

① [×] 법무사 사무원의 수를 제한하는 것은 법무사 사무원의 업무수행상 특수성으로 인하여 법무사의 사무원에 대한 감독권을 강화하고 업무의 파행적 운영을 막아 사건 의뢰인의 이익을 보호하고 사법운영의 원활화 및 사법에 대한 국민의 신뢰를 구축한다는 입법목적을 달성함에 있어 유효적절한 수단 중의 하나임이 분명하고 달리 현저하게 불합리하고 불공정한 것이라고 볼 사정이 없으므로 헌법에 위반되지 아니한다(헌재 1996.4.25. 95헌마331).
② [○] 헌재 1989.1.25. 88헌가7
③ [○] 보험료 납부의무도 면제된다. 그렇다면 수급자의 자기기여가 없는 상태이므로 이 사건 규정에 의하여 건강보험수급권이 정지되더라도 이를 사회보장수급권(인간다운 생활을 할 권리)으로 다툴 수 있음은 별론으로 하고 재산권 침해로 다툴 수는 없다고 할 것이다(헌재 2005.2.24. 2003헌마31).
④ [○] 초·중등학교 교원에 대해서는 정당가입과 선거운동의 자유를 금지하면서 대학교원에게는 이를 허용한다 하더라도, 이는 양자간 직무의 본질이나 내용 그리고 근무태양이 다른 점을 고려할 때 합리적인 차별이라고 할 것이므로, 헌법상의 평등권을 침해한 것이라고 할 수 없다(헌재 2004.3.25. 2001헌마710).

답 ①

제3장 자유권적 기본권

제2편 기본권론

제3장 자유권적 기본권

인신의 자유

생명권
- 근거: 헌법적 근거 ×
- 제한: **사형제도**: 헌법 근거 ○, 법률유보 ○, 본질은 상대설
- 낙태:
  - **독일** — 의사에 의한 시술도 규제
  - **미국** — Roe v. Wade: 처음 1분기 - 자유, 2분기 - 주정부 규제, 3분기 - 원칙적 금지
  - **한국** — 22주까지 허용
- 안락사: 사기(死期) 임박, 추정적 승낙도 가능

실체적 보장
- 죄형법정주의
  - 형벌법규법률주의, 명령 ×
  - **형벌불소급의 원칙**: 판례변경 ×, 절차법 ×, 보호감호 ○, 보호관찰 ×
  - 명확성의 원칙
  - 유추해석금지
  - 절대적 부정기형 금지, 상대적 부정기형 가능
- 일사부재리
  - 동일한 사실관계, 형벌 + 형벌
  - 형벌 + 행정질서벌은 아님, 청소년 성매수자 신상공개 합헌, 외국에서 받은 형벌 임의적 감면 위헌
- 연좌제: 친족의 행위로서 불처벌, 반국가행위자의 처벌에 관한 특별조치법 ⇨ 위헌

제1절 인신에 관한 자유

제1항 생명권

1 의의

1. 개념

생명이라 함은 생존(살아있다는 것)을 말한다. 언제부터 언제까지를 생존으로 볼 것인가는 현재 논란이 존재한다.❶

> **🔎 관련 판례**
>
> **생명과 사람의 시기**
>
> 인간이라는 생명체의 형성이 출생 이전의 그 어느 시점에서 시작됨을 인정하더라도, 법적으로 사람의 시기를 출생의 시점에서 시작되는 것으로 보는 것이 헌법적으로 금지된다고 할 수 없다(헌재 2008.7.31, 2004헌바81).

2. 헌법적 근거

우리 헌법상에는 독일기본법이나 일본헌법과 같은 생명권을 보장하는 명문의 규정은 없지만 학설이나 판례는 생명권을 인정하고 있다. 다만, 생명권의 헌법적 근거를 어디에서 찾을 것인가에 대하여 논란이 있으나, 생명권이 존엄한 인간존재의 근원임을 고려할 때 헌법 제10조설이 타당하다.

2 주체

생명권은 인간의 권리이므로 내외국인을 불문하고 모든 자연인이 그 주체가 된다. 태아의 생명까지도 보호하려는 것이 각국의 일반적 경향이다.

3 효력

생명권은 모든 국가권력을 직접 구속하는 효력과 제3자적 효력을 가진다. 그러므로 생명에 대한 국가의 직접적 침해가 금지될 뿐만 아니라 국가는 생명을 보호하고 육성해야 할 의무를 지며, 사인에 의한 불법적인 침해로부터 생명권을 보호할 책임이 있다.

---

❶ 헌법재판소는 기본권의 주체는 착상 이후 수정란부터이고 사람의 시기는 진통시부터라고 판시한 바 있다(2010헌바402).

📝 기출OX

우리나라의 경우 생명권에 명시적인 근거조항은 존재하지 않으나, 생명권이 기본권이라는 것에 대해서 이견이 없다. (O)

📝 기출OX

형성 중의 생명인 태아도 헌법상 생명권의 주체가 된다. (O) 10. 사시

4 한계와 제한

1. 사형제도

> **관련 판례** 사형제도에 관한 판례

1 국가보안법 제13조의 위헌 여부 [위헌]

사형이라는 형벌은 비례의 원칙에 따라서 최소한 동등한 가치가 있는 다른 생명 또는 그에 못지아니한 공공의 이익을 보호하기 위한 불가피성이 충족되는 예외적인 경우에만 인정되어야 할 것인데, 단지 반국가적 범죄를 반복적으로 저질렀다는 이유만으로 다시 범한 죄가 찬양·고무와 같이 **비교적 경미한 범죄라도 사형까지** 선고할 수 있도록 한 것은 형벌체계상의 균형성을 현저히 상실하여 정당성을 잃은 것이고, 이러한 형의 불균형은 반국가적 범죄로부터 국가 및 국민을 보호한다는 위와 같은 입법목적으로도 극복할 수는 없는 것이다. 그러므로 이 사건 법률조항은 법정형의 종류와 범위를 정할 때는 인간의 존엄과 가치를 존중하고, 형벌이 죄질과 책임에 상응하도록 정하여야 한다는 실질적 법치국가의 이념에 반한다(헌재 2002.11.28, 2002헌가5).

2 상관살해죄 [위헌]

가해자와 상관 사이에 명령복종관계가 있는지 여부를 불문하고 **전시와 평시를 구분하지 아니한 채 다양한 동기와 행위태양의 범죄를 동일하게 평가하여 사형만을 유일한 법정형**으로 규정하고 있는 이 사건 법률조항은, 범죄의 중대성 정도에 비하여 심각하게 불균형적인 과중한 형벌을 규정함으로써 죄질과 그에 따른 행위자의 책임 사이에 비례관계가 준수되지 않아 인간의 존엄과 가치를 존중하고 보호하려는 실질적 법치국가의 이념에 어긋나고, 형벌체계상 정당성을 상실한 것이다(헌재 2007.11.29, 2006헌가13).

2. 인공임신중절

> **관련 판례**

낙태죄 [헌법불합치]

[1] 태아가 모체를 떠난 상태에서 **독자적으로 생존할 수 있는 시점인 임신 22주** 내외에 도달하기 전이면서 동시에 임신 유지와 출산 여부에 관한 자기결정권을 행사하기에 충분한 시간이 보장되는 시기까지의 낙태에 대해서는 국가가 생명보호의 수단 및 정도를 달리 정할 수 있다고 봄이 타당하다.

[2] 낙태갈등 상황에서 형벌의 위하가 임신한 여성의 임신종결 여부 결정에 미치는 영향이 제한적이라는 사정과 실제로 형사처벌되는 사례도 매우 드물다는 현실에 비추어 보면, 자기낙태죄 조항이 낙태갈등 상황에서 태아의 생명 보호를 실효적으로 하지 못하고 있다고 볼 수 있다.

[3] 다양하고 광범위한 사회적·경제적 사유를 이유로 낙태갈등 상황을 겪고 있는 경우까지도 예외 없이 전면적·일률적으로 임신의 유지 및 출산을 강제하고, 이를 위반한 경우 형사처벌하고 있다.

[4] 과잉금지원칙을 위반하여 임신한 여성의 자기결정권을 침해하는 위헌적인 규정이다(헌재 2019.4.11, 2017헌바127).

3. 안락사와 죽을 권리

(1) 안락사의 종류

안락사에는 의사가 직접적으로 생의 단절을 야기하는 적극적 안락사와 생명을 연장할 수 있는 조치를 취하지 않음으로써 사망에 이르게 하는 소극적 안락사가 있다.❶

(2) 안락사 허용여부

현재까지의 이론과 판례는 적극적 안락사의 경우 촉탁승낙에 의한 살인죄 내지 살인죄에 해당한다고 보고 있다. 다만, 존엄사의 경우 인간은 존엄성을 가지며 죽음에 임해서도 존엄성을 유지할 수 있어야 하므로 환자에게 그 생명연장조치를 거부할 권리를 인정하여야 한다고 본다. 원칙적으로 회생의 가망이 없는 환자가 생명에 대한 자기결정권을 행사하여 생명유지조치를 원하지 아니함을 명백히 표시한 경우에는 살인죄를 구성하지 아니한다고 보아야 하지만, 최근에는 그 의사를 추정할 수 있다고 판시하였다.

> **관련 판례**
>
> **1 무의미한 연명치료장치의 제거**
>
> 의학적으로 환자가 의식의 회복가능성이 없고 생명과 관련된 중요한 생체기능의 상실을 회복할 수 없으며 환자의 신체상태에 비추어 짧은 시간 내에 사망에 이를 수 있음이 명백한 경우 이루어지는 진료행위는 원인이 되는 질병의 호전을 목적으로 하는 것이 아니라 질병의 호전을 사실상 포기한 상태에서 오로지 현 상태를 유지하기 위하여 이루어지는 치료에 불과하므로 회복불가능한 사망의 단계에 이른 후에 환자가 인간으로서의 존엄과 가치 및 행복추구권에 기초하여 자기결정권을 행사하는 것으로 인정되는 경우에는 특별한 사정이 없는 한 연명치료의 중단이 허용될 수 있다. 환자에게 사전 의료지시가 없는 경우에는 환자에게 자기결정권을 행사할 수 있는 기회가 주어지더라도 연명치료의 중단을 선택하였을 것이라고 볼 수 있는 경우에는, 그 **연명치료 중단에 관한 환자의 의사를 추정할 수 있다**(대판 2009.5.21, 2009다17417).
>
> **2 '연명치료 중단 등에 관한 법률'의 입법부작위** [각하]
>
> [1] 환자가 장차 죽음에 임박한 상태에 이를 경우에 대비하여 미리 의료인 등에게 연명치료 거부 또는 중단에 관한 의사를 밝히는 등의 방법으로 죽음에 임박한 상태에서 인간으로서의 존엄과 가치를 지키기 위하여 연명치료의 거부 또는 중단을 결정할 수 있다 할 것이고, 위 결정은 헌법상 기본권인 자기결정권의 한 내용으로서 보장된다 할 것이다.
>
> [2] '연명치료 중단에 관한 자기결정권'을 보장하는 방법으로서 '법원의 재판을 통한 규범의 제시'와 '입법' 중 어느 것이 바람직한가는 입법정책의 문제로서 국회의 재량에 속한다 할 것이다. 그렇다면 헌법해석상 '연명치료 중단 등에 관한 법률'을 제정할 국가의 입법의무가 명백하다고 볼 수 없다(헌재 2009.11.26, 2008헌마385).

(3) 죽을 권리

생명권은 그 주체가 자유롭게 처분할 수 있는 권리가 아니다. 따라서 자신의 생명에 관한 처분권을 타인에게 위임하는 것은 원칙적으로 허용되지 않으며, 의료수술에 동의하는 경우처럼 예외적으로 허용될 뿐이다. 또한 생명의 포기를 의미하는 자살할 권리도 원칙적으로 인정되지 아니한다.

---

❶ 외국의 경우 네덜란드가 세계 최초로 국가적 차원에서 적극적 안락사를 허용한 바 있다. 일본의 경우에는 소극적 안락사는 인정하고 있으나, 적극적 안락사는 제한적이다.

기출OX

01 환자가 장차 죽음에 임박한 상태에 이를 경우에 대비하여 미리 의료인 등에게 연명치료 거부 또는 중단에 관한 의사를 밝히는 등의 방법으로 죽음에 임박한 상태에서 인간으로서의 존엄과 가치를 지키기 위하여 연명치료의 거부 또는 중단을 결정할 수 있다 할 것이고, 이 결정은 헌법상 기본권인 자기결정권의 한 내용으로서 보장된다. (O) 12. 국가직 7급

02 비록 연명치료 중단에 관한 결정 및 그 실행이 환자의 생명단축을 초래한다 하더라도 이를 생명에 대한 임의적 처분으로서 자살이라고 평가할 수 없고, 오히려 이는 생명권의 한 내용으로서 보장된다. (X) 17. 경찰승진
→ 생명권이 아닌 자기결정권이다.

비교 정리

구분	헌법조문
피의자	형사보상
누구든지	변호인의 조력받을 권리
	적부심
	적법절차
모든국민	진술거부권
피고인	국선변호
	자백의 증명력
	무죄추정
	형사보상

제2항 신체의 자유

1 의의 ❷

> 헌법 제12조 ① 모든 국민은 신체의 자유를 가진다. 누구든지 법률에 의하지 아니하고는 체포·구속·압수·수색 또는 심문을 받지 아니하며, 법률과 적법한 절차에 의하지 아니하고는 처벌·보안처분 또는 강제노역을 받지 아니한다.
> ② 모든 국민은 고문을 받지 아니하며, 형사상 자기에게 불리한 진술을 강요당하지 아니한다.
> ③ 체포·구속·압수 또는 수색을 할 때에는 적법한 절차에 따라 검사의 신청에 의하여 법관이 발부한 영장을 제시하여야 한다. 다만, 현행범인인 경우와 장기 3년 이상의 형에 해당하는 죄를 범하고 도피 또는 증거인멸의 염려가 있을 때에는 사후에 영장을 청구할 수 있다.
> ④ 누구든지 체포 또는 구속을 당한 때에는 즉시 변호인의 조력을 받을 권리를 가진다. 다만, 형사피고인이 스스로 변호인을 구할 수 없을 때에는 법률이 정하는 바에 의하여 국가가 변호인을 붙인다.
> ⑤ 누구든지 체포 또는 구속의 이유와 변호인의 조력을 받을 권리가 있음을 고지받지 아니하고는 체포 또는 구속을 당하지 아니한다. 체포 또는 구속을 당한 자의 가족 등 법률이 정하는 자에게는 그 이유와 일시·장소가 지체 없이 통지되어야 한다.
> ⑥ 누구든지 체포 또는 구속을 당한 때에는 적부의 심사를 법원에 청구할 권리를 가진다.
> ⑦ 피고인의 자백이 고문·폭행·협박·구속의 부당한 장기화 또는 기망 기타의 방법에 의하여 자의로 진술된 것이 아니라고 인정될 때 또는 정식재판에 있어서 피고인의 자백이 그에게 불리한 유일한 증거일 때에는 이를 유죄의 증거로 삼거나 이를 이유로 처벌할 수 없다.
> 제13조 ① 모든 국민은 행위시의 법률에 의하여 범죄를 구성하지 아니하는 행위로 소추되지 아니하며, 동일한 범죄에 대하여 거듭 처벌받지 아니한다.
> ② 모든 국민은 소급입법에 의하여 참정권의 제한을 받거나 재산권을 박탈당하지 아니한다.
> ③ 모든 국민은 자기의 행위가 아닌 친족의 행위로 인하여 불이익한 처우를 받지 아니한다.

2 내용

1. 법률과 적법한 절차에 의하지 아니하고는 처벌·보안처분·강제노역을 받지 아니할 권리를 의미한다.

2. 법률에 의하지 아니하고는 체포·구속·압수·수색·심문을 받지 아니할 권리를 의미한다.

---

❷
1. **처벌**: 여기서의 '처벌'이란 형사상의 처벌뿐만 아니라 그 이외의 본인에게 재산상·정신상 고통이 되는 일체의 제재를 의미한다.
2. **보안처분**: 형벌만으로 행위자의 장래의 재범에 대한 위험성을 제거하기에 충분하지 못한 경우 사회방위를 위해 고안된 특별예방적 처분을 의미한다. 징역과 다름 없는 보호감호처분과 그보다 훨씬 제약이 약한 보호관찰로 나뉜다.
3. **강제노역**: 본인의 의사에 반하여 노역을 강요당하는 것을 의미한다.
4. **체포**: 실력으로써 신체의 자유를 구속하는 것을 의미한다.
5. **구속**: 구인과 구금을 포함하며, 구인이란 일정한 장소에 실력으로써 강제로 일시적 인치를 하는 것이고, 구금이란 신체의 자유를 구속하여 일정한 장소에 계속 유치하는 것을 의미한다.
6. **압수**: 강제로 물건의 점유를 취득하는 것을 의미한다.
7. **수색**: 실력으로써 사람의 신체나 물건 기타 장소에 대해 검색하는 것을 의미하며, 본조의 수색에서 주거에 대한 수색은 제외된다.
8. **심문**: 답변의 강요를 의미한다.

기출 OX

헌법 제13조 제2항에 의하면 모든 국민은 소급입법에 의하여 재산권의 제한을 받거나 참정권을 박탈당하지 아니한다. (×) 22. 경찰간부

❶ 금치란 독방에서 일정기간 동안 수용자를 감금하는 것을 말한다.

비교 정리
집필과 운동금지

구분	내용
전면금지	위헌
운동	원칙허용, 예외금지
집필	원칙금지, 예외허용

기출OX

01 금치처분을 받은 미결수용자라 할지라도 금치처분 기간 중 집필을 금지하면서 예외적인 경우에만 교도소장이 집필을 허가할 수 있도록 한 형의 집행 및 수용자의 처우에 관한 법률상의 규정은 미결수용자의 표현의 자유를 침해한다. (×)
18. 서울시 7급

02 보안관찰처분대상자가 교도소 등에서 출소 후 신고한 거주예정지 등 정보에 변동이 생길 때마다 7일 이내 이를 신고하도록 규정한 보안관찰법상 변동신고조항 및 위반 시 처벌조항은 청구인의 개인정보자기결정권을 침해하지 않는다. (×)
22. 경찰간부

03 상소제기 후의 미결구금일수 산입을 규정하면서 상소제기 후 상소취하시까지의 구금일수 통산에 관하여는 규정하지 아니함으로써 이를 본형 산입의 대상에서 제외되도록 한 관련 형사소송법 규정은 신체의 자유를 지나치게 제한하는 것으로서 헌법에 위반된다. (○)
11. 법원직

관련 판례

1 금치처분을 받은 수형자에 대한 운동금지❶ [위헌]
금치 징벌의 목적 자체가 징벌실에 수용하고 엄격한 격리에 의하여 개전을 촉구하고자 하는 것이므로 접견·서신수발의 제한은 불가피하고, … 외부세계와의 교통이 단절된 상태에 있게 되며, 환기가 잘 안 되는 1평 남짓한 징벌실에 최장 2개월 동안 수용된다는 점을 고려할 때, 금치 수형자에 대하여 **일체의 운동을 금지하는 것은 수형자의 신체적 건강뿐만 아니라 정신적 건강을 해칠 위험성이 현저히 높다.** … 수형자의 헌법 제10조의 인간의 존엄과 가치 및 신체의 안전성이 훼손당하지 아니할 자유를 포함하는 제12조의 신체의 자유를 침해하는 정도에 이르렀다고 판단된다(헌재 2004.12.16, 2002헌마478).
▶ 이 판례에서 위헌된 이후 1인 운동장을 사용하게 되었다.

2 금치처분을 받은 수형자에 대한 집필금지 [합헌]
선례가 금치기간 중 집필을 전면 금지한 조항을 위헌으로 판단한 이후, 입법자는 집필을 허가할 수 있는 예외를 규정하고 금치처분의 기간도 단축하였다. 나아가 미결수용자는 징벌집행 중 소송서류의 작성 등 수사 및 재판 과정에서의 권리행사는 제한 없이 허용되는 점 등을 감안하면, 금치처분 기간 중 집필을 금지하면서 예외적인 경우에만 교도소장이 집필을 허가할 수 있도록 한 이 사건 집필제한 조항은 청구인의 표현의 자유를 침해하지 아니한다(헌재 2014.8.28, 2012헌마623).
▶ 금치처분을 받은 수형자에 대해 원칙적으로 운동을 금지하고 예외적으로 허용하는 것은 위헌이다(헌재 2016.5.26, 2014헌마45).

3 보안관찰처분대상자에 대한 신고의무 부과 [헌법불합치]
헌법재판소는 출소후신고조항 및 위반 시 처벌조항에 대해서는 합헌으로 판단하였으나, 변동신고조항 및 위반 시 처벌조항에 대해서는 재범의 위험성을 따지지도 않고 무기한으로 인정하고 있어 헌법에 위반된다고 판시하였다(헌재 2021.6.24, 2017헌바479).

4 상소제기기간의 구금일수의 본형산입제한 [헌법불합치]
형사소송절차에서의 상소제도의 중요성이나 상소제기기간을 둔 본래의 취지에 비추어 그 기간 동안은 아무런 불이익의 염려가 없이 상소에 대하여 숙고할 여유를 가질 수 있게 하여야 할 것이다. 특히, 피고인이 판결 선고 일에 상소를 포기하고, 검사가 상소를 포기하지 아니하고, 상소도 하지 아니하는 경우 검사도 즉시 상소를 포기한 경우와 비교하면 법원이 선고한 형의 **집행기간이 7일이나 연장**되게 된다. 이러한 결과는 소송의 한 당사자인 검사의 의사에 따라 실질적으로 법원이 선고한 형에 변경을 가져오게 되고, 피고인의 신체의 자유를 침해하게 된다(헌재 2000.7.20, 99헌가7).

5 검사조사실에서의 계구사용 [위헌]
검사가 검사조사실에서 피의자신문을 하는 절차에서는 피의자가 신체적으로나 심리적으로 위축되지 않은 상태에서 자기의 방어권을 충분히 행사할 수 있도록 계구를 사용하지 말아야 하는 것이 원칙이고, 다만 도주, 폭행, 소요, 자해 등의 위험이 분명하고 구체적으로 드러나는 경우에만 예외적으로 계구를 사용하여야 할 것이다. 따라서 이 조항이 취하고 있는 원칙과 예외의 이러한 완전한 전도는 신체의 자유를 원칙적으로 과도하게 제한하여 이를 침해하는 결과를 가져오므로 헌법에 위반된다(헌재 2005.5.26, 2004헌마49).

6 화학적 거세 [헌법불합치]

화학적 거세 자체는 위헌적으로 보기 어려우나 장기형이 선고되는 경우 집행 시점에서 불필요한 치료를 막을 수 있는 절차가 마련되어 있지 않아 신체의 자유 등 기본권을 침해한다(헌재 2015.12.23, 2013헌가9).

7 정신질환자 보호입원 사건❷ [헌법불합치]

심판대상조항의 위헌성은 보호입원을 통한 치료의 필요성 등에 관하여 독립적이고 중립적인 제3자에게 판단받을 수 있는 절차를 두지 아니한 채 보호의무자 2인의 동의와 정신과전문의 1인의 판단만으로 정신질환자 본인의 의사에 반하는 보호입원을 가능하게 함으로써, 제도의 악용이나 남용 가능성을 배제하지 못하고 있다는 점에 있다(헌재 2016.9.29, 2014헌가9).

▶ 신체의 자유 ○, 자기결정권 ×, 통신의 자유 ×

❷ 사안에서 판례는 과잉금지위반여부에서 적법절차를 포함하여 검토하였다. 즉, 과잉금지를 심사하면서 자동으로 적법절차도 포함하여 심사하겠다는 것으로 적법절차만을 따로 심사하지 않겠다는 의미이다.

기출OX

보호의무자 2인의 동의와 정신건강의학과 전문의 1인의 진단으로 정신질환자에 대한 보호입원이 가능하도록 한 정신보건법 조항은 보호입원이 정신질환자 본인에 대한 치료와 사회의 안전도모라는 측면에서 긍정적인 효과가 있으므로 정신질환자의 신체의 자유를 침해하지 아니한다. (×) 17. 국가직 7급

3 실체적 보장

1. 죄형법정주의

(1) 의의

죄형법정주의란 범죄의 구성요건과 형벌의 종류·형량 등이 예측 가능할 정도로 법률로 명확히 규정할 것을 요구하는 원리이다. 즉, "법률 없으면 범죄 없고, 법률 없으면 형벌 없다."라는 형법의 기본원리를 의미한다.

(2) 기능

헌법재판소는 죄형법정주의는 무엇이 처벌될 행위인가를 성문의 법률로 명백하게 규정함으로써 국민의 법적 안정성을 보호하고, 국가의 자의적 형벌권의 남용을 방지한다고 하였다.

(3) 내용

① 형벌법규법률주의(관습형법금지의 원칙): 범죄와 형벌은 성문의 법률로써 규정되어야 하고, 원칙적으로 명령이나 규칙으로는 범죄와 형벌을 규정할 수 없다. 또한 관습법으로 범죄를 구성하거나 처벌할 수 없다.

관련 판례 형벌법규법률주의에 관한 판례

1 형벌과 과태료 [합헌]

죄형법정주의는 무엇이 범죄이며 그에 대한 형벌이 어떠한 것인가는 국민의 대표로 구성된 입법부가 제정한 법률로써 정하여야 한다는 원칙인데, 부동산등기특별조치법 제11조 제1항 본문 중 제2조 제1항에 관한 부분이 정하고 있는 **과태료는 행정상의 질서유지를 위한 행정질서벌에 해당할 뿐 형벌이라고 할 수 없어 죄형법정주의의 규율대상에 해당하지 아니한다**(헌재 1994.6.30, 92헌바38).

2 단체협약을 위반한 자 처벌 [위헌]

구 노동조합법 제46조의3은 그 구성요건을 '단체협약에 ⋯ 위반한 자'라고만 규정함으로써 범죄구성요건의 외피(外皮)만 설정하였을 뿐 **구성요건의 실질적 내용을 직접 규정하지 아니하고 모두 단체협약에 위임**하고 있어 죄형법정주의의 기본적 요청인 '법률'주의에 위배되고, 그 구성요건도 지나치게 애매하고 광범위하여 죄형법정주의의 명확성의 원칙에 위배된다(헌재 1998.3.26, 96헌가20).

기출OX

01 과태료는 행정상 질서유지를 위한 행정질서벌에 해당할 뿐이므로 죄형법정주의의 규율대상에 포함되지 않는다. (○) 13. 서울시 7급

02 노동관계법의 벌칙규정에 '제31조 제1항의 규정에 의하여 체결된 단체협약에 위반한 자는 1천만원 이하의 벌금에 처한다'라고 규정하여 형벌의 일종인 벌금형을 부과하고 있다면, 이는 죄형법정주의의 명확성의 원칙에 위배된다. (○) 04. 국가직 7급 변형

3 단체협약 위반행위인 징계의 사유에 관한 사항 위반 [합헌]

심판대상조항은 처벌의 대상이 될 단체협약 위반행위인 '징계의 사유에 관한 사항 위반'을 직접 법률로서 규정하여, 형벌을 통해 금지하고자 하는 행위의 실질을 법률 스스로 직접 규정하고 있다. 심판대상조항의 주된 수범자인 사용자와 근로자는 단체교섭에 참여하고 단체협약의 체결에 관여한 당사자이므로 단체협약의 내용이 된 징계의 사유에 관한 사항이 무엇인지는 충분히 파악할 수 있을 것이다. 또한 심판대상조항은 징계의 사유에 관한 단체협약의 실효성을 확보하기 위한 것으로서, 개별 사건에서 징계의 사유에 관한 사항 위반행위에 해당하는지 여부는 이러한 입법취지 및 해당 단체협약에 대한 해석을 통하여 합리적이고 객관적으로 정해질 것이다. 따라서 심판대상조항은 죄형법정주의에 위배된다고 볼 수 없다(헌재 2022.11.24. 2020헌바235).

4 미확정된 노동위원회의 구제명령 위반 [위헌]

미확정의 행정명령을 위반하였다 하여 형벌로 다스린다면 위법·부당한 행정명령을 위반하였다는 이유로 형사처벌을 받는 것이 될 수도 있어 이는 정의에 반한다. 노동조합법(勞動組合法) 제46조 중 '제42조의 규정에 의한 구제명령(救濟命令)에 위반하거나' 부분은, 노동위원회의 확정되지 아니한, 따라서 위법·부당하여 취소될 수도 있는 이러한 확정되지 않은 구제명령과 구제명령이 위법·부당하여 재심 또는 행정소송으로 취소된 경우까지 이를 신속히 이행하지 않았다하여 2년 이하의 징역과 3,000만원 이하의 벌금이라는 형벌을 그 제재방법과 이행확보수단으로 선택함으로써, 국민의 기본권제한 방법에 있어 형평을 심히 잃어 위 법률규정의 실체적 내용에 있어 그 합리성과 정당성을 결여하였다고 할 것이므로 적법절차의 원리에 반하고 과잉금지의 원칙에도 저촉된다고 할 것이다(헌재 1995.3.23, 92헌가14).

5 시정명령위반죄 [합헌]

이 사건 법률조항은 "제31조 제3항의 규정에 의한 명령에 위반한 자는 500만원 이하의 벌금에 처한다."라고 규정하고 있는데, 제31조 제3항의 내용을 살펴보면 결국 이 사건 법률조항이 규정한 범죄 구성요건은 "**행정관청이 단체협약 중 위법한 내용에 대하여 노동위원회의 의결을 얻어 그 시정을 명한 경우에 그 명령(이하 '시정명령'이라 한다)에 위반한 행위**"로서 범죄의 구성요건과 그에 대한 형벌을 법률에서 스스로 규정하고 있다. 단체협약 중 위법한 내용의 다양성, 구체적 상황에 따라 위법한 단체협약에 대하여 탄력적·유동적으로 대응할 필요성 등을 고려할 때, 시정명령의 구체적 내용이나 발령 여부를 미리 법률로 정하는 것은 용이하지 않으며, 이 사건 법률조항은 행정관청이 특정인에게 구체적 내용을 정하여 시정명령을 발한 것을 전제로 그 시정명령에 위반한 행위를 범죄의 구성요건으로 규정하고 있으므로, 죄형법정주의의 법률주의에 위반된다고 할 수 없다(헌재 2012.8.23, 2011헌가22).

6 새마을금고법 제66조 제1항 제2호 [위헌]

범죄행위의 유형을 정하는 구성요건규정과 제재규정인 처벌규정을 별도의 조항에서 정하고 있는 법규인 경우, 처벌규정에서 범죄구성요건에 해당하는 당해 법률규정을 명시하는 것이 통상의 예이다. 이 사건 규정처럼 "**이 법과 이 법에 의한 명령**"이라고만 규정되어 있는 경우에는 금지하고자 하는 행위유형의 실질을 파악할 수 없어 구성요건에 대한 최소한의 단서도 찾기 어려우므로 합헌이라고 말할 수 있는 경우가 아니다(헌재 2001.1.18, 99헌바112).

② 형벌불소급의 원칙
　㉠ 행위시 비범죄행위를 새로운 법률을 제정하여 사후 범죄행위로 하거나, 범죄 범위를 확대하는 경우는 허용되지 아니한다는 의미이다. 현행 헌법은 소급입법에 의한 참정권의 제한 또는 재산권의 박탈만을 금지하고 있으나, 소급입법에 의한 형벌의 강화도 허용되지 아니한다.
　㉡ 형벌불소급의 원칙이 모든 소급적용을 금하는 것은 아니다. 경한 신법이나 공소시효의 소급적용은 가능하다.❶
　㉢ 시혜적 소급입법의 경우는 가능하나 입법자의 의무는 아니고, 입법재량에 속하는 문제이다.

관련 판례 형벌불소급의 원칙에 관한 판례

1 소급입법에 의한 보호감호처분❷ [위헌]

헌법이 제12조 제1항 후문에서 '… 법률과 적법한 절차에 의하지 아니하고는 처벌·보안처분 또는 강제노역을 받지 아니한다'라고 규정하여 처벌과 보안처분을 나란히 열거하고 있는 점을 생각해 보면, 상습범등에 대한 보안처분의 하나로서 신체에 대한 자유의 박탈을 그 내용으로 하는 보호감호처분은 형벌과 같은 차원에서의 적법한 절차와 헌법 제13조 제1항에 정한 죄형법정주의의 원칙에 따라 비로소 과해질 수 있는 것이라 할 수 있고, 따라서 그 요건이 되는 범죄에 관한 한 <u>소급입법에 의한 보호감호처분은 허용될 수 없다</u>고 할 것이다(헌재 1989.7.14, 88헌가5 등).

2 판례변경❸

<u>형사처벌의 근거가 되는 것은 법률이지 판례가 아니고,</u> 형법 조항에 관한 판례의 변경은 그 법률조항의 내용을 확인하는 것에 지나지 아니하여 이로써 그 법률조항 자체가 변경된 것이라고 볼 수는 없으므로, 행위 당시의 판례에 의하면 처벌대상이 되지 아니하는 것으로 해석되었던 행위를 판례의 변경에 따라 확인된 내용의 형법조항에 근거하여 처벌한다고 하여 그것이 헌법상 평등의 원칙과 형벌불소급의 원칙에 반한다고 할 수는 없다(대판 1999.9.17, 97도3349).

3 위치추적장치 소급적용 [합헌]

<u>전자장치 부착명령은 전통적 의미의 형벌이 아닐 뿐 아니라,</u> 성폭력범죄자의 성행교정과 재범방지를 도모하고 국민을 성폭력범죄로부터 보호한다고 하는 공익을 목적으로 하며, 전자장치의 부착을 통해서 피부착자의 행동 자체를 통제하는 것도 아니라는 점에서 자유를 박탈하는 구금 형식과는 구별되고 이 사건 부칙조항이 적용되었을 때 처벌적인 효과를 나타낸다고 보기 어렵다. 그러므로 이 사건 부착명령은 범죄행위를 한 사람에 대한 응보를 주된 목적으로 그 책임을 추궁하는 사후적 처분인 형벌과 구별되는 비형벌적 보안처분으로서 소급효금지원칙이 적용되지 아니한다(헌재 2012.12.27, 2010헌가82).

4 개정 전 범죄행위에 대해서 소급적용 [위헌]

[1] 노역장유치는 벌금형에 부수적으로 부과되는 환형처분으로서, 그 실질은 신체의 자유를 박탈하여 징역형과 유사한 형벌적 성격을 가지고 있으므로, 형벌불소급원칙의 적용대상이 된다.
[2] 부칙조항은 노역장유치조항의 시행 전에 행해진 범죄행위에 대해서도 공소제기의 시기가 노역장유치조항의 시행 이후이면 이를 적용하도록 하고 있으므로, 이는 범죄행위 당시보다 불이익한 법률을 소급적용하도록 하는 것으로서 헌법상 형벌불소급원칙에 위반된다(헌재 2017.10.16, 2015헌바239).

---

❶
판례는 5.18 특별법 사건에서 공소시효의 연장이 언제나 형벌불소급의 원칙에 위배되는 것은 아니라고 판시한 바 있다.

기출OX

신법이 피적용자에게 유리한 경우 이른바 시혜적인 소급입법이 가능하지만 이를 입법자의 의무라고는 할 수 없다. (○)　07. 국회직 8급

❷
1. 청송보호감호소처럼 보호감호는 징역형이나 다름이 없다. 따라서 보호감호를 소급입법으로 부과하면 안 된다는 의미이다.
2. 판례는 보호감호에 대해 소급입법하면 위헌으로 보지만, 보호관찰은 그렇게 보지 않고 있다(97도703).

❸
형벌불소급의 원칙은 행위 당시에 범죄가 되지 아니한 행위에 대해 나중에 법을 만들어 범죄로 처벌할 수 없다는 의미로, 우리나라에서 판례는 법이 아니기 때문에 행위시에는 처벌할 필요성을 못 느끼다가 이후 처벌의 필요성이 있어 판례에 의해 처벌하는 것은 형벌불소급의 원칙에 반하지 않는다.

기출OX

행위 당시의 판례에 의하면 처벌대상이 아니었던 행위를 판례의 변경에 따라 처벌하는 것은 죄형법정주의의 파생원칙인 형벌불소급의 원칙에 반한다. (×)　04. 국회직 8급

주의

보안처분이라 하더라도 형벌적 성격이 강하여 신체의 자유를 박탈하거나 박탈에 준하는 정도로 신체의 자유를 제한하는 경우에도 형벌불소급원칙이 적용된다(2010헌가82).

비교 정리

형벌불소급

종류	형벌과 유사성 (소급효 금지 적용)
보호감호	○
보호관찰	×
노역장유치	○
위치추적장치	×
취업제한	×
사회봉사명령	△
공소시효	×

최근 사회봉사명령 상한 시간 100시간을 초과하여 200시간으로 올린 신법을 적용한 것은 위법하다고 판시하였다 (대판 2008.7.24, 2008어4).

❶ 건전한 상식과 통상적인 법 감정을 가진 사람이 구체적으로 어떠한 행위가 금지되고 있는지 알 수 있다면 명확성의 원칙에 반하지 않는다.

기출OX

01 처벌법규의 구성요건이 다소 광범위하여 어떤 범위에서는 법관의 보충적인 해석을 필요로 하는 개념을 사용하였다고 하더라도 그 점만으로 헌법이 요구하는 처벌법규의 명확성원칙에 반드시 배치되는 것이라고는 볼 수 없다. (○)
11. 법원직

02 죄형법정주의가 요구하는 명확성의 원칙은 적극적으로 범죄성립을 정하는 구성요건 규정에는 적용되지만, 위법성 조각사유와 같이 범죄의 성립을 부정하는 규정에 대하여는 적용되지 않는다. (×)
13. 서울시 7급

03 사회보호법에서 치료감호기간의 상한을 정하지 아니한 것, 법관 아닌 사회보호위원회가 치료감호의 종료 여부를 결정하도록 한 것은 위헌이다. (×)
17. 서울시 7급

5 사회봉사명령의 경우

가정폭력범죄의 처벌 등에 관한 특례법이 정한 보호처분 중의 하나인 사회봉사명령은 가정폭력범죄를 범한 자에 대하여 환경의 조정과 성행의 교정을 목적으로 하는 것으로서 형벌 그 자체가 아니라 보안처분의 성격을 가지는 것이 사실이다. 그러나 한편으로 이는 가정폭력범죄행위에 대하여 형사처벌 대신 부과되는 것으로서, 가정폭력범죄를 범한 자에게 의무적 노동을 부과하고 여가시간을 박탈하여 실질적으로는 신체적 자유를 제한하게 되므로, 이에 대하여는 원칙적으로 형벌불소급의 원칙에 따라 행위시법을 적용함이 상당하다(대판 2008.7.24, 2008어4).

6 약식에서 정식재판 청구시 형종상향 금지로 개정 [합헌]

기존 불이익변경금지조항을 형종상향금지조항으로 변경하였다. 이는 범죄구성요건의 제정이나 형벌의 가중에 해당한다고 볼 수 없어 형벌불소급의 원칙에 위배되지 아니한다(헌재 2023.2.23, 2018헌바513).

③ 명확성의 원칙

㉠ 형사처벌의 대상이 되는 범죄의 구성요건은 구체적이고 명확하게 규정되어야 하며, 구성요건이 지나치게 추상적이거나 모호하여 그 내용과 적용범위가 과도하게 광범위하거나 불명확한 경우에는 명확성의 원칙에 위배된다. 영·미에서는 '막연하기 때문에 무효'라는 이론이 확립되어 있다.

㉡ 법률이 다소 광범위한 개념으로 규정되어 있다 할지라도 법관이 그 법률을 적용하는 단계에서 다의적으로 해석될 우려가 없는 경우에는 명확성원칙에 반하지 않는다. 따라서 명확성의 원칙은 법률의 개념이 기본적으로 최대한의 명확성을 요구하는 것이 아니라 최소한의 명확성을 요구한다. **❶**

㉢ 과잉금지원칙은 명확성의 원칙과 밀접한 관련성을 지니고 있다. 따라서 명확성의 원칙에 위반되면 과잉금지원칙에 위반된다(헌재 2002.6.27, 99헌마480).

관련 판례 명확성의 원칙에 관한 판례

1 정당방위규정 [합헌]

정당방위 규정은 한편으로는 위법성을 조각시켜 범죄의 성립을 부정하는 기능을 하지만, 다른 한편으로는 정당방위가 인정되지 않는 경우 위법한 행위로서 범죄의 성립을 인정하게 하는 기능을 하므로 **적극적으로 범죄 성립을 정하는 구성요건 규정은 아니라 하더라도 죄형법정주의가 요구하는 명확성 원칙의 적용이 완전히 배제된다고는 할 수 없다**(헌재 2001.6.28, 99헌바31).

2 치료감호제 [합헌]

이 사건 법률조항이 치료감호의 종료시점을 일정한 기간의 도과시점으로 하지 않고 감호의 필요가 없을 정도로 치유된 때로 정한 것은, 치료감호가 지향하는 정신장애 범죄자의 치료를 통한 사회복귀와 시민의 안전 확보라는 목적을 확실하게 달성하기 위한 취지이므로 청구인의 신체의 자유를 침해하는 것이라고 볼 수 없다(헌재 2005.2.3, 2003헌바1).

3 김영란법 [기각]

[1] 청구인 사단법인 한국기자협회의 심판청구의 적법 여부
사단법인 한국기자협회가 그 구성원인 기자들을 대신하여 헌법소원을 청구할 수도 없으므로, 위 청구인의 심판청구는 기본권 침해의 자기관련성을 인정할 수 없어 부적법하다.

[2] 부정청탁금지조항의 명확성원칙 위배 여부
부정청탁금지조항이 규정하고 있는 '부정청탁', '법령', '사회상규'라는 용어는 부정청탁금지조항의 입법배경 및 입법취지와 관련 조항 등을 고려한 법관의 보충적 해석으로 충분히 그 의미내용을 확인할 수 있으므로, 죄형법정주의의 명확성원칙에 위배된다고 보기 어렵다.

[3] 신고조항과 제재조항의 기본권 침해 여부
신고조항과 제재조항은 배우자가 위법한 행위를 한 사실을 알고도 공직자 등이 신고의무를 이행하지 아니할 때 비로소 그 의무위반 행위를 처벌하는 것이므로, 헌법 제13조 제3항에서 금지하는 연좌제에 해당하지 아니하며 자기책임 원리에도 위배되지 않는다(헌재 2016.7.28, 2015헌마236).

4 민사법규에서 추상성 [합헌]

민사법규는 행위규범의 측면이 강조되는 형벌법규와는 달리 기본적으로 재판법규의 측면이 훨씬 강조되므로, 사회현실에 나타나는 여러 가지 현상에 관하여 일반적으로 흠결 없이 적용될 수 있도록 보다 추상적인 표현을 사용하는 것이 상대적으로 더 가능하다고 볼 것이다(헌재 2009.9.24, 2007헌바118).

5 공포심이나 불안감을 유발 [합헌]

공포심이나 불안감을 유발하는 문언을 반복적으로 도달하게 한 행위란 사회통념상 일반인에게 두려워하고 무서워하는 마음, 마음이 편하지 아니하고 조마조마한 느낌을 일으킬 수 있는 내용의 문언을 되풀이하여 전송하는 일련의 행위를 의미하는 것으로 풀이할 수 있다(헌재 2016.12.29, 2014헌바434).

④ 유추해석금지의 원칙
  ㉠ 유추해석이란 법률에 규정이 없는 사항에 대하여 그것과 유사한 성질을 가지는 사항에 관한 법률조항을 적용하는 것을 말한다.
  ㉡ 유추해석은 법률의 자의적인 적용을 허용하게 되므로 금지되어야 한다.

관련 판례

제주도영향평가심의위원회 심의의원 중 위촉의원을 뇌물죄로 처벌 [위헌]
국가공무원법·지방공무원법에 따른 공무원이 아님에도 법령에 기하여 공무에 종사한다는 이유로 공무원 의제규정이 없는 사인(私人)을 이 사건 법률조항의 '공무원'에 포함된다고 해석하는 것은 처벌의 필요성만을 지나치게 강조하여 범죄와 형벌에 대한 규정이 없음에도 구성요건을 확대한 것으로서 죄형법정주의와 조화될 수 없다(헌재 2012.12.27, 2011헌바117).

⑤ 절대적 부정기형 금지의 원칙: 절대적 부정기형❷이란 선고시 장·단기의 형을 정하지 않고, 행형의 경과에 따라 사후에 결정하는 제도로서 형벌명확성의 원칙에 위배되므로 금지된다. 다만, 소년법에서는 상대적 부정기형을 인정하고 있다.

기출OX

공직자 등을 수범자로 하고 부정청탁 및 금품 등 수수를 금지하는 법률규정은, 민간부문 중에서는 사립학교 관계자와 언론인만 '공직자 등'에 포함시켜 이들에게 공직자와 같은 의무를 부담시키고 있는데, 해당 규정이 사립학교 관계자와 언론인의 일반적 행동자유권 등을 침해하지 않는 이상, 민간 부문 중 우선 이들만 '공직자 등'에 포함시킨 입법자의 결단이 자의적 차별이라 보기는 어렵다. (○) 17. 지방직 7급

주의

유추해석도 허용하지 않지만 확대해석도 허용하지 않는다.

❷
절대적 부정기형이란 '내 기분이 풀리면 풀어줄게'처럼 양형의 상한과 하한이 없어 예측이 불가능한 경우를 말한다. 반면 상대적 부정기형은 '교화가 잘 되면 3년, 잘 안 되면 3년 6개월'처럼 상한과 하한이 있는 경우를 말한다.

2. 일사부재리의 원칙(이중처벌금지의 원칙)

(1) 의의
① 헌법은 제13조 제1항 후단에서 "동일한 범죄에 대하여 거듭 처벌받지 아니한다."라고 하여 일사부재리의 원칙을 규정하고 있다.❶
② 일사부재리의 원칙이란 실체 판결이 확정되어 판결의 기판력이 발생하면 그 후 동일한 사건에 대하여는 거듭 심판할 수 없다는 원칙이다. 여기서의 처벌은 국가가 행하는 일체의 불이익한 처분을 의미하는 것이 아니라 국가의 형벌권 실행으로서의 과벌만을 의미한다(헌재 1995.6.29, 91헌마50).

(2) 일사부재리의 원칙이 적용되지 않는 경우
① 검사가 무혐의 결정을 하였다가 다시 공소를 제기하는 것
② 형벌과 보호감호의 병과
③ 누범·상습범 가중처벌
④ 과태료와 형사처벌의 병과
⑤ 직위해제처분을 하고 감봉처분을 하는 것
⑥ 무죄의 확정판결이 있는 경우에 유죄의 증거가 새로 발견된 경우 재심이 허용될 것인가에 대하여는 피고인의 법적 안정성 보호를 위해 불허된다고 보아야 할 것이다. 다만, 유죄확정판결 후 무죄의 증거가 새로 발견된 경우에는 재심이 허락된다.

> **관련 판례**

1 군무이탈과 복귀명령위반 [합헌]
군무이탈죄에 대한 공소시효가 완성된 자라도 군복무의무를 면하는 것은 아니므로 군복무에 복귀하라는 정당한 명령에 위반한 행위를 군무이탈죄와는 **별개의 법익에 대한 침해**로 보아 형사처벌한다고 하여 특별히 불합리하다고 할 수도 없다. … 그러므로 복귀명령은 이 사건 법률규정의 정당한 명령에 해당되며 그 위반행위를 명령위반죄로 처벌하는 것은 **헌법에 위반되지 않는다**고 할 것이다(헌재 1995.5.25, 91헌바20).

2 건축법 제54조 제1항❷ [합헌]
구 건축법 제54조 제1항에 의한 형사처벌의 대상이 되는 범죄의 구성요건은 당국의 허가 없이 건축행위 또는 건축물의 용도변경행위를 한 것이고 이 사건 규정에 의한 과태료는 건축법령에 위반되는 위법건축물에 대한 시정명령을 받고도 건축주 등이 이를 시정하지 아니할 때 과하는 것이므로, **양자는 처벌 내지 제재대상이 되는 기본적 사실관계로서의 행위를 달리하는 것**이다. … 이중처벌에 해당한다고 할 수 없다(헌재 1994.6.30, 92헌바38).

3 동일한 범죄에 대한 외국의 확정판결 [헌법불합치]
입법자는 국가형벌권의 실현과 국민의 기본권 보장의 요구를 조화시키기 위하여 형을 필요적으로 감면하거나 외국에서 집행된 형의 전부 또는 일부를 필요적으로 산입하는 등의 방법을 선택하여 청구인의 신체의 자유를 덜 침해할 수 있음에도 이 사건 법률조항과 같이 **우리 형법에 의한 처벌시 외국에서 받은 형의 집행을 전혀 반영하지 아니할 수도 있도록 한 것은, 입법재량의 범위를 일탈하여 필요최소한의 범위를 넘어선 과도한 기본권제한**이라고 할 것이다(헌재 2015.5.28, 2013헌바129).

---

❶ 일사부재리의 원칙에 반하여 위헌인 판례는 수험용으로는 없다고 보면 된다.

기출OX
일사부재리의 원칙은 거듭된 국가의 형벌권행사를 금지하는 것일 뿐이고, 거기에 일체의 제재나 불이익처분이 포함되는 것은 아니므로, 형벌과 보안처분의 병과, 행정질서벌 부과 후 형벌의 부과는 일사부재리의 원칙에 위배되지 않는다. (O) 07. 법원직

❷ 동일한 행위에 과태료와 형사처벌을 동시에 부과하는 것은 일사부재리에 반하지는 않으나, 이는 이중처벌금지의 기본정신에 배치되어 국가입법권의 남용으로 인정될 여지가 있음을 부정할 수는 없다(92헌바38).

4 청소년 성범죄자의 신상공개 [합헌]

신상공개제도는 국가가 개인의 신상에 관한 사항 및 청소년의 성매수 등에 관한 범죄의 내용을 대중에게 공개함으로써 개인의 일반적 인격권을 제한하며, 한편 사생활의 비밀에 해당하는 사항을 국가가 일방적으로 공개하는 것이므로, 이는 일반적 인격권과 사생활의 비밀의 자유를 제한하는 것이라 할 것이다. 신상공개제도의 입법목적은 해당 범죄인의 신상과 범죄행위를 일반에게 공개함으로써 어린이나 청소년 대상 성범죄행위에 대하여 일반 국민에게 경각심을 주어 유사한 범죄를 예방하고, 이를 통하여 청소년을 보호하기 위한 것으로서, 그 정당성이 인정된다. … **청소년 성매수자의 일반적 인격권과 사생활의 비밀의 자유가 제한되는 정도가 청소년 성보호라는 공익적 요청에 비해 크다고 할 수 없으므로** 과잉금지의 원칙에 위배된다고 할 수 없다(헌재 2003.6.26, 2002헌가14).

5 집행유예의 취소 시 본형 부활 [합헌]

집행유예의 취소 시 부활되는 본형은 집행유예의 선고와 함께 선고되었던 것으로 판결이 확정된 동일한 사건에 대하여 다시 심판한 결과 부과되는 것이 아니므로 일사부재리의 원칙과 무관하다(헌재 2013.6.27, 2012헌바345).

3. 연좌제의 금지

(1) 의의

헌법 제13조 제3항은 '모든 국민은 자기의 행위가 아닌 친족의 행위로 인하여 불이익한 처우를 받지 아니 한다'라고 하여 연좌제를 금지하고 있다. 제8차 개헌 때 신설된 조항으로서 근대 형법의 '자기책임의 원칙 내지 형사책임개별화의 원칙'을 규정하고 있다.

(2) 내용

여기서의 친족의 행위란 그 밖의 모든 타인의 행위를 포함하며, 불이익한 처우란 공무담임권의 제한·해외여행의 제한 등 기타 모든 영역에서의 모든 불이익한 처우를 포함한다.

(3) 관리·감독상의 책임

하급자의 행위에 대하여 상급자가 책임을 지는 것은 상급자의 감독 태만에 의한 자기책임을 지는 것이므로 연좌제의 금지에 위배되지 않는다.

관련 판례 연좌제 금지에 관한 판례❸

1 반국가행위자의 처벌에 관한 특별조치법상의 전재산몰수 [위헌]

친족의 재산까지도 반국가행위자의 재산이라고 검사가 적시하기만 하면 특조법 제7조 제7항에 의하여 증거조사 없이 몰수형이 선고되게 되어 있으므로, 헌법 제13조 제3항에서 금지한 연좌형이 될 소지도 크다. 따라서 특조법 제8조는 **헌법 제13조 제3항에도 위반**된다(헌재 1996.1.25, 95헌가5).

2 배우자의 선거범죄로 인한 당선무효 [기각]

이 사건 법률조항은 선거관계자 및 후보자의 친족 등이 저지른 일정한 중대선거범죄는 선거에 있어서 전적으로 후보자의 당선을 위하여, 또한 후보자와의 의사연락하에 이루어진 행위로서 **총체적으로는 후보자 자신의 행위와 다를 바 없다**고 보아, … 헌법 제13조 제3항에서 금지하고 있는 연좌제에 해당하지 아니한다(헌재 2005.12.22, 2005헌마19).

❸ 연좌제의 경우는 반국가행위자의 처벌에 관한 특별조치법의 경우만 확인하면 될 것이다.

4 절차적 보장

1. 적법절차의 원칙

(1) 헌법규정

헌법 제12조 제1항은 '누구든지 법률과 적법한 절차에 의하지 아니하고는 처벌·보안처분·강제노역을 받지 아니 한다'라고 규정하고, 제12조 제3항에서는 '체포·구속·압수·수색을 할 때에는 적법한 절차에 따라 검사의 신청에 의하여 법관이 발부한 영장을 제시하여야 한다'라고 하여 적법절차의 원칙을 현행 헌법에 새로 신설하였다.

(2) 연혁

적법절차의 원리는 영국에서 확립된 자연적 정의의 법리에서 연원하는 것이지만 실정법적 규정은 1215년 영국의 대헌장에서 기원하고, 미국수정헌법의 due process조항에 근거를 두고 있다.

(3) 의의

① 적법절차원리란 법치주의의 한 요소로서 모든 국가권력행사에 적용되는 일반법적인 원리를 의미한다. 따라서 헌법에 규정된 적법절차원리는 단지 확인적·선언적 성격에 불과하다.
② 입법, 집행, 사법 등 모든 국가작용은 절차상의 적법성을 요구할 뿐만 아니라 모든 공권력행사의 근거가 되는 법률의 내용도 정당성을 갖추어야 한다는 실체법적인 원리를 의미한다. 따라서 절차의 합법성뿐만 아니라 법률내용의 정당성을 요구하고 신체의 자유보장에서 모든 기본권보장의 원리를 의미한다.
③ 적법절차원리는 법률이 정당성을 갖고 있는가를 판단하는 위헌법률심판의 심사기준이 된다.
④ 적법절차에 있어 법의 개념은 형식적 의미의 법률, 명령, 규칙, 조례뿐만 아니라 정의와 윤리 등 사회상규까지 포함하는 개념이다.

(4) 내용

① 헌법에 규정된 처벌, 보안처분, 강제노역은 예시적 규정에 불과하고, 본인에게 신체적·정신적·재산적으로 불이익이 되는 일체의 제재에 대하여도 적법절차원리는 적용된다고 보아야 한다.
② 적법절차원리는 형사절차는 물론이고 입법절차, 행정처분, 사법절차 등 모든 국가작용을 지배하는 원리로서 기본권 제한과 관련 여부를 불문하고 모든 국가작용에 적용된다.
③ 모든 국가작용이 적법절차에 합치되는가는 법원이 심사할 수 있고 최종적으로 헌법재판소가 판단한다.

비교 정리

구별	범위
적법절차	모든 국가작용
과잉금지	입법권의 한계

기출 OX

01 적법절차의 원칙은 기본권 제한이 있음을 전제로 하여 적용된다. (×) 16. 경찰승진

02 미국 헌법상의 적법절차의 원리는 절차적 적법절차뿐만 아니라 실체적 적법절차까지도 포함하고 있다. (○) 04. 국가직 7급

기출 OX

적법절차의 원칙은 단순히 입법권의 유보제한이라는 한정적인 의미에 그치는 것이 아니라, 모든 국가작용을 지배하는 독자적인 헌법의 기본원리로서 해석되어야 할 원칙이라는 점에서, 입법권의 유보적 한계를 선언하는 과잉입법금지의 원칙과는 구별된다. (○) 13. 국가직 7급

🔖 관련 판례

적법절차의 원칙의 내용❶

현행 헌법상 규정된 적법절차의 원칙을 어떻게 해석할 것인가에 대하여 표현의 차이는 있지만 대체적으로 적법절차의 원칙이 독자적인 헌법원리의 하나로 수용되고 있으며 이는 형식적인 절차뿐만 아니라 실체적 법률내용이 합리성과 정당성을 갖춘 것이어야 한다는 실질적 의미로 확대 해석하고 있으며, 우리 헌법재판소의 판례에서도 이 적법절차의 원칙은 법률의 위헌여부에 관한 심사기준으로서 그 적용대상을 형사소송절차에 국한하지 않고 모든 국가작용 특히 입법작용 전반에 대하여 문제된 법률의 실체적 내용이 합리성과 정당성을 갖추고 있는지 여부를 판단하는 기준으로 적용되고 있음을 보여주고 있다(헌재 1992.12.24, 92헌가8).

2. 영장제도

(1) 의의

헌법 제12조 제3항은 "체포·구속·압수·수색할 때에는 적법한 절차에 따라 검사의 신청에 의하여 법관이 발부한 영장을 제시하여야 한다."라고 영장주의를 규정하고 있다. 영장주의는 체포·구속의 필요성 유무를 제3의 독립적 기관인 사법부로 하여금 판단하게 함으로써 수사기관의 부당한 인권침해를 방지하려는 '사전적·예방적 권리구제제도'이다.

(2) 절차

① **체포영장제도**: 피의자가 죄를 범하였다고 의심할 만한 상당한 이유가 있고, 정당한 이유 없이 수사기관의 출석요구에 응하지 아니하거나 응하지 아니할 우려가 있는 때에는 체포영장을 발부받아 피의자를 체포할 수 있다. 이 경우 체포한 때로부터 48시간 이내에 구속영장을 청구하여야 하고, 그 기간 내에 구속영장을 청구하지 아니한 때에는 피의자를 즉각 석방하여야 한다.

② **구속영장제도**
  ㉠ 피의자가 죄를 범하였다고 의심할 만한 상당한 이유가 있고, 일정한 주거가 없을 때, 증거를 인멸하거나 도망할 우려가 있을 때에는 구속영장을 발부받아 구속할 수 있다.
  ㉡ 다만, 다액 50만원 이하의 벌금·구류·과료에 해당하는 범죄에 대해서는 피의자가 일정한 주소가 없을 경우에 한한다.

③ **긴급체포제도와 영장실질심사제도❷**
  ㉠ 긴급구속제도를 폐지하고 영장이 없이도 체포할 수 있는 긴급체포제도를 도입하였고, 영장실질심사제도를 새로 도입하였다.
  ㉡ 영장실질심사제도란 구속영장을 발부하기 전에 판사가 체포된 피의자를 직접 대면하여 심문하고 구속영장의 발부 여부를 결정할 수 있게 하는 제도이다.

(3) 영장주의의 예외

① **현행범인**
  ㉠ 현행범인이란 범죄의 실행 중에 있거나 실행의 직후인 자를 말한다. 준현행범인❸을 포함한 현행범인은 누구든지 영장 없이 체포할 수 있다 (형사소송법 제214조).

---

❶ 이 판례에서 헌법재판소는 적법절차의 원칙은 기본권의 제한이 문제되는 영역에서만 적용되는 것이 아니라고 하였다(92헌가8).

📋 비교 정리

영장제도

구분	적용여부
징계절차	×
동행명령	○
즉시강제	×
사실조회행위	×

📖 기출OX

법원이 피고인의 구속 또는 그 유지 여부의 필요성에 관하여 한 재판의 효력이 검사나 다른 기관의 이견이나 불복이 있다 하여 좌우되거나 제한받는다면 이는 영장주의에 위반된다고 할 것이다. (○) 19. 국가직 7급

❷ 과거 임의적 심문제도에서 필요적 영장실질심사제도로 법이 개정되었다(형사소송법 제201조의2).

❸ 준현행범인이란 ㉠ 범인으로 불리어져 추적되고 있는 자, ㉡ 흉기 기타 물건의 소지자, ㉢ 신체·의복에 현저한 증적이 있는 자, ㉣ 누구임을 묻는 질문에 도망하려는 자를 말한다.

❶
1. 예를 들어 형법 제288조는 추행, 간음, 결혼 또는 영리의 목적으로 사람을 약취 또는 유인한 사람은 1년 이상 10년 이하의 징역에 처한다고 규정되어 있다. 이 경우 단기는 1년이고 장기는 10년이다.
2. 형법조문을 보면 대부분의 범죄는 장기가 3년 이상이기 때문에 긴급체포의 범위가 너무 넓다는 비판이 있다.

기출OX

피의자를 긴급체포하여 조사한 결과 구금을 계속할 필요가 없다고 판단하여 48시간 이내에 석방하는 경우까지도 수사기관이 반드시 체포영장발부절차를 밟게 하는 것은 인권침해적 상황을 예방하는 적절한 방법이다. (×)
22. 지방직 7급

➡ 석방까지 영장발부절차를 밟게 하는 것은 비효율적이다.

기출OX

01 압수·수색에서의 사전통지와 참여권 보장은 헌법상 명문으로 규정된 권리는 아니다. (○)
17. 국회직 8급

02 헌법 제12조 제3항과는 달리 헌법 제16조 후문은 "주거에 대한 압수나 수색을 할 때에는 검사의 신청에 의하여 법관이 발부한 영장을 제시하여야 한다"라고 규정하고 있을 뿐 영장주의에 대한 예외를 명문화하고 있지 않으므로 영장주의가 예외없이 반드시 관철되어야 함을 의미하는 것이다. (×)
19. 국가직 7급

기출OX

행정상 즉시강제는 상대방의 임의이행을 기다릴 시간적 여유가 없을 때 하명 없이 바로 실력을 행사하는 것으로서, 그 본질상 급박성을 요건으로 하고 있어 법관의 영장을 기다려서는 그 목적을 달성할 수 없다고 할 것이므로, 영장주의가 적용되지 않는다. (○)
08. 국회직 8급

Ⓒ 현행범인을 체포한 경우 구속할 필요가 있다고 인정하면 48시간 이내에 구속영장을 청구하여야 하고, 구속영장을 청구하지 아니하거나 발부받지 못한 때에는 피의자를 즉시 석방하여야 한다.
② 긴급체포: 장기 3년 이상의 형에 해당하는 죄를 범하고, 도피 또는 증거를 인멸할 우려가 있을 때에는 사후에 피의자를 체포한 때부터 48시간 이내에 영장을 청구할 수 있다.❶

(4) 압수·수색영장

압수·수색절차에도 영장주의가 적용된다. 다만, 현행범인의 체포와 긴급체포의 경우, 체포·구속영장을 가지고 피의자를 체포·구속하는 경우에는 제한된 범위 내에서 압수·수색영장 없이 압수·수색을 할 수 있다. 또한 공판정에서의 압수·수색에도 영장을 요하지 아니한다(형사소송법 제113조). 압수수색에서의 사전통지와 참여권 보장은 헌법상 명문으로 규정된 권리는 아니다(헌재 2012.12.27, 2011헌바225).

🔍 관련 판례

체포영장 집행시 별도 영장 없이 타인의 주거 등 수색 [헌법불합치]
심판대상조항은 체포영장을 발부받아 피의자를 체포하는 경우에 '필요한 때'에는 영장 없이 타인의 주거 등 내에서 피의자 수사를 할 수 있다고 규정함으로써, 별도로 영장을 발부받기 어려운 긴급한 사정이 있는지 여부를 구별하지 아니하고 피의자가 소재할 개연성이 있으면 영장 없이 타인의 주거 등을 수색할 수 있도록 허용하고 있다. 이는 체포영장이 발부된 피의자가 타인의 주거 등에 소재할 개연성은 인정되나, 수색에 앞서 **영장을 발부받기 어려운 긴급한 사정이 인정되지 않는 경우에도 영장 없이 피의자 수색을 할 수 있다**는 것이므로, 위에서 본 헌법 제16조의 영장주의 예외 요건을 벗어난다(헌재 2018.4.26, 2015헌바370).
▶ 명확성의 원칙을 위배하지는 않으나 영장주의에 위배된다(필요한 때는 피의자가 소재할 개연성을 의미).

(5) 행정상 즉시강제와 영장주의

🔍 관련 판례

불법게임물의 강제수거 [합헌]
이 사건 법률조항은 이는 어떤 하명도 거치지 않고 행정청이 직접 대상물에 실력을 가하는 경우로서, 위 조항은 행정상 즉시강제 그중에서도 대물적(對物的) 강제를 규정하고 있다고 할 것이다. … 영장주의가 행정상 즉시강제에도 적용되는지에 관하여는 논란이 있으나, 행정상 즉시강제는 상대방의 임의이행을 기다릴 시간적 여유가 없을 때 하명 없이 바로 실력을 행사하는 것으로서, **그 본질상 급박성을 요건으로 하고 있어 법관의 영장을 기다려서는 그 목적을 달성할 수 없다고 할 것이므로, 원칙적으로 영장주의가 적용되지 않는다**고 보아야 할 것이다. 이 사건 법률조항은 앞에서 본바와 같이 급박한 상황에 대처하기 위한 것으로서 그 불가피성과 정당성이 충분히 인정되는 경우이므로, 이 사건 법률조항이 영장 없는 수거를 인정한다고 하더라도 이를 두고 헌법상 영장주의에 위배되는 것으로는 볼 수 없다(헌재 2002.10.31, 2000헌가12).
▶ 파기한 경우 건전한 유통질서 확립 등을 이유로 재산권을 침해하지도 않는다.

(6) 별건체포·구속

별건체포·구속이란 중대한 사건(살인사건 등)에 관하여 체포·구속영장을 청구할 정도의 증거를 수집할 수 없는 경우에 이미 증거가 수집된 별도의 경미한 사건(폭행사건 등)으로 체포·구속영장을 발부받아 체포·구속하여 본건의 조사를 하는 수사방법을 말한다. 이러한 별건체포·구속에 관하여 다수설은 위헌으로 본다.

(7) 법정구속

헌법재판소는 공판단계에서 검사의 신청 없이 법원이 직권으로 구속영장을 발부하여 법정구속을 하는 것에 대해 합헌결정을 내리면서 헌법에 규정된 영장제도는 영장의 신청자가 반드시 검사이어야 한다는 의미이지, 반드시 검사의 신청이 있어야 영장을 발부할 수 있는 것은 아니라고 하였다(헌재 1997.3.27, 96헌바28 등).

> **관련 판례** 영장주의에 관한 판례

1 법원의 직권에 의한 구속영장 발부 [기각]

법원이 직권으로 발부하는 영장과 수사기관의 청구에 의하여 발부하는 구속영장의 법적 성격은 같지 않다. 즉, <u>전자는 명령장으로서의 성질을 갖지만 후자는 허가장으로서의 성질</u>을 갖는 것으로 이해되고 있다. … 제5차 개정헌법이 영장의 발부에 관하여 '검찰관의 신청'이라는 요건을 규정한 취지는 검찰의 다른 수사기관에 대한 수사지휘권을 확립시켜 종래 빈번히 야기되었던 검사 아닌 다른 수사기관의 영장신청에서 오는 인권유린의 폐해를 방지하고자 함에 있다고 할 것이고, 따라서 현행 헌법 제12조 제3항 중 '검사의 신청'이라는 부분의 취지도 모든 영장의 발부에 검사의 신청이 필요하다는 것이 아니라 <u>수사단계에서 영장의 발부를 신청할 수 있는 자를 검사로 한정한 것으로 해석함이 타당하다.</u> … 공판단계에서의 영장발부에 관한 헌법적 근거는 헌법 제12조 제1항이다. 따라서 이 사건 심판대상 조항들은 헌법 제12조 제3항에 위반되지 아니하고 그 밖에 헌법의 다른 부분에 위반된다고 보이지도 아니한다(헌재 1997.3.27, 96헌바28 등). 08. 국가직 7급

2 대통령후보 BBK 특검법

헌법 제12조 제3항의 '체포·구속·압수·수색'에는 강제구금은 물론 강제구인, 강제동행 및 강제구류 등이 포함된다. 따라서 법률이 수사기관으로 하여금 법관에 의한 영장에 의하지 아니하고 참고인에 대하여 실질적으로 이와 동일한 행위를 하도록 허용한다면, 이는 헌법상 영장주의원칙을 위반한 것이거나 적어도 위 헌법상 원칙을 잠탈하는 것이라고 할 것이다. 그렇다면 <u>법관이 아닌 특별검사가 동행명령장을 발부하도록 하고 정당한 사유 없이 이를 거부한 경우 벌금형에 처하도록 함으로써, 실질적으로는 참고인의 신체의 자유를 침해하여 지정된 장소에 인치하는 것과 마찬가지의 결과가 나타나도록 규정한 이 사건 동행명령조항은 영장주의원칙을 규정한 헌법 제12조 제3항에 위반</u>되거나 적어도 위 헌법상 원칙을 잠탈하는 것으로서 위헌이라 할 것이다(헌재 2008.1.10, 2007헌마1468).

기출OX

우리 헌법이 추구하는 영장주의에서는 별건체포·구속이 허용된다. (×)
02. 국가직 7급

기출OX

01 법원이 직권으로 발부하는 영장과 수사기관의 청구에 의하여 발부하는 구속영장의 법적 성격은 같다. (×)
08. 국가직 7급

02 수사단계가 아닌 공판단계에서 법관이 직권으로 영장을 발부하여 구속하는 경우에는 검사의 영장신청이 불필요하다. (○)
08. 국가직 7급

비교 정리

동행명령장

위헌	합헌
검사(BBK)	법관
지방의회	국회

비교 정리

판사와 검사의 의견 대립에 관한 판례

구분	주문
전격기소	위헌
보석에 대한 즉시항고	위헌
구속집행정지	위헌

❶
상소는 재판(즉, 결과)에 불복하는 것을 말하며, 항고는 명령(즉, 재판과정)에 불복하는 것을 말한다.

구분	상소	항고
2심	항소	항고
3심	상고	재항고

항고는 보통항고와 즉시항고로 구분되며, 즉시항고는 집행정지효가 있는 것을 의미한다. 사안처럼 법원은 풀어주려 하는데 검사가 그 집행을 하지 못하게 한다면 이는 영장주의에 위배된다.

비교 정리
지문채취

구분	영장 필요
일반적	×
직접강제	○

3 지방의회의 사무 감사를 위한 증인의 동행명령장제도

지방의회에서의 사무 감사·조사를 위한 증인의 동행명령장제도도 증인의 신체의 자유를 억압하여 일정 장소로 인치하는 것으로서 헌법 제12조 제3항의 '체포 또는 구속'에 준하는 사태로 보아야 하고, 거기에 현행범 체포와 같이 사후에 영장을 발부받지 아니하면 목적을 달성할 수 없는 긴박성이 있다고 인정할 수는 없으므로, 헌법 제12조 제3항에 의하여 법관이 발부한 영장의 제시가 있어야 함에도 불구하고 **동행명령장을 법관이 아닌 지방의회 의장이 발부하고 이에 기하여 증인의 신체의 자유를 침해**하여 증인을 일정 장소에 인치하도록 규정된 조례안은 영장주의원칙을 규정한 헌법 제12조 제3항에 위반된 것이다(대판 1995.6.30, 93추83).

4 즉시항고의 위헌성❶ [위헌]

법원이 피고인의 구속 또는 그 유지 여부의 필요성에 관하여 한 재판의 효력이 검사나 다른 기관의 이견이나 불복이 있다 하여 좌우되거나 제한받는다면 이는 영장주의에 위반된다고 할 것인바, **구속집행정지결정에 대한 검사의 즉시항고를 인정하는 이 사건 법률조항은 검사의 불복을 그 피고인에 대한 구속집행을 정지할 필요가 있다는 법원의 판단보다 우선시킬 뿐만 아니라**, 사실상 법원의 구속집행정지결정을 무의미하게 할 수 있는 권한을 검사에게 부여한 것이라는 점에서 헌법 제12조 제3항의 영장주의 원칙에 위배된다. 또한 헌법 제12조 제3항의 영장주의는 헌법 제12조 제1항의 적법절차 원칙의 특별규정이므로, 헌법상 영장주의 원칙에 위배되는 이 사건 법률조항은 헌법 제12조 제1항의 적법절차 원칙에도 위배된다(헌재 2012.6.27, 2011헌가36).

5 음주측정불응에 대한 형사처벌 [합헌]

이 사건 음주측정은 호흡측정기에 의한 측정의 성질상 강제될 수 있는 것이 아니며 또 실무상 숨을 호흡측정기에 한두 번 불어 넣는 방식으로 행하여지는 것이므로 **당사자의 자발적 협조가 필수적**인 것이다. 따라서 당사자의 협력이 궁극적으로 불가피한 측정방법을 두고 강제처분이라고 할 수 없을 것이다. 이와 같이 이 사건 음주측정을 두고 **영장을 필요로 하는 강제처분이라 할 수 없는 이상** 이 사건 법률조항은 헌법 제12조 제3항의 영장주의에 위배되지 아니한다(헌재 1997.3.27, 96헌가11). 08. 국가직 7급

6 지문채취거부에 대한 형사 처벌 [합헌]

이 사건 법률조항은 수사기관이 직접 물리적 강제력을 행사하여 피의자에게 강제로 지문을 찍도록 하는 것을 허용하는 규정이 아니며 형벌에 의한 불이익을 부과함으로써 심리적·간접적으로 지문채취를 강요하고 있을 뿐이다. 물론 이러한 방식 역시 자유의지에 반하여 일정한 행위가 강요된다는 점에서는 헌법에 규정되어 있는 체포·구속·압수·수색 등과 유사하다고 할 수 있으나, 피의자가 본인의 판단에 따라 수용여부를 결정한다는 점에서 궁극적으로 **당사자의 자발적 협조가 필수적**임을 전제로 하므로 물리력을 동원하여 강제로 이루어지는 위와 같은 경우와는 질적으로 차이가 있다. … 따라서 이 사건 법률조항에 의한 지문채취의 강요는 **영장주의에 의하여야 할 강제처분이라 할 수 없다**(헌재 2004.9.23, 2002헌가17 등). 08. 국회직 8급

7 전경에 대한 징계로 영창 [합헌]

[1] 영장주의란 형사절차와 관련하여 체포·구속·압수·수색의 강제처분을 할 때 신분이 보장되는 법관이 발부한 영장에 의하지 않으면 안 된다는 원칙으로 형사절차가 아닌 징계절차에도 그대로 적용된다고 볼 수 없다.

[2] 전투경찰순경의 복무기강을 엄정히 하고 단체적 전투력과 작전수행의 원활함 및 신속함을 달성하고자 하는 공익은 영장처분으로 인하여 전투경찰순경이 받게 되는 일정기간 동안의 신체의 자유 제한 정도에 비해 결코 작다고 볼 수 없으므로 법익의 균형성 원칙도 충족하였다(헌재 2016.3.31, 2013헌바190).

▶ 영장주의는 적용될 여지가 없으나, 적법절차원칙은 준수되어야 한다.

기출OX
전투경찰순경에 대한 징계처분을 규정하고 있는 구 전투경찰대 설치법의 조항 중 '전투경찰순경에 대한 영창' 부분은 그 사유의 제한, 징계대상자의 출석권과 진술권의 보장 및 법률에 의한 별도의 불복절차가 마련되어 있으므로 헌법 제12조 제1항의 적법절차원칙에 위배되지 않는다. (○) 22. 지방직 7급

8 병에 대한 영창의 위헌성 [위헌]

① 영창처분은 공무원의 신분적 이익을 박탈하는 것을 그 내용으로 하는 징계처분임에도 불구하고 신분상 불이익 외에 신체의 자유 박탈까지 그 내용으로 삼고 있는바, 징계의 한계를 초과한 것이다. ② 영창처분이 가능한 징계사유는 지나치게 포괄적이고, 그 기준이 불명확하여 영창처분의 보충성이 담보되고 있지 아니한바, 이를 두고 최소한의 범위에서 제한적으로만 활용되는 제도라고 볼 수 없다. ③ 이 사건 결정으로 병에 대한 영창처분의 근거조항이 헌법에 위반된다고 판단함으로써, 영창처분에 의한 징계구금이 헌법에 위반됨을 명확히 하였다(헌재 2020.9.24, 2017헌바157).

▶ 이 사건에서 보충의견은 영창은 영장주의 위배로 위헌이라고 판시하였다.

9 디엔에이감식시료채취영장 [위헌]

영장절차 조항이 디엔에이감식시료채취영장 발부 과정에서 자신의 의견을 진술할 기회를 절차적으로 보장하고 있지 않을 뿐만 아니라, 발부 후 그 영장발부에 대하여 불복할 수 있는 구제절차를 마련하고 있지 않아 헌법에 위반된다(헌재 2018.8.30, 2016헌마344).

기출OX
디엔에이감식시료채취영장 발부 과정에서 형이 확정된 채취대상자에게 자신의 의견을 밝히거나 영장 발부 후 불복할 수 있는 절차 등에 관하여 규정하지 않은 것은 재판청구권을 침해하지 않는다. (✕) 19. 서울시 7급

10 법관에 의한 사후영장제도 미구비 [위헌]

이 사건 법률 조항은 수사기관이 법관에 의하여 발부된 영장 없이 일부 범죄혐의자에 대하여 구속 등 강제처분을 할 수 있도록 규정하고 있을 뿐만 아니라, 그와 같이 영장 없이 이루어진 강제처분에 대하여 일정한 기간 내에 법관에 의한 사후영장을 발부받도록 하는 규정도 마련하지 아니함으로써 영장주의의 본질을 침해한다(헌재 2012.12.27, 2011헌가5).

11 녹음·녹화에는 영장주의가 적용되지 않음

이 사건 녹음조항에 따라 접견내용을 녹음·녹화하는 것은 직접적으로 물리적 강제력을 수반하는 강제처분이 아니므로 영장주의가 적용되지 않아 영장주의에 위배된다고 할 수 없다(헌재 2016.11.24, 2014헌바401).

3. 체포·구속적부심사제도

(1) 연혁

구속적부심사제도는 1679년 영국의 인신보호법에서 최초로 규정되었다. 우리나라에서는 건국헌법 때부터 규정되어 오다가 유신헌법 때 삭제되고, 제8차 개헌에서 다시 부활하였다.

기출OX
01 구속적부심사제도는 영국의 인신보호영장제도에서 그 유래를 찾을 수 있다. (○) 04. 국회직 8급

02 구속적부심사제도는 사전영장주의에 대한 보완적 기능을 갖는다. (○) 04. 국회직 8급

(2) 의의

체포·구속적부심사제도란 체포·구속영장에 의해 체포·구속된 피의자나 변호인·가족 등이 체포·구속의 적부 여부를 법원에 청구하여 법원이 체포·구속 여부의 적법 여부를 심사하여 법관이 직권으로 피의자를 석방하는 제도를 말한다. 체포·구속적부심사제도는 '영장발부에 대한 재심사기능'을 가지므로 사전예방책인 영장제도에 대해 일종의 보완적 기능을 갖는 사후구제책으로서의 기능을 한다.

(3) 내용(심사청구의 주체)

체포·구속적부심사를 청구할 수 있는 자는 체포·구속된 피의자, 변호인, 법정대리인, 배우자, 형제자매, 가족, 동거인, 고용주이다. 다만, 헌법재판소가 피의자단계에서 구속적부심사를 청구한 후 검사의 전격기소에 의해 피고인신분이 된 자에게 구속적부심사를 인정하지 않는 규정에 대해 위헌결정을 내림으로써 구속적부심사청구 후 공소제기된 자에게도 구속적부심사를 인정하도록 법률을 개정하였다.❶

> 🔖 **관련 판례**
>
> **전격기소❷된 형사피고인의 체포·구속적부심사청구권 [헌법불합치]**
> 청구인은 피의자의 자격으로 이 사건 법률조항 등에 근거하여 법원에 대하여 구속적부심사청구를 하거나, 검사의 기소에 의하여 그 신분이 피고인으로 변경된 이후에는 형사소송법 제93조에 터 잡아 구속의 사유가 없거나 소멸되었으니 구속을 취소하여 달라는 청구를 할 수 있었다. … 이 사건 법률조항은 구속적부심사 청구인의 적격을 피의자 등으로 한정하고 있어서 이 사건에서처럼 청구인이 구속적부심사청구권을 행사한 다음 검사가 법원의 결정이 있기 전에 기소하는 경우(서술의 편의상 아래에서 '전격기소'라고 한다), **구속 자체의 헌법적 정당성 여부에 관하여 결정할 권한이 없는 검사의 일방적인 행위로 인하여 법원으로부터 실질적인 심사를 받고자 하는 청구인의 '절차적 기회'가 박탈**되는 결과가 초래된다(헌재 2004.3.25, 2002헌바104).

❶ 과거에는 피의자만 가능하였으나, 전격기소상태의 피고인도 가능하도록 법이 개정되었다.

❷ 전격기소는 적부심사가 피의자만 가능함을 이용하여 중간에 검사가 기소하여 적부심을 통해 풀려나지 못하게 하는 기소를 말한다.

4. 체포·구속이유 등 고지제도

(1) 연혁

체포·구속이유 고지제도는 영국의 구속이유 표시제도와 미국의 미란다원칙(Miranda v. Arizona)에서 유래된 것이다. 미란다원칙이란 피의자를 체포·구속을 하기 전에 묵비권과 변호인의 조력을 받을 권리를 고지하는 제도를 말한다.

(2) 의의

헌법 제12조 제5항은 '누구든지 체포 또는 구속의 이유와 변호인의 조력을 받을 권리가 있음을 고지받지 아니하고는 체포 또는 구속을 당하지 아니한다. 체포 또는 구속을 당한 자의 가족 등 법률이 정하는 자에게는 그 이유와 일시·장소가 지체 없이 통지되어야 한다'라고 규정하고 있다.

(3) 법적 성격

체포·구속이유 등 고지제도는 형사 사법적 제도라고 하는 객관적 제도로서의 성격과 체포·구속 등의 이유에 관하여 통지받을 권리인 알 권리로서의 주관적 공권의 성격을 함께 지니고 있다.

(4) 내용
① 체포·구속이유 등 고지제도는 적법하게 발부된 영장에 의한 체포·구속뿐만 아니라 현행범인이나 긴급체포의 경우에도 적용된다.
② 고지와 통지: ㉠ 체포·구속을 당하는 형사피의자에게 체포·구속의 이유와 변호인의 조력을 받을 권리가 있다는 사실을 고지해야 한다. 단, 고지의 방식에는 명문의 규정이 없다. ㉡ 또한 가족 등 법률이 정하는 자(변호인, 법정대리인, 배우자, 직계친족, 형제자매)에게 체포·구속의 이유·일시·장소 등이 지체 없이 서면으로 통지되어야 한다(형사소송법 제87조 제2항).

비교 정리

고지·통지 방식

구분	방식
고지	제한 ×
통지	서면

5 형사피의자·형사피고인의 권리

1. 무죄추정의 원칙

> 헌법 제27조 ④ 형사피고인은 유죄의 판결이 확정될 때까지는 무죄로 추정된다.

(1) 헌법규정
현행 헌법은 명문으로 무죄추정의 원칙을 받는 자로서 형사피고인만 규정하고 있으나 아직 공소의 제기가 없는 피의자에게도 당연히 인정되는 권리이다.

(2) 의의
무죄추정의 원칙이란 공소의 제기가 없는 피의자는 물론이고, 공소가 제기된 피고인이라도 유죄의 확정판결이 있기까지는 원칙적으로 죄가 없는 자에 준하여 취급하여야 하고 불이익을 입혀서는 안 된다는 원칙을 말한다. 불이익을 입힌다 하여도 필요한 최소한도에 그치도록 비례의 원칙이 존중되어야 하며, 여기의 불이익에는 형사절차상의 처분에 의한 불이익뿐만 아니라 그 밖의 기본권 제한과 같은 처분에 의한 불이익도 입혀서는 아니 된다는 의미도 포함된다고 할 것이다(헌재 1990.11.19, 90헌가48).

기출OX

헌법 제27조 제4항의 "형사피고인은 상당한 이유가 없는 한 유죄의 판결이 확정될 때까지는 무죄로 추정된다."는 규정은 재판청구권을 보장하기 위한 구체적 규정이라 할 수 있다. (×)
→ 재판청구권이 아닌 신체의 자유를 보장하기 위한 규정이다.

(3) 내용
① 무죄추정의 원칙에 따라 불구속수사·불구속재판을 원칙으로 하고, 예외적으로 도망할 우려가 있거나 증거인멸의 우려가 있을 경우에 구속수사·구속재판을 한다.
② 무죄추정의 원칙은 예단배제의 원칙을 포함한다. 즉, 미리 판단하여 선입견을 가지면 안 된다는 의미이다.
③ 범죄혐의에 관하여 입증이 없으면, '의심스러울 때에는 피고인의 이익으로(in dubio pro reo)'라는 원칙에 따라 무죄를 선고하여야 한다. 따라서 범죄사실의 입증책임은 검사 측에 있고, 피고인 자신은 적극적으로 무죄임을 증명할 필요는 없다.
④ 무죄추정의 원칙은 수사과정에서만 적용되는 원칙이 아니라 판결 자체와 판결 형성의 과정에서도 준수되어야 할 원칙이다.

기출OX

무죄추정의 원칙은 수사기관 이외에 법관까지도 기속한다. (○)

07. 국가직 7급

> ⚖️ **관련 판례** 무죄추정의 원칙에 관한 판례
>
> **1 공소제기된 변호사에 대한 업무정지처분 [위헌]**
> 법무부장관의 일방적 명령에 의하여 변호사 업무를 정지시키는 것은 당해 변호사가 자기에게 유리한 사실을 진술하거나 필요한 증거를 제출할 수 있는 **청문의 기회 있는 장이 되지 아니하여** 적법절차를 존중하지 아니한 것이 된다(헌재 1990.11.19, 90헌가48).
>
> **2 공소제기된 변호사에 대한 업무정지명령 [합헌]**
> 변호사가 공소제기되어 그 **재판 결과 등록취소될 가능성이 매우 크고, 장차 의뢰인이나 공공의 이익을 해칠 구체적인 위험성이 있는 경우** 법무부장관이 업무정지를 명할 수 있도록 한 변호사법 제102조 제1항 본문 및 제2항 중 각 '공소제기된 변호사'에 관한 부분은 헌법에 위반되지 아니한다(헌재 2014.4.24, 2012헌바45).
>
> **3 압수한 관세범칙물건의 국고귀속❶ [위헌]**
> 관세법상 몰수할 것으로 인정되는 물품을 압수한 경우에 있어서 범인이 당해 관서에 출두하지 아니하거나 또는 범인이 도주하여 그 물품을 압수한 날로부터 4월을 경과한 때에는 당해 물품은 별도의 재판이나 처분 없이 국고에 귀속한다고 규정하고 있는 이 사건 법률조항은 재판이나 청문의 절차도 밟지 아니하고 압수한 물건에 대한 피의자의 재산권을 박탈하여 국고귀속시킴으로써 몰수형을 집행한 것과 같은 효과를 발생시키는 것은 적법절차의 원칙과 무죄추정의 원칙에 위반된다(헌재 1997.5.29, 96헌가17).
>
> **4 무죄판결 이후 교도소 연행 [인용]**
> 무죄 등 판결 선고 후 석방대상 피고인이 교도소에서 지급한 각종 지급품의 회수, 수용시의 휴대금품 또는 수용 중 영치된 금품의 반환 내지 환급문제 때문에 임의로 교도관과 교도소에 동행하는 것은 무방하나 피고인의 동의를 얻지 않고 의사에 반하여 교도소로 연행하는 것은 헌법 제12조의 규정에 비추어 도저히 허용될 수 없다(헌재 1997.12.24, 95헌마247).

❶ 공정한 재판받을 권리 침해(헌재 2012.12.27, 2011헌마351) – 인용
압수물에 대한 소유권포기가 있다 해도, 사법경찰관이 법에서 정한 압수물 폐기의 요건과 상관없이 임의로 압수물을 폐기하면, 적법절차원칙을 위반하고 공정한 재판을 받을 권리를 침해한 것이다.

2. 자백의 증거능력❷ 및 증명력❸ 제한의 원칙

(1) 의의
헌법 제12조 제7항은 "피고인의 자백이 고문, 폭행, 협박, 구속의 부당한 장기화 또는 기망 기타의 방법에 의하여 자의로 진술된 것이 아니라고 인정될 때 유죄의 증거로 삼을 수 없다."라고 하여 자백의 증거능력을 제한하고, "정식재판에 있어서 피고인의 자백이 그에게 불리한 유일한 증거일 때에는 이를 이유로 처벌할 수 없다."라고 규정하여 자백의 증명력을 제한하고 있다.

(2) 기능
자백의 증거능력과 증명력을 제한함으로써 자백강요를 통한 인신침해를 방지하려는 데 의의가 있고, 보강증거가 없는 불리한 유일한 자백의 증명력을 제한하여 자백의 독립 증거성을 부인하려는 데 목적이 있다.

❷ 증거능력이란 증거가 될 수 있는 자격을 말한다. 즉, 묵비권을 고지하지 않고 자백을 받거나 이로 인해 얻은 흉기 등은 증거 자체가 될 수 없다.

❸ 증명력은 신빙성에 관한 것이다. 즉, 어떤 사람은 고문을 받지 않고 적법하게 증언을 하였으나, 이 사람이 사기전과 20범이라면 이 사람의 말을 믿을 수가 없다. 따라서 이러한 경우 증명력이 없다고 하는 것이다.

(3) 내용

① 피고인의 자백이 고문·폭행·협박·구속의 부당한 장기화·기망 기타의 방법에 의해 임의로 진술된 것이 아닌 경우에 그 자백은 증거로 사용할 수 없고, 자백의 임의성❹은 인정되나 자백이 그에게 불리한 유일한 증거일 경우, 즉 자백을 뒷받침할 만한 보강증거가 없는 경우에는 자백만으로 처벌할 수 없다.

② 자백의 임의성 유무는 구체적 사건에 따라 진술자의 학력·경력·지능 정도 등 제반사정을 종합하여 판정하여야 한다.

③ 자백의 증명력의 제한은 정식재판의 경우에만 인정되므로 즉결심판에서는 자백만으로 처벌할 수 있다. 또한 공범자의 자백은 증거능력은 있는 것으로 보나, 보강증거가 있어야 하는가의 여부는 오로지 법관의 자유심증에 달려 있다(대판 1963.7.25, 63도185).❺

④ 위법으로 수집된 증거능력을 인정하지 않고 있다.

> **🔍 관련 판례**
>
> **위법수집증거의 예외적 증거능력(물증의 경우)**
>
> 수사기관의 절차 위반행위가 적법절차의 실질적인 내용을 침해하는 경우에 해당하지 아니하고, 오히려 그 증거의 증거능력을 배제하는 것이 헌법과 형사소송법이 형사소송에 관한 절차 조항을 마련하여 적법절차의 원칙과 실체적 진실 규명의 조화를 도모하고 이를 통하여 형사사법 정의를 실현하려고 한 취지에 반하는 결과를 초래하는 것으로 평가되는 예외적인 경우라면 법원은 그 증거를 유죄 인정의 증거로 사용할 수 있다고 보아야 한다(대판 2009.3.12, 2008도11437).

❹
임의성은 강제가 아니라는 것이다. 즉, 자백이 고문 등에 의해 강제적으로 행해지지 않고 본인이 원해서 하는 것을 자백의 임의성이라고 한다.

❺
예를 들어 길에 담배꽁초를 버린 경우라면 자백만으로 과태료를 물면 되는 것이지 굳이 담배를 국과수에 보내서 침에 있는 DNA를 채취할 필요는 없을 것이다. 이러한 경우 비용이 더 들기 때문에 국민에게는 오히려 자백만으로 인정하는 것이 더 이익이 된다.

3. 고문을 받지 아니할 권리

고문이라 함은 자백을 강요하기 위한 폭력행사를 의미하며, 세계인권선언과 고문폐지를 위한 국제 앰네스티선언 등의 정신에 따라 각국 헌법은 고문방지에 관한 규정을 두고 있다. 헌법 제12조 제2항은 '모든 국민은 고문을 받지 아니하며…'라고 하여 고문을 받지 아니할 권리를 규정하고 있다.

이러한 고문방지의 실효성을 확보하기 위하여 ① 헌법 제12조 제7항에서 고문에 의한 자백의 증거능력을 제한하며, ② 고문행위를 한 공무원을 직권남용죄로 처벌하고 있으며, ③ 고문당한 사람에게 공무원의 직무상 불법행위를 이유로 하는 국가배상청구권을 인정하고 있다.

4. 진술거부권(묵비권)

(1) 의의

헌법 제12조 제2항은 '모든 국민은 형사상 자기에게 불리한 진술을 강요당하지 아니한다.'라고 하여 진술거부권을 규정하고 있다. 진술거부권(묵비권)이란 피고인 또는 피의자가 공판절차 또는 수사절차에서 수사기관 또는 법원의 심문에 의하여 개별적·일괄적으로 진술을 거부할 수 있는 권리를 말하며, 미연방 헌법의 자기부죄거부의 특권에서 유래되었다.

📋 비교 정리

형사상	민·형사상
대통령 불소추	면책특권
진술거부	정당한 노동쟁의
추후보도	탄핵
이중처벌	-

(2) 내용

① 진술거부권은 현재 피의자나 피고인으로서 수사 또는 공판절차에 계속 중인 자뿐만 아니라 장차 피의자나 피고인이 될 자에게도 보장되며, 형사절차뿐 아니라 행정절차나 국회에서의 조사절차 등에서도 자신에게 형사상 불이익한 진술이나 증언을 거부할 수 있다(헌재 1997.3.27, 96헌가11). 또한 진술거부권은 신체의 자유를 보장하는 권리이므로 외국인에게도 진술거부권이 보장된다.
② 자기에게 불이익이 되는 경우에만 적용되고, 친구·친척들에게 불이익한 경우에는 묵비권은 적용되지 아니한다.
③ 형사상 불이익이 되는 경우에만 적용되고, 민사상·행정상 불이익이 되는 경우에는 묵비권이 인정되지 아니한다. 따라서 행정상 처분을 받을 우려가 있는 경우(세무 관리의 질문)나 자신의 명예·성실성에 손상을 주는 경우에는 진술거부권은 인정되지 아니한다.
④ 묵비권은 구두진술뿐만 아니라 서면작성에도 적용된다. 다만, 단순한 서류제출에 대하여는 묵비권이 인정되지 않는다고 보아야 한다.
⑤ 증인이나 감정인도 자기에게 형사상 불이익한 경우 증언이나 감정을 거부할 수 있으며, 진술거부권은 유죄 여부의 기초가 되는 사실뿐 아니라 양형의 기초가 되는 사실에 대하여도 자기에게 불리한 진술을 거부할 수 있다.
⑥ 수사기관은 미리 피의자에게 진술거부권이 있음을 고지하여야 하고, 진술거부권을 고지하지 아니한 경우에는 그 자백의 임의성이 인정되는 경우에도 위법수집증거배제의 법칙에 의하여 그 자백의 증거능력을 부정하여야 한다(대판 1992.6.23, 92도682).

> **관련 판례**
>
> **정치자금 허위기재 등에 대한 형사처벌**
> [1] 정치자금을 받고 지출하는 행위는 당사자가 직접 경험한 사실로서 이를 문자로 기재하도록 하는 것은 당사자가 자신의 경험을 말로 표출한 것의 등가물로 평가할 수 있으므로, 위 조항들이 정하고 있는 기재행위 역시 "진술"의 범위에 포함되지만, 정치자금의 투명성 확보를 위한 필수불가결한 조치이므로 진술거부권을 침해하지 않는다.
> [2] 회계장부·명세서·영수증을 보존하는 행위는 앞에서 본 진술거부권의 보호대상이 되는 "진술", 즉 언어적 표출의 등가물로 볼 수 없다고 할 것이므로, 더 나아가 살필 필요 없이 이 조항은 헌법 제12조 제2항의 진술거부권을 침해하지 않는다(헌재 2005.12.22, 2004헌바25).

5. 변호인의 조력을 받을 권리

(1) 의의

헌법 제12조 제4항은 "누구든지 체포 또는 구속을 당한 때에는 즉시 변호인의 조력을 받을 권리를 가진다."라고 하여 변호인의 조력을 받을 권리를 규정하고 있다. 이는 무죄추정을 받는 피의자·피고인이 신체구속의 상황에서 국가형벌권의 자의적 행사로 인한 갖가지 인권침해를 방지하기 위해 피의자·피고인으로 하여금 수사기관과 대등한 지위를 보장하여 인권침해를 방지하려는 데 의의가 있다.

> **주의**
> '누구든지'라고 규정되어 있어 불구속 상태의 피의자·피고인의 경우도 당연히 변호인의 조력받을 권리가 인정된다(2000헌마138). 이는 외국인에게도 인정된다(2008헌마430).

(2) 내용

① 변호인의 조력을 받을 권리란 자유로이 변호인을 선임하고, 변호인과 자유로이 접견·협의할 수 있으며, 변호인을 통하여 소송기록을 자유로이 열람하여 공격·방어 기회를 충분히 활용할 수 있는 권리를 의미한다.

② 변호인의 조력을 받을 권리는 원칙적으로 미결수용자에게만 인정이 되고 수형자에게는 인정이 되지 않는다. 다만, 수형자가 재심을 청구하는 경우에는 변호인의 조력을 받을 권리가 인정된다(헌재 1998.8.27, 96헌마398).

관련 판례 변호인의 조력을 받을 권리에 관한 판례

1 수형자의 변호인의 조력을 받을 권리 [각하]

원래 변호인의 조력을 받을 권리는 형사절차에서 피의자 또는 피고인이 검사 등 수사·공소기관과 대립되는 당사자의 지위에서 변호인 또는 변호인이 되려는 자와 사이에 충분한 접견교통에 의하여 피의사실이나 공소사실에 대하여 충분하게 방어할 수 있도록 함으로써 피고인이나 피의자의 인권을 보장하려는 데 그 제도의 취지가 있는 점에 비추어 보면, <u>형사절차가 종료되어 교정시설에 수용중인 수형자는 원칙적으로 변호인의 조력을 받을 권리의 주체가 될 수 없다. 다만, 수형자의 경우에도 재심절차 등에는 변호인 선임을 위한 일반적인 교통·통신이 보장</u>될 수도 있다(헌재 1998.8.27, 96헌마398).

2 불구속 피의자 신문시 변호인 참여요청 거부 [위헌확인]

변호인의 조력을 받을 권리의 출발점은 변호인선임권에 있고, 이는 변호인의 조력을 받을 권리의 가장 기초적인 구성부분으로서 법률로써도 제한할 수 없다. 그리고 피의자·피고인의 구속 여부를 불문하고 조언과 상담을 통하여 이루어지는 변호인의 조력자로서의 역할은 변호인선임권과 마찬가지로 변호인의 조력을 받을 권리의 내용 중 가장 핵심적인 것이 되고, <u>변호인과 상담하고 조언을 구할 권리는 변호인의 조력을 받을 권리의 내용 중 구체적인 입법형성이 필요한 다른 절차적 권리의 필수적인 전제요건으로서 변호인의 조력을 받을 권리 그 자체에서 막바로 도출</u>되는 것이다. 그리고 불구속 피의자나 피고인의 경우 형사소송법상 특별한 명문의 규정이 없더라도 스스로 선임한 변호인의 조력을 받기 위하여 변호인을 옆에 두고 조언과 상담을 구하는 것은 <u>수사절차의 개시에서부터 재판절차의 종료에 이르기까지 언제나 가능</u>하다. … 따라서 아무런 이유 없이 피의자 심문시 청구인들의 변호인의 조력을 받을 권리를 침해한다 할 것이다(헌재 2004.9.23, 2000헌마138).

(3) 변호인 접견교통권

관련 판례

변호인의 접견교통권 [인용]

'체포되어 구속영장이 청구된 피의자를 신문하는 과정에서 변호사인 청구인이 위 피의자 가족의 의뢰를 받아 접견신청을 하였음에도 검사가 이를 허용하기 위한 조치를 취하지 않은 것은, <u>변호인이 되려는 청구인의 접견교통권을 침해한 것이고</u>, 위 접견교통권은 헌법상 보장된 기본권에 해당하여 그 침해를 이유로 헌법소원심판을 청구할 수 있다'는 취지로, 청구인의 심판청구를 인용하는 결정을 선고하였다(헌재 2019.2.28, 2015헌마1204).

주의

민사·행정사건에서 변호인의 조력을 받는다면 이는 변호인 조력권이 아니라 재판청구권에서 보호되는 것이다(2011헌마122).

주의

수형자와 국선대리인의 접견을 녹음하는 행위는 변호인의 조력받을 권리가 아닌 재판받을 권리를 침해하는 것이다(2011헌마398). - 헌법소원

기출OX

변호인 자신의 구속된 피의자·피고인과의 접견교통권은 형사소송법에 의하여 보장되는 권리로서, 헌법상 권리라고 할 수 없다. (×)   13. 서울시 7급

→ 최근 변경된 판례에 따르면 변호인 자신의 접견교통권도 헌법상 기본권이다.

❶
이는 만난 이후에 제한 못하는 것으로 해석된다.

📝 정리 절대적 금지
1. 진술거부권(법으로 강제하지 못함)
2. 접견교통권(다만, 최근에는 원하는 특정한 시점에 접견이 이루어지지 못한 것은 합헌이라고 판시함)❶
3. 양심형성의 자유, 신앙의 자유도 절대적 기본권
4. 고문금지
5. 검열금지
6. 집회·결사의 자유에서 내용에 대한 허가(내용중립적 허가는 가능)

📑 기출OX
헌법재판소는 미결수용자와 변호인이 접견할 때 관계공무원이 입회해서 녹취·청취·촬영하는 등 개입하는 행위는 정당한 이유가 있으므로 합헌이라고 판시하였다. (×) 01. 국가직 7급

🏃 관련 판례 변호인 접견교통권에 관한 판례

1 변호인과의 자유로운 접견교통 [위헌확인]
변호인과의 자유로운 접견은 신체구속을 당한 사람에게 보장된 변호인의 조력을 받을 권리의 가장 중요한 내용이어서 국가안전보장·질서유지·공공복리 등 어떠한 명분으로도 제한될 수 있는 성질의 것이 아니다. 그리고 구속된 사람을 계호(戒護)함에 있어서도 1988.12.9. 제43차 유엔총회에서 채택된 '모든 형태의 구금 또는 수감상태에 있는 모든 사람들을 보호하기 위한 원칙' 제18조 제4항이 '피구금자 또는 피수감자와 그의 변호인 사이의 대담은 법 집행 공무원의 **가시거리(可視距離) 내에서 행하여 질 수는 있으나 가청거리(可聽距離) 내에서 행하여져서는 아니 된다**'라고 적절하게 표현하고 있듯이 관계공무원은 구속된 자와 변호인의 **대담내용을 들을 수 있거나 녹음이 가능한 거리에 있어서는 아니 되며 계호나 그 밖의 구실아래 대화 장면의 사진을 찍는 등** 불안한 분위기를 조성하여 자유로운 접견에 지장을 주어서도 아니 될 것이다(헌재 1992.1.28, 91헌마111).

2 법정 옆 피고인 대기실에서의 변호인의 접견신청 거부 [기각]
교도관이 계호근무준칙상의 변호인 접견절차를 무시하고라도 청구인의 변호인과의 면접을 허용하려면, 법정으로 들어가 변호인을 찾은 후 면담의 비밀성이 보장되고 계호에도 문제가 없는 공간을 찾아서 면담을 하게 하여줄 수밖에 없다. 그러나 위 상황에서 교도관이 청구인과 변호인간의 면담을 위하여 이와 같은 행위를 하여줄 경우 다른 피고인들의 계호 등 교도행정업무에 치명적 위험이 될 가능성도 배제할 수 없다(헌재 2009.10.29, 2007헌마992).

📑 기출OX
체포 또는 구속된 자와 변호인 등 간의 접견이 실제로 이루어지는 경우에 있어서의 '자유로운 접견'은 어떠한 명분으로도 제한될 수 없는 성질의 것이므로 변호인 등과의 접견 자체에 대하여 아무런 제한도 가할 수 없다는 것을 의미한다. (×) 22. 국가직 7급

3 변호인 접견권에 대한 제한가능성 [합헌]
헌법재판소가 91헌마111 결정에서 미결수용자와 변호인과의 접견에 대해 어떠한 명분으로도 제한할 수 없다고 한 것은 구속된 자와 변호인간의 접견이 실제로 이루어지는 경우에 있어서의 '자유로운 접견', 즉 '대화내용'에 대하여 비밀이 완전히 보장되고 어떠한 제한, 영향, 압력 또는 부당한 간섭없이 자유롭게 대화할 수 있는 접견'을 제한할 수 없다는 것이지, **변호인과의 접견 자체에 대해 아무런 제한도 가할 수 없다는 것을 의미하는 것이 아니므로 미결수용자의 변호인 접견권 역시 국가안전보장·질서유지 또는 공공복리를 위해 필요한 경우에는 법률로써 제한될 수 있음은 당연하다**(헌재 2011.5.26, 2009헌마341).

4 변호인 접견 불허처분 [인용]

[1] 헌법 제12조 제4항 본문에 규정된 "구속"은 사법절차에서 이루어진 구속뿐 아니라, 행정절차에서 이루어진 구속까지 포함하는 개념이다.

[2] 인천국제공항에서 난민인정신청을 하였으나 난민인정심사불회부결정을 받은 청구인을 인천국제공항 송환대기실에 약 5개월째 수용하고 환승구역으로의 출입을 막은 것이 헌법 제12조 제4항 본문에 규정된 "구속"에 해당된다.

[3] 피청구인이 청구인의 변호인의 접견신청을 거부한 것이 청구인에게 보장되는 헌법 제12조 제4항 본문에 의한 변호인의 조력을 받을 권리를 침해한다(헌재 2018.5.31, 2014헌마346).

▶ 변호인의 조력을 받을 권리는 형사절차에서 피의자 또는 피고인의 방어권을 보장하기 위한 것으로서 출입국관리법상 보호 또는 강제퇴거의 절차에 적용되기 어렵다는 구판례는 이 판례에서 변경되었다.

5 수용자의 접견시 접촉차단 [헌법불합치]

미결수용자의 변호인 접견이 아닌 한 수용자의 접견은 원칙적으로 접촉차단시설이 설치된 장소에서 하도록 하고 규정하고 있는 형의 집행 및 수용자의 처우에 관한 법률 시행령 제58조 제4항이 변호사로부터 효율적인 재판준비 도움을 받는 것을 방해하여 수용자의 재판청구권을 침해하므로 헌법에 위반된다(헌재 2013.8.29, 2011헌마122).

6 소송대리인이 되려는 변호사에 대한 소송대리인 접견신청 불허 [기각]

교도소 내 접촉차단시설이 설치되지 않은 장소에서 수용자를 접견할 수 있는 예외 대상에 소송사건의 대리인으로 선임된 변호사만 규정하고 소송사건의 대리인이 되려는 변호사는 포함하지 않은 이 사건 심판대상조항에 대한 헌법소원 사건에서 변호사인 청구인의 직업수행의 자유를 과도하게 침해하지 않는다는 이유로 헌법에 위반되지 않는다(헌재 2022.2.24, 2018헌마1010).

7 변호인과 증인 사이에 차폐시설 설치 [합헌]

변호인과 증인 사이에 차폐시설을 설치하여 증인신문을 진행할 수 있도록 규정한 형사소송법 조항은 과잉금지원칙에 위배되어 청구인의 공정한 재판을 받을 권리 및 변호인의 조력을 받을 권리를 침해한다고 할 수 없다(헌재 2016.12.29, 2015헌바221).

▶ 증인 보호 때문이다.

8 수형자와 소송대리인인 변호사간의 접견 시간 및 횟수❷ [위헌]

심판대상조항들은 법률전문가인 변호사와의 소송상담의 특수성을 고려하지 않고 소송대리인인 변호사와의 접견을 그 성격이 전혀 다른 일반 접견에 포함시켜 접견 시간 및 횟수를 규정함으로써 수형자의 재판청구권을 지나치게 제한하여 위헌이다(헌재 2015.11.26, 2012헌마858).

9 소제기 전 변호사 접견을 위해서 소송계속 사실 소명자료 제출 [위헌]

[1] 제한되는 기본권은 변호인의 직업수행의 자유이다.

[2] 심사기준은 과잉금지원칙에 따라 심사해야 한다. 다만, 접견의 상대방인 수형자의 재판청구권이 제한되는 효과도 함께 고려하여 일반적인 경우보다 엄격하게 심사한다.

[3] 진지하게 소제기 여부 및 변론 방향을 고민해야 하는 변호사라면 일반 접견만으로는 수형자에게 충분한 조력을 제공하기가 어렵고, 수형자 역시 소송의 승패가 불확실한 상황에서 접견마저 충분하지 않다면 변호사를 신뢰하고 소송절차를 진행하기가 부담스러울 수밖에 없다. 따라서 심판대상조항은 수단의 적합성이 인정되지 아니한다(헌재 2021.10.28, 2018헌마60).

📝 기출OX

헌법 제12조 제4항 본문에 규정된 '구속'은 사법절차에서 이루어진 구속뿐 아니라 행정절차에서 이루어진 구속까지 포함하는 개념이므로 헌법 제12조 제4항 본문에 규정된 변호인의 조력을 받을 권리는 행정절차에서 구속을 당한 사람에게도 즉시 보장된다. (O)

22. 국가직 7급

📝 기출OX

수용자가 변호사와 접견하는 경우에도 접촉차단시설이 설치된 접견실에서만 접견하도록 하는 것은 수용자의 재판청구권을 침해한다. (O) 14. 국가직

🔍 비교 정리

접견교통권

비고	제한 가능성
접견 그 자체	제한 가능
자유로운 접견	제한 불가능

❷ 수형자의 일반 접견에 대해 시간 및 횟수를 제한하는 것 자체에 있는 것이 아니라, 소송대리인인 변호사와의 접견 시간 및 횟수에 대한 별도의 규정을 두지 않고 일반 접견에 포함시켜 이를 제한하는 데 있다(30분 이내, 월 4회).

10 변호인이 수용자에게 보낸 서신을 개봉한 후 교부한 행위 [기각]

수형자이면서 확정되지 않은 형사재판에서 미결수용자인 이중적 지위에 있는 자에 대하여 변호인과의 서신 수수에 있어 교도소장이 금지물품 반입 금지를 위해 서신개봉행위를 한 것은 헌법에 위반되지 않는다(헌재 2021.10.28, 2019헌마973).

11 피의자 후방에 앉으라고 요구 [인용]

검찰수사관인 피청구인이 피의자신문에 참여한 청구인에게 피의자 후방에 앉으라고 요구한 행위는 변호인인 청구인의 변호권을 침해한다(헌재 2017.11.30, 2016헌마503).

▶ 옆에 앉는다고 해서 수사를 방해할 가능성이 높아지는 것은 아니므로 목적의 정당성과 수단의 적절성을 인정할 수 없다.

12 금치수용자 서신수수 제한

서신수수 제한의 경우 외부와의 접촉을 금지시키고 구속감과 외로움 속에 반성에 전념토록 하는 징벌의 목적에 상응하는 점, 서신수수를 허가할 수 있는 예외를 규정하고 있는 점 등을 감안하면, 이 사건 서신수수 제한 조항은 청구인의 통신의 자유를 침해하지 아니한다(헌재 2014.8.28, 2012헌마623).

헌법재판소는 미결수용자의 변호인 접견시 수사관이나 교도관이 참여하는 것은 이 권리를 침해하는 것이며, 미결수용자가 변호인에게 보내는 서신을 검열하거나 변호인이 미결수용자에게 보낸 서신에 대한 검열은 변호인의 조력을 받을 권리를 침해한 것으로 위헌결정을 내렸다(헌재 1995.7.21, 92헌마144).❶

구분	수형자	미결수용자
변호인의 조력받을 권리	주체 ×	주체 ○
무죄추정	적용 ×	적용 ○

(4) 비변호인과의 접견교통권

헌법재판소는 미결수용자가 가족과 접견하는 것은 헌법 제10조가 보장하고 있는 인간으로서의 존엄과 가치 및 행복추구권 가운데 포함되는 헌법상의 기본권이고, 또한 미결수용자의 가족이 미결수용자와 접견하는 것 역시 헌법 제10조가 보장하고 있는 인간의 존엄과 가치 및 행복추구권에 포함되는 헌법상의 권리라고 판시하였다(헌재 2003.11.27, 2002헌마193).

> **관련 판례**
>
> **접견녹음 [기각]**
>
> 부산구치소장이 청구인과 배우자의 접견을 녹음하여 부산지방검찰청 검사장에게 그 접견녹음파일을 제공한 행위가 청구인의 기본권을 침해하지 않는다는 결정을 선고하였다(헌재 2012.12.27, 2010헌마153).

---

❶ 변호인의 조력받을 권리 침해는 아니나, 수형자와 변호인 사이에 서신을 검열한 경우 재판받을 권리 침해가 될 수 있다.

기출OX

미결수용자가 가족과 접견하는 것은 행복추구권에서 보장되는 기본권이다. (○)
07. 국회직 8급

기출OX

구치소장이 검사의 요청에 따라 미결수용자와 그 배우자의 접견녹음파일을 미결수용자의 동의 없이 제공하더라도, 이러한 제공행위는 형사사법의 실체적 진실을 발견하고 이를 통해 형사사법의 적정한 수행을 도모하기 위한 것으로 미결수용자의 개인정보자기결정권을 침해하는 것은 아니다. (○)
18. 국가직 7급

(5) 국선변호인의 조력을 받을 권리

> 헌법 제12조 ④ 형사피고인이 스스로 변호인을 구할 수 없을 때에는 법률이 정하는 바에 의하여 국가가 변호인을 붙인다.

① 형사피의자도 예외적으로 구속적부심사와 피신조서 작성에 있어 변호인이 없는 때 국선변호인을 둘 수 있도록 하고 있다.
② 국선변호인을 붙이는 경우
　㉠ 군사법원에서 사선변호인이 없는 때
　㉡ 피고인이 ⓐ 미성년자, ⓑ 70세 이상, ⓒ 듣거나 말하는 데 모두 장애가 있는 사람, ⓓ 심신장애가 있는 것으로 의심되는 때, ⓔ 사형, 무기 또는 단기 3년 이상의 징역이나 금고에 해당하는 사건으로 기소된 때
　㉢ 빈곤이나 그 밖의 사유로 변호인을 선임할 수 없는 경우에 피고인이 청구한 때

> **주의**
> 헌법에는 형사피고인의 국선변호만 규정되어 있다.

6. 형사기록의 열람·복사 요구권

형사피의자와 피고인은 자신의 피의사실과 관련하여 그 조사절차나 공판절차 등 형사 절차에 관하여 알 권리를 가지므로 형사소송기록과 증거서류 등을 열람하고 복사를 요구할 권리를 갖는다.

🔨 관련 판례

변호인의 피구속자를 조력할 권리 [위헌확인]

헌법 제12조 제4항은 '누구든지 체포 또는 구속을 당한 때에는 즉시 변호인의 조력을 받을 권리를 가진다'라고 규정함으로써 변호인의 조력을 받을 권리를 헌법상의 기본권으로 격상하여 이를 특별히 보호하고 있거니와 변호인의 '조력을 받을' 피구속자의 권리는 피구속자를 '조력할' 변호인의 권리가 보장되지 않으면 유명무실하게 된다. 그러므로 피구속자를 조력할 변호인의 권리 중 그것이 보장되지 않으면 피구속자가 **변호인으로부터 조력을 받는다는 것이 유명무실하게 되는 핵심적인 부분은, '조력을 받을 피구속자의 기본권'과 표리의 관계에 있기 때문에 이러한 핵심부분에 관한 변호인의 조력할 권리 역시 헌법상의 기본권으로서 보호되어야 한다.** … 구속적부심절차에서 **피구속자에 대한 고소장과 경찰의 피의자신문조서의 열람은 피구속자를 충분히 조력하기 위하여 변호인인 청구인에게 그 열람이 반드시 보장되지 않으면 안 되는 핵심적 권리로서 청구인의 기본권에 속한다** 할 것이다. … 그렇다면 고소장과 피의자신문조서에 대한 열람 및 등사를 거부한 피청구인의 정보비공개결정은 청구인의 피구속자를 조력할 권리 및 알 권리를 침해하여 헌법에 위반된다고 할 것이다(헌재 2003. 3.27, 2000헌마474).

> **주의**
> 피고인에게도 인정되지만 변호인이 있는 피고인의 경우 변호인에게 열람등사를 시켜줬다면 피고인에게 시켜주지 않아도 유효하다.

제2편 기본권론

제3장 자유권적 기본권

사생활의 보호

- **사생활의 보호**
  - **연혁** — 제8차 개정 때 규정
  - **자기정보 관리통제권**
    - 개인정보 보호위원회는 국무총리 소속
    - 영상정보처리기기는 임의조작, 녹음 안 됨
    - 개인정보 정정·삭제·열람 가능
    - 단체소송 도입
  - **제한**
    - **인격영역 이론**
      - **내밀**: 성적인 영역 - 절대적 사생활 보호
      - **비밀**: 서신·일기 - 사생활 보호
      - **사적**: 가족생활 - 비교형량
      - **사회적**: 직업 행사 - 언론·출판 보호
      - **공개**: 기자회견 - 언론·출판 자유
    - **공적인물·공익의 이론**: 인격영역을 언론·출판에 유리하게 수정
    - **명단공표**: 고액체납자의 경우, 신중하게

- **주거의 자유**
  - **주체** — 자연인 O, 법인 ✕
  - **주거침입**
    - O: 대학 강의실, 호텔, 주거이동차량, 범죄목적 주거침입
    - ✕: 음식점, 백화점

제2절 사생활영역의 자유

제1항 사생활의 비밀과 자유

1 의의

1. 배경

현대사회는 정보화 사회라고 불릴 만큼 정보화가 급속하게 진행되면서 이에 따른 개인의 사생활은 중대한 위기를 맞게 되었다. 따라서 이런 배경하에서 국민의 사생활에 대한 보호가 헌법적 측면에서 중요한 의미가 되었다.

2. 개념

사생활의 비밀의 자유란 개인이 자기의사에 반하여 사생활의 영역이 침입되거나 공표되지 않는 권리와 자기 또는 자기의 지배하에 있는 자의 정보가 타인에 의하여 취득, 개시될 정도를 결정할 수 있는 권리를 말한다.

3. 연혁

사생활의 비밀과 자유는 비교적 새로운 권리로 프라이버시권이라고도 칭해진다. 우리 헌법은 제8차 개정헌법에서 처음으로 이를 규정하였다.

2 법적 성격

소극적·방어적 성격과 동시에 자기정보관리·통제권을 포함하는 권리이므로 적극적 성격인 청구권적 성격도 동시에 가지고 있다. 사생활의 비밀과 자유는 권리주체와 분리될 수 없는 인격권의 일종이므로 인간의 존엄성과 불가분의 관계가 있다. 특정인에게 고유한 사항을 보호법익으로 하므로 일신전속적인 권리이다.

3 주체

사생활의 비밀과 자유는 인격의 자유로운 발현과 인간의 존엄을 위한 것인바, 국민뿐만 아니라 외국인에게도 인정된다. 법인이나 사자(死者)에 관해서는 학설의 대립이 있지만, 원칙적으로 사생활의 비밀과 자유의 주체로 인정되지 아니한다는 것이 다수설이다. 05. 입시

4 내용

1. 사생활의 비밀의 의의

(1) 사생활의 비밀은 본인이 비밀로 하고자 하는 사항, 즉 개인사의 공개, 명예나 신용, 본인에게 고유한 인격적 징표 등을 의미한다. 다만, 이 경우 범죄행위까지 사생활에서 보호하지는 않는다(헌재 2002.3.28, 2000헌바53).

기출OX

01 헌법 제17조의 사생활 비밀의 자유는 사적인 생활을 보호하는 인격권의 형태와 국가권력이나 사인(私人)에 대하여 소극적·방어적 권리를 내재한 자유권의 성격을 가지고 있다. (○) 08. 국회직 8급

02 사생활의 비밀과 자유는 인격권적인 성격과 자유권적 성격 및 참정권적 성격을 동시에 갖는 권리이다. (×)
→ 참정권적 성격을 가지는 권리는 아니다.

(2) 어떠한 사항이 본인이 비밀로 하고자 하는 사항인가에 대하여는 본인을 기준으로 하지 않고 평균인의 감수성을 기준으로 한다.

> **관련 판례**
>
> **명예보호를 위한 대외적 해명행위**
> 자신의 인격권이나 명예권을 보호하기 위하여 대외적으로 해명을 하는 행위는 표현의 자유에 속하는 영역이라고 할 수 있을 뿐 이미 사생활의 자유에 의하여 보호되는 범주를 벗어난 행위라고 볼 것이므로, 위 청구인의 사생활의 자유가 침해된다고는 볼 수 없다(헌재 2001.8.30, 99헌바92 등).

2. 내용

(1) 사생활의 비밀의 불가침

사생활의 비밀은 본인이 비밀로 하고자 하는 사항(사사의 공개, 명예나 신용, 본인에게 고유한 인격적 징표) 등으로, 이를 본인의 의사에 반하여 조사해서는 안 되고, 부당히 공개해서도 안 되는 것을 의미한다.

(2) 사생활의 자유의 불가침

사생활의 자율성을 침해 또는 간섭받지 아니하며, 적극적으로 자신이 원하는 사생활을 국가권력이나 제3자의 간섭 없이 형성하고 전개하는 것을 의미한다.

(3) 자기정보관리통제권

① 의의 및 내용: 자기정보관리통제권이란 자기정보수집·분석·처리배제청구권, 자기정보열람청구권, 자기정보정정·사용중지·삭제청구권 등을 의미하며, 자기정보열람청구권은 알 권리로서의 성격도 가지고 있다.

② 근거: 헌법재판소는 개인정보자기결정권의 헌법적 근거를 인간의 존엄과 가치, 행복추구권 및 사생활의 비밀과 자유에서 찾고 있다. 08. 국회직 8급

> **개인정보 보호법 제2조【정의】** 이 법에서 사용하는 용어의 뜻은 다음과 같다.
> 1. "개인정보"란 살아 있는 개인에 관한 정보로서 다음 각 목의 어느 하나에 해당하는 정보를 말한다.
>   가. 성명, 주민등록번호 및 영상 등을 통하여 개인을 알아볼 수 있는 정보
>   나. 해당 정보만으로는 특정 개인을 알아볼 수 없더라도 다른 정보와 쉽게 결합하여 알아볼 수 있는 정보. 이 경우 쉽게 결합할 수 있는지 여부는 다른 정보의 입수 가능성 등 개인을 알아보는 데 소요되는 시간, 비용, 기술 등을 합리적으로 고려하여야 한다.
>   다. 가목 또는 나목을 제1호의2에 따라 가명처리함으로써 원래의 상태로 복원하기 위한 추가 정보의 사용·결합 없이는 특정 개인을 알아볼 수 없는 정보(이하 "가명정보"라 한다)
> 1의2. "가명처리"란 개인정보의 일부를 삭제하거나 일부 또는 전부를 대체하는 등의 방법으로 추가 정보가 없이는 특정 개인을 알아볼 수 없도록 처리하는 것을 말한다.
> 7. "고정형 영상정보처리기기"란 일정한 공간에 설치되어 지속적 또는 주기적으로 사람 또는 사물의 영상 등을 촬영하거나 이를 유·무선망을 통하여 전송하는 장치로서 대통령령으로 정하는 장치를 말한다.

기출OX

선거운동과정에서 자신의 인격권이나 명예권을 보호하기 위하여 대외적으로 해명을 하는 행위도 사생활의 자유에 의하여 보호되는 범주에 속한다. (×)
12. 지방직 7급

기출OX

01 공직자의 자질·도덕성·청렴성에 관한 사실은 그 내용이 개인적인 사생활에 관한 것이라 할지라도 순수한 사생활의 영역에 있다고 보기 어렵다. (○) 17. 국가직 7급

02 헌법재판소는 개인정보자기결정권의 헌법적 근거를 인간의 존엄과 가치, 행복추구권에서 도출되는 일반적 인격권 및 사생활의 비밀과 자유에서 찾고 있다. (○)
08. 국회직 8급

비교 정리

개인정보	적용여부
개인	○
법인	×
사자	×

기출OX

개인정보자기결정권의 보호대상이 되는 개인정보는 반드시 개인의 내밀한 영역이나 사사(私事)의 영역에 속하는 정보에 국한되지 않고 공적 생활에서 형성되었거나 이미 공개된 개인정보까지 포함한다. (○) 13. 법원직
→ 보호되는 개인정보란 꼭 비밀에 한정되는 것은 아니다. 다른 정보와 쉽게 결합하여 본인을 알아볼 수 있는 식별정보이며, 공개된 정보까지도 포함한다(99헌마513).

7의2. "이동형 영상정보처리기기"란 사람이 신체에 착용 또는 휴대하거나 이동 가능한 물체에 부착 또는 거치(据置)하여 사람 또는 사물의 영상 등을 촬영하거나 이를 유·무선망을 통하여 전송하는 장치로서 대통령령으로 정하는 장치를 말한다.

제3조【개인정보 보호 원칙】① 개인정보처리자는 개인정보의 처리 목적을 명확하게 하여야 하고 그 목적에 필요한 범위에서 최소한의 개인정보만을 적법하고 정당하게 수집하여야 한다.

⑦ 개인정보처리자는 개인정보를 익명 또는 가명으로 처리하여도 개인정보 수집목적을 달성할 수 있는 경우 익명처리가 가능한 경우에는 익명에 의하여, 익명처리로 목적을 달성할 수 없는 경우에는 가명에 의하여 처리될 수 있도록 하여야 한다.

제7조【개인정보 보호위원회】① 개인정보 보호에 관한 사무를 독립적으로 수행하기 위하여 국무총리 소속으로 개인정보 보호위원회(이하 "보호위원회"라 한다)를 둔다.

제7조의2【보호위원회의 구성 등】① 보호위원회는 상임위원 2명(위원장 1명, 부위원장 1명)을 포함한 9명의 위원으로 구성한다.

제7조의4【위원의 임기】① 위원의 임기는 3년으로 하되, 한 차례만 연임할 수 있다.

제7조의10【회의】③ 보호위원회의 회의는 재적위원 과반수의 출석으로 개의하고, 출석위원 과반수의 찬성으로 의결한다.

제9조【기본계획】① 보호위원회는 개인정보의 보호와 정보주체의 권익 보장을 위하여 3년마다 개인정보 보호 기본계획(이하 "기본계획"이라 한다)을 관계 중앙행정기관의 장과 협의하여 수립한다.

제15조【개인정보의 수집·이용】① 개인정보처리자는 다음 각 호의 어느 하나에 해당하는 경우에는 개인정보를 수집할 수 있으며 그 수집 목적의 범위에서 이용할 수 있다.
1. 정보주체의 동의를 받은 경우
2. 법률에 특별한 규정이 있거나 법령상 의무를 준수하기 위하여 불가피한 경우
3. 공공기관이 법령 등에서 정하는 소관 업무의 수행을 위하여 불가피한 경우
4. 정보주체와 체결한 계약을 이행하거나 계약을 체결하는 과정에서 정보주체의 요청에 따른 조치를 이행하기 위하여 필요한 경우
5. 명백히 정보주체 또는 제3자의 급박한 생명, 신체, 재산의 이익을 위하여 필요하다고 인정되는 경우
6. 개인정보처리자의 정당한 이익을 달성하기 위하여 필요한 경우로서 명백하게 정보주체의 권리보다 우선하는 경우. 이 경우 개인정보처리자의 정당한 이익과 상당한 관련이 있고 합리적인 범위를 초과하지 아니하는 경우에 한한다.
7. 공중위생 등 공공의 안전과 안녕을 위하여 긴급히 필요한 경우

③ 개인정보처리자는 당초 수집 목적과 합리적으로 관련된 범위에서 정보주체에게 불이익이 발생하는지 여부, 암호화 등 안전성 확보에 필요한 조치를 하였는지 여부 등을 고려하여 대통령령으로 정하는 바에 따라 정보주체의 동의 없이 개인정보를 이용할 수 있다.

비교 정리

위원회 소속

구분	소속
개인정보 보호위원회	국무총리
정보공개위원회	행정안전부장관

정보공개위원회는 법 개정으로 인하여 2023.11.17.부터 국무총리 소속에서 행정안전부장관 소속으로 변경되었다.

제23조 【민감정보의 처리 제한】 ① 개인정보처리자는 사상·신념, 노동조합·정당의 가입·탈퇴, 정치적 견해, 건강, 성생활 등에 관한 정보, 그 밖에 정보주체의 사생활을 현저히 침해할 우려가 있는 개인정보로서 대통령령으로 정하는 정보(이하 "민감정보"라 한다)를 처리하여서는 아니 된다. 다만, 다음 각 호의 어느 하나에 해당하는 경우에는 그러하지 아니하다.
1. 정보주체에게 제15조 제2항 각 호 또는 제17조 제2항 각 호의 사항을 알리고 다른 개인정보의 처리에 대한 동의와 별도로 동의를 받은 경우
2. 법령에서 민감정보의 처리를 요구하거나 허용하는 경우

제24조의2 【주민등록번호 처리의 제한】 ① 제24조 제1항에도 불구하고 개인정보처리자는 다음 각 호의 어느 하나에 해당하는 경우를 제외하고는 주민등록번호를 처리할 수 없다.
1. 법률·대통령령·국회규칙·대법원규칙·헌법재판소규칙·중앙선거관리위원회규칙 및 감사원규칙에서 구체적으로 주민등록번호의 처리를 요구하거나 허용한 경우
2. 정보주체 또는 제3자의 급박한 생명, 신체, 재산의 이익을 위하여 명백히 필요하다고 인정되는 경우
3. 제1호 및 제2호에 준하여 주민등록번호 처리가 불가피한 경우로서 보호위원회가 고시로 정하는 경우
② 개인정보처리자는 제24조 제3항에도 불구하고 주민등록번호가 분실·도난·유출·위조·변조 또는 훼손되지 아니하도록 암호화 조치를 통하여 안전하게 보관하여야 한다. 이 경우 암호화 적용 대상 및 대상별 적용 시기 등에 관하여 필요한 사항은 개인정보의 처리 규모와 유출 시 영향 등을 고려하여 대통령령으로 정한다.
③ 개인정보처리자는 제1항 각 호에 따라 주민등록번호를 처리하는 경우에도 정보주체가 인터넷 홈페이지를 통하여 회원으로 가입하는 단계에서는 주민등록번호를 사용하지 아니하고도 회원으로 가입할 수 있는 방법을 제공하여야 한다.

제25조 【고정형 영상정보처리기기의 설치·운영 제한】 ② 누구든지 불특정 다수가 이용하는 목욕실, 화장실, 발한실(發汗室), 탈의실 등 개인의 사생활을 현저히 침해할 우려가 있는 장소의 내부를 볼 수 있도록 고정형 영상정보처리기기를 설치·운영하여서는 아니 된다. 다만, 교도소, 정신보건 시설 등 법령에 근거하여 사람을 구금하거나 보호하는 시설로서 대통령령으로 정하는 시설에 대하여는 그러하지 아니하다.
④ 제1항 각 호에 따라 고정형 영상정보처리기기를 설치·운영하는 자(이하 "고정형영상정보처리기기운영자"라 한다)는 정보주체가 쉽게 인식할 수 있도록 다음 각 호의 사항이 포함된 안내판을 설치하는 등 필요한 조치를 하여야 한다. 다만, 「군사기지 및 군사시설 보호법」 제2조 제2호에 따른 군사시설, 「통합방위법」 제2조 제13호에 따른 국가중요시설, 그 밖에 대통령령으로 정하는 시설의 경우에는 그러하지 아니하다.
1. 설치 목적 및 장소
2. 촬영 범위 및 시간
3. 관리책임자의 연락처
4. 그 밖에 대통령령으로 정하는 사항

기출OX

개별 교원의 교원단체 및 노동조합 가입 정보는 개인정보 보호법 제23조의 노동조합의 가입·탈퇴에 관한 정보로서 민감정보에 해당한다. (O)
18. 지방직 7급

⑤ 고정형영상정보처리기기운영자는 고정형 영상정보처리기기의 설치 목적과 다른 목적으로 고정형 영상정보처리기기를 임의로 조작하거나 다른 곳을 비춰서는 아니 되며, 녹음기능은 사용할 수 없다.

제28조의2【가명정보의 처리 등】① 개인정보처리자는 통계작성, 과학적 연구, 공익적 기록보존 등을 위하여 정보주체의 동의 없이 가명정보를 처리할 수 있다.

제28조의8【개인정보의 국외 이전】① 개인정보처리자는 개인정보를 국외로 제공(조회되는 경우를 포함한다)·처리위탁·보관(이하 이 절에서 "이전"이라 한다)하여서는 아니 된다. 다만, 다음 각 호의 어느 하나에 해당하는 경우에는 개인정보를 국외로 이전할 수 있다.

제28조의9【개인정보의 국외 이전 중지 명령】① 보호위원회는 개인정보의 국외 이전이 계속되고 있거나 추가적인 국외 이전이 예상되는 경우로서 다음 각 호의 어느 하나에 해당하는 경우에는 개인정보처리자에게 개인정보의 국외 이전을 중지할 것을 명할 수 있다.

제35조【개인정보의 열람】④ 개인정보처리자는 다음 각 호의 어느 하나에 해당하는 경우에는 정보주체에게 그 사유를 알리고 열람을 제한하거나 거절할 수 있다.
1. 법률에 따라 열람이 금지되거나 제한되는 경우
2. 다른 사람의 생명·신체를 해할 우려가 있거나 다른 사람의 재산과 그 밖의 이익을 부당하게 침해할 우려가 있는 경우
3. 공공기관이 다음 각 목의 어느 하나에 해당하는 업무를 수행할 때 중대한 지장을 초래하는 경우
   가. 조세의 부과·징수 또는 환급에 관한 업무
   나. 「초·중등교육법」 및 「고등교육법」에 따른 각급 학교, 「평생교육법」에 따른 평생교육시설, 그 밖의 다른 법률에 따라 설치된 고등교육기관에서의 성적 평가 또는 입학자 선발에 관한 업무
   다. 학력·기능 및 채용에 관한 시험, 자격 심사에 관한 업무
   라. 보상금·급부금 산정 등에 대하여 진행 중인 평가 또는 판단에 관한 업무
   마. 다른 법률에 따라 진행 중인 감사 및 조사에 관한 업무

제36조【개인정보의 정정·삭제】① 제35조에 따라 자신의 개인정보를 열람한 정보주체는 개인정보처리자에게 그 개인정보의 정정 또는 삭제를 요구할 수 있다. 다만, 다른 법령에서 그 개인정보가 수집 대상으로 명시되어 있는 경우에는 그 삭제를 요구할 수 없다.

제39조【손해배상책임】① 정보주체는 개인정보처리자가 이 법을 위반한 행위로 손해를 입으면 개인정보처리자에게 손해배상을 청구할 수 있다. 이 경우 그 개인정보처리자는 고의 또는 과실이 없음을 입증하지 아니하면 책임을 면할 수 없다.

제51조【단체소송의 대상 등】다음 각 호의 어느 하나에 해당하는 단체는 개인정보처리자가 제49조에 따른 집단분쟁조정을 거부하거나 집단분쟁조정의 결과를 수락하지 아니한 경우에는 법원에 권리침해 행위의 금지·중지를 구하는 소송(이하 "단체소송"이라 한다)을 제기할 수 있다.

관련 판례

1 교정시설 내 CCTV설치 [기각]

이 사건 CCTV설치행위에 대한 특별한 법적 근거가 없더라도 일반적인 계호활동을 허용하는 법률규정에 의하여 허용된다고 보아야 한다. CCTV는 교도관의 시선에 의한 감시를 대신하는 기술적 장비에 불과하므로, 교도관의 시선에 의한 감시가 허용되는 이상 CCTV에 의한 감시 역시 가능하다고 할 것이다(헌재 2008.5.29, 2005헌마137 등).

2 교도소장의 거실검사 [기각]

이 사건 검사행위는 교도소의 안전과 질서를 유지하고, 수형자의 교화·개선에 지장을 초래할 수 있는 물품을 차단하기 위한 것으로서 그 목적이 정당하고, 수단도 적절하며, 검사의 실효성을 확보할 필요성이 크고, 달리 덜 제한적인 대체수단을 찾기 어려운 점 등에 비추어 보면 이 사건 검사행위가 과잉금지원칙에 위배하여 사생활의 비밀 및 자유를 침해하였다고 할 수 없다(헌재 2011.10.25, 2009헌마691).

3 의료급여 수급권자의 진료정보 제공 [기각]

이 사건 고시조항은 의료이용자가 의료급여를 받을 적법한 수급자인지 여부 및 의료급여의 범위 등을 정확하게 확인하려는 데에 그 목적이 있고, 또한 위 고시조항에 의하여 수집되는 정보의 범위는 건강생활유지비의 지원 및 급여일수의 확인을 위해 필요한 정보로 제한되어 있다. 따라서 개인정보자기결정권을 침해하는 것이라 볼 수 없다(헌재 2009.9.24, 2007헌마1092).

4 성폭력범죄자의 신상정보 등록 [기각]

성폭력 범죄자의 재범을 억제하여 사회를 방위하고, 효율적 수사를 통한 사회혼란을 방지하기 위한 것으로서 정당한 목적달성을 위한 적합한 수단에 해당한다(헌재 2014.7.24, 2013헌마423).

5 1년마다 사진 갱신 [합헌]

아동·청소년대상 성범죄자에 대하여 신상정보 등록 후 1년마다 새로 촬영한 사진을 관할경찰관서의 장에게 제출하도록 규정한 구 아동·청소년의 성보호에 관한 법률 제34조 제2항 단서 중 '사진'부분과 사진제출의무 위반에 대하여 형사처벌을 하도록 규정한 제52조 제5항 제2호 중 '변경정보인 사진' 부분에 대하여 헌법에 위반되지 아니한다(헌재 2015.7.30, 2014헌바257).

6 카메라등이용촬영범죄자 신상정보 [헌법불합치]

성폭력범죄의 처벌 등에 관한 특례법 위반(카메라등이용촬영, 카메라등이용촬영미수)죄로 유죄가 확정된 자는 신상정보 등록대상자가 되도록 규정한 '성폭력범죄의 처벌 등에 관한 특례법' 제42조 제1항 중 관련 부분은 헌법에 위반되지 않고, 등록대상자의 등록정보를 20년 동안 보존·관리하도록 규정한 같은 법률 제45조 제1항은 헌법에 합치되지 않는다(헌재 2015.7.30, 2014헌마340).

7 디엔에이감식시료의 보관 [기각]

재범의 위험성이 높은 범죄를 범한 수형인 등은 생존하는 동안에는 재범의 위험성이 있다고 할 수 있으므로, 디엔에이신원확인정보를 수형인 등이 사망할 때까지 관리하여 범죄 수사 및 예방에 이바지하고자 하는 이 사건 삭제조항은 입법목적의 정당성과 수단의 적절성이 인정된다(헌재 2014.8.28, 2011헌마28).

기출 OX

아동·청소년 대상 성범죄자에게 1년마다 정기적으로 새로 촬영한 사진을 제출하도록 하고 정당한 사유 없이 사진 제출의무를 위반한 경우 형사처벌을 하는 것은 아동·청소년 대상 성범죄자의 일반적 행동의 자유를 침해하는 것이다. (×) 11. 서울시 7급

8 특정 범죄자에 대한 보호관찰 및 전자장치 부착 [기각]

특정범죄자의 재범방지 및 재사회화라는 공익을 고려하면, 침해되는 사익이 더 크다고 볼 수 없어 법익균형성도 인정되므로, 심판대상 법률조항은 과잉금지원칙에 위배되지 아니한다(헌재 2013.7.25, 2011헌마781).

9 아동·청소년대상 성폭력범죄자에 대한 신상정보 공개 [합헌]

아동·청소년대상 성폭력범죄자에 대한 신상정보 공개하고 신상정보를 고지하도록 규정한 것은, 인격권, 개인정보자기결정권을 침해한다고 볼 수 없다(헌재 2016.5.26, 2014헌바164).

10 어린이집 CCTV 설치 의무 조항 [기각]

어린이집에 폐쇄회로 텔레비전(CCTV) 설치를 원칙적으로 의무화하고, 보호자의 CCTV 영상정보 열람 요청 및 어린이집 참관에 대해 정한 영유아보육법 조항들이 어린이집 원장이나 보육교사 등의 기본권을 침해하지 아니한다(헌재 2017.12.28, 2015헌마994).

11 인구주택총조사시 방문 면접조사 [기각]

통계청장이 인구주택총조사의 방문 면접조사를 실시하면서, 담당 조사원을 통해 조사대상자에게 통계청장이 작성한 인구주택총조사 조사표의 조사항목들에 응답할 것을 요구한 행위는 조사대상자의 개인정보자기결정권을 침해하지 않는다(헌재 2017.7.27, 2015헌마1094).

▶ 청구인은 사생활의 자유, 주거의 자유, 종교의 자유도 주장하였으나, 헌법재판소는 개인정보 자기결정권을 중심으로 판단하였다.

12 변호사시험 합격자 명단 공고 [기각]

합격자 명단을 공고하는 경우, 시험 관리 당국이 더 엄정한 기준과 절차를 통해 합격자를 선정할 것이 기대되므로 시험 관리 업무의 공정성과 투명성이 강화될 수 있다(헌재 2020.3.26, 2018헌마77).

13 출입차량에 무선인식장치 설치 [기각]

가축전염병의 발생 예방 및 확산 방지를 위해 축산관계시설 출입차량에 차량무선인식장치를 설치하여 이동경로를 파악할 수 있도록 한 구 가축전염병예방법 조항은 축산관계시설에 출입하는 청구인들의 개인정보자기결정권을 침해하지 않는다(헌재 2015.4.30, 2013헌마81).

14 홈페이지 자료 유료 제공

법률정보 제공 사이트를 운영하는 회사가 공립대학교 법학과 교수의 사진, 성명, 성별, 출생연도, 직업, 직장, 학력, 경력 등 개인정보를 위 법학과 홈페이지 등을 통해 수집하여 위 사이트 내 '법조인' 항목에서 유료로 제공한 경우, 위 회사가 영리 목적으로 개인정보를 수집하여 제3자에게 제공하였더라도 그에 의하여 얻을 수 있는 법적 이익이 정보처리를 막음으로써 얻을 수 있는 정보주체의 인격적 법익에 비하여 우월하므로, 개인정보자기결정권을 침해하는 위법한 행위로 평가할 수 없다(대판 2016.8.17, 2014다235080).

15 대한적십자사 회비모금 목적의 자료제공 [각하, 기각]

[1] 단순히 착오로 인해 회비를 납부할 가능성이 있다는 사정만으로는 기본권침해의 가능성 역시 인정되지 아니한다(세금으로 오인가능성).

[2] 자료의 범위는 '적십자법 제6조 제4항에서 정한 정보주체들에 대하여 회비모금 등을 위해 필요한 정보'임을 알 수 있고, 회비모금 등을 위해 각 정보주체에 대하여 연락할 수 있는 인적사항이 포함될 것임을 예측할 수 있다. 따라서 이 사건 위임조항이 포괄위임금지원칙에 위반되어 청구인들의 개인정보자기결정권을 침해한다고 볼 수 없다(헌재 2023.2.23, 2019헌마1404).

16 코로나19 관련 이태원 기지국 접속자 정보수집 사건 [기각]

[1] 이 사건 심판대상조항은, 방역당국이 감염병 예방 및 감염 전파의 차단을 위하여 감염병의심자 등의 인적사항에 관한 정보를 수집할 수 있도록 하는 규정으로, 당초 2015년 메르스-코로나바이러스(MERS-CoV) 유행 당시 보건당국의 초동대처가 미흡하고 효율적 방역이 이루어지지 못했다는 지적에 따라 도입된 것이다.

[2] 헌법재판소는, 미리 예측하기 어려운 다양한 감염병 유행 상황에 적합한 방역조치를 보건당국이 전문적 판단재량을 가지고 신속하고 적절하게 취할 수 있도록 하여야 한다는 점을 인정하여 이 사건 심판대상조항이 개인정보자기결정권을 침해하지 않는다고 판단하면서도, 이 사건 심판대상조항을 근거로 하는 개별 정보수집 처분은 감염병 예방을 위해 필요한 최소한의 범위 내에서만 허용되는 점을 강조하였다(헌재 2024.4.25, 2020헌마1028).

③ **성격**: 자기정보관리통제권은 인격권의 일종이며, 청구권적 성격이 강한 능동적·적극적 권리로서 일신전속적 권리이다.

④ **주체**: 자기정보관리통제권의 주체는 인간의 권리이므로 내·외국인을 불문하고 인정되며, 예외적으로 법인도 사회통념상 수인의 한도를 벗어나는 정도로 명예나 신용이 훼손될 때에는 예외적으로 주체가 될 수 있다.

5 효력

사생활의 비밀과 자유는 헌법규정만으로 직접 모든 국가권력을 구속하고, 사인간의 법률관계에서도 기본권의 제3자적 효력에 관한 간접적용설에 따라 구속력을 가진다. 다만, 가족과 친족간에는 합리적인 한도 내에서 예외가 인정된다.

6 제한과 한계

사생활의 비밀과 자유도 무제한으로 보장되는 것이 아니라 국가안전보장·질서유지·공공복리를 위하여 필요한 경우에는 법률로써 제한할 수 있으며, 제한하는 경우에도 본질적 내용을 침해할 수 없다.

1. 사생활의 비밀과 자유와 언론의 자유와의 관계

사생활의 비밀과 자유는 언론의 자유와 가장 충돌하기 쉽다. 언론기관이 가지는 표현의 자유는 국민의 알 권리를 충족시키는 공익적 기능을 가지고 있기 때문에 언론에 의한 사생활의 침해는 국민의 알 권리와 경합하게 된다. 따라서 어느 것을 우선하는가에 관하여 다음과 같은 이론이 있으나 어느 경우이든 양자의 법익을 비교·형량하여 구체적 사정에 따라 해결하여야 할 것이다.

기출OX

01 공적 인물의 경우에는 그 사생활이 공개될지라도 통상인에 비하여 수인이 요구되는 정도가 높다. (○)
05. 입시

02 국가기관이 행정상 공표의 방법으로 의무위반자의 실명을 공개하여 명예를 훼손한 경우 적시된 사실의 내용이 진실이라는 증명이 없더라도 국가기관이 공표 당시 이를 진실이라고 믿었고 또 그렇게 믿을 만한 상당한 이유가 있다면 위법성이 없다. (○)
13. 지방직

03 4급 이상 공무원들의 병역 면제사유인 질병명을 관보와 인터넷을 통해 공개하도록 하는 것은 헌법 제17조가 보장하는 사생활의 비밀과 자유를 침해하는 것이다. (○)
12. 지방직 7급

(1) 공익의 이론
보도내용이 도덕적 가치, 교육적 가치 등 국민의 알 권리의 대상이 되는 사항은 보도내용이 진실하고 오로지 공익적 목적이 있는 경우라면 언론의 자유가 우선한다는 이론을 말한다(범죄인의 신상공개, 사이비종교의 실상공개 등).

(2) 공적 인물의 이론
정치인·연예인 등 유명인은 사생활의 비밀과 자유의 주체가 되지 못하는 것이 아니라 일반인에 비해 사생활의 비밀과 자유의 범위가 협소하므로 이러한 자들은 수인의 한도가 일반인보다 고도로 요구되므로, 이들의 사회적 지위에 따라 사생활의 비밀과 자유의 한계가 결정되어야 한다는 이론을 말한다.

> **관련 판례** 인격영역에 관한 판례
>
> **1 4급 이상 공무원의 질병명 공개 [헌법불합치]**
> 사람의 육체적·정신적 상태나 건강에 대한 정보, 성생활에 대한 정보와 같은 것은 인간의 존엄성이나 인격의 내적 핵심을 이루는 요소이다. 따라서 외부세계의 어떤 이해관계에 따라 그에 대한 정보를 수집하고 공표하는 것이 쉽게 허용되어서는 개인의 내밀한 인격과 자기정체성이 유지될 수 없다. 이 사건 법률조항에 의하여 그 공개가 강제되는 질병명은 내밀한 사적 영역에 근접하는 민감한 개인정보이다. 인간이 아무리 공동체에서 어울려 살아가는 사회적 존재라 할지라도 개인의 질병명은 외부세계와의 접촉을 통하여 생성·전달·공개·이용되는 것이 자연스럽거나 필요한 정보가 아니다.
> 오히려 특별한 사정이 없는 한 타인의 지득, 외부에 대한 공개로부터 차단되어 개인의 내밀한 영역 내에 유보되어야 하는 정보인 것이다. 공무원의 질병명 정보 또한 마찬가지이다. … 이 사건 법률조항이 **공적 관심의 정도가 약한 4급 이상의 공무원들까지 대상으로 삼아 모든 질병명을 아무런 예외 없이 공개**토록 한 것은 입법목적 실현에 치중한 나머지 사생활 보호의 헌법적 요청을 현저히 무시한 것이고, 이로 인하여 청구인들을 비롯한 해당 공무원들의 헌법 제17조가 보장하는 기본권인 사생활의 비밀과 자유를 침해하는 것이다(헌재 2007.5.31, 2005헌마1139).
>
> **2 김일성 애도편지 사건 [기각]**
> 신문보도의 명예훼손적 표현의 피해자가 공적 인물인지 아니면 사인인지, 그 표현이 공적인 관심 사안에 관한 것인지 순수한 사적인 영역에 속하는 사안인지의 여부에 따라 헌법적 심사기준에는 차이가 있어야 한다. 객관적으로 국민이 알아야 할 공공성·사회성을 갖춘 사실은 민주제의 토대인 여론형성이나 공개토론에 기여하므로 형사제재로 인하여 이러한 사안의 게재를 주저하게 만들어서는 안 된다. 신속한 보도를 생명으로 하는 신문의 속성상 허위를 진실한 것으로 믿고서 한 명예훼손적 표현에 정당성을 인정할 수 있거나, 중요한 내용이 아닌 사소한 부분에 대한 허위보도는 모두 형사제재의 위협으로부터 자유로워야 한다. 시간과 싸우는 신문보도에 오류를 수반하는 표현은, 사상과 의견에 대한 아무런 제한 없는 자유로운 표현을 보장하는 데 따른 불가피한 결과이고 이러한 표현도 자유토론과 진실확인에 필요한 것이므로 함께 보호되어야 하기 때문이다. 그러나 허위라는 것을 알거나 진실이라고 믿을 수 있는 정당한 이유가 없는데도 진위를 알아보지 않고 게재한 허위보도에 대하여는 면책을 주장할 수 없다(헌재 1999.6.24, 97헌마265).

2. 행정법상 의무위반자의 명단공표와의 관계

행정법상의 의무불이행이 있는 경우에 명단공표(부동산 투기자 명단공개, 공해배출업소 명단공개)에 관하여는 국세징수 사무 처리규정(국세청 훈령)에서 고액체납자의 명단공표를 규정하고 있다. 이러한 경우에도 공표의 필요성과 개인의 사생활의 비밀 사이에 법익의 균형이 이루어져야 한다. 국가기관의 경우는 위법성 조각사유가 개인보다 훨씬 엄격하다. 즉, 상당한 이유가 있어야 하므로 명확한 증거가 없다면 위법성이 조각되지 않는다.

🔎 관련 판례 사생활의 비밀과 자유에 관한 판례

1 의료비내역 관련 정보의 제공 [기각]

이 사건 법령조항은 의료비 특별공제를 받고자 하는 근로소득자의 연말정산을 위한 소득공제증빙자료 제출의 불편을 해소하는 동시에 이에 따른 근로자와 사업자의 시간적·경제적 비용을 절감하고 **부당한 소득공제를 방지하려는 데 그 목적이 있고** … 근로소득자들의 개인정보자기결정권을 침해하였다고 볼 수 없다(헌재 2008.10.30, 2006헌마1401 등).

2 공직선거 후보자의 실효된 형의 범죄경력 공개 [기각]

금고 이상의 범죄경력에 실효된 형을 포함시키는 이유는 선거권자가 공직후보자의 자질과 적격성을 판단할 수 있도록 하기 위한 점, 전과기록은 통상 공개재판에서 이루어진 국가의 사법작용의 결과라는 점, 전과기록의 범위와 공개시기 등이 한정되어 있는 점 등을 종합하면, 이 사건 법률조항은 피해최소성의 원칙에 반한다고 볼 수 없고, 공익적 목적을 위하여 공직선거 후보자의 사생활의 비밀과 자유를 한정적으로 제한하는 것이어서 법익균형성의 원칙도 충족한다. 따라서 이 사건 법률조항은 청구인들의 사생활의 비밀과 자유를 침해한다고 볼 수 없다(헌재 2008.4.24, 2006헌마402 등).

3 국민기초생활보장법상 수급대상자의 금융거래정보제공 [기각]

수급신청자에게 그 수급의 자격이 있는지 여부 및 필요한 급여액의 정보를 파악하기 위하여 적절한 수단이다(헌재 2005.11.24, 2005헌마112).

4 공판정에서 녹취시 법원 허가 필요 [기각]

피고인이나 변호인에 의한 공판정에서의 녹취는 진술인의 인격권 또는 사생활의 비밀과 자유에 대한 침해를 수반하고, 실체적 진실발견 등 다른 법익과 충돌할 개연성이 있으므로, 녹취를 금지해야 할 필요성이 녹취를 허용함으로써 달성하고자 하는 이익보다 큰 경우에는 녹취를 금지 또는 제한함이 타당하다. 따라서 검사, 피고인 또는 변호인이 **법정에서 속기 또는 녹취를 하고자 할 때에는 미리 법원의 허가를 받아야 한다고 규정하는 형사소송규칙 제40조는 헌법에 위반된다고 단정할 수 없다**(헌재 1995.12.28, 91헌마114).

5 지문날인제도 [기각]

이 사건 지문날인제도로 인하여 정보주체가 현실적으로 입게 되는 불이익에 비하여 경찰청장이 보관·전산화하고 있는 지문정보를 범죄수사 활동, 대형사건·사고나 변사자가 발생한 경우의 신원확인, 타인의 인적사항 도용 방지 등 **각종 신원확인의 목적을 위하여 이용함으로써 달성할 수 있게 되는 공익이 더 크다**고 보아야 할 것이므로, 이 사건 지문날인제도는 과잉금지의 원칙에 위배되지 아니한다(헌재 2005.5.26, 99헌마513). 08. 국회직 8급

📋 기출OX

01 공판정에서의 모든 진술인은 원칙적으로 자기의 말을 누가 녹음할 것인지와 녹음된 자기의 음성이 재생될 것인지 여부 및 누가 재생할 것인지 여부에 관하여 스스로 결정할 권리가 있다. (O)
08. 국회직 8급

02 헌법재판소는 열 손가락 지문날인제도에 대하여 과잉금지원칙 위반으로 개인정보자기결정권을 침해한다고 결정하였다. (×)
08. 국회직 8급

기출OX

주민등록법에서 주민등록번호 변경에 관한 규정을 두고 있지 않은 것이 주민등록번호 불법 유출 등을 원인으로 자신의 주민등록번호를 변경하고자 하는 사람들의 개인정보자기결정권을 침해하는 것은 아니다. (×) 16. 국가직 7급

기출OX

01 학교폭력 가해학생에 대한 조치사항을 학교생활기록부에 기재하고 졸업할 때까지 보존하는 것은 과잉금지원칙에 위배되어 가해학생의 개인정보자기결정권을 침해한다. (×) 16. 국가직 7급

02 통신매체이용음란죄로 유죄판결이 확정된 사람을 일률적으로 신상정보등록대상자가 되도록 하는 것은 침해의 최소성에 위배되어 개인정보자기결정권을 침해한다. (○) 18. 지방직 7급

03 변호사 정보 제공 웹사이트 운영자가 변호사들의 개인신상정보를 기반으로 한 인맥지수를 공개하는 서비스를 제공하는 행위는 변호사들의 개인정보에 관한 인격권을 침해한다. (○) 22. 국가직 7급

6 경찰공무원의 재산등록 [기각]

이 사건 시행령조항은 경찰공무원에게 재산등록 의무를 부과함으로써 경찰공무원의 청렴성을 확보하고자 하는 것이므로 그 목적의 정당성과 수단의 적정성이 인정되고, 등록되는 재산사항의 범위가 한정적인 점, 직계존비속이 재산사항의 고지를 거부할 수 있는 점 및 등록된 재산사항의 유출 방지를 위한 여러 형벌적 조치가 조재하는 점 등을 종합하여 보면 이 사건 시행령 조항은 청구인의 사생활의 비밀과 자유의 제한을 최소화하도록 규정하고 있다고 할 것이다(헌재 2010.10.28, 2009헌마544).

7 주민등록번호 변경 [헌법불합치]

주민등록번호는 개인정보이며, 심판대상 조항은 주민등록번호 변경에 관한 규정을 두고 있지 않다. 현대사회에서 개인정보가 불법 유출 오·남용으로 인한 피해에 대해 변경을 일률적으로 허용하지 않는 것은 과도한 침해가 된다(헌재 2015.12.23, 2013헌바68).

8 성충동 약물치료 [헌법불합치]

장기간의 수감생활 중의 사정변경으로 인해 필요성이 없게 된 경우까지 이를 배제할 수 있는 절차가 없음에도 선고시점에서 치료명령청구가 이유 있는 경우 치료명령을 선고하도록 한 것으로 침해의 최소성이 인정되지 않는다(속칭 화학적 거세)(헌재 2015.12.23, 2013헌가9).

9 채무불이행자명부 복사

채무불이행자명부나 그 부본은 누구든지 보거나 복사할 것을 신청할 수 있도록 규정한 민사집행법 제72조 제4항이 과잉금지의 원칙에 반하여 채무불이행자명부에 등재된 청구인들의 개인정보자기결정권을 침해하지 않는다(헌재 2010.5.27, 2008헌마663).

10 학교폭력 가해학생에 대한 조치사항을 생활기록부에 기재 [합헌]

학교폭력 관련조치사항을 학교생활기록의 '행동특성 및 종합의견'에 입력하도록 규정한 것과 이렇게 입력된 조치사항을 졸업과 동시에 삭제하도록 규정한 것은 법률유보원칙이나 과잉금지원칙에 반하여 개인정보자기결정권을 침해하지 않는다(헌재 2016.4.28, 2012헌마630).

11 통신매체이용음란죄를 저지른 경우 신상정보등록 [위헌]

통신매체이용음란죄로 유죄판결이 확정된 자는 신상정보등록대상자가 된다고 규정한 조항은 목적의 정당성 및 수단의 적합성은 인정되나, 통신매체이용음란죄로 유죄의 확정판결을 받은 자에 대하여 **개별 행위 유형에 따른 죄질 및 재범의 위험성을 고려하지 않고 모두 신상정보 등록대상자가 되도록 하여** 개인정보자기결정권을 침해하여 헌법에 위반된다(헌재 2016.3.31, 2015헌마688).

12 변호사 정보제공 사이트

[1] 인맥지수서비스를 제공하는 행위는 개인정보에 관한 인격권을 침해하는 것이다.
[2] 승소율과 전문성 지수를 제공하는 행위는 위법하지 않다(대판 2011.9.2, 2008다42430 전합).

13 수사경력자료의 보존 [합헌]

혐의 없음의 불기소처분을 받은 경우에도 수사경력자료를 보존하고 그 보존기간을 두는 것은 수사의 반복을 피하기 위한 것으로 개인정보자기결정권을 침해하지 아니한다(헌재 2012.7.26, 2010헌마446).

14 불처분결정된 소년부송치 사건 자료 보존 [헌법불합치]

형실효법이 법원에서 불처분결정된 소년부송치 사건의 수사경력자료에 대한 삭제 및 보존기간의 규정을 두지 않아, 당사자의 사망시까지 소년부송치되었다는 내용의 수사경력자료가 보존되는 것은 당사자의 개인정보자기결정권을 침해하여 헌법에 위반된다는 결정이다(헌재 2021.6.24, 2018헌가2).

15 미결수용자의 교도소 내 징벌정보 통보행위 [합헌]

이는 교정시설 내 안전과 질서를 유지하고, 미결수용자에 대한 적정한 양형을 실현하기 위한 것으로 개인정보자기결정권을 침해하지 않는다(헌재 2016.4.28, 2013헌마865).

16 성범죄자 신상정보 등록 [합헌]

[1] 거주이전의 자유나 직업선택의 자유, 진술거부권이 제한되는 영역이 아니다.
[2] 이를 통해 달성되는 공익이 매우 중대하여 개인정보자기결정권을 침해하지 않는다(헌재 2016.9.29, 2015헌마548).

17 게임물 이용자의 본인인증❶ [합헌]

청소년의 회원가입시 법정대리인의 동의를 확보하고 게임중독 방지라는 공익이 중대하여 개인정보자기결정권을 침해하지 아니한다(헌재 2015.3.26, 2013헌마517).

18 건강보험 요양급여 내역 제공행위 [인용]

[1] 사실조회행위는 임의수사에 해당하므로 영장주의가 적용되지 않는다.
[2] 수사기관은 이미 소재를 파악한 상태였거나 다른 수단으로 충분히 파악할 수 있었으므로 민간정보인 요양급여정보가 수사기관에 제공되어 중대한 불이익을 받게 되었다. 따라서 이는 개인정보자기결정권을 침해하였다(헌재 2018.8.30, 2014헌마368).

19 문화예술계 블랙리스트 [인용]

이른바 문화예술계 블랙리스트 사건과 관련하여, 정부의 지원을 차단할 목적으로 개인의 정치적 견해에 관한 정보를 수집·보유·이용한 행위가 개인의 개인정보자기결정권을 침해하는 것으로 위헌임을 확인하였다. 또한, 정부에 대한 비판적 견해를 가졌다는 이유로 지원사업에서 배제되도록 지시한 것은, 정치적 표현의 자유에 대한 사후적인 제한으로서, 헌법상 허용될 수 없음을 확인하였다(헌재 2020.12.23, 2017헌마416).

20 인체면역결핍 바이러스 전파매개행위 [합헌]

인체면역결핍 바이러스에 감염된 사람이 혈액 또는 체액을 통하여 다른 사람에게 전파매개행위를 하는 것을 처벌하는 후천성면역결핍증 예방법 조항은 감염인의 제한 없는 방식의 성행위 등과 같은 사생활의 자유 및 일반적 행동자유권이 제약되는 것에 비하여 국민의 건강 보호라는 공익을 달성하는 것은 더욱 중대하다. 따라서 심판대상조항은 과잉금지원칙을 위반하여 감염인의 사생활의 자유 및 일반적 행동자유권을 침해하지 아니한다(헌재 2023.10.26, 2019헌가30).

기출OX

구 형의 실효 등에 관한 법률의 해당 조항이 법원에서 불처분결정된 소년부송치 사건에 대한 수사경력자료의 삭제 및 보존기간에 대하여 규정하지 아니하여 수사경력자료에 기록된 개인정보가 당사자의 사망 시까지 보존되면서 이용되는 것은 당사자의 개인정보자기결정권에 대한 제한에 해당한다. (○) 21. 국가직 7급

❶ 사생활의 비밀과 자유는 개인정보자기결정권에 대해 보충적 관계로 사안에서는 판단하지 아니한다.

제2항 주거의 자유

1 의의

주거의 자유란 자신의 주거를 공권력이나 제3자로부터 침해당하지 아니할 권리를 말한다. 주거의 평온이 보장받지 아니하고는 진정한 사생활의 내용에 대한 보호도 기대하기 어려우므로 주거의 자유란 '공간적 영역에서의 사생활보호'라 할 수 있고, 사생활의 비밀과 자유가 주거의 자유보다 더 포괄적인 개념이다.

2 주체

주거의 자유의 주체는 일정한 주거에 거주함으로써 그 장소로부터 사생활상의 이익을 얻는 자이므로 모든 국민과 외국인이 주거의 자유의 주체가 될 수 있으나 성질상 법인은 주거의 자유의 주체가 될 수 없다.

3 내용

1. 주거의 의미

(1) 주거란 현재의 거주 여하를 불문하고 개인의 사생활을 영위하기 위해 점유하고 있는 일체의 공간적인 생활영역을 의미한다. 현대에는 주거의 범위를 넓게 인정하여 공간적으로 외부와 구획된 모든 사적인 생활공간을 포함하는 개념으로 이해한다. 따라서 생활의 본거지가 되는 민법상의 주소와는 다른 개념이다.

(2) 주거는 가옥에 한정되지 않는다. 회사사무실, 여관방, 연구실, 학교, 작업장, 공장 등도 주거에 속한다. 주로 부동산인 경우가 대부분이나 동산(기거용 이동차량 등)인 경우도 주거에 속한다. 임시생활을 위한 천막도 주거의 개념에 속하므로 주거의 개념에는 시간적 계속성을 요하지 않는다.

(3) 공공에게 출입이 개방되어 있는 장소인 음식점, 상점, 서점 등은 영업시간 내에는 주거라 볼 수 없다. 그러나 이러한 장소도 관리자의 명시적 출입금지의사에 반하여 출입하면 주거침입죄가 성립된다.

2. 침해의 의미

침해란 거주자 또는 점유자의 동의나 승낙 없이 또는 그 의사에 반하여 주거 내에 허가 없이 들어가는 것을 말한다. 주거 내에 도청시설을 하여 내부의 대화를 도청하거나 녹음하는 것도 주거침입죄에 해당된다.

주거침입죄 O	주거침입죄 X
• 대학강의실·연구실 침입(연구목적이 아닌 사채업자의 경우 인정) • 호텔·여관 침입(이 경우 투숙객이 주거권자) • 주거이동차량, 선박 • 임대기간 만료 후 무단침입	• 간통목적 주거침입 • 영업중인 음식점(이 경우 사실상 평온을 해하는 경우라면 가능) • 백화점, 상점, 서점 • 공개적으로 누구나 들어갈 수 있는 곳

🔍 관련 판례

내부출입문을 손으로 두드린 행위는 주거침입으로 보기 어려움

피해자의 집 마당은 도로에 바로 접하여 있고 출입을 통제하는 문이나 담 기타 인적·물적 설비가 없으므로, 주거침입죄의 객체가 되는 위요지에 해당한다고 단정하기 어렵다. 또한 주거의 형태와 용도·성질, 외부인에 대한 출입의 통제·관리의 방식과 상태, 출입 경위와 방법 등을 종합적으로 고려하면, 청구인이 사실상의 평온상태를 해치는 행위 태양으로 피해자의 집에 들어갔다고 단정하기 어렵다(헌재 2022.10.27. 2020헌마866).

제3항 거주·이전의 자유

1 의의

1. 개념

거주·이전의 자유란 국가권력의 방해를 받음이 없이 자신이 원하는 곳에 주소나 거소를 설정하거나, 그 곳으로부터 자유로이 이전하거나, 자기의사에 반하여 주소나 거소를 옮기지 않을 자유를 의미한다. 거주·이전의 자유는 거주지나 체류지라고 볼 만한 정도로 생활과 밀접한 연관을 갖는 장소를 선택하고 변경하는 행위를 보호하는 기본권으로서, 생활의 근거지에 이르지 못하는 일시적인 이동을 위한 장소의 선택과 변경까지 그 보호영역에 포함되는 것은 아니다.

2. 법적 성격

(1) 거주·이전의 자유는 인간의 존엄과 가치를 유지하기 위한 개인의 인격형성을 보장해 준다.

(2) 거주·이전의 자유는 자신이 원하는 곳에 거소나 주소를 설정함으로써 그곳으로부터 사생활의 자유를 보장받는 사생활상 기본권으로서의 성격을 갖는다.

2 주체

거주·이전의 자유의 주체는 국민과 국내법인만이 주체가 되며, 경제적 성격을 갖는 기본권이므로 외국인은 원칙적으로 거주·이전의 자유가 보장되지 아니한다. 다만, 입국이 허락된 외국인에게는 출국의 자유는 인정된다.

📋 기출OX

외국인에게도 입국의 자유가 인정된다. (×)
01. 국가직 7급

📊 비교 정리

구분	주체
거주·이전	외국인 ×
	법인 ○
주거	외국인 ○
	법인 ×

3 내용

1. 국내에서의 거주·이전의 자유

국내에서의 거주·이전의 자유란 대한민국의 영역 내에서 자유롭게 체류지와 거주지를 설정하고, 임의로 변경할 수 있는 자유를 의미한다. 이러한 국내거주·이전의 자유는 직업상의 이유로 인한 경우뿐만 아니라 국내여행의 자유를 포함한다. 북한지역에도 대한민국의 주권이 미치나 현실적으로 실효성이 없으므로 국내거주·이전의 자유는 북한지역으로의 거주·이전의 자유를 포함한다고 볼 수 없다. 따라서 북한지역으로의 거주·이전은 국가보안법의 반국가단체 잠입·탈출죄에 의해 처벌을 받는다.

2. 국외에서의 거주·이전의 자유

(1) 해외여행의 자유

① 해외여행의 자유는 입국의 자유와 출국의 자유를 그 내용으로 한다. 다만, 병역이나 세금의무자, 범죄혐의가 있는 자의 출국을 제한하는 것은 거주·이전의 자유를 침해하는 것은 아니다.
② 북한주민의 귀순은 입국의 자유에 의하여 보장된다는 것이 다수설적 견해이다.
③ 여권법과 출입국관리법은 해외여행의 자유를 간접적으로 제한하고 있는바, 출국을 허가제의 형식으로 운영하면 거주·이전의 자유를 침해하여 위헌이라 볼 것이다.

(2) 국적이탈의 자유(국적변경의 자유)

국적이탈의 자유는 우리나라 국적을 포기하고, 외국 국적을 취득하는 것을 말한다. 이러한 국적이탈의 자유는 거주·이전의 자유에 포함된다고 본다. 그러나 국적이탈의 자유에 무국적의 자유까지 보장하는 것은 아니다.

4 제한과 한계

거주·이전의 자유는 헌법 제37조 제2항에 따라 국가안전보장·질서유지·공공복리를 위해 법률로써 제한할 수 있다. 국가보안법에 의한 북한지역의 여행제한, 군사시설보호법에 의한 군사시설보호구역 내의 거주·이전의 자유의 제한, 민법에 의한 부모의 자녀에 대한 거소지정권, 부부의 동거의무, 파산자·재소자·군인·군무원에 대한 거주·이전의 자유의 제한이 이에 속한다.

비교 정리

국적이탈의 자유

구분		국적이탈
내국인	변경	O
	무국적	×
외국인		×

기출 OX

거주·이전의 자유에 무국적의 자유는 포함되지 않는다. (O) 01. 국가직 7급

관련 판례

1 국적선택권
천부인권 사상은 국민주권을 기반으로 하는 자유민주주의 헌법을 낳았고 이 헌법은 인간의 존엄과 가치를 존중하므로, 개인은 자신의 운명에 지대한 영향을 미치는 정치적 공동체인 국가를 선택할 수 있는 권리, 즉 국적선택권을 기본권으로 인식하기에 이르렀다. 그러나 개인의 국적선택에 대하여는 나라마다 그들의 국내법에서 많은 제약을 두고 있는 것이 현실이므로, 국적은 아직도 자유롭게 선택할 수 있는 권리에는 이르지 못하였다고 할 것이다. 그러므로 "이중국적자의 국적선택권"이라는 개념은 별론으로 하더라도, 일반적으로 **외국인인 개인이 특정한 국가의 국적을 선택할 권리가 자연권으로서 또는 우리 헌법상 당연히 인정된다고는 할 수 없다고 할 것이다**(헌재 2006.3.30, 2003헌마806).

2 병역의무자에 대한 국외여행허가제 [기각]
병역법이 병역의무자에 대한 국외여행허가 및 귀국보증제도와 그 위반자 및 귀국보증인에 대한 처벌제도를 규정한 근본 취지는, 법률이 정하는 바에 의하여 국방의 의무를 진 모든 국민으로 하여금 헌법과 병역법이 정하는 바에 의하여 병역의무를 성실히 수행하도록 하기 위하여(헌법 제39조 및 병역법 제3조 참조) 병역의무자의 국외여행에 대하여 일정한 기간의 제한을 두고, 그 제한된 기간 내에 귀국하지 아니하는 자와 그의 귀국을 보증한 자를 함께 처벌함으로써 병역의무자가 허가된 기간 내에 귀국할 것을 보장하려는 데 있다(헌재 1990.6.22, 90헌마310).

3 해외체재자의 병역의무면제 [합헌]
이 사건 조항이 있더라도 청구인은 자유롭게 해외에 거주하거나 해외로 이전할 수 있다. 따라서 해외에 체재하게 되면 그 감면연령이 다른 사람보다 늦춰지게 된다고 해서 이를 거주·이전의 자유의 제한이라고 할 수는 없다(헌재 2004.11.25, 2004헌바15).

4 해외 위난지역에서의 여권사용 제한 [기각]
이 사건 고시는 국민의 생명·신체 및 재산을 보호하기 위한 것으로 그 목적의 정당성과 수단의 적절성이 인정되며, **대상지역을 당시 전쟁이 계속 중이던 이라크와 소말리아, 그리고 실제로 한국인에 대한 테러 가능성이 높았던 아프가니스탄 등 3곳**으로 한정하고, 그 기간도 1년으로 하여 그다지 장기간으로 볼 수 없을 뿐 아니라, 부득이한 경우 예외적으로 외교통상부장관의 허가를 받아 여권의 사용 및 방문·체류가 가능하도록 함으로써 국민의 거주·이전의 자유에 대한 제한을 최소화하고 법익의 균형성도 갖추었다. 결국 이 사건 고시가 과잉금지원칙에 위배하여 청구인들의 거주·이전의 자유를 침해하였다고 볼 수 없다(헌재 2008.6.26, 2007헌마1366).

5 추징금 미납자에 대한 출국금지 [합헌]
일정금액 이상의 추징금을 납부하지 아니한 자에게 법무부장관이 출국을 금지할 수 있도록 함으로써 헌법 제14조상의 거주·이전의 자유 중 출국의 자유를 제한하고 있다. 이 법조항은 추징금을 미납한 국민이 출국을 이용하여 재산을 해외로 도피하는 방법으로 강제집행을 곤란하게 하는 것을 방지함으로써 추징금에 관한 국가의 형벌권을 실현하고자 하는 것에 그 목적이 있고, 출국금지의 대상이 되는 추징금은 2,000만원으로 규정하여 출국의 자유를 제한할 수 있도록 하고 있으며, … 합헌적 근거 법조항에 따라 시행되는 제도라 할 것이다(헌재 2004.10.28, 2003헌가18).

6 형사재판에 계속 중인자 출국금지 결정 [합헌]

심판대상조항에 따른 출국금지결정은 성질상 신속성과 밀행성을 요하므로, 출국금지 대상자에게 사전통지를 하거나 청문을 실시하도록 한다면 국가 형벌권 확보라는 출국금지제도의 목적을 달성하는 데 지장을 초래할 우려가 있다. 나아가 출국금지 후 즉시 서면으로 통지하도록 하고 있고, 이의신청이나 행정소송을 통하여 출국금지결정에 대해 사후적으로 다툴 수 있는 기회를 제공하여 절차적 참여를 보장해 주고 있으므로 적법절차원칙에 위배된다고 보기 어렵다(헌재 2015.9.24, 2012헌바302).

7 북한 고위직 출신의 여권발급 제한

여권발급 신청인이 북한 고위직 출신의 탈북 인사로서 신변에 대한 위해 우려가 있다는 이유로 신청인의 미국 방문을 위한 여권발급을 거부한 것은 여권법 제8조 제1항 제5호에 정한 사유에 해당한다고 볼 수 없고 거주·이전의 자유를 과도하게 제한하는 것으로서 위법하다(대판 2008.1.24, 2007두10846).

8 법인의 대도시 부동산 취득시 중과세 [합헌]

인구와 경제력의 대도시 집중을 억제함으로써 대도시 주민의 생활환경을 보전·개선하고 지역 간의 균형발전 내지는 지역경제를 활성화하기 위해 법인이 대도시에 부동산을 취득할 경우 통상세율의 5배의 등록세를 부과하는 것은 과잉금지원칙에 위배되지 아니한다(헌재 1998.2.27, 97헌바79).

▶ 거주·이전의 자유와 재산권을 모두 제한하지만 합헌이다.

제4항 통신의 자유

1 의의

1. 개념

통신의 자유, 통신의 비밀의 불가침이란 개인이나 법인이 그 의사나 정보를 우편물이나 전기통신 등의 수단(편지, 전화, 전보, 텔렉스 등)에 의하여 자유롭게 전달·교환하는 경우 그 내용이 본인의 의사에 반하여 외부에 공개되지 아니할 자유, 즉 '통신의 측면에서 사생활의 비밀'을 보호하는 것을 의미한다.

2. 표현의 자유와의 차이점

표현의 자유가 대외적 대화과정을 보호하고자 하는 것이라면 통신의 자유는 대내적 대화과정을 보호하는 것이다.

📋 **비교 정리**

구분	대상	보호
표현	불특정다수	대외적
통신	특정인	대내적

2 주체

통신의 자유의 주체는 국민뿐만 아니라 외국인에게도 인정되며, 법인과 법인격 없는 단체에게도 보장된다.

3 내용

통신의 개념은 좁은 의미의 통신과 넓은 의미의 통신으로 나누어진다. 좁은 의미의 통신이란 편지·전화·전신·팩스 등 격지자❶간의 의사의 전달을 말하고, 넓은 의미의 통신은 의사전달뿐만 아니라 일체의 물품의 수수를 포함한다.

❶ 격지자는 멀리 떨어져 있는 사람을 말한다.

4 한계와 제한(통신비밀 보호법)

1. 불법검열의 금지

우편물의 검열 또는 전기통신의 감청을 하거나 공개되지 아니한 타인간의 대화를 녹음 또는 청취하지 못한다. 이러한 불법검열에 의하여 취득한 우편물이나 그 내용 및 불법감청에 의하여 지득 또는 채록된 전기통신의 내용은 재판 또는 징계절차에서 증거로 사용할 수 없다(통신비밀보호법 제4조).

기출OX

01 통신비밀보호법은 불법감청에 의하여 지득 또는 채록된 전기통신의 내용은 재판절차에서 증거로 사용될 수 없음을 명문으로 규정하고 있다. (O)　00. 사시, 05. 행시

02 누구든지 공개되지 아니한 타인간의 대화를 녹음하거나 전자장치 또는 기계적 수단을 이용하여 청취할 수 없다. (O)　22. 경찰간부

> **🔍 관련 판례**
>
> **타인간의 대화의 녹음**
>
> 통신비밀보호법 제3조 제1항이 "공개되지 아니한 타인간의 대화를 녹음 또는 청취하지 못한다."고 정한 것은, 대화에 원래부터 참여하지 않는 제3자가 그 대화를 하는 타인들 간의 발언을 녹음해서는 아니 된다는 취지이다. 3인간의 대화에 있어서 그 중 한 사람이 그 대화를 녹음하는 경우에 다른 두 사람의 발언은 그 녹음자에 대한 관계에서 '타인간의 대화'라고 할 수 없으므로 이와 같은 녹음행위가 통신비밀보호법 제3조 제1항에 위배된다고 볼 수는 없다(대판 2006.10.12, 2006도4981).

2. 범죄수사를 위한 통신제한 조치

다음의 요건이 구비된 경우에는 예외적으로 감청❷ 등 통신제한조치가 허용된다.

❷ 감청은 법에 따른 절차로 합법이고, 도청은 법에 따르지 않은 절차로 불법이다.

(1) 전기통신 등이 통신비밀보호법에 규정된 범죄목적에 이용되는 것이 확실하고 범죄를 계획 또는 실행하고 있거나 실행하였다고 의심할 만한 충분한 이유가 있는 경우, 다른 방법으로는 범행의 저지나 범인의 체포 또는 증거의 수집이 어려운 경우, 검사는 일반범죄수사를 위하여 법원으로부터 허가서를 발부받은 경우에 한하여 감청 등 통신제한조치를 할 수 있다. 법원의 허가서에는 통신제한조치의 종류·목적·대상·범위·기간을 기재하여야 한다. 이러한 경우 통신제한조치는 2개월을 초과할 수 없다. 통신제한조치사유가 존속하는 경우에는 2개월 내에 한하여 연장이 가능하다.

(2) 정보수사기관의 장은 국가안전보장에 대한 위해를 방지하기 위해 이에 관한 정보수집이 특히 필요한 때에 통신의 일방 또는 쌍방 당사자가 내국인인 경우에는 고등법원 수석판사의 허가를 받아 통신제한조치를 할 수 있으며, 외국인이나 외국단체·적대국가·외국의 기관인 경우 대통령의 승인을 얻어 통신제한조치를 할 수 있다. 이때 통신제한조치는 4개월을 초과할 수 없다. 통신제한조치 사유가 존속하는 경우에는 4개월 내에 한하여 연장이 가능하다(통신비밀보호법 제7조).

📋 **참고**

이 판례 이후 법이 개정되어 통신제한조치 연장의 상한기간이 설정되어 1년으로 제한되었다. 또한 국가보안법 등을 위반한 경우에는 3년으로 제한된다.

🔍 **관련 판례**

통신비밀보호법 제6조 제7항 단서 위헌제청 [헌법불합치]

통신제한조치기간을 연장하기 위해서는 법원의 허가를 받아야 하지만 법원이 통신제한조치기간의 연장이 남용되는 것을 통제하는 것은 일정한 한계가 있다. 실제로 기간연장을 심사함에 있어서 일단 통신제한조치가 허가된 이후에는 계속되는 기간연장의 청구가 기각되는 일이 실무상 매우 드물다는 사실은 기간연장의 청구를 실질적으로 심사하여 통제하는 것이 사실상 어렵다는 점을 방증해 준다. 실제 통신제한조치의 기간연장절차의 남용을 통제하는데 한계가 있는 이상 통신제한조치 기간연장에 사법적 통제절차가 있다는 사정만으로는 그 남용으로 인하여 개인의 통신의 비밀이 과도하게 제한되는 것을 막을 수 없기 때문에, 통신제한조치기간을 연장함에 있어 법운용자의 남용을 막을 수 있는 최소한의 한계를 설정할 필요가 있다. 그럼에도 통신제한조치의 총연장기간이나 총연장횟수를 제한하지 않고 계속해서 통신제한조치가 연장될 수 있도록 한 이 사건 법률조항은 최소침해성원칙을 위반한 것이다(헌재 2010.12.28, 2009헌가30).

📝 **기출OX**

검사, 사법경찰관 또는 정보수사기관의 장은 일정하고, 중대한 범죄수사를 위한 경우로서 긴급한 사유가 있는 때에는 법원의 허가 없이 긴급통신제한조치를 할 수 있으나, 이 경우 36시간 이내에 법원에 허가청구를 하여야 한다. (×) 　　　07. 국회직 8급

3. 긴급감청제도

검사 또는 정보수사기관의 장이 법원의 허가서나 대통령의 승인을 받을 수 없는 긴급한 사유가 있는 때에는 법원의 허가 없이, 정보수사기관의 장은 소속장관의 승인을 얻어 긴급감청을 할 수 있다. 이 경우 검사는 지체없이 법원의 허가를 받아야 하며, 긴급통신제한조치의 집행에 착수한 때부터 36시간 이내에 법원의 허가를 받지 못한 경우에는 해당 조치를 즉시 중지하고 해당 조치로 취득한 자료를 폐기하여야 한다(통신비밀보호법 제8조).

📋 **정리** 통신비밀보호법상 통신의 자유 제한 사유

수사	주체	시기	대상인	제한내용
범죄수사 (2월 + 2월)	검사	-	-	• 법원의 허가 • 긴급시 허가 불요(36시간 내)
국가안전 보장관련 수사 (4월 + 4월)	정보 기관의 장	평상시	내국인 (일방 또는 쌍방이 내국인인 경우)	• 정보기관의 장이 신청 • 고등법원 수석판사의 허가
			외국인 등	대통령 승인
		긴급시	내국인	사후 36시간 내 검사를 통해 고등법원 수석판사의 허가
			외국인	• 소속장관의 승인 • 36시간 내 대통령의 승인

4. 통신제한조치 통지제도

통신제한조치의 대상이 된 자의 알 권리를 충족하기 위하여 통신제한조치대상이 된 자에게 행하는 통신제한조치집행에 관한 통지제도를 신설하였다.

5. 감청설비에 대한 인가기관

감청설비를 제조·수입·판매·배포·소지·사용하거나 이를 위한 광고를 하고자 하는 자는 과학기술정보통신부장관의 인가를 받아야 한다. 다만, 국가기관의 경우에는 그러하지 아니하다(통신비밀보호법 제10조 제1항).

6. 감청과 압수·수색

인터넷회선 감청은 서버에 저장된 정보가 아니라, 인터넷상에서 발신되어 수신되기까지의 과정 중에 수집되는 정보, 즉 전송 중인 정보의 수집을 위한 수사이므로, 압수·수색과 구별된다(헌재 2018.8.30. 2016헌마263).

관련 판례

1 미결수용자의 서신검열 [위헌확인, 기각]

[1] 변호인 아닌 자와의 서신검열
증거의 인멸이나 도망을 예방하고 교도소 내의 질서를 유지하여 미결구금제도를 실효성 있게 운영하고 일반사회의 불안을 방지하기 위한 미결수용자의 서신에 대한 검열은 그 필요성이 인정된다고 할 것이다. … **서신검열로 인하여 미결수용자의 통신의 비밀이 일부 제한되는 것은 질서유지 또는 공공복리라는 정당한 목적을 위하여 불가피**할 뿐만 아니라 유효적절한 방법에 의한 최소한의 제한으로서 헌법에 위반된다고 할 수는 없다 할 것이다.

[2] 변호인과의 서신의 검열
변호인의 조력을 받을 권리의 기본적인 취지는 접견의 경우뿐만 아니라 변호인 또는 변호인이 되려는 자와 피의자 또는 피고인 사이의 서신의 경우에도 적용되어 그 비밀이 보장되어야 할 것이다. … 따라서 피청구인의 검열행위는 헌법상 보장된 청구인들의 통신의 비밀을 침해받지 아니할 권리와 청구인 **변호인의 조력을 받을 권리를 침해**한 것이라 할 것이다(헌재 1995.7.21, 92헌마144).

2 금지물품 확인을 위해 수용자에게 온 서신을 개봉한 행위 [기각]

교도소장이 법령상 금지되는 물품을 서신에 동봉하여 반입하는 것을 방지하기 위하여 서신의 봉투를 개봉하여 내용물을 확인한 행위로서, 교정시설의 안전과 질서를 유지하고 수용자의 교화 및 사회복귀를 원활하게 하기 위한 것으로 내용에 대한 검열은 원칙적으로 금지되어 청구인의 통신의 자유를 침해하지 아니한다(헌재 2021.9.30, 2019헌마919).

3 감청설비의 제조 등에 있어서의 정보통신부장관의 인가 [합헌]

이 사건 법률조항에서 사인이 감청설비를 제조·수입·판매 등을 하기 위해서는 정보통신부장관의 인가를 받도록 규정한 것은 사인에 의한 통신비밀 침해행위를 사전에 예방하기 위한 것이다. 그리고 국가기관의 감청설비 보유·사유에 대한 관리와 통제를 위한 법적·제도적 장치가 마련되어 있으므로, … 통신의 자유를 침해한다고 볼 수는 없다(헌재 2001.3.21, 2000헌바25).

4 육군신병훈련소에서 전화사용통제 [기각]

이 사건 지침은 신병교육기간 동안 신병들의 전화사용을 통제하고 있으므로 헌법 제18조가 보장하는 통신의 자유를 제한하고 있다. 다만, 이는 신병들을 군인으로 육성하고 교육훈련과 병영생활에 조속히 적응시키기 위한 것으로 과도하게 제한하는 것이라고 보기 어렵다(헌재 2010.10.28, 2007헌마890).

기출OX

감청설비를 제조, 수입, 판매, 배포, 소지, 사용하고자 하는 자는 방송통신위원회의 인가를 받아야 한다. (O)
00. 법행

→ 현재는 과학기술정보통신부장관의 인가를 받아야 한다.

비교 정리

구분	대상
감청	진행중
압수수색	수신 완료·저장

기출OX

인터넷회선 감청은 서버에 저장된 정보가 아니라, 인터넷상에서 발신되어 수신되기까지의 과정 중에 수집되는 정보, 즉 전송 중인 정보의 수집을 위한 수사이므로, 압수·수색과 구별되지 않는다. (X)
22. 경찰간부

기출OX

01 국가기관의 감청설비 보유·사용에 대한 관리와 통제를 위한 법적·제도적 장치가 마련되어 있을지라도, 국가기관이 인가 없이 감청설비를 보유·사용할 수 있다는 사실만 가지고 바로 국가기관에 의한 통신비밀 침해행위를 예상할 수 있으므로 국가기관이 감청설비의 보유 및 사용에 있어서 주무장관의 인가를 받지 않아도 된다는 것은 통신의 자유를 침해한다. (X)
16. 국가직 7급

02 신병훈련소에서 교육훈련을 받는 동안 신병의 전화사용을 통제하는 육군 신병교육지침서는 통신의 자유를 필요한 정도를 넘어 과도하게 제한하고 있는 것은 아니다. (O)
16. 국가직 7급

5 이동통신단말장치 지원금 상한제 [합헌]
지원금 상한 조항으로 인하여 일부 이용자들이 종전보다 적은 액수의 지원금을 지급받게 될 가능성이 있다고 할지라도, 이러한 불이익에 비해 이동통신단말장치의 공정하고 투명한 유통 질서를 확립하여 이동통신 산업의 건전한 발전과 이용자의 권익을 보호한다는 공익이 매우 중대하다(헌재 2017.5.25, 2014헌마844).

6 수사기관의 통신사실 확인자료 열람 및 요청 [헌법불합치]
수사기관의 통신사실 확인자료 제공요청에 대해 법원의 허가를 거치도록 규정하고 있으나 수사의 필요성만을 그 요건으로 하고 있어 제대로 된 통제가 이루어지기 어려운 점, 기지국수사의 허용과 관련하여서는 유괴·납치·성폭력범죄 등 강력범죄나 국가안보를 위협하는 각종 범죄와 같이 피의자나 피해자의 통신사실 확인자료가 반드시 필요한 범죄로 그 대상을 한정하는 방안 또는 다른 방법으로는 범죄수사가 어려운 경우(보충성)를 요건으로 추가하는 방안 등을 검토함으로써 수사에 지장을 초래하지 않으면서도 **불특정 다수의 기본권을 덜 침해하는 수단이 존재하는 점을 고려할 때,** 이 사건 요청조항은 과잉금지원칙에 반하여 청구인의 개인정보자기결정권과 통신의 자유를 침해한다(헌재 2018.6.28, 2012헌마538).
▶ 영장주의 위배는 아니다(법원의 허가를 받도록 규정).

7 위치정보 추적자료
[1] 수사기관이 수사의 필요성이 있는 경우 전기통신사업자에게 위치정보 추적자료를 제공요청할 수 있도록 한 것은 명확성 원칙에 위반되지 않으나, 과잉금지 원칙에 위반된다. 또한 수사 종료 후 위치정보 추적자료를 제공받은 사실 등을 통지하도록 한 것은 헌법상 적법절차 원칙에 위배된다.
[2] 위치정보 추적자료 제공요청은 강제처분에 해당하는바 영장주의가 적용된다. 이때 관할 지방법원의 허가를 받도록 한 것은 영장주의에 위배되지 않는다(헌재 2018.6.28, 2012헌마191).
▶ 개인정보자기결정권, 통신의 자유는 침해이고, 명확성의 원칙, 영장주의는 침해가 아니다.❶

8 인터넷회선 감청의 위헌 여부 [헌법불합치]
인터넷회선 감청의 특성을 고려하여 그 집행 단계나 집행 이후에 수사기관의 권한남용을 통제하고 관련 기본권의 침해를 최소화하기 위한 제도적 조치가 제대로 마련되어 있지 않은 상태에서, 범죄수사 목적을 이유로 인터넷회선 감청을 통신제한조치 허가 대상 중 하나로 정하고 있으므로 이는 헌법에 위반된다(헌재 2018.8.30, 2016헌마263).

9 압수·수색사실 상대방에게 통지 [합헌]
수사의 밀행성을 확보하기 위하여 송·수신이 완료된 전기통신에 대한 압수·수색영장 집행 사실을 수사대상이 된 가입자에게만 통지하도록 하고, 그 상대방에 대해서는 통지하지 않도록 한 것은 적법절차원칙에 위배되어 청구인들의 개인정보자기결정권을 침해한다고 볼 수 없다(헌재 2018.4.26, 2014헌마1178).

10 이동통신서비스 가입 본인확인 [합헌]
[1] 관련 기본권 - 통신의 자유 ○, 개인정보자기결정권 ○, 통신의 비밀 ✕
[2] 개인정보자기결정권, 통신의 자유가 제한되는 불이익과 비교했을 때, 명의도용피해를 막고, 차명휴대전화의 생성을 억제하여 보이스피싱 등 범죄의 범행도구로 악용될 가능성을 방지함으로써 잠재적 범죄 피해 방지 및 통신망 질서 유지라는 더욱 중대한 공익의 달성효과가 인정된다(헌재 2019.9.26, 2017헌마1209).

---

❶ 수사의 필요성이 있는 경우 요청 가능한데 문제는 장기간 지속되더라도 개인은 알기 어려워 수사기관의 권한남용에 대해 적절한 대응이 어렵다.

기출OX

01 인터넷회선 감청은 서버에 저장된 정보가 아니라, 인터넷상에서 발신되어 수신되기까지의 과정 중에 수집되는 정보, 즉 전송 중인 정보의 수집을 위한 수사이므로, 압수·수색에 해당한다. (✕) 19. 지방직 7급
→ 전송 중인 정보이므로 압수·수색과 구별된다.

02 인터넷 사용자가 전기통신역무를 이용한 사실에 관한 인터넷로그기록 자료는 통신사실 확인 자료에 포함된다. (○) 07. 국회직 8급

03 「전기통신사업법」은 수사기관 등이 전기통신사업자에 대하여 통신자료의 제공을 요청할 수 있는 권한을 부여하면서 전기통신사업자에게 수사기관 등의 통신자료 제공요청에 응하거나 협조하여야 할 의무를 부과하지 않으며, 달리 전기통신사업자의 통신자료 제공을 강제할 수 있는 수단을 마련하고 있지 아니하므로, 동법에 따른 통신자료 제공요청은 강제력이 개입되지 아니한 임의수사에 해당하고 이를 통한 수사기관 등의 통신자료 취득에는 영장주의가 적용되지 아니한다. (○) 23. 경찰승진

04 수사기관 등이 전기통신사업자에게 이용자의 성명 등 통신자료의 열람이나 제출을 요청할 수 있도록 한 「전기통신사업법」 해당 조항은 통신자료 취득에 대한 사후통지절차를 두지 않아 적법절차원칙에 위배된다. (○) 23. 소방간부

11 수사기관 등에 의한 통신자료 제공요청 [헌법불합치]

[1] 영장주의 위배 여부
헌법상 영장주의는 체포·구속·압수·수색 등 기본권을 제한하는 강제처분에 적용되므로, 강제력이 개입되지 않은 임의수사에 해당하는 수사기관 등의 통신자료 취득에는 영장주의가 적용되지 않는다.

[2] 명확성 원칙 위배 여부
청구인들은 이 사건 법률조항 중 '국가안전보장에 대한 위해'의 의미가 불분명하다고 주장한다. 그런데 '국가안전보장에 대한 위해를 방지하기 위한 정보수집'은 국가의 존립이나 헌법의 기본질서에 대한 위험을 방지하기 위한 목적을 달성함에 있어 요구되는 최소한의 범위 내에서의 정보수집을 의미하는 것으로 해석되므로, 명확성원칙에 위배되지 않는다.

[3] 과잉금지원칙 위배 여부
수사기관 등이 통신자료 제공요청을 할 수 있는 정보의 범위를 성명, 주민등록번호, 주소 등 피의자나 피해자를 특정하기 위한 불가피한 최소한의 기초정보로 한정하고 있다. 또한 방법이나 제공현황 보고에 관한 규정 등을 두어 최소한의 범위내에서 이루어지도록 하고 있다.

[4] 적법절차 위배 여부
통신자료 취득에 대한 사후통지절차를 두지 않아 적법절차원칙에 위배되어 개인정보자기결정권을 침해한다(헌재 2022.7.21, 2016헌마388).

12 이름, 생년월일, 전화번호, 주소제공

[1] 피청구인 김포시장이 2015년 7월 3일 피청구인 김포경찰서장에게 피의자인 청구인들의 이름, 생년월일, 전화번호, 주소를 제공한 행위는 영장주의가 적용되지 않는다.

[2] 사실조회행위는 강제력이 개입되지 아니한 임의수사에 해당하므로, 이에 응하여 이루어진 이 사건 정보제공행위에도 영장주의가 적용되지 않는다(헌재 2018.8.30, 2016헌마483).

13 비밀번호 설정등 비공개 조치후 방송 송출을 시청·녹화하는 것은 감청

인터넷개인방송의 방송자가 비밀번호를 설정하는 등으로 비공개 조치를 취한 후 방송을 송출하는 경우에는, 방송자로부터 허가를 받지 못한 사람은 당해 인터넷개인방송의 당사자가 아닌 '제3자'에 해당하고, 이러한 제3자가 비공개 조치가 된 인터넷개인방송을 비정상적인 방법으로 시청·녹화하는 것은 통신비밀보호법상의 감청에 해당할 수 있다(대판 2022.10.27, 2022도9877).

제2편 기본권론

제3장 자유권적 기본권

정신적 자유권

- **양심의 자유**
  - 의의 — 사상이 들어가는지 논란, 사실관계 ×
  - 주체 — 국민과 외국인 포함, 법인은 제외
  - 내용
    - 형성
    - 실현
      - 학설대립이 있으나 포함됨
      - 표명
      - **부작위에 의한 양심실현**: 침묵, 양심추지 금지
      - **적극적 양심실현의 자유**: 양심범의 문제
  - 제한 — 내면적 무한계설

- **종교의 자유**
  - 주체 — 국민과 외국인
  - 내용
    - 신앙(법인 ×)
    - **신앙실행**: 종교의식·종교선전의 자유
    - **종교교육의 자유**: 채플수업, 강의석군 사건
  - 정교분리

제3절 정신생활영역의 자유

제1항 양심의 자유

> 헌법 제19조 모든 국민은 양심의 자유를 가진다.

1 의의

1. 양심의 자유란 어떤 일의 옳고 그름을 판단함에 있어서 그렇게 행동하지 않고서는 자신의 인격적인 존재가치가 파멸될 것이라는 절박하고 진지한 마음의 소리이다(헌재 1997.3.27, 96헌가11 ; 헌재 2004.8.26, 2002헌가1). 05. 입시, 07. 법원직

2. 양심상의 결정이 어떠한 종교관·세계관 또는 그 외의 가치체계에 기초하고 있는가와 관계없이 모든 내용에 대한 양심상의 결정이 양심의 자유에 의하여 보장된다. 05. 입시

3. 단순한 사실관계의 확인은 물론, 법률해석에 관하여 여러 가지 견해가 갈리는 경우처럼 다소의 가치관련성을 가진다 하더라도 개인의 인격형성과는 관계가 없는 사사로운 사유나 의견 등은 양심의 자유의 보호대상이 아니다(헌재 2001.8.30, 99헌바92). 03. 국가직 7급, 04. 국회직 8급, 07. 법원직

4. 헌법상 양심의 자유에 의해 보호받는 '양심'으로 인정할 것인지의 판단은 그것이 깊고, 확고하며, 진실된 것인지 여부에 따르게 된다. 그리하여 양심적 병역거부를 주장하는 사람은 자신의 '양심'을 외부로 표명하여 증명할 최소한의 의무를 진다(헌재 2018.6.28, 2011헌바379 등).

5. 양심적 병역거부는 실상 당사자의 양심에 따른 혹은 양심을 이유로 한 병역거부를 가리키는 것일 뿐이지 병역거부가 도덕적이고 정당하다는 의미는 아니다.

관련 판례

양심의 개념

'양심의 자유'가 보장하고자 하는 '양심'은 민주적 다수의 사고나 가치관과 일치하는 것이 아니라, 개인적 현상으로서 **지극히 주관적인 것이다. 양심은 그 대상이나 내용 또는 동기에 의하여 판단될 수 없으며,** 특히 양심상의 결정이 이성적·합리적인가, 타당한가 또는 법질서나 사회규범, 도덕률과 일치하는가 하는 관점은 양심의 존재를 판단하는 기준이 될 수 없다. 일반적으로 민주적 다수는 법질서와 사회질서를 그의 정치적 의사와 도덕적 기준에 따라 형성하기 때문에, 그들이 국가의 법질서나 사회의 도덕률과 양심상의 갈등을 일으키는 것은 예외에 속한다. 양심의 자유에서 현실적으로 문제가 되는 것은 사회적 다수의 양심이 아니라, 국가의 법질서나 사회의 도덕률에서 벗어나려는 소수의 양심이다. 따라서 **양심상의 결정이 어떠한 종교관·세계관 또는 그 외의 가치체계에 기초하고 있는가와 관계없이, 모든 내용의 양심상의 결정이 양심의 자유에 의하여 보장된다**(헌재 2004.8.26, 2002헌가1).

기출OX

01 헌법이 보호하려는 양심은 어떤 일의 옳고 그름을 판단함에 있어서 그렇게 행동하지 아니하고는 자신의 인격적인 존재가치가 허물어지고 말 것이라는 강력하고 진지한 마음의 목소리이지, 막연하고 추상적인 개념으로서의 양심이 아니다. (O) 04. 국회직 8급

02 단순한 사실관계의 확인은 물론, 법률해석에 관하여 여러 가지 견해가 갈리는 경우처럼 다소의 가치관련성을 가진다 하더라도 개인의 인격형성과는 관계가 없는 사사로운 사유나 의견 등은 양심의 자유의 보호대상이 아니다. (O) 04. 국회직 8급

03 개인의 인격형성과 관계가 없는 사사로운 사유나 의견 등은 헌법 제19조에서 말하는 양심에 포함되지 않는다. (O) 03. 국가직 7급

04 양심의 자유는 윤리적 판단을 국가권력에 의하여 외부에 표명하도록 강제받지 아니할 자유를 포함하지 않는다. (X) 13. 국가직 7급

05 양심의 자유의 '양심'은 민주적 다수의 사고나 가치관과 일치하는 것이 아니라, 개인적 현상으로서 지극히 주관적인 것이다. (O) 19. 국가직 7급

06 양심은 그 대상이나 내용 또는 동기에 의하여 판단되는 것으로, 특히 양심상의 결정이 이성적·합리적인가, 타당한가 또는 법질서나 사회규범·도덕률과 일치하는가 하는 관점이 양심의 존재를 판단하는 기준이 된다. (X) 19. 국가직 7급

6. 양심의 개념에 사상을 포함할 것인가가 문제가 된다. 헌법재판소는 사죄광고와 불고지죄 사건에서는 양심의 개념을 넓게 파악하여 사상을 포함시켰으나 음주측정과 준법서약제 사건에서는 윤리적 양심에 국한시키고 있다.

관련 판례

1 공정거래위원회의 법위반 사실 공표명령 [합헌, 위헌]

[1] 이러한 법률판단의 문제는 개인의 인격형성과는 무관하며, 대화와 토론을 통하여 가장 합리적인 것으로 그 내용이 동화되거나 수렴될 수 있는 포용성을 가지는 분야에 속한다고 할 것이므로 헌법 제19조에 의하여 보장되는 양심의 영역에 포함되지 아니한다. 04. 국회직 8급, 07·08. 법원직

[2] 법위반사실의 공표명령은 공소제기조차 되지 아니하고 단지 고발만 이루어진 수사의 초기단계에서 아직 법원의 유무죄에 대한 판단이 가려지지 아니하였는데도 관련 행위자를 유죄로 추정하는 불이익한 처분이 된다(헌재 2002.1.31, 2001헌바43).

2 공직선거에서의 '전부 거부' 표시 금지 [각하]

'전부 불신'의 표출방법을 보장하지 않아 청구인들이 투표를 하거나 기권할 수밖에 없다고 하더라도, 이는 양심의 자유에서 말하는 인격적 존재가치로서의 '양심'과 무관하다. 그러한 행위는 진지한 윤리적 결정에 관계된 것이라기보다는 공직후보자에 대한 의견의 표현행위에 관한 것이며 양심의 자유의 보호영역에 포함된다고 볼 수 없다. 따라서 이 사건 조항은 양심의 자유를 제한하지 않는다(헌재 2007.8.30, 2005헌마975).

3 준법서약제가 양심의 자유를 침해하는지 여부 [합헌]

[1] 헌법상 그 침해로부터 보호되는 양심은 첫째 문제된 당해 실정법의 내용이 양심의 영역과 관련되는 사항을 규율하는 것이어야 하고, 둘째 이에 위반하는 경우 이행강제, 처벌 또는 법적 불이익의 부과 등 **법적 강제가 따라야** 하며, 셋째 그 위반이 양심상의 명령에 따른 것이어야 한다.

[2] 헌법과 법률을 준수할 의무는 국민의 기본의무로서 헌법상 명문의 규정은 없으나 우리 헌법에서도 자명한 것이다. 따라서 이 사건 준법서약은 어떤 구체적이거나 적극적인 내용을 담지 않은 채 **단순한 헌법적 의무의 확인·서약에 불과하다 할 것이어서 양심의 영역을 건드리는 것이 아니다.**

[3] 이 사건의 경우, 가석방심사 등에 관한 규칙 제14조에 의하여 준법서약서의 제출이 반드시 법적으로 강제되어 있는 것이 아니다.

[4] 이와 같이 위 규칙조항은 내용상 당해 수형자에게 하등의 법적 의무를 부과하는 것이 아니며 이행강제나 처벌 또는 법적 불이익의 부과 등 방법에 의하여 준법서약을 강제하고 있는 것이 아니므로 당해 수형자의 **양심의 자유를 침해하는 것이 아니다**(헌재 2002.4.25, 98헌마425 등). 03. 국가직 7급, 04. 국회직 8급, 08. 법원직

4 주취운전혐의자의 음주측정에 응할 의무 [합헌]

음주측정에 응해야 할 것인지, 거부해야 할 것인지 그 상황에서 고민에 빠질 수는 있겠으나 그러한 고민은 선과 악의 범주에 관한 진지한 윤리적 결정을 위한 고민이라 할 수 없으므로 그 고민 끝에 어쩔 수 없이 음주측정에 응하였다 하여 내면적으로 구축된 인간양심이 왜곡·굴절된다고 할 수도 없다. 따라서 **음주측정요구와 그 거부는 양심의 자유의 보호영역에 포괄되지 아니하므로** 이 사건 법률조항을 두고 헌법 제19조에서 보장하는 양심의 자유를 침해하는 것이라고 할 수 없다(헌재 1997.3.27, 96헌가11). 07. 국회직 8급

기출OX

01 '법위반 사실의 공표명령'은 단순히 법위반사실 자체를 공표하라는 것일 뿐, 사죄 내지 사과하라는 의미요소를 가지고 있지 않으므로 양심의 자유를 침해하는 것이 아니다. (○) 04. 국직 8급

→ 다만, 무죄추정에 위배되고, 진술거부권, 일반적 행동자유권을 침해한다.

02 표현의 자유는 자신의 의사를 표현하고 전파할 적극적 자유, 자신의 의사를 표현하지 아니할 소극적 자유, 국가에게 표현의 자유를 실현할 수 있는 방법을 적극적으로 마련해 줄 것을 요청할 수 있는 자유를 포함한다. 따라서 '국가가 공직후보자들에 대한 유권자의 전부 거부 의사표시를 할 방법을 보장해 줄 것'도 표현의 자유의 보호범위에 포함된다. (×) 18. 법원직

03 국가보안법 위반 및 집회 및 시위에 관한 법률 위반 수형자의 가석방결정시 제출하도록 한 가석방심사 등에 관한 규칙 제14조의 준법서약은 양심의 영역을 침범하는 것이다. (×) 08. 법원직

04 준법서약은 양심의 자유와 헌법적 의무가 충돌하는 문제로서 법익형량의 결과 양심의 자유가 우선한다. (×) 03. 국가직 7급

5 국가보안법상 이적행위 및 이적표현물 제작행위 등 처벌규정 [합헌]

국가보안법의 적용 범위가 법률의 개정, 헌법재판소 결정 및 법원의 판결 등을 통해 계속적으로 제한되어 왔기 때문에 더 이상 이적행위조항이나 이적표현물 조항이 오·남용될 가능성이 크지 아니하고, 북한으로 인한 위협이 존재하는 상황에서 국가보안법이 현시점에도 존재의의가 있음을 인정하고, 그동안 이적행위조항 및 이적표현물조항에 대하여 합헌결정을 선고하였던 종전의 헌법재판소 선례들이 여전히 타당하다(헌재 2023.9.26, 2017헌바42).

2 주체

양심의 자유의 향유 주체는 모든 국민과 외국인이며 성질상 법인은 제외된다. 통설은 헌법재판소는 법인의 인격권의 주체성은 긍정하였으나, "사죄광고는 법인의 경우라면 그 대표자에게 양심표명을 강제하는 결과가 된다."라고 하여 법인 자체의 양심의 자유의 주체성은 부정한 바 있다(헌재 1991.4.1, 89헌마160).

3 내용

1. 양심형성의 자유

(1) 개념

양심형성의 자유란 자신의 논리적 판단에 따라 사물의 옳고 그름을 판단하는 자유를 의미한다. 국가가 특정한 양심이나 사상을 강요해서는 안 될 것이다. 국가가 특정한 양심·사상을 강요하는 것은 양심의 자유의 침해가 된다.

(2) 실효성 여부

양심형성의 자유가 실효성을 나타내기 위해서는 자유로운 토론 분위기가 보장되며, 다수의 생각이 언제나 타당하다는 의제된 진실이 강요되어서는 안 될 것이다. 헌법재판소도 양심형성의 자유와 양심상 결정의 자유는 내심에 머무르는 한 절대적 자유라고 보고 있다(헌재 1998.7.16, 96헌바35).

2. 양심실현의 자유

(1) 개념

양심실현의 자유란 형성된 양심을 외부로 표명하고, 양심에 따라 삶을 형성할 자유를 말한다(헌재 2004.8.26, 2002헌가1).

❶ 판례는 양심실현도 양심의 자유에 포함되는 것으로 보고 있다.

(2) 인정 여부 ❶

> 📌 **관련 판례**
>
> **국가보안법 제10조의 불고지죄 [합헌]**
> 본인의 양심이나 사상에 비추어 범죄가 되지 아니한다거나 이를 수사기관 또는 정보기관에 고지하는 것이 양심이나 사상에 어긋난다는 등의 이유로 고지하지 아니하는 것은 **결국 부작위에 의한 양심실현, 즉 내심의 의사를 외부에 표현하거나 실현하는 행위가 되는 것이고**, … 여러 가지 국내외 정세의 변화에도 불구하고 남·북한의 정치·군사적 대결이나 긴장관계가 여전히 존재하고 있는 우리의 현실, 구 국가보안법 제10조가 규정한 **불고지죄가 보호하고자 하는 국가의 존립·안전이라는 법익의 중요성**, 범인의 친족에 대한 형사처벌에 있어서의 특례설정 등 제반사정에 비추어 볼 때 구 국가보안법 제10조가 양심의 자유를 제한하고 있다 하더라도 그것이 헌법 제37조 제2항이 정한 과잉금지의 원칙이나 기본권의 본질적 내용에 대한 침해금지의 원칙에 **위반된 것이라고 볼 수 없다**(헌재 1998.7.16, 96헌바35).

(3) 내용

① 양심표명의 자유: 양심표명의 자유란 형성된 양심을 적극적으로 외부에 표명하고 그에 따라 행동할 수 있는 자유뿐만 아니라 그 양심을 표명하지 않거나 그에 따라 행동하지 아니할 자유까지 포함한다.
② 부작위에 의한 양심실현의 자유

> 📌 **관련 판례**
>
> **1 양심적 병역거부자에 대한 형사처벌 [헌법불합치]**
> [1] 병역의 종류를 현역, 예비역, 보충역, 병역준비역, 전시근로역의 다섯 가지로 한정하여 규정하고 양심적 병역거부자에 대한 대체복무제를 규정하지 아니한 병역종류조항이 과잉금지원칙을 위반하여 양심적 병역거부자의 양심의 자유를 침해한다.
> [2] 처벌조항은 정당한 사유 없이 병역의무를 거부하는 병역기피자를 처벌하는 조항으로서, 과잉금지원칙을 위반하여 양심적 병역거부자의 양심의 자유를 침해한다고 볼 수는 없다(헌재 2018.6.28, 2011헌바379).
>
> **2 대체복무제 사건 [기각]**
> [1] 교정실로 복무장소 국한: 복무 장소가 교정시설에 국한되었을 뿐, 청구인들이 주장하는 사회복지시설, 병원, 응급구조시설, 공공기관 등 다른 기관에서 대체복무요원이 복무를 하게 된다 하더라도 부여될 수 있는 다양한 업무들을 수행하고 있다
> [2] 복무기간 36개월 부분: 병역법에 따르면 육군의 복무기간이 2년이 원칙이어서 기간이 크게 차이나지 않는다. 현역병은 각종 사고와 위험에 노출되기 때문에 합리적이다.
> [3] 합숙조항: 현역병이 원칙적으로 군부대 안에서 합숙복무를 하고 있고 이들과의 형평성 등을 고려했기 때문으로 보인다.
> [4] 공용공간에 CCTV: 교정시설의 계호, 경비, 보안 등의 목적을 달성하기 위하여 불가피한 점이 있다.
> [5] 정당에 가입을 금지: 대체복무요원의 정치적 중립성을 유지하며 업무전념성을 보장하고자 하는 것으로, 청구인의 정당가입의 자유를 침해하지 않는다(헌재 2024.5.30, 2021헌마117).

기출OX

01 재판절차에서 단순한 사실에 관한 증언거부는 침묵자유에 대한 침해가 아니다. (○) 03. 국가직 7급

02 법원이 타인의 명예를 훼손한 자에게 명예회복에 적당한 처분으로 사죄광고를 명하는 것은 양심의 자유를 침해한다. (○) 11. 국가직 7급 변형

03 대체복무제가 마련되지 아니한 상황에서 양심상의 결정에 따라 입영을 거부하거나 소집에 불응하는 사람들에게 형사처벌을 부과하는 병역법 조항은 양심에 반하는 행동을 강요하지 아니할 자유를 제한하는 것이다. 그러나 다른 한편 헌법 제39조 제1항의 국방의 의무를 형성하는 입법이기도 하므로, 위 병역법 조항이 양심의 자유를 침해하는지 여부에 대한 심사는 헌법상 자의금지원칙에 따라 입법형성의 재량을 일탈하였는지 여부를 기준으로 판단하여야 한다. (✕) 21. 소방간부
→ 비례의 원칙에 따라 심사한다.

04 각종 병역의 종류를 규정하고 있는 병역법상 병역종류조항은, 병역부담의 형평을 기하고 병역자원을 효과적으로 확보하여 효율적으로 배분함으로써 국가안보를 실현하고자 하는 것이기는 하나, 대체복무제를 규정하고 있지 않은 이상 정당한 입법목적을 달성하기 위한 적합한 수단에 해당한다고 보기는 어렵다. (✕) 19. 법원직
→ 적합한 수단이기는 하나, 침해의 최소성에 반한다.

③ 적극적 양심실현의 자유

> **관련 판례**
>
> **'공익신고자 보호법'상 보상금 제한 [합헌]**
>
> 내부 공익신고자는 조직 내에서 배신자라는 오명을 쓰기 쉬우며, 공익신고로 인하여 신분상, 경제상 불이익을 받을 개연성이 높다. 이 때문에 보상금이라는 경제적 지원조치를 통해 내부 공익신고를 적극적으로 유도할 필요성이 인정된다. 반면, '내부 공익신고자가 아닌 공익신고자'(이하 '외부 공익신고자'라 한다)는 내부 공익신고자에 비해 상대적으로 신고의 정확성 및 타당성이 낮을 수밖에 없어 양자의 차별에는 합리적인 이유가 있다(헌재 2021.5.27, 2018헌바127).

4 제한과 한계

양심의 자유가 어느 정도로 보장되는지가 문제된다. 이때 양심의 자유는 순수한 내심의 작용에 머물러 있어도 일정한 제한이 있다는 내면적 한계설과 양심의 자유는 내심의 작용에 있어서는 제한이 없다는 내면적 무한계설(다수설)이 대립된다. 양심의 자유 중 양심형성의 자유나 양심유지의 자유는 그 제한이 불가능하거나 불필요하기까지 하나, 양심실현의 자유의 경우에는 일정한 제약이 불가피하다고 본다(헌재 1997.11.27, 92헌바28). 04. 국회직 8급

> **관련 판례**
>
> **1 전투경찰대원에 대한 시위진압명령 [기각]**
>
> 전투경찰의 임무인 대간첩작전은 범죄의 예방, 진압 등 공공의 안녕과 질서유지라는 경찰의 본래의 임무와도 관련되고 특히 전투경찰대의 임무에는 대간첩작전의 수행뿐 아니라 치안업무의 보조도 포함되고 있다. 따라서 불법한 집회 및 시위로 말미암아 공공질서가 교란되었거나 교란될 우려가 있는 경우 대간첩작전의 수행을 임무로 하는 전투 경찰 순경에 대하여 **경찰의 본래의 임무인 공공의 안녕과 질서유지를 위하여 시위진압명령을 한 것**이 행복추구권 및 **양심의 자유를 침해한 것이라고 볼 수 없다**(헌재 1995.12.28, 91헌마80).
>
> **2 자동차 좌석안전띠 착용강제 [기각]**
>
> [1] 사생활의 비밀과 자유를 침해하는지 여부(소극)
>
> 일반 교통에 사용되고 있는 도로는 국가와 지방자치단체가 그 관리책임을 맡고 있는 영역이며, 수많은 다른 운전자 및 보행자 등의 법익 또는 공동체의 이익과 관련된 **영역으로, 그 위에서 자동차를 운전하는 행위는 더 이상 개인적인 내밀한 영역에서의 행위가 아니며,** 자동차를 도로에서 운전하는 중에 좌석안전띠를 착용할 것인가 여부의 생활관계가 개인의 전체적 인격과 생존에 관계되는 '사생활의 기본조건'이라거나 자기결정의 핵심적 영역 또는 인격적 핵심과 관련된다고 보기 어려워 더 이상 사생활영역의 문제가 아니므로, 운전할 때 운전자가 좌석안전띠를 착용할 의무는 청구인의 사생활의 비밀과 자유를 침해하는 것이라 할 수 없다.
>
> [2] 양심의 자유를 침해하는지 여부(소극)
>
> 제재를 받지 않기 위하여 어쩔 수 없이 **좌석안전띠를 매었다 하여 청구인이 내면적으로 구축한 인간양심이 왜곡·굴절되고 청구인의 인격적인 존재가치가 허물어진다고 할 수는 없어** 양심의 자유의 보호영역에 속하지 아니하므로, 운전 중 운전자가 좌석안전띠를 착용할 의무는 청구인의 양심의 자유를 침해하는 것이라 할 수 없다(헌재 2003.10.30, 2002헌마518).

제2항 종교의 자유

> 헌법 제20조 ① 모든 국민은 종교의 자유를 가진다.
> ② 국교는 인정되지 아니하며, 종교와 정치는 분리된다.

1 종교의 자유

1. 의의
(1) 헌법규정
우리 헌법은 인간의 내면적인 정신영역에서의 개성신장을 돕는 하나의 방법으로 종교의 자유(헌법 제20조)를 보장하고 있다.

(2) 연혁
우리 헌법은 건국헌법 이래 종교의 자유를 양심의 자유와 함께 규정했다가 1962년의 제3공화국 헌법에서부터 종교의 자유가 분리되었다.

(3) 개념
종교의 자유는 종교생활을 그 보호대상으로 하는 것인데, 종교란 인간의 형이상학적인 신앙을 그 내용으로 하는 것으로서 상념의 세계에만 존재하는 초인적인 절대자에 대한 귀의 또는 신과 내세에 대한 '내적인 확신'의 집합개념이다. 종교이기 위해서는 신과 피안에 대한 우주관적인 확신이 필요하다.

2. 법적 성격
종교의 자유는 국가권력에 대한 방어권으로서 주관적 공권인 동시에 국가의 종교적 중립성의 근거가 되는 객관적 가치질서로서의 성격을 갖는다.

3. 주체
종교의 자유의 향유 주체는 모든 국민과 외국인이다. 성질상 법인은 주체가 될 수 없으나 종교적 단체에는 선교나 예배의 자유가 인정된다.

4. 내용
(1) 신앙의 자유
신앙의 자유는 '신앙을 가지는 자유'와 '신앙을 가지지 않는 자유'를 말하는데, '신앙을 가지는 자유'에는 신앙선택, 신앙변경, 신앙포기, 신앙고백, 신앙침묵의 자유 등이 이에 속한다. 무신론도 일종의 신앙이기 때문에 신앙의 자유에 의한 보호를 받는다.

(2) 신앙실행의 자유
① 개념: 신앙실행의 자유는 여러 가지 종교행사 내지 종교 활동을 통해서 신앙을 실천하는 자유이다. 신앙실행의 자유에는 종교의식의 자유, 종교선전(포교)의 자유, 종교교육의 자유, 종교적 집회·결사의 자유 등이 포함된다.

관련 판례 미결수용자의 종교행사 참가에 관한 판례

1 미결수용자 종교행사 불허 [인용]

이 사건 결정은, 무죄가 추정되는 미결수용자에 대한 기본권 제한은 수형자의 경우보다 더 완화되어야 함에도, 미결수용자에 대하여만 일률적으로 종교행사 등에의 참석을 불허한 피청구인의 행위가 미결수용자의 종교의 자유를 침해한 것이라는 헌법재판소의 입장을 밝힌 것이다. 종교행사 등 참석불허 처우는 과잉금지원칙을 위반하여 청구인의 종교의 자유를 침해한 것이다(헌재 2011.12.29, 2009헌마527).

2 미결수용자 종교행사 4주에 1회 [기각]

미결수용자는 공범이나 동일사건 관련자가 있는 경우 이를 분리하여 참석하게 해야 하는 점을 고려하면 피청구인이 미결수용자 대상 종교행사를 4주에 1회 실시한 것이 침해의 최소성에 반한다고 보기 어렵다(헌재 2015.4.30, 2013헌마190).

3 육군훈련소 내 종교행사 참석 강제 [인용]

이 사건 종교행사 참석조치는 군에서 필요한 정신전력을 강화하는 데 기여하기보다 오히려 해당 종교와 군 생활에 대한 반감이나 불쾌감을 유발하여 역효과를 일으킬 소지가 크고, 훈련병들의 정신전력을 강화할 수 있는 방법으로 종교적 수단 이외에 일반적인 윤리교육 등 다른 대안도 택할 수 있으며, 종교는 개인의 인격을 형성하는 가장 핵심적인 신념일 수 있는 만큼 종교에 대한 국가의 강제는 심각한 기본권 침해에 해당하는 점을 고려할 때, 이 사건 종교행사 참석조치는 과잉금지원칙을 위반하여 청구인들의 종교의 자유를 침해한다(헌재 2022.11.24, 2019헌마941).

② 내용
  ㉠ 종교의식의 자유: 일정한 종교의식을 통해서 신앙을 실현시키는 자유이다. 종교상의 예배·독경·예불·기도·행진·모금·성찬식·교회의 종 울림·사찰의 타종 등과 같은 종교상의 의식과 축전 등의 행사를 할 수 있는 자유이다.
  ㉡ 종교선전의 자유: 자신의 종교적인 확신을 남에게 선전하고 전파함으로써 신앙을 실현시키는 자유이다. 종교선전의 자유에는 순수한 교리적인 방법에 의해 타 종교를 비판하고 개종시키는 자유도 포함된다. 그러나 이러한 종교전파의 자유는 국민에게 그가 선택한 임의의 장소에서 자유롭게 행사할 수 있는 권리까지 보장한다고 할 수 없다(헌재 2008.6.26, 2007헌마1366).
  ㉢ 종교교육의 자유: 종교교육의 자유는 가정과 학교에서 종교의 교리에 입각한 교육을 실행할 수 있는 자유이다.

관련 판례 종교교육의 자유에 관한 판례

1 종교단체의 학교설립인가 [합헌]

학교나 학원 설립에 인가나 등록주의를 취했다고 하여 감독청의 지도·감독하에서만 성직자와 종교지도자를 양성하라고 하는 것이 되거나, 정부가 성직자양성을 직접 관장하는 것이 된다고 할 수 없고, 또 특정 종교를 우대하는 것도 아니므로 이는 더 나아가 살펴 볼 필요 없이 헌법 제20조 제2항이 정한 국교금지 내지 정교분리의 원칙을 위반한 것이라 할 수 없다(헌재 2000.3.30, 99헌바14).

기출OX

01 피청구인인 부산구치소장이 청구인이 미결수용자 신분으로 구치소에 수용되었던 기간 중 교정시설 안에서 매주 실시하는 종교집회 참석을 제한한 행위는 과잉금지원칙을 위반하여 청구인의 종교의 자유 중 종교적 집회·결사의 자유를 침해한 것이 아니다. (×)
19. 법원직

02 육군훈련소장이 훈련병에게 개신교, 불교, 천주교, 원불교 종교행사 중 하나에 참석하도록 한 것은 국가가 종교를 군사력 강화라는 목적을 달성하기 위한 수단으로 전락시키거나, 반대로 종교단체가 군대라는 국가권력에 개입하여 선교행위를 하는 등 영향력을 행사할 수 있는 기회를 제공하므로, 국가와 종교의 밀접한 결합을 초래한다는 점에서 헌법상 정교분리원칙에 위배된다. (○) 23. 순경 1차

기출OX

01 종교의 자유에는 종교전파의 자유가 포함되며, 종교전파의 자유는 국민에게 그가 선택한 임의의 장소에서 자유롭게 행사할 수 있는 권리까지 보장한다. (×)
18. 지방직 7급

02 군대 내에서 군종장교가 성직자의 신분에서 종교활동을 수행함에 있어 소속종단의 종교를 선전하거나 다른 종교를 비판하였다고 할지라도 그것만으로 종교적 중립을 준수할 의무를 위반하였다고 볼 수 없다. (○) 21. 법무사

03 종교교육이 학교나 학원 형태로 시행될 때 필요한 시설기준과 교육과정 등에 대한 최소한의 기준을 국가가 마련하여 학교설립인가 등을 받게 하는 것은 헌법 제31조 제6항의 입법자의 입법재량의 범위 안에 포함되므로 종교의 자유를 침해하지 않는다는 것이 헌법재판소의 판례이다. (○) 07. 사시

2 학교정화구역 내 납골당 설치금지 [합헌]

납골시설을 기피하는 정서는 사회의 일반적인 풍토와 문화에서 비롯된 것이고 금지되는 것은 학교 부근 200m이내에 국한되는 것이므로, 과도한 제한으로 보기는 어렵다(헌재 2009.7.30, 2008헌가2).

3 사립대학에서의 채플수업

기독교 재단이 설립한 사립대학이 학칙으로 대학예배의 6학기 참석을 졸업요건으로 정한 경우, 위 대학교의 대학예배는 목사에 의한 예배뿐만 아니라 강연이나 드라마 등 다양한 형식을 취하고 있고 학생들에 대하여도 **예배시간의 참석만을 졸업의 요건으로 할 뿐 그 태도나 성과 등을 평가하지는 않는 사실 등에 비추어 볼 때,** 위 대학교의 예배는 복음 전도나 종교인 양성에 직접적인 목표가 있는 것이 아니고 **신앙을 가지지 않을 자유를 침해하지 않는 범위 내에서 학생들에게 종교교육을 함으로써** 진리·사랑에 기초한 보편적 교양인을 양성하는 데 목표를 두고 있다고 할 것이므로, 대학예배에의 6학기 참석을 졸업요건으로 정한 위 대학교의 학칙은 **헌법상 종교의 자유에 반하는 위헌무효의 학칙이 아니다**(대판 1998.11.10, 96다37268).

다만, 최근에 강의석군 사건에서 우리 판례는 채플수업 자체를 위헌으로 보지는 않았으나 학생들에게 선택권을 주지 않은 것은 잘못이라 하여 손해배상을 인정한 바 있다(대판 2010.4.22, 2008다38288).

> **관련 판례**
>
> **종립학교에서의 종교교육**
>
> 고등학교 평준화정책에 따른 학교 강제배정제도가 위헌이 아니라고 하더라도 여전히 종립학교가 가지는 종교교육의 자유 및 운영의 자유와 학생들이 가지는 소극적 종교행위의 자유 및 소극적 신앙고백의 자유 사이에 충돌이 생기게 되는데, 이와 같이 하나의 법률관계를 둘러싸고 두 기본권이 충돌하는 경우에는 구체적인 사안에서의 사정을 종합적으로 고려한 이익형량과 함께 양 기본권 사이의 실제적인 조화를 꾀하는 해석 등을 통하여 이를 해결하여야 한다. … 참가 거부가 사실상 불가능한 분위기를 조성하고 대체과목을 개설하지 않는 등 신앙을 갖지 않거나 학교와 다른 신앙을 가진 학생의 기본권을 고려하지 않은 것은, 우리 사회의 건전한 상식과 법감정에 비추어 용인될 수 있는 한계를 벗어나 학생의 종교에 관한 인격적 법익을 침해하는 위법한 행위이고, 그로 인하여 인격적 법익을 침해받는 학생이 있을 것임이 충분히 예견가능하고 그 침해가 회피가능하므로 과실 역시 인정된다(대판 2010.4.22, 2008다38288).

ⓔ **종교적 집회·결사의 자유**: 종교적 집회·결사의 자유는 우리 헌법이 보장하고 있는 일반적인 집회·결사의 자유(헌법 제21조)의 특별법에 해당한다고 볼 수 있기 때문에 종교적인 목적의 집회와 결사는 일반적인 집회·결사보다는 특별한 보호를 받는다.

(3) 판례

① 성직자가 범인을 고발하지 않은 것에 그치지 아니하고 적극적으로 범인을 은닉, 도피하게 하는 행위에 대해서는 종교의 자유에 의해 정당화될 수 없다고 보았다(대판 1983.3.8, 82도3248).
② 여호와 증인의 신도가 종교상의 이유로 수혈을 거부하여 딸이 사망한 경우 유기치사죄를 인정하였다(대판 1980.9.24, 79도1387).

기출OX

사립대학은 종교교육 내지 종교선전을 위하여 학생들의 신앙을 가지지 않을 자유를 침해하지 않는 범위 내에서 학생들로 하여금 일정한 내용의 종교교육을 받을 것을 졸업요건으로 하는 학칙을 제정할 수 있다고 함이 대법원 판례이다. (O) 18. 서울시 7급

기출OX

고교 평준화제도로 인해 자신의 종교와 다른 종교계 고등학교에 강제 배정된 경우, 고등학교에 진학하기 위하여 평준화 전형에 지원하였으나 학생에게 학교 선택권은 없기 때문에 기독교계 학교와 학생 사이에 공정한 계약이 성립한 것이라고 보기는 어렵다. (O)

기출OX

사제(司祭)가 범죄인에게 적극적으로 은신처를 마련하여 주고 도피자금을 제공하는 경우 형사상의 책임을 지지 않는다는 것이 대법원 판례이다. (X) 18. 서울시 7급

비교 정리

구분	형사처벌
고발 X	X
은닉·도피	O

③ 신앙의 깊이는 헌금에 비례한다고 신도들을 기망한 목사에 대하여 사기죄에 해당한다고 보았다(대판 1995.4.28, 95도250).
④ 종교단체의 징계결의의 효력 유무에 대해서는 법원이 원칙적으로 판단할 수 없다고 보았다(대판 2005.6.24, 2005다10388).

> **관련 판례**
>
> **종교단체 내부결의의 무효요건**
> 우리 헌법이 종교의 자유를 보장하고 종교와 국가기능을 엄격히 분리하고 있는 점에 비추어 종교단체의 조직과 운영은 그 자율성이 최대한 보장되어야 할 것이므로, 교회 안에서 개인이 누리는 지위에 영향을 미칠 각종 결의나 처분이 당연 무효라고 판단하려면, 그저 일반적인 종교단체 아닌 일반단체의 결의나 처분을 무효로 돌릴 정도의 절차상 하자가 있는 것으로는 부족하고, 그러한 하자가 매우 중대하여 이를 그대로 둘 경우 현저히 정의 관념에 반하는 경우라야 한다(대판 2006.2.10, 2003다63104).

5. 제한과 한계
신앙생활의 자유는 신앙의 외형적인 표현 형태를 뜻하기 때문에 기본권의 내재적 한계에 의한 제약을 받는 외에도 법률에 의한 제한을 받을 수 있다고 할 것이다.❶

2 국교부인과 정교분리의 원칙

1. 헌법규정
우리 헌법은 종교의 자유를 규정하면서 국가의 종교적 중립성의 원칙(제20조 제2항)을 따로 두어 국교를 인정할 수 없는 점과 종교와 정치가 분리되어야 한다는 점을 명백히 밝히고 있다.

2. 내용
종교의 자유의 내용으로서 국가의 종교적 중립성의 원칙이 특히 강조되는 우리 헌법질서에서는 국가권력이 특정 종교를 특별히 보호 내지 우대하거나 탄압 내지 적대시하는 행위, 국가권력이 종교선전 또는 종교교육 등의 종교 활동을 하는 행위, 국가권력이 종교에 간섭하거나 종교단체가 정치에 개입하는 행위 등이 단순한 주관적 공권의 침해라는 차원을 넘어서 객관적 가치질서를 해치는 반 헌법적인 행위로 지탄을 받게 된다. 따라서 국가는 일반적인 종교교육을 하는 것은 허용되지만, 특정 종교단체의 교리를 선전하는 것은 허용되지 않는다.

---

❶
1. 남녀평등을 기초로 하는 혼인·가족제도(헌법 제36조 제1항)가 보장되는 현행 헌법질서 내에서는 일부다처제를 선전하는 종교에 대한 규제가 불가피하다. 종교적인 의식이라는 미명 아래 행해지는 간음행위나 인간제물 등도 허용될 수 없다.
2. 공무원이 근무시간 중에 종교적 집회의 자유를 주장하면서 종교적인 집회를 하는 것은 허용되지 않는다.

기출OX
01 특정 종교기념일을 공휴일로 지정하는 것은 기본권의 본질적 내용을 침해한다. (×)   12. 변시
02 국가는 엄격한 정교분리의 원칙을 준수해야 하는바 국공립학교에서는 일반적인 종교교육을 하는 것도 금지된다고 본다. (×) 02. 사시

비교 정리

종교교육

구분	국·공립	사립
일반종교교육	○	○
특정종교교육	×	○

기출OX

01 사법시험 제1차 시험 시행일을 일요일로 정하여 공고한 행정안전부장관의 공고와 관련하여 문제되는 종교의 자유는 종교적 행위의 자유와 관련이 된다. (○) 02. 입시

02 종교시설의 건축행위에만 기반시설부담금을 면제한다면 국가가 종교를 지원하여 종교를 승인하거나 우대하는 것으로 비칠 소지가 있어 국교금지·정교분리에 위배될 수 있다. (○) 21. 소방간부

관련 판례

1 사법시험 제1차 시험의 일요일 시행 [기각]
일요일에 예배행사 참석과 기도, 봉사행위 이외의 다른 업무를 일체 금지한다는 교리에 위반하지 않으면 사법시험 응시가 불가능하게 되어 청구인의 **종교적 확신에 반하는 행위를 강요하는 결과가 된다는 것이므로** 그 점에서 종교적 행위의 자유에 **제한**이 될 수 있다. … 행정안전부장관이 사법시험 제1차 시험의 시행일을 일요일로 정하여 공고한 것은 국가공무원법 제35조에 의하여 다수 국민의 편의를 위한 것이므로 이로 인하여 청구인의 종교의 자유가 어느 정도 제한된다 하더라도 이는 공공복리를 위한 부득이한 제한으로 보아야 할 것이고 그 정도를 보더라도 비례의 원칙에 벗어난 것으로 볼 수 없고 청구인의 **종교의 자유의 본질적 내용을 침해한 것으로 볼 수도 없다**(헌재 2001.9.27, 2000헌마159).

2 종교인소득 비과세 혜택 [각하]
[1] 소형 종교단체(과세해도 소득이 작아 비과세)의 경우는 기본권 침해 가능성이 없다.
[2] 일반인들의 경우는 이런 혜택이 제거된다고 하여 일반인들의 법적 지위가 향상될 여지가 없다(헌재 2020.7.16, 2018헌마319).

3 종교시설의 기반시설 부담금 면제
종교시설의 건축행위에만 기반시설부담금을 면제한다면 국가가 종교를 지원하여 종교를 승인하거나 우대하는 것으로 비칠 소지가 있어 헌법 제20조 제2항의 국교금지·정교분리에 위배될 수도 있다고 할 것이므로 종교시설의 건축행위에 대하여 기반시설부담 부과를 제외하거나 감경하지 아니하였더라도, 종교의 자유를 침해하는 것이 아니다(헌재 2010.2.25, 2007헌바131등).

제3항 언론·출판의 자유

헌법 제21조 ① 모든 국민은 언론·출판의 자유와 집회·결사의 자유를 가진다.
② 언론·출판에 대한 허가나 검열과 집회·결사에 대한 허가는 인정되지 아니한다.
③ 통신·방송의 시설기준과 신문의 기능을 보장하기 위하여 필요한 사항은 법률로 정한다.
④ 언론·출판은 타인의 명예나 권리 또는 공중도덕이나 사회윤리를 침해하여서는 아니 된다. 언론·출판이 타인의 명예나 권리를 침해한 때에는 피해자는 이에 대한 피해의 배상을 청구할 수 있다. 04. 법원직

1 의의

언론·출판의 자유는 사상 또는 의견을 언어 또는 문자로 다수인에게 자유롭게 발표하는 자유를 말한다. 이는 국가에 대한 국민의 비판 등을 말할 수 있고 다양한 의견들이 교류될 수 있게 하는 기본권으로 민주주의의 본질적인 요소로 작용한다고 말할 수 있다. 현대 정보사회에서 언론·출판의 자유는 알 권리에서 볼 수 있는 바와 같이 적극적 자유로서 파악되기도 한다. 04. 국회직 8급

2 보호영역

1. 상업적 광고

관련 판례

1 상업광고와 표현의 자유

광고가 단순히 상업적인 상품이나 서비스에 관한 사실을 알리는 경우에도 **그 내용이 공익을 포함하는 때에는 헌법 제21조의 표현의 자유에 의하여 보호된다. 광고물도 사상·지식·정보 등을 불특정다수인에게 전파하는 것으로서 언론·출판의 자유에 의한 보호를 받는 대상**이 됨은 물론이다. 뿐만 아니라 국민의 알 권리는 국민 누구나가 일반적으로 접근할 수 있는 모든 정보원으로부터 정보를 수집할 수 있는 권리로서 정보수집의 수단에는 제한이 없는 권리인 바, **알 권리의 정보원으로서 광고를 배제시킬 합리적인 이유가 없음**을 고려할 때, 광고는 이러한 관점에서도 표현의 자유에 속한다고 할 것이다(헌재 2002.12.18, 2000헌마764).

2 상업광고규제의 심사기준

상업광고는 표현의 자유의 보호영역에 속하지만 **사상이나 지식에 관한 정치적, 시민적 표현행위와는 차이**가 있고, 한편 직업수행의 자유의 보호영역에 속하지만 인격발현과 개성신장에 미치는 효과가 중대한 것은 아니다. 그러므로 상업광고 규제에 관한 비례의 원칙 심사에 있어서 '피해의 최소성' 원칙은 같은 목적을 달성하기 위하여 달리 덜 제약적인 수단이 없을 것인지 혹은 **입법목적을 달성하기 위하여 필요한 최소한의 제한인지를 심사하기보다는 '입법목적을 달성하기 위하여 필요한 범위 내의 것인지'를 심사하는 정도로 완화되는 것이 상당하다**(헌재 2005.10.27, 2003헌가3).

2. 상징적 표현

자신의 의견이나 신념을 표현하기 위하여 언어에 의하지 않고, 일정한 상징을 사용하는 경우 이 또한 언론·출판의 자유에 의하여 보호된다. 미국의 경우에도 판례를 통해서 이를 확인한 바 있다.

3. 익명표현

헌법 제21조에서 보장하고 있는 표현의 자유는, 전통적으로는 사상 또는 의견의 자유로운 표명(발표의 자유)과 그것을 전파할 자유(전달의 자유)를 의미하는 것으로서, 이러한 '자유로운' 표명과 전파의 자유에는 자신의 신원을 누구에게도 밝히지 아니한 채 익명 또는 가명으로 자신의 사상이나 견해를 표명하고 전파할 익명표현의 자유도 그 보호영역에 포함된다고 할 것이다(헌재 2010.2.25, 2008헌마324 등).

기출OX

01 상업적 광고표현은 표현의 자유의 보호를 받는 대상이 된다. (O)
05. 입시

02 영화도 의사표현의 한 수단이므로 영화의 제작 및 상영 역시 언론·출판의 자유에 의한 보장을 받는다. (O)
19. 법원직

03 상업광고 규제에 관한 비례의 원칙 심사에 있어서 피해의 최소성 원칙은 같은 목적을 달성하기 위하여 달리 덜 제약적인 수단이 없을 것인지 혹은 입법목적을 달성하기 위하여 필요한 최소한의 제한인지를 심사하기 보다는 입법목적을 달성하기 위하여 필요한 범위 내의 것인지를 심사하는 정도로 완화하는 것이 상당하다. (O)
11. 국가직 7급

기출OX

'자유로운' 표명과 전파의 자유에는 자신의 신원을 누구에게도 밝히지 아니한 채 익명 또는 가명으로 자신의 사상이나 견해를 표명하고 전파할 익명표현의 자유까지도 그 보호영역에 포함된다고 할 수는 없다. (X) 13. 법원직

3 내용

1. 의사표현의 자유

(1) 의의

사상이나 경험 등과 관련된 자신의 의사를 언론이나 출판을 통하여 외부에 자유롭게 표현하고 전달할 자유를 말한다.

(2) 매개체

매개체에는 아무런 제한이 없는바 이에는 음란물이나 게임물도 의사표현의 매개체가 될 수 있다고 판시한 바 있다. 또한 상업적 광고표현 역시 표현의 자유의 보호를 받는 대상이 된다. 05. 입시, 06·08. 국회직 8급

> **관련 판례** 의사표현의 자유에 관한 판례
>
> **1 의사표현의 매개체로서의 음란물**
>
> 언론·출판의 자유의 내용 중 의사 표현·전파의 자유에 있어서 의사표현 또는 전파의 매개체는 어떠한 형태이건 가능하며 그 제한이 없으므로, 담화·연설·토론·연극·방송·음악·영화·가요 등과 문서·소설·시가·도화·사진·조각·서화 등 모든 형상의 의사표현 또는 의사전파의 매개체를 포함한다. 본건에 있어서 문제되고 있는 '청소년이용음란물' 역시 의사형성적 작용을 하는 의사의 표현·전파의 형식 중 하나임이 분명하므로 언론·출판의 자유에 의하여 보호되는 의사표현의 매개체라는 점에는 의문의 여지가 없다(헌재 2009.5.28, 2006헌바109 등).
>
> **2 의사표현의 매개체로서의 게임물**
>
> 의사표현의 자유는 언론·출판의 자유에 속하고, 여기서 의사표현의 매개체는 어떠한 형태이건 그 제한이 없는바, 게임물은 예술표현의 수단이 될 수도 있으므로 그 제작 및 판매·배포는 표현의 자유를 보장하는 헌법 제21조 제1항에 의하여 보장을 받는다(헌재 2002.2.28, 99헌바117).

(3) 주체

언론·출판의 자유의 주체는 모든 국민이 주체가 되며 자유권적 기본권이므로 외국인도 원칙적으로 포함된다. 다만, 언론·출판의 자유는 자유권적 성격과 동시에 정치적 성격을 띤 기본권이므로 외국인은 내국인에 비해 제한을 받을 수 있다. 신문사나 방송사 등과 같은 법인에게도 기본권의 성질상 보도의 자유 등이 보장된다.

(4) 내용

의사표현의 자유란 자신의 사상이나 의견을 국가권력의 방해를 받음이 없이 자유로이 표명하고 그것을 전달할 자유를 의미한다. 의사를 표명하고 전달하는 형식에는 아무런 제한이 없다. 따라서 의사의 표명·전달을 제한하기 위해 인신구속이나 사전검열 및 도청 등은 할 수 없다.

기출OX

의사표현·전파의 자유에 있어서 의사표현 또는 전파의 매개체는 어떠한 형태이건 가능하며 그 제한이 없다. (○)
05. 입시

2. 알 권리(정보의 자유)

(1) 의의

알 권리란 의사형성에 필요한 정보를 국가권력의 방해 없이 자유로이 접근·수집·처리할 수 있는 권리를 의미한다. 의사의 자유로운 표명은 정보에의 접근이 보장됨으로써 가능한 것이므로 알 권리는 표현의 자유에 당연히 포함된다. 의사표명·전달의 자유가 '주는 쪽의 자유'라면 알 권리란 주로 '받는 쪽의 자유'를 의미한다. 즉, 알 권리는 들을 권리, 읽을 권리, 볼 권리 등을 그 내용으로 한다.

(2) 헌법적 근거

① 알 권리는 독일기본법과 세계인권선언에서 명문으로 규정하고 있으나 우리 현행 헌법은 명문으로 규정하고 있지 않다. 다만, 1996년 공공기관의 개인정보공개에 관한 법률을 제정하여 국민의 알 권리를 보호하고 있다.
② 헌법재판소에서는 알 권리의 헌법상 근거를 헌법 제21조에 규정된 언론·출판의 자유에서 찾는 것이 다수견해이다(헌재 1991.5.13, 90헌마133). 또한 헌법재판소는 알 권리의 실현에 대해 구체적인 법률의 제정이 없다 하더라도 헌법 제21조에 의해 직접 보장되는 구체적·현실적 권리성을 인정하고 있다.

(3) 법적 성격

① 헌법재판소는 알 권리가 국가권력의 방해를 받지 않고 자유로이 정보를 수집·처리할 수 있는 자유권적 성격, 국가기관에 대한 적극적인 정보공개를 요구할 수 있는 청구권적 성격, 인간다운 생활을 보장하기 위한 생활권적 성격을 지닌다고 판시하였다.
② 헌법재판소는 알 권리의 핵심은 국민의 정부에 대한 정보공개청구권이라고 하였다(헌재 1989.9.4, 88헌마22).

(4) 내용

> 공공기관의 정보공개에 관한 법률 제2조【정의】이 법에서 사용하는 용어의 뜻은 다음과 같다.
> 1. "정보"란 공공기관이 직무상 작성 또는 취득하여 관리하고 있는 문서(전자문서를 포함한다. 이하 같다) 및 전자매체를 비롯한 모든 형태의 매체 등에 기록된 사항을 말한다.
> 3. "공공기관"이란 다음 각 목의 기관을 말한다.
>   가. 국가기관
>   나. 지방자치단체
>   다. 공공기관의 운영에 관한 법률 제2조에 따른 공공기관
>   라. 지방공기업법에 따른 지방공사 및 지방공단
>   마. 그 밖에 대통령령으로 정하는 기관
>
> 제5조【정보공개청구권자】① 모든 국민은 정보의 공개를 청구할 권리를 가진다.
> ② 외국인의 정보공개청구에 관하여는 대통령령으로 정한다.
>
> 제9조【비공개대상정보】① 공공기관이 보유·관리하는 정보는 공개대상이 된다. 다만, 다음 각 호의 1에 해당하는 정보에 대하여는 이를 공개하지 아니할 수 있다.

기출 OX

정부에 대한 국민의 일반적 정보공개를 구할 권리는 추상적 권리로서, 이를 구체화하는 법률의 제정이 없으면 헌법 제21조에서 직접 보장된다고 할 수는 없다. (×) 05. 입시
→ 판례는 알 권리에서 일반적 정보공개청구권이 도출된다고 보고 있다(88헌마22).

비교 정리

구체적 기본권	의의	헌법으로 직접 문제해결
	예	알 권리, 최소한의 물질적 급부청구, 초등학교 무상교육
추상적 기본권	의의	법률제정 이후 법률에 근거한 문제해결
	예	환경권, 사회보장수급권

1. 다른 법률 또는 법률이 위임한 명령(국회규칙·대법원규칙·헌법재판소규칙·중앙선거관리위원회규칙·대통령령 및 조례에 한한다)에 의하여 비밀 또는 비공개 사항으로 규정된 정보
2. 국가안전보장·국방·통일·외교관계 등에 관한 사항으로서 공개될 경우 국가의 중대한 이익을 현저히 해할 우려가 있다고 인정되는 정보
3. 공개될 경우 국민의 생명·신체 및 재산의 보호에 현저한 지장을 초래할 우려가 있다고 인정되는 정보
6. 해당 정보에 포함되어 있는 성명·주민등록번호 등 개인정보 보호법 제2조 제1호에 따른 개인정보로서 공개될 경우 개인의 사생활의 비밀 또는 자유를 침해할 우려가 있다고 인정되는 정보. 다만, 다음 각 목에 열거한 사항은 제외한다.

② 공공기관은 제1항 각 호의 어느 하나에 해당하는 정보가 기간의 경과 등으로 인하여 비공개의 필요성이 없어진 경우에는 그 정보를 공개 대상으로 하여야 한다.

제10조【정보공개의 청구방법】① 정보의 공개를 청구하는 자(이하 "청구인"이라 한다)는 해당 정보를 보유하거나 관리하고 있는 공공기관에 다음 각 호의 사항을 적은 정보공개 청구서를 제출하거나 말로써 정보의 공개를 청구할 수 있다.
1. 청구인의 성명·생년월일·주소 및 연락처(전화번호·전자우편주소 등을 말한다. 이하 이 조에서 같다). 다만, 청구인이 법인 또는 단체인 경우에는 그 명칭, 대표자의 성명, 사업자등록번호 또는 이에 준하는 번호, 주된 사무소의 소재지 및 연락처를 말한다.
2. 청구인의 주민등록번호(본인임을 확인하고 공개 여부를 결정할 필요가 있는 정보를 청구하는 경우로 한정한다)
3. 공개를 청구하는 정보의 내용 및 공개방법

제11조【정보공개 여부의 결정】① 공공기관은 제10조에 따라 정보공개의 청구를 받으면 그 청구를 받은 날부터 10일 이내에 공개 여부를 결정하여야 한다.
② 공공기관은 부득이한 사유로 제1항에 따른 기간 이내에 공개 여부를 결정할 수 없을 때에는 그 기간이 끝나는 날의 다음 날부터 기산(起算)하여 10일의 범위에서 공개 여부 결정기간을 연장할 수 있다. 이 경우 공공기관은 연장된 사실과 연장 사유를 청구인에게 지체 없이 문서로 통지하여야 한다.

제12조【정보공개심의회】① 국가기관, 지방자치단체, 공공기관의 운영에 관한 법률 제5조에 따른 공기업 및 준정부기관, 지방공기업법에 따른 지방공사 및 지방공단(이하 "국가기관등"이라 한다)은 제11조에 따른 정보공개 여부 등을 심의하기 위하여 정보공개심의회(이하 "심의회"라 한다)를 설치·운영한다. 이 경우 국가기관등의 규모와 업무성격, 지리적 여건, 청구인의 편의 등을 고려하여 소속 상급기관(지방공사·지방공단의 경우에는 해당 지방공사·지방공단을 설립한 지방자치단체를 말한다)에서 협의를 거쳐 심의회를 통합하여 설치·운영할 수 있다.
② 심의회는 위원장 1명을 포함하여 5명 이상 7명 이하의 위원으로 구성한다.

제14조【부분공개】공개 청구한 정보가 제9조 제1항 각 호의 어느 하나에 해당하는 부분과 공개 가능한 부분이 혼합되어 있는 경우로서 공개 청구의 취지에 어긋나지 아니하는 범위에서 두 부분을 분리할 수 있는 경우에는 제9조 제1항 각 호의 어느 하나에 해당하는 부분을 제외하고 공개하여야 한다.

제17조【비용부담】① 정보의 공개 및 우송 등에 드는 비용은 실비(實費)의 범위에서 청구인이 부담한다.

제22조【정보공개위원회의 설치】다음 각 호의 사항을 심의·조정하기 위하여 행정안전부장관 소속으로 정보공개위원회를 둔다.

① 국가권력에 의한 정보의 접근·수집·처리 방해배제청구권: 알 권리란 의사형성을 위하여 정보의 접근·수집·처리를 할 수 있는 자유이므로 국가권력에 의해 이러한 권리가 침해될 때 그 배제를 요구할 수 있다.

② 국가기관에 대한 정보공개청구권: 알 권리는 국가나 공공단체에 대해 적극적으로 정보공개를 요구할 수 있는 권리를 포함한다.

관련 판례 정보공개청구권에 관한 판례

1 기록등사신청에 대한 헌법소원 [인용]

피고인이었던 자가 자신의 형사피고사건이 확정된 후 그 소송기록에 대하여 열람·복사를 요구하는 것은 특별한 사정이 없는 한, 원칙적으로 허용되어야 한다고 할 수 있을 것이며, 특히 자신의 진술에 기초하여 작성된 문서나 자신이 작성·제출하였던 자료 등의 열람이나 복사는 제한되어야 할 아무런 이유를 찾을 수 없다(헌재 1991.5.13, 90헌마133).

2 신문기사의 일부 삭제 [합헌]

교화상 또는 구금목적에 특히 부적당하다고 인정되는 기사, 조직범죄 등 수용자 관련 범죄기사에 대한 **신문기사 삭제행위는 구치소 내 질서유지와 보안을 위한 것으로**, 신문기사 중 탈주에 관한 사항이나 집단단식, 선동 등 구치소 내 단체생활의 질서를 교란하는 내용이 미결수용자에게 전달될 때 과거의 예와 같이 동조단식이나 선동 등 수용의 내부질서와 규율을 해하는 상황이 전개될 수 있고, 이는 수용자가 과밀하게 수용되어 있는 현 구치소의 실정과 과소한 교도인력을 볼 때 구치소 내의 질서유지와 보안을 어렵게 할 우려가 있다(헌재 1998.10.29, 98헌마4).

(5) 제한과 한계

① 군사·국가기밀과의 관계

관련 판례

1 군사기밀의 범위

군사기밀의 범위는 국민의 알 권리 실현을 위하여 필요한 최소한에 한정되어야 하며, 비밀가치의 여부는 그 내용을 객관적으로 판단하여 결정해야지 비밀관리자의 비밀유지의사만을 기준으로 판단할 수 없다. **군사기밀의 범위는 국민의 알 권리 실현을 위해서 최소한으로 한정되어야 한다**(헌재 1992.2.25, 89헌가104). 06. 국회직 8급

2 국가보안법 제4조 제1항 제2호의 '가'목과 '나'목의 국가기밀의 개념 [한정합헌]

신 국가보안법 제4조 제1항 제2호의 '가'목과 '나'목에 공통적인 "국가기밀"의 의미는, 결국 **일반인에게 알려지지 아니한 것**으로서 그 내용이 누설되는 경우 **국가의 안전에 명백한 위험을 초래한다고 볼 만큼의 실질가치를 지닌 사실, 물건 또는 지식이라고 한정 해석해야 하고**, 그 중 '가'목 소정의 국가기밀은 그 중요성과 가치의 정도에 있어서 "한정된 사람에게만 지득이 허용되고" 또 "보다 고도의" 국가기밀을 의미하며 그 이외의 것은 '나'목 소정의 국가기밀에 해당한다고 이해할 수 있다(헌재 1997.1.16, 92헌바6 등).

주의

국가기밀이기 위해서는 ⊙ 비공지와 더불어 ⓒ 실질적인 가치를 지는 것으로 한정해석해야 한다. 즉, 형식비가 아닌 실질비이다.

② 정보수집을 가능하게 하여도 정보수집에 과도한 대가를 징수함으로써 정보수집을 사실상 불가능하게 한다면 알 권리의 침해가 될 수 있다.

> **관련 판례** 알 권리에 관한 판례
>
> **1 저속한 간행물의 출판금지 [위헌]**
> 저속한 표현을 규제하더라도 그 보호대상은 청소년에 한정되어야 하고, 규제수단 또한 청소년에 대한 유통을 금지하는 방향으로 좁게 설정되어야 한다. 그런데 … **청소년보호라는 명목으로 성인이 볼 수 있는 것까지 전면 금지시킨다면** 이는 성인의 알 권리의 수준을 청소년의 수준으로 맞출 것을 국가가 강요하는 것이어서 **성인의 알 권리를 명백히 침해**한다고 하지 않을 수 없다(헌재 1998.4.30, 95헌가16).
>
> **2 공공기관의 정보공개청구대상으로서의 사립대학**
> 공공기관은 국가기관에 한정되는 것이 아니라 지방자치단체, 정부투자기관, 그 밖에 공동체 전체의 이익에 중요한 역할이나 기능을 수행하는 기관도 포함되는 것으로 해석되고, 여기에 정보공개의 목적, 교육의 공공성 및 공·사립학교의 동질성, 사립대학교에 대한 국가의 재정지원 및 보조 등 여러 사정을 고려해 보면, 사립대학교에 대한 국비 지원이 한정적·일시적·국부적이라는 점을 고려하더라도, 같은 법 시행령 제2조 제1호가 정보공개의무를 지는 공공기관의 하나로 사립대학교를 들고 있는 것이 모법인 구 공공기관의 정보공개에 관한 법률의 위임 범위를 벗어났다거나 사립대학교가 국비의 지원을 받는 범위 내에서만 공공기관의 성격을 가진다고 볼 수 없다(대판 2006.8.24, 2004두2783).
>
> **3 구속적부심사과정에서의 정보공개 [위헌확인]**
> 공공기관의 정보공개에 관한 법률 제7조 제1항 제4호는 '수사, 공소의 제기 및 유지에 관한 사항으로서 공개될 경우 그 직무수행을 현저히 곤란하게 하거나 형사피고인의 공정한 재판을 받을 권리를 침해한다고 인정할 만한 상당한 이유가 있는 정보'를 공개거부의 대상으로 규정하고 있지만, 이 사건에서는 고소장과 피의자신문조서를 공개한다고 하더라도 증거인멸, 증인협박, 수사의 현저한 지장, 재판의 불공정 등의 위험을 초래할 만한 사유 있음을 인정할 자료를 기록상 발견하기 어렵다(헌재 2003.3.27, 2000헌마474).
>
> **4 변호인 있는 피고인에 대한 공판조서 열람권의 제한 [합헌]**
> 형사소송법상 변호인에게 소송기록의 열람·등사권이 보장되어 있고 변호인이 있는 피고인은 변호인을 통하여 소송기록과 증거물을 열람·등사할 수 있으므로 변호인과 별도로 피고인에게도 공판조서의 열람이 허용되지 않는다고 하여 위 법조항이 변호인 있는 피고인의 알 권리를 침해하지 않는다(헌재 1994.12.29, 92헌바31).
>
> **5 사법시험 제2차 시험의 답안지 열람**
> 먼저, **시험문항에 대한 채점위원별 채점 결과의 열람에 관하여 보건대, 원심의 이러한 판단은 위 법리에 따른 것으로 옳고**, 거기에 상고이유의 주장과 같은 법 제7조 제1항 제5호 소정의 정보비공개에 관한 법리오해의 위법이 없다. 다음, 답안지의 열람에 관하여 보건대, 답안지를 열람하도록 할 경우 업무의 증가가 다소 있을 것으로 예상되고, 다른 논술형시험의 열람 여부에도 영향이 있는 등 파급효과로 인하여 시험업무의 수행에 다소 지장을 초래한다고 볼 수 있기는 하지만, 답안지는 응시자의 시험문제에 대한 답안이 기재되어 있을 뿐 **평가자의 평가기준이나 평가 결과가 반영되어 있는 것은 아니므로** 응시자가 자신의 답안지를 열람한다고 하더라도 시험문항에 대한 채점위원별 채점 결과가 열람되는 경우와 달리 **평가자가 시험에 대한 평가업무를 수행함에 있어서 지장을 초래할 가능성이 적은 점,**

기출OX

저속한 표현과 음란한 표현은 인간의 존엄 내지 인간성을 왜곡하는 성표현으로서 언론·출판의 자유에 의한 헌법적인 보호영역 안에 있지 않다. (×)
06. 국회직 8급

→ 저속한 표현, 음란 표현도 모두 보호영역 안에 있다.

답안지에 대한 열람이 허용된다고 하더라도 답안지를 상호 비교함으로써 생기는 부작용이 생길 가능성이 희박하고, 열람업무의 폭증이 예상된다고 볼만한 자료도 없는 점 등을 종합적으로 고려하면, 답안지의 열람으로 인하여 **시험업무의 수행에 현저한 지장을 초래한다고 볼 수 없다**(대판 2003.3.14, 2000두6114).

6 청소년유해매체물의 전자표시 [기각]
청구인은 성인의 알 권리 침해를 주장하나, 이 사건 고시에 의한 전자적 표시제도는 통상 성인이 차단소프트웨어를 설치하였을 경우에만 작동되는 것이고, 이미 설치된 차단소프트웨어도 다시 제거할 수 있으므로, 이 사건 조항이 성인의 알 권리를 제한하는 것이 아니다(헌재 2004.1.29, 2001헌마894).

7 한·중 마늘교역에 관한 합의서 [각하]
알 권리는 국민이 일반적으로 정보에 접근하고 수집·처리함에 있어서 국가권력의 방해를 받지 않음을 보장하고 의사형성이나 여론 형성에 필요한 정보를 적극적으로 수집하고 수집에 대한 방해의 제거를 청구할 수 있는 권리로서, 원칙적으로 국가에게 **이해관계인의 공개청구 이전에 적극적으로 정보를 공개할 것을 요구하는 것까지 알 권리로 보장되는 것은 아니다.**
따라서 일반적으로 국민의 권리의무에 영향을 미치거나 국민의 이해관계와 밀접한 관련이 있는 정책결정 등에 관하여 적극적으로 그 내용을 알 수 있도록 공개할 국가의 의무는 기본권인 알 권리에 의하여 바로 인정될 수는 없고 이에 대한 구체적인 입법이 있는 경우에야 비로소 가능하다. … 청구인들의 정보공개청구가 없었던 이 사건의 경우 이 사건 조항을 사전에 마늘재배농가들에게 공개할 정부의 의무는 인정되지 아니한다(헌재 2004.12.16, 2002헌마579).

8 변호사시험 성적 비공개 사건 [인용]
변호사시험 성적 공개를 금지한 변호사시험법 제18조 제1항 본문이 청구인들의 알 권리(정보공개청구권)를 침해하여 헌법에 위반된다. 변호사시험 성적 비공개로 인하여 변호사시험 합격자의 능력을 평가할 수 있는 객관적인 자료가 없어서 오히려 대학의 서열에 따라 합격자를 평가하게 되어 **대학의 서열화는 더욱 고착화된다**(헌재 2015.6.25, 2011헌마769).
▶ 이는 알 권리를 침해한다.

9 변호사시험 성적 공개 청구기간 제한 [위헌]
[1] 표현의 자유는 알 권리와 표리일체의 관계에 있으므로 정보공개청구권 침해 여부를 판단하면서 함께 살펴보는 것으로 충분하다. 신뢰보호원칙 위반 여부에 대해서는 따라 판단하지 않는다.
[2] 변호사시험 성적의 의미와 기능, 변호사시험 합격자의 취업과 이직에 관한 현실 등을 고려하였을 때, 특례조항이 정하고 있는 '개정 변호사시험법 시행일부터 6개월 내'라는 성적 공개 청구기간은 지나치게 짧아 청구인의 정보공개청구권을 침해한다(헌재 2019.7.25, 2017헌마1329).
▶ 청구기간이 지나치게 짧다.

10 아동학대행위자의 식별정보 보도금지 [합헌]
헌법재판소는 아동학대 사건처리 과정에서 발생할 수 있는 사생활 노출 등 2차 피해로부터의 피해아동 보호를 중요한 공익으로 인정하면서, 아동학대행위자의 식별정보의 보도는 그와 밀접한 관계에 있는 피해아동의 2차 피해로 이어질 수 있는 점, 언론기능 및 국민의 알 권리는 익명화된 사건보도로도 충족될 수 있는 점 등을 고려하여 재판관 전원일치 의견으로 심판대상조항이 언론·출판의 자유 및 국민의 알 권리를 침해하지 않는다고 판단하였다(헌재 2022.10.27, 2021헌가4).

기출OX
검사가 청구인에게 형사확정기록을 열람·복사할 수 있는 권리를 인정한 명문의 규정이 없다는 것만을 이유로 하여 피고인이었던 자인 청구인의 복사신청을 거부한 것은 청구인의 알 권리를 침해한 것이다(헌재 1991.5.13, 90헌마133). (O) 05. 입시, 06. 국회직 8급

비교 정리
사법시험 제2차 시험 답안지

구분	열람
답안지	O
채점결과	X

기출OX
변호사시험 성적의 비공개를 규정한 관련 법 조항은 성적공개 청구인들의 법조인으로서의 직역 선택이나 직업수행에 있어서 어떠한 제한을 두고 있는 것은 아니므로 성적공개 청구인들의 직업선택의 자유를 제한하고 있다고 볼 수 없다. (O) 18. 서울시 7급

3. 액세스권

⊙ 반론보도청구권·정정보도청구권·추후보도청구권 비교

구분	반론보도청구권	정정보도청구권
사유	사실보도로 인한 피해	사실보도로 인한 피해
요건	• 언론사의 고의 또는 과실, 위법성을 요하지 않음 • 보도내용이 허위와 무관	• 언론사의 고의 또는 과실, 위법성을 요하지 않음 • 보도내용이 허위임을 전제로 함
기한	• 보도 후 ~ 6월 이내 • 보도사실 안 날 ~ 3월 이내	• 보도 후 ~ 6월 이내 • 보도사실 안 날 ~ 3월 이내
절차	• 언론중재위원회의 중재절차는 임의적 절차 • 가처분절차에 의함	• 언론중재위원회의 중재절차는 임의적 절차 • 가처분절차에 의하면 안 됨

♨ 관련 판례

시정권고 신청권 [기각]

피해자가 아닌 사람에게 시정권고 신청권을 규정하지 아니하였다 해도 표현의 자유를 침해하는 것은 아니다(헌재 2015.4.30, 2012헌마890).

4. 언론기관의 자유

언론기관의 자유란 언론기관을 자유로이 설립할 수 있는 언론기관 설립권, 언론기관의 보도의 자유 및 취재의 자유, 언론기관의 내부적 자유까지 포함하는 개념이다.

(1) 언론기관의 설립 자유

헌법 제21조 제3항은 '통신·방송의 시설기준과 신문의 기능을 보장하기 위하여 필요한 사항은 법률로 정한다'라고 하여 언론기관의 시설 법정주의를 규정하였다. 이 규정은 언론기관의 설립자유를 제한함과 동시에 언론기관의 난립을 방지함으로써 언론의 공적 기능인 여론형성의 기능을 보장하기 위한 것이다.

♨ 관련 판례

인터넷신문 발행요건

인터넷언론사가 취재 인력 3명 이상을 포함하여 취재 및 편집 인력 5명 이상을 상시적으로 고용하도록 하는 것은 소규모 인터넷신문이 언론으로서 활동할 수 있는 기회 자체를 원천적으로 봉쇄할 수 있음에 비하여, 인터넷신문의 신뢰도 제고라는 입법목적의 효과는 불확실하다는 점에서 법익의 균형성도 잃고 있다. 따라서 고용조항 및 확인조항은 과잉금지원칙에 위배되어 청구인들의 언론의 자유를 침해한다(헌재 2016.10.27, 2015헌마1206).

▶ 직업수행의 자유는 판단하지 않는다. 주된 기본권은 언론의 자유이다. 또한 명확성의 원칙과 포괄위임금지의 원칙 및 사전허가 금지의 원칙에 위배되지 않는다.

(2) 언론기관의 내부적 자유

명문에 규정이 없으나 언론의 자유에는 언론기관의 내부적 자유로서 경영권으로부터 편집·편성의 자유가 보장되어야 한다.

기출OX

언론의 자유에 의하여 보호되는 것은 정보의 획득에서부터 뉴스와 의견의 전파에 이르기까지 언론의 기능과 본질적으로 연관되는 활동에 국한되므로, 인터넷언론사가 취재 인력 3명 이상을 포함하여 취재 및 편집 인력 5명 이상을 상시적으로 고용하도록 하는 것은 언론의 자유를 제한하는 것이 아니라 인터넷언론사의 직업의 자유를 제한하는 것이다. (×) 18. 변호사

관련 판례

방송편성 간섭 금지 및 처벌 사건

금지조항은 방송편성의 자유와 독립을 보장하기 위하여 방송사 외부에 있는 자가 방송편성에 관계된 자에게 방송편성에 관해 특정한 요구를 하는 등의 방법으로 방송편성에 관한 자유롭고 독립적인 의사결정에 영향을 미칠 수 있는 행위 일체를 금지한다는 의미임을 충분히 예견할 수 있으므로, 죄형법정주의 명확성원칙에 위반된다고 볼 수 없다(헌재 2021.8.31, 2019헌바439).

기출OX

시청자는 왜곡된 보도에 대해서 의견 개진 내지 비판을 할 수 있음에도, 방송편성에 관하여 간섭을 금지하는 방송법 조항의 '간섭'에 관한 부분 및 그 위반 행위자를 처벌하는 구 방송법 조항의 '간섭'에 관한 부분은 청구인의 표현의 자유를 침해한다. (×)

22. 경찰간부

관련 판례

신문법 사건(헌재 2006.6.29, 2005헌마165)

심판대상조항	주문	결정이유
신문법 제15조 제2항 (신문사가 방송을 겸영 금지하는 것)	합헌(6인)	일간신문의 뉴스통신과 방송사업 겸영 규율은 고도의 정책적 판단으로 입법자의 미디어 정책적 판단에 맡겨져 있음
신문법 제15조 제3항 (신문사가 또 다른 신문사를 소유 못하게 하는 것)	헌법불합치 (헌법불합치 4, 위헌 3)	• 신문의 복수소유가 언론의 다양성을 저해하지 않는 경우 필요 이상으로 신문의 자유를 제약함 • 다만, 복수소유의 규제 기준 등은 입법자의 재량으로 개선입법이 있을 때까지 계속 적용
신문법 제17조 (시장지배적 사업자 추정조항)	위헌(7인)	발행부수만으로 신문시장의 점유율을 평가할 수 없고 불공정 행위를 초래할 위험성이 특별히 크다고 볼 수 없는데도 일반사업자에 비해 더 쉽게 시장지배적 사업자로 추정하는 것 등은 불합리함
신문법 제34조 제2항 (신문발전기금 지원금지 대상)	위헌 (전원일치)	시장점유율이 높다는 이유만으로 기금 지원의 대상에서 아예 배제하는 것은 불합리함
언론중재법 제14조 (고의나 과실 불요)	합헌 (전원일치)	정정보도는 민법상 불법행위와 전혀 다른 청구권임
언론중재법 제26조 제6항 (정정보도청구사건의 가처분절차조항)	위헌(6인)	사실적 주장에 관한 언론보도가 진실이 아니라는 것을 간략한 소명으로 대체하는 것은 언론사의 방어권을 심각하게 제약함

4 제한

1. 사전통제 금지

(1) 허가제 금지

허가제란 원래 자연적 자유에 속하는 권리를 일단 일반적으로 금지한 연후에 특정한 경우에 한하여 그 금지를 해제하여 주는 행정처분이므로 언론·출판에 대한 허가제는 금지된다.

관련 판례

1 정기간행물의 등록 [합헌]

언론·출판기업에 대하여 일정한 시설을 갖추어 등록하게 하는 것은 언론·출판의 자유의 본질적 내용의 간섭과는 구분되며, 원칙적으로 언론·출판의 자유에 관한 본질적인 내용의 침해에 해당하는 것이라고 볼 수 없다(헌재 1996.8.29, 94헌바15).

2 방송사업의 허가제 [합헌]

언론·출판에 대한 허가·검열금지의 취지는 정부가 표현의 내용에 관한 가치판단에 입각해서 특정 표현의 자유로운 공개와 유통을 사전 봉쇄하는 것을 금지하는 데 있으므로, 내용규제 그 자체가 아니거나 내용구제의 효과를 초래하는 것이 아니라면 금지된 허가에는 해당되지 않는다. 한편, 헌법 제21조 제3항은 '통신·방송의 시설기준과 신문의 기능을 보장하기 위하여 필요한 사항은 법률로 정한다'고 규정하여 일정한 방송시설기준을 구비한 자에 대해서만 방송사업을 허가하는 허가제가 허용될 여지를 주는 한편 방송사업에 대한 시설기준을 "법률"로 정하도록 함으로써 행정부에 의한 방송사업허가제의 자의적 운영이 방지되도록 하고 있다(헌재 2001.5.31, 2000헌바43 등).

(2) 검열제 금지

① **의의**: 검열이란 사상이나 의견을 발표하기 이전에 국가기관이 미리 그 내용을 심사·선별하여 일정한 범위 내에서 발표를 사전에 저지하는 것을 의미한다. 검열금지의 원칙은 모든 형태의 사전적인 규제를 금지하는 것이 아니고, 단지 의사표현의 발표 여부가 오로지 행정권의 허가에 달려있는 사전심사만을 금지하는 것을 뜻한다.❶

② **요건**: 검열은 ㉠ 허가를 받기 위한 표현물의 제출의무, ㉡ 행정권이 주체가 된 사전심사절차, ㉢ 허가를 받지 아니한 의사표현의 금지, ㉣ 심사절차를 관철할 수 있는 강제수단 등의 요건을 갖춘 경우만 이에 해당하는 것이다 (헌재 1996.10.4, 93헌가13).

③ **내용**

행정권이 검열의 주체	• 검열의 주체는 행정권에 한정되므로 행정권 이외의 국가기관, 특히 법원에 의한 사전 제한, 예컨대 가처분에 의한 의사표현의 사전 억제는 검열에 해당하지 않는다. • 헌법재판소도 민사소송법 가처분절차에 따른 법원의 사전통제를 검열로 보지 않았다. 또한 검열기관으로서 행정기관인지 여부는 형식이 아니라 실질을 기준으로 한다. 공연윤리위원회, 공연진흥협의회, 등급위원회는 형식적으로는 민간단체이어서 행정기관이 아니나 실질적으로는 인적·물적으로 행정권의 지배하에 있으므로 검열기관인 행정기관이라는 것이 헌법재판소 판례이다.
허가를 받기 위한 표현물의 제출의무와 사전통제	• 사후의 사법적 규제는 검열이 아니다. 따라서 사법절차에 의한 영화상영금지, 명예훼손이나 저작권 침해를 이유로 한 가처분, 형벌규정으로 압수는 검열이 아니다. • 납본제도❷는 출간 이후의 통제제도이므로 검열이 아니다.

---

❶ 검열은 허용되지 않으나, 영화인들 스스로 자율 심의하는 것은 허용된다.

기출OX

01 행정주체인 방송위원회로부터 위탁을 받아 방송광고의 사전심의라는 공무를 수행하는 한국광고자율심의기구에 의하여 방송광고의 사전심의를 받도록 하는 것은 언론·출판에 대한 사전검열에 해당한다. (O) 08. 국가직 7급

02 외국음반을 국내에서 제작하고자 하는 경우 영상물등급위원회의 추천을 받도록 하는 것은 언론·출판에 대한 사전검열에 해당하여 헌법에 위반된다. (O) 08. 국가직 7급

03 사법부가 사법절차에 의하여 심리·결정하는 방영금지가처분은 헌법에서 금지하는 사전검열에 해당하므로 위헌이다. (X) 08. 국회직 8급

❷ 납본제도는 새로 발행 제작된 출판물을 견본으로 국가에 의무적으로 제출하는 제도이다.

표현의 내용을 심사·선별	• 발표할 내용을 심사·선별하는 것이어야 한다. • 옥외광고물설치허가제는 설치장소, 크기, 모양, 색깔 등에 대한 통제이지 광고내용통제가 아니므로 검열이 아니다. • TV방송국 설립허가제는 방송국 시설기준에 대한 통제이지 방송내용통제가 아니므로 검열이 아니다.
표현의 금지와 심사절차를 관철할 수 있는 강제수단	검열에 해당하려면 검열의 개념적 요소를 다 갖추고 있어야 한다. 등급제는 사전적 심사이나 발표를 금지하는 것이 아니므로 검열이 아니다. 그러나 등급분류보류제는 등급의 분류를 보류하여 무한정 영화상영이 금지될 수 있어 검열에 해당한다.

관련 판례

1 건강기능식품법상 기능성광고에 대한 사전심의 [위헌]

건강기능식품법상 기능성 광고의 심의주체는 행정기관인 식약처장이며, 법상 언제든지 위탁을 철회하고 직접 심의업무를 담당할 수 있다. 심의기관의 장이 위원을 위촉하려면 식약처장의 승인을 받아야 하고, 식약처장이 일정한 경우 해당 위원을 해촉할 수도 있다. 그리고 위원의 수와 구성 비율, 위원의 자격과 임기, 위원장과 부위원장의 위촉 방식 등 심의위원회의 구성에 관하여 총리령으로 규율하는 등으로 법령을 통해 **행정권이 표시·광고심의위원회의 구성에 개입하고 지속적으로 영향을 미칠 가능성이 존재하는 이상 그 구성에 자율성이 보장되어 있다고 볼 수 없다**(헌재 2018.6.28, 2016헌가8).

2 의료광고 사전심의 [위헌]

각 의사협회는 행정권의 영향력에서 벗어나 독립적이고 자율적으로 사전심의업무를 수행하고 있다고 보기 어렵다. 따라서 이는 사전검열금지원칙에 위배된다(헌재 2015.12.23, 2015헌바75).

3 한국의료기기산업협회

한국의료기기산업협회가 행하는 이 사건 의료기기 광고 사전심의는 헌법이 금지하는 사전검열에 해당하고, 이러한 사전심의제도를 구성하는 심판대상조항은 헌법 제21조 제2항의 사전검열금지원칙에 위반된다(헌재 2020.8.28, 2017헌가35).

4 대북 전단 등의 살포 금지·처벌 사건 [위헌]

[1] 헌법재판소는 심판대상조항이 국민의 생명·신체의 안전을 보장하고 남북 간 긴장을 완화하며 평화통일을 지향하여야 하는 국가의 책무를 달성하기 위한 것으로서 그 입법목적이 정당하다고 보면서도, 심판대상조항에 따라 제한되는 표현의 내용이 매우 광범위하고, 최후의 수단이 되어야 할 국가형벌권까지 동원한 것이어서, 표현의 자유를 지나치게 제한한다고 판단하였다.

[2] 검열과 관련하여 이는 북한 체제 비판등의 내용을 담은 표현을 제한하는 것으로 내용에 관한 규제로 보아야 하나, 표현물의 제출의무나 행정권의 사전심사절차 등을 일반적으로 예정·도입하는 것이 아니므로, 심판대상조항에 따른 규율이 헌법 제21조 제2항이 금지하고 있는 '검열'에 해당한다고 보기는 어렵다(헌재 2023.9.26, 2020헌마1724).

기출OX

건강기능식품의 기능성 표시·광고와 같이 규제의 필요성이 큰 경우에 사전심의절차를 법률로 규정하여도 우리 헌법이 절대적으로 금지하는 사전검열에 해당한다고 보기는 어렵다. (×)
19. 서울시 7급

기출OX

한국의료기기산업협회가 행하는 의료기기 광고 사전심의는 헌법이 금지하는 사전검열에 해당한다. (○) 21. 소방간부

2. 사후통제 - 언론규제입법의 합헌성 판단기준(언론·출판의 자유의 우월성 법리이론)

(1) 이중기준의 원칙

언론·출판의 자유는 정신적 자유권에 속하므로 경제적 자유권을 제한하는 경우에 비하여 제한방법과 제한기준이 보다 엄격하게 적용되어야 한다.

(2) 무효의 원칙

언론·출판의 자유를 규제하는 법률규정은 명확하여야 하고, 불확정개념이나 막연한 용어를 사용하여 그 의미를 명백히 할 수 없는 경우에는 '막연하기 때문에 무효'라는 이론이 적용되어 그 법률은 위헌무효가 된다.

> **관련 판례** 명확성 원칙에 관한 판례❶
>
> **1 전기통신기본법 제47조 제1항 위헌소원 [위헌]**
>
> 이 사건 법률조항은 표현의 자유에 대한 제한입법이며, 동시에 형벌조항에 해당하므로, 엄격한 의미의 명확성 원칙이 적용된다. 그런데 이 사건 법률조항은 "공익을 해할 목적"의 허위의 통신을 금지하는바, 여기서의 **"공익"**은 형벌조항의 구성요건으로서 구체적인 표지를 정하고 있는 것이 아니라, 헌법상 기본권 제한에 필요한 최소한의 요건 또는 헌법상 언론·출판의 자유의 한계를 그대로 법률에 옮겨 놓은 것에 불과할 정도로 그 의미가 불명확하고 추상적이다(헌재 2010.12.28, 2008헌바157).
>
> **2 불온통신의 규제 [위헌]**
>
> 전기통신사업법 제53조는 '공공의 안녕질서 또는 미풍양속을 해하는'이라는 **불온**통신의 개념을 전제로 하여 규제를 가하는 것으로서 불온통신 개념의 모호성, 추상성, 포괄성으로 말미암아 필연적으로 규제되지 않아야 할 표현까지 다양하게 규제하게 되어 과잉금지원칙에 어긋난다. 즉, '공공의 안녕질서 또는 미풍양속' 개념의 <u>포괄성으로 말미암아 청소년에 대한 접근만 금지하여도 족할 표현물도 불온통신에 해당되어 규제</u>받게 된다. 결론적으로, 전기통신사업법 제53조 제1항은 표현의 자유를 지나치게 광범위하게, 포괄적으로 제한함으로써 과잉금지원칙에 위배된다(헌재 2002.6.27, 99헌마480).
>
> **3 제한상영가제도 [헌법불합치]**
>
> 영진법 제21조 제3항 제5호는 '제한상영가' 등급의 영화를 '상영 및 광고·선전에 있어서 일정한 제한이 필요한 영화'라고 정의하고 있는데, 이 규정은 제한상영가 등급의 영화가 어떤 영화인지를 말해주기보다는 제한상영가 등급을 받은 영화가 사후에 어떠한 법률적 제한을 받는지를 기술하고 있으므로, 제한상영가 영화가 어떤 영화인지 이 규정만 가지고는 도대체 짐작하기가 쉽지 않다(헌재 2008.7.31, 2007헌가4).

(3) 명백하고 현존하는 위험의 원칙

표현의 자유를 제약하는 경우에 명백하고 현존하는 위험이 있지 않으면 안 된다는 원칙이다.❷ 여기서 명백이란 표현과 해악의 발생 사이에 밀접한 인과관계가 존재함을 말하고, 현존이란 해악의 발생이 시간적으로 근접한 것을 의미하며, 위험이란 공공의 이익에 대한 해악의 발생개연성을 의미한다.

---

❶ 명확성의 원칙에서 이야기된 것처럼 같은 단어, 예를 들어 공익이나 불온 등이 언론·출판에 사용되면 위헌이 되나, 다른 영역에 사용되면 합헌이 된다.

기출OX

'제한상영가' 등급의 영화를 '상영 및 광고·선전에 있어서 일정한 제한이 필요한 영화'라고 규정하고 있는 법률규정은, '제한상영가' 등급의 영화란 영화의 내용이 지나치게 선정적, 폭력적 또는 비윤리적이어서 청소년에게는 물론 일반적인 정서를 가진 성인에게조차 혐오감을 주거나 악영향을 끼치는 영화로 해석될 수 있으므로 명확성원칙에 위반되지 않는다. (X) 13. 국가직 7급

❷ 명백하고 현존하는 위험의 원칙이란 같은 표현이라고 해도 표현의 자유를 규제할 때는 실질적인 해악이 필요하다는 의미이다. 예를 들어 평상시 징병 반대를 외치는 경우에는 처벌하면 안 되지만 세계대전이 일어난 경우 징병 반대를 외친다면 처벌할 수 있다는 논리이다.

🔍 관련 판례

공적 인물에 대한 명예 훼손시 입증책임의 부담

방송 등 언론매체가 사실을 적시하여 개인의 명예를 훼손하는 행위를 한 경우에도 그 목적이 오로지 공공의 이익을 위한 것일 때에는 적시된 사실이 진실이라는 증명이 있거나 그 증명이 없다 하더라도 행위자가 그것을 진실이라고 믿었고 또 그렇게 믿을 만한 상당한 이유가 있으면 위법성이 없다고 보아야 할 것이나, 그에 대한 입증책임은 어디까지나 명예훼손행위를 한 방송 등 언론매체에 있고 피해자가 공적 인물이라 하여 피해자 측에 입증책임이 있는 것이 아니다(대판 1998.5.8, 97다34563).

📊 비교 정리

국가	입증책임
우리나라	언론·출판사
미국	피해자

5 제한과 책임

1. 헌법규정

> 헌법 제21조 ④ 언론·출판은 타인의 명예나 권리 또는 공중도덕이나 사회윤리를 침해하여서는 아니 된다. 언론·출판이 타인의 명예나 권리를 침해한 때에는 피해자는 이에 대한 피해의 배상을 청구할 수 있다.

2. 언론보도와 명예훼손에 관한 대법원 판례

집단표시에 의한 명예훼손은 그러한 방송 등이 그 집단에 속한 특정인에 대한 것이라고는 해석되기 힘들고 집단표시에 의한 비난이 개별구성원에 이르러서는 비난의 정도가 희석되어 구성원의 사회적 평가에 영향을 미칠 정도에 이르지 않으므로 구성원 개개인에 대한 명예훼손은 성립되지 않는다고 봄이 원칙이다. 그러나 예외적으로 구성원 개개인에 대하여 방송하는 것으로 여겨질 정도로 구성원 수가 적거나 방송 등 당시의 주위 정황 등으로 보아 집단 내 개별구성원을 지칭하는 것으로 여겨질 수 있는 때에는 집단 내 개별구성원이 피해자로서 특정된다고 보아야 한다고 판시하였다(대판 2003.9.2, 2002다63558). 04. 법원직

📝 기출OX

비방할 목적으로 정보통신망을 이용하여 공공연하게 사실을 드러내어 다른 사람의 명예를 훼손한 자를 처벌하는 법률 규정은, 허위의 명예나 과장된 명예를 보호하기 위하여 표현의 자유에 대한 심대한 위축효과를 발생시키기 때문에 과잉금지 원칙을 위반하여 표현의 자유를 침해한다. (×)

17. 국가직 7급

🔍 관련 판례

1 인터넷 홈페이지 운영자의 법적 책임

온라인 서비스 제공자인 인터넷상의 홈페이지 운영자가 자신이 관리하는 전자게시판에 타인의 명예를 훼손하는 내용이 게재된 것을 방치하였을 때 명예훼손으로 인한 손해배상책임을 지게하기 위해서는 <u>그 운영자에게 그 게시물을 삭제할 의무가 있음에도 정당한 사유 없이 이를 이행하지 아니한 경우</u>여야 하고, 그의 삭제의무가 있는지는 게시의 목적, 내용, 게시기간과 방법, 그로 인한 피해의 정도, 게시자와 피해자의 관계, 반론 또는 삭제 요구의 유무 등 게시에 관련된 쌍방의 대응태도, 당해 사이트의 성격 및 규모·영리 목적의 유무, 개방정도, 운영자가 게시물의 내용을 알았거나 알 수 있었던 시점, 삭제의 기술적·경제적 난이도 등을 종합하여 판단하여야 할 것으로서, 특별한 사정이 없다면 단지 홈페이지 운영자가 제공하는 게시판에 다른 사람에 의하여 <u>제3자의 명예를 훼손하는 글이 게시되고 그 운영자가 이를 알았거나 알 수 있었다는 사정만으로 항상 운영자가 그 글을 즉시 삭제할 의무를 지게 된다고 할 수는 없다</u>(대판 2003.6.27, 2002다72194).

📊 비교 정리

교통수단이용 광고

구분	금지
자기 소유	전면 허용
	일부 허용
타인 소유	전면 불허
	일부 허용

기출OX

일간신문사 기자가 타 신문사의 기사 내용과 피의자에 대한 구속영장 사본을 열람하였다면 위 기자가 기사 내용의 진실성을 담보하기 위하여 필요한 취재를 다한 것으로 볼 수 있다. (×)

04. 법원직

2 교통수단이용 광고의 제한 [기각]

타인에 관한 광고를 허용하게 되면 무분별한 광고를 하게 되고 이로 인하여 **도로교통의 안전과 도시미관을 저해하는 폐해가 발생**하게 될 것이다. 따라서 이 사건 시행령조항이 **표현의 자유를 침해한다고 볼 수 없다**(헌재 2002.12.18, 2000헌마764).

3 식품의 약리적 효능에 관한 상업광고규제 [기각]

위 법령조항을 식품 등에 대하여 마치 특정 질병의 치료·예방 등을 직접적이고 주된 목적으로 하는 것인 양 표시·광고하여 **소비자로 하여금 의약품으로 혼동·오인하게 하는 표시·광고만을 규제하고 있는 것으로 한정적으로 풀이**하면 … 그 적용범위를 위와 같은 합헌적인 범위 밖에까지 부당히 확장하지 아니하는 한 식품제조업자 등의 영업의 자유, 광고표현의 자유 또는 학문의 자유를 헌법 제37조 제2항에 위반하여 **침해하는 것이라고 볼 수 없다**(헌재 2000.3.30, 97헌마108).

4 숙취해소용 천연차 표시금지 [위헌]

[1] '음주전후' 또는 '숙취해소'라는 표시는 식품판매를 위한 상업적 광고표현에 해당한다고 할 것인데, 상업적 광고표현 또한 표현의 자유의 보호를 받는 대상이 되므로 이 사건 규정은 표현의 자유를 제한하는 것이기도 하다.

[2] '음주전후', '숙취해소'라는 표시는 이를 금지할 만큼 음주를 조장하는 내용이라 볼 수 없고, 식품에 숙취해소 작용이 있음에도 불구하고 이러한 표시를 금지하면 숙취해소용 식품에 관한 정확한 정보 및 제품의 제공을 차단함으로써 **숙취해소의 기회를 국민으로부터 박탈하게 될 뿐만 아니라, 보다 나은 숙취해소용 식품을 개발하기 위한 연구와 시도를 차단**하는 결과를 초래하므로, 위 규정은 숙취해소용 식품의 제조·판매에 관한 영업의 자유 및 **광고표현의 자유를 과잉금지원칙에 위반하여 침해**하는 것이다(헌재 2000.3.30, 99헌마143).

5 인터넷 실명제 [위헌]

[1] 본인확인제는 인터넷게시판에 타인의 명예를 훼손하는 등의 불법정보를 게시하는 것을 억제하고 불법정보 게시로 피해가 발생한 경우 가해자를 특정할 수 있는 기초자료를 확보함으로써 건전한 인터넷문화를 조성하기 위한 것으로서 그 목적의 정당성과 수단의 적합성을 인정할 수 있다.

[2] 그러나 인터넷게시판 운영자에게 게시판 이용자에 대한 본인확인조치를 하도록 하여 게시판 이용자가 본인확인절차를 거치지 아니하면 인터넷게시판에 정보를 게시할 수 없도록 하는 본인확인제는 아래와 같이 목적달성에 필요한 범위를 넘는 과도한 제한을 하는 것으로서 침해의 최소성이 인정되지 않는다 (헌재 2012.8.23, 2010헌마47).

6 공공기관등 게시판 본인확인제 [기각]

공공기관등이 설치·운영하는 게시판에 언어폭력, 명예훼손, 불법정보 등이 포함된 정보가 게시될 경우 그 게시판에 대한 신뢰성이 저하되고 결국에는 게시판 이용자가 피해를 입을 수 있으며, 공공기관등의 정상적인 업무 수행에 차질이 빚어질 수도 있다. 따라서 공공기관등이 설치·운영하는 게시판의 경우 본인확인조치를 통해 책임성과 건전성을 사전에 확보함으로써 해당 게시판에 대한 공공성과 신뢰성을 유지할 필요성이 크며, 그 이용 조건으로 본인 확인을 요구하는 것이 과도하다고 보기는 어렵다(헌재 2022.12.22. 2019헌마654).

비교 정리

본인확인	주문
선거	위헌
인터넷	위헌
공공기관	합헌

기출OX

인터넷게시판을 설치·운영하는 정보통신서비스 제공자에게 본인확인조치 의무를 부과하는 법률규정은 과잉금지원칙에 위배하여 인터넷게시판 이용자의 표현의 자유를 침해한다. (○)

19. 서울시 7급, 법원직

7 가상의 아동·청소년이용 음란물 [합헌]

아동·청소년이용음란물 가운데 "아동·청소년으로 인식될 수 있는 사람이나 표현물이 등장하여 그 밖의 성적 행위를 하는 내용을 표현하는 것" 부분, 즉 가상의 아동·청소년이용음란물 배포 등을 처벌하는 부분이 죄형법정주의 명확성원칙에 위반되지 아니하고, 표현의 자유를 과도하게 제한하지 아니하므로 헌법에 위반되지 않는다고 결정하였다(헌재 2015.6.25, 2013헌가17).

8 방송통신위원회의 정보취급거부명령 [합헌]

[1] 취급거부에는 웹사이트폐쇄가 포함된다고 보아야 한다.

[2] 불법성의 경중에 따라 단계적으로 적절한 명령을 할 수 있으며, 불가피한 경우 폐쇄를 명하는 것은 언론·출판의 자유를 침해하지 않는다(헌재 2015.10.21, 2012헌바415).

9 국가모독죄 [위헌]

대한민국 또는 헌법상 국가기관에 대하여 모욕, 비방, 사실 왜곡, 허위사실 유포 또는 기타 방법으로 대한민국의 안전, 이익 또는 위신을 해하거나 해할 우려가 있는 표현이나 행위에 대하여 형사처벌하도록 규정한 구 형법조항은 표현의 자유를 침해한다(헌재 2015.10.21, 2013헌가20).

▶ 수단의 적합성이 부정된다.

10 국기모독죄 [합헌]

'대한민국을 모욕'한다는 것은 '국가공동체인 대한민국의 사회적 평가를 저해할 만한 추상적 또는 구체적 판단이나 경멸적 감정을 표현하는 것'을 의미하는 것으로 법관의 보충적 해석으로 보완될 수 있다. 따라서 심판대상조항은 명확성원칙에 위반되지 않는다(헌재 2019.12.27, 2016헌바96).

11 선거운동의 근거

선거운동의 자유는 널리 선거과정에서 자유로이 의사를 표현할 자유의 일환이므로 표현의 자유의 한 태양이기도 하다. 표현의 자유, 특히 정치적 표현의 자유는 선거과정에서의 선거운동을 통하여 국민이 정치적 의견을 자유로이 발표·교환함으로써 비로소 그 기능을 다하게 된다 할 것이므로, 선거운동의 자유는 헌법에 정한 언론·출판·집회·결사의 자유 보장 규정에 의한 보호를 받는다(헌재 2001.8.30, 99헌바92 등).

12 후보자 명의의 칼럼 금지

인터넷언론사가 선거일 전 90일부터 선거일까지 후보자 명의의 칼럼이나 저술을 게재하는 보도를 할 수 없도록 한 것은 필요 이상으로 표현의 자유를 제한하여 헌법에 위반된다(헌재 2019.11.28, 2016헌마90).

13 세종특별자치시 옥외광고물 규제 [기각]

「세종특별자치시 옥외광고물 관리 조례」에서 특정구역 안에서 업소별로 표시할 수 있는 옥외광고물의 총수량을 원칙적으로 1개로 제한한 것은 표현의 자유를 침해하지 않는다(헌재 2016.3.31, 2014헌마79).

제4항 집회·결사의 자유

1 서설

헌법 제21조 ① 모든 국민은 언론·출판의 자유와 집회·결사의 자유를 가진다.
② 언론·출판에 대한 허가나 검열과 집회·결사에 대한 허가는 인정되지 아니한다.
04. 국회직 8급

◆ 집회·결사의 자유 비교

구분	집회의 자유	결사의 자유
계속성	일시적 모임	계속적 모임
인적 요건	2인 이상	2인 이상
목적 요건	의사형성, 의사표현(판례는 내적유대)	제한 X
행태적 요건	폭력적 집회 제외	비폭력
장소적 요건	요건 중 하나(이동도 가능)	장소는 요건 아님
주최자	필수적 요소 아님	필수적 요소 아님
주체	자연인, 법인	자연인, 사법인(공법인 X) 04. 국회직 8급

> **기출OX**
> 집회의 자유에는 집회를 통하여 형성된 의사를 집단적으로 표현하는 데 그치고, 이를 통하여 불특정 다수인의 의사에 영향을 줄 자유까지를 포함하지는 않는다. (X)
> 18. 지방직 7급

1. 의의

집회·결사의 자유는 다수인이 공동의 목적을 가지고 회합하고 결합하는 자유를 의미한다. 언론·출판의 자유가 개인적 표현의 자유를 의미한다면, 집회·결사의 자유는 모여서 또는 단체를 구성하여 행한다는 점에서 집단적 의사표현의 자유를 의미한다.

> **관련 판례**
>
> **권력에서 소외된 소수의 보호를 위한 기본권**
> 집회의 자유는 집권세력에 대한 정치적 반대의사를 공동으로 표명하는 효과적인 수단으로서 현대사회에서 언론매체에 접근할 수 없는 소수집단에게 그들의 권익과 주장을 옹호하기 위한 적절한 수단을 제공한다는 점에서, 소수의견을 국정에 반영하는 창구로서 그 중요성을 더해 가고 있다. 이러한 의미에서 집회의 자유는 소수의 보호를 위한 중요한 기본권인 것이다(헌재 2003.10.30, 2000헌바67 등).

2. 주체

집회·결사의 자유의 주체는 모든 국민뿐만 아니라 외국인도 포함된다. 다만, 외국인은 국민에 비해 제한이 가중된다. 또한 집회·결사의 자유는 법인도 주체가 될 수 있다.

2 집회의 자유

1. 집회의 의의
집회라 함은 다수인이 공동의 목적을 가지고 일정한 장소에서 일시적으로 회합하는 행위를 말한다.

2. 집회의 요건

(1) 인적 요건
집회가 성립하기 위한 다수인은 2인 이상이어야 한다.

(2) 공동의 목적

> **관련 판례**
>
> **집회의 목적**
> 일반적으로 집회는, 일정한 장소를 전제로 하여 특정 목적을 가진 다수인이 일시적으로 회합하는 것을 말하는 것으로 일컬어지고 있고, 그 공동의 목적은 **내적인 유대 관계로 족하다**(헌재 2009.5.28, 2007헌바22).

(3) 우발적 집회의 포함 여부
주최자는 집회의 요소가 아니며 계획적 집회가 아닌 우발적 집회도 가능하다. 또한 구성원 상호간을 알 필요는 없으나 다수인 상호간에는 내적 유대감이 있어야 한다.

(4) 장소적 요건
헌법에는 명문의 규정이 없으나 시위는 움직이는 집회로서 집회의 개념에 포함된다는 것이 통설·판례이다. 집회 및 시위에 관한 법률[1] 제2조 제2호에 의하면 시위란 '다수인이 공동목적을 가지고 도로·광장·공원 등 공중이 자유로이 통행할 수 있는 장소를 진행하거나 위력 또는 기세를 보여 불특정 다수인의 의견에 영향을 주거나 제압을 가하는 행위'라고 하여 시위의 개념에 장소적 개념은 필요불가결한 요소는 아니라고 규정하고 있다(헌재 1994.4.28, 91헌바14).

> **관련 판례**
>
> **집회장소의 의미**
> 집회장소는 특별한 상징적 의미를 가진다. 특정 장소가 시위의 목적과 특별한 연관성이 있기 때문에 시위장소로서 선택되는 경우가 빈번하다. 일반적으로 시위를 통하여 반대하고자 하는 대상물이 위치하거나(예컨대 핵발전소, 쓰레기 소각장 등 혐오시설) 또는 시위의 계기를 제공한 사건이 발생한 장소(예컨대 문제의 결정을 내린 국가기관 청사)에서 시위를 통한 의견표명이 이루어진다. 이와 같이 집회장소가 바로 집회의 목적과 효과에 대하여 중요한 의미를 가지기 때문에, **누구나 '어떤 장소에서' 자신이 계획한 집회를 할 것인가를 원칙적으로 자유롭게 결정할 수 있어야만 집회의 자유가 비로소 효과적으로 보장되는 것이다. 따라서 집회의 자유는 다른 법익의 보호를 위하여 정당화되지 않는 한, 집회장소를 항의의 대상으로부터 분리시키는 것을 금지한다**(헌재 2003.10.30, 2000헌바67 등).

기출OX

집회란 다수인이 일정한 장소에서 공동목적을 가지고 회합하는 일시적인 결합체를 의미하기 때문에 2인이 모인 집회는 집회 및 시위에 관한 법률의 규제대상이 되지 않는다. (×)
16. 국가직 7급

기출OX

집단적 시위는 이동하는 집회로서 집회의 개념에 포함된다는 것이 헌법재판소의 입장이다(헌재 2003.10.30, 2002헌라1). (○)
04. 국회직 8급

[1] 이하 '집시법'이라 한다.

3. 집회의 종류

(1) 옥내집회와 옥외집회

① 장소에 따른 구별로서 옥외집회는 사전신고를 요한다. 다만, 학문·예술·체육·종교·친목·오락 등의 목적을 위한 옥외집회는 사전신고를 요하지 않는다.

② 집시법에 의하면 옥외집회란 '천장이 없거나 사방이 폐쇄되지 아니한 장소에서 여는 집회'라고 하여 옥외집회의 범위를 확장하고 있다. 따라서 천장이 없고 사방이 폐쇄되어 있는 체육관이나 대학구내의 집회도 옥외집회가 되어 사전신고를 요하게 된다.

(2) 주간집회와 야간집회

일출 전 일몰 후의 야간옥외집회는 원칙적으로 금지되나 질서유지인(18세 이상)을 두고 미리 신고한 경우에는 허용된다.

> **관련 판례**
>
> **1 야간옥외집회의 원칙적 금지 [헌법불합치]**
> [1] 집시법 제10조는 법률에 의하여 옥외집회의 시간적 제한을 규정한 것으로서 그 단서 조항의 존재에 관계없이 헌법 제21조 제2항의 '사전허가금지'에 위반되지 않는다.
> [2] 집시법 제10조에 의하면 낮 시간이 짧은 동절기의 평일의 경우에는 직장인이나 학생은 사실상 집회를 주최하거나 참가할 수 없게 되어, 집회의 자유를 실질적으로 박탈하거나 명목상의 것으로 만드는 결과를 초래하게 된다(헌재 2009. 9.24, 2008헌가25).
>
> **2 야간옥외집회의 금지 [한정위헌]**
> [1] 입법개선이 이루어지지 아니함에 따라 이는 전부 실효되고, 현재는 주간집회와 마찬가지로 규율되고 있다.
> [2] 이미 보편화된 야간의 일상적인 생활의 범주에 속하는 '해가 진 후부터 같은 날 24시까지의 시위'에 적용하는 한 헌법에 위반된다(헌재 2014.3.27, 2010헌가2).

4. 집회의 자유의 내용

(1) 적극적·소극적 집회의 자유

집회의 자유에는 적극적으로 집회를 개최할 자유, 집회를 진행할 자유, 집회에 참가할 자유 등이 포함되며, 소극적으로 집회를 개최하지 아니할 자유, 집회에 참가하지 아니할 자유도 포함된다.

(2) 공공용물 사용 청구권

집회의 자유에는 모든 대중이 자유로이 이용할 수 있는 도로·공원 등 공공용물을 사용할 수 있는 권리를 포함한다. 따라서 정당한 이유 없이 공공용물 사용을 거부하게 되면 집회의 자유를 침해하게 된다.

기출 OX

01 일몰시간 후부터 같은 날 24시까지의 옥외집회 또는 시위의 경우, 특별히 공공의 질서 내지 법적 평화를 침해할 위험성이 크다고 할 수 없으므로 그와 같은 옥외집회 또는 시위를 원칙적으로 금지하는 것은 과잉금지원칙에 위반됨이 명백하다. (O) 16. 국가직 7급

02 집회의 자유는 집회의 시간, 장소, 방법과 목적을 스스로 결정할 권리, 즉 집회를 하루 중 언제 개최할지 등 시간 선택에 대한 자유와 어느 장소에서 개최할지 등 장소 선택에 대한 자유를 내포하고 있다. (O) 17. 법원직 9급

→ 반면 종교의 자유는 국민에게 그가 선택한 임의의 장소에서 자유롭게 행사할 수 있는 권리까지 보장하는 것은 아니다.

5. 집회의 한계

(1) 집회 및 시위의 방법상 한계

집회·시위는 평화적·비폭력적이고 비무장이어야 한다. 폭력적 집회는 집시법에 의한 규제대상이 된다.

(2) 집시법에서 금지되는 집회 및 시위

① 헌법재판소의 결정에 의해 해산된 정당의 목적을 달성하기 위한 집회 또는 시위는 금지된다.
② 집단적인 폭행·협박·손괴·방화 등으로 공공의 안녕 질서에 직접적인 위협을 가할 것이 명백한 집회 또는 시위는 금지된다.
③ 타인의 주거지역이나 이와 유사한 장소로서 집회 또는 시위로 인하여 또는 시설에 심각한 피해가 발생하거나 사생활의 평온에 현저히 해를 입힐 우려가 있는 경우에는 집회 또는 시위의 금지·제한을 통고할 수 있도록 하였다(집시법 제8조 제3항).
④ 행진으로 인한 심각한 교통소통장애 등을 방지하기 위하여 당해 도로와 주변도로의 교통소통에 장애를 발생시켜 심각한 교통 불편을 줄 우려가 있는 경우에는 이를 금지할 수 있도록 하였다(집시법 제12조 제2항).

> **기출OX**
> 헌법재판소의 결정에 따라 해산된 정당의 목적을 달성하기 위한 집회나 시위는 금지된다. (O) 08. 국회직 8급

6. 집회의 자유의 제한

> **관련 판례**
>
> **집회의 자유의 제한**
> 집회의 금지와 해산은 원칙적으로 공공의 안녕질서에 대한 **직접적인 위협이 명백하게 존재하는 경우에 한하여 허용될 수 있다.** 집회의 금지와 해산은 집회의 자유를 보다 적게 제한하는 다른 수단, 즉 조건(예컨대 시위참가자수의 제한, 시위대상과의 거리제한, 시위방법, 시기, 소요시간의 제한 등)을 붙여 집회를 허용하는 가능성을 모두 소진한 후에 비로소 고려될 수 있는 최종적인 수단이다(헌재 2003.10.30, 2000헌바67 등).

(1) 집회·시위에 관한 허가제는 헌법 제21조 제2항에 따라 금지되나, 행정상의 참고를 위한 신고제는 헌법에 위반되지 않는다.

> **관련 판례**
>
> **1 신고의무위반에 대한 형사처벌규정의 위헌 여부 [합헌]**
> 집회 및 시위에 관한 법률 제19조 제2항에서 금지 통고된 옥외집회·시위 등을 주최한 경우는 단순히 행정질서에 장해를 줄 위험성이 있는 정도의 의무태만 내지 의무위반이 아니고 직접적으로 행정목적을 침해하고 나아가 공익을 침해할 고도의 개연성을 띤 행위라고 볼 수 있으므로 이에 대하여 행정형벌을 과하도록 한 집회 및 시위에 관한 법률 제19조 제2항이 헌법 제21조 제1항·제2항에 위반된다고 할 수 없다(헌재 1994.4.28, 91헌바14).

> **기출OX**
> 01 집회에 대한 허가제는 금지된다. (O) 04. 국회직 8급
> 02 입법자가 법률로써 일반적으로 집회를 제한하는 것도 원칙적으로 헌법 제21조 제2항에서 금지하는 '사전허가'에 해당한다. (×) 17. 법원직 9급

2 신고사항 미비와 집회해산

옥외집회 또는 시위가 그 신고사항에 미비점이 있었다거나 신고의 범위를 일탈하였다고 하더라도 그 신고내용과 동일성이 유지되어 있는 한 신고를 하지 아니한 것이라고 볼 수는 없으므로, 관할 경찰관서장으로서는 단순히 신고사항에 미비점이 있었다거나 신고의 범위를 일탈하였다는 이유만으로 곧바로 당해 옥외집회 또는 시위 자체를 해산하거나 저지하여서는 아니 될 것이다(대판 2001.10.9, 98다20929).

3 긴급집회❶ [합헌]

긴급집회의 경우에는 48시간 전까지 신고하는 것이 아닌 신고가능성이 존재하는 즉시 신고하는 것으로 해석하여야 한다(헌재 2014.1.28, 2011헌바174).

① 옥외집회 및 시위를 하고자 하는 자는 목적, 일시, 장소, 주최자, 연락책임자, 질서유지인의 주소·성명·직업·연락처, 참가예정인원과 시위방법을 기재한 신고서를 옥외집회 또는 시위의 720시간 전부터 48시간 전에 관할 경찰서장에게 제출하여야 한다(집시법 제6조). 또한 신고한 옥외집회 또는 시위를 하지 아니하게 된 경우에는 신고서에 적힌 집회 일시 24시간 전에 그 철회사유 등을 적은 철회신고서를 관할 경찰서장에게 제출하여야 한다(집시법 제6조 제3항). 관할 경찰서장은 신고서의 미비사항이 있다는 것을 안 경우에는 접수증을 교부한 때부터 12시간 이내에 주최자에게 24시간을 기한으로 보완을 명할 수 있다(집시법 제7조).

② 관할 경찰서장은 집회 및 시위에 관한 법률에 금지된 집회 및 시위를 개최하려는 경우 신고서 기재사항의 보완 통고에도 불구하고 기재사항을 보완하지 아니한 때에는 집회 또는 시위의 금지를 48시간 이내에 주최자에게 통보할 수 있다(집시법 제8조). 이러한 금지 통고에 대하여는 10일 이내에 직근 상급경찰관서의 장에게 이의신청을 할 수 있다(집시법 제9조).

이의절차
관할 경찰서장에 집회신고(집회 720시간 전부터 48시간 전) ⇨ 금지통고(신고서 접수 후 48시간 이내) ⇨ 직근 상급경찰관서의 장에게 이의신청(금지통고받은 날부터 10일 이내) ⇨ 재결(이의신청 접수시부터 24시간 이내)
관할 경찰서장에 집회신고 ⇨ 금지 통고 ⇨ 행정소송 제기

③ 중복되는 2개 이상 신고가 있는 경우 뒤에 접수된 집회에 금지통고가 원칙, 먼저 신고한 사람은 집회 시작 전 1시간 전에 관할 경찰서장에게 통지하여야 한다. 만약 철회한 경우에는 집회 일시 24시간 전에 알려야 하며, 이 경우 경찰서장은 금지 통고 받은 주최자에게 즉시 알려야 한다(집시법 제6조, 제8조).

(2) 국회의사당, 각급 법원, 헌법재판소, 국내주재 외국의 외교기관, 대통령관저, 국회의장공관, 대법원장공관, 헌법재판소장공관, 국무총리공관, 국내주재 외국의 외교사절의 숙소 등의 경계지점으로부터 100m 이내의 장소에서는 옥외집회 또는 시위가 제한된다.❷

집회 및 시위에 관한 법률 제11조【옥외집회와 시위의 금지 장소】누구든지 다음 각 호의 어느 하나에 해당하는 청사 또는 저택의 경계 지점으로부터 100미터 이내의 장소에서는 옥외집회 또는 시위를 하여서는 아니 된다.
1. 국회의사당. 다만, 다음 각 목의 어느 하나에 해당하는 경우로서 국회의 기능이나 안녕을 침해할 우려가 없다고 인정되는 때에는 그러하지 아니하다.
   가. 국회의 활동을 방해할 우려가 없는 경우
   나. 대규모 집회 또는 시위로 확산될 우려가 없는 경우
2. 각급 법원, 헌법재판소. 다만, 다음 각 목의 어느 하나에 해당하는 경우로서 각급 법원, 헌법재판소의 기능이나 안녕을 침해할 우려가 없다고 인정되는 때에는 그러하지 아니하다.
   가. 법관이나 재판관의 직무상 독립이나 구체적 사건의 재판에 영향을 미칠 우려가 없는 경우
   나. 대규모 집회 또는 시위로 확산될 우려가 없는 경우
3. 대통령 관저(官邸), 국회의장 공관, 대법원장 공관, 헌법재판소장 공관
4. 국무총리 공관. 다만, 다음 각 목의 어느 하나에 해당하는 경우로서 국무총리 공관의 기능이나 안녕을 침해할 우려가 없다고 인정되는 때에는 그러하지 아니하다.
   가. 국무총리를 대상으로 하지 아니하는 경우
   나. 대규모 집회 또는 시위로 확산될 우려가 없는 경우
5. 국내 주재 외국의 외교기관이나 외교사절의 숙소. 다만, 다음 각 목의 어느 하나에 해당하는 경우로서 외교기관 또는 외교사절 숙소의 기능이나 안녕을 침해할 우려가 없다고 인정되는 때에는 그러하지 아니하다.
   가. 해당 외교기관 또는 외교사절의 숙소를 대상으로 하지 아니하는 경우
   나. 대규모 집회 또는 시위로 확산될 우려가 없는 경우
   다. 외교기관의 업무가 없는 휴일에 개최하는 경우

비교 정리

100m 이내 금지의 예외

국회의사당, 법원, 헌법재판소
활동에 영향 ×, 대규모확산 ×
외교기관
대상 ×, 확산 ×, 휴일
대통령, 국회의장, 대법원장, 헌재소장공관
예외 ×
국무총리
대상 ×, 대규모확산 ×

기출OX

대규모 집회 또는 시위로 확산될 우려가 없는 경우로서 각급 법원의 기능이나 안녕을 침해할 우려가 없다고 인정되는 때에는 누구든지 각급 법원 청사의 경계 지점으로부터 100미터 이내의 장소에서 옥외집회 또는 시위를 할 수 있다. (○) 21. 비상기획관

관련 판례

1 외교기관 주변에서의 집회 및 시위의 금지❸ [위헌]

이 사건 법률조항의 입법목적은 궁극적으로 '외교기관의 기능보장'과 '외교공관의 안녕보호'에 있다고 판단된다. 그러나 첫째 이 사건 법률조항의 문제점은, 집회금지구역 내에서 외교기관이나 당해 국가를 항의의 대상으로 삼지 않는 **다른 목적의 집회가 함께 금지**된다는 데 있다. 둘째, **소규모 집회의 경우,** 일반적으로 이 사건 법률조항의 보호법익이 침해될 위험성이 작다. 셋째, 예정된 집회가 **외교기관의 업무가 없는 휴일에 행해지는 경우,** 외교기관에의 자유로운 출입 및 원활한 업무의 보장 등 보호법익에 대한 침해의 위험이 일반적으로 작다고 할 수 있다.
그렇다면 이 사건 법률조항은 전제된 위험상황이 구체적으로 존재하지 않는 경우에도 이를 함께 예외 없이 금지하고 있는데, 이는 입법목적을 달성하기에 필요한 조치의 범위를 넘는 과도한 제한인 것이다. 그러므로 이 사건 법률조항은 최소침해의 원칙에 위반되어 집회의 자유를 과도하게 침해하는 위헌적인 규정이다(헌재 2003.10.30, 2000헌바67 등).

❸ 국회의사당의 경우에도 같은 이유로 헌법불합치 판결을 받았다(2013헌바322).

2 각급 법원 100m 이내에서의 집회 및 시위의 금지 [헌법불합치]

입법목적을 달성하는 데 필요한 최소한도의 범위를 넘어 규제가 불필요하거나 또는 예외적으로 허용 가능한 옥외집회·시위까지도 일률적·전면적으로 금지하고 있으므로, 침해의 최소성 원칙에 위배된다(헌재 2018.7.26, 2018헌바137).

3 대통령 관저 인근 집회금지 사건 [헌법불합치]

심판대상조항은 대통령 관저 인근 일대를 광범위하게 집회금지장소로 설정함으로써, 집회가 금지될 필요가 없는 장소까지도 집회금지장소에 포함되게 한다. 대규모 집회 또는 시위로 확산될 우려가 없는 소규모 집회의 경우, 심판대상조항에 의하여 보호되는 법익에 대해 직접적인 위협이 발생할 가능성은 상대적으로 낮다. 나아가 '대통령 등의 안전이나 대통령 관저 출입과 직접적 관련이 없는 장소'에서 '소규모 집회'가 열릴 경우에는, 이러한 위험성은 더욱 낮아진다. 결국 심판대상조항은 법익에 대한 위험 상황이 구체적으로 존재하지 않는 집회까지도 예외 없이 금지하고 있다(헌재 2022.12.22, 2018헌바48).

4 삼보일배행진을 제지한 행위 [기각]

대한민국을 방문하는 외국의 국가 원수를 경호하기 위하여 지정된 경호구역 안에서 서울종로경찰서장이 안전 활동의 일환으로 청구인들의 삼보일배행진을 제지한 행위 등은 과잉금지원칙을 위반되지 않는다(헌재 2021.10.28, 2019헌마1091).

5 경찰의 채증자료 수집을 위한 촬영행위 [기각]

경찰이 미신고 옥외집회·시위 또는 신고범위를 벗어난 집회·시위에 대해 조망촬영이 아닌 근접촬영의 방식으로 촬영함으로써 적법한 경찰의 해산명령에 불응하는 집회·시위의 경우나 전후 사정에 관한 자료를 수집하는 것은 해당 집회·시위참가자의 개인정보자기결정권을 침해하지 않는다(헌재 2018.8.30, 2014헌마843).

6 인천애(愛)뜰 잔디마당의 사용을 제한하는 인천광역시 조례 조항 [위헌]

[1] 잔디마당은 인천광역시 스스로 결단하여 종래의 시청사 외벽 등을 철거하고 새롭게 조성한 공간으로, 평소 일반인에게 자유롭게 개방되어 있으며, 도심에 위치하여 도보나 대중교통으로 접근하기 편리하고 다중의 이목을 집중시키기에 유리하며, 주변에 지방자치단체 주요 행정기관들의 청사가 있다.

[2] 헌법재판소는 위와 같은 잔디마당의 장소적 특성과 현황을 고려할 때, 집회 장소로 잔디마당을 선택할 자유는 원칙적으로 보장되어야 하고, **공유재산의 관리나 공공시설의 설치·관리 등의 명목으로 일방적으로 제한되어서는 안 되는바**, 집회·시위를 목적으로 하는 경우에는 잔디마당의 사용을 전면적·일률적으로 제한하는 심판대상조항이 과잉금지원칙에 위배된다고 판단하였다(헌재 2023.9.26, 2019헌마1417).

▶ 법률유보에는 반하지 않는다.

7 감염병의 예방 및 관리를 위해 여러 사람의 집합을 제한 [합헌]

집회제한 등 조치가 필요한 감염병을 특정하여 한정하지 아니한 것은 보건당국이 감염병의 성질과 전파 정도, 유행상황이나 위험의 정도, 치료방법의 개발 등에 따라 그 범위를 판단하여 필요하고도 적절한 조치를 취할 수 있도록 하기 위한 것이다. 심판대상조항의 규율 대상은 일정한 내용과 형식을 갖춘 '행사 자체'가 아니라 '여러 사람의 집합'이다(헌재 2024.8.29, 2022헌바177).

3 결사의 자유

1. 결사의 의의

(1) 결사라 함은 다수인이 공동의 목적을 위하여 자발적으로 단체를 결성함을 말한다. 결사의 개념적 요소로서 결합, 계속성, 자발성, 조직적 의사의 복종, 공동의 목적 등을 들 수 있다.❶

(2) 헌법재판소는 "결사란 자연인 또는 법인의 다수가 상당한 기간 동안 공동목적을 위하여 자유의사에 기하여 결합되고 조직화된 단체를 말하는 것으로 자발성이 결여된 공법상의 결사는 이에 포함되지 아니한다"라고 하였다.

2. 내용

결사의 자유에는 단체결성의 자유, 단체 활동의 자유, 단체존속의 자유, 단체의 가입의 자유 등과 같이 적극적 결사의 자유뿐만 아니라 탈퇴의 자유나 결사에 가입하지 아니할 자유 등과 같이 소극적 결사의 자유 등이 포함되고 단체 내에서의 의사결정이나 업무처리방법 및 결사내부조직의 자유 등과 같은 결사 내부적 자율권도 결사의 자유에 포함된다.

> **관련 판례** 결사의 자유에 관한 판례
>
> **1 축협법상의 축협 [위헌]**
> 우리나라 축협법상의 축협은 그 목적이나 설립·관리 면에서 자주적인 단체로서 공법인(公法人)이라고 하기보다는 **사법인(私法人)**이라고 할 것이다. 그렇다면 같은 구역 내에서 2개 이상의 축협설립을 금지한 축산업협동조합법 제99조 제2항은 기존의 조합과 구역을 같이하는 경우 신설 조합의 설립을 제한하고 있으므로 결사의 자유를 제한하고 있다고 할 것이다. … 이 사건 심판대상 조항은 양축인이 자주적으로 협동조합을 설립하여 그들의 권익을 보호할 수 없게 함으로써 양축인의 결사의 자유, 직업수행의 자유의 본질적인 내용을 침해하고 있다(헌재 1996.4.25, 92헌바47).
>
> **2 축협중앙회❷ [기각]**
> 축협중앙회는 **공법인성과 사법인성을 겸유한 특수한 법인으로서 이 사건에서 기본권(결사의 자유)의 주체가 될 수 있다.** … 기존의 축협중앙회를 해산하여 신설되는 농협중앙회에 합병토록 하는 것이 비록 청구인들의 결사의 자유, 직업의 자유, 재산권 등 기본권을 제한한다고 하더라도, 입법재량권의 범위를 현저히 일탈한 것이라고 할 수 없다(헌재 2000.6.1, 99헌마553).
>
> **3 변리사회의 가입강제 [기각]**
> 대한변리사회는 공법상의 법인이라기보다는 사법상의 법인으로서, 등록한 변리사를 변리사회에 의무적으로 가입하도록 한 것은 결사에 가입하지 않을 '소극적 결사의 자유'를 제한하는 데 해당한다 할 것이다. 변리사법 제11조가 변리사로 하여금 변리사회에 의무적으로 가입하도록 규정한 것은 **변리사회의 법적 지위를 강화하여 공익사업을 수행하고 지식재산권에 관한 민간차원의 국제협력을 증진하고자 하는 입법목적의 정당성이 인정되고,** … 직업수행의 자유에 대한 제한보다 그 입법목적을 달성함으로써 얻게 되는 공익의 비중과 정도가 더 크다 할 것이므로 … 결사의 자유를 침해하지 않는다(헌재 2008.7.31, 2006헌마666).

---

❶ 헌법 제21조의 결사는 일반적인 결사를 의미하므로 정치적 목적, 종교적 목적, 학문적 목적, 노동적 목적 등을 위하여 조직된 결사는 본조의 적용대상이 아니라 각각 헌법 제8조(정당조항)·제20조(종교의 자유)·제22조(학문과 예술의 자유)·제33조(노동3권)의 적용을 받는다.

❷ 축협중앙회의 경우는 공법인과 사법인의 성격을 모두 가지나, 축협법상의 축협은 사법인이라고 할 것이다.

기출OX

축협중앙회라는 결사체도 그 결사의 구성원인 회원조합들과 별도로 결사의 자유의 주체가 될 수 있다. (O) 05. 행시

4 월남전참전자회와 고엽제전우회 중복가입 금지 [합헌]
양 법인의 중복가입에 따라 발생할 수 있는 두 단체 사이의 마찰, 중복지원으로 인한 예산낭비, 중복가입자의 이해상반행위를 방지하기 위한 것으로, 그 정당성이 인정되고, 고엽제 관련자의 중복가입을 금지하는 것은 이러한 목적달성에 기여한다(헌재 2016.4.28, 2014헌바442).

5 주택조합의 법적 성격
주택건설촉진법상의 주택조합은 주택이 없는 국민의 주거생활의 안정을 도모하고 모든 국민의 주거수준의 향상을 기한다는(동법 제1조) 공공목적을 위하여 법이 구성원의 자격을 제한적으로 정해 놓은 특수조합이어서 **이는 헌법상의 결사의 자유가 뜻하는 헌법상 보호법익의 대상이 되는 단체가 아니다**(헌재 1994.2.24, 92헌바43).

6 대한안마사협회
안마사들로 하여금 의무적으로 대한안마사협회의 회원이 되어 정관을 준수하도록 하는 의료법 조항은 안마사들의 결사의 자유를 침해하지 않는다(헌재 2008.10.30, 2006헌가15).

7 상공회의소
상공회의소는 사업범위, 조직, 회계 등에 있어서 상공회의소법에 따른 규율을 받고 있는 특수성을 가지고 있으나, 기본적으로는 관할구역의 상공업계를 대표하여 그 권익을 대변하고 회원에게 기술 및 정보 등을 제공하여 회원의 경제적·사회적 지위를 높임으로써 상공업의 발전을 꾀함을 목적으로 하는 조직으로 목적이나 설립, 관리 면에서 자주적인 단체로 사법인이라고 할 것이므로 상공회의소와 관련해서도 결사의 자유는 보장된다고 할 것이다(헌재 2006.5.25, 2004헌가1).

8 운송사업자 연합회 강제 가입 [합헌]
연합회에 강제로 가입하도록 하고 임의로 탈퇴할 수 없도록 하고 있어 소극적 결사의 자유를 제한한다. 다만, 연합회의 지위를 강화함으로써 운송사업자의 공동이익을 효과적으로 증진시키기 위함으로 합헌이다(헌재 2022.2.24, 2018헌가8).

> **기출OX**
>
> 01 구 주택건설촉진법상의 주택조합은 주택이 없는 국민의 주거 생활의 안정을 도모하고 모든 국민의 주거수준 향상을 기한다는 공공목적을 위하여 법이 구성원의 자격을 제한적으로 정해 놓은 특수조합이어서, 이는 헌법상 결사의 자유가 뜻하는 헌법상 보호법익의 대상이 되는 단체가 아니다. (O) 17. 국가직 7급
>
> 02 상공회의소는 목적이나 설립, 관리 면에서 자주적인 단체로 사법인이라 할 것이므로 결사의 자유는 보장된다. (O) 13. 법원직
>
> 03 운송사업자로 구성된 협회로 하여금 연합회에 강제로 가입하게 하고 임의로 탈퇴할 수 없도록 하는 화물자동차 운수사업법의 해당 조항 중 '운송사업자로 구성된 협회'에 관한 부분은 결사의 자유를 침해한다고 볼 수 없다. (O) 23. 소방간부

제5항 학문과 예술의 자유

1 학문의 자유

헌법 제22조 ① 모든 국민은 학문과 예술의 자유를 가진다.
② 저작자·발명가·과학기술자와 예술가의 권리는 법률로써 보호한다.

1. 의의

학문의 자유란 진리와 진실을 진지하게 계획적으로 탐구하는 자유로서 학문적 활동에 대한 어떠한 간섭이나 방해를 받지 아니할 자유를 의미한다. 학문이 진리의 발견에 초점을 맞추는 반면에 교육은 지식의 전달이나 인격형성에 초점을 맞춘다는 점에서 구별된다.

2. 법적 성격

학문의 자유가 학문연구에 관한 기본권(영·미의 입장)인지 아니면 대학자치의 제도보장(독일의 입장)인지가 다투어진다. 우리 헌법상 학문의 자유는 개인의 기본권으로서의 면(제22조)과, 아울러 대학자치의 제도적 보장으로서의 면(제31조 제4항)을 아울러 지니고 있다고 해석하는 것이 지배적인 입장이다.

3. 주체

학문의 자유의 향유주체는 대학의 교수나 연구원뿐만 아니라, 모든 국민과 외국인이다. 또한 대학 이외의 연구단체도 주체가 될 수 있다.

관련 판례

사립학교법인의 학문의 자유의 주체성

학교법인은 사립학교만을 설치·경영함을 목적으로 하는 법인인 만큼 사립학교의 교원이나 교수들과 달리 법인 자체가 학문 활동이나 예술 활동을 하는 것으로 볼 수는 없고 이 사건 법률조항은 학교교육에 필요한 시설과 설비를 갖추고 그 운영에 필요한 재산을 실효적으로 확보하는 데 역점이 있어 오히려 국민의 교육을 받을 권리를 적극적으로 보장하는 규정으로 보아야 한다. 따라서 이 사건 법률조항이 학문·예술의 자유나 교육을 받을 권리를 제한하는 것으로 볼 수는 없다(헌재 2001.1.18, 99헌바63).

4. 내용

(1) 학문연구의 자유

학문연구의 자유란 진리를 추구하는 자유로서, 사물의 바른 이치를 찾아내려는 모든 인간적 노력(관찰, 실험, 조사)을 의미하므로, 연구대상(과제)의 선택, 연구시기, 연구장소 등에 관하여 공권력 등이 개입할 수 없다. 학문연구의 자유는 '연구과정에서의 자유'를 포함한다(대법원은 학문연구자료로서 공산주의 경제이론서적을 취득·보관한 것을 학문연구의 자유로 보호하였다).❶

관련 판례

1 학문연구의 자유

학문의 연구는 기존의 사상 및 가치에 대하여 의문을 제기하고 비판을 가함으로써 이를 개선하거나 새로운 것을 창출하려는 노력이므로 그 연구의 자료가 사회에서 현재 받아들여지고 있는 **기존의 사상 및 가치체계와 상반되거나 저촉된다고 하여도 용인되어야 할 것이고,** … 대학생이 학문연구를 위하여 시내 일반서점과 대학도서관에서 구입 또는 대출받아 보관한 연구 자료가 반국가단체 또는 국외공산계열의 사상과 가치체계에 관한 것이라는 사실만으로써는 그 불법목적을 인정할 수 없는 것이다(대판 1982.5.25, 82도716).

📌 비교 정리

대학	
학교	대학의 자치
학교법인	설립·운영의 자유
중·고교	
학교	기본권 주체 ×
학교법인	설립·운영의 자유

📝 기출OX

공권력행사의 주체가 되는 국립대학교는 학문의 자유와 대학의 자유라는 기본권의 주체가 될 수 없다. (×)

12. 변시

→ 다만, 주의할 것은 '사립학교법인의 학문의 자유의 주체성'에 관한 판례에서 보는 것처럼 학문의 자유와 대학의 자율성의 주체가 되는 것은 대학이지 학교법인이 아니다. 법인은 설치·경영의 자유의 주체가 된다. 예를 들어 성균관대의 법인이 삼성이라고 해서 양자를 같이 볼 수 없고, 중앙대의 법인이 두산이라 하여 양자를 동일시할 수는 없기 때문이다.

❶
고도의 자유로 보장되며, 학설에서는 제한이 불가능한 절대적 자유로 보는 견해도 다수이다.

> **기출OX**
>
> 대학교수가 반국가단체로서의 북한의 활동을 찬양·고무·선전 또는 이에 동조할 목적 아래 '한국전쟁과 민족통일'이란 논문을 제작·반포하거나 발표한 것은 헌법이 보장하는 학문의 자유의 범위 안에 있지 않다. (O)
>
> 17. 국회직 8급

2 한국전쟁과 민족통일

대학교수인 피고인이 제작·반포한 '한국전쟁과 민족통일'이라는 제목의 논문 및 피고인이 작성한 강연 자료, 기고문 등의 이적표현물에 대하여, 그 반포·게재된 경위 및 피고인의 사회단체 활동 내용 등에 비추어 피고인이 절대적으로 누릴 수 있는 연구의 자유의 영역을 벗어나 헌법 제37조 제2항과 국가보안법 제7조 제1항, 제5항에 따른 제한의 대상이 되었고, 또한 피고인이 북한문제와 통일문제를 연구하는 학자로서 순수한 학문적인 동기와 목적 아래 위 논문 등을 제작·반포하거나 발표하였다고 볼 수 없을 뿐만 아니라, 피고인이 반국가단체로서의 북한의 활동을 찬양·고무·선전 또는 이에 동조할 목적 아래 위 논문 등을 제작·반포하거나 발표한 것이어서 그것이 헌법이 보장하는 학문의 자유의 범위 내에 있지 않다(대판 2010.12.9, 2007도10121).

(2) 학문연구결과 발표의 자유

연구결과 발표의 자유는 학문연구에 의해서 얻어진 학문적 인식을 교수 이외의 형태로 발표할 수 있는 자유이다. 학술논문의 학술지 발표·저서출판·학술세미나 등이 여기에 속한다.

(3) 교수(강학)의 자유

① 교수는 연구에 의해서 얻어진 결과를 정확하게 전달하는 행위인 동시에 그 자체가 하나의 연구과정을 뜻하기 때문에 '교수의 자유'는 '학문연구의 자유'와 불가분의 상호관계에 있다.

② 교수의 자유는 단순한 지식의 전달을 그 내용으로 하는 '교육'과는 다르다. 초·중·고등학교에서는 교육은 행해지지만 교수가 행해진다고 보기 어렵기 때문에 학문의 자유가 인정될 수 없다.

> **기출OX**
>
> 교수의 자유와 교육의 자유는 구별된다. (O)
>
> 03. 국가직 7급

> **관련 판례**
>
> **1 교육의 자유**
>
> 진리탐구의 과정과는 무관하게 단순히 기존의 지식을 전달하거나 인격을 형성하는 것을 목적으로 하는 '교육'은 학문의 자유의 보호영역이 아니라 교육에 관한 기본권의 보호영역에 속한다고 할 것이다(헌재 2003.9.25, 2001헌마814 등).
>
> **2 수업의 자유**
>
> 수업의 자유는 두텁게 보호되어야 합당하겠지만 그것은 대학에서는 교수의 자유와 완전히 동일할 수는 없을 것이며 대학에서는 교수의 자유가 더욱 보장되어야 하는 반면, 초·중·고교에서의 수업의 자유는 제약이 있을 수 있다고 봐야 할 것이다(헌재 1992.11.12, 89헌마88).

> **비교 정리**
>
> 교수와 수업
>
> | 교수 | 수업 |
> | --- | --- |
> | 진리탐구 | 지식전달 |
> | 학문의 자유 | 교육의 자유 |
> | 대학 | 초·중등 |

5. 대학의 자유

(1) '대학의 자유'는 대학의 자치를 그 본질로 하는 것인데, '대학의 자유'의 실효성을 높이기 위해서 필요한 대학자치의 영역은 대학인사·대학학사·대학질서·대학재정 등 대학운영에 관한 모든 분야를 망라한다.

(2) 대학 내부에 각종 기구를 두고 그를 통해서 대학의 자치를 실현시키려고 하는 것은 어디까지나 학문의 자유를 실효성 있게 보장함으로써 학문의 자유가 맡고 있는 여러 가지 헌법적 기능을 수행하게 하려는 데 그 궁극적인 목적이 있기 때문에 대학의 인사·학사·재정·질서 등의 사항에 관한 '학생회의 발언권'이 존중된다고 하더라도 그 결정참여권에는 일정한 한계가 있을 수밖에 없다(대학자치의 교수회 중심의 주체성).

관련 판례 대학의 자유에 관한 판례

1 대학의 자치의 헌법적 근거 및 성격

헌법 제22조 제1항에서 규정한 학문의 자유 등의 보호는 개인의 인권으로서의 학문의 자유뿐만 아니라 특히 대학에서 학문연구의 자유·연구 활동의 자유·교수의 자유 등도 보장하는 취지이다. 이와 같은 대학에서의 학문의 자유에 대한 보장을 담보하기 위해서는 대학의 자율성이 보장되어야 한다. 헌법 제31조 제4항도 "교육의 자주성·전문성·정치적 중립성 및 대학의 자율성은 법률이 정하는 바에 의하여 보장된다"고 규정하여 교육의 자주성·대학의 자율성은 법률이 정하는 바에 의하여 보장하고 있다(헌재 1998.7.16, 96헌바33).

2 대학의 자치의 주체

대학의 자치의 주체를 기본적으로 대학으로 본다고 하더라도 교수나 교수회의 주체성이 부정된다고 볼 수는 없고, 가령 학문의 자유를 침해하는 대학의 장에 대한 관계에서는 교수나 교수회가 주체가 될 수 있고, 또한 국가에 의한 침해에 있어서는 대학 자체 외에도 대학 전 구성원이 자율성을 갖는 경우도 있을 것이므로 문제되는 경우에 따라서 **대학, 교수, 교수회 모두가 단독 혹은 중첩적으로 주체가 될 수 있다**(헌재 2006.4.27, 2005헌마1047 등).

3 대학의 학생선발에의 학생참여 [각하]

고신대학교의 신입생 자격제한으로 인하여 재학생들이 자유로이 학문을 연구하고 발표하는 자유에는 아무런 영향이 없으므로, 이러한 관점에서 학문의 자유가 침해당했다고 볼 여지는 없다. 또한 청구인들이 주장하는 바와 같이 신입생모집에 관하여 의견을 개진하고 건의하며 결정에 대하여 비판하는 범위 내에서 재학생들의 대학 자치에의 참여권을 비록 인정한다 하더라도, 건의·비판을 통한 참여 가능성 자체가 봉쇄되지 않은 이상 재학생의 건의내용과 다른 결정이 내려졌다하여 그들의 참여권이 침해되는 것은 아니다(헌재 1997.3.27, 94헌마277).

4 국립대학 교수들의 총장선출 [기각]

전통적으로 대학 자치는 학문 활동을 수행하는 교수들로 구성된 교수회가 누려오는 것이었고, 현행법상 국립대학의 장 임명권은 대통령에게 있으나, 1990년대 이후 국립대학에서 총장 후보자에 대한 직접선거방식이 도입된 이래 거의 대부분 대학 구성원들이 추천하는 후보자 중에서 대학의 장을 임명하여 옴으로써 대통령이 대학총장을 임명함에 있어 대학교원들의 의사를 존중하여 온 점을 고려하면, 청구인들에게 **대학총장 후보자 선출에 참여할 권리가 있고 이 권리는 대학의 자치의 본질적인 내용에 포함된다고 할 것이므로 결국 헌법상의 기본권으로 인정**할 수 있다. 그러나 사립대학 교수들의 총장선임권과 관련해서는 다툴 확인의 이익이 없다고 보았다(헌재 2006.4.27, 2005헌마1047 등).

기출OX

01 헌법재판소는 대학의 주체에 관하여, 대학이 자치의 주체일 수 있으나 사안에 따라 교수, 교수회, 모두가 단독 또는 중첩적으로 주체가 될 수 있다고 본다. ( )
05. 행시

02 대학 본연의 기능인 학술의 연구나 교수, 학생선발. 지도 등과 관련된 교부. 학사행정의 영역에서는 대학구성원의 결정이 우선한다고 볼 수 있으나, 대학의 재정, 시설 및 인사 등의 영역에서는 학교법인이 기본적인 윤곽을 결정하게 되므로, 대학구성원에게는 이러한 영역에 대한 참여권이 인정될 여지가 없다. ( )
22. 경찰

03 헌법재판소는 대학의 주체에 관하여, 대학이 자치의 주체일 수 있으나 사안에 따라 교수, 교수회, 모두가 단독 또는 중첩적으로 주체가 될 수 있다고 본다. (○)
05. 행시

비교 정리

교수들의 선출권

구분	인정여부
국립대학 총장	○
국립대학 학장	×
사립대학 총장	×

5 단과대학장의 선출에 참여할 권리가 있는지 여부 [각하]

대학교수에게 대학총장 후보자 선출에 참여할 권리가 있고, 이 권리는 대학의 자치의 본질적인 내용에 포함되므로 헌법상의 기본권으로 인정될 수 있다. 그러나 단과대학은 대학을 구성하는 하나의 조직·기관일 뿐이고, 단과대학장은 '총장의 명을 받아' 단과대학의 교무를 통할하고 소속 교직원을 감독하는 지위를 갖는 자로서 그 지위와 권한 및 중요도에서 대학의 장과 구별된다. 단과대학장의 지명권이 있는 대학의 장을 구성원들의 참여에 따라 자율적으로 선출한 이상, 하나의 보직에 불과한 단과대학장의 선출에 다시 한 번 대학교수들이 참여할 권리가 대학의 자율에서 당연히 도출된다고 보기는 어렵다. 따라서 청구인들이 주장하는 **단과대학장 선출에 참여할 권리는 헌법상 보장되는 대학의 자율에 포함된다고 볼 수 없어**, 대학의 자율이 침해될 가능성이 인정되지 아니한다(헌재 2014.1.28, 2011헌마239).

6 법학전문대학원 설치 인가주의❶ [기각]

변호사시험 합격률을 낮춰 법학전문대학원에서 교육을 받은 인원의 일부만이 자격을 얻게 된다면, 변호사 자격이 없는 졸업생을 양산하게 되어 유능한 인재를 효율적으로 배분하고자 하는 목적 또한 달성할 수 없게 된다. 따라서 대학의 자율성을 침해하지 아니한다(헌재 2009.2.26, 2008헌마370 등).

7 서울대학교의 94학년도 입시요강❷ [기각]

고등학교에서 일본어를 선택하여 공부한 학생이 다른 제2외국어를 선택한 학생에 비하여 입시경쟁에서 불리한 입장에 놓이는 것은 사실이나 이러한 불이익은 서울대학교가 헌법 제22조 제1항 소정의 학문의 자유와 헌법 제31조 제4항 소정의 대학의 자율권이라고 하는 기본권의 주체로서 자신의 주체적인 학문적 가치판단에 따른, **법률이 허용하는 범위 내에서의 적법한 자율권행사의 결과 초래된 반사적 불이익**이어서 부득이하다. … 청구인들의 심판청구는 이유 없으므로 이를 기각하기로 한다(헌재 1992.10.1, 92헌마68 등).

8 대학의 존립과 대학의 자치 [기각]

국립대학인 세무대학은 공법인으로서 사립대학과 마찬가지로 대학의 자율권이라는 기본권의 보호를 받으므로, 세무대학은 국가의 간섭 없이 인사·학사·시설·재정 등 대학과 관련된 사항들을 자주적으로 결정하고 운영할 자유를 갖는다. 그러나 대학의 자율성은 그 보호영역이 원칙적으로 당해 대학 자체의 계속적 존립에까지 미치는 것은 아니다. … 따라서 이 사건 세무대학설치폐지법률에 의해서 세무대학을 폐교한다고 해서 세무대학의 자율성이 침해되는 것은 아니다(헌재 2001.2.22, 99헌마613).

9 이화학당의 입학자격요건 [기각]

이 사건 인가처분에 의하여 남성인 청구인의 직업선택의 자유와 사립대학의 자율성이라는 두 기본권이 충돌하게 된다. 설치인가를 하면서 이화여자대학교의 이 사건 모집요강 내용을 그대로 인정한 것은 여자대학으로서의 전통을 유지하려는 이화여자대학교의 대학의 자율성을 보장하고자 한 것이다. 따라서 이 사건 인가처분은 그 목적의 정당성이 인정되고, 이 사건 인가처분은 위 목적을 달성하기에 적합한 수단으로 보인다(헌재 2013.5.30, 2009헌마514).

10 강원대 로스쿨 신입생 1명 모집 정지 [인용]

[1] 법인화되지 않는 국립대학 및 국립대총장은 행정소송의 당사자능력이 인정되지 않는다는 것이 법원의 확립된 판례이므로, 이 사건 심판청구는 보충성의 예외에 해당된다.

---

❶ 인가주의의 비교 개념으로 준칙주의가 있다. 준칙주의란 법률이 미리 정한 법인설립에 관한 일정한 요건만 갖추면 당연히 법인으로 인정하는 주의를 말한다.

❷ 여기서는 공법인의 기본권 주체성이 문제되었으나 우리 헌법재판소는 서울대학교와 세무대학 판례에서 공법인의 기본권 주체성을 인정하였다. 특히 서울대학교 판례에서는 영조물이라고 표현하였으므로 주의를 요한다.

기출OX

01 대학의 자율은 대학시설의 관리·운영만이 아니라 학사관리 등 전반적인 것이라야 하므로 연구와 교육의 내용, 그 방법과 그 대상, 교과과정의 편성, 학생의 선발, 학생의 전형도 자율의 범위에 속해야 하고 따라서 입학시험제도도 자주적으로 마련될 수 있어야 하는 것뿐만 아니라 원칙적으로 당해 대학 자체의 계속적 존립에까지 미친다. (×) 09. 사시

02 법인으로 설립되지 않은 국립대학은 당사자능력이 인정되지 않으므로, 헌법소원심판을 제기할 수 있는 청구인적격도 인정되지 않는다. (×) 18. 법무사

[2] 지난 6년간 강원대학교가 지급한 전액장학금의 규모 등을 고려할 때, 이 사건 모집정지가 과잉금지원칙에 반하여 대학의 자율권을 침해한다(헌재 2015. 12.23, 2014헌마1149).

11 총장후보자의 1,000만 원 기탁금 [인용]

이 사건 기탁금조항의 1,000만 원이라는 액수는 자력이 부족한 교원 등 학내 인사와 일반 국민으로 하여금 총장후보자 지원 의사를 단념토록 하는 정도에 해당한다(헌재 2018.4.26, 2014헌마274).

12 기탁금의 일부만을 반환하는 대학 규정 [위헌]

대구교육대학교 총장임용후보자선거는 직선제 방식으로서 후보자에게 다양한 선거운동 방법이 허용되는 등 선거 과열의 우려가 큰 편이므로 기탁금 납부 제도의 필요성과 적정성은 인정되었으나, 최다득표자조차 기탁금의 반액은 반환 받지 못할 정도로 기탁금의 반환 요건이 지나치게 까다롭게 규정된 부분은 과잉금지원칙에 위반되어 청구인의 재산권을 침해한다고 보았다(헌재 2021.12.23, 2019헌마825).

13 경북대 총장 후보자의 기탁금(3,000만원)과 반환기준 [기각]

[1] 경북대학교의 경우 총장임용후보자 선정 방식으로 직선제를 채택하고 다양한 방식으로 선거운동을 허용하고 있다. 따라서 이는 과다하다고 할 수 없다.
[2] 100분의 15이상을 득표한 경우 전액을, 100분의 10이상을 득표한 경우 반액을 반환하는 규정은 후보자의 진지성과 성실성을 담보하기 위한 최소한의 제한이다(헌재 2022.5.26, 2020헌마1219).

14 정상적인 학사운영이 불가능한 경우 학교폐쇄 [합헌]

정상적인 학사운영이 불가능한 정도에 이른 사립학교는 그 존재 이유가 없고, 사회적으로 많은 혼란을 야기할 수 있다. 학교법인에 대한 해산명령은 시정되지 아니한 경우 내려지는 최후의 제재수단으로 청문절차도 거치기 때문에 침해의 최소성의 원칙에 반하지 않는다(헌재 2018.12.27, 2016헌바217).
▶ 사학의 자유 ○, 교수의 자유 ×, 대학의 자율 ×, 교육받을 권리 ×(별도로 판단하지 않음)

15 국립대 교원 성과 연봉제 [합헌]

낮은 등급을 받은 교원에 대하여 직접적으로 어떤 제재를 가하는 것이 아니라, 평가결과에 따라 연봉에 상대적인 차등을 둠으로써 교원들의 자발적인 분발을 촉구할 뿐이고, 구체적인 평가기준이나 평가방법 등은 각 대학에서 합리적으로 설정하여 운영할 수 있으므로 침해의 최소성도 인정된다. 그리고 이 사건 조항으로 인하여 달성되는 공익이 그로 인하여 받게 되는 불이익보다 크므로 법익의 균형성도 인정된다. 따라서 이 사건 조항은 과잉금지원칙에 반하여 청구인들의 학문의 자유를 침해한다고 볼 수 없다(헌재 2013.11.28, 2011헌마282 등).

2 예술의 자유

1. 의의 및 연혁

(1) 의의

예술의 자유는 인간의 미적인 감각세계 내지는 창조적인 경험세계의 표현 형태에 관한 기본권을 의미한다. 예술은 자기목적적인 성질을 지니고 있다는 데 그 특색이 있고, 예술작품은 그 주안점이 표현에 있지 전달에 있지 않다는 점에서 전달에 주안점이 있는 표현의 자유와 구별된다.

> **주의**
> 예술은 자기목적적이어야 하기 때문에 다른 물건을 팔아야 하는 상업광고는 예술의 자유에서 보호되지 않는다.

(2) 연혁

예술의 자유는 1919년 바이마르헌법에 규정이 있었고, 우리나라는 1962년 제5차 개정헌법에서 그 모습을 확인할 수 있다.

2. 주체

예술의 자유는 전문가인 예술가에게만 한정되는 것이 아니라 모든 인간에게 보장되는 자유이다. 헌법재판소도 음반제작업자가 예술품 보급의 자유와 관련하여 예술표현의 자유를 향유하고 있다고 판시한 바 있다(헌재 1993.5.13, 91헌바17). 즉, 예술의 자유에 예술품의 전시·공연·보급도 들어가기 때문에 이를 담당하는 법인의 경우도 주체가 된다고 일반적으로 보고 있다.

> **관련 판례** 지식재산권에 관한 판례
>
> **1 헌법 제22조 제2항의 의미**
>
> 헌법 제22조 제2항은 저작자·발명가·과학기술자와 예술가의 권리는 법률로써 보호한다고 하여 학문과 예술의 자유를 제도적으로 뒷받침해주고 학문과 예술의 자유에 내포된 문화국가실현의 실효성을 높이기 위하여 저작자 등의 권리보호를 국가의 과제로 규정하고 있다. 저작자 등의 권리를 보호하는 것은 학문과 예술을 발전·진흥시키고 문화국가를 실현하기 위하여 불가결한 뿐 아니라, 이들 저작자 등의 산업재산권을 보호한다는 의미도 함께 가지고 있다. 이와 같은 헌법의 취지에 따라 특허법, 실용신안법, 의장법 등 산업재산권을 보호하기 위한 개별 법률들이 제정되어 발명가 등의 권리를 구체적으로 보호하고 있다(헌재 2002.4.25, 2001헌마200).
>
> **2 저작권의 보호대상**
>
> 학술의 범위에 속하는 저작물의 경우 학술적인 내용은 만인에게 공통되는 것이고 누구에 대하여도 자유로운 이용이 허용되어야 하는 것이므로 그 저작권의 보호는 **창작적인 표현형식에 있지 학술적인 내용에 있는 것은 아니라 할 것이다**(대판 1993.6.8, 93다3073).
>
> **3 불법정보차단 [합헌]**
>
> 저작물 등의 불법적인 전송을 차단할 일정한 책임을 지는 "특수한 유형의 온라인서비스제공자의 범위" 및 특수한 유형의 온라인서비스제공자에 대한 저작권자 등 "권리자의 요청", 특수한 유형의 온라인서비스제공자가 취해야 하는 기술적인 조치 등 "필요한 조치"는 그 규율영역의 특성상 법률에서 이를 구체적·서술적으로 열거하는 것이 입법기술상 곤란하고, 탄력적으로 규율되어야 할 필요성 있다고 할 것이므로 문화체육관광부장관 고시 및 하위법령에의 위임의 필요성이 인정되며, 저작권법의 입법목적 및 이 사건 법률조항들의 입법취지, 관련규정 등에 비추어 보면, 문화체육관광부장관 고시 및 하위법령에 규정될 내용을 충분히 예측할 수 있다고 할 것이므로 저작권법 제104조 제1항, 제2항은 포괄위임입법금지의 원칙에 위반되지 않는다(헌재 2011.2.24, 2009헌바13).

기출OX

01 예술의 자유는 자기목적적인 기본권인바 법인의 경우 예술의 자유의 주체가 될 수 없다는 것이 통설적 견해이다. (×) 98. 사시

02 예술출판자의 경우는 예술창작에 해당하지 않는바 예술의 자유에서 보호되지 않는다. (×) 02. 법행

03 등록료 미납으로 인한 실용신안권의 소멸은 합헌이다. (○) 08. 사시

제2편 기본권론

제3장 자유권적 기본권

경제적 자유권

- **재산권**
  - 요건 — 사적 유용성+처분가능성 / 공법상 권리는 요건 충족(자기기여, 법적요건 구비)
  - 보호영역
    - O: 재산 그 자체, 모든 물권, 보상청구권, 영업권
    - ×: 기대이익, 반사이익, 개발이익, 한약조제권, 강제집행권
  - 내용
    - 사유재산제도 보장
    - 소급입법에 의한 재산권 박탈금지
    - 사회적 구속성(보상 ×)
    - **공용침해의 구별 (보상 O)**
      - 경계이론 - 특별희생 발생 여부
      - 분리이론 - 입법자의 의도
  - 공용수용
    - **목적**: 공공필요
    - **형식**: 법률
    - **유형**: 수용·사용·제한
    - **보상**: 정당보상 / 개발이익 배제 - 공시지가

- **직업의 자유**
  - 개념요소 — 계속성·생활수단성·공공무해성(판례 ×)
  - 주체 — 국민·외국인·법인
  - 내용 — 직업결정·직업수행·전직·경쟁의 자유
  - 제한 — **단계이론**
    - **개념**: 과잉금지원칙 중 침해의 최소성을 구체화
    - **1단계**: 직업행사의 자유, 폭넓은 제한 가능
    - **2단계**: 주관적 직업결정의 자유, 비례의 원칙 적용
    - **3단계**: 객관적 직업결정의 자유, 명백·현존 위험

제4절 경제생활영역의 자유

제1항 재산권

1 재산권의 보장

> 헌법 제23조 ① 모든 국민의 재산권은 보장된다. 그 내용과 한계는 법률로 정한다.
> ② 재산권의 행사는 공공복리에 적합하도록 하여야 한다.
> ③ 공공필요에 의한 재산권의 수용·사용 또는 제한 및 그에 대한 보상은 법률로써 하되, 정당한 보상을 지급하여야 한다.

1. 의의

재산권이란 사적 유용성 및 그에 대한 원칙적 처분권을 포함하는 모든 재산가치 있는 구체적 권리이다(헌재 1996.8.29, 95헌바36).

2. 법적 성격

헌법상 재산권은 개인의 재산상 권리와 개인이 재산을 사유할 수 있는 법제도와 사유재산제도를 보장하는 것이다.

3. 주체

재산권의 주체는 모든 국민이며 법인도 재산권의 주체가 된다. 외국인은 일정한 범위 내에서 제한을 받으며 국제법과 조약이 정하는 바에 따라 보장범위가 결정된다.

4. 범위(객체)

(1) 의의

헌법 제23조 제1항의 재산권의 내용과 한계는 법률로 정하여 지는바, 여기서의 법률유보는 재산권을 제한하는 권리, 즉 제한적 법률유보가 아니라 재산권의 구체적인 내용을 형성하는 권리인 형성적 법률유보를 의미한다.

(2) 내용

① 재산가치 있는 구체적 권리: 사적 유용성이란 재산권을 가진 자에게 그 효용을 발휘할 수 있어야 한다는 것을 의미하며, 처분권이란 재산권의 객체를 양도·변경·포기할 수 있는 권능을 말한다. 이는 경제적 가치가 있는 모든 공법상·사법상의 권리를 말하며, 재산 그 자체도 포함된다고 하겠다.

> **관련 판례**
>
> **재산 그 자체가 재산권에 포함되는지 여부**
> 헌법재판소는 종래 다수의 결정에서 재산권의 보호범위를 폭넓게 파악하여 '재산 그 자체'도 재산권보장의 보호대상으로 판단하였다(헌재 2002.8.29, 2000헌가5 등). 08. 국회직 8급

② 공법상의 권리가 재산권으로 보호받기 위한 요건: ㉠ 공법상의 권리가 권리주체에게 귀속되어 개인의 이익을 위하여 이용 가능해야 하며, ㉡ 국가의 일방적인 급부에 의한 것이 아니라 권리주체의 노동이나 투자, 특별한 희생에 의하여 획득되어 자신이 행한 급부의 등가물에 해당하는 것이어야 하며, ㉢ 수급자의 생존의 확보에 기여해야 한다. ㉣ 그리고 입법자에 의하여 수급요건·수급자의 범위·수급액 등 구체적인 사항이 법률에 규정됨으로써 구체적인 법적 권리로 형성되어 개인의 주관적 공권의 형태를 갖추어야 한다(헌재 2000.6.29, 99헌마289).

관련 판례 수급권에 관한 판례

1 고엽제후유증환자의 유족보상수급권 [헌법불합치]
보상수급권은 법률에 의하여 비로소 인정되는 권리로서 재산권적 성질을 갖는 것이긴 하지만 그 발생에 필요한 요건이 법정되어 있는 이상 이러한 요건을 갖추기 전에는 헌법이 보장하는 재산권이라고 할 수 없다. 결국 이 사건 법률조항은 고엽제후유증환자의 유족이 보상수급권을 취득하기 위한 요건을 규정한 것인데 청구인들은 이러한 요건을 충족하지 못하였기 때문에 보상수급권이라고 하는 재산권을 현재로서는 취득하지 못하였다고 할 것이다. … 재산권을 침해한다고는 할 수 없다(헌재 2001.6.28, 99헌마516).
▶ 평등권을 침해하였다.

2 국가유공자 등 예우 및 지원에 관한 법률이 보상받을 권리 [합헌]
위 수급권은 천부적으로 가지는 권리가 아니며 법률에 의해서 비로소 인정되는 권리이므로, 그에 대한 권리는 당연히 법에서 정한 국가유공자 유족으로 등록신청한 달로부터 발생한다(헌재 2010.5.27, 2009헌바49).

(3) 재산권의 범위 04. 법원직, 04·07. 국회직 8급

관련 판례 재산권을 인정한 판례

1 환매권
수용의 목적인 공공사업이 수행되지 아니하거나 또는 수용된 재산이 당해 공공사업에 필요 없게 되거나 이용되지 아니하게 되었다면 수용의 헌법상 정당성과 공공사업자에 의한 재산권 취득의 근거가 장래를 행하여 소멸한다. 따라서 환매권은 재산권의 내용에 포함되는 권리이다(헌재 1994.2.24, 92헌가15 등).

2 관행어업권
관행어업권은 물권에 유사한 권리로서 공동어업권자는 물론 제3자에 대하여서도 주장하고 행사할 수 있는 권리이므로, 헌법상 재산권 보장의 대상이 되는 재산권에 해당한다고 할 것이다(헌재 1999.7.22, 97헌바76).

3 건설업의 영업권
양도할 수 있는 재산적 가치가 있는 권리로서 재산권에 속하는 청구인의 건설업 영업권도 또한 제한된다(헌재 2001.3.21, 2000헌바27).

4 퇴직급여청구권
공무원 개인의 노력과 금전적 기여를 통하여 취득되고 자신과 그 가족의 생활비를 충당하기 위한 경제적 가치가 있는 권리로서 헌법 제23조에 의하여 보장되는 재산권으로서의 성격을 갖는 것임에 틀림없다(헌재 1995.7.21, 94헌바27 등).

기출OX

사회부조와 같이 수급자의 자기기여 없이 국가가 일방적으로 주는 급부를 내용으로 하는 공법상의 권리도 헌법상의 재산권 보장 대상이다. (×)
07. 국회직 8급

기출OX

01 장해보상연금청구권은 국가에 의하여 일방적으로 지급되는 급부에 해당하므로, 헌법상 보장되는 재산권의 범주에 포함된다고 할 수 없다. (×) 12. 변시
→ 청구인들이 법 소정의 요건을 갖추어 이미 수령하던 자들이므로 장해보상연금청구권은 헌법상 보장되는 재산권의 범주에 속한다(헌재 2009.5.28, 2005헌바20).

02 국가유공자 등 예우 및 지원에 관한 법률이 보상받을 권리의 발생시기를 국가보훈처장에게 등록신청을 한 날이 속하는 달부터 발생하도록 한 것은 행복추구권 및 인간다운 생활을 할 권리를 침해한다. (×) 19. 서울시 7급

기출OX

수용된 토지가 당해 공익사업에 필요 없게 되거나 이용되지 아니하였을 경우에 피수용자가 그 토지소유권을 회복할 수 있는 권리, 즉 환매권은 헌법이 보장하는 재산권의 내용에 포함되는 권리이다. (○) 12. 국가직 7급

5 **정당한 지목**

지목은 단순히 토지에 관한 사실적·경제적 이해관계에만 영향을 미치는 것이 아니라 토지의 사용·수익·처분을 내용으로 하는 토지소유권을 제대로 행사하기 위한 전제요건으로서 토지 소유자의 실체적 권리관계에 밀접히 관련되어 있다(헌재 1999.6.24, 97헌마315).

6 **실용신안권**

고안의 경제적 가치를 보호하여 권리자의 재산적 이익을 만족시키는 것으로 헌법 제23조에 의하여 보장되는 재산적 가치가 있는 권리라고 할 것이다(헌재 2002.4.25, 2001헌마200).

관련 판례 재산권을 부정한 판례

1 **공무원의 보수청구권**

법령에 의하여 구체적 내용이 형성되기 전의 권리, 즉 공무원이 국가 또는 지방자치단체에 의하여 어느 수준의 보수를 청구할 수 있는 권리는 단순한 기대이익에 불과하여 재산권의 내용에 포함된다고 볼 수 없다(헌재 2008.12.26, 2007헌마444).

2 **특정장소에서의 영업권**

일반적으로 특정한 장소에서 영업을 함으로써 얻는 영업이익 내지 영업권은 헌법 제23조에 의하여 보호되는 재산권에 포함되지 아니한다(헌재 2003.10.30, 2001헌마700).

3 **상공회의소의 의결권과 재산**

상공회의소의 의결권은 상공회의소라는 법인의 의사형성에 관한 권리일 뿐 이를 따로 떼어 헌법상 보장되는 재산권이라고 보기 어렵고, 상공회의소의 재산은 법인인 상공회의소의 고유재산이지 회원들이 당연히 반환받을 수 있는 재산권이라고 보기 어렵다(헌재 2006.5.25, 2004헌가1).

4 **이윤추구의 기회**

개인이나 기업의 단순한 이윤추구의 기회나 유리한 법적 상황이 지속되리라는 기대나 희망은 재산권의 보호범위에 속하지 않는다(헌재 2004.12.16, 2002헌마579).

5 **강제집행권**

강제집행권은 국가가 보유하는 통치권의 한 작용으로 민사사법권에 속하는 것이고, 재산권에 해당하지 않는다(헌재 1998.5.28, 96헌마44).

6 **의료보험조합의 적립금**

사적 이익을 위하여 유용한 것으로서 권리주체에게 귀속될 수 있는 성질의 것이어야 하는데, 적립금에는 사법상의 재산권과 비교될 만한 최소한의 재산권적 특성이 결여되어 있다(헌재 2000.6.29, 99헌마289).

7 **교원의 정년단축**

교원의 정년단축으로 기존 교원이 입는 경제적 불이익은 계속 재직하면서 재화를 획득할 수 있는 기회를 박탈당한다는 것인데 이러한 경제적 기회는 재산권보장의 대상이 아니다(헌재 2000.12.14, 99헌마112 등).

기출OX

헌법재판소는 강제집행권은 국가 통치권의 한 작용으로 헌법상 보호되는 재산권에 속하지 않는다고 하였다. (O)

04. 국회직 8급

비교 정리

구분	인정
의료보험수급권	O
국민건강보험수급권	O
의료보험적립금	X
의료급여수급권	X

8 학교안전공제 및 사고예방 기금

공제회가 관리·운용하는 기금은 학교안전사고보상공제 사업 등에 필요한 재원을 확보하고, 공제급여에 충당하기 위하여 설치 및 조성되는 것으로서 학교안전법령이 정하는 용도에 사용되는 것일 뿐이므로 재산권에 해당하지 않는다(헌재 2015.7.30, 2014헌가7).

9 사망일시금

사망일시금은 사회보험의 원리에서 다소 벗어난 장제부조적·보상적 성격을 갖는 급여로 사망일시금은 헌법상 재산권에 해당하지 아니한다(헌재 2019.2.28, 2017헌마432).

◆ 재산권의 범위

재산권으로 인정 ○	재산권으로 인정 ×
• 모든 종류의 물권 • 환매권 • 특허권, 실용신안권 • 국가배상청구권(청구권 + 재산권) • 건설업자 영업권 • (등록·확인 후)보상금수급권 • 관행어업권 • 재산 그 자체 • 보상청구권(원호보상·손실보상) • 정당한 지목으로 등록한 토지소유자의 이익 • 공법상 권리(사적 유용성·상당한 자기기여·생존확보에 기여)	• 기대이익, 반사이익, 개발이익, 우선매수권 • 강제집행권 • 재생처리업자 영업권 • (등록·확인 전)보상금수급권 • 한약조제권(단순 기대이익) • 의료보험조합 적립금, 농지계량조합 재산 • 상공회의소의 의결권 • 계속 재직시 받았을 급료(교원, 치과의사 등) • 자유로운 기부기회의 보장(기부금품 모집사건) • 영리획득의 기회, 기업활동의 사실적·법적 여건 • 사회부조(수급자의 자기기여 없이 국가가 일방적으로 주는 급부를 내용으로 하는 공법상의 권리) • 사업계획승인권 • 폐업으로 인한 재산적 손실 • 이동전화번호 • 불법적인 사용의 경우에 인정되는 수용청구권

2 재산권의 내용

1. 사유재산제도의 보장
사유재산제도의 보장이란 개인이 생산수단을 사유할 수 있는 제도의 보장을 의미하므로 모든 생산수단의 전면적인 국유화나 공유화는 허용될 수 없다. 또한 상속제도를 전면적으로 부인하거나 사회주의 국가에서와 같은 계획경제체제의 도입도 인정되지 않는다.

2. 사유재산권의 보장
개인이 재산을 소유하고 상속할 수 있을 뿐 아니라 재산을 사용·수익·처분할 수 있는 권리를 보장함을 의미한다.

3. 재산권의 사회적 구속성

(1) 의의

헌법 제23조 제2항은 "재산권의 행사는 공공복리에 적합하도록 하여야 한다."라고 규정하여 재산권행사의 공공복리 적합성(재산권의 사회적 구속성)을 규정하고 있다. 재산권의 사회적 구속성이란 공공복리를 위하여 재산권의 주체가 그 재산에 관하여 무보상으로 일반적이고 적절하며 기대 가능한 갖가지 제한을 받게 될 수 있음을 의미한다. ❶

(2) 법적 성격

헌법재판소는 재산권의 공공복리 적합성은 헌법상의 의무로서 입법자의 입법형성권의 행사에 의해 현실적인 의무로 구체화된다고 판시하였다(헌재 1989.12.22, 88헌가13). ❷

(3) 헌법재판소 판례

헌법재판소는 개발제한구역 사건에서 사회적 제약의 한계를 넘는 재산권의 제한을 재산권의 사회적 제약을 구체화하는 규정으로 보면서, 헌법 제23조 제1항·제2항에 근거하여 그 위헌성을 판단한 바 있다(헌재 1998.12.24, 89헌마214 등).

> **관련 판례**
>
> **도시계획법 제21조에 대한 위헌소원 [헌법불합치]**
> 도시계획법 제21조에 규정된 **개발제한구역제도 그 자체는 원칙적으로 합헌적인 규정인데, 다만 개발제한구역의 지정으로 말미암아 일부 토지소유자에게 사회적 제약의 범위를 넘는 가혹한 부담이 발생하는 예외적인 경우에 대하여 보상규정을 두지 않은 것에 위헌성이 있는 것**이고, 보상의 구체적 기준과 방법은 헌법재판소가 결정할 성질의 것이 아니라 광범위한 입법형성권을 가진 입법자가 입법 정책적으로 정할 사항이므로, 입법자가 보상입법을 마련함으로써 위헌적인 상태를 제거할 때까지 위 조항을 형식적으로 존속케 하기 위하여 헌법불합치결정을 하는 것인바, 입법자는 되도록 빠른 시일 내에 보상입법을 하여 위헌적 상태를 제거할 의무가 있고, 행정청은 보상입법이 마련되기 전에는 새로 개발제한구역을 지정하여서는 아니 되며, 토지소유자는 보상입법을 기다려 그에 따른 권리행사를 할 수 있을 뿐 **개발제한구역의 지정이나 그에 따른 토지재산권의 제한 그 자체의 효력을 다투거나 위 조항에 위반하여 행한 자신들의 행위의 정당성을 주장할 수는 없다**(헌재 1998.12.24, 89헌마214 등). 08. 국회직 8급

---

❶ 자기 재산이라고 해도 자기 임의로 사용해서는 안 되며, 그린벨트 등 여러 가지 제약이 따를 수 있다. 이를 사회적 구속성이라 한다.

❷ 그린벨트나 토지거래 허가제 등 각종 규제입법으로 구체화된다.

주의
판례는 가혹한 부담이 발생하는 예외적인 경우 현금을 주는 등 직접 문제를 해결하지 않고 입법자가 정책적으로 정할 사항으로 보고 있다.

기출OX
개발제한구역 지정 당시의 상태대로 토지를 사용·수익·처분할 수 있는 이상, 구역지정에 따른 단순한 토지이용의 제한은 원칙적으로 재산권에 내재하는 사회적 제약의 범주를 넘지 않는다.
(O) 08. 국회직 8급

3 재산권의 공용수용

1. 목적
공공필요란 일정한 공익사업을 시행하거나 공공복리를 달성하기 위하여 재산권제한이 불가피한 경우를 말하며, 국가가 단순히 재산취득을 목적으로 재산권을 제한하는 경우는 인정되지 않는다.

2. 형식
재산권 제한은 원칙적으로 형식적 의미의 법률로써만 제한할 수 있으며 명령이나 조례로써는 제한할 수 없다고 본다. 다만, 예외적으로 대통령의 긴급명령·긴급재정경제명령이나 비상계엄을 선포한 경우에는 재산권을 제한할 수 있다. 헌법재판소는 법률의 위임이 있는 경우에는 위임의 한계를 벗어나지 아니하는 한 명령이나 조례로써 재산권을 제한할 수 있다는 판결을 내린 바 있다(헌재 1995.4.20, 92헌마264).

3. 재산권 제한의 유형
재산권 제한의 유형으로는 수용·사용·제한이 있다.

수용	공공필요를 위하여 국가가 특정의 재산권의 소유권을 강제적으로 취득하는 것
사용	국가가 특정의 재산권을 일시적·강제적으로 사용하는 것❸
제한	특정의 재산권 주체에게 과하는 공법상의 제한

4. 보상

(1) 의의

재산권 제한에 의한 보상은 손실보상을 의미하며, 위법한 국가작용에 의한 손해배상과는 달리 적법한 공권력행사에 의해 재산권을 침해한 경우 그 손실을 보상하는 것을 의미한다.

(2) 연혁

현행 헌법은 제3공화국 헌법과 같이 정당보상규정을 두고 있다.

(3) 기준

정당한 보상이란 원칙적으로 피수용재산의 객관적인 재산 가치를 완전하게 보상하여야 하는 완전보상을 의미한다(헌재 1995.4.20, 94헌마20).❹

관련 판례

1 손실보상액의 산정 기준이 되는 공시지가❺ [합헌]

헌법 제23조 제3항에서 '정당한 보상'이란 원칙적으로 피수용재산의 객관적인 재산가치를 완전하게 보상하는 것이어야 한다는 완전보상을 뜻하는 것으로서, 토지수용으로 인한 **손실보상액의 산정을 '공시지가'를 기준으로 한 것이 헌법상의 정당보상의 원칙에 위배되는 것이 아니라고 하였다**(헌재 2002.12.18, 2002헌가4).

---

❸ 예를 들어 내 소유의 토지에 국가가 실수로 도로를 만들었을 때 소유권은 나에게 주고 사용권만 가지는 것을 '사용'이라고 한다.

비교 정리

보상의 연혁

공화국	보상기준
제1·2공	상당보상
제3공	정당보상
제4공	법률에 위임
제5공	이익형량
제6공	정당보상

❹ 정당보상을 완전보상으로 보는 가장 큰 이유는 상당보상으로 볼 경우 100%를 초과해서 주기보다는 대부분 100% 미만으로 주기 때문이다. 즉, 예를 들어 이사비용을 주지 않은 경우도 공무원들은 편의적으로 괜찮다고 해버리는 경우가 많아 완전보상으로 보고 있다.

❺ 공시지가란 땅의 현황이나 지목, 가격 등을 파악해 국가가 매년 1월 1일에 발표하는 것으로 주로 과세의 기준이 된다.

기출OX
토지수용시에 개발이익이 포함되지 아니한 공시지가를 기준으로 보상하는 것은 위헌이다. (×) 04. 행시, 06. 사시

2 개발이익의 배제 [합헌]
공익사업의 시행으로 지가가 상승하여 발생하는 개발이익은 기업자의 투자에 의하여 발생하는 것으로서 피수용자인 토지소유자의 노력이나 자본에 의하여 발생한 것이 아니다. 따라서 이러한 개발이익은 형평의 관념에 비추어 볼 때, 토지소유자에게 당연히 귀속되어야 할 성질의 것은 아니고, 오히려 투자자인 기업자 또는 궁극적으로는 국민 모두에게 귀속되어야 할 성질의 것이다. 또한 **개발이익은 공공사업의 시행에 의하여 비로소 발생하는 것이므로 그것이 피수용토지가 수용 당시 갖는 객관적 가치에 포함된다고 볼 수도 없다**(헌재 1990.6.25, 89헌마107).

🔗 관련 판례 재산권의 침해 여부에 관한 판례

1 공탁금❶의 이자에 관한 규칙 제2조, 제4조 [합헌]
공탁금에 대하여 연 1%의 이자만 붙이도록 하는 공탁금의 이자에 관한 규칙의 위헌성에 대하여 살피건대, 현행 공탁금이자도 공탁법(供託法)의 규정에 의하여 입법정책적 차원에서 발생되는 것이며 법원도 현재의 은행예금 제도하에서 최선의 관리를 하고 있다 할 것인바, 그 밖에 공탁수수료가 징수되지 않고 있는 점, 공탁제도가 원래 공탁자의 이익을 위한 제도이지 국가가 공탁자에게 무조건 공탁을 강요하는 것이 아니라는 점 등을 고려할 때 현재의 대법원의 공탁금 관리방법이 공탁자 또는 공탁금수령자의 <u>재산권을 침해하는 것이라 할 수 없다</u>(헌재 1995.2.23, 90헌마214). 04. 국회직 8급

❶
공탁이란 채권자가 정당한 사유없이 채권을 수령하지 않을 경우 채무자가 법원에 금액을 맡기는 경우이다. 보통 채권자가 여러명이 나오거나 정당한 사유 없이 거부할 때, 이 경우 지연이자가 발생하기 때문에 공탁이 필요하다.

2 공공시설의 무상국가귀속 [합헌]
이 사건 조항의 입법목적은 일정한 호수 이상의 주택건설사업과정에서 필수적으로 요구되는 공공시설의 원활한 확보와 그 시설의 효율적인 유지·관리를 통하여 쾌적한 주거환경을 조성하고자 하는데 있어 그 정당성이 인정된다. 나아가, 공공시설의 무상귀속은 사업주체에게 부과된 원인자 또는 수익자 부담금의 성격을 띠고 있고, 공공시설 및 그 부지의 소유권이 국가 등에게 귀속된다고 하더라도 이로 인한 사업주체의 손실이 그 이득에 비하여 반드시 더 크다고 할 수 없으므로, 과도한 재산권에 대한 제약이라고 단정하기는 어렵다(헌재 2003.8.21, 2000헌가11 등).

3 자연환경지구 지정 [합헌]
입법자는 비례의 원칙을 회복하기 위한 방법으로 반드시 금전보상을 해야 하는 것은 아니고, 이를 위하여 여러 가지 다른 방법을 사용할 수 있다. … 토지를 종래의 목적으로 사용할 수 없거나, 더 이상 법적으로 허용된 토지이용방법이 없어 실질적으로 사용 및 수익을 전혀 할 수 없는 경우, 즉 자연환경지구 내 토지에서의 건축행위 제한과 공원구역의 출입제한·금지로 인한 재산권 제한이 사회적 제약의 한계를 초과하는 경우에 대하여는 자연공원법이 공원사업에 들어가는 토지와 그 토지에 정착된 물건에 대한 소유권 등 권리의 수용·사용과 이에 대한 손실보상 및 환매권 규정(제22조), 협의에 의한 토지 등의 매수에 관한 규정(제76조), 매수청구권 규정(제77조, 제78조) 등 **적절한 보상적 조치를 마련하고 있으므로, … 비례의 원칙에 반하여 청구인의 재산권을 침해한다고 볼 수 없다**(헌재 2006.1.26, 2005헌바18).

기출OX
지방자치단체에 대한 금전채권 중 사법상 원인에 기한 채권에 대하여 민법이 정한 기간보다 그 시효를 단축하고 있는 지방재정법은 재산권을 합리적 이유 없이 지나치게 제한하는 것이다. (×) 09. 국회직 8급

4 예산회계법 제96조 제2항 [합헌]
소멸시효제도의 일반적인 존재이유와 특히 구 예산회계법 제96조 제2항의 국가재정을 합리적으로 운용하기 위한 목적 등을 고려하면 이 사건 법률조항들의 입법목적의 정당성과 수단의 적정성은 인정된다(헌재 2008.11.27, 2004헌바54).

5 성매매 제공 재산 몰수 [기각]

성매매에 제공되는 사실을 알면서 건물을 제공하는 행위는 법으로 금지하는 성매매 및 성매매알선을 용이하게 하고 그로 인한 재산상의 이익을 취득하는 것이므로 이를 규제함으로써 보호하고자 하는 공익이 성매매에 제공되는 사실을 알면서 건물을 제공할 수 없는 건물 소유자들의 불이익에 비하여 크다고 할 것이다(헌재 2006.6.29, 2005헌마1167). 08. 국회직 8급

6 택지소유상한에 관한 법률 [위헌]

토지투기와 지가상승을 억제하고 택지를 실수요자에게 공급하기 위하여 택지소유 상한제도의 도입이 불가피하였다고 하더라도, 택지소유의 경위나 그 목적에 관계없이 법 시행 이전부터 택지를 소유하고 있는 개인에 대하여 **일률적으로 소유상한을 적용**하는 것은 입법목적을 달성하기 위하여 필요한 정도를 넘는 과도한 침해이자 **신뢰보호의 원칙 및 평등원칙에 위반**된다고 할 것이다(헌재 1999.4.29, 94헌바37).

7 민간 기업에 의한 토지수용 [합헌]

헌법 제23조 제3항은 정당한 보상을 전제로 하여 재산권의 수용 등에 관한 가능성을 규정하고 있지만, 재산권 수용의 주체를 한정하지 않고 있다. 위 헌법조항의 핵심은 당해 수용이 공공필요에 부합하는가, 정당한 보상이 지급되고 있는가 여부 등에 있는 것이지, 그 수용의 주체가 국가인지 민간 기업인지 여부에 달려 있다고 볼 수 없다(헌재 2009.9.24, 2007헌바114).

8 재래시장 재건축에서의 매도청구권 [합헌]

시장재건축제도는 기본적으로 낙후된 재래시장의 재건축을 통하여 재래시장을 현대화하고, 활성화함으로써 재래시장상인들의 생계도 보호하려는 데 그 목적이 있으며 … 과잉금지원칙에 위배된다고 볼 수 없다(헌재 2006.7.27, 2003헌바18).

9 문화재 발굴비용 사업시행자 부담 [합헌]

발굴경비를 부담시킴으로써, 각종 개발행위로 인한 무분별한 문화재 발굴로부터 매장문화재를 보호하고자 하는 입법목적의 정당성 및 수단의 적절성이 인정되고, 발굴조사비용 확대에 따른 위험은 사업계획단계나 사업자금의 조달 과정에서 기업적 판단에 의해 위험요인의 하나로서 충분히 고려될 수 있는 점, 사업시행자가 발굴조사비용 액수를 고려하여 더 이상 사업시행에 나아가지 아니할 선택권이 유보되어 있는 점, 대통령령으로 정하는 예외적인 경우에는 국가 등이 발굴조사비용을 부담할 수 있는 점 및 유실물법에 의한 보상금을 지급토록 하는 규정을 두고 있는 점 등에 비추어 최소침해성 원칙, 법익균형성 원칙에 위반되지 않으므로 재산권을 침해하지 않는다(헌재 2010.10.28, 2008헌바74).

10 체육시설 [헌법불합치]

체육시설은 시민들이 손쉽게 이용할 수 있는 시설에서부터 그 시설 이용에 일정한 경제적 제한이 존재하는 시설, 시설이용비용의 다과와는 관계없이 그 자체 공익목적을 위하여 설치된 시설 등에 이르기까지 **상당히 넓은 범위에 걸쳐 있다**. 그렇다면, 이 사건 정의조항은 개별 체육시설의 성격과 공익성을 고려하지 않은 채 구체적으로 범위를 한정하지 않고 포괄적으로 대통령령에 입법을 위임하고 있으므로 헌법상 위임입법의 한계를 일탈하여 포괄위임금지원칙에 위배된다(헌재 2011.6.30, 2008헌바166 등).

▶ 재산권 침해는 아니다.

기출 OX

경과실의 범죄로 인한 사고는 개념상 우연한 사고의 범위를 벗어나지 않으므로 경과실로 인한 범죄행위에 기인하는 보험 사고에 대하여 의료보험급여를 부정하는 것은 우연한 사고로 인한 위험으로부터 다수의 국민을 보호하고자 하는 사회보장 제도로서의 의료보험의 본질을 침해하여 헌법에 위반된다. (O) 17. 지방직 7급

❶
실명법 위반의 경우 조세회피목적이 있는지, 투기목적이 있는지를 따지지 않고 일률적으로 과징금을 부과한 것은 헌법에 위반된다. 따라서 조세회피목적이나 투기목적이 있다면 합헌이다.

11 부동산실명법 위반시 100분의 30 과징금❶ [위헌]
일률적으로 부동산 평가액의 100분의 30에 달하는 고율의 과징금을 부과하도록 한 것은 법익균형성을 잃은 과잉의 제재로서 과잉금지의 원칙에 반한다(헌재 2001. 5.31, 99헌가18).

12 상호신용금고의 예금채권자 우선변제 [위헌]
98년부터 상호신용금고의 예금채권자도 은행의 예금채권자와 똑같이 예금자보호법에 의한 보호를 받게 되었다. 따라서 더 이상 일반 금융기관의 예금과 달리 상호신용금고의 예금채권만을 우선변제권으로써 특별히 보호해야 할 필요성이 있다고 보기 어렵다(헌재 2006.11.30, 2003헌가14).

13 학교용지부담금 부과 대상의 제외 기준 [헌법불합치]
학교용지 확보 등에 관한 특례법 중 주택재개발사업의 경우 학교용지부담금 부과 대상에서 '기존 거주자와 토지 및 건축물의 소유자에게 분양하는 경우'에 해당하는 개발사업분만 제외한 조항에 대하여 헌법불합치결정을 하면서 2014.12.31.을 개정시한으로 계속 적용한다고 선고하였다. 헌법재판소는 위 조항이 현금청산의 대상이 되어 제3자에게 분양됨으로써 기존에 비하여 가구 수가 증가하지 아니하는 개발사업분을 제외하지 않는 것이 평등원칙에 위배된다고 판단하였다(헌재 2014.4.24, 2013헌가28).

14 학교용지부담금 부과 제외 대상 사건 [합헌]
주택법상 주택건설사업은 기존의 주택을 재건축하는 것이 아니라 사업주체가 택지를 매입하여 신규 주택을 건설·공급하는 것이고 기존 세대가 사업을 주도하는 것도 아니어서 사업시행 이후 기존 세대가 이전하고 인구가 새로 유입되는 상황을 예정하고 있다. 따라서 가구 수의 증감과 관계없이 신축된 공동주택 전체 가구 수를 기준으로 학교용지부담금을 부과할 수 있도록 정한 것은 이와 같은 주택법상 주택건설사업의 실질을 고려한 것으로 합리적인 이유가 있다(헌재 2025.4.10. 2020헌바363등).

15 개인택시 양도 및 상속제한 [합헌]
개인택시의 공급과잉을 억제할 필요가 있고, 개인택시면허의 양도 및 상속에 따르는 프리미엄의 획득·유지는 면허처분에 의하여 직접적으로 부여되는 이익이 아니며, 개인택시면허는 공법상의 권리로서 행정목적상의 한계를 가진다. 따라서 이 사건 시행령조항이 법률의 위임을 받아 개인택시면허의 양도 및 상속을 제한하는 것을 두고 법률유보원칙에 위배되거나 입법형성권의 한계를 벗어나 청구인들의 재산권을 침해하는 것으로 볼 수 없다(헌재 2012.3.29, 2010헌마443 등).

16 이주대책은 정당한 보상이 아님 [합헌]
이주대책은 헌법에 따른 정당한 보상이 아니라 그와 별도로 추가로 제공되는 생활보상의 일환이므로, 국가가 사업시행자에게 특정조치를 일률적으로 강제할 수는 없고, 그 내용은 여러 가지 사정을 고려하여 사업시행자가 정할 사항이라고 봄이 타당하다(헌재 2015.10.21, 2013헌바10).

17 광업권 행사 제한 [합헌]
철도·도로·수도 등 영조물과 일정 거리(50m) 이내의 장소에서 관청의 허가 없이 광물을 채굴하지 못하게 하는 것은 재산권 침해가 아니다(헌재 2014.2.27, 2010헌바483).

18 이사의 책임 [합헌]
회사의 이사에게 손해배상책임을 주장하기 위해서는 주장하는 자가 입증책임을 지는 것은 재산권을 침해하지 않는다(헌재 2015.3.26, 2014헌바202).

19 우편법상 손해배상❷ [합헌]
발송인의 승인을 받은 수취인만 손해배상청구를 가능하게 한 것은 재산권침해로 볼 수 없다(헌재 2015.4.30, 2013헌바383).

20 개발부담금 우선징수❸ [합헌]
개발부담금은 모든 자에 대하여 일반적 기준으로 부과하는 금전급부로 실질적인 조세로 보아야 할 것이다. 따라서 이를 다른 채권에 우선하여 징수하는 것은 재산권을 침해하지 않는다(헌재 2016.6.30, 2014헌바473).

21 골프장을 위한 수용권한 [위헌]
[1] '공공필요'의 요건 중 공익성은 추상적인 공익 일반 또는 국가의 이익 이상의 중대한 공익을 요구하므로 기본권 일반의 제한사유인 '공공복리'보다 좁게 보는 것이 타당하다.
[2] 행정기관이 개발촉진지구 지역개발사업으로 실시계획을 승인하고 이를 고시하기만 하면 고급골프장 사업과 같이 공익성이 낮은 사업에 대해서까지도 시행자인 민간개발자에게 수용권한을 부여하는 것은 헌법 제23조 제3항에 위배된다(헌재 2014.10.30, 2011헌바172).

22 국민연금 분할 [위헌]
별거나 가출 등으로 실질적인 혼인관계가 존재하지 아니하여 연금 형성에 기여가 없는 이혼배우자에 대해서까지 법률혼 기간을 기준으로 분할연금 수급권을 인정하는 국민연금법 제64조 제1항은 재산권을 침해한다(헌재 2016.12.29, 2015헌바182).

23 환매금액의 증액 [합헌]
토지의 가격이 취득일 당시에 비하여 현저히 상승한 경우 환매금액에 대한 협의가 성립하지 아니한 때에는 사업시행자로 하여금 환매금액의 증액을 청구할 수 있도록 한 공익사업을 위한 토지 등의 취득 및 보상에 관한 법률 조항은 환매권자의 재산권을 침해하지 아니한다(헌재 2016.9.29, 2014헌바400).

24 공익사업의 변환 [합헌]
이 사건 법률조항으로 인하여 제한되는 사익인 환매권은 이미 정당한 보상을 받은 소유자에게 수용된 토지가 목적 사업에 이용되지 않을 경우에 인정되는 것이고, 변환된 공익사업을 기준으로 다시 취득할 수 있어, 이 사건 법률조항으로 인하여 제한되는 사익이 이로써 달성할 수 있는 공익에 비하여 중하다고 할 수 없으므로, 이 사건 법률조항은 과잉금지원칙에 위배되어 청구인의 재산권을 침해한다고 할 수 없다(헌재 2012.11.29, 2011헌바49).

25 기존 세입자에 대한 갱신청구권 인정 [합헌]
상가건물 임대차의 계약갱신요구권 행사 기간을 5년에서 10년으로 연장하면서, 이를 개정법 시행 후 갱신되는 임대차에 대하여도 적용하도록 규정한 '상가건물 임대차보호법' 부칙 제2조 중 '갱신되는 임대차'에 관한 부분은 헌법에 위반되지 않는다(헌재 2021.10.28, 2019헌마106).

---

❷
승인 없이도 손해배상청구가 가능하다고 한다면 발송인에게 손해배상을 해야 하는지, 수취인에게 해야 하는지가 애매해지므로 통신의 자유와 재판청구권을 제한하지는 않는다.

❸
반대의견은 개발부담금을 특별부담금으로 보고 있다.

주의

공공복리 ⊃ 공공필요

26 특별사면시 일부 사면의 경우 [합헌]
공무원이거나 공무원이었던 사람이 재직 중의 사유로 금고 이상의 형을 받거나 형이 확정된 경우 퇴직급여 및 퇴직수당의 일부를 감액하여 지급함에 있어 그 이후 형의 선고의 효력을 상실하게 하는 특별사면 및 복권을 받은 경우를 달리 취급하는 규정을 두지 아니한 것은 재산권을 침해하지 않는다(헌재 2020.4.23, 2018헌바402).

27 초고가 주택에 대한 주택담보대출 금지 [합헌]
이 사건 조치는 전반적인 주택시장 안정화를 도모함과 동시에 금융기관의 대출 건전성 관리 차원에서 부동산 부문으로의 과도한 자금흐름을 개선하기 위한 것으로 목적이 정당하다. 또한 초고가 주택에 대한 주택담보대출 금지는 수요 억제를 통해 주택 가격 상승 완화에 기여할 것이므로 수단도 적합하다(헌재 2023.3.23, 2019헌마1399).
▶ 따라서 이는 헌법에 위반되지 않는다.

28 환매권 발생기간을 10년 이내로 제한 [위헌]
[1] 환매권은 재산권이다.
[2] 환매권의 발생기간을 일률적으로 '토지의 협의취득일 또는 수용의 개시일부터 10년 이내'라고 한 부분은 헌법에 위반된다. 환매권이 발생하지 않는 경우에는 환매권 통지의무도 발생하지 않기 때문에 환매권 상실에 따른 손해배상도 받지 못하게 되므로, 사익 제한 정도가 상당히 크다. 토지보상법은 이미 환매대금증감소송을 인정하여 당해 공익사업에 따른 개발이익이 원소유자에게 귀속되는 것을 차단하고 있다.
[3] 이 사건 법률조항의 위헌성은 환매권의 발생기간을 제한한 것 자체에 있다기보다는 그 기간을 10년 이내로 제한한 것에 있다(헌재 2020.11.26, 2019헌바131).
▶ 판례 변경

🔍 정리 특별부담금과 재산권 침해

1. **특별부담금의 의의**
   (1) 개념
   특별부담금이란 특정한 공익사업의 경비조달에 충당하기 위하여 특정집단에 대하여 부과하는 인적 공용부담을 말한다.
   (2) 조세와의 구별
   반대급부를 전제로 하지 않는 점에서 조세와 유사하나, 특정 집단에게 부과된다는 점에서 조세와 다르다.

2. **특별부담금의 종류**
   특별부담금에는 재정조달목적 특별부담금과 정책실현목적 특별부담금이 있다.
   헌법재판소에 따르면 재정조달목적 부담금의 경우에는 조세에 대한 관계에서 예외적으로만 인정되어야 하며 국가의 일반적 과제를 수행하는 데에 부담금 형식을 남용하여서는 아니 되고, 부담금 납부의무자는 일반 국민에 비해 부담금을 통해 추구하고자 하는 공적 과제에 대하여 특별히 밀접한 관련성을 가져야 하며, 부담금이 장기적으로 유지되는 경우 그 징수의 타당성이나 적정성이 입법자에 의해 지속적으로 심사되어야 한다(헌재 2008.11.27, 2007헌마860).

관련 판례

특별부담금 관련 헌법재판소 판례

사안	주문	내용
영화상영관 부담금 (2007헌마860)	기각	특정 공적 과제의 수행을 위하여 영화상영관을 이용하는 관람객이라는 특정 부류의 사람들에게만 일률적으로 부과한다.
문화예술진흥기금 (2002헌가2)	위헌	문화예술진흥기금의 모금대상인 시설을 이용하는 자는 연간 5,700만 명에 이르고 있다.
TV수신료 (2006헌바70)	합헌	객관적으로 밀접한 관련성을 가지고 집단적 책임이 인정되고, 집단적 이익을 위하여 사용된다(국회가 정해서 합헌, 공사가 정하면 헌법위반).
수분양자들의 학교용지부담금 (2003헌가20)	위헌	학교용지의 확보는 가장 기본적이고 일반적인 공익사업이고, 일반 국민들에 비하여 밀접한 관련성을 갖는다고 보기 어렵다.
개발사업자의 학교용지부담금 (2007헌가1)	합헌	개발사업자는 개발 사업을 통해서 이익을 창출함과 동시에 학교신설의 필요성을 야기한 자로 학교용지확보라는 공적 과제와 객관적으로 밀접한 관련성을 가지고 있다.
해양환경개선부담금 (2006헌바25)	합헌	특별한 공적과제와 특별히 밀접한 관련성이 인정되는 폐기물해양배출업자들에게 부담시키는 것이다.
장애인고용부담금 (2001헌바96)	합헌	고용부담금이 부과되는 집단을 일반국민이 아닌 특정집단인 사업주이고, 부담금은 장애인의 고용을 촉진하기 위하여 전액 장애인 고용촉진기금으로 귀속된다.
수질개선부담금 (98헌가1)	합헌	지하수자원 보전 및 먹는 물 수질개선이라는 입법목적 달성을 위한 적정한 방법이라고 인정된다.
카지노사업자의 납부금 (97헌바84)	합헌	관광사업의 발전을 위한 특정한 용도에만 사용하도록 하였다.
국외여행자납부금 (2002헌바5)	합헌	내국인 국외여행자가 관광수지적자에 대한 직접적 원인을 제공하고 있다.
골프장 입장료 (2017헌가21)	위헌	골프장 입장료는 재정조달목적 부담금에 해당, 골프장 부가금 납부의무자와 '국민체육의 진흥'이라는 골프장 부가금의 부과 목적 사이에는 특별히 객관적으로 밀접한 관련성이 인정되지 않는다.

기출OX

01 텔레비전 수신료는 아무런 반대급부 없이 국민으로부터 강제적·의무적으로 징수되고 있는 실질적인 조세로서 조세법률주의에 따라 법률의 형식으로 규정되어야 한다. (×) 16. 국가직 7급

02 의무교육이 아닌 중등교육에 관한 교육재정과 관련하여 재정 조달목적의 부담금을 징수할 수 있다고 하더라도, 수분양자들의 구체적 사정을 거의 고려하지 않은 채 수분양자 모두를 일괄적으로 동일한 의무집단에 포함시켜 동일한 학교용지 부담금을 부과하는 것은 합리적 근거가 없는 차별에 해당한다. (○) 16. 국가직 7급

03 먹는 샘물 수입판매업자에게 수질개선부담금을 부과하는 것은 수돗물 우선정책에 반하는 수입 먹는 샘물의 보급 및 소비를 억제하도록 간접적으로 유도하기 위한 합리적인 이유가 있으므로 평등원칙에 위배되지 않는다. (○) 16. 국가직 7급

제2항 직업의 자유

> 헌법 제15조 모든 국민은 직업선택의 자유를 가진다.

1 의의

1. 직업의 개념

직업이란 생활의 기본적 수요를 충족시키기 위한 계속적인 소득활동을 의미하며 그 종류나 성질은 불문한다(헌재 1993.5.13, 92헌마80). 학설은 직업개념의 3요소로서 생활수단성, 계속성, 공공무해성을 들고 있다. 판례의 경우 직업의 자유에서의 직업이란 생활의 기본적 수요를 충족시키기 위한 계속적인 소득활동을 의미하며 그러한 내용의 활동인 한 그 종류나 성질을 불문한다(헌재 1993.5.13, 92헌마80)고 함으로써 명시적으로 공공무해성을 들고 있지는 않다. 08. 법원직

2. 직업선택의 자유

(1) 개념

직업선택의 자유란 자기가 선택한 직업에 종사하여 이를 영위하고 언제든지 임의로 전환할 수 있는 자유를 의미한다. 직업이란 생활의 기본적 수요를 충족시키기 위한 계속적인 소득활동을 의미한다.

(2) 기능

직업선택의 자유는 근대 시민사회의 출범과 동시에 인정된 것으로 개인의 경제생활의 터전이 되며, 자유로운 인격발전에 이바지하게 할 뿐 아니라 자유주의적 경제·사회질서의 요소가 되는 기본적 인권이다.

(3) 연혁

직업선택의 자유가 처음으로 규정된 것은 제3공화국 헌법부터이다.

2 주체

직업선택의 자유는 직업에 관한 종합적이고 포괄적인 것으로, 국민과 법인이 향유의 주체이며 외국인은 제한적으로 인정된다. 08. 법원직

> **관련 판례**
>
> **외국인의 주체성 여부**
> 직업의 자유는 원칙적으로 대한민국 국민에게 인정되는 기본권이지, 외국인에게 인정되는 기본권은 아니다. 국가 정책에 따라 정부의 허가를 받은 외국인은 정부가 허가한 범위 내에서 소득활동을 할 수 있는 것이므로, 외국인이 국내에서 누리는 직업의 자유는 법률 이전에 헌법에 의해서 부여된 기본권이라고 할 수는 없고, 법률에 따른 정부의 허가에 의해 비로서 발생하는 권리이다(헌재 2014.8.28, 2013헌마359).

기출OX

헌법상 직업은 개방적인 개념으로서 생활의 기본적 수요를 충족하기 위한 계속적인 활동인 한, 그 종류나 성질을 불문한다. 예컨대 예술가의 작품활동은 취미가 아닌 한, 그것이 생활수단을 얻는 데 기여하면 헌법상 보호되는 직업으로 본다. (O) 03. 사시

비교 정리

직업의 자유

공공무해성	필요
학설	O
판례	×

비교 정리

외국인의 경우 직업과 관련된 기본권

기본권	인정 여부
직업의 자유	헌법 ×, 법률 O
직장선택	제한적 향유 O

3 내용

헌법재판소는 직업선택의 자유의 내용으로 ① 직업결정의 자유, ② 직업종사(수행)의 자유, ③ 직업이탈 및 전직의 자유, ④ 직장을 선택할 자유, ⑤ 겸직의 자유, ⑥ 경쟁의 자유도 그 내용으로 한다고 한다(헌재 1997.4.24, 95헌마90).

1. 직업결정의 자유

(1) 개념

직업결정의 자유란 어떤 강제도 허용되지 않은 상태에서 자신이 원하는 직업을 선정하는 자유를 말한다. 여기에는 여러 개의 직업을 동시에 가질 수 있는 겸직의 자유도 포함된다.

(2) 무직업의 자유가 포함되는지 여부

문제는 무직업의 자유가 이에 포함되는가인데, 헌법상 근로의 의무는 단순한 윤리적 의무이므로 무직업의 자유도 인정된다고 본다(다수설).

2. 직업수행의 자유

직업수행의 자유란 자신이 결정한 직업을 언제든지 자신에게 유리하다고 생각되는 방식으로 착수(개업)·계속·종결(폐업)하는 자유를 말한다. 직업수행의 자유는 직업수행을 위한 직장을 임의로 결정할 수 있는 직장선택의 자유를 포함하며(판례), 영업의 자유도 직업수행의 자유의 일부로 본다(다수설).

> **관련 판례**
>
> **외국인 근로자의 사업장변경 횟수를 제한 [합헌]**
>
> 직업의 자유 중 이 사건에서 문제되는 직장선택의 자유는 인간의 존엄과 가치 및 행복추구권과도 밀접한 관련을 가지는 만큼 단순히 국민의 권리가 아닌 인간의 권리로 보아야 할 것이므로 외국인도 제한적으로라도 직장선택의 자유를 향유할 수 있다고 보아야 한다. … 외국인고용법은 일정한 사유가 있는 경우에 3년의 체류기간 동안 3회까지 사업장을 변경할 수 있도록 하고 대통령령이 정하는 부득이한 사유가 있는 경우에는 추가로 사업장변경이 가능하도록 하고 있으므로 이 사건 법률조항이 입법자의 재량의 범위를 넘어 명백히 불합리하다고 할 수는 없다(헌재 2011.9.29, 2007헌마1083 등).

3. 직업이탈 및 전직의 자유

직업선택의 자유는 자신이 수행하고 있는 직업을 자유롭게 포기하거나 그 직업에서 이탈할 자유 및 전직의 자유도 포함한다.

4. 자유경쟁이 원칙

직업선택의 자유는 특정 직종의 독점과 양립할 수 없으므로 자유경쟁을 원칙으로 한다(다수설). 경쟁의 자유는 직업의 자유에 포함되며, 다른 기업과의 경쟁에서 국가의 간섭 없이 기업 활동을 할 수 있음을 의미한다. 다만, 사회적 시장경제질서 하에서는 일정한 범위 내에서 자유경쟁이 제한되거나 경제의 조정이 행하여짐은 불가피하다고 본다.

기출OX

국가 정책에 따라 정부의 허가를 받은 외국인은 정부가 허가한 범위 내에서 소득활동을 할 수 있는 것이므로 외국인이 국내에서 누리는 직업의 자유는 법률 이전에 헌법에 의해서 부여된 기본권이라고 할 수는 없고, 법률에 따른 정부의 허가에 의해 비로소 발생하는 권리이다. (O)   22. 국가직 7급

4 한계

1. 본질적 한계
직업선택의 자유의 본질적 부분은 제한할 수 없다.

2. 단계이론

(1) 개념

단계이론이란 독일 연방헌법재판소가 약국판결에서 발전시킨 이론으로, 직업의 자유를 제한할 경우 방법상 그 침해의 정도가 좀 더 적은 방법부터 선택하여 단계적으로 적용하여야 한다는 이론이다. 단계이론은 기본권 제한과 관련된 과잉금지원칙 중 '최소침해의 원칙'을 직업의 자유에 적용한 것으로 볼 수 있는바, 우리 헌법재판소도 '당구장사건'에서 이를 수용한 바 있다. 따라서 직업의 자유를 제한함에 있어서는 다음과 같은 순서를 지킬 것이 요구된다.

(2) 내용

① 제1단계: 직업의 자유에 대한 제한이 불가피하게 된 경우에도 기본권에 대한 침해정도가 좀 더 경미한 직업수행의 자유를 제한하는 방법으로 기본권 제한목적을 달성하도록 노력하여야 한다. 이때에도 기본권 제한의 방법상 일반원칙인 과잉금지원칙이 적용되어야 함은 물론이다.
   예 유흥업소의 영업시간 제한, 택시의 10부제 운행, 백화점 세일횟수 제한, 주유소의 휴일영업 제한, 보석감정업자에게 밀수품의 감정행위의 금지, 택시의 합승행위 금지, 유사석유제품의 생산·판매제한 등

② 제2단계: 직업수행의 자유제한으로도 공익목적을 달성할 수 없을 경우에 비로소 직업결정의 자유를 제한할 수 있다는 것이다. 직업선택에 주관적 조건을 요구하는 것은 제한 없이 누구나 어떤 직업에 종사하도록 할 경우 야기될 공공의 손실과 위험을 방지하기 위함이다. 이 경우에도 직업이 요구하는 전문성·기술성 등의 주관적 조건 자체가 제한목적과 합리적인 비례관계가 있어야 한다는 비례원칙이 준수되어야 한다.
   예 법조인·의료인에게 부과되는 국가자격시험, 사법시험 정원제, 수능시험, 채용시험, 1종 면허소지자에 한정한 영업용 택시운행, 학원강사 자격제, 성범죄자 취업제한 등

③ 제3단계: 주관적 조건 이외에 객관적 조건에 의하여 직업결정의 자유가 제한될 수 있다. 이때의 객관적 조건은 기본권 주체의 능력과는 무관하다. 3단계 제한은 직업의 자유에 대한 중대한 제한이므로 직업을 제한하지 않을 때 나타나는 해악이 명백하고 현존하는 위험이 될 때에 한하여 제한이 정당화된다. 따라서 적정분포의 관점, 기존업체보호의 관점, 동일업종의 수 제한, 특정직종의 보호, 공중목욕장업의 거리제한제 등의 관점에서 직업의 자유를 제한하는 것은 경우에 따라서는 위헌의 소지가 크다고 볼 수 있다.
   예 경비업 외의 영업금지, 자격시험 불실시, 안마사 비맹제외 등

> **기출OX**
> 단계이론은 과잉금지원칙 중 법익의 균형성을 구체화한 것이다. (×)

3. 헌법재판소의 입장

헌법재판소도 "직업결정의 자유나 전직의 자유에 비하여 직업수행의 자유에 대하여는 상대적으로 더욱 넓은 법률상의 규제가 가능하다고 할 것이다."라고 하면서 단계이론을 수용하였다. 다만, 단계이론도 직업결정과 직업수행의 구별이 그렇게 명확하지 않다는 점에서 실제 적용에 어려움이 있을 수 있다는 지적이 있다.

➕ 단계이론

개념		과잉금지원칙 ⇨ 침해 최소단계	
연혁	확립	<약국판결> 독일헌법재판소	약국간 거리 제한 ⇨ 위헌
	수용	<당구장판결> 헌재 1993.5.13, 92헌마80	18세 미만 출입금지 ⇨ 절대적 제한: 위헌
내용	1단계	직업 수행	넓은 법률상 규제	택시 합승금지, 유흥업소 시간 제한, 영업지 제한
	2단계	주관적 사유에 의한 직업선택	비례의 원칙	일정 자격과 결부 ⇨ 부분적 제한	• 사법시험 • 약사시험
	3단계	객관적 사유에 의한 직업선택	• 엄격한 비례 • 명백·확실한 위험 방지	능력·자격과 무관 ⇨ 일률적 제한	필요적 등록 말소, 절대적 겸직 금지 등

🔍 관련 판례 직업선택의 자유에 관한 판례

1 해당 직업에 합당한 보수를 받을 권리 [기각]

직업의 자유에 '해당직업에 합당한 보수를 받을 권리'까지 포함되어 있다고 보기 어려우므로 이 사건 법령조항이 청구인이 원하는 수준보다 적은 봉급월액을 규정하고 있다고 하여 이로 인해 청구인의 직업선택이나 직업수행의 자유가 침해되었다고 할 수 없다(헌재 2008.12.26, 2007헌마444).

2 약사의 한약조제 금지 [기각]

한약사제도를 신설하면서 그 개정 이전부터 한약을 조제하여 온 약사들에게 향후 2년간만 한약을 조제할 수 있도록 하고 있는 약사법 소정의 경과규정은 기존 약사들의 한약의 조제권에 대한 **신뢰를 비례원칙에 합당하게 보호**하고 있으므로 직업의 자유를 위헌적으로 침해하는 것이라고는 볼 수 없다(헌재 1997.11.27, 97헌바10).

3 법학전문대학원 입학정원 비율의 제한 [기각]

로스쿨제도의 도입을 통하여 추구하는 입법 목적은, 현행 법조인 양성제도가 가지고 있는 문제를 해결하여 다양한 학문적 배경을 가진 학위 소지자를 대상으로 전문적인 법률이론 및 실무에 관한 교육을 실시함으로써 다양하고 경쟁력 있는 우수한 법조인을 많이 양성하는 것이라고 할 것이다. … 청구인들의 직업선택의 자유를 침해하지 아니한다(헌재 2009.2.26, 2007헌마1262).

📝 기출OX

01 직업결정의 자유나 전직(轉職)의 자유에 비하여 직업수행의 자유(직업종사)는 더욱 넓은 법률상 규제가 가능하다(헌재 1997.11.27, 97헌바10). (○) 08. 법원직

02 입법자가 정한 전문분야에 관한 자격제도에 대해서는 그 내용이 불합리하고 불공정하지 않는 한 입법자의 정책판단은 존중되어야 하며, 자격요건에 관한 법률조항은 합리적인 근거 없이 현저히 자의적인 경우에만 헌법에 위반된다고 할 수 있다. (○) 18. 경찰승진

⚠️ 주의

근로의 권리는 일에 대한 정당한 보수를 포함한다.

4 자도소주구입명령제도 [위헌]

소주판매업자에게 자도소주의 구입의무를 부과하는 자도소주구입명령제도는, … **소주판매업자의 '직업행사의 자유'**를 제한하는 규정이다. 또한 구입명령제도는 비록 직접적으로는 소주판매업자에게만 구입의무를 부과하고 있으나 실질적으로는 구입명령제도가 능력경쟁을 통한 시장의 점유를 억제함으로써 **소주제조업자의 '기업의 자유' 및 '경쟁의 자유'**를 제한하고, 소비자가 자신의 의사에 따라 자유롭게 상품을 선택하는 것을 제약함으로써 소비자의 행복추구권에서 파생되는 '자기결정권'도 제한하고 있다(헌재 1996.12.26, 96헌가18).

5 자도탁주구입명령제도 [합헌]

공급구역제한제도의 폐지로 영세한 탁주제조업체가 도산하게 될 경우 그 지역의 주민은 탁주를 원활하게 공급받지 못하게 될 가능성이 충분히 있고, 나아가 기존의 대형주류제조업체가 시장에 참가하여 **전국적인 독과점을 형성하게 되면 사실상 소비자결정권이 형해화**되는 결과가 초래될 수도 있다는 점을 고려할 때, 탁주의 공급구역을 탁주제조장이 소재하는 시·군의 행정구역으로 제한하고 있는 이 사건 공급구역제한제도로 인하여 부득이 발생하는 다소간의 소비자선택권의 제한을 두고 **헌법에 위반되는 것이라고 할 수는 없다**(헌재 1999.7.22, 98헌가5).

6 사법시험 정원제 [합헌]

선발인원의 제한을 두는 취지는 상대평가라는 방식을 통하여 응시자의 주관적 자질과 능력을 검정하려는 것이므로, 이는 객관적 사유에 의한 제한이 아니라 주관적 사유에 의한 제한이라고 하여야 할 것이다. 이는 비례의 원칙에 반하여 이를 과도하게 제한하였다고 볼 수 없다(헌재 2010.5.27, 2008헌바110).

7 사법시험에서의 영어시험 대체제도 [기각]

영어대체시험제도는 법조인의 국제화, 국제적 법률문제에 대한 실무능력 향상이라는 목적의 정당성이 인정되고, 영어를 필수과목으로 하는 것은 효과적이고 적절한 수단의 선택이라 평가할 수 있으며, 영어가 사실상 국제공용어로 이용되고 있고, 영어로 작성된 법률문헌이 늘어나고 있는 점, 각 대체시험별로 연 10여 회의 응시기회가 부여되는 점을 종합해 볼 때 침해의 최소성도 충족되었다 할 수 있다. 법조인의 국제화라는 공익이 사법시험응시자가 입게 될 불이익에 비하여 매우 크다 할 것이므로 법익균형성도 충족한다고 할 것이다. 그렇다면 청구인들의 직업선택의 자유가 침해되었다고 할 수 없다(헌재 2007.4.26, 2003헌마947).

8 방송광고 판매대행 [헌법불합치]

[1] **직업수행의 자유에 대한 제한이지만 그 실질이 직업수행의 자유를 형해화시키는 경우에는 그것이 직업선택이 아닌 직업수행의 자유에 대한 제한이라고 하더라도 엄격한 심사기준이 적용된다 할 것이다.**

[2] 이 사건 규정은 지상파 방송광고 판매대행 시장에 제한적 경쟁체제를 도입함과 동시에 방송의 공정성과 공익성, 그리고 다양성을 확보하기 위해 한국방송광고공사와 이로부터 출자를 받은 회사에게만 지상파 방송광고 판매대행을 할 수 있도록 하고 있으나 아직까지 한국방송광고공사가 지상파 방송광고 판매대행을 할 수 있도록 출자를 한 회사는 한 곳도 없어 여전히 **한국방송광고공사의 독점체제가 유지되고 있는바,** 이는 지상파 방송광고 판매대행 시장에 제한적으로라도 경쟁체제를 도입한 것이라고 볼 수 없다. … 결국 이 사건 규정은 과잉금지원칙을 위반하여 청구인의 직업수행의 자유를 침해하고 있다고 할 것이다(헌재 2008.11.27, 2006헌마352).

기출OX

법령에서 사법시험 시행 전에 선발예정인원을 정하는 정원제를 규정하는 것은 사법시험을 통하여 변호사에게 필요한 자질과 능력을 검증하는 것이 아니라 변호사의 사회적 수급 상황 등을 고려한 것이기에 객관적 사유에 의한 직업의 자유의 제한에 해당한다. (×) 18. 서울시 7급

➡ 객관적 사유가 아닌 주관적 사유에 해당한다.

9 방송광고판매대행 등에 관한 법률 [기각]

[1] 청구인은 공법상 재단법인인 방송문화진흥회가 최다출자자인 방송사업자로서 방송법 등 관련 규정에 의하여 공법상의 의무를 부담하고 있지만, 그 설립목적이 언론의 자유의 핵심 영역인 방송 사업이므로 이러한 업무 수행과 관련해서는 당연히 기본권 주체가 될 수 있다.

[2] 방송광고판매법에서는 공영미디어렙 이외에 민영미디어렙도 방송광고판매대행을 할 수 있도록 하는 제한 경쟁체제를 도입하고 있고, 다만 방송문화진흥회가 최다출자자인 방송사업자의 경우에는 그 특수성을 고려해 국가의 관리·감독이 엄격하게 미치는 공영미디어렙에서 위탁한 방송광고에 한정하여 방송광고를 할 수 있도록 한 것이며, 그 결과 이에 해당하는 청구인의 경우 신 공사만을 통해 방송광고판매를 할 수 있게 된 것이므로 이 사건 규정이 구 방송법령에 대한 종전 헌법불합치결정의 취지에 반하는 입법이라고 볼 수 없다(헌재 2013.9.26, 2012헌마271).

▶ 판례는 자유경쟁을 해야 한다고 한 것은 아니다. 비록 두 회사라는 제한 경쟁이지만 최소한 독점 체제는 아니니 합헌이라는 의미이다.

10 세무사자격시험에서의 일부 시험 면제 [기각]

세무사제도는 자격제도의 하나이고 입법자에게는 그 자격요건을 정함에 있어서 광범위한 입법형성권이 인정되므로, 이 사건 법률조항이 세무사자격시험에 관해 규율하면서 합리적인 근거 없이 현저히 자의적으로 규정하고 있다고 인정되는 경우에만 헌법에 위반된다고 할 수 있다. … 세무사자격시험 제1차시험 과목 중 세무행정과 직접관련된 과목인 세법학개론은 모두 국세에 관한 세목이며 지방세의 세목과 관련된 분야는 없다. 그렇다면 세무사자격제도에 관한 입법형성권을 벗어난 자의적인 입법이라고 할 수 없다(헌재 2007.5.31, 2006헌마646).

11 변호사에게 변리사 자격부여 [기각]

변리사시험은 지적재산권에 관련된 법률을 주요 시험과목으로 하고 있는데 변호사는 법률사무 전반을 다루는 대표적인 직역인 점, 변리사의 업무는 지적재산권 분야에 있어 특허청 및 법원에 대한 사항의 대리가 주요한 부분을 이루고 있는데 권리·의무에 관한 법률사항의 대리는 변호사의 주요 업무인 점 등을 고려하면 변리사법 제3조 제1항 제2호가 변호사에게 변리사의 자격을 부여하는 것이 합리적인 이유없이 변호사와 변리사시험의 일반 응시자인 청구인들을 차별한다고 보기 어려우므로 위 조항은 청구인들의 평등권을 침해하지 아니한다(헌재 2010.2.25, 2007헌마956).

12 변리사의 소송대리범위 [기각]

이 사건 법률조항은 변리사라는 자격제도의 형성에 관련된 것이므로 입법자에게 광범위한 입법형성권이 인정되어 그 내용이 합리적인 이유 없이 자의적으로 규정된 경우에만 위헌이라고 할 것이다. 따라서 이 사건의 쟁점은 입법자가 변리사 제도를 형성하면서 변리사의 업무범위에 특허침해소송의 소송대리를 포함하지 않은 것이 입법재량의 범위를 벗어나 청구인들의 직업의 자유를 침해하지 않는다(헌재 2012.8.23, 2010헌마740).

13 세무사 자격 보유 변호사의 세무대리 금지 [헌법불합치]

과거 변호사 자격을 취득하고 세무사의 자격이 자동으로 인정되었던 자들에게 세무조정업무 등 일체를 할 수 없도록 한 것은 변호사들의 직업선택의 자유를 침해한다(헌재 2018.4.26, 2015헌가19).

비교 정리

겸직허용

구분	허용 여부
변리사	○
세무사	×
세무전문 변호사	○
변리사 → 변호사	×
과거 세무사 자격취득한 변호사 → 세무사	○

기출OX

입법자가 변리사제도를 형성하면서 변리사의 업무범위에 특허 침해소송의 소송대리를 포함하지 않은 것은 변리사의 직업의 자유를 침해하는 것이다. (×)   13. 국가직 7급

주의

일체 전면 금지한 것은 세무대리의 전문성 확보 및 부실 세무대리의 방지라는 입법목적을 달성하기 위한 수단으로 그 적합성을 인정하기 어렵다.

비교 정리

독점	주문
보통	위헌
담배제도, 안마사, 자도탁주	합헌

14 세무사 명칭의 사용 제한 [기각]

이는 세무사라는 자격명칭의 공신력을 제고하고, 소비자로 하여금 세무사자격 시험에 합격한 자와 그 외의 세무사 자격소지자를 구분할 수 있도록 하기 위함으로 합헌이다(헌재 2008.5.29, 2007헌마248).

15 안마사 자격인정의 비맹제외기준 [기각]

[1] 이 사건의 경우 위헌결정이유 중 비맹제외기준이 과잉금지원칙에 위반한다는 점에 대하여 **기속력을 인정할 수 있으려면, 결정주문을 뒷받침하는 결정이유에 대하여 적어도 위헌결정의 정족수인 재판관 6인 이상의 찬성이 있어야 할 것이고**(헌법 제113조 제1항 및 헌법재판소법 제23조 제2항 참조), 이에 미달할 경우에는 결정이유에 대하여 기속력을 인정할 여지가 없다고 할 것인바, 2003헌마715 등 사건의 경우 재판관 7인의 의견으로 주문에서 비맹제외기준이 헌법에 위반된다는 결정을 선고하였으나, 그 이유를 보면 비맹제외기준이 법률유보원칙에 위반한다는 의견과 과잉금지원칙에 위반한다는 의견으로 나뉘면서 비맹제외기준이 과잉금지원칙에 위반한다는 점과 관련하여서는 재판관 5인만이 찬성하였을 뿐이므로 위 과잉금지원칙 위반의 점에 대하여 기속력이 인정될 여지가 없다고 할 것이다. 그렇다면 이 사건 법률조항이 위 위헌결정의 기속력에 저촉된다고 볼 수는 없을 것이다.

[2] 안마업을 시각장애인에게 독점시키는 이 사건 법률조항으로 말미암아 일반국민의 직업 선택의 자유가 제한되는 것은 사실이지만, 안마업은 시각장애인이 정상적으로 영위할 수 있는 거의 유일한 직업이라는 점에서 시각장애인 안마사제도는 시각장애인의 생존권 보장을 위한 불가피한 선택으로 볼 수밖에 없다. 이에 반하여 일반국민이 선택할 수 있는 직업은 상대적으로 넓고 안마업 외에도 선택할 수 있는 직업이 많다는 점 또한 고려할 필요가 있다. … 따라서 이 사건 법률조항이 비시각장애인을 시각장애인에 비하여 비례의 원칙에 반하여 차별하는 것이라고 할 수 없을 뿐 아니라, 비시각장애인의 직업선택의 자유를 과도하게 침해하여 헌법에 위반된다고 보기도 어렵다(헌재 2008.10.30, 2006헌마1098 등).

16 경비업에서의 업무 제한 [위헌]

먼저 "경비업체의 전문화"라는 관점에서 보면, 현대의 첨단기술을 바탕으로 한 소위 디지털시대에 있어서 경비업은 단순한 경비자체만으로는 '전문화'를 이룰 수 없고 오히려 경비장비의 제조·설비·판매업이나 네트워크를 통한 정보산업, 시설물 유지관리, 나아가 경비원교육업 등을 포함하는 '토탈서비스(total service)'를 절실히 요구하고 있는 추세이므로, 이 법에서 규정하고 있는 좁은 의미의 경비업만을 영위하도록 법에서 강제하는 수단으로는 오히려 영세한 경비업체의 난립을 방치하는 역효과를 가져올 수도 있다(헌재 2002.4.25, 2001헌마614).

기출OX

경비업자로 하여금 겸영금지를 시킨 것은 엄격한 비례의 원칙이 그 심사척도가 된다. (○)   04. 사시, 06. 법행

17 경품용상품권제도의 폐지 [기각]

청구인들로서는 경품용상품권제도가 폐지될 수 있다는 가능성을 충분히 예견할 수 있었다고 보이는 점, 청구인들이 이용에 제공하고 있는 게임물이 그 지나친 사행성으로 말미암아 장기간의 유예기간을 부여하는 것에 대하여 이의를 제기하는 공익상의 이유가 존재한다는 점, 게임제공업의 경우 다른 게임물을 설치함으로써 다른 업종으로의 전환이 용이하다는 점, 이 사건 고시가 청구인들에게 6개월의 유예기간을 부여하고 있는 점 등을 고려하면, 이 사건 고시 부분이 청구인들의 직업의 자유를 침해한다고 할 수 없다(헌재 2009.4.30, 2006헌마1258).

18 게임 결과물 환전 금지 [합헌]

게임 결과물의 환전업을 제한받게 되는 사익은 게임물을 사행기구로 변질시키는 행위를 방지함으로써 건전한 게임문화를 확립하여 국민의 문화적 삶의 질을 향상시키고자 하는 공익에 비해 비교적 가볍다 할 것이므로, 이 사건 법률 조항이 일정한 기준에 해당하는 게임 결과물의 환전업을 영위하는 자를 처벌하고 있다고 하여도 이는 기본권 제한의 한계 내의 것으로 과잉금지의 원칙에 위배하여 국민의 직업선택의 자유를 침해하는 것이 아니다(헌재 2010.2.25, 2009헌바38).

19 사립학교 교원의 파산선고로 인한 당연퇴직 [합헌]

이사회적 책임 및 교직에 대한 국민의 신뢰를 제고하고, 교원으로서의 성실하고 공정한 직무수행을 담보하기 위한 것으로 그 입법목적이 정당하고, 사립학교로 하여금 내부의 자율적 징계절차에서 파산에 수반하는 개별 채무자에 대한 비난가능성, 교원의 신뢰성 등을 판단하도록 하는 것은 입법한계를 벗어나지 않는다(헌재 2008.11.27, 2005헌가21).

20 하나의 의료기관 개설 [헌법불합치]

의사와 한의사의 복수면허 의료인도 한방이든 양방이든 '하나의' 의료기관만을 개설할 수 있도록 하는 의료법은 직업의 자유를 침해한다(헌재 2007.12.27, 2004헌마1021).

21 학교급식의 직영방식 [합헌]

학교급식의 운영방식을 직영방식으로 전환하여, 위생·안전관리 강화 등을 통한 양질의 학교급식이 제공되도록 함으로써 성장기 학생들의 건강증진을 도모하기 위한 것이다(헌재 2008.2.28, 2006헌마1028).

22 학원강사의 자격 [합헌]

일반학원강사의 자격기준으로 대학졸업이상의 학력을 갖추도록 요구하는 것에 대해서 자격미달의 강사가 가져올 부실교육 등의 폐단을 미연에 방지하기 위한 것으로 보아 합헌결정하였다(헌재 2003.9.25, 2002헌마519).

23 운전면허 취득자격 [합헌]

제1종 운전면허를 취득하기 위해서는 두 눈을 동시에 뜨고 잰 시력이 0.8 이상이고, 양쪽 눈의 시력이 각각 0.5 이상일 것을 요구하는 것은 합헌이다(헌재 2003.6.26, 2002헌마677).

24 개인택시운송사업면허 취소 [합헌]

개인택시운송사업자의 운전면허가 취소된 경우 개인택시운송사업면허를 취소할 수 있도록 한 것에 대하여, 필요적 취소규정이 아니라 임의적 취소규정으로 하여 합헌이다(헌재 2008.5.29, 2006헌바85).

25 각궁의 최고가격 기준 설정 [합헌]

대한궁도협회가 궁도경기용품인 궁시(弓矢)에 대한 검정 및 공인제도를 실시하면서 각궁(角弓)에 대한 공인요건으로 최고가격에 관한 기준을 설정한 것은, 각궁 등 제조업자의 직업선택의 자유를 과도하게 제한하여 시장경제의 기본질서에 반한다고 할 수 없다(대판 2009.10.15, 2008다85345).

기출OX

일반학원의 강사라는 직업의 자격기준으로서 대학졸업 이상의 학력을 갖추도록 요구하는 것은 직업의 자유를 침해하는 것이 아니다. (O)

13. 국가직 7급

26 결혼정보업체 과장광고 [기각]

경쟁업체의 "회원수 No.1, 성혼 커플수 No.1" 광고가 표시·광고법에 위반되는지 여부를 판단하기 위해서 동종업계 2위인 청구인의 회원수, 성혼 커플수 등에 관한 자료가 반드시 필요한데 청구인이 위 자료를 제출하지 아니하므로, '사실관계에 대한 확인이 곤란하여 법위반 여부에 대한 판단이 불가능하다'는 이유로 심의절차종료결정에 이른 것으로 보인다. 따라서 피청구인이 이러한 결정을 함에 있어 현저히 정의와 형평에 반하는 조사를 하였거나, 헌법의 해석, 법률의 적용 또는 증거판단에 있어서 결정에 영향을 미친 중대한 잘못을 저지른 것으로 보이지 아니한다(헌재 2011.9.29, 2010헌마539).

27 변호인선임서를 공공기관에 제출할 때 소속 지방변호사회를 경유❶ [기각]

이는 사건수임비리의 근절 및 사건수임 투명화라는 입법목적을 위한 것이었다. 이 사건 결정은, 변호사는 기본적 인권을 옹호하고 사회정의를 실현함을 사명으로 하는 자로서 법률전문가로서의 능력뿐만 아니라 공공성 및 고도의 사회적 책임과 직업윤리가 강조되는 직역임을 고려할 때, 변호사법 제29조의 경유제도는 변호사의 직업수행의 자유 및 평등권을 침해하지 아니함을 선언한 사건이다(헌재 2013.5.30, 2011헌마131).

28 PC방 담배금지 [기각]

다수인이 이용하는 PC방과 같은 공중이용시설 전체를 금연구역으로 지정함으로써 청소년을 비롯한 비흡연자의 간접흡연을 방지하고 혐연권을 보장하여 국민 건강을 증진시키기 위해 개정된 이 사건 금연구역조항의 입법목적은 정당하며, PC방 시설 전체에 대해 금연구역 지정의무를 부과한 것은 이러한 입법목적을 달성하기 위한 효과적이고 적절한 방법이다(헌재 2013.6.27, 2011헌마315).

29 대부업자 광고요건 [합헌]

대부업자가 대부조건 등에 관하여 광고하는 경우에 명칭, 대부이자율 등의 사항을 포함하지 않으면 과태료를 부과하도록 규정한 대부업 등의 등록 및 금융이용자 보호에 관한 법률 제21조 제1항 제8호 중 '제9조 제2항' 부분이 헌법에 위반되지 않는다(헌재 2013.7.25, 2012헌바67).

30 벌금형 확정을 이유로 한 학원등록 실효 [위헌]

사회통념상 벌금형을 선고받은 피고인의 불법 및 책임의 정도가 중하다거나 그에 대한 사회적 비난가능성이 높다고 보기 어려워, 입법자로서는 등록의 효력상실사유로서 벌금형 판결을 받은 학원법 위반 범죄를 포괄하여 규정할 것이 아니라, 범죄의 유형, 내용 등으로 그 범위를 가급적 한정하여 규정해야 함에도 불구하고, 벌금형이 확정되기만 하면 일률적으로 등록을 상실하도록 규정하고 있는 이 사건 효력상실조항은 지나친 제재라 할 것이다(헌재 2014.1.28, 2011헌바252).

31 강제적 셧다운제 [기각]

청소년의 건전한 성장과 인터넷게임 중독을 예방하기 위하여 16세 미만 청소년에 한하여 심야시간대만 그 제공을 금지하는 것이 청소년의 일반적 행동자유권, 부모의 자녀교육권 및 인터넷게임 제공자의 직업수행의 자유에 대한 과도한 제한이라고 보기는 어려우므로 헌법에 위반되지 않는다는 이유로 기각 결정하였다(헌재 2014.3.27, 2011헌마659).

---

❶ 비슷한 취지로 변호사의 수임건수와 수임액을 지방변호사회에 보고하도록 하는 것도 사생활의 비밀을 침해하지 않는다(2007헌마667).

기출OX

PC방 전체를 금연구역으로 지정하고 부칙조항을 통해 공포 후 2년이 경과한 날부터 시행하도록 유예한 국민건강증진법은 신뢰보호원칙에 위반되지 아니한다. (○)   16. 국가직 7급

32 청년고용할당제 [기각]
청년할당제가 추구하는 청년실업해소를 통한 지속적인 경제성장과 사회 안정은 매우 중요한 공익이며 청년할당제는 위와 같은 공익을 달성하는 데 기여하는 반면, 35세 이상 지원자들이 공공기관 취업기회에서 청년할당제시행 때문에 새로이 불이익을 받을 가능성은 현실적으로 크다고 볼 수 없어 법익균형성 원칙에도 위반된다고 볼 수 없다. 이 사건 청년할당제도는 청구인들의 평등권, 공공기관 취업의 자유를 침해하여 헌법에 위반된다고 볼 수 없다(헌재 2014.8.26, 2013헌마553).

33 변호사 시험 응시자격 [기각]
자격제도는 광범위한 형성의 자유가 인정된다. 양질의 법률서비스를 제공하기 위하여 다양한 학문적 배경을 가진 전문법조인을 양성하고 위한 것으로 헌법에 위반되지 않는다(헌재 2018.2.22, 2016헌마713).
▶ 직업의 자유 ○, 평등권 ○, 공무담임권 ×

34 학교환경위생정화구역 내 청소년 유해업소 금지 [합헌]
유치원 주변의 일정구역 안에서 해당 업소를 절대적으로 금지하는 것은 그러한 유해성으로부터 청소년을 격리하기 위하여 필요·적절한 방법이며, 그 범위가 유치원 부근 200미터 이내에서 금지되는 것에 불과하므로, 청구인들의 직업의 자유를 침해하지 아니한다(헌재 2013.6.27, 2011헌바8).

35 '응급의료에 관한 법률'상 응급환자이송업의 영업지 제한 [합헌]
심판대상조항은 이송업자의 영업범위를 허가받은 지역 안으로 한정하여 구급차 등이 신속하게 출동할 수 있도록 하고, 차고지가 위치한 허가지역에서 상시 구급차 등이 정비될 수 있도록 하는 한편, 지역사정에 밝은 이송업자가 해당 지역에서의 이송을 담당하도록 함으로써, 응급의료의 질을 높임과 동시에 응급이송자원이 지역 간에 적절하게 분배·관리될 수 있도록 하여 국민건강을 증진하고 지역 주민의 편의를 도모하기 위한 것이다(헌재 2018.2.22, 2016헌바100).

36 제조업의 직접생산공정업무에 관한 근로자파견 금지 [합헌]
제조업의 직접생산공정업무를 근로자파견의 대상업무에서 제외하고, 이에 관하여 근로자파견의 역무를 제공받는 것을 금지하며, 위반시 처벌하는 규정은 헌법에 위반되지 않는다(헌재 2017.12.28, 2016헌바346).

37 입원환자의 경우 의약분업의 예외 인정 [합헌]
입원환자에 대하여 의약분업의 예외를 인정하면서도 의사로 하여금 조제를 직접 담당하도록 한 것은 직업수행의 자유를 침해하지 아니한다(헌재 2015.7.30, 2013헌바422).

38 모의총포를 소지하는 행위
판매를 목적으로 모의총포를 소지하는 행위는 일률적으로 영업활동으로 볼 수는 없지만, 소지의 목적이나 정황에 따라 이를 영업을 위한 준비행위로 보아 영업활동의 일환으로 평가할 수 있으므로 직업의 자유의 보호범위에 포함될 수 있다(헌재 2011.11.24, 2011헌바18).

39 국가유공자 가산점의 제한 [합헌]
선발예정인원 3명 이하인 채용시험에서 취업지원 대상자가 국가유공자법상 가점을 받지 못하게 한 것은 채용시험의 핵심인 균등한 기회 제공을 통한 공정경쟁이라는 가치가 형해화되지 않도록 하기 위한 부득이한 조치로서 이것이 현저히 합리성을 결여한 자의적인 차별이라고 보기 어려우므로, 심판대상조항은 청구인의 8평등권을 침해하지 않는다(헌재 2016.9.29, 2014헌마541).

기출OX

01 유치원 주변 학교환경위생 정화구역에서 성관련 청소년유해물건을 제작·생산·유통하는 청소년유해업소를 예외 없이 금지하는 학교보건법은 직업의 자유를 침해한 것이다. (×) 18. 법무사

02 허가받은 지역 밖에서의 이송업의 영업을 금지하고 처벌하는 응급의료에 관한 법률 규정은 응급환자 이송업체 사이의 자유경쟁을 막아 헌법상 경제질서에 위배된다. (×) 18. 국가직 7급

주의

이 판례에서 특이하게 직업의 자유는 사적 영역에서 국민의 자신의 직업을 선택하거나 수행하는 것으로 국공립학교 사서교사를 선발하는 사안에서는 문제되지 않는다고 보았다.

40 현금영수증 과태료 [합헌]
변호사, 의사, 일반교습학원 운영자 등 고액 현금거래가 많은 업종의 사업자에 대하여 과세표준을 양성화하여 세금탈루를 방지하기 위한 것이므로, 직업수행의 자유 등을 침해하지 않는다(헌재 2017.5.25, 2017헌바57).

41 사법시험 폐지에 관한 변호사시험법 [기각]
사법시험제도는 입법형성의 자유가 폭 넓게 인정되는 전문직 자격제도에 관한 것이므로 헌법 제37조 제2항의 요구가 다소 완화된다. 사법시험폐지조항은 법조인 양성 방식을 '시험을 통한 선발'에서 '교육을 통한 양성'으로 전환함으로써 법학교육을 정상화하고 전문성과 국제 경쟁력을 갖춘 법조인을 양성하며 국가인력을 적재적소에 효율적으로 배치하기 위한 것이므로, 목적의 정당성과 수단의 적합성이 인정된다(헌재 2017.12.28, 2016헌마1152).

42 담배제조업 허가기준 [기각]
담배제조업의 허가를 받기 위해서는 300억 원 이상의 자본금, 연간 50억 개비 이상의 담배를 제조할 수 있는 시설 등을 갖추어야 한다고 규정한 담배사업법조항은 헌법에 위반되지 않는다(헌재 2018.2.22, 2017헌마438).
▶ 군소생산업체 난립으로 인한 소비촉진방지

43 변리사 제2차 시험에서 실무형 문제 출제 공고 [기각]
새로운 방식이 생소한 것은 다른 응시자들도 마찬가지이며, 이 사건 공고 이전부터 실무형 문제를 출제할 것을 예고하고 수험생들이 이를 준비할 수 있도록 하였다. 또한 이를 통해 얻는 공익이 사익보다 더 크다고 볼 수 있다(헌재 2019.5.30, 2018헌마1208).

44 자동차 등을 이용하여 살인 또는 강간 등 행정안전부령이 정하는 범죄행위를 한 때 운전면허를 필요적으로 취소 [위헌]
자동차 등을 이용한 범죄를 근절하기 위하여 그에 대한 행정적 제재를 강화할 필요가 있다 하더라도 이를 임의적 운전면허 취소 또는 정지사유로 규정함으로써 불법의 정도에 상응하는 제재수단을 선택할 수 있도록 하여도 충분히 그 목적을 달성하는 것이 가능함에도, 심판대상조항은 이에 그치지 아니하고 필요적으로 운전면허를 취소하도록 하여 구체적 사안의 개별성과 특수성을 고려할 수 있는 여지를 일체 배제하고 있다(헌재 2015.5.28, 2013헌가6).
▶ 다만, 법률유보와 명확성의 원칙에 위반되지 않는다. / 단순 범죄행위를 한 경우 운전면허를 취소한 경우에는 명확성의 원칙에 위반된다.

45 법무사법 시행규칙 [인용]
법무사법 시행규칙 제3조 제1항은 법원행정처장이 법무사를 보충할 필요가 없다고 인정하면 법무사시험을 실시하지 아니해도 된다는 것으로서 상위법인 법무사법 제4조 제1항에 의하여 모든 국민에게 부여된 법무사 자격취득의 기회를 하위법인 시행규칙으로 박탈한 것이어서 평등권과 직업선택의 자유를 침해한 것이다(헌재 1990.10.15, 89헌마178).

46 다시 국내에서 전문의 과정을 이수할 것을 요구 [위헌]
이미 국내에서 치과의사면허를 취득하고 외국의 의료기관에서 치과전문의 과정을 이수한 사람들에게 다시 국내에서 전문의 과정을 다시 이수할 것을 요구하는 것은 지나친 부담을 지우는 것이므로, 심판대상조항은 침해의 최소성원칙에 위배되고 법익의 균형성도 충족하지 못한다. 따라서 심판대상조항은 과잉금지원칙에 위배되어 청구인들의 직업수행의 자유를 침해한다(헌재 2015.9.24, 2013헌마197).

47 자격제도와 관련된 심사기준

과잉금지의 원칙을 적용함에 있어서도, 어떠한 직업분야에 관한 자격제도를 만들면서 그 자격요건을 어떻게 설정할 것인가에 관하여는 국가에게 폭넓은 입법재량권이 부여되어 있는 것이므로 다른 방법으로 직업선택의 자유를 제한하는 경우에 비하여 보다 유연하고 탄력적인 심사가 필요하다 할 것이다(헌재 2003.9.25, 2002헌마519).

48 변호사시험 응시한도 [기각]

변호사시험에 무제한 응시함으로 인하여 발생하는 인력의 낭비, 응시인원의 누적으로 인한 시험합격률의 저하 및 법학전문대학원의 전문적인 교육효과 소멸 등을 방지하고자 하는 이 사건 한도조항의 입법목적은 정당하며, 그러한 목적을 달성하기 위하여 응시자가 자질과 능력이 있음을 입증할 기회를 5년 내에 5회로 제한한 것은 입법재량의 범위 내에 있는 적절한 수단이다(헌재 2020.9.24, 2018헌마739).

49 변호사시험에서 코로나19 확진환자의 응시를 금지하고, 자가격리자 및 고위험자의 응시를 제한 [인용]

헌법재판소는, 시험장에서의 대규모 감염위험을 예방하기 위하여 시험장의 분산, 마스크 착용 등 각종 조치가 마련된 점, 그리고 확진환자가 입원치료를 받는 곳에서 이 사건 변호사시험을 치를 수 있도록 하거나, 자가격리자가 별도의 시험장에서 응시할 수 있도록 하는 방법, 고위험자가 본인의 의사에 따라 시험을 중단하거나 의료기관 이송을 요청하도록 하는 방법 등 청구인들의 기본권을 덜 제한하면서도 감염병의 확산을 예방하고 시험을 원활하게 운영 및 관리할 수 있는 방법들이 있었던 점에 비추어, 피청구인이 막연한 염려를 이유로 확진환자 등의 시험 응시를 일률적으로 금지한 것은 청구인들의 기본권을 과도하게 제한한 것이라고 판단하였다(헌재 2023.2.27, 2020헌마1736).

50 변호사 광고에 관한 규정 [위헌]

[1] 헌법 제119조에 관한 주장 역시 직업의 자유 침해 여부에 대하여 심사하는 것으로 충분하므로 별도로 판단하지 않는다.

[2] 변협의 유권해석위반 광고금지규정은 수권법률로부터 위임된 범위 내에서 명확하게 규율 범위를 정하고 있다고 보기 어려우므로, 법률유보원칙에 위반되어 청구인들의 표현의 자유, 직업의 자유를 침해한다.

[3] 변호사광고에 대한 합리적 규제는 필요하지만, 광고표현이 지닌 기본권적 성질을 고려할 때 광고의 내용이나 방법적 측면에서 꼭 필요한 한계 외에는 폭넓게 광고를 허용하는 것이 바람직하다. 각종 매체를 통한 변호사 광고를 원칙적으로 허용하는 변호사법 제23조 제1항의 취지에 비추어 볼 때, 변호사등이 다양한 매체의 광고업자에게 광고비를 지급하고 광고하는 것은 허용된다고 할 것인데, 이러한 행위를 일률적으로 금지하는 위 규정은 수단의 적합성을 인정하기 어렵다. 따라서 대가수수 광고금지규정은 과잉금지원칙에 위반되어 청구인들의 표현의 자유와 직업의 자유를 침해한다(헌재 2022.5.26, 2021헌마619).

▶ 다만 소비자를 연결하거나 부분은 과잉금지원칙에 위반되지 않는다.

기출OX

특정 직업분야에 관한 자격제도를 만들면서 그 자격요건을 어떻게 설정할 것인가는 그 입법재량의 폭이 좁다 할 것이므로 과잉금지원칙을 적용함에 있어서 다른 방법으로 직업선택의 자유를 제한하는 경우에 비해 보다 엄격한 심사가 필요하다. (×) 22. 경찰간부

51 어린이집 원장 및 보육교사 자격취소 [합헌]

영유아를 보호·양육하는 어린이집 원장 또는 보육교사의 역할에 비추어 그에 부합하는 자질을 갖추지 못한 사람을 보육현장에서 배제할 필요가 크다는 점, 아동학대관련 범죄를 저지른 어린이집 원장 또는 보육교사에 대한 형사처벌만으로는 어린이집의 윤리성과 신뢰성을 높여 영유아를 안전한 환경에서 건강하게 보육한다는 입법목적을 달성하지 못하는 경우가 있다는 점, 법원에서 아동복지법에 따른 아동 관련기관에 대한 취업제한명령을 면제한 경우에도 영유아를 직접 대면하여 보육하는 어린이집 원장 또는 보육교사 자격을 취소할 필요는 여전히 존재할 수 있다는 점 등을 고려하여 심판대상조항이 헌법에 위반되지 않는다(헌재 2023.5.25, 2021헌바234).

▶ 예를 들어 벌금형정도라면 곧바로 어린이집에서 다시 일할 수 있다. 따라서 교사 자격을 취소할 필요가 있다.

52 정부광고 업무 한국언론진흥재단 위탁 [기각]

정부광고의 대국민 정책소통 효과를 높이기 위해서는 정부광고의 기획부터 집행에 이르는 과정을 통합적으로 관리할 필요가 있다. 단일한 공적 기관이 규모의 경제를 통하여 협상력을 가지고 정부광고 업무를 신속하고 효율적으로 처리할 수 있도록 한 것이다(헌재 2023.6.2, 2019헌마227).

53 고용·산재보험 보험사무대행기관 자격 제한 [기각]

[1] 제한되는 기본권: 직업수행의 자유

[2] 단체, 법인이나 개인(공인노무사 및 세무사)과 달리 개인 공인회계사는 그 직무와 보험사무대행업무 사이의 관련성이 높다고 보기 어렵고, 사업주들의 접근이 용이하다거나 보험사무대행기관으로 추가해야 할 현실적 필요성이 있다고 보기도 어려우므로, 보험사무대행기관의 범위에 개인 공인회계사를 포함하지 않았다고 하여 과잉금지원칙에 위배되지는 않는다고 보았다(헌재 2024.2.28, 2020헌마139).

▶ 법인의 경우 사업자들의 접근이 용이, 공신력, 업무의 연속성 등이 장점

54 수의사 등 처방대상 동물용의약품 사건 [기각]

[1] 사안은 동물약국 개설자를 직접적인 규율대상으로 하고 있어 소비자는 제3자에 불과하다.

[2] 수의사 등의 동물용의약품에 대한 전문지식을 통해 동물용의약품 오·남용 및 그로 인한 부작용 피해를 방지하여 동물복지의 향상을 도모함은 물론, 이를 통해 동물용의약품 오·남용에 따른 내성균 출현과 축산물의 약품 잔류 등을 예방하여 국민건강의 증진을 이루고자 함에 있어 헌법에 위반되지 않는다(헌재 2023.6.29, 2021헌마199).

55 등록취소에 관한 판례

사안	위헌여부	내용
건축사 필요적 등록취소 (헌재 1995.2.23, 93헌가1)	위헌	업무범위 초과에 대해서 임의적 취소제도를 두고 있는 타 직종에 비해 과도한 제재이다.
건설업등록 필요적 등록말소	합헌	명의 대여로 인한 부실공사를 방지하여 국민의 생명과 재산을 보호해야 한다(헌재 2001.3.21, 2000헌바27).
	합헌	부정등록을 방지하여 건설업등록제도의 근간을 유지해야 한다(헌재 2004.7.25, 2003헌바35 등).
경비업의 필요적 취소 (헌재 2023.3.23, 2020헌가19)	헌법 불합치	비경비업무에 종사하는 것을 전면적으로 금지하고 경비업 자체를 취소하는 것은 과잉금지 위반
강제추행죄 벌금형 확정시 체육지도자의 필요적 자격 취소 (헌재 2024.8.29, 2023헌가10)	합헌	체육활동을 하는 국민과 선수들을 보호하고 건전한 스포츠 환경을 조성을 위함
미신고 수입물품 필요적 취소 (헌재 2015.10.21, 2013헌바388)	합헌	물품을 수입한 경우 해당 물품을 필요적으로 몰수하도록 한 것은 합헌이다.
의료인의 필요적 면허취소 (헌재 2017.6.29, 2016헌바394)	합헌	허위의 진료비 청구로 인한 사기죄로 금고 이상의 형을 선고받은 경우이다.
필요적 운전면허취소	합헌	뺑소니 사범이 늘고 있다(헌재 2002.4.25, 2001헌가19 등).
	합헌	3회 이상 주취운전을 한 경우이다(헌재 2006.5.25, 2005헌바91).
	합헌	음주측정 거부의 경우이다(헌재 2007.12.27, 2005헌바95).
	위헌	자동차를 이용한 범죄행위 중 비난의 정도가 미약한 경우이다(헌재 2005.11.24, 2004헌가28).
	위헌	자동차를 훔친 경우 제반 사정에 대한 고려가 전혀 없는 경우이다(헌재 2017.5.25, 2016헌가6).
	위헌	거짓이나 그 밖의 부정한 수단으로 운전면허를 받은 경우 모든 범위의 운전면허를 필요적으로 취소하도록 한 도로교통법은 헌법에 위반된다(헌재 2020.6.25, 2019헌가9).
택시운전면허취소	합헌	도주차량죄(헌재 2017.9.28, 2016헌바339)
	합헌	운전면허가 취소된 경우(헌재 2007.12.27, 2005헌바95)
	합헌	승객성범죄(헌재 2018.5.31, 2016헌바14 등)
	합헌	친족성범죄(헌재 2020.5.27, 2018헌바264)

기출OX

운전면허를 받은 사람이 자동차 등을 이용하여 살인 또는 강간 등의 범죄행위를 한 때 필요적으로 운전면허를 취소하도록 규정한 도로교통법은 직업의 자유를 침해한 것이다. (○) 18. 법무사

주의

자동차를 훔친 것은 비난을 받아 마땅하나, 자동차를 훔친 것과 교통상의 위험과 장해를 일으킬 우려가 없는 경우에도 전부 취소하는 것은 지나친 제재에 해당한다. 다만 자동차를 이용한 중범죄(살인이나 강간 등)의 경우에 취소하는 때에 주의해야 할 것은 법률유보나 포괄적임금지가 문제의 핵심이면 '합헌'이며, 직업의 자유가 문제의 핵심이면 '침해'로 풀어야 한다는 것이다(2013헌가6).

제3항 소비자의 권리

> 헌법 제124조 국가는 건전한 소비행위를 계도하고 생산품의 품질향상을 촉구하기 위한 소비자보호운동을 법률이 정하는 바에 의하여 보장한다.

1 의의

소비자가 소비생활을 함에 있어 양질의 상품을 적정한 가격으로 구입하거나 사용할 수 있는 권리를 의미한다. 소비자의 기본권은 제3세대 인권으로서의 연대적인 성질을 가지며 그 주체는 자연인과 법인을 들 수 있다. 03. 국가직 7급

2 연혁

소비자기본권은 60년대 이후 강조되고 있는 현대적인 기본권이다. 03. 국가직 7급 소비자의 권리를 최초로 선언한 것은 미국의 케네디대통령이 의회에 보낸 소비자의 권리보호에 관한 특별교서이다. 우리 헌법은 1980년에 처음으로 규정하였다.

3 근거

소비자의 권리에 대한 근거에 대해서는 헌법 제124조의 소비자보호운동 조항을 근거로 드는 견해와 헌법 제10조, 제37조 제1항을 근거로 두는 견해가 대립한다. 일반적으로는 후설이 다수의 견해이다. 03. 국가직 7급 단, 헌법 제124조는 소비자의 권리를 규정한 것이 아니라는 것에 주의해야 한다.

4 내용

안전의 권리	물품·용역으로부터 생명·신체 보호	
알 권리	물품·용역의 내용·안전도 등	
의견반영권	국가의 공공서비스·유통정책, 기업의 생산활동 등	
피해보상청구권	구체화 방안	• 무과실 책임 인정 • 개연성이론 도입 • 기업 연대책임 인정 • 소액재판제도 채택 • 집단소송제 도입: 단체소송(독일: 개별위임필요), class action(미국: 개별위임불필요)

기출OX

소비자기본권은 60년대 이후 강조되고 있는 현대적인 기본권이다. (O)
03. 국가직 7급

비교 정리

소비자의 권리	인정 여부
명문규정	×
근거	O
구체적 권리	×

기출OX

01 소비자의 권리는 대국가적 효력과 대사인적 효력을 가진다. (O)
03. 국가직 7급

02 우리 헌법에는 소비자기본권에 관한 근거규정이 있다. (O)
03. 국가직 7급

관련 판례

위력에 의한 업무방해 [합헌]

[1] 헌법상 소비자보호운동 보장

헌법 제124조는 "국가는 건전한 소비행위를 계도하고 생산품의 품질향상을 촉구하기 위한 소비자보호운동을 법률이 정하는 바에 의하여 보장한다."고 규정하고 있는바, 헌법이 보장하는 소비자보호운동이란 '공정한 가격으로 양질의 상품 또는 용역을 적절한 유통구조를 통해 적절한 시기에 안전하게 구입하거나 사용할 소비자의 제반 권익을 증진할 목적으로 이루어지는 구체적 활동'을 의미한다.

[2] 소비자불매운동의 성립요건과 헌법적 허용한계

소비자불매운동은 모든 경우에 있어서 그 정당성이 인정될 수는 없고, 헌법이나 법률의 규정에 비추어 정당하다고 평가되는 범위에 해당하는 경우에만 형사책임이나 민사책임이 면제된다고 할 수 있다. 우선, ① 객관적으로 진실한 사실을 기초로 행해져야 하고, ② 소비자불매운동에 참여하는 소비자의 의사결정의 자유가 보장되어야 하며, ③ 불매운동을 하는 과정에서 폭행, 협박, 기물파손 등 위법한 수단이 동원되지 않아야 하고, ④ 특히 물품 등의 공급자나 사업자 이외의 제3자를 상대로 불매운동을 벌일 경우 그 경위나 과정에서 제3자의 영업의 자유 등 권리를 부당하게 침해하지 않을 것이 요구된다.

[3] 집단적으로 이루어진 소비자불매운동 중 정당한 헌법적 허용한계를 벗어나 타인의 업무를 방해하는 결과를 가져오기에 충분한 집단적 행위를 처벌하는 이 사건 법률조항들은 소비자보호운동을 보장하는 헌법의 취지에 반하지 않는다(헌재 2011. 12.29, 2010헌바54).

기출OX

01 소비자불매운동은 원칙적으로 공정한 가격으로 양질의 상품 또는 용역을 적절한 유통구조를 통해 적절한 시기에 안전하게 구입하거나 사용할 소비자의 제반 권익을 증진할 목적에서 행해지는 소비자보호운동의 일환으로서 헌법 제124조를 통하여 제도로서 보장된다. (O)
17. 서울시 7급

02 소비자단체소송제도는 소비자단체에게만 원고적격을 인정하고 있지만 경쟁질서의 확립보다 소비자보호기능에 중점이 맞추어져 생산자의 침해행위를 금지하거나 중지하도록 요구하고 손해배상까지 청구할 수 있게 되어 있다. (×)
18. 국가직 7급

03 소비자불매운동은 모든 경우에 있어서 그 정당성이 인정될 수는 없고, 헌법이나 법률의 규정에 비추어 정당하다고 평가되는 범위에 해당하는 경우에만 형사책임이나 민사책임이 면제된다. (O)
14. 국가직 7급

04 소비자불매운동은 헌법이나 법률의 규정에 비추어 정당하다고 평가되는 범위를 벗어날 경우에는 형사책임이나 민사책임을 피할 수 없다. (O)
17. 서울시 7급

제3장 자유권적 기본권

01
11. 법원직 9급

신체의 자유에 관한 다음 내용 중 옳지 않은 것은? (다툼이 있는 경우 헌법재판소 결정례에 의함)

① 모든 국민은 신체의 자유를 가진다. 체포·구속·압수 또는 수색을 할 때에는 적법한 절차에 따라 검사의 신청에 의하여 법관이 발부한 영장을 제시하여야 한다. 다만, 현행 범인인 경우와 장기 3년 이상의 형에 해당하는 죄를 범한 경우에는 도피 또는 증거인멸의 염려가 없더라도 사후에 영장을 청구할 수 있다.

② 교도소 내 엄중격리대상자에 대한 동행계호행위는 신체의 자유 등을 침해하는 것이 아니다.

③ 상소제기 후의 미결구금일수 산입을 규정하면서 상소제기후 상소취하시까지의 구금일수 통산에 관하여는 규정하지 아니함으로써 이를 본형 산입의 대상에서 제외되도록 한 관련 형사소송법 규정은 신체의 자유를 지나치게 제한하는 것으로서 헌법에 위반된다.

④ 검사조사실에 소환되어 피의자신문을 받을 때 포승으로 팔과 상반신을 묶고 양손에 수갑을 채운 상태에서 피의자조사를 받도록 한 것은 신체의 자유를 침해하는 것이다.

정답 및 해설

난이도 ★★☆

① [X] 체포·구속·압수 또는 수색을 할 때에는 적법한 절차에 따라 검사의 신청에 의하여 법관이 발부한 영장을 제시하여야 한다. 다만, 현행 범인인 경우와 장기 3년 이상의 형에 해당하는 죄를 범하고 도피 또는 증거인멸의 염려가 있을 때에는 사후에 영장을 청구할 수 있다(헌법 제12조 제3항).

② [O] 청구인들은 상습적으로 교정질서를 문란케 하는 등 교정사고의 위험성이 높은 엄중격리대상자들인바, 이들에 대한 계구사용행위, 동행계호행위 및 1인 운동장을 사용하게 하는 처우는 그 목적의 정당성 및 수단의 적정성이 인정되며, 필요한 경우에 한하여 부득이한 범위 내에서 실시되고 있다고 할 것이고, 이로 인하여 수형자가 입게 되는 자유 제한에 비하여 교정사고를 예방하고 교도소 내의 안전과 질서를 확보하는 공익이 더 크다고 할 것이다(헌재 2008.5.29, 2005헌마137).

③ [O] 헌재 2009.12.29, 2008헌가13

④ [O] 헌재 2005.5.26, 2001헌마728

답 ①

02

19. 경찰승진

헌법상 신체의 자유에 대한 설명으로 가장 적절하지 않은 것은? (다툼이 있는 경우 헌법재판소 판례에 의함)

① 마약류사범인 수용자에게 마약류반응검사를 위하여 소변을 받아 제출하게 한 것은 과잉금지의 원칙에 위반되지 않는다.
② 보호의무자 2인의 동의와 정신건강의학과 전문의 1인의 진단으로 정신질환자에 대한 보호입원이 가능하도록 한 정신보건법 조항은 정신질환자를 신속·적정하게 치료하고, 정신질환자 본인과 사회의 안전을 지키기 위한 것이므로 신체의 자유를 침해하지 않는다.
③ 형사 법률에 저촉되는 행위 또는 규율 위반행위를 한 피보호감호자에 대하여 징벌처분을 내릴 수 있도록 한 구 사회보호법 조항은 과잉금지원칙에 위배되지 않아 청구인의 신체의 자유를 침해하지 않는다.
④ 국가보안법 위반죄 등 일부 범죄혐의자를 법관의 영장 없이 구속, 압수, 수색할 수 있도록 규정하고 있던 구 인신구속 등에 관한 임시 특례법 조항은 영장주의에 위배된다.

정답 및 해설   난이도 ★★☆

① [○] 행형법 제17조의2(신체검사 등) 제1항이 이 사건 소변채취의 법률상의 근거가 된다. 정기적으로 소변채취를 통하여 마약반응검사를 실시하는 것은 교정시설 내의 안전과 질서유지 및 교정목적에 기여하는 측면이 높다는 점에서 이 사건 소변채취는 과잉금지의 원칙에 위반되지 아니한다(헌재 2006.7.27, 2005헌마277).
② [×] 보호의무자 2인의 동의 및 정신과전문의 1인의 진단을 요건으로 정신질환자를 정신의료기관에 보호입원시켜 치료를 받도록 하는 것은, 목적의 정당성 및 수단의 적절성은 인정되나 입원의 필요성에 대한 판단에 있어 객관성과 공정성을 담보할 만한 장치를 두고 있지 않고, 보호입원 대상자의 의사 확인이나 부당한 강제입원에 대한 불복제도도 충분히 갖추고 있지 아니하여, 보호입원 대상자의 신체의 자유를 과도하게 제한하고 있어, 침해의 최소성에 반하므로 과잉금지원칙을 위반하여 신체의 자유를 침해한다(헌재 2016.9.29, 2014헌가9).
③ [○] 형사 법률에 저촉되는 행위 또는 규율 위반행위를 한 피보호감호자에 대하여 징벌처분을 내릴 수 있도록 한 구 사회보호법 조항은 과잉금지원칙에 위배되지 않아 청구인의 신체의 자유를 침해하지 않는다(헌재 2016.5.26, 2015헌바378).
④ [○] 국가보안법 위반죄 등 일부 범죄혐의자를 법관의 영장 없이 구속, 압수, 수색할 수 있도록 규정하고 있던 구 인신구속 등에 관한 임시 특례법 조항은 영장주의에 위배된다(헌재 2012.12.27, 2011헌가5).

답 ②

03

08. 국회직

영장주의에 관한 설명으로 옳지 않은 것은? (다툼이 있는 경우 판례에 따름)

① 행정상 즉시강제는 상대방의 임의이행을 기다릴 시간적 여유가 없을 때 하명 없이 바로 실력을 행사하는 것으로서, 그 본질상 급박성을 요건으로 하고 있어 법관의 영장을 기다려서는 그 목적을 달성할 수 없다고 할 것이므로, 영장주의가 적용되지 않는다.

② 헌법 제12조 제3항의 영장주의는 법관이 발부한 영장에 의하지 아니하고는 수사에 필요한 강제처분을 하지 못한다는 원칙으로, 마약류 반응검사를 위하여 마약류 관련 교도소 수형자에게 소변을 받아 제출하게 한 것은 영장주의에 위배되지 않는다.

③ 헌법상 영장주의는 신체에 대한 직접적이고 현실적인 강제력이 행사되는 경우에만 적용되므로 특별검사법상 참고인에 대한 동행명령조항과 같이 형벌에 의한 불이익을 통해 심리적·간접적으로 일정한 행위를 강요하는 것에는 영장주의가 적용되지 않는다.

④ 범죄의 피의자로 입건된 사람들에게 경찰공무원이나 검사의 신문을 받으면서 자신의 신원을 밝히지 않고 지문채취에 불응하는 경우 형사처벌을 통하여 지문채취를 강제하는 법률조항은 영장주의에 위배되지 않는다.

정답 및 해설

난이도 ★★☆

① [○] 급박한 상황에 대처하기 위한 것으로서 그 불가피성과 정당성이 충분히 인정되는 경우이므로, 이 사건 법률조항이 영장 없는 수거를 인정한다고 하더라도 이를 두고 헌법상 영장주의에 위배되는 것으로는 볼 수 없다(헌재 2002.10.31, 2000헌가12).

② [○] 마약류 수용자에 대한 소변채취 사건에서 소변채취는 당사자의 협력이 불가피하므로 이를 두고 강제처분이라고 할 수 없다는 점에서 법관 영장 없이 실시되었다고 하여 헌법 제12조 제3항의 영장주의에 위배하였다고 할 수 없다(헌재 2006.7.27, 2005헌마277).

③ [×] 이 사건 동행명령제는 참고인의 신체의 자유를 사실상 억압하여 일정 장소로 인치하는 것과 실질적으로 같은 것으로 헌법 제12조 제3항이 정한 영장주의에 위반되거나 영장주의 원칙을 잠탈하는 것이다(헌재 2008.1.10, 2007헌마1468).

④ [○] 범죄피의자의 신원을 확인할 수 없을 때 지문채취를 정당한 이유 없이 거부하는 자를 형사처벌하는 것은 수사기관이 직접 물리적 강제력을 행사하여 피의자에게 강제로 지문을 찍도록 하는 것을 허용하는 것이 아니며 형벌에 의한 불이익을 부과함으로써 심리적·간접적으로 지문채취를 강요하고 있을 뿐이다. 당사자의 자발적 협조가 필수적임을 전제로 한다는 점에서 물리력을 동원하여 강제로 이루어지는 체포·구속·압수·수색 등과는 유사하나 질적으로 차이가 있다는 점에서 지문채취 강요는 영장주의에 의하여야 할 강제처분이라 할 수 없다(헌재 2004.9.23, 2002헌가17 등).

답 ③

04

13. 법원직 9급

변호인의 조력을 받을 권리에 관한 설명으로 가장 옳지 않은 것은?

① 변호인의 조력을 받을 권리의 내용 중 하나인 미결수용자의 변호인접견권은 어떠한 경우에도 제한될 수 없다.

② 변호인의 수사기록 열람·등사에 대한 지나친 제한은 피고인에게 보장된 변호인의 조력을 받을 권리를 침해하는 것이다.

③ 형사절차가 종료되어 교정시설에 수용 중인 수형자는 원칙적으로 변호인의 조력을 받을 권리의 주체가 될 수 없다.

④ 피고인의 신속·공정한 재판을 받을 권리 및 변호인의 조력을 받을 권리는 헌법이 보장하고 있는 기본권이다.

정답 및 해설

난이도 ★★☆

① [✕] 헌법재판소가 91헌마111 결정에서 미결수용자와 변호인과의 접견에 대해 어떠한 명분으로도 제한할 수 없다고 한 것은 구속된 자와 변호인간의 접견이 실제로 이루어지는 경우에 있어서의 '자유로운 접견', 즉 '대화내용에 대하여 비밀이 완전히 보장되고 어떠한 제한, 영향, 압력 또는 부당한 간섭 없이 자유롭게 대화할 수 있는 접견'을 제한할 수 없다는 것이지, 변호인과의 접견 자체에 대해 아무런 제한도 가할 수 없다는 것을 의미하는 것이 아니므로 미결수용자의 변호인 접견권 역시 국가안전보장·질서유지 또는 공공복리를 위해 필요한 경우에는 법률로써 제한될 수 있음은 당연하다(헌재 2011.5.26, 2009헌마341).

② [○] 헌재 1997.11.27, 94헌마60
③ [○] 헌재 1998.8.27, 96헌마398
④ [○] 헌재 2010.6.24, 2009헌마257

답 ①

05

00. 법무사

재판을 받을 권리, 형사피고인의 무죄추정권, 재판절차진술권에 대한 설명으로 옳지 않은 것은?

① 군인 또는 군무원이 아닌 국민은 대한민국의 영역 안에서는 중대한 군사상 기밀·초병·초소·유독음식물공급·포로·군용물에 관한 죄 중 법률이 정한 경우와 비상계엄이 선포된 경우를 제외하고는 군사법원의 재판을 받지 아니한다.
② 모든 국민은 헌법과 법률이 정한 법관에 의하여 법률에 의한 재판을 받을 권리를 가진다.
③ 모든 국민은 신속한 재판을 받을 권리를 가지고, 형사피고인은 상당한 이유가 없는 한 지체 없이 공개재판을 받을 권리를 가진다.
④ 형사피고인은 유죄의 판결이 선고될 때까지는 무죄로 추정된다.
⑤ 형사피해자는 법률이 정하는 바에 의하여 당해 사건의 재판절차에서 진술할 수 있다.

정답 및 해설　　　　　　　　　　　　　　　　　　　　　　　　　　　　　　　난이도 ★★☆

① [○] 군인 또는 군무원이 아닌 국민은 대한민국의 영역 안에서는 중대한 군사상 기밀·초병·초소·유독음식물공급·포로·군용물에 관한 죄 중 법률이 정한 경우와 비상계엄이 선포된 경우를 제외하고는 군사법원의 재판을 받지 아니한다(헌법 제27조 제2항).
② [○] 모든 국민은 헌법과 법률이 정한 법관에 의하여 법률에 의한 재판을 받을 권리를 가진다(헌법 제27조 제1항).
③ [○] 모든 국민은 신속한 재판을 받을 권리를 가진다. 형사피고인은 상당한 이유가 없는 한 지체 없이 공개재판을 받을 권리를 가진다(헌법 제27조 제3항).
④ [X] 형사피고인은 유죄의 판결이 확정될 때까지는 무죄로 추정된다(헌법 제27조 제4항). 즉, 판결이 선고될 때까지가 아니라 확정될 때까지이다. 이처럼 헌법조문 문제는 조문과 동일해야 하므로 주의가 필요하다. 구체적으로 말하면 1심이 선고되어도 상소제기기간이 도과하지 않았을 경우 아직 확정되지 않은 것이다. 확정되려면 최소한 선고 이후 상소기간이 도과하거나, 3심판결까지 나와야 하므로 확정과 선고는 의미가 다르다.
⑤ [○] 형사피해자는 법률이 정하는 바에 의하여 당해 사건의 재판절차에서 진술할 수 있다(헌법 제27조 제5항).

답 ④

06

12. 지방직 7급

사생활의 비밀과 자유에 대한 설명으로 옳지 않은 것은? (다툼이 있는 경우 판례에 의함)

① 사생활의 자유는 사회공동체의 일반적인 생활규범의 범위 내에서 사생활을 자유롭게 형성해 나가고 그 설계 및 내용에 대해서 외부로부터 간섭을 받지 아니할 권리라고 할 수 있다.

② 4급 이상 공무원들의 병역면제사유인 질병명을 관보와 인터넷을 통해 공개하도록 하는 것은 헌법 제17조가 보장하는 사생활의 비밀과 자유를 침해하는 것이다.

③ 인터넷언론사의 공개된 게시판·대화방에서 스스로의 의사에 의하여 정당·후보자에 대한 지지·반대의 글을 게시하는 행위는 양심의 자유나 사생활 비밀의 자유에 의하여 보호되는 영역이라고 할 수 없다.

④ 선거운동과정에서 자신의 인격권이나 명예권을 보호하기 위하여 대외적으로 해명을 하는 행위도 사생활의 자유에 의하여 보호되는 범주에 속한다.

정답 및 해설

난이도 ★★☆

① [O] 헌법 제17조에서 보장하고 있으며 일반적인 정의규정이다.
② [O] 헌재 2007.5.31, 2005헌마1139
③ [O] 인터넷언론사의 공개된 게시판·대화방에서 스스로의 의사에 의하여 정당·후보자에 대한 지지·반대의 글을 게시하는 행위가 양심의 자유나 사생활 비밀의 자유에 의하여 보호되는 영역이라고 할 수 없다(헌재 2010.2.25, 2008헌마324).
④ [X] 자신의 인격권이나 명예권을 보호하기 위하여 대외적으로 해명을 하는 행위는 표현의 자유에 속하는 영역이라고 할 수 있을 뿐 이미 사생활의 자유에 의하여 보호되는 범주를 벗어난 행위라고 볼 것이므로, 위 청구인의 사생활의 자유가 침해된다고는 볼 수 없다(헌재 2001.8.30, 99헌바92 등).

답 ④

07

12. 법원직 9급

개인정보자기결정권에 관한 설명 중 옳지 않은 것은? (다툼이 있는 경우 헌법재판소 판례에 의함)

① 개인정보자기결정권은 자기에 관한 정보가 언제 누구에게 어느 범위까지 알려지고 또 이용되도록 할 것인지를 그 정보주체가 스스로 결정할 수 있는 권리이다.
② 개인정보자기결정권의 보호대상이 되는 개인정보는 개인의 인격주체성을 특징짓는 사항으로서 그 개인의 동일성을 식별할 수 있게 하는 정보이다.
③ 개인정보자기결정권의 보호대상이 되는 개인정보는 공적 생활에서 형성되었거나 이미 공개된 개인정보는 포함되지 아니한다.
④ 개인정보를 대상으로 한 조사, 수집, 보관, 처리, 이용 등의 행위는 모두 원칙적으로 개인정보자기결정권에 대한 제한에 해당한다.

정답 및 해설

난이도 ★☆☆

① [O] 개인정보자기결정권의 일반적인 정의규정이다.
② [O] '개인정보'란 살아 있는 개인에 관한 정보로서 성명, 주민등록번호 및 영상 등을 통하여 개인을 알아볼 수 있는 정보, 해당 정보만으로는 특정 개인을 알아볼 수 없더라도 다른 정보와 쉽게 결합하여 알아볼 수 있는 정보를 말한다(개인정보 보호법 제2조 제1호 가목·나목 참조).
③ [X] 개인정보자기결정권의 보호대상이 되는 개인정보는 반드시 개인의 내밀한 영역이나 사사(私事)의 영역에 속하는 정보에 국한되지 않고 공적 생활에서 형성되었거나 이미 공개된 개인정보까지 포함한다(헌재 2010.2.25, 2008헌마324).
④ [O] 제한은 기본권을 완벽하게 실현하지 못하게 하는 것을 의미한다. 따라서 이는 제한에 해당한다.

답 ③

08

19. 국가직 7급

거주·이전의 자유에 대한 설명으로 옳은 것은? (다툼이 있는 경우 판례에 의함)

① 경찰청장이 경찰버스들로 서울광장을 둘러싸 통행을 제지한 행위는 서울광장을 가로질러 통행하려는 사람들의 거주·이전의 자유를 제한하는 것이다.

② 거주·이전의 자유에는 국내에서의 거주·이전의 자유와 귀국의 자유가 포함되나 국외 이주의 자유와 해외여행의 자유는 포함되지 않는다.

③ 법인이 과밀억제권역 내에 본점의 사업용 부동산으로 건축물을 신축하여 이를 취득하는 경우, 취득세를 중과세하는 구 지방세법 조항은 법인의 영업의 자유를 제한하는 것으로서 법인의 거주·이전의 자유를 제한하는 것은 아니다.

④ 헌법 제14조가 보장하는 거주·이전의 자유에는 국적을 이탈하거나 변경하는 것이 포함된다.

정답 및 해설

난이도 ★★☆

① [×] 서울광장이 청구인들의 생활형성의 중심지인 거주지나 체류지에 해당한다고 할 수 없고, 서울광장에 출입하고 통행하는 행위가 그 장소를 중심으로 생활을 형성해 나가는 행위에 속한다고 볼 수도 없으므로 청구인들의 거주·이전의 자유가 제한되었다고 할 수 없다(헌재 2011.6.30, 2009헌마406).

② [×] 거주·이전의 자유에는 국외 이주의 자유와 해외여행의 자유도 포함된다(헌재 2008.6.26, 2007헌마1366).

③ [×] 이 사건 법률조항은 수도권에 인구 및 경제·산업시설이 밀집되어 발생하는 문제를 해결하고 국토의 균형있는 발전을 도모하기 위하여 법인이 과밀억제권역 내에 본점의 사업용 부동산으로 건축물을 신축·증축하여 이를 취득하는 경우 취득세를 중과세하는 조항으로서, 구법과 달리 인구유입과 경제력 집중의 효과가 뚜렷한 건물의 신축, 증축 그리고 부속토지의 취득만을 그 적용대상으로 한정하여 부당하게 중과세할 소지를 제거하였다. 최근 대법원 판결도 구체적인 사건에서 인구유입이나 경제력집중 효과에 관한 판단을 전적으로 배제한 것으로는 보기 어렵다. 따라서 이 사건 법률조항은 거주·이전의 자유와 영업의 자유를 침해하지 아니한다(헌재 2014.7.24, 2012헌바408).

④ [○] 국적이탈의 자유는 우리나라국적을 포기하고, 외국국적을 취득하는 것을 말한다. 이러한 국적이탈의 자유는 거주·이전의 자유에 포함된다고 본다(헌재 2006.3.30, 2003헌마806).

답 ④

09

16. 국가직 7급

통신의 자유에 대한 설명으로 옳지 않은 것은? (다툼이 있는 경우 판례에 의함)

① 미결수용자가 교정시설 내에서 규율위반 행위를 이유로 금치처분을 받은 경우 금치 기간 중 서신수수·접견·전화통화를 제한하는 것은 통신의 자유를 침해하지 아니한다.
② 국가기관의 감청설비 보유·사용에 대한 관리와 통제를 위한 법적·제도적 장치가 마련되어 있을지라도, 국가기관이 인가 없이 감청설비를 보유·사용할 수 있다는 사실만 가지고 바로 국가기관에 의한 통신비밀 침해행위를 예상할 수 있으므로 국가기관이 감청설비의 보유 및 사용에 있어서 주무장관의 인가를 받지 않아도 된다는 것은 통신의 자유를 침해한다.
③ 신병훈련소에서 교육훈련을 받는 동안 신병의 전화사용을 통제하는 육군 신병교육지침서는 통신의 자유를 필요한 정도를 넘어 과도하게 제한하고 있는 것은 아니다.
④ 수사기관이 아닌 사인이 공개되지 아니한 타인 간의 대화를 비밀녹음한 녹음테이프에 대한 검증조서의 증거능력은 인정되지 않는다.

정답 및 해설   난이도 ★☆☆

① [○] 헌재 2016.4.28, 2012헌마549
② [×] 이 사건 법률조항에서 사인이 감청설비를 제조·수입·판매 등을 하기 위해서는 정보통신부장관의 인가를 받도록 규정한 것은 사인에 의한 통신비밀 침해행위를 사전에 예방하기 위한 것이다. 그리고 국가기관의 감청설비 보유·사유에 대한 관리와 통제를 위한 법적·제도적 장치가 마련되어 있으므로, … 통신의 자유를 침해한다고 볼 수는 없다(헌재 2001.3.21, 2000헌바25).
③ [○] 헌재 2010.10.28, 2007헌마890
④ [○] 대판 2001.10.9, 2001도3106

답 ②

10

16. 경찰승진

양심의 자유에 관한 설명으로 가장 적절하지 않은 것은? (다툼이 있는 경우 판례에 의함)

① 국가의 법질서나 사회의 도덕률과 갈등을 일으키는 양심은 현실적으로 이러한 법질서나 도덕률에서 벗어나려는 소수의 양심이다. 따라서 종교관·세계관 등에 관계없이, 모든 내용의 양심상 결정이 양심의 자유에 의해 보장된다.
② 공정거래위원회가 독점규제 및 공정거래에 관한 법률 위반행위를 한 사업자단체에 대하여 법 위반사실의 공표를 명할 수 있도록 한 법률 규정은 양심의 자유를 침해한다고 볼 수 없다.
③ 헌법 제19조에서 보호하는 양심은 개인의 구체적인 양심을 말하며, 막연하고 추상적인 양심을 말하는 것이 아니다.
④ 음주운전을 방지하기 위하여 경찰이 강제로 음주여부를 측정하는 것은 선악에 대한 윤리적 결정을 강제하는 것이어서 양심의 자유를 침해한다.

정답 및 해설

난이도 ★☆☆

① [○] 국가의 법질서나 사회의 도덕률과 갈등을 일으키는 양심은 현실적으로 이러한 법질서나 도덕률에서 벗어나려는 소수의 양심이다. 따라서 종교관·세계관 등에 관계없이, 모든 내용의 양심상 결정이 양심의 자유에 의해 보장된다(헌재 2001.8.30, 99헌바92).
② [○] 이러한 법률판단의 문제는 개인의 인격형성과는 무관하며, 대화와 토론을 통하여 가장 합리적인 것으로 그 내용이 동화되거나 수렴될 수 있는 포용성을 가지는 분야에 속한다고 할 것이므로 헌법 제19조에 의하여 보장되는 양심의 영역에 포함되지 아니한다(헌재 2002.1.31, 2001헌바43).
③ [○] 헌법 제19조에서 보호하는 양심은 개인의 구체적인 양심을 말하며, 막연하고 추상적인 양심을 말하는 것이 아니다(헌재 2004.8.26, 2002헌가1).
④ [✕] 음주측정요구와 그 거부는 양심의 자유의 보호영역에 포괄되지 아니하므로 이 사건 법률조항을 두고 헌법 제19조에서 보장하는 양심의 자유를 침해하는 것이라고 할 수 없다(헌재 1997.3.27, 96헌가11).

답 ④

11

10. 국가직 7급

대학의 자유에 관한 설명으로 옳지 않은 것은? (다툼이 있는 경우 판례에 의함)

① 대학의 자율성은 헌법 제22조 제1항에서 보장하는 학문의 자유의 확실한 보장수단으로서 반드시 필요한 대학의 헌법상 기본권이다.
② 대학은 학생의 선발과 전형방법, 성적의 평가, 상벌 등을 스스로 정할 수 있다.
③ 헌법재판소는 교수의 재임용을 절차적 보장이 없더라도 임용권자의 의사에 맡긴 것은 위헌이 아니라고 본다.
④ 대학의 자유에는 대학이 계속적으로 존속하는 것은 포함되지 않는다.

정답 및 해설

난이도 ★☆☆

① [○] 교육의 자주성이나 대학의 자율성은 헌법 제22조 제1항·제2항이 보장하고 있는 학문의 자유의 확실한 보장수단으로 꼭 필요한 것으로서 이는 대학에게 부여된 헌법상의 기본권이다(헌재 1992.10.1, 92헌마68 등).
② [○] '대학의 자유'는 대학의 자치를 그 본질로 하는 것인데, '대학의 자유'의 실효성을 높이기 위해서 필요한 대학자치의 영역은 대학인사·대학학사·대학질서·대학재정 등 대학운영에 관한 모든 분야를 망라한다.
③ [X] 교수의 기간임용제 자체가 헌법에 위반되는 것은 아니나, 객관적인 기준의 재임용거부 사유와 재임용에서 탈락하게 되는 교원 자신의 입장을 진술할 수 있는 기회 그리고 재임용거부를 사전에 통지하는 규정 등이 없으며, 나아가 재임용이 거부되었을 경우 사후에 그에 대해 다툴 수 있는 제도적 장치를 전혀 마련하지 않고 있는 이 사건 법률조항은, 현대사회에서 대학교육이 갖는 중요한 기능과 그 교육을 담당하고 있는 대학교원의 신분의 부당한 박탈에 대한 최소한의 보호요청에 비추어 볼 때 헌법 제31조 제6항에서 정하고 있는 교원지위법정주의에 위반된다고 볼 수밖에 없다(헌재 2003.2.27, 2000헌바26).
④ [○] 국립대학인 세무대학은 공법인으로서 사립대학과 마찬가지로 대학의 자율권이라는 기본권의 보호를 받으므로, 세무대학은 국가의 간섭 없이 인사·학사·시설·재정 등 대학과 관련된 사항들을 자주적으로 결정하고 운영할 자유를 갖는다. 그러나 대학의 자율성은 그 보호영역이 원칙적으로 당해 대학 자체의 계속적 존립에까지 미치는 것은 아니다(헌재 2001.2.22, 99헌마613).

답 ③

12

08. 국회직

언론·출판의 자유에 관한 설명으로 옳은 것은? (다툼이 있는 경우 판례에 따름)

① 알 권리는 국민이 일반적으로 정보에 접근하고 수집·처리함에 있어서 국가권력의 방해를 받지 않음을 보장하는 자유권적 효력에 한정된다.
② 군사기밀은 국가이익에 따라 판단되어야 하므로 그 결정권은 정부가 형식적인 표지에 의해 기밀로 지정한 것에 따른다.
③ 헌법재판소는 언론기업의 뉴스통신겸영을 금지하는 법률조항에 대하여 언론기관설립의 자유를 제한하는 것이어서 헌법에 위반된다고 보았다.
④ 사법부가 사법절차에 의하여 심리·결정하는 방영금지가처분은 헌법에서 금지하는 사전검열에 해당하므로 위헌이다.
⑤ 광고물도 사상·지식·정보 등을 불특정 다수인에게 전파하는 것으로서 그 내용이 공익을 포함하는 때에는 언론·출판의 자유에 의한 보호를 받는 대상이 된다.

정답 및 해설

난이도 ★★☆

① [X] 정보에의 접근·수집·처리의 자유, '알 권리'는 표현의 자유와 표리일체의 관계에 있으며, 자유권적 성질과 청구권적 성질을 공유하는 것이다(헌재 1991.5.13, 90헌마133).
② [X] 국가보안법 제4조 제1항에 제2호 (나)목에 정한 기밀을 해석함에 있어서 그 기밀은 정치, 경제, 사회, 문화 등 각 방면에 관하여 반국가단체에 대하여 비밀로 하거나 확인되지 아니함이 대한민국의 이익이 되는 모든 사실, 물건 또는 지식으로서 그것들이 국내에서의 적법한 절차 등을 거쳐 이미 일반인에게 널리 알려진 공지의 사실, 물건 또는 지식에 속하지 아니한 것이어야 하고 또 그 내용이 누설되는 경우 국가의 안전에 위험을 초래할 우려가 있는 기밀로 보호할 실질가치를 갖춘 것이어야 한다(대판 1997.7.16, 97도985).
③ [X] 일간신문이 뉴스통신이나 일정한 방송사업을 겸영하는 것을 금지하고 있다. 신문법 제15조 제2항은 신문의 다양성을 보장하기 위하여 필요한 한도 내에서 그 규제의 대상과 정도를 선별하여 제한적으로 규제하고 있다고 볼 수 있다. 규제 대상을 일간신문으로 한정하고 있고, 겸영에 해당하지 않는 행위, 즉 하나의 일간신문법인이 복수의 일간신문을 발행하는 것 등은 허용되며, 종합편성이나 보도전문편성이 아니어서 신문의 기능과 중복될 염려가 없는 방송채널사용사업이나 종합유선방송사업, 위성방송사업 등을 겸영하는 것도 가능하다. 그러므로 신문법 제15조 제2항은 헌법에 위반되지 아니한다(헌재 2006.6.29, 2005헌마165).
④ [X] 민사집행법에 의한 방송금지가처분은 행정권에 의한 사전심사나 금지처분이 아니라 개별당사자의 분쟁에 관하여 사법부가 사법절차에 의하여 심리·결정하는 것으로 사전검열은 아니다(헌재 2001.8.30, 2000헌바36).
⑤ [O] 헌법재판소는 광고물도 사상·지식·정보를 불특정다수인에게 전파하는 것으로 언론·출판의 자유의 보호대상으로 본 바 있다(헌재 2002.12.18, 2000헌마764).

답 ⑤

13

언론의 자유에 관한 헌법재판소의 입장과 다른 것은?

① 검열금지의 원칙은 의사표현의 발표 여부가 오로지 행정권의 허가에 달려있는 사전심사만을 금지하는 것을 뜻하므로, 검열은 일반적으로 허가를 받기 위한 표현물의 제출의무, 행정권이 주체가 된 사전심사절차, 허가를 받지 아니한 의사표현의 금지 및 심사절차를 관철할 수 있는 강제수단 등의 요건을 갖춘 경우에만 이에 해당한다.

② 외국비디오물을 수입할 경우에 반드시 영상물등급위원회로부터 수입추천을 받도록 규정하고 있는 구 음반·비디오물 및 게임물에 관한 법률(1999.2.8. 법률 제5925호로 제정되고, 2001.5.24. 법률 제6473호로 전면개정되기 전의 것) 제16조 제1항은 사전검열에 해당하지 않는다.

③ 인터넷상의 청소년 유해매체물 정보의 경우 18세 이용금지 표시 외에 추가로 '전자적 표시'를 하도록 하여 차단소프트웨어 설치시 동 정보를 볼 수 없게 한 정보통신망 이용촉진 및 정보보호 등에 관한 법률 시행령(2001.8.25. 대통령령 제17344호) 제21조 제2항 및 '청소년 유해매체물의 표시방법'에 관한 정보통신부고시(2001.10.12. 제2001-89호)는 표현의 자유를 침해하지 않는다.

④ 헌법 제21조 제2항의 검열은 그 명칭이나 형식과 관계없이 실질적으로 행정권이 주체가 되어 사상이나 의견 등이 발표되기 이전에 예방적 조치로서 그 내용을 심사, 선별하여 발표를 사전에 억제하는, 즉 허가받지 아니한 것의 발표를 금지하는 제도를 뜻하고, 이러한 사전검열은 법률로써도 불가능한 것으로서 절대적으로 금지된다.

⑤ 영화진흥법(1999.2.8. 법률 제5929호로 전문개정된 것) 제21조 제4항이 규정하고 있는 영상물등급위원회에 의한 등급분류보류제도는 실질적으로 영상물등급위원회의 허가를 받지 않는 한 영화를 통한 의사표현이 무한정 금지될 수 있으므로 검열에 해당한다.

정답 및 해설

난이도 ★☆☆

② [X] 외국비디오물을 수입할 경우에 반드시 영상물등급위원회로부터 수입추천을 받도록 규정하고 있는 구 음반·비디오물 및 게임물에 관한 법률 제16조 제1항 등에 의한 외국비디오물 수입추천제도는 외국비디오물의 수입·배포라는 의사표현행위 전에 표현물을 행정기관의 성격을 가진 영상물등급위원회에 제출토록 하여 표현행위의 허용 여부를 행정기관의 결정에 좌우되게 하고, 이를 준수하지 않는 자들에 대하여 형사처벌 등의 강제조치를 규정하고 있는바, 허가를 받기 위한 표현물의 제출의무, 행정권이 주체가 된 사전심사절차, 허가를 받지 아니한 의사표현의 금지, 심사절차를 관철할 수 있는 강제수단이라는 요소를 모두 갖추고 있으므로, 우리나라 헌법이 절대적으로 금지하고 있는 사전검열에 해당한다[헌재 2005.2.3, 2004헌가8 ; 구 음반·비디오물 및 게임물에 관한 법률 제16조 제1항 등 위헌제청(위헌)].

③ [O] 헌재 2004.1.29, 2001헌마894

⑤ [O] 헌재 2001.8.30, 2000헌가9

답 ②

14

11. 지방직 7급

집회의 자유에 대한 설명으로 옳은 것은? (다툼이 있는 경우 헌법재판소 판례에 의함)

① 옥외집회의 자유를 제한함에 있어서 야간옥외집회를 시간적으로 또는 공간적·장소적으로 더 세분화하여 규제하는 것이 사실상 어렵고 특히 필요한 야간옥외집회의 경우에는 일정한 조건 하에서 허용되므로, 야간옥외집회를 일반적으로 금지하고 예외적으로 허용하는 것은 침해의 최소성 및 법익균형성원칙에 위배되지 않는다.

② 각급 법원 인근이나 외교기관 경계지점으로부터 1백미터 이내의 장소에서의 옥외집회나 시위를 예외 없이 절대적으로 금지하더라도 이는 추상적 위험의 발생을 근거로 금지하는 불가피한 수단이므로 침해의 최소성을 갖추었다.

③ 공중이 자유로이 통행할 수 없는 대학 구내에서의 시위는 그것이 불특정 다수인의 의견에 영향을 가하는 것일지라도 집회 및 시위에 관한 법률상의 규제대상이 되지 않는다.

④ 옥외집회 또는 시위를 주최하고자 하는 자는 신고서를 옥외집회나 시위를 시작하기 720시간 전부터 48시간 전에 관할 경찰서장에게 제출하여야 한다.

정답 및 해설

난이도 ★☆☆

① [✕] 집회 및 시위에 관한 법률 제10조 중 '옥외집회'에 관한 부분은 과잉금지 원칙에 위배하여 집회의 자유를 침해하는 것으로 헌법에 위반되고, 이를 구성요건으로 하는 집회 및 시위에 관한 법률 제23조 제1호의 해당 부분 역시 헌법에 위반된다(헌재 2009.9.24, 2008헌가25).

② [✕] 판례는 외교기관이나 법원의 경우 원칙적으로는 1백미터 이내의 장소에서 옥외집회를 금지할 수 있으나 예외를 두지 않은 경우에는 헌법에 위반된다고 보았다(헌재 2003.10.30, 2000헌바67 등).

③ [✕] 공중이 자유롭게 통행한다는 것은 옥외집회의 필수개념이 아니어서 지문의 경우 또한 규제가 가능하다는 의미이다(헌재 1994.4.28, 91헌바14).

④ [○] 옥외집회나 시위를 주최하려는 자는 그에 관한 다음 각 호의 사항 모두를 적은 신고서를 옥외집회나 시위를 시작하기 720시간 전부터 48시간 전에 관할 경찰서장에게 제출하여야 한다(집회 및 시위에 관한 법률 제6조 제1항).

답 ④

15

08. 국회직

재산권에 관한 설명으로 옳지 않은 것은? (다툼이 있는 경우 판례에 따름)

① 성매매에 제공되는 사실을 알면서 건물을 제공하는 행위를 한 자를 처벌하는 것은 집창촌에서 건물을 소유하거나 그 관리권한을 가지고 있는 자의 재산권을 침해한다.
② 재산권 행사의 대상이 되는 객체가 지닌 사회적인 연관성과 사회적 기능이 크면 클수록 입법자에 의한 보다 더 광범위한 제한이 허용될 수 있다.
③ 재산권의 사회적 제약에 대한 특별희생이론은 재산권 제한의 효과가 개별적이어서 특별한 희생을 요구하는 경우에는 보상이 필요하다고 본다.
④ 국가 등의 양로시설 등에 입소하는 국가유공자에게 부가연금, 생활조정수당 등의 지급을 정지한다 하더라도 그 국가유공자의 재산권을 침해하는 것은 아니다.
⑤ 개발제한구역 지정 당시의 상태대로 토지를 사용·수익·처분할 수 있는 이상, 구역지정에 따른 단순한 토지이용의 제한은 원칙적으로 재산권에 내재하는 사회적 제약의 범주를 넘지 않는다.

정답 및 해설

① [X] 집창촌이 아닌 지역에서 다른 목적의 임대가 가능함에도 불구하고 성매매에 제공되는 사실을 알면서 건물을 제공하는 행위는 법으로 금지하는 성매매 및 성매매알선을 용이하게 하고 그로 인한 재산상의 이익을 취득하는 것이므로 이를 규제함으로써 보호하고자 하는 공익이 성매매에 제공되는 사실을 알면서 건물을 제공할 수 없는 건물 소유자들의 불이익에 비하여 크다고 할 것이다(헌재 2006.6.29, 2005헌마1167).
② [O] 헌재 1998.12.24, 89헌마214
③ [O] 사회적 제약은 공용침해보다 재산권에 대한 침해가 적은 경우로서 보상 없이 감수해야 하는 반면, 공용침해는 재산권의 사회적 제약의 범주를 넘어서는 것으로서 보상을 필요로 하는 재산권에 대한 침해를 말하는 것으로서 이 보상의무가 시작되는 경계가 특별희생이고 특별희생에 해당하면 보상을 요하는 공용침해라는 것이다.
④ [O] 이 사건 규정으로 인하여 청구인들의 재산권이 침해되었다고 볼 수는 없으므로 이 사건 규정이 입법재량의 범위를 일탈하여 헌법에 위배된다고 할 수 없다(헌재 2000.6.1, 98헌마216).
⑤ [O] 구역지정 당시의 상태대로 토지를 사용·수익·처분할 수 있는 이상, 구역지정에 따른 단순한 토지이용의 제한은 원칙적으로 재산권에 내재하는 사회적 제약의 범주를 넘지 않는다(헌재 1998.12.24, 89헌마214).

답 ①

16
08. 법원직

직업의 자유에 대한 설명 중 가장 옳지 않은 것은? (다툼이 있을 경우 판례에 의함)

① 직업의 자유에서의 직업이란 생활의 기본적 수요를 충족시키기 위한 계속적인 소득활동을 의미하며 그러한 내용의 활동인 한 그 종류나 성질을 불문한다.
② 법인은 기본권의 성질에 따라 그 주체가 될 수 있으므로 직업수행의 자유의 주체가 된다.
③ 직업결정의 자유나 전직의 자유는 그 성격상 직업종사의 자유에 비하여 상대적으로 더욱 넓은 법률상의 규제가 가능하며, 따라서 다른 기본권의 경우와 마찬가지로 국가안전보장, 질서유지 또는 공공복리를 위하여 필요한 경우에는 제한이 가하여질 수 있다.
④ 단란주점에 미성년자의 출입을 제한하고 미성년자에 대한 주류제공을 금지하는 것은 직업수행의 자유를 과잉제한하는 것이 아니며, 따라서 헌법에 위반되지 않는다.

정답 및 해설
난이도 ★★☆

① [○] 헌재 1992.5.13, 92헌마80. 다만, 학설에서는 공공무해성도 그 요건으로 포함시키고 있다.
② [○] 법인도 직업의 자유의 일환인 영업의 자유에서는 주체가 된다.
③ [×] 직업결정의 자유보다 직업수행의 자유에 더욱 넓은 법률상 규제가 가능하다. 따라서 지문은 반대로 출제된 것이다.
④ [○] 주점을 경영하는 자에게 19세 미만의 청소년에게 술을 파는 것을 금지하는 것에 대해서 "이들이 무절제한 음주를 할 경우 학업성취 및 직업 등에의 적응 그리고 심신의 건전한 성장과 발전에 중대한 지장을 받을 위험이 매우 크다."고 판시하였다(헌재 2001.1.18, 99헌마555 참조).

답 ③

17

직업선택의 자유에 관한 설명으로 옳지 않은 것은?

① 헌법재판소는 직업의 선택 혹은 직업의 수행의 자유는 주관적 공권의 성격이 두드러진 것이긴 하나, 사회적 시장경제질서라는 객관적 법질서의 구성요소이기도 하다고 판시하였다.
② 헌법재판소는 경쟁의 자유는 기본권 주체가 직업의 자유를 실제로 행사하는 데에서 나오는 결과이므로 당연히 직업의 자유에서 보장된다고 판시하였다.
③ 단계이론에 의하면 직업선택의 자유에 대한 제한이 불가피한 경우 먼저 제1단계로 직업종사의 자유를 제한하고, 그에 의하여 그 목적을 달성할 수 없는 경우 제2단계로 객관적 사유에 의하여 직업결정의 자유를 제한하고, 그에 의하여도 그 목적을 달성할 수 없는 경우 제3단계로 주관적 사유에 의하여 직업결정의 자유를 제한하여야 한다.
④ 사법인도 직업선택의 자유의 주체가 된다.

정답 및 해설

② [O] 직업의 자유는 경쟁의 자유도 당연히 포함한다(헌재 1997.4.24, 95헌마90).
③ [X] 헌법재판소도 '직업결정의 자유나 전직의 자유에 비하여 직업수행의 자유에 대하여는 상대적으로 더욱 넓은 법률상의 규제가 가능하다고 할 것이다.'라고 하면서 단계이론을 수용하였다(헌재 1997.11.27, 97헌바10). 단계이론에서 제1단계는 직업수행의 자유를, 제2단계는 주관적 사유에 의한 직업결정의 자유를, 제3단계는 객관적 사유에 의한 직업결정의 자유를 제한한다. 즉, 지문은 제2단계와 제3단계가 반대로 되어 있다.
④ [O] 법인도 직업의 자유의 주체가 된다. 특히 직업수행의 자유 중에 영업의 자유가 주로 문제될 것이다.

답 ③

제4장 정치적 기본권(참정권)

 제2편 기본권론

- 선거권과 피선거권은 선거제도로

1 의의

> 헌법 제25조 모든 국민은 법률이 정하는 바에 의하여 공무담임권을 가진다.
> 제72조 대통령은 필요하다고 인정할 때에는 외교·국방·통일 기타 국가안위에 관한 중요정책을 국민투표에 붙일 수 있다.
> 제130조 ① 국회는 헌법개정안이 공고된 날로부터 60일 이내에 의결하여야 하며, 국회의 의결은 재적의원 3분의 2 이상의 찬성을 얻어야 한다.
> ② 헌법개정안은 국회가 의결한 후 30일 이내에 국민투표에 붙여 국회의원선거권자 과반수의 투표와 투표자 과반수의 찬성을 얻어야 한다.
> ③ 헌법개정안이 제2항의 찬성을 얻은 때에는 헌법개정은 확정되며, 대통령은 즉시 이를 공포하여야 한다.

1. 개념

참정권이란 국민이 정치의사형성이나 정책결정에 참여하거나 또는 공무원을 선출, 공무원으로 선출 또는 선임될 수 있는 권리를 말한다.

2. 성격

참정권은 국민주권 원리를 구체화하는 기본권으로서 국가를 향한 권리로서의 성격이 강하다고 할 것이다. 04. 국회직 8급 이러한 참정권은 국민의 가장 중요한 기본적 권리의 하나이며 다른 기본권에 대하여 우월적 지위를 가진다. 08. 법원직 그러나 참정권은 권리이지 의무는 아니다.

2 주체

참정권은 국민의 권리이기 때문에 외국인은 그 주체가 될 수 없다. 또한 국민의 경우도 기본적으로 참정권 행사능력을 갖추어야 한다. 참정권은 일신전속적 권리이므로 대리행사가 인정되지 아니한다. 04. 국회직 8급 우리 헌법은 명시적으로 대통령의 경우 만 40세로 직접 정하고 있다. 08. 법원직 참정권은 자연인의 권리이므로 법인은 그 주체가 될 수 없다. 04. 국회직 8급

3 내용

1. 직접참정권

(1) 국민발안권

국민발안이란 국민이 헌법개정안이나 법률안을 제안할 수 있는 권리를 말한다.

구분	절차	연혁
직접 발안	국민 제안 ⇨ 국민투표	채택 ×
간접 발안	국민 제안 ⇨ 의회의결 ⇨ 국민투표	제2차 ~ 제6차

기출OX

참정권은 일신전속적 권리이므로 대리행사가 인정되지 않는다. (○)
04. 국회직 8급

(2) 국민투표권

① 연혁

제2차 개정헌법	주권의 제약, 영토의 변경 등 중대 사항에 대한 국민투표제, 헌법 개정에 대한 국민발안제
제5차 개정헌법	헌법 개정에 대한 국민투표제
제7차 개정헌법	국가의 중요정책이라고 하여 포괄적으로 규정
제8차 개정헌법	헌법 개정에 대한 국민투표, 외교국방·통일 기타 국가안위에 대한 국민투표라 하여 구체적으로 규정
현행 헌법	제5공화국 헌법 내용을 계승

② 유형

◆ 헌법 제72조 국민투표와 제130조 국민투표의 비교

구분	헌법 제72조 국민투표	헌법 제130조 국민투표
국회의결	×	○
연혁	제2차 개정	제5차 개정
대상	국가안위 중요정책	헌법 개정
필수성	임의(대통령 자유재량)	필수
정족수	규정 ×(제130조 준용)	국회의원선거권자 과반수 투표 ⇨ 투표자 과반수 찬성

> 국민투표법 제7조 【투표권】 19세 이상의 국민은 투표권이 있다.
>
> 제9조 【투표권이 없는 자】 투표일 현재 공직선거법 제18조의 규정에 따라 선거권이 없는 자는 투표권이 없다.
>
> 제25조 【정의】 ① 이 법에서 "국민투표에 관한 운동"이라 함은 국민투표의 대상이 되는 사항에 관하여 찬성하게 하거나 반대하게 하는 행위를 말한다.
> ② 국민투표의 대상이 되는 사항에 관한 단순한 의견의 개진, 의사의 표시는 국민투표에 관한 운동으로 보지 아니한다.
>
> 제26조 【국민투표에 관한 운동의 기간】 국민투표에 관한 운동(이하 "운동"이라 한다)은 국민투표일 공고일로부터 투표일 전일까지에 한하여 이를 할 수 있다.
>
> 제28조 【운동을 할 수 없는 자】 ① 정당법상의 당원의 자격이 없는 자는 운동을 할 수 없다.
>
> 제49조 【국민투표일의 공고】 대통령은 늦어도 국민투표일 전 18일까지 국민투표일과 국민투표안을 동시에 공고하여야 한다.
>
> 제92조 【국민투표무효의 소송】 국민투표의 효력에 관하여 이의가 있는 투표인은 투표인 10만인 이상의 찬성을 얻어 중앙선거관리위원회 위원장을 피고로 하여 투표일로부터 20일 이내에 대법원에 제소할 수 있다.
>
> 제93조 【국민투표무효의 판결】 대법원은 제92조의 규정에 의한 소송에 있어서 국민투표에 관하여 이 법 또는 이 법에 의하여 발하는 명령에 위반하는 사실이 있는 경우라도 국민투표의 결과에 영향이 미쳤다고 인정하는 때에 한하여 국민투표의 전부 또는 일부의 무효를 판결한다.

기출OX

헌법상 직접민주주의에 따른 참정권으로 헌법개정안에 대한 국민투표권과, 외교·국방·통일 기타 국가안위에 관한 중요정책에 대한 국민투표권이 규정되어 있는데 전자는 필수적이고 후자는 대통령의 재량으로 이뤄진다. (○)

22. 지방직 7급

기출OX

헌법 제72조는 국민투표의 대상을 외교·국방·통일 기타 국가안위에 관한 중요정책이라고 규정하고 있는바, 이때 국민투표의 대상인 중요정책에는 대통령에 대한 신임이 포함된다. (×)

09. 사시

기출OX

대법원은 국민투표에 관하여 국민투표법 또는 국민투표법에 의하여 발하는 명령에 위반하는 사실이 있는 경우라도 국민투표의 결과에 영향을 미쳤다고 인정하는 때에 한하여 국민투표 무효의 판결을 하여야 하며, 국민투표의 일부의 무효를 판결할 수는 없다. (×)

18. 법원직

❶
헌법소원은 각하가 되고, 탄핵은 본안판단에 들어간 이유에 대해 여러 의견이 있으나, 다수의 견해는 헌법소원의 경우 헌법재판 중에는 주관적 성격이 강하고, 탄핵과 권한쟁의는 객관적인 성격이 강해서 주문이 다르게 되었다고 본다.

기출OX

대통령이 자신에 대한 재신임을 헌법 제72조에 정한 국민투표의 형태로 묻고자 하는 것은 가능하나, 특정 정책과 자신의 신임을 연계하여 국민투표에 부치는 것은 허용되지 아니한다. (×)
18. 국가직 7급

관련 판례 ❶

1 대통령의 재신임 국민투표의 제안(헌법소원) [각하]

국민투표에 관하여는, 공고와 같이 국민투표에 관한 절차의 법적 개시로 볼 수 있는 행위가 있을 때에 비로소 법적인 효력을 지닌 공권력의 행사가 있게 된다. 그러한 법적 행위 이전에 국민투표의 실시에 관한 정치적 제안을 하거나 내부적으로 계획을 수립하여 검토하는 등의 조치는 일종의 준비행위에 불과하여 언제든지 변경·폐기될 수 있다. 이 사건 심판의 대상이 된 피청구인(대통령)의 발언만으로는 국민투표의 실시에 관하여 법적인 구속력 있는 결정이나 조치가 취해진 것이라 할 수 없으며, 그로 인하여 국민들의 법적 지위에 어떠한 영향을 미친다고 볼 수도 없다. 그렇다면 헌법소원의 대상이 되는 공권력의 행사라고 할 수는 없다(헌재 2003.11.27, 2003헌마694 등).

2 대통령의 재신임 국민투표의 제안(탄핵) [기각]

대통령의 부의권을 부여하는 헌법 제72조는 가능하면 대통령에 의한 국민투표의 정치적 남용을 방지할 수 있도록 엄격하고 축소적으로 해석되어야 한다. 이러한 관점에서 볼 때, 헌법 제72조의 국민투표의 대상인 '중요정책'에는 대통령에 대한 '국민의 신임'이 포함되지 않는다. 대통령은 헌법상 국민에게 자신에 대한 **신임을 국민투표의 형식으로 물을 수 없을 뿐만 아니라, 특정 정책을 국민투표에 붙이면서 이에 자신의 신임을 결부시키는 대통령의 행위도 위헌적인 행위**로서 헌법적으로 허용되지 않는다. 뿐만 아니라, 헌법은 명시적으로 규정된 국민투표 외에 다른 형태의 재신임 국민투표를 허용하지 않는다(헌재 2004.5.14, 2004헌나1).

(3) 국민소환

공직자를 임기 만료 전에 해직시킬 수 있는 권리이다. 국민소환은 과거에도 존재하지 않았고, 현재에도 존재하지 않는다. 다만, 주민소환이 존재할 뿐이다.

2. 간접참정권

(1) 선거권

선거권은 국정의 담당자를 국민 스스로 결정할 수 있는 권리를 말한다. 현행 헌법상에는 대통령과 국회의원, 지방의회의원 선거권이 규정되어 있다. 선거권은 법률이 정하는 바에 의하여 보장되는 것으로서 선거법의 제정에 의하여 비로소 구체화된다고 할 수 있다. 08. 법원직

(2) 공무담임권

① **의의**: 선거직 공무원을 포함하여 모든 국가기관의 공직에 취임할 수 있는 권리를 의미한다. 따라서 피선거권과 공직취임권 모두가 이에 해당한다. 공무담임권은 현실적인 권리라기보다는 기회보장적인 성격이 강하다고 볼 수 있다.

② **보호영역**: 헌법재판소는 공무담임권의 보호영역에는 공직취임의 기회의 자의적인 배제뿐 아니라, 공무원 신분의 부당한 박탈까지 포함되는 것으로 보았다(헌재 2002.8.29, 2001헌마788 등).

비교 정리

구분	인정여부
현실적 권리	×
기회보장	○
부당한 박탈 금지	○
승진	×
승진의 균등한 기회	○
보수	×
특정 보직·장소	×
퇴직급여	×
재해보상	×

기출OX

공무담임권의 보호영역에는 공직취임 기회의 자의적인 배제뿐 아니라 공무원 신분의 부당한 박탈이나 권한의 부당한 정지도 포함된다. (○) 13. 법원직

🔖 관련 판례

1 공무원임용령 부칙 제2조 제1항 등 위헌확인 [각하]

승진가능성이라는 것은 청구인들의 공직신분의 유지나 업무수행과 같은 법적 지위에 직접 영향을 미치는 것이 아니고 간접적, 사실적 또는 경제적 이해관계에 영향을 미치는 것에 불과하여 공무담임권의 보호영역에 포함된다고 보기는 어렵다(헌재 2010.3.25, 2009헌마538).

2 공무담임권의 보호영역

공무담임권의 보호영역에는 **공직취임의 기회의 자의적인 배제뿐 아니라, 공무원 신분의 부당한 박탈까지 포함**되는 것이라고 할 것이다. 왜냐하면, 후자는 전자보다 당해 국민의 법적 지위에 미치는 영향이 더 크다고 할 것이므로, 이를 보호영역에서 배제한다면, 기본권 보호체계에 발생하는 공백을 막기 어려울 것이며, 공무담임권을 규정하고 있는 위 헌법 제25조의 문언으로 보아도 현재 공무를 담임하고 있는 자를 그 공무로부터 배제하는 경우에는 적용되지 않는다고 해석할 수 없기 때문이다(헌재 2002.8.29, 2001헌마788 등).

3 특정 보직까지 포함하지 않음

공무담임권의 보호영역에는 일반적으로 공직취임의 기회보장, 신분박탈, 직무의 정지가 포함되는 것일 뿐, 여기서 더 나아가 공무원이 특정의 장소에서 근무하는 것 또는 특정의 보직을 받아 근무하는 것을 포함하는 일종의 '공무 수행의 자유'까지 그 보호영역에 포함된다고 보기는 어렵다(헌재 2008.6.26, 2005헌마1275).

③ **공직취임과 능력주의**: 공직취임은 누구나 그 능력과 적성에 따라야 하는바 이와 상관없는 성별, 종교, 사회적 신분 등에 의한 차별은 허용되지 아니한다. 그러나 공직취임과 관련한 능력주의에도 헌법에 규정되어 있는 경우는 예외가 인정된다(例 국가유공자의 가산점 부여).

🔖 관련 판례

국가유공자의 가산점 부여 [기각]

이 사건 가산점제도에 의한 공직취임권의 제한은 **헌법 제32조 제6항에 헌법적 근거를 두고 있는 능력주의의 예외**로서, 평등권 침해 여부와 관련하여 앞에서 이미 자세히 살펴 본 바와 같이 비례의 원칙 내지 과잉금지의 원칙에 위반된 것으로도 볼 수 없다. 따라서 이 사건 가산점제도는 청구인의 공무담임권을 침해하지 아니한다(헌재 2001.2.22, 2000헌마25).

4 제한과 한계

1. 헌법

참정권의 경우 일정한 행사능력을 가져야 하는바 헌법은 명시적으로 대통령의 피선거권을 만 40세 이상으로 제한하고 있다.

2. 법률

참정권 또한 법률로 제한이 가능하다. 이 경우에도 과잉금지원칙은 준수되어야만 한다.

📝 **기출OX**

공무원의 재임 기간 동안 충실한 공무수행을 담보하기 위하여 공무원의 퇴직급여 및 공무상 재해보상을 보장할 것까지 공무담임권의 보호영역에 포함된다고 보기는 어렵다. (○)

18. 지방직 7급

📝 **기출OX**

공무원이 특정의 장소에서 근무하는 것 또는 특정의 보직을 받아 근무하는 것을 포함하는 일종의 공무수행의 자유도 그 보호영역에 포함된다. (×)

13. 법원직

기출OX

"경찰청장은 퇴직일로부터 2년 이내에는 정당의 발기인이 되거나 당원이 될 수 없다."고 규정하고 있는 법률조항은 정당설립 및 가입의 자유를 침해하는 위헌적인 조항이다. (○) 11. 법원직

비교 정리

경찰청장과 검찰총장

구분	침해
경찰청장	정당의 자유
검찰총장	정당의 자유, 피선거권, 공무담임권

비교 정리

집행유예와 선고유예

구분		주문	
집행유예		합헌	
선고유예	당연퇴직	일반	위헌
		수뢰죄	합헌
	임용결격	합헌	

기출OX

수뢰죄를 범하여 금고 이상의 형의 선고유예를 받은 공무원은 당연퇴직하도록 하는 규정은 해당 공무원의 공무담임권을 침해한다. (×) 17. 지방직 7급

관련 판례 참정권의 제한과 한계에 관한 판례

1 경찰청장의 퇴직 후 정당가입·설립의 제한 [위헌]

경찰청장이 퇴임 후 공직선거에 입후보하는 경우 당적취득금지의 형태로써 정당의 추천을 배제하고자 하는 이 사건 법률조항이 어느 정도로 입법목적인 '**경찰청장 직무의 정치적 중립성**'을 확보할 수 있을지 그 실효성이 의문시된다. 따라서 이 사건 법률조항은 정당의 자유를 제한함에 있어서 갖추어야 할 적합성의 엄격한 요건을 충족시키지 못한 것으로 판단되므로 이 사건 법률조항은 **정당설립 및 가입의 자유를 침해**하는 조항이다(헌재 1999.12.23, 99헌마135).

2 경찰공무원 나이제한 [헌법불합치]

획일적으로 30세까지는 순경과 소방사 등의 직무수행에 필요한 최소한도의 자격요건을 갖추고, 30세가 넘으면 그러한 자격요건을 상실한다고 보기 어렵고, 이 점은 순경을 특별채용 하는 경우 응시연령을 40세 이하로 제한하고 있고, 소방사·지방소방사와 마찬가지로 화재현장업무 등을 담당하는 소방교·지방소방교의 경우 특채시험의 응시연령을 35세 이하로 제한하고 있는 점만 보아도 분명하다. 따라서 이 사건 심판대상 조항들이 순경 공채시험 등의 응시연령의 상한을 '30세 이하'로 제한하는 것이 합리적이라고 볼 수 없어 침해의 최소성원칙에 위배된다(헌재 2012.5.31, 2010헌마278).

3 5급 공무원 응시연령 32세까지 [헌법불합치]

32세까지는 5급 공무원의 직무수행에 필요한 최소한도의 자격요건을 갖추고, 32세가 넘으면 그러한 자격요건을 상실한다고 보기 어렵고, 6급 및 7급 공무원 공채시험의 응시연령 상한을 35세까지로 규정하면서 그 상급자인 5급 공무원의 채용연령을 32세까지로 제한한 것은 합리적이라고 볼 수 없으므로, 이 사건 시행령조항이 5급 공채시험 응시연령의 상한을 '32세까지'로 제한하고 있는 것은 기본권 제한을 최소한도에 그치도록 요구하는 헌법 제37조 제2항에 부합된다고 보기 어렵다(헌재 2008.5.29, 2007헌마1105).

4 선고유예를 받은 공무원의 당연퇴직 [위헌]

[1] 이 사건 법률조항은 금고 이상의 선고유예의 판결을 받은 모든 범죄를 포괄하여 규정하고 있을 뿐 아니라, 심지어 오늘날 누구에게나 위험이 상존하는 교통사고 관련 범죄 등 과실범의 경우마저 당연퇴직의 사유에서 제외하지 않고 있으므로 최소침해성의 원칙에 반한다. 따라서 공무담임권을 침해하고 있는 것으로 판단된다.

[2] (판례 변경) 우리 재판소가 종전에 1990.6.25, 89헌마220 결정에서 이와 견해를 달리하여 이 사건 법률조항이 헌법에 위반되지 아니한다고 판시한 의견은 재판관 8인의 찬성으로 이를 변경하기로 한다(헌재 2002.8.29, 2001헌마788 등).

5 수뢰죄는 선고유예를 받은 경우도 당연퇴직 [합헌]

심판대상 조항은 공무원 직무수행에 대한 국민의 신뢰, 직무의 정상적 운영 확보, 공무원범죄의 예방, 공직사회의 질서 유지를 위한 것으로서 목적이 정당하고, 형법 제129조 제1항의 수뢰죄로 금고 이상 형의 선고유예를 받은 국가공무원을 당연퇴직하도록 하는 것은 적절한 수단에 해당한다(헌재 2013.7.25, 2012헌바409).

6 금고 이상의 형의 집행유예를 받은 공무원의 당연퇴직 [합헌]

사회적 비난가능성이 결코 적지 아니함을 의미한다. 이러한 사정은 당해 공무원이 저지른 범죄행위가 직무와 직접적 관련이 없거나 과실에 의한 것이거나 마찬가지이다(헌재 1997.11.27, 95헌바14 등).

7 형사기소된 국가공무원의 필요적 직위해제 [위헌]

공무원이 형사사건으로 기소된 경우에는 형사사건의 성격을 묻지 아니하고, 즉 고의범이든 과실범이든, 법정형이 무겁든 가볍든, 범죄의 동기가 어디에 있든지를 가리지 않고 필요적으로 직위해제처분을 하도록 규정하고 있다. 이는 직업의 자유를 과도하게 침해한다(헌재 1998.5.28, 96헌가12).

8 형사기소된 국가공무원의 임의적 직위해제 [합헌]

구체적이고도 명확한 사실의 적시가 요구되는 처분사유고지서를 반드시 교부하도록 함으로써 해당 공무원에게 방어의 준비 및 불복의 기회를 보장하고 임용권자의 판단에 신중함과 합리성을 담보하게 하고, 사후적으로 소청이나 행정소송을 통하여 충분한 의견진술 및 자료제출의 기회를 보장하고 있다는 점에서 이 사건 법률조항이 적법절차의 원칙에 위배된다고 볼 수 없다(헌재 2006.5.25, 2004헌바12).

9 경찰대학의 입학연령 '21세 미만' [기각]

경찰대학에 연령제한을 둔 목적은 젊고 유능한 인재를 확보하고 이들에게 필요한 교육 훈련을 일관적이고 체계적으로 실시하여 국민에게 전문적이고 질 높은 행정 서비스를 제공하기 위한 것이므로 나이 제한은 공무담임권을 침해하지 아니한다(헌재 2009.7.30, 2007헌마991).

10 면접전형에서 판단

공무원 임용을 위한 면접전형에 있어서 임용신청자의 능력이나 적격성 등에 관한 판단은 오로지 면접위원의 고도의 교양과 학식, 경험에 기초한 자율적 판단에 의존하는 것으로서 오로지 면접위원의 자유재량에 속한다(대판 1997.11.28, 97누11911).

11 세종시의회의원선거 미실시 [기각]

단순히 그 시기가 늦춰진 것에 불과하여 이 사건 부칙조항은 침해의 최소성 및 법익균형성도 갖추고 있어 청구인의 선거권, 공무담임권을 침해하지 아니한다(헌재 2013.2.28, 2012헌마131).

12 군인을 군무원으로 채용 [합헌]

채용 예정 분야의 해당 직급에 근무한 실적이 있는 군인을 전역한 날부터 3년 이내에 군무원으로 채용하는 경우 특별채용시험으로 채용할 수 있도록 하는 것은 현역 군인으로 근무했던 전문성과 경험을 즉시 군무원 업무에 활용하기 위한 것으로 청구인의 공무담임권을 침해하지 않는다(헌재 2016.10.27, 2015헌마734).

13 부사관의 최고 임용 나이 제한 [기각]

군조직은 위계질서의 확립과 기강확보가 어느 조직보다 중요시되는 특수성을 고려할 필요가 있다. 소위도 27세로 정해져 있어 연령과 체력의 보편적 상관관계 등을 고려할 때 적합해 보인다(헌재 2014.9.25, 2011헌마414).

14 지방자치단체장을 위한 퇴직급여제도

지방자치단체장은 특정 정당을 정치적 기반으로 하여 선거에 입후보할 수 있고 선거에 의하여 선출되는 공무원이라는 점에서 헌법 제7조 제2항에 따라 신분보장이 필요하고 정치적 중립성이 요구되는 공무원에 해당한다고 보기 어려우므로 헌법 제7조의 해석상 지방자치단체장을 위한 퇴직급여제도를 마련하여야 할 입법적 의무가 도출된다고 볼 수 없고, 그 외에 헌법 제34조나 공무담임권 보장에 관한 헌법 제25조로부터 위와 같은 입법의무가 도출되지 않는다(헌재 2014.6.26, 2012헌마459).

기출OX

01 지방의회의원은 지방자치법의 목적에 비추어 지방자치단체의 장 및 교육감과 유사한 지위에 있는 선출직 공무원임에도 불구하고, 세종시를 신설하면서 세종시장과 세종시교육감은 선출하고 세종시의회의원은 선출하지 않는 것은, 양자를 합리적 이유없이 차별하는 것이므로 세종시의회의원이 되고자 하는 자의 평등권을 침해한다. (×) 13. 국가직 7급

02 부사관으로 최초로 임용되는 사람의 최고연령을 27세로 정한 군인사법 조항은 군 조직의 특수성, 군 조직 내에서 부사관의 상대적 지위 및 역할 등을 고려하더라도 과잉금지원칙에 위배되어 공무담임권을 침해한다. (×) 22. 경찰간부

15 선거중립의무 우선
국가공무원법 조항은 정무직 공무원들의 일반적 정치활동을 허용하는 데 반하여, 공직선거법 제9조 제1항은 그들로 하여금 정치활동 중 '선거에 영향을 미치는 행위'만을 금지하고 있으므로, 위 법률조항은 선거영역에서의 특별법으로서 일반법인 국가공무원법 조항에 우선하여 적용된다고 할 것이다. 선거활동에 관하여 대통령의 정치활동의 자유와 선거중립의무가 충돌하는 경우에는 후자가 강조되고 우선되어야 한다(헌재 2008.1.17, 2007헌마700).

16 국방부 보조기관에 근무 기회
국방부 등의 보조기관에 근무할 수 있는 기회를 현역군인에게만 부여하고 군무원에게는 부여하지 않는 법률조항은 군무원의 공무담임권을 침해하지 않는다(헌재 2008.6.26, 2005헌마1275).

17 서울교통공사의 직원은 공무의 범위가 아님
서울교통공사는 공익적인 업무를 수행하기 위한 지방공사이나 서울특별시와 독립적인 공법인으로서 경영의 자율성이 보장되고, 서울교통공사의 직원의 신분도 지방공무원법이 아닌 지방공기업법과 정관에서 정한 바에 따르는 등, 서울교통공사의 직원이라는 직위가 헌법 제25조가 보장하는 공무담임권의 보호영역인 '공무'의 범위에는 해당되지 않는다(헌재 2021.2.25, 2018헌마174).

18 피성년후견인 국가공무원 당연퇴직 사건 [위헌]
[1] 당연퇴직은 공무원의 법적 지위가 가장 예민하게 침해받는 경우이므로 공익과 사익 간의 비례성 형량에 있어 더욱 엄격한 기준이 요구된다.
[2] 국가공무원의 당연퇴직사유를 임용결격사유와 동일하게 규정하려면 국가공무원이 재직 중 쌓은 지위를 박탈할 정도의 충분한 공익이 인정되어야 하나, 이 조항이 달성하려는 공익은 이에 미치지 못한다.
[3] 휴직을 명하고 그 기간이 끝남에도 불구하고 직무를 감당할 수 없게 된 때에 직권면직을 통하여도 입법목적을 달성할 수 있다. 따라서 침해의 최소성에 반하여 공무담임권을 침해한다(헌재 2022.12.22, 2020헌가8).

19 성범죄자의 경우 교원 임용결격사유 [합헌]
미성년자에 대하여 성범죄를 범하여 형을 선고받아 확정된 자와 성인에 대한 성폭력범죄를 범하여 벌금 100만원 이상의 형을 선고받아 확정된 자는 초·중등교육법상의 교원에 임용될 수 없도록 한 부분이 청구인의 공무담임권을 침해하지 않는다(헌재 2019.7.25, 2016헌마754).

20 아동 성적 학대행위자에 대한 공무원 결격사유 [헌법불합치]
아동에 대한 성희롱 등 성적 학대행위로 형을 선고받아 확정된 사람에 대하여 범죄의 경중, 재범의 위험성 등을 고려하지 않고 일률적·영구적으로, 아동과 관련된 직무인지 여부를 불문하고 모든 일반직공무원 및 부사관에 임용될 수 없도록 하는 것은 공무담임권을 침해한다(헌재 2022.11.24, 2020헌마1181).

21 아동·청소년이용음란물소지죄로 형이 확정된 자에 대한 공무원 결격사유 [헌법불합치]
심판대상조항은 아동·청소년과 관련이 없는 직무를 포함하여 모든 일반직 공무원에 임용될 수 없도록 하므로, 제한의 범위가 지나치게 넓고 포괄적이다. 또한 심판대상조항은 영구적으로 임용을 제한하고, 결격사유가 해소될 수 있는 어떠한 가능성도 인정하지 않는다(헌재 2023.6.29, 2020헌마1605).

기출OX

01 서울교통공사는 공익적인 업무를 수행하기 위한 지방공사이나 서울특별시와 독립적인 공법인으로서 경영의 자율성이 보장되고, 서울교통공사의 직원의 신분도 지방공무원법이 아닌 지방공기업법과 정관에서 정한 바에 따르는 등, 서울교통공사의 직원이라는 직위가 헌법 제25조가 보장하는 공무담임권의 보호영역인 '공무'의 범위에는 해당되지 않는다. (O) 22. 순경 공채

02 피성년후견인인 국가공무원은 당연퇴직한다고 규정한 「국가공무원법」 조항은 성년후견이 개시되지는 않았으나 동일한 정도의 정신적 장애가 발생한 국가공무원의 경우와 비교할 때 사익의 제한 정도가 과도하여 과잉금지원칙에 위반되므로 공무담임권을 침해한다. (O) 23. 순경 공채

22 관련 자격증 소지자에게 세무직 공개경쟁채용시험에서 가산점 부여 [합헌]

관련 자격증 소지자에게 세무직 국가공무원 공개경쟁채용시험에서 일정한 가산점을 부여하는 이사건 법령은 과잉금지의 원칙에 반하여 청구인의 공무담임권을 침해한다고 볼 수 없다(헌재 2020.6.25, 2017헌마1178).

23 '과거 3년 이내 당원 경력'과 '법관 임용 결격사유' [위헌]

현행법상 현직 법관의 정치적 중립성과 재판의 독립을 보장하기 위한 제도가 마련되어 있고, 제척·기피·회피 제도와 심급제·합의제를 통해 법관 개인의 성향과 무관하게 재판의 객관성과 공정성이 유지될 수 있으므로, 과거 3년 이내의 모든 당원 경력을 법관 임용 결격사유로 정하는 심판대상조항은 헌법에 위반된다(헌재 2024.7.18, 2021헌마460).

제4장 정치적 기본권(참정권)

01

19. 국가직 7급

국민투표권에 대한 설명으로 옳지 않은 것은? (다툼이 있는 경우 판례에 의함)

① 정당법상의 당원의 자격이 없는 자는 국민투표에 관한 운동을 할 수 없다.
② 출입국관리 관계 법령에 따라 대한민국에 계속 거주할 수 있는 자격을 갖춘 외국인으로서 지방자치단체의 조례로 정한 사람은 국민투표권을 가진다.
③ 국회의원선거권자인 재외선거인에게 국민투표권을 인정하지 않은 것은 국회의원선거권자의 헌법개정안 국민투표 참여를 전제하고 있는 헌법 제130조 제2항의 취지에 부합하지 않는다.
④ 특정의 국가정책에 대하여 다수의 국민들이 국민투표를 원하고 있음에도 불구하고 대통령이 이러한 희망과는 달리 국민투표에 회부하지 아니한다고 하여도 이를 헌법에 위반된다고 할 수 없고, 국민에게 특정의 국가정책에 관하여 국민투표에 회부할 것을 요구할 권리가 인정된다고 할 수도 없다.

정답 및 해설

난이도 ★★☆

① [○] 국민투표법 제28조 제1항
② [×] 주민투표법 제5조 제1항 제2호에 의하면 출입국관리 관계 법령에 따라 대한민국에 계속 거주할 수 있는 자격(체류자격변경허가 또는 체류기간연장허가를 통하여 계속 거주할 수 있는 경우를 포함한다)을 갖춘 외국인으로서 지방자치단체의 조례로 정한 사람은 주민투표권을 가진다. 즉 국민투표권은 가지지 못한다.
③ [○] 헌재 2014.7.26, 2009헌마256
④ [○] 헌법 제72조의 중요정책에 관한 국민투표는 대통령의 전권으로 재량에 속한다.

답 ②

02

13. 법원직 9급

공무담임권에 관한 설명으로 가장 옳지 않은 것은?

① 공무담임권은 국민주권의 실현 방법으로 국가의 공적인 업무를 수행함에 있어 참여하고 이를 수행하는 권리로서 헌법상의 권리이다.
② 공무담임권은 원하는 경우에 언제나 공직에 취임할 수 있는 현실적 권리를 보장하는 것이 아니라, 공무담임의 기회 보장적 성격을 갖는 것이다.
③ 공무담임권의 보호영역에는 공직취임 기회의 자의적인 배제뿐 아니라 공무원 신분의 부당한 박탈이나 권한의 부당한 정지도 포함된다.
④ 공무원이 특정의 장소에서 근무하는 것 또는 특정의 보직을 받아 근무하는 것을 포함하는 일종의 공무수행의 자유도 그 보호영역에 포함된다.

정답 및 해설

난이도 ★★☆

① [O] 헌재 2007.3.29, 2005헌마1144
② [O] 현실적인 권리라기보다는 기회보장적인 성격이 강하다고 볼 수 있다(헌재 2003.8.21, 2001헌마687 등).
③ [O] 헌재 2002.8.29, 2001헌마788 등
④ [X] 공무원이 특정의 장소에서 근무하는 것 또는 특정의 보직을 받아 근무하는 것을 포함하는 일종의 '공무수행의 자유'까지 그 보호영역에 포함된다고 보기는 어렵다(헌재 2008.6.26, 2005헌마1275).

답 ④

제5장 청구권적 기본권

제2편 기본권론

제5장 청구권적 기본권

- **청원권**
  - 기능 — 국민의 신임 획득 + 유대 지속, 구속력 ×
  - 주체 — 국민, 외국인, 법인
  - 내용
    - **자유권적 내용**: 청원 방해금지, 차별금지, 불이익금지
    - **청구권적 내용**: 피해구제, 징계요구, 제도 개선
    - 의원소개 또는 일정 수 이상의 국민동의
  - 불수리 — 구제절차 진행 중 중상모략, 개인사생활 불분명
  - 방식 — 문서(전자문서 포함)

- **재판청구권**
  - 의의 — 기본권 보장을 위한 절차적 기본권(사실심 + 법률심)
  - 내용
    - **재판을 받을 권리**
      - 대법원(×), 헌법재판(×), 군사재판(×), 재심(×), 국민참여재판(×)
      - 공정한 재판(×), 공개재판(○), 신속한 재판(○)
    - **헌법과 법률이 정한 법관**: 법무부 변호사 징계(위헌)
    - **국민의 형사재판 참여**
      - 20세 이상, 국민, 사실인정 + 법령적용, 증거능력 관여 못함
      - 전원일치, 재판부 구속 ×
    - 문제되는 경우
      - **군사재판**: 헌법에 근거 ○
      - **즉결심판·약식절차**: 정식재판 보장
      - **행정심판**
        - 임의적 전치로 개정
        - 필수적 전치일 때는 사법절차 준용
      - **통고처분**: 정식재판절차 보장
  - 제한
    - 상고제한 - 한정된 법 발견 자원의 배분 문제
    - 제소기간 제한 / 소송비용

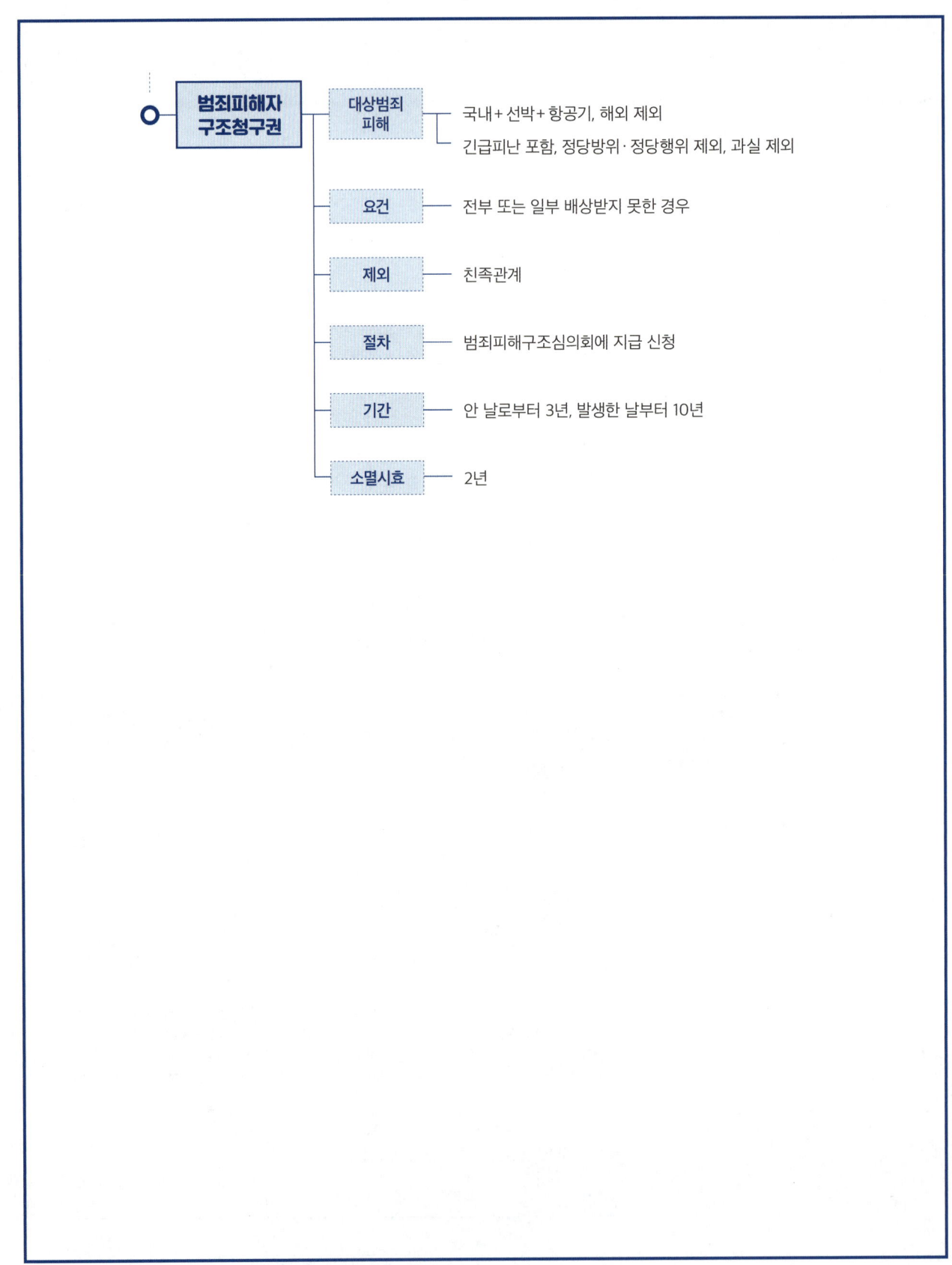

제1절 청원권

> 헌법 제26조 ① 모든 국민은 법률이 정하는 바에 의하여 국가기관에 문서로 청원할 권리를 가진다.
> ② 국가는 청원에 대하여 심사할 의무를 진다.

비교 정리

조문	내용
헌법	심사
청원법	결과통지
×	이유부기

1 의의

청원권이라 함은 국민이 공권력과의 관계에서 일어나는 여러 가지 이해관계 또는 국정에 관해서 자신의 의견이나 희망을 진술할 수 있는 권리를 말한다. 이는 국가기관에 대하여 국민의 의사를 직접 전달할 수 있으므로 민주적 의사형성에 기여하게 된다.

비교 정리

행정쟁송과의 구별

구분	청원	행정쟁송
주체	제3자도 가능	피해자
제기기간	제한 ×	제한 ○
국가의 의무	수리·심사·결과통지의무	재결·결정 의무
구속력	×	○

2 주체

청원권의 향유 주체는 내국인뿐만 아니라 법인도 포함되며 외국인도 그 주체가 된다. 다만, 공무원·군인과 같은 특수신분관계에 있는 자에게 직무와 관련된 청원이나 집단적인 청원은 원칙적으로 할 수 없다.

3 내용

1. 자유권적 내용

청원권에 내포된 자유권적 성격으로부터 ① 국가로부터 청원을 방해받지 않을 청원방해금지, ② 청원을 이유로 한 차별대우금지, ③ 집단청원을 위한 서명운동방해금지 등의 내용이 나온다.

2. 청구권적 내용

(1) 청원사항

> **청원법 제4조【청원기관】** 이 법에 따라 국민이 청원을 제출할 수 있는 기관(이하 "청원기관"이라 한다)은 다음 각 호와 같다.
> 1. 국회·법원·헌법재판소·중앙선거관리위원회, 중앙행정기관(대통령 소속 기관과 국무총리 소속 기관을 포함한다)과 그 소속 기관
> 2. 지방자치단체와 그 소속 기관
> 3. 법령에 따라 행정권한을 가지고 있거나 행정권한을 위임 또는 위탁받은 법인·단체 또는 그 기관이나 개인
>
> **제5조【청원사항】❶** 국민은 다음 각 호의 어느 하나에 해당하는 사항에 대하여 청원기관에 청원할 수 있다.
> 1. 피해의 구제
> 2. 공무원의 위법·부당한 행위에 대한 시정이나 징계의 요구
> 3. 법률·명령·조례·규칙 등의 제정·개정 또는 폐지
> 4. 공공의 제도 또는 시설의 운영
> 5. 그 밖에 청원기관의 권한에 속하는 사항

❶ 이는 예시규정이므로 공공기관의 권한에 속하는 사항이면 그 모두가 청원의 대상이 될 수 있다.

기출OX
청원법에 따르면 청원이 사인간의 권리관계 또는 개인의 사생활에 관한 사항인 때에는 수리하지 아니하게 되어 있다. (O)   13. 법원직

(2) 청원수리금지사항

> **청원법 제6조【청원 처리의 예외】** 청원기관의 장은 청원이 다음 각 호의 어느 하나에 해당하는 경우에는 처리를 하지 아니할 수 있다. 이 경우 사유를 청원인(제11조 제3항에 따른 공동청원의 경우에는 대표자를 말한다)에게 알려야 한다.
> 1. 국가기밀 또는 공무상 비밀에 관한 사항
> 2. 감사·수사·재판·행정심판·조정·중재 등 다른 법령에 의한 조사·불복 또는 구제절차가 진행 중인 사항
> 3. 허위의 사실로 타인으로 하여금 형사처분 또는 징계처분을 받게 하는 사항
> 4. 허위의 사실로 국가기관 등의 명예를 실추시키는 사항
> 5. 사인간의 권리관계 또는 개인의 사생활에 관한 사항
> 6. 청원인의 성명, 주소 등이 불분명하거나 청원내용이 불명확한 사항
>
> **제25조【모해의 금지】** 누구든지 타인을 모해(謀害)할 목적으로 허위의 사실을 적시한 청원을 하여서는 아니 된다.

(3) 청원의 방식과 절차

① 청원은 청원서에 청원인의 성명(법인인 경우에는 명칭 및 대표자의 성명을 말한다)과 주소 또는 거소를 적고 서명한 문서(전자문서 및 전자거래 기본법에 따른 전자문서를 포함한다)로 하여야 한다(청원법 제9조 제1항).

② 행정안전부장관은 서면으로 제출된 청원을 전자적으로 관리하고, 전자문서로 제출된 청원을 효율적으로 접수·처리하기 위하여 정보처리시스템(온라인청원시스템)을 구축·운영하여야 한다(청원법 제10조 제1항).

③ 공개청원을 접수한 청원기관의 장은 접수일부터 15일 이내에 청원심의회의 심의를 거쳐 공개 여부를 결정하고 결과를 청원인(공동청원의 경우 대표자를 말한다)에게 알려야 한다. 청원기관의 장은 공개청원의 공개결정일부터 30일간 청원사항에 관하여 국민의 의견을 들어야 한다(청원법 제13조).

기출OX
청원법 규정에 의하면 청원기관의 장은 공개청원의 공개결정일부터 60일간 청원사항에 관하여 국민의 의견을 들어야 한다. (X)   22년 경찰간부

④ 청원기관의 장은 청원사항이 다른 기관 소관인 경우에는 지체 없이 소관 기관에 청원서를 이송하고 이를 청원인(공동청원의 경우 대표자를 말한다)에게 알려야 한다(청원법 제15조 제2항).

⑤ 국회에 청원을 하려는 자는 의원의 소개를 받거나 국회규칙으로 정하는 기간 동안 국회규칙으로 정하는 일정한 수 이상의 국민의 동의를 받아 청원서를 제출하여야 한다(국회법 제123조 제1항).

⑥ 청원기관의 장은 동일인이 같은 내용의 청원서를 같은 청원기관에 2건 이상 제출한 반복청원의 경우에는 나중에 제출된 청원서를 반려하거나 종결처리할 수 있고, 종결처리하는 경우 이를 청원인에게 알려야 한다(청원법 제16조 제1항). 또 동일인이 같은 내용의 청원서를 2개 이상의 청원기관에 제출한 경우 소관이 아닌 청원기관의 장은 청원서를 소관 청원기관의 장에게 이송하여야 한다. 이 경우 반복청원의 처리에 관하여는 제1항을 준용한다(청원법 제16조 제2항).

⑦ 청원기관의 장은 청원을 접수한 때에는 특별한 사유가 없으면 90일 이내에 처리결과를 청원인(공동청원의 경우 대표자를 말한다)에게 알려야 한다. 다만, 부득이한 사유로 제2항에 따른 처리기간에 청원을 처리하기 곤란한 경우에는 60일의 범위에서 한 차례만 처리기간을 연장할 수 있다. 이 경우 그 사유와 처리예정기한을 지체 없이 청원인(공동청원의 경우 대표자를 말한다)에게 알려야 한다(청원법 제21조 제2항·제3항).

> **기출OX**
>
> 01 청원법에 따르면 청원을 관장하는 기관이 청원을 접수한 때에는 특별한 사유가 없는 한 90일 이내에 그 처리결과를 청원인에게 통지하여야 한다. (○) 13. 법원직
>
> 02 국회법에 의한 청원은 일반의안과는 달리 소관위원회의 심사를 거칠 필요가 없으며 심사절차도 일반의안과 다른 절차를 밟는데, 청원을 소개한 국회의원은 필요할 경우 국회법 제125조 제3항에 의해 청원의 취지를 설명해야 하고 질의가 있을 경우 답변을 해야 한다. (×)

정리 국회의 청원심사절차

청원서의 제출 → 소관 상임위원회에 회부 → 소관 상임위원회의 심사 → 청원 상임위원회에 회부 → 청원 상임위원회의 심사 → 본회의 심의 의결 → 청원인에 대한 통지

4 효과

1. 적극적 효과

헌법은 제26조 제2항에서 청원에 대한 수리와 심사의 의무만을 국가의 의무로 규정하고 있으나, 청원법에서는 그 결과를 청원인에게 통지할 의무까지 규정하고 있다(청원법 제21조). 다만, 그에 대한 재결이나 결정할 의무까지 있는 것은 아니고, 또한 처리결과를 통지할 경우에 법률에 특별한 규정이 없는 한 처리이유까지 밝혀야 할 필요는 없다.

> **기출OX**
>
> 헌법에서는 청원에 대하여 심사할 의무만을 규정하므로 국가 기관은 청원에 대하여 그 결과를 통지하여야 할 의무를 지지 않는다. (×) 16. 국가직 7급

2. 소극적 효과

청원법은 국민이 청원을 하였다는 이유로 차별대우를 받거나 불이익을 강요당하지 않는다는 것을 보장하고 있다(청원법 제26조). 청원을 하였다는 이유로 공무원이 청원인을 차별대우하거나 불이익을 주는 경우 처벌을 받게 된다(청원법 제27조).

5 제한(법률규정에 의한 청원권 행사의 제한)

청원법	불수리 (제6조)	• 국가기밀 또는 공무상 비밀에 관한 사항 • 감사·수사·재판·행정심판·조정·중재 등 다른 법령에 의한 조사·불복 또는 구제절차가 진행 중인 사항 • 허위의 사실로 타인으로 하여금 형사처분 또는 징계처분을 받게 하는 사항 • 허위의 사실로 국가기관 등의 명예를 실추시키는 사항 • 사인간의 권리관계 또는 개인의 사생활에 관한 사항 • 청원인의 성명, 주소 등이 불분명하거나 청원내용이 불명확한 사항
	금지 (제25조)	누구든지 타인을 모해(謀害)할 목적으로 허위의 사실을 적시한 청원을 하여서는 아니 된다.
	반려 (제16조)	동일인이 동일한 내용의 청원서를 동일한 기관에 2건 이상 제출하거나, 2 이상의 기관에 제출한 때에는 나중에 접수된 청원서는 이를 반려할 수 있다.
국회법 제123조 제4항		재판 간섭, 국가기관 모독, 국가기밀에 관한 내용의 청원은 접수하지 아니한다.
지방자치법 제86조		재판에 간섭하거나 법령에 위배되는 내용의 청원은 수리하지 아니한다.

관련 판례 청원권에 관한 판례

1 청원에 대한 회신 [각하]

적법한 청원에 대하여 국가기관이 이를 **수리, 심사하여 그 결과를 청원인에게 통보하였다면 이로써 당해 국가기관은 헌법 및 청원법상의 의무이행을 다한 것**이고, 그 통보 자체에 의하여 청구인의 권리의무나 법률관계가 직접 무슨 영향을 받는 것도 아니므로 비록 그 통보내용이 청원인이 기대하는 바에는 미치지 못한다고 하더라도 그러한 통보조치가 헌법소원의 대상이 되는 구체적인 공권력의 행사 내지 불행사라고 볼 수는 없다(헌재 2000.10.25, 99헌마458). 04. 국가직 7급

2 예외적으로 공권력행사로 인정가능

청구인의 청원이 단순한 호소나 요청이 아닌 구체적인 권리행사로서의 성질을 갖는 경우라면 그에 대한 위 피청구인의 거부행위는 청구인의 법률관계나 법적 지위에 영향을 미치는 것으로서 당연히 헌법소원의 대상이 되는 공권력의 행사라고 할 수 있을 것이다(헌재 2004.10.28, 2003헌마898).
▶ 형식은 청원의 형식이나 실질은 청구인의 권리의무에 영향을 주는 경우 공권력 행사이다.

기출OX

지방자치법에 따라 지방의회 위원회가 청원을 심사하여 본회의에 부칠 필요가 없다고 결정하면 그 처리결과를 지방의회 의장에게 보고하고, 지방의회 위원회는 청원한 자에게 이를 알려야 한다. (×)

➡ 위원회가 아니라 의장이다.

3 국회청원 소개절차의 위헌 여부 [기각]

이 사건 법률조항이 의회에 청원을 할 때에 의원의 소개를 얻도록 한 것은 **무책임한 청원서의 제출을 규제하여 그 남용을 예방**하고 의원이 미리 청원의 내용을 확인하여 그 후 이루어질 심사의 실효성을 확보하려는 데에 그 목적이 있다. … 의회가 모든 민원을 청원으로 접수한 후 청원심사위원회 등 **예비심사제도를 통해 무의미한 청원을 선별해 낸 후 심사하는 방식**으로도 입법목적을 달성할 수 있겠으나 입법자는 청원권의 구체적 입법형성에 있어서 광범위한 재량권을 가지고 있기 때문에 **국회가 '민원처리장화' 되는 것을 방지하기 위하여 적절한 수단을 선택할 수 있다 할 것이므로** 의원의 소개를 청원서 제출의 요건으로 규정하여 의원의 소개를 얻은 민원은 일반의안과 같이 처리하고, 그 외 의원의 소개를 얻지 못한 민원은 진정으로 처리하는 방식을 택하는 것은 입법자에게 부여된 입법재량이라 할 것이다. 그렇다면 이 사건 법률조항은 입법형성의 재량의 범위를 넘어 기본권을 침해하였다고 볼 수 없다(헌재 2006.6.29, 2005헌마604).

4 지방의회청원 소개절차의 위헌 여부 [기각]

지방의회에 청원을 할 때에 지방의회 의원의 소개를 얻도록 한 것은 의원이 미리 청원의 내용을 확인하고 이를 소개하도록 함으로써 **청원의 남발을 규제하고 심사의 효율을 기하기 위한 것**이고, 지방의회 의원 모두가 소개의원이 되기를 거절하였다면 그 청원내용에 찬성하는 의원이 없는 것이므로 지방의회에서 심사하더라도 인용가능성이 전혀 없어 심사의 실익이 없으며, 청원의 소개의원도 1인으로 족한 점을 감안하면 이러한 정도의 제한은 공공복리를 위한 필요·최소한의 것이라고 할 수 있다(헌재 1999.11.25, 97헌마54).

5 일정한 기간 동안 일정 수 이상의 국민의 동의를 요구하는 국회법

청원서가 일반인에게 공개되면 그로부터 30일 이내에 10만 명 이상의 동의를 받도록 한 것은 국회의 한정된 심의 역량과 자원의 효율적 배분을 고려함과 동시에, 일정 수준 이상의 인원에 해당하는 국민 다수가 관심을 갖고 동의하는 의제가 논의 대상이 되도록 하기 위한 것이다(헌재 2023.3.23, 2018헌마460).

6 교도소 수형자의 청원 [기각]

모든 국민은 청원권을 가지고 있으므로 교도소 수용자라 하더라도 원칙적으로는 자유롭게 청원할 권리가 보장된다. 그러나 국가기관에 대한 청원의 경우 이에 대한 아무런 제한 없이 청원할 수 있도록 한다면 이를 이용하여 **검열 없이 외부에 서신을 발송하는 탈법수단으로 이용할 우려**가 있다. … 청원을 내용으로 하는 서신이라 하더라도 검열을 거친 후에는 발송을 보장하고 있다. 더구나 행형법은 교도행정에 관해 지휘, 감독권을 가진 법무부장관에게 청원하는 경우는 검열을 금지하고 있는데, … 청원권의 본질적 내용을 침해하는 것이라고 할 수 없다(헌재 2001.11.29, 99헌마713).

7 이중청원에 대한 국가의 의무 [각하]

청원법 제8조는 동일내용의 청원서를 동일기관에 2개 이상 또는 2개 기관 이상에 제출할 수 없도록 하고, 이에 위배된 청원서를 접수한 관서는 이를 취급하지 아니하도록 하고 있으므로, 동일내용의 청원에 대하여는 국가기관이 이를 수리, 심사 및 통지를 하여야 할 아무런 의무가 없다. 따라서 청구인들의 이 부분 심판청구는 헌법에서 유래하는 작위의무가 없는 공권력의 불행사에 대한 헌법소원으로서 나아가 살펴볼 필요도 없이 부적법하다고 할 것이다(헌재 2004.5.27, 2003헌마851).

기출OX

국회에 청원을 하려는 자는 국회의원의 소개를 얻어서, 지방의회에 청원을 하려는 자는 지방의회의원의 소개를 받아 청원서를 제출하도록 하는 것은 청원권을 침해하지 아니한다. (○)

16. 국가직 7급

제2절 재판청구권

> 헌법 제27조 ① 모든 국민은 헌법과 법률이 정한 법관에 의하여 법률에 의한 재판을 받을 권리를 가진다.
> ② 군인 또는 군무원이 아닌 국민은 대한민국의 영역 안에서는 중대한 군사상 기밀·초병·초소·유독음식물공급·포로·군용물에 관한 죄 중 법률이 정한 경우와 비상계엄이 선포된 경우를 제외하고는 군사법원의 재판을 받지 아니한다.
> ③ 모든 국민은 신속한 재판을 받을 권리를 가진다. 형사피고인은 상당한 이유가 없는 한 지체 없이 공개재판을 받을 권리를 가진다.
> ④ 형사피고인은 유죄의 판결이 확정될 때까지는 무죄로 추정된다.
> ⑤ 형사피해자는 법률이 정하는 바에 의하여 당해 사건의 재판절차에서 진술할 수 있다.

1 의의

재판청구권이란 독립이 보장된 법원에서 헌법과 법률이 정한 법관에 의하여 공정하고 신속한 재판을 받을 권리를 말한다. 재판청구권은 기본권의 보장과 관철에 기여하는 절차적 기본권이다.

2 주체

기본권의 주체가 될 수 있는 자는 누구나 재판청구권의 주체가 될 수 있고 따라서 국민만이 아니라 외국인과 법인에게도 보장된다. 04. 국가직 7급·국회직 8급

3 내용

1. 재판을 받을 권리

(1) 요건

기본적으로 청구할 자격과 소의 이익이 있어야 하며 권리보호 이익도 있어야 한다. 법원은 국민의 재판청구권에 근거하여 법령에서 정한 국민의 정당한 재판청구행위에 대하여만 재판을 할 의무를 부담하고 법령이 규정하지 아니한 재판청구행위에 대하여는 그 의무가 없다. 08. 법원직

(2) 대법원의 재판을 받을 권리

> **관련 판례**
>
> **대법원의 재판을 받을 권리 [합헌]**
> 헌법 제101조 제2항은 '법원은 최고법원인 대법원과 각급 법원으로 조직된다.'고 규정하고 제102조 제3항은 '대법원과 각급 법원의 조직은 법률로 정한다.'고 규정하여 대법원을 최고법원으로 하고 그 아래에 심급을 달리 하여 각급 법원을 두도록 하고 있다. 헌법이 위와 같이 대법원을 최고법원으로 규정하였다고 하여 **대법원이 곧바로 모든 사건을 상고심으로서 관할하여야 한다는 결론이 당연히 도출되는 것은 아니다.**

기출OX

01 신속한 재판을 받을 권리는 법률에 의한 구체적 형성이 없어도 직접 보장된다. (×) 08. 국가직 7급

02 현행 헌법은 형사피고인에 대해서만 무죄추정원칙을 명시하고 있다(헌법 제27조 제4항). (○) 06. 국회직 8급

비교 정리

재판을 받을 권리

구분	인정 여부
대법원	×
헌법재판소 (독립된 헌법재판기관)	×
국민참여	×
재심	×

헌법 제102조 제3항에 따라 법률로 정할 '대법원과 각급 법원의 조직'에는 그 관할에 관한 사항도 포함되며, 따라서 **대법원이 어떤 사건을 제1심으로서 또는 상고심으로서 관할할 것인지는 법률로 정할 수 있는 것**으로 보아야 하기 때문이다. … 그리고 헌법 제27조 제1항에서 말하는 '헌법과 법률이 정하는 법관에 의하여 법률에 의한 재판을 받을 권리'가 사건의 경중을 가리지 아니하고 **모든 사건에 대하여 대법원을 구성하는 법관에 의한 균등한 재판을 받을 권리를 의미한다거나 또는 상고심재판을 받을 권리를 의미하는 것이라고 할 수는 없다**(헌재 1997.10.30, 97헌바37 등). 04. 국가직 7급, 04·06·07. 국회직 8급, 08. 법원직

(3) 헌법재판을 받을 권리

> **관련 판례**
>
> **헌법재판을 받을 권리**
> **재판청구권은 사실관계와 법률관계에 관하여 최소한 한 번의 재판을 받을 기회가 제공될 것을 국가에게 요구할 수 있는 절차적 기본권**을 뜻하므로 기본권의 침해에 대한 구제절차가 반드시 **헌법소원의 형태로 독립된 헌법재판기관에 의하여 이루어질 것만을 요구하지는 않는다.** 따라서 헌법재판소법 제68조 제1항은 청구인의 재판청구권을 침해하였다고 볼 수 없다(헌재 1997.12.24, 96헌마172 등).

(4) 군사법원의 재판을 받지 아니할 권리

구분	평시	비상계엄시
군인·군무원	3심제	단심(사형 제외)
일반인	중대한 군사상 기밀·초병·초소·유독음식물 공급·포로·군용물에 관한 죄 중 법률이 정한 경우: 3심제	• 원칙: 3심제 • 예외: 단심제[군사에 관한 간첩죄의 경우와 초병·초소·유독음식물 공급·포로에 관한 죄 중 법률이 정한 경우(사형 제외)]

(5) 공정한 재판을 받을 권리

헌법에 명문의 규정은 없으나, 공정한 재판을 받을 권리는 국민의 기본권으로 보장되고 있음이 명백하다. 08. 법원직 형사피고인의 공정한 재판을 받을 권리로부터 원칙적으로 당사자주의와 구두변론주의가 보장되어 당사자에게 공소사실에 대한 답변과 입증 및 반증의 기회가 부여되는 등 공격·방어권이 충분히 보장되는 재판을 받을 권리가 파생되어 나온다. 05. 입시

(6) 공개재판을 받을 권리

재판의 공개는 일반 공개를 의미하지만, 누구든지 언제나 방청이 허용되어야 한다는 의미는 아니고 합리적 사유에 근거한 방청인 수의 제한은 가능하다. 그러나 법원이 법정의 규모·질서의 유지·심리의 원활한 진행 등을 고려하여 방청인의 수를 제한하더라도 공개재판주의의 취지에 반하는 것은 아니다(대판 1990.6.8, 90도646). 04. 국가직 7급

기출OX

01 재판을 받을 권리로부터 반드시 모든 사건에 관해 대법원의 재판을 받을 권리가 도출되지는 않는다. (O) 14. 국가직 7급

02 헌법과 법률이 정한 법관에 의한 재판을 받을 권리는 직업 법관에 의한 재판을 주된 내용으로 하는 것이므로 국민참여재판을 받을 권리는 그 보호범위에 속하지 않는다. (O) 18. 서울시 7급

03 재심도 재판절차 중의 하나이므로 재심청구권은 헌법 제27조에서 규정한 재판을 받을 권리에 당연히 포함된다. (×) 17. 서울시 7급

비교 정리

군사법원의 재판

구분	헌법조문
군사상 기밀	O
군사상 시설	×
간첩죄	×

비교 정리

헌법상 재판받을 권리

구분	헌법조문
신속한 재판	O
공개재판	O
공정한 재판	×

2. 헌법과 법률이 정한 법관

"법관에 의한 재판을 받을 권리를 보장한다."라고 함은 법관이 사실을 확정하고 법률을 해석·적용하는 재판을 받을 권리를 보장한다는 뜻이다. 05. 입시

> **기출OX**
>
> 법률이 국민참여재판 신청권을 부여하면서 단독판사 관할 사건으로 재판받는 피고인과 합의부 관할사건으로 재판받는 피고인을 다르게 취급하는 것은 합리적인 이유가 있다. (O)
>
> 18. 서울시 7급

> 국민의 형사재판 참여에 관한 법률 제5조【대상사건】① 다음 각 호에 정하는 사건을 국민참여재판의 대상사건(이하 "대상사건"이라 한다)으로 한다.
>   1. 법원조직법 제32조 제1항(제2호 및 제5호는 제외한다)에 따른 합의부 관할 사건
> ② 피고인이 국민참여재판을 원하지 아니하거나 제9조 제1항에 따른 배제결정이 있는 경우는 국민참여재판을 하지 아니한다.
>
> 제7조【필요적 국선변호】이 법에 따른 국민참여재판에 관하여 변호인이 없는 때에는 법원은 직권으로 변호인을 선정하여야 한다.
>
> 제9조【배제결정】① 법원은 공소제기 후부터 공판준비기일이 종결된 다음날까지 다음 각 호의 어느 하나에 해당하는 경우 국민참여재판을 하지 아니하기로 하는 결정을 할 수 있다.
>   3. 성폭력범죄의 처벌 등에 관한 특례법 제2조의 범죄로 인한 피해자(이하 "성폭력범죄 피해자"라 한다) 또는 법정대리인이 국민참여재판을 원하지 아니하는 경우
>
> 제12조【배심원의 권한과 의무】① 배심원은 국민참여재판을 하는 사건에 관하여 사실의 인정, 법령의 적용 및 형의 양정에 관한 의견을 제시할 권한이 있다.
> ② 배심원은 법령을 준수하고 독립하여 성실히 직무를 수행하여야 한다.
> ③ 배심원은 직무상 알게 된 비밀을 누설하거나 재판의 공정을 해하는 행위를 하여서는 아니 된다.
>
> 제13조【배심원의 수】① 법정형이 사형·무기징역 또는 무기금고에 해당하는 대상사건에 대한 국민참여재판에는 9인의 배심원이 참여하고, 그 외의 대상사건에 대한 국민참여재판에는 7인의 배심원이 참여한다. 다만, 법원은 피고인 또는 변호인이 공판준비절차에서 공소사실의 주요내용을 인정한 때에는 5인의 배심원이 참여하게 할 수 있다.
> ② 법원은 사건의 내용에 비추어 특별한 사정이 있다고 인정되고 검사·피고인 또는 변호인의 동의가 있는 경우에 한하여 결정으로 배심원의 수를 7인과 9인 중에서 제1항과 달리 정할 수 있다.
>
> 제16조【배심원의 자격】배심원은 만 20세 이상의 대한민국 국민 중에서 이 법으로 정하는 바에 따라 선정된다.
>
> 제44조【배심원의 증거능력 판단 배제】배심원 또는 예비배심원은 법원의 증거능력에 관한 심리에 관여할 수 없다.
>
> 제46조【재판장의 설명·평의·평결·토의 등】① 재판장은 변론이 종결된 후 법정에서 배심원에게 공소사실의 요지와 적용법조, 피고인과 변호인 주장의 요지, 증거능력, 그 밖에 유의할 사항에 관하여 설명하여야 한다. 이 경우 필요한 때에는 증거의 요지에 관하여 설명할 수 있다.
> ② 심리에 관여한 배심원은 제1항의 설명을 들은 후 유·무죄에 관하여 평의하고, 전원의 의견이 일치하면 그에 따라 평결한다. 다만, 배심원 과반수의 요청이 있으면 심리에 관여한 판사의 의견을 들을 수 있다.

③ 배심원은 유·무죄에 관하여 전원의 의견이 일치하지 아니하는 때에는 평결을 하기 전에 심리에 관여한 판사의 의견을 들어야 한다. 이 경우 유·무죄의 평결은 다수결의 방법으로 한다. 심리에 관여한 판사는 평의에 참석하여 의견을 진술한 경우에도 평결에는 참여할 수 없다.
⑤ 제2항부터 제4항까지의 평결과 의견은 법원을 기속하지 아니한다.
⑥ 제2항 및 제3항의 평결결과와 제4항의 의견을 집계한 서면은 소송기록에 편철한다.

관련 판례

배심원 연령 제한 [합헌]
심판대상조항이 우리나라 국민참여재판제도의 취지와 배심원의 권한 및 의무 등 여러 사정을 종합적으로 고려하여 만 20세에 이르기까지 교육 및 경험을 쌓은 자로 하여금 배심원의 책무를 담당하도록 정한 것은 입법형성권의 한계 내의 것으로 자의적인 차별이라고 볼 수 없다(헌재 2021.5.27, 2019헌가19).

3. 재판절차 진술권

(1) 의미

형사피해자의 재판절차 진술권은 법관이 피해자의 진술을 청취하여 적절하고 공정한 재판을 하도록 하는 데 의미가 있고, 나아가 형사피해자에게 법관으로 하여금 적절한 형벌권을 행하여 줄 것을 청구할 수 있는 절차적 기본권을 보장해 주는 데 의미가 있다.

관련 판례

1 약식명령의 고지대상자 및 정식재판청구권자에서 형사피해자를 제외 [기각]
약식절차에서는 수사기관에서 한 형사피해자의 진술조서가 형사기록에 편철되어 오는 것이 보통이고, 형사피해자는 자신의 진술을 기재한 진술서나 탄원서 등을 법원에 제출함으로써 재판절차에 참여할 기회를 가지며, 법관은 약식명령으로 하는 것이 적당하지 않다고 인정하는 경우 정식재판절차에 회부할 수도 있으므로, 약식명령이 청구되었다고 하여 형사피해자의 공판정에서의 진술권이 완전히 배제되는 것은 아니다. 따라서 이 사건 정식재판청구조항은 형사피해자의 재판절차진술권을 침해하지 않는다(헌재 2019.9.26, 2018헌마1015).

2 친족상도례 [헌법불합치]
경제적 이해를 같이하거나 정서적으로 친밀한 가족 구성원 사이에서 발생하는 수인 가능한 수준의 재산범죄에 대한 형사소추 내지 처벌에 관한 특례의 필요성을 긍정한다. 다만, 심판대상조항이 규정하는 일률적 형면제로 인하여 구체적 사안에서 형사피해자의 재판절차진술권을 형해화하는 경우가 발생할 수 있다. 심판대상조항의 위헌성을 제거하는 데에는, 현실적 가족·친족 관계와 피해의 정도 및 가족·친족 사이 신뢰와 유대의 회복가능성 등을 고려한 피해자의 가해자에 대한 처벌의 의사표시를 소추조건으로 하는 등 여러 가지 선택가능성이 있을 수 있다(헌재 2024.6.27, 2020헌마468).❶

❶ 즉 친족의 범위를 줄일 필요가 있으며, 범죄의 종류도 축소할 필요가 있고, 처벌의 의사표시를 소추조건으로 하는 등 다양한 선택가능성이 존재한다.

기출OX

형사실체법상으로 직접적인 보호법익의 주체로 해석되지 않는 자는 문제되는 범죄 때문에 법률상 불이익을 받게 되는 자라 하더라도 헌법상 형사피해자의 재판절차 진술권의 주체가 될 수 없다. (×)   14. 국가직

비교 정리

사법절차 준용

전치주의	준용
필수	○
임의	×

기출OX

01 현행 헌법은 행정심판에 관하여 규정을 두고 있지 않으나, 재판의 전심절차로서 행정심판을 할 수 있으며, 행정심판의 절차에는 사법절차가 준용되어야 한다. (×)
19. 국가직 7급

02 행정심판절차의 구체적 형성에 관한 입법자의 입법형성의 한계를 고려할 때, 필요적 전심절차로 규정되어 있는 경우뿐만 아니라 임의적 전심절차로 규정되어 있는 경우에도 반드시 사법절차가 준용되어야 한다. (×) 17. 서울시 7급

❶ 통고처분의 경우 범칙금 등을 내지 않으면 고발이 되고 정식재판으로 진행된다. 따라서 재판을 받기 싫으면 범칙금을 내고 통고처분에 대해 불복하는 경우는 재판을 받으면 되므로 재판받을 권리를 침해하는 것이 아니다.

기출OX

01 헌법재판소는 통고처분은 법관이 아닌 행정직 공무원이 행하므로 재판을 받을 권리를 침해한다고 판시하였다. (×) 04. 국회직 8급

02 범칙금 통고처분을 받고도 납부기간 이내에 범칙금을 납부하지 아니한 사람에 대하여 행정청에 대한 이의제기나 의견진술 등의 기회를 주지 않고 경찰서장이 곧바로 즉결심판을 청구하도록 하는 것은 적법절차의 원칙에 위배되지 않는다. (○) 16. 경찰승진

(2) 형사피해자

형사피해자에 대해서는 보호법익을 기준으로 할 것이 아니라 문제되는 범죄 때문에 법률상 불이익을 받게 되는 자라면 형사피해자의 재판절차 진술권을 인정하여야 한다. 형사피해자는 헌법 제30조의 범죄피해자보다 넓은 개념이다. 범죄피해자의 경우는 생명·신체에 피해를 입은 자로 한정되기 때문이다.

4. 문제되는 경우

(1) 군사재판

군사재판의 경우 헌법과 법률이 정하지 않은 법관, 즉 심판관에게 재판을 받아야 하는바 위헌이 문제가 된다. 그러나 이 경우 헌법 제110조 제1항에서 근거 규정을 두고 있어 이는 예외법원으로 재판청구권을 침해한 것이 아니다.

(2) 즉결심판, 약식절차

즉결심판, 약식절차의 경우도 불복시 7일 이내에 정식재판을 청구할 수 있기 때문에 국민의 편의를 위한 것일 뿐 재판청구권의 침해라고 볼 수는 없다.

(3) 행정심판

행정심판의 경우도 재판의 전심절차로만 기능할 뿐 종심이 아니기 때문에 헌법에 위반되지 않는다. 또한 행정소송법 개정으로 인하여 필요적 전치주의에서 임의적 전치주의로 대부분 개정되었고 필요적인 경우에도 사법절차를 준용하도록 되어 있어 위헌으로 보기는 어렵다.

(4) 통고처분

통고처분은 행정관청이 법규 위반자에게 금전적 제재를 통고하는 것인데, 이 역시도 불복시 정식재판의 절차가 보장되어 있는바 합헌으로 볼 수 있다.

> **관련 판례**
>
> **도로교통법상의 통고처분❶** [합헌]
> [1] 도로교통법상의 통고처분은 **처분을 받은 당사자의 임의의 승복을 발효요건**으로 하고 있다. 즉, 통고처분은 당사자가 이에 따르지 않는다고 하여 강제집행에 의하여 실현되지 않으며, 불이행사실 그 자체에 대하여 법적 불이익을 가하지도 않는다.
> [2] 통고처분은 행정공무원에 의하여 발하여 지는 것이지만, **통고처분에 따르지 않는 당사자에게는 정식재판의 절차가 보장**되어 있다. 따라서 통고처분이 행정기관에 의한 형벌권 행사를 인정하는 것이라거나, 형사재판을 대체하는 것이라고 볼 수 없다.
> [3] 통고처분 제도는 교통법규 위반자를 모두 형사처벌하는 경우에 생기는 인권침해 문제와 이로 인해 국민 대다수가 전과자가 되는 사회적 문제를 극복하기 위한 입법정책적 **형벌의 비범죄화 정신에 접근**하는 제도라 할 것이다.
> [4] 결론적으로 **통고처분의 이행 여부가 당사자의 임의에 맡겨져 있는 점, 승복하지 않는 당사자에게 법관에 의한 정식재판을 받을 기회가 보장되어 있는 점, 비범죄화 정신에 근접한 통고처분의 제도적 의의 등을 종합할 때**, 통고처분 제도의 근거 규정인 도로교통법 제118조 본문이 적법절차원칙이나 사법권을 법원에 둔 권력분립원칙에 위배된다거나, 재판청구권을 침해하는 것이라 할 수 없다(헌재 2003. 10.30, 2002헌마275). 04. 국회직 8급

(5) 사법보좌관제도

사법보좌관제도란 법원의 업무 중 법률과 대법원규칙에서 정하는 실질적 쟁송에 해당하지 아니하는 부수적인 업무와 공증적 성격의 사법업무를 담당하는 사법관 제도이다. 이의가 있는 경우는 대법원규칙에 따라 이의신청을 할 수 있다(사법보좌관규칙 제3조, 제4조).

4 제한

> **관련 판례** 재판받을 권리에 관한 판례

1 범죄인인도심사의 전속관할 [합헌]

범죄인인도 여부에 관한 법원의 결정은 **법원이 범죄인을 해당 국가에 인도하여야 할 것인지 아닌지를 판단하는 것일 뿐** 그 자체가 형사처벌이라거나 그에 준하는 처벌로 보기 어렵다. 그렇다면 애초에 재판청구권의 보호대상이 되지 않는 사항에 대하여 법원의 심사를 인정한 경우, 이에 대하여 상소할 수 없다고 해서 재판청구권이 새로이 제한될 수 있다고는 통상 보기 어려울 것이다(헌재 2003.1.30, 2001헌바95).

2 특허심판 [헌법불합치]

특허법 제186조 제1항은 법관에 의한 사실확정 및 법률적용의 기회를 박탈한 것으로서 헌법상 국민에게 보장된 '법관에 의한' 재판을 받을 권리의 본질적 내용을 침해하는 위헌규정이다. … **재판의 전심절차로서만 기능해야 함에도 불구하고 사실확정에 관한 한 사실상 최종심으로 기능**하게 하고 있는 것은, 일체의 법률적 쟁송에 대한 재판기능을 대법원을 최고법원으로 하는 법원에 속하도록 규정하고 있는 헌법 제101조 제1항 및 제107조 제3항에 위반된다고 하지 아니할 수 없다(헌재 1995.9.28, 92헌가11 등).

3 법관징계법 제2조 제2호 등 위헌소원 [합헌]

법관에 대한 대법원장의 징계처분 취소청구소송을 대법원에 의한 단심재판에 의하도록 하고 있는 구 법관징계법 제27조는 입법자가 독립적으로 사법권을 행사하는 법관이라는 지위의 특수성 및 준사법절차인 법관에 대한 징계절차의 특수성을 감안하여 재판의 신속을 도모한 것으로써 그 합리성을 인정할 수 있으므로 헌법 제27조 제1항의 재판청구권을 침해하지 아니한다(헌재 2012.2.23, 2009헌바34).

4 피고인 퇴정 후 증인신문 [합헌]

변호인이 피고인과 상의하여 반대신문의 내용을 정리한 후 반대신문할 수 있는 점 등에 비추어, 기본권 제한의 정도가 특정범죄의 범죄신고자 등 증인 등을 보호하고 실체적 진실의 발견에 이바지하는 공익에 비하여 크다고 할 수 없어 법익의 균형성도 갖추고 있으며, 기본권 제한에 관한 피해의 최소성 역시 인정되므로, 공정한 재판을 받을 권리를 침해한다고 할 수 없다(헌재 2010.11.25, 2009헌바57).

5 군사법원법상 구속기간연장 [위헌]

이 사건 법률규정은 경찰단계에서는 구속기간의 연장을 허용하지 아니하는 **형사소송법의 규정과는 달리 군사법경찰관의 구속기간의 연장을 허용함**으로써 예외에 대하여 다시 특례를 설정하였고, 이로써 기본권 중에서도 가장 기본적인 것인 신체의 자유에 대한 제한을 가중하고 있다. … 군사법원법의 적용대상이 되는 모든 범죄에 대하여 수사기관의 구속기간의 연장을 허용하는 것은 그 과도한 광범성으로 인하여 과잉금지의 원칙에 어긋난다고 할 수 있다. … 그 결과 신체의 자유 및 신속한 재판을 받을 권리를 침해하는 것이다(헌재 2003.11.27, 2002헌마193).

비교 정리

대법원 단심제

사건	헌재 판단
특허재판	헌법불합치
변호사징계	위헌
법관징계	합헌

기출 OX

'법관이 그 품위를 손상하거나 법원의 위신을 실추 시킨 경우'를 징계사유로 하는 법률규정은 '품위 손상', '위신 실추'와 같은 추상적인 용어를 사용하여 그 적용 범위가 지나치게 광범위하거나 포괄적이어서 법관의 표현의 자유를 과도하게 제한한다고 볼 수 있다. (×)   19. 서울시 7급

6 소송지연목적의 기피신청에 대한 기각결정 [합헌]

심판대상 조항은 절차에 위반되거나 소송절차 지연을 목적으로 하는 기피신청의 남용을 방지하여 형사소송절차의 신속성의 실현이라는 공익을 달성하고자 하는 것으로 그 입법목적이 정당하고, … 심판대상 조항은 관할 위반, 기피사유서 미제출의 경우나 소송절차 지연을 목적으로 하는 것이 '명백'한 경우에 한하여 이를 허용하고 있으므로 침해의 최소성도 갖추고 있다고 할 것이며, … 공정한 재판을 받을 권리를 침해하였다고 할 수 없다(헌재 2006.7.27, 2005헌바58).

7 불이익변경금지의 원칙 [합헌]

징역형 및 그에 대한 집행유예의 형이 벌금형에 비하여 반드시 경한 처벌이라고 할 수 없다. 따라서 당해 사건과 같이 피고인이 벌금형의 약식명령에 불복하여 자유형 및 그에 대한 집행유예를 희망하는 정식재판에서 법원이 피고인의 요청을 수용하는 판결을 선고하지 못한다고 하여도 이는 형의 경중을 규정한 형법 250조 제1항 본문 및 제41조에 의한 것이므로 이 사건 법률조항에 의하여 공정한 재판을 받을 권리가 침해된다고 볼 수 없다(헌재 2005.3.31, 2004헌가27 등).

8 교원징계재심위원회의 재심결정에 대한 학교법인의 불복금지 [위헌]

분쟁의 당사자이자 재심절차의 피청구인인 학교법인에게는 효율적인 권리구제절차를 제공하지 아니하므로 학교법인의 재판청구권을 침해한다. … 이 사건 법률조항은 헌법에 위반되므로, 우리 재판소가 종전의 1998.7.16, 95헌바19 등 결정에서 **헌법에 위반되지 아니한다고 판시한 의견은 이를 변경**하기로 한다(헌재 2006.2.23, 2005헌가7 등).

9 교원소청심사결정에 대한 공공단체(총장)의 행정소송 제소권한 부인 [합헌]

공공단체인 한국과학기술원의 총장 또는 공공단체인 광주과학기술원이 교원소청심사결정에 대하여 행정소송을 제기하지 못하도록 한 것은(2021헌마686, 2021헌마1557), 교원의 인사를 둘러싼 분쟁을 신속하게 해결하고 궁극적으로는 한국과학기술원 또는 광주과학기술원의 설립취지를 효과적으로 실현하기 위한 것이다. 따라서 공법인 형태로 국가의 출연으로 설립된 한국과학기술원이나 광주과학기술원의 경우, 한국과학기술원 총장이나 광주과학기술원에 교원소청심사결정에 대해 행정소송을 제기하지 못하도록 하더라도 재판청구권을 침해하는 것이 아니다(헌재 2022.10.27, 2019헌바117).

10 검사 작성 피의자신문조서의 증거능력 [합헌]

위 단서는 전문증거인 검사 작성의 피의자신문조서에 대하여 그 증거능력을 당연히 인정하도록 하는 것이 아니라 피의자였던 피고인 스스로 그 조서가 진정하게 성립되었음을 인정하고, 그 조서에 기재된 진술이 특히 신빙할 수 있는 상태에서 행하여진 때에 한하여 비로소 증거능력을 인정할 수 있도록 하고 있다. 그러나 위 단서에 의한 검사의 피의자신문조서의 증거능력 인정에는 위 두 가지 요건 외에도 헌법상 보장된 적법절차(헌법 제12조 제1항)의 요청에 따른 일정한 한계가 있다(헌재 1995.6.29, 93헌바45).

11 소송구조 거부 [합헌]

국가가 소송구조를 하지 않는다고 하여 국민의 재판청구권이 소멸되거나 그 행사에 직접 제한을 받는다거나 하는 일은 있을 수 없으므로 소송구조의 거부 자체가 국민의 재판청구권의 본질을 침해한다고는 할 수 없다. 따라서 '패소할 것이 명백한 경우'에 소송구조의 불허가 요건을 정하고 있는 것은 재판청구권의 본질을 침해하는 것이 아니다(헌재 2001.2.22, 99헌바74). 05. 입시

12 심리불속행제도❶에 의한 상고제한 [합헌]

한정된 법 발견자원의 합리적인 분배의 문제인 동시에 재판의 적정과 신속이라는 서로 상반되는 두 가지의 요청을 어떻게 조화시키느냐의 문제로 돌아가므로 원칙적으로 입법자의 형성의 자유에 속하는 사항이다. … 이 사건 법률조항은 헌법이 요구하는 대법원의 최고법원성을 존중하면서 민사, 가사, 행정, 특허 등 소송사건에 있어서 상고심 재판을 받을 수 있는 객관적인 기준을 정함에 있어 **개별적 사건에서의 권리구제보다 법령해석의 통일을 더 우위에 둔 규정으로서 그 합리성이 있다**고 할 것이므로 헌법에 위반되지 아니한다(헌재 1997.10.30, 97헌바37 등).

13 공권력행사 위헌확인 [인용]

피청구인인 경북북부제O교도소장이 출정비용납부거부 또는 상계동의거부를 이유로 청구인의 행정소송 변론기일에 청구인의 출정을 각 제한한 행위(이하 '이 사건 각 출정제한행위'라 한다)는 청구인의 재판청구권을 침해한 것으로서 위헌임을 확인한다고 선고하였다. 그 이유는, 민사재판 등 소송 수용자 출정비용 징수에에 관한 지침(이하 '이 사건 지침'이라 한다) 제4조 제3항에 의하면, 교도소장은 수형자가 출정비용을 예납하지 않았거나 영치금❷과의 상계❸에 동의하지 않았다고 하더라도 우선 수형자를 출정시키고 사후에 출정비용을 받거나 영치금과의 상계를 통하여 출정비용을 회수하여야 함에도 이 사건 각 출정제한행위를 한 것은, 피청구인에 대한 업무처리지침 내지 사무처리준칙인 이 사건 지침을 위반하여 청구인이 직접 재판에 출석하여 변론할 권리를 침해함으로써, 형벌의 집행을 위하여 필요한 한도를 벗어나 청구인의 재판청구권을 과도하게 침해하였다는 것이다(헌재 2012.3.29, 2010헌마475).

14 변호사보수의 소송비용산입 [합헌]

변호사보수를 소송비용에 산입하여 패소한 당사자의 부담으로 한 구 민사소송법 제99조의2 제1항은 변호사보수를 소송비용에 산입하는 것은 정당한 권리행사를 위하여 소송을 제기하거나 **부당한 제소에 대하여 응소하려는 당사자를 위하여 실효적인 권리구제를 보장하고, 남소와 남상소를 방지**하여 사법제도의 적정하고 합리적인 운영을 도모하려는 데 취지가 있다고 할 것이므로 … 재판청구권을 침해하였다고 볼 수 없다(헌재 2002.4.25, 2001헌바20). 07. 국회직 8급

15 민사소송 등 인지법의 인지대❹ [합헌]

소송수수료 특히 인지대를 어떠한 형태로 어느 정도로 정할 것인가는 그 나라의 재판제도의 구조와 완비 정도, 인지제도의 연혁, 재판제도를 이용하는 국민의 법의식, 국가의 경제여건, 외국의 입법례 등 여러 가지 요소를 종합하여 고려하여야 하고, 그 규정방식이 지극히 불합리하거나 인지액이 소송물가액 등에 비추어 지극히 다액이어서 국민의 재판청구권을 침해할 정도에 이르지 아니하는 한, 입법자의 광범위한 재량영역에 속하는바, 현행 민사소송 등 인지법은 인지액 산정비율을 1천 분의 5로 통일, 일원화하였고(제2조 제1항) 종전에 적용되던 비율 중 가장 최저율을 채택하여 국민의 부담을 경감시키고 있으므로, **현행 인지대가 객관적으로 극히 고액이어서 재판청구권을 침해한다고 볼 수 없다**(헌재 1996.8.29, 93헌바57).

---

❶ 심리불속행제도는 형사사건을 제외한 상고사건 가운데 상고이유에 관한 주장이 법이 규정한 특정 사유를 포함하지 않으면 심리를 하지 않고 상고를 기각하는 제도이다.

기출OX

심리불속행 상고기각판결의 경우 판결이유를 생략할 수 있도록 규정한 상고심절차에 관한 특례법 조항은 재판의 본질에 반하여 당사자의 재판청구권을 침해한다. (×) 22. 국가직 7급

❷ 영치금이란 죄를 지어 교도소에 갇힌 사람이 교도소의 관계부서에 임시로 돈을 맡겨두는 것이다.

❸ 상계란 채권자와 채무자가 같은 종류의 채권채무를 일방적 의사표시로 같은 액수만큼 소멸하게 하는 제도이다.

❹ 인지대란 법원에 사건을 처리해달라고 하고 내는 일종의 수수료이다.

16 형사피고인의 구속재판기간의 제한 [합헌]

이 사건 법률조항은 미결구금의 부당한 장기화로 인하여 피고인의 신체의 자유가 침해되는 것을 방지하기 위한 목적에서 미결구금기간의 한계를 설정하고 있는 것이지, 신속한 재판의 실현 등을 목적으로 법원의 재판기간 내지 심리기간 자체를 제한하려는 규정이라 할 수는 없다. 그러므로 구속사건을 심리하는 법원으로서는 더 심리할 필요가 있다고 인정되는 경우에는 피고인의 구속을 해제한 다음 재판을 계속할 수 있음이 당연한 것이다(헌재 2001.6.28, 99헌가14).

17 증인신문사항 제출의 불이행과 증거결정의 취소 [합헌]

형사소송법 제279조 및 제299조에 따라 재판장이 필요하다고 인정할 때에는 증인의 신문을 청구한 자에 대하여 신문사항을 기재한 서면의 제출을 명할 수 있고, 법원은 위의 명을 받은 자가 **신속히 그 서면을 제출하지 아니한 경우에는** 증거결정을 취소할 수 있는 소송지휘권은 소송절차에 질서를 부여하고 심리의 신속·원활을 도모함으로써 당사자의 소송활동을 합리화하는 목적을 가지고 있는바, … 공정한 공개재판을 받을 권리와 무죄추정을 받을 권리를 본질적으로 침해하거나 형해화하였다고 할 수 없다(헌재 1998.12.24, 94헌바46).

18 군사법원법 제2조 [위헌]

평시 민간인에 대한 군사법원의 재판권 행사의 근거인 헌법 제27조 제2항은 군사시설에 관한 죄를 포함하지 아니하므로, '군사시설'에 항상 해당하는 구 군형법 제69조 중 '전투용에 공하는 시설'을 손괴한 일반 국민이 군사법원에서 재판받도록 규정하고 있는, 구 군사법원법 제2조 제1항 제1호 중 '구 군형법 제1조 제4항 제4호' 가운데 '구 군형법 제69조 중 전투용에 공하는 시설의 손괴죄를 범한 내국인에 대하여 적용되는 부분'은, 헌법에 위반된다(헌재 2013.11.28, 2012헌가10).

19 아동·청소년의 성보호에 관한 법률 [합헌]

성폭력범죄 피해아동의 진술이 수록된 영상녹화물에 관하여 피해아동의 법정진술 없이도 증거능력을 인정할 수 있도록 규정한 아동·청소년의 성보호에 관한 법률 제18조의2 제5항이 피고인의 공정한 재판을 받을 권리를 침해하지 않는다는 취지의 합헌결정을 내렸다(헌재 2013.12.26, 2011헌바108).

20 피고인의 반대신문권을 보장 [위헌]

미성년 피해자의 2차 피해를 방지하는 것은 성폭력범죄에 관한 형사절차를 형성함에 있어 결코 포기할 수 없는 중요한 가치라 할 것이나, 피고인의 반대신문권을 보장하면서도 성폭력범죄의 미성년 피해자를 보호할 수 있는 조화적인 방법을 상정할 수 있음에도, 심판대상조항이 영상물에 수록된 미성년 피해자 진술에 있어 원진술자에 대한 피고인의 반대신문권을 실질적으로 배제하여 피고인의 방어권을 과도하게 제한하는 것은 과잉금지원칙에 반한다(헌재 2021.12.23, 2018헌바524).

21 재심사유에서 '명백한'과 '새로 발견된 때' [합헌]

[1] '명백한'의 사전적 의미에 재심제도의 입법취지를 보태어 보면, '명백한 증거'라 함은 새로운 증거가 확정판결을 파기할 고도의 가능성 내지 개연성이 인정되는 것을 의미함을 알 수 있다.

[2] '증거가 새로 발견된 때'라고 하여 증거의 신규성을 요구하고 있는데, 문언 상 그 증거가 법원이 새로 발견하여 알게 된 것임과 동시에 재심을 청구한 피고인에 의하여도 새로 발견된 것이어야 한다는 것임을 예측할 수 있다(헌재 2014.7.26, 2012헌바277).

기출 OX

영상물에 수록된 미성년 피해자 진술에 있어서 원진술자인 미성년 피해자에 대한 피고인의 반대신문권을 실질적으로 배제하여 피고인의 방어권을 과도하게 제한하는 구 성폭력범죄의 처벌 및 피해자보호 등에 관한 법률 조항은 피해의 최소성 요건을 갖추지 못하였다. (○)   22. 경찰간부

22 학교안전공제회 [위헌]

학교안전공제보상재심사위원회가 재결을 행한 경우 재심사청구인이 공제급여와 관련된 소를 제기하지 아니하거나 소를 취하한 경우에는 학교안전공제회와 재심사청구인 간에 합의가 성립된 것으로 간주하여 재심사청구인에게만 재결을 다툴 수 있도록 하고 있어 합리적인 이유없이 분쟁의 일방당사자인 공제회의 재판청구권을 침해한다(헌재 2015.7.30, 2014헌가7).

23 법원 직권에 따른 소송비용 담보제공명령 [합헌]

소송비용 상환의무 이행을 미리 확보하고, 부당한 남상소를 제한하기 위한 것으로 재판청구권을 침해하지 않는다(헌재 2016.2.25, 2014헌마366).

24 치료감호 청구권자를 검사에 한정 [합헌]

'피고인 스스로 치료감호를 청구할 수 있는 권리'가 헌법상 재판청구권의 보호범위에 포함된다고 보기는 어렵고, 검사뿐만 아니라 피고인에게까지 치료감호 청구권을 주어야만 절차의 적법성이 담보되는 것도 아니므로, 이 사건 법률조항이 청구인의 재판청구권을 침해하거나 적법절차의 원칙에 반한다고 볼 수 없다(헌재 2010.4.29, 2008헌마622).

25 인신보호법상 즉시항고 제기기간 3일 [위헌]

외부인의 도움을 받아서 즉시항고장을 접수하는 방법은 외부인의 호의와 협조가 필수적이어서 이를 기대하기 어려운 때에는 그리 효과적이지 않으며, 우편으로 즉시항고장을 접수하는 방법도 즉시항고장을 작성하는 시간과 우편물을 발송하고 도달하는 데 소요되는 시간을 고려하면 3일의 기간이 충분하다고 보기 어렵다(헌재 2015.9.24, 2013헌가21).

26 재정신청❶에서 구두변론은 법원의 재량 [합헌]

재정신청은 수사와 유사한 성격을 가지는 재판절차이다. 이런 특성에 비추어 볼 때 재정신청절차는 일률적으로 구두변론절차를 거치도록 하기보다는 법원이 구체적 사정을 고려하여 필요한 경우에만 구두변론을 실시할 수 있도록 하는 것이 바람직하고 합리적이다(헌재 2018.4.26, 2016헌마1043)

기출OX

01 피고인에게 스스로에 대한 치료감호를 청구할 기회를 부여하지 아니한 치료감호법 관련 규정은 치료감호 대상자의 재판청구권을 침해한다고 볼 수 있다. (×)
12. 법원직

02 즉시항고 제기기간을 3일로 제한 있는 형사소송법 조항은 재판청구권을 침해한다. (○) 22. 경찰간부

❶ 검사의 불기소에 불복한 고소인이 법원에 그 결정이 타당한지를 다시 묻는 것

기출OX

재정신청절차의 신속하고 원활한 진행을 위하여 구두 변론의 실시여부를 법관의 재량에 맡기는 것은 재판청구권을 침해하지 않는다. (○) 19. 서울시

제3절 국가배상청구권

1 의의 ❶

1. 개념
공무원의 직무상 불법행위로 손해를 받은 국민은 법률이 정하는 바에 의하여 국가 또는 공공단체에 정당한 배상을 청구할 수 있다. 이 경우 공무원 자신의 책임은 면제되지 아니한다.

2. 법적 성격
국가배상을 받을 권리는 원칙적으로 압류나 양도의 대상이 되지 않는다.❷ 06. 국회직 8급 국가배상법은 공권인 국가배상청구권의 실현에 관한 법일 뿐만 아니라 단체주의 공평부담의 원칙을 선언한 것이며, 행정주체의 배상의무를 규정한 법이기 때문에 공법이라 해야 하나, 대법원은 국가배상청구소송을 민사소송절차에 따르도록 하고 있다.❸

2 주체

국가배상청구권은 위법한 공무집행으로 인하여 손해를 입은 국민이 그 주체가 된다. 이때 국민은 우리나라 국적을 갖는 자연인과 법인이 포함되며, 외국인이나 외국법인은 상호보증이 있는 경우에만 국가배상법이 적용된다(국가배상법 제7조). 04. 법원직

◆ 청구권적 기본권의 주체

구분	외국인	법인	국민
형사보상청구권	평등주의	부정	긍정
국가배상청구권	상호주의	긍정	긍정
범죄피해자구조청구권	상호주의	부정	긍정

3 내용

1. 성립요건
국가배상청구권이 성립하기 위해서는 공무원의 직무상의 불법행위로 손해가 발생하여야 한다. 다만, 국가배상법에는 영조물의 설치·관리의 하자로 인한 손해발생의 경우에도 국가배상청구권을 인정한다.

(1) 공무원
국가배상청구에 있어서 공무원이란 최광의의 공무원을 의미하므로 국가공무원법과 지방공무원법상의 공무원의 신분을 가진 자뿐만 아니라 사인으로서 공무를 위탁받아 실질적으로 공무를 수행하는 모든 자를 포함한다. 따라서 공무원인가의 구별은 신분에 의한 구별이 아니라 실질적인 담당업무에 따라 판단하여야 할 것이다.

---

❶ 과거 주권면책이론이 있었던 시절에는 주권을 가진 군주는 어떤 행위를 해도 면책되기 때문에 국가배상책임이 인정되지 않았다.

❷ 생명·신체의 경우는 양도·압류되지 않으나 재산의 경우는 가능하다.

❸ 학설과 달리 국가배상청구소송을 민사소송으로 하는 이유는 행정법원으로 소송이 집중되어 지연될 수 있으므로 원활한 관할 배분을 하기 위함이다.

비교 정리

구분	헌법	국가배상법
배상책임자	공공단체	지방자치단체
영조물책임	×	○

기출OX
국가배상청구권에서 철도건널목의 간수도 공무원에 해당한다. (○)
04. 행시·사시

관련 판례

교통할아버지의 교통정리

교통개선을 위한 교통안내행위는 복지행정의 일종으로서 반드시 국가만이 이를 할 수 있는 것은 아니고, 주민의 복리에 관한 사무의 처리를 그 기본임무로 하고 있는 지방자치단체로서도 관할 구역 내에서는 수행할 수 있다고 할 것이므로, 지방자치단체인 피고가 김조왕금을 '교통할아버지'로 선정하여 그로 하여금 앞에서 본 바와 같은 일정한 범위의 교통안내업무를 하도록 위탁함으로써, 그가 업무를 수행하는 과정에서 위탁받은 업무 범위를 넘어 교차로의 교통정리업무까지 수행하였다고 하더라도 국가사무를 처리하는 과정에서의 행위라고 볼 수는 없다. … 지방자치단체가 국가배상법 제2조 소정의 배상책임을 부담한다(대판 2001.1.5, 98다39060).

(2) 직무상 행위

① 범위: 국가배상청구권이 성립되는 공무원의 직무상 행위는 공무원이 사인의 자격으로 행하는 사법상의 행위를 제외한 권력행위와 비권력적 관리행위만을 의미한다고 보아야 한다. 사법상의 행위는 국가가 사인과 동등한 자격으로 행하는 행위이므로 손해가 발생한 경우에는 민사상 책임을 지면 될 것이다.

관련 판례

1 국회의원의 입법행위

국회의원은 입법에 관하여 원칙적으로 국민 전체에 대한 관계에서 정치적 책임을 질 뿐 국민 개개인의 권리에 대응하여 법적 의무를 지는 것은 아니므로, 국회의원의 입법행위는 그 입법내용이 **헌법의 문언에 명백히 위반됨에도 불구하고 국회가 굳이 당해 입법을 한 것과 같은 특수한 경우가 아닌** 한 국가배상법 제2조 제1항 소정의 위법행위에 해당된다고 볼 수 없다(대판 1997.6.13, 96다56115).

2 헌법재판관의 각하결정

재판에 대하여 불복절차 내지 시정절차 자체가 없는 경우에는 부당한 재판으로 인하여 불이익 내지 손해를 입은 사람은 국가배상 이외의 방법으로는 자신의 권리 내지 이익을 회복할 방법이 없으므로, 이와 같은 경우에는 배상책임의 요건이 충족되는 한 국가배상책임을 인정하지 않을 수 없다. 헌법재판소 재판관이 청구기간 내에 제기된 헌법소원심판청구사건에서 청구기간을 오인하여 각하결정을 한 경우, 이에 대한 불복절차 내지 시정절차가 없는 때에는 국가배상책임(위법성)을 인정할 수 있다(대판 2003.7.11, 99다24218).

② 직무상 행위❹의 개념: '직무를 집행함에 당하여'는 직무집행행위 그 자체는 물론이고 객관적으로 직무집행으로서의 외형을 갖추고 있는 경우를 포함한다(통설·판례). 즉, 행위의 외관을 객관적으로 관찰하여 공무원의 직무행위로 볼 수 있을 경우에는 그것이 실질적으로 직무집행행위가 아니라 할지라도 공무원의 주관적 의사와 관계없이 직무행위로 인정되는 것이 통설이다. 또한 피해자가 공무집행행위가 아니라는 것을 알았다 할지라도 외형상 직무행위로 볼 수 있는 경우에는 국가배상책임은 성립한다.

기출OX

국가배상법이 정한 손해배상청구의 요건인 '공무원의 직무'에는 국가나 지방자치단체의 권력적 작용뿐만 아니라 비권력적 작용도 포함되지만 단순한 사경제의 주체로서 하는 작용은 포함되지 않는다. (○) 18. 지방직 7급

❹
직무상 행위
1. **인정**: 감방 내에서의 사형, 상관의 명에 의한 상관의 이삿짐 운반, 훈계권 행사로서의 기합, ROTC 소속 차량의 그 학교 교수 장례식 참석차 운행, 시위진압 중 전경이 경추를 짓밟는 행위 등은 직무행위로 보아 국가배상을 인정하였다.
2. **불인정**: 가솔린 불법처분 중 발화, 결혼식 참석을 위한 군용차 운행, 군인 휴식 중의 비둘기 사냥, 포경수술 중 사망 등에 대해서는 국가배상을 부정하였다(대법원 판례 참조).

(3) 불법행위

불법행위라 함은 공무원의 고의나 과실로 인한 법령위반행위를 말한다. 여기서의 법령이란 법률과 명령 및 관습법을 포함하며, 신의성실의 원칙이나 권리남용금지의 원칙 등과 같은 일반법적인 원리도 법령위반에 포함된다. 다만, 공무원의 단순한 복무위반행위는 법령위반에 포함되지 아니한다.❶ 공무원의 불법행위는 작위·부작위를 불문하고 인정된다.

> ❶ 행정규칙은 원칙적으로 부정된다.

관련 판례

1 국가배상법상의 과실입증 ❷

국가배상책임의 성립요건으로서 공무원의 고의 또는 과실을 규정한 구 국가배상법 제2조 제1항 본문 중 '고의 또는 과실로' 부분은 합헌이라는 결정을 선고하였다(헌재 2020.3.26, 2016헌바55).

> ❷ 청구인들은 무과실책임을 인정하여야 한다는 취지로 청구하였다.

2 고의 또는 과실에 대한 예외 불허

청구인들이 심판대상조항의 위헌성을 주장하게 된 계기를 제공한 국가배상청구 사건은, 인권침해가 극심하게 이루어진 긴급조치 발령과 그 집행을 근거로 한 것이므로 다른 일반적인 법 집행 상황과는 다르다는 점에서 이러한 경우에는 국가배상청구 요건을 완화하여야 한다는 주장이 있을 수 있다. 그러나 위와 같은 경우라 하여 국가배상청구권 성립요건에 공무원의 고의 또는 과실에 대한 예외가 인정되어야 한다고 보기는 어렵다(헌재 2020.3.26, 2016헌바55 등).

3 고의 또는 과실은 국가배상의 성립요건

이 사건 법률조항이 국가배상청구권의 성립요건으로서 공무원의 고의 또는 과실을 규정한 것은 법률로 이미 형성된 국가배상청구권의 행사 및 존속을 제한한다고 보기보다는 국가배상청구권의 내용을 형성하는 것이라고 할 것이므로, 헌법상 국가배상제도의 정신에 부합하게 국가배상청구권을 형성하였는지의 관점에서 심사하여야 한다(헌재 2015.4.30, 2013헌바395).

기출OX

01 국가배상법 조항은 헌법에서 규정한 국가배상청구권을 침해한다고 보기 어려우나, 인권침해가 극심하게 이루어진 긴급조치 발령과 그 집행과 같이 국가의 의도적·적극적 불법행위에 대하여는 국가배상청구의 요건을 완화하여 공무원의 고의 또는 과실에 대한 예외를 인정하여야 한다. (X) 21. 소방간부

02 국가배상청구권의 성립요건으로서 공무원의 고의 또는 과실을 규정한 것은 법률로 이미 형성된 국가배상청구권의 행사 및 존속을 제한한다기보다는 국가배상청구권의 내용을 형성하는 것이다. (O) 21. 변호사

(4) 손해의 발생

국가배상청구권이 성립하기 위해서는 반드시 타인에 대한 손해가 발생하여야 하고 이러한 손해발생과 공무원의 직무행위간에는 상당인과관계가 있어야 한다. 공무원의 직무상 불법행위가 있었다 하더라도 손해가 발생하지 않으면 국가배상청구권은 인정되지 아니한다. 이때 손해란 피해자가 입은 모든 불이익을 말하며 재산적 손해는 물론 정신적 손해도 포함한다.

관련 판례

1 5.18 민주화운동

5.18 민주화운동 보상심의위원회의 보상금지급결정에 동의하면 정신적 손해에 관한 부분도 재판상 화해가 성립된 것으로 보는 구 광주민주화운동 관련자 보상에 관한 법률상 조항은 국가배상청구권을 침해한다(헌재 2021.5.27, 2019헌가17).
▶ 정신적 손해 불포함이 문제

2 부마민주항쟁

부마항쟁보상법은 부마민주항쟁 관련자에 대하여 간이한 절차로 손해배상을 받을 수 있게 특별한 절차를 마련한 것으로 입법형성의 영역에 속한다. 생명·신체의 손상을 입은 경우에만 보상금을 지급하도록 한 것은 불합리하지 않다(헌재 2019.4.11, 2016헌마418).

기출OX

01 5.18 민주화운동 보상심의위원회의 보상금지급결정에 동의하면 정신적 손해에 관한 부분도 재판상 화해가 성립된 것으로 보는 구 광주민주화운동 관련자 보상에 관한 법률상 조항은 국가배상청구권을 침해한다. (O) 22. 경찰간부

02 부마민주항쟁을 이유로 30일 미만 구금된 자를 보상금 또는 생활지원금의 지급대상에서 제외하는 부마민주항쟁 관련자의 명예훼손 및 보상등에 관한 법률상 조항은 청구인의 평등권을 침해한다. (X) 22. 경찰간부

(5) 영조물의 설치·관리의 하자로 인한 경우

도로·하천 기타 공공의 영조물❸의 설치 또는 관리의 하자로 인해 타인에게 손해를 발생하게 하였을 때에는 국가 또는 지방자치단체는 그 손해를 배상하여야 한다. 이 경우 손해의 원인에 대하여 책임을 질 자가 따로 있을 때에는 국가 또는 지방자치단체는 그 자에 대하여 구상할 수 있다(국가배상법 제5조). 일종의 무과실책임이라는 점에서 공무원의 직무상 불법행위로 인한 손해배상의 경우와 다르다.

❸ 국가나 공공단체 등이 공공 목적에 쓰기 위해 만든 시설로, 도서관, 병원, 양로원, 철도, 교도소 등이 있다.

2. 가해공무원의 배상책임

> **관련 판례**
>
> **가해공무원의 배상책임❹**
> 공무원이 직무수행 중 불법행위로 타인에게 손해를 입힌 경우 국가 등이 국가배상책임을 부담하는 외에 공무원 개인도 고의 또는 중과실이 있는 경우에는 불법행위로 인한 손해배상책임을 진다고 할 것이지만, 공무원에게 경과실뿐인 경우에는 공무원 개인은 손해배상책임을 부담하지 아니한다고 해석하는 것이 헌법 제29조 제1항 본문과 단서 및 국가배상법 제2조의 입법취지에 조화되는 올바른 해석이다(대판 1996.2.15, 95다38677).

❹ 이는 공무원의 사기진작을 위함이다. 초보라면 적은 월급에 실수가 자주 있을 수 있다. 실수했다고 하여 월급에서 감한다면 공무원하기 힘들다고 생각할지 모른다. 이러한 문제 때문에 징계를 받을 수 있지만 100% 구상책임을 부담하지는 않는다.

3. 내부적 책임

대법원은 절충설의 입장을 취하면서, 헌법 제29조 제1항 단서의 '공무원 자신의 책임'에 대하여는 원칙적으로 공무원의 국민에 대한 배상책임까지 포함하는 의미로 해석하면서 그 책임범위까지 규정한 것은 아니라고 본다. 실제로 공무원이 경과실로 국가배상책임이 인정되는 경우 국가는 국민에게 배상한 경우라도 공무원에게 구상하지 않는다.❺

❺ 헌법에는 '책임이 면제되지 않는다.'라고만 규정되어 있고 '어떻게 책임을 져라, 얼마까지 져라' 이렇게는 규정되어 있지 않다. 따라서 경과실인 경우 꼭 돈으로 책임져야 하는 것이 아니라 징계나 책임 등을 부담해도 헌법에 위반되는 것은 아니다(사기진작 고려).

4. 배상절차와 배상의 범위

(1) 배상절차

① 배상청구는 소제기에 앞서 배상심의회의 결정을 거칠 수 있으나 배상심의회의 배상결정은 임의적 전치주의로 변경되어 배상심의회에 배상신청을 하지 아니하고도 바로 소송을 제기할 수 있다(국가배상법 제9조).❻
② 군인이나 군무원이 타인에게 입힌 손해에 대한 배상신청사건을 심의하기 위하여 국방부에 특별심의회를 둔다. 특별심의회는 법무부장관의 지휘를 받아야 한다(국가배상법 제10조 제1항·제3항).

❻ 행정심판의 필요적 전치주의란 소송 전에 반드시 먼저 행정심판을 거치게 하는 제도로 현재는 임의적 전치, 즉 거쳐도 되고 안 거쳐도 되는 제도로 변경되었다.

> **관련 판례**
>
> **1 배상심의회의 배상결정의 효력 [위헌]**
> 배상결정절차에 있어서 심의회의 제3자성·독립성이 희박한 점, 심의절차의 공정성·신중성도 결여되어 있는 점, 심의회에서 결정되는 배상액이 법원의 그것보다 하회하는 점, 신청인의 배상결정에 대한 동의에 재판청구권을 포기할 의사까지 포함되는 것으로 볼 수 없는 점을 종합하여 볼 때 이 사건 법률조항이 위에서 본 바와 같은 입법목적을 달성하기 위하여 동의된 배상결정에 재판상의 화해와 같은 강력하고 최종적인 효력까지 부여하여 **재판청구권을 제한하는 것은 신청인의 재판청구권을 과도하게 제한하는 것으로서 위헌**이다(헌재 1995.5.25, 91헌가7). 08. 법원직

기출OX

01 신청인이 동의한 때 배상심의회의 배상결정에 민사소송법 규정에 의한 재판상의 화해 효력을 부여한 것은 행정상의 손해배상에 관한 분쟁을 신속히 종결·이행시키기 위한 것으로 헌법에 위반되지 아니한다. (×)   18. 서울시 7급

02 특수임무수행 등으로 인하여 입은 피해에 대해 특수임무수행자보상심의회의 보상금 등 지급결정에 대해 동의한 때에는 재판상 화해가 성립된다고 보는 특수임무수행자 보상에 관한 법률상 조항은 재판청구권을 침해한다. (×)   22. 경찰간부

03 진실·화해를 위한 과거사 정리 기본법상 민간인 집단희생사건, 중대한 인권침해·조작의혹사건에 「민법」상 소멸시효 조항의 객관적 기산점이 적용되도록 하는 것은 청구인들의 국가배상청구권을 침해한다. (○)   22. 경찰간부

2 특수임무수행자 보상에 관한 법률 [합헌]
특수임무수행자보상심의위원회는 관련 분야의 전문가들로 구성되고, 위원에 대한 지휘·감독 규정이 없는 등 독립성이 보장되어 위원회에서 결정되는 보상액과 법원의 그것 사이에 별 다른 차이가 없게 된 점 등을 볼 때 청구인들의 재판청구권을 침해한다고 볼 수 없다(헌재 2009.4.30, 2006헌마1322).

3 민법상 소멸시효의 적용 [합헌]
국가배상법 제8조가 "국가 또는 지방자치단체의 손해배상책임에 관하여는 이 법의 규정에 의한 것을 제외하고는 민법의 규정에 의한다."고 하고 소멸시효에 관하여 별도의 규정을 두지 아니함으로써 국가배상청구권에도 소멸시효에 관한 민법상의 규정인 민법 제766조가 적용되게 되었다 하더라도 이는 국가배상청구권의 성격과 책임의 본질, 소멸시효제도의 존재이유 등을 종합적으로 고려한 입법재량 범위 내에서의 입법자의 결단의 산물인 것으로 국가배상청구권의 본질적인 내용을 침해하는 것이라고는 볼 수 없고 기본권 제한에 있어서의 한계를 넘어서는 것이라고 볼 수도 없으므로 헌법에 위반되지 아니한다(헌재 1997.2.20, 96헌바24).

4 소멸시효의 예외 인정 가능
국가가 소속 공무원들의 조직적 관여를 통해 불법적으로 민간인을 집단 희생시키거나 장기간의 불법구금·고문 등에 의한 허위자백으로 유죄판결을 하고 사후에도 조작·은폐를 통해 진상규명을 저해하였음에도 불구하고, 그 불법행위 시점을 소멸시효의 기산점으로 삼는 것은 피해자와 가해자 보호의 균형을 도모하는 것으로 보기 어렵고, 발생한 손해의 공평·타당한 분담이라는 손해배상제도의 지도원리에도 부합하지 않는다. 그러므로 「진실·화해를 위한 과거사정리 기본법」 제2조 제1항 제3호·제4호에 규정된 사건에 「민법」 제166조 제1항, 제766조 제2항의 '객관적 기산점'이 적용되도록 하는 것은 합리적 이유가 인정되지 않는다(헌재 2018.8.30, 2014헌바148 등).

(2) **배상의 범위**
원칙적으로 가해행위와 상당인과관계에 있는 모든 손해이다.

(3) 생명·신체의 침해로 인한 국가배상을 받을 권리는 이를 양도하거나 압류하지 못하여 담보로 제공할 수 없다(국가배상법 제4조). 다만, 재산침해에 대한 국가배상청구권은 양도나 압류·담보가 가능하다. 또한 피해자가 손해를 입은 동시에 이익을 얻은 경우에는 손해배상액에서 그 이익에 상당하는 금액을 공제하여야 한다(국가배상법 제3조의2).

4 이중배상금지

1. 연혁
헌법 제29조 제2항은 "군인·군무원·경찰공무원 기타 법률이 정한 자가 전투·훈련 등 직무집행과 관련하여 받은 손해에 대해서는 법률이 정하는 보상 외에 국가 또는 공공단체에 공무원의 직무상 불법행위로 인한 배상을 청구할 수 없다."라고 규정하여 이중배상금지규정을 명문화하고 있다. 이 규정은 제3공화국 헌법에서 국가배상법에 규정이 되어 있었지만 대법원에서 위헌판결을 받게 되자 제4공화국 헌법에 명문으로 규정하였고 제5공화국 헌법과 현행 헌법이 그대로 답습하고 있다.❶

❶ 박정희대통령은 월남전을 통해 국가주도의 경제개발을 원했으나 많은 돈이 국가배상으로 나가게 되어 이중배상금지제도를 만들게 되었다. 그러나 대법원이 위헌판결을 내렸고, 그 후 위헌판결을 할 수 없도록 유신헌법에서 헌법전에 포함하게 되었다. 당시 위헌판결한 대법관들은 모두 재임용에서 탈락되었다.

2. 판례

(1) 대법원의 입장

국가배상법 제2조 제1항 단서에 의하면, 군인·군무원 등이 직무집행과 관련하는 행위 등으로 인하여 전사, 순직 또는 공상을 입은 경우에 다른 법령의 규정에 의하여 재해보상금, 유족연금, 상이연금 등의 보상을 할 수 있도록 규정하고 있으므로 이들이 직접 국가에 대하여 손해배상청구권을 행사할 수 없음은 물론, 국가와 공동불법행위책임이 있는 자가 그 배상채무를 이행하였음을 이유로 국가에 대하여 구상권을 행사하는 것도 허용되지 않는다고 판시하였다 (대판 1994.5.27, 94다6741).❷

(2) 헌법재판소의 입장

① 국가배상법 제2조 제1항 단서 중 군인에 관련되는 부분을 일반국민이 직무집행 중인 군인과의 공동불법행위로 직무집행 중인 다른 군인에게 공상을 입혀 그 피해자에게 공동의 불법행위로 인한 손해를 배상한 다음 공동불법행위자인 군인의 부담부분에 관하여 국가에 대하여 구상권을 행사하는 것을 허용하지 않는다고 해석한다면, 이는 위 단서 규정의 헌법상 근거규정인 헌법 제29조가 구상권의 행사를 배제하지 아니하는데도 이를 배제하는 것으로 해석하는 것으로서 합리적인 이유 없이 일반국민을 국가에 대하여 지나치게 차별하는 경우에 해당하므로 헌법 제11조, 제29조에 위반된다.

② 국가에 대한 구상권은 헌법 제23조 제1항에 의하여 보장되는 재산권이고 위와 같은 해석은 그러한 재산권의 제한에 해당하며 재산권의 제한은 헌법 제37조 제2항에 의한 기본권 제한의 한계 내에서만 가능하다. 위와 같은 해석은 헌법 제37조 제2항에 의하여 기본권을 제한할 때 요구되는 비례의 원칙에 위배하여 일반국민의 재산권을 과잉제한하는 경우에 해당하여 헌법 제23조 제1항 및 제37조 제2항에도 위반된다.❸

(3) 대법원의 종전판례 변경(대판 2001.2.15, 96다42420)

대법원은 학계의 많은 비판들로 인하여 종전 판례를 변경하였다. 즉, 피해자인 군인 등이 공동불법행위자인 사인에 대해 갖는 손해배상청구권의 범위를 사인의 부담부분에 한하여만 인정하여, 사인이 국가를 상대로 구상청구를 할 필요가 없도록 이론을 구성함으로써 헌법 및 국가배상법상의 이중배상금지규정의 유효성을 유지함과 동시에 공동불법행위자인 사인의 권리도 보호하려 하였다.

관련 판례 이중배상금지에 관한 판례

1 이중배상에서 공무원의 범위(공익근무요원과 경비교도)

대법원은 공익근무요원은 소집되어 군에 복무하지 않는 한 군인이라고 할 수 없으므로 이중배상이 금지되는 군인에 해당한다고 볼 수 없으며, 또한 현역병으로 입영하여 경비교도로 전입된 자는 군인의 신분을 상실하였으므로 이중배상이 금지되는 군인 등에 해당되지 않는다고 하였다(대판 1998.2.10, 97다45914 ; 대판 1997.3.28, 97다4036).

---

❷ 대법원은 군인이 이중배상금지규정으로 인하여 국가에 배상청구가 되지 않으므로 채권자, 즉 군인의 권리행사가 불가능하여 이를 대신하는 일반인의 구상청구도 허용되지 않는다고 판시하였다.

비교 정리
이중배상금지

구분	해당여부
대법원	절대적 효력
헌법재판소	상대적 효력

❸ 이에 반하여 헌법재판소는 군인은 조문에 명문금지규정이 있어 배상청구가 되지 않지만 일반인의 경우까지 못하게 하는 것은 불합리한 차별로 보고 있다.

기출OX
대법원의 경우 이중배상금지규정의 효력과 관련하여 상대설을 취하고 있다. (×) 02. 사시

기출OX
경비교도대원의 경우도 군인으로 보지 않는다. (○)

→ 즉, 군인에 해당하는 경우는 전투경찰이고, 경비교도대원과 공익근무요원은 군인에 해당하지 않는다.

2 향토예비군대원의 국가이중배상금지 [합헌]

향토예비군의 직무는 성질상 고도의 위험성을 내포하는 공공적 성격의 직무이므로, 국가배상법 제2조 제1항 단서가 **일반인들과의 불균형을 제거하고 국가재정의 지출을 절감하기 위하여** 임무수행 중 상해를 입거나 사망한 개별 향토예비군대원의 국가배상청구권을 금지하고 있는 데에는 그 목적의 정당성, 수단의 상당성 및 침해의 최소성, 법익의 균형성이 인정된다. … 과잉금지의 원칙에 반한다고 할 수 없고, 나아가 그 자체로서 평등의 원리에 반한다거나 향토예비군대원의 재산권의 본질적인 내용을 침해하는 **위헌규정이라고 할 수 없다**(헌재 1996.6.13, 94헌바20).

3 이중배상에서 공무원의 범위(전투경찰순경과 향토예비군대원) [합헌]

헌법재판소는 이중배상이 금지되는 경찰공무원의 개념을 경찰공무원법상의 경찰공무원만을 의미하는 것이 아니라 경찰조직을 구성하는 공무원으로 넓게 이해하여 전투경찰순경은 이중배상청구가 금지되는 경찰공무원 개념에 포함된다고 하였다. 또한 국가배상법이 향토예비군대원을 이중배상청구금지대상으로 규정한 것에 대해 합헌결정을 내렸다(헌재 1996.6.13, 94헌바20).

📎 비교 정리

이중배상에 해당하는지 여부

구분	해당여부
전투경찰	○
경비교도	×
공익근무	×
향토예비군	○

📎 주의

헌법 제28조의 정당한 보상과 헌법 제23조 재산권에서 정당한 보상은 다른 의미이다(헌재 2010.10.28, 2008헌마514). 형사보상은 신체의 자유에 대한 제한으로 침해되는 가치를 객관적으로 산정할 수가 없기 때문이다.

제4절 형사보상청구권

> 헌법 제28조 형사피의자 또는 형사피고인으로서 구금되었던 자가 법률이 정하는 불기소처분을 받거나 무죄판결을 받은 때에는 법률이 정하는 바에 의하여 국가에 정당한 보상을 청구할 수 있다.

1. 형사피고인의 형사보상

(1) 요건

형사보상책임은 관계기관의 고의나 과실을 요건으로 하지 않으므로, 무과실손실보상책임을 인정하고 있다. 이는 인신구속으로 말미암은 손실에 대한 결과책임으로 보아야 한다.

> 형사보상 및 명예회복에 관한 법률 제1조 【목적】 이 법은 형사소송절차에서 무죄재판 등을 받은 자에 대한 형사보상 및 명예회복을 위한 방법과 절차 등을 규정함으로써 무죄재판 등을 받은 자에 대한 정당한 보상과 실질적 명예회복에 이바지함을 목적으로 한다.

제2조【보상 요건】① 형사소송법에 따른 일반 절차 또는 재심이나 비상상고절차에서 무죄재판을 받아 확정된 사건의 피고인이 미결구금을 당하였을 때에는 이 법에 따라 국가에 대하여 그 구금에 대한 보상을 청구할 수 있다. ❶
② 상소권회복에 의한 상소, 재심 또는 비상상고의 절차에서 무죄재판을 받아 확정된 사건의 피고인이 원판결에 의하여 구금되거나 형 집행을 받았을 때에는 구금 또는 형의 집행에 대한 보상을 청구할 수 있다.

제3조【상속인에 의한 보상청구】① 제2조에 따라 보상을 청구할 수 있는 자가 그 청구를 하지 아니하고 사망하였을 때에는 그 상속인이 이를 청구할 수 있다.
② 사망한 자에 대하여 재심 또는 비상상고의 절차에서 무죄재판이 있었을 때에는 보상의 청구에 관하여는 사망한 때에 무죄재판이 있었던 것으로 본다.

제4조【보상하지 아니할 수 있는 경우】 다음 각 호의 어느 하나에 해당하는 경우에는 법원은 재량으로 보상청구의 전부 또는 일부를 기각할 수 있다.
1. 형법 제9조 및 제10조 제1항의 사유로 무죄재판을 받은 경우
2. 본인이 수사 또는 심판을 그르칠 목적으로 거짓 자백을 하거나 다른 유죄의 증거를 만듦으로써 기소, 미결구금 또는 유죄재판을 받게 된 것으로 인정된 경우
3. 1개의 재판으로 경합범의 일부에 대하여 무죄재판을 받고 다른 부분에 대하여 유죄재판을 받았을 경우

제26조【면소 등의 경우】① 다음 각 호의 어느 하나에 해당하는 경우에도 국가에 대하여 구금에 대한 보상을 청구할 수 있다. ❷
1. 형사소송법에 따라 면소 또는 공소기각의 재판을 받아 확정된 피고인이 면소 또는 공소기각의 재판을 할 만한 사유가 없었더라면 무죄재판을 받을 만한 현저한 사유가 있었을 경우
2. 치료감호법 제7조에 따라 치료감호의 독립 청구를 받은 피치료감호청구인의 치료감호사건이 범죄로 되지 아니하거나 범죄사실의 증명이 없는 때에 해당되어 청구기각의 판결을 받아 확정된 경우

(2) 절차

형사보상 및 명예회복에 관한 법률 제7조【관할법원】 보상청구는 무죄재판을 한 법원에 대하여 하여야 한다.

제8조【보상청구의 기간】 보상청구는 무죄재판이 확정된 사실을 안 날부터 3년, 무죄재판이 확정된 때부터 5년 이내에 하여야 한다.

제14조【보상청구에 대한 재판】① 보상청구는 법원 합의부에서 재판한다.
② 보상청구에 대하여는 법원은 검사와 청구인의 의견을 들은 후 결정을 하여야 한다.
③ 보상청구를 받은 법원은 6개월 이내에 보상결정을 하여야 한다.

제20조【불복신청】① 제17조 제1항에 따른 보상결정에 대하여는 1주일 이내에 즉시항고를 할 수 있다.
② 제17조 제2항에 따른 청구기각결정에 대하여는 즉시항고를 할 수 있다.

---

❶ 재심이나 비상상고는 확정된 판결을 번복하는 것으로 예외적인 불복수단이다. 즉, 유죄로 확정판결이 난 사람에게 무죄의 새로운 증거가 발견될 때 재심을 통해 무죄판결을 받을 수 있다.

❷ 형식재판의 경우에도 형사보상이 가능한데 이는 모두 가능한 것이 아니고 최종판결을 받은 후 무죄판결을 받았을 경우이다. 즉, 강간죄 피고인이 되었는데 진짜 범인이 나타나서 피해자가 고소를 취소하자 재판이 종결된 경우가 그 대표적인 예이다. 이 경우 결국에는 무죄판결을 받았을 것이며 억울하게 갇혀 있었으므로 보상을 청구할 수 있다.

기출OX

면소 또는 공소기각의 재판을 받은 자는 면소 또는 공소기각의 재판을 할 만한 사유가 없었더라면 무죄의 재판을 받을 만한 현저한 사유가 있었을 때에는 국가에 대하여 구금에 대한 보상을 청구할 수 있다. (O)   07. 법원직

제21조【보상금 지급청구】① 보상금 지급을 청구하려는 자는 보상을 결정한 법원에 대응하는 검찰청에 보상금 지급청구서를 제출하여야 한다.
③ 보상결정이 송달된 후 2년 이내에 보상금 지급청구를 하지 아니할 때에는 권리를 상실한다.

제21조의2【보상금 지급기한 등】① 보상금 지급청구서를 제출받은 검찰청은 3개월 이내에 보상금을 지급하여야 한다.
② 제1항에 따른 기한까지 보상금을 지급하지 아니한 경우에는 그 다음 날부터 지급하는 날까지의 지연 일수에 대하여 민법 제379조의 법정이율에 따른 지연이자를 지급하여야 한다.

제23조【보상청구권의 양도 및 압류의 금지】보상청구권은 양도하거나 압류할 수 없다. 보상금 지급청구권도 또한 같다.

기출OX

헌법 제28조에서 규정하는 '정당한 보상'은 형사보상청구권자가 입은 손실의 완전한 보상을 의미하는데, 현행 형사보상법과 그 시행령에서는 1일 보상액의 한도를 정하고 있다. (O)

07. 법원직

(3) 내용

형사보상 및 명예회복에 관한 법률 제5조【보상의 내용】① 구금에 대한 보상을 할 때에는 그 구금일수에 따라 1일당 보상청구의 원인이 발생한 연도의 최저임금법에 따른 일급 최저임금액 이상 대통령령으로 정하는 금액 이하의 비율에 의한 보상금을 지급한다.
③ 사형 집행에 대한 보상을 할 때에는 집행 전 구금에 대한 보상금 외에 3천만원 이내에서 모든 사정을 고려하여 법원이 타당하다고 인정하는 금액을 더하여 보상한다. 이 경우 본인의 사망으로 인하여 발생한 재산상의 손실액이 증명되었을 때에는 그 손실액도 보상한다.
④ 벌금 또는 과료의 집행에 대한 보상을 할 때에는 이미 징수한 벌금 또는 과료의 금액에 징수일의 다음 날부터 보상 결정일까지의 일수에 대하여 민법 제379조의 법정이율을 적용하여 계산한 금액을 더한 금액을 보상한다.
⑤ 노역장유치의 집행을 한 경우 그에 대한 보상에 관하여는 제1항을 준용한다.

제6조【손해배상과의 관계】① 이 법은 보상을 받을 자가 다른 법률에 따라 손해배상을 청구하는 것을 금지하지 아니한다.
③ 다른 법률에 따라 손해배상을 받을 자가 같은 원인에 대하여 이 법에 따른 보상을 받았을 때에는 그 보상금의 액수를 빼고 손해배상의 액수를 정하여야 한다.

2. 형사피의자의 형사보상

형사보상 및 명예회복에 관한 법률 제27조【피의자에 대한 보상】① 피의자로서 구금되었던 자 중 검사로부터 불기소처분을 받거나 사법경찰관으로부터 불송치결정을 받은 자는 국가에 대하여 그 구금에 대한 보상(이하 "피의자보상"이라 한다)을 청구할 수 있다. 다만, 구금된 이후 불기소처분 또는 불송치결정의 사유가 있는 경우와 해당 불기소처분 또는 불송치결정이 종국적(終局的)인 것이 아니거나 형사소송법 제247조에 따른 것일 경우에는 그러하지 아니하다.
② 다음 각 호의 어느 하나에 해당하는 경우에는 피의자 보상의 전부 또는 일부를 지급하지 아니할 수 있다.
1. 본인이 수사 또는 재판을 그르칠 목적으로 거짓 자백을 하거나 다른 유죄의 증거를 만듦으로써 구금된 것으로 인정되는 경우

기출OX

형사보상청구권은 구금된 피의자를 그 대상으로 한다. 따라서 불구속으로 기소되어 무죄판결을 받은 자에게는 형사보상을 인정하지 않고 있다. (O)

07. 법원직

2. 구금기간 중에 다른 사실에 대하여 수사가 이루어지고 그 사실에 관하여 범죄가 성립한 경우
3. 보상을 하는 것이 선량한 풍속이나 그 밖에 사회질서에 위배된다고 인정할 특별한 사정이 있는 경우
③ 피의자 보상에 관한 사항을 심의·결정하기 위하여 지방검찰청에 피의자보상심의회(이하 "심의회"라 한다)를 둔다.
④ 심의회는 법무부장관의 지휘·감독을 받는다.
⑤ 심의회의 관할·구성·운영, 그 밖에 필요한 사항은 대통령령으로 정한다.

제28조【피의자 보상의 청구 등】① 피의자 보상을 청구하려는 자는 불기소처분을 한 검사가 소속된 지방검찰청(지방검찰청 지청의 검사가 불기소처분을 한 경우에는 그 지청이 소속하는 지방검찰청을 말한다) 또는 불송치결정을 한 사법경찰관이 소속된 경찰관서에 대응하는 지방검찰청의 심의회에 보상을 청구하여야 한다.
③ 피의자 보상의 청구는 불기소처분 또는 불송치결정의 고지(告知) 또는 통지를 받은 날부터 3년 이내에 하여야 한다.
⑤ 심의회의 보상결정이 송달(제4항의 심판을 청구하거나 소송을 제기한 경우에는 그 재결 또는 판결에 따른 심의회의 보상결정이 송달된 때를 말한다)된 후 2년 이내에 보상금 지급청구를 하지 아니할 때에는 그 권리를 상실한다.

3. 명예회복

형사보상 및 명예회복에 관한 법률 제30조【무죄재판서 게재 청구】무죄재판을 받아 확정된 사건(이하 "무죄재판사건"이라 한다)의 피고인은 무죄재판이 확정된 때부터 3년 이내에 확정된 무죄재판사건의 재판서(이하 "무죄재판서"라 한다)를 법무부 인터넷 홈페이지에 게재하도록 해당 사건을 기소한 검사가 소속된 지방검찰청(지방검찰청 지청을 포함한다)에 청구할 수 있다.

● 형사보상청구권과 국가배상청구권의 비교

형사보상청구권	무과실 손실보상	외국인 보장	법인 부정	인간의 권리	프랑크 푸르트
국가배상청구권	과실 손해배상	상호주의	법인 긍정	국민의 권리	바이마르

● 형사피고인·형사피의자의 보상 비교

구분		형사피고인 보상	형사피의자 보상
성립요건	적극적 요건	• 형사피고인으로서 구금되었을 것 • 무죄판결을 받았을 것	• 형사피의자로서 구금되었을 것 • 법률이 정하는 불기소분을 받았을 것
	소극적 요건	• 형사미성년자 또는 심신상실의 사유에 의한 무죄재판 • 수사 또는 심판을 그르칠 목적으로 허위의 자백 등으로 인한 유죄재판 07. 법원직 • 경합범에서 일부무죄·일부유죄 재판	• 수사 또는 재판을 그르칠 목적으로 허위의 자백 등을 한 경우 • 다른 사실에 관하여 범죄가 성립한 경우 • 보상을 하는 것이 선량한 풍속 기타 사회질서에 반한다고 인정되는 경우

절차	청구절차	무죄판결이 확정된 날로부터 5년 이내 ⇨ 무죄판결을 한 법원에 청구 ⇨ 법원합의부에서 재판	불기소처분의 고지·통지를 받은 후 3년 이내 ⇨ 불기소처분을 한 검사가 소속하는 지방검찰청의 피의자 보상심의회에 청구 ⇨ 보상심의회의 결정
	불복절차	• 법원의 보상결정 ⇨ 불복 가능 • 청구기각결정 ⇨ 즉시항고 가능	• 보상결정·기각결정 불문하고 불복 가능 • 법무부장관 재결 ⇨ 행정소송제기

❶
제척기간이란 권리관계를 빠르게 확정하기 위하여 어떤 종류의 권리에 대해 법률이 정하고 있는 존속기간을 말한다.

❷
비용보상청구권은 형사보상이 아니라 형사보상을 청구하는데 들어간 비용을 청구하는 것이다(예 변호사 비용 등).

🏛 관련 판례

1 형사보상법 제7조 위헌제청 [헌법불합치]
권리관계를 조속히 확정하기 위하여 인정되는 소멸시효기간이나 제척기간❶ 중 권리의 행사가 용이하고 일상 빈번히 발생하는 것이거나 권리의 행사로 인하여 상대방의 지위가 특별히 불안정해지는 경우 또는 법률관계를 보다 신속히 확정하여 분쟁을 방지할 필요가 있는 경우에는 특히 짧은 소멸시효나 제척기간을 인정할 필요가 있으나, 형사보상청구권의 **제척기간을 1년으로 규정**하고 있는 것은 위의 어떠한 사유에도 해당하지 아니하는 등 달리 합리적인 이유를 찾기 어려워, 일반적인 사법상의 권리보다 더 확실하게 보호되어야 할 권리인 형사보상청구권의 보호를 저해하고 있다(헌재 2010.7.29, 2008헌가4).

2 비용보상청구권의 제척기간은 6개월로 제한 [합헌]❷
비용보상청구권의 제척기간을 무죄판결이 확정된 날부터 6개월로 제한한 구 「형사소송법」은 과잉금지원칙에 위반되어 청구인의 재판청구권 및 재산권을 침해하지 않는다(헌재 2015.4.30, 2014헌바408 등).

3 군사법원법상 비용보상청구권의 제척기간 [위헌]
무죄판결이 확정된 피고인은 국가에 대하여 소송비용 등의 보상을 청구할 수 있는 비용보상청구권을 갖게 되는데, 헌법재판소는 비용보상청구권의 제척기간을 '무죄판결이 확정된 날부터 6개월'로 정한 구 군사법원법 조항이 헌법에 위반된다(헌재 2023.8.31, 2020헌바252).
▶ 다만, 4인은 과잉금지 위반으로 보았으며, 4인은 개정된 형사소송법과 비교해서 평등원칙에 위배된다고 보았다.

4 형사보상법 제19조 제1항 등 위헌확인 [일부인용]
이 사건 불복금지조항은 형사보상의 청구에 대하여 **한 보상의 결정에 대하여는 불복을 신청할 수 없도록 하여 형사보상의 결정을 단심재판으로 규정하고 있는데**, 보상액의 산정에 기초되는 사실인정이나 보상액에 관한 판단에서 오류나 불합리성이 발견되는 경우에도 그 시정을 구하는 불복신청을 할 수 없도록 하는 것은 형사보상청구권 및 그 실현을 위한 기본권으로서의 재판청구권의 본질적 내용을 침해하는 것이라 할 것이고, 나아가 법적 안정성만을 지나치게 강조함으로써 재판의 적정성과 정의를 추구하는 사법제도의 본질에 부합하지 아니하는 것이다. 또한, 불복을 허용하더라도 즉시항고는 절차가 신속히 진행될 수 있고 사건 수도 과다하지 아니한데다 그 재판내용도 비교적 단순하므로, 불복을 허용한다고 하여 상급심에 과도한 부담을 줄 가능성은 별로 없다고 할 것이므로, 이 사건 불복금지조항은 형사보상청구권 및 재판청구권의 본질적 내용을 침해하는 것으로 헌법에 위반된다(헌재 2010.10.28, 2008헌마514 등).

📋 **기출OX**
형사보상청구에 대하여 보상의 결정에 대하여는 불복을 신청할 수 없도록 하여 형사보상의 결정을 단심재판으로 규정한 형사보상법 조항은 형사보상청구권 및 재판청구권을 침해한다고 볼 수 없다. (×)   21. 법원직

5 형사 특별법과 일반법의 차이 [위헌]

심판대상조항은 별도의 가중적 구성요건표지를 규정하지 않은 채 형법 조항과 똑같은 구성요건을 규정하면서 법정형만 상향 조정하여 어느 조항으로 기소하는지에 따라 벌금형의 선고 여부가 결정되고, 선고형에 있어서도 심각한 형의 불균형을 초래하게 함으로써 형사특별법으로서 갖추어야 할 형벌체계상의 정당성과 균형을 잃어 인간의 존엄성과 가치를 보장하는 헌법의 기본원리에 위배될 뿐만 아니라 그 내용에 있어서도 평등원칙에 위반되어 위헌이다(헌재 2015.2.26, 2014헌가16).

6 초과 구금에 대한 형사보상을 규정하지 않은 형사보상법 [헌법불합치]

가중처벌규정에 대하여 헌법재판소의 위헌결정이 있었음을 이유로 개시된 재심절차에서, 공소장 변경을 통해 위헌결정된 가중처벌규정보다 법정형이 가벼운 처벌규정으로 적용법조가 변경되어 피고인이 무죄재판을 받지는 않았으나 원판결보다 가벼운 형으로 유죄판결이 확정된 경우, 재심재판에서 선고된 형을 초과하여 집행된 구금에 대하여 보상요건을 전혀 규정하지 아니한 '형사보상 및 명예회복에 관한 법률' 제26조 제1항이 평등원칙을 위반하여 청구인들의 평등권을 침해한다(헌재 2022.2.24, 2018헌마998).

7 잘못된 보호조치의 경우 형사보상 여부 [각하]

외국인이 출입국관리법에 의하여 보호처분을 받아 수용되었다가 이후 난민인정을 받은 경우 및 법률상 근거 없이 송환대기실에 수용되었던 경우에 대하여, 헌법에서 명시적으로 보상을 해주어야 할 입법의무를 부여하고 있다거나 헌법해석상 국가의 입법의무가 발생하였다고 볼 수 없다(헌재 2024.1.25, 2020헌바475등).

제5절 범죄피해자구조청구권

1 의의

헌법 제30조 타인의 범죄행위로 인하여 생명 신체에 대한 피해를 받은 국민은 법률이 정하는 바에 의하여 국가로부터 구조를 받을 수 있다.

2 요건

범죄피해자 보호법 제1조 【목적】 이 법은 범죄피해자 보호·지원의 기본 정책 등을 정하고 타인의 범죄행위로 인하여 생명·신체에 피해를 받은 사람을 구조(救助)함으로써 범죄피해자의 복지 증진에 기여함을 목적으로 한다.❸

제2조 【기본이념】 ① 범죄피해자는 범죄피해 상황에서 빨리 벗어나 인간의 존엄성을 보장받을 권리가 있다.
② 범죄피해자의 명예와 사생활의 평온은 보호되어야 한다.
③ 범죄피해자는 해당 사건과 관련하여 각종 법적 절차에 참여할 권리가 있다.

---

❸
형법 제9조는 형사미성년자, 제10조는 심신장애자, 제12조는 강요된 행위, 제22조는 긴급피난, 제20조는 정당행위, 제21조는 정당방위규정이다. 미성년자에게 상해를 입은 사람은 범죄피해구조를 받아야 하며, 긴급피난은 그 상대방도 적법하므로 보상이 필요하다. 즉, 개가 물려고 해서 도망치다 누군가를 넘어지게 했다면 넘어진 피해자는 구조가 필요하다. 다만, 정당행위, 정당방위는 그 상대방이 위법하므로 구조해 줄 필요가 없다. 강간범이 키스를 하려다 혀가 절단된 사건에서 혀가 절단된 강간범은 본인이 잘못을 하였기에 구조가 필요 없다는 것이 우리 판례이다.

기출 OX

01 대한민국의 영역 안에서 과실에 의한 행위로 사망하거나 장해 또는 중상해를 입은 경우에도 범죄피해자구조청구권이 인정된다. (×)
18. 지방직 7급

02 유족구조금을 지급받을 수 있는 유족에 사실상 혼인관계에 있는 배우자는 제외된다. (×)
18. 비상계획관

비교 정리

범죄피해자구조청구권 인정여부

구분	인정여부
긴급피난	○
정당방위, 정당행위, 과실	×

기출 OX

범죄행위 당시 구조피해자와 가해자 사이에 사실상의 혼인관계가 있는 경우에도 구조피해자에게 구조금을 지급한다. (×)
18. 지방직 7급

제3조【정의】 ① 이 법에서 사용하는 용어의 뜻은 다음과 같다.
1. '범죄피해자'란 타인의 범죄행위로 피해를 당한 사람과 그 배우자(사실상의 혼인관계를 포함한다), 직계친족 및 형제자매를 말한다.
2. '범죄피해자 보호·지원'이란 범죄피해자의 손실 복구, 정당한 권리 행사 및 복지 증진에 기여하는 행위를 말한다. 다만, 수사·변호 또는 재판에 부당한 영향을 미치는 행위는 포함되지 아니한다.
3. '범죄피해자 지원법인'이란 범죄피해자 보호·지원을 주된 목적으로 설립된 비영리법인을 말한다.
4. '구조대상 범죄피해'란 대한민국의 영역 안에서 또는 대한민국의 영역 밖에 있는 대한민국의 선박이나 항공기 안에서 행하여진 사람의 생명 또는 신체를 해치는 죄에 해당하는 행위(형법 제9조, 제10조 제1항, 제12조, 제22조 제1항에 따라 처벌되지 아니하는 행위를 포함하며, 같은 법 제20조 또는 제21조 제1항에 따라 처벌되지 아니하는 행위 및 과실에 의한 행위는 제외한다)로 인하여 사망하거나 장해 또는 중상해를 입은 것을 말한다.
5. '장해'란 범죄행위로 입은 부상이나 질병이 치료(그 증상이 고정된 때를 포함한다)된 후에 남은 신체의 장해로서 대통령령으로 정하는 경우를 말한다.
6. '중상해'란 범죄행위로 인하여 신체나 그 생리적 기능에 손상을 입은 것으로서 대통령령으로 정하는 경우를 말한다.
② 제1항 제1호에 해당하는 사람 외에 범죄피해 방지 및 범죄피해자 구조활동으로 피해를 당한 사람도 범죄피해자로 본다.

제16조【구조금의 지급요건】 국가는 구조대상 범죄피해를 받은 사람(이하 '구조피해자'라 한다)이 다음 각 호의 어느 하나에 해당하면 구조피해자 또는 그 유족에게 범죄피해 구조금(이하 '구조금'이라 한다)을 지급한다.
1. 구조피해자가 피해의 전부 또는 일부를 배상받지 못하는 경우
2. 자기 또는 타인의 형사사건의 수사 또는 재판에서 고소·고발 등 수사단서를 제공하거나 진술, 증언 또는 자료제출을 하다가 구조피해자가 된 경우

제19조【구조금을 지급하지 아니할 수 있는 경우】 ① 범죄행위 당시 구조피해자와 가해자 사이에 다음 각 호의 어느 하나에 해당하는 친족관계가 있는 경우에는 구조금을 지급하지 아니한다.
1. 부부(사실상의 혼인관계를 포함한다)
2. 직계혈족
3. 4촌 이내의 친족
4. 동거친족
② 범죄행위 당시 구조피해자와 가해자 사이에 제1항 각 호의 어느 하나에 해당하지 아니하는 친족관계가 있는 경우에는 구조금의 일부를 지급하지 아니한다.
③ 구조피해자가 다음 각 호의 어느 하나에 해당하는 행위를 한 때에는 구조금을 지급하지 아니한다.
1. 해당 범죄행위를 교사 또는 방조하는 행위
2. 과도한 폭행·협박 또는 중대한 모욕 등 해당 범죄행위를 유발하는 행위

제23조【외국인에 대한 구조】 구조피해자 또는 그 유족이 외국인인 때에는 다음 각 호의 어느 하나에 해당하는 경우에만 이 법을 적용한다.
1. 해당 국가의 상호 보증이 있는 경우

2. 해당 외국인이 구조대상 범죄피해 발생 당시 대한민국 국민의 배우자이거나 대한민국 국민과 혼인관계(사실상의 혼인관계를 포함한다)에서 출생한 자녀를 양육하고 있는 자로서 다음 각 목의 어느 하나에 해당하는 체류자격을 가지고 있는 경우
   가. 「출입국관리법」 제10조 제2호의 영주자격
   나. 「출입국관리법」 제10조의2 제1항 제2호의 장기체류자격으로서 법무부령으로 정하는 체류자격

3 내용

범죄피해자 보호법 제17조 【구조금의 종류 등】 ① 구조금은 유족구조금·장해구조금 및 중상해구조금으로 구분한다.
② 유족구조금은 구조피해자가 사망하였을 때 제18조에 따라 맨 앞의 순위인 유족에게 지급한다. 다만, 순위가 같은 유족이 2명 이상이면 똑같이 나누어 지급한다.
③ 장해구조금 및 중상해구조금은 해당 구조피해자에게 지급한다. 다만, 장해구조금 또는 중상해구조금의 지급을 신청한 구조피해자가 장해구조금 또는 중상해구조금을 지급받기 전에 사망(해당 구조대상 범죄피해의 원인이 된 범죄행위로 사망한 경우는 제외한다)한 경우에는 제18조에 따라 맨 앞의 순위인 유족에게 지급하되, 순위가 같은 유족이 2명 이상이면 똑같이 나누어 지급한다.

제18조 【유족의 범위 및 순위】 ① 유족구조금이나 제17조 제3항 단서에 따라 유족에게 지급하는 장해구조금 또는 중상해구조금(이하 "유족구조금등"이라 한다)을 지급받을 수 있는 유족은 다음 각 호의 어느 하나에 해당하는 사람으로 한다.
1. 배우자(사실상 혼인관계를 포함한다) 및 구조피해자의 사망 당시 구조피해자의 수입으로 생계를 유지하고 있는 구조피해자의 자녀
2. 구조피해자의 사망 당시 구조피해자의 수입으로 생계를 유지하고 있는 구조피해자의 부모, 손자·손녀, 조부모 및 형제자매
3. 제1호 및 제2호에 해당하지 아니하는 구조피해자의 자녀, 부모, 손자·손녀, 조부모 및 형제자매
② 제1항에 따른 유족의 범위에서 태아는 구조피해자가 사망할 때 이미 출생한 것으로 본다.

제20조 【다른 법령에 따른 급여 등과의 관계】 구조피해자나 유족이 해당 구조대상 범죄피해를 원인으로 하여 국가배상법이나 그 밖의 법령에 따른 급여 등을 받을 수 있는 경우에는 대통령령으로 정하는 바에 따라 구조금을 지급하지 아니한다.

제21조 【손해배상과의 관계】 ① 국가는 구조피해자나 유족이 해당 구조대상 범죄피해를 원인으로 하여 손해배상을 받았으면 그 범위에서 구조금을 지급하지 아니한다.
② 국가는 지급한 구조금의 범위에서 해당 구조금을 받은 사람이 구조대상 범죄피해를 원인으로 하여 가지고 있는 손해배상청구권을 대위한다.
③ 국가는 제2항에 따라 손해배상청구권을 대위할 때 대통령령으로 정하는 바에 따라 가해자인 수형자나 보호감호대상자의 작업장려금 또는 근로보상금에서 손해배상금을 받을 수 있다.

제22조【구조금액】① 유족구조금은 구조피해자의 사망 당시(신체에 손상을 입고 그로 인하여 사망한 경우에는 신체에 손상을 입은 당시를 말한다)의 월급액이나 월실수입액 또는 평균임금에 24개월 이상 48개월 이하의 범위에서 유족의 수와 연령 및 생계유지상황 등을 고려하여 대통령령으로 정하는 개월 수를 곱한 금액으로 한다.

4 절차

범죄피해자 보호법 제24조【범죄피해구조심의회 등】① 구조금 지급 및 제21조 제2항에 따른 손해배상청구권 대위에 관한 사항을 심의·결정하기 위하여 각 지방검찰청에 범죄피해구조심의회(이하 "지구심의회"라 한다)를 두고 법무부에 범죄피해구조본부심의회(이하 "본부심의회"라 한다)를 둔다.
② 지구심의회는 설치된 지방검찰청 관할 구역(지청이 있는 경우에는 지청의 관할 구역을 포함한다)의 구조금 지급에 관한 사항을 심의·결정한다.

제25조【구조금의 지급신청】① 구조금을 받으려는 사람은 법무부령으로 정하는 바에 따라 그 주소지, 거주지 또는 범죄 발생지를 관할하는 지구심의회에 신청하여야 한다.
② 제1항에 따른 신청은 해당 구조대상 범죄피해의 발생을 안 날부터 3년이 지나거나 해당 구조대상 범죄피해가 발생한 날부터 10년이 지나면 할 수 없다.

제31조【소멸시효】구조금을 받을 권리는 그 구조결정이 해당 신청인에게 송달된 날부터 2년간 행사하지 아니하면 시효로 인하여 소멸된다.

제32조【구조금 수급권의 보호】구조금을 받을 권리는 양도하거나 담보로 제공하거나 압류할 수 없다.

🔥 관련 판례

범죄피해자구조청구권의 대상 [기각]
구 범죄피해자구조법 제2조 제1호에서 범죄피해자구조청구권의 대상이 되는 범죄피해의 범위를 정하면서 해외에서 발생한 범죄피해는 포함하고 있지 아니하고 있다. **국가의 주권이 미치지 못하고 국가의 경찰력 등을 행사할 수 없거나 행사하기 어려운 해외에서 발생한 범죄에 대하여는 국가에 그 방지책임이 있다고 보기 어렵고**, 상호보증이 있는 외국에서 발생한 범죄피해에 대하여는 국민이 그 외국에서 피해구조를 받을 수 있으며, 국가의 재정에 기반을 두고 있는 구조금에 대한 청구권 행사대상을 우선적으로 대한민국의 영역 안의 범죄피해에 한정하고, 향후 해외에서 발생한 범죄피해의 경우에도 구조를 하는 방향으로 운영하는 것은 입법형성의 재량의 범위 내라고 할 것이다. 따라서 범죄피해자구조청구권의 대상이 되는 범죄피해에 해외에서 발생한 범죄피해의 경우를 포함하고 있지 아니한 것이 현저하게 불합리한 자의적인 차별이라고 볼 수 없어 평등원칙에 위반되지 아니한다(헌재 2011.12.29, 2009헌마354).

제5장 청구권적 기본권

01
16. 경찰승진

청원권에 관한 설명 중 가장 적절하지 않은 것은? (다툼이 있는 경우 판례에 의함)

① 모든 국민은 법률이 정하는 바에 의하여 국가기관에 문서로 청원할 권리를 가진다.
② 헌법상 보장된 청원권은 국가기관이 청원을 수리할 뿐만 아니라 이를 심사하여 청원자에게 적어도 그 결과를 통지할 것을 요구할 수 있는 권리이다.
③ 국가기관은 청원사항을 심사하여 심판서나 재결서에 준하는 이유를 명시한 처리결과를 통지하여야 한다.
④ 청원내용이 수사에 간섭하는 것일 때에는 이를 수리하지 아니한다.

정답 및 해설
난이도 ★☆☆

① [○] 모든 국민은 법률이 정하는 바에 의하여 국가기관에 문서로 청원할 권리를 가진다(헌법 제26조 제1항).
② [○] 헌법은 제26조 제2항에서 청원에 대한 수리와 심사의 의무만을 국가의 의무로 규정하고 있으나, 청원법에서는 그 결과를 청원인에게 통지할 의무까지 규정하고 있다(구 청원법 제9조).

> 청원법 제21조 【청원의 처리 등】② 청원기관의 장은 청원을 접수한 때에는 특별한 사유가 없으면 90일 이내(제13조 제1항에 따른 공개청원의 공개 여부 결정기간 및 같은 조 제2항에 따른 국민의 의견을 듣는 기간을 제외한다)에 처리결과를 청원인(공동청원의 경우 대표자를 말한다)에게 알려야 한다. (후문생략)
> ③ 청원기관의 장은 부득이한 사유로 제2항에 따른 처리기간에 청원을 처리하기 곤란한 경우에는 60일의 범위에서 한 차례만 처리기간을 연장할 수 있다. 이 경우 그 사유와 처리예정기한을 지체 없이 청원인(공동청원의 경우 대표자를 말한다)에게 알려야 한다.

③ [×] 다만, 그에 대한 재결이나 결정할 의무까지 있는 것은 아니고, 또한 처리결과를 통지할 경우에 법률에 특별한 규정이 없는 한 처리이유까지 밝혀야 할 필요는 없다.
④ [○] 감사·수사·재판·행정심판·조정·중재 등 다른 법령에 의한 조사·불복 또는 구제절차가 진행 중인 때(구 청원법 제5조 제1항 제1호).

> 청원법 제6조 【청원 처리의 예외】 청원기관의 장은 청원이 다음 각 호의 어느 하나에 해당하는 경우에는 처리를 하지 아니할 수 있다. 이 경우 사유를 청원인(제11조 제3항에 따른 공동청원의 경우에는 대표자를 말한다)에게 알려야 한다.
> 1. 국가기밀 또는 공무상 비밀에 관한 사항
> 2. 감사·수사·재판·행정심판·조정·중재 등 다른 법령에 의한 조사·불복 또는 구제절차가 진행 중인 사항
> 3. 허위의 사실로 타인으로 하여금 형사처분 또는 징계처분을 받게 하는 사항
> 4. 허위의 사실로 국가기관 등의 명예를 실추시키는 사항
> 5. 사인간의 권리관계 또는 개인의 사생활에 관한 사항
> 6. 청원인의 성명, 주소 등이 불분명하거나 청원내용이 불명확한 사항

답 ③

02

재판청구권에 관한 다음 설명 중 가장 타당하지 않은 것은?

① 현행 헌법은 신속한 재판을 받을 권리를 명문으로 규정하고 있다.
② 헌법재판소 판례는 형사피해자가 검사의 불기소처분에 대하여 헌법소원을 제기할 수 있는 근거로 헌법 제27조 제5항 규정의 재판절차진술권을 들고 있다.
③ 현행 헌법은 군사법원의 설치에 관한 근거규정을 두고 있다.
④ 교통범칙자에 대한 경찰서장의 통고처분은 재판청구권을 침해하지 않는다고 보는 것이 다수설이다.
⑤ 헌법재판소 판례는 행정소송에 있어서 전심절차로서 행정심판을 거치도록 되어 있는 지방세법 제78조 제2항 및 제81조는 재판청구권을 침해하는 것이 아니어서 합헌이라고 한다.

정답 및 해설

난이도 ★★☆

① [O] 모든 국민은 신속한 재판을 받을 권리를 가진다. 형사피고인은 상당한 이유가 없는 한 지체 없이 공개재판을 받을 권리를 가진다(헌법 제27조 제3항).
② [O] 헌재 1989.12.22, 89헌마145 ; 헌재 1990.6.25, 89헌마234 등
③ [O] 군사재판을 관할하기 위하여 특별법원으로서 군사법원을 둘 수 있다(헌법 제110조 제1항).
④ [O] 교통범칙자에 대한 경찰서장의 통고처분은 그것이 법관이 아닌 행정공무원에 의한 것이지만, 당사자의 승복을 발효요건으로 하고 있으며 불응시에는 정식재판의 절차가 보장되므로 재판청구권의 침해가 될 수 없다(통설, 헌재 1998.5.28, 96헌바4 참조).
⑤ [X] 이 사건 법률조항은 사법절차를 준용하지 않으면서 이의신청·심사청구라는 2중의 행정심판을 필요적으로 거치도록 하는 점에서, 또한 행정심판제도의 취지를 살릴 수 없어 전적으로 무용하거나 그 효용이 극히 미미한 경우에까지 무조건적으로 전심절차를 강요한다는 점에서 **헌법 제27조(재판청구권), 제107조 제3항(행정심판의 사법절차 준용)에 위반된다**(헌재 2001.6.28, 2000헌바30).

답 ⑤

03

12. 법원직 9급

재판청구권에 관한 서술 중 옳지 않은 것은? (다툼이 있는 경우 헌법재판소 판례에 의함)

① 피고인에게 스스로에 대한 치료감호를 청구할 기회를 부여하지 아니한 치료감호법 관련 규정은 치료감호 대상자의 재판청구권을 침해한다고 볼 수 있다.
② 사건의 규모에 따라 상고이유를 제한한다고 하여 이를 관련 당사자의 재판청구권을 침해한다고 볼 수 없다.
③ 국민참여재판을 받을 권리는 헌법 제27조 제1항에서 규정한 재판을 받을 권리의 보호범위에 속한다고 볼 수 없다.
④ 현역병의 군대 입대 전 범죄에 대한 군사법원의 재판권을 규정하고 있는 군사법원법 관련 규정은 해당 피고인의 재판청구권을 침해한다고 볼 수 없다.

정답 및 해설

난이도 ★★☆

① [×] '피고인 스스로 치료감호를 청구할 수 있는 권리'가 헌법상 재판청구권의 보호범위에 포함된다고 보기는 어렵고, 검사뿐만 아니라 피고인에게까지 치료감호 청구권을 주어야만 절차의 적법성이 담보되는 것도 아니므로, 이 사건 법률조항이 청구인의 재판청구권을 침해하거나 적법절차의 원칙에 반한다고 볼 수 없다(헌재 2010.4.29, 2008헌마622).
② [○] 헌재 1995.10.26, 94헌바28
③ [○] 우리 헌법상 헌법과 법률이 정한 법관에 의한 재판을 받을 권리는 직업법관에 의한 재판을 주된 내용으로 하는 것이므로 국민참여재판을 받을 권리가 헌법 제27조 제1항에서 규정한 재판을 받을 권리의 보호범위에 속한다고 볼 수 없다(헌재 2009.11.26, 2008헌바12).
④ [○] 현역병의 군대 입대 전 범죄에 대한 군사법원의 재판권을 규정하고 있는 군사법원법 조항은 재판청구권을 침해하지 않는다(헌재 2009.7.30, 2008헌바162).

답 ①

04. 국가배상청구에 관한 다음 설명 중 가장 옳지 않은 것은?

① 국가배상청구권의 주체는 원칙적으로 한국 국민이며, 국민에는 자연인뿐만 아니라 내국법인도 포함된다.
② 국가배상법상의 직무상 행위에는 직무행위와 외형상 관련 있는 것으로 인정되는 행위까지 포함한다고 보는 외형설이 통설, 판례이다.
③ 헌법은 국가, 공공단체 외에 공무원 개인의 배상책임에 대하여도 규정하고 있다.
④ 공무원 개인에게 과실이 있는 경우라면 어떤 경우든 국가 및 공무원 개인 모두에게 배상책임이 있다는 것이 판례의 입장이다.
⑤ 판례는 국회의원의 입법행위가 국가배상법 제2조 제1항의 위법행위에 해당되는지에 대하여 원칙적으로 소극적 입장에 있다.

정답 및 해설

① [○] 공무원의 직무상 불법행위로 손해를 받은 국민은 법률이 정하는 바에 의하여 국가 또는 공공단체에 정당한 배상을 청구할 수 있다(헌법 제29조 제1항). 여기에서 국민이란 자연인, 법인을 불문한다.
② [○] 외형설이 통설, 판례이다. 외관상으로는 공무원증과 재직증명서를 발급하는 행위로서 직무집행으로 보여지므로 결국 소외인의 공무원증 등 위조행위는 국가배상법 제2조 제1항 소정의 공무원이 직무를 집행함에 당하여 한 행위로 인정된다(대판 2005.1.14, 2004다26805).
③ [○] 공무원의 직무상 불법행위로 손해를 받은 국민은 법률이 정하는 바에 의하여 국가 또는 공공단체에 정당한 배상을 청구할 수 있다. 이 경우 공무원 자신의 책임은 면제되지 아니한다(헌법 제29조 제1항).
④ [×] 공무원 개인에게 고의나 중과실이 있는 경우에만 선택적 청구가 가능하다고 판시하였다(대판 1997.2.11, 95다5110).
⑤ [○] 대판 1997.6.13, 96다56115

답 ④

05

16. 국가직 7급

형사보상청구권에 대한 설명으로 옳지 않은 것은?

① 형사피의자로 구금되었다가 법률이 정하는 불기소처분을 받은 자는 법률이 정하는 바에 의하여 형사보상청구권을 행사할 수 있다.

② 형사보상을 청구할 수 있는 자가 그 청구를 하지 아니하고 사망하였을 때에는 그 상속인이 이를 청구할 수 있다.

③ 1개의 재판으로 경합범의 일부에 대하여 무죄재판을 받고 다른 부분에 대하여 유죄재판을 받았을 경우 법원은 보상청구의 전부를 인용하여야 한다.

④ 다른 법률에 따라 손해배상을 받을 자가 같은 원인에 대하여 형사보상 및 명예회복에 관한 법률에 따른 보상을 받았을 때에는 그 보상금의 액수를 빼고 손해배상의 액수를 정하여야 한다.

정답 및 해설

난이도 ★★☆

① [○] 형사피의자 또는 형사피고인으로서 구금되었던 자가 법률이 정하는 불기소처분을 받거나 무죄판결을 받은 때에는 법률이 정하는 바에 의하여 국가에 정당한 보상을 청구할 수 있다(헌법 제28조).

② [○] 제2조에 따라 보상을 청구할 수 있는 자가 그 청구를 하지 아니하고 사망하였을 때에는 그 상속인이 이를 청구할 수 있다(형사보상 및 명예회복에 관한 법률 제3조 제1항).

③ [X] 1개의 재판으로 경합범의 일부에 대하여 무죄재판을 받고 다른 부분에 대하여 유죄재판을 받았을 경우에는 법원은 재량으로 보상청구의 전부 또는 일부를 기각할 수 있다(형사보상 및 명예회복에 관한 법률 제4조 제3호).

④ [○] 다른 법률에 따라 손해배상을 받을 자가 같은 원인에 대하여 이 법에 따른 보상을 받았을 때에는 그 보상금의 액수를 빼고 손해배상의 액수를 정하여야 한다(형사보상 및 명예회복에 관한 법률 제6조 제3항).

답 ③

제6장 사회적 기본권

 제2편 기본권론

제6장 사회적 기본권

- **인간다운 생활을 할 권리**
  - **주체**: 주로 국민, 외국인은 예외적 인정
  - **내용**
    - 사회보험, 공적부조, 사회보상, 사회복지
    - 사회보험은 자기기여가 필요, 공적부조는 일방적 지원
  - **연금 판례**
    - **지급정지**: 1/2 이상 정지는 위헌, 대통령령·부령은 포괄위임, 이체시는 지급정지해도 합헌
    - **퇴직금 제한**
      - 퇴직 후 범죄 ⇨ 위헌
      - 재직 중이어도 직무관련성× ⇨ 위헌
      - 명예퇴직금은 합헌

- **교육을 받을 권리**
  - **내용**
    - **능력에 따라**: 의무교육 취학연령 - 6세 이상 합헌
    - **균등하게**: 수학권 포함
    - **교육받을**: 중학교 단계적 의무교육 ⇨ 합헌
  - **부모의 자녀교육권**: 학부모의 학교선택권, 학부모의 교육참여권, 학부모의 자녀과외
  - **교사의 교육의 자유**
    - 교육받을 권리가 근거
    - 수업권보다 수학권이 우위
  - **교육제도의 보장**
    - 교육제도 법률주의
    - **자주성**
      - 모집정원 미달이어도 불합격은 정당
      - 교수재임용제 자체는 합헌이나 다툴 방법이 없어 헌법위반
    - **전문성**: 교육경력자의 지방교육위원 우선 당선 합헌
    - **평생교육의 진흥**: 학원교습시간 제한 - 합헌
  - **교육의 의무**: 권리의 주체는 아동이나, 의무의 주체는 친권자, 후견인

제1절 인간다운 생활을 할 권리

> 헌법 제34조 ① 모든 국민은 인간다운 생활을 할 권리를 가진다.
> ② 국가는 사회보장·사회복지의 증진에 노력할 의무를 진다.
> ③ 국가는 여자의 복지와 권익의 향상을 위하여 노력하여야 한다.
> ④ 국가는 노인과 청소년의 복지향상을 위한 정책을 실시할 의무를 진다.
> ⑤ 신체장애자 및 질병·노령 기타의 사유로 생활능력이 없는 국민은 법률이 정하는 바에 의하여 국가의 보호를 받는다.
> ⑥ 국가는 재해를 예방하고 그 위험으로부터 국민을 보호하기 위하여 노력하여야 한다.

1 서설

1. 의의
인간다운 생활을 할 권리란 국가에 대하여 인간의 존엄에 상응한 최소한의 급부를 국가에 청구할 수 있는 권리를 말한다.

2. 연혁 및 입법례
바이마르헌법이 효시이며, 우리나라는 인간다운 생활권을 명시하고 있다(제5차 개헌).

3. 보호범위
다수의 견해와 법령(국민기초생활 보장법)은 최소한의 물질적인 생활뿐만 아니라 문화적인 생활까지 보호해야 한다고 하지만 헌법재판소의 경우에는 최소한의 물질적인 생활만 보장해야 한다고 보았다(헌재 2014.3.27, 2013헌바198).

2 주체

인간다운 생활을 할 권리는 외국인에게까지 보장할 필요는 없다. 따라서 우리 국민만이 주체가 된다. 다만, 건강한 작업환경, 일에 대한 정당한 보수, 합리적인 근로조건의 보장 등에 관한 권리는 외국인에게도 인정된다. 08. 국가직 7급

3 내용

사회보장수급권이란 신체장애나 질병, 노령 등으로 인해 보호를 필요로 하는 개인이 국가에 대해 일정한 내용의 급부와 배려를 적극적으로 요구할 수 있는 권리를 말한다. 국가는 사회적 기본권에 의하여 제시된 국가의 의무와 과제를 언제나 국가의 현실적인 재정·경제 능력의 범위 내에서 다른 국가과제와의 조화와 우선순위결정을 통하여 이행할 수밖에 없다. 21. 법원직 9급

📚 비교 정리
인간다운 생활

구분	인정범위
학설	문화
판례	물질

📝 기출OX

01 모든 국민은 인간다운 생활을 할 권리를 가지는데 이 권리는 인간의 존엄성에 상응하는 급부 즉, 인간적 생존에 필요한 최소한의 물질적 생활을 국가에 요구할 수 있는 권리이다. (○) 05. 입시

02 인간다운 생활을 할 권리는 인간의 존엄과 가치를 보장받기 위한 모든 사회적 기본권의 기초를 이루는 기본권이다. (○) 05. 입시

사회보험과 공적부조의 비교

사회보험	공적부조
국민 스스로의 기여 ⇨ 생활위험에 대비	자기기여 무관, 국가 ⇨ 생활능력 없는 자의 최저생활급부 제공
국민건강보험법, 고용보험법	사회보장기본법, 국민기초생활 보장법

4 제한과 한계

인간다운 생활의 기준은 법률로 정할 수 있으나, 인간의 존엄성이라는 한계 내에서 입법형성의 자유를 가지며, 이에 위반된 법령에 대하여는 위헌성 여부를 다툴 수 있다.

관련 판례

1 산재보험수급권의 법적 성격 [합헌]❶

사회보장수급권은 헌법 제34조 제1항 및 제2항 등으로부터 개인에게 직접 주어지는 헌법적 차원의 권리라거나 사회적 기본권의 하나라고 볼 수는 없고, 다만 그 수급요건, 수급자의 범위, 수급액 등 구체적인 사항이 규정될 때 비로소 형성되는 법률적 차원의 권리에 불과하다 할 것이다(헌재 2003.7.24, 2002헌바51).
04. 법원직

2 60세 이상 국민연금 가입 제한 [기각]

국민연금제도는 자기기여를 전제로 하지 않고, 국가로부터 소득을 보장받는 순수한 사회부조형 사회보장제도가 아니라, 가입자의 보험료를 재원으로 하여 가입기간, 기여도 및 소득수준 등을 고려하여 소득을 보장받는 사회보험제도이다. … 그렇다면 국민연금의 가입대상을 경제활동이 가능한 18세 이상 60세 미만의 국민으로 제한하고 있는 이 사건 법률조항은 평등원칙을 침해한다고 볼 수 없다(헌재 2001.4.26, 2000헌마390).

3 인간다운 생활을 할 권리의 성격 [기각]

헌법의 규정이, 입법부나 행정부에 대하여는 국민소득, 국가의 재정능력과 정책 등을 고려하여 가능한 범위 안에서 최대한으로 모든 국민이 물질적인 최저생활을 넘어서 인간의 존엄성에 맞는 건강하고 문화적인 생활을 누릴 수 있도록 하여야 한다는 행위의 지침 즉 **행위규범**으로서 작용하지만, 헌법재판에 있어서는 다른 국가기관 즉 입법부나 행정부가 국민으로 하여금 인간다운 생활을 영위하도록 하기 위하여 객관적으로 필요한 최소한의 조치를 취할 의무를 다하였는지를 기준으로 국가기관의 행위의 합헌성을 심사하여야 한다는 **통제규범**으로 작용하는 것이다. … 그러므로 국가가 인간다운 생활을 보장하기 위한 헌법적인 의무를 다하였는지의 여부가 사법적 심사의 대상이 된 경우에는, **국가가 생계보호에 관한 입법을 전혀 하지 아니하였다든가 그 내용이 현저히 불합리하여 헌법상 용인될 수 있는 재량의 범위를 명백히 일탈한 경우에 한하여 헌법에 위반**된다고 할 수 있다. … 그렇다면 생계보호의 수준이 일반 최저생계비에 못미친다고 하더라도 그 사실만으로 곧 그것이 헌법에 위반된다거나 청구인들의 행복추구권이나 인간다운 생활을 할 권리를 침해한 것이라고는 볼 수 없다 할 것이다(헌재 1997.5.29, 94헌마33).

비교 정리

사회보험과 공적부조

사회보험	• 국민 스스로의 기여 ⇨ 생활위험에 대비 • 국민건강보험법, 고용보험법
공적부조	• 자기기여 무관, 국가 ⇨ 생활능력 없는 자의 최저생활급부 제공 • 사회보장기본법, 국민기초생활 보장법

사회보험과 공적부조의 가장 큰 차이는 사회보험은 국가와 개인이 조금씩 같이 부담하는 반면, 공적부조는 일방적 국가의 급부라는 것이다.

❶ 사회보장급권의 성격: 판례는 의료보험수급권 사건이나 공무원연금법상 연금수급권 사건에서는 "사회보장수급권은 사회적 기본권의 하나이다."라고 판시한 적도 있으며, 어떤 판례에서는 산재보험수급권도 사회적 기본권의 성격을 가지나 법률에 의해서 구체적으로 형성되는 권리라고도 하여, 사회보장수급권에 대해서는 정말 일관되지 못한 판시를 하고 있다.

기출OX

산재피해 근로자에게 인정되는 산재보험수급권은 입법재량권의 행사에 의하여 제정된 산업재해보상보험법에 의하여 비로소 구체화되는 '법률상의 권리'이며, 개인에게 국가에 대한 사회보장·사회복지 또는 재해예방 등과 관련된 적극적 급부청구권이 인정되는 것은 아니다. (O) 22. 5급 공채

비교 정리

인간다운 생활을 할 권리

구분	인정범위
입법부·행정부	행위
사법부	통제

4 휴직자에 대한 보험료 부과 [기각]

일시적·잠정적 근로관계의 중단에 불과한 휴직제도의 본질, 휴직자에 대한 보험급여의 필요성 등을 고려할 때 합리적인 입법재량으로 볼 수 있다(헌재 2003.6. 26, 2001헌마699).

5 공무원유족연금의 수급대상에서 18세 이상의 자를 제외 [기각]

공무원연금수급권에는 사회보장수급권과 재산권이라는 양 권리의 성격이 불가분적으로 혼재되어 있는데, 입법자로서는 **이를 하나의 전체로서 파악하여 어느 한쪽의 요소에 보다 중점을 둘 수도 있기 때문에 연금수급권의 구체적 내용을 형성함에 있어서 입법자는 반드시 민법상 상속의 법리와 순위에 따라야 하는 것이 아니다.** … 18세 이상이면 신체적, 정신적으로 성숙하여 사회생활에 적응할 수 있고, 적어도 최소한의 생활은 스스로 영위해 나갈 수 있는 사회적 독립성을 획득할 수 있는 것으로 보아 유족의 범위에서 배제하였다 할 것인바, … 그 입법형성의 한계를 일탈하여 최소한의 보장마저 외면함으로써 사회보장수급권, 재산권, 평등권을 침해하는 것이라고 볼 수 없다(헌재 1999.4.29, 97헌마333).

6 군인연금법에 의한 퇴역연금의 지급정지 [한정위헌]

퇴역연금은 퇴역군인의 생활을 보장하기 위한 사회보험 내지 **사회보장·사회복지적인 성질**도 함께 갖는다. 그러나 퇴역연금은 **봉급연불❶적 성질**도 있으므로 적어도 그 범위 안에서 퇴역연금의 지급정지는 기본권 제한의 한계를 정한 헌법의 규정에 따라야 한다. 따라서 군인연금법 제21조 제5항 제2호에 해당하는 기관으로부터 보수 기타 급여를 지급받고 있는 경우 그 퇴역연금의 2분의 1 이내에서 그 지급을 정지하는 조치는 현재의 제도와 상황에서는 입법자의 형성재량의 범위 내에 속하는 것으로 이를 정당하다 할 것이나, 이를 초과하여 지급을 정지한다면 이는 퇴역연금수급자의 퇴역연금수급권을 제한하는 정도가 지나쳐 헌법상 비례의 원칙에 어긋난다. 그렇다면 군인연금법 제21조 제5항 제2호의 규정 중 **지급정지되는 퇴역연금액이 퇴역연금의 2분의 1을 초과하는 부분은 헌법에 위반**된다(헌재 1994.6.30, 92헌가9).

7 공무원연금법에 의한 퇴직연금의 지급정지 [위헌]

비록 아무리 적은 규모라도 어떤 형태로든지 정부의 재정지원이 있기만 하면 총리령이 정하는 바에 따라 지급정지대상기관이 될 수 있게 위임의 범위가 너무 넓어져버렸다. … 아무리 적은 보수 또는 급여를 받는 경우에도 대통령령에서 연금지급을 정지할 수 있도록 정하거나 재취업 소득의 수준에 관계없이 지급정지율 내지 지급정지금액을 일률적으로 정하는 것이 가능하게 되었다. 나아가 이 사건 법률 제47조 본문은 '**퇴직연금의 2분의 1의 범위 안에서**'라는 구체적 범위를 정하여 위임하여야 함에도 불구하고, 그러한 범위를 정하지 아니한 채 위임하고 있다. 그렇다면 … 헌법상의 포괄위임금지원칙에 위반된다(헌재 2005.10.27, 2004헌가20).

8 군인연금법 제21조 제5항 제1호 [합헌]

위임입법에 있어 위임의 구체성이나 명확성의 요구의 정도는 규제 대상의 종류와 성격에 따라서 달라질 수 있고, 특히 사회보장적인 급여와 같은 급부행정의 영역에서는 기본권침해의 영역보다 구체성을 요구하는 정도가 다소 약화될 수 있을 것이다. … 구 군인연금법과 사학연금법이 유기적이고 호환적인 체계에서 통일적으로 기능하여 근무 직역이 이동되는 경우 **재직기간의 합산 및 연금액의 이체가 가능한 점** 등에 비추어 볼 때, 대통령령에 규정될 내용은 퇴역연금의 전액이 지급정지될 것임을 쉽게 예측할 수 있다 할 것이다. 따라서 이 사건 정지조항이 헌법상 위임입법의 한계를 일탈하였다 할 수 없다(헌재 2007.10.25, 2005헌바68).

---

❶ 연불은 치루어야 할 대금을 일정기간 미루는 것을 의미한다.

비교 정리

연금 지급 금지

내용	주문
1/2 이상 정지	위헌
대통령령·부령	위헌
이체	합헌

기출OX

군인연금법상 퇴역연금 수급권자가 사립학교교직원 연금법 제3조의 학교기관으로부터 보수 기타 급여를 지급받는 경우에는 대통령령이 정하는 바에 따라 퇴역연금의 전부 또는 일부의 지급을 정지할 수 있도록 하는 것은 신뢰보호원칙에 위반되지 않는다. (O)

18. 서울시 7급

9 공무원연금법 제64조 제3항 [한정위헌]

공무원연금법상 급여청구권은 공무원의 퇴직 또는 사망으로 인하여 발생하는 것이므로 퇴직 후의 사유로 급여청구권을 제한하는 것은 이미 발생한 급여청구권을 사후에 발생한 사유로 소급하여 제한하는 것이 된다. 따라서 이 사건 법률조항에 의한 급여제한의 사유가 **퇴직 후에 범한 죄에도 적용**되는 것으로 보는 것은 과잉금지의 원칙에 위배하여 재산권의 본질적 내용을 침해하는 것으로 헌법에 위반된다 할 것이다(헌재 2002.7.18, 2000헌바57).

10 공무원연금법 제64조 제1항 제1호 [헌법불합치]

공무원의 신분이나 직무상 의무와 관련이 없는 범죄의 경우에도 퇴직급여 등을 제한하는 것은, 공무원범죄를 예방하고 공무원이 재직 중 성실히 근무하도록 유도하는 입법목적을 달성하는 데 적합한 수단이라고 볼 수 없다. 그리고 특히 과실범의 경우에는 공무원이기 때문에 더 강한 주의의무 내지 결과발생에 대한 가중된 비난가능성이 있다고 보기 어려우므로, 퇴직급여 등의 제한이 공무원으로서의 직무상 의무를 위반하지 않도록 유도 또는 강제하는 수단으로서 작용한다고 보기 어렵다. … 이 사건 법률조항에 대하여 헌법불합치를 선고하기로 하고, 구 공무원연금법 제64조 제1항이 헌법에 위반되지 아니한다고 판시한 1995.6.29, 91헌마50 결정과 1995.7.21, 94헌바27 등 결정은 이 결정의 견해와 저촉되는 한도 내에서 이를 변경하기로 한다(헌재 2007.3.29, 2005헌바33).

11 퇴직금의 감액처분 [합헌]

'직무와 관련 없는 과실로 인한 경우' 및 '소속상관의 정당한 직무상의 명령에 따르다가 과실로 인한 경우'를 제외하고 재직 중의 사유로 금고 이상의 형을 받은 경우, 퇴직급여 등을 감액하도록 규정한 구 '사립학교교직원 연금법' 제42조 제1항 전문 중 공무원연금법 제64조 제1항 제1호 준용부분(이하 '이 사건 법률조항'이라 한다)이 헌법에 위반되지 아니한다는 결정을 선고하였다. 이 사건 법률조항은 교원 범죄를 예방하고 교원이 재직 중 성실히 근무하도록 유도한다는 정당한 입법목적달성을 위한 상당한 수단이며, 입법목적 달성을 위하여 필요한 범위 내에서 감액사유에 해당하는 범죄를 가능한 유형화하여 규정하는 등 침해의 최소성과 법익의 균형성도 충족하므로 제청신청인들의 재산권 및 인간다운 생활을 침해한다고 볼 수 없고, 사립학교교원 연금제도와 국민연금 등의 기본적인 차이점이나, 교원의 법령준수 의무 등에 비추어 평등원칙에 위배된다고도 볼 수 없다는 것이다(**따라서 직무와 관련이 없는 경우라 할지라도 고의의 경우에는 퇴직금감액이 가능하다**)(헌재 2013.9.26, 2010헌가89).

12 국가공무원법 제74조의2 제3항 제1호 위헌소원 [합헌]

그와 같은 '재직 중 사유'에는 직무관련성이 없는 경우와 과실로 인한 경우도 모두 포함되는데, 직무관련성 없이 또는 과실로 인하여 금고 이상의 형을 받은 명예퇴직공무원의 재산권을 침해하는지, 나아가 직무관련성 없는 사유로 금고 이상의 형을 받은 명예퇴직자와 직무관련성 있는 사유로 금고 이상의 형을 받은 명예퇴직자를 합리적 이유 없이 동등하게 취급하여 평등원칙에 반하는지 여부가 쟁점이 된 사건이다. **명예퇴직수당은 공무원의 조기퇴직을 유도하기 위한 특별장려금**이고, 퇴직 전 근로에 대한 공로보상적 성격도 갖는다고 할 것이어서, 입법자가 명예퇴직수당 수급권의 구체적인 지급요건·방법·액수 등을 형성함에 있어서 상대적으로 폭넓은 재량이 허용된다고 할 것이다(헌재 2010.11.25, 2010헌바93).

비교 정리

범죄		주문
퇴직 후		위헌
직무관련성 ×	원칙	위헌
	고의	합헌
명예퇴직		합헌

기출OX

공무원이 직무와 관련 없는 과실로 인한 경우 및 소속상관의 정당한 직무상의 명령에 따르다가 과실로 인한 경우를 제외하고 재직 중의 사유로 금고 이상의 형을 닫은 경우, 퇴직급여 등을 감액하도록 2009.12.31. 개정된 감액조항을 2009.1.1.까지 소급하여 적용하도록 규정한 공무원연금법 부칙조항은 소급입법금지의 원칙에 위반하지 않는다. (×)   21. 소방간부

→ 소급입법금지의 원칙 위반이다.

13 공무원연금의 보수연동에서 물가연동으로의 전환 [합헌]

물가연동제에 의한 이 사건 조정규정이 신설된 것은 연금지출의 증가폭을 줄여 재정악화를 해결하고자 하기 위한 것이다. 한편, 공무원연금제도는 공무원신분보장의 본질적 요소라고 하더라도 적정한 신뢰는 "퇴직 후에 연금을 받는다."는 데에 대한 것이지, "퇴직 후에 현 제도 그대로의 연금액을 받는다."는 데에 대한 것으로 볼 수는 없다. 그렇다면 보호해야 할 퇴직연금수급자의 신뢰의 가치는 크지 않고 신뢰의 손상 또한 연금액의 상대적인 감소로서 그 정도가 심하지 않은 반면, 연금재정의 파탄을 막고 공무원연금제도를 건실하게 유지하는 것은 긴급하고도 대단히 중요한 공익이므로 위 법률조항이 헌법상 신뢰보호의 원칙에 위배된다고는 볼 수 없다(헌재 2005.6.30, 2004헌바42).

14 지역의료보험조합과 직장의료보험조합의 통합 [기각]

법상의 보험료부과체계는 형식적으로는 소득을 단일기준으로 하는 부과체계임에도 불구하고, 실질적으로는 직장가입자의 경우에는 파악된 실소득에 대하여, 지역가입자의 경우에는 추정소득에 대하여 보험료를 부과하는 이원적인 부과체계인 것이다. 따라서 법 제62조 제3항·제4항, 제63조, 제64조는 지역가입자와 직장가입자의 본질적인 차이를 고려하여 그에 상응하게 달리 규정한 법률조항으로서 그 자체는 평등원칙의 관점에서 헌법적으로 하자가 없다. … 이로써 **직장·지역가입자 간의 부담의 평등을 보장할 수 있는 법적 제도장치를 두고 있으므로**, 직장가입자와 지역가입자의 재정통합을 규정하는 법 제33조 제2항은 헌법에 위반되지 아니한다(헌재 2000.6.29, 99헌마289).

15 여러 종류의 수급권이 발생한 경우 [합헌]

국민연금의 급여수준은 수급권자가 최저생활을 유지하는 데 필요한 금액을 기준으로 결정해야 할 것이지 납입한 연금보험료의 금액을 기준으로 결정하거나 여러 종류의 수급권이 발생하였다고 하여 **반드시 중복하여 지급해야 할 것은 아니다** (헌재 2000.6.1, 97헌마190).

16 양로시설에 입소한 국가유공자의 연금지급 금지 [합헌]

이 사건 규정에 의하여 일부 연금이나 수당이 지급 정지된다고 하여도 청구인들에게 기본연금이 계속 지급되며, 더구나 양로시설에서 무상으로 생활할 수 있게 된다는 점, 그리고 인간다운 생활이라고 하는 개념이 사회의 경제적 수준 등에 따라 달라질 수 있는 상대적 개념이라는 점을 고려하면, 이 사건 규정으로 인하여 헌법 제34조 제1항의 인간의 존엄에 상응하는 **최소한의 물질생활의 보장을 내용으로 하는 인간다운 생활을 할 권리를 침해하였다고 볼 수는 없다**(헌재 2000.6.1, 98헌마216).

17 미결수용자에 대한 국민건강보험급여 정지 [기각]

건강보험수급권과 같이 공법상의 권리가 헌법상의 재산권으로 보호받기 위해서는 국가의 일방적인 급부에 의한 것이 아니라 수급자의 상당한 자기기여를 전제로 한다. 그런데 국민건강보험은 개인의 보험료와 국가의 재정으로 운영되고 이 사건 규정의 적용에 의하여 청구인들과 같은 수용자에게 보험급여가 정지되는 경우 동시에 **보험료 납부의무도 면제된다. 그렇다면 수급자의 자기기여가 없는 상태이므로** 이 사건 규정에 의하여 건강보험수급권이 정지되더라도 이를 사회보장수급권(인간다운 생활을 할 권리)으로 다툴 수 있음은 별론으로 하고 **재산권 침해로 다툴 수는 없다**고 할 것이다(헌재 2005.2.24, 2003헌마31 등). 08. 국가직 7급

기출OX

국가 등의 양로시설 등에 입소하는 국가유공자에게 부가연금, 생활조정수당 등의 지급을 정지한다 하더라도 그 국가유공자의 재산권을 침해하는 것은 아니다. (O)   08. 국회직 8급

18 보건복지부장관의 2002년도 최저생계비 고시 [기각]
장애인가구는 비장애인가구와 비교하여 각종 법령 및 정부시책에 따른 각종 급여 및 부담감면으로 인하여 최저생계비의 비목에 포함되는 보건의료비, 교통·통신비, 교육비, 교양·오락비, **비소비지출비를 추가적으로 보전 받고 있다.** 이러한 사정들에 비추어 보면, 생활능력 없는 장애인가구 구성원의 인간다운 생활을 할 권리가 침해되었다고 할 수 없다(헌재 2004.10.28, 2002헌마328). 08. 국가직 7급

19 사회보장수급권 입증책임 [합헌]
업무상 질병으로 인한 업무상 재해에 있어 업무와 재해 사이의 상당인과관계에 대한 입증책임을 이를 주장하는 근로자나 그 유족에게 부담시키는 것이 사회보장수급권을 침해한다고 볼 수 없다(헌재 2015.6.25, 2014헌바269).

20 임시수용시설의 미실시
도시환경정비사업의 시행으로 인하여 철거되는 주택의 소유자를 위하여 임시수용시설을 설치하도록 규정하지 않은 도시 및 주거환경정비법 조항은 이주대책이나 주거대책의 실시 여부 및 내용에 대해서는 폭넓은 입법재량이 인정되는데, 도시환경정비사업에서 이주대책 등을 실시하지 않는 데에는 합리적인 이유가 있으므로 이는 평등의 원칙에 위반되지 아니한다(헌재 2014.3.27, 2011헌바396).
▶ 인간다운 생활을 할 권리나 거주·이전의 자유와는 관련이 없다.

21 외국거주 외국인유족의 퇴직공제금 수급자격 불인정 [위헌]
건설근로자가 사망한 경우 '외국거주 외국인유족'은 자신이 거주하는 국가에서 발행하는 공신력 있는 문서로서 '퇴직공제금을 지급받을 유족의 자격'을 충분히 입증할 수 있어 건설근로자공제회의 퇴직공제금 지급 업무에 특별한 어려움이 초래될 일도 없다는 점에서 '외국거주 외국인유족'을 퇴직공제금을 지급받을 유족의 범위에서 제외할 이유가 없다(헌재 2023.3.23, 2020헌바471).

22 퇴직 후 소득 발생시 연금 감소 지급 가능
퇴직연금 수급자가 퇴직 후에 사업소득이나 근로소득을 얻게 된 경우 입법자는 사회 정책적 측면과 국가의 재정 및 기금의 상황 등 여러 가지 사정을 참작하여 일반적인 재산권에 비하여 폭넓은 재량으로 소득과 연계하여 퇴직연금 지급 정도를 결정할 수 있다(헌재 2008.2.28, 2005헌마872등).

23 외국거주 외국인유족의 퇴직공제금 수급자격 불인정 [위헌]
건설근로자가 사망한 경우 '외국거주 외국인유족'은 자신이 거주하는 국가에서 발행하는 공신력 있는 문서로서 '퇴직공제금을 지급받을 유족의 자격'을 충분히 입증할 수 있어 건설근로자공제회의 퇴직공제금 지급 업무에 특별한 어려움이 초래될 일도 없다는 점에서 '외국거주 외국인유족'을 퇴직공제금을 지급받을 유족의 범위에서 제외할 이유가 없다(헌재 2023.3.23, 2020헌바471).

기출OX

01 산업재해보상보험법에서 업무상 질병으로 인한 업무상 재해에 있어 업무와 재해 사이의 상당인과관계에 대한 입증책임을 이를 주장하는 근로자나 그 유족에게 부담시키는 것은 사회보장수급권을 위헌적으로 침해한다. (×)
18. 서울시 7급

02 도시환경정비사업의 시행으로 인하여 철거되는 주택의 소유자를 위하여 임시수용시설을 설치하도록 규정하지 않은 도시 및 주거환경정비법 조항은 위 도시환경정비사업의 시행으로 철거되는 주택의 소유자에 대하여 최소한의 물질적 생활도 보장하지 않는 것이므로 인간다운 생활을 할 권리를 침해하는 것이다. (×)

제2절 교육을 받을 권리

> 헌법 제31조 ① 모든 국민은 능력에 따라 균등하게 교육을 받을 권리를 가진다.
> ② 모든 국민은 그 보호하는 자녀에게 적어도 초등교육과 법률이 정하는 교육을 받게 할 의무를 진다.
> ③ 의무교육은 무상으로 한다.
> ④ 교육의 자주성·전문성·정치적 중립성 및 대학의 자율성은 법률이 정하는 바에 의하여 보장된다. 07. 법원직
> ⑤ 국가는 평생교육을 진흥하여야 한다.
> ⑥ 학교교육 및 평생교육을 포함한 교육제도와 그 운영, 교육재정 및 교원의 지위에 관한 기본적인 사항은 법률로 정한다.

1 서설

1. 의의

교육을 받을 권리란 개개인이 능력에 따라 균등하게 교육을 받을 수 있는 권리를 말한다. 교육을 받을 권리는 헌법이 추구하는 문화국가를 촉진시키고 사회국가의 이념을 실현한다는 기능을 가지고 있다. 02. 국가직 7급

2. 주체

주체는 모든 국민을 의미한다. 이는 평생교육조항에서 확인할 수 있다. 특이한 점은 교육받을 권리는 권리 주체인 아동보다는 아동이 교육을 받게 해야 할 부모의 의무도 상당히 강조되는 권리라는 점이다.

2 내용

1. '능력에 따라' 교육을 받을 권리

교육받을 권리의 적극적인 측면은 국민이 능력에 따른 균등한 교육을 향유할 수 있도록 국가에 청구하는 것이라 한 것인바 여기서 능력이라 하는 것은 학생의 육체적, 정신적 수학능력을 의미하는 것이지 부모의 경제적 능력을 기준으로 하는 것은 아니다. 02. 국가직 7급, 07. 법원직

> **관련 판례**
>
> **의무교육취학연령사건 [기각]**
> 헌법 제31조 제1항에서 말하는 '능력에 따라 균등하게 교육을 받을 권리'란 **법률이 정하는 일정한 교육을 받을 전제조건으로서의 능력을 갖추었을 경우 차별 없이 균등하게 교육을 받을 기회가 보장된다는 것**이지, 일정한 능력 - 예컨대 지능이나 수학능력 등이 있다고 하여 제한 없이 다른 사람과 차별하여 어떠한 내용과 종류와 기간의 교육을 받을 권리가 보장된다는 것은 아니다. … 만 6세가 되기 전에 앞당겨서 입학을 허용하지 않는다고 해서 헌법 제31조 제1항의 능력에 따라 균등하게 교육을 받을 권리를 본질적으로 침해한 것으로 볼 수 없다(헌재 1994.2.24, 93헌마192). 02. 국가직 7급

2. '균등하게' 교육을 받을 권리

능력에 따라 균등하게 교육을 받을 권리로서의 수학권은 주로 학교 교육을 중심으로 하는 공교육에서의 수학권을 의미하나 이뿐만 아니라, 평생교육을 받을 권리를 포함한 사교육에서의 수학권도 의미한다. 05. 입시

관련 판례

1 전문대학 미졸업자의 편입 불허 [기각]

'각자의 능력에 따라 교육시설에 입학하여 배울 수 있는 권리'의 대상인 국가의 교육시설은 물적·인적 한계 등으로 말미암아 입학자격조건을 정하는 데 있어서 능력에 따른 차별이 가능한 영역인바, 3년제 전문대학의 2년 이상의 이수자에게 의무교육기관이 아닌 대학에의 일반 편입학을 허용하지 않는다고 하여 청구인의 교육을 받을 권리를 본질적으로 침해하고 있다고 보기 어렵다(헌재 2010.11.25, 2010헌마144). 02. 국가직 7급

2 사립유치원의 교사 인건비 부담 [각하]

교육을 받을 권리는 국가에 의한 교육조건의 개선·정비와 교육기회의 균등한 보장을 적극적으로 요구할 수 있는 권리이지만, 그로부터 위와 같은 작위의무가 헌법해석상 바로 도출되는 것은 아니다(헌재 2006.10.26, 2004헌마13). 08. 국회직 8급

3. '교육'을 받을 권리

헌법 제31조 제1항에서의 교육은 학교교육을 의미한다. 한편, 헌법 제31조 제5항에서는 국가의 평생교육 진흥의무를 규정하고 있으며, 헌법 제31조 제2항·제3항에서는 교육의 의무 및 무상의 의무교육을 규정하고 있다.

관련 판례

1 중학교 의무교육의 경우

[1] 의무교육의 실시범위와 관련하여 의무교육의 무상원칙을 규정한 헌법 제31조 제3항은 초등교육에 관하여는 직접적인 효력규정으로서 개인이 국가에 대하여 입학금·수업료 등을 면제받을 수 있는 헌법상의 권리라고 볼 수 있다.

[2] 중등교육의 경우에는 헌법 제31조 제2항에서 단지 법률이 정하는 교육이라고 규정하였을 뿐이므로 무상의 중등교육을 받을 권리는 법률에서 중등교육을 의무교육으로서 시행하도록 규정하기 전에는 헌법상 권리로서 보장되는 것은 아니다(헌재 1991.2.11, 90헌가27).

2 검정고시 응시제한 [인용]

고졸검정고시 또는 고등학교 입학자격 검정고시에 합격했던자는 해당 검정고시에 다시 응시할 수 없도록 응시자격을 제한한 전라남도 교육청 공고는 교육을 받을 권리를 침해한다(헌재 2012.5.31, 2010헌마139).

기출OX

01 2년제 전문대학의 졸업자에게만 대학·산업대학 또는 원격대학의 편입학 자격을 부여하고, 3년제 전문대학의 2년 이상 과정 이수자에게는 편입학 자격을 부여하지 않는 것은 교육을 받을 권리를 침해하지 않는다. (○) 22. 경찰간부

02 헌법 제31조 제1항이 보장하는 국민의 교육을 받을 권리로부터 국가 및 지방자치단체에게 사립유치원에 대한 교사 인건비, 운영비 및 영양사 인건비를 예산으로 지원하라는 작위의무가 도출된다. (×) 22. 지방직 7급

비교 정리

의무교육

구분	보장
헌법	초등
법률	중등

기출OX

고졸검정고시 또는 고등학교 입학자격 검정고시에 합격했던 자는 해당 검정고시에 다시 응시할 수 없도록 응시자격을 제한한 전라남도 교육청 공고는 교육을 받을 권리를 침해한다. (○) 14. 국가직 7급

3 교육을 시킬 권리 또는 교육할 권리

1. 부모의 자녀교육권

(1) 개념

부모가 자녀의 학교 교육 및 가정교육을 통하여 교육할 권리를 말한다. 헌법상 교육권은 본질적으로 교육을 받을 권리를 의미한다고 할 것이므로, 부모의 자녀에 대한 교육권이 인정된다고 할지라도 이는 자녀의 보호와 인격발현을 위해 부여된 것으로 자녀교육에 대한 책임으로 이해하는 것이 타당하다(헌재 2000.4.27, 98헌가16). 02. 국가직 7급

(2) 특성

부모의 자녀교육권은 기본권의 주체인 부모의 자기결정권이라는 의미에서 보장되는 자유가 아니라, 자녀의 보호와 인격발현을 위하여 부여되는 기본권이다(헌재 2009.10.29, 2008헌마454).

(3) 부모의 자녀교육권의 내용

학부모의 학교선택권, 학부모의 교육참여권, 학부모의 자녀과외권 등이 있다.

> **관련 판례**
>
> **1 과외의 원칙적 금지 [위헌]**
>
> 학교 교육의 범주 내에서는 국가의 교육권한이 헌법적으로 독자적인 지위를 부여받음으로써 부모의 교육권과 함께 자녀의 교육을 담당하지만, **학교 밖의 교육영역에서는 원칙적으로 부모의 교육권이 우위를 차지**한다. … 경제력의 차이 등으로 말미암아 교육의 기회에 있어서 사인 간에 불평등이 존재한다면, 국가는 원칙적으로 의무교육의 확대 등 적극적인 급부활동을 통하여 사인 간의 교육기회의 불평등을 해소할 수 있을 뿐, 과외교습의 금지나 제한의 형태로 개인의 기본권 행사인 **사교육을 억제함으로써 교육에서의 평등을 실현할 수는 없는 것**이다. … 법 제3조의 주된 입법목적은 비정상적인 과외교습경쟁을 부추기고 과열시키며 사회적 폐단의 주된 원인이 되는 지나친 고액과외교습을 억제하고자 하는 것이다.
> 그런데 '고액과외교습의 방지'라는 입법목적의 달성과 아무런 관련이 없는 교습행위까지도 광범위하게 금지당하게 되었다. 그럼에도 법 제3조는 과외교습이 그 성질에 비추어 반사회적인 것이 아닐 뿐만 교육을 기본권으로써 보장되는 행위이므로 이를 원칙적으로 허용하되 '반사회성을 띤 예외적인 경우'에 한하여 금지하도록 하여야 할 것임에도, 이를 '원칙적으로 금지하고 예외적으로 허용하는 방식'의 '**원칙과 예외**'가 전도된 **규율형식**을 취하고 있다. 그렇다면 법 제3조는 비례의 원칙에 반하여 국민의 자녀교육권, 인격의 자유로운 발현권, 직업선택의 자유를 침해하는 위헌적인 규정이다(헌재 2000.4.27, 98헌가16 등).
>
> **2 초등학교 영어교육 [합헌]**
>
> 이 사건 고시 부분에서 초등학교 1.2학년의 교과에 영어를 배제하였다 하더라도, 이것은 초·중등교육법에서 규정한 교과의 범위 내에서 그 내용을 구체화한 것이므로, 위임의 범위를 벗어났다고 볼 수 없다(헌재 2016.2.25, 2013헌마838).
>
> **3 사립학교 임시이사 선임 [합헌]**
>
> 임시이사는 법 소정의 사유로 학교법인의 정상적 운영이 어려워진 경우에 선임되므로 사학의 자유를 침해했다고 할 수 없다(헌재 2013.11.28, 2011헌바136).

비교 정리

원칙과 예외의 전도(전면금지)

사건	주문
과외금지	위헌
의료광고규제	위헌
기부금품 모집	위헌
무면허의료금지	합헌

기출OX

학교교육에 관한 한, 국가는 헌법 제31조에 의하여 부모의 교육권으로부터 원칙적으로 독립된 독자적인 교육권한을 부여받음으로써 부모의 교육권보다 우위를 차지하지만, 학교 밖의 영역에서는 원칙적으로 부모의 교육권이 우위를 차지한다. (X) 14. 국가직 7급

4 등록금심의위원회의 심사·의결

학교회계의 예산 편성권은 학교의 장에게, 예산 확정권은 이사회에게 그대로 유보되어 있고, 등록금심의위원회의 심사·의결은 이사회에 대한 구속력이 없는 점 등록금심의위원회의 구성과 운영이 학교의 자율에 맡겨져 있는 점 등을 종합하면 사학 운영의 자유를 침해한다고 볼 수 없다(헌재 2016.2.25, 2013헌마692).

5 교육대학교 등 수시모집 입시요강 [인용]

교육대학교 등 11개 대학교의 '2017학년도 신입생 수시모집 입시요강'이 검정고시로 고등학교 졸업학력을 취득한 사람들의 수시모집 지원을 제한하는 것은 교육을 받을 권리를 침해한다(헌재 2017.12.28, 2016헌마649).

▶ 직업의 자유는 별도로 판단하지 않는다.

6 한자교육의 선택적 교육 [합헌]

초·중등학교에서 한자교육을 선택적으로 받도록 한 것은 학생의 자유로운 인격발현권 및 학부모의 자녀교육권을 침해하지 않는다(헌재 2016.11.24, 2012헌마854).

7 수능시험의 EBS 교재 연계출제 [합헌]

2018학년도 수능시험의 문항 수 기준 70%를 EBS 교재와 연계하여 출제한다는 '2018학년도 대학수학능력시험 시행기본계획'이 학생들의 자유로운 인격발현권을 침해하지 않으므로 학생인 청구인들의 심판청구를 기각한다. 교육부와 한국교육과정평가원이 학교교육을 정상화하고 사교육비를 경감할 목적으로 이를 합헌적으로 보았다(헌재 2018.2.22, 2017헌마691).

▶ 교육을 통한 자유로운 인격발현권 ○, 성인 자녀를 둔 부모의 교육권 ×, 교사의 기본권 ×, 능력에 따라 균등하게 교육을 받을 권리 ×

2. 교사의 교육의 자유

🏛 관련 판례

1 국정교과서제도 [합헌]

국가는 수학권의 보호와 사회공공의 이익의 증진을 위하여 필요하다고 인정되는 상당한 범위 내에서 **교육내용에 대한 결정권을 포함한다**고 할 것이며, … **국민의 수학권과 교사의 수업의 자유는 다 같이 보호되어야 하겠지만 그중에서도 국민의 수학권이 더 우선적으로 보호되어야 한다. 따라서 국민의 수학권의 보호라는 차원에서 학년과** 학과에 따라 어떤 교과용 도서에 대하여 이를 자유발행제로 하는 것이 온당하지 못한 경우가 있을 수 있고 그러한 경우 국가가 관여할 수밖에 없다는 것과 관여할 수 있는 헌법적 근거가 있다는 것을 인정한다면 그 인정의 범위 내에서 국가가 이를 검·인정제로 할 것인가 또는 국정제로 할 것인가에 대하여 재량권을 갖는다고 할 것이다. 결국 중학교의 국어교과서에 관한 한, 교과용 도서의 국정제는 학문의 자유나 언론·출판의 자유를 침해하는 제도가 아니다(헌재 1992.11.12, 89헌마88). 05. 입시, 08. 국회직 8급

2 수업거부의 자유

교사의 수업거부행위는 학생의 학습권과 정면으로 상출하는 것인바, 교육의 계속성 유지의 중요성과 교육의 공공성에 비추어 보거나 학생·학부모 등 다른 교육당사자들의 이익과 교량해 볼 때 교원이 고의로 수업을 거부할 자유는 어떠한 경우에도 인정되지 아니하며, 교원은 계획된 수업을 지속적으로 성실히 이행할 의무가 있다(대판 2007.9.20, 2005다25298).

기출OX

국민의 수학권과 교사의 수업의 자유는 다같이 보호되어야 하며 그중 어떤 자유와 권리가 더 우선적으로 보호되어야 하는지를 일률적으로 정할 수는 없다. (×) 05. 입시

4 교육제도의 보장

1. 교육제도 법률주의(헌법 제31조 제6항)

교육제도 법률주의는 제도보장이므로 형식적 의미의 법률에 의해야 한다. 법률로 정해야 할 사항은 교육제도, 운영, 교육재정, 교원의 지위에 관한 기본적인 사항을 법률로 정해야 하며, 국가권력의 임의적 재량으로부터 교육의 권리, 교육제도를 보호하여야 한다.

2. 교육의 보장(헌법 제31조 제4항 전단)

(1) 자주성

교육기관의 자유를 의미하며, 국가권력 등에 대한 방어권, 즉 국가권력으로부터 교육의 독립성을 핵심내용으로 한다.

> **관련 판례**
>
> **1 대학모집정원미달과 불합격처분**
>
> 대학입학지원서가 모집정원에 미달한 경우라도 대학이 정한 수학능력이 없는 자에 대해 불합격처분을 한 것은 교육법 제111조 제1항에 위반되지 아니하여 무효라 할 수 없고 또 위 학교에서 정한 수학능력에 미달하는 지원자를 불합격으로 한 처분이 재량권의 남용이라고 볼 수 없다(대판 1983.6.28, 83누193). 08. 국회직 8급
>
> **2 교수 재임용제의 위헌 여부 [헌법불합치]**
>
> 입법자가 법률로 정하여야 할 교원지위의 기본적 사항에는 교원의 신분이 부당하게 박탈되지 않도록 하는 최소한의 보호의무에 관한 사항이 포함된다. … 객관적인 기준의 재임용 거부사유와 재임용에서 탈락하게 되는 교원이 자신의 입장을 진술할 수 있는 기회 그리고 재임용 거부를 사전에 통지하는 규정 등이 없으며, 나아가 재임용이 거부되었을 경우 사후에 그에 대해 다툴 수 있는 제도적 장치를 전혀 마련하지 않고 있는 이 사건 법률조항은, 현대사회에서 대학 교육이 갖는 중요한 기능과 그 교육을 담당하고 있는 대학교원의 신분의 부당한 박탈에 대한 최소한의 보호요청에 비추어 볼 때 헌법 제31조 제6항에서 정하고 있는 교원지위법정주의에 위반된다고 볼 수밖에 없다(헌재 2003.2.27, 2000헌바26).
>
> **3 교원 재임용의 심사요소❶ [합헌]**
>
> 교원의 신분을 보호하되 그것이 대학의 자율성과 조화되어야 한다는 헌법 제31조의 취지 및 사립대학에서 학교법인과 교원의 관계는 기본적으로 사법관계인 점을 고려할 때, 학교법인은 여러 심사요소를 고려하여 다양한 교육수요에 적합한 강의전담교원과 연구전담교원을 재량적으로 임용할 수 있으므로 이 사건 법률조항은 교원지위법정주의에 위반되지 아니한다(헌재 2014.4.24, 2012헌바336).

(2) 전문성

교육방법·내용 등에 관하여 교사가 자주적으로 결정할 수 있는 교육의 자유이므로 교육내용에 대한 교육행정기관의 권력적 개입의 배제가 확보되어야 한다.

기출OX

대학입학지원자가 모집정원에 미달하였음에도 불구하고 대학이 정한 수학능력이 없다는 이유로 지원자에 대해 불합격 처분을 한 것은 교육을 받을 권리에 대한 침해로서 무효이다. (×)
08. 국회직 8급

❶ 학생교육·학문연구·학생지도가 강제요소는 아니다.

> ⚖️ **관련 판례**
>
> **1 교육감 및 교육위원 선출 [기각]**
> 이 사건 법률조항이 교육위원 및 교육감의 선거인단을 **학교운영위원회 위원 전원으로 하고 있는 것**은, 지방교육자치제에서 요구되는 **교육의 자주성에 대한 요청과 민주적 정당성에 대한 요청 사이의 조화를 꾀하기 위한 것**으로서, 비록 주민의 대표성이나 주민자치의 원칙의 측면에서는 다소 부족한 점이 있다고 하더라도 이는 입법부에 주어진 합리적인 재량의 범위 내의 것이라고 할 것이므로, 이 사건 법률조항이 주민자치의 원칙을 위배하여 청구인들의 선거권을 침해한 것이라고는 볼 수 없다(헌재 2002.3.28, 2000헌마283 등).
>
> **2 교육경력자의 지방교육위원에의 우선당선 [기각]**
> 이 사건 법률조항의 입법목적은 헌법 제31조 제4항이 보장하는 **교육의 자주성과 전문성을 구현하기 위한 것**으로서 그 입법목적이 정당하고, 교육위원 중의 절반 이상을 교육경력자가 점하도록 하는 것은 이러한 입법목적을 달성하기 위한 효과적인 수단이 되는 것이므로 수단의 적정성도 갖추고 있으며, 이 사건 법률조항에 의하여 반드시 경력자가 당선되도록 하는 2분의 1 비율 외에서는 비경력자도 민주주의 원칙에 따라 다수득표에 의하여 교육위원으로 당선될 수 있으므로 기본권의 최소침해성에 어긋나지 않는다(헌재 2003.3.27, 2002헌마573).

(3) 정치적 중립성

교육의 정치적 중립성이란 교육이 국가권력이나 정치적 세력으로부터 부당한 간섭을 받지 않아야 한다는 것을 말한다. 즉, 교육환경의 자유를 의미한다.

> ⚖️ **관련 판례**
>
> **1 교육위원의 경우 선거운동 제한 [합헌]**
> 지방교육자치는 민주주의·지방자치·교육자주라고 하는 세 가지 헌법적 가치를 골고루 만족시킬 수 있어야 하므로 지방교육자치기관의 구성에 있어 이 가운데 민주주의의 요구만을 절대시하는 것은 헌법적으로 허용될 수 없다 할 것이다. 이 사건 법률조항의 선거운동 제한은 교육위원의 자주성·전문성을 고려하여 그 선출관련 비리를 원천 봉쇄함으로써 공정성을 제고하려는 데 목적이 있는 것으로 공무담임권이나 국민의 알 권리와 후보자선택의 자유의 본질적 내용을 침해한 것이라고 볼 수도 없다(헌재 2000.3.30, 99헌바113).
>
> **2 초·중등학교 교원의 교육위원 겸직금지 [기각]**
> 지방교육자치법은 교육위원 정수의 1/2 이상은 교육 또는 교육행정경력이 15년 이상 있는 자로 하고(제8조) 집행기관인 교육감의 자격도 교육 또는 교육전문직 경력이 20년 이상인 자로 하는 등(제32조 제2항) 교육의 자주성·전문성이 충분히 보장되도록 규정하고 있으므로, 교원과 교육위원의 겸직을 금지하였다는 것만으로 **헌법 제31조 제4항에 위반된다고 할 수 없다**(헌재 1993.7.29, 91헌마69). 05. 입시

3. 대학의 자율성 보장(헌법 제31조 제4항 후단)

학문의 자유를 참조한다.

4. 평생교육의 진흥(헌법 제31조 제5항)

🔎 관련 판례

1 부모의 학교선택권 [기각]

거주지를 기준으로 중·고등학교의 입학을 제한하는 교육법 시행령 제71조 및 제112조의6 등의 규정은 **과열된 입시경쟁으로 말미암아 발생하는 부작용을 방지**한다고 하는 입법목적을 달성하기 위한 방안의 하나이고, 도시와 농어촌에 있는 중·고등학교의 교육여건의 차이가 심하지 않으며, 획일적인 제도의 운용에 따른 문제점을 해소하기 위한 여러 가지 보완책이 상당히 마련되어 있어서 … 본질적 내용을 침해하였거나 과도하게 제한한 경우에 해당하지 아니한다(헌재 1995.2.23, 91헌마204).

2 고교평준화 정책 [기각]

학교제도에 관한 국가의 규율권한과 부모의 교육권이 서로 충돌하는 경우 어떠한 법익이 우선하는가의 문제는 구체적인 경우마다 법익형량을 통하여 판단해야 한다. 이 사건 조항은 고등학교 과열입시경쟁을 해소함으로써 중학교 교육을 정상화하고, 학교간 격차 및 지역간 격차해소를 통하여 고등학교 교육 기회의 균등 제공을 위한 것으로서, 학생과 학부모의 학교선택권에 대한 제한을 완화하기 위하여 선복수지원·후추첨방식과 같은 여러 보완책을 두고 있으므로, 이 사건 조항이 학부모의 학교선택권을 과도하게 제한하여 이를 침해한 것으로 볼 수 없다(헌재 2009.4.30, 2005헌마514).

3 학교운영위원회의 의무설치 [기각]

학교운영위원회는 다양한 학교구성원들의 참여를 통하여 학교 정책결정의 민주성과 투명성을 확보하고 지역실정과 특성에 맞는 다양한 교육을 창의적으로 실시할 수 있도록 하는 단위학교 차원의 자치기구이므로 이는 헌법상 보장된 교육의 자주성을 침해한다고 보기 어렵고, 또한 사립학교의 학교운영위원회는 사립학교의 장이 학교 운영에 관련된 주요사항에 대하여 다양한 구성원들의 의견을 수집하여 합리적이고 타당한 결정을 하도록 도와주는 자문기구이므로 교육의 전문성을 침해하는 것도 아니다(헌재 2001.11.29, 2000헌마278).

4 학원의 교습시간 제한 [기각]

학원의 교습시간을 제한하여 학생들의 수면시간 및 휴식시간을 확보하고, 학교교육을 정상화하며, 학부모의 경제적 부담을 덜어주려는 이 사건 조례의 입법목적의 정당성 및 수단의 적합성이 인정되고, 원칙적으로 학원에서의 교습은 보장하면서 심야에 한하여 교습시간을 제한하면서 다른 사교육 유형은 제한하지 않으므로 청구인들의 기본권을 과도하게 제한하는 것이라고 볼 수 없으므로 청구인들의 인격의 자유로운 발현권, 자녀교육권 및 직업수행의 자유를 침해하였다고 볼 수 없다(헌재 2009.10.29, 2008헌마635).

5 표준어 규정 [기각]

이 사건 법률조항들 중 학교의 교과용 도서를 표준어 규정에 의하도록 한 부분은 국가의 학교 교육의 내용과 목표를 정할 수 있는 포괄적인 규율권한 내의 문제라 할 것으로서, 국가는 이를 통하여 국가 공동체의 통합과 원활한 의사소통을 위하여 표준어 규정으로 교과용 도서를 제작하는 것을 선택한 것이고, … 부모의 자녀교육권을 침해하는 것이라 보기 어렵다(헌재 2009.5.28, 2006헌마618).

📋 기출OX

01 조례에 의한 규제가 지역 여건이나 환경 등 그 특성에 따라 다르게 나타나는 것은 헌법이 지방자치단체의 자치입법권을 인정한 이상 당연히 예상되는 결과이나, 고등학생들이 학원교습시간과 관련하여 자신들이 거주하는 지역의 학원조례조항으로 인하여 다른 지역 주민들에 비하여 더한 규제를 받게 되었다면 평등권이 침해되었다고 볼 수 있다. (×) 17. 국가직 7급

02 심야 학원교습을 금지한 지방자치단체의 조례는 직업수행의 자유를 침해하지 않는다. (○) 13. 지방직 7급

03 지역 방언을 자신의 언어로 선택하여 공적 또는 사적인 의사소통과 교육의 수단으로서 사용하는 것은 행복추구권에서 파생되는 일반적 행동의 자유 내지 개성의 자유로운 발현의 한 내용이다. (○) 14. 국가직 7급

6 검정고시 6개월 제한 [기각]

고시 공고일을 기준으로 고등학교에서 퇴학된 날로부터 6월이 지나지 아니한 자를 고등학교 졸업학력 검정고시를 받을 수 있는 자의 범위에서 제외한 것은 교육받을 권리를 침해하지 않는다(헌재 2008.4.24, 2007헌마1456).

7 학교운영비 납부 [위헌]

학교운영지원비는 기본적으로 학부모의 자율적 협찬금의 성격을 갖고 있음에도 그 조성이나 징수의 자율성이 완전히 보장되지 않아 기본적이고 필수적인 학교교육에 필요한 비용에 가깝게 운영되고 있다는 점 등을 고려해보면 이 사건 세입조항은 헌법 제31조 제3항에 규정되어 있는 의무교육의 무상원칙에 위배되어 헌법에 위반된다(헌재 2012.8.23, 2010헌바220).

8 사립유치원 에듀파인 사건 [기각]

사립유치원의 교비회계에 속하는 예산·결산 및 회계 업무를 교육부장관이 지정하는 정보처리장치로 처리하도록 규정한 부분이 청구인들의 사립학교 운영의 자유를 침해하지 않는다(헌재 2021.11.25, 2019헌마542).

9 자사고를 후기학교로 규정하고 중복지원을 금지 [위헌]

[1] 심판대상조항은 법률에 위임근거가 있는 것인지 여부, 즉 법률유보가 문제되는 것이고, 포괄위임금지 원칙 위반 여부는 문제되지 않는다. 또한 사학운영의 자유와 학교법인의 평등권과 신뢰보호원칙에 위배되는지가 문제되며, 학생 및 학부모의 신뢰행위 자체는 존재하지 않는다.

[2] 고등학교별 특성과 필요성에 따라 신입생 선발시기와 지원 방법을 대통령령으로 규정한 것 자체가 교육제도 법정주의에 위반된다고 보기는 어렵다.

[3] 후기 동시선발 조항은 합헌

동시선발 조항은 동등하고 공정한 입학전형의 운영을 통해 '우수학생 선점 해소 및 고교서열화를 완화'하고 '고등학교 입시경쟁을 완화'하기 위한 것이다.

[4] 엄격한 심사기준 적용

자사고 불합격자에 대한 평준화지역 후기학교 배정에 어려움이 있다면 이를 해결할 다른 제도를 마련하였어야 함에도, 이 사건 중복지원금지 조항은 중복지원금지 원칙만을 규정하고 자사고 불합격자에 대하여 아무런 고등학교 진학 대책을 마련하지 않았다(헌재 2019.4.11, 2018헌마221).

10 서울특별시 학생인권조례 [기각]

위 조례 중 차별·혐오표현을 통해 다른 사람의 인권을 침해하지 못하도록 규정하고 있는 제5조 제3항이 법률유보원칙과 과잉금지원칙에 위배되는 것은 아니라고 판단하였다(헌재 2019.11.28, 2017헌마1356).

11 충남삼성고등학교(자사고) 신입생 모집요강

기업형 자사고는 기업복지를 실현하여 생산성을 향상시키고 기업 주변의 정주환경을 개선하여서 우수 인재를 유치하는 데에 주요 목적이 있으므로, 임직원 자녀에게 더 많은 진학의 기회를 부여하는 것은 평등권을 침해하지 않는다(헌재 2015.11.26, 2014헌마145).

기출OX

01 고시공고일을 기준으로 고등학교에서 퇴학한 날로부터 6월이 지나지 아니한 자를 고등학교 졸업학력 검정고시를 응시할 수 있는 자의 범위에서 제외한 것은 교육을 받을 자유를 침해한다. (×) 12. 법원직

02 학교운영지원비를 학교회계 세입항목에 포함시키도록 하는 것은 헌법 제31조 제3항에 규정되어 있는 의무교육의 무상원칙에 위반되지 않는다. (×) 16. 국가직 7급

기출OX

학교 구성원으로 하여금 성별 등의 사유를 이유로 차별적 언사나 행동, 혐오적 표현 등을 통해 다른 사람의 인권을 침해하지 못하도록 한 서울특별시 학생인권조례 규정은 학교 구성원들의 표현의 자유를 침해한 것이라고 볼 수 없다. (○) 22. 국가직 7급

5 교육의 의무(헌법 제31조 제2항), 무상의무교육(헌법 제31조 제3항)

1. 교육의 의무

권리의 주체는 학령아동이나, 의무의 주체는 친권자, 후견인이 된다. 헌법 제31조 제2항 규정에 의하면 모든 국민은 보호하는 자녀에게 초등교육과 법률이 정하는 교육을 받게 할 의무를 진다. 07. 법원직 다만, 아동이 불구, 폐질, 병약한 경우 교육을 시킬 의무가 면제된다.

2. 국가의 의무

헌법 제31조 제2항의 의무교육제도는 헌법상의 교육기본권에 부수적인 제도보장이다. 헌법 제31조 제3항의 무상의 의무교육은 초등교육의 취학필요비무상설이 다수설(수업료뿐 아니라 교재비 등도 포함)이다.

관련 판례 의무교육에 관한 판례

1 학교용지 부담금 [위헌]

의무교육에 필요한 학교시설은 국가의 일반적 과제이고, **학교용지는 의무교육을 시행하기 위한 물적 기반으로서 필수조건임은 말할 필요도 없다. 따라서 이를 달성하기 위한 비용은 국가의 일반재정으로 충당하여야 한다.** 그렇다면, 적어도 의무교육에 관한 한 일반재정이 아닌 부담금과 같은 별도의 재정수단을 동원하여 특정한 집단으로부터 그 비용을 추가로 징수하여 충당하는 것은 의무교육의 무상성을 선언한 헌법에 반한다(헌재 2005.3.31, 2003헌가20). 08. 국회직 8급

2 개발사업자에게 부과하는 학교용지 부담금 [합헌]

의무교육 비용을 학령아동의 보호자 개개인의 직접적 부담에서 공동체 전체의 부담으로 이전하라는 명령일 뿐이고, **의무교육의 비용을 오로지 국가 예산, 즉 조세로 해결하라는 것은 아니다**(헌재 2008.9.25, 2007헌가1).

3 의무교육의 경비 부담 [기각]

헌법 제31조 제2항은 "모든 국민은 그 보호하는 자녀에게 적어도 초등교육과 법률이 정하는 교육을 받게 할 의무를 진다.", 제3항은 "의무교육은 무상으로 한다."고 규정하고 있을 뿐이어서, 위 헌법 문언들로부터 직접 의무교육 경비를 중앙정부로서의 국가가 부담하여야 한다는 결론은 도출되지 않는다. 의무교육 무상에 관한 헌법규정은 의무교육의 비용에 관하여 학부모의 직접적 부담으로부터 전체 공동체의 부담으로 이전하라는 명령일 뿐, 그 공적 부담을 어떻게 구성할 것인지에 관하여는 중립적이다. … 헌법규정에 위반되는 점이 없으므로 그로인한 청구인의 권한 침해는 인정되지 않는다(헌재 2005.12.22, 2004헌라3).

4 학교급식법 제8조 제2항 등 위헌소원 [합헌]

이 사건 심판대상조항이 의무교육대상인 중학생의 학부모들에게 급식관련 비용의 일부를 부담하도록 하고 있지만, 급식활동 자체가 의무교육에 필수불가결한 내용이라 보기 어렵고, 국가나 지방자치단체의 지원으로 부담을 경감하는 조항이 마련되어 있으며, 특히 저소득층 학생들을 위한 지원방안이 마련되어 있다는 점을 고려해 보면 이 사건 심판대상조항이 입법형성권의 범위를 넘어 헌법상 의무교육의 무상원칙에 반한다고 할 수 없으므로 헌법에 위반되지 않는다는 것이다(헌재 2012. 4.24, 2010헌바164).

기출OX

01 헌법상 의무교육제도는 국민의 교육을 받을 권리를 뒷받침하기 위한 헌법상의 교육기본권에 부수하는 제도적 보장이다. (O) 12. 법원직

02 헌법 제31조 제3항은 의무교육은 무상으로 한다고 규정하여 무상주의를 명시하고 있다. (O) 07. 법원직

03 학교용지 부담금의 부과대상을 수분양자가 아닌 개발사업자로 하고 있는 구 학교용지 확보 등에 관한 특례법 조항은 의무교육의 무상원칙에 위배된다. (X) 17. 서울시 7급

04 의무교육의 무상성에 관한 헌법상 규정은 교육을 받을 권리를 보다 실효성 있게 보장하기 위해 의무교육 비용을 학령아동 보호자의 부담으로부터 공동체 전체의 부담으로 이전하라는 명령일 뿐 의무교육의 모든 비용을 조세로 해결해야 함을 의미하는 것은 아니다. (O) 14. 국가직 7급

비교 정리

의무교육

구분	무상 여부
급식	×
운영회비	O

기출OX

01 헌법상 의무교육 무상의 범위는 교육의 기회균등을 실현하기 위해 필수불가결한 비용을 말하므로, 단순한 영양공급 차원을 넘어 교육적 성격을 가지는 학교 급식은 무상의 의무교육 내용에 포함된다. (X) 19. 서울시 7급

02 초·중등교육법 제23조 제3항의 위임에 따른 동법 시행령 제43조가 의무교육인 초·중학교의 교육과목을 규정함에 있어 헌법 과목을 의무교육과정의 필수 과목으로 지정하도록 하지 아니한 입법부작위에 대한 헌법소원심판청구는 부적법하다. (O) 16. 국가직 7급

5 헌법을 필수과목으로 [각하]

초·중등교육법 제23조 제3항의 위임에 따라 동 교육법 시행령 제43조가 의무교육인 초·중학교의 교육과정을 규정함에 있어 헌법과목을 필수과목으로 규정하고 있지 않다 하더라도, 이는 입법행위에 결함이 있는 '부진정입법부작위'에 해당하여 구체적인 입법을 대상으로 헌법소원 심판청구를 해야 할 것이므로, 이 부분 입법부작위 위헌확인 심판청구는 허용되지 않는 것을 대상으로 한 것으로서 부적법하다(헌재 2011.9.29, 2010헌바66).

제3절 근로의 권리

> **헌법 제32조** ① 모든 국민은 근로의 권리를 가진다. 국가는 사회적·경제적 방법으로 근로자의 고용의 증진과 적정임금의 보장에 노력하여야 하며, 법률이 정하는 바에 의하여 최저임금제를 시행하여야 한다.
> ② 모든 국민은 근로의 의무를 진다. 국가는 근로의 의무의 내용과 조건을 민주주의원칙에 따라 법률로 정한다.
> ③ 근로조건의 기준은 인간의 존엄성을 보장하도록 법률로 정한다.
> ④ 여자의 근로는 특별한 보호를 받으며, 고용·임금 및 근로조건에 있어서 부당한 차별을 받지 아니한다.
> ⑤ 연소자의 근로는 특별한 보호를 받는다.
> ⑥ 국가유공자·상이군경 및 전몰군경의 유가족은 법률이 정하는 바에 의하여 우선적으로 근로의 기회를 부여받는다.

1 의의

근로의 권리는 개인이 자유로이 일할 기회를 가지는 것을 국가가 방해 내지 제한하지 못한다는 자유권적 측면과 근로를 통하여 경제적 약자인 근로자에게 인간다운 생활을 보장한다는 사회권적 측면을 아울러 가지고 있다.

2 주체

일부 이견이 있으나 자연인인 국민에 한정된다는 견해가 다수 견해이다. 다만, 판례의 경우 외국인도 그 주체가 된다고 해서 비판받고 있다. 또한 노동조합의 경우에는 근로의 기회를 달라는 근로의 권리의 주체가 될 수 없다(헌재 2009.2.26, 2007헌바27).

기출OX

01 헌법재판소는 근로3권(노동3권)이 '사회적 보호기능을 담당하는 자유권' 또는 '사회권적 성격을 띤 자유권'이라고 판시하였다. (○)
07. 법원직

02 헌법 제32조 제1항의 근로의 권리는 국가에 대하여 근로의 기회를 제공하는 정책을 수립해줄 것을 요구할 수 있는 권리도 내포하므로 노동조합도 그 주체가 될 수 있다. (×)
17. 지방직 7급

03 외국인 근로자에게도 자본주의 경제질서하에서 근로자가 기본적 생활수단을 확보하고 인간의 존엄성을 보장받기 위하여 최소한의 근로조건을 요구할 수 있는 권리의 기본권 주체성이 인정된다. (○)
11. 법원직

비교 정리

구분	인정 여부
일자리	×
일할 환경	○

> **관련 판례**
>
> **외국인 산업기술연수생의 근로의 권리 [위헌]**
> [1] 근로의 권리가 "일할 자리에 관한 권리"만이 아니라 "일할 환경에 관한 권리"도 함께 내포하고 있는바, 후자는 인간의 존엄성에 대한 침해를 방어하기 위한 자유권적 기본권의 성격도 갖고 있어 건강한 작업환경, 일에 대한 정당한 보수, 합리적인 근로조건의 보장 등을 요구할 수 있는 권리 등을 포함한다고 할 것이므로 외국인 근로자라고 하여 이 부분에까지 기본권 주체성을 부인할 수는 없다.
> [2] 근로기준법이 보장한 근로기준 중 주요사항을 외국인 산업연수생에 대하여만 적용되지 않도록 하는 것은 자의적인 차별이라 아니할 수 없다(헌재 2007.8.30, 2004헌마670).

3 내용

1. 국가의 고용증진의무

고용증진의무는 사회적·경제적 방법에 의하여 고용기회를 확대하는 것이지 강제적으로 할 수 있는 것은 아니다.

2. 해고의 제한

근로자를 해고하기 위해서는 합리적인 이유가 있어야 하며 기본적으로 법에서 규정하고 있는 일정한 절차를 지켜야 한다. 그렇지 않은 해고는 위헌, 무효가 된다.

> **관련 판례** 근로자의 권리·근로의 보호에 관한 판례
>
> **1 산업재해보상보험법상의 요양급여**
> 외국인이 취업자격이 아닌 산업연수 체류자격으로 입국하여 구 산업재해보상보험법의 적용대상이 되는 사업장인 회사와 고용계약을 체결하고 근로를 제공하다가 작업도중 부상을 입었을 경우, 비록 그 외국인이 구 출입국관리법상의 취업자격을 갖고 있지 않았다 하더라도, 그 고용계약이 당연히 무효라고 할 수 없고, 위 부상 당시 그 외국인은 사용 종속관계에서 근로를 제공하고 임금을 받아온 자로서 근로기준법 소정의 근로자였다 할 것이므로 구 산업재해보상보험법상의 요양급여를 받을 수 있는 대상에 해당한다(대판 1995.9.15, 94누12067).
>
> **2 근로자의 직장상실로부터 보호할 의무 [합헌]**
> 근로의 권리는 사회적 기본권으로서, 국가에 대하여 직접 일자리(직장)를 청구하거나 일자리에 갈음하는 생계비의 지급청구권을 의미하는 것이 아니라, **고용증진을 위한 사회적·경제적 정책을 요구할 수 있는 권리에 그친다.** 근로의 권리를 직접적인 일자리 청구권으로 이해하는 것은 사회주의적 통제경제를 배제하고, 사기업 주체의 경제상의 자유를 보장하는 우리 헌법의 경제질서 내지 기본권 규정들과 조화될 수 없다. 마찬가지 이유로 근로의 권리로부터 국가에 대한 직접적인 직장존속청구권을 도출할 수도 없다. 단지 사용자의 처분에 따른 직장상실에 대하여 최소한의 보호를 제공하여야 할 의무를 국가에 지우는 것이다(헌재 2002.11.28, 2001헌바50).

기출OX

근로의 권리는 사회적 기본권으로서, 국가에 대하여 직접 일자리(직장)를 청구하거나 일자리에 갈음하는 생계비의 지급청구권을 의미하는 것이 아니라, 고용증진을 위한 사회적·경제적 정책을 요구할 수 있는 권리에 그치는 것이다. (○) 19. 서울시 7급

3 6개월 미만의 근로자는 해고예고제도에서 제외❶ [위헌]

6개월 미만 근무한 월급근로자 또한 전직을 위한 시간적 여유를 갖거나 실직으로 인한 경제적 곤란으로부터 보호받아야 할 필요성이 있다. 이는 근로의 권리를 침해하며, 평등원칙에도 위배된다(헌재 2015.12.23, 2014헌바3).

4 근로조건의 명시 [합헌]

근로조건을 구체적으로 명시하지 않거나 확정적 근로조건을 제시하지 않음으로 근로자에게 불리하거나 부당한 근로를 강요할 위험이 항시 존재한다(헌재 2006.7.27, 2004헌바77).

5 4인 이하 근로자를 사용하는 사업장의 경우 일부 규정 제외 [합헌]

일반적으로 4인 이하 사업장은 5명 이상 사업장에 비하여 매출규모나 영업이익 면에서 영세하여 재정능력과 관리능력이 상대적으로 미약한 경우가 많다. 해고 사유와 절차를 엄격하게 할 경우 소규모 자영업자들이 다수 포함된 4인 이하 사업장은 인력을 자유롭게 조절하기가 어려워 경기침체 등 기업여건 악화에 대응하기 어려울 수 있다(헌재 2019.4.11, 2017헌마820).

6 가사사용인에 대한 퇴직급여법 적용제외 [합헌]

가구 내 고용활동에 대하여 다른 사업장과 동일하게 퇴직급여법을 적용할 경우 이용자 및 이용자 가족의 사생활을 침해할 우려가 있음은 물론 국가의 관리 감독이 제대로 이루어지기도 어렵다(헌재 2022.10.27, 2019헌바454).

7 주 52시간 상한제 사건 [기각]

주 52시간 상한제가 비록 사용자와 근로자가 근로시간에 관하여 자유롭게 계약할 수 있는 자유를 제한하고 사용자의 직업의 자유를 제한하지만, 우리나라의 장시간 노동 문제를 해결하기 위해 이와 같은 조치가 필요하다고 본 입법자의 판단이 합리적이므로, 이는 과잉금지원칙에 반하여 사용자와 근로자의 계약의 자유와 사용자의 직업의 자유를 침해하지 않는다(헌재 2024.2.28, 2019헌마500).

▶ 완화된 심사

3. 최저임금의 보장

헌법 제32조 제1항에는 적정임금의 보장에 노력해야 하며 최저임금제를 시행하여야 한다고 규정되어 있다. 이는 건강하고 문화적인 생활을 영위하는 데 필요한 임금을 보장해야 한다는 것을 말한다.

(1) 무노동 무임금

관련 판례

1 법 시행 전의 임금채권 우선변제 장래적용 [합헌]

임금채권 우선변제제도❷를 신설하면서 법 시행 전에 설정된 담보물권자에 대한 관계에서도 우선하도록 특별규정을 둘 경우 이는 소급입법에 의하여 재산권을 박탈할 수 없도록 규정한 헌법 제13조 제2항에 위배될 소지가 있다. 이는 담보물권을 설정할 당시 전혀 예측하지 못하였던 사정으로 인해 당해 권리의 유일한 채권확보 내지 회수수단에 결정적 장애를 주게 됨으로써 담보물권의 본질적인 부분(우선변제수령권)을 침해하는 결과를 가져온다. 따라서 … 그 내용이 현저히 불합리하여 헌법상 용인될 수 있는 입법재량의 범위를 현저히 일탈하였다고 볼 수 없다(헌재 2006.7.27, 2004헌바20).

---

❶ 근속기간 3월 미만의 일용근로자 해고예고 적용제외 규정은 합헌이다(2016헌마640).

기출OX

01 해고예고제도는 근로관계의 존속이라는 근로자보호의 본질적 부분과 관련되는 것이 아니므로, 해고예고제도를 둘 것인지 여부, 그 내용 등에 대해서는 상대적으로 넓은 입법형성의 여지가 있다. (O)
19. 서울시 7급

02 근로기준법 제23조 제1항의 부당해고제한조항을 4인 이하 사업장에 적용되는 조항으로 포함하지 않은 것은 근로자보호의 필요성이 크고 4인 이하 사업장에 그다지 큰 경제적 부담 전가가 되지 않으므로 4인 이하 사업장을 5인 이상 사업장과 달리 차별하는 데에 합리적인 이유를 인정할 수 없어 청구인의 평등권을 침해한다. (X)
22. 입법고시

03 근로자퇴직급여 보장법 제3조 단서가 가사사용인을 일반 근로자와 달리 근로자퇴직급여 보장법의 적용범위에서 배제하고 있다 하더라도 합리적 이유가 있는 차별로서 평등원칙에 위배되지 아니한다. (O)
23. 소방간부

04 최저임금을 청구할 수 있는 권리가 바로 근로의 권리에 의하여 보장된다고 보기는 어렵다. (O)
21. 소방간부

→ 최저임금이 얼마인지 법률이 구체적으로 정해줘야 한다.

---

❷ 우선변제제도는 질권이나 저당권과 같은 권리로 다른 채권보다 우선적으로 변제받는 것을 말한다. 질권은 보통 물건에 대해, 저당권은 보통 부동산에 대해 설정하고 우선변제받는 권리이다.

참고

시혜적 소급입법도 가능하나 입법자의 의무는 아니고, 입법재량에 속하는 문제이다(헌재 2006.7.27, 2004헌바20).

2 임금 및 퇴직금채권의 단기소멸시효 [합헌]

임금 및 퇴직금채권에 대한 단기소멸시효의 설정은 기업거래의 안전과 법적 안정성을 도모하기 위한 것으로서 그 입법목적의 정당성이 인정되며, 소멸시효기간을 3년으로 제한한 것은, 민법상 일반채권에 대한 소멸시효기간인 10년보다는 짧으나 민법상 급료채권 기타 1년 이내의 기간으로 정한 금전 또는 물건의 지급을 목적으로 하는 채권의 소멸시효기간 3년과 동일하고 … 따라서 입법재량의 범위를 현저히 일탈하였다거나 다른 일반채권들에 비하여 근로자에 대해서만 특별히 차별대우를 하고 있다고 볼 수 없다(헌재 1998.6.25, 96헌바27).

3 외국인근로자 출국만기보험금 지급시기❶ [기각]

고용 허가를 받아 국내에 입국한 외국인근로자의 출국만기보험금을 출국 후 14일 이내에 지급하도록 한 '외국인근로자 고용 등에 관한 법률' 제13조 제3항 중 '피보험자 등이 출국한 때부터 14일 이내' 부분이 청구인들의 근로의 권리와 평등권을 침해하지 않는다(헌재 2016.3.31, 2014헌마367).

❶ 출국만기보험금은 퇴직금의 성격을 가지며, 불법체류 방지를 위해 지급시기를 출국과 연계시키는 것은 불가피하다.

(2) 퇴직금

🏃 관련 판례

1 퇴직금 등의 미지급에 대한 형사처벌 [합헌]

헌법 제32조 제3항은 계약자유의 원칙에 대한 수정조항으로 그에 따라 사용자의 계약의 자유 및 기업활동의 자유를 제한하게 되는데, … 임금이 생계의 원천인 근로자의 경우 임금의 지급이 장기간에 걸치거나 부정기적으로 행하여지면 **근로자의 생활이 불안하게 되기 때문에 이를 방지하기 위한 것**이므로 결국 이 사건 법률조항은 단지 그러한 의무를 근로자의 생활보장 등에 부합하도록 제때 이행하라는 의미를 지닐 뿐이다. … 이 사건 법률조항은 필요한 범위를 넘어 사용자의 계약의 자유 및 기업활동의 자유를 침해하지 아니한다(헌재 2005.9.29, 2002헌바11).

2 퇴직금 전액 우선변제 [헌법불합치]

이 사건 법률조항은 퇴직금채권자에게 저당권자에 우선하여 그 퇴직금의 액수에 관하여 아무런 제한없는 우선변제수령권을 인정하고 있으므로, 그로 말미암아 그 저당권의 **유일한 채권확보 내지 회수 수단에 결정적 장애를 줌으로써 담보물권제도의 근간을 흔들고 있다.** … 그 질권이나 저당권의 본질적 내용을 이루는 우선변제수령권이 형해화하게 되므로 이 사건 법률조항 중 '퇴직금' 부분은 질권이나 저당권의 본질적 내용을 침해할 소지가 생기게 되는 것이다(헌재 1997.8.21, 94헌바19 등).

3 초단시간근로의 경우 퇴직금 배제 [합헌]

소정근로시간이 1주간 15시간 미만인 이른바 '초단시간근로'는 일반적으로 임시적이고 일시적인 근로에 불과하여, 해당 사업 또는 사업장에 대한 기여를 전제로 하는 퇴직급여제도의 본질에 부합한다고 보기 어렵다. 소정근로시간이 짧은 경우에는 고용이 단기간만 지속되는 현실에 비추어 볼 때에도, '소정근로시간'을 기준으로 해당 사업 또는 사업장에 대한 전속성이나 기여도를 판단하도록 규정한 것 역시 합리성을 상실하였다고 보기도 어렵다. 따라서 심판대상조항은 헌법 제32조 제3항에 위배되는 것으로 볼 수 없다(헌재 2021.11.25, 2015헌바334 등).

▶ 보통 초단시간근로자의 경우에는 워드 몇 페이지 치면 얼마 즉 건바이건으로 계약하는게 일반적이다. 따라서 퇴직금을 주지 않아도 된다.

(3) 최저임금제

최저임금제는 근로자의 최소한의 물질적 생활을 보장하기 위하여 그 이하의 수준으로는 임금을 낮추지 못하도록 법적으로 강제하는 제도를 말한다.❷

4. 여성근로자의 차별대우 금지

헌법 제32조 제4항은 여자의 근로는 특별한 보호를 받으며, 고용, 임금 및 근로조건에 있어서 부당한 차별을 받지 아니한다고 규정하고 있다.

5. 연소자에 대한 보호

헌법 제32조 제5항은 연소자의 근로는 특별한 보호를 받는다고 규정하고 있다.

6. 국가유공자 등의 우선적 근로기회 보장

헌법 제32조 제6항은 국가유공자·상이군경 및 전몰군경의 유가족은 법률이 정하는 바에 의하여 우선적으로 근로의 기회를 부여받는다고 규정하고 있다. 국가는 사회적 특수계급을 창설하지 않는 범위에서 국가유공자에 대하여 우선적으로 근로의 기회를 부여할 헌법상 의무가 있다. 05. 입시

> ❷ 당사자가 그 이하로 계약을 해도 최저임금으로 자동 계약된다.

제4절 근로3권

> 헌법 제33조 ① 근로자는 근로조건의 향상을 위하여 자주적인 단결권·단체교섭권 및 단체행동권을 가진다. 08. 법원직
> ② 공무원인 근로자는 법률이 정하는 자에 한하여 단결권·단체교섭권 및 단체행동권을 가진다.
> ③ 법률이 정하는 주요 방위산업체에 종사하는 근로자의 단체행동권은 법률이 정하는 바에 의하여 이를 제한하거나 인정하지 아니할 수 있다. 07·08. 법원직

📖 비교 정리

근로3권

구분	인정 여부
공무원	근로3권
	긍정적 표현
주요 방위산업체	단체행동권

1 의의

1. 개념

근로조건 개선을 위하여 노동자가 가지는 기본권으로서, 구체적으로는 단결권·단체교섭권·단체행동권을 말한다.

2. 법적 성격

다수설은 혼합적 성격을 인정한다. 즉, 사용자에 의한 침해시 국가의 적극적인 개입을 요구할 권리로서 생존권적 측면과 국가의 간섭·방해 배제권으로서의 자유권적 측면을 모두 포함한다. 헌법재판소도 근로3권에 대해 '사회적 보호기능을 담당하는 자유권' 또는 '사회권적 성격을 띤 자유권'이라고 말할 수 있다(헌재 1993. 3.11, 92헌바33)고 판시하여 다수설과 같은 입장이다. 07·08. 법원직

제6장 사회적 기본권 **447**

2 주체

직업의 종류를 불문하고 임금·급료 기타 이에 준하는 수입에 의하여 생활하는 자가 주체가 된다.❶

1. 노동자

(1) 노동의 대가로 생활하는 자를 말하며 육체노동, 정신노동 모두 해당한다. 단순 노무에 종사하는 공무원, 외국인도 포함한다.

(2) 잠재적 노동자임으로 족하며, 실업 중인 자도 노동3권을 갖는다(통설). 판례도 해고의 효력을 다투고 있는 자를 노동자로 보고 있다(노동조합 및 노동관계조정법 제2조). 07. 법원직

> **관련 판례**
>
> **실업자의 근로3권의 주체성**
> 근로기준법과 노동조합 및 노동관계조정법의 입법목적에 따라 근로자의 개념을 상이하고, 일정한 사용자에의 종속관계를 조합원의 자격요건으로 하는 기업별 노동조합의 경우와는 달리 산업별·직종별·지역별 노동조합 등의 경우에는 원래부터 일정한 사용자에의 종속관계를 조합원의 자격요건으로 하는 것이 아니다. **따라서 노조법 제2조 제1호 및 제4호 라목 본문에서 말하는 '근로자'에는 특정한 사용자에게 고용되어 현실적으로 취업하고 있는 자뿐만 아니라, 일시적으로 실업상태에 있는 자나 구직 중인 자도 노동3권을 보장할 필요성이 있는 한 그 범위에 포함된다.** … 지역별 노동조합의 성격을 가진 원고가 그 구성원으로 '구직 중인 여성 노동자'를 포함시키고 있다 하더라도, 이 역시 노조법상의 근로자에 해당하므로, 구직 중인 여성 노동자는 근로자가 아니라는 이유로 노조설립신고를 반려한 피고의 처분이 위법하다고 판단한 원심은 정당하다(대판 2004.2.27, 2001두8568).

2. 사용자

사용자 단체의 결성은 무방하나 보장 정도가 노동자 단체와 다르다. 이 경우 결사의 자유에서 보장한다는 것이 다수의 견해이다.

3 내용

1. 단결권

(1) 의의

① 근로자들이 근로조건의 유지·향상을 위하여 사용자와 대등한 교섭력을 가질 목적으로 자주적으로 단체(노동조합)를 결성하고, 이에 가입하여 활동할 수 있는 권리를 말한다.

② 근로조건의 향상이라는 목적성과 자주적으로 단체를 결성하는 자주성을 개념요소로 하며, 교섭을 행할 목적과 일시적으로 쟁의단체를 구성하는 것도 단결권에 포함되므로 시간적 계속성은 필수적 개념요소가 아니다.

---

❶ 근로의 권리는 노동조합이 주체가 되지 못하지만 근로3권은 오히려 노동조합이 주체가 된다.

기출OX

근로3권(노동3권)의 주체는 육체노동자, 사무노동자를 포함하나 해고의 효력을 다투고 있는 자나 실업 중에 있는 자 및 법인 등은 제외된다. (×)
07. 법원직

관련 판례 설립신고제에 관한 판례

1 설립신고제는 합헌 [합헌]
노동조합이 아니면 노동조합이라는 명칭을 사용할 수 없으며, 설립에 있어 신고제를 규정한 것은 노동조합법에 따른 적법한 노동조합의 설립을 유도하기 위한 것으로 헌법에 위반되지 않는다(헌재 2008.7.31, 2004헌마9). 15. 서울시 7급

2 교원노조는 법외노조❷ [기각]
이 사건 법률조항 단서는 교원의 노조활동이 임면권자에 의하여 부당하게 제한되는 것을 방지함으로써 교원의 노조활동을 보호하기 위한 것인데, 그 외에 일반적으로 해직 교원에게 교원노조의 조합원 자격을 계속 유지할 수 있도록 하면, 해고의 효력을 다투는 데 기한의 제한이 없는 우리 법체계상 쟁송을 남용하거나, 개인적 해고의 부당성을 다투는 데 교원노조 활동을 이용할 우려가 있으므로, 해고된 사람의 교원노조 조합원 자격을 이 사건 법률조항과 같이 제한하는 데는 합리적 이유가 인정된다(헌재 2015.5.28, 2013헌마671).

3 근로감독관 공무원노조 가입금지 [합헌]
근로감독관이나 조사관이 공무원노동조합의 구성원이 되는 것은 적절하지 않다고 보아 이루어진 것으로, 입법재량권을 현저히 일탈한 것으로 볼 수 없다(헌재 2008.12.26, 2006헌마518).

4 소방공무원 공무원노조 가입금지 [합헌]
소방공무원의 업무를 볼 때 현시점에서 노동기본권을 보장함으로 예상되는 사회적 폐해가 너무 크다(헌재 2008.12.26, 2006헌마462).

5 결산 결과와 운영 상황을 보고 [합헌]
노동조합으로 하여금 행정관청이 요구하는 경우 결산 결과와 운영 상황을 보고하도록 하고 그 위반시 과태료에 처하도록 하는 것은 노동조합의 단결권을 침해하지 아니한다(헌재 2013.7.25, 2012헌바116).

6 교수노조 불허 [헌법불합치]
일반 근로자 및 초·중등교원과 구별되는 대학 교원의 특수성을 인정하더라도, 대학교원에게도 단결권을 인정하면서 다만 해당 노동조합이 행사할 수 있는 권리를 다른 조합과 달리 강한 제약 아래 두는 방법도 얼마든지 가능한데 이를 전면적으로 제한하는 것은 필요이상의 과도한 제한이다(헌재 2018.8.30, 2015헌가38).

(2) 주체

단결권의 주체는 원칙적으로 근로자 개개인이나 단체 자체도 단결권의 주체가 될 수 있다(단위별 노동조합이 산업별 노동조합을 결성하는 경우). 다만, 사용자는 제33조의 단결권의 주체가 될 수 없다.❸

---

❷ 이에 따르면 해고된 교원은 전교조 교원에서 제외되는데, 이는 교원노조의 자주성과 주체성을 확보하기 위함이라고 판시하고 있다. 다만, 실업 중인 자는 교원노조가 아닌 다른 노조를 설립하는 데 아무런 제한이 없다.

주의
1. 대학교원의 경우 과잉금지 위배를 심사기준으로, 교육공무원의 경우 입법형성권의 범위를 일탈하였는지를 나누어 심사한다.
2. 목적의 정당성과 수단의 적합성을 부정한 판례이다.

❸ 노조는 단결권의 주체가 될 수 있으나, 지식경제부 공무원노조는 공무원노조의 설립 최소단위가 행정부로 되어 있어 행정부 공무원노조의 지부에 불과하여 단결권의 주체가 될 수 없다(2005헌마971).

비교 정리

유니온샵 해결방법

구분	해결방법
소극적 단결권	이익형량
단결 선택권	규범조화

(3) 내용

> **관련 판례**
>
> **유니온샵(Union Shop) 조항의 위헌 여부 [합헌]**
>
> [1] **노동조합의 적극적 단결권은 근로자 개인의 단결하지 않을 자유보다 중시**된다고 할 것이어서 노동조합에 적극적 단결권(조직강제권)을 부여한다고 하여 이를 두고 곧바로 근로자의 단결하지 아니할 자유의 본질적인 내용을 침해하는 것으로 단정할 수는 없다.
>
> [2] **개인적 단결권과 집단적 단결권이 충돌하는 경우 기본권의 서열이론이나 법익형량의 원리에 입각하여 어느 기본권이 더 상위기본권이라고 단정할 수는 없다.** 이 사건 법률조항은 단체협약을 매개로 한 조직강제를 적법·유효하게 할 수 있는 노동조합을 일정한 범위로 한정하고 있다. 또한 지배적 지위에 있는 노동조합의 권한남용으로부터 개별근로자를 보호하기 위하여 사용자는 근로자가 당해 노동조합에서 제명된 것을 이유로 신분상 불이익한 행위를 할 수 없도록 규정하고 있다. 나아가 지배적 노동조합에 가입을 원하지 않는 개별근로자들도 그러한 노동조합의 활동에 의한 과실, 즉 노동조합이 획득한 근로조건을 실질적으로 향유한다. … 근로자의 단결선택권과 노동조합의 집단적 단결권(조직강제권) 사이에 균형을 도모하고 있고, 상충·제한되는 두 기본권 사이에 적정한 비례관계도 유지되고 있다고 할 것이다(헌재 2005.11.24, 2002헌바95 등). 08. 국가직 7급

(4) 효력

단결권은 대국가적 효력뿐만 아니라 사인간에도 효력을 갖는다. 단결권의 대국가적 효력은 국가로부터 방해받지 아니할 권리(소극적 측면)와 사용자로부터 단결권의 행사를 방해받을 경우 국가에 대한 적극적인 보호청구권을 갖는다. 사인간의 효력은 사용자로부터 방해받지 아니할 권리를 의미한다.

2. 단체교섭권

(1) 의의

단체교섭권이란 근로자들이 근로조건의 향상을 위하여 단결체의 이름으로 사용자와 자주적으로 교섭할 수 있는 권리와 단체협약을 체결할 수 있는 권리를 의미한다(헌재 1998.2.27, 94헌바13 등).

(2) 주체

단체교섭권의 주체는 노동조합이며 근로자 개개인은 주체가 될 수 없다. 단체교섭을 할 수 있는 권리는 노동조합이면 누구나 차별 없이 부여받기 때문에 유일한 단체교섭조항은 위헌이고, 단체교섭권에는 단체협약을 체결할 수 있는 권리를 포함하므로 단체협약체결능력 제한조항도 위헌이다.

(3) 내용

① 단체교섭은 근로조건의 유지·향상을 목적으로 하는 것이므로 이러한 근로조건과 무관한 사항인 사용자의 고유한 권한인 경영권이나 인사권 및 이윤취득권에 속하는 사항은 원칙적으로 단체교섭의 대상이 될 수 없다. 다만, 근로자들의 근로조건이나 지위에 직접 관련되거나 중대한 영향을 미치는 경우에는 그 한도 내에서 단체교섭의 대상이 될 수 있다.

기출OX

단체교섭권에는 단체협약체결권이 포함되지 않는다. (✕) 08. 법원직

② 사용자는 단체교섭에 응할 의무가 있으므로 정당한 사유 없이 단체교섭을 거부하면 부당노동행위가 되어 단체행동권의 행사를 정당화하게 된다.
③ 단체교섭권에는 단체협약체결권이 포함되어 있고, 단체협약은 국법상 보호를 받는다.

관련 판례 단체교섭권에 관한 판례

1 교원노조의 개별교섭 금지 [합헌]

사건 법률조항으로 말미암아 교원노조와의 단체교섭을 위해서는 전국단위 또는 시·도 단위의 교섭단의 구성원으로 사실상 강제로 참여해야 하는 것이므로 이 사건 법률조항은 청구인들의 '**소극적 의미**'**의 결사의 자유를 제한**하고 있다. …개별 학교에서의 교원노조를 인정하지 않는 것에 대응하여 개별 학교법인도 단체교섭의 상대방이 될 수 없도록 함으로써 교원노조로 하여금 개별 학교의 운영에 관여하지 못하도록 한 것은, **첫째 교원의 근로조건이 각 학교법인별로 크게 다르지 아니한 점, 둘째 교원의 지위를 통일적으로 보장할 필요가 있는 점**, 셋째 교원의 노사관계가 일반 노사관계와는 다른 특수성을 지니는 점 등을 모두 고려하여 개별 학교차원의 교섭으로 인한 혼란을 방지하고자 하는 것이라고 할 것이므로, … 결국 이 사건 법률조항은 헌법에 위반되지 아니한다(헌재 2006.12.28, 2004헌바67).

2 인사권에 속한 사항의 단체교섭

근로자들이 쟁의행위를 함에 있어 연구소장의 퇴진을 요구하였다 하더라도 이는 부차적인 것이고 주된 목적은 일부 근로자들에 대한 파면처분이 노동조합의 핵심적 관심사항인 연구자율수호운동을 주동한 것에 대한 보복조치라고 하여 이의 철회를 구하는 것이고 그 뜻은 조합원의 근로조건의 개선요구에 있다고도 볼 수 있다면 이는 단체교섭사항이 될 수 있는 것이므로 위 쟁의행위는 그 목적에 있어 정당하다(대판 1992.5.12, 91다34523).

3 단체협약체결권 [합헌]

노사간의 타협과 양보의 결과로서 합의가 도출되었더라도 다시 노동조합총회의 의결을 거쳐야만 비로소 그 합의의 효력이 발생할 수 있도록 하는 것은 근로자의 의사를 존중하는 것이기는 하나, **사용자가 결정권한이 없는 노동조합대표자를 상대로 하여 성실하고도 진지하게 교섭에 임하리라는 것을 기대하기는 어렵게 되고**, 이로 말미암아 근로3권의 헌법적 목적을 실현하기 위한 절차로서의 단체협약제도의 기능이 크게 저해되어 노동영역에서의 산업평화가 위협받을 수 있다 할 것이다. 이러한 이유로 이 사건 법률조항이 노동조합의 대표자 또는 노동조합으로부터 위임을 받은 자에게 **단체교섭권만이 아니라 단체협약체결권도 부여한 것**이라 하겠다(헌재 1998.2.27, 94헌바13 등).

4 우리나라 고속철도건설공단의 단체교섭 제한 [합헌]

우리나라 고속철도건설공단은 이윤추구를 목적으로 하는 사기업이 아니라 우리나라의 철도 교통망의 확충을 위한 고속철도를 효율적으로 건설함으로써 국민의 교통편의를 증진하기 위하여 설립된 공법인으로서 … 이 사건 법률조항은 공단 이사장의 권한 행사 및 공단 운영에 대한 적절한 규제를 통하여 국가사업을 대행하는 공법인의 원활한 사업추진을 도모하고, 국민의 세금인 정부출연금과 연계되는 **인사·예산·보수 등에서 방만한 운영이 발생하지 않도록 공단에 대한 건설교통부장관의 지도·감독 권한을 확보하기 위한 것**으로서 … 단체교섭권을 침해하여 헌법을 위반하였다고 볼 수 없다(헌재 2004.8.26, 2003헌바28).

❶
대법원 판례는 사용자가 인사처분을 함에 있어 노동조합과의 합의를 거치기로 단체협약에 규정한 경우에 그 절차를 거치지 아니한 인사처분은 무효라고 하여 예외적으로 사용자의 고유한 권한인 인사권도 예외적으로 단체협약의 대상이 된다고 하였다.

기출OX

노동조합이 비과세 혜택을 받을 권리는 헌법 제33조 제1항(근로3권)이 당연히 예상한 권리의 내용에 포함된다고 보기 어렵고, 위 헌법조항으로부터 국가의 조세법규범 정비의무가 발생한다고 보기도 어렵다. (○) 11. 법원직

비교 정리

부당노동행위	인정
노동조합 운영비	×
전임자 급여지원	○

❷
근로자의 단체교섭권 또는 단체행동권의 행사는 미리 주무관청에 조정을 신청하며, 그 조정에 따라야 한다고 규정하여 단체행동권을 사실상 전면적으로 부정하는 것이다.

비교 정리

구분	주문
교섭창구 단일화	합헌
유일교섭단체	위헌

A와 B 두 개의 노동조합이 있을 경우 A하고만 교섭하고 B와는 하지 않겠다고 한다면 위헌이지만, A와 B가 하나의 안을 가지고 교섭하겠다는 것은 합헌이다.

기출OX

01 하나의 사업 또는 사업장에 두 개 이상의 노동조합이 있는 경우 단체교섭에 있어 그 창구를 단일화하도록 하고 교섭대표가 된 노동조합에게만 단체교섭권을 부여하고 있는 교섭창구단일화제도는 노사의 자율성을 부정하는 것이므로 단체교섭권을 침해하는 것이다. (×)
17. 서울시 7급

02 헌법 제33조 제1항에 규정되어 있는 단체행동권의 주체는 근로자와 사용자이다. (×) 07. 국가직 7급

5 사용자의 인사처분에 대한 노조의 사전 동의❶

사용자가 인사처분을 함에 있어 노동조합의 사전 동의를 얻어야 한다거나 또는 노동조합의 승낙을 얻거나 노동조합과 인사처분에 관한 논의를 하여 의견의 합치를 보아 인사처분을 하도록 규정된 경우에는 그 절차를 거치지 아니한 인사처분은 원칙적으로 무효라고 보아야 한다(대판 1993.9.28, 91다30620).

6 노동조합에 대한 사업소세 부과 [합헌]

근로3권을 규정한 헌법 제33조 제1항으로부터 노동조합이 조세법상 비과세 혜택을 받을 권리가 파생한다거나 이에 상응하는 국가의 조세법규범 정비의무가 발생한다고 보기도 어렵다(헌재 2009.2.26, 2007헌바27).

7 노동조합 운영비 원조 부당노동행위 금지조항 [헌법불합치]

일체의 운영비 원조 행위를 금지함으로써 노동조합의 자주성이 저해되거나 저해될 위험이 현저하지 않은 경우까지도 금지하고 있으므로, 그 입법목적 달성을 위해서 필요한 범위를 넘어서 노동조합의 단체교섭권을 과도하게 제한하고 있다(헌재 2018.5.31, 2012헌바90).
▶ 노조의 자주성을 저해할 위험이 없는 경우까지 금지하여 수단의 적합성을 위배한다.

8 부당노동행위에 대한 형사처벌 [합헌]

[1] '지배·개입행위'란 사용자가 노동조합의 조직·운영을 조종하거나 이에 간섭하는 일체의 행위로서 노동조합의 자주성을 저해하거나 저해할 위험성이 있는 행위라고 볼 수 있다.
[2] 처벌조항은 사용자가 노동조합의 조직·운영에 지배·개입하거나 노조전임자에 대한 급여지원하는 것을 처벌함으로써 사용자로부터 노동조합의 자주성 및 독립성을 확보하여 궁극적으로 근로3권의 실질적인 행사를 보장하기 위한 것이므로 그 입법목적은 정당하다(헌재 2022.5.26, 2019헌바341).

9 국가비상상태에서의 단체교섭권❷ [위헌]

[1] 초헌법적 국가긴급권을 대통령에게 부여하는 법률은 헌법에 위반된다.
[2] 이 법은 모든 근로자의 근로3권을 사실상 전면적으로 부정하는 것으로 근로3권의 본질적 내용을 침해하는 것이다(헌재 2015.3.26, 2014헌가5).

10 교섭창구 단일화 [기각]

헌법재판소는 2012년 4월 24일 전원의 일치된 의견으로 하나의 사업 또는 사업장에 2개 이상의 노동조합이 있는 경우 단체교섭에 있어 그 창구를 단일화하도록 하여 교섭대표가 된 노동조합에게만 단체교섭권을 부여하고 있는 '노동조합 및 노동관계조정법' 제29조 제2항, 제29조의2 제1항이 청구인들의 기본권을 침해하지 않는다(헌재 2012.4.24, 2011헌마338).

3. 단체행동권

(1) 의의
단체행동권이란 근로자와 사용자 쌍방간에 임금, 근로시간, 복지 기타 대우 등 근로조건의 결정에 관한 주장의 불일치로 인하여 노동쟁의가 발생한 경우 쟁의행위를 할 수 있는 권리를 말한다. 쟁의행위라 함은 파업, 태업, 직장폐쇄 기타 노동관계 당사자가 그 주장을 관철할 목적으로 행하는 행위와 이에 대항하는 행위로서 업무의 정상적인 운영을 저해하는 행위를 말한다(노동조합 및 노동관계조정법 제2조 제6호).

(2) 주체
① 단체행동권의 주체는 근로자 개개인이 모두 주체이지만, 보통 단결체를 통하여 쟁의행위를 하는 것이 일반적이므로 노동조합과 근로자단체도 주체가 될 수 있다.
② 법률이 정하는 주요방위산업체에 종사하는 근로자의 단체행동권은 법률이 정하는 바에 의하여 제한하거나 인정하지 아니할 수 있다.

(3) 효과
정당한 근로자의 단체행동에 대하여는 적극적 효과로서 형사책임을 포함하여 일체의 민사상 손해배상책임도 지지 아니한다. 근로3권은 사용자의 재산권에 대하여 우월한 지위를 갖는다고 보기 때문이다. 또한 소극적 효과로서 단체행동에 참가하였다는 이유로 해고나 불리한 처우를 받지 아니한다.

(4) 한계
단체행동권은 근로조건의 향상을 위한 목적으로만 행사되어야 하고 특정 정권의 타도 등과 같은 명백한 정치적 목적의 파업은 인정될 수 없다. 다만, 최저임금법의 제정이나 노동관계법령의 개폐 등과 같은 근로자의 지위와 밀접한 관계를 맺는 사항을 쟁점으로 하는 산업적 정치파업은 인정된다.

4 효력

노동3권은 국가권력을 직접 구속하는 대국가적 효력과 사인간에도 적용되는 대사인적 효력을 갖는다. 사인간에는 권리의 성질상 직접 적용된다고 보는 것이 다수설적 견해이고, 간접 적용된다고 보는 소수설이 있다.

5 제한

1. 공무원

공무원인 근로자는 법률이 정하는 자에 한하여 노동3권을 가진다.❸ 공무원의 노동3권을 제한하고 있는 이유는 국민 전체에 대한 봉사자설과 직무성질설, 특별권력관계설 등을 들고 있다.

---

❸ 다만, 국가공무원법은 사실상 노무에 종사하는 공무원인 정보통신부 및 철도청소속의 현업기관과 국립의료원의 작업현장에서 노무에 종사하는 기능직 공무원에 한하여 노동3권을 인정하고 있다.

기출OX

01 공무원은 공인으로서의 지위와 사인으로서의 지위, 국민 전체에 대한 봉사자로서의 지위와 기본권을 향유하는 기본권 주체로서의 지위라는 이중적 지위를 가지므로 공무원이라고 하여 기본권이 무시되거나 경시되어서는 안 되지만, 공무원의 신분과 지위의 특수성상 공무원에 대해서는 일반 국민에 비해 보다 넓고 강한 기본권 제한이 가능하다. (O) 17. 국가직 7급

02 국회는 헌법 제33조 제2항에 따라 공무원인 근로자에게 단결권·단체교섭권·단체행동권을 인정할 것인가의 여부, 어떤 형태의 행위를 어느 범위에서 인정할 것인가 등에 대하여 필요한 한도에서만 공무원의 근로3권을 제한할 수 있을 뿐 광범위한 입법형성의 자유를 갖는 것은 아니다. (X) 17. 국가직 7급

❶ 공무원 노조와 교원 노조의 가장 큰 차이는 설립단위에서 차이가 난다. 즉, 공무원 노조는 기초자치단체까지 포함하지만 교원 노조는 광역을 단위로 범위가 한정된다.

❷ 6급 이하로 한정되었던 가입범위가 최근 법 개정으로 인해 전면적으로 확대되었다.

주의

법률이 정하는 자 이외의 공무원은 노동3권의 주체가 되지 못하므로, 노동3권이 인정됨을 전제로 하는 헌법 제37조 제2항의 과잉금지원칙은 적용이 없는 것으로 보아야 할 것이다. 또한 최근 법 개정으로 5급 이상의 공무원도 가입할 수 있게 변경되었다.

공무원의 노동조합 설립 및 운영 등에 관한 법률 제4조【정치활동의 금지】노동조합과 그 조합원은 정치활동을 하여서는 아니 된다.

제5조【노동조합의 설립】① 공무원이 노동조합을 설립하려는 경우에는 국회·법원·헌법재판소·선거관리위원회·행정부·특별시·광역시·특별자치시·도·특별자치도·시·군·구(자치구를 말한다) 및 특별시·광역시·특별자치시·도·특별자치도의 교육청을 최소 단위로 한다. ❶

제6조【가입 범위】❷ ① 노동조합에 가입할 수 있는 사람의 범위는 다음 각 호와 같다.
1. 일반직공무원
2. 특정직공무원 중 외무영사직렬·외교정보기술직렬 외무공무원, 소방공무원 및 교육공무원(다만, 교원은 제외한다)
3. 별정직공무원
4. 제1호부터 제3호까지의 어느 하나에 해당하는 공무원이었던 사람으로서 노동조합 규약으로 정하는 사람

제11조【쟁의행위의 금지】노동조합과 그 조합원은 파업, 태업 또는 그 밖에 업무의 정상적인 운영을 방해하는 어떠한 행위도 하여서는 아니 된다.

교원의 노동조합 설립 및 운영 등에 관한 법률 제4조【노동조합의 설립】제2조 제1호·제2호에 따른 교원은 특별시·광역시·특별자치시·도·특별자치도단위 또는 전국단위로만 노동조합을 설립할 수 있다.

제4조의2【가입 범위】노동조합에 가입할 수 있는 사람의 범위는 다음 각 호와 같다.
1. 교원
2. 교원으로 임용되어 근무하였던 사람으로서 노동조합 규약으로 정하는 사람

🔍 관련 판례

1 '사실상 노무에 종사하는 공무원의 범위'에 관한 조례제정의무 [위헌확인]

지방공무원법 제58조 제2항은 '사실상 노무에 종사하는 공무원'의 구체적인 범위를 조례로 정하도록 하고 있기 때문에, '사실상 노무에 종사하는 공무원'에 해당되는 지방공무원이 단체행동권을 포함한 근로3권을 원만하게 행사할 수 있도록 보장하기 위해서 지방자치단체는 '<u>사실상 노무에 종사하는 공무원'의 구체적인 범위를 조례로 제정하여야 할 헌법상 의무를 가진다고 할 것이다.</u> 그리고 지방공무원법 제58조가 '사실상 노무에 종사하는 공무원'에 대하여 단체행동권을 포함한 근로3권을 인정하더라도 그 직무의 내용에 비추어 공무수행에 큰 지장이 없고 국민에 대한 영향이 크지 아니하다는 입법자의 판단에 기초하여 제정된 이상, 이와 같은 조례의 제정을 미루어야 할 정당한 사유 또한 발견할 수 없다. 결국 이 사건 부작위는 헌법상 의무를 위반하여 '사실상 노무에 종사하는 공무원의 범위'에 포함될 가능성이 있는 공무원들이 단체행동권을 향유할 수 있는 가능성 자체를 사전에 차단하거나 박탈하고 있다고 할 것이므로 헌법에 위반된다(헌재 2009.7.30, 2006헌마358).

2 공무원 노조의 가입범위의 제한 [기각]

[1] 5급 이상의 공무원과 6급 이하의 공무원 중 '지휘감독권 행사자' 등을 그 업무의 공공성·공익성이 큰 점 등을 고려하여 노동조합 가입대상에서 제외한 것이 공무원들의 단결권을 침해한다고 볼 수 없다. 근로감독관 및 조사관과 소방공무원 또한 업무의 성질상 공무원 노조 가입을 제한하는 것은 기각이다.

[2] 노동조합이 2 이상인 경우 노동조합이 정부교섭대표의 교섭창구 단일화 요구에 응하지 않는 경우에는 정부교섭대표로 하여금 교섭창구가 단일화될 때까지 교섭을 거부할 수 있도록 한 것은 단체교섭권을 침해하지 않는다(헌재 2008.12.26, 2005헌마971 등).

3 공무원 노조의 설립 최소단위 [기각]

조합활동 및 단체교섭체계의 효율화를 위하여 근무조건이 결정되는 단위별로 공무원노동조합을 결성하도록 노동조합 설립의 최소단위를 규정한 것으로서 입법목적에 합리성이 인정되고, 공무원 노동조합의 형태로서 최소단위만을 제한할 뿐이어서, 각 부·처 단위의 공무원들은 행정부 공무원 노동조합 또는 전국단위 공무원 노동조합에 가입할 수 있을 뿐만 아니라, 행정부·처별로 설치된 지부 등은 각 부·처 장관이 관리하거나 결정할 권한을 가진 사항에 대하여 해당 장관과의 교섭이 가능하여 그 제한의 정도가 과다하다고 보기 어렵다(헌재 2008.12.26, 2006헌마518).

4 청원경찰 근로3권 전면 제한 [헌법불합치]

청원경찰에 대하여 직접행동을 수반하지 않는 단결권과 단체교섭권을 인정하더라도 시설의 안전 유지라는 입법목적 달성에 지장이 된다고 단정할 수 없다. 헌법제33조 제3항은 주요방위산업체 근로자들의 경우에도 단결권과 단체교섭권에는 아무런 제한을 가하지 아니하고 단체행동권만을 제한하고 있다. 청원경찰과 같이 무기를 휴대하고 국가중요시설의 경비 업무를 수행하는 특수경비원의 경우에도, 쟁의행위가 금지될 뿐 단결권과 단체교섭권은 제한되지 않는다(경비업법 제15조 제3항). 교원과 일부 공무원도 단결권과 단체교섭권을 인정받고 있는 상황에서 일반근로자인 청원경찰의 근로3권을 모두 제한하는 것은 사회의 변화에도 맞지 않는다(헌재 2017.9.28, 2015헌마653).

5 특수경비원의 단체행동권 제한 [기각]

특수경비원 업무의 강한 공공성과 특히 특수경비원은 소총과 권총 등 무기를 휴대한 상태로 근무할 수 있는 특수성 등을 감안할 때, 특수경비원의 신분이 공무원이 아닌 일반근로자라는 점에만 치중하여 특수경비원에게 근로3권 즉 단결권, 단체교섭권, 단체행동권 모두를 인정하여야 한다고 보기는 어렵고, 적어도 특수경비원에 대하여 단결권, 단체교섭권에 대한 제한은 전혀 두지 아니하면서 단체행동권 중 '경비업무의 정상적인 운영을 저해하는 일체의 쟁위행위'만을 금지하는 것은 입법목적 달성에 필요불가결한 최소한의 수단이라고 할 것이어서 … 과잉금지원칙에 위배되지 아니하므로 헌법에 위반되지 아니한다(헌재 2009.10.29, 2007헌마1359).

6 공무원의 집단행위 금지 [합헌]

공무원이 집단적으로 정치적 의사표현을 하는 경우에는 이것이 공무원이라는 집단의 이익을 대변하기 위한 것으로 비춰질 수 있으며, 정치적 중립성의 훼손으로 공무의 공정성과 객관성에 대한 신뢰를 저하시킬 수 있기 때문이다(헌재 2014.8.28, 2011헌바50).

7 공무 외의 일을 위한 집단행위

이 사건 행위 중 릴레이 1인 시위, 릴레이 언론기고, 릴레이 내부 전산망 게시는 모두 후행자가 선행자에 동조하여 동일한 형태의 행위를 각각 한 것에 불과하고, 앞서 판시한 바와 같은 행위의 집단성이 있다고 보기 어렵다(대판 2017.4.13, 2014두8469).

주의

청원경찰은 사용자인 청원주와의 고용계약에 의한 근로자로서 공무원 신분이 아니다(2004헌바9). 다만, 형법 기타 법령에 의한 벌칙 적용시 공무원으로 간주되고, 국가나 지방자치단체에서 근무하는 청원경찰은 직무상 불법행위에 따른 배상책임에 있어서 공무원으로 간주된다(청원경찰법 제10조의2). 또한 근로3권 제한은 위헌이나 처벌규정은 위헌으로 판단하지 않았다.

기출OX

심판대상조항은 청원경찰의 근로3권을 제한함에 목적의 정당성 및 수단의 적합성이 인정되지 않는다. (×)

18. 법원직

→ 피해의 최소성과 법익의 균형성이 인정되지 않았다.

기출OX

공무원들의 어느 행위가 국가공무원법 제66조 제1항에 규정된 '집단행위'에 해당하려면, 그 행위가 반드시 같은 시간, 장소에서 행하여져야 하는 것은 아니지만, 공익에 반하는 어떤 목적을 위한 다수인의 행위로서 집단성이라는 표지를 갖추어야만 한다고 해석함이 타당하므로, 공무원들이 순차적으로 각각 다른 시간대에 릴레이 1인 시위를 하거나 여럿이 단체를 결성하여 그 단체 명의로 의사를 표현하는 경우에는 국가공무원법 제66조 제1항이 금지하는 집단행위에 해당한다. (×)

19. 법원직

2. 주요 방위산업체에 종사하는 근로자의 단체행동권 제한

헌법 제33조 제3항은 "법률이 정하는 주요 방위산업체에 종사하는 근로자의 단체행동권은 법률이 정하는 바에 의하여 이를 제한하거나 인정하지 아니할 수 있다."라고 하여 주요 방위산업체에 종사하는 근로자에 대하여 법률로써 단체행동권을 제한하거나 부인할 수 있도록 규정하고 있다.

> **관련 판례**
>
> **주요 방위산업체 종사자의 단체행동권의 제한 [합헌]**
> 위 조항은 단체행동권의 제한 또는 금지를 규정하고 있는 헌법 제33조 제3항을 직접 근거로 하고 있고, 단체행동이 금지되는 것은 주요 방위산업체에 있어서 방산물자의 생산과 직접 관계되거나 그와 긴밀한 연계성이 인정되는 공장에 종사하는 근로자에 한정하는 것으로 해석상 그 범위의 제한이 가능하며, 단체교섭에 있어서 발생하는 노동쟁의에 대하여 노동위원회의 알선, 조정을 받을 수 있는 등 대상조치가 마련되어 있으므로, 위 조항이 평등의 원칙에 반한다거나 근로자의 단체행동권의 본질적 내용을 침해하고 과잉금지의 원칙에 위배된 규정이라고 볼 수 없다(헌재 1998.2.27, 95헌바10).

제5절 환경권

> 헌법 제35조 ① 모든 국민은 건강하고 쾌적한 환경에서 생활할 권리를 가지며, 국가와 국민은 환경보전을 위하여 노력하여야 한다.
> ② 환경권의 내용과 행사에 관하여는 법률로 정한다.
> ③ 국가는 주택개발정책 등을 통하여 모든 국민이 쾌적한 주거생활을 할 수 있도록 노력하여야 한다.

1 의의

1. 연혁

1960년대 이후 각국의 입법을 통해 규정되었고(미국 - 국가환경정책법, 1970년), 우리나라는 제8차 개정헌법에서 최초로 신설된 후 현행 헌법에서 구체화되었다.

2. 개념

환경권은 누구나 건강하고 쾌적한 환경에서 생활할 권리를 말한다. 환경권은 다른 기본권의 제한을 전제로 하며 의무성이 강하다.❶

3. 범위

과거에는 환경의 범위를 자연환경에 국한하여 좁게 보았으나, 오늘날에는 자연환경은 물론이고 종교적 환경이나 교통·교육환경까지 그 보호범위를 넓혀가고 있다.

기출OX

국가는 노인의 특성에 적합한 주택정책을 복지향상차원에서 개발하여 노인으로 하여금 쾌적한 주거활동을 할 수 있도록 노력하여야 할 의무를 부담한다. (○)
17. 지방직 7급

❶ 환경권은 국제적 기본권으로서 제3세대 기본권이다. 다른 기본권을 제한하기도 하며, 특히 경제활동에 장애요인으로 작용되기도 한다.

🔨 관련 판례

종교적 환경

어느 토지나 건물의 소유자가 종전부터 향유하고 있던 경관이나 조망, 조용하고 쾌적한 **종교적 환경 등이 그에게 하나의 생활이익으로서의 가치를 가지고 있다고 객관적으로 인정된다면 법적인 보호의 대상이 될 수 있는 것**이라 할 것이므로, 인접 대지에 건물을 신축함으로써 그와 같은 생활이익이 침해되고 그 침해가 사회통념상 일반적으로 수인할 정도를 넘어선다고 인정되는 경우에는 토지 등의 소유자는 소유권에 기하여 방해의 제거나 예방을 위하여 필요한 청구를 할 수 있다(대판 1997.7.22, 96다56153).

2 주체

주체는 자연인이며, 미래의 자연인도 포함한다. 법인에게는 적용되지 않는다.

3 법적 성격

1. 종합적 기본권

기본권의 전제조건을 보호하는 기본권으로서의 성질과 기본권의 헌법적 한계로서의 성질을 함께 가지고 있다.

2. 구체적 권리 여부

대법원은 환경권의 법적 성격에 대하여 추상적 권리설의 입장을 취하고 있다.

4 내용

헌법 제35조 제2항의 환경권의 내용과 행사에 관하여 법률로 정한다는 규정은 법률유보를 규정하고 있는 것으로 쾌적한 생활환경조성청구권은 법률에 의해서 구체화된 것이다. 대법원은 국민은 쾌적한 생활환경조성청구권은 법률규정에 의해서 직접 행사할 수 있다고 판시한 바 있다(대판 1997.7.22, 96다56153). 02. 국가직 7급

🔨 관련 판례

교도소 내 화장실 철망 설치

[1] 제한되는 기본권은 환경권이 주된 기본권이며, 행복추구권은 보충적이다.
[2] 이 사건 설치행위는 수용자의 자살을 방지하여 생명권을 보호하고 교정시설 내의 안전과 질서를 보호하기 위한 것으로 환경권을 침해하지 않는다(헌재 2014.6.26, 2011헌마150).

기출OX

대법원은 헌법의 규정에서 직접 사법상의 환경권이 나오는 것이 아니라고 한다. (O) 02. 국가직 7급

5 침해와 구제

1. 국가권력에 의한 침해와 구제

국가나 지방자치단체가 적극적으로 환경을 침해하는 경우에는 청원권의 행사, 행정소송의 제기, 헌법소원, 국가배상청구 등에 의해서 구제받을 수 있을 것이다. 이는 '복효적 행정행위'❶로서 원고적격이 문제되는바, 대법원은 인근주민의 생활환경을 보호받을 이익은 단순한 반사적 이익이 아니라 법률에 의하여 보호되는 이익이라고 하면서 원고적격을 인정하였다.

> **관련 판례**
>
> **1 환경영향평가 대상지역 주민들의 환경상 이익**
>
> 환경영향평가에 관한 자연공원법령 및 환경영향평가법령상의 관련규정의 취지는 집단시설지구개발사업으로 인하여 직접적이고 중대한 환경피해를 입으리라고 예상되는 환경영향평가 대상지역 안의 주민들이 개발 전과 비교하여 **수인한도를 넘는 환경침해를 받지 아니하고 쾌적한 환경에서 생활할 수 있는 개별적 이익까지도 이를 보호**하려는 데에 있다 할 것이므로, 위 주민들이 위 변경승인처분과 관련하여 갖고 있는 위와 같은 환경상의 이익은 주민 개개인에 대하여 **개별적으로 보호되는 직접적·구체적인 이익**이라고 보아야 할 것이다(대판 2001.7.27, 99두2970).
>
> **2 환경영향평가 대상지역 밖의 주민들의 환경상 이익**
>
> 환경영향평가 대상지역 밖의 주민이라 할지라도 공유수면매립면허처분 등으로 인하여 그 처분 전과 비교하여 수인한도를 넘는 환경피해를 받거나 받을 우려가 있는 경우에는, 공유수면매립면허처분 등으로 인하여 환경상 이익에 대한 침해 또는 침해우려가 있다는 것을 입증함으로써 그 처분 등의 무효확인을 구할 원고적격을 인정받을 수 있다(대판 2006.3.16, 2006두330).

2. 사인에 의한 침해와 구제

사후적 구제방법으로서 민법 제750조의 불법행위에 의한 ① 손해배상 청구와 ② 유지청구가 존재한다. 특히 판례는 유지청구의 근거를 환경권이 아닌 민법의 소유권에 근거한 물권적 청구권설을 취하고 있다.

> **관련 판례**
>
> **유지청구의 근거**
>
> 대법원은 어느 토지나 건물의 소유자가 종전부터 향유하고 있던 경관이나 조망, 조용하고 쾌적한 종교적 환경 등이 그에게 하나의 생활이익으로서 가치를 가지고 있다고 객관적으로 인정된다면 법적인 보호의 대상이 될 수 있는 것이라 할 것이므로, 인접 대지에 건물을 신축함으로써 그와 같은 생활이익이 침해되고 그 침해가 사회통념상 일반적으로 수인할 정도를 넘어선다고 인정되는 경우에는 토지 등의 소유자는 소유권에 기하여 방해의 제거나 예방을 위하여 필요한 청구를 할 수 있다(대판 1997.7.22, 96다56153).

---

❶ 복효적 행정행위란 누군가에게는 이익이 되고 누군가에게는 손실이 되는 행위를 말한다(예 연탄공장 건설의 경우).

기출OX

환경영향평가 대상지역 안의 주민들의 경우에는 주민들이 갖고 있는 환경상의 이익이 주민 개개인에 대하여 개별적으로 보호되는 직접적, 구체적인 이익이지만 밖의 주민들의 경우는 원고적격을 인정받기 위해서는 입증이 필요하다. (O)   06. 법행

비교 정리

환경영향평가 대상지역 주민들의 환경상 이익

구분	원고적격
안	자동인정
밖	입증필요

3. 수인한도론

공해에 있어서의 피해자와 가해자의 이익, 피해자의 정도나 형태, 사업의 유효성 등을 비교형량하여 가해행위가 사회생활상 일반적으로 수인할 수 있을 정도를 초월한 침해가 아닌 경우에는 수인해야 한다고 보는 이론이다.

4. 개연성이론

> **관련 판례**
>
> **공장폐수로 인한 김양식장의 피해**
>
> 피해자에게 사실적 인과관계의 존재에 관한 엄밀한 과학적 증명을 요구함은 공해의 사법적 구제의 사실상 거부가 될 우려가 있는 반면에 가해기업은 기술적 경제적으로 피해자 보다 원인조사가 훨씬 용이할 뿐 아니라 그 원인을 은폐할 염려가 있어, 가해기업이 배출한 어떤 유해한 원인물질이 피해물건에 도달하여 손해가 발생하였다면 가해자 측에서 그 무해함을 입증하지 못하는 한 책임을 면할 수 없다고 봄이 사회형평의 관념에 적합하다. 수질오탁으로 인한 공해소송인 이 사건에서 ① **피고공장에서 김의 생육에 악영향을 줄 수 있는 폐수가 배출되고, ② 그 폐수 중 일부가 유류를 통하여 이 사건 김양식장에 도달하였으며, ③ 그 후 김에 피해가 있었다는 사실이 각 모순 없이 증명된 이상 피고공장의 폐수배출과 양식 김에 병해가 발생함으로 말미암은 손해 간의 인과관계 일응 증명되었다고 할 것이므로**, 피고가 ⊙ 피고 공장폐수 중에는 김의 생육에 악영향을 끼칠 수 있는 원인물질이 들어 있지 않으며, ⓒ 원인물질이 들어 있다 하더라도 그 해수혼합률이 안전농도 범위 내에 속한다는 사실을 반증을 들어 인과관계를 부정하지 못하는 한 그 불이익은 피고에게 돌려야 마땅할 것이다(대판 1984.6.12, 81다558).

> **기출OX**
>
> 판례는 김양식장 사안에서 피해자가 폐수의 발생과 양식장의 피해를 입증하게 되면 가해자인 공장 측이 안전농도 내임을 증명한다고 하여 이를 개연성이론이라고 한다. (○)   05. 사시

제6절 혼인·가족·모성·건강에 관한 권리

> 헌법 제36조 ① 혼인과 가족생활은 개인의 존엄과 양성의 평등을 기초로 성립되고 유지되어야 하며, 국가는 이를 보장한다.
> ② 국가는 모성의 보호를 위하여 노력하여야 한다.
> ③ 모든 국민은 보건에 관하여 국가의 보호를 받는다.

1 혼인제도와 가족제도

1. 의의

헌법 제36조 제1항에서 혼인 및 가족제도는 개인의 존엄성과 양성의 평등을 기초로 성립·유지되어야 한다고 규정한다. 이는 혼인과 가족생활에 있어서의 인간의 존엄성 존중을 강조한 헌법원리라 할 수 있다.

2. 법적 성격

혼인·가족 생활규정은 자유권으로서의 성격, 제도보장으로서의 성격, 원칙규범으로서의 성격을 가진다.

3. 주체

혼인과 가족제도는 자유권적 기본권의 성격을 지니므로 국민뿐만 아니라 외국인도 주체가 된다고 본다.

4. 내용

혼인 여부, 혼인의 상대방, 시기, 방식 등에 관하여 자유로이 결정할 수 있는 혼인결정의 자유를 내용으로 한다. 또한 일부일처제의 제도적 보장을 규정함으로써 축첩제도나 중혼제도 등은 금지된다.

2 모성의 보호

1. 의의

헌법 제36조 제2항은 모성의 보호를 위한 국가적 노력의 의무를 규정하고 있다. 여기서 모성이라 함은 모든 여성을 의미하는 것이 아니라 자녀를 가진 여성만을 의미한다. 따라서 모성의 보호받을 권리의 주체는 자녀를 가진 여성에 한한다.❶

2. 연혁

우리 헌법은 1948년 제헌헌법에서 "가족의 건강은 국가의 특별한 보호를 받는다."라고 규정한 이래 1962년 제3공화국 헌법에서 "모든 국민은 보건에 관하여 국가의 보호를 받는다."라고 정하여 현행 헌법까지 이어져 오고 있다.

3. 내용

모성의 보호란 모성의 건강뿐 아니라 자녀를 출산하거나 양육하는 데 필요한 급부를 국가에 대해 적극적으로 요구할 수 있는 권리를 말하며, 이에 관한 법률로는 모자보건법이 있다.

3 보건권

보건권이란 국민이 건강을 유지하는 데 필요한 국가적 급부를 요구할 수 있는 권리를 말한다. 보건권의 주체는 국민에게만 인정되고 외국인에게는 인정되지 아니한다. 국가는 국민보건을 위하여 필요한 정책을 적극적으로 수립하고 추진할 의무를 진다. 이는 국민에게 주어진 권리이며, 의료인은 이를 원용할 수 없다.

기출OX

법적으로 승인되지 아니한 사실혼 또한 헌법 제36조 제1항에 규정된 혼인의 보호범위에 포함된다. (×)

18. 지방직 7급

❶ 여기서 모성이란 모든 여성을 의미하는 것이 아니라 아이를 가진 여성을 의미하며, 그 아이는 꼭 자신이 낳은 아이여야 하는 것은 아니다.

관련 판례

1 동성동본금혼 [헌법불합치]
동성동본금혼제 역시 만고불변의 진리로서 우리의 혼인제도에 정착된 것이 아니라 시대의 윤리나 도덕관념의 변화에 따라 나타나서 그 시대의 제반 사회·경제적 환경을 반영한 것에 지나지 않는다는 점을 감안할 때, 이미 이 제도는 이제 더 이상 법적으로 규제되어야 할 이 시대의 보편타당한 윤리 내지 도덕관념으로서의 기준성을 상실하였다고 볼 수밖에 없고, 헌법 제9조의 정신에 따라 우리가 진정으로 계승·발전시켜야 할 전통문화는 이 시대의 제반 사회·경제적 환경에 맞고 또 오늘날에 있어서도 보편타당한 전통윤리 내지 도덕관념이라 할 것이다(헌재 1997.7.16, 95헌가6 등).

2 호주제❷ [헌법불합치]
헌법 전문과 헌법 제9조에서 말하는 '전통', '전통문화'란 역사성과 시대성을 띤 개념으로 이해하여야 한다. 따라서 가족제도에 관한 전통·전통문화란 적어도 그 것이 가족제도에 관한 헌법이념인 개인의 존엄과 양성의 평등에 반하는 것이어서는 안 된다는 자명한 한계가 도출된다. … 결론적으로 전래의 어떤 가족제도가 헌법 제36조 제1항이 요구하는 개인의 존엄과 양성평등에 반한다면 헌법 제9조를 근거로 그 헌법적 정당성을 주장할 수는 없다(헌재 2005.2.3, 2001헌가9 등).

3 부성제도 위헌사건 [헌법불합치]
[1] 양계 혈통을 모두 성으로 반영하기는 곤란한 점, 부성의 사용에 관한 사회 일반의 의식, 성의 사용이 개인의 구체적인 권리의무에 영향을 미치지 않는 점 등을 고려하여 부성주의 원칙은 헌법 제10조, 제36조 제1항에 위반된다고 할 수 없다. … 이 사건 법률조항이 부성주의를 규정한 것 자체는 헌법에 위반된다고 할 수 없으나 가족관계의 변동 등으로 구체적인 상황하에서는 부성의 사용을 강요하는 것이 개인의 가족생활에 대한 심각한 불이익을 초래하는 것으로 인정될 수 있는 경우에도 부성주의에 대한 예외를 규정하지 않고 있는 것은 인격권을 침해하고 개인의 존엄과 양성의 평등에 반하는 것이어서 헌법 제10조, 제36조 제1항에 위반된다.
[2] 이 사건 법률조항에 대하여 위헌을 선고할 경우 부성주의원칙 자체에 대해서까지 위헌으로 선언하는 결과를 초래하게 되므로 **헌법불합치결정**을 선고하되 이 사건 법률조항에 대한 개정 법률이 이미 공포되어 2008.1.1. 그 시행이 예정되어 있으므로 2007.12.31.까지 이 사건 법률조항의 **잠정적인 적용**을 명함이 상당하다(헌재 2005.12.22, 2003헌가5 등).

4 중혼취소권자 [헌법불합치]
중혼 당사자와 가장 가까운 직계존속인 부모와 직계비속 중에 가장 가까운 자식을 비교해보면, 그 촌수는 모두 1촌으로 동일하며, 그와 같은 차별을 한 이유는 부모의 중혼 여부에 대하여 자식이 이를 문제 삼아서는 안 된다는 가부장적·종법제적인 사고가 바탕이 된 것으로 보일 뿐이다(헌재 2010.7.29, 2009헌가8).

5 침해행위가 있은 날로부터 10년 [위헌]
상속개시 후 인지 또는 재판의 확정에 의하여 공동상속인이 된 자의 상속분가액지급청구권의 경우에도 '침해행위가 있은 날부터 10년'의 제척기간을 정하고 있는 것은, 법적 안정성만을 지나치게 중시한 나머지 사후에 공동상속인이 된 자의 권리구제 실효성을 외면하는 것이므로, 심판대상조항은 입법형성의 한계를 일탈하여 청구인의 재산권 및 재판청구권을 침해한다(헌재 2024.6.27, 2021헌마1588).

---

❷
호주제와 부성제도의 경우는 같은 주문이지만 호주제는 그 자체가 위헌이고 이를 보완할 제도가 없어서 헌법불합치가 된 것이며 부성제도는 그 자체는 합헌이지만 이혼이나 재혼의 경우도 부성을 강제하는 경우가 문제였다. 즉, 제도 자체는 합헌이나 예외를 두지 않은 것이 문제가 되었다.

기출OX
직계존속 및 4촌 이내의 방계혈족에게는 중혼의 취소청구권을 부여하고, 직계비속에게는 중혼의 취소청구권을 부여하지 않은 것은 합리적인 이유가 있으므로 평등의 원칙에 위반되지 않는다. (×) 13. 국가직 7급

📎 비교 정리
친생부인의 소

구분	주문
출생을 안 날로부터 1년	위헌
사유가 있음을 안 날로부터 2년	합헌

❶ 종합부동산세의 경우도 비슷한 취지로 헌법에 위반된다고 판단되었다.

📎 비교 정리
공동사업 합산과세

구분	주문
합산과세 자체	합헌
의제	위헌

📎 비교 정리
치과전문의

구분	기본권
위헌	행복추구, 직업, 평등
합헌	학문, 재산, 보건

6 인지청구의 소의 제척기간 [합헌]
이 사건 법률조항이 인지청구의 제소기간을 정함에 있어 혼인 외 출생자가 부 또는 모와의 사이에 친자관계가 존재함을 알았는지 여부를 고려하지 아니하고 단순히 '사망한 사실을 안 날로부터 1년 내'라고 규정한 것은 혼인 외 출생자의 인지청구 자체가 현저히 곤란하게 되거나 사실상 불가능하게 되는 것은 아니다. 따라서 이 사건 법률조항이 인지청구의 소의 제소기간을 부 또는 모의 사망을 안 날로부터 1년 내로 규정한 것은 과잉금지원칙에 위배되지 아니하므로 인지청구를 하고자 하는 국민의 인간으로서의 존엄과 가치 그리고 행복을 추구하는 기본권을 침해하는 것은 아니다(헌재 2001.5.31, 98헌바9).

7 친생부인의 소의 제척기간(출생을 안 날) [헌법불합치]
일반적으로 친자관계의 존부는 특별한 사정이나 어떤 계기가 없으면 이를 의심하지 않는 것이 통례임에 비추어 볼 때, 위 법률조항은 입법재량의 범위를 넘어서 친자관계를 부인하고자 하는 부로부터 이를 부인할 수 있는 기회를 극단적으로 제한함으로써 자유로운 의사에 따라 친자관계를 부인하고자 하는 부의 가정생활과 신분관계에서 누려야 할 인격권, 행복추구권 및 개인의 존엄과 양성의 평등에 기초한 혼인과 가족생활에 관한 기본권을 침해하는 것이다(헌재 1997.3.27, 95헌가14 등).

8 친생부인의 소의 제척기간(사유가 있음을 안 날) [합헌]
친생부인의 소의 제척기간을 규정한 민법 제847조 제1항 중 '부가 그 사유가 있음을 안 날로부터 2년 내' 부분은 친생부인의 소의 제척기간에 관한 입법재량의 한계를 일탈하지 않은 것으로서 헌법에 위반되지 아니한다(헌재 2015.3.26, 2012헌바357).

9 부부의 자산소득합산과세❶ [위헌]
부부간의 인위적인 자산 명의의 분산과 같은 가장행위 등은 상속세 및 증여세법상 증여의제규정(제44조) 등을 통해서 조세회피행위를 방지할 수 있고, 부부의 일방이 혼인 전부터 소유하고 있던 재산 또는 혼인 중에 상속 등으로 취득한 재산과 같은 특유재산 등으로부터 생긴 소득은 소득세 부담을 경감 또는 회피하기 위하여 인위적으로 소득을 분산한 결과에 의하여 얻어진 소득이 아니다. … 따라서 이 사건 법률조항은 혼인한 자의 차별을 금지하고 있는 헌법 제36조 제1항에 위반된다(헌재 2002.8.29, 2001헌바82). 08. 법원직

10 분만급여의 제한 [기각]
분만급여의 제한은 보건복지부장관이 행한 분만급여 및 요양급여의 점진적인 확대 시행의 과정에서 나타난 사정이라고 할 것이다. 그러므로 위 보건사회부 고시 등 보건복지부장관의 제도운영에 대한 평가는 별론으로 하고, 이 사건 법률조항이 바로 청구인의 헌법상 보장된 행복추구권·평등권을 침해하였거나 모성의 보호와 보건의 보호규정에 위배된다고 할 수 없다고 할 것이다. 급부행정 영역에서는 기본권 침해 영역보다는 구체성의 요구가 다소 약화되어도 무방하다고 해석된다(헌재 1997.12.24, 95헌마390).

11 치과전문의 자격시험 불실시 [위헌확인]
헌법은 '모든 국민은 보건에 관하여 국가의 보호를 받는다'라고 규정하고 있는바(제36조 제3항), 이를 '보건에 관한 권리' 또는 '보건권'으로 부르고, 국가에 대하여 건강한 생활을 침해하지 않도록 요구할 수 있을 뿐만 아니라 보건을 유지하도록 국가에 대하여 적극적으로 요구할 수 있는 권리로 이해한다 하더라도 치과전문의제도를 시행하고 있지 않기 때문에 청구인을 포함한 **국민의 보건권이 현재 침해당하고 있다고 보기는 어렵다**(헌재 1998.7.16, 96헌마246).

12 남성 단기복무장교의 육아휴직 [기각]

장기복무장교, 준사관, 장기복무부사관 및 단기복무중인 여자군인은 병역법상의 병역의무를 이행하는 남성 단기복무군인과 달리 직업군인이므로, 그들의 근로자로서의 권리 역시 고려되어야 한다. 이 사건 법률조항이 직업군인과 의무복무군인을 구분하여 청구인과 같은 남성 복무장교에게 육아휴직을 허용하지 아니하는 것이 헌법상 용인될 수 있는 재량의 범위를 명백히 일탈하여 청구인의 양육권을 침해한다고 볼 수 없다(헌재 2008.10.30, 2005헌마1156).

13 무면허 의료행위로부터 국민의 생명, 신체의 보호의무 [합헌]

의료행위는 가장 존귀한 사람의 생명이나 신체를 다루는 일로서 이를 조금이라도 그르치면 그 피해는 영원히 회복할 수 없거나 회복하기 어려운 것이므로, … 무면허 의료행위를 일률적·전면적으로 금지하고 이를 위반한 경우에는 그 치료결과에 관계없이 형사처벌을 받게 하는 이 법의 규제방법은, "대안이 없는 유일한 선택"으로서 실질적으로도 비례의 원칙에 합치되는 것이다. 그렇다면 이 사건 법률조항은 헌법 제10조가 규정하는 인간으로서의 존엄과 가치를 보장하고 헌법 제36조 제3항이 규정하는 국민보건에 관한 국가의 보호의무를 다하고자 하는 것으로, 국민의 생명권, 건강권, 보건권 및 그 신체활동의 자유 등을 보장하는 규정이지, 이를 제한하거나 침해하는 규정이라고 할 수 없다(헌재 1996.10.31, 94헌가7).

14 계모의 상속인 제외 [기각]

이 사건 법률조항은 상속의 순위를 법률로 규정함으로써 피상속인이 사망하여 상속이 이루어지는 경우 발생할 수 있는 상속 순위에 관한 법률적 분쟁을 사전에 예방하고자 하는 규정인 동시에, 우리 민법이 취하고 있는 혈족상속의 원칙을 입법한 것으로 입법목적의 타당성이 인정되고, 수단의 적정성도 인정할 수 있다(헌재 2009.11.26, 2007헌마1424).

15 구 민법 부칙 제4조 위헌소원 [합헌]

계모자관계 당사자는 입양신고로써 친생자관계와 동일한 효과를 얻을 수 있고 가족공동생활을 유지하고 있는 경우 상호 부양의무가 인정되므로 기본권 제한의 정도가 과도하지 아니하며, 사회 전체에 통용되는 가족질서를 형성한다는 관점에서 유사한 정도의 효과를 가지는 적정한 대체수단을 찾기도 어려우므로 이 사건 법률조항은 피해최소성의 원칙에도 반하지 아니하고, 또한 법익의 균형성도 인정된다. 계자의 친부와 계모의 혼인의사를 일률적으로 계자에 대한 입양 또는 그 대리의 의사로 간주하기는 어려우므로, 이 사건 법률조항은 계자의 친부와 계모의 혼인에 따라 가족생활을 자유롭게 형성할 권리를 침해하지 아니한다(헌재 2011.2.24, 2009헌바89 등).

16 존속고소 금지 [합헌]

이러한 측면에서 '효'라는 우리 고유의 전통규범을 수호하기 위하여 비속이 존속을 고소하는 행위의 반윤리성을 억제하고자 이를 제한하는 것은 합리적인 근거가 있는 차별이라고 할 수 있다. 따라서, 이 사건 법률조항은 그 차별에 있어서 합리적인 이유가 있으므로, 헌법 제11조 제1항의 평등원칙에 위반되지 아니한다(헌재 2011.2.24, 2008헌바56).

비교 정리

구분	헌법상 권리 여부
양육권	○
육아휴직	×

기출 OX

헌법에 열거되지 아니한 자유와 권리로서 인정되고 있는 것은 자기결정권, 일반적 행동자유권, 휴식권, 문화향유권, 육아휴직신청권 등이 있다. (×)

14. 국가직 7급

17 혼인으로 인하여 1세대 3주택 [헌법불합치]

혼인으로 새로이 1세대를 이루는 자를 위하여 상당한 기간 내에 보유 주택수를 줄일 수 있도록 하고 그러한 경과규정이 정하는 기간 내에 양도하는 주택에 대해서는 혼인 전의 보유 주택수에 따라 양도소득세를 정하는 등의 완화규정을 두는 것과 같은 손쉬운 방법이 있음에도 이러한 완화규정을 두지 아니한 것은 최소침해성원칙에 위배된다고 할 것이고, 이 사건 법률조항으로 인하여 침해되는 것은 헌법이 강도 높게 보호하고자 하는 헌법 제36조 제1항에 근거하는 혼인의 자유 또는 혼인에 따른 차별금지라는 헌법적 가치라 할 것이므로 이 사건 법률조항이 달성하고자 하는 공익과 침해되는 사익 사이에 적절한 균형관계를 인정할 수 없어 법익균형성원칙에도 반한다. 결국 이 사건 법률조항은 과잉금지원칙에 반하여 헌법 제36조 제1항이 정하고 있는 혼인의 자유를 침해하고, 혼인에 따른 차별금지원칙에 위배되어 위헌이다(헌재 2011.11.24, 2009헌바146).

18 혼인 중인 부부만 친양자 입양을 허용 [합헌]

심판대상조항은 친양자가 안정된 양육환경을 제공할 수 있는 가정에 입양되도록 하여 **양자의 복리를 증진시키기 위해, 친양자의 양친을 기혼자로 한정하였다.** 독신자 가정은 기혼자 가정과 달리 기본적으로 양부 또는 양모 혼자서 양육을 담당해야 하며, 독신자를 친양자의 양친으로 하면 처음부터 편친가정을 이루게 하고 사실상 혼인 외의 자를 만드는 결과가 발생하므로, 독신자 가정은 기혼자 가정에 비하여 양자의 양육에 있어 불리할 가능성이 높다. 나아가 독신자가 친양자를 입양하게 되면 그 친양자는 아버지 또는 어머니가 없는 자녀로 가족관계등록부에 공시되어 양자에게 친생자와 같은 양육환경을 만들어주려는 친양자제도의 근본 목적에 어긋나게 된다(헌재 2013.9.26, 2011헌가42).

19 가사소송법상 직권주의 [합헌]

가사소송법은 친생자관계 존부 확인의 소에 있어서 자백이나 청구의 인낙, 실권의 불이익에 관한 규정들의 적용을 배제하고 직권조사 및 혈액형의 수검명령 등을 규정함으로써, 당사자 사이의 통모에 의해 가장(假裝) 상속인이 발생할 가능성을 차단하고 실체법이 정하는 내용에 따른 재판이 이루어질 수 있도록 법적 장치들을 충분히 마련하고 있으므로 이 사건 심판대상조항은 청구인의 재판받을 권리를 침해하지 않는다(헌재 2014.2.27, 2013헌바178).

20 중혼취소권의 소멸 [합헌]

중혼을 혼인취소사유로 규정함으로써 이미 후혼배우자의 인격권 및 행복추구권을 어느 정도 보호하고 있는 것이며, 이에 더하여 중혼 취소청구권의 소멸에 관하여 아무런 규정을 두지 않았다 하더라도 그것이 현저히 불합리하여 입법재량의 범위를 일탈하였다고 보기 어렵다(헌재 2014.7.26, 2011헌바275).

21 사실혼 배우자에게 상속권불허 [합헌]

객관적인 기준에 의하여 파악할 수 있도록 함으로써 상속을 둘러싼 분쟁을 방지하고 법률관계를 조속히 확정시켜, 거래의 안전을 도모하기 위한 것이다(헌재 2014.8.28, 2013헌바119).

22 친생자 추정조항 [헌법불합치]

종료 후 300일 이내에 출생한 자녀를 전남편(夫)의 친생자로 추정하는 민법 제844조 제2항 중 "혼인관계종료의 날로부터 300일 내에 출생한 자"에 관한 부분(이하 '심판대상조항')이, 입법재량의 한계를 일탈하여 모(母)가 가정생활과 신분관계에서 누려야 할 인격권, 혼인과 가족생활에 관한 기본권을 침해하여 헌법에 합치되지 아니한다(헌재 2015.4.30, 2013헌마623).

기출OX

01 중혼을 혼인취소의 사유로 정하면서도 그 취소청구권의 제척기간 또는 소멸사유에 관하여 아무런 규정을 두고 있지 않았다 하더라도 입법재량의 범위를 일탈하여 후혼배우자의 인격권을 침해하였다고 볼 수는 없다. (O)
18. 법원직

02 사실혼 배우자에게 상속권을 인정하지 않는 민법 제1003조 제1항 중 '배우자' 부분이 사실혼 배우자의 상속권 및 평등권을 침해하고, 헌법 제36조 제1항에 위반된다. (X)
22. 경찰간부

03 혼인 종료 후 300일 이내에 출생한 자를 전남편의 친생자로 추정하는 것은 모가 가정생활과 신분관계에서 누려야 할 혼인과 가족생활에 관한 기본권을 침해한다. (O)
18. 지방직 7급

23 치과 전문의의 진료과목 제한 [위헌]

적정한 치과 의료전달체계의 정립을 위해서는 치과일반의와 치과전문의간의 역할 분담과 상호 협력을 적절하게 구축할 수 있는 근본적인 제도적 해결책을 마련하는 것이 필요하며, 1차 의료기관의 전문과목 표시에 대한 불이익을 주어 치과전문의들의 2차 의료기관 종사를 억지로 유도하는 것은 바람직한 해결방안이 될 수 없다(헌재 2015.5.28, 2013헌마799).

24 형제자매의 증명서 교부청구 [위헌]

가족관계등록법상의 각종 증명서 발급에 있어 형제자매에게 정보주체인 본인과 거의 같은 지위를 부여한다. 즉 형제자매는 본인과 관련된 모든 증명서를 발급받을 수 있고, 기록사항 전부가 현출된 증명서를 발급받을 수 있다. 이는 증명서 교부청구권자의 범위를 필요한 최소한도로 한정한 것이라고 볼 수 없다(이복형제의 경우에도 가능함)(헌재 2016.6.30, 2015헌마924).

25 친양자 입양시 친생부모의 동의 [합헌]

친양자 입양의 경우 친생부모와 그 자녀 사이의 친족관계를 완전히 단절시키는 등 친생부모의 지위에 중대한 영향을 미치는 점등을 고려할 때 헌법에 위반되지 않는다(헌재 2012.5.31, 2010헌바87).

26 피상속인에 대한 부양의무를 이행하지 않은 직계존속의 상속권 인정 [합헌]

피상속인의 의사나 피상속인에 대한 부양의무 이행 여부 등을 구체적인 상속분 산정에서 고려할 수 있는 장치를 이미 마련하고 있는 점들을 고려하면, 심판대상조항이 피상속인에 대한 부양의무를 이행하지 않은 직계존속의 경우를 상속결격사유로 규정하지 않았다고 하더라도 이것이 입법형성권의 한계를 일탈하여 다른 상속인의 재산권을 침해한다고 보기 어렵다(헌재 2018.2.22, 2017헌바59).

27 직계혈족의 경우 위임 없이도 증명서 발급받는 것 가능

심판대상조항은 정보주체의 배우자나 직계혈족이 스스로의 정당한 법적 이익을 지키기 위하여 정보주체 본인의 위임 없이도 가족관계 상세증명서를 간편하게 발급받을 수 있게 해 주는 것이므로, 상세증명서 추가 기재 자녀의 입장에서 보아도 자신의 개인정보가 공개되는 것을 중대한 불이익이라고 평가하기는 어렵다. 나아가 가족관계 관련 법령은 가족관계증명서 발급 청구에 관한 부당한 목적을 파악하기 위하여 '청구사유기재'라는 나름의 소명절차를 규정하는 점 등을 아울러 고려하면 심판대상조항은 그 입법목적과 그로 인해 제한되는 개인정보자기결정권 사이에 적절한 균형을 달성한 것으로 평가할 수 있다(헌재 2022.11.24, 2021헌마130).

28 가족폭력 가해자의 증명서 발급 [헌법불합치]

가정폭력 가해자에 대하여 특별한 제한을 두지 아니한 관계로, 가정폭력 가해자인 전 배우자라도 직계혈족으로서 그 자녀의 가족관계증명서와 기본증명서를 사실상 자유롭게 발급 받아서 거기에 기재된 가정폭력 피해자인 청구인의 개인정보를 무단으로 취득하게 되는 위헌성을 지적하고 이 사건 법률조항에 대하여 헌법불합치를 선언하였다(헌재 2020.8.28, 2018헌마927).

29 안장 대상자 배우자의 국립묘지 합장 [합헌]

안장 대상자가 사망한 뒤 그 배우자가 재혼을 통해 새로운 혼인관계를 형성하고 안장 대상자를 매개로 한 인척관계를 종료하였다면, 그가 국립묘지에 합장될 자격이 있는지는 사망 당시의 배우자를 기준으로 하는 것이 사회통념에 부합한다(헌재 2022.11.24, 2020헌바463).

비교 정리

치과 전문의 과목제한

기본권	침해여부
평등권, 직업	○
명확성, 신뢰	×

기출OX

01 가족관계등록부 등의 기록사항에 관한 증명서 교부청구권을 형제자매에게도 부여하는 가족관계의 등록 등에 관한 법률 규정은 증명서 발급에 있어 형제자매에게 정보주체인 본인과 거의 같은 지위를 부여하고 있기에 정보주체의 개인정보자기결정권을 침해한다. (○)
13. 국가직 7급

02 친양자 입양을 청구하기 위해서는 친생부모의 친권상실, 사망 기타 동의할 수 없는 사유가 없는 한 친생부모의 동의를 반드시 요하도록 하는 것은 친양자가 될 자의 가족생활에 관한 기본권을 침해하지 않는다. (○)
18. 지방직 7급

비교 정리

구분	동의 없이 발급
직계혈족	원칙 - 합헌
	예외 - 위헌 / 가정폭력
형제자매	위헌

기출OX

정보주체의 배우자나 직계혈족이 정보주체의 위임 없이도 정보주체의 가족관계 상세증명서의 교부 청구를 할 수 있도록 하는 가족관계의 등록 등에 관한 법률의 해당 조항은 개인정보자기결정권을 침해하지 않는다. (○)
23. 소방간부

> **기출OX**
>
> 8촌 이내의 혈족 사이에서는 혼인할 수 없도록 하는 「민법」 조항 및 이를 위반한 혼인을 무효로 하는 「민법」 조항은 가족질서를 보호하고 유지한다는 공익이 매우 중요하므로 법익균형성에 위반되지 아니하므로 혼인의 자유를 침해하지 않는다. (×) 23. 소방간부

30 8촌 이내 혈족 사이의 혼인 금지 및 무효 [헌법불합치]

[1] 금혼조항으로 인하여 법률상의 배우자 선택이 제한되는 범위는 친족관계 내에서도 8촌 이내의 혈족으로, 넓다고 보기 어렵다. 그에 비하여 8촌 이내 혈족 사이의 혼인을 금지함으로써 가족질서를 보호하고 유지한다는 공익은 매우 중요하다.

[2] 무효조항은 근친혼의 구체적 양상을 살피지 아니한 채 8촌 이내 혈족 사이의 혼인을 일률적·획일적으로 혼인무효사유로 규정하고, 혼인관계의 형성과 유지를 신뢰한 당사자나 그 자녀의 법적 지위를 보호하기 위한 예외조항을 두고 있지 않으므로, 입법목적 달성에 필요한 범위를 넘는 과도한 제한으로서 침해의 최소성을 충족하지 못한다(헌재 2022.10.27, 2018헌바115).

31 가정폭력처벌법상 피해자보호명령 [합헌]

피해자보호명령제도의 특성, 우편을 이용한 접근행위의 성질과 그 피해의 정도 등을 고려할 때, 입법자가 심판대상조항에서 우편을 이용한 접근금지를 피해자보호명령의 종류로 정하지 아니하였다고 하더라도 이것이 입법자의 재량을 벗어난 자의적인 입법으로서 평등원칙에 위반된다고 보기 어렵다(헌재 2023.2.22, 2019헌바43).

32 '혼인 중 여자와 남편 아닌 남자 사이에서 출생한 자녀'에 대한 출생신고 사건 [위헌]

[1] 태어난 즉시 '출생등록될 권리'가 헌법상 보장되는 기본권으로서, 자유권과 사회권의 성격을 동시에 갖는 독자적 기본권으로 판단하고, 이 사건에서 혼인 외 출생자에 대한 출생신고의무자를 모로 한정하고, 인지의 효력이 있는 생부의 친생자출생신고만을 인정하는 심판대상조항들이 혼인 중인 여자와 남편이 아닌 남자 사이에서 출생한 혼인 외 출생자인 청구인들의 태어난 즉시 '출생등록될 권리'를 침해한다.

▶ 대법원은 출생등록될 권리를 거의 절대적 권리로 보고 있다.

[2] 다만, 생부는 혈연관계에 대한 확인이 필요할 수도 있고, 출생자의 출생사실을 모를 수도 있어서 모를 중심으로 출생신고를 규정한 것은 평등의 원칙에 위반되지는 않는다(헌재 2023.3.23, 2021헌마975).

33 유류분 전반 [위헌] [합헌]

[1] 유류분제도란, 피상속인이 증여 또는 유증으로 자유로이 재산을 처분하는 것을 제한하여 법정상속인 중 일정한 범위의 근친자에게 법정상속분의 일부가 귀속되도록 법률상 보장하는 민법상 제도를 말한다.

[2] 민법 제1112조가 유류분권리자와 각 유류분을 획일적으로 규정한 것이 매우 불합리하다고 단정하기 어렵다. [합헌]

[3] 피상속인을 장기간 유기하거나 정신적·신체적으로 학대하는 등의 패륜적인 행위를 일삼은 상속인의 유류분을 인정하는 것은 일반 국민의 법감정과 상식에 반한다고 할 것이므로, 민법 제1112조에서 유류분상실사유를 별도로 규정하지 아니한 것은 불합리하다고 아니할 수 없다. [위반]

[4] 피상속인의 형제자매는 상속재산형성에 대한 기여나 상속재산에 대한 기대 등이 거의 인정되지 않음에도 불구하고 유류분권을 부여하는 것은 그 타당한 이유를 찾기 어렵다. [위반]

[5] 당사자 사이에 유류분권리자에 대하여 손해를 가할 의사로 증여가 이루어진 경우에는 그 시기를 불문하고 유류분 산정 기초재산에 산입하도록 한 것은, 그러한 증여는 더 이상 보호할 필요가 없으므로 거래의 안전보다는 유류분권리자를 두텁게 보호하려는 입법자의 의사에 따른 것으로 합리적이다. [합헌]

[6] 민법 제1118조 중 공동상속인 중 특별수익자의 상속분에 관한 제1008조를 준용하는 부분으로 인하여 피상속인의 공동상속인에 대한 특별수익으로서의 증여는 그 시기를 불문하고 모두 유류분 산정 기초재산에 산입된다. [합헌]

[7] 피상속인을 오랜 기간 부양하거나 상속재산형성에 기여한 기여상속인이 그 보답으로 피상속인으로부터 재산의 일부를 증여받더라도, 해당 증여 재산은 유류분 산정 기초재산에 산입되므로, 기여상속인은 비기여상속인의 유류분반환청구에 응하여 위 증여재산을 반환하여야 하는 부당하고 불합리한 상황이 발생하게 된다(특별히 부양하거나 재산증식에 기여). [위반] (헌재 2024.4.25. 2020헌가4)

34 혼인무효판결로 정정된 가족관계등록부의 재작성 [기각]

[1] 혼인의 당사자 사이에서 형성되는 법률관계에만 관련되는 것이 아니라 제3자에 대한 관계에서도 문제가 되는바, 법률관계를 안정시키고 명확히 하기 위하여 공적 증명이 필요한 경우가 있을 수 있으므로, 과거 형식적으로 성립하였으나 무효가 된 혼인에 관한 등록부 기록사항의 보존은 원칙적으로 필요하다.

[2] 정보는 법령에 따른 교부 청구 등이 없는 한 공개되지 아니하므로, 심판대상조항으로 인하여 청구인이 입는 불이익이 중대하다고 보기는 어렵다. 반면, 심판대상조항이 가족관계의 변동에 관한 진실성을 담보하는 공익은 훨씬 중대하다고 할 것이므로 심판대상조항은 법익균형성이 인정된다(헌재 2024.1.25, 2020헌바65).

35 입양신고시 불출석 당사자의 신분증명서 제시 [합헌]

이 사건 법률조항은 입양의 당사자가 출석하지 않아도 입양신고를 하여 가족관계를 형성할 수 있는 자유를 보장하면서도, 출석하지 아니한 당사자의 신분증명서를 제시하도록 하여 입양당사자의 신고의사의 진실성을 담보하기 위한 조항이다(헌재 2022.11.24, 2019헌바108).

36 양육비 대지급제 [각하]

양육비 지급확보에 관한 기존의 여러 입법 이외에 양육비 대지급제 등과 같은 구체적·개별적 사항에 대한 입법의무가 헌법해석상 새롭게 발생한다고 볼 수 없다(헌재 2021.12.23, 2019헌마168).

제6장 사회적 기본권

01

08. 국가직

사회권에 관한 설명 중 옳지 않은 것은? (다툼이 있는 경우 판례에 의함)

① 교도소 수용자에게 국민건강보험급여를 정지하고 보험료 납입의무를 면제하는 것은 수용자의 인간다운 생활을 할 권리를 침해하지 않는다.
② 장애로 인한 추가지출비용을 반영한 별도의 최저생계비를 결정치 않고 가구별 인원수만을 기준으로 최저생계비를 고시하는 것은 비장애인가구 구성원에 비해 장애인가구 구성원의 평등권 및 인간존엄 등 기본권을 침해하는 것이다.
③ 건강한 작업환경, 일에 대한 정당한 보수, 합리적인 근로조건의 보장 등에 관한 권리는 외국인에게도 인정된다.
④ 당해 사업장에 종사하는 근로자의 3분의 2 이상을 대표하는 노동조합의 경우 단체협약을 매개로 한 조직강제를 용인하는 것은 근로자의 단결권을 침해하지 않는다.

정답 및 해설

난이도 ★☆☆

① [○] 헌재 2005.2.24, 2003헌마31
② [X] 장애로 인한 추가지출비용을 반영한 별도의 최저생계비를 결정치 않고 가구별 인원수만을 기준으로 최저생계비를 고시하는 것은 비장애인가구 구성원에 비해 장애인가구 구성원의 평등권 및 인간존엄성을 침해하는 것은 아니다(헌재 2004.10.28, 2002헌마328).
③ [○] 근로의 권리가 "일할 자리에 관한 권리"만이 아니라 "일할 환경에 관한 권리"도 함께 내포하고 있는바, 후자는 인간의 존엄성에 대한 침해를 방어하기 위한 자유권적 기본권의 성격도 갖고 있어 건강한 작업환경, 일에 대한 정당한 보수, 합리적인 근로조건의 보장 등을 요구할 수 있는 권리 등을 포함한다고 할 것이므로 외국인 근로자라고 하여 이 부분에까지 기본권 주체성을 부인할 수는 없다(헌재 2007.8.30, 2004헌마670).
④ [○] 헌재 2005.11.24, 2002헌바95

답 ②

02

15. 서울시 7급

근로3권에 대한 설명으로 옳은 것은? (다툼이 있는 경우 판례에 의함)

① 헌법 제33조 제1항이 근로자는 '근로조건의 향상을 위하여 자주적인 단결권, 단체교섭권, 단체행동권을 가진다.'고 규정하여 비록 단체협약체결권을 명시하고 있지 않지만, 단체교섭권에는 단체협약체결권이 포함되어 있다고 보아야 한다.

② 노동조합을 설립할 때 행정관청에 설립신고서를 제출하게 하고 그 요건을 충족하지 못한 경우 설립신고서를 반려하도록 한 규정은 근로자의 단결권을 침해하는 것이다.

③ 법률이 정하는 주요방위산업체에 종사하는 근로자의 근로3권은 법률이 정하는 바에 의하여 이를 제한하거나 인정하지 아니할 수 있다.

④ 쟁의행위는 업무의 저해라는 속성상 그 자체로 형법상의 여러 가지 범죄의 구성요건에 해당될 수 있음에도 불구하고 그것이 정당성을 가지는 경우에는 형사책임이 면제되지만, 민사상 손해배상책임은 면제되지 아니한다.

정답 및 해설

난이도 ★☆☆

① [O] 노동조합의 대표자 또는 노동조합으로부터 위임을 받은 자에게 단체교섭권만이 아니라 단체협약체결권도 부여한 것이라 하겠다(헌재 1998.2.27, 94헌바13 등).

② [X] 노동조합법에 따른 적법한 노동조합의 설립을 유도하기 위한 것으로 신고제는 헌법에 위반되지 않는다(헌재 2008.7.31, 2004헌마9).

③ [X] 법률이 정하는 주요 방위산업체에 종사하는 근로자의 단체행동권은 법률이 정하는 바에 의하여 이를 제한하거나 인정하지 아니할 수 있다(헌법 제33조 제3항).

④ [X] 사용자는 이 법에 의한 단체교섭 또는 쟁의행위로 인하여 손해를 입은 경우에 노동조합 또는 근로자에 대하여 그 배상을 청구할 수 없다. 정당쟁의행위에는 형사상, 민사상 모든 책임이 면제되고 손해배상청구를 할 수 없다(노동조합 및 노동관계조정법 제3조).

답 ①

03

11. 법원직 9급

혼인과 가족생활에 관한 헌법 제36조 제1항의 해석으로서 가장 옳지 않은 것은? (헌법재판소의 결정례에 의함)

① 부부의 자산소득을 합산하여 과세함으로써 누진율에 따른 추가적인 조세부담을 안기는 법률조항은 혼인한 자를 혼인하지 않은 자에 비해 불리하게 차별취급하는 조항으로서 허용되지 아니한다.
② 헌법 제9조에서 말하는 전통이란 역사성과 시대성을 띤 개념으로서 가족제도에 관한 전통·전통문화란 적어도 그것이 가족제도에 관한 헌법이념인 개인의 존엄과 양성의 평등에 반하는 것이어서는 안 된다는 한계가 있으므로, 전래의 어떤 가족제도가 헌법 제36조 제1항이 요구하는 개인의 존엄과 양성평등에 반한다면 헌법 제9조에서의 전통을 근거로 헌법적 정당성을 주장할 수 없다.
③ 출생 직후의 자(子)에게 성을 부여할 당시 부(父)가 이미 사망하였거나 부모가 이혼하여 모가 단독으로 친권을 행사하고 양육할 것이 예상되는 경우에도 부의 성을 사용할 것이 강제되도록 한 법률 조항은 헌법에 합치하지 아니한다.
④ 혼인취소사유에 해당하는 중혼에 대해 그 취소청구권자로 직계비속을 포함하지 않은 법률조항은 혼인 당사자의 자기결정권을 침해하지 않기 위한 취지이므로 합리적 차별에 해당한다고 볼 수 있다.

정답 및 해설   난이도 ★★☆

① [○] 헌재 2002.8.29, 2001헌바82
② [○] 헌재 2005.2.3, 2001헌가9
③ [○] 헌재 2005.12.22, 2003헌가5
④ [X] 직계존속을 중혼취소청구권자로 규정하면서도 중혼의 취소에 대하여 상속권 등과 관련하여 법률적인 이해관계가 이에 못지않게 크다고 볼 수 있는 직계비속을 중혼취소청구권자에서 제외한 것은 우리 헌법이 제정 당시부터 헌법적 결단을 통하여 용인하지 않기로 한 가부장적 사고에 바탕을 둔 것으로서 합리성을 인정하기 어렵다고 할 것이다(헌재 2010.7.29, 2009헌가8).

답 ④

제7장 국민의 기본적 의무

1 서설

헌법상 규정하고 있는 의무는 고전적인 의미의 의무인 납세의 의무와 국방의 의무가 있으며, 사회권과 관련되는 의무로서 근로의 의무, 교육의 의무, 환경보전의 의무가 있고 재산권 행사의 의무까지 포함하여 헌법상 규정하고 있는 의무로 볼 수 있다. 04. 법원직 고전적인 의미의 의무를 제외하고는 권리인 동시에 의무이며, 이를 명시한 이유는 국민의 자유와 권리를 보장하기 위함이다.

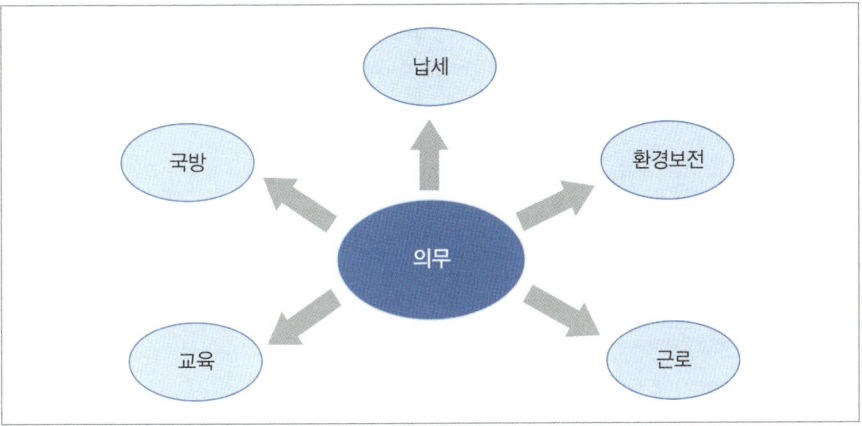

2 연혁

납세의 의무, 국방의 의무, 근로의 의무는 제헌헌법에서부터 규정되었고, 교육을 받게 할 의무는 1962년 제3공화국 헌법에서 처음 규정되었다. 22. 경찰

3 법적 성격

국민의 기본의무는 헌법에 규정된 실정법상의 의무이다. 그러므로 인간이 누리는 천부적인 권리개념으로서의 기본적 인권에 대응하는 기본적 의무가 존재할 수 있는지에 대해서는 부정적으로 보아야 한다.

4 유형

1. 고전적 의무

고전적 의무로서는 납세의 의무와 국방의 의무를 들 수 있고, 근대 시민국가의 헌법에 규정되어 있었다. 이 규정은 군주의 자의적인 과세나 강제적 징병으로부터 국민의 재산과 신체를 보장하기 위하여 인정된 것으로서 주로 국가권력에 대한 제한적 의미가 강한 자유권적 측면이 강조되었다. 현대에서 납세 및 국방의 의무는 국가권력을 제한하는 소극적인 의무만을 갖는 것이 아니라 국민이 스스로 국가의 존립과 안전을 위하여 병력을 제공하고, 국가의 재정확보를 위해 조세를 납부한다는 적극적 의미를 동시에 지니고 있다.

2. 현대적 의무

20세기 현대에 있어서는 국민의 생존을 확보하기 위한 사회적 기본권으로서의 성격을 지닌 새로운 의무가 등장하였다. 교육을 받게 할 의무, 근로의 의무, 환경보전의 의무, 재산권 행사의 공공복리적합의무 등이 이에 속한다.

5 내용

1. 납세의 의무

납세의 의무란 국가재정력을 확보할 목적으로 조세를 납부할 의무를 말한다. 납세의 의무의 주체는 국민이며 법인, 외국인도 포함된다. 납세의 의무는 국가의 자의적인 과세권행사로부터 국민의 재산권을 침해당하지 아니한다는 소극적 성격 이외의 국민이 국가재정력을 형성한다는 적극적 의미를 갖는다.

2. 국방의 의무

(1) 개념

국방의 의무란 외부의 침략적 행위로부터 국가의 독립을 유지하고 영토를 보전하기 위한 국토방위의 의무를 말한다.

(2) 주체

국방의 의무의 주체는 국민에 한하여 인정되며, 외국인은 원칙적으로 포함되지 아니한다. ❶

(3) 내용

국방의 의무는 직접적인 병력형성의무인 병력제공의 의무뿐만 아니라 향토예비군설치법에 따른 예비군복무의무, 민방위기본법에 의한 민방위응소의무, 전시근로동원법에 의한 노력동원의무 등에 의한 간접적인 병력형성의 의무가 포함된다. 이러한 국방의 의무 중에서 병력제공의 의무는 대한민국 남성만이 부담한다.

---

❶ 과거에는 외국인도 적비행기가 공습할 경우 불을 꺼야 하는 등의 의무가 있었으나, 오늘날에는 눈으로 보고 폭격을 하는 것이 아니므로 의미가 없어졌다.

기출OX

01 헌법 제39조 제2항의 병역의무조항에서 금지하는 '불이익한 처우'라 함은 사실상·경제상의 불이익을 모두 포함한다. (×) 05. 입시

02 군법무관 임용시험에 합격한 군법무관들에게 군법무관시보로 임용된 때부터 10년간 근무하여야 변호사 자격을 유지하게 하는 것은 당사자에 대한 주관적인 요건인 '10년간의 군법무관 경력'을 조건으로 변호사직에 대한 직업선택의 자유를 침해하는 것이 아니다. (○) 12. 지방직

(4) 헌법 제39조 제2항은 "누구든지 병역의무의 이행으로 인하여 불이익한 처우를 받지 아니한다."고 규정하고 있다. 헌법재판소는 이 조항에서 금지하는 불이익한 처우란 단순한 사실상·경제상의 불이익을 포함하는 것이 아니라 단지 법적인 불이익만을 의미한다고 판시하였다(헌재 1999.12.23, 98헌마363). 또한 '이행으로 인하여'이기 때문에 '이행 중'에 발생하는 불이익은 포함하지 않는다.

비교 정리
불이익

구분	○	×
이행	이행으로 인하여	이행 중
불이익	법적	사실상·경제상

3. 교육을 받게 할 의무

교육을 받게 할 의무란 친권자 또는 후견인이 자녀에게 최소한 초등교육과 법률이 정하는 교육을 받도록 할 의무를 말한다. 교육을 받게 할 의무의 주체는 취학아동을 가진 친권자 또는 후견인이다. 초등교육과 법률이 정하는 교육은 교육기본법에 6년의 초등교육과 3년의 중등교육을 의무교육으로 규정하고 있다. 다만, 3년의 중등교육에 대한 의무교육은 국가의 재정여건을 고려하여 순차적으로 실시하도록 하고 있다. 교육을 받게 할 의무는 법적 의무이므로 그 의무를 이행하지 아니하는 경우에는 법적 제재가 가해진다(교육법에 의하면 100만원 이하의 과태료 처분 등).

4. 근로의 의무

근로의 의무의 법적 성격에 관해서는 법적 의무설과 윤리적 의무설로 나누어져 있다. 사회주의 국가에서는 근로의 의무는 법적 의무로 보며 헌법 제32조 제2항의 근로의 의무는 윤리적·도덕적 의무에 지나지 아니한다고 보아야 할 것이다. 윤리적 의무로 인정함으로써 직업선택의 자유의 무직업의 자유와 모순되지 아니한다. 다만, 현행 헌법의 근로의 의무는 근로의 의사와 능력이 있음에도 불구하고 일하지 않은 자에게는 헌법에 규정된 사회적 기본권의 혜택이 주어지지 않는다는 것이다.

5. 환경보전의 의무

헌법은 제35조 제1항에서 국가와 국민의 환경보전노력의무를 규정하고 있다. 이러한 의무를 이행함으로써 환경권이라는 권리를 향유하므로 환경보전의 의무는 권리대응적 성격이 강하다.

6. 재산권 행사의 공공복리적합의무

헌법 제23조 제2항은 "재산권 행사는 공공복리에 적합하도록 하여야 한다."라고 규정하여 재산권의 사회적 구속성을 규정하고 있다. 납세의 의무는 역사적으로는 국민의 재산권의 보장을 위한 소극적 성격을 가지는 동시에 국민주권주의 사상하에서는 국가공동체의 재정적 기초의 형성을 의미하는 적극적 성격을 가진다. 08. 법원직

비교 정리

사안	주문
개업지 제한	위헌
변호사 자격취득	합헌

관련 판례

1 군법무관 출신의 변호사 개업지 제한 [위헌]

사법연수원을 수료하고 즉시 개업하는 변호사의 경우 개업지를 선택함에 있어 아무런 제한을 받지 아니하나, 병역의무의 이행을 위하여 군법무관으로 복무한 자는 전역 후 변호사로 개업함에 있어 개업지의 제한을 받게 된다. 군법무관으로의 복무 여부가 자신의 선택에 의하여 정해지는 경우와는 달리 병역의무의 이행으로 이루어지는 경우, 이는 **병역의무의 이행으로 말미암아 불이익한 처우를 받게 되는 것이라 아니할 수 없어 이의 금지를 규정한 헌법 제39조 제2항에 위반된다**(헌재 1989.11.20, 89헌가102).

2 현역병 월급 [기각]

공무원의 보수청구권은, 법률 및 법률의 위임을 받은 하위법령에 의해 그 구체적 내용이 형성되면 재산적 가치가 있는 공법상의 권리가 되어 재산권의 내용에 포함되지만, 법령에 의하여 구체적 내용이 형성되기 전의 권리, 즉 공무원이 국가 또는 지방자치단체에 대하여 어느 수준의 보수를 청구할 수 있는 권리는 단순한 기대이익에 불과하여 재산권의 내용에 포함된다고 볼 수 없다. 따라서 청구인이 주장하는 특정한 보수수준에 관한 내용이 법령에 의하여 구체적으로 형성된 바 없는 이상, 이 사건 병의 봉급표가 그 보수수준보다 낮은 봉급월액을 규정하고 있다고 하여 청구인의 재산권을 침해한다고 볼 수는 없다(헌재 2012.10.25, 2011헌마307).

3 사회복무요원에게 현역병의 봉급을 지급 [기각]

[1] 행복추구권은 포괄적 의미의 자유권으로서의 성격을 갖는 것인데, 심판대상 조항은 사회복무요원의 급여에 관한 것으로서 자유권의 제한 영역에 관한 규정이 아니다.
[2] 현역병의 경우 엄격한 규율이 적용되는 내무생활과 총기·폭발물 사고등 위험에 노출되어 이는 특수성을 감안할 때 의식주등에 제공하여도 합리적 이유가 있는 차별이다(헌재 2019.2.28, 2017헌마374).
▶ 재산권 ×, 인간다운 생활을 권리 ×, 행복추구권 ×, 평등권 ○

4 군인의 주민등록 [기각]

누구든지 주민등록 여부와 무관하게 거주지를 자유롭게 이전할 수 있으므로 주민등록 여부가 거주·이전의 자유와 직접적인 관계가 있다고 보기 어려우며, 영내 기거하는 현역병은 병역법으로 인해 거주·이전의 자유를 제한받게 되므로 이 사건 법률조항은 영내 기거 현역병의 거주·이전의 자유를 제한하지 않는다(헌재 2011.6.30, 2009헌마59).

5 동원예비군의 무단이탈 [합헌]

병역의무 이행의 일환으로 병역의무 이행 '중'에 입는 불이익은 '병역의무의 이행으로 인한' 불이익에 해당하지 않는다. 예비군이 소집되어 실역에 복무하는 동안 군형법의 적용을 받는 것은 국방의 의무를 이행하는 중에 범한 군사상의 범죄에 대하여 형벌이라는 제재를 받는 것이므로 헌법 제39조 제1항에 규정된 **국방의 의무를 이행하느라 입는 불이익이라고 할 수는 있을지언정, 이를 가리켜 병역의무의 이행으로 불이익한 처우를 받는 것이라고는 할 수 없다.** 그러므로 군형법 제1조 제3항 제3호는 헌법 제39조 제2항에도 위반되지 않는다(헌재 1999.2.25, 97헌바3).

기출OX

현역병의 군대 입대 전 범죄에 대한 군사법원의 재판권을 규정하고 있는 군사법원법의 관련 규정은 현역 복무 중인 군인의 재판청구권을 침해하지 아니한다. (○) 14. 국가직 7급

6 군입대 전 범죄에 대한 군사법원의 재판권 [합헌]

형사재판에 있어 범죄사실의 확정과 책임은 행위 시를 기준으로 하지만, **재판권 유무는 원칙적으로 재판 시점을 기준으로 해야 하며,** 형사재판은 유죄인정과 양형이 복합되어 있는데 양형은 일반적으로 재판받을 당시, 즉 선고시점의 피고인의 군인신분을 주요 고려 요소로 해 군의 특수성을 반영할 수 있어야 하므로, 이러한 양형은 군사법원에서 담당하도록 하는 것이 타당하다. 나아가 군사법원의 상고심은 대법원에서 관할하고 군사법원에 관한 내부규율을 정함에 있어서도 대법원이 종국적인 관여를 하고 있으므로 이 사건 법률조항이 군사법원의 재판권과 군인의 재판청구권을 형성함에 있어 그 재량의 헌법적 한계를 벗어났다고 볼 수 없다(헌재 2009.7.30, 2008헌바162).

7 전투경찰대원의 시위진압임무 [기각]

이 사건 법률조항들에 의하여 청구인의 신분을 군인에서 경찰공무원으로 전환한 것은 단지 병역의무 이행의 일환으로 대간첩작전이라는 특수임무를 부여하고 위 임무의 수행을 위하여 현역병 복무기간동안 그 신분을 변경한 것에 불과하다. 이 사건 진압명령도 그와 마찬가지로 **병역의무의 이행을 위하여 발하여지는 명령에 불과한 것이지** 병역의무의 이행을 원인으로 하여 행하여진 불이익한 처우라고 볼 수 없으므로 헌법 제39조 제2항에 위반된다고 할 수 없다(헌재 1995.12.23, 91헌마80).

8 군인사법 제47조의2 위헌확인 등 [기각]

군의 정신전력이 국가안전보장을 확보하는 군사력의 중요한 일부분이라는 점이 분명한 이상, 정신전력을 보전하기 위하여 불온도서의 소지·전파 등을 금지하는 규율조항은 목적의 정당성이 인정된다. 또한 군의 정신전력에 심각한 저해를 초래할 수 있는 범위의 도서로 한정함으로써 침해의 최소성 요건을 지키고 있고, 이 사건 복무규율조항으로 달성되는 군의 정신전력 보존과 이를 통한 군의 국가안전보장 및 국토방위의무의 효과적인 수행이라는 공익은 이 사건 복무규율조항으로 인하여 제한되는 군인의 알 권리라는 사익보다 결코 작다 할 수 없다. 이 사건 복무규율조항은 법익균형성 원칙에도 위배되지 아니한다(헌재 2010.10.28, 2008헌마638).

9 남성에게만 병역의무 부과 [기각]

집단으로서의 남자는 집단으로서의 여자에 비하여 보다 전투에 적합한 신체적 능력을 갖추고 있으며, 개개인의 신체적 능력에 기초한 전투적합성을 객관화하여 비교하는 검사체계를 갖추는 것이 현실적으로 어려운 점, 신체적 능력이 뛰어난 여자의 경우에도 월경이나 임신, 출산 등으로 인한 신체적 특성상 병력자원으로 투입하기에 부담이 큰 점 등에 비추어 남자만을 징병검사의 대상이 되는 병역의무자로 정한 것이 현저히 자의적인 차별취급이라 보기 어렵다(헌재 2010.11.25, 2006헌마328).

10 국가정보원채용시험에서의 군미필자 응시자격 제한 [기각]

이 사건 공고는 현역군인 신분자에게 다른 직종의 시험응시기회를 제한하고 있으나, 이는 병역의무 그 자체를 이행하느라 받는 불이익으로서 병역의무 중에 입는 불이익에 해당될 뿐, 병역의무 이행을 이유로 한 불이익은 아니다. 그렇다면 이 사건 공고로 인하여 현역군인이 타 직종에 시험응시를 하지 못하는 것은 헌법 제39조 제2항에서 금지하는 '불이익한 처우'라 볼 수 없다(헌재 2007.5.31, 2006헌마627).

11 산업기능요원의 편입취소 [위헌]

현역병이나 공익근무요원 중 행정관서요원의 경우에는 군무이탈 등의 기간만이 복무기간에 산입되지 아니할 뿐, 적법한 복무를 하였음에도 그 기간을 인정해 주지 않는 경우는 없다. 산업기능요원의 경우에만 1년 미만을 종사한 경우에 기왕의 종사기간을 인정해주지 아니하여 다른 병역의무자들보다 더 긴 기간 동안 병역의무를 이행하도록 하는 것은 합리적 이유 없는 차별취급으로서 청구인의 평등권을 침해한다(헌재 2011.11.24, 2010헌마746).

12 교원미임용자 임용 등에 관한 특별법 [기각]

청구인이 특별법 대상에서 제외되는 것은 현재 재학 중이어서 교사자격증을 취득하지 못하였기 때문이지 재학 중 군복무를 이행하였기 때문이 아니어서 헌법 제39조 제2항에 위배된다고 볼 수 없다(헌재 2006.3.30, 2004헌마313).

13 예비역 복무의무자의 범위에서 일반적으로 여성을 제외 [기각]

지원에 의하여 현역 복무를 마친 여성의 경우 예비전력의 자질을 갖춘 것으로 추정할 수 있으나, 전시 요구되는 장교와 병의 비율, 예비역 인력운영의 효율성 등을 고려할 때, 현역복무를 마친 여성에 대한 예비역 복무의무 부과는 합리적 병력충원제도의 설계, 여군의 역할 확대 및 복무 형태의 다양성 요구 충족 등을 복합적으로 고려하여 결정할 사항으로, 현시점에서 이에 대한 입법자의 판단이 현저히 자의적이라고 단정하기 어렵다. 따라서 이 사건 예비역 조항은 청구인의 평등권을 침해하지 아니한다(헌재 2023.10.26, 2018헌마357).

제7장 국민의 기본적 의무

01
16. 국가직 7급

헌법상 국민의 권리와 의무에 대한 헌법재판소 결정으로 옳지 않은 것은?

① 학교운영지원비를 학교회계 세입항목에 포함시키도록 하는 것은 헌법 제31조 제3항에 규정되어 있는 의무교육의 무상원칙에 위반되지 않는다.
② 조세의 부과·징수로 인해 납세의무자의 사유재산에 관한 이용·수익·처분권이 중대한 제한을 받게 되는 경우에는 재산권의 침해가 될 수 있다.
③ 국방의 의무는 병역법에 의하여 군복무에 임하는 등의 직접적인 병력형성의무만을 가리키는 것이 아니라, 향토예비군 설치법, 민방위기본법 등에 의한 간접적인 병력형성 의무도 포함하며, 병력형성 이후 군 작전 명령에 복종하고 협력하여야 할 의무도 포함한다.
④ 헌법 제39조 제2항의 병역의무 이행으로 인한 '불이익한 처우'라 함은 단순한 사실상·경제상의 불이익을 모두 포함하는 것이 아니라 법적인 불이익을 의미한다.

정답 및 해설

난이도 ★★☆

① [X] 학교운영지원비는 그 운영상 교원연구비와 같은 교사의 인건비 일부와 학교회계직원의 인건비 일부 등 의무교육과정의 인적기반을 유지하기 위한 비용을 충당하는데 사용되고 있다는 점, 학교회계의 세입상 현재 의무교육기관에서는 국고지원을 받고 있는 입학금, 수업료와 함께 같은 항에 속하여 분류되고 있음에도 불구하고 학교운영지원비에 대해서만 학생과 학부모의 부담으로 남아있다는 점, 학교운영지원비는 기본적으로 학부모의 자율적 협찬금의 외양을 갖고 있음에도 그 조성이나 징수의 자율성이 완전히 보장되지 않아 기본적이고 필수적인 학교 교육에 필요한 비용에 가깝게 운영되고 있다는 점 등을 고려해보면 이 사건 세입조항은 헌법 제31조 제3항에 규정되어 있는 의무교육의 무상원칙에 위배되어 헌법에 위반된다(헌재 2012.8.23, 2010헌바220).
② [○] 헌재 1997.12.24, 96헌가19
③ [○] 헌재 1995.12.28, 91헌마80
④ [○] 헌재 2003.6.26, 2002헌마484

답 ①

해커스공무원 학원·인강
gosi.Hackers.com

제3편 통치구조론

제1장 통치구조의 구성원리
제2장 입법부
제3장 대통령과 정부
제4장 사법부

제1장 통치구조의 구성원리

1 대의제

1. 개념

대의제도는 주권자인 국민이 국가의사나 국가정책을 직접 결정하지 않고 대표자를 선출하여 그들로 하여금 국민을 대신하여 국가의사나 국가정책 등을 결정하게 하는 통치원리를 말한다. 즉, 국민의 대표자로 구성된 의회가 국가의사결정에 핵심적인 역할을 수행하는 것을 말한다. 02. 국가직 7급

2. 대의제의 본질

대의제는 기관구성권과 정책결정권의 분리, 선거를 통한 대표자의 선출, 치자와 피치자의 구별, 무기속위임을 기초로 한다. 02. 국가직 7급

(1) 치자와 피치자의 구별

치자와 피치자의 구별에 기초하여 치자에게는 정책결정권과 책임을, 그리고 피치자에게는 기관구성권과 통제를 부여하는 통치기관의 구성원리이다.

(2) 국가의사결정권의 무기속위임(자유위임)

대의제는 국회의원의 의사를 국민의 의사로 간주한다. 즉, 국민의 의사와 대의기관의 의사가 불일치하는 경우일지라도 국민의 의사에 구속되지 않는다. 즉, '명령적 위임관계'에 반대하는 것이다. 02. 국가직 7급 따라서 국민의 의사는 현실적, 구체적인 국민의사가 아닌 추정적 국민의사라고 볼 수 있다.❶

관련 판례

1 비례대표국회의원 의석승계 제한 [헌법불합치]

현행 비례대표선거제하에서 선거에 참여한 선거권자들의 정치적 의사표명에 의하여 직접 결정되는 것은, 어떠한 비례대표국회의원 후보자가 비례대표국회의원으로 선출되느냐의 문제라기보다는 비례대표국회의원의석을 할당받을 정당에 배분되는 비례대표국회의원의 의석수라고 할 수 있다. '임기만료일 전 180일 이내에 비례대표국회의원에 궐원이 생긴 때'를 일반적인 경우와 달리 취급하여야 할 합리적인 이유가 있는 것으로 보기도 어렵다(독일과 일본에서도 심판대상조항과 같은 예외를 규정하고 있지 아니하다). 더욱이 임기만료일 전 180일 이내에 비례대표국회의원에 상당수의 궐원이 생길 경우에는 의회의 정상적인 기능수행을 부당하게 제약하는 결과를 초래할 수도 있다. 따라서 심판대상조항은 선거권자의 의사를 무시하고 왜곡하는 결과를 낳을 수 있고, 의회의 정상적인 기능 수행에 장애가 될 수 있다는 점에서 헌법의 기본원리인 대의제 민주주의원리에 부합되지 않는다고 할 것이다(헌재 2009.6.25, 2008헌마413).

기출OX

01 대의제도는 '명령적 위임관계'를 그 본질로 한다. (×) 02. 국가직 7급

02 대의제도는 '기관구성권'과 '정책결정권'의 분리를 전제로 한다. (○) 02. 국가직 7급

03 대의제도는 현대와 같은 고도의 산업사회에서 요구되는 전문적인 정책 결정을 보장하는 데 크게 기여하는 기능을 갖는다. (○) 02. 국가직 7급

❶ 예를 들어 여론조사 결과 국민다수가 어느 사안을 반대하여도 입법부는 그 사안에 관한 찬성입법을 마련할 수 있는 것이다.

2 비례대표국회의원 의석승계 제한 [위헌]

현행 비례대표국회의원선거에서 선거권자들의 정치적 의사표명에 의하여 직접 결정되는 것은 비례대표국회의원 후보자명부를 제시한 정당별로 할당될 비례대표국회의원의 수를 배정하는 것이라고 할 수 있다. 그런데 심판대상조항은 선거범죄를 범한 비례대표국회의원 당선인 본인의 의원직 박탈로 그치지 아니하고 **그로 인하여 궐원된 의석의 승계를 인정하지 아니함으로써 결과적으로 그 정당에 비례대표국회의원의석을 할당받도록 한** 선거권자들의 정치적 의사표명을 무시하고 왜곡하는 결과를 초래한다는 점에서 헌법의 기본원리인 대의제 민주주의 원리에 부합되지 않는다고 할 것이다. 심판대상조항이 정하고 있는 승계의 예외사유는, 그로 인하여 불이익을 입게 되는 소속 정당이나 후보자명부상의 차순위 후보자의 귀책사유에서 비롯된 것이 아니라 당선인의 선거범죄에서 비롯된 것이라는 점에서 자기책임의 범위를 벗어나는 제재라고 할 것이다(헌재 2009.10.29, 2009헌마350).

3 전국구의원 의석승계사건 [각하]

전국구의원이 그를 공천한 정당을 탈당할 때 의원직을 상실하는지 여부는 그 나라의 헌법과 법률이 국회의원을 이른바 자유위임(또는 무기속위임)하에 두었는가, 명령적 위임(또는 기속위임)하에 두었는가, 양 제도를 병존하게 하였는가에 달려 있다. … 자유위임하의 국회의원의 지위는 그 의원직을 얻은 방법, 즉 전국구로 얻었는가, 지역구로 얻었는가에 의하여 차이가 없으며, 전국구의원도 그를 공천한 정당을 탈당하였다고 하여도 별도의 법률규정이 있는 경우는 별론으로 하고 당연히 국회의원직을 상실하지는 않는다는 것이다(헌재 1994.4.28, 92헌마153).

4 국회구성권 사건 [각하]

헌법의 기본원리인 대의제 민주주의하에서 국회의원 선거권이란 것은 국회의원을 보통·평등·직접·비밀선거에 의하여 국민의 대표자인 국회의원을 선출하는 권리에 그치고, 개별 유권자 혹은 집단으로서의 국민의 의사를 선출된 국회의원이 그대로 대리하여줄 것을 요구할 수 있는 권리까지 포함하는 것은 아니다. 또한 대의제도에 있어서 국민과 국회의원은 명령적 위임관계에 있는 것이 아니라 자유위임관계에 있기 때문에 일단 선출된 후에는 국회의원은 국민의 의사와 관계없이 독자적인 양식과 판단에 따라 정책결정에 임할 수 있다. 그런데 청구인들 주장의 '국회구성권'이란 유권자가 설정한 국회의석분포에 국회의원들을 기속시키고자 하는 것이고, 이러한 내용의 **'국회구성권'이라는 것은 오늘날 이해되고 있는 대의제도의 본질에 반하는 것이므로 헌법상 인정될 여지가 없다**(헌재 1998.10.29, 96헌마186).

기출OX

선거범죄로 인하여 당선이 무효로 된 때를 비례대표지방의회의원의 의석 승계 제한사유로 규정한 것은 궐원된 비례대표지방의회의원 의석을 승계받을 후보자명부상의 차순위 후보자의 공무담임권을 침해한다. (○) 18. 서울시 7급

2 권력분립주의

국가권력을 집중시키면 남용의 여지가 많고, 권력이 남용되면 국민의 기본권은 억압되기 마련이다. 따라서 국가권력을 분리·독립된 기관에 귀속시킴으로써 권력남용을 방지하고, 기본권 보장을 용이하게 하기 위한 통치구조의 조직 원리를 권력분립이라고 한다.

> **관련 판례**
>
> **공수처법 위헌확인 [기각]**
> [1] 수사처가 중앙행정기관임에도 기존의 행정조직에 소속되지 않고 대통령과 기존 행정조직으로부터 구체적인 지휘·감독을 받지 않는 형태로 설치된 것은 수사처 업무의 특수성에 기인한 것이다.
> [2] 수사처의 독립성이 중요한 만큼 수사처는 독립성에 따른 책임 역시 부담하여야 하는데, 수사처의 권한 행사에 대해서는 다음과 같이 여러 기관으로부터의 통제가 이루어질 수 있으므로, 수사처가 독립된 형태로 설치되었다는 이유만으로 권력분립원칙에 위반된다고 볼 수 없다.
> [3] 헌법상 영장신청권자로서의 검사가 검찰청법상 검사로 한정되는 것은 아니라 하더라도, 영장신청권자는 공익의 대표자이자 인권옹호기관으로서 법률전문가의 자격을 갖추어야 한다. 공수처검사는 법률전문가로서 자격을 가지고 있어 영장주의에 위배되지 않는다(헌재 2021.1.28, 2020헌마264).
> ▶ 결국 권력분립의 핵심은 분리와 통제인데 공수처는 행정부 내부 검찰권력을 검찰청과 공수처로 분리하는 것이고, 인사청문회등 여러 가지 통제가 있으니 권력분립에 반하지 않는다.

기출OX

헌법에 규정된 영장신청권자로서의 검사는 검찰권을 행사하는 국가기관인 검사로서 공익의 대표자이자 수사단계에서의 인권옹호기관으로서의 지위에서 그에 부합하는 직무를 수행하는 검찰청법상 검사만을 지칭하는 것이다. (×) 21. 경행특채

제2장 입법부

제3편 통치구조론

제2장 입법부

- 서론
  - 입법권 — 국회중심입법(○), 단독입법(×), 일반성·추상성
  - 처분적 법률 — 합리적 이유 있으면 합헌, 사법권 박탈 법률은 무조건 위헌
  - 의회주의 — 국민대표, 다수결, 정권교체 가능성
  - 우리나라의 양원제 — 제1차 개헌 - 헌법변천, 제2공 헌법만 양원제 이후 단원제

제1절 입법권 서론

1 입법의 의의

1. 개념
입법이란 법을 만드는 것이다. 법이라는 의미는 명칭·기관을 불문하고 일반적·추상적인 성문 법규범을 정립하는 작용 모두를 지칭한다. 이는 개별적·구체적 속성을 지닌 행정행위와 구별된다.

2. 입법권의 범위와 한계
(1) 헌법 제40조(국회입법의 원칙)

> 헌법 제40조 입법권은 국회에 속한다.

(2) 실질적 범위 ❶
① 국회의 고유권한
  ㉠ 법률안 제안(정부와 공유), 심의·의결권(전속적 권한)
  ㉡ 조약 체결·비준의 동의권
  ㉢ 헌법개정안 발의(대통령과 공유)·의결권(전속권한)
  ㉣ 자치입법권(국회규칙제정권)
② 행정부의 입법권: 법률안 제안·공포권, 행정입법권, 대통령의 헌법개정안 제안권
③ 사법부, 헌법재판소, 중앙선거관리위원회: 자치입법권

(3) 법률의 특징
① 일반성, 추상성
  ㉠ 일반성이라는 것은 특정 개인이나 사건을 상대로 하는 것이 아니라 누구에게나 적용될 수 있는 법률의 특성을 말한다. 또한 추상성도 특정한 경우에만 구체적으로 적용되는 것이 아니라 불특정한 경우에 모두 적용될 수 있음을 의미한다.
  ㉡ 법률은 직접 국민에게 구체적인 권리·의무를 발생시키는 것이 아니라 행정·사법작용을 매개로 하여 구체적인 권리·의무를 발생시킨다.
② 처분적 법률
  ㉠ 의의: 처분적 법률은 행정이나 사법을 매개로 하지 아니하고 직접 국민에게 권리나 의무를 발생시키는 법률을 의미한다. 현대 사회국가에서 처분적 법률의 필요성은 증대되고 있다.❷ 04. 국회직 8급
  ㉡ 유형: 개인적 법률[U.S v. Lovett(1946): 사법권박탈법의 제정금지], 개별사건적 법률, 한시적 법률이 있다.
  ㉢ 평가: 현대의 사회적 법치국가에서의 국민의 생존과 복지의 배려(실질적·상대적 평등의 의미), 비상적·위기적 상황에 대처하기 위하여 합리적 이유가 있는 경우에는 허용된다는 것이 다수설이다. 그러나 아무리 합리적인 이유가 있어도 사법권을 박탈하는 법률은 허용되지 않는다.

---

❶ 실질적 범위란 반드시 형식적 의미의 법률을 만드는 것이 아니라 국회가 법에 관여하는 전반적인 것을 말한다.

비교 정리

처분적 법률

사안	처분적 법률여부
5.18특별법	○
친일반민족	×
보안관찰	×
연합뉴스	○
BBK특검법	○

❷ 복지국가에서는 사회적 약자에 대한 배려가 강조되고 모든 국민에 대한 배려가 강조되지는 않는다. 따라서 일반적인 혜택을 주는 것이 아니라 약자들에게 개별적으로 혜택을 주어야 하므로 처분적 법률이 더욱 필요하게 된다.

기출OX

헌법재판소는 처분적 법률이라고 하여 곧바로 위헌으로 보지는 않는다. (○)
04·08. 국회직 8급

> **관련 판례** 처분적 법률에 관한 판례
>
> **1 개별사건법률**
> 개별사건법률은 원칙적으로 평등원칙에 위배되는 자의적 규정이라는 강한 의심을 불러일으키는 것이지만, 개별법률금지의 원칙이 법률제정에 있어서 입법자가 평등원칙을 준수할 것을 요구하는 것이기 때문에 특정 규범이 개별사건법률에 해당한다 하여 곧바로 위헌을 뜻하는 것은 아니며, **이러한 차별적 규율이 합리적인 이유로 정당화될 수 있는 경우에는 합헌적일 수 있다**(헌재 1996.2.16, 96헌가2).
>
> **2 보안관찰처분 대상자의 신고의무 [합헌]**
> 위 조항은 보안관찰처분대상자 중에서 일부 특정 대상자에게만 적용되는 것이 아니라 위 대상자 모두에게 적용되는 일반적이고 추상적인 법률규정이므로 법률이 직접 출소 후 신고의무를 부과하고 있다고 하더라도 처분적 법률 내지 개인적 법률에 해당된다고 볼 수 없으므로 권력분립원칙에 위반되지 아니한다(헌재 2003.6.26, 2001헌가17).

ⓔ 헌법소원심판 가능 여부: 처분적 법률이 헌법상 보장된 자기의 기본권을 현재 직접적으로 침해할 경우, 일반적 법률과 달리 그 법률에 대한 헌법소원심판이 가능하다. 04·08. 국회직 8급

> **기출OX**
>
> 01 우리 헌법은 처분적 법률로서의 개인대상법률 또는 개별사건법률의 정의를 따로 두고 있지 않으며 처분적 법률의 제정을 금하는 명문의 규정도 두고 있지 않지만 특정한 규범이 개인대상 또는 개별사건법률에 해당한다면 이는 바로 법률의 속성 중 일반성과 추상성을 위반하여 위헌이 된다. (×)
> 12. 지방직 7급
>
> 02 보안관찰법 제6조 제1항 전문 후단은 보안관찰처분대상자에게 출소 후 신고의무를 법 집행기관의 구체적 처분이 아닌 법률로 직접 부과하고 있어서 이른바 처분적 법률에 해당하므로 권력분립원칙에 위반된다. (×) 18. 국가직 7급

2 국회의 지위

헌법 제40조의 "입법권은 국회에 속한다."라는 규정은 원칙적으로 입법에 관한 권한은 국회에 속한다는 국회중심입법을 의미하는 것이지, 국회단독입법이나 국회독점입법을 의미하는 것은 아니다.

3 우리나라 헌법에서의 국회의 구성

우리 헌정사에 있어 양원제가 처음으로 헌법에 규정되었던 것은 제1차 개정헌법이었으나 실제로 실시되지는 못하였고 제2공화국 때 처음으로 양원제가 실시되었다.

건국헌법	단원제	건국 초기의 산적한 의안처리를 위해 단원제로 구성
제1차 개헌	양원제	민의원과 참의원의 양원제를 채택했으나 실시되지 않음
제2공 헌법		• 민의원과 참의원의 양원제를 채택 • 민의원이 참의원에 대하여 우월한 지위
제3공 이후 헌법	단원제	• 단원제 부활 • 단원제 국회는 지역구의원과 전국구의원들로 구성

제3편 통치구조론

제2장 입법부

조직

- **의장과 부의장**
  - **임기·선출**: 임기 2년, 재적 과반수로 선출
  - **직무대행**: 지정 부의장 1순위, 모두 사고 ⇨ 임시의장, 모두 유고 ⇨ 최다선의원, 공고는 사무총장
  - **당적**: 의장은 제한, 부의장은 보유, 임기만료 90일 전 당적 보유 가능
  - **사임**: 국회동의 필요
  - **권한**: 국회대표권, 의사정리권, 질서유지권, 사무감독권, 위원회출석 ○, 발언 ○, 표결 ×

- **위원회**
  - **의의**: 전문성·효율성, 미국은 강한 위원회
  - **상임**
    - **일반상임위원회**: 폐회중 1주일간, 임기 2년, 공개, 정수는 국회규칙
    - **정보위원회**: 월 1회, 임기 2년, 비공개, 정수는 12인, 상설소위원회 ○
  - **특별**
    - **일반특별위원회**: 비상설, 호선, 존속시기 동안
    - **예산결산특별위원회**: 상설, 본회의 선출, 50인, 임기 1년
    - **인사청문특별위원회**: 비상설, 호선, 13인, 존속기간 동안
  - **기타**
    - **연석회의**: 의견교환은 가능하나, 표결은 불가
    - **전원위원회**: 정부조직, 국민부담을 주는 법률안, 1/4 이상의 요구, 1/4 이상 출석 과반수로 의결
    - **공청회**: 전문지식 요구, 출석강제 ×
    - **청문회**: 경험 있는 자, 출석강제 ○, 고발 ○

제2절 국회의 조직

1 국회의장·부의장

> 헌법 제48조 국회는 의장 1인과 부의장 2인을 선출한다. 04. 국가직 7급, 05. 입시

1. 선출 및 직무대리, 직무대행

(1) 임기와 선출 방법

국회는 의장 1인과 부의장 2인을 선출하고 임기는 2년으로 한다. 이 경우 무기명투표로 하며, 재적 과반수로 선출한다. 05. 입시

(2) 직무대리와 임시의장의 직무대행

의장 유고시 의장이 지정하는 부의장이 그 직무를 대리하고, 의장·부의장이 모두 사고가 있을 때에는 임시의장을 선출한다. 08. 국회직 8급

(3) 최다선 의원의 직무대행

의장·부의장이 모두 유고시 임시의장을 선출할 때 또는 모두 궐위시 보궐선거를 실시할 때에는 최다선의원(연장자 X)이 대행한다.❶ 08. 국회직 8급

(4) 사무총장의 의장 직무대행

총선 후 최초의 임시회는 국회사무총장의 소집공고에 따라 임기개시 후 7일에 집회한다.

2. 당적

의장의 경우에는 국회법 제20조의2에 따라 원칙적으로 당적 보유를 제한하고 있으나, 부의장의 경우에는 당적을 가질 수 있다. 다만, 의장의 경우에도 정당추천후보자로 추천을 받고자 할 때에는 의원 임기만료일 전 90일부터 당적을 가질 수 있다. 그러나 의장·부의장 모두 국무위원을 겸할 수는 없다.

3. 임기

2년이 원칙이나, 보궐선거 당선자는 잔임 기간에 한정된다.

4. 사임

의장·부의장의 사임은 국회의 동의를 요한다(국회법 제19조). 05. 입시

5. 의장의 권한

(1) 국회대표권, 의사정리권, 질서유지권, 사무감독권 등으로 구분할 수 있으며, 구체적으로는 국회소집공고권, 원내 각 위원회에의 출석·발언권, 법률의 예외적 공포권, 의원의 사직허가권, 의안소관위원회의 결정권, 의사일정의 작성·변경권, 국회의결의안의 정부이송권, 의원발언허가권, 폐회 중의 의원사직허가권, 방청허가권, 징계대상의원의 윤리특별위원회 회부권이 있다.

📊 비교 정리

직무대행

순위	직무대행
1	의장지명
2	의석수 많은 교섭단체 소속 부의장
3	임시의장

❶ 예를 들어 의장과 부의장이 모두 외국으로 의장단 회의를 간 경우 본회의를 진행할 사람이 없으므로 임시의장을 선출하고 이때 최다선의원이 의장역할을 수행한다는 의미이다.

기출OX

국회법은 국회의장의 당적 보유를 원칙적으로 금하고 있다(국회법 제20조의2). (O) 04. 국가직 7급·국회직 8급

기출OX

국회의장은 국회 전체를 통할하는 입장에 있지만 아울러 개별 의원으로서의 지위도 가지고 있으므로 위원회나 본회의에 출석하여 발언하고 표결에도 참가할 수 있다. (X) 04. 국가직 7급

(2) 국회의장은 국회 전체를 통할하는 입장에 있으며, 위원회에 출석하여 발언할 수 있다. 다만, 표결에는 참가할 수 없다(국회법 제11조). 의장이 토론에 참여할 때에는 의장석에서 물러나야 하며, 표결이 끝날 때까지 의장석에 돌아갈 수 없다(국회법 제107조). 04. 국가직 7급, 08. 국회직 8급

📖 정리 국회의장과 부의장의 비교

의장	부의장
당적보유 ×	당적보유 ○
임기는 2년	임기는 2년
사직시 국회동의	사직시 국회동의
위원회 표결 ×	위원회 표결 ○
의원외직 겸직 금지	의원외직 겸직 금지
상임위원회 위원이 될 수 없음	상임위원회 위원이 될 수 있음

🔖 기출OX

의장은 국회의 동의를 얻어 그 직을 사임할 수 있으나 부의장은 동의를 얻을 필요가 없다. (×) 05. 입시

2 위원회

1. 의의

위원회는 국회의 전문성·효율성을 확보하기 위한 전문적인 소회의제도를 말한다. 우리 국회법은 상임위원회 중심주의와 본회의 결정주의를 채택하고 있으며, 행정각부에 대응하는 위원회를 구성하고 있다.

2. 기능

순기능	역기능
• 의안처리의 효율성·전문성 제고 • 폐회·휴회 중에도 활동이 가능 ➡ 국회 기능 확대에 기여	• 로비에 취약(의안처리의 공정성 침해) • 지나친 위원회 중심주의로 인해 본회의 형식화 • 의원의 폭넓은 국정심의 기회 박탈

3. 운영

(1) 위원회 중심주의

현대국가에서 입법은 고도의 전문성과 기술성이 요구되고 있다. 이러한 사정 때문에 모든 의안을 처음부터 본회의에서 심의하는 것은 바람직하지 못할 것이다. 이에 대응하기 위하여 고안된 것이 바로 위원회 제도이다.❷

(2) 내용

① 모든 법안을 위원회에서 우선적으로 심의한다(국회법 제81조). 이 경우 위원회의 의결이 본회의의 의결을 법률적으로 구속하는 것은 아니다.
② 소관사항에 관하여 법률안과 의안 제출이 가능하다.
③ 중요한 안건의 경우 공청회나 청문회를 열 수 있다.

❷
다만, 헌법개정안, 의원의 불체포특권과 관련된 사항, 계엄해제요구, 국무총리 등의 해임요구, 의장 등의 사임동의, 국무총리·대법원장·대법관·헌법재판소장·헌법재판소재판관·국회사무총장·감사원장의 임명동의 등의 경우에는 관례적으로 본회의에 직접 부의한다.

(3) 활동

① 본회의 중에는 운영위원회만 활동 가능하다(국회법 제56조).
② 본회의의 의결이 있거나 의장 또는 위원장이 필요하다고 인정할 때 또는 재적위원 4분의 1 이상의 요구가 있을 때에 개회한다(국회법 제52조). 07. 국회직 8급
③ 위원회는 재적위원 5분의 1 이상의 출석으로 개회하고,❶ 재적 과반수 출석과 출석위원 과반수 찬성으로 의결한다. 06. 국회직 8급

4. 종류

(1) 상임위원회❷

① 위원 정수는 국회규칙으로 정하되 정보위원회는 12인으로 한다(국회법 제38조).
② 매월 2회 이상의 정례회의를 의무화하였다.
③ 의원은 둘 이상의 상임위원회의 위원이 될 수 있으며, 각 교섭단체 대표의원은 국회운영위원회의 위원이 된다(국회법 제39조). 04·07·08. 국회직 8급
④ 의장은 상임위원회에 소속될 수 없으며, 국무위원을 겸직한 의원은 상임위원을 사임할 수 있다.
⑤ 상임위원장은 임시의장 선거의 예(재적의원 과반수 출석과 다수 득표자)에 준하여 본회의에서 선출하며, 07. 국회직 8급 상임위원장이 사임할 경우에는 국회본회의의 동의를 얻어 사임 가능하다.
⑥ 상임위원의 배정은 교섭단체 소속 의원수의 비율에 따라 각 교섭단체 대표의원의 요청에 의거하여 의장이 선임 또는 개임하고, 무소속의원은 의장이 직접 선임한다.
⑦ 임기는 2년이 원칙이나, 국회의원총선거 후 처음 선임된 위원의 임기는 그 선임된 날로부터 개시하여 의원의 임기개시 후 2년이 되는 날까지로 한다. 07. 국회직 8급 또한 보임·개임된 경우 잔임 기간에 한정한다.
⑧ 국회정보위원회는 국가정보원을 관장하며, 12명이 정원이다. 부의장과 각 교섭단체의 대표의원은 당연직이며, 다른 위원회 위원과 겸직가능하다. 국회정보위원회의 경우 임기가 2년이고, 회의는 비공개로 한다.
⑨ 의장은 어느 상임위원회에도 속하지 아니하는 사항은 국회운영위원회와 협의하여 소관 상임위원회를 정한다.
⑩ 위원을 개선할 때 임시회의 경우에는 회기 중에 개선될 수 없고, 정기회의 경우에는 선임 또는 개선 후 30일 이내에는 개선될 수 없다. 다만, 위원이 질병 등 부득이한 사유로 의장의 허가를 받은 경우에는 그러하지 아니하다(국회법 제48조 제6항).

---

❶ 1/4 이상의 요구가 있다는 것은 지금 하지 않은 것을 이 인원이 요구하면 개설한다는 의미이다. 예를 들어 재적의 1/4 이상이 판례특강 개설을 요구한다면 개설할 수도 있다는 의미이다. 1/5 이상은 의사 또는 진행정족수로 1/5 이상이 참석해야 회의를 진행할 수 있다는 의미로, 그 정도도 참석하지 않으면 회의를 진행하기 어렵다는 의미이다.

❷ 상임은 정부부처와 연결되어 있어 임무가 항상 정해져 있는 것을 의미하며, 상설은 날마다 열려 있는 것을 의미한다. 따라서 예산결산특별위원회는 상임위원회가 아닌 특별위원회이지만 상설위원회로, 상임과 상설은 그 의미가 다른 개념이다.

기출OX

상임위원장은 당해 상임위원회에서 호선하고 본회의에 보고한다. (×)
13. 법원직

관련 판례

1 사개특위 위원 개선 [기각]

국회의장의 위원 개선행위가 국회법 제48조 제6항에 위배되는지 여부를 처음으로 판단하였다. 헌법재판소는 국회법 제48조 제6항 본문 중 "위원을 개선할 때 임시회의 경우에는 회기 중에 개선될 수 없고" 부분은 개선의 대상이 되는 해당 위원이 '위원이 된 임시회의 회기 중'에 개선되는 것을 금지하는 것이므로, 정기회에 선임된 청구인에 대하여는 위 조항이 적용되지 않아 이 사건 개선행위가 국회법 제48조 제6항에 위배되지 않는다고 판단하였다(헌재 2020.5.27, 2019헌라1).

2 국회정보위원회 회의 비공개로 규정 [위헌]

[1] 의사공개의 원칙은 절대적인 것은 아니고, 출석의원 과반수의 찬성이 있거나 의장이 국가의 안전보장을 위하여 필요하다고 인정할 때에는 공개하지 아니할 수 있다(헌법 제50조 제1항).

[2] 헌법 규정의 비공개 요건을 충족하여야 함에도 불구하고 출석위원 과반수의 찬성이라는 요건을 충족되었다고 볼 수 없는 경우에도 국회정보위원회의 회의를 비공개로 하여 청구인들의 알권리를 침해한다(헌재 2022.1.27, 2018헌마1162).

기출 OX

01 헌법상 의사공개원칙은 모든 국회의 회의를 항상 공개하여야 하는 것은 아니나 이를 공개하지 아니할 경우에는 헌법에서 정하고 있는 일정한 요건을 갖추어야 함을 의미한다. (O) 22. 국가직 7급

02 국회 정보위원회의 모든 회의는 실질적으로 국가기밀에 관한 사항과 직·간접적으로 관련되어 있으므로 국가안전보장을 위하여 회의 일체를 비공개로 하더라도 정보취득의 제한을 이유로 알권리에 대한 침해로 볼 수는 없다. (×) 22. 지방직 7급

정리 상임위원회와 정보위원회의 비교

구분	상임위원회	정보위원회
임기	2년	2년
정례회의	매월 2회 이상	달리 정할 수 있음
회의 공개 여부	공개	비공개(기밀누설 금지)
위원 정수	국회규칙	12인
소위원회	O	O
예산심의	상임위원회 → 예산결산특별위원회	정보위원회

정리 각 위원회별 소관사항(국회법 제37조 제1항) 05. 입시

1. 국회운영위원회	• 국회 운영에 관한 사항 • 국회법과 국회규칙에 관한 사항 • 국회사무처 소관에 속하는 사항 • 국회도서관 소관에 속하는 사항 • 국회예산정책처 소관에 속하는 사항 • 국회입법조사처 소관에 속하는 사항 • 대통령비서실, 국가안보실, 대통령경호실 소관에 속하는 사항 • 국가인권위원회 소관에 속하는 사항
2. 법제사법위원회	• 법무부 소관에 속하는 사항 • 법제처 소관에 속하는 사항 • 감사원 소관에 속하는 사항 • 고위공직자범죄수사처 소관에 속하는 사항 • 헌법재판소 사무에 관한 사항 • 법원·군사법원의 사법행정에 관한 사항 • 탄핵소추에 관한 사항 • 법률안·국회규칙안의 체계·형식과 자구의 심사에 관한 사항

3. 정무위원회	• 국무조정실, 국무총리비서실 소관에 속하는 사항 • 국가보훈부 소관에 속하는 사항 • 공정거래위원회 소관에 속하는 사항 • 금융위원회 소관에 속하는 사항 • 국민권익위원회 소관에 속하는 사항
4. 기획재정위원회	• 기획재정부 소관에 속하는 사항 • 한국은행 소관에 속하는 사항
5. 교육위원회	• 교육부 소관에 속하는 사항 • 국가교육위원회 소관에 속하는 사항
6. 과학기술정보방송통신위원회	• 과학기술정보통신부 소관에 속하는 사항 • 방송통신위원회 소관에 속하는 사항 • 원자력안전위원회 소관에 속하는 사항
7. 외교통일위원회	• 외교부 소관에 속하는 사항 • 통일부 소관에 속하는 사항 • 민주평화통일자문회의 사무에 관한 사항
8. 국방위원회	국방부 소관에 속하는 사항
9. 행정안전위원회	• 행정안전부 소관에 속하는 사항 • 인사혁신처 소관에 속하는 사항 • 중앙선거관리위원회 사무에 관한 사항 • 지방자치단체에 관한 사항
10. 문화체육관광위원회	문화체육관광부 소관에 속하는 사항
11. 농림축산식품해양수산위원회	• 농림축산식품부 소관에 속하는 사항 • 해양수산부 소관에 속하는 사항
12. 산업통상자원중소벤처기업위원회	• 산업통상자원부 소관에 속하는 사항 • 중소벤처기업부 소관에 속하는 사항
13. 보건복지위원회	• 보건복지부 소관에 속하는 사항 • 식품의약품안전처 소관에 속하는 사항
14. 환경노동위원회	• 환경부 소관에 속하는 사항 • 고용노동부 소관에 속하는 사항
15. 국토교통위원회	국토교통부 소관에 속하는 사항
16. 정보위원회	• 국가정보원 소관에 속하는 사항 • 국가정보원법 제4조 제1항 제5호에 따른 정보 및 보안업무의 기획·조정 대상 부처 소관의 정보예산안과 결산심사에 관한 사항
17. 여성가족위원회	여성가족부 소관에 속하는 사항

기출OX

01 국방위원회의 소관은 국방부 소관에 속하는 사항이다. (○)
05. 입시 변형

02 행정안전위원회의 소관은 행정안전부 소관에 속하는 사항, 중앙선거관리위원회 사무에 관한 사항, 지방자치단체에 관한 사항이다. (○)
05. 입시 변형

(2) 특별위원회

① 심의안건이 본회의에서 의결될 때까지만 존속하는 한시적 위원회를 말한다. 국회법은 상설특별위원회로 예산결산특별위원회를 두고 있다. 따라서 특별위원회를 구성할 때에는 그 활동기한을 정하도록 하고, 특별위원회는 활동기한의 종료시까지 존속한다는 국회법규정이 예산결산특별위원회에는 적용되지 아니한다(국회법 제45조). 06·08. 국회직 8급

> 국회법 제45조【예산결산특별위원회】① 예산안, 기금운용 계획안 및 결산(세입세출결산과 기금결산을 말한다. 이하 같다)을 심사하기 위하여 예산결산특별위원회를 둔다.
> ② 예산결산특별위원회의 위원 수는 50명으로 한다. 이 경우 의장은 교섭단체소속의원 수의 비율과 상임위원회의 위원 수의 비율에 의하여 각 교섭단체대표의원의 요청으로 위원을 선임한다.
> ③ 예산결산특별위원회의 위원의 임기는 1년으로 한다. 다만, 국회의원총선거 후 처음 선임된 위원의 임기는 그 선임된 날부터 개시하여 의원의 임기개시 후 1년이 되는 날까지로 하며, 보임되거나 개선된 위원의 임기는 전임자 임기의 남은 기간으로 한다.
> ④ 예산결산특별위원회의 위원장은 예산결산특별위원회의 위원 중에서 임시의장선거의 예에 준하여 본회의에서 선거한다.
> ⑤ 예산결산특별위원회에 대해서는 제44조 제2항 및 제3항을 적용하지 아니한다.
> ⑥ 예산결산특별위원회의 위원장의 선거 및 임기 등과 위원의 선임에 관하여는 제41조 제3항부터 제5항까지, 제48조 제1항 후단 및 제2항을 준용한다.
>
> 제46조【윤리특별위원회】① 의원의 자격심사·징계에 관한 사항을 심사하기 위하여 제44조 제1항에 따라 윤리특별위원회를 구성한다.
> ③ 윤리특별위원회는 의원의 징계에 관한 사항을 심사하기 전에 제46조의2에 따른 윤리심사자문위원회의 의견을 청취하여야 한다. 이 경우 윤리특별위원회는 윤리심사자문위원회의 의견을 존중하여야 한다.

② 예산결산특별위원회의 위원수는 50명으로 한다.
③ 특별위원회 위원장은 위원회에서 호선하고, 예산결산특별위원회 위원장은 상임위원장과 같은 방식(본회의에서 재적 과반수 출석, 출석의원의 다수표)으로 선출한다.

정리 각 위원회의 비교

구분	상설 여부	위원 정수	임기	위원장 선출
예산결산특별위원회	상설	50명	1년	본회의 선출
인사청문특별위원회	비상설	13인 (인사청문법)	존속시기 동안	위원회 호선
상임위원회 (정보위원회 제외)	상설	국회규칙	2년	본회의 선출
정보위원회	상설	12인	2년	본회의 선출

(3) 연석회의(국회법 제63조)

① 소관위원회는 다른 위원회와 협의하여 연석회의를 열고 의견을 교환할 수는 있다. 다만, 표결은 할 수 없다. 05. 입시, 08. 국회직 8급
② 예산안과 관련된 법안에 대해 예산결산위원회 특별위원장이 요청한 경우에는 연석회의를 열어야 한다(필요적 연석회의).

기출OX

소관위원회는 다른 위원회와 협의하여 연석회의를 열고 의견을 교환할 수는 있으나 표결은 할 수 없다. (O)
05. 입시

기출OX

01 본회의의 형식화를 해결하기 위하여 등장한 것이 전원위원회제도이며, 국군부대의 이라크전쟁파견동의안의 심의 과정에서 열린 적이 있다. (O) 06. 국회직 8급

02 전원위원회는 본회의와 달리 의안을 최종 확정하지 못하고 다만 수정안을 제출할 수 있다. (O) 08. 국회직 8급

주의
전원위원회도 위원회에 불과하기 때문에 전원으로 구성되었다 해도 법률안이 확정되기 위해서는 본회의를 거쳐야 한다.

(4) 전원위원회

① 본회의의 형식화를 해결하기 위하여 등장하였으며, 국군부대의 이라크전쟁 파견동의안의 심의 과정에서 열린 적이 있다.
② 국회는 위원회의 심사를 거치거나 위원회가 제안한 의안 중 정부조직에 관한 법률안, 조세 또는 국민에게 부담을 주는 법률안 등 주요 의안의 본회의 상정 전이나 본회의 상정 후에 재적의원 4분의 1 이상의 요구가 있는 때에는 그 심사를 위하여 의원 전원으로 구성되는 전원위원회를 개회할 수 있다. 06. 국회직 8급, 07. 국가직 7급
③ 전원위원회는 본회의와 달리 의안을 최종 확정하지 못하지만 수정안을 제출할 수 있다. 08. 국회직 8급

취지		본회의의 형식화 ⇨ 개선
개설요건	의안	정부조직, 조세, 국민부담 관련
	요구	본회의 상정 전·후, 재적의원 1/4 이상
	단서	원내대표 동의 ⇨ 의장: 개설하지 아니할 수 있음
위원장		의장 지명 부의장
개회		재적의원 1/5 출석
의결		재적의원 1/4 출석 ⇨ 과반수 찬성
권한		수정안 제출 가능 ○, 폐기 ×

5. 공청회, 청문회

(1) 공청회
위원회는 중요한 안건 또는 전문지식이 필요한 안건을 심사하기 위하여 공청회를 열고 이해관계자 또는 학식·경험 있는 사람 등으로부터 의견을 들을 수 있지만, 진술인의 출석을 강제하지는 못한다(국회법 제64조 제1항). 08. 국회직 8급, 08. 국가직 7급 위원회에서 공청회를 열 때에는 안건·일시·장소·진술인·경비 그 밖의 참고사항을 기재한 문서로 국회의장에게 보고하여야 한다. 08. 국가직 7급

기출OX

01 공청회는 중요한 안건 또는 전문지식이 필요한 안건을 심사하기 위하여 이해관계인 또는 학식·경험이 있는 사람의 의견을 듣는 것이다. (O) 08. 국가직 7급 변형

02 청문회는 중요한 안건의 심사에 필요한 경우 증인·감정인·참고인으로부터 증언·진술을 청취하고 증거를 채택하기 위해 개최된다. (O) 08. 국가직 7급

(2) 청문회
청문회는 중요한 안건의 심사에 필요한 경우 증인·감정인·참고인으로부터 증언·진술을 청취하고 증거를 채택하기 위해 개최된다. 08. 국가직 7급 변호사인 청문회의 증인은 증언 내용이 직업상 알게 된 사실로서 타인의 비밀에 관한 것은 증언을 거부할 수 있다. 08. 국가직 7급

◐ 공청회와 청문회 비교

구분	공청회	청문회
진술	이해관계자, 학식·경험이 있는 사람 등	증인, 감정인, 참고인
선서	진술인의 출석·선서의 강제 불가	출석·선서 및 증언 강제 가능, 위증 시 고발 가능
고발	-	불출석 등의 죄, 국회모욕의 죄, 위증 등의 죄를 범한 증인·감정인 등

3 인사청문회

1. 제도적 의의
국민적 정당성을 확보하기 위해서는 국민적 공감을 형성할 수 있는 합리적인 인사절차가 필요하다. 여당이 국회의 다수당일 경우 인사청문회는 소수세력이 국무총리 등의 임명을 통제하는 실질적 기회가 되고 이때 소수세력에게는 다수의 독단에 대항할 수 있는 중요한 수단이 된다. 인사청문회라는 객관적 검증절차를 통해 국민에 의한 통제가 가능해지며, 국민의 알 권리를 실현하는 효과가 있다.

2. 실시기관 및 대상기관

인사청문특별위원회	• 임명에 국회의 동의를 요하는 기관: 국무총리, 대법원장, 대법관, 헌법재판소장, 감사원장 • 국회에서 선출하는 기관: 헌법재판소 재판관 3인, 중앙선거관리위원회 위원 3인 • 대통령당선인이 국무총리 후보자를 지명하여 인사청문 실시를 요청한 경우
소관 상임위원회	• 대통령이 임명: 헌법재판소 재판관 3인, 중앙선거관리위원회 위원 3인, 국무위원, 국가정보원장, 국세청장, 검찰총장, 경찰청장, 방송통신위원회 위원장, 합동참모의장, 금융위원회 위원장, 국가인권위원회 위원장, 고위공직자범죄수사처장, 공정거래위원회 위원장, 한국은행 총재, 특별감찰관, KBS 사장 • 대법원장이 지명: 헌법재판소 재판관 3인, 중앙선거관리위원회 위원 3인 • 대통령당선인이 국무위원 후보자를 지명하여 인사청문 실시를 요청한 경우 ▶ 감사위원, 국민권익위원회 위원 ×

> **기출OX**
> 국회는 인사청문을 요하는 공직후보자에 따라 인사청문특별위원회에 의하거나, 소관 상임위원회별 인사청문회에 의하여 인사청문회를 연다. (O)
> 08. 국회직 8급

3. 절차 및 방법

(1) 구성
임명동의안 등이 국회에 제출된 때 인사청문회를 구성한다.

(2) 실시기간
① 임명동의안 등이 제출된 날로부터 20일 이내 인사청문을 마쳐야 하고, 위원회는 임명동의안이 회부된 날로부터 15일 이내에 인사청문을 마쳐야 한다. 인사청문회의 기간은 3일 이내로 한다. 다만, '헌법재판소 재판관 등'의 경우에는 10일 이내의 범위에서 연장할 수 있다(인사청문회법 제6조 참조).
② 기간 내 인사청문을 마치지 아니한 경우 대통령은 10일 이내에 범위에서 재요청할 수 있고, 국회가 송부하지 아니한 경우에는 그대로 임명할 수 있다.

(3) 자료제출요구권
인사청문과 직접 관련된 자료를 국가기관에 요구할 수 있다.

(4) 방식
질의·답변·의견청취의 방식으로 하되, 질의는 1문 1답 방식을 원칙으로 한다.

기출OX

국무위원 임명권은 대통령의 고유권한이므로 국무위원 후보자에 대한 국회의 인사청문결과보고서는 법적으로 대통령을 구속하지 못한다. (○) 09. 사시

(5) 효력

인사청문결과는 대통령을 법적으로 구속하지 못한다.

> **관련 판례**
>
> **인사청문결과의 효력**
> 2003.4.25. 국회 인사청문회가 고영구 국가정보원장에 대하여 부적격 판정을 하였음에도 대통령이 이를 즉시 수용하지 아니한 사실이 인정된다. 대통령은 그의 지휘·감독을 받는 행정부 구성원을 임명하고 해임할 권한(헌법 제78조)을 가지고 있으므로, 국가정보원장의 임명행위는 헌법상 대통령의 고유권한으로서 법적으로 국회 인사청문회의 견해를 수용해야 할 의무를 지지는 않는다(헌재 2004.5.14, 2004헌나1).

4 교섭단체

1. 의의

교섭단체는 원내정당으로서 의원의 정당기속을 강화하는 수단이 되며, 정당정책을 의안심의에 반영하는 역할을 한다.

2. 구성

20인 이상의 의원으로 구성되며, 동일정당 소속이거나 무소속의원들의 연합도 가능하다. 그러나 국고보조금 배분시에는 단일정당 소속 교섭단체에 한정된다.

3. 교섭단체의 기관

교섭단체는 의원총회와 대표의원을 둔다. 대표의원(원내대표)은 소속 의원의 명부를 의장에게 제출하고, 구성원 변경시 이를 의장에게 즉시 보고한다(국회법 제33조 제3항). 무소속의원의 당적 취득 또는 정당소속 의원의 당적 변경시에는 본인이 즉시 보고한다. 05. 입시

기출OX

01 정당에 보조금을 배분함에 있어 교섭단체의 구성 여부에 따라 차등을 두는 '정치자금에 관한 법률' 제18조 제1항 내지 제3항은 평등원칙에 위반되지 아니한다. (○)
08. 법원직

02 교섭단체는 정당소속 의원들의 원내 행동통일을 통하여 정당의 정책을 의안심의에 최대한 반영하는 기능을 갖는 단체로서 국회법상 동일한 정치적 신념을 가진 정당소속 의원들로 구성할 수 있으므로 무소속 의원 20인으로 하나의 교섭단체를 구성할 수는 없다. (×)
18. 국가직 7급

> **정리** 교섭단체와 정당의 비교

구분	교섭단체	정당
대표	교섭단체 대표의원	정당대표
구성원	국회의원	정당원
법적 성격	국회법상 기관	법인격 없는 사단
양자의 관계	두 개의 정당은 하나의 교섭단체를 구성할 수 있음	하나의 정당은 두 개의 교섭단체를 구성할 수 없음

제3편 통치구조론

제2장 입법부

국회의 운영

- **회기**
  - 연중상시 개원체제
  - 정기회 — 매년 9월 1일 개회, 100일 초과 ×
  - 임시회 — 대통령 또는 국회재적의원 1/4 이상 요구, 30일 초과 ×
  - 집회공고 — 원칙은 3일 전 공고, 비상시는 1일 전 공고

- **다수결의 원칙**
  - 일반 — 재적 과반수 출석, 출석 과반수 찬성, 가부동수시 부결
  - 20인 이상 — 교섭단체 성립, 의사일정 변경, 출석요구, 긴급현안, 징계요구
  - 재적 1/4 이상 — 의원석방요구, 임시회 소집요구, 국정조사 발의
  - 재적 과반수 — 해임안, 탄핵소추의결, 계엄해제, 의장단 선출, 헌법개정, 대통령 탄핵발의
  - 재적 2/3 이상 — 국회의원 제명, 대통령 탄핵의결, 헌법개정안 의결, 무자격 결정

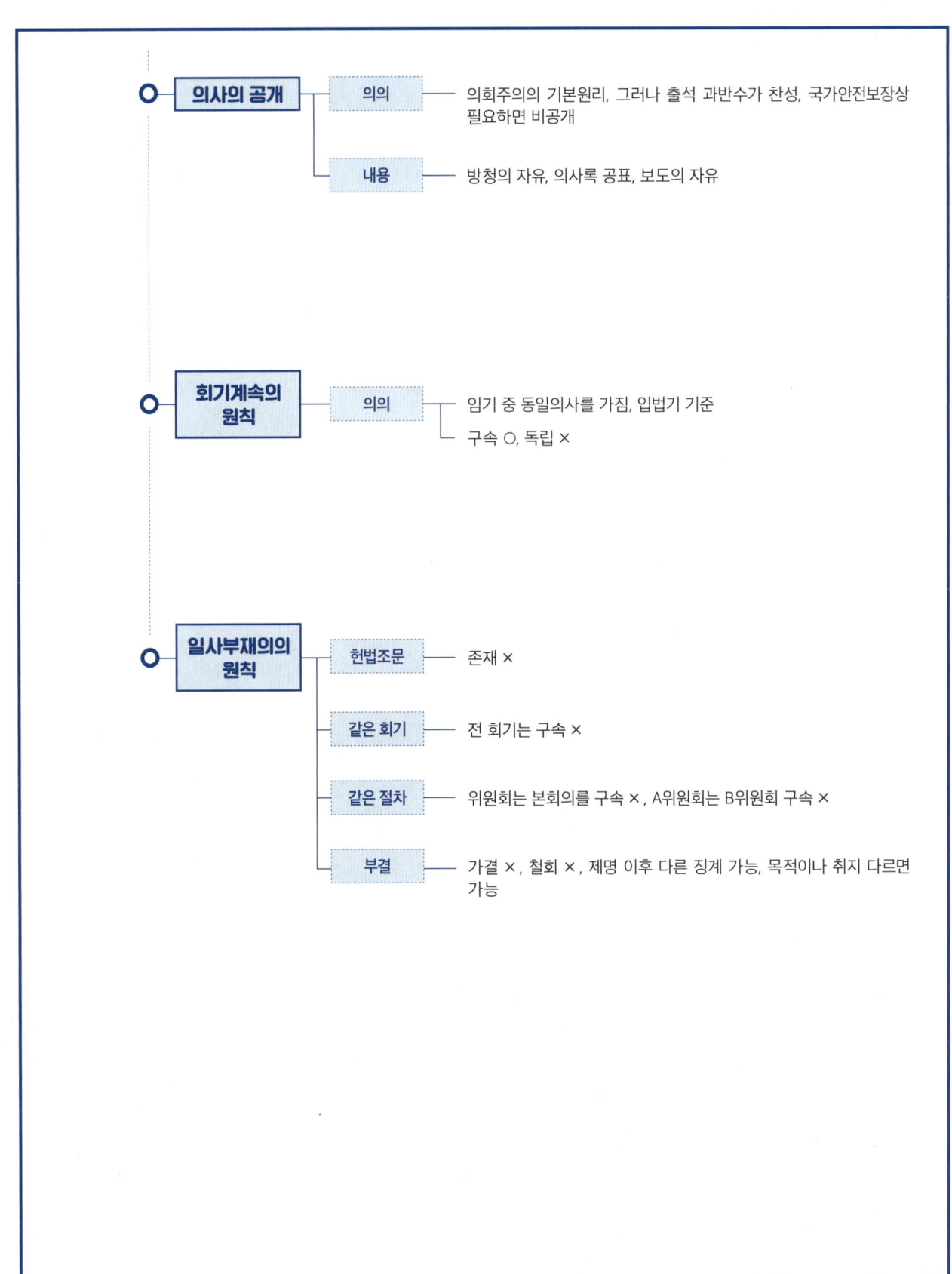

제3절 국회의 운영

1 회기 03. 국가직 7급, 05. 입시

1. 연중상시개원체제

국회의 연중상시활동을 위하여 첫째, 국회의장은 각 교섭단체대표의원과의 협의를 거쳐 매년 12월 말까지 다음 연도의 국회의 연간국회운영의 기본일정을 정해야 하고 둘째, 2월·3월·4월·5월·6월 1일, 8월 16일에는 임시회를 집회하도록 하였다.

(1) 정기회

매년 1회 정기적으로 소집되는 국회이며 헌법에서는 "매년 1회 집회된다."라고 규정하고, 국회법에서는 "매년 9월 1일에 집회한다."라고 규정하고 있다.

(2) 임시회

① **집회 및 회기**: 필요에 따라 수시로 행하는 집회로서 임시집회의 필요가 있을 때에 대통령 또는 국회의 재적의원 4분의 1 이상의 요구로 집회한다(헌법 제47조 제1항). 회기는 집회 후 즉시 정하여야 한다(국회법 제7조 제2항). 한편, 2월·3월·4월·5월·6월의 1일에 개최하는 임시회는 상시운영체제강화를 위해 30일간 고정으로 집회한다.

② **대통령의 임시회 집회요구**: 대통령이 임시회의 집회를 요구할 때에는 그 기간과 집회요구의 이유를 명시하여야 한다.

③ **최초의 임시회**: 의원의 임기개시 후 7일에 집회하여 최초 집회일에 의장·부의장을 선출한다. 최초의 임시회의 집회공고는 국회사무총장이 하며, 최초의 임시회에서 의장과 부의장을 선출하기 위한 사회는 출석위원 중 최다선의원이 의장의 직무를 대행한다.

④ **집회공고**: 임시회의 집회요구가 있을 때에는 의장이 집회기일 3일 전에 공고한다(국회법 제5조 제1항). 집회공고기간 3일은 국회 개회에 대비한 최소한의 준비기간으로 볼 수 있으나, 개정 국회법은 국가적 위기나 비상시에는 집회기일 1일 전에 공고할 수 있도록 하였다.

(3) 정기회와 임시회의 비교

구분	정기회	임시회	
집회	매년 9월 1일	국회운영 기본일정	2월·3월·4월·5월·6월 1일, 8월 16일
		집회 요구시	대통령 또는 재적의원 1/4 이상
		의장단 선출	• 총선 후 임기개시 7일 • 전임 의장단 임기만료 5일 전
처리법안	예산부수법안	기타 법안	
공고	-	3일 전(1일 전 가능)	

기출OX

연간 국회 운영 기본일정에 따라 국회는 2월·3월·4월·5월·6월 및 8월의 1일에 임시회를 집회한다. (×)
22. 국가직 7급

기출OX

01 대통령이 임시회의 집회를 요구할 때에는 기간과 집회요구의 이유를 명시할 필요가 없다. (×)
19. 서울시 7급

02 임시회의 집회요구가 있을 때 국회의장은 원칙적으로 집회기일 3일 전에 공고한다(국회법 제5조 제1항). (○)
04. 국회직 8급

2. 회기제

(1) 개념

입법기는 국회가 구성되는 시기로부터 임기가 만료되거나 국회가 해산되기까지의 시기를 말하는데, 회기는 이 입법기 내에서 국회가 실제로 활동능력을 가지는 일정한 기간을 말하는 것으로 소집일(집회일)로부터 기산하여 폐회일까지의 기간을 의미한다.

입법기	의회기	총선 후 임기개시일 ~ 임기만료일
회기	국회 활동기간	개회 ~ 폐회(1회기)

(2) 회기의 상한

임시회의 회기는 30일을 초과할 수 없고, 정기회의 회기는 100일을 초과할 수 없다(헌법 제47조 제2항).

(3) 회기의 연장

국회는 회기 중에 예정된 안건을 처리하지 못하였을 때에는 의결로 그 기간을 연장할 수 있으나 정기회는 100일을, 임시회는 30일을 초과할 수 없다. ❶

❶ 이번 임시국회는 7일로 계획하였지만 의안이 해결되지 않았다면 30일 범위 내에서 연장하면 된다. 다만, 30일을 넘어가면 연장할 수 없고 다음 임시국회를 열면 된다.

기출OX

국회의 회기는 재적의원 과반수의 출석과 출석의원 과반수의 찬성으로 연장할 수 있다. (O)   03. 국가직 7급

정리 역대 헌법상 국회의 운영일정

구분	정기회 회기	임시회 회기	임시회 요구 정족수	연간 회기 제한
개헌·제1차·제2차	90일	30일	재적의원 1/4 이상	×
제3차·제4차	120일	양원 합동 결정	재적의원 1/4 이상	×
제5차·제6차	120일	30일	재적의원 1/4 이상	×
제7차·제8차	90일	30일	재적의원 1/3 이상	150일
현행	100일	30일	재적의원 1/4 이상	×

2 국회의 의사절차에 관한 원칙

1. 의의

국회의 의사는 그 민주적인 절차와 효율적이고 자율적인 운영이 제도적으로 확립되어야 하는데 이러한 제도보장을 위하여 다수결의 원칙, 의사공개의 원칙, 일사부재의 원칙, 발언표결자유의 원칙, 1일 1차 회의 원칙, 회기계속의 원칙, 의사의 기록 등 제원칙이 있다.

2. 다수결의 원칙

헌법 제49조 국회는 헌법 또는 법률에 특별한 규정이 없는 한 재적의원 과반수의 출석과 출석의원 과반수의 찬성으로 의결한다. 가부동수인 때에는 부결된 것으로 본다.

국회법 제54조【위원회의 의사·의결정족수】위원회는 재적위원 5분의 1 이상의 출석으로 개회하고, 재적위원 과반수의 출석과 출석위원 과반수의 찬성으로 의결한다.

제73조 【의사정족수】 ① 본회의는 재적의원 5분의 1 이상의 출석으로 개의한다.
③ 회의 중 제1항의 정족수에 미치지 못할 때에는 의장은 회의의 중지 또는 산회를 선포한다. 다만, 의장은 교섭단체대표의원이 의사정족수의 충족을 요청하는 경우 외에는 효율적인 의사진행을 위하여 회의를 계속할 수 있다.

(1) 다수결의 방식

헌법 또는 법률에 특별한 규정이 없는 한 재적의원 과반수의 출석과 출석의원 과반수의 찬성으로 의결하며, 가부동수인 때에는 부결된 것으로 본다.

관련 판례

다수결의 원리는 절대적 원칙은 아니다.

일반정족수는 국회의 의결이 유효하기 위한 최소한의 출석의원 또는 찬성의원의 수를 의미하므로, 의결대상 사안의 중요성과 의미에 따라 헌법이나 법률에 의결의 요건을 달리 규정할 수 있다. 즉 일반정족수는 다수결의 원리를 실현하는 국회의 의결방식 중 하나로서 국회의 의사결정시 합의에 도달하기 위한 최소한의 기준일 뿐 이를 헌법상 절대적 원칙이라고 보기는 어렵다(헌재 2016.5.26, 2015헌라1).

> **기출OX**
>
> 다수결원칙을 채택한 국회는 헌법 또는 법률에 특별한 규정이 없는 한 재적의원 과반수의 출석과 출석의원 과반수의 찬성으로 의결하고, 가부동수인 때에는 부결된 것으로 본다. (○)
>
> 07. 국회직 8급, 08. 법원직

(2) 의사정족수

의사정족수는 회의를 여는 데 필요한 요건인 동시에 회의를 계속하는 데 필요한 최소한의 출석의원수를 말한다. 국회법은 본회의 및 위원회의 의사정족수를 동일하게 하여 재적의원 5분의 1 이상의 출석으로 개의하도록 하고 있다.

(3) 의결정족수

① 의의: 의결정족수란 본회의 또는 위원회에서 안건을 의결하고자 할 때에 필요한 최소한의 의원수를 말한다. 의결정족수는 일반의결정족수와 특별의결정족수로 구분한다.

② 정족수 01·03. 국가직 7급, 04·08. 법원직, 04·07·08. 국회직 8급, 05. 입시

정족수	의결내용
2인 이상	동의(국회법 제89조)
10인 이상	• 회의의 비공개 발의(국회법 제75조) • 일반의안의 발의(국회법 제79조 제1항)
20인 이상	• 교섭단체의 성립(국회법 제33조) • 의사일정의 변경 발의(국회법 제77조) • 국무총리, 국무위원, 정부위원에 대한 출석요구 발의(국회법 제121조 제1항) • 긴급현안질문(국회법 제122조의3 제1항) • 징계요구(국회법 제156조 제3항)
30인 이상	• 위원회에서 폐기된 법률안 본회의 부의(국회법 제87조 제1항) • 일반의안 수정동의(국회법 제95조 제1항 전문) • 의원의 자격심사의 청구(국회법 제138조)
50인 이상	예산안에 대한 수정동의(국회법 제95조 제1항 후문)

재적의원 1/5 이상	• 위원회, 본회의 의사정족수(국회법 제54조, 제73조 제1항) • 기명·호명 또는 무기명투표의 요구(국회법 제112조 제2항)
재적의원 1/4 이상	• 의원의 석방요구 발의(국회법 제28조) • 임시회 소집요구(헌법 제47조 제1항) • 휴회 중의 본회의 속개요구(국회법 제8조) • 국정조사 발의(국정감사 및 조사에 관한 법률 제3조 제1항) • 전원위원회 개회요구(국회법 제63조의2 제4항)
재적의원 1/3 이상	• 국무총리, 국무위원에 대한 해임건의 발의(헌법 제63조 제2항) • 일반 탄핵소추안 발의(헌법 제65조 제2항) • 무제한 토론 요구(국회법 제106조의2) • 공청회·청문회 개회요구(국회법 제64조, 제65조) • 국정감사시 서류제출 요구(국정감사 및 조사에 관한 법률 제10조)
출석의원 과반수	회의 비공개(헌법 제50조 제1항 단서)
재적의원 과반수 이상	• 국무총리, 국무위원에 대한 해임건의의결(헌법 제63조 제2항) • 일반 탄핵소추안 의결(헌법 제65조 제2항) • 의장, 부의장 선출(국회법 제15조 제1항) • 계엄해제요구(헌법 제77조 제5항) • 헌법개정안 발의(헌법 제128조 제1항) • 대통령에 대한 탄핵소추 발의(헌법 제65조 제2항 단서)
재적의원 2/3 이상	• 국회의원 제명(헌법 제64조 제3항) • 대통령에 대한 탄핵소추 의결(헌법 제65조 제2항 단서) • 헌법개정안 의결(헌법 제130조 제1항) • 의원의 무자격 결정(국회법 제142조 제3항)
재적의원 1/4 이상, 출석의원 과반수	전원위원회 의결정족수(국회법 제63조의2 제4항)
재적의원 과반수, 출석의원 다수	• 대통령선거에서 최고득표자가 2인 이상인 때 국회에서의 대통령 당선자 결정(헌법 제67조 제2항) • 임시의장 선출(국회법 제17조) • 상임위원장 선출(국회법 제41조 제2항) • 예산결산특별위원회 위원장(국회법 제45조 제4항)
재적의원 과반수, 출석의원 과반수	일반의결정족수(헌법 제49조)
재적 3/5 이상	• 신속처리 안건 동의(국회법 제85조의2) • 무제한 토론 종결(국회법 제106조의2)
재적의원 과반수, 출석의원 2/3 이상	• 법률안 재의결(헌법 제53조 제4항) • 의안의 번안의결(국회법 제91조)

기출OX

01 대통령이 선포한 계엄의 해제요구는 재적의원 과반수의 출석과 출석의원 과반수의 찬성이 있어야 한다. (×) 01. 국가직 7급

02 국회의원의 제명과 대통령에 대한 탄핵소추의 의결은 재적의원 3분의 2 이상의 찬성이 있어야 한다. (○) 01. 국가직 7급, 04. 법원직

03 국회의원의 체포동의안과 일반사면에 대한 동의는 재적의원 과반수의 출석과 출석의원 과반수의 찬성이 있어야 한다. (○) 01. 국가직 7급

04 현행 헌법상 국회의 법률안 의결은 재적의원 과반수 찬성을 요한다. (×) 04. 법원직

05 대통령이 거부권을 행사한 법률안의 재의결에는 재적의원 과반수의 출석과 출석의원 3분의 2 이상의 찬성이 있어야 한다. (○) 01. 국가직 7급

3 회의의 원칙

1. 의사공개의 원칙

> 헌법 제50조 ① 국회의 회의는 공개한다. 다만, 출석의원 과반수의 찬성이 있거나 의장이 국가의 안전보장을 위하여 필요하다고 인정할 때에는 공개하지 아니할 수 있다. 05. 입시, 07. 국회직 8급·국가직 7급
> ② 공개하지 아니한 회의내용의 공표에 관하여는 법률이 정하는 바에 의한다.

(1) 범위

① 의사공개는 의회주의의 기본원리로서 책임정치 실현의 불가결한 전제조건이므로 본회의뿐 아니라 위원회에서도 적용된다고 보는 것이 다수설이다. 07. 국회직 8급

② 예외(국회법 제75조): 10인 이상 의원의 발의로 출석의원 과반수의 찬성이 있거나, 의장이 각 교섭단체 대표의원과 협의하여 국가안전보장에 필요하다고 인정할 때에는 공개하지 아니할 수 있다. 의사공개는 의회주의의 기본원칙으로서 책임정치 실현의 불가결의 전제조건이므로, 예외사유는 엄격하게 해석되어야 한다. 07. 국가직 7급

관련 판례

시민단체 회원들의 국회방청 불허 [기각]

[1] 예산결산특별위원회의 **계수조정위원회**는 예산의 각 장·관·항의 조정과 예산액 등의 수치를 종합적으로 조정·관리하는 소위원회로서, 피청구인들은 예산심의에 관하여 이해관계를 가질 수밖에 없는 많은 국가기관과 당사자들에게 계수조정 과정을 공개할 수는 없으며, 소위원회에 참여하는 위원들에게 허심탄회하고 충분한 토론과 심의를 보장하기 위하여 계수조정위원회를 비공개로 진행한다고 하며, 이것이 국회의 확립된 관행이라고 한다. … 그렇다면 청구인들의 방청을 불허하였다 하더라도, 이를 가리켜 위헌적인 공권력의 행사라고 할 수는 없다.

[2] 의원들의 국정감사활동에 대한 **시민연대의 평가기준의 공정성에 대한 검증절차가 없었고, 모니터 요원들의 전문성이 부족하며**, 평가의 언론공표로 의원들의 정치적 평판 내지 명예에 대한 심각한 훼손의 우려가 있어 청구인들의 방청을 허용할 경우 원활한 국정감사의 실현이 불가능하다고 보아 전면적으로 또는 조건부로 방청을 불허하였는바, … 명백히 이유 없는 자의적인 것이라 보기 어렵다. 그렇다면 … 이를 가리켜 위헌적인 공권력의 행사라고 할 수는 없다(헌재 2000.6.29, 98헌마443 등).

(2) 내용

① 방청의 자유: 방청을 허가하며, 방청인 수를 제한할 수 있고, 질서를 위반한 방청인을 퇴장명령할 수 있다.

② 국회의사록의 공표: 비공개회의의 내용은 열람 또는 공표할 수 없다. 비밀을 요하거나 국가안전보장을 위하여 필요하다는 이유가 소멸되었을 때에는 본회의의 의결 또는 의장의 결정으로 공표할 수 있다(국회법 제118조).

③ 보도의 자유: 비공개회의가 아닌 한 회의장 안에서의 녹음·녹화·촬영·중계방송은 국회규칙이 정한 바에 따라 허용된다. 07. 국가직 7급

기출OX

의사를 공개하는 것은 회의의 내용과 의원의 활동을 국민에게 공개함으로써 국민의 비판과 감시를 받게 하기 위함이다. (○) 07. 국가직 7급

비교 정리

구분	비공개사유
국회	출석과반수 찬성, 국가안전보장
법원	국가안전보장, 안녕질서, 선량한 풍속

비교 정리

구분		공개여부
본회의		○
위원회		○
정보위원회		×
윤리위원회	징계	×
	자격심사	○

2. 회기계속의 원칙

> 헌법 제51조 국회에 제출된 법률안 기타의 의안은 회기 중에 의결되지 못한 이유로 폐기되지 아니한다. 다만, 국회의원의 임기가 만료된 때에는 그러하지 아니하다.

(1) 의의
회기 중 의결되지 못한 법안도 다음 회기에 계속하여 심의가 가능하다. 회기불계속의 원칙을 취하는 미국, 영국과 달리 우리나라, 프랑스는 회기계속의 원칙을 취하고 있다. 따라서 국회에 제출된 법률안을 회기 중에 의결되지 못한 이유로 폐기하도록 하는 법률은 헌법에 위반된다. 05. 입시

(2) 회기불계속과의 비교
회기계속은 국회가 임기 중에는 동일성을 가진다는 것을 근거로 하고, 회기불계속은 매 회기마다 독립된 의사를 가진다는 것을 근거로 한다. 따라서 회기불계속의 원칙은 전회기의 의사가 다음 회기의 의사를 구속하지 못한다는 논리에 따른다.

(3) 예외
회기계속도 하나의 입법기 내에서만 효력이 있으므로 국회의원의 임기가 만료된 경우에는 회기가 계속되지 않는다.

3. 일사부재의의 원칙(국회법 제92조)

(1) 의의
일사부재의(一事不再議)의 원칙은 소수파에 의한 의사진행 방해(Filibuster) 방지를 위해 부결된 의안의 동일 회기 내 재발의 또는 제출을 금지하는 것을 말한다. 이는 헌법에 규정이 없고, 국회법에 규정되어 있다.

(2) '일사'에 해당하는 것
동일회기, 동일절차, 부결된 경우를 의미한다. 동일법안, 거의 동일한 취지·목적과 동일 내용의 법안, 규정사항이 먼저 부결된 것과 실질적으로 같은 것이다.

(3) 예외
① 동일회기가 아닌 경우: 회기를 달리한 경우는 위배되지 않는다(전회기에 부결된 안건을 다시 발의).
② 절차를 달리 하는 경우: 위원회에서 처리된 안건을 다시 본회의에서 심의하는 것, 다른 위원회에서 부결된 경우 등이 있다.
③ 부결이 아닌 경우: 사유를 달리하는 안건(해임건의 경우), 동일한 문제일지라도 사정의 변경으로 인해 목적·수단·방법 등이 변경된 경우, 의결 전에 철회된 안건을 다시 발의하거나, 가결된 것을 다시 처리하는 것이다.

기출OX
국회는 전 회기의 의사가 후 회기의 의사를 구속하지 못한다는 논리에 바탕을 두고 있다. (×) 11. 국가직 7급

기출OX
같은 문제라도 사정변경이 있고, 목적·수단·방법이 다르면 재심을 하여도 일사부재의에 반하지 않는다. (○) 01. 입시, 04. 행시

기출OX
국회에서 일단 의제로 된 안건이라도 후에 철회되어 의결에 이르지 않은 안건은 다시 심의할 수 있다. (○) 04. 행시

4 회의의 진행(본회의)

1. 원칙
의장과 원내대표가 협의하여 그 개의시기를 정하고, 의장이 국회운영위원회와 협의하여 의사일정을 작성하되, 본회의 개의 전날까지 본회의에 보고한다. 변경요구는 20인 이상의 연서로 할 수 있다.

2. 일정변경
20인 이상의 연서로써 동의하면 일정을 변경할 수 있다. 이 경우 토론 없이 본회의에서 의결한다. 이는 의장이 교섭단체의 대표의원과 협의한다.

3. 의사정족수
재적의원의 5분의 1 이상이 출석하며, 개의시로부터 1시간 경과시까지 재적의원의 5분의 1 이상의 의원이 출석하지 않으면 의장은 유회를 선포하며, 회의 중 의사정족수 미달시 의장은 회의의 중지 또는 산회를 선포한다. 다만, 교섭단체 대표의원이 의사정족수의 충족을 요청하는 경우 외에는 회의를 계속할 수 있다. 07. 국회직 8급

비교 정리

토론 없이 표결
의사일정변경
회의 비공개
의원 사직허가
질의나 토론 종결동의

기출OX
회의 중 의사정족수에 달하지 못할 때에는 국회의장은 회의의 중지 또는 산회를 선포하지만 교섭단체 대표의원이 의사정족수의 충족을 요청하는 경우 외에는 회의를 계속할 수 있다. (O)
07. 국회직 8급

→ 5분의 1이 되지 않더라도 특별히 원내대표가 확인을 요구하지 않은 이상은 계속 진행해도 된다는 의미이다.

제3편 통치구조론

제2장 입법부

국회의 권한

- **입법**
  - 제안 — 10명 이상의 국회의원, 정부
  - 본회의 보고
  - 상임위 심의
    - 대체토론, 찬반토론
    - 공청회·청문회 생략 가능
    - 축조심사는 전면개정시 생략 불가능
  - 체계 자구심사 — 법제사법위원회, 형식을 심사
  - 본회의 의결

- **조세**
  - 조세와 비교 — 특별부담금(특정인에게 부담), 수수료(반대급부), 사회보험료(본인부담 + 국가부담)
  - 조세법률주의
    - **과세요건법정주의**: 의무자, 물건, 과세표준, 기간, 절차까지
    - **과세요건명확주의**: 명확하고 일의적
    - 소급과세금지
    - 유추해석금지
  - 조세평등주의 — 응익과세가 아닌 응능과세, 실질에 맞도록 과세

- **예산**
  - 의의 — 1회계연도간의 국가의 수입과 지출에 관한 예정계산서
  - 법률과 비교 — 90일 전 제출, 30일 전 의결, 의결시 효력발생, 거부권 ×, 국가기관만 구속
  - 절차
    - **편성·제출**: 회계연도 90일 전
    - **심의·확정**: 회계연도 30일 전까지 심의·확정, 소극적 수정권 ○
    - **공고**: 효력발생요건 아님

제4절 국회의 권한

1 입법에 관한 권한

1. 헌법개정에 관한 권한

(1) 발의

국회의원(재적의원 과반수)과 대통령이 헌법개정안을 발의할 수 있다.

(2) 의결권

국회는 공고 후 60일 이내에 의결하여야 하며, 재적의원 3분의 2 이상의 찬성으로 결정한다. 헌법개정안에 대한 국회의결은 기명투표로 하며, 수정의결이나 변경은 인정되지 않는다.

2. 법률제정에 관한 권한 06. 국회직 8급

> 헌법 제52조 국회의원과 정부는 법률안을 제출할 수 있다.
>
> 제53조 ① 국회에서 의결된 법률안은 정부에 이송되어 15일 이내에 대통령이 공포한다.
> ② 법률안에 이의가 있을 때에는 대통령은 제1항의 기간 내에 이의서를 붙여 국회로 환부하고, 그 재의를 요구할 수 있다. 국회의 폐회중에도 또한 같다.
> ③ 대통령은 법률안의 일부에 대하여 또는 법률안을 수정하여 재의를 요구할 수 없다.
> ④ 재의의 요구가 있을 때에는 국회는 재의에 붙이고, 재적의원 과반수의 출석과 출석의원 3분의 2 이상의 찬성으로 전과 같은 의결을 하면 그 법률안은 법률로서 확정된다.
> ⑤ 대통령이 제1항의 기간 내에 공포나 재의의 요구를 하지 아니한 때에도 그 법률안은 법률로서 확정된다.
> ⑥ 대통령은 제4항과 제5항의 규정에 의해 확정된 법률을 지체 없이 공포하여야 한다. 제5항에 의하여 법률이 확정된 후 또는 제4항에 의한 확정법률이 정부에 이송된 후 5일 이내에 대통령이 공포하지 아니할 때에는 국회의장이 이를 공포한다.
> ⑦ 법률은 특별한 규정이 없는 한 공포한 날로부터 20일을 경과함으로써 효력을 발생한다.

(1) 통상적인 입법절차

① 제안

㉠ 정부(국무회의 심의 거쳐, 1월 31일까지 제출계획 통지), 10인 이상의 국회의원(예산이 수반되는 경우에는 예산명세서 첨부), 위원회(상임·특별, 소관사항에 관하여, 위원장이 제출, 10인 이상 찬성 불요)가 제출할 수 있다. 06. 국회직 8급 헌법조문상 국회나 대통령이 제안자가 아님을 주의해야 한다.

기출OX

국회의 재의에 의하여 확정된 법률은 국회의장이 지체 없이 이를 공포한다. (×) 13. 법원직

→ 대통령이 원칙적으로 공포해야 하고 하지 아니할 때 국회의장이 공포한다.

비교 정리

구분	제안자
법률안	정부, 국회의원
예산안	정부

ⓛ 예산 또는 기금상의 조치를 수반하는 법률안을 발의·제안·제출하는 경우에 의원 또는 위원회는 그 시행에 수반될 것으로 예상되는 비용에 대한 추계서를, 정부는 예상 비용에 대한 추계서와 그 재원조달방안에 관한 자료를 함께 제출해야 한다. 06. 국회직 8급
ⓒ 의원이나 정부가 세입예산안에 부수하는 법률안을 발의하거나 제출하는 경우 세입예산안 부수 법률안 여부를 표시하여야 하고, 의장은 국회예산정책처의 의견을 들어 세입예산안 부수 법률안으로 지정한다(국회법 제85조의3 제4항).

② 심의·의결
  ⓘ 국회의장은 제안된 의안을 본회의에 보고하고 의원·소관 상임위원회에 배분한다. 06. 국회직 8급
  ⓒ 소관상임위원회가 불분명한 경우 운영위원회와 협의하여 정하되 협의가 이루어지지 않을 때에는 의장이 소관 상임위원회를 결정한다(국회법 제81조 제2항).
  ⓒ 직권상정

> **국회법 제85조【심사기간】** ① 의장은 다음 각 호의 어느 하나에 해당하는 경우에는 위원회에 회부하는 안건 또는 회부된 안건에 대하여 심사기간을 지정할 수 있다. 이 경우 제1호 또는 제2호에 해당할 때에는 의장이 각 교섭단체 대표의원과 협의하여 해당 호와 관련된 안건에 대해서만 심사기간을 지정할 수 있다.
> 1. 천재지변의 경우
> 2. 전시·사변 또는 이에 준하는 국가비상사태의 경우
> 3. 의장이 각 교섭단체 대표의원과 합의하는 경우
> ② 제1항의 경우 위원회가 이유 없이 지정된 심사기간 내에 심사를 마치지 아니하였을 때에는 의장은 중간보고를 들은 후 다른 위원회에 회부하거나 바로 본회의에 부의할 수 있다.

  ⓔ 위원회는 안건을 심사할 때 먼저 그 취지의 설명과 전문위원의 검토보고를 듣고 대체토론❶과 축조심사 및 찬반토론을 거쳐 표결한다(국회법 제58조 제1항).
  ⓜ 입법예고는 과거에는 임의적 절차였으나, 현재는 필수적 절차로 개정되었다. 입법예고기간은 10일 이상으로 한다(국제법 제82조의2 제1·2항).

> **국회법 제82조의2【입법예고】** ① 위원장은 간사와 협의하여 회부된 법률안(체계·자구 심사를 위하여 법제사법위원회에 회부된 법률안은 제외한다)의 입법 취지와 주요 내용 등을 국회공보 또는 국회 인터넷 홈페이지 등에 게재하는 방법 등으로 입법예고하여야 한다. 다만, 다음 각 호의 어느 하나에 해당하는 경우에는 위원장이 간사와 협의하여 입법예고를 하지 아니할 수 있다.
> 1. 긴급히 입법을 하여야 하는 경우
> 2. 입법 내용의 성질 또는 그 밖의 사유로 입법예고가 필요 없거나 곤란하다고 판단되는 경우
> ② 입법예고기간은 10일 이상으로 한다. 다만, 특별한 사정이 있는 경우에는 단축할 수 있다.

비교 정리

구분	함께 제출
위원회	추계서
정부	추계서 + 재원조달방안

기출OX

01 국회의원이나 정부가 세입예산안에 부수하는 법률안을 발의하거나 제출하는 경우 세입예산안 부수 법률안 여부를 표시하여야 하고, 국회의장은 국회예산정책처의 의견을 들어 세입예산안 부수 법률안으로 지정한다. (O) 19. 경찰승진

02 의장은 안건이 어느 상임위원회의 소관에 속하는지 명백하지 아니할 때에는 국회 법제사법위원회와 협의하여 상임위원회에 회부하되 협의가 이루어지지 아니할 때에는 의장이 소관 상임위원회를 결정한다. (X) 12. 지방직 7급

❶ 대체토론이란 안건 전체에 대한 문제점과 당부(當否)에 관한 일반적 토론을 말하며 제안자와의 질의·답변을 포함한다.

기출OX

법령 등을 제정·개정 또는 폐지하려는 경우에도 해당 입법안을 마련한 행정청은 입법내용이 국민의 권리·의무 또는 일상생활과 관련이 없는 경우에는 예고를 하지 아니할 수 있다(행정절차법 제41조). (O) 18. 5급 승진

ⓑ 상임위원회에서 제안하거나, 상임위원회의 심사를 마친 법안은 법제사법위원회의 심사를 거쳐 본회의에 상정한다. 07. 국가직 7급
ⓢ 수정동의는 30인 이상의 찬성이 요구된다.

> **🔍 관련 판례**
>
> **국회법상 수정안의 범위❶ [기각]**
> 국회법상 수정안의 범위에 대한 어떠한 제한도 규정되어 있지 않은 점과 국회법 규정에 따른 문언의 의미상 수정이란 원안에 대하여 다른 의사를 가하는 것으로 <u>새로 추가, 삭제 또는 변경하는 것을 모두 포함하는 개념이라는 점에 비추어, 어떠한 의안으로 인하여 원안이 본래의 취지를 잃고 전혀 다른 의미로 변경되는 정도에까지 이르지 않는다면</u> 이를 국회법상의 수정안에 해당하는 것으로 보아 의안을 처리할 수 있는 것으로 볼 수 있다. … 이와 같이 국회법 제95조상의 수정의 개념을 폭넓게 보는 해석이 가능하다면 복수차관제와 일부 청의 차관급 격상을 내용으로 하는 정부조직법 개정안에 대한 수정안인 방위사업청 신설을 내용으로 하는 의안을 국회의장이 적법한 수정안에 해당하는 것으로 보고 의안을 처리하였다 하더라도 이를 명백히 법률에 위반된다고 할 수는 없다(헌재 2006.2.23, 2005헌라6).

ⓞ 의원·정부가 의제가 된 안건을 수정·철회하고자 할 때에는 위원회나 본회의의 동의가 있어야 한다. 의원이 제출한 의안에 대하여 정부는 수정안 제출이 불가능하다(국회법 제90조 제3항).
ⓩ 제1항의 규정에 의한 축조심사❷는 위원회의 의결로 이를 생략할 수 있다. 다만, 제정법률안 및 전부개정법률안에 대하여는 그러하지 아니하다. 07. 국가직 7급 또한 소위원회는 축조심사를 생략해서는 안 된다(국회법 제57조 제8항).
ⓩ 위원회는 제정법률안 및 전부개정법률안에 대하여는 공청회 또는 청문회를 개최하여야 한다. 다만, 위원회의 의결로 이를 생략할 수 있다. 07. 국가직 7급
ⓙ 안건의 신속 처리

> **국회법 제85조의2【안건의 신속 처리】** ① 위원회에 회부된 안건(체계·자구 심사를 위하여 법제사법위원회에 회부된 안건을 포함한다)을 제2항에 따른 신속처리대상안건으로 지정하려는 경우 의원은 재적의원 과반수가 서명한 신속처리대상안건 지정요구 동의를 의장에게 제출하고, 안건의 소관 위원회 소속 위원은 소관 위원회 재적위원 과반수가 서명한 신속처리안건 지정동의를 소관 위원회 위원장에게 제출하여야 한다. 이 경우 의장 또는 안건의 소관 위원회 위원장은 지체 없이 신속처리안건 지정동의를 무기명투표로 표결하되, 재적의원 5분의 3 이상 또는 안건의 소관 위원회 재적위원 5분의 3 이상의 찬성으로 의결한다.
> ③ 위원회는 신속처리대상안건에 대한 심사를 그 지정일부터 180일 이내에 마쳐야 한다. 다만 법제사법위원회는 신속처리대상안건에 대한 체계·자구 심사를 그 지정일, 제4항에 따라 회부된 것으로 보는 날 또는 제86조 제1항에 따라 회부된 날부터 90일 이내에 마쳐야 한다.

---

❶
제1항에 따른 수정동의는 원안 또는 위원회에서 심사보고한 안의 취지 및 내용과 직접 관련이 있어야 한다(국회법 제95조 제5항).

📝 기출OX

정부는 한번 제출한 예산안을 수정 또는 철회할 수 있지만 그러기 위해서는 반드시 국회 본회의의 동의를 얻어야 한다. (×)   12. 지방직 7급
→ 의제가 된 경우에 그러하며, 위원회의 동의를 얻어야 하는 경우도 있다.

📊 비교 정리

구분		생략가능
축조심사	원칙	○
	전면개정	×
	소위원회	×
공청회·청문회	전면개정	○

❷
축조심사는 제출된 의안의 각 조항을 일일이 낭독하며 조항별로 의결하는 심사방식이다. 이는 오타나 오류를 줄이기 위함이다.

📝 기출OX

01 법안심사를 충실히 하기 위해 제정법률안과 전부개정법률안에 대한 위원회의 축조심사는 필수적이다. (○)   06. 국회직 8급
02 위원회에 회부된 안건을 신속처리대상안건으로 지정하고자 하는 경우, 안건의 소관 위원회 소속 위원은 소관 위원회 재적위원 과반수가 서명한 신속처리안건지정동의를 소관 위원회 위원장에게 제출해야 하고, 위원장은 신속처리안건지정동의를 무기명투표로 표결하되 안건의 소관 위원회 재적위원 5분의 3 이상의 찬성으로 의결한다. (○)   17. 국가직 7급

관련 판례

1 공수처법 위헌확인 [기각]
[1] 수사처는 대통령을 수반으로 하는 행정부에 소속되고, 그 관할권의 범위가 전국에 미치는 중앙행정기관으로 보는 것이 타당하다.
[2] 수사처가 중앙행정기관임에도 기존의 행정조직에 소속되지 않고 대통령과 기존 행정조직으로부터 구체적인 지휘·감독을 받지 않는 형태로 설치된 것은 수사처 업무의 특수성에 기인한 것이다.
[3] 수사처의 독립성이 중요한 만큼 수사처는 독립성에 따른 책임 역시 부담하여야 하는데, 수사처의 권한 행사에 대해서는 다음과 같이 여러 기관으로부터의 통제가 이루어질 수 있으므로, 수사처가 독립된 형태로 설치되었다는 이유만으로 권력분립원칙에 위반된다고 볼 수 없다.
[4] 헌법상 영장신청권자로서의 검사가 검찰청법상 검사로 한정되는 것은 아니라 하더라도, 영장신청권자는 공익의 대표자이자 인권옹호기관으로서 법률전문가의 자격을 갖추어야 한다. 공수처검사는 법률전문가로써 자격을 가지고 있어 영장주의에 위배되지 않는다(헌재 2021.1.28, 2020헌마264).

2 신속처리 대상안건 지정사건 [기각]
[1] 전산정보시스템인 국회 입안지원시스템을 통한 의원 입법의 발의를 접수한 것이 국회규칙 및 내규에 근거한 것으로 국회법 제79조 제2항을 위반한 것이 아니다.
[2] 신속처리안건 지정동의안의 표결 전에 국회법상 질의나 토론이 필요하다는 규정은 없다.
[3] 사개특위 위원장이 안건에 대한 의결정족수 충족을 인정하여 신속처리안건 지정동의안에 대하여 가결을 선포한 행위에는 절차적 위법 사유가 인정되지 않으므로, 사개특위 위원인 청구인들의 법률안 심의·표결권도 침해되지 않았다(헌재 2020.5.27, 2019헌라3).

③ 위원회 중심주의
㉠ 상임위원회에 의안이 배부된 후 일부개정안은 15일, 제정법률안 및 전부개정법률안은 20일을 경과해야 의사일정에 상정할 수 있다.❸
㉡ 위원회의 해임: 위원회의 의안폐기결정이 본회의에 보고된 날로부터 7일 이내에 의원 30인 이상이 요구할 경우 본회의에 부의하여야 한다.
06. 국회직 8급, 07. 국가직 7급
④ 국회의장의 가결선포

관련 판례

게임결과물 환전행위 금지 [기각]
국회의 위임 의결이 없더라도 국회의장은 국회에서 의결된 법률안의 조문이나 자구·숫자, 법률안의 체계나 형식 등의 정비가 필요한 경우 의결된 내용이나 취지를 변경하지 않는 범위 안에서 이를 정비할 수 있다(헌재 2009.6.25, 2007헌마451).

기출OX

헌법에 규정된 영장신청권자로서의 검사는 검찰권을 행사하는 국가기관인 검사로서 공익의 대표자이자 수사단계에서의 인권 옹호기관으로서의 지위에서 그에 부합하는 직무를 수행하는 검찰청법상 검사만을 지칭하는 것이다. (×)
21. 경행특채

기출OX

사법개혁특별위원회의 신속처리안건 지정동의안에 대한 표결 전에 그 대상이 되는 법안의 배포나 별도의 질의·토론 절차를 거치지 않았다면 그 표결은 절차상 위법하다. (×)
22. 국가직 7급

❸
1. 의사일정에 상정한다는 것은 회의에서 미리 논의할 사항을 정하여 놓은 차례를 말한다.
2. 법제사법위원회의 체계·자구 심사도 5일 이후에 상정할 수 있다.

⑤ 정부에의 이송
⑥ 대통령의 공포: 대통령의 서명과 국무총리, 관계 국무위원의 부서가 있어야 하며, 15일 이내 공포한다. 이때 공포는 법률의 효력발생요건이다(법률의 성립요건은 서명이다).❶
⑦ 효력발생: 20일 경과 후(법규사항은 30일)가 원칙(헌법 제53조 제7항)이나 부칙 등에 의한 별도 규정도 가능하다.

(2) 이례적인 입법절차
① 대통령의 거부권 행사: 정부에 이송된 날로부터 15일 이내에 이의서를 첨부하여 재의요구를 할 수 있다(일부재의·수정재의 요구 불가, 폐회 중 환부거부 가능). 재적의원 과반수의 출석과 출석의원의 3분의 2 이상의 찬성으로 재의결하면 법률로 확정된다. 04. 법원직, 06. 국회직 8급, 07. 국가직 7급
② 국회의장의 공포: 대통령이 정부에 이송된 법률안에 대해 15일 이내에 공포나 재의를 요구하지 않음으로써 법률안이 법률로 확정된 경우 또는 국회에서 재의결되어 확정된 법률이 정부에 이송된 후 5일 이내에 대통령이 공포하지 않은 경우에는 국회의장이 공포한다.

🔽 입법절차 정리

제출권		국회의원, 정부
발의요건		10인 이상의 찬성
제출형식		제명(제목), 대표자명, 발의의원, 찬성의원, 발의이유, 예산명세서
제출절차		인쇄 ⇨ 의원 배부 ⇨ 본회의 보고 ⇨ 소관 상임위원회 회부 ⇨ 본회의 부의
입법예고	소관 상임위원회 (필수적)	입법취지·주요내용 ⇨ 국회공보에 게재
체계·자구심사	법제사법위원회 (필수적)	심사 ⇨ 제안자 취지 설명·토론(생략 가능)
결정	소관 상임 위원회	본회의 부의 / -
		폐기 / • 본회의 보고 • 7일 이내, 의원 30인 이상 요구시 ⇨ 본회의 부의
가결	본회의	재적의원 과반수 출석 ⇨ 출석의원 과반수 찬성 ⇨ 정부 이송
서명·공포 국회환부	대통령	정부이송 15일 이내 × ⇨ 자동확정 ⇨ 국회의장 공포(관보 게재)
확정	본회의	재적의원 과반수 출석 ⇨ 출석의원 2/3 찬성 ⇨ 정부 이송
서명·공포	대통령	정부이송 5일 이내 × ⇨ 국회의장 공포
시행일	명시한 경우	공포일 ~ 최소 30일의 유예기간(법령 등 공포에 관한 법률 제13조의2)
	명시하지 않은 경우	• 공포 후 20일부터(헌법 제53조 제7항) • 공포 후 30일부터(국민의 권리제한·의무부과)

---

❶ 법률에 시행일이 명시되었지만 시행일 이후에 공포된 경우에는 시행일에 관한 법률규정은 그 효력을 상실한다.

기출OX
법제사법위원회에서 법률안의 정책적 내용면까지 실질적인 심사를 하는 것은 원칙적으로 금지된다. 다만, 법률안의 내용이 헌법에 위배되는 등 상위법이나 타법과 상충·저촉될 때에는 인정한다. (○) 06. 국회직 8급

(3) 국회규칙의 제정권(헌법 제64조 제1항)

> 헌법 제64조 ① 국회는 법률에 저촉되지 아니하는 범위 안에서 의사와 내부규율에 관한 규칙을 제정할 수 있다.

2 재정에 관한 권한

1. 조세법

(1) 조세의 의의 및 구별개념

조세라 함은 국가나 지방자치단체 등 공권력의 주체가 재원조달의 목적으로 과세권을 발동하여 반대급부 없이 일반국민으로부터 강제적으로 부과·징수하는 과징금을 말한다. 따라서 반대급부를 전제로 하는 사용료나 특정 공익사업과 이해관계 있는 자로부터 부과·징수하는 부담금과는 구별된다.

구분	조세	특별부담금	수수료	사회보험료
반대급부	×	×	○	○
특징	일반회계	특별회계	사용상의 편익대가	본인부담 + 국가부담

(2) 기본원칙

조세법의 기본원칙은 조세법률주의와 조세평등주의를 그 내용으로 한다. 조세법률주의는 국가의 부당한 과세권 행사로부터 국민의 재산권을 보장하고 국민생활의 법적 안정성을 보장하기 위한 것으로서 그 내용으로는 과세요건법정주의, 과세요건명확주의, 소급과세금지의 원칙, 엄격한 해석의 원칙, 실질과세의 원칙이 있다. 04. 법원직

(3) 조세법률주의

> 헌법 제59조 조세의 종목과 세율은 법률로 정한다.

① 의의
  ㉠ 법률적 의의: 조세법률주의라 함은 법률에 근거가 없으면 조세를 부과·징수할 수 없고, 국민도 법률에 근거가 없으면 조세납부를 요구받지 아니한다는 원칙을 말한다. 헌법 제59조는 "조세의 종목과 세율은 법률로 정한다."라고 하여 조세법률주의를 선언하고 있다.
  ㉡ 제도적 의의: 조세법률주의는 국민의 재산권을 보장하고 국민생활의 법적 안정성과 예측 가능성을 보장하려는 데 그 제도적 의의가 있다. 즉, 조세법률주의는 '법률에 의한 행정의 원칙'을 재무행정의 영역에 적용한 것이다.

기출OX

01 국회는 법률의 위임범위 내에서 의사와 내부규율에 관한 규칙을 제정할 수 있다. (×) 18. 법원직

02 국회는 법령에 위배되지 아니하는 범위에서 의사와 내부 규율에 관한 규칙을 제정할 수 있다. (×) 18. 비상계획관

기출OX

01 조세법률주의는 국민의 재산권을 보장하고 법적 안정성을 보장하기 위한 것으로서 과세요건법정주의, 과세요건명확주의 등을 그 핵심내용으로 한다. (O)   04. 법원직

02 새로운 입법으로 과거에 소급하여 과세하는 것은 소급입법금지 원칙에 위반되지만, 이미 납세의무가 존재하는 경우에 소급하여 중과세하는 것은 소급입법금지원칙에 위반되지 않는다. (X) 13. 서울시 7급

② 내용

과세요건 법정주의	조세는 국민의 재산권을 침해하는 것이므로 납세의무를 발생하게 하는 납세의무자·과세물건·과세표준·과세기간·세율 등 과세요건과 조세의 부과·징수절차를 모두 국민의 대표기관인 국회가 제정한 법률로써 규정하여야 한다는 원칙을 말한다(헌재 1989.7.21, 89헌마38 등).
과세요건 명확주의	과세요건을 법률로 규정하였더라도 규정내용이 지나치게 추상적이고 불명확하면 과세관청의 자의적인 해석과 집행을 초래할 우려가 있으므로 규정내용이 명확하고 일의적이어야 한다는 원칙을 말한다.
소급과세금지의 원칙	조세를 납부할 의무가 성립한 소득·수익·재산 또는 거래에 대하여 성립 이후의 새로운 세법에 의하여 소급하여 과세하지 않는다는 원칙을 말한다.
엄격해석의 원칙	조세법규의 해석에 있어 유추해석이나 확장해석은 허용되지 않고 엄격히 해석하여야 한다는 원칙을 말한다.
기타의 원칙	그 밖에 합법성의 원칙, 납세자의 권리보호의 원칙 등이 있다.

③ 한계(예외)
　㉠ 형식상의 한계: 법률로 규정하는 것이 원칙이나 부득이한 사정이 있는 경우에 탄력성이 있는 행정입법에 위임하는 것이 허용된다.
　　ⓐ 조례에 의한 지방세의 세목결정: 법률은 지방세에 관하여 지방자치단체의 과세권의 근거와 지방세의 종류를 직접 규정하면서도(지방자치법 제126조, 지방세법 제1조), 지방세의 부과와 징수에 관하여 필요한 사항은 지방자치단체가 조례로써 정하도록 위임하고 있다(지방세법 제3조). 이는 조세법률주의의 예외라고 할 수 있다.
　　ⓑ 긴급재정·경제처분 및 그 명령에 의한 조세부과: 대통령의 긴급재정·경제처분 및 그 명령에 의한 조세부과도 조세법률주의에 대한 예외라고 할 수 있다.
　　ⓒ 조약에 의한 협정세율규정

> **정리** 특별부담금에 대한 조세법률주의의 적용 여부
> 사용료·부담금 등과 같이 엄밀한 의미에 있어서 조세가 아닌 경우에도 조세법률주의가 적용될 수 있는지에 대해서 국민에게 조세와 동일하게 재산적 부담을 준다는 점에서 조세법률주의의 적용을 긍정하는 견해와 조세입법권은 조세징수에 관한 것이므로 부담금 등에 대해서는 법치주의의 일반원리에 따라 검토되어야 한다고 하는 견해가 대립하고 있다. 생각건대 조세가 국가의 일반적인 과제수행을 위하여 금전을 염출하는 데 반하여, 부담금은 특정한 행정과제를 수행하기 위하여 부과되는 것이므로 사용료나 부담금의 경우에는 조세법률주의가 적용되지 않는 것으로 보아야 한다. 헌법재판소도 텔레비전수신료에 대해 조세법률주의를 적용하지 않았다.

　㉡ 내용상의 한계: 국민 개개인의 담세능력을 무시한 불공평한 조세제도는 조세법률주의의 한계를 일탈한 것이라고 볼 것이다.

(4) 조세평등주의

동일한 담세능력자에 대하여는 원칙적으로 평등한 과세가 있어야 한다. 형식과 실질이 상이한 때에는 실질에 따라 과세해야 한다(실질과세의 원칙).

관련 판례 조세법률주의에 관한 판례

1 종합부동산세❶ [헌법불합치]

[1] 종합부동산세 제도와 관련한 헌법적 쟁점(이중과세의 문제)

동일한 과세대상 부동산이라고 할지라도 지방자치단체에서 재산세로 과세되는 부분과 국가에서 종합부동산세로 과세되는 부분이 서로 나뉘어져 재산세를 납부한 부분에 대하여 다시 종합부동산세를 납부하는 것이 아니고, 양도소득세와 사이에서는 각각 그 과세의 목적 또는 과세 물건을 달리하는 것이므로, 이중과세의 문제는 발생하지 아니한다.

[2] 세대별 합산과세와 헌법 제36조 제1항 위반 여부

개정 종합부동산세법 제7조 제1항 중 전문의 괄호 부분 및 후문, 제2항·제3항, 제12조 제1항 제1호 중 본문의 괄호 부분 및 단서 부분, 제2항(이하 '이 사건 세대별 합산규정'이라 한다)에 의하여 혼인한 부부 또는 가족과 함께 세대를 구성한 자에게 더 많은 조세를 부과하는 것이 혼인과 가족생활을 특별히 더 보호하도록 한 헌법 제36조 제1항에 위반되는지 여부가 문제되고, 특정한 조세 법률조항이 혼인이나 가족생활을 근거로 부부 등 가족이 있는 자를 혼인하지 아니한 자 등에 비하여 차별 취급하는 것이라면 비례의 원칙에 의한 심사에 의하여 정당화되지 않는 한 헌법 제36조 제1항에 위반된다.

[3] 종합부동산세 부과로 인한 재산권 침해 여부

<u>그러나 주택의 경우에는 헌법 제35조 제3항에서 특별한 보호가치가 있음을 천명하고 있고,</u> 인간으로서의 존엄과 가치를 가진 개인의 주거로서 쾌적한 주거생활을 통하여 행복을 추구할 권리를 실현할 장소로 필수 불가결할 뿐만 아니라 합리적인 주택공급정책의 수단을 통하여도 국민의 주거생활 안정을 도모할 수 있다는 점에서 주택의 가격을 기준으로 고액의 주택을 보유한 자를 정책 집행의 대상으로 삼아 주택가격을 안정시키려는 수단의 선택은 보다 <u>엄격한 헌법적 심사의 기준에서 이루어져야 할 것이다. 종합부동산세 납세의무자의 세부담의 정도 및 주택과는 또 다른 토지의 특수성 등을 종합하면, 부동산에 대한 과도한 보유 및 투기적 수요 등을 억제함으로써 부동산의 가격안정을 꾀하며, 징수한 종합부동산세의 지방양여를 통하여 지방재정의 균형발전과 국민경제의 건전한 발전을 도모함으로써 얻을 수 있는 공익이 보다 크다고 할 것이므로, 피해의 최소성 및 법익 균형성의 원칙에 어긋난다고 보기는 어렵다 할 것이다</u>(헌재 2008.11.13, 2006헌바112 등).

2 2020년, 2021년 귀속 종합부동산세에 관한 사건 [합헌]

[1] 포괄위임에 위배되는지: 부동산 시장은 그 특성상 적시의 수급 조절이 어렵고, 종부세 부과를 통한 부동산 투기 억제 및 부동산 가격 안정을 도모하기 위해서는 부동산 시장의 상황에 탄력적·유동적으로 대응할 필요가 있으므로, 종부세 과세표준 산정을 위한 조정계수에 해당하는 '공정시장가액비율'을 하위법령에 위임할 필요성이 인정된다.

[2] 조세법률주의 위반 여부: 부동산 가격공시에 관한 법률에서 표준주택가격 결정절차, 위원회에 관한 부분, 이의절차등을 규정하고 있어 자의적으로 결정되도록 방치하고 있다고 볼 수 없다.

[3] 투기적 목적의 부동산 수요와, 법인을 활용한 개인의 부동산 투기를 차단하여, 부동산 가격을 인정시키기 위해서 불가피하다(헌재 2024.5.30, 2022헌바238).

---

❶ 세대별 합산과세는 사람마다 6억이 아닌 한 세대, 즉 한 가정마다 6억이라는 의미이다. 당시에 서울의 20평대 아파트의 평균가가 5억이었는데(방 2개 기준), 그렇다면 한 가족의 경우 딸, 아들, 부모 이렇게 살면 보다 큰 집이 필요하게 되어 6억이 넘어가고, 종합부동산세를 부담하게 된다. 사람이 기준이 아니라 세대가 기준이다 보니 혼자 사는 사람이 세금에서 유리한 결과가 발생하게 되는데 이는 헌법이 추구하는 이념에 합치하지 않는다.

❶
경영에 관여하지 않은 과점주주(주식의 50% 이상을 소유)까지도 회사가 망해서 내지 못한 세금을 내라고 하는 것은 헌법에 위반된다.

📚 비교 정리
세금에 따른 고려

구분	미납기간 장단 불고려
취득세	20/100 ⇨ 위헌
	10/100 ⇨ 합헌
등록세	합헌

3 과점주주의 2차 납세의무❶ [한정위헌]
국세기본법 제39조는 과점주주의 주식의 소유 정도 및 과점주주 소유의 주식에 대한 실질적인 권리의 행사 여부와 법인의 경영에 대한 사실상의 지배 여부 등 제2차 납세의무의 부과를 정당화시키는 실질적인 요소에 대하여는 고려함이 없이, 소정 과점주주 전원에 대하여 일률적으로 법인의 체납액 전부에 대한 무제한의 납세의무를 인정함으로써 실질적 조세법률주의 및 조세평등주의에 위반된다(헌재 1997.6.26, 93헌바49 등).

4 취득세의 미납에 따른 가산세의 부과 [헌법불합치]
지방세법 제120조의 '신고납부'의무는 취득사실을 신고할 의무와 취득세액을 납부할 의무라는 두 가지 의무를 가리키는 것인데도 불구하고, 두 가지 의무 중 하나만을 불이행한 자나 두 가지 의무 모두를 불이행한 자를 구별하지 아니하고 똑같이 산출세액의 **100분의 20**을 가산세로 납부하도록 규정하고 있고, 또한 자진납부의무를 불이행한 자들 사이에서도 그 미납기간의 장단을 전혀 고려하지 않고 똑같이 취급하고 있는 것은 헌법상의 평등의 원칙에 어긋난다. … 헌법불합치를 선고하여야 한다(헌재 2003.9.25, 2003헌바16).

5 미납기간의 장단 불고려 [합헌]
미납세액의 **100분의 10**이라는 가산세율은, 소득세의 납부의무 이행을 확보하고 그 불이행을 미연에 방지하는 데 필요한 최소한의 제재 수준을 벗어났다고 보기 어렵고, 입법자는 이를 상회하는 가산세율을 정하지 않음으로써 단지 가산세가 가지는 제재적 기능의 최소한만을 확보하고자 한 것이라고 보았다. 이에 헌법재판소는 이러한 가산세율 설정에 미납기간의 장단이 고려되지 않았다는 이유만으로, 종합소득세의 성실납부의무의 위반 정도에 비추어 그에 대한 제재가 적정한 비례관계에 있지 않게 됨으로써 납세의무자의 재산권이 침해되거나, 서로 다른 경우를 합리적 이유 없이 같게 취급한다고 볼 수는 없다(헌재 2013.8.29, 2011헌가27).

6 등록세 미납에 대한 가산세의 부과 [합헌]
등록세의 경우 등록세 납부의무의 불이행기간이 장기화될 수 있는 범위는 등기신청서 접수일로부터 보정을 거쳐 등록세를 납부하는 날까지라 할 것이다. 그런데 부동산등기법 제55조 단서는 당일 보정을 원칙으로 하고 있고, 당일 보정을 원칙으로 하는 법 규정에도 불구하고 실무상 등기등록신청인에게 보정기간을 더 허여한다고 하더라도 **그 기간이 1주일을 넘기는 어렵다**고 보인다. 그러므로 등록세에 있어서는 미납기간의 장단이 의무 위반의 정도를 결정하는 중요한 요소라고 보기는 어렵다. … 따라서 이 사건 법률조항은 평등의 원칙에 반하지 아니한다(헌재 2005.12.22, 2004헌가31).

7 명의신탁의 증여의제 [한정합헌]
명의신탁이 전반적으로 증여의 은폐수단으로 악용된다고 보기는 어렵고, 명의신탁의 수탁자는 형식상의 소유명의만을 보유한 데 지나지 않고, 실질적으로는 아무런 권리도 취득하지 못하는 진정한 의미의 명의신탁인 경우도 없지 아니하다(헌재 1989.7.21, 89헌마38).

8 명의신탁재산의 증여의제 [합헌]

증여를 받지 아니한 사람에게 증여세를 부과하는 것은 실질과세의 원칙에 어긋날 수 있다. 그러나 증여를 은폐하는 수단으로 명의신탁을 이용한 경우에 이를 제재하는 하나의 방법으로, 조세회피의 목적이 인정되는 제한적인 범위 내에서, 증여세를 부과하는 것은 비례의 원칙에 대한 심사에서 본 바와 같이 조세정의와 조세의 공평을 실현하기 위한 적절한 방법으로서 그 합리성이 인정되므로 실질과세의 원칙에 대한 예외로서 이를 허용할 수 있는 것이고 이는 헌법에 위반되지 않는다(헌재 2005.6.30, 2004헌바40).

9 배기량을 기준으로 한 자동차세의 부과 [합헌]

도로이용 및 파손에 대한 사용자부담금의 성격으로 교통혼잡과 대기오염을 발생시키는 행위에 대한 부담금의 성격도 아울러 가지고 있다. 따라서 배기량 기준인 것은 헌법에 위배되지 않는다(헌재 2002.8.29, 2001헌가24).

10 골프장에 대한 중과세 [합헌]

입법자가 골프장을 스키장 및 승마장보다 사치성 재산이라고 보아 중과세하고 있는 것은 시설이용의 대중성, 녹지와 환경에 대한 훼손의 정도, 일반국민의 인식 등을 종합하여 볼 때 정책형성권의 한계를 일탈한 자의적인 조치라고 보기는 어려우므로 조세평등주의에 위배되지 아니한다(헌재 1999.2.25, 96헌바64).

11 국세에 있어 신고일을 기준으로, 부과세는 발송일을 기준으로 [합헌]

신고일이나 납세고지서 발송일을 기준으로 국세채권이 우선하도록 하는 것은 담보권자의 예측가능성을 해한다거나 또는 과세관청의 자의가 개재될 소지를 허용하는 것이 아니고, 달리 그 기준시기의 설정이 현저히 불합리하다고 볼 수도 없으므로 담보권자의 재산권 등을 침해한다고 할 수 없다(헌재 2001.7.19, 2000헌바68).

12 부담금은 예외적으로만 인정

부담금은 조세에 대한 관계에서 어디까지나 예외적으로만 인정되어야 하며, 어떤 공적 과제에 관한 재정조달을 조세로 할 것인지 아니면 부담금으로 할 것인지에 관하여 입법자의 자유로운 선택권을 허용하여서는 안 된다. 즉, 국가등의 일반적 재정수입에 포함시켜 일반적 과제를 수행하는 데 사용할 목적이라면 반드시 조세의 형식으로 해야 하지, 거기에 부담금의 형식을 남용해서는 안 되는 것이다(헌재 2004.7.15, 2002헌바42).

13 부가가치세의 부담

부가가치세를 사실상 누가 부담하며 어떻게 전가시킬 것인가 하는 문제는 거래당사자간의 약정 또는 거래관행 등에 의하여 결정될 사항이지, 조세법에 따라 결정되는 사항은 아니다. 또한 세금계산서는 사업자가 재화 또는 용역을 공급하는 때에 부가가치세를 거래 징수하고 이를 증명하기 위하여 거래상대방에게 작성·교부하는 세금영수증이며, 부가가치세액의 지급약정을 한 증빙서류인지 여부는 국가가 관여할 성질의 것은 아니다(헌재 2000.3.30, 98헌바7).

14 유류분[2] 반환청구의 단기 소멸시효 [합헌]

유류분 반환청구는 피상속인이 생전에 한 유효한 증여도 그 효력을 잃게 하는 것이므로 민법 제1117조의 '반환하여야 할 증여를 한 사실을 안 때로부터 1년'의 단기소멸시효는 유류분권리자의 재산권을 침해하지 않는다(헌재 2010.12.28, 2009헌바20).

---

[2] 유류분이란 피상속인의 의사와 상관없이 법으로 최소한의 상속분을 보장하는 제도, 보통 법정상속분의 절반 정도는 의사와 상관없이 보장해준다.

15 과세최저한 제도 [합헌]

5만원을 초과하는 기타소득금액의 과세 후 소득이 5만원 미만이 되는 경우가 발생한다고 하더라도 이는 과세최저한 제도에 당연히 수반하는 결과이므로, 재산권을 침해한다고 볼 수 없다(헌재 2011.6.30, 2009헌바199).

16 상속세❶ 부가시점 [위헌]

신고하지 않은 상속재산이나 수증재산을 상속 또는 증여당시가 아닌 조세부과당시를 기준으로 과세하는 것은 재산권 침해이다(헌재 1992.12.24, 90헌바21).

17 조세의 심사기준

조세 관련 법률의 목적이나 내용은 기본권 보장의 헌법이념과 이를 뒷받침 하는 과잉금지원칙 등 헌법상 제반 원칙에 합치되어야 하므로, 헌법 제38조에 의한 국민의 납세의무에도 불구하고 과잉금지원칙 등에 어긋나 국민의 재산권을 침해하는 것은 헌법상 허용되지 아니한다. 다만 오늘날 조세는 국가의 재정수요를 충족시킨다고 하는 본래의 기능 외에도 소득의 재분배, 자원의 적정배분, 경기의 조정 등 여러 가지 기능을 가지고 있어 국민의 조세부담을 정함에 있어서 재정·경제·사회정책 등 국정전반에 걸쳐 종합적인 정책판단을 필요로 하므로 그 비례심사의 강도는 다소 완화될 필요가 있다(헌재 2015.3.26, 2012헌바381등).

2. 예산의 심의·확정권

(1) 예산의 의의

① 1회계연도간의 국가의 수입과 지출에 관한 예정계산서이다.
② 예산은 법률로 하는 경우가 있고(예 영국, 미국, 프랑스, 독일), 우리나라처럼 특수한 의결로 하는 경우가 있다(예 우리나라, 일본, 스위스).
③ 1년 예산주의, 총계예산주의❷, 단일예산주의

(2) 예산의 법적 성질

예산에 대한 헌법소원 가능 여부에 관해 헌법재판소는 국회가 의결한 예산 또는 국회의 예산안 의결이 헌법재판소법 제68조 제1항 소정의 '공권력의 행사'에 해당하지 않아 헌법소원의 대상이 되지 아니한다고 결정하였다.❸ 08. 국회직 8급

(3) 예산과 법률의 비교

구분	예산	법률
형식	법률과 별개의 국법형식	입법형식
제출시한	회계연도 개시 90일 전까지	-
제출권	정부	정부, 국회의원(10인)
수정	50인 동의	30인 동의
의결시한	회계연도 개시 30일 전까지	-
의결정족수	일반	일반
정부거부권	×	○
효력발생	국회 의결시	공포 후 20일
효력시한	당 회계연도	폐지시까지
효력범위	외국공관 ○	외국공관 ×
구속력	국가기관	국가기관·국민

---

❶ 언제 부과할지 알 수 없으며 이에 따라 세금이 달라진다. 따라서 이는 자의적인 과세이다.

기출OX

미신고 또는 누락된 상속세에 대하여 상속세 부과요건이 성립된 시점인 상속이 개시된 때가 아니라 상속세 부과 당시의 가액을 과세대상인 상속재산의 가액으로 하는 것은 일정한 제재의 의미도 가미되어 있으므로 조세법률주의에 위반되지 않는다. (×) 17. 국가직 7급

❷ 순계예산과 비교되는 개념으로, 수입과 지출을 상계하지 않고 일체의 수입과 지출을 계상하는 것을 말한다.

❸ 그 이유는 예산은 국가기관에 대해 구속력을 가지게 되므로 일반국민의 행위를 규율하는 것이 아니고 국가기관의 재정행위를 한 회계연도에 한하여 규율한다는 점에서 일반 법규범과 구별되기 때문이다.

기출OX

법률안은 국민일반과 국가기관을 구속하고 예산세입부문은 국가기관만 구속한다. (○) 08. 국회직 8급

(4) 예산과 법률의 관계 ❹

	상호 구속관계, 상호 변경 불가			
세출예산 법률	세출예산	법률	지출	대책
	○	×	×	법률 제·개정
	×	○	×	예비비, 추가경정예산, 법률시행연기
	조세법률주의			
세입예산 법률	세입예산	법률	부과	대책
	○	×	×	법률 제·개정
	×	○	○	-

(5) 예산 편성의 절차

> 헌법 제54조 ① 국회는 국가의 예산안을 심의·확정한다.
> ② 정부는 회계연도마다 예산안을 편성하여 회계연도 개시 90일 전까지 국회에 제출하고, 국회는 회계연도 개시 30일 전까지 이를 의결하여야 한다. 05. 입시, 08. 법원직
> 제57조 국회는 정부의 동의 없이 정부가 제출한 지출예산 각 항의 금액을 증가하거나 새 비목을 설치할 수 없다. 08. 국회직 8급·법원직, 12. 지방직 7급

예산안 제출권은 정부만이 가지고, 국회는 예산안 확정권을 가진다. 08. 국회직 8급

① 편성·제출(헌법 제54조 제2항)
  ㉠ 회계연도 90일 전까지 제출하되, 제출된 예산의 수정 또는 철회시에는 국회(본회의나 위원회)의 동의를 요한다(본회의나 위원회의 의제가 된 경우). 정부는 예산안을 국회에 제출한 후 부득이한 사유로 인해 그 내용의 일부를 수정하고자 하는 때에는 국무회의 심의를 거쳐 대통령의 승인을 얻은 수정예산안을 국회에 제출할 수 있다(국가재정법 제35조).
  ㉡ 정부는 독립기관의 예산을 편성할 때 해당 독립기관의 장의 의견을 최대한 존중하여야 하며, 국가재정상황 등에 따라 조정이 필요한 때에는 해당 독립기관의 장과 미리 협의하여야 한다(국가재정법 제40조 제1항). 19. 국가직 7급

② 심의·확정
  ㉠ 회계연도 30일 전까지 심의·확정해야 한다.
  ㉡ 확정절차

  ㉢ 국회는 예산안을 삭감할 수 있으나, 조약이나 법률로서 확정된 지출금액의 삭감은 불가하다.
  ㉣ 국회는 정부의 동의 없이 정부가 제출한 지출예산 각 항의 금액을 증가하거나 새 비목을 설치할 수 없다(헌법 제57조). 다만, 특정 예산의 전면삭감을 포함하는 소극적 수정권(감액·삭감)은 헌법상 제한이 없다. 예산안 전체에 대한 폐지는 금지되지만 특정 예산에 대한 전면적 폐지는 가능하다(국가안전보장회의 예산안은 전면폐지 가능). 08. 국회직 8급

❹
1. 행정을 할 때에는 법에 근거가 있어야 한다. 따라서 예산은 있어도 법률이 없다면 예산을 지출할 수 없다. 반면 예산이 없다면 이때는 예비비나 추가경정예산을 편성해야 한다.
2. 예산은 있지만 법률이 없다면 조세법률주의 때문에 부과가 되지 않으므로 법을 제·개정해야 한다. 다만, 국회 내부의 문제로 예산이 통과되지 않아도 법이 있다면 조세법률주의에 근거하여 부과할 수 있다.

기출OX

01 세출예산은 예산으로 성립하여 있다고 하더라도 그 경비의 지출을 인정하는 법률이 없는 경우 정부는 지출행위를 할 수 없다. (○)
22. 지방직 7급

02 예산결산특별위원회는 소관 상임위원회에서 삭감한 세출예산 각 항의 금액을 증가하게 하거나 새 비목을 설치할 경우에는 소관 상임위원회의 동의를 얻어야 한다. (○)
08. 국회직 8급

03 정부는 중앙선거관리위원회의 예산을 편성함에 있어 중앙선거관리위원회 위원장의 의견을 최대한 존중하여야 하며, 국가재정상황 등에 따라 조정이 필요한 때에는 중앙선거관리위원회 위원장과 미리 협의하여야 한다. (○)
19. 국가직 7급

04 정부는 예산안을 국회에 제출한 후 부득이한 사유로 인하여 그 내용의 일부를 수정하고자 하는 때에는 국무회의의 심의를 거쳐 대통령의 승인을 얻은 수정예산안을 국회에 제출할 수 있다. (○)
18. 비상계획관

비교 정리

삭감과 증액

구분	가능여부
삭감	○
새비목·증액	×

주의

다만, 정보위원회는 예산결산특별위원회의 종합심사 없이 정보위원회의 의결로 확정된다.

비교 정리

예산심의

구분	절차
일반	상임위원회 → 예산결산특별위원회 → 본회의
정보위원회	정보위원회 → 본회의

기출OX

01 공무원의 보수 인상을 위한 인건비 충당을 위하여 예비비의 사용 목적을 지정할 수 있다. (×)
19. 경찰승진

02 정부는 법령에 따라 국가가 지급하여야 하는 지출이 발생하거나 증가하여 이미 확정된 예산에 변경을 가할 필요가 있는 경우에는 추가경정예산안을 편성할 수 있으며, 국회에서 추가경정예산안이 확정되기 전에 이를 미리 배정하거나 집행할 수 없다. (○)
19. 경찰승진

ⓜ 의장은 예산안과 결산을 소관 상임위원회에 회부할 때에는 심사기간을 정할 수 있으며, 상임위원회가 이유 없이 그 기간 내에 심사를 마치지 아니한 때에는 이를 바로 예산결산특별위원회에 회부할 수 있다(국회법 제84조 제6항).

ⓑ 예산결산특별위원회에서 예산안이 의결되면 본회의에 부의하여 질의 및 토론을 거쳐 표결하고 이때 확정된다.

ⓢ 정보위원회에서 심사한 예산안과 결산에 대하여 총액으로 예산결산특별위원회에 통보한다. 이 경우 정보위원회의 심사는 예산결산특별위원회의 심사로 본다(국회법 제84조 제4항).

③ 예산의 공고: 예산안은 국회의 의결로서 예산으로 성립된다. 정부에 이송하여 대통령의 서명 및 국무총리와 관계 국무위원의 부서를 거쳐 공고(관보에 게재)한다. 공고는 효력발생요건이 아니다.

(6) 예산의 내용

① 총칙, 세입·세출예산, 계속비, 명시이월비, 국고채무 부담행위

> 헌법 제55조 ① 한 회계연도를 넘어 계속하여 지출할 필요가 있을 때에는 정부는 연한을 정하여 계속비로서 국회의 의결을 얻어야 한다. 05. 입시, 08. 법원직
> ② 예비비는 총액으로 국회의 의결을 얻어야 한다. 예비비의 지출은 차기 국회의 승인을 얻어야 한다.

② 계속비(헌법 제55조 제1항): 예산 1년주의의 예외이다. 5년을 기한으로 한다.

③ 예비비(헌법 제55조 제2항): 예비비 지출이 차기(차년도 ×) 국회의 승인을 얻지 못한 경우 지출은 유효하나 정치적 책임으로 부담한다. 예비비의 유효요건은 승인이 아니라 의결이다.

(7) 예산의 종류

① **추가경정예산**: 제3차 개헌시 도입 05. 입시, 08. 법원직

> 헌법 제56조 정부는 예산에 변경을 가할 필요가 있을 때에는 추가경정예산안을 편성하여 국회에 제출할 수 있다.

② **준예산**: 독일, 제3차 개헌시 도입 05. 입시

> 헌법 제54조 ③ 새로운 회계연도가 개시될 때까지 예산안이 의결되지 못한 때에는 정부는 국회에서 예산안이 의결될 때까지 다음의 목적을 위한 경비는 전년도 예산에 준하여 집행할 수 있다.
> 1. 헌법이나 법률에 의하여 설치된 기관 또는 시설의 유지·운영
> 2. 법률상 지출의무의 이행
> 3. 이미 예산으로 승인된 사업의 계속

준예산으로 집행된 예산은 성립된 예산의 집행으로 간주한다(예산회계법 제34조 제2항).

③ **가예산**: 건국헌법에서 규정하였던 가예산은 월단위로 편성하는 임시예산이다.

(8) 예산의 효력
   ① 1회계연도 내에서 국가기관만을 구속한다.
   ② 외국의 공관에서 행해지는 수입·지출에 대하여도 효력이 미친다(다수설).

3. 결산심사권(헌법 제99조)

> 헌법 제99조 감사원은 세입·세출의 결산을 매년 검사하여 대통령과 차년도 국회에 그 결과를 보고하여야 한다.❶

(1) 기획재정부장관은 각 부처의 장이 제출(다음 연도 2월 말)한 결산 보고서를 토대로 세입·세출의 결산을 작성하여 국무회의의 심의와 대통령의 승인을 얻어 감사원에 제출(다음 연도 4월 10일)한다.
(2) 감사원은 결산심사권을 검사한 후 차년도 국회에 검사결과를 보고하여야 하고, 보고서를 다음 연도 5월 20일까지 기획재정부장관에게 송부하여야 한다.
(3) 정부는 결산을 다음 연도 5월 31일까지 국회에 제출한다.
(4) 소관 상임위원회 ⇨ 예산결산특별위원회 ⇨ 본회의 순으로 심사·의결한다.
(5) 결산결과가 불법 또는 부당해도 국회는 정치적 책임만을 물을 수 있다.

❶ 감사원의 세입·세출결산보고는 대통령과 차년도 국회에 한다. 예를 들어 2월 국회이면 4월이 차기가 되지만 차년도라면 다음 연도 1월 이후가 된다.

4. 정부의 재정행위에 관한 권한

동의	① 국채모집·예산 외의 국가부담이 될 계약체결 ② 재정 부담이 되는 조약의 체결·비준
승인	① 예비비 지출 ② 긴급재정경제 처분·명령

3 국정통제에 관한 권한 02. 국가직 7급

1. 국무총리·국무위원 등에 대한 출석요구 및 질문권, 대정부 서면질문권(헌법 제62조)

대통령제도에서는 이례적으로 국무총리 등의 출석요구 및 질문권을 인정하고 있다.

> 헌법 제62조 ① 국무총리·국무위원 또는 정부위원은 국회나 그 위원회에 출석하여 국정처리상황을 보고하거나 의견을 진술하고 질문에 응답할 수 있다.
> ② 국회나 그 위원회의 요구가 있을 때에는 국무총리·국무위원 또는 정부위원은 출석·답변하여야 하며, 국무총리 또는 국무위원이 출석요구를 받은 때에는 국무위원 또는 정부위원으로 하여금 출석·답변하게 할 수 있다.

기출OX

헌법 제62조에 따르면 국무총리나 국무위원 외에 정부위원도 국회에 출석하여 답변할 수 있으며, 정부위원은 다른 정부위원으로 하여금 출석·답변하게 할 수 있다. (×) 19. 국가직 7급

(1) 출석요구
① 20인 이상의 의원이 서면으로 출석요구를 할 수 있고, 위원회의 의결로도 출석요구를 할 수 있다. 위원회의 의결이 있는 경우에는 위원장은 의장에게 이를 보고하여야 한다. 한편, 출석요구가 있으면 질문요지서를 의장에게 제출하여야 하며, 의장은 48시간 전까지 정부에 도달하도록 송부하여야 한다.
② 정부위원은 정부조직법 제9조상의 과장 이상(국장, 실장, 부장, 청장 등)을 말한다.
③ 법률상 출석요구 대상자는 대법원장, 헌법재판소장, 중앙선거관리위원회 위원장, 감사원장 등을 말한다(국회법 제121조).

(2) 서면질문
① 대상은 정부, 대법원장, 헌법재판소장, 감사원장, 중앙선거관리위원회 위원장 등이다.
② 서면질문을 받은 경우 10일 이내에 서면 또는 구두로 답변하여야 한다. 기간 내 답변이 불가할 때에는 그 이유와 답변가능시한을 국회에 통지해야 한다.

(3) 대정부질문(국회법 제122조의2)
대정부질문은 15분 이내로 하며, 보충질문은 5분 이내로 한다.

(4) 긴급현안질문제도(국회법 제122조의3)
① 긴급현안질문은 의원 20인 이상의 발의로 할 수 있으며, 대정부 질문시 제기되지 않은 긴급한 사안에 대해서 할 수 있다.
② 질문요구서는 본회의 개의 24시간 전에 의장에게 제출해야 하며, 의장은 운영위원회와 협의하거나 본회의 표결로 실시 여부를 결정한다.
③ 시간은 총 120분이며, 이는 의장·원내대표의 협의로 연장 가능하다. 의원의 질문시간은 10분으로 하며, 보충질문은 5분으로 한다.

2. 탄핵소추

> 헌법 제65조 ① 대통령·국무총리·국무위원·행정각부의 장·헌법재판소 재판관·법관·중앙선거관리위원회 위원·감사원장·감사위원 기타 법률이 정한 공무원이 그 직무집행에 있어서 헌법이나 법률을 위배한 때에는 국회는 탄핵의 소추를 의결할 수 있다.
> ② 제1항의 탄핵소추는 국회재적의원 3분의 1 이상의 발의가 있어야 하며, 그 의결은 국회재적의원 과반수의 찬성이 있어야 한다. 다만, 대통령에 대한 탄핵소추는 국회재적의원 과반수의 발의와 국회재적의원 3분의 2 이상의 찬성이 있어야 한다.
> ③ 탄핵소추의 의결을 받은 자는 탄핵심판이 있을 때까지 그 권한행사가 정지된다.
> ④ 탄핵결정은 공직으로부터 파면함에 그친다. 그러나 이에 의하여 민사상이나 형사상의 책임이 면제되지는 아니한다.

기출OX

위원은 위원회에서 같은 의제에 대하여 횟수 및 시간 등에 제한 없이 발언할 수 있다. 다만, 위원장은 발언을 원하는 위원이 2명 이상일 경우에는 간사와 협의하여 15분의 범위에서 각 위원의 첫 번째 발언시간을 균등하게 정하여야 한다(국회법 제60조 제1항). (○) 18. 법무사

(1) 탄핵제도의 의의
    ① 개념: 탄핵제도는 영국에서 기원하였으며 일반사법절차에 따라 소추하거나 징계하기가 곤란한 고위직 행정공무원이나 법관 등을 파면하는 제도이다.❶
    ② 법적 성격: 징계벌적 성질로, 공직에서 파면함에 그치고 민·형사상 책임은 면책되지 않는다. 영국과 프랑스의 경우에는 파면 외에 징역·금고 등의 형벌까지 선고 가능하다.❷

(2) 탄핵소추의 내용
    ① 주체(소추기관): 국회(양원제인 경우 하원)이다. 우리 헌법은 탄핵소추권을 국회에 부여하고, 탄핵심판권을 헌법재판소에 인정함으로써 탄핵절차를 두 단계로 나누고 있다. 07. 법원직
    ② 소추대상자
        ㉠ 대통령·국무총리·국무위원·행정각부의 장·헌법재판소 재판관·법관·중앙선거관리위원회 위원·감사원장·감사위원 기타 법률이 정한 공무원❸
        ㉡ 기타 법률이 정한 공무원의 범위: 검사·처장·정부위원·군참모총장·외교관·방송통신위원회의 위원장 등(국회의원은 탄핵대상이 되지 않는 것이 원칙)

> **관련 판례**
>
> **1 법관에 대한 탄핵** [각하]
> 국회의 탄핵소추의결 이후 헌법재판소의 탄핵심판 중 임기만료로 피청구인이 법관의 직에서 퇴직한 사안에서, 탄핵결정을 선고할 때 피청구인이 해당 공직에 있음을 전제로 헌법재판소는 2021.10.28. 재판관 5인의 각하의견으로, 이미 임기만료로 퇴직한 피청구인에 대해서는 본안판단에 나아가도 파면결정을 선고할 수 없으므로 결국 이 사건 탄핵심판청구는 부적법하다는 결정을 선고하였다(헌재 2021.10.28, 2021헌나1).
>
> **2 방송통신위원회 위원장(이진숙) 탄핵** [기각]
> 핵심은 재적위원 2인에 의한 의결이 적법한가 여부이다. 반대의견인 인용의견은 방통위법이 위원 정수를 상임위원 5인으로 규정하였으니 재적의원 과반수라면 3인 이상의 찬성으로 이루어져야 한다고 보고 있으나, 법정의견인 기각의견은 재적의원은 문제되는 의결 시점에 방통위에 적을 두고 있는 위원을 의미한다고 해석하여 현재 재적하고 있는 2인이 재적의원이니 이들의 의견합치로 의결해도 된다고 보고 있다. 탄핵은 6인 이상이 찬성하여야 하나 찬반은 4:4로 나뉘어 결국 기각되었다 (헌재 2025.1.23, 2024헌나1).

❶ 영국과 미국은 상원, 일본은 독립된 탄핵법원, 독일과 이탈리아는 헌법재판소가 담당한다.

❷ 이와 달리 우리나라는 파면만 결정하고 민·형사 재판은 이후 따로 판단받는다.

❸ 탄핵대상자 중에 헌법에 열거되어 있는 자로서 '장'인 사람은 감사원장뿐이다. 대상자에 국회의원은 없고 헌법재판관이 있다는 것은 비판이 있다.

③ 사유
㉠ **직무집행과 관련**: 사생활의 행위, 취임 전이나 퇴직 후의 행위는 사유가 되지 않으며, 현직자를 원칙으로 하여 전직(前職)시의 행위는 배제한다(다수설).
㉡ **헌법과 법률에 위배될 것**: 성문·불문의 모든 법, 기본원리, 관습법, 국제법규도 포함되나, 정치적 무능력, 정책결정의 과오, 단순한 부도덕 등은 포함되지 않는다(해임사유).
㉢ **고의·과실이 있을 것**: 법의 무지로 인한 경우도 포함한다.

④ 절차
㉠ 의결
ⓐ 탄핵소추의 발의가 있는 경우 의장은 본회의에 보고하고, 본회의 의결로 법제사법위원회에 회부하여 조사하도록 할 수 있다. 탄핵소추의 중대성에 비추어 소추의결을 하기 전에 충분한 찬반토론을 거치는 것이 바람직하다. 그러나 국회법에 탄핵소추안에 대하여 표결 전에 반드시 토론을 거쳐야 한다는 명문 규정은 없다(헌재 2017.3.10, 2016헌나1).
ⓑ 법제사법위원회에 회부된 의결이 가결된 경우에는 본회의 보고시로부터 24시간 이후 72시간 이내에 무기명투표에 의해 탄핵소추 여부를 결정한다. 탄핵소추의 의결이 있는 때에는 의장은 지체 없이 소추의결서의 정본을 법제사법위원장인 소추위원에게, 그 등본을 헌법재판소, 피소추자와 그 소속기관의 장에게 송달한다.
ⓒ 소추위원은 헌법재판소에 소추의결서의 정본을 제출하여 그 심판을 청구하며, 심판의 변론에 있어 피청구인을 신문할 수 있다. 08. 국회직 8급
ⓓ 국회가 탄핵소추사유에 대하여 별도의 조사를 하지 않았다거나 국정조사결과나 특별검사의 수사결과를 기다리지 않고 탄핵소추안을 의결하였다고 하여 그 의결이 헌법이나 법률을 위반한 것이라고 볼 수 없다(헌재 2017.3.10, 2016헌나1).
㉡ **정족수**: 일반탄핵소추는 재적의원 3분의 1 이상으로 발의하며 재적의원 과반수가 찬성하여야 한다. 04. 국회직 8급 다만, 대통령 탄핵소추는 재적의원 과반수가 발의하고, 재적의원 3분의 2 이상이 의결한다.❶
㉢ **절차**: 법제사법위원회 위원장인 소추위원이 대표하여 소추하고 심판에 관여하며, 소추위원이 소추의결서의 정본을 헌법재판소에 제출하면 탄핵심판청구의 효력이 발생한다.

기출OX

본회의가 탄핵소추안을 법제사법위원회에 회부하기로 의결하지 아니한 경우에는 본회의에 보고된 때부터 24시간 이후 72시간 이내에 탄핵소추 여부를 무기명투표로 표결하되, 이 기간 내에 표결하지 아니한 탄핵소추안은 폐기된 것으로 본다. (O) 22. 지방직 7급

❶ 제6차 개정헌법에서 가중되었다.

⑤ 소추의 효과
  ㉠ 권한행사의 정지(헌법 제65조 제3항): 소추의결서가 송달된 때에는 피소추자의 권한행사는 탄핵심판이 있을 때까지 정지되며, 임명권자는 피소추자의 사직원을 접수하거나 해임할 수 없다(국회법 제134조 제2항). 04. 국회직 8급 다만, 파면은 가능하다.
  ㉡ 피소추자가 이미 파면된 경우: 탄핵소추가 의결된 자가 이미 파면된 경우에는 헌법재판소는 탄핵청구를 기각하여야 한다(헌법재판소법 제53조 제2항). 04·08. 국회직 8급

(3) 탄핵심판
① 심판기관: 탄핵심판은 헌법재판소가 담당한다.
② 심판절차(변론주의): 피청구인에 대한 탄핵심판 청구서와 동일한 사유로 형사소송이 진행되고 있는 때에는 재판부는 심판청구를 정지할 수 있다(헌법재판소법 제51조). 04·08. 국회직 8급 당사자가 변론기일에 출석하지 아니한 때에는 다시 기일을 정하고, 다시 정한 기일에도 당사자가 출석하지 아니한 때에는 그 출석 없이 심리할 수 있다(헌법재판소법 제52조). 08. 국회직 8급
③ 심판결정: 헌법재판소 재판관의 6인 이상이 찬성하여야 한다(헌법 제113조 제1항).
④ 심판효과
  ㉠ 공직에서 파면됨에 그친다(징계벌).
  ㉡ 민·형사상 책임은 면제되지 않는다. 따라서 민·형사상 책임을 추궁해도 일사부재리에 해당하지 않는다. 07. 법원직
  ㉢ 탄핵결정이 있는 경우 5년간 공직취임이 금지된다(헌법재판소법 제54조 제2항). 04·08. 국회직 8급

관련 판례

노무현 대통령 탄핵사건 [기각]

[1] 판단의 대상

헌법재판소는 사법기관으로서 원칙적으로 탄핵소추기관인 국회의 탄핵소추의결서에 기재된 소추사유에 의하여 구속을 받는다. 따라서 헌법재판소는 탄핵소추의결서에 기재되지 아니한 소추사유를 판단의 대상으로 삼을 수 없다. 그러나 탄핵소추의결서에서 그 위반을 주장하는 '법규정의 판단'에 관하여 헌법재판소는 원칙적으로 구속을 받지 않으므로, 청구인이 그 위반을 주장한 법규정 외에 다른 관련 법규정에 근거하여 탄핵의 원인이 된 사실관계를 판단할 수 있다.

또한, 헌법재판소는 소추사유의 판단에 있어서 국회의 탄핵소추의결서에서 분류된 소추사유의 체계에 의하여 구속을 받지 않으므로, 소추사유를 어떠한 연관관계에서 법적으로 고려할 것인가의 문제는 전적으로 헌법재판소의 판단에 달려있다.

[2] 탄핵소추의 적법성

적법절차원칙이란 국가기관이 국민과의 관계에서 공권력을 행사함에 있어서 준수해야 할 법원칙으로서 형성된 적법절차의 원칙을 국가기관에 대하여 헌법을 수호하고자 하는 탄핵소추절차에는 직접 적용할 수 없다고 할 것이고, 그와 달리 탄핵소추절차와 관련하여 피소추인에게 의견진술의 기회를 부여할 것을 요청하는 명문의 규정도 없으므로, 국회의 탄핵소추절차가 적법절차원칙에 위배되었다는 주장은 이유 없다.

비교 정리

구분	가능 여부
사직·해임	×
파면	○

기출OX

01 피청구인이 결정 선고 전에 해당 공직에서 파면되었을지라도 헌법재판소는 심판청구를 인용할 수 있다. (×) 17. 법원직

02 피청구인에 대한 탄핵심판청구와 동일한 사유로 형사소송이 진행되고 있더라도 탄핵심판절차를 정지하여서는 아니 된다. (×) 04. 국회직 8급

기출OX

01 탄핵결정은 공직으로부터 파면함에 그치나, 이로써 민·형사상 책임이 면제되지는 아니한다. (○) 07. 법원직

02 탄핵결정에 의하여 파면된 자는 결정선고가 있는 날로부터 3년간 공무원이 될 수 없다. (×) 04. 국회직 8급

03 헌법재판소는 탄핵소추의결서에 기재되지 아니한 소추사유를 판단의 대상으로 삼을 수 없으므로 청구인이 그 위반을 주장한 법규정 외에 다른 관련 법규정에 근거하여 탄핵의 원인이 된 사실관계를 판단할 수 없다고 본다. (×) 07. 법원직

04 헌법재판소는 원칙적으로 국회의 소추의결서에 기재된 소추사유에 의하여 구속을 받지 아니하고, 소추의결서에 기재되지 아니한 소추사유를 판단의 대상으로 삼을 수 있다. (×) 17. 서울시 7급

비교 정리

구분	구속여부
사실관계	○
법률관계	×

[3] 위배 여부
① 중립의무 위반 여부(적극)
㉠ 공직선거법 제9조의 '공무원'이란, 위 헌법적 요청을 실현하기 위하여 선거에서의 중립의무가 부과되어야 하는 모든 공무원 즉, 구체적으로 '자유선거원칙'과 '선거에서의 정당의 기회 균등'을 위협할 수 있는 모든 공무원을 의미한다.
다만, 국회의원과 지방의회의원은 정당의 대표자이자 선거운동의 주체로서의 지위로 말미암아 선거에서의 정치적 중립성이 요구될 수 없으므로, 공직선거법 제9조의 '공무원'에 해당하지 않는다.
㉡ 대통령직의 정치적 비중과 영향력을 이용하여 특정 정당을 지지하는 발언을 한 것은, 대통령의 지위를 이용하여 선거에 대한 부당한 영향력을 행사하고 이로써 선거의 결과에 영향을 미치는 행위를 한 것이므로, **선거에서의 중립의무를 위반하였다.**
② 선거운동을 하였는지 여부(소극)
공직선거법 제58조 제1항은 '당선'의 기준을 사용하여 '선거운동'의 개념을 정의함으로써, '후보자를 특정할 수 있는지의 여부'를 선거운동의 요건으로 삼고 있다. 그러나 이 사건의 발언이 이루어진 시기인 2004.2.18.과 2004.2.24.에는 아직 정당의 후보자가 결정되지 아니하였으므로, 후보자의 특정이 이루어지지 **않은 상태**에서 특정 정당에 대한 지지발언을 한 것은 선거운동에 해당한다고 볼 수 없다.
③ 헌법을 준수하고 수호해야할 의무 위반 여부(적극)
㉠ 중앙선거관리위원회의 경고를 받은 상황에서의 대통령의 행위
대통령이 현행법을 '관권선거시대의 유물'로 폄하하고 법률의 합헌성과 정당성에 대하여 대통령의 지위에서 공개적으로 의문을 제기하는 것은 헌법과 법률을 준수해야 할 의무와 부합하지 않는다.
㉡ 재신임 국민투표를 제안한 행위
국민투표는 직접민주주의를 실현하기 위한 수단으로서 '사안에 대한 결정' 즉, 특정한 국가정책이나 법안을 그 대상으로 한다. 따라서 국민투표의 본질상 '대표자에 대한 신임'은 국민투표의 대상이 될 수 없으며, 헌법상 허용되지 않는 재신임 국민투표를 국민들에게 제안한 것은 그 자체로서 헌법 제72조에 반하는 것으로 헌법을 실현하고 수호해야 할 대통령의 의무를 위반한 것이다.
㉢ 불성실
헌법 제69조는 대통령의 취임선서의무를 규정하면서, 대통령으로서 '직책을 성실히 수행할 의무'를 언급하고 있다. **비록 대통령의 '성실한 직책수행의무'는 헌법적 의무에 해당하나, '헌법을 수호해야 할 의무'와는 달리, 규범적으로 그 이행이 관철될 수 있는 성격의 의무가 아니므로, 원칙적으로 사법적 판단의 대상이 될 수 없다고 할 것이다.**
[4] 피청구인을 파면할 것인지의 문제
파면결정을 통하여 헌법을 수호하고 손상된 헌법질서를 다시 회복하는 것이 요청될 정도로, 대통령의 법위반행위가 헌법수호의 관점에서 중대한 의미를 가진다고 볼 수 없고, 또한 대통령에게 부여한 국민의 신임을 임기 중 다시 박탈해야 할 정도로 국민의 신임을 저버린 경우에 해당한다고도 볼 수 없으므로, 대통령에 대한 파면결정을 정당화하는 사유가 존재하지 않는다.
[5] 소수의견을 표시할 것인지 여부
이 **탄핵심판사건에 관해서도 재판관 개개인의 개별적 의견 및 그 의견의 수 등을 결정문에 표시할 수는 없다**(헌재 2004.5.14. 2004헌나1).

기출OX

대통령의 탄핵소추사유는 헌법이나 법률을 위반한 때로 제한되고, 정치적 무능력이나 정책결정상의 잘못 등 직책수행의 성실성 여부는 그 자체로서 소추사유가 되지 않는다. (O)
16. 국가직 7급

⚖️ 관련 판례

1 박근혜 대통령 탄핵사건 [파면]

[1] 본안전 요건 판단

① 소추사실의 특정성
　소추의결서의 헌법 위배행위 부분이 분명하게 유형별로 구분되지 않은 측면이 없지 않지만, 법률 위배행위 부분과 종합하여 보면 소추사유를 특정할 수 있다.

② 토론 없이 진행
　당시 토론을 희망한 의원은 한 사람도 없었으며, 국회의장이 토론을 희망하는 데 못하게 한 사실도 없다.

③ 8인 재판관 선고 - 공정한 재판을 받을 권리
　여덟 명의 재판관으로 이 사건을 심리하여 결정하는 데 헌법과 법률상 아무런 문제가 없는 이상 헌법재판소로서는 헌정위기 상황을 계속해서 방치할 수는 없다.

[2] 본안 판단

① 직업공무원제도의 본질 침해
　사직서가 수리된 사실은 인정되나 사익추구에 방해가 되었기 때문에 인사를 하였다고 인정하기에는 부족하다.

② 언론의 자유 침해
　이 사건에 나타난 모든 증거를 종합하더라도 세계일보에 구체적으로 누가 압력을 행사하였는지 분명하지 않고 피청구인이 관여하였다고 인정할 만한 증거는 없다.

③ 생명권 보호의무, 직책성실의무 위반 - 세월호사건
　피청구인은 국가가 국민의 생명과 신체의 안전 보호의무를 충실하게 이행할 수 있도록 권한을 행사하고 직책을 수행하여야 하는 의무를 부담한다. 그러나 국민의 생명이 위협받는 재난상황이 발생하였다고 하여 피청구인이 직접 구조 활동에 참여하여야 하는 등 구체적이고 특정한 행위의무까지 바로 발생한다고 보기는 어렵다. 성실의 개념은 상대적이고 추상적이어서 성실한 직책수행의무와 같은 추상적 의무규정의 위반을 이유로 탄핵소추를 하는 것은 어려운 점이 있다.

④ 국정개입 허용과 권한남용
　㉠ 공익실현의무 위반 여부(헌법 제7조 제1항)
　　대통령의 지위와 권한을 이용하여 기업들에게 출연을 요구하고 최○원이 두 재단을 실질적으로 장악할 수 있도록 해준 것은 헌법에 위반된다.
　㉡ 기업의 자유와 재산권 침해(헌법 제15조, 제23조)
　　대기업 임원 등에게 재단 출연할 것을 요구한 것은 사실상 구속력 있는 행위로 기업의 재산권 및 기업경영의 자유를 침해한 것이다.
　㉢ 비밀엄수의무 위배 여부(국가공무원법 제60조)
　　피청구인의 지시와 묵인에 따라 최○원에게 많은 문건이 유출되고 이는 실질적으로 비밀로 보호할 가치가 있으므로 비밀엄수의무를 위반하였다.

[3] 파면할 만큼 중대한 것인지 여부

피청구인의 위헌위법행위는 국민의 신임을 배반한 것으로 헌법수호의 관점에서 용납될 수 없는 중대한 법 위배행위라고 보아야 한다. 피청구인의 법 위배행위가 헌법질서에 미치는 부정적 영향과 파급효과가 중대하므로, 피청구인을 파면함으로써 얻는 헌법 수호의 이익이 압도적으로 크다고 할 것이다(헌재 2017.3.10, 2016헌나1).

2 윤석열 대통령 탄핵(헌재 2025.4.4. 2024헌나8) [인용]

[1] 본안전 요건 판단

① 계엄선포가 고도의 정치적 결단을 요하는 행위라 하더라도 사법심사는 가능하다.
② 헌법은 국회의 소추 절차를 입법에 맡기고 있고, 국회법은 법사위 조사 여부를 국회의 재량으로 규정하고 있다. 따라서 법사위의 조사가 없었다고 하여 탄핵소추 의결이 부적법하다고 볼 수 없다.
   국회법은 부결된 안건을 같은 회기 중에 다시 발의할 수 없도록 규정하고 있다. 피청구인에 대한 1차 탄핵소추안이 제418회 정기회 회기에 투표 불성립되었지만, 이 사건 탄핵소추안은 제419회 임시회 회기 중에 발의되었으므로, 일사부재의 원칙에 위반되지 않는다.
③ 이 사건 계엄이 해제되었다고 하더라도 이 사건 계엄으로 인하여 이 사건 탄핵 사유는 이미 발생하였으므로 심판의 이익이 부정된다고 볼 수 없다.
④ 기본적 사실관계는 동일하게 유지하면서 적용법조문을 철회·변경하는 것은 소추사유의 철회·변경에 해당하지 않으므로, 특별한 절차를 거치지 않더라도 허용된다.
   ▶ 내란죄등 형법 위반행위로 구성하였던 것을 탄핵심판청구 이후에 헌법 위반 행위로 포섭 주장하였다.
⑤ 이 사건 탄핵소추안의 의결 과정이 적법하고, 피소추자의 헌법 또는 법률 위반이 일정 수준 이상 소명되었으므로, 탄핵소추권이 남용되었다고 볼 수 없다.

[2] 본안 판단

(1) 계엄 선포

① 실체적 요건

ⓐ 전시·사변 또는 이에 준하는 국가비상사태로 적과 교전 상태에 있거나 사회질서가 극도로 교란되어 행정 및 사법 기능의 수행이 현저히 곤란한 상황이 현실적으로 발생
   국회의 탄핵소추, 입법, 예산안 심의 등의 권한 행사가 이 사건 계엄 선포 당시 중대한 위기상황을 현실적으로 발생시켰다고 볼 수 없다. 부정선거 의혹을 해소하기 위하여 이 사건 계엄을 선포하였다고도 주장한다. 그러나 어떠한 의혹이 있다는 것만으로 중대한 위기상황이 현실적으로 발생하였다고 볼 수는 없다.

ⓑ '병력으로써 군사상의 필요에 응하거나 공공의 안녕질서를 유지할 필요와 목적이 있을 것'
   피청구인은 계엄 선포에 그치지 아니하고 군경을 동원하여 국회의 권한 행사를 방해하는 등의 헌법 및 법률 위반 행위로 나아갔으므로, 경고성 또는 호소형 계엄이라는 피청구인의 주장을 받아들일 수 없다.

② 절차적 요건 위반
   피청구인은 계엄사령관 등 이 사건 계엄의 구체적인 내용을 설명하지 않았고 다른 구성원들에게 의견을 진술할 기회를 부여하지 않은 점 등을 고려하면 이 사건 계엄 선포에 관한 심의가 이루어졌다고 보기도 어렵다.

(2) 국회에 대한 군경 투입

피청구인은 군경을 투입하여 국회의원의 국회 출입을 통제하는 한편 이들을 끌어내라고 지시함으로써 국회의 권한 행사를 방해하였으므로, 국회에 계엄해제요구권을 부여한 헌법 조항을 위반하였고, 국회의원의 심의·표결권, 불체포특권을 침해하였다. 또한 각 정당의 대표 등에 대한 위치 확인 시도에 관여함으로써 정당활동의 자유를 침해하였다.

(3) 포고령 발령

포고령을 통하여 국회, 지방의회, 정당의 활동을 금지함으로써 국회에 계엄해제요구권을 부여한 헌법 조항, 정당제도를 규정한 헌법 조항과 대의민주주의, 권력분립원칙 등을 위반하였다.

(4) 중앙선관위에 대한 압수·수색

선관위에 대하여 영장 없이 압수·수색을 하도록 하여 영장주의를 위반한 것이자 선관위의 독립성을 침해한 것이다.

(5) 법조인에 대한 위치 확인 시도

현직 법관들로 하여금 언제든지 행정부에 의한 체포 대상이 될 수 있다는 압력을 받게 하므로, 사법권의 독립을 침해한 것이다.

[3] 중대한 법위반 행위

피청구인은 헌법과 법률을 위반하여 이 사건 계엄을 선포함으로써 국가긴급권 남용의 역사를 재현하여 국민을 충격에 빠트리고, 사회·경제·정치·외교 전 분야에 혼란을 야기하였다. 국민 모두의 대통령으로서 자신을 지지하는 국민을 초월하여 사회공동체를 통합시켜야 할 책무를 위반하였다. 군경을 동원하여 국회 등 헌법기관의 권한을 훼손하고 국민의 기본적 인권을 침해함으로써 헌법수호의 책무를 저버리고 민주공화국의 주권자인 대한국민의 신임을 중대하게 배반하였다. 결국 피청구인의 위헌·위법행위는 국민의 신임을 배반한 것으로 헌법수호의 관점에서 용납될 수 없는 중대한 법 위반행위에 해당한다.

[4] 주문

피청구인 대통령 윤석열을 파면한다.

3. 해임건의권(헌법 제63조)❶

> 헌법 제63조 ① 국회는 국무총리 또는 국무위원의 해임을 대통령에게 건의할 수 있다.
> ② 제1항의 해임건의는 국회재적의원 3분의 1 이상의 발의에 의하여 국회재적의원 과반수의 찬성이 있어야 한다.

(1) 연혁

건국헌법	규정 ×
제1차 개정	국무원에 대한 연대 불신임의결
제2차 개정	개별적 불신임
제3차 개정	불신임결의
제5차 개정	해임건의 다만, 대통령은 특별한 사유가 없는 한 이에 응하여야 한다.
제4공화국	개별적 해임 의결
제5공화국	개별적 해임 의결 다만, 국무총리 해임의결시에는 국무위원까지 전원 해임
제6공화국	국회는 국무총리 또는 국무위원의 해임을 대통령에게 건의할 수 있다.

제5차 개정헌법(제3공화국)은 해임건의의 구속력을 인정했으나, 현행 헌법상 해임건의는 대통령을 구속하지 않는다(다수설). 한편 제7차·제8차 개정헌법에서는 해임의결권이었다.

❶ 해임건의권은 대통령제 요소가 아닌 의원내각제적 요소이다.

기출OX

해임건의는 국회재적의원 3분의 1 이상의 발의에 의하여 국회재적의원 과반수의 찬성이 있어야 한다. (○)

11. 국가직 7급

(2) 해임건의 사유

직무집행이 위헌·위법인 경우뿐만 아니라, 정책의 과오·무능, 부당 등도 해임건의 사유에 해당한다.

(3) 절차

재적의원 3분의 1 이상의 발의와 재적의원 과반수의 찬성으로 의결한다. 해임건의가 발의된 경우 본회의에 보고하고 그때부터 24시간 이후 72시간 이내에 표결하고 그 기간 내에 표결이 없으면 폐기된 것으로 본다(국회법 제112조 제7항).

> **정리** 해임건의와 탄핵소추의 비교 ❶

구분	해임건의	범위 비교	탄핵
사유	위법행위는 물론 정치적·정책적인 과오를 포함	>	헌법과 법률에 위반한 행위
대상	국무총리와 국무위원	<	국무총리와 국무위원 (대통령, 법관 등)
의결정족수	• 재적의원 1/3 이상 발의 • 재적의원 과반수의 찬성	=	• 재적의원 1/3 이상 발의 • 재적의원 과반수의 찬성
의결절차	24 ~ 72시간 내 의결	=	24 ~ 72시간 내 의결
공직 재취임 제한	×	<	5년간 재취임 금지

4. 국정감사·조사권(헌법 제61조)

> 헌법 제61조 ① 국회는 국정을 감사하거나 특정한 국정사안에 대하여 조사할 수 있으며, 이에 필요한 서류의 제출 또는 증인의 출석과 증언이나 의견의 진술을 요구할 수 있다.
> ② 국정감사 및 조사에 관한 절차 기타 필요한 사항은 법률로 정한다.

(1) 의의

① **국정감사권**: 국정감사제도는 건국헌법에 규정되었다가 유신헌법(1972년)에서 폐지되었으나 현행 헌법에 의하여 다시 도입되었다. 08. 국가직 7급 따라서 제4공·제5공 헌법 외에는 계속 유지되었다고 할 수 있다(현행 헌법은 필요한 사항을 법률에 유보).

② **국정조사권**: 제4공화국에서는 법률로 인정(1975년 국회법상 보장), 제5공화국에서는 헌법에 신설, 현행 헌법에서 유지하고 있다. 01. 국가직 7급

❶ 국정감사권과 국정조사권의 연혁

구분	제1공	제2공	제3공	제4공	제5공	현행
국정감사	○	○	○	×	×	○
국정조사	×	×	×	×	○	○

(2) 국정감사권과 국정조사권의 관계 07. 국회직 8급

본질적으로는 동일하고, 시기·기간, 조사범위·대상에서만 차이가 있다. 또한, 국정조사가 제한적 통제기능을 지닌다면, 국정감사는 포괄적 통제기능을 지닌다.

구분	주체·동인	대상	시기	공개성
국정 감사	소관 상임위원회 (특별위원회 ×)별로 매년 정기적으로 실시	법정감사 대상기관	매년 정기회 집회일 이전에 감사시작일부터 30일 이내의 기간	공개
국정 조사	국회 재적의원 1/4 이상 요구로 조사위원회가 담당	특정 국정사안	수시(부정기적)	공개

(3) 국정감사와 감사원 감사의 차이 06. 국회직 8급

국정감사가 국회와 독립적·병렬적 지위에 있는 집행부와 사법부를 통제하는 것이라면, 감사원 감사는 행정부 내에서 내부적으로 통제하는 것이다.

(4) 주체

국회가 주체가 된다. 특별위원회는 국정조사의 주체만 될 수 있다.

(5) 대상

> 국정감사 및 조사에 관한 법률 제7조 【감사의 대상】 감사의 대상기관은 다음 각 호와 같다.
> 1. 정부조직법 그 밖의 법률에 따라 설치된 국가기관
> 2. 지방자치단체 중 특별시·광역시·도. 다만, 그 감사범위는 국가위임사무와 국가가 보조금 등 예산을 지원하는 사업으로 한다.
> 3. 공공기관의 운영에 관한 법률 제4조에 따른 공공기관, 한국은행, 농업협동조합중앙회, 수산업협동조합중앙회
> 4. 제1호부터 제3호까지 외의 지방행정기관·지방자치단체, 감사원법에 의한 감사원의 감사대상기관. 이 경우 본회의가 특히 필요하다고 의결한 경우로 한정한다.

(6) 범위

① **입법에 관한 사항**: 조약의 동의 여부 결정, 헌법저촉 여부 판단에 필요(국내효력의 발생요건), 긴급명령 등, 위임입법 08. 국가직 7급
② **재정에 관한 사항**
③ **행정사항**: 적법성뿐만 아니라 타당성도 조사의 대상이 된다.
④ **사법에 관한 사항(사법조사: 헌법재판소, 법원)**: 국정감사나 국정조사는 계류 중인 재판 또는 수사 중인 사건의 소추에 관여할 목적으로는 행사할 수 없다(국정감사 및 조사에 관한 법률 제8조). 그러나 재판에 관여할 목적 없이 탄핵소추와 해임건의 및 입법자료 수집 등을 위해서는 국정감사나 국정조사를 할 수 있고, 사법행정에 관한 사항은 국정조사나 국정감사의 대상이 된다. 01. 국가직 7급, 07. 국회직 8급
  ㉠ 사법행정 일반, 예산의 적정성, 인사의 적정성(법관의 적절한 배치 여부)
  ㉡ 재판의 신속성 여부: '공정성' 여부에 대해서는 간섭이 불가하다.

기출OX

국정감사가 국회와 독립적·병렬적 지위에 있는 집행부와 사법부를 통제하는 것이라면, 감사원 감사는 행정부 내에서 내부적으로 통제하는 것이다. (O) 06. 국회직 8급

기출OX

01 지방자치단체 중 특별시·광역시·도는 국정감사의 대상기관이다. 감사 범위는 국가위임사무와 관할 구역의 자치사무로 한다. (×) 18. 서울시 7급

02 국회 본회의가 특히 필요하다고 의결한 경우라도 감사원법에 따른 감사원의 감사대상기관에 대하여 국정감사를 실시할 수는 없다. (×) 19. 국가직 7급

03 검찰사무의 대부분은 행정작용이기에 국정감사 및 조사의 대상이 되지만 수사중인 사건의 소추에 관여할 목적의 국정감사 및 조사는 허용되지 않는다. (O) 12. 지방직 7급

04 사생활에 관한 사항일지라도 국가작용과 관련이 있는 정치자금의 출처나 용도 등은 국정감사·조사의 대상이 될 수 있다. (O) 07. 국회직 8급

05 국회는 특정 국정사안에 대하여 조사하기 위하여 필요한 서류의 제출, 증인 출석, 증언·의견진술 요구 및 압수·수색을 할 수 있다. (×) 16. 경찰승진

→ 압수·수색까지는 규정되어 있지 않다.

기출OX

01 국정감사와 조사는 공개를 원칙으로 하지만, 위원회의 의결로써 달리 정할 수 있다. (O)
08. 국가직 7급

02 위원회 위원장이 법원으로부터 발부받은 동행명령장에 따라 국회사무처 소속공무원에게 집행을 명한다. (X)
12. 지방직 7급
→ 법원이 발부하는 것이 아니라 위원장이 발부한다.

기출OX

국회의 국정감사·조사 후 국회로부터 시정요구를 받은 정부 또는 해당 기관은 이를 지체 없이 처리하고 그 결과를 대통령에게 보고하여야 한다. (X)
13. 국가직 7급

비교 정리

직무상 비밀

구분	공개
원칙	공개
주무부장관 소명	의결
국무총리 성명	비공개

---

(7) **시기·방법·절차**

국정감사는 소관 상임위원회별로 매년 정기회 집회일 이전에 감사시작일부터 30일 이내의 기간 동안 실시한다(국정감사 및 조사에 관한 법률 제2조). 06. 국회직 8급 국정조사는 재적의원 4분의 1 이상 의원의 요구시 가능하다.

① 국정감사, 국정조사는 공개가 원칙이다. 08. 국가직 7급
② 서류의 제출요구 및 증인 등의 출석요구, 검증을 할 수 있고, 필요한 경우에는 증언, 진술의 청취를 위한 청문회를 열 수 있다(국정감사 및 조사에 관한 법률 제10조 제3항). 01. 국가직 7급, 06. 국회직 8급
③ 증인의 불출석에 대하여는 위원회의 위원장이 '동행명령장'에 의한 동행명령을 발할 수 있고, 거부시 국회모욕죄에 해당되어 고발될 수 있다(국회에서의 증언·감정 등에 관한 법률 제6조 제2항). 06. 국회직 8급
④ 위원회는 국정조사를 하기 전에 전문위원 기타 국회사무처 소속 직원이나 조사대상기관의 소속이 아닌 전문가 등으로 하여금 예비조사를 하게 할 수 있다(국정감사 및 조사에 관한 법률 제9조의2). 07. 국회직 8급
⑤ 조사위원회는 조사의 목적, 조사할 사안의 범위와 조사방법, 조사에 필요한 기간 및 소요경비 등을 기재한 조사계획서를 국회본회의에 제출하여 승인을 얻어 조사를 시행한다.
⑥ 소위원회나 반은 같은 교섭단체 소속 의원만으로 구성할 수 없다.
⑦ 국정조사위원회의 위원장이 사고가 있거나 그 직무를 수행하기를 거부 또는 기피하여 조사위원회가 활동하기 어려운 때에는 위원장이 소속하지 아니하는 교섭단체 소속의 간사가 위원장의 직무를 대행한다.
⑧ 국정조사를 위한 특별위원회는 교섭단체의원 수의 비율에 따라 구성하여야 한다.

(8) **정부의 조치**

정부 또는 해당기관은 제2항의 시정요구를 받거나 이송받은 사항을 지체 없이 처리하고 그 결과를 국회에 보고하여야 한다(국정감사 및 조사에 관한 법률 제16조 제3항).

(9) **한계**

① 권력분립상의 한계
   ㉠ 직접적인 행정처분은 불가하다.
   ㉡ 재판과정에 간섭하여 영향을 주는 조사는 불가하다.
   ㉢ 지방자치단체의 고유사무(단, 지방자치단체가 스스로 감사·조사할 수 없을 때만 가능)는 조사 불가하다.
   ㉣ 감사원의 준사법적 판단행위에 대하여도 조사 불가하다.
② 기능적 한계: 보조적 기능의 테두리 내에서만 행사되어야 하고 국회의 기능과 무관한 내용을 대상으로 삼아서는 안 된다.
③ 기본권보장적 한계: 사생활 침해, 불리한 증언·진술 강요 등은 금지된다.
④ 국익상의 한계
   ㉠ 국방·외교·대북관계의 국가기밀인 경우 증언·자료제출이 제한된다.
   ㉡ 공무원 또는 공무원이었던 자가 국회로부터 증언의 요구를 받거나 국가기관이 서류제출을 요구받은 경우 직무상 비밀에 속한다는 사유로 이를 거부할 수 없다. 그러나 그 발표가 국가안위에 중대한 영향을 미칠 것이라는 주무부장관의 소명이 있거나 국무총리의 성명이 있으면 거부할 수 있다.

제3편 통치구조론

제2장 입법부

국회의 자율권

- **국회의 자율권**
  - **의사자율권** — 의사결정과정의 적법성 판단
  - **조직자율권**
  - **질서자율권** — 의원 체포시 의장의 명령 필요
  - **신분자율권**
    - **징계**: 20인 이상 요구, 제명, 30일 이내 출석정지, 사과, 경고, 비공개
    - **자격심사**: 30인 이상 요구, 무자격 결정, 소급효 ×
    - 법원제소금지

국회의원의 지위와 특권

- **국회의원의 지위**
  - **헌법상 지위** — 전체 국민의 대표, 정당의 소속원
  - **의원 자격의 발생·소멸**
    - **발생**: 임기개시설
    - **소멸** — 임기만료, 당선무효(벌금 100만원 이상)

구분	탈당	제명
지역구	유지	유지
비례	상실	유지

국회의원의 특권

구분	불체포특권	면책특권
보호가치	신체의 자유	직무상 발언·표결의 자유 보장
연혁	17C 영국의회 특권법 ⇨ 미 연방헌법	1689년 권리장전 ⇨ 미 연방헌법
적용기간	회기 중, 임기 중	영구적
소추권	소추는 가능	소추도 불가능
요건제한	현행범 ×, 국회동의시 ×	국회에서의 직무상 행위
법적 성격	인적 처벌 제한사유 (상대적)	인적 처벌 조각사유 (절대적)
한계	현행범, 국회동의시, 폐회시	원외에서의 출간
기타	현행범일지라도 국회 안에서는 의장의 허가가 필요 ▶ 계엄시는 회기 불문하고 불체포	▶ 정치적 책임은 면제되지 않음(징계 받을 수 있음)

의원의 권한·의무

권한
- 발의권, 질문·질의권, 토론권
- 표결권
  - 무기명 - 인사, 법률안 재의결
  - 기명 - 헌법개정안

의무
- **헌법상 의무**: 청렴의무, 국가이익 우선의 의무, 이권불개입의무, 겸직 금지의무

4 국회의 자율권(국회 내부에 관한 권한)

> 헌법 제64조 ① 국회는 법률에 저촉되지 아니하는 범위 안에서 의사와 내부규율에 관한 규칙을 제정할 수 있다.
> ② 국회는 의원의 자격을 심사하며, 의원을 징계할 수 있다.
> ③ 의원을 제명하려면 국회재적의원 3분의 2 이상의 찬성이 있어야 한다.
> ④ 제2항과 제3항의 처분에 대하여는 법원에 제소할 수 없다.

1. 의의 및 근거

(1) 의의
국회의 자율권이라 함은 국회가 다른 국가기관의 간섭을 받지 않고, 국회 스스로 의사와 내부사항을 결정할 수 있는 권한을 말한다.

(2) 근거
국회의 자율권의 근거로 권력분립의 원칙, 기능적 독립의 요청, 기능적 자치의 요청 등을 들 수 있다.

2. 내용

(1) 의사자율권
개회·폐회·휴회 등 의사일정을 자율적으로 결정하고, 의사결정과정의 적법성 여부도 자율적으로 판단할 수 있는 국회의 자율권을 말한다. 국회의 의사자율권의 예외로는 대통령의 임시회소집요구권(헌법 제47조 제1항)을 들 수 있다.

(2) 조직자율권
구체적으로 의장·부의장 선출, 각종 위원회 구성, 사무총장 및 사무직원 임명 등이 있다.

(3) 질서자율권
내부경찰권, 의원가택권 등이 그 예이다. 이는 국회의 권한이지만, 국회의장의 질서유지권으로 구체화된다. 내부경찰권은 국회 내부질서 유지를 위해 의원은 물론 원내의 모든 자에 대해 명령·강제가 가능하다. 의원가택권은 국회의사에 반하는 국회진입을 금지하기 위한 권한이다. 한편, 의원의 경우 회의장 안에서는 의장의 명령 없이 체포할 수 없다.

(4) 국회규칙 제정권
① 내용 및 범위: 국회규칙 제정권은 기술적·절차적 사항으로서 국회법이 의사절차·내부규율을 자세히 언급하고 있다. 영국이나 미국과는 달리 매우 협소하게 인정하고 있다.
② 제정절차(자율적 제정): 국회의 활동이나 의원과 관련된 국회규칙은 본회의 의결을 거쳐 제정하나, 기타 사항은 국회의장이 운영위원회의 동의를 얻어 정한다.
③ 효력: 의사진행에 관한 사항은 제3자효를 인정한다. 내부사항에 관한 사항은 행정규칙에 준하는 효력이 있다(국회구성원에게만 구속력 가짐).

기출OX
헌법은 국회의원의 징계로서 자격심사와 제명을 규정하고 있다. (×)
02. 입시
→ 자격심사는 징계가 아니다.

❶
징계와 자격심사는 법원에 제소할 수 없다고 헌법에 규정되어 있다(헌법 제64조 제4항).

기출OX
국회의원을 징계하려면 재적의원 3분의 2 이상의 찬성이 있어야 한다. (×)
→ 일반 징계는 일반의결정족수로 족하다.

주의
자격심사는 공개한다.

(5) 신분자율권(윤리위원회의 관할)
① 자격심사(국회법 제138조)
  ⊙ 의원 30인 이상의 연서로써 의장에게 청구하면 윤리특별위원회가 심사하고 본회의 의결을 통해 결정한다. 본회의 의결은 재적의원 3분의 2 이상의 찬성이 필요하며, 이는 확인행위에 불과하다.
  ⓒ 피선자격의 유무, 겸직으로 인한 자격상실의 사유, 기타 의원으로서의 자격보유 요건 등을 심사한다. 풍기문란 등의 사유는 징계사유일 뿐이므로 자격심사의 사유는 되지 않는다.
  ⓒ 자격심사의 효과로 소급효는 없으며, 제소가 금지된다.
② 징계
  ⊙ 징계사유는 품위손상 또는 법령상 의무를 위반한 경우이다.
  ⓒ 국회법에서의 징계내용으로 공개회의에서의 경고, 사과, 30일 이내의 출석정지, 제명(재적의원 3분의 2 이상) 4가지를 인정한다.
  ⓒ 자격심사·징계에 대해 법원에 제소가 금지된다(헌법 제64조 제4항).**❶** 04·08. 법원직 한편, 지방의원의 경우에는 제소가 가능하다.
  ⓔ 제명의 의결정족수는 헌법이 직접 정하고 있으나, 자격심사의 의결정족수는 법률사항이다(정족수 인하는 위헌이 아니다).
  ⓜ 징계에 관한 윤리특별위원회의 심의과정은 비공개로 하는 것이 원칙이다.

3. 자율권의 한계
(1) 국회의 의사절차의 적부(정족수 충족 여부, 투표계산의 착오 여부 등)에 관하여서는 사법심사를 할 수 없다.
(2) 의사결정과정에서 절차의 명백하고 현저한 잘못이 있고 그것이 국회의사결정에 직접적인 영향을 미쳤다고 인정할 충분한 근거가 있는 경우(또는 내용이 기본권을 명백히 침해한 경우)에는 헌법재판에 의한 심사가 가능하다.

> **관련 판례**
> **입법절차의 하자** [권한침해, 기각]
> 날치기 통과는 국회의 의사절차에 관한 기본적인 원칙을 위배한 것이다. 따라서 권한침해를 확인한다. 그러나 이는 형식적으로 국회재적의원 과반수가 찬성한 것인바, 이는 의결절차에 명백한 흠이 있다고 보기는 어렵다(헌재 1997.7.16, 96헌라2).

제5절 국회의원의 지위와 특권

1 국회의원의 지위

1. 헌법상의 지위

(1) 국회구성원으로서의 지위

(2) 전체국민의 대표(이념적 통일체로서의 전체국민을 대표)

의원에게 부과된 국가이익우선의 의무(헌법 제46조 제2항)는 의원의 대의적 지위를 확인한 것이고, 특권부여(헌법 제44조, 제45조)는 대의적 의정활동을 보장하기 위함이며, 의사공개의 원칙(헌법 제50조) 또한 대의적 신임의 바탕이 되는 공개정치를 실현하기 위함이다.

(3) 정당 소속원으로서의 지위(Leibholz)

정당 대표로서의 지위(2중적 지위)를 긍정함이 다수설이다. 실질적으로는 정당을 대표하고, 이념적으로는 전체국민을 대표한다(정당기속성의 한계).❷

2. 의원자격의 발생, 소멸

(1) 발생

다수설은 임기개시설의 입장이다. 즉, 헌법과 법률이 정한 임기개시와 동시에 발생한다.
① 임기만료에 의한 경우: 만료일 다음 날부터 의원자격이 발생한다.
② 보궐선거: 당선 결정시에 자격이 발생한다.
③ 비례대표 의원직 승계의원: 중앙선거관리위원회가 승계를 결정·통고한 때로부터 의원자격이 발생한다.

(2) 소멸

① 임기만료(보궐선거 당선자는 잔임기간)
② 사직(국회법 제135조): 본인이 서명·날인한 사직서를 의장에게 제출한다. 사직에는 국회의 의결을 요하는데, 폐회 중에는 국회의장의 허가를 필요로 한다. 허가 여부는 토론 없이 표결로 결정한다.
③ 퇴직: 헌법과 법률에 의하여 겸할 수 없는 직에 취임하거나, 피선거권이 상실되거나, 임기개시일 이후에 겸직이 금지된 직의 권한을 행사한 경우 퇴직한다.
④ 당선무효
  ㉠ 무자격자인 것이 적발된 경우
  ㉡ 선거사무장이 선거제한비용의 200분의 1 이상을 초과 지출한 이유로 징역형을 선고받은 경우
  ㉢ 당선자가 선거법 위반으로 징역형 또는 100만원 이상의 벌금형을 선고받은 경우
  ㉣ 형사사건과 관련하여 유죄판결이 확정된 경우
⑤ 국회가 해산된 경우❸

---

❷ 정당의 당론과 반대되는 의견이 있을 때에는 교차투표가 가능하다.

❸ 현행 헌법은 자진해산 외에는 규정이 없다.

⑥ 제명
  ㉠ 재적의원 3분의 2 이상의 찬성으로 제명이 가능하다(헌법 제64조 제3항). 05. 입시
  ㉡ 제명이 의결된 경우 제명 의결에 대하여 법원에 제소가 금지되고, 보궐선거의 입후보가 금지된다.
  ㉢ 제명이 의결되지 아니한 경우 다른 종류의 징계는 가능하다. 이는 일사부재의에 반하지 않는다.
⑦ 자격심사: 재적의원 3분의 2 이상 찬성으로 무자격 결정을 할 수 있다(법률사항). 05. 입시 자격심사는 피선거자격의 유무만을 판단하는 확인행위에 불과하고, 징계가 아니다. 자격심사는 소급효가 없다(세비, 표결 등).
⑧ 당적변경
  ㉠ 의원직 소멸사유가 되지 않음이 원칙(다수설)이나 도의적 책임은 있다. 비례대표국회의원이 소속 정당의 합당·해산 또는 제명 외의 사유로 임기 중 당적을 이탈·변경하거나 2 이상의 당적을 가지고 있는 때에는 그 자격이 상실된다.
  ㉡ 비례대표국회의원이 국회의장으로 당선되어 당적을 이탈한 경우에는 의원자격을 상실하지 않는다(공직선거법 제192조 제4항). 05. 입시
  ㉢ 헌법재판소는 의원이 당적을 이탈했다 하더라도 별도의 법률규정이 있는 경우를 제외하고 전국구(비례대표)의원이든 지역구의원이든 당연히 의원직을 상실하지는 않는다고 판시한 적이 있으나(헌재 1994.4.28, 92헌마153), 이는 공직선거법 제192조 제4항이 제정되기 전의 판례이다. 05. 입시
⑨ 위헌정당 해산(헌재 2014.12.19, 2013헌다1)

2 국회의원의 특권

1. 불체포특권 04. 국가직 7급

> 헌법 제44조 ① 국회의원은 현행범인인 경우를 제외하고는 회기 중 국회의 동의 없이 체포 또는 구금되지 아니한다.
> ② 국회의원이 회기 전에 체포 또는 구금된 때에는 현행범인이 아닌 한 국회의 요구가 있으면 회기 중 석방된다.

(1) 의의

불체포특권이란 국회의원은 헌법 제44조에 의하여 현행범인인 경우를 제외하고 국회의 동의 없이는 회기 중에 체포 또는 구금되지 아니하는 권리를 말한다. 면책특권에 대하여 보충적인 기능을 하며, 의원의 신체를 보호하여 대의민주주의를 보장하는 기능을 한다.

(2) 법적 성질
① 국회의 특권: 국회의원의 불체포특권은 국회의원 개개인의 특권이자 국회의 특권이라는 것이 다수설의 입장이다. 따라서 국회의원 개인이 포기할 수 없다. 03. 국가직 7급
② 회기 중에 한해 일시적으로 체포를 유예받는 특권에 불과하다.

(3) 내용
- ① 사전적 불체포특권(헌법 제44조 제1항)
    - ㉠ 체포, 구금은 형사절차에 의한 경우는 물론 행정상의 강제처분(보호조치, 감호처분)도 포함한다(통설).
    - ㉡ 회기 중에 한해 불체포특권이 인정되는데, 여기서 회기 중이란 집회일로부터 폐회일까지를 의미하며, 임시회이든 정기회이든 불문한다. 그리고 휴회기간을 포함한다. 03. 국가직 7급, 07. 국회직 8급
    - ㉢ 직무와의 관련성은 불문한다.
    - ㉣ 국회의 체포동의가 있는 경우에는 국회의원에 대한 체포가 가능하다.
    - ㉤ 계엄선포 중에는 국회의원은 현행범인인 경우를 제외하고는 회기 전이나 회기 중을 가리지 아니하고 체포 또는 구금되지 아니한다(계엄법 제13조). 07. 국회직 8급
- ② 사후적 불체포특권(헌법 제44조 제2항)
    - ㉠ '회기 전'에는 전회기 기간도 포함하며, 전회기에 체포·구금(구속이 아님을 주의할 것)에 대한 국회의 동의가 있었더라도 현 회기에 석방요구가 가능하다.
    - ㉡ 석방요구는 재적의원 4분의 1 이상의 연서로 석방요구를 발의하고, 재적 과반수 출석과 출석의원 과반수 찬성으로 석방요구를 의결한다. 03. 국가직 7급
    - ㉢ 국회의원을 석방하거나 체포하지 않더라도 수사나 형사소추는 계속할 수 있으며, 회기가 끝난 후에는 다시 구금할 수 있다.

(4) 예외
- ① 현행범 제외 원칙: 현행범은 불체포특권이 인정되지 않는다. 04·08. 법원직 따라서 회기 전에 현행범인으로 체포된 경우에는 국회의 요구가 있어도 석방되지 않는다. 07. 국회직 8급 국회 회의장 안에서는 현행범이더라도 의장의 명령 없이는 체포할 수 없고, 의원 이외의 현행범은 체포 후 의장의 지시를 받아야 한다. 07. 국회직 8급
- ② 회기 중 한정의 원칙: 국회의 동의가 있는 경우 불체포특권이 인정되지 않으므로 회기 중에도 국회의원을 체포하거나 구금할 수 있다. 이는 불체포 특권은 국회의 의결로 제한할 수 있다는 것을 의미한다. 03. 국가직 7급, 07. 국회직 8급
- ③ 절차
    - ㉠ 판사는 영장발부 전에 체포동의요구서를 정부에 제출하고 정부는 지체 없이 체포동의를 국회에 요청한다. 의원 체포에 관하여 국회의 동의를 요청한 경우에 국회의 동의 여부는 국회의 자유재량으로 보는 것이 다수설의 입장이다. 국회가 동의를 한 이상 어떠한 조건이나 기한도 붙일 수 없다(다수설). 회기 전에 현행범으로 구속된 자에 대하여는 국회가 석방요구를 할 수 없다.
    - ㉡ 정부는 체포 또는 구금된 의원이 있을 때에는 지체 없이 의장에게 영장사본을 첨부하여 이를 통지하여야 한다. 구속기간이 연장되었을 때에도 또한 같다(국회법 제27조).

기출OX

국회의원이 동료의원의 석방요구를 의결할 경우 재적의원 과반수의 동의를 요한다. (×) 04. 국가직 7급

비교 정리

현행범의 경우

현행범	국회의장
의원	명령
의원 이외의 자	지시

기출OX

01 국회의원은 현행범인인 경우를 제외하고는 회기 중 국회의 동의 없이 체포 또는 구금되지 아니한다. (○) 08. 법원직

02 현행범인인 국회의원을 체포하는 경우에는 회의장 내에서도 국회의장의 명령 없이 할 수 있다. (×) 07. 국회직 8급

03 국회의 동의가 있어도 회기 중에는 국회의원을 체포 또는 구금할 수 없다. (×) 07. 국회직 8급

04 국회의원을 체포하거나 구금하기 위하여 국회의 동의를 받으려고 할 때에는 관할법원의 판사는 영장을 발부하기 전에 체포동의 요구서를 국회에 제출하여야 한다. (×) 22. 국가직 7급

기출OX

국회의장은 정부로부터 체포동의를 요청받은 후 처음 개의하는 본회의에 이를 보고하고, 본회의에 보고된 때부터 24시간 이후 72시간 이내에 표결하여야 하는데, 체포동의안이 72시간 이내에 표결되지 아니한 경우에는 체포동의안은 폐기된 것으로 본다. (×)
19. 국가직 7급

❶
1. Gravel v. U.S.: 의원보좌관에게도 면책특권이 인정된다.
2. U.S. v. Johnson: 국회에서 의원으로서 행한 연설의 경우 면책특권이 있다.

기출OX

01 국회의원이 국회 예산결산위원회 회의장에서 법무부장관을 상대로 대정부질의를 하던 중 대통령 측근에 대한 대선자금 제공 의혹과 관련하여 이에 대한 수사를 촉구하는 과정에서 한 발언은 국회의원의 면책특권의 대상이 된다. (O)
19. 국가직 7급

02 국정감사장에서 국회기밀을 누설하는 국회의원에게는 면책특권이 인정되지 않는다. (×)
08. 국회직 8급

03 원내에서 행한 발언과 표결일지라도 그것을 다시 원외에서 발표하거나 출판하는 경우에는 면책되지 아니한다. (O)
08. 법원직

04 발언 내용이 허위라는 점을 인식하지 못하였을지라도 발언 내용에 다소 근거가 부족하거나 진위 여부를 확인하기 위한 조사를 제대로 하지 않았다면, 그것이 직무수행의 일환으로 이루어졌을지라도 이는 면책특권의 대상이 되지 않는다. (×)
17. 지방직 7급

④ 국회표결: 의장은 제1항에 따른 체포동의를 요청받은 후 처음 개의하는 본회의에 이를 보고하고, 본회의에 보고된 때부터 24시간 이후 72시간 이내에 표결한다. 다만, 체포동의안이 72시간 이내에 표결되지 아니하는 경우에는 그 이후에 최초로 개의하는 본회의에 상정하여 표결한다(국회법 제26조 제2항). 19. 국가직 7급

2. 면책특권

> 헌법 제45조 국회의원은 국회에서 직무상 행한 발언과 표결에 관하여 국회 외에서 책임을 지지 아니한다.

(1) 의의

① 헌법 제45조에 의하여 국회의원은 자신의 발언과 표결에 대한 면책특권을 인정하고 있다. 이는 자유위임적 책임이념에 따라 의원의 발언과 표결상의 독립성을 보장함으로써 의회의 자유로운 토론과 효율적·합리적인 정책결정을 확보하기 위한 절대적 권리라고 할 수 있다. 08. 법원직

② 의원의 면책특권은 불체포특권과 함께 의회활동의 독립성을 보장하기 위해 요구되는 것이지만, 불체포특권은 의회의 기능을 보호하기 위해서 인정된 제도이기 때문에 그것이 다른 목적을 위하여 남용 또는 악용되어서는 안 된다. 04. 국가직 7급 그러므로 정당한 이유가 있고 적법한 절차에 따라 정부가 의원을 체포하는 경우에는 이 특권이 인정되지 아니한다.

(2) 법적 성격

인적 처벌조각사유(절차법상의 특권)에 해당한다. 임기만료 후에도 소추 불가하며, 국회의 의결로도 그 효력을 제한할 수 없다. 08. 국회직 8급

(3) 내용

① 주체: 면책특권의 주체는 국회의원에 한정되므로 국무총리, 국무위원, 참고인, 증인, 보좌관, 또는 그에 대한 교사자·방조자는 민·형사상 책임을 진다. ❶

② 면책의 대상
  ㉠ '국회 내'라 함은 의사당뿐 아니라, 의사(본회의, 상임위원회, 교섭단체) 진행 장소를 포함한다(실질적 파악). 따라서 서울시에서 국정감사를 하는 경우에도 인정된다. 08. 국회직 8급·법원직 다만, 원내에서 행한 발언과 표결일지라도 그것을 다시 원외에서 발표하거나 출판하는 경우에는 면책되지 아니한다. 08. 법원직
  ㉡ '직무상'의 행위에는 직무수행 자체뿐만 아니라 부수적 행위도 포함하며, 폭력·야유 등은 해당되지 않으므로 명예훼손죄가 성립한다(다수설).
  ㉢ '발언과 표결'이란 의제에 관한 모든 의사표현을 말한다. 또한 의사표시뿐만이 아니라 의제에 관한 찬·반 표시를 뜻하는 것으로 볼 수 있는 행위도 포함된다. 즉, 퇴장이나 의사진행의 방해도 이에 속한다고 볼 수 있다.

관련 판례

유성환의원 사건

배포한 원고의 내용이 공개회의에서 행할 발언내용이고(회의의 공개성), 원고의 배포시기가 당초 발언하기로 예정된 회의시작 30분 전으로 근접되어 있으며(시간적 근접성), 원고배포의 장소 및 대상이 국회의사당 내에 위치한 기자실에서 국회출입기자들만을 상대로 하여 한정적으로 이루어졌고(장소 및 대상의 한정성), 원고배포의 목적이 보도의 편의를 위한 것(목적의 정당성)이라는 사실을 인정한 후, 이와 같은 사실을 종합하여 피고인이 국회 본회의에서 질문할 원고를 사전에 배포한 행위는 국회의원의 면책특권의 대상이 되는 직무부수행위에 해당한다(대판 1992.9.22, 91도3317).

(4) 효과

① 인적 처벌조각사유로서 민·형사상 책임이 면제된다. 대법원 판결에 따르면 소추기관은 면책특권이 인정되는 직무행위가 어떤 범죄나 그 일부를 구성하는 행위가 된다는 이유로 공소를 제기할 수 없다(대판 1996.11.8, 96도1742).

② 국회의원의 면책특권에 해당하는 행위에 대하여 공소가 제기되면 형사소송법 제327조 제2호의 규정에서 공소제기의 절차가 법률의 규정에 위반하여 무효인 때에 해당하는 사유로서 법원은 판결의 형식으로 공소기각판결을 해야 한다. 08. 국회직 8급

③ 국회 내·소속정당으로부터의 징계책임 또는 선거구민에 대한 정치적 책임까지 면할 수는 없다. 08. 국회직 8급·법원직

◎ 불체포특권과 면책특권 비교

구분	불체포특권	면책특권
보호가치	신체의 자유	직무상 발언·표결의 자유 보장
연혁	17C 영국의회 특권법 ⇨ 미 연방헌법	1689년 권리장전 ⇨ 미 연방헌법
적용기간	회기 중, 임기 중	영구적
소추권 제한	×(소추는 가능)	○
요건 제한	현행범 ×, 국회동의시 ×	국회에서의 직무상 행위
법적 성격	인적 처벌 제한사유(상대적)	인적 처벌 조각사유(절대적)
한계	현행범, 국회동의시, 폐회시	원외에서의 출간
기타	현행범일지라도 국회 안에서는 의장의 허가가 필요함❷	정치적 책임은 면제되지 않음 (징계가능 ○)

기출OX

01 면책특권은 국회 외에서 형사책임이 면제되는 것뿐이므로 국회 외에서의 민사책임이나 국회 내에서 또는 소속정당에서의 징계책임은 면제되지 않는다. (×)
13. 국가직 7급

02 국회의원의 면책특권에 속하는 행위에 대하여 공소가 제기된 경우 법원은 재판권이 없는 때에 해당하는 사유를 적용할 것이 아니라 공소제기의 절차가 법률의 규정에 위반하여 무효인 때에 해당하는 사유로 공소기각판결을 하여야 한다. (○)
14. 국가직 7급

기출OX

면책특권은 원칙적으로 국회의원 임기 중에 유효하다. (×) 08. 국회직 8급

❷
계엄시는 회기 불문하고 불체포이다.

3 국회의원의 권한·의무

1. 국회활동에 관한 권한

(1) 발의권
법률안, 헌법개정안, 탄핵소추, 의안 등을 발의할 수 있으며, 예산상의 조치를 수반한다고 하더라도 10인 이상의 찬성으로 발의가 가능하다.

(2) 질문권
현재 의제와 관계없이 정부에 대해 질문할 수 있는 권리를 말하며 서면질문, 긴급질문(구두) 등이 인정된다. 20인 이상의 의원이 국무총리, 국무위원 등에 대해 출석요구를 하여야 하며, 질문요지서는 질문 전 48시간 전에 도달하여야 한다.

(3) 질의권
현재 의제가 되고 있는 의안에 대해 구두질문할 수 있는 권리를 말하며 의장, 위원장, 발의자, 국무총리, 국무위원 등에 대해 행사할 수 있다.

(4) 토론권
① 토론권이란 의제가 된 의안에 대해 토론을 할 수 있는 권리를 말한다. 질의·토론이 원칙이나 위원회의 심사를 거친 안건에 대하여는 의결로 질의와 토론 또는 그 중의 하나를 생략할 수 있다(국회법 제93조).

② 무제한토론

> 국회법 제106조의2【무제한토론의 실시 등】① 의원이 본회의에 부의된 안건에 대하여 이 법의 다른 규정에도 불구하고 시간의 제한을 받지 아니하는 토론(이하 이 조에서 "무제한토론"이라 한다)을 하려는 경우에는 재적의원 3분의 1 이상이 서명한 요구서를 의장에게 제출하여야 한다. 이 경우 의장은 해당 안건에 대하여 무제한토론을 실시하여야 한다.
> ⑤ 의원은 무제한토론을 실시하는 안건에 대하여 재적의원 3분의 1 이상의 서명으로 무제한토론의 종결동의(終結動議)를 의장에게 제출할 수 있다.
> ⑥ 제5항에 따른 무제한토론의 종결동의는 동의가 제출된 때부터 24시간이 지난 후에 무기명투표로 표결하되 재적의원 5분의 3 이상의 찬성으로 의결한다. 이 경우 무제한토론의 종결동의에 대해서는 토론을 하지 아니하고 표결한다.
> ⑦ 무제한토론을 실시하는 안건에 대하여 무제한토론을 할 의원이 더 이상 없거나 제6항에 따라 무제한토론의 종결동의가 가결되는 경우 의장은 무제한토론의 종결을 선포한 후 해당 안건을 지체 없이 표결하여야 한다.

(5) 발언권
① 대정부질문: 질문시간 15분, 보충질문 5분
② 대정부질문 외의 발언시간: 15분
③ 의사진행발언, 신상발언: 5분
④ 5분 이내 자유발언: 개의시로부터 1시간 범위 내에서 자유발언이 가능하다. 국회의원은 전일까지 요지를 기재하여 의장에게 신청하여야 하며, 발언자의 수, 순서는 각 교섭단체 소속의원 비율을 고려하여 의장이 원내대표와 협의하여 결정한다.
⑤ 동일 의제 발언: 2회로 제한(질의 답변시, 취지 설명시에는 제한 ×).

기출OX

01 의원이 본회의에 부의된 안건에 대하여 국회법의 다른 규정에도 불구하고 시간의 제한을 받지 아니하는 토론을 하려는 경우 재적의원 4분의 1 이상이 서명한 요구서를 의장에게 제출하여야 한다. (×)   14. 국가직 7급

02 본회의에 부의된 안건에 대하여 시간의 제한을 받지 아니하는 토론을 하려는 경우, 의원은 재적의원 3분의 1 이상이 서명한 요구서를 의장에게 제출하여 무제한 토론을 실시할 수 있고, 무제한 토론의 종결동의는 동의가 제출된 때부터 24시간이 경과한 후에 재적의원 과반수 찬성으로 의결한다. (×)   17. 국가직 7급

(6) 표결권
  ① 표결의 방식
    ㉠ 전자투표에 의한 기록표결을 원칙으로 하고, 투표기기의 고장 등 특별한 사정이 있을 때에는 기립표결을 할 수 있다(국회법 제112조 제1항). 04. 국회직 8급
    ㉡ 본회의 의결(의장의 제의나 의원의 동의로 인한) 또는 재적의원 5분의 1 이상의 요구에 의해 기명·호명 또는 무기명투표가 가능하다(국회법 제112조 제2항).
    ㉢ 표결할 때에는 의장이 표결할 안건의 제목을 의장석에서 선포하여야 하고(국회법 제110조 제1항), 표결이 끝났을 때에는 의장은 그 결과를 의장석에서 선포한다(국회법 제113조). 04. 국회직 8급
    ㉣ 의원은 표결에 있어서 표시한 의사를 변경할 수 없다(국회법 제111조 제2항). 04. 국회직 8급
    ㉤ 국회의원의 심의·표결권은 국회의 대내적인 관계에서 행사되고 침해될 수 있을 뿐 다른 국가기관과의 대외적인 관계에서는 침해될 수 없다. 22. 지방직 7급
  ② 기명투표와 무기명투표
    표결할 때에는 회의장에 있지 아니한 의원은 표결에 참가할 수 없다. 그러나 기명 또는 무기명투표로 표결할 때에는 투표함이 폐쇄될 때까지 표결에 참가할 수 있다(국회법 제111조 제1항).

기명투표	무기명투표
헌법개정안에 대한 투표 (국회법 제112조 제4항)	• 환부거부된 법률안의 재의결 • 인사에 관한 사항(단, 겸직에 의한 사직, 원내대표와 의장이 협의한 위원장 사임은 제외) • 국회에서 실시하는 각종 선거 • 국무총리·국무위원에 대한 해임건의안 발의 • 탄핵소추 의결

2. 기타의 권리
수당, 여비, 세비 수령(수당설이 다수설)이 인정되나, 국유의 철도·선박·항공기의 무료이용권은 폐지되었다.

3. 의무

> 헌법 제43조 국회의원은 법률이 정하는 직을 겸할 수 없다.
> 제46조 ① 국회의원은 청렴의 의무가 있다.
>   ② 국회의원은 국가이익을 우선하여 양심에 따라 직무를 행한다.
>   ③ 국회의원은 그 지위를 남용하여 국가·공공단체 또는 기업체와의 계약이나 그 처분에 의하여 재산상의 권리·이익 또는 직위를 취득하거나 타인을 위하여 그 취득을 알선할 수 없다.
> 국회법 제29조 【겸직금지】 ① 의원은 국무총리 또는 국무위원의 직 외의 다른 직을 겸할 수 없다. 다만, 다음 각 호의 어느 하나에 해당하는 경우에는 그러하지 아니하다. 14. 서울시 7급

기출OX
국회의원의 법률안 심의·표결권은 국민에 의하여 선출된 국가기관으로서 국회의원이 그 본질적 임무인 입법에 관한 직무를 수행하기 위하여 보유하는 권한으로서의 성격을 갖고 있으므로 국회의원의 개별적인 의사에 따라 포기할 수 있는 것은 아니다. (O)
14. 국가직 7급

기출OX
국회에서 국무총리의 해임건의안이 발의되었을 때에는 국회의장은 그 해임건의안이 발의된 후 처음 개의하는 본회의에 그 사실을 보고하고, 본회의에 보고된 때부터 24시간 이후 48시간 이내에 기명투표로 표결한다. (X)
19. 국가직 7급

> 1. 공익 목적의 명예직
> 2. 다른 법률에서 의원이 임명·위촉되도록 정한 직
> 3. 정당법에 따른 정당의 직
> ② 의원이 당선 전부터 제1항 각 호의 직 외의 직을 가진 경우에는 임기개시일 전까지(재선거·보궐선거 등의 경우에는 당선이 결정된 날의 다음 날까지를 말한다) 그 직을 휴직하거나 사직하여야 한다. 다만, 다음 각 호의 어느 하나의 직을 가진 경우에는 임기개시일 전까지 그 직을 사직하여야 한다.
> 1. 공공기관의 운영에 관한 법률 제4조에 따른 공공기관(한국은행을 포함한다)의 임직원
> 2. 농업협동조합법, 수산업협동조합법에 따른 조합, 중앙회와 그 자회사(손자회사를 포함한다)의 임직원
> 3. 정당법 제22조 제1항에 따라 정당의 당원이 될 수 있는 교원
> ⑧ 의원이 제1항 각 호의 직을 겸하는 경우에는 그에 따른 보수를 받을 수 없다. 다만, 실비 변상은 받을 수 있다.

정리 국회의원 겸직 금지 04. 법원직

1. 국가공무원법 제2조에 규정된 국가공무원과, 지방공무원법 제2조에 규정된 지방공무원
2. 대통령·헌법재판소 재판관·각급 선거관리위원회 위원·지방의회의원
3. 다른 법령의 규정에 의하여 공무원의 신분을 가지는 직
4. 정부투자기관관리기본법 제2조에 규정된 정부투자기관의 임·직원
5. 농업협동조합·수산업협동조합의 임직원
6. 정당법 제6조 단서의 규정에 의하여 당원이 될 수 없는 교원

헌법상 의무	국회법상 의무	윤리실천규범상의 의무
• 청렴의 의무 • 국가이익우선의 의무 • 이권불개입의 의무 • 겸직금지의 의무	• 품위유지의 의무 • 회의출석의무 • 질서준수의무 • 국정감사·조사에서의 주의 의무 • 의장의 질서유지에 관한 명령복종의무	• 품위유지의 의무 • 청렴의무 • 직권남용금지 • 직무관련 금품취득 금지 • 국가기밀누설금지 • 겸직금지 • 재산신고 및 허례허식 금지 • 회의출석의무

제2장 입법부

01
20. 지방직 7급

국회의장과 부의장에 대한 설명으로 옳은 것은?

① 임시의장은 무기명투표로 선거하고 재적의원 과반수의 출석과 출석의원 다수득표자를 당선자로 한다.

② 국회의원 총선거 후 처음 선출된 의장과 부의장의 임기는 의원의 임기 개시 후 2년이 되는 날까지로 하며, 보궐선거로 당선된 의장 또는 부의장의 임기는 선출된 날로부터 2년으로 한다.

③ 의장은 국회를 대표하고 의사를 정리하며, 질서를 유지하고 사무를 감독한다. 의장은 위원회에 출석하여 발언할 수 있고, 표결에 참가할 수 있다.

④ 의장이 심신상실 등 부득이한 사유로 의사표시를 할 수 없게 되어 직무대리자를 지정할 수 없는 때에는 나이가 많은 부의장의 순으로 의장의 직무를 대행한다.

정답 및 해설 난이도 ★☆☆

① [○] 국회법 제17조
② [×] 보궐선거로 당선된 의장 또는 부의장의 임기는 전임자 임기의 남은 기간으로 한다(국회법 제9조 제2항).
③ [×] 의장은 위원회에 출석하여 발언할 수 있다. 다만, 표결에는 참가할 수 없다(국회법 제11조).
④ [×] 의장이 심신상실 등 부득이한 사유로 의사표시를 할 수 없게 되어 직무대리자를 지정할 수 없을 때에는 소속 의원 수가 많은 교섭단체 소속 부의장의 순으로 의장의 직무를 대행한다(국회법 제12조 제2항).

답 ①

02

11. 지방직 7급

국회의 위원회에 대한 설명으로 옳은 것은?

① 상임위원회의 위원정수는 국회법으로 정한다. 다만, 정보위원회의 위원정수는 12인으로 한다.
② 상임위원회의 위원장은 당해 상임위원 중에서 임시의장 선거의 예에 준하여 상임위원회에서 선거한다.
③ 모든 위원회의 회의는 공개를 원칙으로 한다.
④ 위원회는 본회의의 의결이 있거나 의장 또는 위원장이 필요하다고 인정할 때, 재적위원 4분의 1 이상의 요구가 있을 때 개회한다.

정답 및 해설

난이도 ★★☆

① [✗] 상임위원회의 위원정수는 국회규칙으로 정한다. 다만, 정보위원회의 위원정수는 12명으로 한다(국회법 제38조).
② [✗] 상임위원장은 제48조 제1항부터 제3항까지에 따라 선임된 해당 상임위원 중에서 임시의장선거의 예에 준하여 본회의에서 선거한다 (국회법 제41조 제2항).
③ [✗] 정보위원회의 회의는 공개하지 아니한다. 다만, 공청회 또는 제65조의2에 따른 인사청문회를 실시하는 경우에는 위원회의 의결로 이를 공개할 수 있다(국회법 제54조의2 제1항).
④ [○] 위원회는 본회의의 의결이 있거나 의장이나 위원장이 필요하다고 인정할 때, 재적위원 4분의 1 이상의 요구가 있을 때에 개회한다 (국회법 제52조).

답 ④

03

04. 국회직 8급

국회의 조직 및 운영에 관한 다음 기술 중 타당하지 않은 것은?

① 임시회의 집회요구가 있을 때 국회의장은 원칙적으로 집회기일 3일 전에 공고한다.
② 의원이 국회의장으로 당선된 때에는 원칙적으로 그 직에 있는 동안 당적을 가질 수 없다.
③ 국회의원은 2 이상의 상임위원회의 위원이 된다.
④ 본회의는 의원 50인 이상의 출석으로 개의한다.
⑤ 의원은 10인 이상의 찬성으로 의안을 발의할 수 있다.

정답 및 해설

난이도 ★☆☆

① [O] 의장은 임시회의 집회 요구가 있을 때에는 집회기일 3일 전에 공고한다. 이 경우 둘 이상의 집회 요구가 있을 때에는 집회일이 빠른 것을 공고하되, 집회일이 같은 때에는 그 요구서가 먼저 제출된 것을 공고한다(국회법 제5조 제1항).
② [O] 의원이 의장으로 당선된 때에는 당선된 다음 날부터 의장으로 재직하는 동안은 당적(黨籍)을 가질 수 없다. 다만, 국회의원 총선거에서 공직선거법 제47조에 따른 정당추천후보자로 추천을 받으려는 경우에는 의원 임기만료일 90일 전부터 당적을 가질 수 있다(국회법 제20조의2 제1항).
③ [O] 의원은 둘 이상의 상임위원이 될 수 있다(국회법 제39조 제1항).
④ [X] 본회의는 재적의원 5분의 1 이상의 출석으로 개의한다(국회법 제73조 제1항).
⑤ [O] 의원은 10명 이상의 찬성으로 의안을 발의할 수 있다(국회법 제79조 제1항).

답 ④

04

16. 서울시 7급

국회의 의결정족수에 대한 설명으로 옳은 것은?

① 국무위원 해임건의 의결과 헌법재판소 재판관에 대한 탄핵 소추 의결을 위한 정족수는 동일하다.
② 헌법개정안 발의에 있어서는 재적의원 3분의 1 이상의 찬성을 얻어야 한다.
③ 국정조사요구와 국회의원의 제명처분의 의결을 위한 정족수는 동일하다.
④ 회기 중 국회의원의 체포동의는 재적의원 과반수의 찬성을 얻어야 한다.

정답 및 해설

난이도 ★☆☆

① [O] 둘 다 국회재적의원 3분의 1 이상의 발의 그리고 국회재적의원 과반수의 찬성이 있어야 한다(헌법 제63조, 제65조).
② [X] 헌법개정은 국회재적의원 과반수 또는 대통령의 발의로 제안된다(헌법 제128조 제1항).
③ [X] 국정조사 요구는 국회재적의원 1/4 이상이며, 제명을 위한 의결은 국회재적의원 2/3 이상이다(헌법 제64조).
④ [X] 체포동의의 경우 의결정족수가 없다. 정족수가 없을 때는 일반의결정족수에 따른다(헌법 제49조).

답 ①

05

05. 국가직 7급

법률제정절차에 관한 설명 중 옳지 않은 것은?

① 법률안의 발의는 의원 20인, 의안에 대한 수정동의는 그 안을 갖추고 이유를 붙여 의원 50인 이상의 찬성자와 연서하여 미리 의장에게 제출하여야 한다.
② 법률안은 국회의원과 정부가 제출할 수 있다.
③ 법률안 의결은 재적의원 과반수의 출석과 출석의원 과반수의 찬성을 요한다.
④ 대통령은 법률안에 이의가 있을 경우 15일 이내에 이의서를 붙여 국회에 환부하고 재의를 요구할 수 있다.

정답 및 해설

난이도 ★☆☆

① [✗] 의원은 10명 이상의 찬성으로 의안을 발의할 수 있다(국회법 제79조 제1항). 의안에 대한 수정동의는 그 안을 갖추고 이유를 붙여 의원 30명 이상의 찬성자와 연서하여 미리 의장에게 제출하여야 한다(국회법 제95조 제1항).
② [○] 국회의원과 정부는 법률안을 제출할 수 있다(헌법 제52조).
③ [○] 국회는 헌법 또는 법률에 특별한 규정이 없는 한 재적의원 과반수의 출석과 출석의원 과반수의 찬성으로 의결한다(헌법 제49조).
④ [○] 법률안에 이의가 있을 때에는 대통령은 15일 이내에 이의서를 붙여 국회로 환부하고, 그 재의를 요구할 수 있다. 국회의 폐회 중에도 또한 같다(헌법 제53조 제2항).

답 ①

06

02. 법무사

조세법률주의와 관련한 다음의 설명 중 옳지 않은 것은?

① 조세의 종목·세율뿐만 아니라 납세의무자·과세물건·과세표준에 관한 기본적인 사항은 법률로 정하여야 한다는 것을 의미한다.
② 과세요건에 관한 법률의 규정 내용은 명확하고 일의적이어야 한다는 원칙을 포함한다.
③ 조세법률의 목적과 내용이 기본권 보장의 헌법이념에 부합하여야 한다는 실질적 법치주의까지도 의미한다.
④ 조약에 의한 세율의 규정은 조세법률주의에 위배되는 것이 아니다.
⑤ 납세의무자에게 유리한 조세의 비과세 또는 감면요건은 확장 내지 유추해석이 가능하다.

정답 및 해설   난이도 ★★☆

① [O] 우리 헌법 제38조, 제59조에 근거를 둔 조세법률주의는 조세평등주의와 함께 조세법의 기본원칙으로서, 법률의 근거 없이 국가는 조세를 부과·징수할 수 없고, 국민은 조세의 납부를 요구받지 않는다는 원칙이다(헌재 1989.7.21, 89헌마38 ; 상속세법 제32조의2).
② [O] 헌법 제38조 및 제59조에 근거를 둔 조세법률주의는 과세요건법정주의와 함께 과세요건명확주의를 그 핵심적인 내용으로 하고 있고, 과세요건명확주의는 과세요건에 관한 법률규정의 내용이 지나치게 추상적이거나 불명확하면 이에 대한 과세관청의 자의적인 해석과 집행을 초래할 염려가 있으므로 그 규정 내용이 명확하고 일의적이어야 한다(헌재 1994.8.31, 91헌가1).
③ [O] 헌재 1995.11.30, 91헌바1
④ [O] 시장접근물량 내의 수입참깨와 그 이외의 수입참깨에 대하여 다른 세율의 관세를 적용하는 것은 관세법과 농수산물유통 및 가격안정에 관한 법률 및 마라케쉬협정에 따른 것으로서 그 규정 내용이 합리적이고 명확하여 죄형법정주의나 조세법률주의에 어긋나는 것이라고 할 수 없다(헌재 1998.11.26, 97헌바65).
⑤ [X] 비과세나 조세감면의 요건에 관한 규정은 이를 확대해석하면 조세형평의 원칙에 반하게 되는 결과를 초래하게 되기 때문에 과세요건을 정하는 규정과 마찬가지로 엄격히 해석하여야 할 것인바, 구 조세감면규제법 소정의 도시재개발법에 의한 사업시행에 대한 특별부가세 면제규정을 도시계획법에 의한 사업시행의 경우에까지 확장 또는 유추적용할 수는 없는 것이다(대판 1990.5.22, 89누7191).

답 ⑤

07

예산과 법률의 관계에 관하여 잘못 설명한 것은?

① 예산과 법률은 모두 국회의 의결로 확정된다.
② 정부 제출 법률안의 경우와 달리 국회는 정부의 동의 없이 정부가 제출한 지출예산 각 항의 금액을 증가하거나 새 비목을 설치할 수 없다.
③ 법률은 공포를 효력발생요건으로 하나 예산은 의결로써 효력이 발생한다.
④ 법률안의 제출과 달리 예산안의 편성·제출은 정부만 할 수 있다.
⑤ 대통령은 법률안의 경우와 마찬가지로 국회에서 통과된 예산안에 대하여 거부권을 행사할 수 있다.

정답 및 해설

난이도 ★★☆

⑤ [X] 대통령은 법률안의 경우와 달리 국회에서 통과된 예산안에 대하여 거부권을 행사할 수 없다.

구분	예산	법률
형식	법률과 별개의 국법형식	입법형식
제출시한	회계연도 개시 90일 전까지	-
제출권	정부	정부, 국회의원(10인)
수정	50인 동의	30인 동의
의결시한	회계연도 개시 30일 전까지	-
의결정족수	일반	일반
정부거부권	X	O
효력발생	국회 의결시	공포 후 20일
효력시한	당해 회계연도	폐지시까지
효력범위	외국공관 O	외국공관 X
구속력	국가기관	국가기관·국민

답 ⑤

08

19. 법원직

탄핵소추 및 탄핵심판과 관련하여 다음 설명 중 가장 옳지 않은 것은?

① 국회의 의사절차에 헌법이나 법률을 명백히 위반한 흠이 있는 경우가 아니면 국회 의사절차의 자율권은 권력분립의 원칙상 존중되어야 하고, 국회법 제130조 제1항은 탄핵소추의 발의가 있을 때 그 사유 등에 대한 조사 여부를 국회의 재량으로 규정하고 있으므로, 국회가 탄핵소추사유에 대하여 별도의 조사를 하지 않았다거나 국정조사결과나 특별검사의 수사결과를 기다리지 않고 탄핵소추안을 의결하였다고 하여 그 의결이 헌법이나 법률을 위반한 것이라고 볼 수 없다.

② 국회의 탄핵소추의결에 따라 대통령 개인의 기본권이 침해되므로 적법절차의 원칙은 탄핵소추절차에도 직접 적용된다.

③ 헌법 제65조는 대통령이 "그 직무집행에 있어서 헌법이나 법률을 위배한 때"를 탄핵사유로 규정하고 있다. 여기에서 '직무'란 법제상 소관 직무에 속하는 고유 업무와 사회통념상 이와 관련된 업무를 말하고, 법령에 근거한 행위뿐만 아니라 대통령의 지위에서 국정수행과 관련하여 행하는 모든 행위를 포괄하는 개념이다. 또 '헌법'에는 명문의 헌법규정뿐만 아니라 헌법재판소의 결정에 따라 형성되어 확립된 불문헌법도 포함되고, '법률'에는 형식적 의미의 법률과 이와 동등한 효력을 가지는 국제조약 및 일반적으로 승인된 국제법규 등이 포함된다.

④ 대통령을 탄핵하기 위해서는 대통령의 법 위배 행위가 헌법질서에 미치는 부정적 영향과 해악이 중대하여 대통령을 파면함으로써 얻는 헌법 수호의 이익이 대통령 파면에 따르는 국가적 손실을 압도할 정도로 커야 한다. 즉, '탄핵심판청구가 이유 있는 경우'란 대통령의 파면을 정당화할 수 있을 정도로 중대한 헌법이나 법률 위배가 있는 때를 말한다.

정답 및 해설 난이도 ★☆☆

①, ③, ④ [○] 헌재 2004.5.14, 2004헌나1

② [X] 탄핵소추절차는 국회와 대통령이라는 헌법기관 사이의 문제이고, 국회의 탄핵소추의결에 따라 사인으로서 대통령 개인의 기본권이 침해되는 것이 아니다. 국가기관이 국민에 대하여 공권력을 행사할 때 준수하여야 하는 법원칙으로 형성된 적법절차의 원칙을 국가기관에 대하여 헌법을 수호하고자 하는 탄핵소추절차에 직접 적용할 수 없다(헌재 2004.5.14, 2004헌나1).

답 ②

09

07. 법원직

국회의원 자격의 소멸에 대한 설명으로 가장 잘못된 것은?

① 의원을 제명하려면 국회재적의원 3분의 2 이상의 찬성이 있어야 하고, 그 의결에 불복하면 법원에 제소할 수 있다.
② 국회의원의 사직은 국회의 허가를 요하고, 국회가 폐회 중일 경우에는 국회의장이 허가여부를 결정한다.
③ 의원이 겸할 수 없는 직에 취임하거나 임기개시일 이후에 해직된 직의 권한을 행사하거나 법률에 규정된 피선거권이 없게 된 때에는 퇴직한다.
④ 국회는 의원의 자격을 심사할 수 있고, 무자격 결정은 장래를 향해서만 효력을 발생한다.

정답 및 해설   난이도 ★☆☆

① [×] 의원을 제명하려면 국회재적의원 3분의 2 이상의 찬성이 있어야 한다(헌법 제64조 제3항). 의원의 징계·제명의 처분에 대하여는 법원에 제소할 수 없다(헌법 제64조 제4항).
② [○] 국회는 의결로 의원의 사직을 허가할 수 있다. 다만, 폐회 중에는 의장이 허가할 수 있다(국회법 제135조 제1항).
③ [○] 의원이 공직선거법 제53조에 따라 사직원을 제출하여 공직선거후보자로 등록되었을 때에는 의원직에서 퇴직한다(국회법 제136조 제1항).
④ [○] 국회는 의원의 자격을 심사하며, 의원을 징계할 수 있다(헌법 제64조 제2항).

답 ①

10

국회의원의 특권에 관한 다음 설명 중 가장 옳지 않은 것은? (다툼이 있는 경우 대법원 판례에 의함)

① 국회의원은 국회에서 직무상 행한 발언과 표결에 관하여 일체의 법적인 책임이 면제되는데 그 취지는 국회의원이 국민의 대표자로서 국회 내에서 자유롭게 발언하고 표결할 수 있도록 보장함으로써 국회가 입법 및 국정통제 등 헌법에 의하여 부여된 권한을 적정하게 행사하고 그 기능을 원활하게 수행할 수 있도록 보장하는 데에 있다.

② 면책특권의 대상이 되는 행위는 국회의 직무수행에 필수적인 국회의원의 국회 내에서의 직무상 발언과 표결이라는 의사표현행위 자체에만 국한되지 않고 이에 통상적으로 부수하여 행하여지는 행위까지 포함된다.

③ 국회의원은 현행범인 경우를 제외하고는 회기 중 국회의 동의없이 체포 또는 구금되지 아니하며 회기 전에 체포 또는 구금 된 때에는 현행범이 아닌 한 국회의 요구가 있으면 회기중 석방된다.

④ 회기 중 국회의원 체포안에 대한 동의에는 국회의원 재적의원 과반수의 찬성이 필요하다.

정답 및 해설

② [○] 대판 1992.9.22, 91도3317
③ [○] 헌법 제44조 제1항·제2항
④ [✕] 체포동의에 대해서는 별도의 조문이 없어, 이는 일반의결 정족수로 족하다.

답 ④

11

10. 국가직 7급

국회의원의 면책특권에 관한 설명으로 옳지 않은 것은? (다툼이 있는 경우 판례에 의함)

① 국회의원이 국회 내에서의 자신의 직무상 발언 내용이 허위라는 점을 인식하지 못했다 하더라도, 발언 내용에 다소 근거가 부족하거나 진위 여부를 확인하기 위한 조사를 제대로 하지 않았다면 면책특권의 대상이 될 수 없다.
② 국회라 함은 국회의사당이라는 건물만을 지칭하는 것이 아니라, 국회의 본회의나 위원회가 개최되고 있는 모든 장소를 말한다.
③ 면책특권의 대상이 되는 행위는 직무상 행위이기 때문에 의사당 내에서 행한 발언일지라도 의제와 관계없는 발언은 면책의 대상이 되지 아니한다.
④ 국회 내에서 한 발언과 표결일지라도 그것을 다시 원외에서 발표하거나 출판하는 경우에는 면책되지 아니한다.

정답 및 해설

난이도 ★☆☆

① [✕] 발언 내용이 허위라는 점을 인식하지 못하였다면 비록 발언 내용에 다소 근거가 부족하거나 진위 여부를 확인하기 위한 조사를 제대로 하지 않았다고 하더라도, 그것이 직무 수행의 일환으로 이루어진 것인 이상 이는 면책특권의 대상이 된다(대판 2007.1.12, 2005다57752).
② [○] 국회라 함은 장소적 의미보다는 국회 본회의나 위원회 등의 소관직무와 관련하여 문제가 된 국회의원의 행위가 있어야 함을 의미한다.
③ [○] 면책대상이 되는 행위는 직무상 행위만 해당하므로, 의제와 관계없는 발언은 면책의 대상이 되지 않는다.
④ [○] 면책특권의 장소적 한계는 원내에서만 허용되는바, 원외에서 발표 내지 출판하는 경우는 면책되지 않는다.

답 ①

제3장 대통령과 정부

제3편 통치구조론

제3장 대통령과 정부

서론

- **서론**
  - **선출**: 40세 이상, 5년 이상 국내거주
  - **권한대행**
    - **사유**
      - 궐위 - 다시 복귀 안 되는 경우, 탄핵심판
      - 사고 - 다시 복귀되는 경우, 탄핵소추
    - **순위**: 국무총리 - 부총리 - 정부조직법 순서
    - **범위**: 현상 유지에 필요한 범위
  - **불소추특권**
    - 내란 또는 외환의 죄는 제외
    - 재직 중
    - **형사상**: 민·행정상 소제기는 가능
    - **소추 ✕**: 임의수사는 가능
  - **의무**
    - **직무**: 제66조
    - **취임선서**: 제69조
    - **겸직금지**: 제83조

대통령의 권한

- **긴급명령권**
  - **요건**
    - **상황**: 중대한 교전상태
    - **목적**: 소극적 목적 ○, 공공복리 ✕
    - 국회의 집회가 불가능
  - **절차**: 국무회의 심의 + 관계 국무위원의 부서 + 국회에 보고·승인
  - **내용**: 법률의 효력, 경찰력
  - **효력**
    - 국회승인 ○ - 법으로 개폐 가능
    - 국회승인 ✕ - 장래효, 그때부터 실효
  - **통제**: 수정승인권 포함, 탄핵, 헌법재판소의 통제

- **행정**
  - 최고책임자
  - 공무원 임면권
  - **국군통수권**: 군정·군령 일원주의

- **사법**
  - 기성의 효과는 변경 ×, 재심 ×
  - 일부사면은 가능, 복권은 전체로

구분	대상자	효과	국무회의 심의	국회동의	형태
일반사면	죄를 범한 자	• 형의 선고를 받기 전인 자: 공소권 소멸 • 형의 선고를 받은 자: 형의 선고의 효력 상실	○	○	대통령령
특별사면	형의 선고를 받은 자	• 일반적인 경우는 형 집행 면제 • 형 집행유예를 선고받은 자: 형의 선고의 효력 상실	○	×	대통령이 명함
일반감형	형의 선고를 받은 자	형의 변경	○	×	대통령령
특별감형	형의 선고를 받은 자	• 일반적인 경우는 형의 감경 • 형 집행유예를 선고받은 자: 형의 변경	○	×	대통령이 명함
복권	형 집행이 종료되거나 형 집행이 면제된 자 중 자격이 상실 또는 정지된 자	상실 또는 정지된 자격 회복	○	×	일반복권은 대통령령, 특별복권은 대통령이 명함

- **대통령의 권한 통제**
  - 부서제도 — 의원내각제적 요소, 문서주의

제1절 대통령

제1항 대통령의 헌법상 지위와 신분관계

1 대통령의 헌법상 지위

> 헌법 제66조 ① 대통령은 국가의 원수이며, 외국에 대하여 국가를 대표한다.
> ② 대통령은 국가의 독립·영토의 보전·국가의 계속성과 헌법을 수호할 책무를 진다.
> ③ 대통령은 조국의 평화적 통일을 위한 성실한 의무를 진다.
> ④ 행정권은 대통령을 수반으로 하는 정부에 속한다.

현행 헌법에 있어서 대통령의 헌법상 지위는 국가원수로서의 지위와 집행부 수반으로서의 이중적 지위를 가진다.

지위	권한
국가원수	대외적 국가대표 / 헌법의 수호자 국정 통합·조정자 / 헌법기관 구성권자
집행부 수반	집행부 최종 책임자 / 집행부 구성권자 국무회의 의장

2 대통령의 신분상의 지위

1. 대통령의 선출

> 헌법 제70조 대통령의 임기는 5년으로 하며, 중임할 수 없다.

(1) 연혁

구분	선출	임기	중임제한	권한대행
건국헌법	국회	4년	1차	부통령 ⇨ 국무총리
제1차 개정	직선제	4년	1차	부통령 ⇨ 국무총리
제2차 개정	직선제	4년	초대 ×	부통령 ⇨ 국무위원
제3차 개정	국회	5년	1차	참의원 의장 ⇨ 민의원 의장 ⇨ 국무총리
제5차 개정	직선제	4년	1차	국무총리 ⇨ 국무위원
제6차 개정	직선제	4년	2차	국무총리 ⇨ 국무위원
제7차 개정	통일주체국민회의	6년	×	국무총리 ⇨ 국무위원
제8차 개정	대통령선거인단	7년	단임	국무총리 ⇨ 국무위원
현행 헌법	직선제	5년	단임	국무총리 ⇨ 국무위원

기출OX

대통령의 임기는 전임대통령의 임기만료일의 다음날 0시부터 개시된다. 다만, 전임자의 임기가 만료된 후에 실시하는 선거와 궐위로 인한 선거에 의한 대통령의 임기는 당선이 결정된 때부터 개시된다. (O) 17. 국가직 7급

기출OX

01 대통령후보자가 1인인 경우 득표수가 선거권자 총수의 2분의 1 이상이어야 당선될 수 있다. (×)
01. 국가직 7급

02 대통령선거에 있어서는 중앙선거관리위원회가 유효투표의 다수를 얻은 자를 당선인으로 결정하고 이를 당선인에게 통지하여야 한다. (×)
18. 경찰승진
→ 당선인이 아니라 국회의장에게 통지하여야 한다.

❶ 현행 헌법 제67조 제4항에서 대통령의 피선거권을 선거일 현재 40세로 규정하고 있으므로 법률에서 상이하게 규정한다면 위헌법률에 해당한다.

(2) 현행 헌법상의 대통령선출 01·02·04·08. 국가직 7급, 07. 법원직

> 헌법 제67조 ① 대통령은 국민의 보통·평등·직접·비밀선거에 의하여 선출한다.
> ② 제1항의 선거에 있어서 최고득표자가 2인 이상인 때에는 국회의 재적의원 과반수가 출석한 공개회의에서 다수표를 얻은 자를 당선자로 한다.
> ③ 대통령후보자가 1인일 때에는 그 득표수가 선거권자 총수의 3분의 1 이상이 아니면 대통령으로 당선될 수 없다.
> ④ 대통령으로 선거될 수 있는 자는 국회의원의 피선거권이 있고 선거일 현재 40세에 달하여야 한다.❶
> ⑤ 대통령의 선거에 관한 사항은 법률로 정한다.
>
> 제68조 ① 대통령의 임기가 만료되는 때에는 임기만료 70일 내지 40일 전에 후임자를 선거한다.
> ② 대통령이 궐위된 때 또는 대통령 당선자가 사망하거나 판결 기타의 사유로 그 자격을 상실한 때에는 60일 이내에 후임자를 선거한다.

① 대통령으로 선거될 수 있는 자는 40세 이상이며, 국회의원의 피선거권이 있고 5년 이상 국내에 거주하여야 한다. 다만 계속 거주하여야 하는 것은 아니다. 01·04. 국가직 7급
② 임기만료 전 70일 후 첫째 수요일(헌법상 임기만료 70일 내지 40일 전), 보궐선거는 궐위된 날로부터 60일 이내에 선거하며(후임자는 당선결정 시로부터 5년의 임기가 새로 개시), 04. 국가직 7급, 07. 법원직 당선인 결정은 중앙선거관리위원회가 한다. 이 경우 단독후보일 경우에는 선거권자 총수의 3분의 1 이상의 득표를 요한다.

2. 권한대행(헌법 제71조)

> 헌법 제71조 대통령이 궐위되거나 사고로 인하여 직무를 수행할 수 없을 때에는 국무총리, 법률이 정한 국무위원의 순서로 그 권한을 대행한다.

대통령	궐위시 국무총리 ⇨ 국무위원
국무총리	부총리 ⇨ 대통령 지명 ⇨ 정부조직법 순서
헌법재판소장	헌법재판소규칙이 정하는 순서에 따름(헌법재판소법 제12조 제4항)
대법원장	궐위되거나 사고의 경우 선임대법관
감사원장	최장기간 재직한 감사위원, 동일할 경우 연장자
중앙선거관리위원장	위원장의 사고시는 상임위원 또는 부위원장 모두 사고시는 임시위원장을 호선

(1) 사유❷ 03·04. 국가직 7급

① 궐위: 사망, 탄핵결정에 의한 파면, 피선자격의 상실, 사임 등으로 대통령이 재위하지 않게 된 경우를 말한다.
② 사고: 재위하지만 신병·해외순방 또는 탄핵소추의 결정으로 권한행사가 정지된 경우를 말한다.

❷ 궐위는 다시 못 돌아오는 것을 말하며, 사고는 다시 돌아올 수 있는 경우를 말한다.

(2) 직무대행자 07. 국가직 7급

① 우리나라는 국무총리가 가장 우선되는 직무대행자임에도 불구하고 선거로 직접 선출하는 것이 아닌 임명직인바 민주적 정당성 면에서 문제가 있다. 이후에는 정부조직법에 정해진 순서대로이다. 최근에는 부총리제도가 신설되어 국무총리의 다음은 기획재정부장관을 겸직하는 부총리가 권한대행한다.
② 프랑스의 경우 대통령의 직무수행 가능여부를 헌법평의회가 결정하며 대통령의 궐위나 유고를 확인하고 선언할 권한을 가지고 있지만, 우리나라는 이러한 기관이 규정되어 있지 않아서 문제점으로 지적된다.

(3) 범위

다수설은 권한대행의 범위에 대해 현상 유지에 필요한 범위로 좁게 해석하는 입장이다.

3. 특권(대통령의 형사상 특권)

(1) 불소추특권

> 헌법 제84조 대통령은 내란 또는 외환의 죄를 범한 경우를 제외하고는 재직 중 형사상의 소추를 받지 아니한다.

(2) 내용

① 내란 또는 외환의 죄를 범한 경우: 내란 또는 외환의 죄를 범한 경우에는 소추가 가능하다. 따라서 이 경우에는 공소시효가 진행된다. 그 이외의 경우에는 공소시효가 진행되지 않는다.
② 재직 중: 재직 중이기 때문에 퇴직한 경우에는 형사상 소추가 가능하다. 또한 '형사상'이기 때문에 민사상, 행정상 소제기는 가능하다. 04. 국가직 7급
③ 소추를 받지 아니한다: 소추는 공소제기를 의미하기 때문에 임의수사는 가능하다. 다만 체포·구금·수색·압수 등 강제수사는 불가능할 것이다(헌재 1995.1.20, 94헌마246).

4. 의무

(1) 직무에 관한 의무

> 헌법 제66조 ② 대통령은 국가의 독립·영토의 보전·국가의 계속성과 헌법을 수호할 책무를 진다.
> ③ 대통령은 조국의 평화적 통일을 위한 성실한 의무를 진다.

(2) 취임선서상의 의무(헌법 제69조)

> 헌법 제69조 대통령은 취임에 즈음하여 다음의 선서를 한다.
> "나는 헌법을 준수하고 국가를 보위하며 조국의 평화적 통일과 국민의 자유와 복리의 증진 및 민족문화의 창달에 노력하여 대통령으로서의 직책을 성실히 수행할 것을 국민 앞에 엄숙히 선서합니다."

기출OX

헌법은 대통령이 사고로 인하여 직무를 수행할 수 없을 때 대통령 권한대행 개시 및 기간에 관한 결정권을 헌법재판소에 부여하고 있다. (×)
17. 국가직 7급

기출OX

01 대통령의 내란죄와 외환죄는 공소시효가 배제되므로, 대통령이 내란죄를 범한 경우 검사의 기소가 없더라도 재직 중 공소시효가 진행되는 것은 아니다. (○)
07. 국가직 7급

02 대통령에게 재직 중 내란 또는 외환의 죄를 제외하고는 형사소추되지는 않는다는 형사상 특권이 인정된다고 하더라도 퇴직 후에는 형사소추가 가능하다. (○)
12. 지방직 7급

(3) 겸직금지의무(헌법 제83조)

> 헌법 제83조 대통령은 국무총리·국무위원·행정각부의 장 기타 법률이 정하는 공사의 직을 겸할 수 없다.

대통령은 중앙선거관리위원회 위원과 헌법재판소 재판관, 국회의원 등의 지위를 겸직할 수 없다. 이는 직무의 공정성을 보장하고 대통령의 품위를 유지하기 위함이다.

5. 전직대통령에 대한 예우

> 전직대통령 예우에 관한 법률 제4조【연금】② 제1항에 따른 연금 지급액은 지급 당시의 대통령 보수연액(報酬年額)의 100분의 95에 상당하는 금액으로 한다.
>
> 제5조【유족에 대한 연금】① 전직대통령의 유족 중 배우자에게는 유족연금을 지급하며, 그 연금액은 지급 당시의 대통령 보수연액의 100분의 70에 상당하는 금액으로 한다.
>
> 제6조【그 밖의 예우】① 전직대통령은 비서관 3명과 운전기사 1명을 둘 수 있고, 전직대통령이 서거한 경우 그 배우자는 비서관 1명과 운전기사 1명을 둘 수 있다.
> ② 제1항에 따라 전직대통령이 둘 수 있는 비서관과 운전기사는 전직대통령이 추천하는 사람 중에서 임명하며, 비서관은 고위공무원단에 속하는 별정직공무원으로 하고, 운전기사는 별정직공무원으로 한다.
>
> 제7조【권리의 정지 및 제외 등】② 전직대통령이 다음 각 호의 어느 하나에 해당하는 경우에는 제6조 제4항 제1호에 따른 예우를 제외하고는 이 법에 따른 전직대통령으로서의 예우를 하지 아니한다.
> 1. 재직 중 탄핵결정을 받아 퇴임한 경우
> 2. 금고 이상의 형이 확정된 경우
> 3. 형사처분을 회피할 목적으로 외국정부에 도피처 또는 보호를 요청한 경우
> 4. 대한민국의 국적을 상실한 경우

기출OX

전직대통령이 재직 중 탄핵결정을 받아 퇴임한 경우와 금고 이상의 형이 확정된 경우 및 사퇴한 경우에는 필요한 기간의 경호 및 경비를 제외하고는 전직대통령 예우에 관한 법률에 따른 전직대통령으로서의 예우를 하지 아니한다. (×) 17. 국가직 7급

➝ 사퇴는 해당되지 않는다.

제2항 대통령의 권한과 통제

1 국가긴급권

1. 의의 03. 국가직 7급

> 헌법 제76조 ① 대통령은 내우·외환·천재·지변 또는 중대한 재정·경제상의 위기에 있어서 국가의 안전보장 또는 공공의 안녕질서를 유지하기 위하여 긴급한 조치가 필요하고 국회의 집회를 기다릴 여유가 없을 때에 한하여 최소한으로 필요한 재정·경제상의 처분을 하거나 이에 관하여 법률의 효력을 가지는 명령을 발할 수 있다.
> ② 대통령은 국가의 안위에 관계되는 중대한 교전상태에 있어서 국가를 보위하기 위하여 긴급한 조치가 필요하고 국회의 집회가 불가능한 때에 한하여 법률의 효력을 가지는 명령을 발할 수 있다.
> ③ 대통령은 제1항과 제2항의 처분 또는 명령을 한 때에는 지체 없이 국회에 보고하여 그 승인을 얻어야 한다.
> ④ 제3항의 승인을 얻지 못한 때에는 그 처분 또는 명령은 그때부터 효력을 상실한다. 이 경우 그 명령에 의하여 개정 또는 폐지되었던 법률은 그 명령이 승인을 얻지 못한 때부터 당연히 효력을 회복한다.
> ⑤ 대통령은 제3항과 제4항의 사유를 지체 없이 공포하여야 한다.

현행 헌법상 국가긴급권은 긴급재정경제명령권, 긴급재정경제처분권, 긴급명령권 및 계엄선포권에 한정된다. 08. 국가직 7급

2. 현행 헌법상 국가긴급권의 종류

(1) 긴급명령권
① 의의: 긴급명령이라 함은 통상적인 입법절차만으로는 대처할 수 없는 상황에서 국회의 집회가 불가능한 때에 대통령이 발동하는 긴급입법제도를 말한다. 이는 법치주의 및 기본권제한의 일반적 법률유보 원칙의 예외라고 할 수 있다.
② 연혁

구분	국가긴급권
제1공화국	긴급명령, 긴급재정처분
제2공화국	긴급재정처분·명령
제3공화국	긴급명령, 긴급재정경제 처분·명령 ⇨ 현행 헌법과 같음
제4공화국	긴급조치
제5공화국	비상조치
제6공화국	긴급명령, 긴급재정경제 처분·명령

③ 요건(헌법 제76조 제2항) 03·07. 국가직 7급
  ㉠ 상황요건: 국가안위와 관련된 중대한 교전상태(전쟁, 내란)에 가능하다.
  ㉡ 목적요건: 국가의 보위라는 소극적 목적을 위해서만 발할 수 있다. 공공복리실현과 같은 적극적인 목적을 위해서는 발할 수 없다.

기출OX

01 대통령은 내우·외환·천재·지변 또는 중대한 재정·경제상의 위기에 있어서 국가의 안전보장 또는 공공의 안녕질서를 유지하기 위하여 긴급한 조치가 필요하고 국회의 집회를 기다릴 여유가 없을 때에 한하여 최소한으로 필요한 재정·경제상의 처분을 하거나 이에 관하여 법률의 효력을 가지는 명령을 발할 수 있으며, 이 경우 국회가 폐회 중일 때에는 대통령은 지체 없이 국회에 집회를 요구하여야 한다. (×) 19. 국가직 7급
→ 계엄법은 집회를 요구하여야 한다고 규정되어 있으나, 재정·경제 명령은 그러한 내용이 규정되어 있지 않다.

02 계엄법상 대통령은 전시·사변 또는 이에 준하는 국가비상사태시 사회질서가 교란되어 일반 행정기관만으로는 치안을 확보할 수 없는 경우에 공공의 안녕질서를 유지하기 위하여 비상계엄을 선포한다. (×) 22. 지방직 7급

기출OX

01 대통령이 발하는 긴급명령의 목적은 국가의 안위에 관계되는 중대한 교전상태에서 국가를 보위하기 위한 것이다. (○) 07. 국가직 7급

02 대통령의 긴급명령권은 '국가의 안위에 관계되는 중대한 교전상태'에서 그리고 계엄선포권은 '전시 사변 또는 이에 준하는 국가비상사태'에서 발할 수 있다. (○) 03. 국가직 7급

03 긴급재정경제명령은 위기가 발생할 우려가 있다는 이유로 사전적·예방적으로 발할 수 없고, 공공복리의 증진과 같은 적극적 목적을 위하여도 발할 수 없다. (○) 19. 국가직 7급

ⓒ 국회의 집회가 불가능할 것: 법률적 불능뿐 아니라 사실적 불능도 해당한다. 폐회나 휴회 중에 비상사태로 집회가 불가능한 경우, 개회 중이더라도 비상사태로 활동이 불가능한 상태에서도 발동이 가능하다.
④ 절차
ⓐ 국무회의 심의와 관계국무위원의 부서를 받아야 하며, 지체 없이 국회에 보고하여 승인을 얻어야 한다.
ⓑ 승인정족수에 대해서는 명문규정이 존재하지 않아 계엄정족수(재적과반수)를 준용하자는 견해와 일반 의결정족수로 해결하자는 견해가 있다.
ⓒ 긴급명령 발포 후 국회에 보고·승인요청 사실 및 그 승인 여부를 지체 없이 공포하여야 한다.
⑤ 내용
ⓐ 법률의 효력을 지니므로 법규사항 등 국정전반에 대한 조치가 가능하나, 헌법에 규정된 기본권을 정지하거나 특별한 조치를 할 수 없다. 따라서 긴급명령으로 국회를 해산할 수는 없다. 07. 국가직 7급
ⓑ 긴급명령의 경우 동원되는 공권력은 병력이 아닌 경찰력이다.❶ 07. 국가직 7급
⑥ 효력
ⓐ 국회승인을 얻은 경우: 확정적으로 유효하게 된다. 국회는 법률로써 긴급명령을 개폐할 수 있으며, 대통령도 해제할 수 있다.
ⓑ 국회승인을 얻지 못한 경우: 그때부터 실효되고(소급효 X) 그때까지의 효력에는 영향이 없으며, 개정·폐지되었던 법률은 당연 효력을 회복한다. 07. 국가직 7급
⑦ 통제
ⓐ 국회(정치적 또는 대의적 통제)
　ⓐ 국회는 승인권을 가진다. 다만, 이 경우 수정승인권이 포함된다.
　ⓑ 위법한 경우 탄핵사유가 될 수 있으며, 국회는 법률개정으로 무력화시킬 수 있다.
ⓑ 법원 및 헌법재판소(사법적 통제)
　ⓐ 긴급명령 자체는 헌법재판소의 심사대상이 된다.
　ⓑ 긴급명령에 기한 처분의 경우에는 법원의 심사대상이 된다.

(2) 긴급재정경제처분·명령권(헌법 제76조 제1항)
① 의의: 긴급재정경제처분·명령권은 중대한 재정경제상의 위기에 있어서 국가안전보장 또는 공공의 안녕질서를 유지하기 위한 처분과 명령이다. 이는 재정의회주의의 예외가 된다.
② 요건 08. 국회직 8급
ⓐ 상황적 요건: 내우·외환·천재·지변 또는 중대한 재정·경제상의 위기 발생의 경우가 상황적 요건이다.
ⓑ 목적적 요건: 긴급재정·경제명령은 중대한 재정·경제상의 위기에 있어서 국가의 안전보장 또는 공공의 안녕질서를 유지하기 위하여(소극적·방어적) 발할 수 있고, 공공복리의 증진과 같은 목적으로는 발할 수 없다. 08. 국회직 8급

기출OX

01 긴급명령의 경우 동원되는 공권력은 병력이다. (X) 07. 국가직 7급
02 긴급명령이 국회의 승인을 얻지 못할 때에는 그때부터 효력을 상실한다. (O) 07. 국가직 7급

❶ 군정실시가 허용되지 아니하며, 기본권에 대한 특별한 조치도 할 수 없다.

ⓒ 국회의 집회를 기다릴 여유가 없을 것: 국회가 폐회 중인 경우에 발동이 허용되며, 휴회 중인 경우는 물론 개회 중에는 발할 수 없다(다수설). 임시회 집회에 요구되는 3일을 기다릴 여유가 없을 때에 한하여 허용된다.

③ 효력
  ㉠ 의회의 동의 없이 재정·경제에 관한 처분이 가능하다(긴급재정경제명령으로 효력보장).
  ㉡ 국회의 승인을 얻게 되면 확정적으로 유효하여 법률의 개폐도 가능하다.
  ㉢ 국회의 승인을 얻지 못하면 실효되고 기존의 법규가 당연 회복된다. 08. 국회직 8급
  ㉣ 대통령은 스스로의 판단으로 그 명령을 해제할 수 있지만 국회가 그 해제를 요구·건의하는 것은 불가하다.

④ 통제
  ㉠ **국회의 통제**: 사후승인권이 있다.
  ㉡ **헌법재판소, 법원의 통제**: 대통령의 긴급재정·경제명령은 이른바 통치행위에 속하지만, 국민의 기본권 침해에 직접 관련되는 경우에는 헌법재판소의 심판대상이 된다. 08. 국회직 8급 처분의 일종이므로 법원에 의한 심사나 헌법소원에 의한 통제 가능하다(보충성 요건을 충족하여야 하므로 범위는 한정됨).

관련 판례

금융실명제❷ [기각]
이른바 통치행위를 포함하여 ① 비록 고도의 정치적 결단에 의하여 행해지는 국가작용이라고 할지라도 그것이 국민의 기본권침해와 직접 관련되는 경우에는 당연히 헌법재판소의 심판대상이 될 수 있을 뿐만 아니라, 긴급재정경제명령은 법률의 효력을 갖는 것이므로 마땅히 헌법에 기속되어야 할 것이다. ② 긴급재정경제명령이 헌법 제76조 소정의 요건과 한계에 부합하는 것이라면 그 자체로 목적의 정당성, 수단의 적정성, 피해의 최소성, 법익의 균형성이라는 기본권제한의 한계로서의 과잉금지원칙을 준수하는 것이 되는 것이다(헌재 1996.2.29, 93헌마186).

(3) 계엄선포권

> 헌법 제77조 ① 대통령은 전시·사변 또는 이에 준하는 국가비상사태에 있어서 병력으로써 군사상의 필요에 응하거나 공공의 안녕질서를 유지할 필요가 있을 때에는 법률이 정하는 바에 의하여 계엄을 선포할 수 있다.
> ② 계엄은 비상계엄과 경비계엄으로 한다.
> ③ 비상계엄이 선포된 때에는 법률이 정하는 바에 의하여 영장제도, 언론·출판·집회·결사의 자유, 정부나 법원의 권한에 관하여 특별한 조치를 할 수 있다.
> ④ 계엄을 선포한 때에는 대통령은 지체 없이 국회에 통고하여야 한다.
> ⑤ 국회가 재적의원 과반수의 찬성으로 계엄의 해제를 요구한 때에는 대통령은 이를 해제하여야 한다. 01. 국가직 7급, 04. 국회직 8급

기출OX

01 대통령의 긴급재정·경제명령은 국회의 집회가 불가능할 때 긴급재정·경제처분의 실효성을 뒷받침하기 위하여 발하는 법률의 효력을 가진 명령을 의미한다. (×)
08. 국회직 8급

02 긴급명령은 국회의 승인을 얻지 못한 때에는 그때부터 효력을 상실하고, 이 경우 그 명령에 의해 개정 또는 폐지되었던 법률은 그 명령이 승인을 얻지 못한 때부터 당연히 효력을 회복한다. (○)
13. 국가직 7급

❷
판례는 금융실명제를 법률제정절차를 밟아서는 도저히 달성할 수 없는 것으로 보아 헌법 제76조의 요건에 해당한다고 보았다.

기출OX

01 긴급재정경제명령이 헌법 제76조 소정의 요건과 한계에 부합하는 것이라면 그 자체로 목적의 정당성, 수단의 적정성, 피해의 최소성, 법익의 균형성이라는 기본권제한의 한계로서의 과잉금지원칙을 준수하는 것이 되는 것이다. (○)
18. 법원직

02 계엄선포권은 중대한 국가긴급권이므로 국무회의의 심의결과는 대통령에 대하여 법적 구속력을 가진다. (×) 06. 국회직 8급

03 대통령이 계엄을 선포한 때에는 지체 없이 국회의 승인을 얻어야 한다. (×) 06. 국회직 8급

04 계엄이 선포되면 계엄사령관은 계엄의 시행에 관하여 대통령의 직접적인 지휘·감독을 받는다. (×)
06. 국회직 8급

① 종류
  ㉠ **경비계엄**: 일반 행정기관에 의한 치안유지가 불가능할 때 공공의 안녕 질서를 유지하기 위한 계엄을 말한다.
  ㉡ **비상계엄**: 적과 교전상태, 사회질서의 극도교란, 행정·사법기능 수행의 현저한 곤란시 군으로써 군사상의 필요에 응하거나 공공의 안녕질서를 유지하기 위한 계엄을 말한다.
② 요건 03. 국가직 7급
  ㉠ 전시, 사변 또는 이에 준하는 국가비상사태가 발생하여야 한다. 이 경우 발생할 가능성과 같은 예방적 조치는 안 된다.
  ㉡ 병력으로써 군사상의 필요에 응하거나, 공공의 안녕질서를 유지할 필요가 있을 때여야 한다.
③ 선포절차
  ㉠ 국무회의 심의(구속력 ×)를 거쳐서 대통령이 선포한다. 08. 국회직 8급
  ㉡ 이유, 종류, 지역, 기관을 계엄사령관이 공고한다.
  ㉢ 국방부장관이 계엄사령관을 지휘·감독하나, 전국 계엄시에는 대통령이 직접 지휘·감독한다(계엄법 제6조 제1항). 06. 국회직 8급
  ㉣ 국회에 통고만 하면 되며, 승인이 필요하지는 않다. 06. 국회직 8급
④ 효력(법률유보)
  ㉠ **경비계엄**: 계엄사령관은 군사에 관한 행정·사법사무를 관장한다. 국민의 자유와 권리를 제한할 수는 없다.
  ㉡ **비상계엄** 04. 국가직 7급
    ⓐ 행정사무·사법사무에 관한 특별조치(계엄사령관이 사무관장)
      • 사법작용 중 재판작용을 제외한 사법행정작용(사법경찰, 검찰, 형의 집행, 민사비송사건)만이 계엄당국의 지휘·감독을 받는다(다수설).
      • 계엄법 제10조의 범죄를 범한 민간인에 대해서는 군사재판이 가능하다(헌법 제27조 제2항). 이 경우 단심제도 가능하다❶(헌법 제110조 제4항)(사형은 제외).
      • 기존의 계류❷사건(계엄선포 전에 발생)도 군사법원에 이첩된다.
      • 계엄 해제 후 1개월간 군사법원의 관할권 연장된다. 이에 대해 판례는 합헌이라는 입장이다.
      • 계엄이 선포된 경우에도 국회의원은 현행범인 경우를 제외하고는 체포 또는 구금되지 아니한다(계엄법 제13조). 06. 국회직 8급
      • 국회와 헌법재판소에 대한 특별조치는 불가하다.
      • 계엄해제는 사태호전에 따른 조치이므로, 계엄이 해제되더라도 계엄기간 중의 계엄포고위반행위의 가벌성이 소멸되지는 않는다. 계엄기간 중의 계엄포고위반죄는 계엄해제 후에도 행위 당시의 법령에 따라 처벌된다(대판 1985.5.28, 81도1045).

비교 정리

계엄

구분	기관
선포	대통령
지휘·감독	전국 - 대통령
	그 외 - 국방부장관

주의
영장제도에 특별한 조치를 한다는 것이 영장제도 자체를 배재하는 것은 허용되지 않는다(2011헌가5). 단, 사후통제는 필요하다.

❶ 계엄이 선포될 정도, 즉 서울이 반란군에게 장악된 상황이라면 사실상 대법원도 없는 상태이고, 따라서 3심제를 하기 어렵다. 결국 서울이 수복되기 전까지는 지방법원 1심재판으로 확정하는데, 이를 단심제라 한다. 즉, 비상상황에서 사형을 제외하고는 상소를 허용하지 않는 것을 의미한다.

❷ 계류라 함은 어떤 사건이 해결되지 않고 걸려있는 것을 말한다.

비교 정리

구분	특별한 조치
정부·법원	○
국회·헌법재판소	×

🔖 관련 판례

1 계엄법 제12조 제2항 단서의 위헌 여부

비상계엄지역 내의 사회질서는 정상을 찾았으나 일반법원이 미처 기능회복을 하지 못하여 군법회의에 계속 중인 재판사건을 넘겨받아 처리할 수 있는 태세를 갖추지 못하고 있는 경우와 같은 상황에 대처하기 위한 것으로 보여 합목적성이 인정되는 바이므로 헌법의 위임범위를 넘어선 것으로서 헌법 제52조나 제26조 제2항에 위배되는 것이라고 할 수는 없다(대판 1985.5.28, 81도1045).

2 계엄해제 후에 포고령위반 처벌 여부

계엄은 국가비상사태에 당하여 병력으로써 국가의 안전과 공공의 안녕질서를 유지할 필요가 있을 때에 선포되고 평상상태로 회복되었을 때에 해제하는 것으로서 계엄령의 해제는 사태의 호전에 따른 조치이고 계엄령이 부당하다는 반성적 고찰에서 나온 조치는 아니므로 계엄이 해제되었다고 하여 계엄하에서 행해진 위반행위의 가벌성이 소멸된다고는 볼 수 없는 것으로서 계엄기간 중의 계엄포고위반의 죄는 계엄해제 후에도 행위 당시의 법령에 따라 처벌되어야 하고 계엄의 해제를 범죄 후 법령의 개폐로 형이 폐지된 경우와 같이 볼 수 없다(대판 1985.5.28, 81도1045).

ⓑ 기본권에 관한 특별조치
- 법적 근거: 헌법 제37조 제2항에 의해 제한할 수 없는 것까지도 특별한 조치를 할 수 있는 법적 근거를 부여한 것이다.
- 헌법상 제한: 영장제도, 언론·출판의 자유, 집회·결사의 자유
- 계엄법에서 거주·이전의 자유, 단체행동권에 대한 제한이 추가로 규정: 헌법 제77조 제3항을 열거조항으로 보면 위헌이나, 예시조항(헌법보호의 비상수단)으로 보면 합헌(다수설)이다.
- 계엄법에 의한 동원, 징발, 재산파괴가 가능하며, 다만 대통령령에 의한 정당한 보상을 요한다. 08. 국가직 7급

⑤ 해제(헌법 제77조 제5항)
㉠ 국회가 재적의원 과반수의 찬성으로 계엄의 해제를 요구하면 대통령은 지체 없이 해제하여야 한다. 06. 국회직 8급, 08. 국가직 7급
㉡ 해제시에도 국무회의의 심의를 거쳐야 한다.
㉢ 국방부장관 또는 행정안전부장관은 계엄의 해제를 건의할 수 있다(계엄법 제11조 제3항).

⑥ 통제
㉠ 국회의 통제: 해제요구권, 국정통제권
㉡ 헌법재판소, 법원의 통제
  ⓐ 개별적인 포고령, 처분 등은 사법심사의 대상이 된다.
  ⓑ 계엄에 의한 특별조치로 기본권이 침해된 경우 헌법소원의 제기가 가능하다.

📝 **기출OX**

국회는 재적의원 과반수의 찬성으로 계엄의 해제를 요구할 수 있지만, 대통령에 대한 법적 구속력은 없다. (×)
06. 국회직 8급

> **기출OX**
>
> 국가긴급권은 국가비상사태시에 발동될 수 있는 권한이기 때문에 헌법장애상태에서는 발동될 수 없다. (O)
>
> 08. 국가직 7급
>
> → 헌법장애상태란 국가비상사태와는 달리 헌법이 정하는 정상적인 방법에 의해서 해소될 수 있는 상태, 최고 헌법기관이 헌법상의 기능을 수행할 수 없는 상태를 말한다.

(4) 긴급명령권과 계엄선포권의 비교

구분		긴급명령권		계엄선포권	
		긴급재정경제명령	긴급명령	비상계엄	경비계엄
상황요건		• 내우·외환·천재·지변 • 중대한 재정·경제상 위기	국가안위 관련 중대 교전 상태	전시·사변 또는 국가비상사태	
				교전 상태	사회질서 극도혼란	사회질서 교란
목적		• 국가안전보장 • 공공안녕질서 유지	국가보위	군사상 필요	공공안녕 질서유지	공공안녕 질서유지
국회요건		폐회 중 ⇨ 집회(3일) 여유 ×	사실상 집회 불가능	무관(선포 후 통고)	
지휘·감독		-	-	대통령(전국) ⇨ 국방장관 ⇨ 계엄사령관	
공권력 동원		행정조치	경찰력	군병력	
기본권 제한		경제적 기본권	모든 기본권	• 체포·구금·압수·수색 • 언론·출판·집회·결사 • 거주·이전(계엄법)	×
군정		×	×	모든 행정·사법 사무	군사상 행정·사법 사무
사후절차		• 국회 집회 요구 ⇨ 국회 보고 ⇨ 사후 승인 • 헌법상 공포(명령 사유)		• 국회 집회 요구 ⇨ 국회 통고 • 계엄법상 공고(종류·이유·일시·지역·계엄사령관)	
통제	정부	국무회의 심의·부서		국무회의 심의·부서	
	국회	수정승인 또는 승인거부 ⇨ 장래효		해제요구 ⇨ 해제	
	법원	위헌심판 제청		구체적 포고령, 집행행위 위법심사	
	헌법 재판소	헌법소원 심판		헌법소원 심판	

2 입법에 관한 권한

1. 법률안 제출권(헌법 제52조)

대통령은 국무회의의 심의를 거쳐 정부안으로 국회에 법률안을 제출할 수 있다.
08. 법원직

> 헌법 제52조 국회의원과 정부는 법률안을 제출할 수 있다.

2. 법률안 공포권(헌법 제53조 제1항·제6항) 05. 입시, 06. 국회직 8급, 07·08. 법원직

> 헌법 제53조 ① 국회에서 의결된 법률안은 정부에 이송되어 15일 이내에 대통령이 공포한다.
> ⑥ 대통령은 제4항과 제5항의 규정에 의하여 확정된 법률을 지체 없이 공포하여야 한다. 제5항에 의하여 법률이 확정된 후 또는 제4항에 의한 확정법률이 정부에 이송된 후 5일 이내에 대통령이 공포하지 아니할 때에는 국회의장이 이를 공포한다.

3. 법률안 거부권(법률안재의요구권) 03. 국가직 7급, 04·07·08. 법원직, 05. 입시, 06. 국회직 8급

> 헌법 제53조 ② 법률안에 이의가 있을 때에는 대통령은 제1항의 기간 내에 이의서를 붙여 국회로 환부하고, 그 재의를 요구할 수 있다. 국회의 폐회 중에도 또한 같다.
> ③ 대통령은 법률안의 일부에 대하여 또는 법률안을 수정하여 재의를 요구할 수 없다.
> ⑤ 대통령이 제1항의 기간 내에 공포나 재의의 요구를 하지 아니한 때에도 그 법률안은 법률로서 확정된다.

(1) 의의

법률안 거부권은 미국헌법에서 유래한 것으로 국회의 경솔·부당한 입법 방지, 권력 상호간의 억제와 균형 실현, 법률안의 실질적 심사권을 통한 헌법수호, 다수파의 횡포로부터 소수이익을 보호하기 위한 것이다. 법률안 거부권은 대한민국, 미국 등의 대통령제 국가뿐만 아니라 이원정부제국가인 프랑스도 채택하고 있으며, 그 외 여러 국가에서 채택하고 있다. 06. 국회직 8급

(2) 법적 성질

법률완성에 대한 국회의 재의결을 조건으로 하는 정지권이다. 따라서 재의결 전에는 철회가 가능하다.❶ 06. 국회직 8급, 07. 법원직

(3) 환부거부❷ (Direct veto, 헌법 제53조 제2항)

① 이송받은 지 15일 이내(미국은 10일 이내)에 이의서를 첨부하여 국회에 환부하고 재의를 요구한다.
② 국회가 폐회 중인 때에도 환부 가능하다.
③ 일부거부나 수정거부는 할 수 없다. 03. 국가직 7급 법률안 일부에 대해 재의요구가 있다 하더라도 이는 무효로써 15일이 경과하면 그 법률안은 법률로써 확정된다.

주의

법률안 거부권은 제2공화국, 즉 의원내각제하의 정부에서는 인정되지 아니하였다.

비교 정리

일부거부

구분	가능여부	
일부·수정 거부	대통령	×
일부·수정승인	국회	○

❶ 거부했을 때, 재의결될 때까지는 아직 법률이 된 것은 아니므로 언제든지 철회가 가능하다.

❷ 환부거부는 국회가 재의결을 할 수 있지만, 보류거부는 재의결조차 되지 않는 것이므로 더 강력하다고 볼 수 있다.

기출OX

국회가 폐회 중일 때에는 법률안에 이의가 있을 지라도 대통령은 법률안에 대하여 국회로 환부하여 그 재의를 요구할 수 없다. (×) 05. 입시

❶ 대통령이 법안에 반대해 거부권을 행사했지만 의회회기가 종료되어 의회가 법안을 재심의 할 수 없을 때 법률안이 자동적으로 폐기된다.

❷ 예를 들어 많은 수강생들을 모집하기 위해 학원에서 경차를 무료로 제공한다고 가정해보자. 이때 세금이나 옵션(에어백이나 내비게이션 등)은 본인이 부담해야 한다는 것을 모두 광고지에 설명하기는 힘들다. 따라서 광고지에는 '경차 제공, 자세한 것은 학원 홈페이지를 참조하세요.'라고 규정하는 경우가 대부분이다. 다만, 이러한 정도는 어느 정도 예상이 가능하다. 로또에 당첨된다고 그 돈을 다 받지는 못하는 경우도 이와 같다(당연히 세금은 공제해야 함). 즉, 이렇게 어떤 것을 본인이 부담하는지 세부적으로 규율하는 것이 바로 위임명령이다. 위임명령은 국민에게 권리 제한, 의무부과를 할 수 있는 법규명령이다. 한편, '경차에 당첨된 사람이 차를 학원에서 가져가지는 못하니 ××자동차 ○○대리점에서 찾아가라'고 한다면 이것이 바로 집행명령이다. 즉, 상위규정을 실행하는 규율을 의미한다. 이는 국민에게 새로운 부담을 주거나 의무를 부담하는 것은 아니고 단지 집행·실행을 위한 명령일 뿐이다.

기출OX

01 행정입법인 명령은 법률하위규범이라는 점에서 동일한 지위를 가지므로 그 발령기관에 따른 효력의 우열을 인정할 수 없다. (×)
08. 국가직 7급

02 집행명령은 근거법령인 모법이 폐지되면 특별한 규정이 없는 한 효력을 상실한다. (○) 02. 국가직 7급

03 중앙행정기관의 장은 법률에서 위임한 사항이나 법률을 집행하기 위하여 필요한 사항을 규정한 대통령령·총리령·부령·훈령·예규·고시 등이 제정·개정 또는 폐지되었을 때에는 10일 이내에 이를 국회 소관 상임위원회에 제출하여야 한다. (○) 19. 국가직 7급

(4) 보류거부❶ (Pocket veto)

우리나라는 회기계속 국가로 허용되지 않는다는 것이 다수의 견해이다. 이는 회기계속 원칙을 주된 근거로 한다. 06. 국회직 8급 보류거부는 회기불계속의 원칙이 지배하는 의회제도(미국)에서 의미가 있다. 보류거부가 보다 포괄적이고 강력한 권한으로서 환부거부권을 당연히 포함한다.

(5) 행사이유

대통령은 법률안이 집행 불가능하거나, 국가이익에 반하거나, 정부에 대하여 부당한 압력을 그 내용으로 하거나, 법률안이 헌법에 위배되는 경우와 같이 정당하고 객관적으로 납득 가능한 사유가 있는 경우 법률안 거부권을 행사할 수 있다. 정당한 이유가 없는 법률안 거부권의 남용은 탄핵소추의 사유가 된다.
03. 국가직 7급

4. 행정입법권❷

> 헌법 제75조 대통령은 법률에서 구체적으로 범위를 정하여 위임받은 사항과 법률을 집행하기 위하여 필요한 사항에 관하여 대통령령을 발할 수 있다.

(1) 의의

국회의 입법권을 전제로 하여 국회가 입법부 이외의 국가기관에게 위임하는 것, 그 중에서도 행정부에 위임한 것을 행정입법이라 한다. 행정입법은 국가기능의 다양화, 전문화, 신속한 상황대응의 필요성에 의해 등장하게 되었다.

(2) 유형

① 법규명령
  ㉠ 의의: 행정기관이 헌법에 근거하여 국민의 자유와 권리에 관한 사항(법규사항)을 정하는 것으로 대외적·일반적 구속력을 가진 법규로서의 성질을 가진 명령을 말한다.
  ㉡ 종류: 법규명령은 주체에 따라 대통령령, 총리령, 부령으로 나눠지며, 성격에 따라 위임명령과 집행명령으로 구분된다. 02. 국가직 7급
  ㉢ 대통령령은 총리령이나 부령에 대하여 효력상 우월이 인정되나, 총리령과 부령은 우열규정이 헌법에 규정되어 있지 아니하므로 동위설이 다수설이다. 08. 국가직 7급
  ㉣ 법규명령은 관보에 게재해야 발효하며, 중앙행정기관의 장은 위임명령이나 집행명령을 제정 또는 개정한 때에는 이를 국회 소관 상임위원회에 제출하여야 한다. 08. 국가직 7급
  ㉤ 상임위원회는 법규명령이 법률에 합치되지 아니한 경우 검토결과보고서를 의장에게 제출하고 국회는 본회의 의결로 이를 처리하고 정부에 이송한다(국회법 제98조의2).
  ㉥ 하위명령이 수권법률에 위배되면 위헌이지만, 하위명령이 위헌이 되었다고 해서 수권법률까지 위헌이 되는 것은 아니다(헌재 1999.4.29, 96헌바22 등).

② 위임명령과 집행명령
　㉠ 의의: 위임명령은 상위법규범으로부터 위임을 받아 법률의 규정을 보충하는 명령으로 새롭게 권리나 의무를 창설할 수 있다. 집행명령은 상위법의 집행세목이나 집행절차를 구체화하기 위한 명령으로 새롭게 권리나 의무를 창설할 수 없다.
　㉡ 내용: 법률에 위임에 의하지 않고 직접 헌법의 수권에 의한 위임명령은 인정되지 아니한다. 이는 직접 헌법의 수권에 의할 때에는 입법권의 백지위임을 의미하기 때문이다. 또한 집행명령은 근거법령인 모법이 폐지되면 특별한 규정이 없는 한 효력을 상실한다.
③ 행정규칙: 행정규칙은 원칙적으로 행정기관 내부에서만 효력을 갖는 규칙을 의미한다. 따라서 행정규칙은 대외적 효력을 가지지 않아 헌법재판소의 심판대상이 되지 않는다. 다만, 이러한 행정규칙(행정명령)이라도 상위의 법규명령과 결합하거나 반복되어 행정관행이 성립한 경우에는 대외적인 구속력을 가지게 된다. 02. 국가직 7급

비교 정리

집행명령의 효력

개정	집행명령의 효력
일부	유지
전면	소멸

기출OX

01 행정규칙(행정명령)이라도 때로는 대외적인 구속력을 가지는 것으로 인정되는 경우가 있다. (O) 02. 국가직 7급

02 법규명령은 반드시 헌법의 근거가 있어야 하나, 행정명령은 헌법적 근거를 요하지 아니하고 행정기관이 내부적 규범으로 당연히 발할 수 있는 것이다. (O) 05. 입시

03 법규명령은 일정한 형식을 구비해야 하나, 행정규칙은 특별한 형식을 요구하지 않는다. (O) 05. 입시

● 법규명령과 행정규칙 비교

구분		법규명령	행정규칙
헌법적 근거 필요		○ • 긴급명령, 시행령, 총리령, 부령 • 국회·대법원·헌법재판소·선거관리위원회규칙	× • 훈령·예규·고시 등 • 감사원규칙(감사원법)
국민의 권리·의무 규율		○	×
효력		내부·외부효	내부효
공포 필요		○	×
법원 심사		○	×
형식		조문 형식	-
법규명령의 통제	정부	국무회의 심의·부서 02. 안행부 7급	
	국회	법률제정·개정, 국정감사·조사, 상임위의 행정입법심사	
	법원	명령·규칙심사	
	헌재	기본권 침해시 헌법소원심판	

관련 판례

군행형법 시행령에 의한 미결수용자의 면회제한 [위헌]

군행형법 제15조는 면회에 관한 한, 면회의 횟수를 제한하지 않는 자유로운 면회를 전제로 하면서 다만, 면회에의 참여에 관한 사항만을 대통령령으로 정하도록 위임하고 있을 뿐 면회의 횟수에 관하여는 전혀 위임한 바가 없음을 알 수 있다. 그렇다면 이 사건 시행령규정이 미결수용자의 면회횟수를 매주 2회로 제한하고 있는 것은 법률의 위임 없이 접견교통권을 제한하는 것이고 이것은 헌법 제37조 제2항 및 제75조에 위반된 기본권제한으로서 청구인들의 접견교통권이라는 기본권에 대한 침해를 구성한다(헌재 2003.11.27, 2002헌마193).

기출OX

포괄위임금지원칙은 법률의 명확성원칙이 위임입법에 관하여 구체화된 특별규정이므로, 수권법률조항의 명확성원칙 위반 여부는 헌법 제75조의 포괄위임금지원칙 위반 여부에 대한 심사로써 충족된다. (○) 18. 서울시 7급

❶
포괄위임금지란 입법자가 핵심을 결정하고 집행적인 내용이나 구체적·세부적인 내용을 행정입법에 위임하라는 의미이다.

❷
적용되지 않는 경우라는 말의 의미는 포괄위임해도 되는 경우를 의미한다. 대표적으로 조례와 자치정관이다. 조례는 선거를 통해서 주민이 직접 뽑은 주민의 대표인 지방의원들이 만든 것이므로 법률과 거의 비슷하여 포괄위임해도 되며, 자치정관도 기업의 내부규칙이므로 포괄위임을 해도 된다.

❸
국민의 기본권을 침해할 여지가 많은 조세나 형벌법규는 위임을 할 때라도 강도가 훨씬 강해진다. 예를 들어 못생긴 사람은 세금을 천만원 내라고 하면 못생겼다는 객관적 기준이 없고, 성격이 안좋은 사람은 징역 5년이라면 국민의 신뢰를 바탕으로 하는 법치주의가 무너질 우려가 있다. 국민들은 법을 보고 어떤 행동을 해야 하며, 어떤 행동을 하지 말아야 하는지 결정할 수 있어야 하는데, 이러한 침해적 요소가 많은 조세나 형벌을 법에 명확하지 않게 규정해서는 안 될 것이다.

(3) 포괄위임금지의 원칙

① 의의: 우리 헌법은 제75조에서 구체적으로 범위를 정하여 위임할 수 있다고 규정하여 포괄적 위임을 금지하고 있다. 그 이유는 포괄위임이 허용된다면 사실상 의회입법의 원칙이 무너지고 행정권의 자의에 의한 기본권 침해가 초래될 수 있기 때문이다. 이때 포괄적인 것이 아니라면 위임입법은 허용된다.❶

② 적용이 문제되는 경우: 포괄위임금지의 원칙은 지방자치단체의 조례와 자치규약 제정에는 적용되지 않는다.

⚖ 관련 판례

농업기반공사 및 농지기금관리법 부칙 [기각]

법률이 정관에 자치법적 사항을 위임한 경우에는 헌법 제75조, 제95조가 정하는 포괄적인 위임 입법의 금지는 원칙적으로 적용되지 않는다고 봄이 상당하다. 우선 헌법 제75조, 제95조의 내용을 보면, 그 문리해석상 정관에 위임한 경우까지 그 적용 대상으로 하고 있지 않다. 즉, 헌법상의 포괄위임입법금지 원칙은 법규적 효력을 가지는 행정입법의 제정을 주된 대상으로 하고 있는 것이다(헌재 2001.4.26, 2000헌마122).

③ 대상법률의 성질에 따른 구체적·개별적 검토

적용 ×	조례, 자치정관❷
엄격	형법, 조세❸
완화	전문적, 변화다양, 시혜, 예시

⚖ 관련 판례

벌칙규정의 위임의 한계와 조건

처벌법규의 위임은 ① 특히 위임해야 할 긴급한 필요가 있거나 법률에서 자세히 정할 수 없는 부득이한 경우에 한정하여 위임할 것, ② 예측할 수 있을 정도로 법률에서 구성요건을 구체적으로 규정할 것, ③ 형벌의 종류 및 그 상한과 폭을 명백히 규정하여야 한다(헌재 1991.7.8, 91헌가4).

⚖ 관련 판례 포괄위임금지의 원칙에 관한 판례

1 1세대 1주택에 대한 양도소득세 면제 [합헌]

대통령령으로 정하여질 사항은 주택의 보유기간이나 일시적인 다주택소유의 문제 등 투기적 목적의 인정 여부와 관계되는 사항이 될 것임을 쉽게 예측할 수 있으므로 이 사건 규정이 포괄적 위임에 해당한다고는 볼 수 없다(헌재 1997.2.20, 95헌바27).

2 새마을금고 임원의 대출한도 [합헌]

<u>금융시장이 복잡 다양하면서도 부단히 변동</u>하고 있음에 비추어, 그러한 변화에 대응하여 그 때마다 법률을 개정하는 것도 용이하지 않다는 점에서 명령에 위임하는 것은 어느 정도 불가피하다(헌재 2004.8.26, 2004헌바14).

3 건축물 무단 용도 변경 [위헌]

관련된 법조항 전체를 유기적·체계적으로 종합판단하더라도 그 위임내용을 예측할 수 없는 경우로서 그 구체적인 내용을 하위법령인 대통령령에 백지위임하고 있는 것이므로, 이와 같은 위임입법은 범죄의 구성요건 규정을 위임한 부분에 관한 죄형법정주의의 한계를 벗어난 것이다(헌재 1997.5.29, 94헌바22).

4 의료위반행위를 보건복지부가족부령으로 정함 [위헌]

의료기기 판매업자의 의료기기법 위반행위 등에 대하여 보건복지가족부령이 정하는 기간 이내의 범위에서 업무정지를 명할 수 있도록 규정한 의료기기법 제32조 제1항 부분은 헌법 제75조 포괄위임금지의 원칙에 위배된다(헌재 2011.9.29, 2010헌가93).

5 대도시를 대통령령으로 정함 [합헌]

대통령령에서 정하여 질 "대도시"에는 우선, 단위도시 그 자체로 지역이 넓고 인구가 많으며 정치·경제생활의 중심지가 되는 도시가 해당될 것임은 물론, 나아가 그러한 특정의 대도시를 인근도시들이 둘러싸거나 또는 대도시에 이르지 못하는 여러 도시군(群)이 집합체를 이룸으로써 대도시권역을 이루고 있는 경우도 포함될 것임을 어렵지 않게 예측할 수 있다(헌재 2002.3.28, 2001헌바2451).

6 식품접객업자의 의무를 총리령으로 [위헌]

영업의 위생관리와 국민의 보건위생 증진'은 식품위생법 전체의 입법목적과 크게 다를 바 없고, '질서유지'는 식품위생법의 입법목적에도 포함되어 있지 않은 일반적이고 추상적인 공익의 전체를 의미함에 불과하므로, 이러한 목적의 나열만으로는 식품 관련 영업자에게 행위기준을 제공해주지 못한다. 결국 심판대상조항은 수범자와 준수사항을 모두 하위법령에 위임하면서도 위임될 내용에 대해 구체화하고 있지 아니하여 그 내용들을 전혀 예측할 수 없게 하고 있으므로, 포괄위임금지원칙에 위반된다(헌재 2016.11.24, 2014헌가6).

7 식품의약품안전처고시 위반자에 대한 처벌규정 [합헌]

심판대상조항은 식품의약품안전처장이 고시하는 축산물 가공방법의 기준을 위반한 자를 3년 이하의 징역 또는 5천만 원 이하의 벌금에 처하도록 규정하고 있는 바, 축산물을 비롯한 식품 위생관리의 문제는 끊임없이 사회적으로 문제가 되어 왔고, 최근에도 이른바 '살충제 계란' 사건으로 인하여 국민들이 큰 혼란을 겪었다. 이에 이 사건은 축산물 가공방법의 기준을 준수하지 않는 경우 엄중하게 처벌하는 심판대상조항에 대하여 합헌 선언을 한 의미가 있다(헌재 2017.9.28, 2016헌바140).

8 전기요금약관 [합헌]

전기요금약관에 대한 인가의 구체적인 기준은 전문적·정책적 판단이 가능한 행정부가 수시로 변화하는 상황에 탄력적으로 대응할 수 있도록 하위 법령에 위임할 필요성이 인정되고, 관련 규정을 종합하면 하위 법령에서는 전기의 보편적 공급과 전기사용자의 보호, 물가의 안정이라는 공익을 고려하여 전기요금의 산정원칙이나 산정 방법 등을 정할 것이라고 충분히 예측할 수 있다. 따라서 심판대상조항은 포괄위임금지원칙에 위반되지 아니한다(헌재 2021.4.29, 2017헌가25).

9 단말기 구매 지원금 상한제 [합헌]

상한액의 구체적인 기준 및 한도만을 방송통신위원회가 정하도록 위임하고 있으며, 이동통신사업자 등과 이용자들은 단말기유통법의 관련 규정, 이동통신단말장치 구매 지원금 상한제의 도입취지 등을 토대로 방송통신위원회가 정하여 고시할 내용의 대강을 충분히 예측할 수 있다. 따라서 지원금 상한 조항은 포괄위임금지원칙에 위배되지 아니한다(헌재 2017.5.25, 2014헌마844).

기출OX

01 의료기기 판매업자의 의료기기법 위반행위 등에 대하여 보건복지가족부령이 정하는 기간 이내의 범위에서 업무정지를 명할 수 있도록 규정한 의료기기법 조항은 그 위임사항이 업무정지기간의 범위에 불과하고 형벌에 해당하지 않으므로 위임의 정도가 완화되어 포괄위임금지원칙에 위배되지 아니한다. (×) 14. 국가직 7급

02 등록세 중과세의 대상이 되는 부동산등기의 지역적 범위에 관하여 대통령령으로 정하는 대도시라고 규정한 구 지방세법 제138조 제1항은 포괄위임금지의 원칙에 위반되지 아니한다. (○) 20. 경찰승진

기출OX

01 의료인이 의약품 제조자 등으로부터 판매촉진을 목적으로 제공되는 금전 등 경제적 이익을 받는 행위를 처벌하는 의료법 조항이 예외적 허용사유의 구체적 범위를 하위법령에 위임한 것은 포괄위임금지원칙에 위배되지 않는다. (O)
22. 경찰승진

02 의료보험요양기관의 지정 취소 사유 등을 법률에서 직접 규정하지 아니하고 보건복지부령에 위임하고 있는 구 공무원 및 사립학교직원 의료보험법 제34조 제1항은 포괄위임금지의 원칙에 위배된다. (O)
20. 경찰승진

10 보건복지부령으로 요양기관지정 취소 사유 제시 [위헌]

보건복지부령에 정하여질 요양기관지정 취소 사유를 짐작하게 하는 어떠한 기준도 제시하고 있지 않으므로 이는 헌법상 위임입법의 한계를 일탈한 것으로서 헌법 제75조 및 제95조에 위반되고, 나아가 우리 헌법상의 기본원리인 권력분립의 원리, 법치주의의 원리, 의회입법의 원칙 등에 위배된다(헌재 2002.6.27, 2001헌가30).

11 예외적으로 허용되는 경제적 이익수수의 범위 [합헌]

심판대상조항 본문이 경제적 이익의 수수를 원칙적으로 금지하고, 그 단서에서는 예외적으로 허용되는 사유를 열거하면서 그 구체적 범위만을 보건복지부령으로 정하도록 위임하였고, 그 방법도 '견본품 제공, 학술대회 지원, 임상시험 지원, 제품설명회, 대금결제조건에 따른 할인비용, 시판 후 조사 등의 행위로서 보건복지부령으로 정하는 범위 안의 경제적 이익등인 경우'라고 규정하여 하위법령에서 규정될 내용 및 범위의 기본사항을 구체적으로 규정하고 있으므로 심판대상조항은 포괄위임금지원칙에 위배되지 않는다(헌재 2015.2.26, 2013헌바374).

3 행정에 관한 권한

1. 행정의 최고책임자
(1) 정부수반, 법령에 의해 공무원을 지휘·감독
(2) 법령의 공포, 집행권자

2. 공무원임면권(헌법 제78조)

> 헌법 제78조 대통령은 헌법과 법률이 정하는 바에 의하여 공무원을 임면한다.

(1) 임면의 범위
① 보직, 전직, 휴직, 징계, 임명, 면직 등이 포함된다.
② 행정기관 소속 5급 이상 공무원 및 고위공무원단에 속하는 일반직공무원은 소속 장관의 제청으로 인사혁신처장과 협의를 거친 후에 국무총리를 거쳐 대통령이 임용하되, 고위공무원단에 속하는 일반직공무원의 경우 소속 장관은 해당 기관에 소속되지 아니한 공무원에 대하여도 임용제청할 수 있다. 이 경우 국세청장은 국회의 인사청문을 거쳐 대통령이 임명한다(국가공무원법 제32조 제1항). 18. 서울시 7급

(2) 제약
① 임명에 관한 제약
㉠ 일정한 자격을 요하는 공무원: 법관, 교사, 검사 등이 포함된다. 선거직 공무원에게는 임명권이 없다.
㉡ 국무회의 심의를 요하는 경우: 검찰총장, 대사, 각군참모총장, 국립대총장, 합동참모의장, 기타 법률이 정하는 공무원과 국영기업체 관리자

        ⓒ 국회의 동의를 요하는 경우: 국무총리, 감사원장, 대법원장, 대법관, 헌법재판소장
        ⓔ 다른 기관의 제청을 필요로 하는 경우: 국무위원, 각부장관, 대법관, 감사위원
    ② 파면에 관한 제약
        ⓐ 탄핵에 의한 파면(헌법 제65조 제4항)
        ⓑ 해임건의(헌법 제63조): 국무총리, 국무위원
        ⓒ 헌법상의 신분보장(헌법 제106조 제1항, 제112조 제3항, 제114조 제6항): 법관, 헌법재판소재판관, 중앙선거관리위원회 위원

3. 국군통수권(헌법 제74조)

> 헌법 제74조 ① 대통령은 헌법과 법률이 정하는 바에 의하여 국군을 통수한다.
> ② 국군의 조직과 편성은 법률로 정한다.

(1) 의의
국가원수로서의 지위에 기초하여 국군을 지휘하는 권한을 말한다.

(2) 내용
① 병정통합주의(군정군령❶일원주의): 군정과 군령을 통합하며, 군령의 행정수반(대통령)에 귀속된다. 03. 국가직 7급
② 군사재판권: 군사법원은 '특별법원'이므로 대통령의 국군통수권 밖에 있다 [특수재판기능설(다수설)].
③ 방법 및 절차
    ⓐ 헌법, 법률의 유보: 자위목적 등
    ⓑ 국무회의의 심의·부서, 국가안전보장회의 등의 내부통제
    ⓒ 일정한 행위에 대한 국회동의권(헌법 제60조 제2항)

(3) 국군의 기본원칙
① 정치적 중립성 보장, 군정과 군령의 통합
② 국군의 편성과 조직을 법률유보, 문민통제주의

4. 외교에 관한 권한(헌법 제73조)

> 헌법 제73조 대통령은 조약을 체결·비준하고, 외교사절을 신임·접수 또는 파견하며, 선전포고와 강화를 한다.

5. 재정에 관한 권한
(1) 예산안 편성·제출권(추가경정예산 포함)
(2) 계속비, 예비비, 국채모집, 예산 외 국가부담이 될 계약체결에 대한 국회의 동의

6. 영전수여권(헌법 제80조)

> 헌법 제80조 대통령은 법률이 정하는 바에 의하여 훈장 기타의 영전을 수여한다.

---

❶ 군정은 국군을 조직·편성·유지·관리하는 양병작용을 뜻하고, 군령은 작전지휘권 등의 용병작용을 뜻한다.

기출OX

헌법상 대통령의 국군통수권은 병정분리주의하에서 부여된 권한이다. (×)
03. 국가직 7급

7. 헌법기관구성권

(1) 대법원장(국회동의), 대법관 임명권(대법원장 제청, 국회동의)
(2) 국무총리 임명(국회동의), 국무위원·각부장관 임명(국무총리 제청)
(3) 감사원장 임명(국회동의), 감사위원 임명(감사원장 제청)
(4) 헌법재판소장 임명(국회동의), 헌법재판관 임명(9인 모두, 형식적)
(5) 중앙선거관리위원회 위원 3인 임명

정리 대통령의 헌법기관구성권에 대한 제약 04. 국회직 8급

제약의 유형	구체적인 예
국회의 동의	대법원장, 대법관, 국무총리, 감사원장, 헌법재판소의 장
타 기관의 제청	대법관, 국무위원, 행정각부의 장, 감사위원
타 기관의 선출	헌법재판소 재판관 3인
타 기관의 지명	헌법재판소 재판관 3인
국무회의의 심의	검찰총장, 합동참모의장, 각군 참모총장, 국립대학교총장, 대사 기타 법률이 정한 공무원과 국영기업체의 관리자

4 사법에 관한 권한

> 헌법 제79조 ① 대통령은 법률이 정하는 바에 의하여 사면·감형 또는 복권을 명할 수 있다.
> ② 일반사면을 명하려면 국회의 동의를 얻어야 한다.
> ③ 사면·감형 및 복권에 관한 사항은 법률로 정한다.

1. 사면, 감형, 복권에 관한 권한 07. 국가직 7급

(1) 의의

사면권이란 형사소송법상이나 그 밖의 형사법규의 절차에 의하지 아니하고 형 선고의 효과 또는 공소권을 소멸시키거나 형집행을 면제시키는 국가원수의 특권으로서 광의로는 감형과 복권도 포함하는 개념이다. 08. 법원직 잔혹한 입법, 공정하지 못한 재판, 자의적인 법집행으로 인한 문제점이 누적되어 있는 경우에 그것을 교정하기 위한 사면권의 행사는 타당성이 인정된다. 헌법차원에서 미국이 최초로 명문화하였다.

(2) 내용

① 형의 선고에 의한 기성의 효과는 사면, 감형과 복권으로 인하여 변경되지 않는다. 07. 국회직 8급
② 행정법규위반과 징계, 징벌의 면제도 사면의 규정을 준용한다(사면법 제4조).
③ 여러 개의 형이 병과된 경우 일부에 대하여 행해진 특별사면은 나머지 병과형에 대해서는 효력이 미치지 않는다.

기출OX

대통령은 법률이 정하는 바에 의하여 사면·감형 또는 복권을 명할 수 있고, 사면·감형 또는 복권을 명하려면 국회의 동의를 얻어야 한다. (×)
18. 법원직

기출OX

선고된 형의 전부를 사면할 것인지 또는 일부만을 사면할 것인지를 결정하는 것은 사면권자의 전권사항에 속한다. (○)
07. 국회직 8급

관련 판례 사면, 감형, 복권에 관한 판례

1 병과형의 일부에 대한 특별사면
형법 제41조, 사면법 제5조 제1항 제2호, 제7조 등의 규정의 내용 및 취지에 비추어 보면, 여러 개의 형이 병과된 사람에 대하여 그 병과형 중 일부의 집행을 면제하거나 그에 대한 형의 선고의 효력을 상실케 하는 특별사면이 있은 경우, 그 특별사면의 효력이 병과된 나머지 형에까지 미치는 것은 아니므로 징역형의 집행유예와 벌금형이 병과된 신청인에 대하여 징역형의 집행유예의 효력을 상실케 하는 내용의 특별사면이 그 벌금형의 선고의 효력까지 상실하게 하는 것은 아니다(대결 1997.10.13, 96모33).

2 공무원범죄로 퇴직연금 감액 시 특별사면 및 복권을 달리 규정하지 아니한 공무원연금법 [합헌]
공무원이 재직 중 사유로 금고 이상의 형을 받은 경우 퇴직급여 및 퇴직수당의 일부를 감액하여 지급함에 있어, 그 이후 형의 선고의 효력을 상실하게 하는 특별사면 및 복권을 받은 경우를 달리 취급하는 규정을 두지 아니한 구 공무원연금법 제64조 제1항 제1호가 헌법에 위반되지 않는다(헌재 2020.4.23, 2018헌바402).

3 복권의 경우 일괄 심사 ❶
복권이란 죄를 범하여 형의 선고를 받은 자가 그 형의 선고를 부수적 효력으로서 다른 법령에 의하여 자격이 상실 또는 정지된 경우에 그 상실 또는 정지된 자격의 회복을 목적으로 하는 것이므로 복권대상자가 수개의 죄를 범하여 수개의 형의 선고를 받은 경우에 그 수개의 형이 모두 다른 법령에 의한 자격제한의 효력을 수반하고 있을 때에는 그 각 형의 선고의 효력으로 인하여 각각 상실 또는 정지된 자격을 일시에 일괄하여 회복하지 아니하면 자격회복의 목적을 달성할 수 없는 것이고 수개의 형의 선고의 효력으로 인하여 각각 상실 또는 정지된 자격이 일괄 회복되려면 자격제한의 효력을 수반하고 있는 모든 수형범죄 사실이 복권의 심사대상으로 빠짐 없이 상신되어 그 모든 수형범죄사실을 일괄 심사한 후 그 심사결과를 토대로 복권이 이루어져야 한다(대판 1986.7.3, 85수2).

④ 대법원은 유죄의 확정판결이 특별사면에 의하여 선고의 효력이 상실된 경우에 재심을 청구할 수 없다고 하였다(대판 1997.7.22, 96도2153).

정리 사면·감형·복권의 비교 07. 국회직 8급·국가직 7급

구분	대상자	효과	국무회의 심의	국회동의	형태
일반 사면	죄를 범한 자	• 형의 선고를 받기 전인 자: 공소권 소멸 • 형의 선고를 받은 자: 형의 선고의 효력 상실	○	○	대통령령
특별 사면	형의 선고를 받은 자	• 일반적인 경우는 형 집행 면제 • 형 집행유예를 선고받은 자: 형의 선고의 효력상실	○	×	대통령이 명함
일반 감형	형의 선고를 받은 자	형의 변경	○	×	대통령령

비교 정리
일부 사면, 복권

일부	가능
사면	○
복권	×

❶ 병과형의 일부를 사면하는 것은 시혜적인 것이므로 문제가 되지 않지만, 복권은 일괄로 심사하지 않게 되면(예를 들어 선거범죄로 피선거권이 박탈되고 일반범죄로도 박탈된 경우) 하나만 복권된다 하여도 다른 하나 때문에 여전히 박탈된 상태이므로 복권의 실효가 없기 때문이다.

주의
다만, 원래 잘못된 판결이었다면 유죄판결에 대한 재심이 가능하다(대판 2015.5.21, 2011도1932).

기출OX
01 행정법규 위반에 대한 범칙 또는 과벌과 징계법규에 의한 징계 또는 징벌의 면제는 사면에 관한 규정을 준용한다(사면법 제4조). (○)
08. 법원직

02 대통령의 사면·감형과 복권은 모두 국무회의 필수적 심의사항이다. (○)
07. 국회직 8급

특별 감형	형의 선고를 받은 자	• 일반적인 경우는 형의 감경 • 형 집행유예를 선고받은 자: 형의 변경	○	×	대통령이 명함
복권	형 집행이 종료되거나 형 집행이 면제된 자 중 자격이 상실 또는 정지된 자	상실 또는 정지된 자격 회복	○	×	일반복권은 대통령령, 특별복권은 대통령이 명함

(3) 절차

특별사면·특별복권·특별감형은 법무부장관의 상신❶으로 대통령이 명한다(사면법 제10조 제1항). 법무부장관이 상신할 때에는 사면심사위원회의 심사를 거쳐야 한다(사면법 제10조 제2항).

(4) 한계

① 권력분립상 한계: 사법권의 본질적 내용을 침해할 수 없다. 일반사면은 국회의 동의를 요하며, 형식상 국무회의의 심의, 대통령령의 형식 요구, 절차상 사법부 의견을 듣고 행사되어야 한다. 대통령이 제안하지 않은 죄의 종류를 국회가 추가할 수 없다.

② 목적상 한계: 사면권 행사는 국가이익과 국민화합의 차원에서 행사되어야 한다는 목적상의 한계가 있다.

(5) 사면권에 대한 사법적 통제의 가능성

① 사법심사 가능성: 대통령의 사면권행사는 권력분립의 예외에 해당하거나 법으로부터 자유로운 행위이거나 자유재량행위이거나 통치행위에 해당하기 때문에 사법심사의 대상이 되지 않는다고 판례는 보고 있다.

② 대통령에 대한 탄핵소추: 대통령이 직무집행을 함에 있어서 헌법이나 법률을 위배한 경우에는 탄핵소추의 대상이 된다고 볼 것이므로, 사면권 행사가 헌법이나 법률에 위반되는 경우라면 대통령에 대해 탄핵소추가 가능하다.

2. 위헌정당해산제소권

헌법 제8조 제4항에서는 "정당의 목적이나 활동이 민주적 기본질서에 위배될 때에는 정부는 헌법재판소에 그 해산을 제소할 수 있고, 정당은 헌법재판소의 심판에 의하여 해산된다."라고 규정하고 있다.

5 대통령의 권한행사 방법 및 통제

1. 문서주의·부서제도

> 헌법 제82조 대통령의 국법상 행위는 문서로써 하며, 이 문서에는 국무총리와 관계 국무위원이 부서한다. 군사에 관한 것도 또한 같다.

(1) 문서주의

대통령의 국법상 행위는 문서로써 한다. 이 경우 예외가 없고, 구속력이 있다.

---

❶
상신이란 (사람이 윗사람이나 상급 기관에 의견이나 사정을) 말이나 글로 여쭈다는 의미이다.

기출OX

특별사면은 검찰총장의 상신으로 대통령이 행한다. (×)   13. 국가직 7급
→ 법무부장관이 상신한다.

(2) 부서제도

부서(副署)주의는 의원내각제적 요소로 이해되고 있다. 이는 기관 내 통제수단, 책임소재 확인기능을 하며 국왕의 전단을 견제하고 신하의 보필책임을 명확히 한다는 의미가 있다. 국무총리 또는 관계국무위원은 부서를 거부할 수 있다(재량인정).

2. 국무회의의 심의(헌법 제89조)

국무회의를 거치지 않으면 위헌이다. 다만, 심의의 결론은 대통령을 구속하지 못한다(통설).

3. 자문기구의 자문

대통령 소속의 필수적 자문기구는 국가안전보장회의가 있고, 임의적 자문기구로는 민주평화통일자문회의, 국가원로자문회의, 국민경제자문회의, 국가과학기술자문회의가 있다. 04. 국가직 7급

관련 판례

1 대통령의 선거중립의무 [기각]

[1] 공권력 작용이 넓은 의미의 국가 조직영역 내에서 공적 과제를 수행하는 주체의 권한 내지 직무영역을 제약하는 성격이 강한 경우에는 그 기본권 주체성이 부정될 것이지만, 그것이 일반 국민으로서 국가에 대하여 가지는 헌법상의 기본권을 제약하는 성격이 강한 경우에는 기본권 주체성을 인정할 수 있다.

[2] 장래에 개최될 예정인 대담·토론회에 관하여 선관위가 취할 수 있는 조치를 통고한 것은 권고적·비권력적인 협조요청에 불과하지만 이 사건 조치는 청구인의 과거의 행위가 위법임을 확인하는 것으로 청구인의 기본권을 실질적으로 제한하고 있다.

[3] 공직선거법이 사안에서는 국가공무원법에 대한 특별규정이다. 따라서 선거중립의무가 우선한다.

[4] 사안의 경우 대통령은 공무원에 대한 임용권자로 비록 신분보장이 되어 있는 공무원이라 할지라도 영향을 받지 않을 수 없으므로, 선거중립의무를 부과하는 본 규정은 합헌이다(헌재 2008.1.17, 2007헌마700).

2 BBK특검법 [위헌, 기각]

이 사건 동행명령제는 참고인의 신체의 자유를 사실상 억압하여 일정 장소로 인치하는 것과 실질적으로 같은 것으로 헌법 제12조 제3항이 정한 영장주의에 위반되거나 영장주의 원칙을 잠탈하는 것이다. 참고인은 수사의 협조자에 불과하므로 참고인에 대한 출석을 강제하여 신체의 자유를 제한하는 것은 원칙적으로 허용되어서는 안 되고, 예외적으로 강제출석이 요구되는 경우에도 신체의 자유의 제한은 필요 최소한으로 그쳐야 한다. 현행 형사소송법상 또는 입법론상 입법목적 달성을 위한 다른 수단이 있음에도 형사소송절차와 달리 통행명령제 규정을 둔 것은 피해최소성과 법익균형성을 결여한다. 따라서 과잉금지원칙에도 위반하여 청구인들의 신체의 자유와 평등권을 침해한다(헌재 2008.1.10, 2007헌마1468).

제3편 통치구조론

제3장 대통령과 정부

국무총리

국무총리
- **지위**
  - 대통령 보좌, 차상급 중앙행정기관, 국무회의 부의장
  - 국회동의 + 대통령의 임명, 부총리가 권한대행 1순위, 다음이 대통령 지명
- **권한**
  - **행정각부의 통할권**: 대통령 명을 받아 가능
  - **총리령 발령권**: 일반적으로 집행명령으로 봄
  - 국무위원 제청, 해임건의 부서, 국회출석·발언권

행정각부

국무회의
- **심의기관**
- **구성원**: 대통령 + 국무총리 + 15인 이상 ~ 30인 이하의 국무위원으로 구성
- **정족수**: 과반수 출석 + 출석 2/3로 의결
- **심의내용**

> **헌법 제89조** 다음 사항은 국무회의의 심의를 거쳐야 함
> 1. 국정의 기본계획과 정부의 일반정책
> 3. 헌법개정안·국민투표안·조약안·법률안 및 대통령령안
> 9. 사면·감형과 복권
> 10. 행정각부간의 권한의 획정
> 11. 정부안의 권한의 위임 또는 배정에 관한 기본계획
> 14. 정당해산의 제소
> 15. 정부에 제출 또는 회부된 정부의 정책에 관계되는 청원의 심사
> 16. 검찰총장·합동참모의장·각군참모총장·국립대학교총장·대사 기타 법률이 정한 공무원과 국영기업체관리자의 임명
> 17. 기타 대통령·국무총리 또는 국무위원이 제출한 사항

자문기관

- **필수** — **국가안전보장회의**: 사전자문
- **임의** — 민주평화통일자문회의, 국민경제자문회의, 국가원로자문회의
- **근거만** — 국가교육과학기술자문회의

국무위원과 행정각부의 장

구분	국무위원	행정각부의 장
상호관계	국무위원 = 행정각부의 장	
대통령과의 관계	법적 대등	대통령의 지휘·감독
소관사무 한계	×	○
권한	• 국무회의 소집요구 • 국법상 행위 부서 • 대통령 권한대행	• 부령발포 • 소속 직원 지휘·감독 • 소관 사무 결정·집행
책임	• 국회 출석·답변의무 • 부서에 대한 책임 • 국회 탄핵소추·해임건의에 대한 책임	탄핵소추에 대한 책임

제2절 행정부

1 국무총리

> 헌법 제86조 ① 국무총리는 국회의 동의를 얻어 대통령이 임명한다.
> ② 국무총리는 대통령을 보좌하며, 행정에 관하여 대통령의 명을 받아 행정각부를 통할한다.
> ③ 군인은 현역을 면한 후가 아니면 국무총리로 임명될 수 없다.

주의
헌법이 '정부'의 권한으로 명시하고 있는 것
1. 정당해산제소권(헌법 제8조 제4항)
2. 법률안제출권(헌법 제52조)
3. 예산안·추가경정예산안 편성·제출권(헌법 제54조 제2항, 제56조)
4. 준예산집행권(헌법 제54조)
5. 행정권(헌법 제66조 제4항)

1. 지위

(1) 제도적 의의

① 통상의 대통령제가 부통령제를 두는 것을 고려하였을 때 국무총리는 의원내각제적인 요소로 대통령제와는 이질적이다. 건국헌법에서는 부통령과 국무총리를 동시에 두었다가 제2차 개정헌법에서 일시적으로 폐지하였으나, 제3차 개정헌법 이래로 현재 계속 유지하고 있다.

⬇ 국무총리제도의 연혁

건국헌법	국회의 승인
제2차 개정헌법	국무총리제 폐지
제3차 개정헌법	대통령이 지명 + 민의원 동의
제3공화국	국회의 동의나 승인 불요
제4공화국 이후	국회의 사전 동의를 얻어 대통령이 임명

② 국무총리를 국회의 동의 없이 임명으로만 했던 시기는 제5차 개정헌법(제3공화국)이었다.
③ 최장 60일간(보궐선거 전까지) 국무총리가 대통령 권한대행을 한다. 그러나 이 경우 선거를 통하지 않은 국무총리가 대행한다는 것은 민주적 정당성에서 문제가 있다.

(2) 헌법상의 지위

① 대통령 보좌기관(헌법 제86조 제2항): 국무총리는 독자적 결정권이 없는 종속·보좌기관이다. 국무총리는 대통령의 명을 받아 행정각부를 통할하고, 국무회의 부의장이 되고, 대통령의 모든 국법상 행위에 부서한다.
② 행정부의 제2인자: 대통령 유고시 권한 대행(헌법 제71조)을 하며, 국무위원, 각부장관의 임명제청, 국무위원의 해임건의, 모든 것에 부서한다. 대통령의 명을 받아 행정각부를 지휘·감독하고, 그 장의 명령·처분이 위법 또는 부당한 경우 대통령의 승인을 얻어 이를 중지·취소시킬 수 있다(정부조직법 제19조 제2항).

기출 OX
국무총리는 중앙행정기관의 장의 명령이나 처분이 위법 또는 부당하다고 인정될 경우에는 직권으로 이를 중지 또는 취소할 수 있다. (×) 22. 국가직 7급

③ 차상급 중앙행정기관(소관사무 집행)
  ㉠ 소관사무 집행시에는 다른 부서와 동등한 지위를 가진다.
  ㉡ 고유사무: 각부의 기획·조정, 업무상 특정한 부서에 귀속시키기가 곤란한 사무를 의미한다.
④ 국무회의의 부의장: 국무회의의 심의와 의결에 있어서는 대통령 및 국무위원들과 법상 대등한 지위를 갖지만, 그 운영에 있어서는 다른 국무위원보다 우위에 있다.

(3) 신분상의 지위

① 임명(헌법 제86조 제1항): 국회의 사전 동의를 얻어 대통령이 임명한다. 국무총리임명에 대한 국회의 동의제도는 의원내각제의 요소에 해당한다. 05. 입시 또한 헌법은 문민원칙(헌법 제86조 제3항)을 명시하고 있다. 한편 국회의원의 경우 겸직이 가능하므로, 국회의원을 국무총리로 임명하는 것도 가능하다.

② 직무대행: 국무총리 궐위시 직무대행에 관한 헌법상 명문규정이 없다. 02. 국가직 7급

> 정부조직법 제22조【국무총리의 직무대행】국무총리가 사고로 직무를 수행할 수 없는 경우에는 기획재정부장관이 겸임하는 부총리, 교육부장관이 겸임하는 부총리의 순으로 직무를 대행하고, 국무총리와 부총리가 모두 사고로 직무를 수행할 수 없는 경우에는 대통령의 지명이 있으면 그 지명을 받은 국무위원이, 지명이 없는 경우에는 제26조 제1항에 규정된 순서에 따른 국무위원이 그 직무를 대행한다.

기출OX
정부조직법상 국무총리가 사고로 직무를 수행할 수 없는 경우의 직무대행 규정은 있지만, 궐위에 따른 권한대행 규정은 없다. (○) 18. 5급 승진

2. 권한

(1) 행정각부 통할권(헌법 제86조 제2항)

단독으로는 불가능하고, 대통령의 명을 받아 가능하다. 02. 국가직 7급, 05. 입시

기출OX
국무총리는 대통령을 보좌하면서, 독자적으로 행정각부를 통할한다. (×) 02. 국가직 7급

> **관련 판례**
>
> **국가안전기획부사건 [기각]**
> 다수의견은 모든 중앙행정기관이 국무총리의 통할을 받아야 하는 것은 아니라며 국가안전기획부를 불법기구로 볼 수 없다고 하였다. 또한 행정각부는 부령발포권이 있어야 하는데 국가안전기획부는 그렇지 못하며 정부조직법에서도 대통령의 장 안에 규정되어 있어서 이는 반드시 국무총리 통할을 받아야 하는 것은 아니다(헌재 1994. 4.28, 89헌마221).

(2) 총리령발령권(헌법 제95조)

> 헌법 제95조 국무총리 또는 행정각부의 장은 소관사무에 관하여 법률이나 대통령령의 위임 또는 직권으로 총리령 또는 부령을 발할 수 있다.

(3) 대통령 궐위·유고시 권한대행권(헌법 제71조) 05. 입시

> 헌법 제71조 대통령이 궐위되거나 사고로 인하여 직무를 수행할 수 없을 때에는 국무총리, 법률이 정한 국무위원의 순서로 그 권한을 대행한다.

(4) 국무위원·각부장관에 대한 임명제청권과 국무위원의 해임건의권(헌법 제87조)
02. 국가직 7급, 12. 지방직

임명제청 없는 대통령의 임명은 위헌이지만 유효하다고 보는 유효설이 다수설이고, 국무총리의 제청·해임건의에 대통령은 구속되지 않는다는 비구속설이 다수설이다.

(5) 부서권(헌법 제82조) 02. 국가직 7급, 05. 입시

> 헌법 제82조 대통령의 국법상 행위는 문서로써 하며, 이 문서에는 국무총리와 관계 국무위원이 부서한다. 군사에 관한 것도 또한 같다.

(6) 국무회의에서 심의·표결할 권리(헌법 제89조)

(7) 국회출석발언권(헌법 제62조 제1항)

> 헌법 제62조 ① 국무총리·국무위원 또는 정부위원은 국회나 그 위원회에 출석하여 국정처리상황을 보고하거나 의견을 진술하고 질문에 응답할 수 있다.
> 08. 국가직 7급

3. 책임

(1) 대통령과 국회에 대한 책임

국무총리는 대통령을 보좌하며, 행정에 관하여 대통령의 명을 받아 행정각부를 통할 국회나 그 위원회의 요구가 있을 때에는 국무총리·국무위원 또는 정부위원은 출석·답변하여야 한다.

(2) 국무총리 해임

국회는 대통령에게 국무총리의 해임을 건의할 수 있으나 대통령은 이에 법적으로 구속되지 않고, 또한 대통령은 국회의 동의 없이도 국무총리를 해임할 수 있다. 국무총리에 대한 국회의 탄핵소추 의결정족수와 해임건의 의결정족수는 모두 국회재적의원 과반수이다. 05. 입시

2 국무위원, 국무회의, 자문기관

1. 국무위원

> 헌법 제87조 ① 국무위원은 국무총리의 제청으로 대통령이 임명한다.
> ② 국무위원은 국정에 관하여 대통령을 보좌하며, 국무회의의 구성원으로서 국정을 심의한다.
> ③ 국무총리는 국무위원의 해임을 대통령에게 건의할 수 있다.
> ④ 군인은 현역을 면한 후가 아니면 국무위원으로 임명될 수 없다.

비교 정리

부서

기관	범위
국무총리	모두
국무위원	관련

기출OX

국무총리는 문서로써 하는 대통령의 국법상의 행위에 관계 국무위원과 함께 부서한다. (O) 05. 입시

기출OX

국무위원은 국정에 관하여 국무총리를 보좌하며, 국무회의의 구성원으로서 국정을 심의한다. (X) 13. 법원직
→ 대통령을 보좌한다.

(1) 지위

헌법상의 기관으로서 국무회의를 구성한다. 국정에 관하여 대통령을 보좌하고(헌법 제87조 제2항) 독주를 견제한다.

(2) 국무위원의 임명과 해임

국무위원은 국무총리의 제청으로 대통령이 임명한다(헌법 제87조 제1항). 국회의원과의 겸직이 허용되나, 현역군인은 불가하다(헌법 제87조 제4항). 국무위원을 해임할 경우 대통령이 단독으로 해임하거나, 국무총리의 해임건의가 가능하다.

(3) 종류

행정각부의 장을 겸한 국무위원을 두고 있다. 대통령과 국무총리는 국무위원이 아니다.

(4) 권한(국무회의의 구성원)

① 국무회의의 소집요구 및 의안제출
② 대통령·국무총리의 권한대행
③ 부서권
④ 국회출석·발언권

(5) 책임

① 대통령의 국법상 행위에 대한 부서
② 국회출석·발언(정부위원에게 위임이 가능)

(6) 정부위원

부·처·청의 처장, 차관, 청장, 차장, 실장, 국장, 부장, 차관보 등

기출OX

국무위원은 국무회의의 구성원으로서, 국무회의 의안 제출권, 대통령의 국법상 행위에 대한 부서권, 국회 출석·발언권 등을 가진다. (○) 18. 지방직 7급

2. 국무회의

헌법 제88조 ① 국무회의는 정부의 권한에 속하는 중요한 정책을 심의한다.
② 국무회의는 대통령·국무총리와 15인 이상 30인 이하의 국무위원으로 구성한다.
③ 대통령은 국무회의의 의장이 되고, 국무총리는 부의장이 된다.

(1) 헌법상의 지위

① 심의기관: 국무회의는 심의기관이다. 심의기관의 의결권은 구속력이 없다. 그러나 헌법상 필수기관이므로 반드시 국무회의 대상사항은 국무회의 심의를 경유하여야 한다.

구분	미 각료회의	국무회의	내각
성격	자문기관	심의기관	의결기관
헌법상 필수기관	×	○	○
의결의 필수성	×	○ (과반수 ⇨ 2/3)	○
의결의 구속력	×	×	○

기출OX

01 국무회의는 대통령과 15인 이상 30인 이하의 국무위원으로 구성한다. (×) 13. 국가직 7급

02 국무회의는 대통령·국무총리와 15인 이상 25인 이하의 국무위원으로 구성한다. (×) 19. 서울시 7급

② **독립된 합의제기관**: 독립된 합의제기관이며 대통령의 하급기관으로 볼 수 없다(이견 있음).

구분	명칭	성격	특징
제1공화국	국무원	의결기관	부통령 제외
제2공화국	국무원	의결기관	대통령 제외
제3공화국 이후	국무회의	심의기관	-

(2) 구성

① 국무회의 구성원: 대통령, 국무총리, 15인 이상 30인 이하의 국무위원으로 구성한다(헌법 제88조 제2항).
② 국무위원은 아니더라도 의결권 없이 참석하여 발언할 수 있는 공무원: 대통령비서실장, 국가안보실장, 국무조정실장, 법제처장, 국가보훈처장, 식품의약품안전처장, 공정거래위원회위원장, 금융위원회위원장 및 서울특별시장이 배석한다.
③ 절차: 의결의 절차를 취하며, 구성원 과반수의 출석으로 개의하고 출석구성원 3분의 2 이상의 찬성으로 의결한다(국무회의 규정 제6조).
④ 국무위원이 국무회의에 출석하지 못할 때에는 각 부의 차관이 대리하여 출석하고, 대리출석한 차관은 관계 의안에 관하여 발언할 수 있으나 표결에는 참가할 수 없다(국무회의 규정 제7조).

(3) 심의내용

헌법 제89조 다음 사항은 국무회의의 심의를 거쳐야 한다.
1. 국정의 기본계획과 정부의 일반정책
2. 선전·강화 기타 중요한 대외정책
3. 헌법개정안·국민투표안·조약안·법률안 및 대통령령안 02. 국가직 7급, 05. 입시, 08. 법원직
4. 예산안·결산·국유재산처분의 기본계획·국가의 부담이 될 계약 기타 재정에 관한 중요사항
5. 대통령의 긴급명령·긴급재정경제처분 및 명령 또는 계엄과 그 해제 08. 국회직 8급
6. 군사에 관한 중요사항
7. 국회의 임시회 집회의 요구
8. 영전수여
9. 사면·감형과 복권 07. 국회직 8급·국가직 7급
10. 행정각부 간의 권한의 획정
11. 정부안의 권한의 위임 또는 배정에 관한 기본계획 08. 국가직 7급
12. 국정처리상황의 평가·분석
13. 행정각부의 중요한 정책의 수립과 조정
14. 정당해산의 제소
15. 정부에 제출 또는 회부된 정부의 정책에 관계되는 청원의 심사
16. 검찰총장·합동참모의장·각군참모총장·국립대학교총장·대사 기타 법률이 정한 공무원과 국영기업체관리자의 임명 04. 국가직 7급
(감사위원·국무총리·중앙선거관리위원장·대법원장·대법관·헌법재판소장·학장의 임명은 ×, 선거일 지정, 외국대사의 신임장 수리도 ×)
17. 기타 대통령·국무총리 또는 국무위원이 제출한 사항

기출OX

01 식품의약품안전처장은 필요한 경우 국무회의에 출석하여 발언할 수 있으며, 소관사무에 관하여 국무총리에게 의안의 제출을 건의할 수 있다. (O) 14. 국가직 7급
02 서울특별시장과 중소기업청장은 국무회의에 배석한다. (O) 14. 국가직 7급
03 국무회의는 구성원 과반수의 출석으로 개의하고, 출석구성원 3분의 2 이상의 찬성으로 의결한다. (O) 12. 지방직 7급
04 대통령령안은 필수적인 국무회의 심의사항이지만 총리령안은 필수적인 국무회의 심의사항이 아니다. (O) 12. 지방직 7급
05 국회의 임시회 집회의 요구, 헌법개정안·국민투표안·조약안·법률안 및 대통령령안은 국무회의의 심의를 거쳐야 한다. (O) 19. 서울시 7급

기출OX

01 행정각부 간의 권한의 획정은 국무회의의 심의사항이다. (O) 08. 국가직 7급
02 정부에 제출되는 정부의 정책에 관계되는 청원의 심사는 청원법에 따라 국무회의의 심사를 거칠 수 있다. (×) 13. 법원직
→ 국무회의의 심사를 거쳐야 한다.
03 대통령의 대법관 임명은 국무회의의 심의사항으로 헌법상 명시되어 있다. (×)

3. 자문기관

대통령 소속의 필수적 자문기구는 국가안전보장회의가 있고, 임의적 자문기구로는 민주평화통일자문회의, 국가원로자문회의, 국민경제자문회의, 국가과학기술자문회의가 있다. 04. 국가직 7급

(1) 국가원로자문회의

> 헌법 제90조 ① 국정의 중요한 사항에 관한 대통령의 자문에 응하기 위하여 국가원로로 구성되는 국가 원로자문회의를 둘 수 있다.
> ② 국가원로자문회의의 의장은 직전대통령이 된다. 다만, 직전대통령이 없을 때에는 대통령이 지명한다.
> ③ 국가원로자문회의의 조직·직무범위 기타 필요한 사항은 법률로 정한다.

기출 OX

국가원로자문회의의 의장은 직전대통령이 된다. (O) 13. 법원직

(2) 국가안전보장회의

> 헌법 제91조 ① 국가안전보장에 관련되는 대외정책·군사정책과 국내정책의 수립에 관하여 국무회의의 심의에 앞서 대통령의 자문에 응하기 위하여 국가안전보장회의를 둔다.
> ② 국가안전보장회의는 대통령이 주재한다.
> ③ 국가안전보장회의의 조직·직무범위 기타 필요한 사항은 법률로 정한다.

기출 OX

01 국가안전보장에 관련되는 대외정책·군사정책과 국내정책의 수립에 관하여 국무회의의 심의에 앞서 대통령의 자문에 응하기 위하여 국가안전보장회의를 둔다. (O) 13. 법원직

02 국가안전보장에 관련되는 대외정책·군사정책과 국내정책의 수립에 관해 대통령의 자문에 응하기 위하여 국가안전보장회의를 둘 수 있으며, 국가안전보장회의는 대통령이 주재한다. (X) 17. 국가직 7급
→ 둘 수 있는게 아니라 두어야 한다.

03 국가안전보장회의는 국무총리가 주재한다. (X) 19. 서울시 7급

(3) 민주평화통일자문회의

> 헌법 제92조 ① 평화통일정책의 수립에 관한 대통령의 자문에 응하기 위하여 민주평화통일자문회의를 둘 수 있다.
> ② 민주평화통일자문회의의 조직·직무범위 기타 필요한 사항은 법률로 정한다.

(4) 국민경제자문회의

> 헌법 제93조 ① 국민경제의 발전을 위한 중요정책의 수립에 관하여 대통령의 자문에 응하기 위하여 국민경제자문회의를 둘 수 있다.
> ② 국민경제자문회의의 조직·직무범위 기타 필요한 사항은 법률로 정한다.

(5) 국가교육과학기술자문회의

> 헌법 제127조 ③ 대통령은 제1항의 목적을 달성하기 위하여 필요한 자문기구를 둘 수 있다.

기출 OX

01 국가안전보장회의는 대통령의 자문기관 중 유일한 헌법상 필수적 자문기관이며, 국가안전보장에 관련되는 대외정책 등의 수립에 관하여 국무회의 심의에 앞서 대통령에게 자문하는 기관이다. (O)

02 국가원로자문회의와 국민경제자문회의는 대통령 소속의 필수적 기관이다. (X) 04. 국가직 7급

03 국가원로자문회의는 제8차 개정헌법에서 처음 규정되어 1988년 국가원로자문회의법이 제정되었으나 위헌성이 문제되어 폐지되었다. (O) 03. 입시, 06. 법행

◈ 자문기관 정리

연혁	제5차 개정			국가안전보장회의
	제8차 개정			국가원로자문회의, 평화통일정책자문회의
	현행 헌법			국민경제자문회의
성격	헌법상 필수	국가안전보장회의	주재	대통령
			절차	자문(전심·선심) ⇨ 국무회의 심의
			구성	• 대통령·국무총리 • 통일부·외교통상부·국방부, 국정원장 • 기타 대통령이 정하는 약간의 위원
	헌법상 규정	민주평화통일자문회의	구성	의장(대통령)
		국민경제자문회의	구성	의장(대통령)
		국가원로자문회의		시행 X, 의장은 직전 대통령
	헌법상 근거	국가교육과학기술자문회의	구성	의장(대통령)

3 행정각부

> 헌법 제94조 행정각부의 장은 국무위원 중에서 국무총리의 제청으로 대통령이 임명한다.
> 제96조 행정각부의 설치·조직과 직무범위는 법률로 정한다.

1. 의의
대통령, 국무총리의 하위기관인 중앙행정기관을 말한다.

2. 각부장관

(1) 임면

국무총리 제청에 의해 대통령이 임명하며, 반드시 국무위원으로 보하여야 한다. 면직은 대통령이 단독으로 하거나, 총리의 해임건의에 의한다.

(2) 지위

국무위원이 겸직하지만, 국무위원으로서의 지위와는 구별된다. 국무위원에게는 사무의 한계가 없으나, 행정각부의 장은 집행기관이므로 사무의 한계가 뚜렷한바, 자기 부에 속한 사항만을 담당한다.

기출 OX

행정각부의 장은 국무위원 중에서 임명해야 하므로, 행정각부의 장에 대한 임명에는 국무위원의 경우와 달리 국무총리의 제청이 별도로 요구되지 않는다. (X) 18. 지방직 7급

(3) 권한
　① 행정관청: 장은 중앙행정관청으로서 소관사무를 결정·집행하고, 소속직원 및 지방자치단체에의 위임행정에 관해 지방행정을 지휘·감독한다.
　② 부령발포권(헌법 제95조)

> 헌법 제95조 국무총리 또는 행정각부의 장은 소관사무에 관하여 법률이나 대통령령의 위임 또는 직권으로 총리령 또는 부령을 발할 수 있다.

　　㉠ 법규명령: 위임명령, 집행명령(직권명령)을 발할 수 있다.
　　㉡ 행정규칙: 별도의 근거를 요하지 않는다.
　③ 기타 권한: 필요한 각종 의안·예산안 제출권, 6급 이하 공무원의 임면권

정리 국무위원과 행정각부의 장 비교[1]

구분	국무위원	행정각부의 장
상호관계	국무위원 = 행정각부의 장	
대통령과의 관계	법적 대등	대통령의 지휘·감독
소관사무 한계	×	○
권한	• 국무회의 소집요구 • 국법상 행위 부서 • 대통령 권한대행	• 부령발포 • 소속직원 지휘·감독 • 소관사무 결정·집행
책임	• 국회 출석·답변의무 • 부서에 대한 책임 • 국회 탄핵소추·해임건의에 대한 책임	탄핵소추에 대한 책임

[1] 국무위원은 자신이 담당하는 영역과 상관없이 모든 것을 논의할 수 있으나, 예를 들어 법무부장관이라면 법무부에 관련된 일만 논의할 수 있다.

기출OX
국무위원의 경우에는 그 사무에 한계가 없지만, 행정각부의 장의 경우에는 자신의 부의 관할에 속하는 사항만을 담당한다는 한계가 있다. (○) 04. 행시

제3편 통치구조론

제3장 대통령과 정부

독립기관

- **감사원**
  - 연혁 — 과거 심계원 + 감찰위원회가 오늘날 감사원이 됨
  - 지위 — 대통령 직속 필수기관, 독립기관, 합의제 행정관청
  - 구성
    - 5인 이상 11인 이하(헌법), 7인(감사원법)
    - **감사원장**: 임기 4년, 1차 중임, 국회동의, 대통령 임명
    - **감사위원**: 임기 4년, 1차 중임, 원장 제청, 대통령 임명
  - 권한
    - 회계검사권
    - **직무감찰권**: 국회·법원·헌재 공무원 제외
    - **규칙제정권**: 헌법상 근거 ×

- **선거관리위원회**
  - 구성 — 9인, 임기 6년, 연임제한 ×, 3인은 대통령이 임명
  - 의결 — 일반의결정족수
  - 위원장 — 호선, 가부동수 결정권
  - 정치적 중립 — 헌법 명시
  - 권한 — 선거, 국민투표사무, 정당사무, 규칙제정권(헌법 제114조 제6항)

제3절 독립기관

1 감사원

1. 지위

> 헌법 제97조 국가의 세입·세출의 결산, 국가 및 법률이 정한 단체의 회계검사와 행정기관 및 공무원의 직무에 관한 감찰을 하기 위하여 대통령 소속하에 감사원을 둔다.

감사원은 최고 회계검사 기관으로서 공무원의 직무감찰권을 동시에 보유한다는 점에서 비교법적 특색이 있다. 04. 국가직 7급, 04·08. 법원직

(1) 제도적 의의와 연혁

구분	회계검사	직무감찰
제1공화국	심계원(헌법기관)	감찰위원회
제2공화국	심계원(헌법기관, 대통령소속)	감찰위원회(국무총리소속)
제3공화국 이후	감사원(헌법기관)	

(2) 헌법상의 지위

① **대통령직속 헌법상 필수기관**: 감사원은 조직적으로 대통령에 소속된 행정기관으로 볼 수 있다. 그러나 조직상으로만 대통령에게 소속되어 있고 직무상으로는 독립되어 있다는 점에서 조직상, 기능상 독립되어 있는 국가인권위원회와 차이가 있다. 04·08. 법원직, 07. 국회직 8급

② **독립기관으로서의 지위**: 독립성 보장을 위한 조치로서 감사원의 합의제, 의결기관성, 감사위원의 신분보장 및 임기제 등이 도입되고 있고, 감사원의 직무는 국무회의의 심의사항이 아니다. 02. 국가직 7급 다만, 감사원도 국회의 국정조사와 국정감사의 대상이 된다. 01. 국가직 7급

③ **합의제 행정관청**: 감사원은 합의제 행정관청이다. 따라서 감사업무의 합의에 관한 한 감사원장과 감사위원은 법적으로 동등한 지위에 있다. 01·02. 국가직 7급

> **기출OX**
>
> **01** 감사원은 대통령에 소속된 기관으로 국무총리의 통할을 받지 아니한다. (O) 11. 국가직 7급
>
> **02** 감사원은 국무회의나 국무총리에 대한 종속적 기관이 아니므로 그 권한 행사에 있어서는 오직 대통령만이 구체적 지시를 할 수 있다. (×) 18. 서울시 7급

2. 구성

> 헌법 제98조 ① 감사원은 원장을 포함한 5인 이상 11인 이하의 감사위원으로 구성한다.
> ② 원장은 국회의 동의를 얻어 대통령이 임명하고, 그 임기는 4년으로 하며, 1차에 한하여 중임할 수 있다.
> ③ 감사위원은 원장의 제청으로 대통령이 임명하고, 그 임기는 4년으로 하며, 1차에 한하여 중임할 수 있다.
>
> 제100조 감사원의 조직·직무범위·감사위원의 자격·감사대상공무원의 범위 기타 필요한 사항은 법률로 정한다.

감사원장을 포함하여 5인 이상 11인 이하의 감사위원으로 구성된다(헌법 제98조 제1항). 04. 법원직 그러나 감사원법에는 원장 포함 7인으로 규정되어 있다(감사원법 제3조). 02. 국가직 7급

> **기출OX**
>
> 감사원은 감사원장을 포함하여 7인의 감사위원으로 구성되어 있다. (O) 02. 국가직 7급

(1) 감사원장(헌법 제98조 제2항)

국회 동의하에 대통령이 임명하며, 04. 국가직 7급 임기는 4년이고, 1차에 한하여 중임이 가능하며, 정년은 70세이다. 04. 법원직 사고시 최장기간 재직한 감사위원 순으로 권한대행한다(선임❶자가 2인 이상이면 연장자순).

(2) 감사위원(헌법 제98조 제3항)

감사원장 제청으로 대통령이 임명하며, 임기는 4년이다. 1차 중임이 가능하며, 07. 국회직 8급 정년은 65세이다. 국무회의 심의를 거치지 않는다. 감사업무의 합의에 관한한 감사원장과 감사위원은 법적으로 동등한 지위에 있다. 01·04. 국가직 7급

(3) 신분보장

감사위원은 탄핵·금고 이상의 형의 선고를 받았을 때, 장기 심신쇠약으로 직무를 수행할 수 없을 때를 제외하고는 그 의사에 반하여 면직되지 아니한다 (감사원법 제8조).❷ 01·02. 국가직 7급

3. 권한

(1) 결산조사 보고권(헌법 제99조)

> 헌법 제99조 감사원은 세입·세출의 결산을 매년 검사하여 대통령과 차년도국회에 그 결과를 보고하여야 한다. 04. 국가직 7급

(2) 회계검사권

① 필요적 감사 08. 국회직 8급
  ㉠ 국가(입법, 사법기관도 포함), 지방자치단체(헌법 제97조)
  ㉡ 법률로 정한 단체: 한국 은행, 2분의 1 이상 정부가 출자한 단체
② 선택적 감사: 감사원이 필요성을 인정하거나 국무총리의 요청이 있는 경우
07. 국회직 8급

(3) 직무감찰권

① 범위: 비위감찰뿐만 아니라 행정관리의 개선을 도모하기 위한 행정감찰권도 포함한다. 다만, 직무감찰의 범위에서 국회, 법원, 헌법재판소 공무원의 직무는 제외된다. 07. 국회직 8급
② 감사결과와 관련된 권한
  ㉠ 법령·제도·행정상 개선요구 및 권고권(감사원법 제34조 제1항)과 시정·주의 등의 요구권이 있으며, 징계·문책·해임요구권이 있다. 임용권자는 징계위원회에 회부하고 감사원에 통보한다. 다만, 직접 징계권은 존재하지 않는다. 07. 국회직 8급
  ㉡ 수사기관에의 고발권, 08. 법원직 재심의 청구의 처리, 회계관계직원 등에 대한 변상책임의 유무판정권 등의 권한이 있다. 08. 법원직

> **관련 판례**
>
> **감사원의 변상판정에 대한 행정소송**
> 감사원의 변상판정처분에 대하여서는 행정소송을 제기할 수 없고, 재결에 해당하는 재심의 판정에 대하여서만 감사원을 피고로 하여 행정소송을 제기할 수 있다(대판 1984.4.10, 84누91).

---

❶ 선임은 어떤 직무나 일을 먼저 맡은 사람을 의미한다.

기출OX

01 감사원장이 사고로 인하여 직무를 수행할 수 없을 때에는 감사위원 중 최고 연장자가 그 직무를 대행한다. (×) 13. 국가직 7급
02 감사위원은 원장의 제청으로 대통령이 임명한다. (○) 13. 국가직 7급

❷ 법관은 헌법 제106조 제1항에 의해서 탄핵·금고 이상의 형의 선고에 의하지 아니하고는 파면되지 아니하며 징계처분에 의하지 아니하고는 정직, 감봉, 기타 불리한 처분을 받지 아니한다. 그러므로 헌법상 감사위원은 법관의 신분과 동일한 지위가 보장되는 것은 아니다.

기출OX

01 감사원은 세입·세출의 결산을 매년 검사하여 대통령과 차년도 국회에 그 결과를 보고하여야 한다. (○) 11. 국가직 7급
02 국회, 법원 및 중앙선거관리위원회에 속하는 공무원은 감사원의 감찰대상이 아니다. (×) 07. 국회직 8급

비교 정리

감사원의 권한과 범위

권한	범위
직무	입법, 사법 제외
회계	모두 감찰

기출OX

감사원은 변상책임의 유무에 관한 판정권을 갖는다. (○) 08. 법원직

(4) 규칙제정권

법령에 저촉되지 않는 범위 내에서 감사에 관한 절차, 내부규율, 사무처리에 관한 규칙을 제정할 수 있다(감사원법 제52조). 01·04. 국가직 7급 헌법상 근거가 없으므로 행정규칙만 가능하다(다수설). 06. 국회직 8급

(5) 한계

> 감사원법 제24조 【감찰 사항】 ④ 제1항에 따라 감찰을 하려는 경우 다음 각 호의 어느 하나에 해당하는 사항은 감찰할 수 없다.
> 1. 국무총리로부터 국가기밀에 속한다는 소명이 있는 사항
> 2. 국방부장관으로부터 군기밀이거나 작전상 지장이 있다는 소명이 있는 사항

2 선거관리위원회

1. 지위·조직·구성

> 헌법 제114조 ① 선거와 국민투표의 공정한 관리 및 정당에 관한 사무를 처리하기 위하여 선거관리위원회를 둔다.
> ② 중앙선거관리위원회는 대통령이 임명하는 3인, 국회에서 선출하는 3인과 대법원장이 지명하는 3인의 위원으로 구성한다. 위원장은 위원 중에서 호선한다.
> ③ 위원의 임기는 6년으로 한다.
> ④ 위원은 정당에 가입하거나 정치에 관여할 수 없다.
> ⑤ 위원은 탄핵 또는 금고 이상의 형의 선고에 의하지 아니하고는 파면되지 아니한다.
> ⑥ 중앙선거관리위원회는 법령의 범위 안에서 선거관리·국민투표관리 또는 정당사무에 관한 규칙을 제정할 수 있으며, 법률에 저촉되지 아니하는 범위 안에서 내부규율에 관한 규칙을 제정할 수 있다.
> ⑦ 각급 선거관리위원회의 조직·직무범위 기타 필요한 사항은 법률로 정한다.
>
> 선거관리위원회법 제4조 【위원의 임명 및 위촉】 ⑥ 법관과 법원공무원 및 교육공무원 이외의 공무원은 각급선거관리위원회의 위원이 될 수 없다.

(1) 지위

① 헌법상 의의: 헌법상 필수기관이며, 04·07. 국가직 7급 합의체 행정관청이다. 또한 행정부 소속이 아닌 독립기관이다.
② 연혁: 3·15 부정선거를 계기로 제2공화국 때 중앙선거관리위원회를 헌법기관으로 격상시켰다. 제3공화국 헌법(제5차 개정헌법)부터 각급 선거관리위원회도 헌법기관으로 규정하였다.

(2) 조직

중앙선거관리위원회, 시도선거관리위원회, 시군구선거관리위원회는 각 9명으로, 읍·면·동 선거관리위원회는 7명으로 구성된다.

(3) 구성 및 운영 04. 국가직 7급·법원직

① 중앙선거관리위원회(헌법 제114조 제2항·제3항)
  ㉠ 구성: 9인의 위원으로 구성되며, 임기는 6년이고, 연임의 제한은 없다. 각급 선거관리위원회위원 중 상임위원이 아닌 위원은 명예직으로 한다. 07. 국가직 7급 위원 중 3인은 대통령이 임명하고, 3인은 국회에서 선출하며, 3인은 대법원장이 지명한다.❸

📝 **기출OX**

01 법관과 법원공무원 이외의 공무원은 각급선거관리위원회의 위원이 될 수 없다. (×) 22. 국가직 7급

02 선거관리위원회는 선거와 국민투표의 공정한 관리 및 정당에 관한 사무를 처리하기 위한 필수적인 헌법기관이다. (○) 04. 국가직 7급

❸
헌법재판소 재판관의 경우에는 대통령이 모두 임명한다.

기출OX
중앙선거관리위원회는 대통령이 임명하는 9인으로 구성되며, 위원장은 국회의 동의를 얻어 대통령이 임명한다. (×)
04. 국가직 7급

비교 정리
헌법상 중임 제한

중임 금지	대통령, 대법원장
1차 중임	감사원장, 감사위원
연임 가능	대법관, 일반법관, 헌법재판소 재판관(소장 포함)
제한 없음	국회의원, 선거관리위원회 위원(위원장 포함)

기출OX
각급 선거관리위원회의 의결에 있어서 위원장은 표결권이 있으며, 가부동수인 때에는 결정권을 가진다. (O)
07. 국가직 7급

주의
대법관 회의에서 대법원장도 가부 결정권을 갖는다.

기출OX
중앙선거관리위원회 위원은 국회의 탄핵소추 대상이 되나 구·시·군선거관리위원회 위원은 국회의 탄핵소추 대상이 되지 아니한다. (×)
19. 국가직 7급

기출OX
01 중앙선거관리위원회는 기탁된 정치자금과 국고보조금을 각 정당에 배분하는 사무를 담당한다. (O)
04. 국가직 7급

02 정치자금법 제27조(보조금의 배분)의 규정에 따라 보조금의 배분대상이 되는 정당이 당내경선사무 중 경선운동, 투표 및 개표에 관한 사무의 관리를 당해 선거의 관할선거구선거관리위원회에 위탁하는 경우 모든 수탁관리비용은 당해 정당이 부담한다. (×)
19. 국가직 7급

  ⓒ 의결 방법: 위원 과반수의 출석으로 개의하고, 출석위원 과반수의 찬성으로 의결한다.
  ⓒ 위원장: 위원 중에서 호선하고, 표결권을 가지며, 가부동수인 때에는 결정권을 가진다. 04. 법원직, 07. 국가직 7급
② 각급선거관리위원회위원의 임기는 6년으로 한다. 다만, 구·시·군선거관리위원회 위원의 임기는 3년으로 하되, 한 차례만 연임할 수 있다(선거관리위원회법 제8조).
③ 신분보장: 탄핵·금고 이상의 형선고 외에는 파면이 불가능하다(헌법 제114조 제5항). 중앙선거관리위원회 위원은 현행범인이 아니면 체포·구속되지 아니한다.
④ 정치적 중립: 정당가입이나 정치활동이 금지된다(헌법 제114조 제4항).

2. 권한

> 헌법 제115조 ① 각급 선거관리위원회는 선거인명부의 작성 등 선거사무와 국민투표사무에 관하여 관계 행정기관에 필요한 지시를 할 수 있다. 04. 법원직
> ② 제1항의 지시를 받은 당해 행정기관은 이에 응하여야 한다.
>
> 제116조 ① 선거운동은 각급 선거관리위원회의 관리하에 법률이 정하는 범위 안에서 하되, 균등한 기회가 보장되어야 한다.
> ② 선거에 관한 경비는 법률이 정하는 경우를 제외하고는 정당 또는 후보자에게 부담시킬 수 없다.

(1) 선거, 국민투표 관련 사무처리
① 관계 행정기관에 필요한 지시나 협조요구를, 공공단체에 대하여는 협조요구를 할 수 있다. 이는 단순히 권고가 아닌 이행규정이다.
② 선거법 위반행위 발견시 중지·경고·시정명령을 발할 수 있으며, 위반행위가 선거 공정을 해하거나, 상기명령에 대한 불이행이 있을 때에는 수사의뢰나 고발이 가능하다.

(2) 정당사무의 관리
① 정당의 창당등록의 신고·공고·취소 등의 사무와 정치자금의 기탁·배분 등의 사무를 담당한다. 선거관리위원회에 기탁된 정치자금과 국고보조금을 각 정당에 분배한다. 04. 국가직 7급
② 관할선거구선거관리위원회가 제1항에 따라 당내경선의 투표 및 개표에 관한 사무를 수탁관리하는 경우에는 그 비용은 국가가 부담한다. 다만, 투표 및 개표참관인의 수당은 당해 정당이 부담한다(공직선거법 제57조의4 제2항). 19. 국가직 7급

(3) 규칙제정권(헌법 제114조 제6항) 04. 국가직 7급
① 사무관리규칙제정권: 법령 범위 안에서 선거관리·국민투표관리·정당 사무에 관한 규칙 제정이 가능하다.
② 내부규칙제정권: 법률에 저촉되지 않는 범위 안에서 내부규율에 관한 규칙의 제정이 가능하다.
③ 법령에 관한 의견 제시: 자신의 업무와 관련된 법률의 제정·개정에 있어 필요한 의견을 서면으로 국회에 제출할 수 있다.

제3장 대통령과 정부

01
17. 법원직 9급

대통령에 관한 다음 설명 중 가장 옳은 것은?

① 대통령 선거에 있어서 최고득표자가 2인 이상인 때에는 국회의 재적의원 과반수가 출석한 공개회의에서 다수표를 얻은 자를 당선자로 한다.
② 대통령은 국가의 안위에 관계되는 중대한 교전상태에 있어서 국가를 보위하기 위하여 긴급한 조치가 필요하고 국회의 집회를 기다릴 여유가 없을 때에 한하여 법률의 효력을 가지는 명령을 발할 수 있다.
③ 대통령은 국회에서 의결한 법률안에 이의가 있을 때에는 15일 내에 이의서를 붙여 국회로 환부하고 재의를 요구할 수 있으나, 국회가 폐회 중인 때는 먼저 임시국회의 소집을 요구하여야 한다.
④ 우리 헌법상 대통령은 헌법개정에 대한 발의권이 없다.

정답 및 해설

난이도 ★☆☆

① [○] 헌법 제67조
② [×] 대통령은 국가의 안위에 관계되는 중대한 교전상태에 있어서 국가를 보위하기 위하여 긴급한 조치가 필요하고 국회의 집회가 불가능한 때에 한하여 법률의 효력을 가지는 명령을 발할 수 있다(헌법 제76조 제2항).
③ [×] 법률안에 이의가 있을 때에는 대통령은 제1항의 기간 내에 이의서를 붙여 국회로 환부하고, 그 재의를 요구할 수 있다. 국회의 폐회 중에도 또한 같다(헌법 제53조 제2항).
④ [×] 헌법개정은 국회재적의원 과반수 또는 대통령의 발의로 제안된다(헌법 제128조 제1항).

답 ①

02

07. 법원직

대통령의 권한에 관한 다음의 설명 중 가장 타당하지 아니한 것은? (다툼이 있을 경우에는 헌법재판소 판례에 의함)

① 대통령은 그의 지휘·감독을 받는 행정부 구성원을 임명하고 해임할 권한을 가지고 있으므로, 국가정보원장의 임명행위는 헌법상 대통령의 고유권한으로서 법적으로 국회 인사청문위원회의 견해를 수용해야 할 의무를 지지 않는다.
② 대통령은 비상계엄이 선포된 때에는 법률이 정하는 바에 의하여 영장제도, 언론·출판·집회·결사의 자유, 국회나 법원의 권한에 관하여 특별한 조치를 할 수 있다.
③ 대통령은 법률이 정하는 바에 의하여 사면·감형 또는 복권을 명할 수 있다.
④ 대통령은 중앙선거관리위원회의 위원 중 3인을 임명한다.

정답 및 해설

난이도 ★★☆

① [○] 2003.4.25. 국회 인사청문회가 고영구 국가정보원장에 대하여 부적격 판정을 하였음에도 대통령이 이를 즉시 수용하지 아니한 사실이 인정된다. 대통령은 그의 지휘·감독을 받는 행정부 구성원을 임명하고 해임할 권한(헌법 제78조)을 가지고 있으므로, 국가정보원장의 임명행위는 헌법상 대통령의 고유권한으로서 법적으로 국회 인사청문회의 견해를 수용해야 할 의무를 지지는 않는다(헌재 2004.5.14, 2004헌나1).
② [X] 비상계엄이 선포된 때에는 법률이 정하는 바에 의하여 영장제도, 언론·출판·집회·결사의 자유, 정부나 법원의 권한에 관하여 특별한 조치를 할 수 있다(헌법 제77조 제3항). 국회까지 특별한 조치를 하게 되면 계엄을 통제할 방법이 없다.
③ [○] 대통령은 법률이 정하는 바에 의하여 사면·감형 또는 복권을 명할 수 있다(헌법 제79조 제1항).
④ [○] 중앙선거관리위원회는 대통령이 임명하는 3인, 국회에서 선출하는 3인과 대법원장이 지명하는 3인의 위원으로 구성한다. 위원장은 위원 중에서 호선한다(헌법 제114조 제2항).

답 ②

03

10. 국가직 7급

현행 국가긴급권에 관한 설명으로 옳은 것은?

① 현행 헌법은 사전예방적 국가긴급권도 규정하고 있다.
② 긴급명령은 국회의 집회를 기다릴 여유가 없을 때에 한하고, 긴급재정경제명령은 국회의 집회가 불가능할 때에 한하여 발할 수 있다.
③ 비상계엄의 선포와 동시에 계엄사령관은 계엄지역의 모든 행정사무와 사법사무를 관장한다.
④ 경비계엄이 선포된 때에는 법률이 정하는 바에 의하여 영장제도에 관하여 특별한 조치를 취할 수 있다.

정답 및 해설 난이도 ★☆☆

① [×] 현행 헌법은 사후에만 국가긴급권이 가능하며 사전예방적 국가긴급권은 존재하지 않는다. 유신헌법에서 사전예방적 국가긴급권으로 긴급조치권을 규정한 적이 있다.
② [×] 긴급명령은 국회의 집회가 불가능할 때에 한하고, 긴급재정경제명령은 국회의 집회를 기다릴 여유가 없을 때에 한하여 발할 수 있다(헌법 제76조 제1항·제2항).
③ [○] 비상계엄의 선포와 동시에 계엄사령관은 계엄지역의 모든 행정사무와 사법사무를 관장한다(계엄법 제7조 제1항).
④ [×] 경비계엄으로는 기본권에 대한 특별한 조치를 할 수 없다.

> 헌법 제77조 ③ 영장제도에 관하여 특별한 조치를 취할 수 있는 것은 비상계엄이 선포된 경우이다.

답 ③

04

대통령의 법률안거부권에 관한 다음 설명 중 옳지 않은 것은?

① 대통령은 국회의 폐회 중에도 법률안에 대한 재의를 요구할 수 있다.
② 대통령은 법률안의 일부에 대하여 또는 법률안을 수정하여 재의를 요구할 수 없다.
③ 국회에서 이송되어 온 법률안을 15일 이내에 대통령이 공포하지 않을 경우 위 법률안에 대해서는 대통령이 재의를 요구한 것으로 본다.
④ 대통령의 재의요구에 따라 국회가 재적의원 과반수의 출석과 출석의원 3분의 2 이상의 찬성으로 전과 같은 의결을 하면 그 법률안은 법률로서 확정된다.

정답 및 해설

난이도 ★☆☆

① [○] 법률안에 이의가 있을 때에는 대통령은 15일 이내에 이의서를 붙여 국회로 환부하고, 그 재의를 요구할 수 있다. 국회의 폐회 중에도 또한 같다(헌법 제53조 제2항).
② [○] 대통령은 법률안의 일부에 대하여 또는 법률안을 수정하여 재의를 요구할 수 없다(헌법 제53조 제3항).
③ [X] 대통령이 15일 이내에 공포나 재의의 요구를 하지 아니한 때에도 그 법률안은 법률로서 확정된다(헌법 제53조 제5항). 즉, 재의요구한 것이 아니라 확정되는 것이다.
④ [○] 재의의 요구가 있을 때에는 국회는 재의에 붙이고, 재적의원 과반수의 출석과 출석의원 3분의 2 이상의 찬성으로 전과 같은 의결을 하면 그 법률안은 법률로서 확정된다(헌법 제53조 제4항).

답 ③

05
16. 서울시 7급

대통령의 사면권행사에 대한 설명으로 가장 옳지 않은 것은?

① 사면에는 일반사면과 특별사면이 있으며 모두 국무회의의 심의사항이다.
② 형의 선고에 의한 기성의 효과는 사면·감형과 복권으로 인하여 변경되지 않는다.
③ 일반사면은 죄의 종류를 정하여 그 죄를 범한 자를 대상으로 행해지며 국회의 동의를 요한다.
④ 특별사면은 형의 집행을 면하게 할 수 있을 뿐 형의 선고의 효력을 상실케 할 수는 없다.

정답 및 해설
난이도 ★★☆

① [O] 헌법 제89조 제9호
② [O] 사면법 제5조 제2항
③ [O] 헌법 제79조 제2항
④ [X] 특별사면은 형의 집행이 면제되는 것이 원칙이나, 특별한 사정이 있을 때에는 이후 형 선고의 효력을 상실하게 할 수 있다(사면법 제5조 제1항 제2호).

답 ④

06

12. 지방직 7급 변형

국무총리와 국무회의에 대한 설명으로 옳지 않은 것은?

① 국무회의는 최대 30인 이상으로 구성될 수 없다.
② 국무총리가 사고로 직무를 수행할 수 없을 경우에는 기획재정부장관이 겸임하는 부총리, 교육부장관이 겸임하는 부총리의 순으로 직무를 대행하고, 국무총리와 부총리가 모두 사고로 직무를 수행할 수 없는 경우에는 대통령의 지명이 있으면 그 지명을 받은 국무위원이, 지명이 없으면 제26조 제1항에 규정된 순서에 따른 국무위원이 그 직무를 수행한다.
③ 국무회의는 구성원 과반수의 출석으로 개의하고, 출석 구성원 3분의 2 이상의 찬성으로 의결한다.
④ 대통령령안은 필수적인 국무회의 심의사항이지만, 총리령안은 필수적인 국무회의 심의사항이 아니다.

정답 및 해설

난이도 ★★☆

① [X] 국무회의는 대통령·국무총리와 15인 이상 30인 이하의 국무위원으로 구성한다(헌법 제88조 제2항). 따라서 30인 이상이 안 된다는 것은 옳지 않은 지문이다.
② [O] 정부조직법 제22조
③ [O] 국무회의는 구성원 과반수의 출석으로 개의하고, 출석 구성원 3분의 2 이상의 찬성으로 의결한다[국무회의 규정(대통령령) 제6조 제1항].
④ [O] 헌법개정안·국민투표안·조약안·법률안 및 대통령령안은 국무회의의 심의를 거쳐야 한다(헌법 제89조 제3호).

답 ①

07

13. 지방직 7급

헌법상 행정각부에 대한 설명으로 옳지 않은 것은? (다툼이 있는 경우 판례에 의함)

① 당해 기관의 장이 그 소관사무에 관하여 부령을 발할 수 있어야 한다.
② 국가정보원도 행정각부에 속한다.
③ 당해 기관의 장이 국무위원이어야 한다.
④ 모든 중앙행정기관이 국무총리의 통할을 받는 것은 아니다.

정답 및 해설

난이도 ★★☆

① [○] 국무총리 또는 행정각부의 장은 소관사무에 관하여 법률이나 대통령령의 위임 또는 직권으로 총리령 또는 부령을 발할 수 있다(헌법 제95조).
② [×] 행정각부는 부령 발포권이 있어야 하는데 국정원은 그렇지 못하다. 따라서 이는 중앙행정기관일 뿐 행정각부가 아니다(헌재 1994.4. 28, 89헌마221).
③ [○] 행정각부의 장은 국무위원 중에서 국무총리의 제청으로 대통령이 임명한다(헌법 제94조).
④ [○] 헌재 1994.4.28, 89헌마221

답 ②

08

15. 국가직

감사원에 대한 설명으로 옳지 않은 것은? (다툼이 있는 경우 판례에 의함)

① 감사원은 헌법기관으로서 대통령 소속하에 설치되지만 직무상 독립된 지위를 가진다.
② 감사원은 국회·법원·헌법재판소에 소속한 공무원의 직무에 대해서 감찰할 수 있다.
③ 감사원은 원장을 포함한 5인 이상 11인 이하의 감사위원으로 구성 되며, 감사위원회의는 재적 감사위원 과반수의 찬성으로 의결한다.
④ 감사원의 직무감찰권의 범위에 인사권자에 대하여 징계 등을 요구할 권한이 포함되고, 위법성 뿐 아니라 부당성도 감사의 기준이 된다.

정답 및 해설

난이도 ★★☆

① [O] 감사원법 제2조 제1항
② [X] 국회·법원 및 헌법재판소에 소속한 공무원의 직무는 감찰사항에서 제외된다(감사원법 제24조 제3항).
③ [O] 헌법 제98조 제1항은 감사원은 감사원장을 포함한 5인 이상 11인 이하의 감사위원으로 구성된다고 규정하고 있으며, 감사원법 제11조 제2항은 정족수로 재적 과반수 찬성을 규정하고 있다.
④ [O] 헌재 2008.5.29, 2005헌라3

답 ②

09

04. 법행

선거관리위원회에 관한 다음 설명 중 옳지 않은 것은?

① 헌법상의 필수기관으로서 헌법개정에 의하지 아니하고는 폐지할 수 없다.
② 선거관리위원회는 헌법상 그 신분이 보장되어 있다.
③ 중앙선거관리위원회는 대통령이 임명하는 3인, 국회에서 선출하는 3인, 대법원장이 지명하는 3인의 위원으로 구성되며, 위원장은 위원 중에서 호선한다.
④ 중앙선거관리위원회는 법령의 범위 안에서 선거관리·국민투표관리 또는 정당사무에 관한 규칙을 제정할 수 있으며, 법률에 저촉되지 아니하는 범위 안에서 내부규율에 관한 규칙을 제정할 수 있다.
⑤ 각급 선거관리위원회는 위원 과반수의 출석으로 개의하고 출석위원 과반수의 찬성으로 의결한다. 위원장은 표결권은 없으나, 가부동수인 경우 결정권을 가진다.

정답 및 해설

난이도 ★★☆

① [○] 선거와 국민투표의 공정한 관리 및 정당에 관한 사무를 처리하기 위하여 선거관리위원회를 둔다(헌법 제114조 제1항). 헌법상 필수기관이어서 폐지하기 위해서는 헌법개정이 필요하다.
② [○] 위원은 탄핵 또는 금고 이상의 형의 선고에 의하지 아니하고는 파면되지 아니한다(헌법 제114조 제5항).
③ [○] 중앙선거관리위원회는 대통령이 임명하는 3인, 국회에서 선출하는 3인과 대법원장이 지명하는 3인의 위원으로 구성한다. 위원장은 위원 중에서 호선한다(헌법 제114조 제2항).
④ [○] 중앙선거관리위원회는 법령의 범위 안에서 선거관리·국민투표관리 또는 정당사무에 관한 규칙을 제정할 수 있으며, 법률에 저촉되지 아니하는 범위 안에서 내부규율에 관한 규칙을 제정할 수 있다(헌법 제114조 제6항).
⑤ [×] 각급 선거관리위원회는 위원 과반수의 출석으로 개의하고 출석위원 과반수의 찬성으로 의결한다(선거관리위원회법 제10조 제1항). 위원장은 표결권을 가지며 가부동수인 때에는 결정권을 가진다(선거관리위원회법 제10조 제2항).

답 ⑤

제4장 사법부

제3편 통치구조론

제4장 사법부

- 서론
  - 한계
    - **실정법**: 국회자율권, 단심제
    - **국제법**: 치외법권자
  - 통치행위
    - 학설
      - **긍정설**
        - 논리적 긍정설
        - 정책적 긍정설
      - **부정설** — 기본권 관련성설
    - 판례
      - 대법원 - 대북송금판례 이후로 변화
      - 헌재 - 기본권 관련성에 따라 판단

- 사법부의 독립
  - 법원의 독립
    - **입법부**: 양형의 문제
  - 법관의 독립
    - **자격**: 법정주의
    - **임기**: 대법관 6년, 일반법관 10년
    - **정년**: 대법원장·대법관 70세, 일반법관 65세
    - **신분보장**: 파면 제한, 강제퇴직 제한
  - 재판상 독립
    - 타 국가기관으로부터 독립
    - 동종 사건의 구속력 ×, 당해 사건의 구속력 ○
    - 헌법과 법률, 양심에의 구속

제1절 서론

1 사법권의 의의, 범위

사법이라 함은 법의 판단·적용·선언을 통한 법질서 유지작용을 말한다.

2 법원의 헌법상 지위

1. 사법기관
사법기능의 원칙적인 행사기관이다.

2. 중립적 기관
(1) 원칙

사법부는 정치관여가 금지되며, 독립성이 보장된다.

(2) 예외

① 행정부의 법원예산 편성권이나 대통령의 대법원장·대법관 임명권
② 국회의 법률제정권, 비상계엄 선포시 법원의 권한에 특별한 조치 가능

3. 기본권 보장기관

4. 헌법수호기관(일부기능만 담당)
선거소송, 명령·규칙의 위헌·위법심사, 위헌법률심판 제청, 기관소송

3 사법권의 한계

1. 실정법상의 한계
(1) 헌법재판소 고유권한, 국회자율권(자격심사·징계·제명)
(2) 비상계엄하 군사재판에서 일정범죄에 대한 단심제

2. 국제법적 한계
(1) 치외법권자

주한미군에 대해서는 한미행정협정에 의거하여 민사관할권은 없어도 형사관할권은 갖는다.

(2) 조약

법률과 동위로 보기 때문에 헌법재판소의 규범통제를 받는다.

3. 권력분립적 한계(정책적 한계)
(1) 통치행위

① 통치행위 긍정설(사법심사 부정설): 법치국가하에서 법적통제에서 벗어나는 통치행위를 일정한 범위 내에서 인정하고 있다.

㉠ 권력분립설은 권력분립의 원칙상 사법부는 정치적 성격이 강한 통치행위에 대해서는 심사할 수 없다는 견해이다.
㉡ 사법자제설은 법이론적으로 사법부가 모든 국가작용을 심사할 수는 있지만, 통치행위에 대하여는 정치문제에 말려들지 않기 위해 사법적 심사를 자제하는 것이 타당하다는 견해이다.
② 통치행위 부정설(사법심사 긍정설): 헌법이 법치주의를 채택하여 사법심사에서 개괄주의를 인정하는 이상 모든 국가작용은 사법심사의 대상이 된다. 05. 국가직 9급 즉, 국민의 기본권의 침해적 요소가 있다면 언제든지 사법심사를 통해 구제받을 수 있다는 견해이다.❶
③ 판례의 태도
㉠ 대법원

> ❶ 통치행위에 대해 사법심사를 부정하는 견해는 사법부가 고도의 정치행위까지 간섭하는 것은 권력분립에 반한다는 것이 가장 크다. 다만, 사법심사 긍정설은 기본권 침해의 여지가 있으면 언제든지 해야 한다고 보고 있다.

🔍 관련 판례

1 대통령의 계엄선포행위

대통령의 계엄선포행위는 고도의 정치적, 군사적 성격을 띠는 행위라고 할 것이어서, 그 선포의 당, 부당을 판단할 권한은 헌법상 계엄의 해제요구권이 있는 국회만이 가지고 있다 할 것이고 그 선포가 당연무효의 경우라면 모르되, 사법기관인 법원이 계엄선포의 요건 구비여부나, 선포의 당·부당을 심사하는 것은 사법권의 내재적인 본질적 한계를 넘어서는 것이 되어 적절한 바가 못 된다(대판 1981.4.28, 81도874).

2 군사반란 및 내란행위가 통치행위인지 여부

대통령의 비상계엄의 선포나 확대 행위는 고도의 정치적·군사적 성격을 지니고 있는 행위라 할 것이므로, 그것이 누구에게도 일견하여 헌법이나 법률에 위반되는 것으로서 명백하게 인정될 수 있는 등 특별한 사정이 있는 경우라면 몰라도, 그러하지 아니한 이상 그 계엄선포의 요건 구비 여부나 선포의 당·부당을 판단할 권한이 사법부에는 없다고 할 것이나, **비상계엄의 선포나 확대가 국헌문란의 목적을 달성하기 위하여 행하여진 경우에는 법원은 그 자체가 범죄행위에 해당하는지의 여부에 관하여 심사할 수 있다**(대판 1997.4.17, 96도3376).

3 대북송금사건

남북정상회담의 개최는 고도의 정치적 성격을 지니고 있는 행위라 할 것이므로 특별한 사정이 없는 한 그 당부를 심판하는 것은 사법권의 내재적·본질적 한계를 넘어서는 것이 되어 적절하지 못하지만, 남북정상회담의 개최과정에서 재정경제부장관에게 신고하지 아니하거나 통일부장관의 협력사업 승인을 얻지 아니한 채 북한 측에 사업권의 대가 명목으로 송금한 행위 자체는 헌법상 법치국가의 원리와 법 앞에 평등원칙 등에 비추어 볼 때 사법심사의 대상이 된다고 판단한 원심판결을 수긍한 사례이다(대판 2004.3.26, 2003도7878).

4 긴급조치의 위헌 여부는 최종적으로 대법원이 판단

법치주의의 원칙상 통치행위라 하더라도 헌법과 법률에 근거하여야 하고 그에 위배되어서는 아니 된다. 유신헌법 제53조 제4항이 "제1항과 제2항의 긴급조치는 사법적 심사의 대상이 되지 아니한다."고 규정하고 있어, 대법원은 유신헌법 아래서, 긴급조치는 유신헌법에 근거한 것으로서 사법적 심사의 대상이 되지 아니하므로 그 위헌 여부를 다툴 수 없다(대판 1977.3.22, 74도3510). 유신헌법 제53조 제3항은 긴급조치를 한 때에는 지체 없이 국회에 통고하여야 한다고 규정하고 있을 뿐, 사전적으로는 물론이거니와 사후적으로도 긴급조치가 그 효력을 발생 또는 유지하는 데 국회의 동의 내지 승인 등을 얻도록 하는 규정을 두고 있지 아니하고, 실제로 국회에서 긴급조치를 승인하는 등의 조치가 취하여진 바도 없다. 따라서 유신헌법에 근거한 긴급조치는 국회의 입법권 행사라는 실질을 전혀 가지지 못한 것으로서, **헌법재판소의 위헌심판대상이 되는 '법률'에 해당한다고 할 수 없고, 긴급조치의 위헌 여부에 대한 심사권은 최종적으로 대법원에 속한다**(대판 2010.12.16, 2010도5986).

ⓒ 헌법재판소: 기본권 침해여지가 있을 경우에는 사법심사를 하지만 특별한 침해요소가 없을 때에는 하지 않는다. 이를 기본권관련성설이라고도 한다.

관련 판례

1 대통령의 사면권 행사
사면은 형의 선고의 효력 또는 공소권을 상실시키거나, 형의 집행을 면제시키는 국가원수의 고유한 권한을 의미하며, 사법부의 판단을 변경하는 제도로서 권력분립의 원리에 대한 예외가 된다(헌재 2000.6.1, 97헌바74).

2 대통령의 긴급권에 대한 헌법재판소의 심사
이른바 통치행위를 포함하여 모든 국가작용은 국민의 기본권적 가치를 실현하기 위한 수단이라는 한계를 반드시 지켜야 하는 것이고, 헌법재판소는 헌법의 수호와 국민의 기본권보장을 사명으로 하는 국가기관이므로 비록 고도의 정치적 결단에 의하여 행해지는 국가작용이라고 할지라도 그것이 국민의 기본권침해와 직접 관련되는 경우에는 당연히 헌법재판소의 심판대상이 될 수 있는 것이다(헌재 1996.2.29, 93헌마186).

3 신행정수도 이전 사건
신행정수도를 건설하는 문제 또는 수도를 이전하는 문제는 고도의 정치적인 문제로서 이에 관한 대통령이나 국회의 결정은 사법심사의 대상이 되지 않는다는 이유로 이 사건 헌법소원심판청구가 부적법한 것인지 여부에 관하여는 우리 헌법의 기본원리인 법치주의의 원리상 대통령, 국회 기타 어떠한 공권력도 법의 지배를 받아야 하고, 모든 국가작용은 국민의 기본권적 가치를 실현하기 위한 수단이라는 데에서 나오는 한계를 반드시 지켜야 하는 것이며, 헌법재판소는 헌법의 수호와 국민의 기본권보장을 사명으로 하는 국가기관이므로, 비록 고도의 정치적 결단에 의하여 행해지는 국가작용이라고 할지라도 그것이 국민의 기본권침해와 직접 관련되는 경우에는 당연히 헌법재판소의 심판대상이 될 수 있다(헌재 2004.10.21, 2004헌마554).

4 이라크 파병결정
외국에의 국군의 파견결정은 그 성격상 국방 및 외교에 관련된 고도의 정치적 결단을 요하는 문제로서, 헌법과 법률이 정한 절차를 지켜 이루어진 것임이 명백하므로, 대통령과 국회의 판단은 존중되어야 하고 헌법재판소가 사법적 기준만으로 이를 심판하는 것은 자제되어야 한다. 이에 대하여는 설혹 사법적 심사의 회피로 자의적 결정이 방치될 수도 있다는 우려가 있을 수 있으나 그러한 대통령과 국회의 판단은 궁극적으로는 선거를 통해 국민에 의한 평가와 심판을 받게 될 것이다(헌재 2004.4.29, 2003헌마814).

5 긴급조치 위헌 여부❷ [위헌]
[1] 대통령긴급조치도 법률과 동일한 효력을 가지므로 이에 대한 위헌심사권은 헌법재판소에 전속한다.
[2] 대통령긴급조치의 위헌성을 심사하는 준거규범은 원칙적으로 현행헌법이다.

❷
이미 긴급조치 제1호는 무죄가 되었으므로 재심이 허용될 수 없고, 긴급조치 제9호는 재심이 기각되었으므로 더 이상 재심이 허용될 수 없다. 다만, 헌법재판소는 헌법재판소가 위헌결정을 하면 대세효가 있어 다른 문제되는 사건에 대해 재심청구가 가능하며, 제9호의 경우도 재심청구가 기각되었지만 이는 당시 개시에 대해서 기각되어 다시 제기할 수 없으나 이 사건에서는 비록 긴급조치가 위헌이 되어 재심청구가 가능하게 되고 전체적으로 재판을 하나로 보아 재심을 허용하였다.

기출 OX

01 법률과 동일한 효력을 갖는 긴급명령 및 긴급재정경제명령의 위헌 여부 심사권한은 헌법재판소에 전속된다. (O) 18. 서울시 7급

02 현대 민주국가의 헌법은 일반적으로 국가긴급권의 발동의 조건, 내용 그리고 그 한계 등에 관하여 상세히 규정함으로써, 그 오용과 남용의 소지를 줄이고 있다. (O) 13. 서울시 7급

기출OX

01 개성공단의 정상화를 위한 합의서에는 국내법과 동일한 법적 구속력을 인정하기 어렵고, 과거 사례 등에 비추어 개성공단의 중단 가능성은 충분히 예상할 수 있었으므로, 개성공단 전면 중단 조치는 신뢰보호원칙을 위반하여 개성공단 투자기업인 청구인들의 영업의 자유와 재산권을 침해하지 아니한다. (○) 22. 경찰순경

02 대통령의 개성공단 운영 전면중단 조치는 국가안보와 관련된 대통령의 의사 결정을 포함하고, 그러한 의사 결정은 고도의 정치적 결단을 요하는 문제이므로 사법심사의 대상이 될 수 없다. (×) 22. 국가직 7급

---

[3] 형벌조항에 대한 헌법재판소의 위헌결정은 대세적 기속력을 가지고 유죄 확정 판결에 대한 재심사유가 되는 점(헌법재판소법 제47조 제1항, 제3항) 등에 비추어 예외적으로 재판의 전제성을 인정하였다.

[4] 대통령긴급조치 제1호, 제2호 및 제9호는 기본권을 제한하기 위한 입법목적의 정당성과 방법의 적절성이 인정되지 아니하고, 죄형법정주의에 위배되며, 참정권, 표현의 자유, 영장주의 및 신체의 자유, 재판을 받을 권리 등 기본권을 지나치게 제한하거나 침해하므로, 모두 헌법에 위반된다(헌재 2013.3.21, 2010헌바132).

6 개성공단 전면중단 조치 [기각]

[1] 대통령의 고도의 정치적 결단에 따른 조치라도 국민의 기본권 제한과 관련된 이상 헌법소원심판의 대상이 되고 반드시 헌법과 법률에 근거하여야 함을 확인하면서, 개성공단 운영 전면중단 조치는 헌법과 법률에 근거한 조치로 보아야 한다고 판단하였다.

[2] 피청구인 대통령이 개성공단의 운영 중단 결정 과정에서 국무회의 심의를 거치지 않았더라도 그 결정에 적법절차원칙에 따라 필수적으로 요구되는 절차를 거치지 않은 흠결이 있다고 할 수 없다. 이 사건 중단조치 과정에서 국회와의 사전 협의를 거쳐야 한다고 볼 만한 아무런 근거가 없고, 조치의 특성, 절차 이행으로 제고될 가치, 국가작용의 효율성 등에 비추어 볼 때, 이해관계자 등의 의견청취절차는 적법절차원칙에 따라 반드시 요구되는 절차라고 보기 어렵다. 따라서 이 사건 중단조치가 적법절차원칙에 위반되어 투자기업인 청구인들의 영업의 자유나 재산권을 침해한 것으로 볼 수 없다(헌재 2022.1.27, 2016헌마364).

(2) 국회의 자율권

① 제명, 자격심사, 의결정족수, 의사일정, 의사규칙 등은 사법심사 대상에서 제외된다. 국회의 자율권도 명백하고 현저한 의사절차적 잘못이 있고, 그것이 국회의 의사결정에 직접적인 영향을 준 경우에는 헌법재판에 의한 심사가 가능하다(독일).

② 국회의장이 국회의원의 표결권 등을 침해한 경우는 권한쟁의심판의 대상이 된다.

4. 사법본질적 한계

(1) 구체적 사건성
추상적 규범통제 불가, 당사자적격

(2) 소의 이익
헌법소송·환경소송에서는 다소 완화시켜 해석할 필요가 있다.

(3) 사건의 성숙성(소송요건의 충족)❶

---

❶ 기본적으로 재판이 안 되는 것들은 심사할 수 없다. 소의 이익이 없거나 사건이 구체적으로 특정되지 않는 경우 등이다.

비교 정리

물적 독립	인적 독립
재판상 독립	신분보장

물적 독립이 더 중요하다.

기출OX

사법권독립의 원칙은 권력분립원리의 실천과 법질서의 안정성 유지 및 공정하고 정당한 재판을 통한 국민의 자유와 권리를 보장하려는 데 그 제도적 의의가 있다. (○) 08. 국회직 8급

---

4 사법부의 독립 04·08. 국회직 8급, 08. 법원직

1. 의의

(1) 개념
판결의 자유를 의미하며, 법원의 독립과 법관의 독립을 내용으로 한다.

(2) 연혁

몽테스키외가 주장하였으며, 1789년 프랑스 인권선언에서 최초 성문화되었다.

2. 법원의 독립

(1) 의회로부터의 독립

① 조직과 구성의 독립: 겸직금지로 나타난다.
② 기능적 독립: 처분적 입법의 제한, 규칙제정권, 국정·조사감사의 한계

> **관련 판례**
>
> **1 뇌물죄에 대한 가중처벌 [합헌]**
> 작량감경을 하더라도 별도의 법률상 감경사유가 없는 한 집행유예의 선고를 할 수 없도록 그 법정형의 하한을 높여 놓았다 하여 곧 그것이 법관의 양형결정권을 침해하였다거나 법관독립의 원칙에 위배된다고 할 수 없고, 나아가 법관에 의한 재판을 받을 권리를 침해하는 것이라고도 할 수 없다(헌재 1995.4.20, 93헌바40).
>
> **2 금융기관 임직원의 수뢰행위에 대한 가중처벌 [위헌]**
> 법관으로 하여금 작량감경을 하더라도 별도의 법률상 감경사유가 없는 한 집행유예를 선고할 수 없도록 함으로써 법관의 양형선택과 판단권을 극도로 제한하고 있는바, 이는 살인죄(사형, 무기 또는 5년 이상의 징역)의 경우에도 작량감경의 사유가 있는 경우에는 집행유예가 가능한 것과 비교할 때 매우 부당하다. 또한 이 사건 법률조항 중 제2호 부분도 수수액이 1,000만원 이상 5,000만원 미만인 경우 5년 이상의 유기징역에 처하도록 규정하고 있어 작량감경을 하지 않으면 집행유예를 선고할 수 없어, 실무상 작량감경이 일상화되어 있는 실정이다(헌재 2006.4.27, 2006헌가5).
>
> **3 단순마약매수행위에 대한 가중처벌 [위헌]**
> 위 특가법 조항은 단순매수나 단순판매목적소지의 마약사범에 대하여도 사형·무기 또는 10년 이상의 징역에 처하도록 규정하고 있어, 예컨대 단 한 차례 극히 소량의 마약을 매수하거나 소지하고 있었던 경우 실무상 작량감경을 하더라도 별도의 법률상 감경사유가 없는 한 집행유예를 선고할 수 없도록 법관의 양형선택과 판단권을 극도로 제한하고 있고 또한 범죄자의 귀책사유에 알맞은 형벌을 선고할 수 없도록 법관의 양형결정권을 원천적으로 제한하고 있어 매우 부당하다. … 위 특가법 조항은 아무런 합리적 근거 없이 매수와 판매목적소지의 마약사범만을 가중하고 있으므로 형벌체계상의 균형성을 현저히 상실하여 평등원칙에 위반된다 할 것이다(헌재 2003.11.27, 2002헌바24).
>
> **4 도주차량운전자의 가중처벌 [위헌]**
> 법관에게 죄질에 따라 적당한 형벌의 종류와 형량을 선택하게 하는 헌법정신(법관의 양형결정권, 상대적 법정형주의)은 선고형의 합리성을 통해 구체적 정의를 구현하고 사법권 독립을 보장하는 중요한 기능을 수행하고 있는바, 최저형이 10년 이상의 징역으로 규정되어, 양형을 참작하고자 하여도 집행유예를 선고할 수 없는 해당 조항은 사법권행사의 기본원칙인 법관의 양형재량의 독립적 권한을 지나치게 제한하여 위헌이다(헌재 1992.4.28, 90헌바24).

기출OX

01 보호법익과 죄질이 서로 다른 둘 또는 그 이상의 범죄를 동일 선상에 놓고 그 중 어느 한 범죄의 법정형을 기준으로 하여 단순한 평면적인 비교로써 다른 범죄의 법정형의 과중여부를 판정하여서는 아니 된다. (O) 13. 법원직 9급

02 일반사인에 해당하는 금융기관 임·직원이 직무와 관련하여 수재행위를 한 경우, 공무원의 뇌물죄와 마찬가지로 별도의 배임행위가 없더라도 이를 처벌하도록 한 것은 평등의 원칙에 위반되지 아니한다. (O) 09. 국가직 7급

비교 정리

뇌물액	징역	주문
5천 이상	10년 이상	위헌
	7년 이상	합헌
1억 이상	10년 이상	합헌

5 야간에 흉기휴대 협박에 대한 가중처벌 [위헌]

상해치사의 범죄를 야간에 흉기 기타 물건을 휴대하여 범한 경우에도 그 법정형은 여전히 3년 이상의 유기징역형임을 고려하면, 야간에 흉기 기타 위험한 물건을 휴대하여 형법 제283조 제1항의 협박죄를 범한 자를 5년 이상의 유기징역에 처하도록 규정하고 있는 이 사건 법률조항의 법정형은 형벌의 체계정당성에 어긋난다(헌재 2004.12.16, 2003헌가12).

6 특정범죄 가중처벌 등에 관한 법률 [위헌]

구 마약법 제58조 제1항 제6호 중 '수입'에 관한 부분(다음부터 '이 사건 마약법조항'이라 한다)이 마약류취급자가 아닌 사람이 향정신성의약품 수입행위 등의 금지규정을 위반하여 향정신성의약품 또는 그 물질을 함유하는 향정신성의약품을 수입하는 경우 무기 또는 5년 이상의 징역에 처한다고 규정하고 있는데, 심판대상조항은 이 사건 **마약법조항과 똑같은 구성요건을 규정**하면서 법정형의 하한만 5년에서 10년으로 올려놓았다. 이러한 경우 검사는 심판대상조항을 적용하여 기소하는 것이 특별법 우선의 법리에 부합할 것이나, 범인의 성행, 범행의 경위 등을 고려하여 이 사건 마약법조항을 적용하여 기소할 수도 있는데, **어느 법률조항이 적용되는지 여부에 따라 집행유예의 가능성이 달라지는 등 심각한 형의 불균형이 초래된다**(헌재 2014.4.24, 2011헌바2).

7 주거침입 강제추행죄 [합헌]

인간 행복의 최소한의 조건이자 개인의 사적 영역으로서 보장되어야 하는 주거에서 강제추행을 당한다면 그로 인한 피해는 보다 심각할 수 있다. 따라서 5년 이상의 징역은 비례원칙에 반하지 아니한다(헌재 2013.7.25, 2012헌바320).

8 성폭법상 주거침입강제추행·준강제추행죄 [위헌]

과거 징역 5년 이상인 경우에는 합헌이었으나, 징역 7년 이상으로 한 현 조항에 대해서 위헌으로 판단하였다. 이는 작량감경의 사유가 있는 경우에도 집행유예를 선고할 수 없어 책임과 형벌간의 비례원칙에 위반된다. 다만, 야간주거침입절도미수범의 준강제추행죄의 경우 7년 이상의 징역으로 정한 경우에는 죄질과 불법성이 중대하여 합헌으로 보았다(헌재 2023.2.23, 2021헌가9).

9 주거침입 강제추행치상죄 [합헌]

10년 이상의 징역으로 정하여 법관의 작량감경만으로는 집행유예를 선고하지 못하도록 한 것에는 합리적인 이유가 있으므로, 심판대상조항은 비례원칙에 위배되지 않는다(헌재 2015.11.26, 2014헌바436).

10 강도상해죄 [합헌]

형법 제337조(강도상해죄)의 법정형은 현저히 형벌체계상의 정당성과 균형을 잃은 것으로서 헌법상의 평등의 원칙에 반한다거나 인간의 존엄과 가치를 규정한 헌법 제10조와 기본권제한입법의 한계를 규정한 헌법 제37조 제2항에 위반된다거나 또는 사법권의 독립 및 법관의 양형판단권을 침해한 위헌법률조항이라 할 수 없다(헌재 2011.9.29, 2010헌바346).

기출OX

강도상해죄를 범한 자에 대하여는 법률상의 감경사유가 없는 한 집행유예의 선고가 불가능하도록 한 것은 사법권의 독립 및 법관의 양형판단재량권을 침해 내지 박탈하는 것으로서 헌법에 위반된다고는 볼 수 없다. (O)

19. 서울시 7급

양형재량권과 관련된 판례 비교

구분		양형재량권과 관련된 판례
뇌물	일반공무원	10년 이상 가중 처벌 합헌
	조합의 임직원	10년 이상 가중 처벌 합헌
	금융기관 임직원	10년 이상은 위헌, 7년 이상은 합헌 1억 이상일 때는 10년 이상도 합헌
마약	단순 마약	10년 이상 가중 처벌 위헌
	수출입	10년 이상 가중 처벌 합헌
뺑소니	10년 이상 가중 처벌	위헌
	필요적 운전면허 취소	합헌
야간흉기휴대	폭행·협박	5년 이상 가중 처벌 위헌
	기타(상해 등)	5년 이상 가중 처벌 합헌

(2) 정부로부터의 독립(사법권 독립의 본질적 요소)
① 조직과 구성 및 인사의 독립: 겸직금지로 나타난다.
② 상호견제: 위헌위법법령 등의 심사권, 행정소송 관할권, 법원의 예산편성권, 사면·감형·복권

(3) 규칙제정권(법원의 자율성)
① 사법자치제의 확립
② 자주적 예산편성: 정부조직법상 자주적 예산편성은 부정된다.

3. 법관의 독립

> 헌법 제103조 법관은 헌법과 법률에 의하여 그 양심에 따라 독립하여 심판한다.

(1) 인적 독립(신분상 독립 = 신분보장) 08. 국회직 8급
① 전제: 법관의 직무상 독립을 위해서는 먼저 법관의 신분상 독립(인적 독립)이 보장되어야 한다. ❶
② 법원인사의 독립: 일반법관은 대법관회의의 동의를 얻어 대법원장이 임명하며(헌법 제104조 제3항), 대법원장이 단독으로 보직권을 행사한다.

> 법원조직법 제25조의2【법관인사위원회】① 법관의 인사에 관한 중요 사항을 심의하기 위하여 대법원에 법관인사위원회(이하 "인사위원회"라 한다)를 둔다.
> ② 인사위원회는 다음 각 호의 사항을 심의한다.
> 1. 인사에 관한 기본계획의 수립에 관한 사항
> 2. 제41조 제3항에 따른 판사의 임명에 관한 사항
> 3. 제45조의2에 따른 판사의 연임에 관한 사항
> 4. 제47조에 따른 판사의 퇴직에 관한 사항

❶ 타 국가기관으로부터 독립은 물적 독립을 의미한다.

비교 정리
법원인사

구분	동의
대법관회의	○
전체법관회의	×
법관인사위원회	×

기출 OX

법관의 인적 독립이란 소송당사자나 타 국가기관 등 외부작용으로부터의 심판의 독립을 의미한다. (×)
07. 국가직 7급

제41조의2 【대법관후보추천위원회】 ① 대법원장이 제청할 대법관 후보자의 추천을 위하여 대법원에 대법관후보추천위원회(이하 "추천위원회"라 한다)를 둔다.
② 추천위원회는 대법원장이 대법관 후보자를 제청할 때마다 위원장 1명을 포함한 10명의 위원으로 구성한다.

③ 법관의 자격: 법관의 자격은 법률로 정한다. 이를 법관자격의 법정주의라고 한다(헌법 제101조 제3항).

🔥 관련 판례

사법연수원생의 판사임용 [한정위헌]

판사임용자격에 관한 법원조직법 규정은 이 사건 법원조직법 개정에 이르기까지 지난 40여 년 동안 큰 변화 없이 유지되어 왔고, 그동안 판사임용자격을 취득할 수 있는 유일한 방법은 사법시험에 합격하여 사법연수원을 수료하는 과정뿐이었다는 점에 비추어 보면, 국가는 입법행위를 통하여 사법시험에 합격한 후 사법연수원을 수료하는 자는 판사임용자격을 취득할 수 있다는 신뢰의 근거를 제공하였다고 보아야 한다. 청구인들은 위와 같은 신뢰를 바탕으로 수년간 상당한 노력과 시간을 들인 끝에 사법시험에 합격한 후 사법연수원에 입소하여 법원조직법 제72조에 정한 별정직 공무원인 사법연수생의 지위까지 획득한 것이므로, 청구인들의 경우 사법연수원 수료로써 판사임용자격을 취득할 수 있으리라는 것에 대한 신뢰이익은 보호가치가 있다고 인정해야 할 것이다. <u>종전 규정의 적용을 받게 된 이 사건 법원조직법 개정 당시 사법연수원 2년차들과 개정 규정의 적용을 받게 된 이 사건 법원조직법 개정 당시 사법연수원 1년차들인 청구인들 사이에 위 공익의 실현 관점에서 이들을 달리 볼 만한 합리적인 이유를 찾기도 어렵다</u>(헌재 2012.11.29, 2011헌마786).

④ 법관의 임기·정년의 보장 07. 국가직 7급

헌법 제105조 ① 대법원장의 임기는 6년으로 하며, 중임할 수 없다.
② 대법관의 임기는 6년으로 하며, 법률이 정하는 바에 의하여 연임할 수 있다.
③ 대법원장과 대법관이 아닌 법관의 임기는 10년으로 하며, 법률이 정하는 바에 의하여 연임할 수 있다. 04. 법원직
④ 법관의 정년은 법률로 정한다.

㉠ 법관의 임기는 헌법이 보장하고, 정년·연임 등의 요건은 법률로 유보하고 있다. 07. 법원직 임기제는 사법권 독립의 저해요인이 될 수 있다.
㉡ 임기만료된 판사는 대법관회의의 동의를 얻어서 대법원장이 연임발령으로 연임한다. 08. 국가직 7급
㉢ 정년: 대법원장·대법관은 70세, 판사는 65세이다(모든 판사의 정년 통일, 법원조직법 제45조 제4항). 08. 법원직

📝 기출OX

법원의 조직 및 법관의 자격을 법률로 정하는 것은 입법부가 사법부를 임의로 통제할 수 있게 하는 것을 의미하므로 사법부의 독립을 침해하는 것이다. (×) 17. 서울시 7급

📝 기출OX

01 대법원장의 임기는 6년이며, 연임은 불가능하나 중임은 가능하다. (×) 08. 국가직 7급
02 대법원장과 대법관이 아닌 법관의 임기는 10년으로 하되 연임할 수 있다. (O) 04. 법원직

🔍 비교 정리

헌법과 법률규정

구분	보장
임기	헌법
정년	법률

관련 판례 인적 독립관련 판례

1 대법원장, 대법관, 일반법관의 정년
[1] 법관정년제는 헌법에서 채택하고 있으므로 그 자체는 위헌판단의 대상이 되지 않는다.
[2] 정년 연령은 헌법소원의 대상이 되나 입법자의 재량으로 헌법에 위반되지 않는다(헌재 2002.10.31, 2001헌마557).

2 판사의 근무평정
근무성적이 현저히 불량한 경우는 명확성에 반하지 아니하며, 이를 연임결격 사유로 규정한 것은 사법권의 독립을 침해하지 않는다(헌재 2016.9.29, 2015헌바331).

⑤ **법관의 신분보장** 05. 입시, 07. 국가직 7급

> 헌법 제106조 ① 법관은 탄핵 또는 금고 이상의 형의 선고에 의하지 아니하고는 파면되지 아니하며, 징계처분에 의하지 아니하고는 정직·감봉 기타 불리한 처분을 받지 아니한다.
> ② 법관이 중대한 심신상의 장해로 직무를 수행할 수 없을 때에는 법률이 정하는 바에 의하여 퇴직하게 할 수 있다.

㉠ **제도적 의의**: 신분보장은 법관의 재판상의 독립을 보장하는 데 있어서 필수적인 전제로서 정당한 법절차에 따르지 않는 법관의 파면이나 면직처분 내지 불이익처분의 금지를 의미한다(헌재 1992.11.12, 91헌가2). ❶
㉡ **법관의 파면 제한**: 제8차 개정헌법은 탄핵 또는 형벌로 규정하였고, 제9차 개정헌법은 탄핵 또는 금고이상의 형의 선고로 규정하였다. 탄핵결정에 의하여 파면된 법관은 결정 선고가 있는 날로부터 5년을 경과하지 않으면 법관에 임용될 수 없다. 08. 법원직
㉢ **법관징계처분의 법정화**: 법관의 징계에는 정직·감봉·견책이 있다(법관징계법 제3조).

관련 판례

품위손상 징계사유 [기각]
법관의 품위를 손상하거나 법원의 위신을 실추시킨 경우란 법원 및 법관에 대한 국민의 신뢰를 떨어뜨릴 우려가 있는 경우로 해석되어 명확성의 원칙에 위반되지 않는다(헌재 1993.12.23, 92헌마247).

㉣ **강제퇴직의 제한**: 퇴직사유는 헌법이 정하고(중대한 신체상 또는 정신상의 장해로 직무수행이 불가할 때), 퇴직절차는 법률유보를 두고 있다. 대법관은 대법원장의 제청으로 대통령이 퇴직을 명할 수 있고, 판사인 경우에는 인사위원회의 심의를 거쳐 대법원장이 퇴직시킬 수 있다(법원조직법 제47조). 대법원장은 강제퇴직시킬 방법이 없다. 07. 법원직
㉤ **법관 보수의 법정화**: 법관의 보수는 법률로 정한다(법원조직법에 의해 다른 법률에 위임).

기출OX
법관정년제 자체의 위헌성 판단은 헌법규정에 대한 위헌주장으로 헌법재판소의 위헌판단의 대상이 되지 아니하며, 법관의 정년연령을 규정한 법률의 구체적인 내용도 헌법재판소의 위헌판단의 대상이 될 수 없다. (×)
08. 국가직 7급
→ 구체적인 내용은 위헌판단의 대상이 될 수 있다.

기출OX
사법권독립의 본질적 요소는 법관의 인적 독립이다. (×) 08. 국회직 8급

❶ 직무상 독립이 핵심이며 신분상 독립은 직무상 독립을 위해서 필요하다.

비교 정리
헌법과 법률규정

구분	징계
헌법	정직·감봉·기타 불리한 처분
법률	정직·감봉·견책

- ⓑ 법관 파견근무제한: 대법원장은 다른 국가기관으로부터 법관의 파견근무요청이 있을 경우에 업무의 성질상 법관을 파견하는 것이 타당하다고 인정되고 해당 법관이 이에 동의하는 경우에는 그 기간을 정하여 이를 허가할 수 있다(법원조직법 제50조). 05. 입시
- ⓐ 법관의 겸직금지와 정치적 중립성, 영리목적활동 종사금지: 법관은 재직 중에 정치운동에 관여하는 일, 대법원장의 허가 없이 보수 있는 직무에 종사하는 일, 금전상의 이익을 목적으로 하는 업무에 종사하는 일을 할 수 없다. 05. 입시 대법원장은 법관을 사건의 심판 외의 직에 보하거나 그 직을 겸임하게 할 수 있다(법원조직법 제52조 제1항). 05. 입시

관련 판례

대법원장에 의한 법관전보발령 처분 [각하]

법관은 헌법 제103조가 '법관은 헌법과 법률에 의하여 그 양심에 따라 독립하여 심판한다'고 규정하여 법관의 독립을 보장하고 있을 뿐만 아니라 헌법과 법률에 의하여 그 신분을 두텁게 보장함으로써 이를 뒷받침하고 있는 터이므로 소청심사위원이나 행정소송의 재판을 담당할 법관에 대한 인사권자와 청구인에 대한 이 사건 인사처분권자가 동일인이라는 이유만으로 소청이나 행정소송절차에 의하여서는 권리구제의 실효성을 기대하기 어렵다고 할 수 없다. … 그렇다면 이 사건 심판청구는 다른 법률에 구제절차가 있는 경우임에도 불구하고 그 절차를 모두 거치지 아니하고 청구한 것이어서 보충성의 요건을 갖추지 못한 부적법한 것이므로 이를 각하하기로 한다(헌재 1993.12.23, 92헌마247).

(2) 법관의 재판상 독립 08. 국회직 8급

① 의의: 법관의 재판상 독립이란 소송당사자나 타 국가기관 등 외부작용으로부터의 심판의 독립을 의미한다.❶ 07. 국가직 7급 인적 독립이 재판상 독립의 바탕이며 인적 독립보다는 재판상 독립이 더 중요하다. 08. 국회직 8급

② 타 기관으로부터 독립된 심판
   ㉠ 타 국가기관(정부, 국회, 상급법원, 소속법원장 등)으로부터 구체적 사건에 대한 지시, 명령 등을 받아서는 안 된다. 다만, 상급법원의 판단이 당해 사건에 관하여 하급심을 기속한다는 법원조직법 제8조의 규정은 계층적인 상소제도를 인정하는 이상 당연한 결과이므로, 법관의 재판상 독립에 위반되지 않는다. 06. 국회직 8급

관련 판례

1 하급심에 대한 판례의 구속력

선례구속성의 원리가 지배하여 온 영미법계국가에서는 판례법이 법의 근간을 이루고 있는 반면, 대륙법계국가에서는 상급법원의 판례가 하급법원을 구속한다는 원칙은 인정되지 않으며 법관은 헌법과 법률에만 구속된다고 하기 때문에 판례는 사실상의 구속력밖에 없고 따라서 판례의 법원성은 부정되는 것이 보통이다. 우리나라에 있어서도 다른 대륙법계국가와 사정은 비슷하다. 법원조직법 제8조는 심급제도의 합리적 유지를 위하여 당해 사건에 한하여 구속력을 인정한 것이고 그 후의 동종의 사건에 대한 선례로서의 구속력에 관한 것은 아니다(헌재 2002.6.27, 2002헌마18).

---

❶ 법관의 재판상 독립이란 직무상 독립, 물적 독립을 의미한다.

기출OX

상급법원의 재판에 있어서의 판단은 당해 사건에 관하여 하급심을 기속한다. (○) 06. 국회직 8급

비교 정리

판례의 구속력

구분	구속력
당해	○
동종	×

> **2 파기환송판결의 기속력**
>
> 상고심으로부터 사건을 환송받은 법원은 그 사건을 재판함에 있어서 상고법원이 파기이유로 한 사실상 및 법률상의 판단에 대하여 환송 후의 심리과정에서 새로운 증거가 제시되어 기속적 판단의 기초가 된 증거관계에 변동이 생기지 않는 한 이에 기속된다(대판 1996.12.10, 95도830).

   ⓛ 소송당사자나 여론·시위 등 정치·사회적 권력으로부터도 독립된다. 재판에 대한 비판에서 법칙의 시비는 가능하나, 사실인정이나 유·무죄 판단과 같은 법관의 전속적 권한에 대한 논평은 불가하다.
   ⓒ 판사회의는 사법행정에 관한 자문기관일 뿐 법관의 심판에 간섭할 수 없다. 합의부재판에서 법관은 재판장의 사실판단·법률판단에 기속되지 않으며, 다만 평결이 이루어진 후에는 그 결정에 따른다.
  ③ 헌법과 법률, 양심에의 구속
   ⓛ 헌법적 관습도 포함하며, 형식적 의미의 법률은 물론 실질적 의미의 법률도 포함한다.
   ⓒ 양심에의 구속: 공정성과 합리성이 요구되는 법조적·객관적·논리적인 법관으로서의 양심(직업적 양심)이 개인의 인간적인 양심에 우선한다.

비교 정리

헌법의 양심

헌법 조문	양심
제19조	주관적 양심
제103조	객관적 양심

제2절 법원의 조직·구성·운영

> 헌법 제101조 ① 사법권은 법관으로 구성된 법원에 속한다.
> ② 법원은 최고법원인 대법원과 각급법원으로 조직된다.
> ③ 법관의 자격은 법률로 정한다.

1 대법원

1. 법원조직법상 법원

법원은 대법원·고등법원·특허법원·지방법원·가정법원·행정법원·회생법원의 7종으로 하고, 지방법원·가정법원의 사무 일부를 처리하게 하기 위해 그 관할구역 안에 지원, 소년부지원, 시·군법원, 등기소를 둘 수 있다.

2. 연혁

(1) 건국헌법

대법원장을 대통령이 임명하고, 국회의 승인을 얻도록 하였다.

(2) 제2공화국 헌법

대법원장, 대법관을 법관의 자격이 있는 자로 구성된 선거인단이 선거로 선출하였다. 03. 국가직 7급

기출OX

법원조직법상 법원의 종류에는 대법원, 고등법원, 특허법원, 지방법원, 가정법원, 행정법원, 회생법원이 있다. (O)
17. 국가직 7급

기출OX

제3차 헌법개정(1960년) 때 대법원장과 대법관선거제가 채택되었다. (O)
03. 국가직 7급

(3) 제3공화국 헌법

대법원장은 법관추천회의의 제청에 의하여 국회동의를 거쳐 대통령이 임명하고, 대법관은 법관추천회의의 동의를 받아 대법원장이 제청하고 대통령이 임명하도록 하였다.

(4) 제4공화국 헌법

대법원장은 국회의 동의를 얻어 대통령이 임명하고, 대법원 판사는 대법원장 제청에 의해 대통령이 임명하도록 하였다. 제4공화국 당시에는 일반 법관까지 대통령이 임명권을 가졌다는 것이 큰 특징이다.

(5) 제5공화국 헌법

대법원장은 국회의 동의를 얻어 대통령이 임명하고, 대법원 판사는 대법원장 제청에 의해 대통령이 임명하도록 하였다. 일반 법관 임명권은 다시 대법원장에게 복귀되었다.

(6) 현행 헌법

대법원장은 국회 동의를 얻어 대통령이 임명하고, 대법관은 대법원장 제청으로 국회 동의를 거쳐 대통령이 임명한다.

3. 조직과 구성

> 헌법 제102조 ① 대법원에 부를 둘 수 있다.
> ② 대법원에 대법관을 둔다. 다만, 법률이 정하는 바에 의하여 대법관이 아닌 법관을 둘 수 있다. 04·07. 법원직
> ③ 대법원과 각급법원의 조직은 법률로 정한다.
> 제104조 ① 대법원장은 국회의 동의를 얻어 대통령이 임명한다.
> ② 대법관은 대법원장의 제청으로 국회의 동의를 얻어 대통령이 임명한다.
> ③ 대법원장과 대법관이 아닌 법관은 대법관회의의 동의를 얻어 대법원장이 임명한다. 04·09. 법원직, 07. 국가직 7급

(1) 조직의 원칙

① 대법원장, 대법관은 법률이 정하는 법관으로 임명한다.
② 대법원에 법률이 정하는 바에 따라 대법관이 아닌 법관을 둘 수 있다(헌법 제102조 제2항). 04. 법원직
③ 대법관의 수는 대법원장을 포함하여 14명으로 한다(법원조직법 제4조).

(2) 대법원장

① 헌법상 지위: 법원 대표로서 대법관회의 의장의 지위와 대법원전원합의체 재판장의 지위를 가진다. 유고시에는 선임대법관이 직무를 대행한다.
② 신분상 지위: 만 45세 이상, 20년 이상의 법조경력을 가진 자여야 하고, 국회의 동의를 얻어 대통령이 임명한다. 정년은 70세이고 6년 단임제이다. 08. 국가직 7급·법원직
③ 권한: 법원의 대표로서 법원행정 총괄하고, 대법관 임명 제청권, 각급판사 임면·보직권의 권한이 인정된다. 중앙선거관리위원회 위원 3인과 헌법재판소 재판관 3인의 지명권 등의 헌법기관 구성권이 있다. 06. 국회직 8급

기출OX

대법원장과 대법관이 아닌 법관은 인사위원회의 동의를 얻어 대법원장이 임명한다. (×) 19. 서울시 7급

(3) 대법관

① **자격**: 만 45세 이상, 20년 이상의 법조경력을 가진 자여야 하고, 정년은 70세이다. 임기는 6년이며, 연임이 가능하다. 04·08. 법원직 대법원장의 제청으로 국회 동의를 거쳐 대통령이 임명한다.

② **권한**: 합의체의 일원이 되거나, 부의 일원 또는 부장으로서 재판권이 있다. 대법관회의의 구성원이 되며, 대법관회의의 의결권이 있다. 각 대법관은 동등한 권한을 가지므로 합의에 관여한 모든 대법관은 자기의 의견 표시가 가능하다.

(4) 대법관회의 06. 국회직 8급

① **구성**: 대법관 전원으로 구성되며, 대법원장이 의장이 된다.
② **의결 방법**: 대법관 3분의 2 이상의 출석과 출석 대법관의 과반수 찬성으로 의결하며, 가부동수일 때 의장이 결정권을 갖는다.
③ **의결사항**: 대법관회의에서는 ㉠ 판사의 임명에 대한 동의(보직권은 대법원장이 단독으로 행사), ㉡ 대법원규칙의 제정과 개정 등에 관한 사항, ㉢ 판례의 수집·간행에 관한 사항, ㉣ 예산요구, 예비금지출과 결산에 관한 사항, ㉤ 다른 법령에 따라 대법관회의의 권한에 속하는 사항이 특히 중요하다고 인정되는 사항으로서 대법원장이 회의에 부친 사항을 의결한다(법원조직법 제17조). 07. 법원직

(5) 대법원 전원합의체

대법관 전원의 3분의 2 이상의 심판함을 원칙으로 한다. 08. 국가직 7급 ① 명령, 규칙이 헌법이나 법률에 위반함을 인정하거나(명령·규칙의 규범통제), ② 종전의 대법원의 의견을 변경할 필요가 있을 때(판례변경), ③ 부에서 재판함이 적당하지 않음을 인정한 경우에는 반드시 합의체가 심판해야 한다. 07. 법원직 그 이외의 사건은 대법관 3인 이상으로 구성된 부에서 먼저 사건을 심리하여 의견이 일치한 때에 한하여 그 부에서 재판할 수 있다.

(6) 부(部)

대법원에 부를 둘 수 있다(헌법 제102조 제1항). 일반부(민·형사부)와 특별부(행정·조세·노동·군사·특허부)로 나눌 수 있다.

(7) 양형위원회

① **구성**: 대법원 소속으로 위원장 1인을 포함하여 13인으로 구성된다.
② **임기**: 2년이며 연임가능하다.
③ **정족수**: 재적위원 과반수로 의결한다.
④ **구속력**: 구속력은 없다.

비교 정리

가부동수 결정권

기관	유무
대법원	전원합의체 ×
	대법관회의 ○
헌법재판소	×
선거관리위원회	○
국회	과거 ○
	현재 ×

주의

규칙제정권은 대법원이 가지고, 다만 심사권은 모든 법원이, 최종 심사권은 대법원이 가진다.

기출OX

대법원의 심판권은 원칙적으로 대법관 전원의 3분의 2 이상의 합의체에서 이를 행하며 대법원장이 재판장이 된다. (○) 14. 서울시 7급

2 기타법원

1. 고등법원

판사로 구성되며, 3인으로 구성된 합의부에서 재판을 진행한다. 대법원장은 재판업무 수행상의 필요에 따라 고등법원의 부로 하여금 그 관할구역 안의 소재지에서 사무를 처리하게 할 수 있다. 고등법원은 헌법상 반드시 설치해야 하는 것은 아니므로 헌법상 법원은 아니다. 07. 법원직

2. 특허법원

2심제이며, 판사로 구성된다. 법원장은 10년 이상의 법조경력을 가진 자여야 한다. 기술심리관은 소송심리에 참여하며, 재판합의에서 의견진술권이 인정된다.

3. 지방법원

판사로 구성(법원장만 10년 이상의 경력 요구)하며, 본원, 소속지원(지원, 소년부지원), 시·군법원(대법원장이 지정하는 시·군법원의 판사가 관할사건 심판)으로 구성된다.

4. 가정법원

5. 행정법원

판사로 구성(법원장은 10년 이상의 경력)되며, 심판권은 판사 3인으로 구성된 합의부에서 행하되, 단독판사가 심판할 것으로 행정법원 합의부가 결정한 사건의 심판권은 단독판사가 행한다.❶

6. 군사법원

> 헌법 제110조 ① 군사재판을 관할하기 위하여 특별법원으로서 군사법원을 둘 수 있다.
> ② 군사법원의 상고심은 대법원에서 관할한다.
> ③ 군사법원의 조직·권한 및 재판관의 자격은 법률로 정한다.
> ④ 비상계엄하의 군사재판은 군인·군무원의 범죄나 군사에 관한 간첩죄의 경우와 초병·초소·유독음식물공급·포로에 관한 죄 중 법률이 정한 경우에 한하여 단심으로 할 수 있다. 다만, 사형을 선고한 경우에는 그러하지 아니하다.

(1) 연혁

제2차 개정헌법에서 군법회의로 명문화되었고, 제9차 개정헌법에서 군사법원이 되었다.

(2) 특별법원

① 개념: 특별법원은 법관의 자격이 없는 자가 재판하거나 대법원에 상고가 인정되지 않는 특별한 법원으로, 이를 예외법원으로 파악하는 예외법원설이 다수설이다. 특별법원의 설립은 반드시 헌법상 근거를 요하기 때문에 군사법원 이외의 특별법원은 법률로써 설치 불가하다.❷

기출OX

고등법원은 헌법상 반드시 설치해야 하는 것은 아니므로 헌법상 법원은 아니다. (○) 07. 법원직

❶ 대법원·고등법원·특허법원의 심판권은 합의부에 있다(단독판사가 없다).
⇨ 행정법원은 제외

❷ 특별법원은 법관이 아닌 사람이 재판에 들어가거나 대법원이 최종심이 아닌 것처럼 헌법에 위반될 가능성이 높은 경우를 말한다.

② **특수법원과의 비교**: 법관의 자격이 있는 자가 재판하고 대법원에 상고가 인정되는 특수법원은 법률로 설치할 수 있다. 특수법원에는 관할만 특수한 영역에 한정되는 행정법원, 특허법원, 가정법원 등이 있으며, 헌법상 별도의 근거 없이도 설치 가능하다.

> **관련 판례**
>
> **군사법원의 위헌 여부 [합헌]**
>
> 헌법이 군사법원을 특별법원으로 설치하도록 허용하되, 대법원을 군사재판의 최종심으로 하고 있고, 구 군사법원법 제21조 제1항은 재판관의 재판상의 독립을, 같은 조 제2항은 재판관의 신분을 보장하고 있으며, 또한 같은 법 제22조 제3항, 제23조 제1항에 의하면 군사법원의 재판관은 반드시 일반법원의 법관과 동등한 자격을 가진 군판사를 포함시켜 구성하도록 하고 있는바, 이러한 사정을 감안하면 구 군사법원법 제6조가 일반법원과 따로 군사법원을 군부대 등에 설치하도록 하였다는 사유만으로 헌법이 허용한 특별법원으로서 군사법원의 한계를 일탈하여 사법권의 독립을 침해하고 위임입법의 한계를 일탈하거나 헌법 제27조 제1항의 재판청구권, 헌법 제11조의 평등권을 본질적으로 침해한 것이라고 할 수 없다. 또한 같은 법 제7조, 제23조, 제24조, 제25조가 일반법원의 조직이나 재판부구성 및 법관의 자격과 달리 군사법원에 관할관을 두고 군검찰관에 대한 임명, 지휘, 감독권을 가지고 있는 관할관이 심판관의 임명권 및 재판관의 지정권을 가지며 심판관은 일반장교 중에서 임명할 수 있도록 규정하였다고 하여 바로 위 조항들 자체가 군사법원의 헌법적 한계를 일탈하여 사법권의 독립과 재판의 독립을 침해하고 죄형법정주의에 반하거나 인간의 존엄과 가치, 행복추구권, 평등권, 신체의 자유, 정당한 재판을 받을 권리 및 정신적 자유를 본질적으로 침해하는 것이라고 할 수 없다(헌재 1996.10.31, 93헌바25).

3 법원의 절차와 운영

1. 재판의 심급제도

(1) 심급제도와 3심제

헌법은 대법원과 각급법원으로만 규정(헌법 제101조 제2항)하고 있어서, 3심제를 폐지하거나, 고등법원을 폐지해도 합헌이지만, 심급제 자체의 폐지는 위헌이다.

심급제도는 사법에 의한 권리보호에 관하여, 한정된 법 발견과 자원의 합리적인 분배의 문제인 동시에 재판의 적정과 신속이라는 서로 상반되는 두 가지 요청을 어떻게 조화시키느냐의 문제로 돌아가므로 기본적으로 입법자의 형성의 자유에 속하는 사항이다. 03. 국가직 7급

(2) 현행 심급제도

(3) 예외

단심제	• 비상계엄하의 군사재판 • 대통령, 국회의원, 비례대표 시도의원, 시·도지사선거 • 국민투표무효확인소송, 기관소송, 법관징계처분에 대한 불복소송 • 교육감선거 • 주민투표(특별시, 광역시 및 도)
2심제	• 특허소송, 자치구, 시·군의 장, 교육위원선거 • 주민투표소송(시·군·자치구), 지방의회의원선거

2. 재판의 공개제

> 헌법 제109조 재판의 심리와 판결은 공개한다. 다만, 심리는 국가의 안전보장 또는 안녕질서를 방해하거나 선량한 풍속을 해할 염려가 있을 때에는 법원의 결정으로 공개하지 아니할 수 있다.

(1) 재판공개의 내용

① 재판공개의 원칙이란 재판의 심리와 판결을 이해관계가 없는 제3자도 방청할 수 있게 하는 제도를 말한다. 05. 입시 이는 재판의 공정성과 재판에 대한 국민의 신뢰확보를 위함이다.
② '심리'와 '판결'에만 해당: 공판준비절차, 심판합의과정 등은 공개할 필요가 없다. 08. 국가직 7급

(2) 예외

① 심리만 비공개가 가능하다. '심리'는 국가의 안전보장 또는 안녕질서를 방해하거나 선량한 풍속을 해할 염려가 있을 때에는 법원의 결정으로 공개하지 않을 수 있다(헌법 제109조). 05. 입시, 07. 법원직 비공개 결정은 이유를 개시하여 선고한다. 05. 입시, 08. 법원직
② 소송당사자의 이익을 위해 비공개가 가능하다. 비송사건의 심문, 소년보호사건·성폭력범죄에 대한 심리는 비공개이다. 다만, 판결은 반드시 공개하여야 한다. 03. 국가직 7급, 04·08. 법원직, 05. 입시
③ 공개규정에 위반한 경우 헌법위반으로 상고이유가 된다. 05. 입시, 08. 법원직
④ 방청권 소지자에게만 방청을 허용하는 것은 재판공개원칙에 위배되지 않는다.

> **관련 판례**
>
> **재판의 공개 [기각]**
> 대법원은 '법원이 법정의 규모, 질서의 유지, 심리의 원활한 진행 등을 고려하여 방청을 희망하는 피고인들의 가족, 친지 기타 일반 국민에게 미리 방청권을 발행하게 하고, 그 소지자에 한하여 방청을 허용하는 등의 방법으로 방청인의 수를 제한하는 조치를 취하는 것'은 공개재판제도의 취지에 반하지 않는다고 판시하였다(대판 1990. 6.28, 90도646). 03. 국가직 7급, 04. 법원직

⑤ 보도가 제한된다.
⑥ 누구든지 법정 안에서는 재판장의 허가 없이 녹화·촬영·중계방송 등의 행위를 하지 못한다. 08. 법원직

기출OX

01 재판의 심리와 판결은 국가의 안전보장 또는 안녕질서를 방해하거나 선량한 풍속을 해할 염려가 있는 때에는 법원의 결정으로 공개하지 아니할 수 있다. (×)
07. 법원직

02 재판의 심리와 판결은 공개한다. 이 경우 재판에는 민사, 형사, 행정, 특허사건과 가사 및 비송사건을 포함하여, 소년보호사건의 경우에는 비공개를 원칙으로 하고 있다. (×) 03. 국가직 7급

기출OX

재판의 공개는 일반공개를 의미하므로 법원이 방청권을 발행하여 방청인의 수를 제한하는 것은 공개재판주의에 반한다. (×) 04. 법원직

◐ 재판의 공개 정리

개념		심리·판결의 공개 ⇨ 공정성 확보·인권 보장	
내용	심리	구두변론(민사), 공판절차(형사)	
	판결	사건의 실체에 대한 법관의 판단	
	공개	일반인에 대한 방청의 허용, 보도의 자유 등	
	공개 대상	○	×
		절대적 / 상대적	• 공판준비절차 • 가사비송절차, 비송사건절차 • 재판상 합의, 소송법상 결정명령
		판결 / 심리(피고 인권보호)	
	정도	수용능력 고려 ⇨ 방청권 소지자만 허용 ○	
위반 시		• 재판의 당연무효 × • 절대적 상고사유 ○	

> **기출 OX**
> 재판의 공개에는 재판에 대한 보도의 자유도 포함된다. (○) 04. 법원직

3. 법정질서유지권

(1) 입정금지 및 퇴정명령

재판장의 질서교란자에 대해 입정금지하거나, 퇴정명령을 할 수 있다(법원조직법 제58조 제2항).

(2) 감치와 과태료 부과 등

법정 내외에서 질서유지에 관한 명령에 위배되는 행위를 하거나 폭언·소음 등의 행위로 법원의 심리를 방해 또는 재판의 위신을 현저히 훼손한 자에 대하여 직권으로 결정에 의하여 20일 이내의 감치 또는 100만원 이하의 과태료에 처하거나 이를 병과할 수 있다. 질서벌의 일종으로서 기소를 요하지 않으며, 감치기간 중 삭발하거나 노역장에 유치할 수 없다. 이는 대법원규칙에 근거한 것이며, 불복수단으로 항고, 재항고는 가능하나 이의신청은 제기할 수 없다.

> **기출 OX**
> 01 법정질서 위반자는 법원의 감치처분에 대하여 불복할 수 있다(법원조직법 제61조 제5항). (○) 08. 국가직 7급
> 02 시간적으로 개정 중이거나 이에 근접한 전후시간이 아니면 법정질서유지권을 행사할 수 없다. (○) 00. 행시

제3절 법원의 권한

1 대법원의 권한[1]

> 헌법 제107조 ① 법률이 헌법에 위반되는 여부가 재판의 전제가 된 경우에는 법원은 헌법재판소에 제청하여 그 심판에 의하여 재판한다.
> ② 명령·규칙 또는 처분이 헌법이나 법률에 위반되는 여부가 재판의 전제가 된 경우에는 대법원은 이를 최종적으로 심사할 권한을 가진다. 08. 국가직 7급
> ③ 재판의 전심절차로서 행정심판을 할 수 있다. 행정심판의 절차는 법률로 정하되, 사법절차가 준용되어야 한다.

[1]
헌법상의 관할과 권한
1. 명령·규칙의 위헌·위법심사권 (헌법 제107조 제2항)
2. 군사법원의 상고심 (헌법 제110조 제2항)
3. 법률의 범위 내에서의 규칙제정권 (헌법 제108조)

1. 심판권

대법원은 상고사건, 재항고사건 및 법률에 의하여 대법원의 권한에 속하는 사항을 심판한다. 다만, 예외로서 헌법 제110조 제4항이 있다. ① 대통령선거, 국회의원선거, 시·도지사선거, 광역의회 비례대표의원에 관한 선거 또는 당선효력에 관한 소송 관할, ② 각종 판결에 대한 상고사건 관할, ③ 각종 결정·명령에 대한 재항고사건 관할, ④ 지방자치법상의 기관소송사건, ⑤ 국민투표무효확인소송, ⑥ 교육감선거소송, ⑦ 광역 주민소환·주민투표소송, ⑧ 법관징계소송 등은 대법원에 권한이 속하는 사건이다.

2. 명령·규칙 등의 최종적 심사권(헌법 제107조 제2항)

(1) 의의
국법질서의 통일성, 합헌성, 합법성을 보장하고 위헌 위법의 명령·규칙으로 말미암아 개인의 권리나 자유가 침해되는 것을 방지하려는 데에 그 제도적 의의가 있다. 03. 국가직 7급

(2) 주체
명령·규칙 등의 심사권은 각급법원이 가지며, 군사법원도 심사권이 있다. 03·08. 국가직 7급

(3) 요건
① 재판의 전제가 된 때(구체적 규범통제)에는 내용, 형식(제정절차, 공포절차 등)을 모두 심사할 수 있다. 03. 국가직 7급
② 헌법재판소는 명령·규칙 그 자체로 인하여 직접 기본권이 침해된 경우에는 헌법소원심판을 청구할 수 있다는 입장이지만 대법원은 이에 반대한다(헌법재판소편의 '헌법재판소와 대법원의 관계' 부분 참조). 03. 국가직 7급

(4) 대상
법규명령, 국회·대법원·중앙선거관리위원회·헌법재판소 등의 자치규칙, 자치단체의 자치입법 등이 모두 대상이다. 다만, 원칙적으로 행정규칙은 제외된다. 국제법규로서 조약이나 협정이라 할지라도 명령과 동일한 효력을 가진 것은 법원의 위헌, 위법심사의 대상이 될 수 있다. 02. 국가직 7급

(5) 절차
대법원에서는 대법관 3분의 2 이상이 출석하고 출석 대법관 과반수 찬성으로 위헌·위법을 인정한다. 03. 국가직 7급, 06. 국회직 8급 이 경우 지체 없이 행정안전부장관에게 통지하고 관보에 게재한다.

(6) 심사기준
법원의 명령·규칙 심사에 있어서 그 기준은 헌법과 법률이다. 형식적인 의미의 헌법과 법률뿐만 아니라 실질적 의미의 헌법과 법률도 포함된다. 또한 국회 동의를 받은 조약도 명령·규칙의 심사기준이 될 수 있다. 02. 국가직 7급

기출 OX

명령·규칙 또는 처분이 헌법에 위반되는 여부가 법원의 재판의 전제가 된 경우에는 헌법재판소가 이를 최종적으로 심사할 권한을 가진다. (×)
18. 지방직 7급

→ 재판의 전제가 된 경우에는 대법원이, 전제가 되지 않은 경우는 헌법재판소가 심사할 권한을 가진다.

기출 OX

명령·규칙 또는 처분이 헌법이나 법률에 위반되는 여부가 재판의 전제가 된 경우에는 대법원은 이를 최종적으로 심사할 권한을 가진다. (○)
22. 지방직 7급

비교 정리

심사권

명령·규칙 심사	재판의 전제
헌법재판소	×
법원	○

(7) 효력 ❷

① **개별적 효력**: 명령·규칙의 일반적 효력제거는 불가하며, 당해 사건에 적용을 거부함에 그치는 것이 원칙이다(법원의 임무는 규범통제가 아니라 분쟁해결에 있음). 02. 국가직 7급

② 대법원은 '위헌·위법 법령은 법률상의 근거규정도 없는 무효의 규정이다'라고 판시하였다(대판 1983.7.12, 82누148). 학설은 이를 위헌판결의 일종으로 본다.

③ 위헌·위법한 명령에 의해 행해진 행위는 위헌이 되기 전이라면 취소가 되며, 위헌결정 이후에 이루어진 행위라면 무효가 된다.

3. 위헌법률심판 제청권(헌법 제107조 제1항)

(1) 위헌 여부에 대한 전심권 내지 제1차적 심판권이 있었던 제5공화국 헌법과 달리 현행 헌법은 대법원의 불송부결정권을 폐지하였다. 헌법심판은 헌법재판소의 관할이므로, 사실문제에 관한 판단 및 헌법테두리 내에서의 법률해석에 관하여는 대법원이 최종적으로 결정할 수 있다.

(2) 헌법재판소법 제41조 제4항은 대법원의 합헌판단권 인정 여부와는 무관한 조항이며, 위헌제청신청이 기각된 때란 합헌판단에 의한 기각결정만을 의미하는 것은 아니고 재판의 전제성을 인정할 수 없기 때문에 내리는 기각결정도 포함되는 것으로 해석되므로, 헌법재판소법 제68조 제2항도 법원의 합헌판단권의 근거가 될 수 없다(헌재 1993.7.29, 90헌바35).

4. 규칙제정권

> 헌법 제108조 대법원은 법률에 저촉되지 아니하는 범위 안에서 소송에 관한 절차, 법원의 내부규율과 사무처리에 관한 규칙을 제정할 수 있다. 08. 법원직

(1) 대상

규칙제정은 대법관회의의 의결사항, 벌칙의 규정은 인정되지 않는다.

(2) 제정 절차

전문을 붙여 대법원장의 서명날인 후 일자와 일련번호를 붙여 법원행정처장이 15일 이내에 관보에 공포한다. 대법원규칙은 공포한 날로부터 20일이 경과함으로써 효력을 발생한다.

(3) 의견제출권

업무에 관련된 법령의 제정·개정시 국회에 의견을 제출할 수 있다. 즉, 법률안 제출권은 없다.

(4) 통제

헌법재판소의 대법원규칙심사권, 국회의 국정감사·조사 등이 있다.

---

❷ 헌법재판소의 판결은 그 사건에만 적용되는 것이 아니므로 일반적 효력을 갖는다. 예를 들어 헌법재판소가 간통을 위헌이라 판결하면 우리나라에 간통을 규제하는 법은 모두 효력이 사라진다. 따라서 모든 국민에게 영향을 주게 되므로 이를 일반적 효력이라고 한다.

📝 비교 정리

기관	효력
헌법재판소	일반적 효력
법원	개별적 효력

📋 기출OX

대법원 이외의 법원이 위헌법률심판을 제청하고자 하는 때에는 대법원을 거쳐야 하는데, 이는 대법원에 불송부결정권을 주기 위한 것이다. (×)
07. 법원직

📋 기출OX

헌법 제75조에 근거한 포괄위임금지원칙은 누구라도 당해 법률로부터 하위법규에 규정될 내용의 대강을 예측할 수 있어야 함을 의미하지만, 위임입법이 대법원규칙인 경우에는 수권법률에서 이 원칙을 준수하여야 하는 것은 아니다. (×)
22. 국가직 7급

> **기출OX**

01 법원행정처장은 사법행정사무를 총괄하며, 사법행정사무에 관하여 관계 공무원을 지휘·감독한다. (×)
18. 5급 승진

→ 법원행정처장이 아니라 대법원장이다.

02 고등법원은 지방의회 지역구의회, 자치구·시·군의 장, 비례대표 시·도의원의 선거소송과 당선소송을 담당한다. (×)
08. 국가직 7급

2 고등법원의 권한

1. 항소심의 관할

항소심은 관할 고등법원이 담당한다(법원조직법 제28조 제2호).

2. 2심제인 경우

① 지역구 시·도의원선거, ② 자치구·시·군 의원 선거, ③ 자치구·시·군의 장 선거소송사건, ④ 교육위원선거소송, ⑤ 기초 주민투표·주민소환소송을 담당한다.

제4장 사법부

01
07. 국가직 7급

사법권의 독립에 관한 설명으로 옳지 않은 것은?

① 법관의 인적 독립이란 소송당사자나 타 국가기관 등 외부작용으로부터의 심판의 독립을 의미한다.
② 대법원장과 대법관이 아닌 법관은 대법관회의의 동의를 얻어 대법원장이 임명한다.
③ 우리나라는 법관의 임기제도와 정년제도를 둘 다 두고 있다.
④ 법관이 중대한 심신상의 장해로 직무를 수행할 수 없을 때에는 법률이 정하는 바에 의하여 퇴직하게 할 수 있다.

정답 및 해설
난이도 ★★☆

① [×] 인적 독립은 임기보장이나 신분보장을 의미하며, 타 국가기관으로 독립하는 것은 물적 독립을 의미한다.
② [○] 대법원장과 대법관이 아닌 법관은 대법관회의의 동의를 얻어 대법원장이 임명한다(헌법 제104조 제3항).
③ [○] 대법원장과 대법관의 정년은 각각 70세, 판사의 정년은 65세로 한다(법원조직법 제45조 제4항).
④ [○] 법관이 중대한 심신상의 장해로 직무를 수행할 수 없을 때에는 법률이 정하는 바에 의하여 퇴직하게 할 수 있다(헌법 제106조 제2항).

답 ①

02

04. 법행

법원에 관한 설명 중 옳지 않은 것은?

① 군사법원의 상고심은 대법원에서 관할한다.
② 법원은 최고법원인 대법원과 각급 법원으로 조직되며, 대법원과 각급 법원의 조직은 법률로 정한다.
③ 대법원에는 법률이 정하는 바에 의하여 대법관이 아닌 법관을 둘 수 있다.
④ 법관은 헌법과 법률에 의하여 그 양심에 따라 독립하여 심판한다.
⑤ 대법원장이 아닌 법관은 대법관회의의 동의를 얻어 대법원장이 임명한다.

정답 및 해설

난이도 ★★☆

① [O] 군사법원의 상고심은 대법원에서 관할한다(헌법 제110조 제2항).
② [O] 법원은 최고법원인 대법원과 각급 법원으로 조직되며, 대법원과 각급 법원의 조직은 법률로 정한다(헌법 제101조 제2항, 제102조 제3항).
③ [O] 대법원에는 법률이 정하는 바에 의하여 대법관이 아닌 법관을 둘 수 있다(헌법 제102조 제2항 단서).
④ [O] 법관은 헌법과 법률에 의하여 그 양심에 따라 독립하여 심판한다(헌법 제103조).
⑤ [X] 대법원장과 대법관이 아닌 법관은 대법관회의의 동의를 얻어 대법원장이 임명한다(헌법 제104조 제3항).

답 ⑤

03

14. 국가직 7급

법원에 대한 설명으로 옳지 않은 것은?

① 대통령선거, 국회의원선거, 비례대표시·도의원선거 및 시도지사선거에 있어 선거소송은 대법원에 소를 제기하는 단심제로 한다.

② 헌법재판소는 '군사시설' 중 '전투용에 공하는 시설'을 손괴한 군인 또는 군무원이 아닌 국민이 항상 군사법원에서 재판받도록 규정한 법률조항은 군사법원의 재판을 받지 아니할 권리를 침해한다고 하였다.

③ 「국민의 형사재판 참여에 관한 법률」에 의한 국민참여재판의 경우 심리에 관여한 배심원은 유·무죄에 관하여 전원의 의견이 일치하지 아니하는 때에는 평결을 하기 전에 심리에 관여한 판사의 의견을 들어야 하며, 이 경우 유·무죄의 평결은 다수결의 방법으로 한다.

④ 비상계엄 시행 중 군사법원에 계속 중인 재판사건의 관할은 비상계엄 해제와 동시에 일반 법원에 속하게 되지만, 대통령이 필요하다고 인정할 때에는 군사법원의 재판권을 3개월의 범위에서 연기할 수 있다.

정답 및 해설

난이도 ★☆☆

① [○] 비례대표시도의원선거의 경우 대법원의 단심제이다. 나머지도 전부 단심제인 경우로 출제되었다.

② [○] '군사시설'에 항상 해당하는 구 군형법 제69조 중 '전투용에 공하는 시설'을 손괴한 일반 국민이 군사법원에서 재판받도록 규정하고 있는, 구 군사법원법 제2조 제1항 제1호 중 '구 군형법 제1조 제4항 제4호' 가운데 '구 군형법 제69조 중 전투용에 공하는 시설의 손괴죄를 범한 내국인에 대하여 적용되는 부분'은, 헌법에 위반된다(헌재 2013.11.28, 2012헌가10).

③ [○] 국민의 형사재판 참여에 관한 법률 제46조

④ [×] 군법회의에 계속 중인 재판사건의 재판권이 일반법원에 속하게 되는 효력만이 1개월 이내의 기간 안에 단계적으로 발생할 수 있음을 규정한 것은 비상계엄지역 내의 사회질서는 정상을 찾았으나 일반법원이 미처 기능회복을 하지 못하여 군법회의에 계속 중인 재판사건을 넘겨받아 처리할 수 있는 태세를 갖추지 못하고 있는 경우와 같은 상황에 대처하기 위한 것으로 보여 합목적성이 인정된다(대판 1985.5.28, 81도1045).

답 ④

04

11. 지방직 7급 변형

법원에 대한 설명으로 옳지 않은 것은?

① 대법원장이 궐위되거나 부득이한 사유로 직무를 수행할 수 없을 때에는 선임대법관이 그 권한을 대행하며, 대법원장이 한 처분에 대한 행정소송의 피고는 법원행정처장으로 한다.
② 대법원 외의 각급 법원이 헌법재판소에 위헌법률심판 제청을 할 때에는 대법원을 거쳐야 한다.
③ 대통령과 국회의원의 선거소송, 시·도지사와 비례대표 시·도의원의 선거소송은 대법원 단심제이다.
④ 재판의 심리와 판결은 공개한다. 다만 심리는 국가의 안전보장, 안녕질서, 선량한 풍속 또는 공공복리를 해할 염려가 있을 때에는 법원의 결정으로 공개하지 아니할 수 있다.

정답 및 해설 　　　　　　　　　　　　　　　　　　　　　　　　　　　　　　　　　　　　난이도 ★☆☆

① [O] 대법원장이 궐위되거나 부득이한 사유로 직무를 수행할 수 없을 때에는 선임대법관이 그 권한을 대행한다(법원조직법 제13조 제3항). 대법원장이 한 처분에 대한 행정소송의 피고는 법원행정처장으로 한다(법원조직법 제70조).
② [O] 대법원 외의 법원이 위헌법률심판 제청을 할 때에는 대법원을 거쳐야 한다(헌법재판소법 제41조 제5항).
③ [O] 대통령선거 및 국회의원선거에 있어서 선거의 효력에 관하여 이의가 있는 선거인·정당(후보자를 추천한 정당에 한한다) 또는 후보자는 선거일부터 30일 이내에 당해 선거구선거관리위원회위원장을 피고로 하여 대법원에 소를 제기할 수 있다(공직선거법 제222조 제1항).
④ [X] 재판의 심리와 판결은 공개한다. 다만, 심리는 국가의 안전보장 또는 안녕질서를 방해하거나 선량한 풍속을 해할 염려가 있을 때에는 법원의 결정으로 공개하지 아니할 수 있다(헌법 제109조). 즉, 공공복리는 포함되어 있지 않다.

답 ④

05

05. 국가직 7급

법원의 명령·규칙 심사권에 대한 설명으로 옳은 것은?

① 대외적 구속력을 갖지 않더라도 원칙적으로 행정규칙은 모두 심사대상이 된다.
② 명령이나 규칙이 헌법이나 법률에 위반된다고 인정한 경우에 법원은 그 명령 또는 규칙을 무효로 선언하고 모든 사건에 적용을 배제한다.
③ 일반적으로 법원은 명령·규칙 심사권을 갖는다.
④ 헌법재판소는 어떠한 경우에도 명령·규칙에 대한 심사권을 갖지 않는다.

정답 및 해설

난이도 ★☆☆

① [X] 규칙이라 함은 국가기관에 의하여 정립되고 규칙이라는 명칭을 가진 법규범을 의미하지만, 위헌·위법심사의 대상이 되는 것은 국민에 대하여 일반적 구속력을 가지는 규칙이다. 행정명령에 해당하는 규칙에 관해서는 이론이 없지 아니하나 그것은 내부규칙으로서의 성질을 가지는 것이므로 그 대상에서 제외된다고 보는 것이 통설이다.
② [X] 명령 또는 규칙이 헌법이나 법률에 위반된다고 인정하는 경우에, 법원은 그 명령 또는 규칙을 당해 사건에 적용하는 것을 거부할 수 있을 뿐(개별적 효력의 부인), 무효를 선언할 수는 없다.
③ [O] 대법원을 비롯한 각급 법원(군사법원 포함)은 명령·규칙을 심사할 수 있다. 하지만 최고법원은 대법원이므로 명령·규칙의 위헌·위법 여부를 최종적으로 심사할 권한은 대법원이 가진다. 각급 법원은 전심으로서만 명령·규칙을 심사한다.
④ [X] 헌법재판소가 명령·규칙에 대한 위헌심판권을 가지는가에 관해서는 긍정설과 부정설이 있지만, 헌법재판소는 대법원규칙인 '법무사 시행규칙'에 대한 헌법소원을 인용함으로써 법률과 마찬가지로 명령·규칙 그 자체에 의하여 직접 기본권이 침해되었을 경우에는 헌법소원을 긍정하고 있다(헌재 1990.10.15, 89헌마178).

답 ③

해커스공무원 학원 · 인강
gosi.Hackers.com

제4편
헌법재판론

제1장 총론
제2장 각론

제1장 총론

제4편 헌법재판론

제1장 총론

총론

- 서론
  - 연혁
    - **제1공**: 헌법위원회
    - **제2공**: 헌법재판소
    - **제3공**: 대법원
    - **제4공 · 제5공**: 헌법위원회
    - **제2공 헌법재판소**: 추상적 규범통제 ○, 헌법소원 ×, 선거
  - 대법원과 헌법재판소의 관계

구분	대법원	헌법재판소
변형결정의 기속력	없음	기속
법률문언 변화 유무와 결정의 기속력과의 상관관계	있음	없음
헌법 제29조 제2항의 해석	군인의 직무상 불법행위에 대한 국가의 배상책임 절대적 소멸	상대적 소멸
위헌결정의 소급효 범위	위헌결정 이후 제소된 일반사건에도 미침	소급효로 인한 신뢰보호, 법적 안정성보다 권리구제의 필요성이 현저히 클 때
위헌인 법률에 기인한 경우 행정처분	무효로 본 적은 있으나 최근에는 취소 사유이나 무효사유는 아닌 것으로 보고 있음	무효가 될 수 있음
법원재판/ 원행정처분의 헌법소원 대상성	부정	• 원칙: 부정 • 예외: 긍정
명령규칙의 헌법소원 대상성	부정	긍정

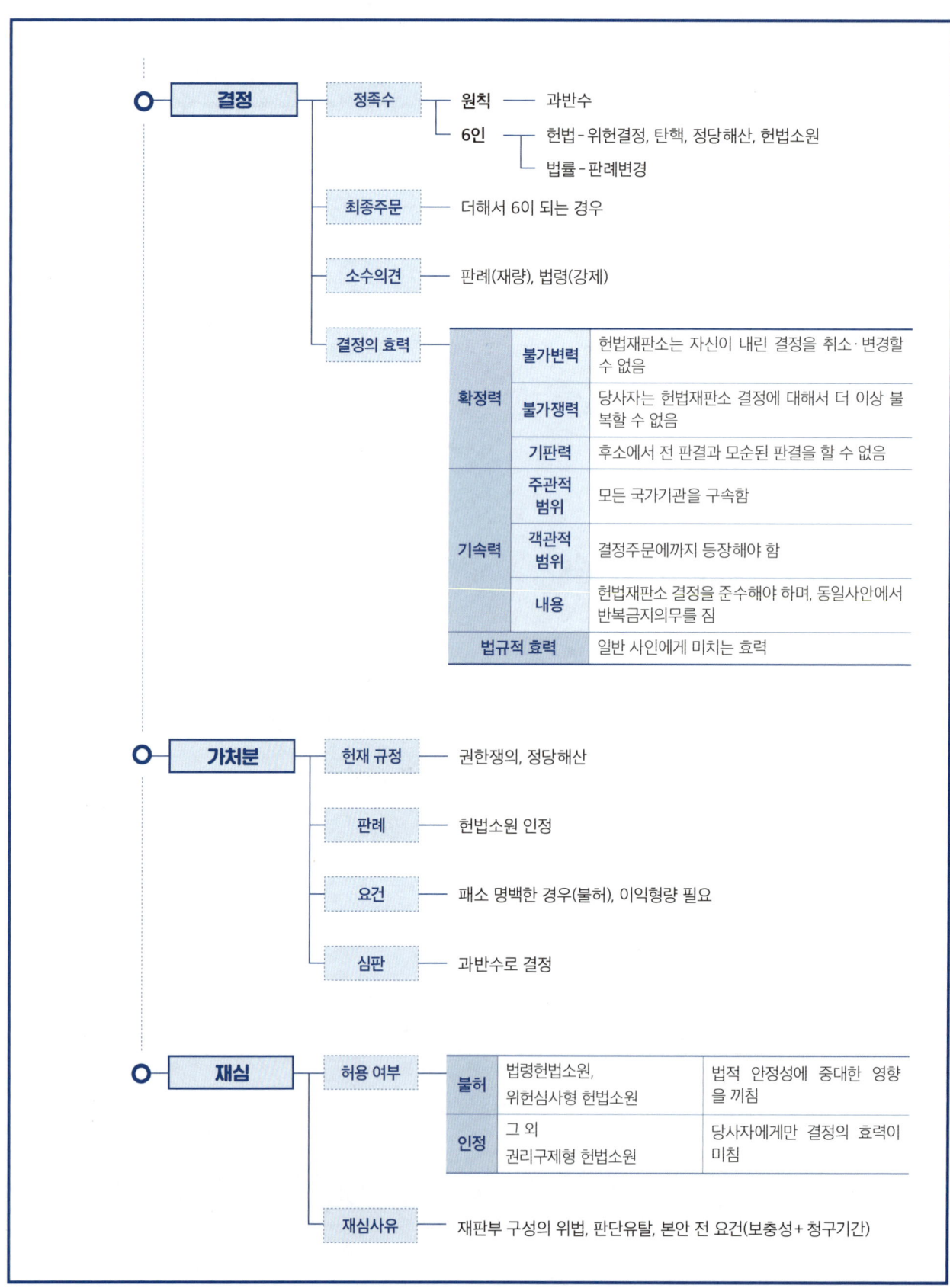

제1절 서론

제1항 우리나라 헌법재판제도의 연혁

구분	헌법재판기관	내용
제1공화국	헌법위원회, 탄핵재판소	• 관할: 헌법위원회는 그 권한이 위헌법률심사에서만 한정되어 있었고(구체적 규범통제), 탄핵사건은 별도의 탄핵재판소에서 관장함 • 구성: 부통령을 위원장으로 대법관 5인과 국회의원 5인으로 구성 • 활동: 10여년간 운영되었지만 활동은 미비, 6건을 심사함. 농지개혁법, 특별조치령에 대해 위헌결정함
제2공화국	헌법재판소	• 관할: 법률의 위헌심판, 헌법에 관한 최종적 해석, 국가기관간의 권한쟁송, 정당의 해산심판, 탄핵재판, 대통령·대법원장·대법관의 선거에 관한 소송 등을 관할함 • 구성: 상설기구화, 대통령·대법원·참의원이 각 3인씩 선임 • 활동: 5·16 발생으로 인해 설치되지도 못하고 폐지됨
제3공화국	대법원, 탄핵심판위원회	• 관할: 사법심사형 채택, 위헌법률심사, 정당해산심판, 선거소송은 대법원이 담당하고, 탄핵심판은 탄핵심판위원회가 담당. 권한쟁의는 없었음 • 구성: 탄핵심판위원회는 대법원장을 위원장으로 대법원판사 3인과 국회의원 5인의 위원으로 구성 • 활동: 국가배상법 제2조 제1항 단서와 법원조직법 제59조 제1항을 위헌이라 판단함
제4공화국	헌법위원회	• 관할: 위헌법률심사, 탄핵심판, 정당해산심판을 관할하고 있었고, 법원은 위헌법률심사를 제청할 수 있었음 • 구성: 대통령, 국회, 대법원이 각 3인씩 선임 • 활동: 위헌법률심사 단 1건도 없었음
제5공화국	헌법위원회	• 관할: 제4공 때 헌법위원회 그대로 계승 • 구성: 위와 동일 • 활동: 위헌법률심사 단 1건도 없었음

정리 우리나라 헌법재판소의 연혁 정리 07. 법원직

구분	위헌법률심판	탄핵심판	위헌정당심판	권한쟁의	헌법소원	기타
제1공화국	헌법위원회	탄핵재판소	×	×	×	-
제2공화국	헌법재판소 (추상적 통제 가능)	○	○	○	×	선거소송
제3공화국	• 일반법원 • 대법원	탄핵심판 위원회	대법원	×	×	-
제4공화국	헌법위원회			×	×	대법원의 불송부 결정권
제5공화국	헌법위원회			×	×	상동
제6공화국	헌법재판소					불송부 결정권 불인정

정리 헌법재판 비교 04. 국가직 7급, 07. 국회직 8급

구분	위헌법률심판	위헌소원	헌법소원	권한쟁의심판	탄핵심판	위헌정당해산심판
심리방식	• 원칙: 서면 • 예외: 구두	• 원칙: 서면 • 예외: 구두	• 원칙: 서면 • 예외: 구두	구두변론	구두변론	구두변론
가처분	헌법재판소법 규정 없음	헌법재판소법 규정 없음	• 헌법재판소법 규정 없음 • 판례와 학설이 인정	헌법재판소법 규정 있음	헌법재판소법 규정 없음	헌법재판소법 규정 있음
지정재판부 사전심리	×	○	○	×	×	×
청구인	법원이 청구인인지 여부 논란	위헌제청 신청인	있음	권한쟁의 심판을 청구한 국가기관	국회법제사법위원회 위원장	정부
피청구인	없음	없음	있음	기재 필요	대통령, 국무총리 등 탄핵소추 대상자 기재 필요	해당 정당, 기재 필요
변호사 강제주의	×	○	○	×	○	×

제2항 대법원과 헌법재판소의 관계

1 대법원과 헌법재판소의 구성

구분	대법원	헌법재판소
구성	대법원장 포함 14인(법률)	헌법재판소장 포함 9인
임명	모두 국회 동의, 대통령이 임명	• 헌법재판소장은 국회 동의, 대통령 임명 • 재판관은 국회는 3인만 관여, 모두 대통령이 임명 • 재판관 중에서 임명
경력	20년 이상 경력 / 45세 이상	15년 이상 경력 / 40세 이상
가부동수 결정권	대법관회의 ○ / 전원합의체 ×	×
임기	6년	6년
정년	대법원장 70세 / 대법관 70세	헌법재판소장 70세 / 헌법재판관 70세
연임	대법원장 × / 대법관 ○	○
정치적 중립	법률	헌법

2 대법원과 헌법재판소의 대립 07. 법원직

구분	대법원	헌법재판소
변형결정의 기속력	없음	기속
결정의 효과로서 법률문언 변화유무와 결정의 기속력과의 상관관계	있음	없음
헌법재판소법 제47조 제1항 기속력이 인정되는 결정	제한적 열거	예시
헌법 제29조 제2항의 해석	군인의 직무상 불법행위에 대한 국가의 배상책임 절대적 소멸	상대적 소멸
위헌결정의 소급효 범위	위헌결정 이후 제소된 일반사건에도 미침	소급효로 인한 신뢰보호, 법적 안정성보다 권리구제의 필요성이 현저히 클 때
위헌인 법률에 기인한 경우 행정처분	무효로 본 적은 있으나, 최근에는 취소사유이나 무효사유는 아닌 것으로 보고 있음	무효가 될 수 있음
법원재판 / 원행정처분의 헌법소원 대상성	부정	• 원칙: 부정 • 예외: 긍정
명령규칙의 헌법소원 대상성	부정	긍정
관습법	보충적 효력	대등적 효력
긴급조치권	최종	전속

제2절 헌법재판소의 구성과 조직

1 구성

> 헌법 제111조 ② 헌법재판소는 법관의 자격을 가진 9인의 재판관으로 구성하며, 재판관은 대통령이 임명한다. 05. 입시
> ③ 제2항의 재판관 중 3인은 국회에서 선출하는 자를, 3인은 대법원장이 지명하는 자를 임명한다.
>
> 헌법재판소법 제6조【재판관의 임명】① 재판관은 대통령이 임명한다. 이 경우 재판관 중 3명은 국회에서 선출하는 사람을, 3명은 대법원장이 지명하는 사람을 임명한다.
> ② 재판관은 국회의 인사청문을 거쳐 임명·선출 또는 지명하여야 한다. 이 경우 대통령은 재판관(국회에서 선출하거나 대법원장이 지명하는 사람은 제외한다)을 임명하기 전에, 대법원장은 재판관을 지명하기 전에 인사청문을 요청한다.
> ③ 재판관의 임기가 만료되거나 정년이 도래하는 경우에는 임기만료일 또는 정년도래일까지 후임자를 임명하여야 한다.

2 조직

> 헌법 제113조 ③ 헌법재판소의 조직과 운영 기타 필요한 사항은 법률로 정한다.

1. 헌법재판소의 장

> 헌법 제111조 ④ 헌법재판소의 장은 국회의 동의를 얻어 재판관 중에서 대통령이 임명한다. 05. 입시
>
> 헌법재판소법 제12조【헌법재판소장】① 헌법재판소에 헌법재판소장을 둔다.
> ② 헌법재판소장은 국회의 동의를 받아 재판관 중에서 대통령이 임명한다.
> ③ 헌법재판소장은 헌법재판소를 대표하고, 헌법재판소의 사무를 총괄하며, 소속 공무원을 지휘·감독한다.
> 제15조【헌법재판소장 등의 대우】① 헌법재판소장의 대우와 보수는 대법원장의 예에 따르며, 재판관은 정무직으로 하고 그 대우와 보수는 대법관의 예에 따른다.

2. 헌법재판관

(1) 자격

> 헌법재판소법 제5조【재판관의 자격】① 재판관은 다음 각 호의 어느 하나에 해당하는 직에 15년 이상 있던 40세 이상인 사람 중에서 임명한다. 다만, 다음 각 호 중 둘 이상의 직에 있던 사람의 재직기간은 합산한다.

기출OX

01 헌법재판소는 법관의 자격을 가진 9인의 재판관으로 구성되며, 재판관은 대통령이 임명한다. (O)
05. 입시

02 헌법재판소의 재판관은 대통령이 임명한다. 이 경우 재판관 중 3인은 국회에서 선출하는 자를, 3인은 대법원장이 지명하는 자를 임명하고, 국회의 인사청문을 거쳐 임명·선출 또는 지명하여야 한다. (O)
11. 법원직

기출OX

헌법재판소장은 국회의 동의를 얻어 재판관 중에서 대통령이 임명하고, 정년은 70세이다. (O) 11. 법원직

비교 정리

헌법재판소장 권한대행

구분	권한대행
일시유고	임명일자 선순위
1개월 이상	재판관회의 선출

1. 판사, 검사, 변호사
2. 변호사 자격이 있는 사람으로서 국가기관, 국영·공영 기업체, 공공기관의 운영에 관한 법률 제4조에 따른 공공기관 또는 그 밖의 법인에서 법률에 관한 사무에 종사한 사람
3. 변호사 자격이 있는 사람으로서 공인된 대학의 법률학 조교수 이상의 직에 있던 사람

② 다음 각 호의 어느 하나에 해당하는 사람은 재판관으로 임명할 수 없다.
1. 다른 법령에 따라 공무원으로 임용하지 못하는 사람
2. 금고 이상의 형을 선고받은 사람
3. 탄핵에 의하여 파면된 후 5년이 지나지 아니한 사람
4. 정당법 제22조에 따른 정당의 당원 또는 당원의 신분을 상실한 날부터 3년이 경과되지 아니한 사람
5. 공직선거법 제2조에 따른 선거에 후보자(예비후보자를 포함한다)로 등록한 날부터 5년이 경과되지 아니한 사람
6. 공직선거법 제2조에 따른 대통령선거에서 후보자의 당선을 위하여 자문이나 고문의 역할을 한 날부터 3년이 경과되지 아니한 사람

③ 제2항 제6호에 따른 자문이나 고문의 역할을 한 사람의 구체적인 범위는 헌법재판소규칙으로 정한다.

(2) 임기·연임·정년

헌법 제112조 ① 헌법재판소 재판관의 임기는 6년으로 하며, 법률이 정하는 바에 의하여 연임할 수 있다. 05. 입시

헌법재판소법 제7조【재판관의 임기】① 재판관의 임기는 6년으로 하며, 연임할 수 있다.
② 재판관의 정년은 70세로 한다.

> **기출OX**
> 재판관의 임기는 6년이고, 연임할 수 있다. (○) 05. 입시

(3) 직무와 신분

① 직무상 독립

헌법재판소법 제4조【재판관의 독립】재판관은 헌법과 법률에 의하여 양심에 따라 독립하여 심판한다.

② 정치적 중립성

헌법 제112조 ② 헌법재판소 재판관은 정당에 가입하거나 정치에 관여할 수 없다.

③ 신분보장

헌법 제112조 ③ 헌법재판소 재판관은 탄핵 또는 금고 이상의 형의 선고에 의하지 아니하고는 파면되지 아니한다.

3. 재판관회의

헌법재판소 제16조【재판관회의】① 재판관회의는 재판관 전원으로 구성하며, 헌법재판소장이 의장이 된다.
② 재판관회의는 재판관 전원의 3분의 2를 초과하는 인원의 출석과 출석인원 과반수의 찬성으로 의결한다.
③ 의장은 의결에서 표결권을 가진다.
④ 다음 각 호의 사항은 재판관회의의 의결을 거쳐야 한다.
1. 헌법재판소규칙의 제정과 개정, 제10조의2에 따른 입법 의견의 제출에 관한 사항
2. 예산 요구, 예비금 지출과 결산에 관한 사항
3. 사무처장, 사무차장, 헌법재판연구원장, 헌법연구관 및 3급 이상 공무원의 임면에 관한 사항
4. 특히 중요하다고 인정되는 사항으로서 헌법재판소장이 재판관회의에 부치는 사항
⑤ 재판관회의의 운영에 필요한 사항은 헌법재판소규칙으로 정한다.

4. 규칙제정권 05. 입시, 08. 법원직

헌법재판소법 제10조【규칙제정권】① 헌법재판소는 이 법과 다른 법률에 저촉되지 아니하는 범위에서 심판에 관한 절차, 내부규율과 사무처리에 관한 규칙을 제정할 수 있다.

> **기출OX**
> 헌법재판소는 법률에 저촉되지 아니하는 범위 안에서 심판에 관한 절차, 내부규율과 사무처리에 관한 규칙을 제정할 수 있다. (O) 05. 입시, 08. 법원직

제3절 심판절차

1 헌법재판부

1. 전원재판부

헌법재판소법 제22조【재판부】① 이 법에 특별한 규정이 있는 경우를 제외하고는 헌법재판소의 심판은 재판관 전원으로 구성되는 재판부에서 관장한다.
② 재판부의 재판장은 헌법재판소장이 된다.

2. 지정재판부 05. 입시, 08. 법원직

헌법재판소법 제72조【사전심사】① 헌법재판소장은 헌법재판소에 재판관 3명으로 구성되는 지정재판부를 두어 헌법소원심판의 사전심사를 담당하게 할 수 있다.
② 삭제
③ 지정재판부는 다음 각 호의 어느 하나에 해당되는 경우에는 지정재판부 재판관 전원의 일치된 의견에 의한 결정으로 헌법소원의 심판청구를 각하한다.

> **기출OX**
> 헌법재판소장은 헌법재판소에 재판관 3인으로 구성되는 지정재판부를 두어 헌법소원심판의 사전심사를 담당하게 할 수 있다. (O) 08. 법원직

> 1. 다른 법률에 따른 구제절차가 있는 경우 그 절차를 모두 거치지 아니하거나 또는 법원의 재판에 대하여 헌법소원의 심판이 청구된 경우
> 2. 제69조의 청구기간이 지난 후 헌법소원심판이 청구된 경우
> 3. 제25조에 따른 대리인의 선임 없이 청구된 경우
> 4. 그 밖에 헌법소원심판의 청구가 부적법하고 그 흠결을 보정할 수 없는 경우
>
> ④ 지정재판부는 전원의 일치된 의견으로 제3항의 각하결정을 하지 아니하는 경우에는 결정으로 헌법소원을 재판부의 심판에 회부하여야 한다. 헌법소원심판의 청구 후 30일이 지날 때까지 각하결정이 없는 때에는 심판에 회부하는 결정(이하 '심판회부결정'이라 한다)이 있는 것으로 본다.
> ⑤ 지정재판부의 심리에 관하여는 제28조·제31조·제32조 및 제35조를 준용한다.
> ⑥ 지정재판부의 구성과 운영에 필요한 사항은 헌법재판소규칙으로 정한다.

기출 OX

헌법소원심판에서 사전심사를 담당하는 지정재판부는 재판관의 과반수 이상의 결정으로 심판청구를 각하할 수 있으나, 헌법소원심판 청구 후 30일이 경과할 때까지 각하결정이 없는 때에는 심판에 회부하는 결정이 있는 것으로 본다. (×) 17. 서울시 7급

3. 재판관의 제척·기피·회피❶

> 헌법재판소법 제24조【제척·기피 및 회피】① 재판관이 다음 각 호의 어느 하나에 해당하는 경우에는 그 직무집행에서 제척된다.
> 1. 재판관이 당사자이거나 당사자의 배우자 또는 배우자였던 경우
> 2. 재판관과 당사자가 친족관계이거나 친족관계였던 경우
> 3. 재판관이 사건에 관하여 증언이나 감정을 하는 경우
> 4. 재판관이 사건에 관하여 당사자의 대리인이 되거나 되었던 경우
> 5. 그 밖에 재판관이 헌법재판소 외에서 직무상 또는 직업상의 이유로 사건에 관여한 경우
>
> ② 재판부는 직권 또는 당사자의 신청에 의하여 제척의 결정을 한다.
> ③ 재판관에게 공정한 심판을 기대하기 어려운 사정이 있는 경우 당사자는 기피신청을 할 수 있다. 다만, 변론기일에 출석하여 본안에 관한 진술을 한 때에는 그러하지 아니하다.
> ④ 당사자는 동일한 사건에 대하여 2명 이상의 재판관을 기피할 수 없다.
> ⑤ 재판관은 제1항 또는 제3항의 사유가 있는 경우에는 재판장의 허가를 받아 회피할 수 있다.

❶ 제척은 불공정한 재판을 할 우려가 있어 법에 의해 배제되는 경우를 말하며, 기피는 법에는 없지만 객관적으로 문제가 되는 경우를, 회피의 경우에는 공정한 판단을 내리기 힘들어 재판관 스스로 물러나는 경우를 말한다.

기출 OX

01 변론기일에 출석하여 본안에 관한 진술을 한 때에도 재판관에게 공정한 심판을 기대하기 어려운 사정이 있는 경우라면 당사자는 기피신청을 할 수 있다. (×) 22. 국가직 7급

02 당사자는 동일한 사건에 대하여 2명까지만 재판관을 기피할 수 있다. (×) 18. 서울시 7급

2 심판의 청구

> 헌법재판소법 제25조【대표자·대리인】① 각종 심판절차에서 정부가 당사자(참가인을 포함한다. 이하 같다)인 경우에는 법무부장관이 이를 대표한다.
> ② 각종 심판절차에서 당사자인 국가기관 또는 지방자치단체는 변호사 또는 변호사의 자격이 있는 소속직원을 대리인으로 선임하여 심판을 수행하게 할 수 있다.
> ③ 각종 심판절차에서 당사자인 사인은 변호사를 대리인으로 선임하지 아니하면 심판청구를 하거나 심판수행을 하지 못한다. 다만, 그가 변호사의 자격이 있는 경우에는 그러하지 아니하다.
>
> 제26조【심판청구의 방식】① 헌법재판소에의 심판청구는 심판절차별로 정하여진 청구서를 헌법재판소에 제출함으로써 한다. 다만, 위헌법률심판에서는 법원의 제청서, 탄핵심판에서는 국회의 소추의결서의 정본으로 청구서를 갈음한다.
> ② 청구서에 필요한 증거서류 또는 참고자료를 첨부할 수 있다.

기출 OX

헌법재판소의 각종 심판절차에 있어서 사인이 당사자인 경우 변호사강제주의가 채택되고 있다. (○) 07. 법원직

비교 정리

헌법소송에서 대리인

기관	대리인
정부	법무부장관
국가기관, 지자체	소속 직원(변호사)
사인	변호사

제27조 【청구서의 송달】 ① 헌법재판소가 청구서를 접수한 때에는 지체 없이 그 등본을 피청구기관 또는 피청구인(이하 '피청구인'이라 한다)에게 송달하여야 한다.
② 위헌법률심판의 제청이 있으면 법무부장관 및 당해 소송사건의 당사자에게 그 제청서의 등본을 송달한다.

제28조 【심판청구의 보정】 ① 재판장은 심판청구가 부적법하나 보정할 수 있다고 인정되는 경우에는 상당한 기간을 정하여 보정을 요구하여야 한다.
② 제1항에 따른 보정서면에 관하여는 제27조 제1항을 준용한다.
③ 제1항에 따른 보정이 있는 경우에는 처음부터 적법한 심판청구가 있은 것으로 본다.
④ 제1항에 따른 보정기간은 제38조의 심판기간에 산입하지 아니한다.
⑤ 재판장은 필요하다고 인정하는 경우에는 재판관 중 1명에게 제1항의 보정요구를 할 수 있는 권한을 부여할 수 있다.

제29조 【답변서의 제출】 ① 청구서 또는 보정서면을 송달받은 피청구인은 헌법재판소에 답변서를 제출할 수 있다.
② 답변서에는 심판청구의 취지와 이유에 대응하는 답변을 적는다.

3 심리

1. 심리의 방식

헌법재판소법 제30조 【심리의 방식】 ① 탄핵의 심판, 정당해산의 심판 및 권한쟁의의 심판은 구두변론에 의한다.
② 위헌법률의 심판과 헌법소원에 관한 심판은 서면심리에 의한다. 다만, 재판부는 필요하다고 인정하는 경우에는 변론을 열어 당사자, 이해관계인 그 밖의 참고인의 진술을 들을 수 있다.
③ 재판부가 변론을 열 때에는 기일을 정하여 당사자와 관계인을 소환하여야 한다.

2. 심판의 공개

헌법재판소법 제34조 【심판의 공개】 ① 심판의 변론과 결정의 선고는 공개한다. 다만, 서면심리와 평의는 공개하지 아니한다.

3. 심판의 장소

헌법재판소법 제33조 【심판의 장소】 심판의 변론과 종국결정의 선고는 심판정에서 한다. 다만, 헌법재판소장이 필요하다고 인정하는 경우에는 심판정 외의 장소에서 변론 또는 종국결정의 선고를 할 수 있다.

4. 심판기간(이 경우 훈시규정으로 봄)

헌법재판소법 제38조 【심판기간】 헌법재판소는 심판사건을 접수한 날부터 180일 이내에 종국결정의 선고를 하여야 한다. 다만, 재판관의 궐위로 7명의 출석이 불가능한 경우에는 그 궐위된 기간은 심판기간에 산입하지 아니한다.

비교 정리

심판의 공개

구분	공개여부
변론·선고	O
서면심리·평의	×

기출OX

01 헌법재판소는 심판사건을 접수한 날로부터 180일 이내에 종국결정을 선고하여야 하나 이는 훈시규정으로 해석되고 있다. (O)
12. 지방직 7급

02 헌법재판소 재판관의 수는 9인이며, 재판관 6인 이상의 출석으로 사건을 심리한다. (×)
07. 국회직 8급

5. 심판비용

헌법재판소법 제37조【심판비용 등】① 헌법재판소의 심판비용은 국가부담으로 한다. 다만, 당사자의 신청에 의한 증거조사의 비용은 헌법재판소규칙으로 정하는 바에 따라 그 신청인에게 부담시킬 수 있다.
② 헌법재판소는 헌법소원심판의 청구인에 대하여 헌법재판소규칙으로 정하는 공탁금의 납부를 명할 수 있다.
③ 헌법재판소는 다음 각 호의 어느 하나에 해당하는 경우에는 헌법재판소규칙으로 정하는 바에 따라 공탁금의 전부 또는 일부의 국고귀속을 명할 수 있다.
1. 헌법소원의 심판청구를 각하하는 경우
2. 헌법소원의 심판청구를 기각하는 경우에 그 심판청구가 권리의 남용이라고 인정되는 경우

● 헌법재판 심리에 관한 정리

심리정족수	재판관 7인 이상 출석		
심판기간	180일 이내(훈시규정)		
심판비용	국고부담. 그러나 신청에 의한 증거조사비용은 신청인이 부담 가능		
헌가	위헌법률심판	헌마	권리구제형 헌법소원
헌나	탄핵심판	헌바	위헌심사형 헌법소원
헌다	정당해산심판	헌사	가처분신청
헌라	권한쟁의심판	헌아	재심청구

4 평의

헌법재판소법 제34조【심판의 공개】① 심판의 변론과 결정의 선고는 공개한다. 다만, 서면심리와 평의는 공개하지 아니한다.

5 결정

1. 결정의 정족수

헌법 제113조 ① 헌법재판소에서 법률의 위헌결정, 탄핵의 결정, 정당해산의 결정 또는 헌법소원에 관한 인용결정을 할 때에는 재판관 6인 이상의 찬성이 있어야 한다. 04. 국가직 7급, 05. 입시, 07. 국회직 8급, 08. 법원직

헌법재판소법 제23조【심판정족수】① 재판부는 재판관 7명 이상의 출석으로 사건을 심리한다. 02. 국가직 7급, 07. 국회직 8급, 08. 법원직
② 재판부는 종국심리에 관여한 재판관 과반수의 찬성으로 사건에 관한 결정을 한다. 다만, 다음 각 호의 어느 하나에 해당하는 경우에는 재판관 6명 이상의 찬성이 있어야 한다.
1. 법률의 위헌결정, 탄핵의 결정, 정당해산의 결정 또는 헌법소원에 관한 인용결정을 하는 경우

비교 정리

구분	정족수
권한쟁의	과반수
나머지	6인 이상

기출OX

01 헌법재판소에서 법률의 위헌결정, 탄핵의 결정, 정당해산의 결정 또는 권한쟁의심판에 대한 인용결정을 할 때는 재판관 6인 이상의 찬성이 있어야 한다. (×) 08. 법원직

02 정당해산심판에서 정당해산의 결정을 하기 위해서는 심리에 참여한 재판관 3분의 2 이상의 찬성이 필요하다. (×) 17. 지방직 7급
→ 6인 이상의 찬성과 3분의 2는 다른 개념이다.

2. 종전에 헌법재판소가 판시한 헌법 또는 법률의 해석 적용에 관한 의견을 변경하는 경우

2. 결정의 요식

헌법재판소법 제36조【종국결정】① 재판부가 심리를 마쳤을 때에는 종국결정을 한다.
② 종국결정을 할 때에는 다음 각 호의 사항을 적은 결정서를 작성하고 심판에 관여한 재판관 전원이 이에 서명날인하여야 한다.
1. 사건번호와 사건명
2. 당사자와 심판수행자 또는 대리인의 표시
3. 주문
4. 이유
5. 결정일
③ 심판에 관여한 재판관은 결정서에 의견을 표시하여야 한다.
④ 종국결정이 선고되면 서기는 지체 없이 결정서 정본을 작성하여 당사자에게 송달하여야 한다.
⑤ 종국결정은 헌법재판소규칙으로 정하는 바에 따라 관보에 게재하거나 그 밖의 방법으로 공시한다.

3. 최종주문의 결정

법원조직법 제66조【합의의 방법】② 합의에 관한 의견이 3개 이상의 설로 나뉘어 각각 과반수에 이르지 못할 때에는 다음 각 호의 의견에 따른다.
1. 액수의 경우: 과반수에 이르기까지 최다액의 의견의 수에 차례로 소액의 의견의 수를 더하여 그중 최소액의 의견
2. 형사의 경우: 과반수에 이르기까지 피고인에게 가장 불리한 의견의 수에 차례로 유리한 의견의 수를 더하여 그중 가장 유리한 의견

● 최종주문 결정의 순서❶

순서	위헌 - 헌법불합치 - 한정합헌 - 합헌
각하 2인, 위헌 3인, 헌법불합치 3인, 합헌 1인	헌법불합치
위헌 3인, 헌법불합치 2인, 한정합헌 1인, 합헌 3인	한정합헌
각하 2인, 헌법불합치 4인, 한정합헌 1인, 합헌 2인	합헌
각하 4인, 위헌 5인	합헌
각하 2인, 위헌 2인, 헌법불합치 적용중지 2인, 헌법불합치 잠정적용 3인	헌법불합치 잠정적용

❶ 각하는 9명 중에 과반수, 즉 5인 이상일 때만 의미가 있으므로 2명이면 무시하면 된다. 순서는 문제에 어떻게 출제되든 위헌, 헌법불합치, 한정합헌 순으로 나열하고 최종적으로 더해서 6명이 되는 지점에서 주문을 결정하면 된다.

기출OX

위헌법률심판에서 헌법재판소 재판관 9인 중 전부위헌의견이 1인, 한정합헌의견이 5인, 단순합헌의견이 3인인 경우 결정주문은 한정합헌이다. (○)
13. 국가직

4. 결정의 효력

확정력	불가변력	헌법재판소는 자신이 내린 결정을 취소·변경할 수 없음
	불가쟁력	당사자는 헌법재판소 결정에 대해서 더 이상 불복할 수 없음
	기판력	후소에서 전 판결과 모순된 판결을 할 수 없음
기속력	주관적 범위	모든 국가기관을 구속함
	객관적 범위	결정주문에까지 등장해야 함
	내용	헌법재판소 결정을 준수해야 하며, 동일 사안에서 반복금지 의무를 짐
법규적 효력		일반 사인에게 미치는 효력

5. 가처분

(1) 의의

가처분은 본안결정의 실효성을 확보하기 위하여 잠정적으로 임시의 지위를 정하는 것을 주된 내용으로 하는 가구제제도이다.❷ 이는 본안결정 이전에 회복하기 어려운 손해가 발생함으로써 본안결정이 내려지더라도 실효성을 갖지 못하게 되는 사태를 방지하는 데에 그 취지가 있다.

(2) 허용 여부

① 헌법재판소규정: 독일헌법재판소법은 일반소송절차규정으로 가처분을 규정하고 있으나 우리 헌법재판소법은 권한쟁의와 정당해산심판에만 규정하고 있다. 07. 국회직 8급

② 가처분이 헌법소원에 적용되는지 여부: 헌법재판소법 조항을 제한적 열거로 보아 부정하는 견해와 헌법소원의 인용결정의 실효성을 확보하고 기본권 구제차원에서 헌법재판소법 규정을 예시로 보고 이를 허용하자는 견해가 대립되고 있다. 헌법재판소는 헌법소원에서 가처분을 허용하고 있다(헌재 2000.12.8, 2000헌사471). 07. 법원직

③ 당사자 신청에 의하기도 하지만 직권에 의하여도 가처분은 허용된다. 또 사유가 소멸되었다고 인정될 경우 직권으로 가처분을 취소할 수 있다.

(3) 실체적 요건

① 긴급성: 가처분에서는 기존의 법률관계나 공권력 행사의 효력 등을 긴급하게 정지시킬 필요가 있어야 한다.

② 회복하기 어려운 손해의 방지: 기존 상태로 유지되는 경우 회복하기 어려운 손해가 발생하거나 우려가 있어야 한다.

③ 본안심판의 승소가능성: 본안심판의 승소가능성은 원칙적으로 고려의 대상이 되지 않는다. 본안심판이 쉽게 해결되기 어려운 헌법적 문제를 내포하고 있는 경우가 많기 때문이다.

④ 패소가능성: 본안심판의 패소가능성은 고려되지 않을 수 없다. 즉, 본안심판이 명백히 부적법하거나 명백히 이유 없는 경우에는 가처분을 명할 수 없다.

---

❷
집이 철거되려는 상황에서 본안소송까지 기다린다면 이미 집은 철거되고 없다. 따라서 미리 철거를 정지해놓고 본안소송의 결과를 기다리는 것, 즉 임시로 내가 원하는 것을 들어달라고 하는 것을 가구제라고 한다.

기출OX

01 헌법재판소법은 정당해산심판 및 권한쟁의심판에 대해서만 가처분에 관한 규정을 두고 있다. (O)
07. 국회직 8급

02 가처분은 정당해산심판과 권한쟁의심판에 있어서는 허용되나 헌법소원심판에 있어서는 허용되지 아니한다. (X)
07. 법원직

비교 정리

구분	가처분 허용여부
법령	정당해산·권한쟁의
판례	헌법재판소

기출OX

헌법재판소는 회복하기 어려운 중대한 불이익의 방지와 긴급한 필요성 등을 가처분의 요건으로 제시하고 있다. (O)
10. 국가직 7급

⑤ 가처분의 필요성(이익형량): 가처분결정을 위해서는 가처분신청을 인용할 경우, 후에 본안심판이 기각되었을 때 발생하게 될 불이익과, 가처분신청을 기각할 경우, 후에 본안심판이 인용되었을 때 발생하게 될 불이익을 형량하여 불이익이 적은 쪽을 선택하여야 한다.

(4) 심판
① 구두변론의 여부: 가처분결정은 구두변론 없이도 할 수 있다.
② 심판 정족수: 재판부는 재판관 7인 이상의 출석으로 사건을 심리하고, 종국심리에 관여한 재판관 과반수의 찬성으로 결정을 한다.

(5) 요건
① 변호사 강제주의 적용
② 당사자: 헌법재판의 당사자 적격이 있는 자만이 당사자가 될 수 있다. 본안판단의 피청구인과 가처분신청의 피신청인은 동일하지 않을 수 있다.
③ 권리보호이익: 본안결정이 적시에 선고될 수 있는 경우에는 권리보호이익이 인정되지 않는다.

(6) 결정
신청인의 신청이 이유가 있는 경우 인용결정을 한다. 인용결정을 할 경우에 이유를 밝혀야 하고 가처분결정을 관보에 게재한다.

관련 판례

1 사법시험 4회 응시제한 [인용]

우선 이 사건 본안심판사건은 헌법재판소의 사전심사를 거쳐 적법하게 계속 중이며 … 이 사건 본안심판청구가 부적법하거나 이유 없음이 명백한 경우라고 할 수는 없다. 또한 이 사건 규정의 효력이 그대로 유지되어 신청인들에 적용되면, 신청인들은 2001년부터 4년간 제1차 시험에 응시할 수 없게 되므로 사법시험의 합격가능성이 원천적으로 봉쇄되는 회복하기 어려운 손해를 입게 될 것임이 명백할 뿐만 아니라, 사법시험 제1차 시험은 매년 초에 시행되어 그 적용의 시기도 매우 근접하였으므로 긴급성도 인정된다고 할 것이다. 이 사건 가처분신청을 기각하였다가 본안심판을 인용하는 경우 2001년도 사법시험 제1차 시험은 그대로 시행되어 버리고 신청인들은 이에 응시하여 합격할 기회를 상실하는 돌이킬 수 없는 손해를 입게 된다. 그러므로 신청인들의 이 사건 가처분신청은 이유 있어 이를 인용하기로 한다(헌재 2000.12.8, 2000헌사471).

2 변호인접견을 허가하도록 임시의 지위를 정하기 위한 가처분을 인용

신청인이 위 소송 제기 후 5개월 이상 변호인을 접견하지 못하여 공정한 재판을 받을 권리가 심각한 제한을 받고 있는데, 이러한 상황에서 피신청인의 재항고가 인용될 경우 신청인은 변호인 접견을 하지 못한 채 불복의 기회마저 상실하게 되므로 회복하기 어려운 중대한 손해를 입을 수 있다. 위 인신보호청구의 소는 재항고에 대한 결정이 머지않아 날 것으로 보이므로 손해를 방지할 긴급한 필요 역시 인정되고, 이 사건 신청을 기각한 뒤 본안 청구가 인용 될 경우 발생하게 될 불이익이 크므로 이 사건 신청을 인용함이 상당하다(헌재 2014.6.5, 2014헌사592).

6. 재심의 허용 여부

(1) 의의
확정된 종국판결의 취소와 사건의 재심판을 구하는 비상불복방법이다. 확정판결을 취소하게 되면 국민의 사법부에 대한 신뢰가 무너질 수 있다. 따라서 그 허용 여부에 대해 논쟁이 있다.

(2) 허용 여부
원칙적으로 헌법재판소의 결정에 대하여는 재심을 허용하지 않는다. 07. 국회직 8급
그러나 예외적으로 법적 안정성과 구체적 권리구제의 비교형량을 통해 심판절차의 종류에 따라 개별적으로 판단하고 있다.

불허	법령헌법소원, 위헌심사형 헌법소원	법적 안정성에 중대한 영향을 끼침
인정	그 외 권리구제형 헌법소원	당사자에게만 결정의 효력이 미침

(3) 재심사유
① 재판부 구성의 위법: 재판부의 구성이 위법한 경우 등 절차상 중대하고도 명백한 위법이 있어서 재심을 허용하지 아니하면 현저히 정의에 반하는 경우에 허용된다(헌재 1995.1.20, 93헌아1).

② 판단유탈❶: 초창기에는 판단유탈에 대하여 직권주의와 보충성 원칙을 이유로 재심사유가 되지 않는다고 하였으나 최근 판례를 변경하여 재심사유로 인정하고 있다(헌재 2001.9.27, 2001헌아3).

③ 본안 전 요건: 헌법재판소는 불기소처분 취소사건에 있어서 헌법소원 청구기간 계산을 잘못하여 각하한 경우 재심사유에 해당한다고 보았으며(헌재 2007.10.4, 2006헌아53), 잘못 기재한 사실조회회보에 기하여 적법한 사전구제절차를 경유하지 아니하여 부적법하다는 이유로 각하한 결정에 대해서도 재심을 인정하였다(헌재 2003.9.25, 2002헌아42).

관련 판례

정당해산에서 재심 [기각]

[1] 정당해산심판은 원칙적으로 해당 정당에게만 그 효력이 미치며, 정당해산결정은 대체정당이나 유사정당의 설립까지 금지하는 효력을 가지므로 오류가 드러난 결정을 바로잡지 못한다면 장래 세대의 정치적 의사결정에까지 부당한 제약을 초래할 수 있다. 따라서 정당해산심판절차에서는 재심을 허용하지 아니함으로써 얻을 수 있는 법적 안정성의 이익보다 재심을 허용함으로써 얻을 수 있는 구체적 타당성의 이익이 더 크므로 재심을 허용하여야 한다. 한편, 이 재심절차에서는 원칙적으로 민사소송법의 재심에 관한 규정이 준용된다.

[2] 다만, 사안에서는 재심사유가 있다고 할 수 없다(헌재 2016.5.26, 2015헌아20).

---

❶ 이혼을 하는 경우 간통, 폭력, 성격차이, 무능 등 그 사유가 여러 가지 있을 것이다. 여기서 재판부가 모든 사안을 판단하고 간통을 판단하지 아니하여 이혼이 안 된다고 하였다면 이를 판단유탈이라 한다.

기출OX

정당해산심판절차에서는 재심을 허용하지 아니함으로써 얻을 수 있는 법적 안정성의 이익보다 재심을 허용함으로써 얻을 수 있는 구체적 타당성의 이익이 더 크므로 재심을 허용하여야 한다. (○) 18. 법원직

→ 다만, 요건이 충족되면 허용해야 한다는 의미이다.

6 타 법령의 준용

> 헌법재판소법 제40조 【준용규정】 ① 헌법재판소의 심판절차에 관하여는 이 법에 특별한 규정이 있는 경우를 제외하고는 헌법재판의 성질에 반하지 아니하는 한도에서 민사소송에 관한 법령을 준용한다. 이 경우 탄핵심판의 경우에는 형사소송에 관한 법령을 준용하고, 권한쟁의심판 및 헌법소원심판의 경우에는 행정소송법을 함께 준용한다.
> ② 제1항 후단의 경우에 형사소송에 관한 법령 또는 행정소송법이 민사소송에 관한 법령에 저촉될 때에는 민사소송에 관한 법령은 준용하지 아니한다.

● 헌법재판소 심판절차에 관한 타 법령의 준용

헌법재판	위헌법률심판	민사소송법
	탄핵심판	형사소송법 ⇨ 민사소송법
	정당해산심판	민사소송법
	권한쟁의심판	행정소송법 ⇨ 민사소송법
	헌법소원심판	행정소송법 ⇨ 민사소송법

관련 판례 타 법령의 준용에 관한 판례 [인용]

1 헌법소원심판청구의 취하 [심판종료]

헌법재판소법이나 행정소송법에 헌법소원심판청구의 취하와 이에 대한 피청구인의 동의나 그 효력에 관하여 특별한 규정이 없으므로, 소의 취하에 관한 민사소송법 제239조는 이 사건과 같이 검사가 한 불기소처분의 취소를 구하는 헌법소원심판절차에 준용된다고 보아야 한다(헌재 1995.12.15, 95헌마221 등).

2 권한쟁의심판청구의 취하 [심판종료]

헌법재판소법이나 행정소송법에 권한쟁의심판청구의 취하와 이에 대한 피청구인의 동의나 그 효력에 관하여 특별한 규정이 없으므로, 소의 취하에 관한 민사소송법 제239조는 이 사건과 같은 권한쟁의심판절차에 준용된다고 보아야 한다. 그렇다면 이 사건 권한쟁의심판절차는 청구인들의 심판청구의 취하로 종료되었음이 명백하므로, 헌법재판소로서는 이 사건 권한쟁의심판청구가 적법한 것인지 여부와 이유가 있는 것인지 여부에 대하여 더 이상 판단할 수 없게 되었다(헌재 2001.6.28, 2000헌라1 등).

3 정당해산에서 민사소송을 준용❶ [기각]

정당해산심판절차에 민사소송에 관한 법령을 준용할 수 있도록 규정한 헌법재판소법 제40조 제1항 전문 중 '정당해산심판의 절차'에 관한 부분('준용조항')은 재판청구권을 침해하지 않는다(헌재 2014.2.27, 2014헌마7).

---

❶ 정당해산 가처분 여부 결정에 대한 심사기준은 엄격한 심사이다.

제1장 총론

01

11. 법원직 9급

헌법재판소에 관한 다음 설명 중 옳지 않은 것은?

① 헌법재판소의 재판관은 대통령이 임명한다. 이 경우 재판관 중 3인은 국회에서 선출하는 자를, 3인은 대법원장이 지명하는 자를 임명하고, 국회의 인사청문을 거쳐 임명·선출 또는 지명하여야 한다.

② 헌법재판소장은 국회의 동의를 얻어 재판관 중에서 대통령이 임명하고, 정년은 70세이다.

③ 헌법재판소법에 특별한 규정이 있는 경우를 제외하고는 헌법재판소의 심판은 재판관 전원으로 구성되는 재판부에서 관장한다.

④ 헌법재판소의 재판부는 재판관 7인 이상의 출석으로 사건을 심리하고 종국심리에 관여한 재판관의 과반수 찬성으로 사건에 관한 결정을 한다. 그리고 심판의 변론과 결정의 선고 및 평의는 공개한다.

정답 및 해설 난이도 ★★☆

① [○] 헌법 제111조 제3항, 국회법 제46조의3, 제65조의2
② [○] 헌법 제111조 제4항, 헌법재판소법 제7조 제2항
③ [○] 헌법재판소법 제22조 제1항
④ [✕] 법률의 위헌결정, 탄핵의 결정, 정당해산의 결정 또는 헌법소원에 관한 인용결정, 종전에 헌법재판소가 판시한 헌법 또는 법률의 해석 적용에 관한 의견을 변경하는 경우는 재판관 6명 이상의 찬성이 있어야 한다(헌법재판소법 제23조 제2항). 그리고 심판의 변론과 결정의 선고는 공개한다. 다만, 서면심리와 평의는 공개하지 아니한다(헌법재판소법 제34조 제1항).

답 ④

제2장 각론

제4편 헌법재판론

제2장 각론

위헌법률심판

- **본안 전 요건**
  - 법원의 제청
    - **법원**: 재판권 행사기관 / 위원회 ×, 법관 ×
    - **제청**: 합리적 의심, 기회는 1번뿐
    - **효과**: 재판의 정지
  - 재판의 전제성
    - **재판**: 사법적 판단을 하는 모든 재판
    - **전제성**
      - 계속중 - 중간에 소취하하면 종료됨
      - 적용 - 간접적용 포함(의료보험법 ○, 근로기준법 ×)
      - 다른 내용 - 주문, 이유, 내용과 효력에 관한 법률적 의미
    - **요건심사**: 직권으로 가능, 원칙적 존중
  - 대상은 법률
    - 형식적 의미(조약, 국가긴급권 포함) + 관습법
    - **유효**: 시행 전 × / 폐지 - 원칙(×), 예외(○)
    - **그 자체**: 과정(×), 해석(○)

- **본안결정**
  - 축소·확장·변경 — 직권주의에 의해 가능하나, 병행규범까지 확대 ×
  - 심사기준 — 헌법, 헌법적 관습, 원칙, 자연법

- **결정유형**
  - 각하, 합헌, 위헌
  - 변형결정
    - 한정합헌, 한정위헌
    - **헌법불합치**: 평등원칙 위반, 입법권 존중, 혼란방지

- **결정의 효력**
  - 기속력
    - 위헌 ○, 합헌 ×
    - **변형결정**
      - 헌법재판소 ○
      - 대법원 ×
  - 위헌결정의 효력
    - **원칙**: 장래효
    - **예외**: 소급효
      - **법**: 형벌(절차, 불처벌 특례 제외)
      - **판례**
        - 당해, 제청, 재판의 전제
        - 일반 사건은 헌재는 부정적, 대법원은 긍정적 (단, 확정력 등 제한)

- 위헌법률에 근거한 행정처분의 효력: 원칙 취소

제1절 위헌법률심판

> 헌법 제107조 ① 법률이 헌법에 위반되는 여부가 재판의 전제가 된 경우에는 법원은 헌법재판소에 제청하여 그 심판에 의하여 재판한다.
> ② 명령·규칙 또는 처분이 헌법이나 법률에 위반되는 여부가 재판의 전제가 된 경우에는 대법원은 이를 최종적으로 심사할 권한을 가진다.
> ③ 재판의 전심절차로서 행정심판을 할 수 있다. 행정심판의 절차는 법률로 정하되, 사법절차가 준용되어야 한다.
> 제111조 ① 헌법재판소는 다음 사항을 관장한다.
> 1. 법원의 제청에 의한 법률의 위헌 여부 심판
> 제113조 ① 헌법재판소에서 법률의 위헌결정, 탄핵의 결정, 정당해산의 결정 또는 헌법소원에 관한 인용결정을 할 때에는 재판관 6인 이상의 찬성이 있어야 한다.

1 의의 및 요건

1. 위헌법률심사제도의 개념

위헌법률심사제도는 국회가 제정한 법률의 위헌 여부가 일반법원에서 재판의 전제가 되는 경우에 헌법재판소가 그 위헌 여부를 심사·판단하는 규범통제제도를 말한다.

2. 형식적 요건 - 법원의 제청 04. 법원직

(1) 법원의 의미

법원만이 직권 또는 당사자의 신청으로 법률의 위헌 여부에 대하여 헌법재판소에 위헌제청을 할 수 있다. 여기서 법원이라 함은 재판권을 행사하는 재판기관으로서의 법원을 의미한다. 또한 수소법원은 물론 집행법원, 군사법원도 제청 권한이 있다. 그러나 행정심판을 담당하는 각종 행정심판기관은 제청권을 갖는 법원이라 할 수 없다. 최소한 헌법조문에 법원이라고 명시되어 있으며 법관이라고 되어 있지는 않다.

(2) 제청의 요건

법원은 재판의 전제가 되고 또 합리적 위헌의 의심이 있는 경우 위헌제청할 수 있다. 즉, 헌법재판소는 단순한 의심을 넘어선 합리적인 위헌의 의심이 있으면 위헌 여부 심판을 제청하라는 취지이지, 헌법에 위배되었다는 점이 명백한 경우에만 위헌심판제청을 하라는 취지는 아니라고 판시한 바 있다(헌재 1993.12.23, 93헌가2).

(3) 제청의 범위

헌법재판소법 제68조 제2항 후문은, 제청신청이 기각당한 경우 그 당사자는 당해 사건의 소송절차에서 동일한 사유를 이유로 다시 위헌 여부 심판의 제청을 신청할 수 없다고 규정하고 있는데 이는 동일한 심급의 소송절차뿐만 아니라 상소심에서의 소송절차를 포함한다고 보았다. 따라서 기각당한 후에 당해 사건에서도 다시 제청할 수 없지만 상급심에서도 제청할 수 없다.❶

기출OX

01 당해 사건에서 법원으로 하여금 위헌법률심판을 제청하도록 신청을 한 사람은 위헌법률심판사건의 당사자가 아니다. (○) 17. 지방직 7급

02 법원은 문제되는 법률조항이 합리적으로 의심의 여지가 없을 만큼 명백한 경우에만 위헌심판제청을 할 수 있다. (×) 13. 서울시 7급

❶ 기회는 한 번뿐이다. 기각당한 후에 30일 안에 위헌심사형 헌법소원을 제기하지 않았다면 자신의 잘못이기에 다시 문제되는 법을 다툴 수는 없다.

(4) 제청의 절차
  ① 신청: 당사자의 신청 또는 법원이 직권으로 제기할 수 있다. 제청신청사건은 다른 사안보다 먼저 처리하여야 한다.
  ② 제청서의 제출

  > 헌법재판소법 제43조【제청서의 기재사항】법원이 법률의 위헌 여부 심판을 헌법재판소에 제청할 때에는 제청서에 다음 각 호의 사항을 적어야 한다.
  > 1. 제청법원의 표시
  > 2. 사건 및 당사자의 표시
  > 3. 위헌이라고 해석되는 법률 또는 법률의 조항
  > 4. 위헌이라고 해석되는 이유
  > 5. 그 밖에 필요한 사항

  ③ 대법원의 경유: 이는 형식적 절차에 불과할 뿐 과거처럼 불송부결정권을 행사할 수 있는 것은 아니다. 07. 법원직

  > 헌법재판소법 제41조 ⑤ 대법원 외의 법원이 제1항의 제청을 할 때에는 대법원을 거쳐야 한다.

비교 정리

구분	불송부결정권
4·5공화국	○
6공화국	×

기출OX

법원이 법률의 위헌 여부의 심판을 헌법재판소에 제청한 때에는 당해 소송사건의 재판은 헌법재판소의 위헌 여부의 결정이 있을 때까지 정지된다. (○)
04. 법원직

(5) 제청의 효과 04. 법원직

  > 헌법재판소법 제42조【재판의 정지 등】① 법원이 법률의 위헌 여부 심판을 헌법재판소에 제청한 때에는 당해 소송사건의 재판은 헌법재판소의 위헌 여부의 결정이 있을 때까지 정지된다. 다만, 법원이 긴급하다고 인정하는 경우에는 종국재판 외의 소송절차를 진행할 수 있다.

  법원의 기각결정에 대해서는 항고할 수 없다. 법률의 위헌 여부 심판의 제청신청이 법원에서 기각된 경우 그 신청을 한 당사자는 헌법재판소에 그 법률의 위헌 여부를 묻는 헌법소원심판을 제기할 수 있다. 08. 법원직

3. 실질적 요건

(1) 재판의 전제성
  ① 재판의 의미
    ㉠ 재판이라 함은 원칙적으로 모든 재판을 의미하고, 재판에 해당하는지 여부는 재판의 형식이나 절차의 형태에 따라 정해지는 것이 아니라 실질적으로 사법권의 행사에 해당하는가에 따라 결정된다.
    ㉡ 판결, 결정, 명령과 동 형식의 재판, 심리절차, 판결절차, 집행절차, 소송절차, 비송절차, 준비절차, 본안절차, 종국결정, 중간판결, 일부판결, 잔부판결 등 법원의 판단행위는 여기에 속한다.

헌법재판소가 인정한 경우
• 인지첩부를 명하는 보정명령(헌재 1994.2.24, 91헌가3) • 증거채부결정(헌재 1996.12.26, 94헌바1) • 영장발부 여부에 관한 재판(헌재 1993.3.11, 90헌가70) 12. 지방직 7급 • 보석허가결정(헌재 1993.12.23, 93헌가2) • 체포·구속 적부심(헌재 2001.6.28, 99헌가14)

② 전제성의 의미
  ㉠ 구체적인 사건이 법원에 계속 중일 것: 재판의 전제성은 법률의 위헌 여부 심판제청시만 아니라 헌법재판소의 위헌법률심판시에도 갖추어야 함이 원칙이므로, 당해 사건의 담당 법원에 의한 위헌심판제청이 이루어진 후, 당해 소송의 당사자가 포기 등으로 당해 소송절차를 종료시킨 경우에는 구체적 규범통제의 본질상 재판의 전제성을 인정할 수가 없으므로 헌법재판소는 소송종료선언을 하게 된다.

비교 정리
재판의 전제성

계속중	취하 ×
적용	간접적용 ○
다른 내용	결론이나 주문
	이유
	내용과 효력의 의미

비교 정리
전제성 구비

구분	예외인정
처음부터	×
나중에	○

관련 판례

행정처분 취소소송의 부적법 [각하]

이 사건 청구의 당해 소송 중 행정처분에 대한 취소청구부분은 제소기간이 경과하였거나 적법한 전심절차를 거치지 않았기 때문에 부적법하여 각하를 면할 수 없으므로, 이 부분에 대한 헌법소원은 재판의 전제성 요건을 흠결하여 부적법하다(헌재 2005. 3.31, 2003헌바113).

  ㉡ 당해 소송사건의 재판에 적용되는 것일 것
    ⓐ 간접적용되는 법률: 직접적용되는 법률뿐만 아니라 간접적용되는 법률의 위헌 여부에 따라 당해 사건의 재판에 직접 적용되는 법률조항의 위헌 여부가 결정되거나 당해 재판의 결과가 좌우되는 경우, 당해 사건의 재판에 직접 적용되는 규범의 의미가 달라지는 경우와 같이 양 규범 사이에 내적 관련이 있는 경우에는 간접 적용되는 법률의 경우도 재판의 전제성을 인정할 수 있다(헌재 2000.1.27, 99헌바23).

관련 판례 간접적용되는 법률에 관한 판례

1 의료보험법 제29조 사건 [합헌]

[1] 청구인은 사기죄로 기소되어 서울지방법원에 재판 계속 중이고, 심판대상 법조항이 위 당해 사건의 재판에 간접적으로 적용되고 있으며, 심판대상 법조항의 위헌 여부에 따라 당해 사건을 담당하는 법원이 다른 내용의 재판을 하게 되는 사실이 인정되므로, 이 사건 심판청구는 재판의 전제성 요건을 갖춘 것이다.
[2] 의료보험법 제29조 제1항이 요양급여의 대상과 내용 및 그 실시를 명확하게 규정하고 있고, 심판대상 법조항 자체가 위임내용을 요양급여의 방법·절차·범위·상한기준 등 요양급여의 기준이라고 특정하고 있으며, 의료보험법의 전반적 체계와 여타의 의료보험법상의 관련 규정을 종합해보면 심판대상 법조항의 내재적인 위임의 범위나 한계를 예측할 수 있으므로 심판대상 법조항이 요양급여의 기준 등을 더 구체적으로 정하지 아니하였다고 하여 헌법 제40조, 제75조 및 제95조 규정에 의한 포괄위임금지의 원칙에 위반하는 것으로는 볼 수 없다(헌재 2000.1.27, 99헌바23).

기출OX

01 법원이 심판대상조항을 적용함이 없이 다른 법리를 통하여 재판을 한 경우 심판대상조항의 위헌 여부는 당해사건법원의 재판에 직접 적용되거나 관련되는 것이 아니어서 재판의 전제성이 인정되지 않는다. (○) 22. 국가직 7급

02 재판의 전제성이란 그 법률의 위헌 여부가 재판의 주문과 이유에 어떤 영향을 미치는 것을 의미하고, 법률의 위헌 여부에 따라 재판 내용의 법률적 의미가 달라지는 경우까지 포함하는 것은 아니다. (×) 11. 국가직 7급

비교 정리

구분	다른 내용
대판	주문
헌법재판소	주문·이유·내용과 효력의 의미

2 공무원연금법 제61조의2 위헌소원 [각하]

이 사건 심판청구의 당해 사건은 퇴직금청구소송이고 그 재판에 직접 적용되는 법률조항은 근로기준법 제34조 제1항이므로 이 사건 법조항은 당해 사건에 직접 적용되는 법률조항이 아니다. … 공무원에 대하여는 일반근로자들을 규율하는 근로기준법과는 전혀 다른 별개의 독립한 법 체계를 지닌 공무원연금법을 적용하게 되므로 이 사건 법률조항에 대한 위헌결정 또는 헌법불합치결정이 있다 하여 당해 사건에서 퇴직금에 관한 근로기준법조항이 곧바로 적용된다고 볼 수는 없다. 그러므로 이 사건 법조항은 당해 사건에 적용되는 법조항으로 볼 수 없으므로 이 부분에 대한 헌법소원심판청구 역시 부적법하다(헌재 2003.6.26, 2001헌바54).

    ⓑ 민사재판 중 형사법의 위헌 여부의 재판의 전제성 결여: 헌법재판소는 민사재판 중에 형사법에 대한 제청신청에 대해 그 형사법은 관련 소송사건인 그 민사소송사건의 재판에 적용할 법률이 되지 못하고 법률의 위헌결정으로 재판의 내용이 달라질 경우도 아니어서 재판 전제성이 없다고 하였다.

    ⓒ 법 개정으로 인한 재판 전제성 상실: 법이 개정되는 경우 신법이 적용되는 경우 구법의 재판의 전제성은 상실된다.

    ⓓ 공소장과 적용되는 법률이 다른 경우: 공소장에 기재된 법률조항이 아니라 실제 적용되는 법률조항이 전제성이 있다(헌재 2002.4.25, 2001헌가27).

    ⓔ 적용여부가 불확실한 경우: 법원이 적용가능성을 전제로 위헌제청을 하였다면 전제성이 인정된다(헌재 2002.4.25, 2001헌가27).

  ⓒ 다른 내용의 재판을 하게 되는 경우
    ⓐ 법원이 심리 중인 당해 사건의 재판의 결론이나 주문에 어떤 영향을 주는 경우
    ⓑ 재판의 결론을 이끌어내는 이유를 달리하는 데 관련되어 있는 경우
    ⓒ 재판의 이유를 달리함으로써 재판의 내용과 효력에 관한 법률적 의미가 달라지는 경우

관련 판례

1 형사소송법 제331조 단서규정에 대한 위헌심판 [위헌]

법 제331조 단서규정의 위헌 여부에 따라 형사판결의 주문 성립과 내용 자체가 직접 달라지는 것은 아니지만 만약 위 규정이 위헌으로 법적 효력이 상실된다면 이 법 제331조 본문의 규정이 적용되어 제청법원이 무죄 등의 판결을 선고하게 될 경우에 그 판결의 선고와 동시에 구속영장의 효력을 상실시키는 재판의 효력을 가지게 되며, 이와는 달리 이 단서규정이 합헌으로 선언되면 검사로부터 피고인들에 대하여 징역 장기 10년의 구형이 있는 위 피고사건에 있어서 당해 사건을 담당하는 법원의 판결만으로는 구속영장의 효력을 상실시키는 효력을 갖지 못하게 되는 결과로 인하여 그 재판의 효력과 관련하여 전혀 다른 효과를 가져오는 재판이 될 것이다(헌재 1999.12.24, 92헌가8).

2 승소한 당사자의 경우❶ [각하]

당해 소송에서 승소한 당사자인 청구인은 재심을 청구할 수 없고, 당해 사건에서 청구인에게 유리한 판결이 확정된 마당에 이 법률조항에 대하여 위헌결정을 한다 하더라도 당해 사건 재판의 결론이나 주문에 영향을 미치는 것도 아니므로, 결국 이 사건은 재판의 전제성이 부정되는 부적법한 심판청구이다(헌재 2000.7.20, 99헌바61).

3 취소판결이 확정된 경우 [각하]

청구인이 제기한 난민불인정처분 취소소송에서 취소판결이 확정되어 청구인에 대한 보호가 해제되었는바, 보호명령의 취소를 구하는 소는 소의 이익이 없어 부적법 각하될 수밖에 없다(헌재 2016.4.28, 2013헌바196).

4 다툴 수 없게 된 경우 [각하]

과태료를 자진납부함으로써 해당 질서위반행위에 대한 과태료 부과 및 징수절차는 종료하였고 행정소송 그 밖에 다른 권리구제절차를 통하여 과태료 부과처분을 다툴 수 없게 되었다. 따라서 설령 청구인들에 대한 과태료 부과처분의 근거 법률인 심판대상조항이 위헌이라 하더라도, 다른 특별한 사정이 없는 한 위 과태료 부과처분의 효력에 영향이 없어 재판의 전제성이 인정되지 아니한다(헌재 2015.7.30, 2014헌바420).

5 공소취소된 경우 [각하]

당해 사건 계속 중 의료법 제56조 제2항 제11호 위반의 점에 관한 공소가 취소됨에 따라 공소기각 결정이 내려지고 그 결정이 확정되었으므로, 의료법 제89조 중 제56조 제2항 제11호 부분은 재판의 전제성이 인정되지 아니한다(헌재 2014.9.25, 2013헌바28).

6 제소기간 도과한 경우 [각하]

행정처분에 대한 제소기간이 도과한 후 그 처분에 대한 무효확인 및 후행처분의 취소를 구하는 소를 제기한 때에는 당해 행정처분의 근거 법률에 관하여 재판의 전제성이 인정되지 않는다(헌재 2014.3.27, 2011헌바232).

7 임의조정으로 소송종결 [각하]

당해사건의 당사자들에 의해 그 소송이 종결되었다면 구체적인 사건이 법원에 계속 중인 경우라 할 수 없을 뿐 아니라, 위헌 결정으로 인해 사건의 결과에 대해서 다툴 수 없게 되었다. 따라서 재판의 전제가 되지 못한다(헌재 2010.2.25, 2007헌바34).

8 재심사건의 경우

당해사건이 재심사건인 경우, 심판대상조항이 '재심청구 자체의 적법 여부에 대한 재판'에 적용되는 법률조항이 아니라 '본안 사건에 대한 재판'에 적용될 법률조항이라면 '재심청구가 적법하고, 재심의 사유가 인정되는 경우'에 한하여 재판의 전제성이 인정될 수 있다(헌재 2009.5.28, 2006헌바109).

9 재심개시 전 형사처벌의 근거조항

제청법원이 재심개시결정 없이 형사처벌의 근거조항에 대하여 위헌법률심판제청을 한 경우, 그 형사처벌 근거조항이 재판의 전제성은 존재하지 않는다(헌재 2016.3.31, 2015헌가36).

---

❶ '헌바'는 위헌심사형 헌법소원이다. 따라서 재판이 정지되지 않고 진행된다. 이때 본인이 원하는 대로 판결이 난 경우 재판의 전제성을 상실한다.

기출 OX

01 당해 사건인 형사사건에서 무죄의 확정판결을 받은 때라도 처벌조항에 대한 헌법적 해명이 긴요한 경우라면, 그 처벌조항의 위헌확인을 구하는 헌법소원심판절차에서 재판의 전제성을 인정하여야 한다. (×) 18. 국가직 7급

02 형사처벌의 근거로 된 법률의 위헌 여부는 확정된 유죄 판결에 대한 재심사유의 존부와 재심청구의 당부에 대하여 직접적인 영향을 미치는 것이므로, 당해 사건 재심 재판에서 재심사유의 존부 및 재심청구의 당부에 대한 재판의 전제가 된다. (×) 17. 서울시 7급

기출 OX

당해 사건이 재심사건인 경우, 심판대상조항이 '재심청구 자체의 적법 여부에 대한 재판'에 적용되는 법률조항이 아니라 '본안 사건에 대한 재판'에 적용될 법률조항이라면 '재심청구가 적법하고, 재심의 사유가 인정되는 경우'에 한하여 재판의 전제성이 인정될 수 있다. (○) 18. 국가직 7급

기출OX

01 항소심에서 당해 사건의 당사자들 간에 임의조정이 성립되어 소송이 종결된 경우 1심 판결에 적용된 법률조항에 대해서는 재판의 전제성이 인정될 수 있다. (×)

22. 국가직 7급

02 아직 법원에 의하여 그 해석이 확립된 바 없어 제청대상 법률조항이 당해 사건 재판에 적용 여부가 불확실하다면 법원이 적용가능성을 전제로 위헌제청을 하였더라도 재판의 전제성이 부정된다. (×)

17. 법원직

10 불명확한 경우

당해소송이 제1심과 항소심에서 심판대상법률이 아닌 다른 법률에서 규정한 소송요건이 결여되었다는 이유로 각하되었지만, 상고심에서 그 각하판결이 유지될지 불분명한 경우에도 재판의 전제성이 인정될 수 있다(헌재 2004.10.28, 99헌바91).

11 유죄판결이 확정되기 전 단계 [각하]

구 성폭력범죄의 처벌 등에 관한 특례법상 성폭력범죄자의 신상정보 등록의 근거 규정에 의하면 일정한 성폭력범죄로 유죄판결이 확정된 자는 신상정보 등록대상자가 되는바, 유죄판결이 확정되기 전 단계인 당해 형사사건에서는 위 신상정보 등록 근거규정의 재판의 전제성은 인정되지 않는다(헌재 2013.9.26, 2012헌바109).

12 잠정적용기간 동안 헌법불합치 [각하]

헌법불합치결정에서 정한 잠정적용기간 동안 헌법불합치결정을 받은 법률조항에 따라 퇴직연금환수처분이 이루어졌고 환수 처분의 후행처분으로 압류처분이 내려진 경우, 압류처분의 무효확인을 구하는 당해 소송에서 헌법불합치결정에 따라 개정된 법률조항은 당해 소송의 재판의 전제가 되지 않는다(헌재 2013.8.29, 2010헌바241).

(2) 재판의 전제성 요건의 심사

> **관련 판례**
>
> **재판의 전제성 요건의 심사** [각하]
>
> 헌법 제107조 제1항과 헌법재판소법 제41조 제1항에 의하면 법률이 헌법에 위반되는지 여부가 재판의 전제가 된 경우에는 법원은 헌법재판소에 제청하여 그 심판에 의하여 재판한다고 규정하고 있다. 여기서 재판의 전제가 되는 법률이라 함은 당해 사건에서 적용되는 법률을 가리킴은 두말할 나위도 없다. 법률이 재판의 전제가 되는 요건을 갖추고 있는지의 여부는 **제청법원의 견해를 존중하는 것이 원칙이나, 재판의 전제와 관련된 법률적 견해가 유지될 수 없는 것으로 보이면 헌법재판소가 직권으로 조사할 수도 있는 것이다**(헌재 1997.9.25, 97헌가4).

기출OX

01 법원이 재판의 전제성이 없다는 이유로 위헌법률심판 제청의 신청을 각하한 경우 신청인이 헌법재판소법 제68조 제2항에 의한 헌법소원을 청구하면 헌법재판소는 재판의 전제성 유무에 대한 법원의 판단을 번복할 수 없다. (×)

02 헌법재판소는 재판의 전제성 요건의 구비 여부에 대하여 법원의 법률적 견해를 존중하지만 그 견해가 명백히 유지될 수 없을 때에만 직권으로 조사할 수 있다. (○)

11. 국가직 7급

2 대상

1. 법률

(1) 형식적 의미의 법률

원칙적으로 국회가 입법절차에 의거한 의결을 거쳐 제정된 이른바 형식적 의미의 법률만이 법원의 위헌제청의 대상이 될 수 있는 법률에 해당한다. 또 여기서 말하는 법률은 대한민국의 국회가 제정한 법률만을 말한다. 따라서 헌법, 명령, 규칙, 조례는 대상이 되지 않는다.

🔎 관련 판례

1 상속에 관한 구 관습법 [각하]

[1] 관습법이 헌법소원의 대상이 되는지 여부

이 사건 관습법은 민법 시행 이전에 상속을 규율하는 법률이 없는 상황에서 재산상속에 관하여 적용된 규범으로서 비록 형식적 의미의 법률은 아니지만 실질적으로는 법률과 같은 효력을 갖는다. 그렇다면 법률과 같은 효력을 가지는 이 사건 관습법은 당연히 헌법소원심판의 대상이 된다.

[2] 이 사건의 경우

다만, 이 사건 관습법의 존재는 국회가 제정한 성문의 법률과는 달리 소멸시효의 진행을 막는 법률상의 장애라고 볼 수 없어 설령 청구인들이 구 관습법상의 분재청구권을 가진다고 하더라도 위와 같은 분재청구권은 소 제기 이전에 이미 소멸시효 10년이 완성되었다. 그렇다면 이 사건 관습법이 위헌이라고 하더라도, 청구인들의 분재청구권에 관하여 이미 소멸시효가 완성된 이상 법원으로서는 청구인들의 청구를 인용할 수 없게 되었으므로, 이 사건 관습법이 헌법에 위반되는지 여부는 당해 사건의 전제가 되지 아니한다(헌재 2013.2.28, 2009헌바129).

2 미군정법령

이 사건 법령들은 1945.9.25., 1945.12.6. 각 군정장관의 명의로 공포된 것으로 법령(Ordinance)의 형식을 가졌지만, 각 '패전국 정부 등의 재산권 행사 등의 금지에 관한 사항', '재산권 이전 조치에 관한 사항'과 같이 오늘날 법률로 제정되어야 할 입법사항을 규율하고 있으므로 법률로서의 효력을 가진다고 볼 수 있다(헌재 2021.1.28, 2018헌바88).

▶ 따라서 위헌법률심판의 대상이 될 수 있다.

📝 기출OX

실질적으로 법률과 같은 효력을 가지는 관습법도 헌법재판소법 제68조 제2항에 의한 헌법소원심판의 대상이 된다. (○)
18. 서울시 7급

(2) 유효한 법률

① **시행 전 법률**: 구체적 규범통제의 원칙상 아직 시행되기 전의 법률은 위헌법률 심사대상이 되지 않는다. 이는 헌법소원의 대상이 될 수 있다.

② **폐지된 법률**: 폐지된 법률에 대한 위헌심판은 원칙적으로 부적법하다. 그러나 폐지된 법률이라도 당해 소송사건에 적용될 수 있어 재판의 전제가 있는 경우에는 예외적으로 위헌제청의 대상이 된다. 즉, 폐지된 법률이라 할지라도 당해 사건에 대하여 효력이 미치는 경우에는 심사대상이 된다. 08. 법원직·국회직 8급

📝 기출OX

이미 폐지된 법률은 거듭 효력을 상실시킬 실익이 없기 때문에 위헌법률심판의 대상이 될 수 없다. (×)
08. 법원직

🔎 관련 판례

국가보위입법회의법 등의 위헌 여부에 관한 헌법소원 [위헌]

국가보위입법회의법은 1980.10.27. 의결되어 같은 달 28. 법률 제3260호로 공포·시행되었고, 같은 법 부칙 제2항에 의거 1981.4.10. 폐지된 한시법이다. 그리하여 법률의 시적 효력범위 문제와 관련하여 폐지된 법률이 위헌 여부 심판의 대상이 될 수 있느냐가 문제된다. 그것은 법률의 위헌결정에 의하여 일반적으로 그 효력이 상실되는 우리나라의 법제하에서 이미 효력이 상실된 법률에 대하여서는 새삼스럽게 효력을 상실시킬 실익이 없다고 할 수도 있기 때문이다. <u>그러나 폐지된 법률에 의한 권리침해가 있고 그것이 비록 과거의 것이라 할지라도 그 결과로 인하여 발생한 국민의 법익침해와 그로 인한 법률상태는 재판시까지 계속되고 있는 경우가 있을 수 있는 것이며, 그 경우에는 헌법소원의 권리보호이익은 존속한다고 하여야 할 것이다</u>(헌재 1989.12.18, 89헌마32 등).

(3) 법률의 해석

> **관련 판례**
>
> **공무원의 범위** [한정위헌]
>
> [1] 법률의 의미는 결국 개별·구체화된 법률해석에 의해 확인될 것이므로 이는 동전의 양면과 같아 **법률과 법률의 해석을 구분할 수는 없고** 결국 재판의 전제가 된 법률에 대한 규범통제는 결국 해석에 의해 구체화된 법률의 의미와 내용에 대한 헌법적 통제로서 헌법재판소의 고유권한이다. 헌법합치적 법률해석의 원칙상 한정적으로 위헌성이 있는 부분에 대한 한정위헌결정은 입법권에 대한 자제와 존중으로서 당연하면서도 불가피한 결론이고, 이러한 한정위헌결정을 구하는 한정위헌청구 또한 인정되는 것이 합당하다.
>
> [2] 따라서 이 사건 법률조항의 '공무원'에 국가공무원법·지방공무원법에 따른 공무원이 아니고 공무원으로 간주되는 사람이 아닌 제주자치도 위촉위원이 포함된다고 해석하는 것은 법률해석의 한계를 넘은 것으로서 죄형법정주의에 위반된다(헌재 2012.12.27, 2011헌바117).

❶ 법률의 해석을 묻는 한정위헌결정을 해달라는 청구에 대해 과거에는 헌법재판소가 아닌 법원으로 가야 할 것으로 보아 각하하였으나, 최근에는 법률과 법률의 해석은 동전의 양면과 같아 구분하기 힘들다고 판시하면서 이와 같은 청구도 본안판단을 해주고 있다.

(4) 입법부작위

진정입법부작위는 물론이고 부진정입법부작위도 그 자체는 위헌법률심사의 대상이 될 수 없다. 07. 법원직

2. 긴급명령·긴급재정경제명령 02. 국가직 7급

이 경우는 법률과 동일한 효력을 가지므로 일차적으로 위헌심판의 대상이 된다고 할 수 있다. 이와 관련해서는 통치행위도 논란이 될 수 있으나 우리 헌법재판소는 금융실명제 사건에서 통치행위와 관련된 판시를 비롯하여 긴급재정경제명령에 대해서 그 심판대상으로 삼아 사법심사를 한 바 있다(헌재 1996.2.29, 96헌마186).

3. 조약 ❷

조약에 관해서는 부정설과 긍정설이 대립하고 있다. 그러나 오늘날 통설은 헌법은 조약보다 상위규범이고 조약 또한 법률과 동일한 효력을 가지는 경우 헌법재판소가 위헌 여부를 심사할 수 있고, 명령과 동일한 효력을 가지는 경우에는 법원이 그 위헌·위법 여부를 심사할 수 있다고 한다. 특히 비자기 집행조약인 한미상호방위조약과 미군의 지위에 관한 협정을 심판대상으로 하여 위헌심사의 대상으로 한 바 있다(헌재 1999.4.29, 97헌가14).

❷ 조약에 관련해서는 헌법총론 부분을 참조하면 학습에 효과적일 것이다.

4. 헌법조항

헌법의 개별규정 자체는 위헌심사의 대상이 되지 않는다. 08. 법원직

> **관련 판례**
>
> **헌법의 개별규정** [각하]
>
> 헌법 제111조 제1항 제1호·제5호 및 헌법재판소법 제41조 제1항, 제68조 제2항은 위헌심사의 대상이 되는 규범을 '법률'로 명시하고 있으며, 여기서 '법률'이라 함은 국회의 의결을 거쳐 제정된 이른바 형식적 의미의 법률을 의미한다. 따라서 위와 같은 형식적 의미의 법률과 동일한 효력을 갖는 조약 등이 위헌심사의 대상에 포함되는 것은 별론으로 하고 헌법의 개별규정 자체가 위헌심사의 대상이 될 수 없음은 위 각 규정의 문언에 의하여 명백하다(헌재 1996.6.13, 94헌바20).

기출OX

위헌심사의 대상이 되는 법률은 국회의 의결을 거쳐 제정된 형식적 의미의 법률을 의미하므로 헌법의 개별규정 자체는 포함되지 않는다. (O)

08. 법원직

5. 명령·규칙·조례 등

대통령령, 총리령, 각 부령 등 명령과 대법원 등의 규칙은 위헌법률심판의 대상은 아니다.

3 심판대상의 축소·확장·변경

심판대상의 경우 헌법재판소는 직권으로 그 대상을 축소하거나 확장 또는 변경이 가능하다. 그러나 동일한 법률 또는 동조의 법률의 다른 규정이 헌법에 위배되는 경우 현행 법제하에서는 이에 관한 명문규정이 없어 일괄처리할 수 없다(헌재 1990.9.3, 89헌가95). 즉, 병행규범까지 위헌대상을 확장할 수는 없다.

> **헌법재판소법 제45조【위헌결정】** 헌법재판소는 제청된 법률 또는 법률조항의 위헌 여부만을 결정한다. 다만, 법률조항의 위헌결정으로 인하여 해당 법률 전부를 시행할 수 없다고 인정될 때에는 그 전부에 대하여 위헌결정을 할 수 있다.

관련 판례 심판대상의 확장·변경에 관한 판례

1 심판대상의 확장
① 반국가행위자의 처벌에 관한 특별조치법: 위헌
② 택지소유상한에 관한 법률: 위헌
③ 토지초과이득세법: 헌법불합치
④ 국가보위에 관한 특별조치법: 위헌

2 하천법 제2조 제1항 제2호 다목 위헌소원 [합헌]

청구인들이 이 사건 청구취지로서 위헌확인을 구하는 것은 하천법 제2조 제1항 제2호 다목이나, 헌법재판소는 심판청구서에 기재된 청구취지에 구애됨이 없이 청구인의 주장요지를 종합적으로 판단하여야 하며, 청구인이 주장하는 침해된 기본권과 침해의 원인이 되는 공권력을 직권으로 조사하여 피청구인과 심판대상을 확정하여 판단하여야 하는데, 당해 사건에서의 청구인들의 청구취지는 이 사건 토지들이 국유가 아니라 청구인들의 사유토지임을 전제로 그 소유권확인을 구하는 것이므로 당해 사건의 재판에 보다 직접적으로 관련을 맺고 있는 법률조항은 제외지를 포함하여 하천을 국유로 한다고 규정함으로써 직접 제외지의 소유권귀속을 정하고 있는 동법 제3조라 할 것이므로 직권으로 이 사건 심판의 대상을 위 하천법 제2조 제1항 제2호 다목에서 동법 제3조로 변경한다(헌재 1998.3.26, 93헌바12).

3 "~으로부터 1년"이라는 부분의 병행규범

헌법재판소는 1990.9.3. 선고, 89헌가95 결정에서 구 국세기본법 제35조 제1항 제3호 중 "으로부터 1년"이라는 부분, 91헌가6 결정에서 구 지방세법 제31조 제2항 제3호 규정 중 "으로부터 1년"이라는 부분이 각 위헌이라고 판시한 바 있다(즉 지방세법까지 확장하는 것이 아니라 각각 개별적으로 판단하고 있음)(헌재 1994.6.30, 92헌바23).

기출OX

01 헌법재판소는 법질서의 통일성과 소송경제적인 측면에서 필요한 경우 제청법률의 심판범위를 확대하거나 축소할 수 있다. (O)
11. 국가직 7급

02 통상 헌법재판소는 제청된 법률 또는 법률조항의 위헌 여부만을 결정하지만 법률조항의 위헌결정으로 인하여 당해 법률 전부를 시행할 수 없다고 인정될 때에는 그 전부에 대하여 위헌의 결정을 할 수 있다. (O)
04. 법원직

4 위헌법률심판의 심사기준

1. 헌법
헌법 본문을 비롯하여 전문, 부칙도 포함된다.

2. 헌법적 관습
헌법적 관습이나 관행도 위헌심판에서 심판의 기준이 된다.

3. 헌법상 원칙
일반적으로 헌법상 명문규정뿐만 아니라 각 명문규정들에 대한 종합적 검토 및 구체적인 논증 등을 통하여 도출될 수 있는 헌법원칙의 경우도 위헌법률심판의 심사기준이 될 수 있다.

4. 자연법과 정의
자연법 원리나 정의의 원리에 관해서는 견해대립이 존재한다.

5 결정의 유형

1. 각하결정
위헌법률심판청구가 적법 요건을 갖추지 못하여 부적법한 경우에 각하결정을 한다.

2. 합헌결정
심판 대상이 된 법률조항 내지 법률의 위헌성 여부를 심사한 결과 어떠한 헌법위반사실을 발견, 확인할 수 없는 경우에 내리는 유형이다. 주문의 법률 또는 조항은 헌법에 위반되지 아니한다.

3. 위헌결정
헌법재판소 재판관 9인 중 6인 이상의 재판관의 찬성을 얻어 위헌법률심판의 대상이 된 법률 또는 법률조항에 대하여 위헌성을 확인하는 결정유형이다. 이에는 양적 일부 위헌도 포함되나 질적 일부 위헌의 경우는 변형결정의 일종으로 파악함이 타당하다.

4. 변형결정
(1) 의의
　헌법재판소법이 명시적으로 예정한 합헌 또는 위헌결정 이외에 다른 모든 형식의 헌법재판소 결정을 의미한다.

(2) 유형
　① 한정합헌(한정위헌): 해석에 따라 위헌이 되는 부분을 포함하고 있는 법률에 있어 헌법정신에 합치되도록 그 법률을 한정, 축소 해석하여 위헌적인 요소를 소극적으로 배제하는 결정유형이다. 합헌적인 부분을 강조하면 한정합헌이 되고 위헌적인 면을 강조하면 한정위헌이 된다. 이는 보는 시각의 차이일 뿐 본질적인 차이는 없다.❶

---

❶ 헌법재판소는 한정위헌의 기속력과 관련하여 다시 위헌심사가 제기된 경우 종전 결정과 동일하게 한정위헌결정, 한정합헌결정을 또는 기각결정을 내리기도 하였다.

🔎 관련 판례

화재보험 강제가입 [한정위헌]

이른바 계약자유의 원칙이란 계약을 체결할 것인가의 여부, 체결한다면 어떠한 내용의, 어떠한 상대방과의 관계에서, 어떠한 방식으로 계약을 체결하느냐 하는 것도 당사자 자신이 자기의사로 결정하는 자유뿐만 아니라, 원치 않으면 계약을 체결하지 않을 자유를 말하여, 이는 헌법상의 행복추구권 속에 함축된 일반적 행동자유권으로부터 파생되는 것이라 할 것이다. … **4층 이상의 건물에 대해 획일적인 보험가입강제를 하는 것**은 개인의 경제상의 자유와 창의의 존중을 기본으로 하는 **경제질서와 과잉금지의 원칙에 합치되지 아니하여 헌법에 위반**된다(헌재 1991.6.3, 89헌마204).

② 헌법불합치결정의 효력: 위헌결정에 있어서는 위헌법률의 효력이 바로 상실됨에 비하여 불합치결정에 있어서는 위헌적 법률임에도 그 형식적 존재가 존속한다. 06. 국회직 8급

  ㉠ 의의: 위헌성이 인정되는 법률이라 하더라도 위헌결정을 하는 경우 입법자의 형성권을 침해할 우려가 있거나 또는 법적 공백이나 혼란을 초래할 우려가 있는 등 특별한 헌법적 사유가 있을 때에는 예외적으로 위헌결정을 피하고 심판대상 규범의 위헌성만을 확인하는 결정유형을 말한다.

  ㉡ 사유
    ⓐ 평등원칙에 반하는 경우: 법률을 위헌이라고 선언하여 무효화시킨다면 그 일부의 집단에 대한 혜택마저 빼앗기게 되는바 이 경우 헌법불합치결정을 선고한다.
    ⓑ 입법자의 입법 형성권의 존중: 법률의 위헌부분과 합헌부분이 공존하고 상태제거를 할 수 있는 여러 가지 방안이 있는 경우에 헌법불합치결정을 한다.
    ⓒ 법적 공백으로 인한 법적 혼란의 방지: 위헌적인 법률조항을 잠정적으로 적용하는 위헌적인 상태가 위헌결정으로 발생하는 법이 없어 규율 없는 합헌적인 상태보다 오히려 바람직하다고 판단되는 경우이다.

  ㉢ 기속력
    ⓐ 입법자에 대한 효과: 입법자는 위헌적 상태를 조속한 시일 내에 제거해야 할 입법개선의무를 부담한다.
    ⓑ 법적용자에 대한 효과: 원칙적으로 적용금지된다. 그러나 예외적으로 법률공백의 혼란을 방지하기 위해 잠정적용되는 경우도 있다.

🔎 관련 판례

원칙적 적용금지와 예외적 잠정적용

헌법재판소가 헌법불합치결정을 하는 경우, 위헌적 법률은 효력을 상실하여 법질서에서 소멸하는 것이 아니라 형식적으로 존속하게 되나, 원칙적으로 위헌적 법률의 적용이 금지되고, 헌법심판의 계기를 부여한 당해 사건은 물론 심판대상 법률이 적용되어 법원에 계속 중인 모든 사건의 재판절차가 정지된다. 다만, 위헌결정을 통하여 위헌법률을 법질서에서 제거하는 것이 법적 공백이나 혼란을 초래할 우려가 있는 경우, 즉 위헌법률을 잠정적으로 적용하는 위헌적인 상태가 오히려 위헌결정으로 인하여 초래되는 법적 공백 또는 혼란이라는 합헌적인 상태보다 예외적으로 헌법적으로 더욱 바람직하다고 판단되는 경우에는, 헌법재판소는 법적 안정성의 관점에서 법치국가적으로 용인하기 어려운 법적 공백과 그로 인한 혼란을 방지하기 위하여 입법자가 합헌적인

📋 기출OX

01 평등권을 침해하는 법률의 경우에는 자유권 침해의 경우와는 달리 입법자의 형성권이 존재하지 않는 것이 원칙이므로 헌법불합치결정을 할 필요가 없다. (×)
13. 지방직 7급

02 차별조항의 위헌성이 그 차별의 효과가 지나치다는 것에 기인할 때에는, 그 위헌성의 제거는 입법부가 행하여야 할 것이므로 헌법재판소는 그 조항에 대하여 헌법불합치 결정을 하여야 한다. (○)
18. 서울시 7급

03 헌법재판소가 헌법불합치라는 변형결정주문을 선택하여 위헌적 요소가 있는 조항들을 합헌적으로 개정 혹은 폐지하는 임무를 입법자의 형성재량에 맡긴 경우에는, 헌법불합치 결정의 효력이 소급적으로 미치게 되는 모든 사건이나 앞으로 위 법률조항들을 적용하여 행할 부과처분에 대하여는 법리상 헌법불합치 결정 이후 입법자에 의하여 위헌성이 제거된 새로운 법률조항을 적용하여야 한다. (○)
06. 국회직 8급

방향으로 법률을 개선할 때까지 일정 기간 동안 위헌법률을 잠정적으로 적용할 것을 명할 수 있다. 법원은 이러한 예외적인 경우에 한하여 위헌법률을 계속 적용하여 재판을 할 수 있다고 할 것이다(헌재 1990.10.21, 96헌마61 등).

6 위헌결정의 효력

1. 기속력 04·07. 국가직 7급, 07. 법원직

> 헌법재판소법 제47조 【위헌결정의 효력】 ① 법률의 위헌결정은 법원과 그 밖의 국가기관 및 지방자치단체를 기속한다.

기속력이란 국가기관과 지방자치단체 등이 헌법재판소의 결정의 취지를 존중하고 이에 위배되는 행위를 하여서는 안 되는 것을 말한다.

(1) 헌법재판소결정의 기속력
① 의의: 기속력이란 국가기관과 지방자치단체 등이 헌법재판소의 결정의 취지를 존중하고 이에 반하는 행위를 하여서는 아니 되는 것을 말한다. 기속력은 모든 국가기관을 구속한다는 점에서 재판에서 통상 볼 수 없는 헌법소송상의 특이한 효력이다.
② 내용
  ㉠ 결정준수의무: 기속력은 모든 국가기관이 헌법재판소의 구체적인 결정에 따라야 한다는 것과 그들이 장래에 어떠한 처분을 행할 때 헌법재판소의 결정을 존중할 것을 요구한다. 예컨대 행정기관은 그 위헌 선언된 법률을 적용하여 행정작용을 해서는 아니 되며, 법원도 그 법률을 적용하여 재판을 해서는 아니 된다.
  ㉡ 반복금지의무: 기속력은 모든 국가기관이 헌법재판소의 결정에서 문제된 심판대상뿐만 아니라 동일한 사정에서 동일한 이유에 근거한 동일내용의 공권력행사 또는 불행사를 금지한다.

(2) 법률에 대한 위헌심사의 기속력
① 범위
  ㉠ 주관적 범위: 행정기관과 법원 그리고 국회❶까지 구속한다. 다만, 판례변경을 할 수 있기에 헌법재판소 본인을 구속하지는 못한다.
  ㉡ 객관적 범위: 주문에 미치는 것은 당연하며 결정의 중요한 이유부분에 대해서 학설이 대립한다.

> **🔍 관련 판례**
>
> **결정이유의 구속력 [기각]**
> 헌법재판소의 결정이유에까지 기속력을 인정할지 여부 등에 대하여는 신중하게 접근할 필요가 있을 것이나 설령 결정이유에까지 기속력을 인정한다고 하더라도, 이 사건의 경우 위헌결정이유 중 비맹제외기준이 과잉금지원칙에 위반한다는 점에 대하여 기속력을 인정할 수 있으려면, 결정주문을 뒷받침하는 결정이유에 대하여 적어도 위헌결정의 정족수인 재판관 6인 이상의 찬성이 있어야 할 것이다(헌재 2008.10.30, 2006헌마1098 등).

📝 기출OX

헌법불합치결정은 법률이 실질적으로는 위헌이나 법적 공백상태의 방지를 이유로 위헌인 법률을 존속시켜주는 대신에 일정한 기간을 정하여 위헌성을 제거해줄 것을 입법권자에게 요구하는 결정의 형식이지만 반드시 당해 법률조문의 효력시한을 정해주어야 하는 것은 아니다. (O)   01. 국가직 7급

❶ 국회의 경우에는 논란의 여지가 있다.

② **헌법불합치결정의 기속력**: 헌법불합치결정은 불합치결정의 대상이 된 법률 등에 대하여 그 효력의 상실시기만을 일정 기간 뒤로 연기할 뿐 위헌성을 확인하였다는 점에서 위헌결정의 한 유형으로 볼 수 있다. 따라서 이 경우 기속력이 부여된다.

③ **변형결정의 기속력 인정 여부**
  ㉠ 대법원: 법률조항의 문언이 전혀 달라지지 않은 채 존속되는바 법률해석의 문제라고 할 수 있다. 이는 전적으로 대법원을 최고법원으로 하는 법원에 전속하며 헌법재판소의 견해는 일응 하나의 의견으로 족하다. ❷
  ㉡ 헌법재판소: 법률에 대한 위헌심사는 당연히 법률조항에 대한 해석이 전제되는 것이고, 변형결정도 위헌심사의 한 유형이며, 이를 부정할 경우 사법적 자제를 포기해야 한다. 따라서 법률문언의 변화와 헌법재판소 결정의 기속력의 상관관계는 없다고 보아야 한다.

④ **합헌판단의 기속력**: 판례는 합헌판단의 경우는 기속력을 인정하지 않고 있다. 그 예로 간통죄의 경우에는 무려 4번이나 합헌판단을 한 적이 있다.

2. 위헌결정의 소급효

(1) 원칙적 장래효

> 헌법재판소법 제47조【위헌결정의 효력】② 위헌으로 결정된 법률 또는 법률의 조항은 그 결정이 있는 날부터 효력을 상실한다.
> ③ 제2항에도 불구하고 형벌에 관한 법률 또는 법률의 조항은 소급하여 그 효력을 상실한다. 다만, 해당 법률 또는 법률의 조항에 대하여 종전에 합헌으로 결정한 사건이 있는 경우에는 그 결정이 있는 날의 다음 날로 소급하여 효력을 상실한다.

헌법재판소법 제47조 제2항은 위헌결정된 법률 또는 법률조항의 효력은 당해 사건에 적용이 배제됨에 그치는 것이 아니라, 일반적으로 효력이 상실됨을 규정하고 있다. 02. 국가직 7급 위헌으로 결정된 법률 또는 법률조항은 원칙적으로 그 결정이 있는 날부터 효력을 상실한다. 04·08. 법원직

(2) 예외적 소급효

① **의의**: 소급효란 위헌결정의 효력이 위헌사유가 발생한 시점부터 발생함을 뜻한다. 헌법재판소법 제47조 제2항 단서에 따라 위헌결정된 형벌조항에는 소급효가 인정된다.

② **위헌결정의 소급효의 인정 여부**
  ㉠ 문제점: 우리 헌법재판소법 제47조 제2항은 "위헌으로 결정된 법률 또는 법률조항은 그 결정이 있는 날부터 효력을 상실한다. 다만, 형벌에 관한 법률 또는 법률의 조항은 소급하며 그 효력을 상실한다."라고 규정하고 있다. 위 규정은 형벌에 관한 법률규정을 제외하고는 위헌결정에 소급효가 전혀 없어 당사자 권리구제에 문제가 있는바 여기에 대한 대책이 문제된다.

❷ 대법원에게 한정합헌은 법률을 해석할 때 이 부분은 제외하고 해석하라는 의미이다. 예를 들어 4층 이상 건물 중에 유동인구가 많은 경우는 화재보험에 가입하고 그렇지 않은 경우는 가입하지 말라고 했을 때, 이는 법률조항을 그대로 본 것으로 단지 해석을 이와 같이 하라는 것이다. 법률해석의 최고권한은 대법원에게 있으므로 헌법재판소의 입장을 대법원이 반드시 따라야 하는 것은 아니라는 입장이다.

ⓒ 헌법재판소: 우리 헌법재판소는 형벌법규를 제외한 법률 또는 법률조항에 대한 위헌결정의 장래효를 규정한 헌법재판소법 제47조 제2항에 대하여 예외적으로만 소급효를 인정하는 한 합헌이라고 결정한 바 있다. 이는 입법정책의 문제이지 위헌 여부의 문제가 아니라고 하였다. 그러나 예외적으로 소급효 부정시 현저히 부정의·불합리한 경우가 생길 수 있는 일정한 경우에는 소급효를 인정하여야 한다고 판시하였다.

③ 예외적 소급효의 인정범위 06. 국회직 8급, 07. 국가직 7급

ⓐ 헌법재판소의 판례: 헌법재판소는 헌법재판소법 제47조 제2항이 위헌이 아님을 확인하면서 비형벌법규에 대한 위헌결정의 소급효가 예외적으로 인정될 수 있는 경우를 다음과 같이 분류하였다.
ⓐ 법원의 제청·헌법소원의 청구 등을 통하여 헌법재판소에 법률의 위헌결정을 위한 계기를 부여한 당해 사건
ⓑ 위헌결정이 있기 전에 이와 동종의 위헌 여부에 관하여 헌법재판소에 위헌제청을 하였거나 법원에 위헌제청신청을 한 사건과 따로 위헌제청신청을 아니하였지만 당해 법률 또는 법률조항이 재판의 전제가 되어 법원에 계속 중인 병행사건
ⓒ 헌법재판소의 위헌결정 이후에 제소한 사건으로서 당사자의 권리구제를 위한 구체적 타당성의 요청이 현저한 반면에 소급효를 인정하여도 법적 안정성을 침해할 우려가 없는 사건

ⓑ 대법원의 판례: 대법원은 ⓐ, ⓑ는 헌법재판소와 동일하나 ⓒ의 경우는 위헌결정 이후에 제소된 일반사건에도 미친다고 봄이 타당하다고 판시한 바 있다. 그러나 대법원도 기판력에 저촉되는 경우, 행정처분의 확정력이 발생한 경우,❶ 법적 안정성의 유지가 불가피한 경우 등에 위헌결정의 소급효가 미치는 범위를 제한하고 있다.

④ 형벌 조항에 대한 위헌결정의 소급효

ⓐ 원칙적 소급효 01. 국가직 7급, 08. 법원직
ⓐ 위헌법률심판을 제기하면 재판이 정지되니 정지된 상황에서 위헌이 되면 그 법은 제거되고 정지된 재판에서는 피고인을 처벌할 근거가 없어진다. 따라서 확정판결 전에는 원칙적으로 무죄를 선고해야 하며, 위헌심사형 헌법소원처럼 재판이 진행되는 경우 재판확정 이후에는 재심을 청구할 수 있다. 07. 국가직 7급
ⓑ 위헌결정의 선고와 동시에 법원에 의하여 이미 선고된 유죄판결을 그 자체를 무효로 만든다거나 유죄확정판결의 집행을 정지시킨다거나 또는 진행 중인 형의 집행을 금지시키는 것은 아니다. 06. 국회직 8급

ⓑ 소급효의 제한
ⓐ 불처벌 특례조항에 대한 위헌결정 소급효의 제한: 헌법재판소는 형벌에 관한 조항이라도 위헌결정의 소급효를 인정할 경우 형사처벌을 받지 않았던 자들에게 형사상의 불이익이 미치게 되는 경우에는 소급효를 인정할 수 없다는 취지로 판시하고 있다(헌재 1997.1.16, 90헌마110·136).❷ 06. 국회직 8급, 07. 국가직 7급

기출OX

위헌법률심판절차에서 위헌제청된 법률이 위헌으로 결정되면 그 법률은 당해 사건에서만 그 적용이 배제된다. (×) 11. 법원직

기출OX

대법원은 헌법재판소 위헌결정의 효력을 위헌제청을 한 당해 사건뿐만 아니라, 위헌결정이 있기 전에 이미 법원에 제소되어 있는 동종사건에도 미친다고 보고 있다. (○) 07. 국가직 7급

❶ 확정력은 불복기간 경과로 확정되어 더 이상 다툴 수 없게 되는 경우를 말한다.

❷ 교통사고처리특례법처럼 종합보험에 가입하면 처벌하지 않는 경우, 해당 조항이 위헌이 되었다고 하여 소급해서 처벌받지 않은 사람을 처벌한다면 이는 죄형법정주의, 소급효금지의 원칙에 위반된다. 형벌조항이 위헌되었을 때 소급하는 취지는 죄없는 사람을 처벌하지 말라는 것이기 때문이다.

ⓑ 형사절차법에서의 위헌결정 소급효의 제한: 헌법재판소는 제47조 제2항 단서의 소급효가 인정되는 형벌에 관한 법률 또는 법률의 조항의 범위는 실체적인 형벌법규에 한정하여야 한다고 보아 절차법적인 법률인 경우에는 원칙적으로 동 조항 단서가 적용되지 않는다고 판시하고 있다(헌재 1992.12.24, 92헌가8). 06. 국회직 8급

ⓒ 합헌결정이 있는 경우: 해당 법률 또는 법률의 조항에 대하여 종전에 합헌으로 결정한 사건이 있는 경우 그 결정이 있는 날의 다음 날로 소급하여 효력을 상실한다.

기출OX

01 형사실체법 규정뿐 아니라 법원조직법이나 형사소송법 등 형사절차 규정에 대한 위헌선언의 경우에도 소급효가 인정된다. (×) 06. 국회직 8급

02 헌법재판소법 제47조 제2항 단서의 소급효가 인정되는 형벌에 관한 법률 또는 법률의 조항의 범위는 실체적인 형벌법규에 한정하여야 하고, 형사소송절차에 관한 절차법적인 법률인 경우에는 원칙적으로 동 조항 단서가 적용되지 않는다. (○) 12. 지방직 7급

03 위헌으로 결정된 법률 또는 법률의 조항이 헌법재판소법 제47조 제3항 단서에 의하여 종전의 합헌결정이 있는 날의 다음 날로 소급하여 효력을 상실하는 경우, 그 합헌결정이 있는 날의 다음 날 이후에 유죄 판결이 선고되어 확정되었더라도 범죄행위가 그 이전에 행하여졌다면 이에 대하여는 재심을 청구할 수 없다. (×) 18. 법원직

제4편 헌법재판론

제2장 각론

권리구제형 헌법소원

- **청구인 능력**
  - 청구인 능력 — 기본권 주체와 동일

- **공권력**
  - **행사**
    - **입법**: 실질적 의미, 시행 전 법률 가능
    - **행정**
      - 행정입법 — 법규명령, 행정규칙(법령보충+재량준칙)
      - 행정 — 행정계획(구속에 따라), 권력적 사실행위(직접적)
      - 원행정처분(재판헌소 인정될 경우)
    - **사법**: 재판헌소(기속력 위반+기본권 침해시에만)
  - **불행사**
    - **입법부작위**
      - 작위의무+진정입법부작위+상당기간 도과
      - 판례 - 조선철도, 치과전문의, 군법무관 보수, 평균임금, 사실상 노무 조례, 국군포로
    - **행정부작위**
      - 작위의무+부작위+상당기간 도과
      - 판례 - 일본군 위안부

- **기본권 관련성**
  - **자기관련성**
    - **원칙**: 수범자
    - **예외**: 시혜적인 경우 배제된 자, 법적 이해관계가 있는 경우 제3자도 가능
  - **직접성**
    - 매개된 공권력에 재량이 있는지에 따라 달라짐
    - 재량이 있다면 행정처분이 없는 경우에는 법령을 대상으로 함
  - **현재성**
    - 현재 침해된 것이 아니라 하더라도 침해될 것이 확실하면 청구 가능

제2절 헌법소원심판

1 서론

공권력의 행사 또는 불행사로 인하여 헌법상 보장된 기본권이 침해된 경우에 헌법재판소에 재판청구를 하여 그 침해의 원인이 된 공권력의 행사를 취소하거나 그 불행사가 위헌임을 확인받는 제도이다.

> 헌법 제111조 ① 헌법재판소는 다음 사항을 관장한다.
> 5. 법률이 정하는 헌법소원에 관한 심판
>
> 헌법재판소법 제68조【청구사유】① 공권력의 행사 또는 불행사(不行使)로 인하여 헌법상 보장된 기본권을 침해받은 자는 법원의 재판을 제외하고는 헌법재판소에 헌법소원심판을 청구할 수 있다. 다만, 다른 법률에 구제절차가 있는 경우에는 그 절차를 모두 거친 후에 청구할 수 있다.
> ② 제41조 제1항에 따른 법률의 위헌 여부 심판의 제청신청이 기각된 때에는 그 신청을 한 당사자는 헌법재판소에 헌법소원심판을 청구할 수 있다. 이 경우 그 당사자는 당해 사건의 소송절차에서 동일한 사유를 이유로 다시 위헌 여부 심판의 제청을 신청할 수 없다.

2 위헌법률심사형 헌법소원(헌법재판소법 제68조 제2항)

헌법재판소법 제68조 제2항에 의한 헌법소원은 직접적으로 개인의 기본권 침해를 구제하는 수단으로 이용되는 것이 아니라 위헌법률심판을 보완하는 제도로서 위헌법률심판형 헌법소원이다. 03. 국가직 7급

> 헌법재판소법 제69조【청구기간】② 제68조 제2항에 따른 헌법소원심판은 위헌 여부 심판의 제청신청을 기각하는 결정을 통지받은 날부터 30일 이내에 청구하여야 한다.
> 제75조【인용결정】⑦ 제68조 제2항에 따른 헌법소원이 인용된 경우에 해당 헌법소원과 관련된 소송사건이 이미 확정된 때에는 당사자는 재심을 청구할 수 있다.

1. 요건

(1) 대상 - 법률

이는 위헌법률심판과 동일하다.

(2) 재판의 전제성

역시 위헌법률심판과 동일하다.

(3) 법원의 제청이 아닌 기각

① 기각된 경우: 위헌심사형 헌법소원은 위헌 여부 심판의 제청신청을 하여 그 신청이 기각된 때에만 청구할 수 있으므로 청구인이 위헌 여부 심판의 제청신청을 하지 않았고 따라서 법원의 기각결정도 없었던 부분에 대한 심판청구는 부적법하다(헌재 1997.11.27, 96헌바12).

기출OX

헌법재판소법 제68조 제2항 소정의 헌법소원은 그 본질이 헌법소원이라기보다는 위헌법률심판이므로 헌법재판소법 제68조 제1항 소정의 헌법소원에서 요구되는 보충성의 원칙은 적용되지 아니한다. (O) 18. 국가직 7급

비교 정리

구분	구제방법		
위법	정지	위헌	무죄
헌법소원	진행	위헌	재심

② **재신청 불가**: 헌법재판소법 제68조 제2항에 의하여 재차 위헌 여부 심판의 제청신청이 제한되는 '당해 사건의 소송절차'라 함은 동일한 심급의 소송절차뿐만 아니라 상소심에서의 소송절차를 포함하는 것이라고 할 것이므로, 일단 법률의 위헌 여부 심판의 제청신청이 기각되어 헌법소원심판이 청구된 이상 당사자로서는 상소심에서도 다시 동일한 사유로 위헌 여부 심판의 제청신청을 할 수 없다(대결 1996.5.14, 95부13).❶ 11. 사시

(4) 청구기간

① 헌법재판소법 제68조 제2항에 의한 헌법소원심판청구는 법률에 대한 위헌 여부 심판의 제청신청을 기각하는 결정을 통지받은 날로부터 30일 이내에 제기하여야 한다.

② 헌법재판소는 청구인이 책임질 수 없는 사유로 청구기간을 도과한 경우에 소송행위의 추완❷은 인정되지 않는다고 판시하고 있다(헌재 2001.4.26, 99헌바96). 그러나 제68조 제1항의 권리구제형 헌법소원의 경우 청구기간의 도과에 정당한 사유가 있는 경우에는 헌법소원심판청구가 적법하다고 판시하고 있다(헌재 1993.7.29, 89헌마31).

(5) 당사자

위헌심사형 헌법소원의 당사자는 기본권의 주체가 될 수 있는 자뿐만 아니라 모든 재판의 당사자가 해당할 수 있다. 따라서 행정처분의 주체인 행정청도 헌법의 최고규범력에 따른 구체적 규범통제를 위하여 근거 법률의 위헌 여부에 대한 심판의 제청을 신청할 수 있고, 헌법재판소법 제68조 제2항의 헌법소원을 제기할 수 있다(헌재 2008.4.24, 2004헌바44).

2. 재심청구

(1) 의의

헌법재판소법 제68조 제2항의 헌법소원은 당해 소송사건이 정지되지 않는다. 당해 소송사건은 헌법재판소의 위헌결정 이전에 확정될 수 있다. 따라서 헌법재판소법 제75조 제7항은 헌법재판소의 위헌 결정일이 있을 때까지 이미 확정된 당해 소송사건에 관하여 재심을 청구할 수 있도록 규정하고 있다.

(2) 재심청구권자의 범위

헌법재판소는 재심청구권자를 당해 소송사건의 당사자만으로 한정하고 있다. 즉, 헌법소원을 청구하여 인용결정을 받지 않은 사람에게는 재심의 기회를 부여하지 않는다고 하여 청구인의 권리를 침해하지 않는다(헌재 2000.6.29, 99헌바66 등).

3. 특징

(1) 변호사 강제주의 07. 법원직

(2) 서면심리주의

(3) 직권심리주의

(4) 국가비용부담

---

❶ 당사자가 제1심에서 위헌법률심판의 제청을 신청하였다가 기각된 경우 상고심에서 동일한 사유로 다시 위헌법률심판제청을 신청하는 것은 허용되지 않는다.

❷ 추완이란 필요한 요건을 구비하지 않았기 때문에 효력이 생기지 않은 법률행위가 후에 요건이 갖추어져 유효하게 되는 것을 말한다.

기출OX

법률이 국민참여재판 신청권을 부여하면서 단독판사 관할 사건으로 재판받는 피고인과 합의부 관할사건으로 재판받는 피고인을 다르게 취급하는 것은 합리적인 이유가 있다. (O)

17. 지방직 7급

4. 기능
개인의 주관적 기본권보장기능과 객관적 헌법질서를 수호하는 헌법보장기능을 수행한다.

5. 병합
하나의 헌법소원으로 헌법재판소법 제68조 제1항에 의한 청구와 헌법재판소법 제68조 제2항에 의한 청구를 함께 병합하여 제기함이 가능하다고 할 것이다(헌재 2010.3.25, 2007헌마933).

3 권리구제형 헌법소원

1. 청구인 능력
헌법소원심판은 기본권 구제를 위한 것인바 기본권 주체가 될 수 있는 자면 누구나 헌법소원심판을 청구할 수 있다.

2. 공권력의 행사 또는 불행사

(1) 공권력의 행사
공권력의 행사라 하는 것은 공권력을 행사할 수 있는 지위에 있는 기관, 즉 공권력주체에 의한 작위·부작위로서 그로 인해 국민의 권리·의무 내지 법적 지위에 직접적인 영향을 미치는 행위이어야 한다.

> **관련 판례**
> **외국이나 국제기관**
> 헌법소원심판의 대상이 되는 공권력의 행사 또는 불행사는 헌법소원의 본질상 대한민국 국가기관의 공권력 작용을 의미하고 외국이나 국제기관의 공권력 작용은 이에 포함되지 아니한다 할 것이다(헌재 1997.9.25, 96헌마159).

(2) 입법작용
① **헌법규정**: 헌법재판소는 "개별헌법규정과 관련하여 헌법은 그 전체로서 주권자인 국민의 결단내지 국민적 합의의 결과라고 보아야 할 것으로, 헌법의 개별규정을 헌법재판소법 제68조 제1항 소정의 공권력 행사의 결과라고 볼 수도 없다."라고 판시하였다.
② **법률**: 공권력 가운데는 당연히 입법권도 포함되는바 법률에 대한 헌법소원도 가능하다.
  ㉠ **공포 후 시행 전 법률**: 현재 시점에서 기본권 침해에 대해 충분히 예측 가능한 경우에 공포 후 시행 전인 법률자체에 대한 헌법소원도 인정된다(헌재 1994.12.29, 94헌마201).
  ㉡ **의결 후 공포 전 법률안**: 법률이 국회에서 의결되었고 아직 공포되기 전에 헌법소원이 청구되었다하더라도 법률안이 공포·시행되었고 그 법률로 인하여 평등권 등을 침해받게 되었다고 주장하는 이상 청구 당시 공포 여부를 문제 삼아 헌법소원의 대상성을 부인할 수 없다(헌재 2001.11.29, 99헌마494).

ⓒ **폐지된 법률**: 폐지된 법률로 인해 기본권 침해가 계속되는 경우 그 폐지된 법률은 헌법소원의 대상이 된다(헌재 1989.12.18, 89헌마32). 08. 국회직 8급
ⓓ **이미 위헌결정된 법률**: 위 개정 전 상속세법 제9조 제2항의 본문에 관하여는 헌법재판소가 위헌 결정한 바 있어 더 이상 심판의 대상이 될 수 없다(헌재 1994.4.28, 92헌마280).
③ **긴급재정경제명령**: 우리 헌법재판소는 금융실명제사건에서 긴급재정경제명령이 국민의 기본권을 직접 침해할 경우에는 헌법소원의 대상이 됨을 인정하고 있다.
④ **조약**

(3) 행정작용

① 행정입법사안
  ㉠ **법규명령**: 법규명령 자체에 의한 직접적인 기본권 침해 여부가 문제되었을 경우에는 바로 헌법소원심판을 청구할 수 있다고 판시하였다.❶

🔎 관련 판례

1 법무사법 시행규칙 [인용]

법령 자체에 의한 직접적인 기본권 침해 여부가 문제되었을 경우 그 법령의 효력을 직접 다투는 것을 소송물로 하여 일반 법원에 구제를 구할 수 있는 절차는 존재하지 아니하므로 이 사건에서는 다른 구제절차를 거칠 것 없이 바로 헌법소원심판을 청구할 수 있는 것이다. 법무사법 시행규칙 제3조 제1항은 법원행정처장이 법무사를 보충할 필요가 없다고 인정하면 법무사시험을 실시하지 아니해도 된다는 것으로서 상위법인 법무사법 제4조 제1항에 의하여 모든 국민에게 부여된 법무사 자격취득의 기회를 하위법인 시행규칙으로 박탈한 것이어서 평등권과 직업선택의 자유를 침해한 것이다(헌재 1990.10.15, 89헌마178).

2 행정사법 시행령 제4조 제3항 위헌확인 [인용]

행정사법 제4조에서 행정사 자격시험에 합격한 자에게 행정사의 자격을 인정하는 것은 행정사 자격시험이 합리적인 방법으로 반드시 실시되어야 함을 전제로 하는 것이고, 따라서 행정사법 제5조 제2항이 대통령령으로 정하도록 위임한 이른바 "행정사의 자격시험의 과목·방법 기타 시험에 관하여 필요한 사항"이란 시험과목·합격기준·시험실시 방법·시험실시 시기·실시횟수 등 시험실시에 관한 구체적인 방법과 절차를 말하는 것이지 시험의 실시 여부까지도 대통령령으로 정하라는 뜻은 아니다(헌재 2010.4.29, 2007헌마910).

  ㉡ **행정규칙 - 원칙(헌법소원의 대상성)**: 행정규칙은 일반적으로 행정조직 내부에서만 효력을 가지는 것이고 대외적인 구속력을 가지는 것이 아니어서 원칙적으로 헌법소원의 대상이 되지 않는다. 그러나 예외적으로 그 대상이 될 수 있다. 즉 법령보충행정규칙❷과 재량준칙❸의 경우에는 예외적으로 가능하다(헌재 2002.7.18, 2001헌마605 ; 헌재 1990.9.3, 90헌마13).
  ㉢ **조례**: 조례도 지방의회의 의결을 거친 법규이기 때문에 조례 자체로 인하여 직접 기본권을 침해한 경우에는 헌법소원을 제기할 수 있다. 부천시 담배자동판매기 설치금지 조례에서 우리 헌법재판소는 이를 인정한 바 있다. 08. 법원직

📝 기출OX

폐지된 법률이라 하더라도 그 법률로 인해 기본권 침해가 계속되는 경우에는 폐지된 법률도 헌법소원심판의 대상이 된다. (○) 08. 국회직 8급

❶
대법원은 명령·규칙에 대한 심사권은 최종적으로 자신에게 있다고 하나, 헌법재판소는 재판에서 문제되는 경우에만 그렇고 재판에서 문제되지 않는 경우에는 헌법재판소도 심사할 수 있다고 보고 있다.

❷
법령보충적 행정규칙을 만드는 가장 큰 이유는 변화하는 환경에 적응하기 위함이다. 보통 입법이나 법규명령은 외부효를 가지기 때문에 제정과정이 복잡하다. 그런데 변화가 다양한 상황, 예를 들어 식품위생과 같은 경우 잔반재활용으로 식중독이 늘고 있다면 당장 내일이라도 규율해야 한다. 따라서 이러한 상황을 가정하여 법을 추상적으로 규율하고 세부내용을 행정규칙에 위임하여 변화에 신속하게 대응할 수 있게 한다.

❸
예를 들어 음주측정치수가 동일한데 어떤 사람은 운전면허 취소이고 어떤 사람은 단순 경고라면 행정청에 대한 불신이 생길 수밖에 없다. 따라서 재량을 행사할 때 일응 기준을 미리 마련해 놓은 것을 재량준칙이라 한다.

> **주의**
> KBS의 채용공고는 헌법소원의 대상으로 보지 않았다.

② 행정계획
  ㉠ 행정계획안은 그 구속력 여부에 따라서 헌법소원 대상 여부가 달라진다. 즉, 법령의 집행으로 인해 실시될 것이 확실한 경우는 헌법소원의 대상이 된다.
  ㉡ 판례는 서울대학교 입시요강, 공무원 채용시험 공고 등의 경우에는 긍정하였으나 건설교통부장관의 개발제한구역 개선방안발표는 지방자치단체들의 도시계획결정을 통해 그 내용들이 결정되므로 헌법소원 대상이 되지 않는다고 보았다. 주로 기본계획의 경우에는 그 대상성이 부정되나 관리계획의 경우에는 그 대상이 긍정된다.

관련 판례

1 사법시험 1차시험 일요일 시행계획공고 [기각]
구체적인 시험일정과 장소는 위 공고에 따라 비로소 확정되는 것이다. 따라서 공권력 행사의 대상이다(헌재 2001.9.27, 2000헌마159).

2 국가정보원 2005년도 7급 제한경쟁시험 채용공고 [기각]
군미필자 자격제한에 관련한 사항은 법률상 명시적으로 정해져있지 않으나, 이 사건 공고는 법령의 내용을 바탕으로 응시자격을 구체적으로 알리는 것이므로 헌법소원의 대상이 되는 공권력 행사에 해당한다(헌재 2007.5.31, 2006헌마627).

3 사법시험관리위원회의 정답개수형 출제 의결 [각하]
시험방법에 관한 구체적인 내용이 시험관리위원회에 의하여 심의·의결된다고 하더라도 그것은 시험주관기관 내부의 시험출제를 위한 사전준비행위 내지 사실행위에 불과하고 시험주관기관인 법무부장관을 구속하거나 시험위원을 구속하는 것도 아니다(헌재 2004.8.26, 2002헌마107).

> **주의**
> 회계사의 경우도 일정과목에 대하여 학점을 이수하거나 인정받은 사람으로 제한하는 것은 합헌이다(2011헌마801).

③ 권력적 사실행위
  ㉠ 권력적 사실행위란 일정한 법률효과의 발생을 목적으로 하는 것이 아니라, 직접적으로는 사실상의 효과만을 가져오는 공권력의 행사를 말한다. 헌법재판소는 권력적 사실행위에 대해 행정심판이나 행정소송의 대상이 된다고 단정하기 어렵다거나 또는 행정심판이나 행정소송에서 소의 이익이 없다고 볼 가능성이 있다는 점을 들어 헌법소원의 대상성을 인정한다(헌재 1993.7.29, 89헌마31). 01. 국가직 7급, 04. 국회직 8급
  ㉡ 신체의 일부가 경찰관에게 드러나는 유치장을 사용하도록 강제한 행위와 같은 권력적 사실행위는 헌법소원의 청구대상이 된다(헌재 2001.7.19, 2000헌마546). 03·04. 국가직 7급

> **기출OX**
> 권력적 사실행위는 헌법소원의 대상이 되는 공권력의 행사에 해당한다는 것이 헌법재판소의 입장이다. (○)
> 04. 국회직 8급

관련 판례

1 교육인적자원부장관의 학칙 시정요구

단순한 행정지도의 한계를 넘어 규제적·구속적 성격을 상당히 강하게 갖는 것으로서 헌법소원의 대상이 되는 공권력의 행사라고 볼 수 있다(헌재 2003.6.26, 2002헌마337 등).

2 방송통신심의위원회의 시정요구

따르지 않는 경우 방송통신위원회의 해당 정보의 취급거부·정지 또는 제한명령이라는 법적 조치가 예정되어 있다(헌재 2012.2.23, 2011헌가13).

3 문화방송에 대한 방송위원회의 경고

이 사건 경고는 방송평가에 위와 같은 불이익을 주고 그 불이익이 방송사업자의 재허가 심사절차에 반영된다(헌재 2007.11.29, 2004헌마290).

4 한국증권거래소의 법인에 대한 상장폐지결정 [각하]

피청구인(한국증권거래소)은 증권회사를 회원으로 하여 설립된 법인이고, 원칙적으로 피청구인의 회원이 아닌 자는 유가증권시장에서의 매매거래를 하지 못하며, 유가증권시장에 유가증권을 상장하려는 법인은 피청구인과의 사이에 피청구인이 제정한 유가증권상장규정 등을 준수하겠다는 상장계약을 체결하는 것이다. 따라서 유가증권의 상장은 피청구인과 상장신청법인 사이의 "상장계약"이라는 사법상의 계약에 의하여 이루어지는 것이고, 상장폐지결정 및 상장폐지확정결정 또한 그러한 사법상의 계약관계를 해소하려는 피청구인의 일방적인 의사표시라고 봄이 상당하다고 할 것이다. 따라서 피청구인의 청구인회사에 대한 이 사건 상장폐지확정결정은 헌법소원의 대상이 되는 공권력의 행사에 해당하지 아니하므로 이를 대상으로 한 심판청구는 부적법하다(헌재 2005.2.24, 2004헌마442).

5 경호안전 구역의 공고 [각하]

구 'G20 정상회의 경호안전을 위한 특별법'에 의한 경호안전구역의 공고는 그 자체에 의하여 바로 기본권이 침해될 가능성이 생긴다고 볼 수 없다(헌재 2012.2.23, 2010헌마660 등). 13. 법원직

6 방송통신위원회의 방송사업자에 대한 의견제시 [각하]

이 사건 의견제시는 행정기관인 피청구인에 의한 비권력적 사실행위로서, 방송사업자인 청구인의 권리와 의무에 대하여 직접적인 법률효과를 발생시켜 청구인의 법률관계 내지 법적 지위를 불리하게 변화시킨다고 보기는 어렵다(즉, 공권력 행사가 아님)(헌재 2018.4.26, 2016헌마46).

7 교도소장의 소변 제출 명령

교도소 수형자에게 소변을 받아 제출하게 한 것은 형을 집행하는 우월적인 지위에서 외부와 격리된 채 형의 집행에 관한 지시, 명령에 복종하여야 할 관계에 있는 자에게 행한 권력적 사실행위로 헌법재판소법 제68조 제1항의 공권력의 행사에 해당한다(헌재 2006.7.27, 2005헌마277).

8 변협의 등록사무

변호사등록에 관한 한 공법인 성격을 가지는 변협이 등록사무의 수행과 관련하여 정립한 규범을 단순히 내부 기준이라거나 사법적인 성질을 지니는 것이라 볼 수는 없고, 변호사 등록을 하려는 자와의 관계에서 대외적 구속력을 가지는 공권력 행사에 해당한다고 할 것이다(헌재 2019.11.28, 2017헌마759).

기출OX

방송통신심의위원회의 시정요구는 헌법소원의 대상이 된다. (O) 19. 법원직

비교 정리

구분	공권력
시정요구	O
의견제시	X

기출OX

대한변호사협회가 변호사 등록사무의 수행과 관련하여 정립한 규범은 단순한 내부 기준이라 볼 수 있으므로 변호사 등록을 하려는 자와의 관계에서 대외적 구속력을 가지는 공권력 행사에 해당한다고 할 수 없다. (X)

22. 국가직 7급

9 금융위원회가 시중 은행들을 상대로 가상통화 거래를 위한 가상계좌의 신규 제공을 중단하도록 한 조치 [각하]

이 사건 조치는, '특정 금융거래정보의 보고 및 이용 등에 관한 법률' 등에 따라 자금세탁 방지의무 등을 부담하고 있는 금융기관에 대하여, 종전 가상계좌가 목적 외 용도로 남용되는 과정에서 자금세탁 우려가 상당하다는 점을 주지시키면서 그 우려를 불식시킬 수 있는 감시·감독체계와 새로운 거래체계, 소위 '실명확인 가상계좌 시스템'이 정착되도록, 금융기관에 방향을 제시하고 자발적 호응을 유도하려는 일종의 '단계적 가이드라인'에 불과하다(헌재 2021.11.25, 2017헌마1384 등).

▶ 따라서 이는 공권력의 행사로 볼 수 없다.

④ **내부적 의사결정**: 행정기관 또는 국가기관 상호간의 내부적 의사결정은 국민에 대하여 직접적인 법률효과를 발생시키는 행위가 아니므로 원칙적으로 헌법소원의 대상이 되지 않지만, 국민의 권리·의무에 직접 영향을 미치는 경우에는 예외적으로 헌법소원 대상이 된다고 할 것이다.

관련 판례

1 보건복지부장관의 장애인차량 보조금 중단 지침 [각하]

위 정책결정은 최종적인 것이 아니며 정부 부처 내 협의를 통한 장애인복지 예산안 편성과정, 국회의 예산 심의·확정과정에서 변경될 수 있다. 그렇다면 이 사건 지침변경은 대외적 효력이 없는 것이다(헌재 2007.10.25, 2006헌마1236).

2 정부투자기관 예산편성공통지침의 통보행위 [각하]

예산편성공통지침의 통보행위는 성질상 정부의 그 투자기관에 대한 내부적 감독작용에 해당할 뿐이고 국민에 대하여 구체적으로 어떠한 권리를 설정하거나 의무를 명하는 법률적 규제작용으로서의 공권력 작용에 해당한다고 볼 수 없다(헌재 1993.11.25, 92헌마293).

3 대통령의 법률안 제출행위 [각하]

제출된 법률안이 법률로써 확정되기 위해서는 국회의 의결과 대통령의 공포절차를 거쳐야 하므로, 대통령의 법률안 제출행위는 국가기관 간의 내부적 행위에 불과하다(헌재 1994.8.31, 92헌마174).

4 대통령기록물 이관 및 보호기간 지정 [각하]

대통령비서실 기록관장 등 대통령기록물생산기관의 장이 대통령기록물을 중앙기록물관리기관에 이관한 행위는 기록물 관리업무 수행기관 변경을 위한 국가기관 사이의 내부적, 절차적 행위로서 헌법소원심판의 대상이 되는 공권력의 행사에 해당하지 않는다(헌재 2017.9.28, 2017헌마359).

⑤ **질의회신**: 행정청의 질의회신은 단순한 안내행위에 불과할 뿐 법률관계의 변동을 가져오는 것은 아니므로 헌법소원의 대상성이 인정되지 않는다.

⑥ 사법상 행위

> **관련 판례**
>
> **1 공공용지의 협의취득** [각하]
> 협의취득의 법적 성질은 사법상 매매계약과 다를 것이 없다(헌재 1992.11.20, 90헌마160).
>
> **2 한국증권거래소의 상장폐지** [각하]
> 피청구인인 한국증권거래소는 민법상 사단법인이므로 피청구인의 청구인회사에 대한 이 사건 상장폐지확정결정은 공권력행사에 해당하지 않는다(헌재 2005.2.24, 2004헌마442).
>
> **3 사립대학인 학교법인 이화학당의 법학전문대학원 모집요강** [각하]
> 일반적으로 사립대학과 그 학생과의 관계는 사법상의 계약관계이므로 그 모집요강을 공권력의 행사라고 볼 수 없다(헌재 2013.5.30, 2009헌마514)

⑦ 원행정처분
  ㉠ 의의: 원행정처분이란 법원의 확정판결을 통해 그 합법성이 확정되어 법원에의 소송을 통하여는 더 이상 그로 인한 권리침해를 다툴 수 없게 된 행정처분을 말한다.
  ㉡ 원칙: 헌법재판소는 패소판결이 확정된 경우에 당사자는 판결의 기판력에 의한 기속을 받게 되므로 별도의 절차에 의해서 기판력이 제거되지 않는 한 행정처분의 위법성을 주장하여 헌법소원을 제기할 수 없다.
  ㉢ 예외: 단, 예외적으로 원행정처분을 심판의 대상으로 삼았던 법원의 재판이 예외적으로 헌법소원심판의 대상이 되어 그 재판이 취소되는 경우에는 원행정처분에 대한 헌법소원 심판청구를 받아들여 이를 취소할 수 있다(헌재 1997.12.24, 96헌마172 등)고 판시하여 법원이 헌법재판소에 의해 위헌으로 결정된 법률을 적용한 재판이 헌법소원심판의 대상이 되어 그 재판이 취소되는 경우에는 원행정처분에 대한 헌법소원을 청구할 수 있다고 하였다. 03. 국가직 7급, 05. 입시, 08. 국회직 8급

(4) 사법작용 - 재판헌법소원
① 문제점: 법원의 재판에 대한 헌법소원을 금지하고 있는 헌법재판소법 제68조 제1항에 대하여 그 위헌 여부가 문제된다.
② 판례: 법원의 재판은 원칙적으로 헌법소원의 대상이 되지 아니하나, 다만 재판소원금지조항의 적용 영역에서 '법률에 대한 위헌결정의 기속력에 반하는 재판' 부분을 모두 제외하기 위해 헌법재판소법 제68조 제1항 본문 중 '법원의 재판' 가운데 '법률에 대한 위헌결정의 기속력에 반하는 재판' 부분은 헌법에 위반된다(헌재 2022.6.30. 2014헌마760).

기출OX

01 행정소송을 거친 원행정처분은 원칙적으로 확정판결의 기판력으로 인하여 헌법소원심판의 대상이 되지 아니한다. (O) 08. 국회직 8급

02 헌법재판소 판례에 의하면 법원의 재판도 헌법소원심판청구의 대상이 되는 경우가 있다. (O) 04. 국회직 8급

기출OX

01 헌법재판소는 헌법재판소가 위헌으로 결정한 법률을 적용함으로써 국민의 기본권을 침해한 법원의 재판에 대해서는 헌법소원심판을 청구할 수 있다고 본다. (O) 12. 지방직 7급

02 삼권분립의 원칙, 법치행정의 원칙을 당연한 전제로 하고 있는 우리 헌법하에서 행정권의 행정입법 등 법집행의무는 헌법적 의무라고 보아야 한다. (O) 08. 국가직 7급

관련 판례 재판헌법소원에 관한 판례

조세감면 규제법 재판취소 사건 [인용]
[1] (구) 조세감면규제법 부칙이 실효되지 않은 것으로 해석하는 것은 헌법에 위반된다.
[2] 한정위헌결정에 대해서 법원은 기속력을 부인하여 기각하였다.
[3] 위헌결정의 기속력에 반하는 재심 청구를 기각한 판결은 재판청구권을 침해한다.
[4] 다만 대상으로 삼았던 법원의 재판은 재심기각판결로 재심대상판결은 헌법소원의 대상이 되는 법원의 재판에 해당하지 않는다. 따라서 원행정처분에 해당하는 과세처분에 대한 심판청구는 부적법하다(헌재 2022.7.21, 2013헌마242).

(5) 공권력의 불행사
① 입법부작위
  ㉠ 의의와 유형

단순입법부작위	단순히 입법을 하고 있지 아니한 경우
진정입법부작위	입법자가 헌법상 입법의무가 있는 어떤 사항에 관하여 전혀 입법을 하지 아니함으로써 입법행위의 흠결이 있는 경우
부진정입법부작위	입법자가 헌법상 입법의무가 있는 어떤 사항에 관하여 입법은 하였으나 그 입법의 내용·범위·절차 등이 불완전 또는 불충분하여 입법행위에 결함이 있는 경우

  ㉡ 헌법소원의 위헌 요건
    ⓐ 헌법적 입법의무: 기본권이 침해되기 위해서는 명시적인 헌법위임이나 또는 헌법해석을 통하여 입법의무가 있을 것을 전제로 한다.
    ⓑ 진정입법부작위: 부진정 입법부작위에 대해서는 불완전한 그 법률 자체를 대상으로 해야 한다.
    ⓒ 상당기간 도과: 헌법적 의무가 있다고 당장 해야하는 것을 의미하지는 않는다. 충분한 시간이 부여되어 있음에도 불구하고 하지 않은 경우이다.
    ⓓ 정당한 이유 없음: 이를 이행하지 못한 데 정당한 이유가 있다면 위헌이 되지 아니한다.
  ㉢ 판례
    ⓐ 조선철도 주식회사 보상입법부작위

관련 판례

조선철도(주) 주식수용에 대한 보상 [위헌]
해방 후 사설철도회사의 전 재산을 수용하면서 그 보상절차를 규정한 군정법령 제75호에 따른 보상절차가 이루어지지 않는 단계에서 조선철도의 통일폐지법률에 의하여 위 군정법령이 폐지됨으로써 대한민국의 법령에 의한 수용은 있었으나 그에 대한 보상을 실시할 수 있는 절차를 규정하는 법률이 없는 상태가 현재까지 계속되고 있으므로, 이는 입법재량의 한계를 넘는 입법의무 불이행으로서 보상청구권이 확정된 자의 헌법성 보장된 재산권을 침해하는 것이므로 위헌이다(헌재 1994.12.29, 89헌마2).

비교 정리

부진정입법부작위	인정여부
법령헌법소원	○
입법부작위 헌법소원	×

다만, 법령헌법소원도 불완전한 작위부분에 대해서 하는 것이다. 부진정부작위의 경우 부작위 그 자체로는 법령헌법소원과 입법부작위 헌법소원은 허용되지 않는다.

기출OX
국회가 헌법상의 입법의무에 따라 법률을 제정하였지만 그 법률이 불완전하거나 불충분한 부진정입법부작위의 경우는 입법부작위 그 자체를 대상으로 하여 헌법소원을 제기할 수 없다. (○)
09. 국회직 8급

기출OX
사설철도회사의 재산 수용에 대한 보상절차규정을 두고 있던 군정법령이 폐지된 후, 30여 년이 지나도록 그 보상을 위한 아무런 입법조치를 취하지 않고 있는 것은 입법자의 형성의 자유를 고려하더라도 그 한계를 벗어나는 것이라고 보아야 하므로, 이는 사설철도회사의 재산관계권리자 중 손실보상청구권이 확정된 자의 재산권을 침해한다. (○)
12. 지방직 7급

ⓑ 치과전문의 입법부작위: 위헌확인 결정
ⓒ 노동부장관의 평균임금 입법부작위
- 위헌확인 결정: 재산권, 인간다운 생활을 할 권리 침해
- 작위의무가 있는 진정입법부작위: 현재까지의 행정입법부작위로 인한 법령의 공백을 대법원 판례가 대신하고 있어 실질적으로는 평균임금 산정방법이 불가능한 경우가 없게 되었다고 하더라도, 이것은 노동부장관의 행정입법부작위로 인하여 법령의 공백상태가 발생함으로써 이를 채우기 위하여 부득이 법원의 판례가 형성되었던 것에 불과하므로 그러한 사유로는 노동부장관의 행정입법작위의무가 면제된다고 볼 수 없다.

ⓓ 군법무관 보수 관련 대통령의 입법부작위: 위헌확인 결정

관련 판례

군법무관의 보수에 관한 행정입법부작위 [위헌]

구법 시행기간 동안인 약 34년간과 신법 시행기간인 약 3년간 입법부작위의 상태가 지속되고 있다고 할 것이다. 시행령을 제정하지 않고 있는 입법부작위는 정당한 이유 없이 청구인들의 재산권을 침해한 것으로서 헌법에 위반된다(헌재 2004.2.26, 2001헌마718).

ⓔ 국군포로 관련 행정입법부작위: 인용결정

관련 판례

국군포로 등에 대하여 억류기간 중 행적이나 공헌에 상응하는 예우를 할 수 있도록 대통령령을 제정하지 않은 행정입법부작위 [인용]

[1] 국군포로법 제15조의5 제2항은 같은 조 제1항에 따른 예우의 신청, 기준, 방법 등에 필요한 사항은 대통령령으로 정한다고 규정하고 있으므로, 피청구인은 예우의 신청, 기준, 방법 등에 필요한 사항을 대통령령으로 제정할 의무가 있다.
[2] 이처럼 피청구인에게는 대통령령을 제정할 의무가 있음에도, 그 의무는 상당 기간 동안 불이행되고 있고, 이를 정당화할 이유도 찾아보기 어렵다.
[3] 따라서 피청구인이 대통령령을 제정하지 아니한 행위는 청구인의 명예권을 침해한다. 다만, 이러한 행정입법부작위가 청구인의 재산권을 침해하는 것은 아니다(헌재 2018.5.31, 2016헌마626).

ⓕ 주민투표법 입법부작위: 각하결정
주민투표제는 제117조, 제118조의 지방자치제도에 포함되지 않는다. 주민투표권은 헌법 제24조, 제25조(참정권)에서 도출되는 기본권이 아니다.
ⓖ 도시개발제한구역 보상입법부작위: 부진정입법부작위이므로 대상이 아니다.
② 행정부작위: 기본적으로 헌법상 작위의무가 존재해야 하며, 진정부작위여야 한다. 다만 행정청의 부작위의 경우 부작위위법확인소송이 가능한바, 따라서 부작위위법확인소송을 거치지 아니하고 헌법소원을 제기할 경우 보충성의 원칙에 위배될 가능성이 있다. 실제로 대부분 행정부작위에 관한 소송들은 보충성의 요건에 위배되어 각하되어 행정부작위를 심사한 경우는 상당히 드물다.

> **관련 판례** 행정부작위에 관한 판례
>
> **1 일본군 위안부 사건 [인용]**
> 헌법 전문, 헌법 제10조, 제2조 제2항과 이 사건 협정 제3조의 문언에 비추어 볼 때, 피청구인이 위 제3조에 따라 분쟁해결의 절차로 나아갈 의무는 일본국에 의해 자행된 조직적이고 지속적인 불법행위에 의하여 인간의 존엄과 가치를 심각하게 훼손당한 자국민들이 배상청구권을 실현하도록 협력하고 보호하여야 할 헌법적 요청에 의한 것이다. 이 사건 협정 제3조에 의한 분쟁해결절차로 나아가는 것만이 국가기관의 기본권 기속성에 합당한 재량권 행사라 할 것이고, 피청구인의 부작위로 인하여 청구인들에게 중대한 기본권의 침해를 초래하였다 할 것이므로, 이는 헌법에 위반된다(헌재 2011.8.30, 2006헌마788).
>
> **2 독도 안전시설 설치 등 부작위**
> 피청구인에게 독도에 대피시설 등의 특정 시설을 설치하여야 할 구체적인 작위의무가 있다고 보기 어려우므로, 이 시간 부작위는 헌법소원의 대상이 될 수 없다(헌재 2016.5.26, 2014헌마1002).

3. 헌법상 보장된 기본권

(1) '기본권'의 침해

① 헌법소원은 '헌법상 보장된 기본권의 침해를 받은 자'가 그 침해를 구제받기 위해 헌법재판소에 심판을 청구하는 제도이므로 헌법소원심판을 청구하기 위해서는 침해되는 '기본권'이 있을 것을 전제로 한다.

② 헌법규범이 개인에게 주관적 공권이 아닌 객관적인 제도만을 보장하는 경우에는 그 침해만을 이유로 헌법소원을 제기할 수 없다. 물론 문제된 제도적 보장에 의해 보호되는 주관적 공권으로서의 기본권 침해를 주장하여 헌법소원을 청구할 수는 있다.

③ 헌법소원심판에서 공권력의 행사 또는 불행사가 위헌인지 여부를 판단함에 있어서 헌법의 기본원리를 그 기준으로 적용할 수는 있으나, 공권력 행사가 헌법의 기본원리에 위반된다는 주장만으로 헌법상 보장된 기본권의 주체가 아닌 자가 헌법소원을 청구할 수는 없다.

(2) 기본권 침해의 자기관련성·직접성·현재성

① 기본권 침해의 자기관련성

원칙	• 심판청구인 자신의 기본권이 침해당한 경우를 말함 • 제3자의 기본권 침해에 대해서는 원칙적으로 청구할 수 없음
예외	• 예외적으로 제3자라도 직접적이고 법적인 이해관계를 가지고 있으면 자기관련성이 인정됨 • 시혜적인 법률의 경우는 혜택에서 배제된 자가 자기관련성이 있음

㉠ 시혜적 법률에서의 자기관련성
ⓐ 시혜적 법률의 경우에는 수혜의 범위에서 제외된 자가 평등원칙 위배를 이유로 위헌을 주장할 경우, 이에 대해 헌법재판소가 평등원칙 위배를 확인한다면 그 결과로서 청구인도 혜택규정에 의하여 배제되었던 혜택에 참여할 가능성이 있으므로 자기관련성이 인정될 수 있다(헌재 2005.6.30, 2003헌마841).

ⓑ 비교집단에게 혜택을 부여하는 법규정이 위헌으로 선고되어 그러한 혜택이 제거된다면 비교집단과의 관계에서 청구인들의 법적 지위가 상대적으로 향상된다고 볼 여지가 있는 때에도 자기관련성을 인정할 수 있다(헌재 2001.11.29, 2000헌마84).

관련 판례

연합뉴스의 국가기간뉴스통신사 지정 [기각]

[연합뉴스만을 국가기간뉴스통신사로 지정한 것이 평등원칙에 위배된다며 다른 경쟁회사가 헌법소원심판을 청구한 경우에 자기관련성이 인정되는지 여부]

심판대상조항은 연합뉴스사를 국가기간뉴스통신사로 지정하여 이에 대하여 재정지원 등 혜택을 부여함을 내용으로 하므로 오로지 연합뉴스사만을 그 규율의 대상으로 하고, 청구인들은 원칙적으로 규율의 직접적인 상대방이 아닌 제3자에 불과하다. … 이 사건에서 만약 헌법재판소가 '연합뉴스사만을 국가기간통신사로 지정하여 재정지원을 하는 것은 청구인 회사의 평등권을 침해한다.'라는 위헌취지의 결정을 하는 경우, 연합뉴스사에 대한 재정지원을 박탈하거나 또는 감축하는 방향으로 평등을 실현할 수도 있겠지만, 이와 달리 경업자인 청구인 회사에게도 국가기간뉴스통신사의 지위를 부여하는 방향으로 평등이 이루어질 수도 있으므로 제3자인 청구인들에게도 자기관련성을 인정할 수 있다(헌재 2005.6.30, 2003헌마841).

ⓒ 단체와 구성원: 단체는 단체 자신의 기본권이 직접 침해당한 경우에만 헌법소원심판청구를 할 수 있을 뿐이고, 그 구성원을 위하여 또는 구성원을 대신하여 헌법소원심판을 청구할 수 없다.

기본권 침해의 자기관련성이 부정되는 경우

사단법인 한국급식협회 (2006헌마1028)	청구인 협회는 직접 위탁급식업을 영위하는 주체가 아니므로 이 사건 심판대상조항에 의하여 직접 기본권을 제한받는 자라 할 수 없다.
연명치료 중단에 관한 법 (2008헌마385)	직접적인 상대방은 연명치료 중단으로 사망에 이르는 환자이다. 따라서 그 자녀들은 기본권의 침해에 관련되지 않는다.
혁신도시선정 (2006헌마312)	이로 인해 해당 지역 주민들이 받는 이익 내지 혜택은 공공정책의 실행으로 인하여 주어지는 사실적·경제적인 것이다. ▶ 즉, 선정되지 못한 도시민들은 부정된다.
법학전문대학원 인가 배제 (2008헌마372)	직접적 규율대상은 법학전문대학원의 설치인가 신청을 한 국민학원이다. ▶ 즉, 교수님들은 부정된다.
방사성폐기물 유치지역지원 (2005헌마848)	특별법은 산업자원부장관을 그 수범자로 하고 있어 주민의 경우 자기관련성이 없다.
회사의 대표자 (2000헌마308)	회사와 그 대표자 개인을 엄격하게 구별하고 있는 우리 법제상 청구인들이 이 사건에서 침해되었다고 주장하는 기본권의 주체는 허가 명의자인 각 회사이다. ▶ 참고로 주주는 인정된다.

비교 정리

학생의 자기 관련성

내용	관련자
서울대입시요강	수험생
세무대폐지	재학생

대학교의 재학생 (94헌마277)	신입생자격 제한조치의 직접적인 상대방이 아닌 제3자이다.
무가지 경품제한 (2001헌마605)	신문을 발행하는 자를 규제대상으로 하고 있다. 무가지 제한의 경우 구독자는 사실상의 이해관계만 존재할 뿐이다.
백화점 셔틀버스금지 (2001헌마132)	고객이 누린 이익은 백화점 등의 경영자가 셔틀버스를 운행함으로써 누린 반사적인 이익에 불과하다.
학칙시정에 있어 교수회 (2002헌마337)	학칙시정요구는 각 대학의 총장들을 상대로 한 공권력의 행사로 교수회는 간접적 관계로 미치는 것일 뿐이다.
지역가산점과 부산교육대 (2010헌마747)	초등교사 임용시험에서 지역가산점에 대해 부산교육대학교는 간접적 이해관계자에 불과하다.
버스 외관에 알파벳 (2004헌마744)	직접적인 원인을 제공한 것은 버스에 영어문자를 도색한 버스운송사업자이고, 고객은 간접적인 이해관계밖에 없다.
제주 4·3특별법에 근거한 희생자 결정 (2009헌마147)	수형자 및 무장유격대 가담자를 포함한 제주 4·3위원회의 일부 희생자 결정이 청구인들의 명예권 등과 관련하여 기본권 침해의 자기관련성을 인정할 수 없다.
담배의 제조 및 판매로 인한 간접흡연 (2012헌마38)	비흡연자들(임산부 등)의 간접흡연은 2차적 피해로 자기관련성을 인정할 수 없다.
무면허 의료행위 소비자 (2013헌마359)	무면허 의료행위를 금지하고 처벌하는 의료법 조항의 직접적인 수범자는 무면허 의료행위자이므로 제3자에 불과한 의료소비자는 자기관련성이 인정되지 아니한다.
변호사 (2002헌마756)	보석청구가 기각됨으로써 청구인이 변호사로서 받는 불이익은 간접적·사실적·경제적인 이해관계에 불과하여 청구인은 이 사건 법률조항에 대하여 자기관련성이 없다.
교수회 (2013헌마576)	2012년도 대학교육역량강화사업 기본계획의 수범자는 국공립대학으로 이 사건 제외조치의 상대방은 이 사건 대학들이며, 이 사건 대학들에 근무하는 교수나 교수회는 제3자에 불과하다.

● 기본권 침해의 자기관련성이 인정되는 경우

의료보험 통폐합 (99헌마289)	법규정이 내포하는 불이익이 수규자의 범위를 넘어 제3자인 청구인들에게도 유사한 정도의 불이익을 가져온다.
교섭단체에 정책연구위원배정 (2004헌마654)	교섭단체를 구성하지 못한 소수정당이 이 사건 규정으로 인하여 정책연구위원을 배정받지 못하는 불이익을 입는 경우에, 그것이 단순히 간접적 사실적 또는 경제적인 이해관계라고 볼 수는 없다.
방송광고의 사전심의제 (2005헌마506)	방송을 통해 광고를 하고자 하는 자는 이 사건 규정들 때문에 반드시 사전에 심의를 거쳐야 하고, 그러지 않을 경우 자신이 원하는 방송광고를 할 수 없게 되므로 청구인과 같은 광고주의 경우도 기본권을 제한받고 있다.

연합뉴스사건 (2003헌마841)	경업자인 청구인 회사에게도 국가기간뉴스통신사의 지위를 부여하는 방향으로 평등이 이루어질 수도 있으므로 자기관련성을 인정할 수 있다.
법무사자격 부여 (2000헌마84)	경력공무원에 의한 신규 법무사의 충원이 중단된다면 시험합격자에 의한 충원의 기회는 개념상 늘어날 수밖에 없다.

② 기본권 침해의 직접성
  ㉠ 의의: 기본권 침해는 그 침해를 야기한 공권력 행사 그 자체로 인해 바로 청구인에게 발생되는 침해이어야 한다. 심판대상인 공권력 작용 외의 다른 공권력 작용이 매개되어야만 기본권 침해가 발생한다면 기본권 침해의 직접성이 인정되지 않는다.
  ㉡ 법령헌법소원에서의 직접성
    ⓐ 요건: 법률 또는 법률조항 자체가 헌법소원의 대상이 될 수 있으려면 그 법률 또는 법률조항에 의하여 구체적인 집행행위를 기다리지 않고 법률 그 자체에 의하여 자유의 제한·의무의 부과·권리 또는 법적 지위의 박탈이 생긴 경우이어야 하는 것을 요건으로 한다.
    ⓑ 재량행위인 경우: 기본권의 침해는 집행기관의 의사에 따른 집행행위, 즉 재량권의 행사에 의하여 비로소 이루어지고 현실화되므로 이러한 경우에는 법령에 의한 기본권 침해의 직접성이 인정될 여지가 없다고 판시한다(헌재 2003.7.24, 2003헌마3).

🔍 관련 판례

정보통신망이용촉진 및 정보보호 등에 관한 법률 제42조 [기각]

이 조항은 '… 청소년유해매체물을 제공하고자 하는 자는 대통령령이 정하는 표시방법에 따라 당해 정보가 청소년유해매체물임을 표시하여야 한다.'고 규정하는데, 청소년유해매체물의 표시방법을 하위규범인 대통령령에 위임하고 있어 직접성 요건이 흠결된 것이 아닌가하는 의문이 제기될 수 있다. 그러나 이 조항은 청소년유해매체물의 표시의무를 부과하면서 다만 그 구체적인 방법을 대통령령에게 위임하고 있는 것이므로 '표시의무의 부과'라는 금지의무의 설정이 동 법률조항에서 직접 이루어지고 있다는 관점에서 볼 때, 동 조항은 직접 기본권(표현의 자유)을 제한하고 있는 것이므로 '직접성'이 인정된다(헌재 2004.1.29, 2001헌마894).

  ㉢ 직접성의 예외: 집행행위가 예정되어 있는 경우라도 헌법재판소는 다음과 같은 경우 예외적으로 기본권 침해의 직접성을 인정한다. 직접성의 예외는 주로 입법작용과, 보충성의 예외는 주로 행정작용과 관련된다.
    ⓐ 집행행위를 대상으로 한 구제절차의 부재 등: 집행행위를 대상으로 하는 구제절차가 없거나 구제절차가 있다고 하더라도 권리구제의 기대가능성이 없고, 다만 청구인에게 불필요한 우회절차를 강요하는 것밖에 되지 않는 경우 법률을 헌법소원의 직접 대상으로 삼을 수 있다.
    ⓑ 집행행위에 대한 권리구제절차를 밟을 것을 요구할 수 없는 경우: 형벌조항과 같이 법령의 집행행위를 기다렸다가 그 집행행위(형벌의 부과 등)에 대한 권리구제절차를 밟을 것을 국민에게 요구할 수 없는 경우에도 예외적으로 기본권 침해의 직접성이 인정된다.

📝 기출 OX

헌법재판소는 명령·규칙 그 자체로 인하여 직접 기본권이 침해된 경우에는 헌법소원심판을 청구할 수 있다는 입장이다. (O)   03. 국가직 7급

📋 비교 정리

직접성

재량여부	소의 대상
O	집행행위
×	법령

비교 정리

형벌조항의 직접성

위반행위	직접성
전	인정
후	부정

즉, 위반행위 이후에는 재판에서 다투면 된다.

관련 판례

형벌조항에 대한 헌법소원

법령의 집행행위를 기다렸다가 그 집행행위에 대한 권리구제절차를 밟을 것을 국민에게 요구할 수 없는 경우에도 예외적으로 기본권 침해의 직접성이 인정될 수 있다. 예컨대, 형법상의 법률조항은 엄밀한 의미에서 법률 그 자체에 의하여 국민의 신체의 자유를 제한하는 것이 아니라 넓은 의미의 재량행위(법관의 양형)의 하나인 형법조항의 적용행위라는 구체적인 집행행위를 통하여 비로소 국민의 기본권이 제한되는 것이지만, 국민에게 그 합헌성이 의심되는 형법조항에 대하여 위반행위를 우선 범하고 그 적용·집행행위인 법원의 판결을 기다려 헌법소원심판을 청구할 것을 요구할 수는 없다. 따라서 이러한 경우에는 예외적으로 집행행위가 재량행위임에도 불구하고 법령에 의한 기본권 침해의 직접성을 인정할 수 있다(헌재 2003.7.24, 2003헌마3).

관련 판례 기본권 침해의 직접성에 관한 판례

1 공탁금의 이자에 관한 규칙에 대한 헌법소원 [기각]

비록 이 사건에서 공탁공무원의 1990.12.7. 회수인가처분이 개재되어 있다고 하더라도 위 대법원규칙이 공탁공무원에게 심사와 재량의 여지를 주지 않은 채 공탁금에 대하여 연 1%의 이자를 붙이게 하고 1만원 미만의 단수에 대하여는 이자를 붙이지 않도록 일의적이고 명백하게 규정하고 있는 이상 이 사건 심판청구는 위 예외에 해당하여 **직접성이 있다**(헌재 1995.2.23, 90헌마214).

2 1994년 생계보호기준 위헌확인 [기각]

이 사건 생계보호기준은 생활보호법 제5조 제2항의 위임에 따라 보건복지부장관이 보호의 종류별로 정한 보호의 기준으로서 일단 보호대상자로 지정이 되면 그 구분(거택보호대상자, 시설보호대상자 및 자활보호대상자)에 따른 각 그 보호기준에 따라 일정한 생계보호를 받게 된다는 점에서 직접 대외적 효력을 가지며, 공무원의 생계보호급여 지급이라는 집행행위는 위 생계보호기준에 따른 단순한 사실적 집행행위에 불과하므로, 위 생계보호기준은 그 지급대상자인 청구인들에 대하여 **직접적인 효력을 갖는 규정이다**(헌재 1997.5.29, 94헌마33).

3 형법 제72조 제1항에 따른 가석방결정 [각하]

형법 제72조 제1항은 동 규정에 따른 요건이 갖추어지면 법률상 당연히 가석방을 하도록 정하고 있는 것이 아니고, 수형자의 연령 등 제반사정을 참작하여 재량적인 행정처분으로써 가석방을 할 수 있도록 하는 가석방제도의 원칙을 정하고 있는 규정에 불과하여, 동 규정이 그 자체로서 가석방이라는 구체적인 행정처분을 기다리지 않고 직접수형자인 청구인의 기본권을 침해하고 있다고는 볼 수 없으므로 기본권 침해의 **직접관련성이 결여되었다고 할 것이다**(헌재 1995.3.23, 93헌마12).

4 수용자 규율 및 징벌 등에 관한 규칙 [각하]

이 사건 규칙조항은 교도소장이 규율위반사실에 대한 조사기간 중 집필을 금지할 수 있다고 규정하고 있다. 즉, 조사수용 기간 중에 있는 수용자라고 하여 직접 집필이 금지되는 것이 아니라 교도소장이 필요하다고 판단하여 집필을 금지한 경우에 비로소 집필이 금지되는 것이다. 그렇다면 이 사건 규칙조항은 교도소장에 의한 집필의 금지라는 구체적 집행행위를 통하여 비로소 집필에 대한 제한을 가하는 것이어서 **기본권 침해의 직접성이 인정되지 않는다**(헌재 2005.2.24, 2003헌마289).

5 당구장시설의 예외적 허용 [각하]

학교보건법 제6조 제1항 제12호는 그 자체로서 직접 청구인들의 기본권을 침해하는 것이 아니라, 위 규정에 근거한 관할 교육감 또는 교육감이 지정하는 자의 금지시설 및 행위의 해제 여부에 관한 재량권의 행사, 즉 해제 또는 해제거부처분이라는 구체적인 집행행위를 매개로 하여 비로소 청구인들이 주장하는 기본권 침해 여부의 문제가 발생할 수 있는 것이다. 따라서 이 사건 심판 청구는 법령에 대한 **직접성 요건을 흠결하여 부적법하다**(헌재 2005.10.27, 2004헌마732).

6 주민등록말소 절차규정 [각하]

주민등록말소의 효력은 이 사건 규정들에 의한 주민등록말소신청 자체로 발생하는 것이 아니라, 주민등록법 제2조 제1항·제2항에서 규정하고 있는 주민등록 사무를 관장하는 권한 있는 자의 주민등록말소처분이라는 집행행위가 매개되어야 비로소 그 효력이 현실적으로 나타나는 것이다. … 이는 법령에 대한 헌법소원의 직접성 요건을 갖추지 못한 것으로서 **부적법하다 할 것이다**(헌재 2005.5.26, 2004헌마408).

7 지상파 방송의 재송신에 대한 방송위원회의 승인에 관한 규정 [각하]

방송법 제78조 제2항·제4항은 위성방송사업자가 동시 재송신의무 대상이 아닌 지상파 방송을 재송신하고자 하는 때에는 방송위원회의 승인을 얻도록 하고 있다. 그렇다면 이 사건 법률조항은 그 자체로서 직접 청구인들의 기본권을 침해하는 것이 아니라, 위 규정에 근거한 방송위원회의 승인 또는 승인거부라는 구체적인 집행행위를 매개로 하여 비로소 기본권 침해 여부의 문제가 발생할 수 있는 것이다. … 기본권 침해의 **직접성 요건을 흠결하였다고 할 것이다**(헌재 2005.5.26, 2002헌마356 등).

8 관세법상 관세율표 [각하]

관세법상의 관세율표는 관세의 부과대상이 되는 비료의 종류 및 세율에 관하여 규정하고 있는 것으로서, 구체적인 집행행위인 세관장의 관세부과처분을 거치지 아니하고 위 관세율표에 의하여 곧바로 청구인에 대한 의무의 부과나 권리침해 등의 법률효과가 생기는 것이 아니므로 청구인은 위 관세율표 자체에 의하여 **직접적으로 기본권을 침해받았다고 볼 수 없다**(헌재 1998.3.26, 96헌마166).

9 의료인의 면허취소❶ [각하]

의료인 면허의 필요적 취소사유와 면허취소 후 재교부금지기간을 규정하고 있는 의료법 조항에 따르면 면허취소 또는 면허 재교부 거부라는 구체적인 집행행위가 있을 때 기본권 침해가 발생하게 되므로, 이 조항 자체만으로는 기본권이 직접 침해 된다고 볼 수 없다(헌재 2013.7.25, 2012헌마934).

10 검사 징계위원회의 위원 구성 조항 [각하]

심판대상조항은 국가기관인 징계위원회의 구성에 관한 사항을 규정한 조직규범에 해당한다. 청구인이 주장하는 기본권침해는 심판대상조항 자체에 의하여 직접 발생하는 것이 아니라, 심판대상조항에 의하여 구성된 징계위원회가 청구인에 대한 징계의결을 현실적으로 행하고 이에 따른 구체적인 집행행위, 즉 법무부장관의 제청으로 대통령이 행하는 해임, 면직, 정직 등의 징계처분이 있을 때 비로소 발생하는 것이다. 따라서 이 사건 심판청구는 직접성을 갖추지 못하였다(헌재 2021.6.24, 2020헌마1614).

---

❶ 아직 취소를 당한 것이 아니므로 집행행위가 있은 후에 소송을 제기하라는 의미이다.

11 법무사 사무원 중 5인 초과 금지

이 사건 심판대상 조항 자체에 의하여 청구인들이 직접 해고되지 아니하는 것은 사실이나 법무사 최OO는 이 사건 심판대상 조항에 의하여 사무원 중 5인을 초과하는 사무원을 해고하여야 하는 법률상 의무를 직접 부담하므로 이 사건 심판대상 조항은 직접 기본권을 침해하는 법 조항이라 할 것이고, 위 해고의 대상 중에 포함되어 있어 해고의 위험을 부담하는 것이 분명한(해고의 가능성이 100%가 아니라는 것 뿐이다) 청구인들 또한 이 사건 심판대상 조항에 의하여 직접적이고 법적인 침해를 받게 되는 것이다(헌재 1996.4.25, 95헌마331).

③ 침해의 현재성
  ㉠ 현재성의 원칙: 헌법소원심판청구는 청구인의 기본권이 현재로서 침해되고 있음을 그 요건으로 한다.
  ㉡ 현재성의 예외: 우리 헌법재판소는 요건을 완화하여 현재성의 예외를 인정한다.
    ⓐ 아직 기본권의 침해가 발생하지는 않았으나 장래 불이익을 입게 될 수도 있다는 것을 현재의 시점에서 충분히 예측할 수 있는 경우에는 기본권 침해의 현재성이 인정된다. 헌법재판소는 이를 '현재성의 예외'라고 하기도 하였다.❶
    ⓑ 기본권의 침해행위가 이미 종료되었지만 침해행위의 반복위험이 있고 헌법적으로 긴요한 사항이어서 심판이익이 인정되는 경우에도 현재성의 예외가 된다.

> **관련 판례**
>
> **서울대학교 신입생 선발입학시험요강❷**
> 고등학교에서 일본어를 배우고 있는 청구인들은 서울대학교 대학별 고사의 선택과목에서 일본어가 제외되어 있는 입시요강으로 인하여 그들이 94학년도 또는 95학년도에 서울대학교 일반계열 입학을 지원할 경우 불이익을 입게 될 수도 있다는 것을 현재의 시점에서 충분히 예측할 수 있는 이상 기본권 침해의 현재성을 인정하여 헌법소원심판청구의 이익을 인정하는 것이 옳을 것이다. 기본권 침해가 눈앞에 닥쳐올 때를 기다렸다가 헌법소원을 하라고 요구한다면 기본권구제의 실효성을 기대할 수 없기 때문이다(헌재 1992.10.1, 92헌마68 등).

(3) 보충성
  ① 보충성의 원칙
    ㉠ 의의

> 헌법재판소법 제69조 【청구기간】 다른 법률에 따른 구제절차를 거친 헌법소원의 심판은 그 최종결정을 통지받은 날부터 30일 이내에 청구하여야 한다.

이 규정의 의미는 헌법소원이 그 본질상 헌법상 보장된 기본권침해에 대한 예비적이고 보충적인 최후의 구제수단이므로 먼저 다른 법률이 정한 절차에 따라 침해된 기본권의 구제를 받지 못한 경우에 비로소 헌법소원심판을 청구할 수 있다는 것을 밝힌 것이다.

---

❶ 따라서 법률이 일반적 효력을 발생하기 전이라도 공포되어 있고, 그로 인하여 사실상의 위험성이 이미 발생한 경우에는 예외적으로 침해의 현재성이 인정된다.

❷ 다만, 기산점은 92년이 아닌 94년의 입시요강으로 시험을 본 경우이다. 즉, 상황성숙이론에 의해 현재성의 요건이 완화될 수는 있으나 청구기간의 기산점은 실제 침해당한 시점을 기준으로 하여야 조금이라도 청구기간이 늘어나 국민에게 이익이 되기 때문이다.

기출OX

법령에 대한 헌법소원에 있어서 아직 그 법령에 의해 기본권침해가 발생하지 않았으나 장래 그 침해가 확실히 예상되어 기본권침해의 현재성 요건을 예외적으로 충족한 경우에는 기본권침해가 없더라도 청구기간이 개시된 것이다. (×) 19. 경찰승진

→ 기산점은 현재성의 예외와 별개이다. 즉 침해당한 시점이다.

ⓒ 다른 법률에서의 구제절차의 의미

> **관련 판례** 기본권 침해의 보충성에 관한 판례
>
> **1 손해배상청구, 손실보상청구**
> 여기의 '다른 법률에 의한 구제절차'라 함은 공권력의 행사 또는 불행사를 직접 대상으로 하여 그 효력을 다툴 수 있는 적법한 권리구제절차를 의미하는 것이지 공권력의 행사 또는 불행사의 결과 생긴 효과를 원상복귀시키거나 사후적·보충적 구제수단인 손해배상청구나 손실보상청구를 의미하는 것은 아니다(헌재 1993.5.13, 92헌마297). 06. 국회직 8급
> ▶ 따라서 가압류나 가처분은 보충성 요건을 충족하는 것은 아니다.
>
> **2 청원제도**
> 청원제도도 사전권리구제절차에 해당되지 아니한다. 청원제도도 기본권구제수단이기는 하나 그 성격이나 기능을 고려할 때 보충성원칙에서 요구하는 사전절차에 해당되지 아니하고, 따라서 어느 공권력행사에 청원을 할 수 있다는 명시규정이 있다고 하더라도 청원을 거치지 않고 바로 헌법소원을 제기할 수 있는 것이다(헌재 1998.10.29, 98헌마4).
>
> **3 진정서·탄원서의 제출**
> 형사피의자로 입건되었던 자는 검찰청에 진정서나 탄원서를 제출하거나 수사재기를 신청함으로써 자신의 억울함을 호소할 수도 있겠으나, 그것은 검사의 직권발동을 촉구하는 하나의 방법일 뿐이므로 헌법재판소법 제68조 제1항 단서 소정의 구제절차에 해당하는 것이라고 할 수 없다(헌재 1992.11.12, 91헌마146).
>
> **4 지목변경신청반려행위 [각하]**
> 지목변경신청반려행위가 항고소송의 대상이 되는 처분행위에 해당한다는 변경된 대법원 판례에 따르면, 지목변경신청반려행위에 대하여 행정소송을 거치지 않고 제기된 헌법소원심판청구는 보충성의 요건을 흠결하여 각하되어야 한다(헌재 2004.6.24, 2003헌마723).

② 보충성의 예외
  ㉠ 다른 권리구제절차 없는 경우
  ㉡ 정당한 이유 있는 착오로 전심절차를 밟지 않은 경우
  ㉢ 전심절차로 권리구제의 가능성이 없는 경우 등을 들 수 있다. 다만, 대법원의 확립된 판례에 비추어 패소할 것이 예견된다는 점만으로는 전심절차로 권리가 구제될 가능성이 거의 없어 전심절차이행의 기대가능성이 없는 경우에 해당한다고 볼 수 없다. 06. 국회직 8급
③ 보충성 흠결의 치유: 먼저 헌법소원을 제기하고 나서 종국결정 전에 권리구제절차를 거쳤을 때에는 사전에 구제절차를 거치지 않은 하자가 치유될 수 있다.❸ 06. 국회직 8급

(4) 권리보호의 이익
① 의의: 헌법소원은 국민의 침해된 기본권을 구제하는 제도이므로 목적상 당연히 권리보호의 이익이 있는 경우에 제기할 수 있다. 따라서 권리보호의 이익이 소멸 또는 제거된 경우에는 원칙적으로 심판청구는 부적법하게 된다.

> **기출OX**
>
> **01** 대법원의 확립된 판례에 비추어 패소할 것이 예견된다는 점만으로는 전심절차로 권리가 구제될 가능성이 거의 없어 전심절차이행의 기대가능성이 없는 경우에 해당한다고 볼 수 없다. (○)
> 06. 국회직 8급
>
> **02** 기간의 도과, 소의 이익의 흠결 등으로 부적법한 구제절차는 보충성의 요건을 충족하지 못한다. (○)
> 06. 국회직 8급
>
> ❸
> 예를 들어 검사의 불기소에서 항고·재항고를 모두 거치지 않았는데 헌법소원을 제기한 경우, 소송 중간에라도 재항고 기각결정을 받았다면 이는 치유된 것으로 본다.

② **권리보호이익의 존속**: 권리보호이익은 헌법소원 제기 당시뿐만 아니라 헌법재판소가 결정할 시점에서도 존재하여야 한다. 그러므로 기본권의 침해를 받은 자가 그 구제를 받기 위한 헌법소원심판을 청구한 뒤 ⊙ 기본권침해행위가 배제되어 청구인이 더 이상 기본권을 침해받고 있지 아니하게 된 때, ⓒ 또는 침해행위가 이미 종료하여 이를 취소할 여지가 없기 때문에 헌법소원이 주관적 권리구제에 별 도움이 안 되는 경우 등에는 권리보호이익이 없게 되어 헌법소원심판청구는 부적법하다.

③ **요건의 완화**
  ⊙ **의미**: 헌법소원의 본질은 개인의 주관적 권리구제뿐만 아니라 객관적인 헌법질서의 보장도 겸하고 있으므로 헌법소원에 있어서의 권리보호이익은 일반 법원의 소송사건에서처럼 엄격하게 해석할 것은 아니다.
  ⓒ **인정범위**: 헌법소원이 청구인의 주관적 권리구제에 별 도움이 안 되는 경우라도 그러한 침해행위가 앞으로도 반복될 위험이 있거나 당해 분쟁의 해결이 헌법질서의 수호유지를 위하여 긴요한 사항이어서 헌법적으로 그 해명이 중대한 의미를 지니고 있는 경우에는 심판청구의 이익을 인정한다(헌재 1992.1.28, 91헌마11).
  ⓒ **침해의 반복 위험성의 의미**: '침해의 반복 위험성'이란 단순히 추상적·이론적인 가능성이 아닌 구체적·실제적인 것이어야 하고 청구인이 입증할 책임이 있다. 따라서 권리침해의 반복위험성에 관하여 청구인 측에서 아무런 주장 입증을 하지 않는다면 권리침해의 위험성은 부정될 수밖에 없다(헌재 1997.6.26, 97헌바4).

관련 판례

1 물포발사행위 [각하]
이 사건 물포발사행위는 이미 종료되어 청구인들의 기본권 침해상황이 종료되었으므로, 이 사건 심판청구가 인용된다고 하더라도 청구인들의 권리구제에 도움이 되지 않아, 권리보호의 이익이 없다(헌재 2014.6.26, 2011헌마815).

2 최루액 혼합살수행위 위헌확인 [인용]
이 사건 혼합살수행위로 인한 청구인들의 기본권 침해상황은 이미 종료되었으나, 관련 법규에 따르면 각종 집회나 시위 현장에서 혼합살수행위가 반복될 가능성이 있고, 혼합살수행위는 사람의 생명이나 신체에 위험을 초래할 수 있는 중대한 법익 침해가 예견되는 공권력 행사로서, 그동안 헌법재판소가 혼합살수행위가 헌법에 합치하는지 여부에 대한 해명을 한 바 없으므로, 심판의 이익이 인정된다. '경찰관직무집행법'이나 이 사건 대통령령 등 법령의 구체적 위임 없이 혼합살수방법을 규정하고 있는 이 사건 지침은 **법률유보원칙에 위배**되고, 이 사건 지침만을 근거로 한 이 사건 혼합살수행위는 청구인들의 신체의 자유와 집회의 자유를 침해한 공권력 행사로 헌법에 위반된다(헌재 2018.5.31, 2015헌마476).

3 직사살수 [위헌확인]
[1] 종로구청입구 사거리에서 살수차를 이용하여 물줄기가 일직선 형태로 청구인 백○○에게 도달되도록 살수한 행위는 청구인 백○○의 생명권 및 집회의 자유를 침해한 것으로서 헌법에 위반됨을 확인한다.
[2] 배우자와 자녀들의 경우 제3자에 해당하여 자기관련성이 인정되지 아니한다.

비교 정리

물포관련판례

사안	주문
물포	각하
최루액	인용
직사살수	위헌

기출OX

집회나 시위 해산을 위한 살수차 사용은 집회의 자유 및 신체의 자유에 대한 중대한 제한을 초래하므로 살수차 사용요건이나 기준은 법률에 근거를 두어야 하고, 살수차와 같은 위해성 경찰장비는 본래의 사용방법에 따라 지정된 용도로 사용되어야 하며 다른 용도나 방법으로 사용하기 위해서는 반드시 법령에 근거가 있어야 한다. (O)
22. 경찰간부

[3] 이미 종료된 행위나 사람의 생명이나 신체에 중대한 위험을 초래할 수 있는 공권력 행사이며, 헌법재판소는 직사살수 행위가 헌법에 합치하는지 여부에 대해 해명을 한 바 없으므로, 심판의 이익을 인정할 수 있다.

[4] 당시 생명·신체의 위해 또는 재산·공공시설의 위험 자체가 발생하였다고 보기 어려우므로, 수단의 적합성을 인정할 수 없다(헌재 2020.4.23, 2015헌마1149).

4 선거구 획정 [각하]

국회의원 선거구에 관한 법률을 제정하지 아니한 입법부작위의 위헌확인을 구하는 심판청구에 대하여 피청구인이 선거구를 획정함으로써 선거구에 관한 법률을 제정하지 아니하고 있던 피청구인의 입법부작위 상태는 해소되었고, 획정된 선거구에서 국회의원후보자로 출마하거나 선거권자로서 투표하고자 하였던 청구인들의 주관적 목적이 달성되었으므로, 청구인들의 이 사건 입법부작위에 대한 심판청구는 권리보호이익이 없어 부적법하다(헌재 2016.4.28, 2015헌마1177).

5 국회의 헌법재판관 후임자 선출의무

[1] 헌법 제27조, 제111조 제2항 및 제3항의 해석상, 피청구인이 선출하여 임명된 재판관 중 공석이 발생한 경우, 국회는 공정한 헌법재판을 받을 권리의 보장을 위하여 공석인 재판관의 후임자를 선출하여야 할 구체적 작위의무를 부담한다고 할 것이다.

[2] 그러나 심판청구 이후 피청구인의 후임자가 선출되고 청구인이 제기한 헌법소원청구에 대하여 재판관 9인의 의견으로 종국결정이 선고됨으로써 주관적 권리보호이익이 소멸하였다(헌재 2014.4.24, 2012헌마2).

④ **법률개정과 권리보호이익**: 법령헌법소원 제기 후 심판계속 중에 법령이 개정되어 심판대상법률조항이 더 이상 적용될 여지가 없게 되었다면 원칙적으로 권리보호이익이 인정되지 않는다. 그러나 예외적으로 개정법률조항이 유사한 내용이고, 개정법률조항의 재개정 여부에 영향을 미칠 수 있는 경우에는 권리보호이익이 인정된다(헌재 2003.5.15, 2001헌마565).

(5) 청구기간 04·07. 국회직 8급, 05. 입시

① 의의

> **헌법재판소법 제69조 【청구기간】** ① 제68조 제1항에 따른 헌법소원의 심판은 그 사유가 있음을 안 날부터 90일 이내에, 그 사유가 있는 날부터 1년 이내에 청구하여야 한다. 다만, 다른 법률에 따른 구제절차를 거친 헌법소원의 심판은 그 최종결정을 통지받은 날부터 30일 이내에 청구하여야 한다.

🔍 관련 판례

청구기간 도과시 유리한 신법 적용❶

헌법소원의 청구기간이 종전보다 청구인에게 더 유리하게 개정된 신 헌법재판소법 제69조 제1항 본문이 구법 시행 당시에 청구되었지만 신법 시행 후에 종결되는 헌법소원 사건에 대해서도 적용된다(헌재 2003.7.24, 2003헌마97).

📝 기출OX

01 국회의원 선거구에 관한 법률을 제정하지 아니한 입법부작위의 위헌확인을 구하는 심판청구에 대하여 심판청구 이후 국회가 국회의원 선거구를 획정함으로써 청구인들의 주관적 목적이 달성되었다 할지라도 헌법적 해명의 필요성이 있어 권리보호 이익이 존재한다. (×) 16. 국가직 7급

02 국회가 선출하여 임명된 헌법재판관 중 공석이 발생하였다고 하여도, 헌법의 해석상 국회는 공석인 재판관의 후임자를 선출하여야 할 구체적 작위의무를 부담하지 않는다. (×) 19. 경찰승진

❶
사안의 경우 구법 안 날로부터 60일 안에 소를 제기해야 했으나, 67일로 1주일이 도과되었다. 다만, 법이 안 날로부터 90일로 개정되어 유리하게 되자, 유리한 신법을 적용하여 심사하였다.

기출OX

법령이 시행된 뒤에 비로소 그 법령에 해당되는 사유가 발생하여 기본권의 침해를 받게 된 자는 그 사유가 발생하였음을 안 날로부터 90일 이내에, 그 사유가 발생한 날로부터 1년 이내에 헌법소원심판을 청구하여야 한다. (O)

07. 국회직 8급

비교 정리

추완의 허용여부

구분	허용여부
권리구제형 헌소	O
위헌심사형 헌소	×
권한쟁의	O

비교 정리

구분	청구기간제한
진정입법부작위 계속적 사실행위	×
부진정입법부작위	O

기출OX

01 진정입법부작위에 대한 헌법소원심판은 청구기간의 제약이 없다. (O)

07. 국회직 8급

02 헌법소원심판을 청구하려는 자가 변호사를 대리인으로 선임할 자력이 없는 경우에는 헌법재판소에 국선대리인을 선임하여 줄 것을 신청할 수 있는데, 이 경우 헌법재판소법 제69조에 따른 청구기간은 소송 지연을 방지하기 위하여 국선대리인이 심판청구서를 제출한 날을 기준으로 정한다. (×)

18. 서울시 7급

㉠ 사유가 있음을 '안 날'의 의미: 사유가 있음을 '안 날'이란 적어도 공권력행사에 의한 기본권침해의 사실 관계를 특정할 수 있을 정도로 현실적으로 인식하여 심판청구가 가능해진 경우를 뜻한다(헌재 1993.7.29, 89헌마31). 그리고 청구기간의 기산점인 '안 날'이라 함은 법령의 제정 등 공권력의 행사에 의한 기본권 침해의 사실관계를 안 날을 뜻하는 것이지, 법률적으로 평가하여 그 위헌성 때문에 헌법소원의 대상이 됨을 안 날을 뜻하는 것은 아니다(헌재 1993.11.25, 89헌마36).

㉡ 사유가 '있은 날'의 의미: 사유가 '있은 날'이란 헌법소원의 사유가 있은 날을 의미하므로 공권력의 행사로 인하여 기본권이 침해되는 사실이 발생한 객관적 시점을 말한다.

㉢ 두 기간을 모두 충족할 것: 헌법소원의 사유가 있음을 '안 날'로부터 90일이라는 기간과 그 사유가 '있은 날'로부터 1년이라는 두 기간은 모두 지켜져야 하므로 어느 한 기간이라도 도과하게 되면 심판청구는 부적법하게 된다(헌재 2004.4.29, 2004헌마93).

㉣ 청구기간도과의 정당한 사유: 정당한 사유가 있는 경우에는 청구기간의 도과에도 불구하고 헌법소원심판청구는 적법하다고 해석하여야 할 것이다. 그런데 여기의 정당한 사유라 함은 청구기간 도과의 원인 등 여러 가지 사정을 종합하여 지연된 심판청구를 허용하는 것이 사회통념상으로 보아 상당한 경우를 뜻한다(헌재 1993.7.29, 89헌마31).

② 법령헌법소원의 경우

㉠ 법령의 시행과 동시에 기본권침해가 발생하는 경우: 법령 헌법소원의 경우에는 원칙적으로 그 법령이 제정·시행됨과 동시에 기본권을 침해받게 된다고 할 것이므로 그 법령이 시행된 사실을 안 날로부터 90일 이내에, 법령이 시행된 날로부터 1년 이내에 헌법소원을 청구하여야 한다.

㉡ 법령의 시행 후 기본권침해가 발생하는 경우: 법령이 시행된 뒤에 비로소 그 법령에 해당하는 사유가 발생하여 기본권침해를 받게 된 자는 그 사유가 발생하였음을 안 날로부터 90일 이내에, 그 사유가 발생한 날로부터 1년 이내에 헌법소원을 청구하여야 한다. 07. 국회직 8급

③ 부작위에 대한 헌법소원의 경우: 공권력의 불행사로 인한 기본권침해는 그 불행사가 계속되는 한 기본권침해의 부작위가 계속된다. 그러므로 진정입법부작위에 대한 헌법소원심판은 그 불행사가 계속되는 한 기간의 제약 없이 적법하게 청구할 수 있다. 07. 국회직 8급 그러나 부진정입법부작위의 경우에는 그 불완전한 입법규정자체가 헌법위반이라는 적극적인 헌법소원을 제기하여야 할 것이므로 헌법재판소법 제69조 제1항 소정의 청구기간의 적용을 받는다.

④ 대리인과 청구기간

㉠ 본인명의로 청구 후 대리인을 선임한 경우: 변호사가 청구한 시점이 기준점이 된다.

㉡ 국선대리인을 선임한 경우: 청구기간은 국선대리인의 선임신청이 있는 날을 기준으로 정한다(헌법재판소법 제70조 제1항 후문). 즉, 선임된 국선대리인이 심판청구서를 제출한 날이 아니라 본인이 국선대리인 선임신청을 한 날에 헌법소원심판을 청구한 것으로 본다.

🔍 관련 판례 대리인과 청구기간에 관한 판례

1 형벌조항에 의한 기본권침해를 안 날

청구인이 형법 제35조(누범)에 의하여 기본권침해를 받았다면, 위 조항의 적용을 구하는 공소장을 송달받았을 때, 위 조항에 의하여 가중 처벌받게 될 청구인의 범죄사실과 적용 법조를 구체적으로 고지받음으로써 그 기본권침해사유를 알게 되었다고 할 것이다(헌재 1999.9.14, 99헌마487).

2 공직선거법의 당연퇴직규정에 의한 기본권침해를 안 날

청구인은 벌금형의 확정판결로 인하여 당연 퇴직이 되는 효과를 받게 되는 것이므로, 청구기간의 기산점으로서 법률에 해당하는 '사유가 있는 날'이라 함은 당연 퇴직의 사유로서 대법원의 확정판결을 받은 날을 말하고, '사유가 있음을 안 날'이라 함은 청구인이 위 확정판결이 있음을 안 날이라 할 것이므로 늦어도 청구인이 위 확정판결의 판결문을 송달받은 때에는 사유가 있음을 알았다고 볼 것이다. 따라서 확정판결의 판결문을 송달받은 때로부터 90일이 도과하여 제기된 이 사건 헌법소원은 청구기간을 도과한 것으로 부적법하다(헌재 2005.9.29, 2004헌마449).

3 어린이통학버스 동승보호자

[1] 학원이나 체육시설에서 어린이통학버스를 운영하는 자는 어린이통학버스에 보호자를 동승하여 운행하도록 한 부분이 청구인들의 직업수행의 자유를 침해하지 않는다.

[2] 유예기간을 둔 법령에 대한 헌법소원심판의 청구기간 기산점에 관하여 유예기간이 경과한 때를 청구기간의 기산점으로 봄으로써, 법령의 시행일에 기본권침해 사유가 발생하였다고 본 종래의 결정을 변경하였다(헌재 2020.4.23, 2017헌마479).

4 경찰청장의 지문보관에 대한 헌법소원

경찰청장은 청구인 오○익 등의 이 부분 심판청구는 그들의 주민등록증 발급신청 시기와 비교하여 이미 청구기간이 도과하였다고 주장하므로 이에 관하여 본다. … 청구인 오○익의 주민등록증 발급신청서는 1985.8.14. 작성되어 경찰청장이 그 다음 달 무렵부터 그의 지문정보를 보관하여 왔고, … 그렇다면 경찰청장의 보관 등 행위는 위와 같이 각 보관 또는 전산화한 날 이후 청구인 오○익 등의 헌법소원심판 청구시점까지 계속되고 있었다고 할 것이므로, 이와 같이 <u>계속되는 권력적 사실행위를 대상으로 하는 이 부분 심판청구의 경우 청구기간 도과의 문제는 발생하지 아니한다고 할 것이다</u>(헌재 2005.5.26, 99헌마513).

(6) 변호사강제주의 03. 국가직 7급

> 헌법재판소법 제70조【국선대리인】① 헌법소원심판을 청구하려는 자가 변호사를 대리인으로 선임할 자력이 없는 경우에는 헌법재판소에 국선대리인을 선임하여 줄 것을 신청할 수 있다. 이 경우 제69조의 규정에 의한 청구기간은 국선대리인의 선임신청이 있는 날을 기준으로 정한다.
> ② 제1항의 규정에 불구하고 헌법재판소가 공익상 필요하다고 인정할 때에는 국선대리인을 선임할 수 있다.
> ⑤ 제3항에 따라 선정된 국선대리인은 선정된 날부터 60일 이내에 제71조에 규정된 사항을 기재한 심판청구서를 헌법재판소에 제출하여야 한다.
> ⑥ 제3항에 따라 선정한 국선대리인에게는 헌법재판소규칙이 정하는 바에 따라 국고에서 그 보수를 지급한다.

4. 헌법소원심판의 심리

(1) 직권심리주의

① 헌법소원심판은 민사재판과 같이 변론주의에 입각하여 청구인의 주장만을 판단하면 되는 것이 아니라 청구인의 침해된 권리와 침해의 원인이 되는 공권력의 행사 또는 불행사에 대하여 직권으로 조사·판단하는 것을 원칙으로 하고 있다(헌재 1993.5.13, 91헌마190).

② 헌법소원심판이 청구되면 헌법재판소는 청구인의 주장에만 판단을 한정하는 것이 아니라, 가능한 모든 범위에서 헌법상의 기본권 침해의 유무를 직권으로 심사하여야 한다. 08. 국회직 8급

(2) 서면심리주의

헌법재판소법 제30조 제2항은 헌법소원심판은 서면심리에 의하되, 다만 재판부는 필요하다고 인정하는 경우 변론을 열어 당사자·이해관계인 기타 참고인의 진술을 들을 수 있도록 규정하고 있다. 한편 서면심리는 공개하지 않는다(헌법재판소법 제34조 제1항 단서).

5. 헌법소원심판의 결정

(1) 결정정족수

전원재판부가 심리를 마친 때에는 종국결정을 한다. 종국결정은 종국심리에 관여한 재판관의 과반수의 찬성으로 하는바, 다만 인용결정을 하는 경우와 종전에 헌법재판소가 판시한 헌법 또는 법률의 해석·적용에 관한 의견을 변경하는 경우에는 재판관 6인 이상의 찬성이 있어야 한다(헌법재판소법 제23조 제2항).

(2) 결정유형 ❶

종국결정에는 심판청구가 부적법한 경우에 하는 각하결정, 심판청구가 이유 없는 경우에 하는 기각결정, 심판청구가 이유 있는 경우에 하는 인용결정, 심판절차종료선언의 4가지가 있다.

① 각하결정: 각하결정은 헌법소원의 형식적·절차적 요건에 흠결이 있는 경우, 다시 말하면 심판청구가 부적법한 경우에 내리는 결정형식이다.

② 심판절차종료선언: 심판절차종료선언은 본안판단에 들어가지 않는다는 점에서 각하결정과 같지만 각하결정과는 다른 성격의 결정으로서, 청구인의 사망 또는 심판청구의 취하 등으로 심판절차의 종료 여부에 관한 다툼이 있는 경우 절차관계의 종료를 명백히 확인하는 의미에서 하는 결정형식이다.

---

❶ 헌법재판소법 제68조 제1항의 법령헌법소원이 이유 없는 경우에는 "심판청구를 기각한다."라는 주문을 내고 있는데 비하여, 헌법재판소법 제68조 제2항의 헌법소원이 그 이유 없는 경우 헌법재판소는 당해 법률(조항)에 대하여 합헌임을 선언하는 주문을 내고 있다.

관련 판례 심판절차종료선언에 관한 판례

1 당사자의 사망으로 인한 심판절차의 종료선언

청구인 제기의 단순한 해고무효확인의 민사소송에서 증인인 피고소인이 위증하였다는 고소사건에 대하여 검사가 불기소처분을 하자 이에 대하여 청구인이 헌법소원심판을 청구하였는데 헌법소원심판절차의 계속 중에 청구인이 사망한 경우에, 원래 고용계약상의 노무공급의무는 일신전속적인 것이고(민법 제657조), 노무자가 사망하면 고용관계는 종료될 권리관계라고 할 것이어서 검사의 불기소처분 때문에 침해되었다 할 고용계약상의 지위는 청구인의 사망에 의하여 종료되고 상속인에게 승계될 것이 아니므로 이에 관련된 심판절차 또한 수계될 성질이 못되어 청구인이 사망함과 동시에 당연히 그 심판절차가 종료되었다고 할 것이다(헌재 1992.11.12, 90헌마33).

2 5·18불기소 사건

헌법재판소법이나 행정소송법이나 헌법소원심판청구의 취하와 이에 대한 피청구인의 동의나 그 효력에 관하여 특별한 규정이 없으므로, 소의 취하에 관한 민사소송법 제239조는 검사가 한 불기소처분의 취소를 구하는 헌법소원심판절차에 준용된다고 보아야 한다. 따라서 청구인들이 헌법소원심판청구를 취하하면 헌법소원심판절차는 종료되며, 헌법재판소로서는 헌법소원심판청구가 적법한 것인지 여부와 이유가 있는 것인지 여부에 대하여 판단할 수 없게 된다(헌재 1995.12.15, 95헌마221 등).

③ **기각결정**: 기각결정은 헌법소원심판청구가 "이유 없다."라고 하는 경우, 즉 공권력의 행사 또는 불행사로 말미암아 헌법상 보장된 청구인의 기본권침해가 인정되지 아니하여 청구인의 주장을 배척하는 경우에 하게 되는 결정형식이다. 이때 주문은 "이 사건 심판청구를 기각한다."라는 형식으로 낸다.

④ **인용결정**

㉠ **의의**: 인용결정은 공권력의 행사 또는 불행사로 말미암아 헌법상 보장된 기본권이 침해되었음을 인정하는 결정형식이다. 인용결정의 주문에는 침해된 기본권과 침해의 원인이 된 공권력의 행사 또는 불행사를 특정하고, 그 공권력의 행사를 취소하거나 불행사가 위헌임을 확인하는 결정을 선고한다(헌법재판소법 제75조 제2항·제3항).

㉡ **효력**

> **헌법재판소법 제75조【인용결정】** ① 헌법소원의 인용결정은 모든 국가기관과 지방자치단체를 기속한다.
> ④ 헌법재판소가 공권력의 불행사에 대한 헌법소원을 인용하는 결정을 한 때에는 피청구인은 결정 취지에 따라 새로운 처분을 하여야 한다.
> ⑤ 제2항의 경우에 헌법재판소는 공권력의 행사 또는 불행사가 위헌인 법률 또는 법률의 조항에 기인한 것이라고 인정될 때에는 인용결정에서 해당 법률 또는 법률의 조항이 위헌임을 선고할 수 있다.

기출OX

헌법소원의 인용결정은 모든 국가기관과 지방자치단체를 기속한다. (O)

04. 국회직 8급

제4편 헌법재판론

제2장
각론

- 권한쟁의심판
  - **특징** — 보충성 ×, 제2공때에는 국가기관끼리만
  - **요건**
    - **당사자능력**: 예시설 - 국회의원도 가능, 그러나 헌법에 의해 설치된 것이어야 하므로 국가인권위원회 ×
    - **당사자적격**: 제3자 소송담당은 안 됨
    - **처분의 존재**: 확실히 예정된 경우라면 장래처분도 가능
    - **권한**: 지방자치단체의 경우 기관위임사무 안 됨
    - **청구기간**: 안 날로부터 60일, 있은 날로부터 180일
    - **권리보호이익**: 대립 있으나, 판례는 필요설
  - **결정** — 과반수로 결정, 소급효는 제한

제3절 권한쟁의심판

1 의의

권한쟁의❶심판이라 함은 국가기관 또는 지방자치단체 등 간에 권한의 존부 또는 범위에 관하여 다툼이 발생한 경우에, 독립적 지위를 가진 제3의 기관이 그 권한의 존부·내용·범위 등을 명백히 함으로써 기관간의 분쟁을 해결하는 제도를 말한다. 우리 헌법은 '국가기관 상호간, 국가기관과 지방자치단체 간 및 지방자치단체 상호간의 권한쟁의에 관한 심판'을 헌법재판소로 하여금 관장하게 하고 있다(헌법 제111조 제1항 제4호).

❶ 예를 들어 A지역과 B지역 사이에 무인도가 있는데 갑자기 희귀한 식물이나 광석이 발견되어 서로 자기들의 관할이라고 다툴 수 있다. 이를 해결하는 것을 권한쟁의라고 한다.

2 특징

직무상의 권한 분쟁인바 개인 간의 주관적 권리 분쟁과 구별된다. 즉, 자신의 이익을 위한 것이 아니라 국가 전체의 기능과 활동을 위한 것으로 객관소송으로의 성격을 가진다. 권리보호이익을 요하는지 논란이 있으나 우리 헌법재판소는 이를 요건을 하고 있다. 보충성의 문제와 관련해서도 권한쟁의심판은 원칙적으로 헌법재판소의 관할로 하고 있다. 따라서 헌법재판소의 관장사항으로 되는 권한쟁의심판은 행정법원의 기관소송의 대상에서 제외되고 있다.

3 요건

1. 당사자 능력

> 헌법 제111조 ① 헌법재판소는 다음 사항을 관장한다.
>   4. 국가기관 상호간, 국가기관과 지방자치단체간 및 지방자치단체 상호간의 권한쟁의에 관한 심판
>
> 헌법재판소법 제62조【권한쟁의심판의 종류】① 권한쟁의심판의 종류는 다음 각 호와 같다.
>   1. 국가기관 상호간의 권한쟁의심판
>   국회, 정부, 법원 및 중앙선거관리위원회 상호간의 권한쟁의심판
>   3. 지방자치단체 상호간의 권한쟁의심판
>   가. 특별시·광역시·특별자치시·도 또는 특별자치도 상호간의 권한쟁의심판
>   나. 시·군 또는 자치구 상호간의 권한쟁의심판
>   다. 특별시·광역시·특별자치시·도 또는 특별자치도와 시·군 또는 자치구 간의 권한쟁의심판

📌 **비교 정리**

구분	구제방법
국회의원	권한쟁의
지방의원	항고소송

(1) 국가기관

① 예시: 헌법은 제111조 제1항 제4호에서 국가기관 상호간, 국가기관과 지방자치단체간, 지방자치단체 상호간으로 규정하고 있다. 이를 열거규정으로 볼 것인지 예시규정으로 볼 것인지가 문제되는바 헌법재판소는 종래 열거규정으로 본 바도 있으나 이후 판례를 변경하여 예시규정으로 보고, 당사자 범위를 확대하여 국회의원과 국회의장간 권한분쟁을 허용한 바 있다.

📌 **비교 정리**

당사자능력

구분	조문해석
국가기관	예시
지방자치단체	열거

② 인정요건: 헌법재판소의 판례에 따르면 국가기관 상호간의 권한쟁의심판에서 당사자가 되기 위해서는 ㉠ 그 국가기관이 헌법에 의하여 설치되고, ㉡ 헌법과 법률에 의하여 독자적인 권한을 부여받고, ㉢ 국가기관 상호간의 권한쟁의를 해결할 수 있는 적당한 기관이나 방법이 없어야 한다.
③ 인정의 예: 국회의 부분기관은 인정 가능하며, 정부의 부분기관도 다른 기관과 관련해서 인정 가능하다.

(2) 지방자치단체
① 열거: 지방자치단체 상호간의 권한쟁의심판을 규정하는 헌법재판소법 제62조 제1항 제3호를 예시적으로 해석할 필요성 및 법적 근거가 없다(헌재 2016.6.30, 2014헌라1).
② 내부적 분쟁은 부정: 권한쟁의심판의 대상은 서로 상이한 권리주체간의 권한쟁의이어야 한다. 따라서, 지방의회와 지방자치단체 장 사이의 분쟁이나, 교육감과 해당 지자체사이의 내부적 분쟁은 권한쟁의의 대상이 되지 않는다(헌재 2016.6.30, 2014헌라1).

> **기출OX**
> 지방자치단체 상호간의 권한쟁의심판을 규정하고 있는 헌법재판소법 제62조 제1항 제3호의 경우에는 이를 예시적으로 해석하여야 한다. (×)
> 22. 지방직 7급

관련 판례 당사자 능력에 관한 판례

1 국회의원과 국회의장간 권한쟁의 [권한침해, 기각]
국회의원과 국회의장은 권한쟁의심판의 당사자가 될 수 있다. 피청구인이 1996.12.26. 06:00경 제182회 임시회 제1차 본회의를 개의하고 국가안전기획부중개정법률안, 노동조합및노동관계조정법안, 근로기준법중개정법률안, 노동위원회법중개정법률안, 노사협의회법중개정법률안을 상정하여 가결선포한 것은 청구인들의 법률안 심의·표결의 권한을 침해한 것이다. 그러나 다수결은 형식적으로 보아 기각하였다(헌재 1997.7.16, 96헌라2).

2 국가인권위원회와 대통령간의 권한쟁의 [각하]
'권한쟁의심판은 국회의 입법행위 등을 포함하여 권한쟁의 상대방의 처분 또는 부작위가 헌법 또는 법률에 의하여 부여받은 청구인의 권한을 침해하였거나 침해할 현저한 위험이 있는 때 제기할 수 있는 것인데, 헌법상 국가에게 부여된 임무 또는 의무를 수행하고 그 독립성이 보장된 국가기관이라고 하더라도, 오로지 법률에 설치근거를 둔 국가기관이라면 국회의 입법행위에 의하여 존폐 및 권한범위가 결정될 수 있으므로, 이러한 국가기관은 '헌법에 의하여 설치되고 헌법과 법률에 의하여 독자적인 권한을 부여받은 국가기관'이라고 할 수 없다(헌재 2009.5.28, 2009헌라6).

3 국회의장의 무제한토론 거부행위와 공직선거법 본회의 수정안의 가결선포행위에 관한 권한쟁의 사건 [기각]
[1] 정당은 특별한 사정이 없는 한 권한쟁의심판절차의 당사자가 될 수는 없다.
[2] 국회법 제33조 제1항 본문은 정당이 교섭단체가 될 수 있다고 규정하고 있다. 그러나 헌법은 권한쟁의심판청구의 당사자로 국회의원들의 모임인 교섭단체에 대해서 규정하고 있지 않다. 또한 교섭단체의 권한 침해는 교섭단체에 속한 국회의원 개개인의 심의·표결권 등 권한 침해로 이어질 가능성이 높은바, 교섭단체와 국회의장 등 사이에 쟁의가 발생하더라도 국회의원과 국회의장 등 사이의 권한쟁의심판으로 해결할 수 있어, 위와 같은 쟁의를 해결할 적당한 기관이나 방법이 없다고 할 수 없다. 이러한 점을 종합하면, **교섭단체는 그 권한침해를 이유로 권한쟁의심판을 청구할 수 없다.**

[3] 국회가 집회할 때마다 '해당 회기결정의 건'에 대하여 무제한토론이 개시되어 헌법 제47조 제2항에 따라 폐회될 때까지 무제한토론이 실시되면, 국회는 다른 안건은 전혀 심의·표결할 수 없게 되므로, 의정활동이 사실상 마비된다. 이와 같은 결과를 피하기 위해서는 국회가 매 회기에 회기를 정하는 것을 포기할 수밖에 없다. 회기를 정하지 못한 채 국회가 비정상적으로 운영되도록 하는 것이 의회정치의 정상화를 도모하고자 도입된 무제한토론제도가 의도한 바라고 볼 수는 없다. 그렇다면, '회기결정의 건'은 그 본질상 국회법 제106조의2에 따른 무제한토론의 대상이 되지 않는다고 보는 것이 타당하다.

[4] 위원회의 심사를 거쳐 본회의에 부의된 법률안의 취지 및 내용과 직접 관련이 있는지 여부는 '원안에서 개정하고자 하는 조문에 관한 추가, 삭제 또는 변경으로서, 원안에 대한 위원회의 심사절차에서 수정안의 내용까지 심사할 수 있었는지 여부'를 기준으로 판단하는 것이 타당하다(헌재 2020.5.26, 2019헌라6).

기출OX
'회기결정의 건'을 무제한토론에서 배제하는 법률조항과 관행이 존재하지 않고 '회기결정의 건'의 성격도 무제한토론에 부적합하다고 볼 수 없으므로, '회기결정의 건'은 무제한토론의 대상이 된다. (×)   23. 변호사

4 국회 행안위 제천화재관련평가소위원회 위원장과 국회 행안위 위원장 간의 권한쟁의 [각하]

헌법 제62조는 '국회의 위원회'를 명시하고 있으나 **'국회의 소위원회'는 명시하지 않고 있어 권한쟁의 청구인 능력이 인정되지 아니한다**(헌재 2020.5.27, 2019헌라4).

5 구·시·군 선거관리위원회

권한쟁의에서 당사자 능력이 인정되기 위해서는 헌법에 의하여 설치되고, 헌법과 법률에 의하여 독자적인 권한을 부여받아야 한다. 구·시·군 선거관리위원회는 헌법(제114조 - 제116조)에 의하여 설치되어 있어 당사자 능력을 보유한다고 볼 수 있다(헌재 2008.6.26, 2005헌라7).

6 지방의회와 지방자치단체의 장 사이의 권한쟁의 [각하]

지방자치단체의 기관 상호간의 권한쟁의심판은 헌법재판소법에 의하여 헌법재판소가 관장하는 지방자치단체 상호간의 권한쟁의심판에 해당하지 아니하고, 그 밖의 국가기관 상호간의 권한쟁의심판이나 국가기관과 지방자치단체간의 권한쟁의심판에 해당하지도 아니하므로, 청구인의 권한쟁의심판청구가 부적법하다(헌재 2018.7.26, 2018헌라1).

7 교육감과 해당 지방자치단체간의 권한쟁의 [각하]

헌법 제111조 제1항 제4호는 지방자치단체 상호간의 권한쟁의에 관한 심판을 헌법재판소가 관장하도록 규정하고 있고, 지방자치단체 '상호간'의 권한쟁의심판에서 말하는 '상호간'이란 '서로 상이한 권리주체간'을 의미한다. 그런데 '지방교육자치에 관한 법률'은 교육감을 시·도의 교육·학예에 관한 사무의 '집행기관'으로 규정하고 있으므로, 교육감과 해당 지방자치단체 상호간의 권한쟁의심판은 '서로 상이한 권리주체간'의 권한쟁의심판청구로 볼 수 없다(헌재 2016.6.30, 2014헌라1).

8 행정안전부장관의 소속청장 지휘에 관한 규칙 권한쟁의 사건 [각하]

국가경찰위원회가 행정안전부장관을 상대로 제기한 '행정안전부장관의 소속청장 지휘에 관한 규칙인 행정안전부령 제348호의 제정행위가 국가경찰위원회의 권한을 침해한다'는 취지의 권한쟁의 심판청구에 대하여, 국가경찰위원회는 법률에 의하여 설치된 국가기관으로서 권한쟁의심판을 청구할 당사자능력이 없다는 이유로 심판청구를 각하한다는 결정을 선고하였다(헌재 2022.12.22, 2022헌라5).

기출OX
01 지방자치단체의 의결기관인 지방의회와 지방자치단체의 집행기관인 지방자치단체장간의 내부적 분쟁은 지방자치단체 상호간의 권한쟁의심판의 범위에 속한다. (×)
19. 국가직 7급

02 교육감과 해당 지방자치 사이의 내부적 분쟁과 관련한 권한쟁의심판청구는 '서로 상이한 권리주체간'의 권한쟁의심판 청구로서 헌법재판소가 관장하는 권한쟁의심판에 해당한다. (×)   17. 국가직 7급

03 '행정안전부장관의 소속청장 지휘에 관한 규칙인 행정안전부령 제348호의 제정행위가 국가경찰위원회의 권한을 침해한다'는 취지의 권한쟁의심판청구에서 국가경찰위원회는 권한쟁의심판을 청구할 당사자능력이 있다. (×) 23. 소방간부

2. 당사자 적격

당사자 적격이란 권한쟁의 사건에서 정당한 당사자가 되어 본안판결을 받기에 적합한 자격을 갖는 자가 누구인가의 문제이다. 특히 제3자 소송담당이 문제되는 바이는 권리관계주체 이외의 제3자가 자신의 고유한 법적 이익이 있는 경우 당사자 적격을 갖는 경우를 말한다.

> **관련 판례** 당사자 적격에 관한 판례❶
>
> **1 국무총리 서리 임명사건 [각하]**
> 국무총리는 국회의 동의를 얻어야 한다. 따라서 국회를 대표하여 국회의장이 소를 제기하는 것은 논외로 하고 국회의원이 국회의 권한이 침해당하였다고 소를 제기할 수는 없다(헌재 1998.7.14, 98헌라1).
>
> **2 제3자 소송담당의 인정 여부 [각하]**
> 소위 '제3자 소송담당'이라고 하는 것은 권리주체가 아닌 제3자가 자신의 이름으로 권리주체를 위하여 소송을 수행할 수 있는 권능이다. 권리는 원칙적으로 권리주체가 주장하여 소송수행을 하도록 하는 것이 자기책임의 원칙에 부합하므로, '제3자 소송담당'은 예외적으로 법률의 규정이 있는 경우에만 인정된다. 그런데 헌법재판소법은 제3자 소송담당의 가능성을 명시적으로 규정하고 있지 않다. … 권한쟁의심판에 있어서의 '제3자 소송담당'은, 소수정당으로 하여금 권한쟁의심판을 통하여 침해된 국회의 권한을 회복시킬 수 있도록 이를 인정할 필요성이 대두되기도 하지만, 국회의 의사가 다수결에 의하여 결정되었음에도 다수결의 결과에 반대하는 소수의 국회의원에게 권한쟁의심판을 청구할 수 있게 하는 것은 다수결의 원리와 의회주의의 본질에 어긋날 뿐만 아니라, 국가기관이 기관 내부에서 민주적인 방법으로 토론과 대화에 의하여 기관의 의사를 결정하려는 노력 대신 모든 문제를 사법적 수단에 의해 해결하려는 방향으로 남용될 우려도 있다. … 따라서 권한쟁의 심판에 있어 '제3자 소송담당'을 허용하는 법률의 규정이 없는 현행법 체계 하에서 국회의 구성원인 청구인들은 국회의 조약에 대한 체결·비준 동의권의 침해를 주장하는 권한쟁의심판을 청구할 수 없다 할 것이므로, 청구인들의 이 부분 심판청구는 청구인 적격이 없어 부적법하다(헌재 2007.7.26, 2005헌라8).

3. 피청구인의 처분 또는 부작위의 존재

단순 사실행위뿐만 아니라 모든 법적행위를 의미한다. 장래처분에 관해서는 원칙적으로 부정하나 예외적으로 확실히 예정되어 있는 경우에는 가능하다. 다만, 정부의 법률안 제출행위의 경우는 처분이라 할 수 없어 부정한 바 있다.

4. 권한의 침해 또는 현저한 침해위험의 가능성

권한이란 공적업무를 수행하기 위하여 각 기관이 관장하고 있는 권한을 말한다. 주관적 권리는 헌법소원이 가능한바 권한한정설이 타당하다고 생각된다. 여기서 기관위임사무는 국가의 사무이므로 지방자치단체는 권한쟁의심판을 제기할 수 없다.

5. 청구기간

권한을 침해하는 사유가 있음을 안 날로부터 60일 이내에, 그 사유가 있은 날로부터 180일 이내에 하여야 한다.

6. 권리보호이익

부정하는 견해도 있으나 헌법재판소는 이를 청구요건으로 인정하고 있다.

---

❶ 헌법소원의 자기관련성을 생각하면 쉽다. 즉, 법적인 관련성이 있어야 적격이 있다. 크게 문제되는 것은 판례처럼 국무총리동의권은 국회가 가지고 있으므로, 국회를 대표하여 국회의장이 소를 제기하여야 하나 야당의원이 개별적으로 소를 제기하는 것은 단체가 해야 할 것을 구성원이 해서는 안 된다는 것이다.

기출OX

01 국회의원의 심의·표결 권한은 국회의장이나 다른 국회의원이 아닌 국회외부의 국가기관에 의하여는 침해될 수 없는 것이다. (O)
15. 국가직 7급

02 국회의원의 심의·표결권은 국회의원의 개별적인 의사에 따라 포기할 수 있는 것은 아니다. (O)
15. 국가직 7급

비교 정리

심의·표결	침해가능성
내부	O
외부	×

기출OX

01 정부가 법률안을 제출하는 행위는 권한쟁의심판의 독자적 대상이 되기 위한 법적 중요성을 지닌 행위로 볼 수 있다. (×) 22. 지방직 7급

02 권한쟁의대상이 되는 법적 분쟁은 헌법상의 분쟁이고 법률상의 분쟁은 포함되지 않으므로 헌법재판소의 권한쟁의심판은 일반법원의 행정소송관할권과 중복될 가능성이 없다. (×) 13. 서울시 7급

비교 정리

구분	사전 가능
법률안 제출	×
의결·공포	O

4 결정의 유형

각하	-
심판절차 종료	소취하 시
인용	• 침해확인 결정(헌재 1997.7.16, 96헌라2) • 무효확인 결정(헌재 1999.7.22, 98헌라4) • 취소결정 • 부작위 위법 내지 위헌확인 결정
기각결정	-

5 결정의 효력

재판관 7인 이상의 출석으로 심리하고 종국심리에 관여한 재판관의 과반수의 찬성으로 결정한다. 02. 국가직 7급 기속력이 인정되며, 취소결정은 소급효가 제한된다.

관련 판례 권한쟁의심판에 관한 판례

1 국회 상임위원회 강제사임 사건

자유위임은 의회 내에서의 정치의사형성에 정당의 협력을 배척하는 것이 아니며, 의원이 정당과 교섭단체의 지시에 기속되는 것을 배제하는 근거가 되는 것도 아니다. 또한 국회의원의 국민대표성을 중시하는 입장에서도 특정 정당에 소속된 국회의원이 정당기속 내지는 교섭단체의 결정(소위 '당론')에 위반하는 정치활동을 한 이유로 제재를 받는 경우, 국회의원 신분을 상실하게 할 수는 없으나 "정당 내부의 사실상의 강제" 또는 소속 "정당으로부터의 제명"은 가능하다고 보고 있다. 그렇다면, 당론과 다른 견해를 가진 소속 국회의원을 당해 **교섭단체의 필요에 따라 다른 상임위원회로 전임(사·보임)하는 조치는 특별한 사정이 없는 한 헌법상 용인될 수 있는 "정당내부의 사실상 강제"의 범위 내에 해당한다**고 할 것이다(헌재 2003.10.30, 2002헌라1).

2 서울시와 정부간의 권한쟁의

결국 중앙행정기관이 이 사건 관련규정상의 감사에 착수하기 위해서는 자치사무에 관하여 특정한 법령위반행위가 확인되었거나 위법행위가 있었으리라는 합리적 의심이 가능한 경우이어야 하고, 또한 그 감사대상을 특정해야 한다고 봄이 상당하다. 따라서 전반기 또는 후반기 감사와 같은 포괄적·사전적 일반감사나 위법사항을 특정하지 않고 개시하는 감사 또는 법령위반사항을 적발하기 위한 감사는 모두 허용될 수 없다(헌재 2009.5.28, 2006헌라6).

3 해상경계획정 사건 [인용]

지방자치단체의 해상경계에 관한 명시적인 법령이 없고 이 사건에서 불문법상 해상경계선도 부재하므로, 형평의 원칙에 따라 등거리 중간선 원칙, 죽도리의 관할이 종래 서산군에서 홍성군으로 변경된 점 등을 고려하여 이 사건 공유수면의 해상경계선을 획정하고 어업면허처분 중 청구인의 관할구역에 대해서 이루어진 부분이 무효임을 확인한다(헌재 2015.7.30, 2010헌라2).

기출 OX

01 지방자치단체는 국가로부터 위임된 기관위임사무에 관한 권한이 침해되거나 침해될 우려가 있는 때에도 권한쟁의 심판을 청구할 수 있다. (×) 13. 법원직

02 국회의원인 청구인이 행정자치부장관(현 행정안전부장관)을 상대로 하여 국회의원의 법률안 심의·표결권을 침해하였다는 이유로 권한쟁의심판을 청구하여 절차가 계속 중 국회의원직을 상실하더라도 권한쟁의심판청구는 청구인의 국회의원직 상실과 동시에 당연히 그 심판절차가 종료되는 것은 아니다. (×) 19. 국가직 7급

주의

헌법재판소의 권한쟁의심판의 결정은 인용결정은 물론 기각결정도 기속력이 인정된다(헌법재판소법 제67조 제1항).

기출 OX

01 국회의장이 국회의원을 그 의사에 반하여 국회 보건복지위원회에서 사임시키고 환경노동위원회로 보임한 행위는 해당 국회의원의 법률안 심의·표결권을 침해하지 않는다. (○) 07. 국회직 8급

02 전반기 또는 후반기 감사와 같은 포괄적 감사가 비록 위법사항을 특정하지 않는다고 하여도 합리적 이유가 있어 합헌으로 보고 있다. (×)

기출OX

01 중앙행정기관은 지방자치단체의 자치사무에 대하여 합법성 및 합목적성 감사를 할 수 있으므로 행정안전부장관이 서울시에 대하여 피감사대상을 특정하지 않고 포괄적으로 감사를 하더라도 지방자치권을 침해한 것은 아니다. (×)
13. 서울시 7급

02 국가기본도상의 해상경계선을 공유수면에 대한 불문법상 해상구역의 경계로 보는 것이 헌법재판소의 일관된 판례이다. (×)
16. 국가직 7급

03 국회의원이 교원들의 교원단체 가입현황을 자신의 인터넷 홈페이지에 게시하여 공개하려고 하였으나, 법원이 그 공개로 인한 기본권침해를 주장하는 교원들의 신청을 받아들여 그 공개의 금지를 명하는 가처분 및 그 가처분에 따른 의무이행을 위한 간접강제 결정을 한 것에 대해 국회의원이 법원을 상대로 한 권한쟁의심판청구는 부적법하다. (○)
11. 법원직

04 국회의 의결을 요하는 안건에 대하여 국회의장이 본회의 의결에 앞서 소관위원회에 안건을 회부하는 것은 국회의 심의권을 위원회에 위양하는 것이므로, 국회 상임위원회 위원장이 위원회를 대표해서 의안을 심사하는 권한은 국회의장으로부터 위임된 것이다. (×)
18. 변호사

→ 국회의장으로부터 위임된 것이 아니다. 법률상 부여된 것이다.

05 국회부의장은 국회의장의 위임에 따라 그 직무를 대리하여 법률안 가결선포행위를 할 수 있을 뿐 법률안 가결선포행위에 따른 법적 책임을 지는 주체가 될 수 없으므로 권한쟁의심판 청구의 피청구인 적격이 인정되지 아니한다. (○)
17. 지방직 7급

4 전교조 명단 공개 [각하]

국회의원이 교원들의 교원단체 가입현황을 자신의 인터넷 홈페이지에 게시하여 공개하려 하였으나, 법원이 그 공개로 인한 기본권침해를 주장하는 교원들의 신청을 받아들여 그 공개의 금지를 명하는 가처분 및 그 가처분에 따른 의무이행을 위한 간접강제 결정을 한 것에 대해 국회의원이 법원을 상대로 제기한 권한쟁의 심판은 부적법하다(헌재 2010.7.29, 2010헌라1).

5 국회의원과 국회의장 등 간의 권한쟁의 [일부인용]

[1] 피청구인 국회의장에 대한 심판청구는 부적법하다.

[2] **피청구인 외교통상통일위원회위원장에 대한 청구에 관한 판단**

① 이 사건 상정·회부행위의 위헌·위법 여부

헌법 제49조와 이를 구체적으로 구현한 국회법 제54조는 의회민주주의의 기본원리인 다수결의 원리를 선언한 것으로서, **국회의 의결에 단순히 재적의원 과반수의 출석과 출석의원 과반수에 의한 찬성을 형식적으로 요구하는 것에 그치지 않고, 국회의 의결은 통지가 가능한 국회의원 모두에게 회의에 출석할 기회가 부여된 바탕 위에 재적의원 과반수의 출석과 출석의원 과반수의 찬성으로 이루어져야 한다는 것으로 해석하여야 한다.**

② 이 사건 상정·회부행위의 권한침해 여부

피청구인이 질서유지권의 위법한 행사로 이 사건 회의가 개의할 무렵부터 이 사건 회의를 종료할 때까지 회의장 출입문 폐쇄상태를 유지함으로써 청구인들은 이 사건 회의에 출석할 기회를 잃게 되었고, 그 결과 피청구인의 이 사건 동의안 상정·회부행위로 말미암아 청구인들은 이 사건 동의안 심의과정(대체토론)에 참여하지 못하게 되었다. 따라서 청구인들은 위에서 본 바와 같이 피청구인의 위헌·위법한 이 사건 상정·회부행위로 인하여 헌법에 의하여 부여받은 이 사건 동의안의 심의권을 침해당하였다 할 것이다(헌재 2010.12.28, 2008헌라7).

6 미디어법 사건 [각하, 권한침해, 기각]

[1] **피청구인 적격**

권한쟁의 심판에서는 처분 또는 부작위를 야기한 기관으로서 법적 책임을 지는 기관만이 피청구인적격을 가지므로, 이 사건 권한쟁의 심판은 의안의 상정·가결선포 등의 권한을 갖는 피청구인 국회의장을 상대로 제기되어야 한다. 피청구인 국회부의장은 국회의장의 직무를 대리하여 법률안을 가결선포할 수 있을 뿐, 법률안 가결선포행위에 따른 법적 책임을 지는 주체가 될 수 없으므로, **피청구인 국회부의장에 대한 이 사건 심판청구는 피청구인 적격이 인정되지 아니한 자를 상대로 제기되어 부적법하다.**

[2] **신문법**

① 제안취지 설명절차의 위법 여부

신문법 수정안이 국회 회의진행시스템이 아닌 e-의안시스템에 입력된 것만으로 제안취지 설명을 대체할 수 있다.

② 질의·토론 절차의 위법 여부

토론신청 유무도 확인하지 않은 채 토론신청이 없을 것으로 예단하여 바로 표결처리에 나아가는 의사진행은 국회의장의 자율적 의사진행 권한의 한계를 넘는 것으로서 정당화될 수 없다.

③ 표결절차의 헌법적 정당성 여부

제49조가 천명한 다수결의 원칙은 국회의 의사결정 과정의 합리성 내지 정당성이 확보될 것을 전제로 한 것이므로, 법률안에 대한 표결절차가 자유와 공정이 현저히 저해된 상태에서 이루어져 표결결과의 정당성에 영향을 미칠 개연성이 인정되는 경우라면, 그러한 표결절차는 헌법 제49조 및 국회법 제109조가 규정한 다수결 원칙의 대전제에 반하는 것으로서 국회의원의 법률안 표결권을 침해한다. **국회의원의 표결권은 개별 국회의원의 고유한 권리로서 일신 전속적이므로 이를 타인에게 위임하거나, 양도할 수 없으므로**(국회법 제24조, 제111조 제1항, 제114조의2 등), 전자투표시스템에 의한 표결의 경우에도 자신에게 사용권한이 없는 투표단말기를 사용하여 투표하는 행위는 그 동기나 경위가 무엇이든 국회법에 위배되어 다른 국회의원의 헌법상 권한인 법률안 표결권을 침해하는 것이다.

[3] 방송법 - 일사부재의 원칙의 위배 여부

헌법 제49조 및 국회법 제109조는, 일부 다른 입법례(독일, 일본 등은 의결을 위한 출석정족수와 찬성을 위한 정족수를 단계적으로 규정하고 있음)와는 달리, 의결정족수에 관하여 의결을 위한 출석정족수와 찬성정족수를 병렬적으로 규정하고 있다. 나아가 '재적의원 과반수의 출석'과 '출석의원의 과반수의 찬성'이라는 규정의 성격이나 흠결의 효력을 별도로 구분하여 규정하고 있지도 아니하다. **따라서 표결이 종료되어 '재적의원 과반수의 출석'에 미달하였다는 결과가 확인된 이상, '출석의원 과반수의 찬성'에 미달한 경우와 마찬가지로 국회의 의사는 부결로 확정되었다고 보아야 한다.**

실질적으로 보더라도, 국회의원이 특정 의안에 반대하는 경우 회의장에 출석하여 반대투표하는 방법뿐만 아니라 회의에 불출석하는 방법으로도 의안에 대하여 반대의 의사를 표시할 수 있으므로 '재적의원 과반수의 출석'과 '출석의원 과반수의 찬성'의 요건이 국회의 의결에 대하여 가지는 의미나 효력을 달리 할 이유가 없다. 전자투표에 의한 표결의 경우 국회의장의 투표종료선언에 의하여 투표결과가 집계됨으로써 안건에 대한 표결절차는 실질적으로 종료되므로, 투표의 집계결과 출석의원 과반수의 찬성에 미달한 경우는 물론 재적의원 과반수의 출석에 미달한 경우에도 국회의 의사는 부결로 확정되었다고 볼 수밖에 없다.

[4] 각 법률안 무효확인청구에 대한 판단

① 신문법안 가결선포행위의 무효확인 청구에 대한 결론

재판관 이강국, 이공현, 김종대, 이동흡, 민형기, 목영준은 신문법안 가결선포행위에 대한 무효확인 청구를 기각하여야 한다는 의견이고, 재판관 조대현, 김희옥, 송두환은 이를 인용하여야 한다는 의견으로, 기각의견이 관여 재판관 9인 중 6인에 이르므로, 이 부분 심판청구는 기각한다.

② 방송법안 가결선포행위의 무효확인 청구에 대한 결론

재판관 이강국, 이공현, 김희옥, 김종대, 이동흡, 민형기, 목영준은 이 부분 청구를 기각하여야 한다는 의견이고, 재판관 조대현, 송두환은 이를 인용하여야 한다는 의견으로, 기각의견이 관여 재판관 9인 중 7인에 이르므로, 이 부분 청구는 기각한다(헌재 2009.10.29, 2009헌라8).

> **기출OX**
>
> 법안에 대한 투표가 종료된 결과 재적의원 과반수의 출석이라는 의결정족수에 미달된 경우에는 법안에 대한 국회의 의결이 유효하게 성립되었다고 할 수 없으므로, 국회의장이 법안에 대한 재표결을 실시하여 그 결과에 따라 법안의 가결을 선포한 것은 일사부재의의 원칙에 위배되지 않는다. (×)
>
> 17. 국가직 7급

❶
종국심리에 참여한 과반수로 주문을 결정하기 때문에 각하가 4인, 인용이 4인, 기각이 1인이면 어느 것도 과반수에 이르지 못하였기 때문에 이는 기각이 된다.

7 국회의원과 국회의장간의 권한쟁의❶ [기각]

[1] 각하(4인)

헌법재판소의 권한쟁의심판의 결정은 모든 국가기관과 지방자치단체를 기속(헌법재판소법 제67조 제1항)하는 바, **권한침해의 확인결정에도 기속력이 인정된다. 그러나 그 내용은 장래에 어떤 처분을 행할 때 그 결정의 내용을 존중하고 동일한 사정하에서 동일한 내용의 행위를 하여서는 아니 되는 의무를 부과하는 것에 그치고, 적극적인 재처분 의무나 결과제거 의무를 포함하는 것은 아니다.**

[2] 기각(1인)

결정의 기속력에 의하여 법률안 가결선포행위에 내재하는 위헌·위법성을 어떤 방법으로 제거할 것인지는 전적으로 국회의 자율에 맡겨져 있다.

[3] 인용(4인)

헌법재판소가 별도로 취소 또는 무효확인 결정을 하지 않더라도 법적·사실적으로 가능한 범위 내에서 자신이 야기한 위헌·위법 상태를 제거하여 합헌·합법 상태를 회복하여야 할 의무를 부여하는 것으로 보아야 한다(헌재 2010. 11.25, 2009헌라12).

8 4대강살리기 [각하]

낙동강 사업을 포함한 4대강 사업의 대상인 하천들은 하천법 제8조, 제27조 제5항에 의거할 때, '국토해양부장관'(피청구인)이 하천관리청으로서 시행책임을 지고 관리하는 '국가하천'에 해당하고, 4대강 사업 및 낙동강 사업은 그 사업내용에 비추어 볼 때, 하천의 기능이 정상적으로 유지될 수 있도록 실시하는 점검·정비 등의 활동을 의미하는 '하천의 유지·보수' 차원을 넘어서, 하천의 보수·개량·증설·신설까지 의도하고 있는 '하천공사'에 해당한다. 따라서 **4대강 사업 및 낙동강 사업은 국가하천에 관한 전국적 규모의 개발사업으로서 '국가사무'에 해당한다.** 낙동강의 유지·보수는 원래 국가사무로서 경상남도지사에게 기관위임된 사무에 불과하므로 '청구인의 권한'이라고 할 수 없고, 따라서 피청구인의 이 사건 처분으로 인해 '청구인의 권한'이 침해될 개연성이 없다(헌재 2011.8.30, 2011헌라1).

❷
당시 반대하던 한나라당 대표와의 협의는 실질적인 의미가 없고, 회의록에 따르면 한나라당 의원들도 대부분 본회의장에 있어 의사일정을 변경하여도 심의·표결에 지장이 없다고 본 사례이다.

9 의사일정변경❷ [기각]

협의의 개념을 다양한 방식으로 이루어질 수 있고, 그에 대한 판단과 결정은 종국적으로 국회의장에게 맡겨져 있다. 국회의장이 교섭단체 대표의원과 협의하지 않고 의사일정을 변경한 것만으로 국회의원들의 법률안 심의·표결권을 침해한다고 보기 어렵다(헌재 2008.4.24, 2006헌라2).

10 지방자치단체의 선거비용부담 [기각]

지방선거사무는 자치사무에 해당하여 그 비용을 지방자치단체가 부담하도록 한 것은 자치권한을 침해한 것이라고 볼 수 없다(헌재 2008.6.26, 2005헌라7).

11 자율형 사립고의 지정과 고시 [각하]

법원에 의하여 자율형 사립고 지정·고시 취소처분을 취소하는 판결이 확정되었으므로, 이로써 위 각 취소처분의 효력이 상실하였다고 보아야 한다. 그렇다면 권리보호이익을 인정할 수 없다(헌재 2011.8.30, 2010헌라4).

📋 기출OX

지방의회의원과 지방자치단체장을 선출하는 지방선거 사무는 지방자치단체의 존립을 위한 자치사무에 해당 하므로, 원칙적으로 지방자치단체가 처리하고 그에 따른 비용도 지방자치단체가 부담하여야 한다. (○) 17. 국가직 7급

제2장 각론

01 13. 서울시 7급

법원의 위헌법률심판제청에 관한 설명으로 옳은 것은? (다툼이 있을 경우 판례에 의함)

① 법원의 위헌법률심판제청서는 대법원을 경유하여야 하며, 이때 대법원은 하급법원의 제청에 대하여 심사권을 가진다.
② 법원은 문제되는 법률조항이 합리적으로 의심의 여지가 없을 만큼 명백한 경우에만 위헌심판제청을 할 수 있다.
③ 위헌법률심판제청의 대상은 형식적 의미의 법률에 한정된다.
④ 법원이 법률의 위헌 여부 심판을 헌법재판소에 제청한 때에는 당해 소송사건의 재판은 헌법재판소의 위헌 여부의 결정이 있을 때까지 정지됨이 원칙이다.
⑤ 재판의 전제성을 판단할 때 재판은 종국재판을 의미하며, 중간재판은 포함하지 않는다.

> **정답 및 해설**   난이도 ★☆☆
> ① [×] 불송부결정권은 폐지되었다.
> ② [×] 법원의 제청은 합리적 의심으로 족하다.
> ③ [×] 최근 헌법재판소는 관습법에 대해서도 긍정하였으며 (헌재 2013.2.28, 2009헌바129), 국가긴급권과 조약도 가능하다.
> ④ [○] 법원이 법률의 위헌 여부 심판을 헌법재판소에 제청한 때에는 당해 소송사건의 재판은 헌법재판소의 위헌 여부의 결정이 있을 때까지 정지된다(헌법재판소법 제41조 제1항).
> ⑤ [×] 재판의 전제성에서의 재판은 종국재판, 중간재판을 가리지 않는다.
>
> 답 ④

02

09. 국회직 8급

위헌법률의 효력상실시기에 관한 설명으로 옳지 않은 것은? (다툼이 있는 경우 판례에 따름)

① 현행 헌법은 헌법재판소에서 위헌으로 선고된 법률 또는 법률 조항의 시적 효력범위에 관한 명문규정을 두지 않고 있다.
② 헌법재판소는 형벌에 관한 법률 조항이라 하더라도 불처벌의 특례를 규정한 법률 조항에 대한 위헌결정에 대해서는 소급효를 인정하지 않는다.
③ 위헌으로 결정된 법률 또는 법률의 조항은 그 결정이 있는 날로부터 효력을 상실하는 것이 원칙이다.
④ 헌법재판소는 위헌으로 결정된 법률 조항이 형벌에 관한 법률 조항이 아닌 경우에도 예외적으로 그 위헌결정에 부분적인 소급효를 인정할 필요가 있다고 판시하였다.
⑤ 대법원은 확정판결이 선고되어 기판력이 발생한 경우나 행정처분의 확정력이 발생한 경우에도 위헌결정의 소급효를 인정하고 있다.

정답 및 해설

난이도 ★★☆

①, ③ [○] 위헌으로 결정된 법률 또는 법률의 조항은 그 결정이 있는 날부터 효력을 상실한다. 다만, 형벌에 관한 법률 또는 법률의 조항은 소급하여 그 효력을 상실한다(헌법재판소법 제47조 제2항).
② [○] 헌재 1997.1.16, 90헌마110
④ [○] 효력이 다양할 수밖에 없는 위헌결정의 특수성 때문에 예외적으로 부분적인 소급효의 인정을 부인해서는 안 될 것이다(헌재 1993.5.13, 92헌가10).
⑤ [×] 위헌인 법률에 근거한 행정처분이 당연무효인지의 여부는 위헌결정의 소급효와는 별개의 문제로서, 위헌결정의 소급효가 인정된다고 하여 위헌인 법률에 근거한 행정처분이 당연무효가 된다고는 할 수 없고, 오히려 이미 취소소송의 제기기간을 경과하여 확정력이 발생한 행정처분에는 위헌결정의 소급효가 미치지 않는다고 보아야 한다(대판 1994.10.28, 92누9463).

답 ⑤

03

09. 국회직 8급

입법부작위에 대한 헌법소원에 관한 설명 중 옳지 않은 것은? (다툼이 있는 경우 판례에 따름)

① 국회에 입법의무가 존재하지 아니하는 단순입법부작위의 경우는 원칙적으로 헌법소원의 대상이 되지 않는다.
② 헌법에서 기본권 보장을 위해 법령에 명시적인 입법위임을 하였음에도 입법자가 이를 이행하지 않을 때에는 헌법소원을 제기할 수 있다.
③ 헌법해석상 특정인에게 구체적인 기본권이 생겨 이를 보장하기 위한 국가의 행위의무 내지 보호의무가 발생하였음이 명백함에도 불구하고 입법자가 아무런 입법조치를 취하고 있지 않은 경우에는 헌법소원심판의 대상이 된다.
④ 국회가 헌법상의 입법의무에 따라 법률을 제정하였지만 그 법률이 불완전하거나 불충분한 부진정입법부작위의 경우는 입법부작위 그 자체를 대상으로 하여 헌법소원을 제기할 수 없다.
⑤ 부진정입법부작위의 경우, 즉 법률이 불완전한 경우는 그 법률을 대상으로 위헌법률심판을 제기할 수 있으나, 불완전한 법률 자체를 대상으로 하여 그것이 헌법위반이라는 적극적인 헌법소원은 제기할 수 없다.

정답 및 해설

난이도 ★★☆

① [○] 입법부작위 대상은 진정입법부작위만 가능하다. 입법의무가 존재하지 않는 단순입법부작위는 헌법소원대상이 되지 않는다.
②, ③ [○] 기본권 보장을 위하여 명시적인 입법위임을 하였음에도 입법자가 이를 이행하지 않을 때, 그리고 헌법해석상 특정인에게 구체적인 기본권이 생겨 이를 보장하기 위한 국가의 행위의무 내지 보호의무가 발생하였음이 명백함에도 불구하고 입법자가 아무런 입법조치를 취하고 있지 않은 경우라야 한다(헌재 1993.3.11, 89헌마79).
④ [○] 기본권 보장을 위한 법규정이 불완전하여 그 보충을 요하는 경우 그 입법부작위를 헌법소원심판청구의 대상으로 삼을 수는 없으므로 부적법하다(헌재 1989.7.28, 89헌마1).
⑤ [×] 부진정입법부작위의 경우 재판의 전제성 요건을 갖추는 한 위헌법률심판을 제기할 수 있으며, 결함이 있는 당해 입법 규정 그 자체를 대상으로 하여 그것이 평등의 원칙에 위배된다는 등 헌법위반을 내세워 적극적인 헌법소원을 제기할 수 있다(헌재 1996.10.31, 94헌마108).

답 ⑤

04

기본권 침해의 자기관련성에 관한 다음 설명 중 옳은 것은? (헌법재판소 결정례에 의함)

① 전국수렵인총연합회는 엽총을 소지하는 자로 하여금 수렵기간을 제외하고 이를 관할 경찰서에 보관하도록 한 관련 법령에 대하여 헌법소원을 제기할 기본권 침해의 자기관련성을 가진다.
② 연명치료 중인 환자의 자녀들은 연명치료의 중단에 관한 기준, 절차 및 방법 등에 관한 법률의 입법부작위 위헌확인에 관한 기본권 침해의 자기관련성이 있다.
③ 일반적으로 침해적 법령에 있어서는 법령의 수규자가 당사자로서 기본권 침해를 주장하게 되지만, 예술·체육 분야 특기자들에게 병역 혜택을 주는 수혜적 법령의 경우에는, 수혜 범위에서 제외된 자가 자신이 평등원칙에 반하여 수혜 대상에서 제외되었다는 주장을 하는 경우 등에는 그 법령의 직접적인 적용을 받는 자가 아니라고 할지라도 자기관련성을 인정할 수 있다.
④ 구속된 피고인의 변호인은 '피고인이 도망할 염려가 있다고 믿을 만한 충분한 이유가 있는 때'를 필요적 보석의 예외사유로 정하고 있는 형사소송법 규정에 대하여 기본권 침해의 자기관련성이 있다.

정답 및 해설

난이도 ★★☆

① [✕] 규율대상은 자연인인 개인이고, 청구인 전국수렵인총연합회는 그 규율대상이 아니므로 청구인 전국수렵인총연합회의 심판청구는 자기관련성을 인정할 수 없다(헌재 2010.9.30, 2008헌마586).
② [✕] 연명치료 중인 환자의 자녀들의 정신적 고통이나 경제적 부담은 간접적, 사실적 이해관계에 그친다고 보는 것이 타당하므로, 연명치료 중인 환자의 자녀들이 제기한 이 사건 입법부작위에 관한 헌법소원은 자신 고유의 기본권의 침해에 관련되지 아니하여 부적법하다(헌재 2009.11.26, 2008헌마385).
③ [○] 헌재 2010.4.29, 2009헌마340
④ [✕] 보석청구가 기각됨으로써 청구인이 변호사로서 받는 불이익은 간접적, 사실적, 경제적인 이해관계에 불과하여 청구인은 이 사건 법률조항에 대하여 자기관련성이 없다(헌재 2004.4.29, 2002헌마756).

답 ③

05

11. 지방직 7급

권한쟁의심판에 대한 설명으로 옳지 않은 것은? (다툼이 있는 경우 헌법재판소 판례에 의함)

① 권한쟁의심판의 청구는 피청구인의 처분 또는 부작위가 헌법 또는 법률에 의하여 부여받은 청구인의 권한을 침해하였거나 침해할 현저한 위험이 있는 경우에만 할 수 있다.
② 국회의원이 국회의장의 직무를 대리하여 법률안 가결선포행위를 한 국회부의장을 상대로, 위 가결선포행위가 자신의 법률안심의표결권을 침해하였음을 주장하는 권한쟁의심판청구는 부적법하다.
③ 국회의장을 상대로 한 국회의원의 권한쟁의심판청구는 국회의원이 권한쟁의심판의 당사자 능력이 없기 때문에 부적법하다.
④ 권한쟁의심판은 재판관 7인 이상의 출석으로 사건을 심리하고, 종국심리에 관여한 재판관 과반수의 찬성으로 결정한다.

정답 및 해설

난이도 ★★☆

① [○] 헌법재판소법 제61조 제2항
② [○] 피청구인 국회부의장은 국회의장의 직무를 대리하여 법률안을 가결선포할 수 있을 뿐, 법률안 가결선포행위에 따른 법적 책임을 지는 주체가 될 수 없으므로, 피청구인 국회부의장에 대한 이 사건 심판청구는 피청구인적격이 인정되지 아니한 자를 상대로 제기되어 부적법하다(헌재 2009.10.29, 2009헌라8).
③ [×] 헌법재판소는 종래 열거규정으로 본 바도 있으나 이후 판례를 변경하여 예시규정으로 보고, 당사자 범위를 확대하여 국회의원과 국회의장 간 권한분쟁을 허용한 바 있다(헌재 1997.7.16, 96헌라2).
④ [○] 재판관 7인 이상의 출석으로 심리하고, 종국심리에 관여한 재판관 과반수의 찬성으로 결정한다(헌법재판소법 제23조 제1항·제2항 참조).

답 ③

MEMO

MEMO

MEMO

2026 대비 최신개정판

해커스공무원
박철한
헌법 기본서

개정 8판 1쇄 발행 2025년 8월 26일

지은이	박철한 편저
펴낸곳	해커스패스
펴낸이	해커스공무원 출판팀
주소	서울특별시 강남구 강남대로 428 해커스공무원
고객센터	1588-4055
교재 관련 문의	gosi@hackerspass.com
	해커스공무원 사이트(gosi.Hackers.com) 교재 Q&A 게시판
	카카오톡 채널 [해커스공무원 노량진캠퍼스]
학원 강의 및 동영상강의	gosi.Hackers.com
ISBN	979-11-7404-404-4 (13360)
Serial Number	08-01-01

저작권자 ⓒ 2025, 박철한
이 책의 모든 내용, 이미지, 디자인, 편집 형태는 저작권법에 의해 보호받고 있습니다.
서면에 의한 저자와 출판사의 허락 없이 내용의 일부 혹은 전부를 인용, 발췌하거나 복제, 배포할 수 없습니다.

공무원 교육 1위,
해커스공무원 gosi.Hackers.com

🏛 해커스공무원

· **해커스공무원 학원 및 인강**(교재 내 인강 할인쿠폰 수록)
· 해커스 스타강사의 **공무원 헌법 무료 특강**
· 정확한 성적 분석으로 약점 극복이 가능한 **합격예측 온라인 모의고사**(교재 내 응시권 및 해설강의 수강권 수록)

한경비즈니스 2024 한국품질만족도 교육(온·오프라인 공무원학원) 1위